Das „Blut des Staatskörpers“

HISTORISCHE ZEITSCHRIFT

Beihefte
(Neue Folge)

Herausgegeben von Andreas Fahrmeir
und Lothar Gall

Band 56

Oldenbourg Verlag München 2012

Peter Rauscher, Andrea Serles,
Thomas Winkelbauer (Hrsg.)

Das „Blut des Staatskörpers“

Forschungen zur Finanzgeschichte der Frühen Neuzeit

Oldenbourg Verlag München 2012

Bibliografische Information der Deutschen Nationalbibliothek
Die Deutsche Nationalbibliothek verzeichnet diese Publikation in der Deutschen Nationalbibliografie; detaillierte bibliografische Daten sind im Internet über <http://dnb.d-nb.de> abrufbar.

Rosenheimer Straße 145, D-81671 München
Internet: oldenbourg-verlag.de

Umschlaggestaltung: Dieter Vollendorf
Gedruckt auf säurefreiem, alterungsbeständigem Papier (chlorfrei gebleicht).

Satz: mediaventa, Roland Schmid, München
Druck und Bindung: Kösel, Krugzell

ISBN: 978-3-486-70842-4

Inhalt

IV. Kredite und Kreditgeber

V. Steuern

Vorwort

Dieser Band ist das Ergebnis der Tagung „Das Blut des Staatskörpers. Forschungen und Perspektiven zur Finanzgeschichte der Frühen Neuzeit", die vom 23. bis 25. September 2009 im Haus-, Hof- und Staatsarchiv in Wien stattfand und vom Institut für Geschichte der Universität Wien, dem Institut für Österreichische Geschichtsforschung, dem Österreichischen Staatsarchiv und dem FWF-Projekt P 18215-G08 („Finanzielle Beziehungen zwischen Kaiser und Reich, 1600–1740") getragen wurde. Finanziell großzügig unterstützt haben die Veranstaltung außerdem die Fritz Thyssen Stiftung, die Universität Wien, das Bundesministerium für Wissenschaft und Forschung sowie die Kulturabteilung der Stadt Wien (MA 7), Referat „Wissenschafts- und Forschungsförderung, Stipendien".

Ziel der Tagung war es, aktuelle Forschungsinitiativen zusammenzuführen, laufende Projekte zu unterschiedlichen Aspekten der frühneuzeitlichen Finanzgeschichte zu diskutieren, gegenwärtige Trends auszuloten und Perspektiven für zukünftige Forschungen zu entwickeln. In den fünf Sektionen „Staatsfinanzen", „Finanztheorie und Verwaltung", „Steuern und Zölle", „Staatsschuld und Kredit" sowie „Kriegsfinanzierung" wurden insgesamt 20 Vorträge gehalten. 15 Beiträge konnten schließlich für den vorliegenden Band angenommen werden. Ergänzt werden sie durch eine zusätzliche Studie zur osmanischen Kriegsfinanzierung von Pál Fodor. Unser Dank gilt allen Autorinnen und Autoren nicht nur für ihre Texte, sondern auch für ihre Bereitschaft, manche Fragen intensiv mit den Herausgebern zu diskutieren.

Mehrere der Beiträge wurden aus dem Englischen beziehungsweise aus dem Französischen ins Deutsche übertragen. Für Unterstützung bei den Übersetzungen sind wir Frau Prof. Dr. Margarete Grandner und Frau Dr. Marlene Kurz zu großem Dank verpflichtet, ebenso Frau Mag. Anita Hipfinger und Herrn Mag. Josef Löffler für den auf H-Soz-u-Kult erschienenen Tagungsbericht.

Ganz besonders bedanken möchten wir uns bei Herrn Prof. Dr. Lothar Gall und den Herausgebern der Historischen Zeitschrift für ihre Bereitschaft, den Band in ihre „Beihefte" aufzunehmen, sowie bei den verantwortlichen Redakteuren Herrn apl. Prof. Dr. Jürgen Müller und Herrn Dr. Eckhardt Treichel wie auch bei der Lektorin Geisteswissenschaften des Oldenbourg Verlags Frau Sabine Walther für die Bearbeitung des Manuskripts.

Wien, im Sommer 2012 — Peter Rauscher, Andrea Serles, Thomas Winkelbauer

Das „Blut des Staatskörpers"

Forschungen zur Finanzgeschichte der Frühen Neuzeit
Eine Einleitung

Von

Peter Rauscher, Andrea Serles und Thomas Winkelbauer

Anders als noch vor wenigen Jahren bedarf eine wissenschaftliche Beschäftigung mit Staatsfinanzen kaum mehr einer Begründung. Zu dramatisch sind die derzeitigen Folgen der weltweiten Finanzkrise, die im Frühjahr 2007 durch die Immobilienkrise in den USA ausgelöst wurde. Um einen Zusammenbruch des Bankwesens zu verhindern, wurden zahlreiche international stark vernetzte Großbanken durch staatliche Hilfsgelder gestützt und Konjunkturprogramme aufgelegt. Schlagwörter wie „Privatisierung von Gewinnen und Sozialisierung von Verlusten" machten nicht nur bei Globalisierungs- und Kapitalismuskritikern die Runde.[1] Seit 2010 haben in Europa mehrere Länder wie Island, Irland, Griechenland, Portugal, Spanien oder Ungarn die Grenzen ihrer Zahlungsfähigkeit erreicht beziehungsweise fast alle europäischen Staaten eine Herabsetzung ihrer Bonität durch die Ratingagenturen hinnehmen müssen.[2] Um einen völligen Finanzkollaps einzelner Staaten der Europäischen Währungsunion zu verhindern, wurde im Laufe des Jahres 2010 der „Europäische Stabilisierungsmechanismus" ins Leben gerufen. Dieser ermöglicht die Vergabe von Krediten an bereits überschuldete Staaten, indem die Mitglieder der Währungsunion entweder direkt Finanzmittel zur Verfügung stellen oder Haftungen für Kredite an diese Länder übernehmen, um die Zinsen für deren Staatsanleihen auf niedrigem Niveau zu halten.[3] Sparpakete, mit deren Hilfe die

[1] Vgl. beispielsweise *Erwin Grandinger*, Gewinne privatisiert – Verluste sozialisiert, in: Welt online, 13.09.2008, http://www.welt.de/welt_print/article2438438/Gewinne-privatisiert-Verluste-sozialisiert.html (Zugriff 23.05.2011).

[2] Vgl. die Wikipedia-Artikel „Finanzkrise ab 2007", http://de.wikipedia.org/wiki/Finanzkrise_ab_2007 (Zugriff 23.05.2011) und „Euro-Krise ab 2010", http://de.wikipedia.org/wiki/Euro-Krise_2010 (Zugriff 23.05.2011).

[3] Vgl. Bundesministerium der Finanzen: http://www.bundesfinanzministerium.de/DE/Wirtschaft_und_Verwaltung/Finanz_und_Wirtschaftspolitik/20100518_FAQ-Massnahmenpaket.html (Zugriff 23.05.2011).

aus dem Ruder gelaufenen Staatsfinanzen auf eine neue Basis gestellt werden sollen, trafen in Griechenland, Portugal und Spanien auf heftigen Widerstand von Teilen der Bevölkerung.[4]

Der Zusammenhang von Finanz- und Staatskrisen ist besonders für die Frühneuzeitforschung nichts Neues. Sowohl die Amerikanische als vor allem auch die Französische Revolution, die als traditionelle Epochengrenze für das Ende der Frühen Neuzeit angesehen wird, nahmen ihren Ausgang in den Versuchen der britischen beziehungsweise der französischen Regierung, die Staatsfinanzen zu sanieren.[5]

Neben solch revolutionären Ereignissen, zu denen bereits der Englische Bürgerkrieg Mitte des 17. Jahrhunderts zu rechnen ist, der sich ebenfalls an der Steuerfrage entzündete[6], kannte das frühneuzeitliche Europa eine kaum überblickbare Zahl an Aufständen, die sich – zumindest auch – gegen staatliche Steuererhebungen richteten.[7]

Brachte das in der Regel mit Kriegen zusammenhängende Anziehen der Steuerschraube für frühmoderne Staaten die Gefahr ihrer inneren Destabilisierung mit sich, schuf die Entwicklung neuer Finanztechniken in Westeuropa wichtige Vorteile gegenüber konkurrierenden Mächten. Das als „Finanzielle Revolution" bezeichnete, seit dem ausgehenden 17. Jahrhundert neu etablierte System der öffentlichen Kreditaufnahme bildete eine wichtige Grundlage für den Aufstieg Großbritanniens zur Groß- und Weltmacht

[4] Vgl. zum Beispiel die Artikel zur Krise in Spanien auf Spiegel online: http://www.spiegel.de/thema/spanien_krise_2010/ (Zugriff 23.05.2011).

[5] S. u. a. *P(eter) D. G. Thomas*, British Politics and the Stamp Act Crisis. The First Phase of the American Revolution, 1763–1767. Oxford 1975; *Jean Tulard*, Les révolutions de 1789 à 1851. (Histoire de France, Vol. 4.) O. O. 1985, 33: „La crise financière de l'État fut la cause directe de la Révolution." Deutsch: *Ders.*, Frankreich im Zeitalter der Revolutionen 1789–1851. (Geschichte Frankreichs, Bd. 4.) Stuttgart 1989, 41.

[6] *Patrick O'Brien*, Historical Conditions for the Evolution of a Successful Fiscal State. Great Britain and its European Rivals from the Treaty of Munster to the Treaty of Vienna, in: Simonetta Cavaciocchi (Ed.), La Fiscalità nell'Economia Europea Secc. XIII–XVIII = Fiscal Systems in the European Economy from the 13th to the 18th Centuries. „Atti della Trentanovesima Settimana di Studi" 22–26 aprile 2007. (Fondazione Istituto Internazionale di Storia Economica „F. Datini" Prato, Serie II – Atti delle „Settimane di Studi" e altri Convegni, Vol. 39.) Florenz 2008, 131–151, hier 132.

[7] Vgl. *Peter Blickle*, Unruhen in der ständischen Gesellschaft 1300–1800. (Enzyklopädie deutscher Geschichte, Bd. 1.) 2. Aufl. München 2010; *Steinar Imsen/Günter Vogler*, Communal Autonomy and Peasant Resistance in Northern and Central Europe, in: Peter Blickle (Ed.), Resistance, Representation and Community. (The Origins of the Modern State in Europa 13th to 18th Centuries, E.) Oxford 1997, 5–43, hier 32 f.; *David F. Burg*, A World History of Tax Rebellions. An Encyclopedia of Tax Rebels, Revolts, and Riots from Antiquity to the Present. New York 2004.

des 18. Jahrhunderts[8]; noch entscheidender war freilich die Fähigkeit des englischen Staats, seine Untertanen in einem überdurchschnittlichen Maße zu besteuern[9]. Umgekehrt gingen in den Jahrzehnten um 1800 ehemalige Großreiche wie das Heilige Römische Reich oder das Königreich Polen, die sich nicht in einen Militär- und Machtstaat mit entsprechenden Finanzierungsmöglichkeiten hatten transformieren können, unter. Während das Reich in die Habsburgermonarchie und Preußen als Großmächte sowie eine Reihe von Mittelstaaten zerfiel, verschwand Polen als souveräner Staat von 1795 bis 1918 vollständig von der politischen Landkarte Europas.

Dass die Finanzen – von antiken Autoren übernommen und in der zeitgenössischen Körpermetaphorik ausgedrückt – die „Nerven", „Muskeln" oder das „Blut" des Staatskörpers darstellten und ohne Steuern „kein Staat zu machen" ist, waren besonders seit dem 16. Jahrhundert weit verbreitete Gemeinplätze, die auch von finanzpolitischen „Praktikern" immer wieder zitiert wurden.[10] Im darauf folgenden Jahrhundert entstand „auch zum Fra-

[8] *P(eter) G. M. Dickson*, The Financial Revolution in England. A Study in the Development of Public Credit 1688–1756. London 1967, Reprint mit neuer Einleitung Aldershot 1993; *Michael J. Braddick*, The Nerves of State. Taxation and the Financing of the English State, 1558–1714. (New Frontiers in History.) Manchester/New York 1996, 44f.

[9] *John Brewer*, The Sinews of Power. War, Money and the English State, 1688–1783. London 1989.

[10] Vgl. *Michael Stolleis*, Pecunia nervus rerum. Zur Staatsfinanzierung der frühen Neuzeit. Frankfurt am Main 1983, 63–65; außerdem (in Auswahl) *Kersten Krüger*, Finanzstaat Hessen 1500–1567. Staatsbildung im Übergang vom Domänenstaat zum Steuerstaat. (Veröffentlichungen der Historischen Kommission für Hessen, Bd. 24/5.) Marburg 1980, 13–25; *Andreas Schwennicke*, „Ohne Steuer kein Staat". Zur Entwicklung und politischen Funktion des Steuerrechts in den Territorien des Heiligen Römischen Reichs (1500–1800). (Studien zur europäischen Rechtsgeschichte, Bd. 90.) Frankfurt am Main 1996; *Thomas Winkelbauer*, „Das Geld est sanguis corporis politici". Notizen zu den Finanzen der Habsburger und zur Bedeutung des Geldes im 16. und 17. Jahrhundert, in: Wolfgang Häusler (Hrsg.), Geld. 800 Jahre Münzstätte Wien. Wien 1994, 143–159, hier 143–147; *Peter Rauscher*, Verwaltungsgeschichte und Finanzgeschichte. Eine Skizze am Beispiel der kaiserlichen Herrschaft (1526–1740), in: Michael Hochedlinger/Thomas Winkelbauer (Hrsg.), Herrschaftsverdichtung, Staatsbildung und Bürokratisierung. Verfassungs-, Verwaltungs- und Behördengeschichte der Frühen Neuzeit. (Veröffentlichungen des Instituts für Österreichische Geschichtsforschung, Bd. 57.) Wien/München 2010, 185–211. Zur Verwendung antiker Sentenzen zur Bedeutung des Geldes durch Mitglieder der habsburgischen Finanzverwaltung s. neben *Winkelbauer*, Geld, beispielsweise die Zitierungen von Klassikern in einer Denkschrift des ehemaligen Hofkammerpräsidenten Seifried Christoph Breuner aus dem Jahr 1626, u. a.: „Pecunia anima et sanguis est mortalium, ornamenta pacis sunt et subsidia belli." Aus den Papieren Seyfried Christoph's Freiherrn v. Breuner, in: Notizenblatt. Beilage zum Archiv für Kunde österreichischer Geschichtsquellen 17/19, 1857, 293–297, 309–313; 17/21, 1857, 325–328, 345–347, Zi-

genkreis der Staatsfinanzen eine politische Spezialliteratur, die auf das Problem der Staatsfinanzen konzentriert ist und Vorschläge zur Einnahmebeschaffung macht; allein dies zeigt den hohen Stellenwert und die Dringlichkeit des Finanzproblems."[11]

Seit dem ausgehenden 18. Jahrhundert beschäftigten sich selbstverständlich auch die makroökonomischen Theorien mit den Staatsfinanzen.[12] Dass die ökonomischen Rahmenbedingungen – Produktion, (Finanz-) Märkte, Monetarisierung – wichtige Voraussetzungen, aber auch Grenzen für die Möglichkeiten der Obrigkeiten darstellten, Ressourcen von ihren Untertanen abzuschöpfen, ist kaum zu bestreiten.[13] Hinzu kommen aber auch politische Faktoren wie die unterschiedlich ausgeprägten Möglichkeiten von Regierungen, Steuersysteme vor allem gegen die Interessen der wirtschaftlichen und politischen Eliten, insbesondere des Adels, etwa durch eine adäquate Besteuerung des Grundbesitzes oder durch die Ausweitung der indirekten Besteuerung zu reformieren und Aufstände der Bevölkerung zu vermeiden.[14]

tat S. 296, sowie Zitierungen des ehemaligen Hofkammerpräsidenten Gundaker von Liechtenstein in *Thomas Winkelbauer*, Fürst und Fürstendiener. Gundaker von Liechtenstein, ein österreichischer Aristokrat des konfessionellen Zeitalters. (MIÖG, Erg.-Bd. 34.) Wien/München 1999, 229, oder durch den ehemaligen Vizepräsidenten der Hofkammer Johann Quintin Graf Jörger im letzten Drittel des 17. Jahrhunderts. S. *Michael Hochedlinger*, „Onus Militare". Zum Problem der Kriegsfinanzierung in der frühneuzeitlichen Habsburgermonarchie 1500–1750, in: Peter Rauscher (Hrsg.), Kriegführung und Staatsfinanzen. Die Habsburgermonarchie und das Heilige Römische Reich vom Dreißigjährigen Krieg bis zum Ende des habsburgischen Kaisertums 1740. (Geschichte in der Epoche Karls V., Bd. 10.) Münster 2010, 81–136, hier 81.

[11] *Thomas Simon*, „Gute Policey". Ordnungsleitbilder und Zielvorstellungen politischen Handelns in der Frühen Neuzeit. (Studien zur europäischen Rechtsgeschichte, Bd. 170.) Frankfurt am Main 2004, 279.

[12] *Richard Bonney*, Introduction, in: ders. (Ed.), Economic Systems and State Finance. (The Origins of the Modern State in Europe 13th to 18th Centuries, B.) Oxford/New York 1995, 1–18, hier 2–6, mit Kritik an der marxistischen Geschichtsauffassung. Die unterschiedlichen theoretischen Konzepte werden vorgestellt bei *Jean-Claude Waquet*, Le Grand-Duché de Toscane sous les derniers Médicis. Essai sur le système des finances et la stabilité des institutions dans les anciens états Italiens. (Bibliothèque des Écoles françaises d'Athènes et de Rome, Vol. 267.) Rom 1990, 150–166.

[13] *Gabriel Ardant*, Financial Policy and Economic Infrastructure of Modern States and Nations, in: Charles Tilly (Ed.), The Formation of National States in Western Europe. (Studies in Political Development, Vol. 8.) Princeton 1975, 164–242, hier 174–181; *Werner Buchholz*, Geschichte der öffentlichen Finanzen in Europa in Spätmittelalter und Neuzeit. Darstellung – Analyse – Bibliographie. Berlin 1996, 49. Zur Monetarisierung s. *Bonney*, Introduction (wie Anm. 12), 9–12.

[14] Zum erfolgreichen britischen Beispiel s. *Patrick K. O'Brien*, The Political Economy of British Taxation, 1660–1815, in: EconHR 41, 1988, 1–32.

Für die Modell- und Begriffsbildung wurde nicht nur in der deutschsprachigen Forschung die Finanzsoziologie Joseph Alois Schumpeters, der die Entwicklung von der „Domänenwirtschaft" zum „Steuerstaat" nachzeichnete, überaus einflussreich.[15] Als eine Übergangsphase zwischen diesen beiden Entwicklungsstufen, während der die Einnahmen der Monarchen und Landesfürsten sowohl aus dem Kammergut als auch aus den Steuermitteln stammten, führte Kersten Krüger in Anschluss an Erling Ladewig Peterson den von Gerhard Oestreich übernommenen Begriff des „Finanzstaats" in die Diskussion ein.[16] Das am konkreten Beispiel Hessens entwickelte Konzept des Finanzstaats erwies sich wohl wegen der Ungleichzeitigkeit der Staatsbildungsprozesse in Europa letztlich als räumlich und zeitlich wenig treffgenau: Während beispielsweise Winfried Schulze die Oestreich'sche Begrifflichkeit für auf ganz Westeuropa im 16. Jahrhundert übertragbar hält[17], dehnt Werner Buchholz das Finanzstaat-Modell Kersten Krügers auf die gesamte Frühe Neuzeit aus[18]. Uwe Schirmer sieht anhand des kursächsischen Beispiels im Finanzstaat eine spezifische Form von Staatlichkeit zwischen der „Dezentralen Staatlichkeit" einerseits und dem „Finanz-, Wirtschafts- und Verwaltungsstaat" sowie dem „Steuer- und Verwaltungsstaat" andererseits.[19] Wenig Zweifel kann tatsächlich daran beste-

[15] *Joseph Schumpeter*, Die Krise des Steuerstaats [1918], Wiederabdruck in: Rudolf Goldscheid/ders., Die Finanzkrise des Steuerstaats. Beiträge zur politischen Ökonomie der Staatsfinanzen. Hrsg. v. Rudolf Hickel. Frankfurt am Main 1976, 329–379.

[16] *Krüger*, Finanzstaat Hessen (wie Anm. 10), 8; *ders.*, Gerhard Oestreich und der Finanzstaat. Entstehung und Deutung eines Epochenbegriffs der frühneuzeitlichen Verfassungs- und Sozialgeschichte, in: HessJbLG 33, 1983, 333–346, Wiederabdruck in: ders., Formung der frühen Moderne. Ausgewählte Aufsätze. (Geschichte. Forschung und Wissenschaft, Bd. 14.) Münster 2005, 15–28; *E. Ladewig Petersen*, From Domain State to Tax State. Synthesis and Interpretation, in: Scandinavian Economic History Review 23, 1975, 116–148; *Buchholz*, Geschichte der öffentlichen Finanzen (wie Anm. 13), 16f., 47f.; vgl. auch den Beitrag von Werner Buchholz in diesem Band.

[17] *Winfried Schulze*, The Emergence and Consolidation of the ‚Tax State' I. The Sixteenth Century, in: Bonney (Ed.), Economic Systems (wie Anm. 12), 261–279, hier 263.

[18] *Werner Buchholz*, Öffentliche Finanzen und Finanzverwaltung im entwickelten frühmodernen Staat. Landesherr und Landstände in Schwedisch-Vorpommern 1720–1806. (Veröffentlichungen der Historischen Kommission für Pommern, Rh. 5: Forschungen zur Pommerschen Geschichte, H. 25.) Köln/Weimar/Wien 1992, 43; *ders.*, Geschichte der öffentlichen Finanzen (wie Anm. 13), 17. Vgl. auch *Peter Rauscher*, Zwischen Ständen und Gläubigern. Die kaiserlichen Finanzen unter Ferdinand I. und Maximilian II. (1556–1576). (Veröffentlichungen des Instituts für Österreichische Geschichtsforschung, Bd. 41.) Wien/München 2004, 19f.

[19] *Uwe Schirmer*, Kursächsische Staatsfinanzen (1459–1656). Strukturen – Verfassung – Funktionseliten. (Quellen und Forschungen zur sächsischen Geschichte, Bd. 28.) Stuttgart 2006, 889–892.

hen, dass besonders im 16. und frühen 17. Jahrhundert auch von der Mehrheit der zeitgenössischen Theoretiker noch die Auffassung vertreten wurde, dass ein Fürst seine Ausgaben durch Einnahmen aus seinen Domänen zu bestreiten habe und Steuern lediglich als außerordentliche Beihilfe – vor allem für die Kriegführung – angesehen wurden.[20] Trotzdem wurde von Teilen der Forschung der „Finanzstaat" lediglich als eine Frühform des „Steuerstaats" angesehen, dem damit keine eigene epochale Bedeutung zukomme.[21] Von großem Einfluss waren in diesem Zusammenhang die beiden von Richard Bonney in den 1990er Jahren herausgegebenen Sammelbände zur europäischen Finanzgeschichte.[22] Bonney entwickelte zusammen mit William M. Ormrod ein modifiziertes Vier-Phasen-Modell der europäischen Finanzgeschichte vom Tributstaat über den Domänen- und Steuerstaat bis zum Fiskalstaat, das international breit diskutiert wurde, dessen Allgemeingültigkeit aber ebenfalls angesichts der Diversität europäischer Herrschaftsformen und damit auch ihrer finanziellen Ausprägungen in der Frühen Neuzeit zu hinterfragen ist.[23] Grundsätzlich ist wohl kaum ein Theoriedefizit der europäischen Finanzgeschichte zu konstatieren, als vielmehr ein Ungleichgewicht der empirischen Forschung zu den einzelnen Herrschaftsräumen, das der unterschiedlichen Quellenbasis und den verschiedenen Wissenschaftstraditionen geschuldet sein dürfte.

Die Entwicklung der Staatsfinanzen spielt in der Modellbildung beziehungsweise der Erklärung der Entstehung der (früh-)modernen europäischen Staaten eine zentrale Rolle. In seiner „Geschichte der Macht" disku-

[20] Vgl. oben Anm. 10.

[21] *Richard Bonney*, Introduction, in: ders. (Ed.), The Rise of the Fiscal State in Europe c. 1200–1815. Oxford/New York 1999, 1–17, hier 13; mit Blick auf Bayern: *Maximilian Lanzinner*, Reichssteuern in Bayern im 15. und 16. Jahrhundert, in: Johannes Helmrath/Heribert Müller (Hrsg.), Studien zum 15. Jahrhundert. Festschrift für Erich Meuthen. Unt. Mitarb. v. Helmut Wolff. München 1994, Bd. 2, 821–843, hier 841.

[22] *Bonney* (Ed.), Economic Systems (wie Anm. 12); *ders.* (Ed.), The Rise of the Fiscal State (wie Anm. 21).

[23] *Richard Bonney/W(illiam) M. Ormrod*, Introduction, in: W. M. Ormrod/Margaret Bonney/Richard Bonney (Eds.), Crises, Revolutions and Self-Sustained Growth. Essays in European Fiscal History, 1130–1830. Stamford 1999, 1–21. Vgl. allgemein *Cavaciocchi* (Ed.), La Fiscalità nell'Economia Europea (wie Anm. 6), besonders den Beitrag von *Mark Spoerer*, The Revenue Structures of Brandenburg-Prussia, Saxony and Bavaria (Fifteenth to Nineteenth Centuries): Are They Compatible with the Bonney-Ormrod Model?, in: ebd. 781–791. Vgl. auch *Thomas Winkelbauer*, Nervus rerum Austriacarum. Zur Finanzgeschichte der Habsburgermonarchie um 1700, in: Petr Mat'a/Thomas Winkelbauer (Hrsg.), Die Habsburgermonarchie 1620 bis 1740. Leistungen und Grenzen des Absolutismusparadigmas. (Forschungen zur Geschichte und Kultur des östlichen Mitteleuropa, Bd. 24.) Stuttgart 2006, 179–215, hier 186f.

tiert Michael Mann intensiv die „Finanzen des englischen Staates als einen Indikator für seine Funktionen".[24] Mann kommt anhand dieses Beispiels, das er aber in seinen Grundtendenzen für allgemeingültig hält, zu der Auffassung, dass „[d]ie Staatsfinanzen [...] tatsächlich durch Kriege mit fremden Mächten bestimmt [wurden]. Mit zunehmender Professionalisierung des Kriegshandwerks und der Schaffung stehender Heere wuchs der Staat sowohl in seinem Gesamtumfang als (vermutlich) auch in Relation zu seiner ‚Zivilgesellschaft'. Jeder neue Krieg führte zu einer Ausweitung des Staates, die in zwei Etappen vor sich ging. In der ersten Phase waren es die Militärausgaben, auf die und in denen er sich auswirkte, in der zweiten, sozusagen im Sinne eines Verzögerungseffekts, die Schuldenrückzahlungen."[25] Die Betonung des engen Zusammenhangs zwischen Staatsfinanzen und Kriegführung ist freilich wenig originell. Bereits 1926 hatte Rudolf Goldscheid eindringlich auf dieses Phänomen hingewiesen: „*Die Soziologie des Finanzwesens fällt zum größten Teil mit der Soziologie des Kriegs zusammen*. Oder mit andern Worten: Man ist außerstande, exakt Finanzwissenschaft zu treiben, wenn man nicht beachtet, daß das Gros aller Finanzprinzipien und Finanzpraktiken das Produkt kriegerischer Ereignisse, der Vorbereitung auf Krieg und ihrer Nachwirkung ist."[26] Im letzten Jahr des Ersten Weltkriegs hatte schon Schumpeter im Wesentlichen auf dasselbe Phänomen hingewiesen.[27] Diese Erkenntnisse, dass Kriege und deren Finanzierungsbedarf für die Etablierung neuer Einnahmequellen in Form von Steuern verantwortlich waren, werden auch von der neueren Forschung bestätigt.[28]

[24] *Michael Mann*, Geschichte der Macht. Bd. 2: Vom Römischen Reich bis zum Vorabend der Industrialisierung. (Theorie und Gesellschaft, Bd. 20.) Frankfurt am Main/New York 1991, 319–383, Zitat 321.

[25] Ebd. 372–382, Zitat 376.

[26] *Rudolf Goldscheid*, Staat, öffentlicher Haushalt und Gesellschaft. Wesen und Aufgabe der Finanzwissenschaft vom Standpunkte der Soziologie, in: ders./Schumpeter, Finanzkrise (wie Anm. 15), 253–316, hier 258; *Winkelbauer*, Nervus rerum Austriacarum (wie Anm. 23), 179. Vgl. auch den Beitrag von Peter Rauscher in diesem Band. Außerdem: *Wolfgang Reinhard*, Geschichte der Staatsgewalt. Eine vergleichende Verfassungsgeschichte Europas von den Anfängen bis zur Gegenwart. München 1999, 305; *Peter Blickle*, Das Alte Europa. Vom Hochmittelalter bis zur Moderne. München 2008, 41 f.

[27] *Schumpeter*, Krise (wie Anm. 15), 337–339.

[28] Vgl. zum Beispiel *Wolfgang Reinhard*, Kriegsstaat – Steuerstaat – Machtstaat, in: Ronald G. Asch/Heinz Duchhardt (Hrsg.), Der Absolutismus – ein Mythos? Strukturwandel monarchischer Herrschaft in West- und Mitteleuropa (ca. 1550–1700). (Münstersche Historische Forschungen, Bd. 9.) Köln/Weimar/Wien 1996, 277–310; *Norbert Winnige*, Von der Kontribution zur Akzise. Militärfinanzierung als Movens staatlicher Steuerpolitik, in: Bernhard R. Kroener/Ralf Pröve (Hrsg.), Krieg und Frieden. Militär und Gesell-

Aus diesen Gründen erscheint es mehr als naheliegend, dass die Ermittlung von Kriegskosten und die Untersuchung ihrer Folgen wie die Erhöhung der fürstlichen und ständischen Schulden, die Einführung neuer Steuern oder die Implementierung von Verwaltungsreformen zentrale Themen finanzgeschichtlicher Forschung darstellen. Dies gilt auch für den vorliegenden Band, dessen Beiträge sich fast alle intensiv mit der Kriegsfinanzierung europäischer Mächte auseinandersetzen. Dabei werden die spezifischen Probleme der Beschäftigung mit frühneuzeitlicher Finanzgeschichte deutlich: Abgesehen von der trivialen Tatsache, dass uns heute nur noch ein kleiner Teil des Schriftguts von Finanzbehörden als Quellenbasis überliefert ist, erschweren die spezifischen Formen frühneuzeitlicher Finanzverwaltung die Ermittlung brauchbaren Zahlenmaterials. Hierzu zählen das Fehlen von Haushaltsvoranschlägen und das zersplitterte Kassenwesen fürstlicher Behörden ebenso wie die Doppelgleisigkeit der Militärfinanzierung durch den monarchischen Verwaltungsapparat einerseits und die Stände andererseits. Die noch immer verbreitete Naturalwirtschaft oder das Vergüten von Kriegsdiensten durch die Verleihung von Grundrenten wie im Osmanischen Reich machen es schwierig, die Kosten von Kriegen abzuschätzen.[29] Ähnliches gilt für zivile Ausgaben wie für die Hofhaltung oder die Verwaltung, deren Kosten zumindest teilweise lange Zeit direkt aus bestimmten Einnahmequellen bestritten wurden und daher nicht über ein Gesamtbudget zu ermitteln sind. Hinzu kommt, dass die Systeme der Besteuerung innerhalb der zahlreichen „zusammengesetzten Monarchien" der Frühen Neuzeit regional höchst unterschiedlich sein konnten und die tatsächliche Einhebung der Steuern von den Untertanen lokalen Obrigkeiten – Grundherren, Amtsträgern – überlassen war.

Durch die Unübersichtlichkeit des Zahlenmaterials angesichts einer Vielzahl an Kassen gestaltet sich die Ermittlung der Einnahmen- und Ausgabenstruktur fürstlicher und – soweit es diese gab – ständischer Finanzen außerordentlich schwierig. Noch problematischer scheint die Abschätzung der Steuerlast der Bevölkerung etwa in Form der Ermittlung der Pro-Kopf-

schaft in der Frühen Neuzeit. Paderborn u. a. 1996, 59–83; *Thomas Winkelbauer*, Ständefreiheit und Fürstenmacht. Länder und Untertanen des Hauses Habsburg im konfessionellen Zeitalter. (Österreichische Geschichte 1522–1699.) Wien 2003, T. 1, 409–529, bes. 409; *Christopher Storrs* (Ed.), The Fiscal-Military State in Eighteenth-Century Europe. Essays in Honour of P. G. M. Dickson. Farnham/Burlington 2009; *Peter Rauscher*, Kriegführung und Staatsfinanzen: Die Habsburgermonarchie und das Heilige Römische Reich vom Dreißigjährigen Krieg bis zum Ende des habsburgischen Kaisertums 1740. Zur Einführung, in: ders. (Hrsg.), Kriegführung und Staatsfinanzen (wie Anm. 10), 5–38.

[29] Vgl. den Beitrag von Pál Fodor in diesem Band.

Besteuerung über größere Herrschaftsräume hinweg. Größte Schwierigkeiten ergeben sich bei der Ermittlung von Bruttoinlandsprodukten, weshalb die Berechnung der Abgabenquote schwer möglich ist. Im Gegensatz zu einer stark quellenorientierten Finanzgeschichte gewinnen in jüngerer Zeit von den Wirtschaftswissenschaften beeinflusste Forschungen, die längerfristige Strukturen in den Blick nehmen beziehungsweise Vergleiche zwischen Staaten, Steuersystemen und Volkswirtschaften herstellen wollen, an Bedeutung. Ein gewinnbringender Umgang mit dem sich daraus zwangsläufig ergebenden Spannungsfeld zwischen Ansprüchen auf Quellenkritik einerseits und dem zunehmenden Interesse an globalhistorischen Fragen andererseits kann wohl nur in einem verstärkten Austausch der unterschiedlichen Forschungsrichtungen liegen.

Die in diesem Beiheft versammelten Studien erheben nicht den Anspruch, das Phänomen der frühneuzeitlichen Staatsfinanzen umfassend zu behandeln. Sie sind vielmehr Ergebnis einer Tagung zu aktuellen Forschungen auf dem Gebiet der Finanzgeschichte, deren regionale Schwerpunkte auf dem Heiligen Römischen Reich und der Habsburgermonarchie, dem Osmanischen Reich sowie den westeuropäischen Großmächten Frankreich und England/Großbritannien lagen. Auch inhaltlich und methodisch setzen die Aufsätze unterschiedliche Akzente. Dennoch ziehen sich bestimmte Themen wie Kriegsfinanzierung, Kreditaufnahme, Finanzkrisen oder Verwaltungsreformen durch die meisten Artikel.

Im ersten Beitrag des Bandes analysiert István Kenyeres die Kriegsfinanzierung der Habsburgermonarchie während des Langen Türkenkriegs (1592/93–1606) auf Basis der erhaltenen Rechnungsbücher.[30] Dieser Krieg – in vielerlei Hinsicht der Höhe- und Wendepunkt der im 16. Jahrhundert von permanenten Spannungen und Kriegen geprägten Beziehungen der habsburgischen Könige und Kaiser mit dem Osmanischen Reich – strapazierte die finanzielle Leistungsfähigkeit der beiden Konfliktparteien auf das Äußerste. Zur Bestreitung der Kriegsausgaben war Kaiser Rudolf II. in hohem Maße auf Finanzhilfen aus dem Heiligen Römischen Reich angewiesen. Entscheidend für die Finanzierung des Krieges war es, so die These des Autors, dass es gelungen sei, die Kreditwürdigkeit des Kaisers – wohl aufgrund der Sicherstellungen durch die ständischen Steuerbewilligungen – trotz finanzieller Schwierigkeiten zu erhalten.

[30] Auf das Zitieren von Forschungsliteratur, die in den einzelnen Beiträgen genannt wird, wird im Folgenden verzichtet.

Im Gegenzug dazu beleuchtet Pál Fodor die finanziellen Schwierigkeiten des Osmanischen Reichs, im ausgehenden 16. Jahrhundert ausreichende Mittel für die Kriegführung aufzubringen. Wie dieser Beitrag zeigt, wurden Finanzierungslücken der osmanischen Finanzverwaltung nicht durch Kreditaufnahmen, sondern mit Hilfe der Umschichtung von Finanzmitteln zwischen den verschiedenen staatlichen Kassen gedeckt, wobei die höchsten Mittel aus dem Privatschatz des Sultans stammten. Dieser Handlungsspielraum hatte zur Folge, dass die Osmanen von Kreditgebern unabhängig blieben.

Das Problem, in Kriegszeiten eine geordnete zentrale Finanzverwaltung aufrecht zu erhalten, untersucht Darryl Dee am Beispiel der Franche-Comté zur Zeit Ludwigs XIV. Als eine zentrale Steuerung der Finanzen während des Spanischen Erbfolgekriegs nicht mehr möglich war, wurden verstärkt lokale Eliten zur Kriegsfinanzierung herangezogen. Damit wurde, wie bereits im Dreißigjährigen Krieg, auf ein dezentrales System der Militärfinanzierung zurückgegriffen. Der wesentliche Unterschied zur Mitte des 17. Jahrhunderts bestand nun in einer veränderten Haltung der lokalen Machthaber, die ihrerseits versuchten, Unruhen infolge der finanziellen Belastungen zu verhindern, und somit durch die Aufrechterhaltung der öffentlichen Ordnung einen wichtigen Beitrag zur erfolgreichen Kriegführung leisteten.

Ein Mittel, um die Steuerlast der eigenen Bevölkerung in Kriegszeiten zumindest etwas zu lindern, war das Einwerben von Subsidien. Wie Christopher Storrs anhand der Subsidienbeziehungen zwischen England/Großbritannien und Savoyen seit dem ausgehenden 17. Jahrhundert darlegt, bildete das Instrument der Geldzahlungen an verbündete Mächte eine verhältnismäßig günstige Variante, die eigenen strategischen Interessen zu wahren. Solche Finanztransfers zum beiderseitigen Vorteil bargen allerdings wegen der jeweils unterschiedlichen politischen und taktischen Ziele der Vertragspartner sowie wegen der widersprüchlichen Ansichten über die Höhe der Hilfsgelder und die Modalitäten ihrer Auszahlung ein Konfliktpotential, das den Wert von Subsidien beschränkte.

Im Unterschied zu den vorangegangenen Beiträgen, die mit Hilfe dezidiert quellenbasierter Forschung unterschiedliche Varianten der frühneuzeitlichen Kriegsfinanzierung beleuchten, bieten die folgenden drei Studien strukturelle Makroanalysen der Entwicklung von Staatsfinanzen über längere Zeiträume sowie zwischenstaatliche Vergleiche. Werner Buchholz untersucht die finanzwirtschaftlichen Strukturen Schwedens im 17. Jahrhundert. Im Gegensatz zu vereinfachenden Stufenmodellen beschreibt er einen Prozess, der anders als beispielsweise zur gleichen Zeit in England nicht in den Steuerstaat mündete, sondern die „Rückkehr zur Domänenwirtschaft mit steuerstaatlichen Elementen“ zur Folge hatte. Dieser Reorganisationsprozess führte nicht nur zu einem veränderten Steuersystem, sondern auch zu einer generellen wirtschaftlichen Schwächung des Adels zugunsten des Monarchen und der Bauern sowie, daraus folgend, zu einer langfristigen Verschiebung der Machtverhältnisse im Königreich.

Dezidiert komparatistische Ansätze verfolgen die Beiträge von Kıvanç Karaman und Şevket Pamuk sowie von Peer Vries. Erstere vergleichen die Entwicklung der osmanischen Staatsfinanzen vom 16. bis ins frühe 20. Jahrhundert mit konkurrierenden Mächten in Europa. Erkennbar ist nicht nur das relative Zurückfallen der fiskalischen Leistungsfähigkeit des Osmanischen Reichs, sondern auch innerhalb der anderen europäischen Staaten die Ungleichzeitigkeit von Reformmaßnahmen und damit der Möglichkeiten, die Staatseinnahmen zu erhöhen.

Peer Vries' Studie zu den Finanzen Großbritanniens und Chinas in einem „sehr langen“ 18. Jahrhundert ist in den Kontext der Debatte über die Frage nach den Ursachen der *Great Divergence* einzuordnen, die nach den Ursachen unterschiedlicher Entwicklungsniveaus von Staaten und ihren Volkswirtschaften, also nach den Gründen für den Vorsprung des industrialisierten Europas und Nordamerikas vor dem „Rest der Welt“ fragt. Deutlich wird, dass der britische Staat seinen Untertanen zwar höhere Abgaben abverlangte als der „schlanke“ chinesische, seinen Bürgern aber im Gegenzug Institutionen zur Verfügung stellen konnte, die diesen insgesamt deutliche Vorteile verschafften.

Die Blicke auf Schweden, das Osmanische Reich oder China lehren, dass finanzhistorische Forschungen auch – oder vielleicht gerade auch – dann ihre Berechtigung haben, wenn die untersuchten Herrschaftsräume eine andere Entwicklung nahmen als die verhältnismäßig fortgeschrittenen Länder wie die Niederlande, England/Großbritannien oder Frankreich. Dies gilt mit Sicherheit für das Heilige Römische Reich, über dessen Staatlichkeit in jüngerer Vergangenheit intensiv diskutiert wurde, wobei erstaunlicherweise finanzgeschichtliche Fragen keine besondere Rolle spielten.[31] In einer Längsschnittanalyse vom frühen 15. bis ins frühe 17. Jahrhundert untersucht Maximilian Lanzinner die Möglichkeiten, mit der

[31] *Peter Rauscher*, „Armeesatisfaktionen“ und Wahlgeschenke. Ein finanzgeschichtlicher Beitrag zur Geschichte des Alten Reiches nach dem Westfälischen Frieden, in: HJb 129, 2009, 231–266.

Kopf- und Vermögenssteuer des Gemeinen Pfennigs alternative Steuermodelle zur Reichsmatrikel im Heiligen Römischen Reich zu installieren. Er zeigt, dass eine Entwicklung des Reichs zum „Steuerstaat" lediglich vom Kaiserhof forciert wurde, während die Stände dem vehementen Widerstand entgegensetzten. Da sich diese letztlich durchsetzen konnten, waren es die Territorien, die über die Art der Besteuerung und damit schlussendlich über die auf Reichsebene intensiv diskutierte Frage der Steuergerechtigkeit entschieden.

Das Reich blieb auch nach dem Ende der hohen Reichstürkenhilfen zu Beginn des 17. Jahrhunderts im Fokus kaiserlicher Finanzpolitik. Wie Peter Rauscher darstellt, wurden nach 1600 seitens des Kaiserhofs Reformpläne der Finanzverwaltung diskutiert und erhebliche Anstrengungen unternommen, um weiterhin Einkünfte aus dem Reich erzielen zu können. Allerdings gelang es nicht, an das Reichssteuersystem des 16. Jahrhunderts anzuknüpfen, vielmehr erfolgten die Hilfen der Reichsstände für die kaiserliche und Reichskriegsführung nun nicht mehr mittels Geldzahlungen, sondern durch das Stellen von Truppen, die dezentral besoldet wurden. Die Reichsstände entwickelten sich damit zunehmend zu Bündnispartnern des Kaisers.

Alexander Sigelen untersucht das Reichsfinanzwesen des ausgehenden 16. Jahrhunderts aus finanz- und kulturhistorischer Mikroperspektive anhand des Reichspfennigmeisters Zacharias Geizkofler. Der Erfolg dieses obersten Verwalters der Reichssteuern, der wesentlich zur Finanzierung des Langen Türkenkriegs beitrug, dem es aber auch gelang, selbst ein großes Vermögen anzuhäufen, beruhte vor allem auf seinem ausgedehnten Beziehungs- und Familiennetzwerk, das aus intensiven Kontakten zur oberdeutschen Hochfinanz und zu zahlreichen Fürstenhöfen bestand, seinen tiefgehenden Kenntnissen kaufmännischer Kreditpraxis und seiner durch sein Amt abgesicherten Kreditwürdigkeit.

Die Kreditaufnahme und -vermittlung steht auch im Zentrum der Beiträge von Uwe Schirmer, Lukas Winder und Heinrich Lang. Schirmer analysiert die Gläubigerstruktur Kursachsens und damit des einnahmestärksten Reichsfürstentums im 16. Jahrhundert. Auffällig ist, dass sich zwar der Schuldenstand des Herzogtums vom ersten Viertel bis zum dritten Viertel des Jahrhunderts mehr als verfünffachte, dass aber die Kreditgeber während des gesamten Zeitraums fast ausschließlich aus dem albertinischen Sachsen stammten.

Dies ist ein deutlicher Kontrast zu den von Winder untersuchten Gläubigern der Habsburger, die sich zu einem erheblichen Teil aus Kaufleuten aus den nichthabsburgischen Ländern des Heiligen Römischen Reichs, vor allem aus Augsburg, und Italien zusammensetzten. Berücksichtigt man außerdem, dass in der von Winder herangezogenen singulären Quelle die Kredite der Augsburger Fugger und Welser sowie des Wieners Lazarus Henckel nicht verzeichnet sind, wird die entscheidende Rolle des oberdeutschen Kreditmarkts und daher auch die zentrale Bedeutung der Verbindungen von Reichspfennigmeistern wie Zacharias Geizkofler nach Augsburg für das habsburgische Finanzsystem noch deutlicher.

Einen Perspektivenwechsel vollzieht der Beitrag von Heinrich Lang, indem er sich mit den Florentiner Salviati wichtigen Finanziers des französischen Königtums unter Franz I. zuwendet. Die dichte Überlieferungssituation erlaubt es in diesem Fall, die Kreditgeschäfte aus der Sicht der beteiligten Kaufleute zu beschreiben. Klar wird einerseits, dass sich die Beziehungen der Salviati keineswegs nur auf Kredite für den Monarchen beschränkten, sondern auch Kredit-, Waren- und Wechselgeschäfte mit Mitgliedern der geistlichen und weltlichen Führungsschicht des gesamten Königreichs umfassten. Andererseits zeigt der Autor auch, dass mit risikoreichen Kreditgeschäften nicht nur sehr viel Geld zu verdienen war, sondern auch der soziale Aufstieg in höchste Kreise möglich wurde.

Mit unterschiedlichen Steuern und ihrer Verwaltung befassen sich die abschließenden drei Beiträge des Bandes. Massimo Giannini untersucht anhand der Debatten des 17. Jahrhunderts über den *donativo* als einer „freiwilligen“ Gabe an den Monarchen den sich wandelnden Steuerdiskurs in den italienischen Territorien der Spanischen Krone und damit den langwierigen Prozess der Etablierung und Legitimierung regelmäßiger Abgaben.

Auch wenn die aus dem *donativo* lukrierten Mittel zum größten Teil ebenso der Kriegsfinanzierung zuflossen wie herkömmliche Steuern, so wurde doch die prinzipielle Berechtigung des Landesfürsten, diesen zu fordern, mit einem moralischen – fast utopischen – Anspruch untermauert: Für die unschätzbaren Leistungen, die der Herrscher für seine Untertanen als Verteidiger des Landes, als Richter sowie als Bewahrer der Religion erbringe, hätte jeder Landsmann abhängig von seiner eigenen wirtschaftlichen Leistungsfähigkeit a priori die Verpflichtung, seinen Landesfürsten nach besten Kräften zu unterstützen, ohne dass dies in bestimmten Quoten zu fixieren wäre.

Die staatliche Wirtschaftsförderung durch die Finanzierung der Verkehrsinfrastruktur im Frankreich des 18. Jahrhunderts untersucht die Studie von Anne Conchon. Besonders ab den 1770er Jahren ist ein deutlicher Wandel in der Aufbringung der dafür notwendigen Mittel weg von feudalen Mauten und Fronarbeit hin zu einer Finanzierung durch direkte und schließlich indirekte Steuern festzustellen.

Der Steuerpacht im Osmanischen Reich des 18. Jahrhunderts widmet sich im abschließenden Beitrag Canay Şahin-Fuhrmann. Die Autorin vertritt die These, dass es dem Osmanischen Reich trotz des Machtverlusts der Zentralverwaltung über die Verpachtung von Steuern und damit in Kooperation mit regionalen Eliten vor allem durch die bessere administrative Durchdringung der Provinzen gelang, sein Herrschaftssystem zu stabilisieren. Deutlich wird in dieser Studie – wie auch in den Untersuchungen von Sigelen oder Lang – die große Bedeutung sozialer Netzwerke auch auf dem Gebiet der frühneuzeitlichen Finanzen. Solche akteurszentrierten Ansätze bieten zweifellos wichtige Anknüpfungspunkte für eine Finanzgeschichte, die weit über die Ermittlung und Interpretation der Einnahmen- und Ausgabenstruktur von Staaten hinausgeht.

So vielfältig die Themen der finanzhistorischen Forschung sind, so unterschiedlich sind die möglichen Zugänge: von mikrohistorischen Studien zu herausragenden Amtsträgern und detaillierten Analysen einzelner Kreditgeber bis hin zu makrohistorischen Untersuchungen in global- und kulturhistorischer Perspektive. Abhängig von der Überlieferungssituation des Quellenmaterials können mehr oder weniger exakte Annäherungen an finanz- und volkswirtschaftliche Kenndaten erreicht werden, was zwangsläufig großen Einfluss auf mögliche Thesen- und Theoriebildungen ausübt. Dass selbst die zumindest theoretisch mögliche exakte Kenntnis der aktuellen Staatsfinanzen und Wirtschaftsdaten nicht vor weitreichenden Krisen schützt, sondern lediglich die unweigerlich folgende Analyse und Aufarbeitung nach einer Krise erleichtert, ist eine nur zu offensichtliche Erkenntnis aus der ersten großen Wirtschafts- und Staatsfinanzkrise des 21. Jahrhunderts.

I. Kriegsfinanzierung

Die Kosten der Türkenabwehr und des Langen Türkenkrieges (1593–1606) im Kontext der ungarischen Finanzen des 16. und 17. Jahrhunderts

Von

István Kenyeres

Die größte Herausforderung der in den Jahren 1526/27 entstandenen Habsburgermonarchie war der Kampf gegen das expansive Osmanische Reich. Eine der wichtigsten Bedingungen für eine erfolgreiche Türkenabwehr war von Anfang an die ausreichende Bereitstellung finanzieller Ressourcen. Die fundamentalen Reformen der Finanzverwaltung durch Ferdinand I. (1526–1564) und Maximilian II. (1564–1576), die die Erbländer, die Länder der böhmischen Krone, das Königreich Ungarn und – was die Türkenhilfe anlangt – auch das Heilige Römische Reich betrafen, ermöglichten die Beschaffung eines bedeutenden Teiles der Finanzmittel zur Deckung der Kosten des auf ungarischem und kroatischem Gebiet liegenden, mehrfach unterteilten Grenzverteidigungssystems, das seit der zweiten Hälfte der 1550er Jahre das Reich und die österreichisch-böhmischen Länder des habsburgischen Herrschaftskonglomerats schützte.[1] Das Königreich Ungarn war jedoch nicht nur Kriegsschauplatz und Empfänger auswärtiger finanzieller und militärischer Hilfen, sondern trug selbst erheblich zur Finan-

[1] Zum Finanzverwaltungssystem und zu den Reformen unter Ferdinand I. und Maximilian II. s. *Peter Rauscher*, Zwischen Ständen und Gläubigern. Die kaiserlichen Finanzen unter Ferdinand I. und Maximilian II. (1556–1576). (Veröffentlichungen des Instituts für Österreichische Geschichtsforschung, Bd. 41.) Wien/München 2004, 122–187. Zur Türkenhilfe: *Winfried Schulze*, Reich und Türkengefahr im späten 16. Jahrhundert. Studien zu den politischen und gesellschaftlichen Auswirkungen einer äußeren Bedrohung. München 1978; *Maximilian Lanzinner*, Friedenssicherung und politische Einheit des Reiches unter Kaiser Maximilian II. (1564–1576). (Schriftenreihe der Historischen Kommission bei der Bayerischen Akademie der Wissenschaften, Bd. 45.) Göttingen 1993; *Peter Rauscher*, Kaiser und Reich. Die Reichstürkenhilfen von Ferdinand I. bis zum Beginn des „Langen Türkenkrieges" (1548–1593), in: Friedrich Edelmayer/Maximilian Lanzinner/Peter Rauscher (Hrsg.), Finanzen und Herrschaft. Materielle Grundlagen fürstlicher Politik in den habsburgischen Ländern und im Heiligen Römischen Reich im 16. Jahrhundert. (Veröffentlichungen des Instituts für Österreichische Geschichtsforschung, Bd. 38.) Wien/München 2003, 45–83. Zum Finanzwesen der Habsburger im 16. und 17. Jahrhundert s. zusammenfassend *Thomas Winkelbauer*, Ständefreiheit und Fürstenmacht. Länder und Untertanen des Hauses Habsburg im konfessionellen Zeitalter. 2 Teile. (Österreichische Geschichte 1522–1699.) Wien 2004, hier T. 1, 409–529.

zierung der Türkenkriege bei. Im vorliegenden Artikel sollen die Strukturen des ungarischen Finanzwesens analysiert werden, wobei der Schwerpunkt auf die Zeit des „Langen Türkenkriegs" (1592/93–1606) gelegt wird, der von einer enormen (Über-)Strapazierung der finanziellen Leistungsfähigkeit der habsburgischen Königreiche und Länder geprägt war.[2]

I. Die Finanzreformen unter Ferdinand I. und Maximilian II. in Ungarn

Die vielleicht wichtigste Reformmaßnahme Ferdinands I. nach der Schlacht von Mohács war die Einrichtung der 1528 gegründeten *Ungarischen Kammer.*[3] Laut ihrer Instruktion war die Überprüfung der Schulden und Verpfändungen aus der Zeit der Jagiellonen die vordringlichste Aufgabe dieser Behörde. Als Sitz der Kammer legte Ferdinand I. die spätmittel-

[2] Zur Geschichte des ungarischen Finanzwesens des 16. Jahrhunderts s. *Ignác Acsády*, Magyarország pénzügyei I. Ferdinánd uralkodása alatt, 1526–1564. Budapest 1888; *ders.*, A pozsonyi és szepesi kamarák, 1565–1604. Budapest 1894; *Győző Ember*, Az újkori magyar közigazgatás története Mohácstól a török kiűzéséig. Budapest 1946; *ders.*, Einnahmen und Ausgaben der Ungarischen Königlichen Kammer in den Jahren 1555–1562, in: Acta Historica Academiae Scientiarum Hungariae 28, 1982, 1–35; *István Kenyeres*, Die Finanzen des Königreichs Ungarn in der zweiten Hälfte des 16. Jahrhunderts, in: Edelmayer/Lanzinner/Rauscher (Hrsg.), Finanzen und Herrschaft (wie Anm. 1), 84–122; *ders.*, Die Einkünfte und Reformen der Finanzverwaltung Ferdinands I. in Ungarn, in: Martina Fuchs/Teréz Oborni/Gábor Ujváry (Hrsg.), Kaiser Ferdinand I. Ein mitteleuropäischer Herrscher. (Geschichte in der Epoche Karls V., Bd. 5.) Münster 2005, 111–146; *Rauscher*, Finanzen (wie Anm. 1), 59–76; *Géza Pálffy*, The Kingdom of Hungary and the Habsburg Monarchy in the Sixteenth Century. (CHSP Hungarian Studies Series, No. 18.) New York 2010, 121–134. Zum Grenzwesen allgemein: *ders.*, The Origins and Development of the Border Defence System Against the Ottoman Empire in Hungary. Up to the Early Eighteenth Century, in: Géza Dávid/Pál Fodor (Eds.), Ottomans, Hungarians, and Habsburgs in Central Europe. The Military Confines in the Era of Ottoman Conquest. (The Ottoman Empire and its Heritage. Politics, Society and Economy, Vol. 20.) Leiden/Boston/Köln 2000, 3–69. Zur Kriegsfinanzierung der ungarisch-kroatischen Grenze s. *ders.*, Der Preis für die Verteidigung der Habsburgermonarchie: Die Kosten der Türkenabwehr in der zweiten Hälfte des 16. Jahrhunderts, in: Edelmayer/Lanzinner/Rauscher (Hrsg.), Finanzen und Herrschaft (wie Anm. 1), 20–44; *István Kenyeres*, Die Kriegsausgaben der Habsburgermonarchie von der Mitte des 16. Jahrhunderts bis zum ersten Drittel des 17. Jahrhunderts, in: Peter Rauscher (Hrsg.), Kriegführung und Staatsfinanzen. Die Habsburgermonarchie und das Heilige Römische Reich vom Dreißigjährigen Krieg bis zum Ende des habsburgischen Kaisertums 1740. (Geschichte in der Epoche Karls V., Bd. 10.) Münster 2010, 41–80.

[3] *Acsády*, Magyarország pénzügyei (wie Anm. 2); *Ember*, Az újkori magyar közigazgatás (wie Anm. 2), 119–147; *Kenyeres*, Einkünfte (wie Anm. 2), 116–122.

alterliche ungarische Hauptstadt Ofen (Buda) fest, wo sie allerdings nur kurze Zeit tätig sein konnte, da die Stadt im Sommer 1529 in die Hände seines Rivalen Johann Szapolyai I. (1526–1540) fiel. Ferdinand I. reorganisierte die Kammer 1531, deren Sitz sich nun bereits in Pressburg (Bratislava/Pozsony), das die frühneuzeitliche Hauptstadt des Königreichs werden sollte, befand, weshalb später die Behörde auch immer wieder als *Pressburger Kammer* (*Camera Posoniensis*) bezeichnet wurde. Die Instruktionen der Kammer von 1528 und dann von 1548[4] enthielten auch mehrere Punkte, die die Prinzipien frühneuzeitlicher Finanzverwaltung festhielten, die vorher in Ungarn noch nicht heimisch gewesen waren – wie die Festlegung der Pflichten der Vorsteher der Kammer, die verpflichtende Rechnungsführung, das Bestellen von Kontrolleuren (*Gegenschreiber, contrascriba*) neben den Beamten und das Führen einer Gegenrechnung. Die Instruktion regelte die Vorschriften für Auszahlungen und Quittierungen und wies die schwere Last des Unterhalts der Grenzfestungen der Kompetenz der Kammer zu.[5] In der Praxis sollte sich die Ungarische Kammer nur langsam konsolidieren, erst ab den 1550er Jahren bildete sie das wichtigste Verwaltungsorgan der Habsburger in Ungarn.

Ein weiterer wichtiger Bereich der Finanzpolitik Ferdinands in den 1530er und 1540er Jahren war der Rückerwerb der ertragreichen Außenhandelszölle (*Dreißigste, tricesima*).[6] Die überwiegende Mehrheit der Dreißigstzölle war schon in der Zeit vor der Schlacht bei Mohács verpfändet worden, und infolge des Bürgerkriegs gegen Johann Szapolyai I. wurde eine ganze Reihe weiterer Dreißigstämter veräußert. Ferdinands Ziel, die verpfändeten Dreißigstzölle in seine Hände zu bekommen, kam man ab 1538 mit dem Erwerb der wichtigen Dreißigstämter in Slawonien, dann 1549 mit den Hauptdreißigstämtern von Trentschin (Trenčín/Trencsén) und Tyrnau (Trnava/Nagyszombat) näher.

Zu Beginn seiner Herrschaft sah Ferdinand I. für das riesige Finanzproblem, das auf ihm lastete, in Ungarn nur eine mögliche Lösung: Sie bestand in der Übernahme der Güter seiner Schwester, der verwitweten Königin

[4] Diese Instruktionen sind ediert in: *Zoltán Kérészy*, Adalékok a magyar kamarai pénzügyigazgatás történetéhez. Budapest 1916, 161–169, 172–183.

[5] Die Ungarische Kammer bekam in den Jahren 1561, 1569 und 1672 neue Amtsinstruktionen, die von jener aus dem Jahr 1548 nur geringfügig abwichen. S. *Theodor Mayer*, Das Verhältnis der Hofkammer zur ungarischen Kammer bis zur Regierung Maria Theresias, in: MIÖG Erg.-Bd. 9, 1915, 57–59. Mayer ediert hier den Text der Instruktion von 1561 und kommentiert in den Fußnoten die Übereinstimmungen und Differenzen mit den Instruktionen von 1548, 1561 und 1672.

[6] Zusammenfassend s. *Kenyeres*, Einkünfte (wie Anm. 2), 125–127.

Maria (1505–1558).[7] Diese Besitzungen, darunter die wichtige Bergbau- und Münzkammer zu Kremnitz (Kremnica/Körmöcbánya) mit den sieben königlichen Bergstädten im Tal der Gran[8] und bedeutende Grundherrschaften, hatte Maria bereits 1522 von König Ludwig II. (1516–1526) als Verlobungsgeschenk erhalten. Durch diese Schenkungen zählte Königin Maria zu den reichsten Grundbesitzern Ungarns. Nach Mohács wollte die Königin nicht auf diese Güter zugunsten ihres Bruders verzichten, und nur nach langen Verhandlungen gelang es Ferdinand, mit Maria eine Übereinkunft zu erzielen. 1548 verzichtete Maria schließlich auf ihre Besitzungen in Ungarn, womit Ferdinand eines der wichtigsten Dreißigstämter, das Zentrum des Silber- und Kupferbergbaus und der Münzprägung, wieder in königlichen Besitz überführen konnte.

Die nächste wichtige Reform Ferdinands I. betraf die Kriegssteuer.[9] Bis in die 1540er Jahre konnte der König dem alten, spätmittelalterlichen Brauch ein Ende setzen, dass die Bannerherren – also diejenigen Hochadligen, die laut Gesetz verpflichtet waren, selbst eine Armee zu unterhalten – auf ihrem eigenen Grundbesitz für sich selbst die Kriegssteuer eintreiben durften. Festsetzung und Einhebung der Steuer gerieten fast vollständig unter die Aufsicht der Kammer. Während der 38 Jahre währenden Regierung Ferdinands gewährten die Stände die Kriegssteuer 22 Mal. Ab 1546 bewilligten sie regelmäßig eine doppelte Kriegssteuer in Höhe von zwei Ungarischen Gulden (à 75 Kreuzer) pro Hof. Im Allgemeinen beharrten die Stände zwar auf ihrem Recht, die Kriegssteuer immer nur jährlich zu bewilligen, ab 1552 waren sie aber mehrmals bereit, diese für zwei bis drei Jahre im Voraus zuzusagen.

Ab 1550 gerieten neben Marias Herrschaften weitere wichtige Grundherrschaften unter die Verwaltung der Kammer: Ferdinand löste einige in den 1530 Jahren verpfändete Güter aus, 1549 eroberten seine Truppen viele oberungarische Rebellengüter. Parallel dazu gelangte der König in den Besitz mehrerer Güter, deren ursprüngliche Besitzer wegen der osmanischen

[7] *Gernot Heiß*, Die ungarischen, böhmischen und österreichischen Besitzungen der Königin Maria (1505–1558) und ihre Verwaltung. T. 1, in: Mitteilungen des Österreichischen Staatsarchivs 27, 1974, 61–100; T. 2, in: ebd. 29, 1976, 52–121; *István Kenyeres*, Verwaltung und Erträge von Königin Marias ungarischen Besitzungen in den Jahren 1522 bis 1548, in: Martina Fuchs/Orsolya Réthelyi (Hrsg.), Maria von Ungarn (1505–1558). Eine Renaissancefürstin. (Geschichte in der Epoche Karls V., Bd. 8.) Münster 2007, 179–207.

[8] *Günther Probszt*, Königin Maria und die niederungarischen Bergstädte, in: ZfO 15, 1966, 621–703.

[9] *Kenyeres*, Einkünfte (wie Anm. 2), 123 f., 136 f.

Bedrohung auf diese gegen Geld und/oder gegen Kompensation mit anderem Grundbesitz verzichteten. Auf diese Art kam eine Reihe wichtiger Grenzburgen und Herrschaften unter die Verwaltung der Kammer.

Gleichzeitig setzte Ferdinand die völlige Modernisierung des Verwaltungssystems der Kammerherrschaften durch und machte von seinem königlichen Recht Gebrauch, die Güter vakanter kirchlicher Ämter und Institutionen in die Verwaltung der Kammern zu übernehmen. Auf Basis der so übernommenen Kammerherrschaften baute die habsburgische Finanzverwaltung einen durchaus ansehnlichen Teil des Unterhalts und der Verproviantierung der Grenzsoldaten und des Grenzburgensystems auf.[10]

Die letzte Phase der Reform des ungarischen Finanzwesens war die Gründung der Zipser Kammer. Das nordöstliche Gebiet des Königreichs Ungarn, Oberungarn genannt, war von Pressburg, dem Sitz der Ungarischen Kammer, so weit entfernt, dass man dafür eine eigene Kameralverwaltung einrichtete. Ab Ende der 1530er Jahre wurde in der Zips unter Aufsicht der Ungarischen Kammer ein Einnehmer eingesetzt, später die „Direktion der Königlichen Einkünfte in Oberungarn" als Behörde eingerichtet. Auf dieser Basis gründete Maximilian II. 1567 die Zipser Kammer mit Sitz in Kaschau (Košice/Kassa). In den Instruktionen dieser Behörde von 1567 und 1571 wurden die Verwaltung der Kammerherrschaften der Grenzfestungen und die Versorgung der Truppen als ihre wichtigsten Aufgaben genannt. Die Kammer verwaltete die Kriegssteuern der oberungarischen Komitate, die aber meistens direkt der Versorgung einer bestimmten Grenzfestung zugeordnet wurden. Zur Zipser Kammer gehörte im Vergleich zur Ungarischen eine bedeutende Zahl von Kammerherrschaften, die meistens rund um die Grenzfestungen lagen. Diese erbrachten beträchtliche Einkünfte, die für die Besoldung und Verproviantierung der Besatzungen der Grenzburgen verwendet wurden.[11]

Nicht alle ungarischen Einnahmen gingen an die beiden in Ungarn angesiedelten Kammern. Ferdinand I. unterstellte die slawonischen Dreißigstämter, 1549 auch die Hauptdreißiger in Ungarisch-Altenburg (Magyaróvár) und Pressburg sowie die von Königin Maria zurückgewon-

[10] Ebd. 135 f.; *ders.*, Uradalmak és végvárak. A kamarai birtokok és a törökellenes határvédelem a 16. századi Magyar Királyságban. (Habsburg Történeti Monográfiák, Vol. 2.) Budapest 2008; *ders.*, Grundherrschaften und Grenzfestungen. Die Kammerherrschaften und die Türkenabwehr im Königreich Ungarn des 16. Jahrhunderts, in: Krisztian Csaplar-Degovics/István Fazekas (Hrsg.), Geteilt – Vereinigt: Beiträge zur Geschichte des Königreichs Ungarn in der Frühneuzeit (16.–18. Jahrhundert). (Ungarische Geschichte, Bd. 1.) Berlin 2011, 98–129.

[11] *Kenyeres*, Finanzen (wie Anm. 2), 95–97.

nenen Kremnitzer Münz- und Bergbaukammer und Grundherrschaften der Verwaltung der Niederösterreichischen Kammer mit Sitz in Wien. Als Folge dieser Maßnahme waren in der zweiten Hälfte des 16. Jahrhunderts die bedeutendsten Einkommen aus dem Königreich Ungarn der Zuständigkeit der dortigen Kammern entzogen.

II. Die Einnahmen des Königreichs Ungarn

Die Einnahmen der Kammern in Ungarn lassen sich auf Basis von Rechnungsbüchern und Aufstellungen der Behörden wie folgt rekonstruieren: Die Ungarische Kammer verfügte in der ersten Hälfte der 1540er Jahre mit Summen zwischen 5000 und 6000 Rheinischen Gulden (à 60 Kreuzer, alle folgenden Guldenbeträge beziehen sich auf den Rheinischen Gulden) pro Jahr über keinerlei bedeutende Einkommen. Dank der Finanzreformen Ferdinands I. erhöhten sie sich bis zur Jahrhundertmitte im Jahresdurchschnitt auf 150000 Gulden. Wegen der Gebietsverluste der 1550er und 1560er Jahre gingen zwar die Kameraleinnahmen zurück, sie näherten sich aber bis in die 1570er und 1580er Jahre wieder der Größenordnung der Jahrhundertmitte an. Die Jahreseinnahmen der Zipser Kammer in den 1560er bis 1580er Jahren kann man auf 100000 Gulden schätzen. Deutlich erkennt man jährliche Schwankungen, die in den Jahren am stärksten ausfallen, in denen die Stände keine Kriegssteuer bewilligten. Im Gegensatz zum 16. verfügen wir für das 17. Jahrhundert über weniger Informationen, die dennoch den Schluss zulassen, dass die Einnahmen Ungarns deutlich fielen (vgl. Graphik 1 am Ende dieses Beitrags).

Wie schon erwähnt, flossen bedeutende ungarische Einkünfte in die Niederösterreichische Kammer, so dass ohne diese Summen die Gesamteinnahmen aus dem Königreich nicht festgestellt werden können. Glücklicherweise sind Aufstellungen aus den Jahren zwischen 1574 und 1576 sowie zwischen 1584 und 1586 über alle Einkünfte des Königreichs Ungarn überliefert[12], aus denen sich auch die beträchtlichen ungarischen Einnahmen der Niederösterreichischen Kammer ermitteln lassen.

[12] Österreichisches Staatsarchiv (ÖStA), Allgemeines Verwaltungsarchiv/Finanz- und Hofkammerarchiv, Hofkammerarchiv (HKA), Vermischte Ungarische Gegenstände (VUG), rote Nummer (r. Nr.) 32/B, fol. 1017r–1054v, 1067r–1096v; HKA, Hoffinanz Ungarn (HFU), r. Nr. 52, Konv. Dezember 1587, fol. 151r–162v, 194r–228v; ebd. r. Nr. 53, Konv. Januar 1588, fol. 26r–30v. Zur Analyse der Daten s. *Kenyeres*, Finanzen (wie Anm. 2), 111–118.

Tabelle 1: Einnahmen aus dem Königreich Ungarn gegliedert nach Kammern (1574–1576 und 1584–1587)[13]

	1574–1576		1584–1586	
	Gulden	Prozent	Gulden	Prozent
Ungarische Kammer	239210	29,8	234971	34
Zipser Kammer	242640	30,2	230313	34
Niederösterreichische Kammer	321226	40,0	221807	32
Gesamt	803076	100,0	687091	100

Es muss betont werden, dass diese Aufstellungen nicht nur die Einnahmen der drei Kammern, sondern auch andere wichtige, in den Rechnungsbüchern dieser Behörden nicht auffindbare Einkünfte – wie die Erträge der Kammerherrschaften (Grundherrschaften) – enthalten.[14] Die bedeutendste Einnahmequelle war eindeutig der Dreißigste: Mindestens 35 Prozent des Gesamteinkommens des Landes kamen aus den Zöllen auf den florierenden Rinderexport. Danach folgten die Gewinne aus den von der Niederösterreichischen Kammer verwalteten Bergbau- und Münzkammern (v. a. den Ämtern der Kremnitzer Kammer). Darüber hinaus spielten die Einnahmen der Grundherrschaften, die in den Kameralabrechnungen fehlen, ebenfalls eine bedeutende Rolle.

Tabelle 2: Einkommen des Königreichs Ungarn nach Einnahmearten im Jahresdurchschnitt (1574–1576)[15]

Einkommen	Gulden	Prozent
Dreißigste (Außenhandelszölle)	284133	35,4
Bergwerke und Münzprägung	22296	24,8
Kammerherrschaften	199143	20,5
Kriegssteuer (Kontribution)	164278	9,3
Verpachtete Herrschaften	74855	4,9
Zensus und Taxen der königlichen Freistädte	39603	2,8
Kredite	13923	1,7
Sonstige	4848	0,6
Gesamt	803076	100,0

Insgesamt kann festgestellt werden, dass die jährlichen Nettoeinnahmen der Habsburger aus dem königlichen Ungarn in den 1570/80er Jahren rund

[13] Zu den Quellen s. Anm. 12.

[14] *Kenyeres*, Uradalmak (wie Anm. 10), 364–376; *ders.*, Grundherrschaften (wie Anm. 10).

[15] *Ders.*, Finanzen (wie Anm. 2), 114 Tabelle 16. Zu den Quellen s. Anm. 12.

800000 Gulden ausmachten.[16] Diese Summe war keineswegs unbedeutend: Vermutet wird, dass die Gesamteinnahmen der Habsburger in diesen Jahrzehnten etwa 2 bis 2,5 Millionen Gulden jährlich betrugen.[17] Demnach stammte im letzten Drittel des 16. Jahrhunderts ein Viertel bis ein Drittel des Gesamteinkommens der Habsburger – und damit nach Ländern gerechnet der größte Einzelposten – aus Ungarn. Freilich muss berücksichtigt werden, dass auch die bedeutendsten Kosten für den Erhalt des Grenzfestungssystems in Ungarn, Kroatien und Slawonien anfielen.

III. Die Kosten der Türkenabwehr

Der Sold der ungarischen und kroatischen Grenzsoldaten betrug Ende der 1540er Jahre mehr als eine halbe Million Gulden, Ende der 1550er Jahre war diese Summe auf mehr als eine Million Gulden gestiegen, und bis zum Beginn des „Langen Türkenkrieges" 1592/93 näherte sie sich der Marke von 1,5 Millionen Gulden. Dieser Betrag hätte die ständige Besoldung von etwa 21000 bis 22000 Grenzsoldaten gedeckt, allerdings ohne die Kosten für den Festungsbau und andere Kriegsausgaben einzuberechnen. Wenn wir diese Kosten ebenfalls berücksichtigen, ergäbe dies eine Summe von mehr als ca. 2 Millionen Gulden (vgl. Graphik 2 am Ende dieses Beitrags).[18]

Die genannten Zahlen basieren auf den sogenannten Grenzfestungs- oder Kriegsstaatsverzeichnissen, die die vorgeschriebene Truppenstärke der Grenzfestungen und ihre Soldkosten enthalten, wobei wir aber wissen, dass die planmäßige Kopfzahl niemals und nirgends erreicht wurde. Aufgrund dieser Quellen können wir aber den Maximalbetrag der Kriegskosten in sogenannten „Friedenszeiten" (vom Frieden von Adrianopel [Edirne] 1568 bis zum Beginn des Langen Türkenkrieges 1592/93) schätzen.

Wie erwähnt konnten die habsburgischen Herrscher in der Mitte und im zweiten Drittel des 16. Jahrhunderts jährlich mit Einkommen von etwa 2 bis 2,5 Millionen Gulden aus ihren Ländern rechnen. Sämtliche Einkom-

[16] Die Einnahmen in den Jahren zwischen 1584 und 1586 waren höher als dies in den Aufstellungen ausgewiesen ist. Der Grund liegt darin, dass bei den ungarischen Einnahmen der Niederösterreichischen Kammer die Einkommen einiger Kameralgüter sowie der Neusohler Kupferhandel in den Quellen nicht berücksichtigt sind. *Ders.*, Finanzen (wie Anm. 2), 111–118.

[17] Mit einer Zusammenfassung der früheren Literatur und Schätzungen s. *ders.*, Kriegsausgaben (wie Anm. 2), 41f.

[18] *Pálffy*, Preis (wie Anm. 2), 25–34.

men der Habsburger hätten damit die Kriegskosten (ungefähr 1,5 bis 2 Millionen) kaum gedeckt; mit Rücksicht auf die ebenfalls beträchtlichen Ausgaben für die Hofhaltung und Verwaltung (ungefähr eine halbe Million Gulden)[19] können wir mit einem permanenten Defizit rechnen.

Welche Kriegskosten wurden aber tatsächlich bezahlt? Um diese Frage zu beantworten, sollen die Hofzahlamtsbücher sowie die Rechnungsbücher und Aufstellungen des Kriegszahlmeisters analysiert werden.

Das Amt des Hofzahlmeisters entstand als Kasse für die Deckung der Bedürfnisse des Herrscherhofes und verbuchte sowohl die spezifischen Einnahmen als auch die davon getätigten Ausgaben. Diese Rechnungsbücher des Hofzahlmeisters („Hofzahlamtsbücher") sind – von wenigen Lücken abgesehen – ab 1543 überliefert.[20] Wichtig für unseren Zusammenhang ist jedoch, dass die Hofzahlamtsbücher auch zahlreiche, bis heute wenig beachtete Angaben über die Kriegsausgaben beinhalten. Denn obwohl die Bezahlung des Militärs im Grunde genommen nicht zu den Aufgaben der Hofzahlmeister zählte, führten diese dennoch als Verwalter der zentralen Kasse am Hof Zahlungen im Namen der Kriegszahlmeister durch und nahmen diese aus buchhaltungstechnischen Gründen auch in ihre Rechnungsbücher auf. Von der Mitte der 1540er Jahre bis zum Jahr 1556 spielten der Hofzahlmeister und dadurch auch das Hofzahlamt eine Schlüsselrolle in der Verbuchung der Kriegskosten der Habsburgermonarchie. In diesen Jahren leistete das Hofzahlamt Kriegsauszahlungen in der Höhe von 200 000 bis beinahe 1 Million Gulden pro Jahr, was 30 bis 70 Prozent der Gesamtausgaben des Amtes, das ja eigentlich der Hoffinanzierung dienen sollte, ausmachte. Davon betrugen die jährlichen Soldkosten für das ungarische Grenzfestungssystem ungefähr die Hälfte; bis zur Mitte der 1540er

[19] *Rauscher*, Finanzen (wie Anm. 1), 250–271; *ders.*, Die Finanzierung des Kaiserhofs von der Mitte des 16. bis zu Beginn des 18. Jahrhunderts. Eine Analyse der Hofzahlamtsbücher, in: Gerhard Fouquet/Jan Hirschbiegel/Werner Paravicini (Hrsg.), Hofwirtschaft. Ein ökonomischer Blick auf Hof und Residenz in Spätmittelalter und Früher Neuzeit. 10. Symposium der Residenzen-Kommission der Akademie der Wissenschaften zu Göttingen, Gottorf/Schleswig, 23.–26. September 2006. (Residenzenforschung, Bd. 21.) Ostfildern 2008, 405–441.

[20] Zu den Hofzahlamtsbüchern (HKA, Hofzahlamtsbücher [HZAB]) s. *Rauscher*, Finanzen (wie Anm. 1), 250–252; *Christian Sapper*, Die Zahlamtsbücher im Hofkammerarchiv 1542–1825, in: Mitteilungen des Österreichischen Staatsarchivs 35, 1982, 404–455, hier 410–413, und *Mark Hengerer*, Die Rechnungsbücher des Hofzahlmeisters (1542–1714) und die Zahlamtsbücher (1542–1825) im Wiener Hofkammerarchiv, in: Josef Pauser/Martin Scheutz/Thomas Winkelbauer (Hrsg.), Quellenkunde der Habsburgermonarchie (16.–18. Jahrhundert). Ein exemplarisches Handbuch. (MIÖG, Erg.-Bd. 44.) Wien/München 2004, 128–143.

Jahre können sie auf maximal 350000, bis zum Ende der 1540er Jahre auf höchstens 500000 Gulden geschätzt werden. Mit einem Anteil von knapp der Hälfte bis 80 Prozent an diesen Posten leistete das Hofzahlamt aus den ihm zufließenden Mitteln einen wichtigen Beitrag für die Truppenbesoldung. Bis zur Mitte der 1540er Jahre wurden wahrscheinlich fast die gesamten ungarischen Soldkosten aus dem Hofzahlamt bezahlt. Anschließend reduzierte sich dieses Verhältnis parallel zum Anstieg der Kosten vermutlich auf 50 bis 60 Prozent, um dann während des Krieges in der ersten Hälfte der 1550er Jahre erneut auf annähernd 80 bis 90 Prozent anzusteigen. Gleichzeitig zeigen die eruierbaren Daten, dass die Bedeutung des Hofzahlamts als Kriegskasse in den 1560/70er Jahren stark zurückging und in den 1580/90er Jahren im Grunde ganz endete.[21]

Dies hing offensichtlich mit dem Ausbau und der Konsolidierung der Kriegszahlämter zusammen. Der wichtigste Vorsteher dieser Ämter war der in Wien residierende „Kriegszahlmeister in Ungarn“, der ab Ende des 16. Jahrhunderts „Hofkriegszahlmeister“ genannt wurde. Für den Fall, dass die Truppen entweder von den Ständen eines Landes oder direkt aus Einnahmen von Kammern oder anderen Kammerherrschaften beziehungsweise Ämtern bezahlt wurden, legte der Kriegszahlmeister darüber Rechnung. Ab 1566 wurde in Oberungarn, das heißt in Nordostungarn, das in finanzieller Hinsicht unter der Verwaltung der Zipser Kammer stand, ein separates Amt eingerichtet: das Amt des „Kriegszahlmeisters in Oberungarn“. Auf Basis der erhalten gebliebenen Rechnungsbücher der Kriegszahlmeister in Ungarn und Oberungarn für die Jahre 1569 und 1570 erreichte das Gesamtvolumen der Kriegsausgaben der Kriegszahlmeister ca. 1,35 Millionen Gulden.[22] Nach einer Aufstellung gab der Kriegszahlmeister in Ungarn zwischen 1573 und 1575 im Jahresdurchschnitt 570000 Gul-

[21] Ausführliche Angaben bei *Kenyeres,* Kriegsausgaben (wie Anm. 2), 46–52.

[22] Zum Rechnungsbuch des Kriegszahlmeisters in Ungarn 1570 s. *Rauscher*, Finanzen (wie Anm. 1), 272–277; *Kenyeres*, Kriegsausgaben (wie Anm. 2), 54–58. Zum Rechnungsbuch des Kriegszahlmeisters in Oberungarn 1569 s. ebd. 58–60. Das Gesamtvolumen der beiden erhalten gebliebenen Rechnungsbücher der beiden Kriegszahlmeister in Ungarn und Oberungarn für die Jahre 1569 und 1570 beträgt ca. 1,8 Millionen Rheinische Gulden (fl). Da allerdings drei Viertel der Einnahmen des Kriegszahlmeisters in Oberungarn vom Kriegszahlmeister in Ungarn stammten, muss diese Summe um ca. 250000–350000 fl. auf ca. 1,5 Millionen fl. reduziert werden. Der Kriegszahlmeister in Ungarn verwendete ca. 85 Prozent seiner Ausgaben für das Kriegswesen im weiteren Sinn, und da diese Quote bei seinem oberungarischen Kollegen bei 97 Prozent lag, können von den genannten 1,5 Millionen fl. ca. 10 Prozent an Ausgaben abgezogen werden, die nicht der Kriegführung dienten (wie Schuldentilgung). Nach dieser Schätzung hätte das kaiserliche Kriegsbudget um 1570 ca. 1,35 Millionen fl. ausgemacht. Ebd. 60f.

den für das Kriegswesen aus, während der Kriegszahlmeister in Oberungarn 240000 Gulden verbuchte.[23] Dies würde zusammen lediglich ca. 810000 Gulden an Kriegsausgaben ergeben. Auf der anderen Seite wissen wir aber, dass die österreichischen Stände, die Ungarische und die Zipser Kammer sowie die Kremnitzer Bergbaukammer direkt Grenzsoldaten bezahlten und diese Gelder in den Rechnungen der Kriegszahlmeister nicht immer enthalten sind.[24] Berücksichtigt man diese Zahlungen, ist für die Zeit um 1570 von tatsächlichen Kriegsausgaben von etwa einer Million Gulden auszugehen. Das bedeutet, dass das jährliche Defizit in Wirklichkeit mindestens ein halbe Million Gulden betrug (vgl. Graphik 3 am Ende dieses Beitrags).

IV. Die Finanzierung des Langen Türkenkrieges

Wenn tatsächlich bereits in „Friedenszeiten" von Jahr zu Jahr solche Defizite aufliefen, stellt sich die Frage, wie die habsburgische Administration fähig sein konnte, den von horrenden Kosten begleiteten Langen Türkenkrieg zu finanzieren. Es ist schwer abzuschätzen, was der Lange Türkenkrieg das Habsburgerreich jährlich kostete. Einigen Vermutungen nach erreichten die Kriegskosten in den letzten Jahren des Langen Türkenkrieges sechs bis zehn Millionen Gulden jährlich.[25] Es erheben sich zwei Fragen: Wie viele Mittel benötigte man für die permanente Kriegführung, und wieviel Geld konnte die habsburgische Administration für den Krieg tatsächlich ausgeben? Beginnen wir mit der zweiten Frage. Anhand einer Aufstellung[26] zu den Ausgaben von Hofkriegs- und Feldkriegszahlamt, mehrerer militärischer und anderer Kameralämter[27] wurden im ersten Jahrzehnt des Langen Türkenkriegs aus dem Hofkriegszahlamt im Jahresdurchschnitt 1,5

[23] ÖStA, Kriegsarchiv (KA), Alte Feldakten (AFA), 1576–11–5, fol. 6r–8r.

[24] *Pálffy*, Preis (wie Anm. 2), 34–39; *Kenyeres*, Finanzen (wie Anm. 2), 117f.

[25] Winkelbauer gibt sechs Millionen fl. an Kriegskosten für das Jahr 1606 an: *Winkelbauer*, Ständefreiheit (wie Anm. 1), T. 1, 482. Die Angabe von zehn Millionen fl. als jährliche Kriegskosten findet sich bei: *István Czigány*, Reform vagy kudarc? Kísérletek a magyarországi katonaság beillesztésére a Habsburg Birodalom haderejébe, 1600–1700. Budapest 2004, 67.

[26] ÖStA, Haus-, Hof- und Staatsarchiv (HHStA), Kriegsakten, Kart. 31, Konv. 1590–1602, fol. 70r–78v.

[27] Militärämter: Armadazahlamt, Feldzeugzahlamt, Bauzahlämter, Feldbrücken- und Bauzahlamt, Oberstes Proviantmeisteramt, andere Proviantämter, Oberstes Schiffmeisteramt. Kammerämter: Vizedomämter in Wien und Linz (Österreich unter und ob der Enns) sowie Salzamt in Gmunden.

Millionen Gulden, aus dem Amt des Kriegszahlmeisters in Oberungarn 430000 Gulden und damit aus beiden Ämtern insgesamt etwa 2,3 Millionen Gulden ausgezahlt.

Bemerkenswert ist, dass die Ausgaben stark schwankten: Während 1593 weniger als eine Million ausgegeben wurde, betrugen die Kriegsausgaben 1598 fast 4,4 Millionen Gulden.[28]

Bezüglich des letzten halben Jahrzehnts des Krieges sind auch die aus dem Hofzahlamt geleisteten Zahlungen bekannt.[29] Diese Daten zeigen, dass es in der letzten Periode des Krieges Jahre gab, in denen der Hofkriegszahlmeister allein aus dem Hofzahlamt Summen zwischen einer halben Million und 2,1 Millionen Gulden bekam. Für das Jahr 1605 sind darüber hinaus auch die Zahlungen an den Feldkriegszahlmeister in Oberungarn überliefert.[30] Beide Kriegszahlämter wirtschafteten in diesem Jahr mindestens mit einer ebenso großen Summe wie im ersten Jahrzehnt des Krieges (2,3 Millionen Gulden jährlich). Zu berücksichtigen ist, dass das Hofzahlamt in dieser Periode (1601–1605) bedeutsame Kredite aufnahm und außerdem 200000 bis 300000 Gulden pro Jahr von den Reichspfennigmeistern einbezahlt wurden. Daher können wir annehmen, dass der entscheidende Teil der Ausgaben des Hofkriegszahlmeisters, besonders in den Jahren 1604/05, durch das Hofzahlamt gedeckt wurde. Die jährlichen Ausgaben für den Langen Türkenkrieg, die über die kaiserlichen Ämter gelaufen sind, lassen sich also auf 2,3 Millionen Gulden schätzen (vgl. Graphik 4 am Ende dieses Beitrags).

Was wurde damit bezahlt? Anhand des Grenzverzeichnisses von 1593 lässt sich die Soldsumme der ungarischen und kroatischen Grenze jährlich auf 1,3 bis 1,5 Millionen Gulden beziffern, für den Sold der in den Grenzgebieten stationierten außerordentlichen Feldheere – zu dieser Zeit 4800 Soldaten – waren weitere 388000 Gulden vorgesehen. Man rechnete also jährlich mit einer Soldsumme von insgesamt 1,7 bis 1,9 Millionen Gulden, obgleich das Grenzverzeichnis aus dem Jahr 1602 nur 1,3 Millionen Gulden an Soldleistungen angibt. Über die Kosten der im Allgemeinen für fünf Monate rekrutierten Feldheere und die anderen Militärausgaben (Kriegsverpflegung, Transport, Artillerie usw.) liegen nur fragmentarische Anga-

[28] *Kenyeres*, Kriegsausgaben (wie Anm. 2), 69f.

[29] Daten 1601–1604: *Rauscher*, Finanzen (wie Anm. 1), 392f. (Tabelle 126); Daten zum Jahr 1605: HKA, HZAB 56.

[30] Zu den Einnahmen und Ausgaben des oberungarischen Feldkriegszahlmeisters während des Langen Türkenkrieges s. ausführlich *Kenyeres*, Kriegsausgaben (wie Anm. 2), 62–69.

ben vor. Nach einem Gutachten der Hofkammer aus dem Jahr 1607 beliefen sich die Kosten eines Feldheeres mit 24000 Landsknechten und 4000 Reitern für fünf Monate auf 2342600 Gulden.[31] Wenn man für das Grenzsoldatentum max. 1,9 Millionen, für die anderen Kriegskosten (Proviant, Zeugämter, Festungsbauten usw.) etwa 500000 und für das Feldheer (mit ungefähr 28000 bis 30000 Soldaten) 2,3 bis 2,5 Millionen Gulden kalkuliert, beliefen sich die Gesamtkosten auf 4,7 bis 4,9 Millionen, maximal 5 Millionen Gulden.

Berücksichtigt man zusätzlich noch die Kosten für die Hofhaltung im Umfang von einer halben Million Gulden, wird klar, dass die Habsburgermonarchie ihre sich in der Zeit vor dem Krieg auf höchstens 2,5 Millionen Gulden belaufenden ordentlichen und außerordentlichen Einnahmen stark erhöhen musste. Wie wir sehen konnten, liefen im Militärhaushalt bereits in der Periode vor dem Ausbruch des Kriegs von Jahr zu Jahr bedeutende Defizite von ungefähr einer halben Million auf. Daher stellt sich zwangsläufig die Frage, wie die kaiserliche Regierung es wagen konnte, eine offene Konfrontation mit dem Osmanischen Reich zu riskieren, das finanziell über erhebliche Reserven verfügte.[32] Meiner Meinung nach deshalb, weil der Kaiser über vier „Reserven" verfügte, auf die er sich im Kriegsfall stützen konnte.

1) Eine Reserve war die Kaiserwürde und die damit verbundene Möglichkeit, auch das Heilige Römische Reich zu finanzieller (und militärischer) Unterstützung heranzuziehen. Bezüglich der Summe der Türkenhilfen stehen uns nur mangelhafte und widersprüchliche Daten zur Verfügung: In den 1580er Jahren rechneten die Zusammenstellungen der im kommenden Jahr zu erwartenden Militärausgaben mit 600000 bis 700000 Gulden pro Jahr aus den Reichstürkenhilfen.[33] Schätzungen zufolge bezahlten die Reichsstände während des Langen Türkenkrieges ca. 12 Milli-

[31] *Felix Stieve*, Vom Reichstag 1608 bis zur Gründung der Liga. (Briefe und Acten zur Geschichte des Dreissigjährigen Krieges in den Zeiten des vorwaltenden Einflusses der Wittelsbacher, Bd. 6.) München 1895, 111–119, hier 112f.

[32] S. *Pál Fodor*, Vállalkozásra kényszerítve. Az oszmán pénzügyigazgatás és hatalmi elit változásai a 16–17. század fordulóján. (História Könyvtár. Monográfiák, Vol. 21.) Budapest 2006, 43–47, 66–74; *ders.*, Adatok az 1596. évi egri (mezőkeresztesi) oszmán hadjárat költségeihez, in: Keletkutatás 2007, 59–68. Vgl. auch den Artikel von Pál Fodor in diesem Band.

[33] Rauscher rechnet mit 600000–700000 fl. jährlichen Einnahmen aus den Reichshilfen in den Jahren 1576/78. *Rauscher*, Kaiser und Reich (wie Anm. 1), 61; *ders.*, Finanzen (wie Anm. 1), 314f. Der Budgetentwurf 1577 rechnet mit 460000 fl. für Ungarn und mit 140000 fl. für Innerösterreich aus der Reichshilfe. *Pálffy*, Preis (wie Anm. 2), 33. S. außerdem: „Verzeichnus wie die ganz Hungerisch Gränicz von Siebenbürgen an biß

onen Gulden, wozu weitere 7 bis 9 Millionen zu rechnen sind, die nicht über den Reichstag, sondern über die Reichskreise aufgebracht wurden. Damit stammten also insgesamt jährlich 1,4 Millionen Gulden aus dem Reich.[34] Aufgrund der unlängst aufgearbeiteten Rechnungsbücher des für die Eintreibung der Türkenhilfe verantwortlichen Reichspfennigmeisters Zacharias Geizkofler (1589–1603) lässt sich ein näheres Bild von der erhaltenen Reichstürkenhilfe und ihrer Verwendung gewinnen:

Tabelle 3: Einnahmen aus den Reichshilfen 1592–1603 in Gulden („Alte Hilfen", Bewilligungen der Jahre 1594 und 1598)[35]

Jahr	Reichshilfen und andere Hilfen	Übergaben, Antizipationen, Kredite etc.	Summe
1592	24134	11800	35934
1593	46385	44279	90664
1594	327781	777177	1104958
1595	828502	378730	1207232
1596	813377	503048	1316425
1597	697561	1062637	1812892
1598	1686752	628599	2389201
1599	1225453	880592	2129800
1600	1388013	158039	1662923
1601	516410	298285	879197
1602	290963	508988	801179
1603	702366	157033	983713
Gesamt	8547697	5409207	14414118
Jahresdurchschnitt	712308	450767	1201177

auf die Traa [Drau, I. K.] und Windischlandt underhalten und Contentirt kan werden", in dem ebenfalls mit 600000 fl. Reichshilfe gerechnet wird. KA, AFA, 1580/12/5.

[34] *Johannes Müller*, Die Verdienste Zacharias Geizkoflers um die Beschaffung der Geldmittel für den Türkenkrieg Kaiser Rudolfs II., in: MIÖG 21, 1900, 251–304, hier 259; *ders.*, Zacharias Geizkofler 1560–1617, des heiligen Römischen Reiches Pfennigmeister und oberster Proviantmeister im Königreich Ungarn. (Veröffentlichungen des Wiener Hofkammerarchivs, Bd. 3.) Baden bei Wien 1938, 31 f. Schulze schätzt die Erträge der Reichstürkenhilfen zwischen 1576 und 1603, die bis 1630 einliefen, auf ca. 18,6 Mio. fl. *Schulze*, Reich (wie Anm. 1), 362; Niederkorn rechnet mit 20 Millionen fl. während des „Langen Türkenkriegs". *Jan Paul Niederkorn,* Die europäischen Mächte und der „Lange Türkenkrieg" Kaiser Rudolfs II., 1593–1606. (Archiv für österreichische Geschichte, Bd. 135.) Wien 1993, 499.

[35] *Alexander Sigelen, Dem ganzen Geschlecht nützlich und rühmlich.* Reichspfennigmeister Zacharias Geizkofler zwischen Fürstendienst und Familienpolitik. (Veröffentli-

Tabelle 4: Ausgaben aus den Reichshilfen 1592–1603 in Gulden („Alte Hilfen", Bewilligungen der Jahre 1594 und 1598)[36]

Jahr	Hof- und Kriegszahlamt	Schuldendienst	Summe
1592	6552	23236	33865
1593	44186	40668	101016
1594	954957	176286	1158388
1595	773530	361272	1175116
1596	630428	608340	1289710
1597	1011825	754393	1806560
1598	2266570	426900	2767457
1599	1820058	303684	2219939
1600	1149627	189073	1471758
1601	377951	295329	768846
1602	499938	212839	809159
1603	121485	403440	612964
Gesamt	9657107	3798460	14214778
Jahresdurchschnitt	804759	316538	1184565

Diese Angaben lassen erahnen, dass die Türkenhilfen und insbesondere die Rolle des Reichspfennigmeisters Geizkofler für die Finanzierung des Langen Türkenkriegs essentiell waren. Die Gelder, die Zacharias Geizkofler zwischen 1592 und 1603 im jährlichen Umfang von durchschnittlich etwa 1,2 Million Gulden verbuchte, stammten nur zu 59 Prozent direkt aus den Reichshilfen, während 38 Prozent aus Antizipationen und Krediten bestanden. Was die Ausgaben angeht, lässt sich zeigen, dass die ins Hofzahlamt und in das Kriegszahlamt eingezahlten Mittel für die Kriegführung nur 800000 Gulden ausmachten. Mehr als 300000 Gulden flossen hingegen in die Schuldentildung. Daher lässt sich der jährliche Beitrag der Reichshilfe am Kriegsbudget des Langen Türkenkriegs statt auf 1,2 bis 1,4 Millionen realistisch lediglich auf 800000 Gulden beziffern.

Einige Reichsstände – vor allem die Reichsstadt Hamburg – und die böhmische und die schlesische Geistlichkeit gewährten ebenfalls bedeutende Unterstützungen, die zwischen 1598 und 1601 etwa 441000 Gulden ausmachten.

chungen der Komission für geschichtliche Landeskunde in Baden-Würtemberg, Rh. B, Bd. 171.) Stuttgart 2009, 602f. Tabellen 4–5.

[36] Ebd. 604f. Tabellen 6–7.

Tabelle 5: Hilfsgelder von Reichsständen und Reichsstädten sowie der Geistlichkeit Böhmens und Schlesiens für den Kaiser 1598–1601[37]

	Jahr	Gulden
Geistliche aus Schlesien	1598	233350
Geistliche aus Mähren, Stadt Hradiště	1598	46800
Hamburg	1599	23000
Hamburg	1601	8000
Bischof von Bamberg	1601	303
Domkapitel von Magdeburg	1601	53300
Domkapitel von Breslau	1601	13000
Straßburg	1601	9000
Graf Enno von Ostfriesland	1601	55000
Insgesamt		441753

2) Die Kriegslage ermöglichte es dem Hof natürlich, vor allem von den österreichischen Erbländern und den Ständen der Länder der böhmischen Krone hohe Finanzhilfen zu erzwingen. Zwischen 1592 und 1606 bewilligten die österreichischen und die böhmischen Länder insgesamt 40 Millionen Gulden als Kriegssteuer, was jährlich 2,6 Millionen ausmachte.[38] Hinzuweisen ist freilich darauf, dass die österreichischen Stände und die Länder der böhmischen Krone – vornehmlich während des ersten Jahrzehntes des Krieges – anstatt Bargeld eigene Truppen ausrüsteten. Die böhmischen Stände leisteten 1592 zunächst 166000 Gulden, 1593 nur noch 48000 in bar, dann rüsteten sie 1596 und 1597 2000 Reiter und 6000 Landsknechte aus. 1601 folgten erneut Hilfsgelder in Höhe von 500000 Gulden. Gleichzeitig bezahlten die mährischen Stände 200000 Taler und die schlesischen Stände 136000 Gulden. Die Stände des Landes ob der Enns finanzierten im Allgemeinen ebenfalls eigene Truppen, zahlten aber 1597 100000 Gulden für die Baukosten von Kanizsa und zwischen 1598 und 1600 jährlich 95000 Gulden in die Kriegskasse der Habsburger. Die Stände von Österreich unter der Enns rüsteten eigene, an der Raaber Grenze eingesetzte Truppen aus. Tirol bezahlte zwischen 1597 und 1600 jährlich 50000 Gulden.[39] Die innerösterreichischen Stände (Steiermark, Kärnten,

[37] HKA, Reichsakten, 61/B, fol. 578r–580v.

[38] *Winkelbauer*, Ständefreiheit (wie Anm. 1), T. 1, 482.

[39] Alle Angaben: HKA, Reichsakten, r. Nr. 61, fol. 706r–723v.

Krain) boten jährlich ca. 390000 Gulden, die schlesischen Stände bezahlten ca. 81000 Gulden.[40] Es scheint, dass die österreichischen, böhmischen, mährischen und schlesischen Stände – wie die Kreise des Heiligen Römischen Reiches – vor 1600/01 die Aufstellung eigener Truppen bevorzugten und die kaiserliche Verwaltung erst nach 1601 durchsetzen konnte, dass die Hilfen in bar geleistet wurden. Zusammenfassend kann also festgestellt werden, dass von den österreichischen und böhmischen Ländern jährlich ca. 0,8 bis 1 Million Gulden in das Kriegsbudget flossen.

Tabelle 6: Spanische und italienische Hilfsgelder für den Kaiser 1592–1601[41]

	Jahr	Gulden
Papst	1592	30333
Florenz	1593	75833
Ferrara	1593	30333
Mantua	1593	30333
Genua	1593	37916
Lucca	1593	12000
Papst	1594	30333
Graf von Mirandoli	1594	7583
Fabritius Careto (Fabrizio Del Carretto)	1596	150
Albinus Cibus de Malaspina	1596	3000
Spanien	1597	600000
Modena	1598	30333
Spanien	1600	454965
Genua	1601	39000
Lucca	1601	10000
Insgesamt		1392112

3) Ähnlich wie auch die Türkenhilfen des Reichs liefen die Subsidien anderer Mächte, wie Spaniens, des Papstes oder italienischer Staaten, nur mit Verzögerung ein. Der Gesamtwert der von der spanischen Krone zwischen 1593 und 1606 geleisteten finanziellen und militärischen Unterstüt-

[40] Die jährlichen Zahlungen der einzelnen Länder: Steiermark ca. 221000 fl., Kärnten 90000 bis 93000 fl. und Krain ca. 73000 bis 80000 fl. *Winfried Schulze*, Landesdefension und Staatsbildung. Studien zum Kriegswesen des innerösterreichischen Territorialstaates (1564–1619). (Veröffentlichungen der Kommission für Neuere Geschichte Österreichs, Bd. 60.) Wien/Köln/Graz 1973, 263f. Zu den Zahlungen der schlesischen Stände s. *Kenyeres*, Kriegsausgaben (wie Anm. 2), 64f.

[41] HKA, Reichsakten, 61/B, fol. 578r–580v.

zung wird auf 3,75 Millionen Gulden geschätzt, die Hilfen des Papstes betrugen 2,85 Millionen Gulden, und die Unterstützung italienischer Staaten machte eine halbe Million aus.[42]

Im ersten Jahrzehnt des Krieges erhielt der Wiener Hof ausländische Unterstützung in Höhe von beinahe 1,4 Millionen Gulden, was im Jahresdurchschnitt freilich lediglich etwa 140 000 Gulden bedeutete. Die größten Subsidiengeber waren die spanischen Habsburger, die mehr als eine Million Gulden beisteuerten. Die Unterstützung der spanischen Krone war auch im letzten Abschnitt des Krieges bedeutend: Zwischen 1600 und 1604 gab sie weitere Hilfen von 522 000 Gulden. Nach der Aufstellung stellte die Römische Kurie im ersten Jahrzehnt des Krieges nur geringe Geldmittel zur Verfügung (insgesamt nur 60 666 Gulden), wobei allerdings zu bemerken ist, dass der Papst auch bedeutende Truppenkontingente auf eigene Kosten ins Feld führte. Die italienischen Reichslehensträger Florenz, Mantua, Ferrara und Genua boten hingegen eine verhältnismäßig bedeutende Unterstützung in Höhe von etwa einer viertel Million Gulden.

Tabelle 7: Spanische und italienische Hilfsgelder 1592–1601

	Gulden	Prozent
Spanien	1 054 965	75,8
Papst	60 666	4,4
Italienische Staaten	276 481	19,9
Gesamt	1 392 112	100,1

Stellt man alle obigen Angaben in Rechnung, ergibt sich etwa folgendes Kriegsbudget:

Tabelle 8: Kaiserliche Finanzquellen während des Langen Türkenkriegs (geschätzte jährliche Einnahmen in Gulden)

	(Min.–Max.)
Habsburgische Ämter	2 300 000
Türkenhilfe und sonstige Hilfen einzelner Stände aus dem Reich (inkl. der Geistlichen aus Böhmen und Schlesien)	800 000–1 300 000
Spanische und italienische Hilfsgelder	100 000–200 000
Kriegssteuer, Zahlungen der österreichischen Erbländer, Böhmens, Mährens und Schlesiens	800 000–1 000 000
Gesamt	4 000 000–4 800 000

[42] *Winkelbauer*, Ständefreiheit (wie Anm. 1), T. 1, 482. Ausführlich dazu *Niederkorn*, Die europäischen Mächte (wie Anm. 34), 400 f., 424 f., 436–448, 499.

Die zur Finanzierung der Kriegskosten von ca. 5 Millionen Gulden und der Kosten der Hofhaltung von einer halben Million Gulden fehlenden Mittel machten demnach mindestens ca. 0,8 bis 1,5 Millionen Gulden pro Jahr aus. Um diese Lücke ausfüllen zu können, war die letzte „Finanzreserve" der Habsburger notwendig, der Kredit.

4) Die wahrscheinlich entscheidende „Reserve" des Kaisers war seine Kreditwürdigkeit, oder besser, die der Stände seiner einzelnen Königreiche und Länder. Im Gegensatz zu seinen spanischen Vettern musste der Kaiser während der hier untersuchten Epoche offiziell kein einziges Mal Staatsbankrott anmelden. Vielmehr bedeuteten die Steuerbewilligungen der Länder und die Reichstürkenhilfen finanzielle Garantien, auf die Kredite aufgenommen werden konnten. Wie die Analyse der Einnahmen des Kriegszahlmeisters in Ungarn aus dem Jahr 1570 bestätigt, wurde vor dem Langen Türkenkrieg mindestens ein Viertel der Kriegsausgaben durch Kredite aufgebracht. Wahrscheinlich ist daher die Annahme nicht unbegründet, dass der „lange Krieg" maßgeblich durch Kredite finanziert wurde, die zum einen Teil von den am ungarischen Kupfer- und Viehhandel interessierten oberdeutschen und Wiener Handelsgesellschaften, zum anderen Teil von den österreichischen Ständen, Adeligen und besonders von den Personen aufgetrieben wurden, die oberste Verwaltungsposten bekleideten. Über das Ausmaß der Bedeutung von Anleihen können wir uns dadurch ein Bild machen, dass allein während des Langen Türkenkriegs eine Summe von 22 Millionen Gulden an Kredit aufgenommen werden musste. Infolgedessen stieg der Schuldenstand bis zum Ende der Regierung Rudolfs II. angeblich auf ca. 30 Millionen Gulden an.[43] Die Habsburgermonarchie verzeichnete trotzdem keinen Staatsbankrott. Die Erforschung der Aufbringung und der Bedienung der Kredite stellt ein dringliches Desiderat der finanzgeschichtlichen Forschung zur Habsburgermonarchie des frühen 17. Jahrhunderts dar.[44]

Im Kontext dieses Finanzierungssystems lassen sich auch die Einnahmen aus Ungarn besser gewichten: Auf Basis der fragmentarischen Informationen über die Einkünfte aus dem Königreich Ungarn kann davon ausgegangen werden, dass die Hälfte aller Einnahmen für Kriegsausgaben verwendet wurde. Anhand der erhalten gebliebenen Kriegszahlamtsbücher ergibt sich dabei folgendes Bild:

[43] *Rauscher*, Die Finanzierung des Kaiserhofs (wie Anm. 19), 422.

[44] Zur Tätigkeit des Reichspfennigmeisters Geizkofler als Organisator der Kreditaufnahme s. neuerdings *Sigelen*, Dem ganzen Geschlecht (wie Anm. 35), 151–164. S. auch den Beitrag von Lukas Winder in diesem Band.

Tabelle 9: Ungarischer Anteil an den Einnahmen der Kriegszahlmeister 1570–1623 (in Gulden)[45]

	Ungarische Zahlungen	Gesamt-einnahmen	Anteil der ungarischen Zahlungen (%) an den Gesamteinnahmen
Kriegszahlmeister in Ungarn 1570	292270	1283823	22,70
Feldkriegszahlmeister in Oberungarn 1569	80095	466055	17,19
Feldkriegszahlmeister in Oberungarn 1591–1601 (Jahresdurchschnitt)	130394	409367	31,85
Hofkriegszahlmeister 1610	130988	714135	18,34
Hofkriegszahlmeister 1623	547794	9657080	5,67

Diese Angaben sprechen für sich: Der Anteil der ungarischen Zahlungen schwankte im 16. Jahrhundert zwischen 22 und 32 Prozent und verringerte sich in der ersten Hälfte des 17. Jahrhunderts sukzessive. Was die 1620er Jahre anlangt, änderten sich die Kriegsausgaben während des Dreißigjährigen Krieges fundamental, da sie sich auf das nominell Zehnfache, in Wirklichkeit (unter Berücksichtigung der Inflation) mindestens auf das Vierfache erhöhten. Doch diesmal flossen die meisten Gelder nicht nach Ungarn, sondern ins Reich. Gleichzeitig sank der Anteil der ungarischen Zahlungen zwar deutlich, in absoluten Zahlen stiegen die von dort bezogenen Mittel aber stark an. Auch diese, bisher nur auf fragmentarischer Quellengrundlage erkennbare Tendenz wäre durch weitere Forschungen zu präzisieren. Gerade die zahlreichen Studien zum kaiserlichen und ungarischen Finanzwesen im 16. Jahrhundert lassen die Forschungslücke zum frühen 17. Jahrhundert um so deutlicher werden.

[45] Angaben für den Kriegszahlmeister in Ungarn 1570 und in Oberungarn 1569 aufgrund der Daten bei *Kenyeres*, Kriegsausgaben (wie Anm. 2), 55, 59; Rechnungsbuch des Kriegszahlmeisteramts 1610: HKA, Hoffinanz Österreich, r. Nr. 148, Konv. 21, März 1613, fol. 1r–36v (Einnahmen); Rechnungsbuch des Kriegszahlmeisteramts 1623: *Kenyeres*, Kriegsausgaben (wie Anm. 2), 77f.

Graphiken

Graphik 1: Einnahmen der Ungarischen und der Zipser Kammer 1540–1640 (in Gulden)[46]

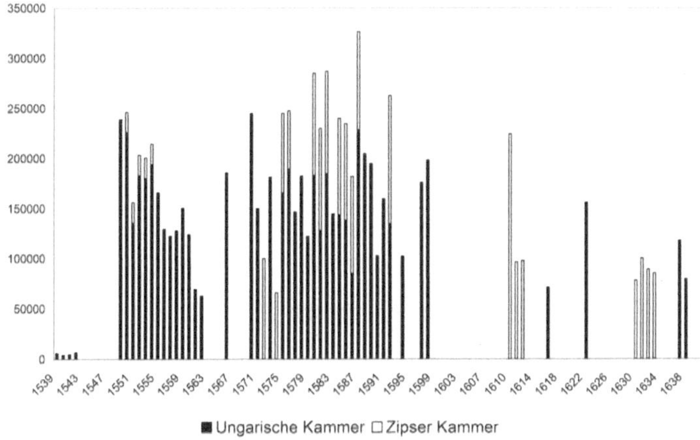

[46] Zu den Einnahmen der Ungarischen Kammer 1539–1541: *Acsády*, Magyarország pénzügyei (wie Anm. 2), 217; 1542: *Győző Ember*, A magyar királyi pozsonyi kamara zárszámadása 1542-ben, in: Levéltári Közlemények 61, 1990, 63–143, hier 68; 1549 und 1555–1562: *ders.*, Einnahmen (wie Anm. 2), 10–16. Zu den Jahren 1566, 1575–1582, 1585, 1587–1590, 1594, 1598: *Acsády*, A pozsonyi és szepesi kamarák (wie Anm. 2), 92–95. Zu 1570: Quartalsabschlüsse der Ungarischen Kammer 1570 in ÖStA, HKA, HFU, r. Nr. 21, Konv. Mai 1570, fol. 103r–229v; 1571: Abrechnung der Ungarischen Kammer von 1571 in Magyar Országos Levéltár [Ungarisches Staatsarchiv] (MOL), E 106: A Magyar Kamara Számvevősége [Buchhalterei der Ungarischen Kammer], Liber perceptionum atque erogationum proventuum. 3. köt. [Vol.], und MOL, E 554: Városi és kamarai iratok [Akten der Städte und der Kammer] Fol. Lat. 936; 1573: Quartalsabschlüsse der Ungarischen Kammer, HKA, HFU, r. Nr. 26, Konv. Januar 1574, fol. 18r–77v; 1575: Abrechnung der Ungarischen Kammer, MOL, E 554 Fol. Lat. 938; 1583: Abrechnung der Ungarischen Kammer 1583, MOL, E 554 Fol. Lat. 921.VI; 1586: Abrechnung der Ungarischen Kammer 1586, MOL, E 554 Fol. Lat. 938.III; 1589: Abrechnung der Ungarischen Kammer 1589, MOL, E 554 Fol. Lat. 938 IV; 1597: Abrechnung der Ungarischen Kammer 1597, MOL, E 106 5. köt; 1616: Abrechnung der Ungarischen Kammer 1616, MOL, E 554 Fol. Lat. 921.IX; 1622 und erstes Vierteljahr 1623: Abrechnung der Ungarischen Kammer 1622, MOL, E 554 Fol. Lat. 921.X, fol. 2r–143v; 1637: Abrechnung der Ungarischen Kammer 1637, MOL, E 554 Fol. Lat. 921.XI; 1638: Abrechnung der Ungarischen Kammer 1638, MOL, E 554 Fol. Lat. 921.XII. – Zur Zipser Kammer: 1550–1554: Abrechnung von Gall Sonnebrodt, Zahlmeister und Rentmeister von Georg Werner, über die Einnahmen in Oberungarn, MOL, E 554 Vár. és kam. ir. Fol. Lat. 1314 (s. *Kenyeres*, Einkünfte [wie Anm. 2], 142f.); 1572: *Acsády*, A pozsonyi és szepesi kamarák (wie Anm. 2), 125; 1574–1576: Aufstellung der Einnahmen und Ausgaben der Zipser

Graphik 2: Kriegskosten der ungarischen und kroatischen Grenzen (1543–1607) in Gulden[47]

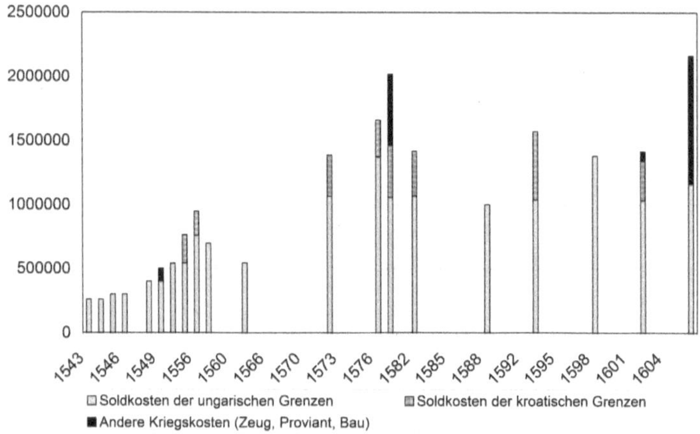

Kammer, HKA, VUG, r. Nr. 11, fol. 472r–477v; 1580–1582: Aufstellung der Einnahmen und Ausgaben der Zipser Kammer, 1583 März 27, HKA, HFU, r. Nr. 52, Konv. Dezember 1587, fol. 154r–161v; 1584–1587: Aufstellung der Einnahmen und Ausgaben der Zipser Kammer, HKA, VUG, r. Nr. 32/B, fol. 1017r–1054v, 1067r–1096v; HKA, HFU, r. Nr. 52, Konv. Dezember 1587, fol. 151r–162v, 194r–228v; ebd. r. Nr. 53, Konv. Januar 1588, fol. 26r–30v; 1592: *Acsády*, A pozsonyi és szepesi kamarák (wie Anm. 2), 130; 1610: Abrechnung der Zipser Kammer: *Ember*, Az újkori magyar közigazgatás (wie Anm. 2), 168; 1611: Aufstellung der Einnahmen und Ausgaben der Zipser Kammer, HKA, HFU, r. Nr. 101, Konv. Mai 1612, fol. 142r–156v; 1612: Aufstellung der Einnahmen und Ausgaben der Zipser Kammer, HKA, HFU, r. Nr. 103, Konv. April 1613, fol. 240r–245v; 1630–1633: Aufstellung der Einnahmen und Ausgaben der Zipser Kammer, HKA, HFU, r. Nr. 150, Konv. Juli 1634, fol. 80r–87v.

[47] Angaben bei *Géza Pálffy*, A magyarországi és délvidéki végvárrendszer 1576. és 1582. évi jegyzékei, in: Hadtörténelmi Közlemények 108, 1995, 114–185, hier 121; *ders.*, Preis (wie Anm. 2), 25–34.

Graphik 3: Kriegsausgaben des Hofzahlamts und der Kriegszahlämter und die Kosten der Grenzen in Gulden (1543–1593)[48]

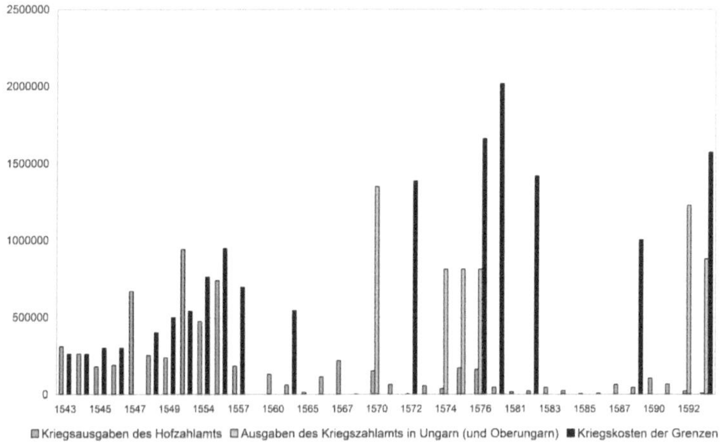

Graphik 4: Kriegsausgaben des Hofzahlamts und der Kriegszahlämter während des Langen Türkenkrieges in Gulden[49]

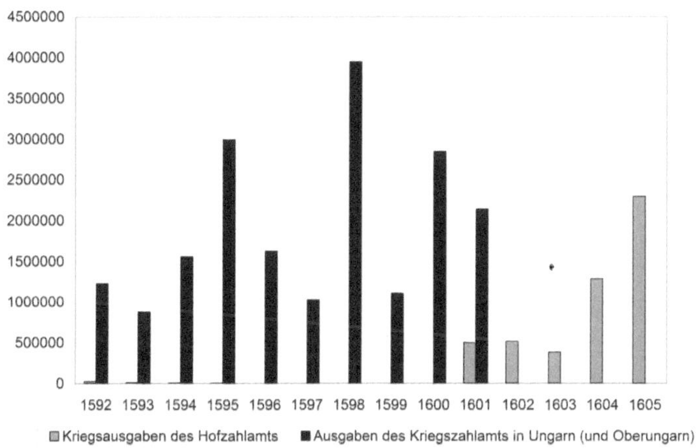

[48] Zu den Kriegskosten der Grenzen s. Anm. 19. Zu den Kriegsausgaben des Hofzahlamts und der Kriegszahlämter s. *Kenyeres*, Kriegsausgaben (wie Anm. 2), 46–51, 54–60, 67–71.

[49] Zu den Daten s. Anm. 27 und 30.

Die Kriegsfinanzierung des Osmanischen Reiches im ausgehenden 16. Jahrhundert

Dargestellt am Beispiel des Feldzuges von 1596*

Von

Pál Fodor

Die Berechnung der Gesamtkosten osmanischer Feldzüge ist eine schwierige, ja geradezu unmögliche Aufgabe. Wie auch im Fall westeuropäischer Staaten des 16. und 17. Jahrhunderts, besteht das Hauptproblem in den besonderen Abrechnungsverfahren. Obwohl die diversen Rechnungsbücher reichhaltige Informationen über die Ausgaben der zentralen Staatskasse, der Provinzen und der Kriegskassen enthalten (hauptsächlich in bar für die Besoldung der Soldaten)[1], findet man darin für gewöhnlich keine oder nur sehr fragmentarische Angaben über die Aufwendungen für Waffen, Munition, Lebensmittel und Transport, also Dingen, die alle einen bedeutenden Teil der tatsächlichen Militärausgaben ausmachten.[2] Abgesehen von den Rechnungsbüchern gibt es nur wenige Zahlungsaufstellungen zu den ein-

* Aus dem Englischen übersetzt von *Marlene Kurz.*

1 Vgl. dazu die kürzlich publizierten Studien und Quellen in dem Band von *Mehmet Genç/Erol Özvar* (Eds.), Osmanlı Maliyesi. Kurumlar ve Bütçeler. 2 Vols. Istanbul 2006; vgl. auch *Colin Imber*, The Cost of Naval Warfare. The Account of Hayreddin Barbarossa's Herceg Novi Campaign in 1539, in: Archivum Ottomanicum 4, 1972, 203–216; *Caroline Finkel*, The Administration of Warfare: The Ottoman Military Campaigns in Hungary, 1593–1606. (Beih. zur Wiener Zeitschrift für die Kunde des Morgenlandes, Bd. 14.) Wien 1988, 209–303; *Mehmet İpçioğlu*, Kanunî Süleyman'ın Estergon (Esztergom) Seferi 1543, in: Osmanlı Araştırmaları 10, 1990, 137–159; *Nejat Göyünç*, Ta'rih Başlıklı Muhasebe Defterleri, in: Osmanlı Araştırmaları 10, 1990, 1–37; *Klára Hegyi*, A török hódoltság várai és várkatonasága. I. kötet. Oszmán védelmi rendszer Magyarországon. Budapest 2007, 173–206.

2 *Finkel*, Administration (wie Anm. 1), 297–303; *dies.*, The Costs of Ottoman Warfare and Defence, in: Byzantinische Forschungen 16, 1991, 91–103, hier 95. S. *Gábor Ágoston*, The Costs of the Ottoman Fortress System in Hungary in the Sixteenth and Seventeenth Centuries, in: Géza Dávid/Pál Fodor (Eds.), Ottomans, Hungarians, and Habsburgs in Central Europe. The Military Confines in the Era of Ottoman Conquest. (The Ottoman Empire and its Heritage, Vol. 20.) Leiden/Boston/Köln 2000, 195–228, hier 225–228. Ágoston hat außerdem eine bahnbrechende und datenreiche Studie über die osmanische Kriegsindustrie veröffentlicht: *ders.*, Guns for the Sultan. Military Power and the Weapons Industry in the Ottoman Empire. Cambridge 2005.

zelnen Feldzügen aus der Zeit vor dem 17. Jahrhundert.[3] Ein weiteres Problem besteht darin, dass diese Rechnungsbücher – einschließlich der besonders umfangreichen sogenannten Zentralbudgets, bei denen es sich eigentlich eher um Kassenberichte handelte[4] – an sich schon irreführend sind, weil in der stark militarisierten osmanischen Gesellschaft viele Leute Kriegsdienst als Gegenleistung für Güter oder Steuerbefreiung und nicht für Geld leisteten. Zudem wurden erhebliche Teile der Einnahmen, für die die Staatskasse eigentlich zuständig gewesen wäre, direkt vor Ort wieder ausgegeben und niemals über die Staatskasse verbucht, weshalb sie auch in den Rechnungsunterlagen nicht aufscheinen.

Dem derzeitigen Forschungsstand zufolge waren 90 bis 95 Prozent der Einkünfte, die direkt von der osmanischen Staatskasse eingenommen wurden, für militärische Zwecke bestimmt, was auch für Friedenszeiten galt. Man kann sogar sagen, dass die Staatskasse für kaum etwas anderes Geld ausgab als für die Unterhaltung der Militärmaschinerie und für die Kriegführung.[5] Aufgrund dieser Umstände sind manche Forscher zu dem Schluss gekommen, dass Feldzüge vergleichsweise geringe Extraausgaben

[3] Für einige Beispiele vgl. *İdris Bostan*, A szultáni ágyúöntő műhelyben (Tophâne-i Âmire) folyó tevékenység a 16. század elején, in: Aetas 18/2, 2003, 5–20.

[4] Dreizehn solcher Budgetberichte aus dem 16. Jahrhundert sind uns ganz oder teilweise erhalten; vgl. *Erol Özvar*, Osmanlı Devletinde Bütçe Harcamaları, in: Genç/Özvar (Eds.), Osmanlı Maliyesi (wie Anm. 1), 197–238, hier 204.

[5] Die neueste Untersuchung stammt von *Özvar*, Osmanlı Devletinde (wie Anm. 4), 217. Ein Vergleich zeigt, dass die kaiserlichen Einnahmen in der zweiten Hälfte des 16. Jahrhunderts 2 bis 2,5 Millionen Rheinische Gulden betrugen (1 bis 1,25 Millionen Goldmünzen), während die Militärausgaben vor und nach dem Langen (laut ungarischer Historiographie ‚Fünfzehnjährigen') Türkenkrieg (1593–1606) sich auf beinahe 2 Millionen Gulden beliefen. Vgl. *István Kenyeres*, A királyi Magyarország bevételei és kiadásai a 16. században, in: Levéltári Közlemények 74/1–2, 2003, 92–103; *ders.*, Die Kriegsausgaben der Habsburgermonarchie von der Mitte des 16. Jahrhunderts bis zum ersten Drittel des 17. Jahrhunderts, in: Peter Rauscher (Hrsg.), Kriegführung und Staatsfinanzen. Die Habsburgermonarchie und das Heilige Römische Reich vom Dreißigjährigen Krieg bis zum Ende des habsburgischen Kaisertums 1740. (Geschichte in der Epoche Karls V., Bd. 10.) Münster 2010, 41–80, hier 42. Auch in Siebenbürgen wurden im späten 16. Jahrhundert 90 Prozent der Ausgaben für militärische Zwecke aufgewendet (in erster Linie für die Besoldung der Soldaten): *Teréz Oborni*, Erdély kincstári bevételei és kiadásai a 16. század végén, in: Történelmi Szemle 47/3–4, 2005, 333–346, hier 343 f. In der zweiten Hälfte des 17. Jahrhunderts und insbesondere im frühen 18. Jahrhundert hatten in Europas ‚Finanz- und Militärstaaten' die Militärausgaben im Verhältnis zu den Einnahmen ähnliche Proportionen erreicht: 90 Prozent in England (1650er Jahre), 75 Prozent in Frankreich (in der zweiten Hälfte der Regierungszeit Ludwigs XIV.) und 85 Prozent in Russland (in der Zeit Peters des Großen); vgl. *Geoffrey Parker*, The Military Revolution. Military Innovation and the Rise of the West, 1500–1800. Cambridge 1988, 62.

für die Staatskasse mit sich brachten, weil diese neuen Mittel meistens nur für die – in solchen Zeiten unumgängliche – Ankurbelung der Produktion von Rüstungsgütern, für den Erwerb und Transport von Nahrungsmitteln und Ausrüstung und für die Besoldung der nach Bedarf rekrutierten Soldaten zur Verfügung gestellt werden mussten.[6] Ob dieser Standpunkt zu vereinfachend ist oder nicht, kann hier nicht diskutiert werden. In Übereinstimmung mit Caroline Finkel und Erol Özvar soll aber angemerkt werden, dass im 16. Jahrhundert die Kosten für die Kriegführung für die Osmanen erheblich anstiegen.[7] Dafür gab es viele Gründe, unter anderem technologische (die Verbreitung von Feuerwaffen), militärische (die Zunahme der Zahl und des Anteils von Fußsoldaten in der Armee, der Erhalt der viele hundert Kilometer langen Kette von Grenzfestungen), politische (eine ununterbrochene Abfolge unproduktiver Kriege).[8] Bereits zur Mitte der Regierungszeit Süleymans I. (1520–1566) gab es erste Anzeichen dafür, dass die traditionellen Ressourcen nicht ausreichen würden, um Kriege jenseits der ausgedehnten Reichsgrenzen zu führen.[9] Im letzten Drittel des 16. Jahrhunderts musste daher das gesamte Finanzverwaltungssystem umstrukturiert werden, um den Staat in die Lage zu versetzen, sich zusätzliche Einnahmen zu beschaffen, und um die Militärmaschinerie vor einem Kollaps zu bewahren.[10]

[6] *Finkel*, Costs (wie Anm. 2), 94.

[7] Ein klarer Hinweis darauf war, dass vom frühen 16. Jahrhundert an bis zur Mitte der 1580er Jahre die Ausgabenseite des zentralen Budgets um 400 Prozent anwuchs; vgl. *Özvar*, Osmanlı Devletinde (wie Anm. 4), 217. Auch in Westeuropa war die Situation ähnlich: Ein spanischer Militärführer schrieb im Jahr 1596, dass der Unterhalt einer Armee von beliebiger Größe am Ende des Jahrhunderts dreimal mehr koste als in der Zeit Karls V.; vgl. *John R. Hale*, War and Society in Renaissance Europe 1450–1620. 2. Aufl. Montreal/Kingston/London 1998, 236.

[8] Vgl. *Gábor Ágoston*, Az európai hadügyi forradalom és az oszmánok, in: Történelmi Szemle 37/4, 1995, 465–485; *ders.*, Disjointed Historiography and Islamic Military Technology: The European Military Revolution Debate and the Ottomans, in: Mustafa Kaçar/Zeynep Durukal (Eds.), Essays in Honour of Ekmeleddin İhsanoğlu. Vol. 1: Societies, Culture, Sciences: A Collection of Articles. Istanbul 2006, 567–582; *Rhoads Murphey*, Ottoman Warfare, 1500–1700. London 1999, bes. 13–34, 53–59; *Hegyi*, A török hódoltság várai (wie Anm. 1). Zu den Faktoren, die in den christlichen Staaten zu einer Zunahme der Kriegskosten führten, s. *Hale*, War and Society (wie Anm. 7), 234f.

[9] *Géza Dávid/Pál Fodor*, „Affairs of State Are Supreme". The Orders of the Ottoman Imperial Council Pertaining to Hungary (1544–1545, 1552). (História könyvtár. Okmánytárak, Vol. 1.) Budapest 2005, LIII–LV.

[10] Eine detaillierte Analyse dieser Veränderungen bei *Pál Fodor*, Vállalkozásra kényszerítve. Az oszmán pénzügyigazgatás és hatalmi elit változásai a 16–17. század fordulóján. (História könyvtár. Monográfiák, Vol. 21.) Budapest 2006.

Um die gröbsten Probleme der Kriegsfinanzierung zu verringern, sah sich die Staatskasse gezwungen, immer häufiger einen Ausweg in Anleihen bei der Privatkasse des Sultans zu suchen. Es sieht so aus, als wäre diese Methode erstmals in der Mitte des 16. Jahrhunderts angewendet worden.[11] Über den Zeitpunkt der Trennung der zentralen („äußeren“) Staatskasse (*dış hazine, hazine-i amire, divan-i hümayun hazinesi, hazine-i birun*) von der privaten („inneren“) Staatskasse des Monarchen (*iç hazine, hazine-i enderun, hazine-i hassa*) gibt es nur Vermutungen.[12] Einige Angaben legen nahe, dass dies während der Regierungszeit Mehmeds II. (1451–1481) geschah[13]; außerdem ist es nicht unwahrscheinlich, dass das gemischte Kalendersystem, das in der Finanzverwaltung verwendet wurde, eine Rolle bei der Schaffung dieses dualen Systems gespielt hat. Ein erheblicher Anteil der Einnahmen, in erster Linie jener, der von Steuerpächtern eingetrieben wurde, wurde in Übereinstimmung mit dem Sonnenjahr eingenommen, während Ausgaben, vor allem die Besoldung der regulären Soldaten des Hofes, im Rhythmus des Mondjahres erfolgten, wobei die Differenz von elf Tagen zwischen diesen beiden Zählungen alle 32 Jahre ein ganzes Jahr ausmachte. Am Ende eines solchen Zyklus waren 33 Mondjahre gegenüber 32 Sonnenjahren vergangen, so dass der Sold eines Jahres für die Soldaten fehlte. In diesen Fällen wurden die Soldaten mit Geld aus der Privatkasse des Sultans bezahlt und der Staat dadurch aus einer misslichen Lage befreit.[14]

Die Einnahmen der inneren Staatskasse stammten aus verschiedenen Quellen. Für lange Zeit war es üblich, den Überschuss des Staatsbudgets, sofern es einen gab, in die Privatkasse zu transferieren. Einigen Hypothesen zufolge waren es diese Überschüsse, aus denen sich die innere Staatskasse überhaupt erst entwickelte. Diese Quelle versiegte jedoch in der Mitte der 1580er Jahre. Dafür wurden bestimmte Einnahmen in die Privatkasse

[11] *Cengiz Orhonlu*, Art. „Hazine“, in: Türkiye Diyanet Vakfı İslâm Ansiklopedisi. Vol. 17. Istanbul 1998, 130–133, hier 131; *Murphey*, Ottoman Warfare (wie Anm. 8), 59.

[12] Für die innere Staatskasse und für die Beziehung zwischen beiden zentralen Kassen ist die Studie von *İsmail Hakkı Uzunçarşılı*, Osmanlı Devleti Maliyesinin Kuruluşu ve Osmanlı Devleti Iç Hazinesi, in: Belleten 42/165, 1978, 67–93, noch immer von Bedeutung.

[13] *Orhonlu*, Hazine (wie Anm. 11), 130.

[14] *Ahmet Tabakoğlu*, Osmanlı Devletinin İç Hazinesi, in: Genç/Özvar (Eds.), Osmanlı Maliyesi (wie Anm. 1), 51. In Schaltjahren (*sivis*) gab es oft Armeeaufstände; vgl. *Halil Sahillioğlu*, *Sıvış* Year Crisis in the Ottoman Empire, in: Michael Allen Cook (Ed.), Studies in the Economic History of the Middle East from the Rise of Islam to the Present Day. London/New York/Toronto 1970, 237–247.

eingezahlt wie zum Beispiel eine jährliche Summe von durchschnittlich fast 500 000 Goldmünzen aus Ägypten sowie die Gewinne bestimmter Kron- und Stiftungsgüter, einschließlich der Münze. Weiters war die innere Staatskasse der Aufbewahrungsort für Geschenke von ausländischen Gesandten und für kostbare Gaben, die von hochrangigen Beamten als Gegenleistung für Ernennungen beziehungsweise Bestätigungen im Amt dargebracht wurden. Ebenfalls in die innere Staatskasse kamen Tribute von Vasallenstaaten, herrenlose Besitztümer oder der konfiszierte Besitz verstorbener Staatsbeamter, die Sklaven des Sultans gewesen waren, Metallbarren, die als Reserve für die Münze aufbewahrt wurden, ein Teil der neu geprägten Münzen und vieles mehr.[15] Die innere Staatskasse bestand aus sechs Abteilungen oder Unterkassen: 1. dem „Keller" (*bodrum*), 2. der „Abtrennung" (*ifraz*, zusätzliche Überschüsse oder Reserven), 3. dem Aufbewahrungsort für „funkelnde" (frisch geprägte) Münzen und Wertgegenstände (*çilhane*), 4. der Kasse des sultanischen Privatgemachs (*has oda*), 5. der Kasse der großherrlichen Ställe (*has ahor, raht*) und 6. der Privatschatulle des Sultans oder seinem „Taschengeld" (*ceyb-i hümayun*). Entgegen den Erwartungen erhielten die Monarchen einen Teil ihres „Taschengeldes" nicht von dort, sondern von der äußeren Staatskasse, von der jeden Monat ein „kleiner Beutel" (*kese*) frisch geprägter Münzen der Umlaufwährung Akçe an sie gesandt wurde. Ab 1664/65 waren es fünf solcher Beutel.[16] Aus dieser und anderen Quellen, die ihnen zur Verfügung stan-

[15] Ein unbekannter, aber aufmerksam beobachtender christlicher Informant erstellte zwischen 1594 und 1598 einen detaillierten Bericht über die finanziellen Angelegenheiten des Sultans, in dem er die Privatkasse in folgender Weise beschrieb: „Was deren Unterhalt und Kosten betrifft, so hat der türkische Herrscher zu diesem Zweck das Land Ägypten, dessen Einnahmen, die sich auf nahezu 600 000 Taler [recte: Goldmünzen] belaufen, die die Kammer von Kairo regelmäßig nach Konstantinopel liefert, obwohl für die Staatskasse bezüglich dieser Eingänge und Ausgänge keine Berichte erstellt werden. Der Herrscher gibt diese Einnahmen nach seinem Belieben für den Kauf von Perlen oder Schätzen aus. Aus dem, was übrig ist, bildet er eine Staatskasse, die, nach seinem Tod, an seinen Erben fällt, aus der dieser aber nichts nehmen sollte, weder Geld noch Gold. Daraus ergibt sich also, daß die Schätze, die viele Herrscher und andere Leute angesammelt haben – insbesondere in Form von Gold, Edelsteinen, Schmuck und Textilien –, auf einem Haufen liegen, vom Kleinsten bis zum Größten. Wenn andererseits irgendwelches Bargeld daraus genommen wird, ist der Herrscher verpflichtet, dies zurückzugeben; falls er das versäumt, tadelt ihn der oberste Priester, der Mufti, weil er dadurch die Religion beleidigt." *Géza Pálffy*, Egy keresztény kortárs a török szultán bevételeiről és kiadásairól a hosszú török háború (1593–1606) idején, in: Keletkutatás, 1995 tavasz, 105–113, hier 109 (lateinischer Text), 112 (ungarische Übersetzung).

[16] *Uzunçarşılı*, Osmanlı Devleti Maliyesinin (wie Anm. 12), 79, und *Tabakoğlu*, Osmanlı Devletinin İç Hazinesi (wie Anm. 14), 52, 54. Zu dieser Zeit entsprach 1 Beutel Akçe

den, verbrauchten die Sultane täglich 10000 bis 16000 Akçe für Repräsentationsangelegenheiten (Belohnungen, Geschenke, wohltätige Aktivitäten usw.).[17]

Von der Mitte der 1580er Jahre an, und besonders in der Zeit des „Langen Türkenkrieges" (1593–1606), schloss die Staatskasse jedes Finanzjahr mit einem erheblichen Defizit ab. Um 1590 deckten die Einnahmen zum Beispiel nur zwei Drittel der Ausgaben. Es war daher kein Zufall, dass bereits zu dieser Zeit regelmäßig Anleihen bei der Privatkasse des Monarchen gemacht wurden, um laufende Ausgaben zu decken. Diese Transaktionen können tatsächlich als Darlehen oder Kredit betrachtet werden, weil Großwesire und Oberschatzmeister (*defterdar*) persönlich für die Rückzahlung der überwiesenen Beträge, die allerdings nicht verzinst wurden, bürgen mussten. Die innere Staatskasse spielte also die Rolle einer zentralen Reserve- oder Kreditbank, die das Reich oft, bis sie selbst vollständig erschöpft war, vor dem finanziellen und militärischen Zusammenbruch bewahrte – insbesondere während der langen Kriege am Ende des 16. und am Ende des 17. Jahrhunderts.[18]

Diese ausführliche Darstellung der unterschiedlichen osmanischen Kassen soll die Grundlage für den weiter unten präsentierten Bericht über den osmanischen Feldzug von 1596 bilden, auf dem die Armeen Sultan Mehmeds III. die Festung Erlau (Eger) eroberten und die vereinten Streitkräfte der Habsburger, Ungarns und Siebenbürgens in der Schlacht von Mezőkeresztes besiegten und der zu einem nicht geringen Teil aus der inneren Staatskasse finanziert wurde.[19] In einer kurzen dreiteiligen Zusammenfassung, die sofort nach Abschluss des Feldzuges angefertigt wurde und nun

50000 Stück Akçe, 1 Beutel Goldmünzen entsprach 10000 Goldmünzen ([*sikke-i*] *hasene*, Filori), und 1 Beutel Taler (Guruş) entsprach 50000 Guruş. Vgl. *Uzunçarşılı*, Osmanlı Devleti Maliyesinin (wie Anm. 12), 86.

[17] *Uzunçarşılı*, Osmanlı Devleti Maliyesinin (wie Anm. 12), 79f. und 80 Anm. 30.

[18] Ebd. bes. 84–93; *Sahillioğlu*, *Sıvış* Year Crisis (wie Anm. 14), 242f.; *Ahmet Tabakoglu*, Gerileme Dönemine Girerken Osmanli Maliyesi. Istanbul 1985, 36f.; *Finkel*, Administration (wie Anm. 1), 238–241; *Murphey*, Ottoman Warfare (wie Anm. 8), 59f.; *Tabakoğlu*, Osmanlı Devletinin İç Hazinesi (wie Anm. 14), 52–54. Der oben erwähnte christliche Informant schrieb darüber Folgendes: „[...] während in verschiedenen Ländern Kriege herrschen und Zerstörung bringen (wie es zur Zeit gerade ganz besonders geschieht, wenn die Soldaten keinen Nutzen von ihren eigenen Timar-Gütern und Dörfern [auf dem ungarischen Kriegsschauplatz] haben), werden fehlende Einnahmen aus der herrscherlichen Staatskasse ergänzt durch Zahlungen, die in bar geleistet werden." *Pálffy*, Egy keresztény kortárs (wie Anm. 15), 109, 112.

[19] Zur Belagerung von Erlau (Eger) s. *István Sugár*, Miként jutott török kézre Eger vára? III. Mohamed szultán 1596. évi hadjárata, in: Az Egri Vár Híradója 15, 1979, 5–44. Von

in den Archiven des Topkapı Sarayı Museums aufbewahrt wird, gibt es eine Aufstellung darüber, wieviel Geld das osmanische Oberkommando nach Ungarn mitnahm, woher diese Summen stammten und wie sie ausgegeben wurden.[20] Im Folgenden werde ich in zusammenfassender Weise die Daten aus dieser Quelle wiedergeben.

Diesem Dokument zufolge war es der 16. Mai 1596, an dem die folgenden drei Beträge für den „Bedarf des großherrlichen Feldzuges" vorgemerkt wurden[21]:

1. aus der äußeren (Staats-)Kasse 156 Beutel „funkelnde" Akçe (7800000 Akçe = 65000 Goldmünzen);
2. aus dem Privatgemach des Sultans (*oda*) 31 Beutel Akçe (1550000 Akçe = 12916,7 Goldmünzen)[22]; und
3. aus dem Nachlass des verstorbenen Sinan Pasha[23] 14 Beutel „funkelnde" Akçe (700000 Akçe = 5833,3 Goldmünzen).

den zahlreichen Analysen der Schlacht von Mezőkeresztes sind besonders zu empfehlen: *József Kelenik*, A mezőkeresztesi csata (1596. október 26.), in: Róbert Hermann (Ed.), Fegyvert s vitézt... A magyar hadtörténet nagy csatái. Budapest 2003, 111–129; *Feridun Emecen*, Sonucu Olmayan Büyük Zafer: Haçovası Meydan Savaşı (im Druck).

[20] Topkapı Sarayı Müzesi Arşivi, Istanbul, D. 10.002, ediert in: *Pál Fodor*, Adatok az 1596. évi egri (mezőkeresztesi) oszmán hadjárat költségeihez, in: Keletkutatás 2007, 59–68, hier 67f.

[21] Der hier wiedergegebene Bericht gibt nur diese drei Einträge in Akçe an (die anderen gibt er in Goldmünzen an). Deshalb habe ich zur besseren Vergleichbarkeit auch diese Summen in Goldmünzen konvertiert. Zwischen 1586 und 1596, der Zeit der größten Inflation in der osmanischen Geschichte, entsprach eine Goldmünze 120 Akçe, aber im Jahr des Feldzugs erhöhte sich die Rate auf 220–230 Akçe. S. *Şevket Pamuk*, Osmanlı İmparatorluğu'nda Paranin Tarihi. (Tarih Vakfı Yurt Yayınları, Vol. 73.) Istanbul 1999, 150. Hier habe ich zur Berechnung die Raten vor der ‚Preisexplosion' verwendet, weil anzunehmen ist, dass sich der Hof an die Umtauschrate hielt, die er selbst festgelegt hatte. Es wäre jedoch auch kein Problem, die höhere Rate zur Kalkulation heranzuziehen, da die in Akçe angegebene Summe gerade einmal zwei Prozent der angeforderten Gesamtsumme darstellte.

[22] Die Zahl, die in diesem Eintrag gegeben wird, wurde von mir hinzugefügt; sie fehlt im Original. Die Ergänzung ist deshalb erforderlich, weil dieser Teil des Berichts als Gesamtsumme 201 Beutel angibt, in den vorhergehenden beiden Einträgen aber nur 156 + 14 = 170 Beutel angeführt werden. Auf Grundlage der Analyse des Textes und nach Konsultation von Professor Feridun Emecen bin ich zu dem Schluss gekommen, dass der Schreiber einmalig aus irgendwelchen Gründen den zweiten Eintrag (31 Beutel), der hier zu erwarten wäre, ausgelassen hat und direkt zum dritten übergangen ist, wodurch er – wahrscheinlich aufgrund einer Unaufmerksamkeit – die zwei Einträge miteinander verbunden hat.

[23] Es ist sehr wahrscheinlich, dass es sich hier um Khodja Sinan Pascha handelt, der fünfmal Großwesir war und am 3. April 1596 starb. Sein Nachlass, der mehr als eine Million Goldmünzen wert war, wurde vom Sultan konfisziert. Vgl. *Franz Babinger/Géza Dávid*,

Auf diese Weise wurden insgesamt 201 Beutel frisch geprägter Akçe (10050000 Akçe = 83750 Goldmünzen) von den Osmanen mit auf den Feldzug genommen.

Am 19. Juni 1596, dem Tag bevor der Sultan nach Ungarn aufbrach, wurden folgende Mengen Goldmünzen (Filori) aus der inneren Staatskasse genommen:

1. aus dem „Keller" (*bodrum*) 159 Beutel Goldmünzen;
2. aus dem Privatgemach (*oda*) 140 Beutel Goldmünzen;
3. aus dem Nachlass des Sinan Pasha 1 Beutel Goldmünzen;
4. nochmals aus dem „Keller" 100 Beutel Goldmünzen.

Demnach wurden an diesem Tag insgesamt 400 Beutel (4000000 Stück) Goldmünzen zusammengestellt. Von diesem großen Geldbetrag wurden folgende Summen im Laufe des Feldzugs ausgegeben:

1. Auf dem Weg wurden durch Gazanfer, den obersten weißen Eunuchen[24], zehn Beutel Goldmünzen an Ibrahim Pasha[25] übergeben, um damit die Soldaten der Grenzfestungen zu bezahlen.

2. Für die Geschenke (*inam*) an die Söldnertruppen des Hofes und für die Zahlung ihrer Soldrückstände übergab der Herrscher persönlich 100 Beutel Goldmünzen an Ibrahim Pasha.

3. Für seine privaten Ausgaben wurde dem Sultan ein Beutel Goldmünzen gegeben, bei drei weiteren Anlässen wurden ihm je zwei Beutel solcher Münzen gegeben (das heißt er erhielt insgesamt sieben Beutel oder 70000 Münzen).

4. Djigalazade Sinan[26], der während der Schlacht von Mezőkeresztes zum Großwesir ernannt wurde, aber bald darauf wieder entlassen werden sollte, erhielt vier Beutel Goldmünzen oder 40000 Stück.

Art. „Sinan Pasha, Khodja", in: The Encyclopaedia of Islam. 2. Aufl. Vol. 9. Leiden 1997, 631 f.; *Selânikî Mustafa Efendi*, Tarih-i Selânikî. Vol. 2: Hazırlayan Mehmet İpşirli. Istanbul 1989, 583 f.

[24] Der Vorsteher des Serails, oder genauer: der weißen Eunuchen der Sultansresidenz (*kapu ağası*), Gazanfer Agha, war einer der einflussreichsten Beamten und Patrone des Reiches im letzten Drittel des 16. Jahrhunderts. Er wurde 1603 hingerichtet; vgl. *Maria Pia Pedani*, Safiye's Household and Venetian Diplomacy, in: Turcica 32, 2000, 9–32, hier 14–16.

[25] Großwesir zur Zeit des Eger-Feldzuges (vom 4. April 1596), Schwiegersohn des Sultans; am 27. Oktober 1596, dem Tag nach dem Sieg, wurde er seines Amtes enthoben, er wurde aber am 5. Dezember wieder eingesetzt; vgl. *Nezihi Aykut*, Damad İbrahim Paşa, in: İstanbul Üniversitesi Edebiyat Fakültesi Tarih Enstitüsü Dergisi 15, 1995–1997, 193–219.

[26] Sein Name erscheint im Dokument in der Umgangssprache als „Djagalzade". Zur Zeit des Feldzuges war er dritter Wesir, aber am Tag des Sieges von Mezőkeresztes wurde ihm

5. Für die Besoldung der Soldaten (*kul*), die in der eroberten Festung Erlau stationiert waren, wurden vier Beutel Goldmünzen bestimmt.

Auf diese Weise wurden 161 Beutel (1610000 Stück) Goldmünzen ausgegeben. Die 239 Beutel (2390000 Stück), die noch übrig waren, wurden der inneren Staatskasse zurückgegeben und im „Keller" verwahrt.

Aus den oben angeführten Angaben geht hervor, dass das osmanische Oberkommando im Interesse eines reibungslosen Feldzuges Bargeld im Wert von 4083750 Goldmünzen mit nach Ungarn nahm, von denen 1610000 Goldmünzen definitiv ausgegeben wurden. Was die Verwendung jener Beutel Akçe betrifft, die 83750 Goldmünzen entsprechen und am 16. Mai abgezogen wurden, so gibt das Dokument darüber keine Auskunft, aber es ist vorstellbar, dass das „Taschengeld" des Sultans davon bezahlt wurde. In Übereinstimmung mit der oben erwähnten Tradition erhielt der Sultan täglich verschiedene Summen, um unter den Armeeangehörigen Geschenke und Belohnungen zu verteilen. Ein Eintrag aus einem Schatzkammer-Defter (Register der Finanzverwaltung) aus jener Zeit besagt: „Nachdem er auf den Feldzug nach Erlau gegangen war, hätten dem Brauch gemäß 16000 Akçe in die heiligen Taschen des glückseligen Padischahs gelegt werden sollen, aber so viel war nicht eingetroffen, dementsprechend wurden 15000 Akçe beiseite gelegt, die [...] einem Diener übergeben wurden, der sich um seine Turbane kümmerte."[27]

Die Unkosten der Vorbereitungen, die im vorausgehenden Jahr und im Frühling des Jahres 1596 anfielen, sind uns ebenfalls unbekannt; sie entsprachen aber sicher einem Betrag von mehreren hunderttausend Goldmünzen. Der Grund dafür war, dass der Sultan, nach einer Pause von drei Jahrzehnten, erstmals wieder persönlich seine Truppen anführte, ein Umstand, der große und sorgfältigere Vorbereitungen als gewöhnlich erforderte. Wenn diese Hypothese korrekt ist, könnten sich die Ausgaben für den Feldzug von Erlau (bzw. Mezőkeresztes) vorsichtigen Schätzungen zufolge auf mindestens zwei Millionen Goldmünzen belaufen haben.[28] Erheb-

als Belohnung für seine Tapferkeit das Amt des Großwesirs verliehen. 45 Tage später wurde er auf Wunsch der Sultansmutter Safiye Sultan aus diesem Amt entfernt. Vgl. *Mahmut H. Şakiroğlu*, Art. „Cigalazâde Sinan Paşa", in: Türkiye Diyanet Vakfı İslâm Ansiklopedisi. Vol. 7. Istanbul 1993, 525f.

[27] *Uzunçarşılı*, Osmanlı Devleti Maliyesinin (wie Anm. 12), 80 Anm. 30 (hier mit unklarer Datumsangabe). Es bestand tatsächlich großer Bedarf an ‚Taschengeld', da der Sultan unterwegs in großzügiger Weise Geld verteilte. Vgl. zum Beispiel *Ziya Yilmazer* (Ed.), Topçular Kâtibi ʻAbdülkadir (Kadrî) Efendi Tarihi (Metin ve Tahlîl). Vol. 1. Ankara 2003, 131.

[28] Laut (wie es scheint zuverlässigen) Berechnungen gab Venedig während seines Krie-

lich zu dieser gewaltigen Summe trug der Umstand bei, dass die osmanische Führung, um die Entschlossenheit der Armee zu erhöhen, insgesamt 1,1 Millionen Goldmünzen ausgab, um den Soldaten Gelder zu zahlen, die sie ihnen noch schuldete, und auf diese Weise versuchte, die Versäumnisse vieler Jahre wiedergutzumachen. So betrachtet, war der Feldzug von großem Nutzen für die Soldaten des Hofes und der Grenzfestungsgarnisonen, die die Schlacht überlebten – ganz abgesehen von der Kriegsbeute, die sie sich sichern konnten –, weil sie in den vorangegangenen Jahren oft ohne Besoldung geblieben waren.[29] Was die Frage betrifft, wie die Gesamtausgaben zwischen der äußeren und der inneren Staatskasse aufgeteilt wurden, so lässt sich diese nicht beantworten. Es kann lediglich gesagt werden, dass 99 Prozent des Geldes, das auf den Feldzug mitgenommen wurde, aus der inneren Staatskasse stammte. Diese Angaben beschreiben einerseits den armseligen Zustand, in dem sich die zentrale (äußere) Staatskasse aufgrund der anhaltenden Kriege befand. Andererseits belegt die Tatsache, dass der osmanische Sultan nach dem 13 Jahre dauernden Krieg mit Persien (1578–1590) und trotz des Krieges in Ungarn, der nach einer nur dreijährigen Friedenszeit begonnen wurde, 1596 noch immer in der Lage war, ohne Schwierigkeiten vier Millionen Goldmünzen für die hohen Ausgaben, die zu erwarten waren, aufzubringen, sehr gut das ungeheure Ausmaß der Reserven

ges mit den Türken zwischen 1570 und 1573 pro Jahr 2,5 Millionen Goldmünzen aus (ungefähr 10 Millionen in vier Jahren): *M. C. Mallett/John. R. Hale*, The Military Organization of a Renaissance State: Venice c. 1400–c. 1617. Cambridge 1984, 482. S. *Hale*, War and Society (wie Anm. 7), 233. Laut der Schätzung von István Kenyeres, einem führenden Experten für die Finanzen der Habsburgermonarchie, beliefen sich die jährlichen Militärausgaben des Habsburgerreiches während des Langen Türkenkrieges wohl auf etwa 2,5 bis 4,5 Millionen Rheinische Gulden (ungefähr 1,25–2,25 Millionen Goldmünzen). *Kenyeres*, Kriegsausgaben (wie Anm. 5), 69–75, bes. 74; *ders.*, Mibe került a tizenöt éves háború?, in: Tamás Körmendi/Gábor Thoroczkay (Eds.), Auxilium historiae. Tanulmányok a hetvenesztendős Bertényi Iván tiszteletére. Budapest 2009, 163–174, hier 173. Es wäre hier auch noch zu erwähnen, dass laut der Berechnung von Ferhad Pascha, dem Oberkommandierenden der Armee, in der letzten Phase des Krieges mit Persien, der vom 20. April 1586 bis zum 14. Januar 1590 drei Jahre und 10 Monate dauerte, ‚nur' etwa 1,5 Millionen Goldmünzen aus der Kriegskasse ausgegeben wurden; *Fodor*, Vállalkozásra (wie Anm. 10), 44.

[29] Zu einigen Beispielen für Zahlungsrückstände bei der Besoldung von Grenzfestungsgarnisonen s. *Klaus Schwarz*, Osmanische Sultansurkunden. Untersuchungen zur Einstellung und Besoldung osmanischer Militärs in der Zeit Murāds III. Aus dem Nachlaß hrsg. v. Claudia Römer. (Freiburger Islamstudien, Bd. 17.) Stuttgart 1997, 77–82. Es sollte noch hinzugefügt werden, dass auch anderswo die vollständige oder teilweise Zahlung von Rückständen an Soldaten vor größeren militärischen Unternehmungen üblich war, um deren Eifer anzuspornen. Vgl. zum Beispiel *János B. Szabó*, A mohácsi csata. Budapest 2006, 57.

des Reiches sogar in dieser kritischen Periode.[30] Diese gewaltige Summe ging über das jährliche Durchschnittseinkommen der Staatskasse im 16. Jahrhundert hinaus.[31] Sie übertraf sogar die jährlichen Einkünfte des Hauptgegners der Osmanen, des Habsburgerreiches, die sich, wie oben erwähnt, am Vorabend dieses Krieges auf 1–1,25 Millionen Goldmünzen beliefen.[32] Die jährlichen Einnahmen von Venedig im letzten Drittel des Jahrhunderts schwankten um etwa zwei Millionen Dukaten.[33]

Es ist vielleicht wenig aussagekräftig, den Unterschied zwischen der finanziellen Situation der Osmanen und der ihrer Gegner anhand von Geldsummen zu zeigen. Wie schlecht auch immer die Habsburger finanziell gegenüber dem Osmanischen Reich dastanden, waren sie doch ähnlich wie andere europäische Monarchien immer in der Lage – selbst in den schwierigsten Momenten des Langen Türkenkrieges –, genügend Geld aufzutreiben, um den Kampf fortzusetzen. Der wirkliche Unterschied lag in der Geschwindigkeit, mit der die nötigen Mittel bereitgestellt werden konnten, und in der Herkunft des Geldes, das mobilisiert wurde. Während die Osmanen in der Lage waren, wenn nötig an einem einzigen Tag die notwendigen Summen aufzutreiben, indem sie einfach ihre internen Reserven umverteilten, sicherten westliche Staaten die finanziellen Grundlagen für Kriege in zunehmendem Maße durch Darlehen, die sie im Inland oder auch im Ausland mit Hilfe von meist recht komplizierten Finanzoperationen aufnahmen. Während also die Osmanen finanziell gänzlich autark blieben, verschuldeten sich die westlichen Länder immer mehr. Gegen Ende der Regierungszeit Rudolfs II. hatten die Habsburger einen Schuldenberg von annähernd 30 Millionen Rheinischen Gulden angehäuft.[34] Obwohl in vielen Ländern Versuche unternommen wurden, Kriege auszutragen, indem Re-

[30] Auch Murphey betont diesen Aspekt, wenn er schreibt, dass es im 16. und 17. Jahrhundert mit dem Osmanischen Reich wegen seiner enormen Größe und Ressourcen kein Gegner allein aufnehmen konnte. Seiner Ansicht nach erreichten die Osmanen ihre geopolitischen Ziele, auch ohne ihre Kapazitäten voll auszuschöpfen. *Murphey*, Ottoman Warfare (wie Anm. 8), 191.

[31] *Özvar*, Osmanlı Devletinde (wie Anm. 4), 204.

[32] Vgl. oben Anm. 5.

[33] *Hale*, War and Society (wie Anm. 7), 233.

[34] Rund 15 Millionen Goldmünzen; vgl. *Peter Rauscher*, Die Finanzierung des Kaiserhofs von der Mitte des 16. bis zu Beginn des 18. Jahrhunderts. Eine Analyse der Hofzahlamtsbücher, in: Gerhard Fouquet/Jan Hirschbiegel/Werner Paravicini (Hrsg.), Hofwirtschaft. Ein ökonomischer Blick auf Hof und Residenz in Spätmittelalter und Früher Neuzeit. 10. Symposium der Residenzen-Kommission der Akademie der Wissenschaften zu Göttingen, Gottorf/Schleswig, 23.–26. September 2006. (Residenzenforschung, Bd. 21.) Ostfildern 2008, 405–441, hier 422; *Kenyeres*, Kriegsausgaben (wie Anm. 5), 75.

servefonds oder Kriegskassen eingerichtet wurden, deren Rolle der des sultanischen Privatschatzes vergleichbar war und in welchen die gesamten Überschüsse gesammelt wurden, überdauerte letztlich nur der venezianische *deposito grande*, der im Jahr 1594 eingerichtet wurde, längere Zeit. Die anderen wurden schnell von unfähigen Herrschern geleert.[35] Während also die christlichen Staaten manchmal für Jahrzehnte unter der Last von Kriegsanleihen und hohen Zinsbelastungen litten (die Spanier zum Beispiel konnten zeitweilig nur durch wiederholte Staatsbankrotte Ordnung in ihre finanziellen Angelegenheiten bringen)[36], füllten die Osmanen ihre gelegentlich (1596 sowie in den frühen 1600er Jahren) erschöpften Reserven schnell und leicht wieder auf.[37] Kurz gesagt: Die Osmanen waren möglicherweise in der Lage, ihre finanzielle Situation schneller als irgendeiner ihrer Gegner zu konsolidieren – auch wenn dies vom Ende des 16. Jahrhunderts an mit zunehmender Häufigkeit durch drakonische Maßnahmen einschließlich erzwungener Darlehen, der Konfiskation von Eigentum usw. erreicht wurde. Nach meiner Ansicht wird dieser Sachverhalt durch den oben vorgestellten Bericht von 1596 in interessanter und überzeugender Weise dokumentiert.

Gleichzeitig trifft auch zu, dass die nicht zu bezweifelnde finanzielle Überlegenheit des osmanischen Staates nicht genügte, um der osmanischen Gesellschaft die Auswirkungen des Krieges zu ersparen, die zu dieser Zeit auch im Westen sehr gut bekannt waren. Nach dem Aufbruch der sultanischen Armee im Jahr 1596 gab es sofort eine Güterverknappung in der Hauptstadt, die Preise für Futter und Gerste schossen in die Höhe, die Inflation erreichte ein Rekordhoch (auf dem sie bis 1600 verblieb), und in der zweiten Jahreshälfte brachen die sogenannten *djelali*-Aufstände von neuem aus.[38] All dies ist ein klares Anzeichen dafür, dass der unerwartete Anstieg der wirtschaftlichen und sozialen Kosten der Kriege oder auch deren dauerhaft überdurchschnittlich hohes Niveau unabhängig von der Größe der finanziellen Reserven auch für die Osmanen ernste Krisen mit sich bringen konnte.

[35] *Hale*, War and Society (wie Anm. 7), 232; *Mallett/Hale*, Military Organization (wie Anm. 28), 467f.

[36] *Parker*, Military Revolution (wie Anm. 5), 63; *Hale*, War and Society (wie Anm. 7), 237.

[37] In diesem Zusammenhang sei ausdrücklich auf die mir von anderswoher nicht bekannte Information in dem erwähnten christlichen Bericht hingewiesen, dass der Sultan eine religiöse Verpflichtung hatte, die innere Staatskasse gefüllt zu halten. Vgl. oben Anm. 15.

[38] *Selânikî Mustafa Efendi*, Tarih-i Selânikî (wie Anm. 23), Vol. 2, 615f., 624; *William J. Griswold*, The Great Anatolian Rebellion 1000–1020/1591–1611. (Islamkundliche Untersuchungen, Bd. 83.) Berlin 1983.

Kriegsfinanzierung im Frankreich Ludwigs XIV.

Die *Extraordinaire des Guerres* in der Franche-Comté während des Spanischen Erbfolgekriegs*

Von

Darryl Dee

I. Einleitung

In der Forschung[1] besteht seit längerem weitgehend Konsens darüber, dass die Intensivierung der Kriegführung vom 16. bis zum 18. Jahrhundert einen entscheidenden Impuls für das Wachstum der Staatsgewalt in Europa lieferte. Mit der zunehmenden Dauer der Kriege, immer höheren Verlustzahlen und dem dramatischen Anstieg der Heeresgrößen entwickelten die europäischen Regierungen ein nur schwer stillbares Bedürfnis nach Geld, Kriegsmaterial und Menschen. Um dieses zu befriedigen, waren sie gezwungen, einen rationaleren, effizienteren und immer spezialisierteren Verwaltungsapparat zu schaffen, der es ihnen erlaubte, immer mehr Ressourcen aus den von ihnen regierten Bevölkerungen zu extrahieren und ihren Zugriff auf die Gesellschaft zu intensivieren. So meinte Max Weber in einem Essay zur bürokratischen Herrschaft: „Meist haben [...] in der Richtung der Bürokratisierung Bedürfnisse gewirkt, welche durch die machtpolitisch bedingte Schaffung stehender Heere und die damit verbundene Entwicklung des Finanzwesens entstanden.“[2]

* Aus dem Englischen übersetzt von *Peter Rauscher*.

[1] Vorstudien zu diesem Artikel erschienen unter *Darryl Dee*, Wartime Government in Franche-Comté and the Demodernization of the French State, 1704–1715, in: French Historical Studies 30, 2007, 21–28, und als 7. Kapitel in *ders.*, Expansion and Crisis in Louis XIV's France: Franche-Comté and Absolute Monarchy. Rochester 2009, 150–169.

[2] *Max Weber*, Wesen, Voraussetzungen und Entfaltung der bürokratischen Herrschaft, in: ders., Wirtschaft und Gesellschaft. Grundriß der verstehenden Soziologie. Hrsg. v. Johannes Winckelmann. 5. Aufl. Tübingen 1976, 551–579, hier 560. Eine weitere klassische Formulierung zur Verbindung zwischen Kriegführung und Staatsbildung stammt von *Otto Hintze*, Staatsverfassung und Heeresverfassung, in: ders., Staat und Verfassung. Gesammelte Abhandlungen zur allgemeinen Verfassungsgeschichte. Hrsg. v. Gerhard Oestreich mit einer Einleitung v. Fritz Hartung. 2. Aufl. Göttingen 1962, 52–83 (Original 1929). Weitere wichtige Studien, die diese Interpretation fortführen: *Brian Downing*, The Military Revolution and Political Change. Origins of Democracy and Autocracy in Early Modern Europe. Princeton 1992; *Thomas Ertman*, The Birth of Leviathan: Building Sta-

In Frankreich fiel die entscheidende Phase dieser Entwicklung in die Regierungszeit Ludwigs XIV. Der Sonnenkönig führte mehr als die Hälfte seiner 54jährigen persönlichen Regierung Krieg. Im Verlauf dieser Epoche wuchs die französische Armee enorm an: von geschätzten 125 000 Mann in den 1640er Jahren bis zu einem Maximum von mehr als 340 000 Mann auf dem Höhepunkt des Pfälzischen Erbfolgekriegs (1688–1697) 1695.[3]

Darüber hinaus wurde aus den vorher nur in Kriegszeiten aufgestellten Truppen eine stehende Armee, die auch im Frieden einsatzfähig blieb. Um eine solche Armee aufbauen und unterhalten zu können, musste sich die königliche Regierung Ludwigs XIV. selbst reformieren. Der berühmte Staatssekretär für das Kriegswesen (*secrétaire d'État de la Guerre*), Michel Le Tellier, und dessen Sohn, François-Michel, Marquis de Louvois, reorganisierten die Truppenkörper und das Offizierskorps, schufen eine neue, effizientere Logistik und verstärkten die staatliche Kontrolle über die Armee. Noch wichtiger war jedoch eine grundlegende Erneuerung der französischen Verwaltung und des Steuersystems, die es erlaubte, die Mittel rasch einzuheben und zu verteilen, um die massiv angewachsenen Bedürfnisse des Militärs finanzieren zu können.[4]

In jüngerer Zeit widmeten sich drei wichtige Untersuchungen dieser Verbindung zwischen dem Aufstieg der französischen Armee und der Modernisierung des Staats unter Ludwig XIV. Alle drei argumentierten, dass der König die Steigerung seiner immensen militärischen Macht ohne eine vorherige grundlegende Reform des Staates zustande gebracht hätte. In seiner umfassenden Studie über die französische Armee des 17. Jahrhunderts vertrat John Lynn die Ansicht, dass im Gegenteil das Wachstum der Kriegsmaschinerie eine rasche Folge von Reformschritten der königlichen Regierung zur Folge gehabt habe. Um seine militärische Machtbasis zu stützen, verteilte der König die zu ihrer Unterhaltung notwendigen Lasten auf die verschiedenen Provinzen seines Königreichs.

tes and Regimes in Medieval and Early Modern Europe. Cambridge 1997; *Karen Rasler/William Thompson*, War and State Making. The Shaping of the Global Powers. Boston 1989; *Charles Tilly*, Coercion, Capital, and European States, AD 990–1990. Oxford 1990.

[3] *John A. Lynn*, Recalculating French Army Growth during the Grand Siècle, 1610–1715, in: French Historical Studies 18, 1994, 881–906.

[4] Zur Tätigkeit der Le Tellier-Minister s. *Louis André*, Michel Le Tellier et l'organisation de l'armée monarchique. Paris 1906; *Camille Rousset*, Histoire de Louvois et son administration politique et militaire. 3 Vols. Paris 1879; *André Courvisier*, Louvois. Paris 1983.

Die Zentralbehörden wie das Amt des Staatssekretärs für das Kriegswesen und der Generalkontrolleur der Finanzen (*contrôleur général des finances*) erhoben die Mittel, die sie an die Armee weiterleiteten. Zusätzlich aber nutzten die Provinzialbehörden ihre eigenen Ressourcen, um Truppen während des Durchzugs oder im Zuge von Einquartierungen in ihren Regionen zu unterhalten, Feldarmeen erpressten auf Basis des berühmt-berüchtigten Kontributionssystems während eines Feldzugs Geld und Proviant von den von ihnen besetzten feindlichen Territorien, und adelige Offiziere setzten ihr eigenes Vermögen ein, um ihre Einheiten aufrechtzuerhalten. Wegen dieser Spannweite an Akteuren, die zur Heeresfinanzierung beitrugen, gelang es Ludwig XIV., die Größe seiner Armeen enorm zu steigern, ohne dafür den französischen Staat grundlegend umgestalten zu müssen.[5]

In ihren stärker auf das Heer Ludwigs XIV. fokussierten Studien konstatieren Guy Rowlands und Hervé Drévillon, dass die Ursache der spektakulären Ausweitung der königlichen Machtmittel in den Anstrengungen und der Opferbereitschaft des adeligen Offizierskorps zu suchen seien. Drévillon bemerkt, dass ein beträchtlicher Anteil des Adels dem König als Offiziere zur Verfügung stand. 1693, während des Höhepunkts des Pfälzischen Erbfolgekriegs, dienten 35 bis 43 Prozent der adeligen Familienoberhäupter als Offiziere in den königlichen Armeen.[6] Zudem übernahmen diese Offiziere einen erheblichen Anteil der finanziellen Lasten für die Truppen. Drévillon schätzt, dass Infanterieoffiziere durchschnittlich 500 Livres tournois (im Folgenden: Livres) ihres persönlichen Vermögens pro Jahr für ihre Einheiten ausgaben, ihre Gegenüber in der Kavallerie rund 1500 Livres.[7] Rowlands wiederum gibt an, dass Offiziere letztlich 11 bis 14 Prozent der Gesamtkosten des Heeres bezahlten[8], während Drévillon diese Quote näher bei 20 Prozent sehen möchte[9]. Warum waren so viele Adelige bereit, ihr Vermögen und oft auch ihr Leben für den Sonnenkönig zu opfern? Beide Autoren argumentieren, dass es Ludwig XIV. letztlich gelungen war, ein enges Band zwischen der Krone und dem Adel herzustellen. Rowlands vertritt die Meinung, dass der König realisiert habe, dass er, um seine militä-

[5] *John A. Lynn*, Giant of the Grand Siècle: The French Army 1610–1715. Cambridge 1997.

[6] *Hervé Drévillon*, L'Impôt du sang: le métier des armes sous Louis XIV. Paris 2005, 277.

[7] Ebd. 117–133.

[8] *Guy Rowlands*, The Dynastic State and the Army under Louis XIV: Royal Service and Private Interest, 1661–1701. Cambridge 2002, 265f.

[9] *Drévillon*, L'Impôt du sang (wie Anm. 6), 133.

rischen Ambitionen erreichen zu können, eine loyale und effiziente Kooperation mit den traditionellen militärischen Eliten des Königreichs anstreben müsse. Daher bemühte er sich, die politischen, sozialen und kulturellen Interessen des Adels zu sichern. Vor allem hatte er deren „dynastische" Ambitionen zu berücksichtigen: die vorrangige Sorge um das Wohl und Prestige ihrer Familien. Drévillon hingegen vertritt die Ansicht, dass Ludwig XIV. die materiellen Interessen seiner Offiziere unterstützte. Außerdem sei es dem Sonnenkönig gelungen, eine neue Adelskultur zu schaffen, die adelige Ehre mit Militärdienst gleichgesetzt habe.

Diese drei Untersuchungen zur Militärgeschichte bilden einen Teil einer breiteren, noch immer aktuellen Debatte über eine Neubewertung des Sonnenkönigs. Bei deren Beginn vor zwei Jahrzehnten bezweifelte eine Reihe von Frühneuzeit-Historikern die Verbindung zwischen der Regierung Ludwigs XIV. und einer Modernisierung des französischen Staates. Durch Forschungen zu verschiedenen Aspekten der Regierung Ludwigs XIV. wie dem Steuersystem, der Rechtsprechung und der Verwaltung der Provinzen kamen diese Historiker zu dem Schluss, dass der König Frankreich deshalb erfolgreich regierte, weil er mit den etablierten Eliten kooperiert habe. Weit davon entfernt, seine mächtigsten Untertanen vom Hof abhängig und machtlos zu machen, sei Ludwig XIV. kompromissbereit gewesen und habe die Ressourcen des Königreichs mit ihnen geteilt. Anstatt eines Prozesses stärkerer Zentralisierung und fortschreitender Bürokratisierung zu durchlaufen, habe der Staat in seinen traditionellen Strukturen und Praktiken verharrt. Ludwig XIV. sei daher kein zentralisierender, modernisierender absoluter Monarch gewesen, sondern ein König, der gekonnt unter den Bedingungen einer vormodernen Gesellschaft regierte habe und diese stabilisieren konnte.[10]

Im vorliegenden Artikel soll versucht werden, diese Neubewertung der Verbindung zwischen militärischer Mobilisierung in großem Stil und der Entwicklung des französischen Staats unter Ludwig XIV. zu vertiefen, in-

[10] S. *William Beik*, Absolutism and Society in Seventeenth-Century France: State Power and Provincial Aristocracy in Languedoc. Cambridge 1985; *James B. Collins*, Classes, Estates and Order in Early Modern Brittany. Cambridge 1994; *Albert Hamscher*, The Conseil Privé and the Parlements in the Age of Louis XIV: A Study in French Absolutism. Philadelphia 1987; *Roger Mettam*, Power and Faction in Louis XIV's France. London 1988; *David Parker*, Class and State in Ancien Régime France: The Road to Modernity? London 1996. Beik bietet eine exzellente Darstellung der Ursprünge und der Entwicklung der neuen Sicht auf Ludwig XIV. in seinem Forschungsbericht (Review Article): *William Beik*, The Absolutism of Louis XIV as Social Collaboration, in: P & P 188, 2005, 195–224.

dem untersucht wird, wie die Kriegsfinanzierung der königlichen Regierung in einer Provinz, der Franche-Comté, während des Spanischen Erbfolgekriegs, des größten äußeren Konflikts der Epoche, funktionierte. Drévillon und Rowlands haben sicherlich recht, die Bedeutung der Rolle adeliger Offiziere als Stützen der Militärmacht des Sonnenkönigs besonders hervorzuheben. Wie aber Lynn ausgeführt hat, bildet dieses Phänomen lediglich einen Aspekt des Gesamtkomplexes der französischen Kriegsfinanzierung, an dem andere Teile des französischen Staats wie die Zentralregierung und die Provinzialbehörden mindestens ebenso beteiligt waren.

Die *Extraordinaire des Guerres* war der wichtigste Fonds zur Finanzierung der französischen Kriegführung. Er wurde von einem Generalschatzmeister (*trésorier général de l'Extraordinaire des Guerres*) verwaltet, der damit die Schlüsselposition im System der Kriegsfinanzierung einnahm. Diese Institution war aber weit davon entfernt, ein großes Heer über mehrere Jahre unterhalten zu können und erwies sich als relativ instabil. Unter steigendem Druck brach das System schließlich komplett zusammen. In der Franche-Comté konnte das Kriegswesen nur dadurch aufrecht erhalten werden, indem die Entscheidungsträger der Provinz und lokale Vertreter der Krone die Soldzahlungen und Proviantleistungen an die königlichen Truppen übernahmen. Um diese Funktionen ausüben zu können, griffen sie auf erprobte Wege der Verwaltung und politischen Kontrolle der Einnahmen zurück. Das Frankreich Ludwigs XIV. überstand daher den Spanischen Erbfolgekrieg nicht aufgrund eines modernisierten Staatsapparats, sondern durch das effizientere Ausnutzen traditioneller Regierungspraktiken.

II. Die Franche-Comté und das System der Kriegsfinanzierung

Die Franche-Comté war während des Spanischen Erbfolgekriegs (1701–1713/14) eine der strategisch und militärisch wichtigsten Provinzen Frankreichs. Wegen ihrer Lage an der Ostgrenze des Königreichs trug sie wesentlich zum Schutz Burgunds und der Champagne vor einer Invasion durch die Armeen des Kaisers und des Heiligen Römischen Reichs bei. Die Hauptstadt Besançon war ebenso wie andere befestigte Städte und Festungen mit einer starken Besatzung versehen.[11] Die Franche-Comté diente au-

[11] Zum Beispiel waren während des Spanischen Erbfolgekriegs in der Festung und Stadt

ßerdem als zentrale Verbindung zwischen den deutschen und den italienischen Kriegsschauplätzen. Der militärische Korridor, der sich entlang des Tals des Doubs von Dole über Besançon nach Belfort erstreckte, wurde regelmäßig für den Durchmarsch von Truppen benutzt.[12] Darüber hinaus diente die Region als Hinterland für die logistische Versorgung der französischen Armee im Elsass und in Lothringen. Am Ende einer jeden Feldzugsaison bezogen in den Dörfern der Franche-Comté zahlreiche Truppenteile der Feldarmeen ihre Winterquartiere.

Organisation und Finanzierung dieser militärischen Aktivitäten bedeuteten nahezu während des gesamten 17. Jahrhunderts eine enorme Herausforderung für den französischen Staat. Hinzu kommt, dass diese Maßnahmen nicht nur Frankreichs Fähigkeit, wirksam Krieg zu führen, beeinflussten, sie hatten ebenso erhebliche Auswirkungen auf die Stabilität der öffentlichen Ordnung und die Ausübung staatlicher Autorität. Während des Dreißigjährigen Kriegs und des langandauernden Konflikts mit Spanien war es den Regierungen der Kardinäle Richelieu und Mazarin nicht gelungen, ausreichende Ressourcen für die königlichen Armeen bereitzustellen. Eine schlecht organisierte und mit unzureichenden Finanzmitteln ausgestattete Militärverwaltung konnte oft die Versorgung der Truppen mit Sold und Proviant nicht gewährleisten. Um seine Ansprüche trotzdem durchzusetzen, reagierte das Militär mit Gewalt gegenüber der Zivilbevölkerung. Im gesamten Königreich überzogen die königlichen Söldner die Gemeinden, durch die sie marschierten oder in denen sie Quartier bezogen, mit Mord, Vergewaltigung und systematischer Plünderung.[13] Diese Praxis war so weit verbreitet, dass ein Historiker von einer regelrechten „Gewaltsteuer" („tax of violence") gesprochen hat.[14]

Für Frankreichs Herrschaftseliten schuf die Gewalt unbesoldeter und schlecht disziplinierter königlicher Truppen ein weiteres Problem, da sie ihre Autorität unterminierte. Die Einwohner zahlreicher Gemeinden reagierten auf das Wüten der Soldateska, indem sie sich selbst bewaffneten und ihre Verteidigung in die eigene Hand nahmen. Sie gingen daher öfter gewaltsam gegen die Beamten und Entscheidungsträger vor, die offen-

Besançon 2000 Mann stationiert. *Claude Fohlen* (Ed.), Histoire de Besançon. 2 Vols. Paris 1965, hier Vol. 2, 55.

[12] Laut einer Erhebung aus dem Jahr 1709 schätzte die Stadtregierung von Besançon, dass jährlich 40000 Mann königlicher Truppen die Stadt passieren würden. Archives Municipales de Besançon (AMB), BB 124, fol. 190r–191r.

[13] *David Parrott*, Richelieu's Army: War, Government, and Society in France, 1624–1642. Cambridge 2001, 505–546.

[14] *Lynn*, Giant of the Grand Siècle (wie Anm. 5), 184–196.

sichtlich wenig unternommen hatten, um sie zu schützen.[15] Eine zusätzliche Gefahr, die von unkontrollierten Truppen ausging, bestand in der Verschärfung bestehender Spannungen und Rivalitäten zwischen den Behörden selbst. Bei ihren Versuchen, die Disziplin der Soldaten zu verbessern, ergriffen Amtsträger des Königs, aber auch lokale Würdenträger häufig Maßnahmen, die von anderen Mitgliedern der herrschenden Elite als Verletzungen ihrer Privilegien und Rechte interpretiert wurden. Dieser Mangel an Koordination zwischen den Behörden führte oft zu harten internen Auseinandersetzungen, die nicht selten zu einem totalen Zusammenbruch der öffentlichen Ordnung führten.[16]

Mit dem Antritt seiner selbständigen Herrschaft 1661 war Ludwig XIV. entschlossen, diese Zustände zu beenden. Eine wichtige Maßnahme, die der König und seine Berater trafen, bestand darin, die Disziplin der königlichen Truppen zu erhöhen. Eine wichtige Rolle spielten hier der königliche Staatssekretär für das Kriegswesen Le Tellier und später in noch höherem Maße dessen Sohn Louvois. So wurde zwischen 1661 und 1665 eine ganze Reihe von Reformen der Militärgerichtsbarkeit erlassen, die den ordentlichen Ablauf der Untersuchung, das Verfahren und die Verurteilung straffällig gewordener Soldaten regelten.

Auf Basis dieser Verordnungen setzten Offiziere und zivile Militärinspektoren die königlichen Verfügungen energisch und manchmal überhart um. Gleichzeitig gewährte der König Opfern militärischer Gewalt und Willkür Entschädigungen.[17]

Die Durchsetzung strengerer Disziplin der königlichen Truppen bekämpfte freilich nur die Symptome eines grundlegenderen Problems. Der König und seine Räte erkannten klar, dass die eigentliche Ursache der Undiszipliniertheit der Truppen in ihrer unregelmäßigen Besoldung bestand: Noch 1712 stellte das Staatssekretariat für das Kriegswesen in einem Memorial fest, dass die ordentliche Bezahlung der Truppen die Voraussetzung für deren Disziplin sei.[18] Demnach suchten Ludwig XIV. und seine Staatssekretäre für das Kriegswesen nach Möglichkeiten, wie die königliche Verwaltung die Versorgung der Armeen mit Geld und Proviant verbessern konnte. Die Besoldung der Soldaten war eine besondere Herausforderung,

[15] *Parrott*, Richelieu's Army (wie Anm. 13), 522–526.

[16] *Beik*, Absolutism and Society in Languedoc (wie Anm. 10), 172–178.

[17] *Louis André*, Michel Le Tellier et Louvois. Paris 1942, 403–409; *Corvisier*, Louvois (wie Anm. 4), 187–190; *Lynn*, Giant of the Grand Siècle (wie Anm. 5), 193–196.

[18] Service historique de l'armée de Terre (SHAT), MR 1701, Stück 15, Mémoire von 1712.

da die Truppen, anders als im Falle sonstiger königlicher Ausgaben, keine Schuldscheine akzeptierten, sondern auf einer Bezahlung in Bargeld bestanden. Ziel von Le Tellier und Louvois war es daher, den Sold pünktlich und in harter Währung zu zahlen.[19]

Entscheidend für die Durchführung dieser Maßnahmen war der Generalschatzmeister der *Extraordinaire des Guerres.*[20] Ursprünglich geschaffen von Franz I., um die königlichen Armeen während ihrer Feldzüge und die auf die Provinzen verteilten Einheiten mit Geldmitteln auszustatten, war der Schatzmeister seit dem beginnenden 17. Jahrhundert die bei weitem wichtigste Zentralstelle der verschiedenen königlichen Finanzbehörden für die Kriegführung geworden. Seine Hauptaufgabe bestand in der Bezahlung der königlichen Offiziere und Soldaten. Zusätzlich dazu hatte er eine Vielzahl anderer Aufgaben wie zum Beispiel die Versorgung der Regimenter mit Proviant, die Ausstattung der Soldatenunterkünfte, den Aufbau und die Unterhaltung von Hospitälern, die Anschaffungen für die Artillerie (in Zusammenarbeit mit dem *trésorier général de l'Artillerie*) und den Bau und die Instandhaltung von Festungen zu erledigen.[21]

Der Generalschatzmeister der *Extraordinaire des Guerres* selbst fungierte als Bindeglied zwischen privatem Unternehmertum und öffentlicher Verwaltung. Henri Legohérel bezeichnete die Behörde des für die Marine zuständigen Generalschatzmeisters (*trésorier général de la Marine*) als „para-royales" Netzwerk von Finanziers und Beamten[22]; diese Charakterisierung trifft auch auf die *Extraordinaire des Guerres* zu. An der Spitze der Hierarchie der Behörde stand der Generalschatzmeister. Wie die anderen obersten Posten in der Finanzverwaltung der französischen Monarchie war

[19] *Rousset*, Histoire de Louvois (wie Anm. 4), Vol. 1, 163–255; *Corvisier*, Louvois (wie Anm. 4), 77–114.

[20] In der enorm breiten wissenschaftlichen Literatur über die frühneuzeitlichen französischen Staatsfinanzen wurden die Organisation, die Rolle und die Aktivitäten der königlichen Kriegskassen (*trésors de guerre*) fast komplett ignoriert. Erst jüngst legte *Guy Rowlands* eine wertvolle Studie über die Kasse der *Extraordinaire des Guerres* während des Pfälzischen Erbfolgekriegs in den Kapiteln 4 und 5 seines Werks The Dynastic State and the Army (wie Anm. 8) vor. Darüber hinaus verfasste *Claudine Fages* im Rahmen der Inventare der Archives Nationales in Paris eine Einleitung über die Struktur und Tätigkeit der *Extraordinaire des Guerres:* Le service de la guerre sous Louis XIV de 1699 à 1715 (1974), ungedrucktes Archivinventar, AN, G7 1774–1788.

[21] Im Gegenzug verlor die sehr viel ältere Kriegskasse der *Ordinaire des Guerres* im Laufe des 17. Jahrhunderts an Bedeutung und war schließlich nur noch für die Finanzmittel zur Unterhaltung der königlichen *Maison Militaire* und einer handvoll Eliteregimenter zuständig.

[22] *Henri Legohérel*, Les trésoriers généraux de la Marine, 1517–1788. Paris 1963, 91 f.

das Amt des Generalschatzmeisters der *Extraordinaire des Guerres* käuflich. Nach 1701 wurde es in drei unterschiedliche Posten (*ancien, alternatif* und *triennal*) aufgeteilt, die von Mitgliedern der französischen Finanzelite besetzt wurden. Jeder Generalschatzmeister wurde unterstützt von einer Anzahl von Mitarbeitern, die ihn mit Kredit versorgten und ihm halfen, die notwendigen Ressourcen zur Erfüllung seiner Amtsaufgaben aufzubringen. Aber das Hauptziel der Generalschatzmeister und ihrer Hintermänner war es, durch ihr Engagement für die Staatsfinanzen auch einen persönlichen Profit zu erzielen. Daher investierten sie nicht nur in die Aktivitäten des eigenen Amtes, sondern ebenso in andere Bereiche des königlichen Finanzsystems. Letztendlich hing ihr Erfolg vom Funktionieren des Finanzwesens der Monarchie ab.

In den Provinzen unterhielten die Generalschatzmeister der *Extraordinaire des Guerres* ein Netzwerk an Agenten (*commis*). Wie ihr Titel andeutet, handelte es sich bei ihnen um nichtkäufliche, besoldete Ämter. In der gesamten Monarchie gab es 60 bis 70 Agenten; in der Franche-Comté waren diese in Besançon und Dole ansässig. Ihre wesentliche Funktion bestand darin, die vom Generalschatzmeister übermittelten Gelder für die Deckung der Kriegskosten auszubezahlen und im Gegenzug die Einkünfte aus den der *Extraordinaire des Guerres* zugeordneten Mittel einzuheben. Diese Aufgaben erforderten einen permanenten Kontakt zwischen den Agenten und einer Vielzahl an Behörden der Provinzen.

Gemäß dem Umfang und der Bedeutung der *Extraordinaire des Guerres* verwaltete der Generalschatzmeister enorm hohe Summen. Der wesentliche Punkt, um das Funktionieren dieses Amts zu verstehen, liegt darin, sich zu vergegenwärtigen, dass es größtenteils lediglich ein indirekter Empfänger königlicher Einkünfte war. Mit anderen Worten: Es bezog seine Einnahmen, um seine Verpflichtungen erfüllen zu können, von anderen Stellen des ausgedehnten Behördenkomplexes der königlichen Finanzen. In die *Extraordinaire des Guerres* floss nur eine geringe Anzahl eigener Einkommensquellen. In der Franche-Comté erhielt sie den Erlös bestimmter lokaler Steuern; zum Beispiel war ein Anteil am Zoll (*octrois*) der Stadt Besançon für die Unterhaltung der Stadtbefestigung zweckgebunden und wurde direkt von der Stadtverwaltung an den lokalen Agenten abgeführt. Ihre wichtigste Einnahmequelle waren jedoch die „Kontributionen", die die französische Armee den von ihr besetzten feindlichen Territorien in Kriegszeiten auferlegte. Aber auch diese Zwangssteuern machten mit höchstens 11 bis 12 Prozent nur einen kleinen Teil des Gesamtbudgets der *Extraordinaire des Guerres* aus. Damit wird deutlich, dass während der Regierung Ludwigs XIV. nicht der „Krieg den Krieg ernährte".[23]

Ohne große eigene Einnahmequellen war die *Extraordinaire des Guerres* abhängig von den Mitteln, die sie von anderen königlichen Schatzkammern und Einnehmern erhielt. Das offizielle Verfahren sah vor, dass der Generalschatzmeister der *Extraordinaire des Guerres* sein Budget dem Generalkontrolleur der Finanzen vorzulegen hatte. Auf dieser Grundlage befahl der Generalkontrolleur dem königlichen Schatzmeister (*garde du Trésor Royal*), die *Extraordinaire des Guerres* mit ausreichenden Anweisungen (Assignationen) zu versehen. Diese Zahlungsbefehle bezogen sich auf ganz unterschiedliche Einnahmequellen, der größte Anteil der Gelder kam aber von den verschiedenen Generaleinnehmern der direkten Steuern (*taille*) in den Provinzen.[24] Der Generalschatzmeister erhielt seine Einnahmen, indem er diese Assignationen dem jeweils betroffenen Amtsträger vorlegte und die Auszahlung der Gelder anforderte. Vom Generalschatzmeister wurden dann die Gelder an seine einzelnen Agenten in der Provinz aufgeteilt, die schließlich die notwendigen Zahlungen leisteten.

Diese ganze Prozedur hing stark vom königlichen Schatzmeister ab, der der *Extraordinaire des Guerres* die vom Generalkontrolleur assignierten Mittel zuwies. Fallweise sah sich der Schatzmeister nicht imstande bzw. war nicht bereit, alle Forderungen des Generalschatzmeisters der *Extraordinaire des Guerres* zu erfüllen. Unter solchen Umständen versuchte der

[23] Jüngst entstand eine Debatte über den Anteil der Kontributionen am Budget der *Extraordinaire des Guerres* und den sich daraus ergebenden Konsequenzen für die Kriegsfinanzierung. John Lynn stellt fest, dass Kontributionen bis zu 25 Prozent am Gesamteinkommen der Kammer ausgemacht hätten. Weiter argumentiert er, dass diese Zusatzeinnahmen es Ludwig XIV. ermöglicht hätten, längere Kriege zu führen, ohne dass die Gefahr von Revolten bestanden hätte, die die Kriegführung der Kardinal-Minister gekennzeichnet hatten. S. *Lynn*, Giant of the Grand Siècle (wie Anm. 5), 196–217. Guy Rowlands hat indessen überzeugend gezeigt, dass Kontributionen lediglich 11 bis 12 Prozent des Budgets der *Extraordinaire des Guerres* ausmachten. In seinen Worten handelt es sich um einen Mythos, dass „the *Extraordinaire des Guerres* had a pot of gold on which it could draw". S. *Rowlands*, The Dynastic State and the Army (wie Anm. 8), 365f., Zitat 366. Dieses weitgehende Fehlen militärischer Revolten während der Kriege in der Spätphase Ludwigs XIV. kann nicht auf einen wegen der Kontributionen dramatisch erhöhten finanziellen Spielraum für die Kriegführung zurückgeführt werden.

[24] *Rowlands*, The Dynastic State and the Army (wie Anm. 8), 124, bringt in Tabelle 4.2 eine Übersicht über die Assignationen, die der *Extraordinaire des Guerres* im August 1694 präsentiert wurden. Obwohl die Aufstellung wegen einer lückenhaften Überlieferung nicht vollständig ist, enthält sie ein weites Spektrum an Zahlungsbefehlen von den Brauern des Artois bis zum *Bureau des parties casuelles*. Vgl. dazu *William Doyle*, Venality. The Sale of Offices in Eighteenth-Century France. Oxford 1996.

Generalschatzmeister – mit Hilfe des Staatssekretärs für das Kriegswesen – Druck auf den königlichen Schatzmeister auszuüben, um Zahlungen zu erzwingen. Wenn dies nicht gelang, blieb dem Generalschatzmeister und seinen Beamten keine andere Wahl, als auf ihren eigenen Kredit Anleihen aufzunehmen, um so die bestehenden Finanzierungslücken ausgleichen zu können. In bestimmten Jahren machten diese Darlehen den größten Einnahmeposten der *Extraordinaire des Guerres* aus.

Obwohl der Intendant der Franche-Comté (*Intendant de la Franche-Comté*), der wichtigste Amtsträger der königlichen Regierung in der Provinz, formell außerhalb der Hierarchie der *Extraordinaire des Guerres* stand, spielte er eine entscheidende Rolle für die Finanzierung und Verwaltung des Kriegswesens. Seit 1682 prüfte der Intendant die Rechnungen der Agenten der *Extraordinaire des Guerres*. Noch wichtiger war, dass der Intendant für zwei zentrale Bereiche der Militäradministration zuständig war, die außerhalb der direkten Kompetenz der Kriegskammer lagen: die Truppenverpflegung (*étape*) und die Winterquartiere. Um das notwendige Netz an Magazinen für die Versorgung der durch die Franche-Comté durchmarschierenden Truppen aufzubauen und zu unterhalten, bevollmächtigte der Staatssekretär für das Kriegswesen den Intendanten, Lieferverträge mit den lokalen Unternehmern abzuschließen. Diese *étapiers* richteten Versorgungsstationen in den Städten entlang den Hauptrouten des Heeres ein. Um sie zu bezahlen, gewährte der Generalkontrolleur dem Intendanten Finanzmittel aus den Einkünften der direkten Steuern der Provinz. Der Intendant organisierte auch die Winterquartiere für die Einheiten in den Städten der Franche-Comté. Die Agenten der *Extraordinaire des Guerres* stellten dafür jeder Stadt Mittel zur Deckung der Kosten für die Truppenunterbringung zur Verfügung, wofür die Kammer vom Intendanten mit Einnahmen aus den direkten Steuern der Provinz entschädigt wurde.

Wegen der zentralen Bedeutung der *Extraordinaire des Guerres* für die französische Kriegführung wurde sie zu einem frühen und regelmäßigen Objekt der Reformen Ludwigs XIV. und seiner Staatssekretäre für das Kriegswesen. Michel Le Tellier und besonders der Marquis de Louvois wollten sicherstellen, dass die Generalschatzmeister der *Extraordinaire des Guerres* ihre Aufgaben optimal erfüllen konnten. Sie setzten vertrauenswürdige Personen, häufig Mitglieder ihrer eigenen Klientel, als Generalschatzmeister ein. Außerdem überwachten sie die Agenten, die die Aufgaben des Schatzmeisteramts in den Provinzen auszuüben hatten, rigoros. Hinzu kam, dass sie strengere Vorschriften für die Auszahlung von Geldern erließen und intensivere Buchprüfungen einführten, um Betrug vorzubeugen. Le Tellier und Louvois hofften, mit diesen Reformen und einer verbesserten Disziplin der Truppen Krisen des Systems und Missbrauchsfälle wie in der Vergangenheit zu verhindern.

Allen Reformanstrengungen zum Trotz führten diese Maßnahmen zu keiner effizienteren und stabileren Verwaltung. Wie Rowland feststellte, retteten die Reformen unter Ludwig XIV. zwar die französische Armee vor einem gefährlichen Chaos in ihrer Verwaltung, allerdings litt die Militärorganisation nach wie vor unter ernsthaften Mängeln.[25]

Die fortdauernden Schwachstellen der *Extraordinaire des Guerres* wurden gerade zu Beginn des Spanischen Erbfolgekriegs offensichtlich: 1701 hatten zwei Generalschatzmeister so enorme Schulden angehäuft und damit ihren Kredit verloren, dass sie Bankrott anmelden mussten.[26]

III. Die Kriegsfinanzierung im Spanischen Erbfolgekrieg

In den ersten drei Kriegsjahren des Spanischen Erbfolgekriegs scheint das System der *Extraordinaire des Guerres* in der Franche-Comté relativ problemlos funktioniert zu haben. Weder Pariser noch Quellen der regionalen Verwaltung berichten für diese Zeit von Problemen der Kriegsfinanzierung und der Militärverwaltung. Erste Anzeichen dafür gab es erst im Sommer 1704. Im Juli dieses Jahres meldete der Intendant Louis de Bernage an den Generalkontrolleur Michel Chamillart, dass er von den Einnahmen der *Extraordinaire des Guerres* lediglich 40000 statt der versprochenen 50000 Livres erhalten hatte. Als sich der Intendant gegenüber dem Generalschatzmeister Jean Baptiste Durey de Vieuxcourt über diesen Umstand beschwerte, erhielt er die unverblümte Mitteilung, dass nicht mehr Mittel zur Verfügung stünden und der königliche Kommissar daher mit den vorhandenen Geldern auskommen müsse, um die dringlichsten Bedürfnisse des Militärs zu befriedigen.[27] Der Geldmangel setzte sich auch im kommenden Jahr fort. Im Februar 1705 teilte der Intendant dem Staatssekretariat für das Kriegswesen mit, dass die Kassen der *Extraordinaire des Guerres* in der

[25] So meint Rowlands, dass die Reformen Ludwigs XIV. „rescued the French army from self-defeating near chaos in its administration, the organization which emerged also suffered in its turn from serious deficiencies". *Rowlands*, The Dynastic State and the Army (wie Anm. 8), 159.

[26] Ebd. 131–133.

[27] Archives Nationales Paris (AN), G7 279/344, Louis de Bernage an Michel Chamillart, 1704 Juli 20.

Provinz vollständig erschöpft seien. Daher könne er auch die jüngsten Zahlungsanweisungen an die Kavallerieregimenter, die in der Provinz überwintert hatten, nicht erfüllen oder Futter für deren Pferde zur Verfügung stellen. Die Soldaten, so Bernage pessimistisch, würden meutern, wenn sie weiterhin unbezahlt bleiben sollten.[28] Die Appelle des Intendanten blieben allerdings ungehört. Erst 1706 war der Geldmangel der *Extraordinaire des Guerres* in der Franche-Comté so groß, dass er nicht mehr ignoriert werden konnte.

Als behelfsmäßige Lösung für das Problem autorisierte Chamillart Bernage, die direkten und indirekten Steuern der Provinz zur Bezahlung der dringlichsten Militärausgaben zu verwenden.[29] Im Normalfall wurden diese Steuern von den lokalen Behörden an die Steuereinnehmer der Provinz abgeführt, die die Gelder wiederum an die Generaleinnehmer und Steuerpächter in Paris weiterleiteten. Chamillart befahl nun den Steuerbehörden der Provinz, die eingenommenen Gelder einzubehalten. Nach Einholung der ordnungsgemäßen Zahlungsbefehle konnte der Intendant diese Mittel dann zur Finanzierung der Truppen in der Franche-Comté verwenden.

Dieses Vorgehen widersprach allerdings den etablierten Finanzströmen des Steuersystems des Königreichs. Die einflussreichen Finanziers, die von den Einkommen aus den direkten und indirekten Steuern der Franche-Comté abhängig waren, konnten das Stocken dieser Geldflüsse nicht hinnehmen. Der Generaleinnehmer und die Steuerpächter in Paris instruierten daher ihre untergeordneten Amtsträger in der Franche-Comté, die Anweisungen des Intendanten nicht zu beachten. Daher konnte es dazu kommen, dass der Intendant Assignationen auf Gelder in seiner Hand hatte, die sich längst nicht mehr im Land befanden. Im November 1706 erhielt Bernage

[28] SHAT, A1 1840/56, Louis de Bernage an den Staatssekretär für das Kriegswesen Michel Chamillart, 1705 Februar 4.

[29] Die Franche-Comté hatte ein breites Spektrum an direkten und indirekten Steuern an die königliche Regierung abzuführen. Die direkten Steuern bestanden aus zwei unterschiedlichen Lasten. Die erste war die *imposition ordinaire* oder *taille* als wichtigste direkte Steuer, die von der bäuerlichen Bevölkerung zu leisten war und von einem Intendanten der Provinz eingehoben wurde. Aus ihr flossen 830000 Livres pro Jahr in die königliche Kammer. Bei der zweiten direkten Steuer handelte es sich um eine Kopfsteuer (*capitation*), die die gesamte nichtgeistliche Bevölkerung Frankreichs zu leisten hatte, inklusive des Adels. Sie war 1695 eingeführt und nach ihrer Abschaffung 1698 neuerlich 1701 in Kraft getreten. Sie erbrachte zwischen 730000 und 749000 Livres. Zu den indirekten Steuern gehörten zahlreiche Zölle und Verkaufssteuern. Die bei weitem wichtigste einzelne indirekte Steuer wurde auf den Verkauf von Salz erhoben. Die Salzsteuer (*gabelle*) erbrachte rund 324000 Livres jährlich.

zum Beispiel eine Zahlungsanweisung über 60000 Livres auf die Salinen im Ort Salins zur Deckung der Ausgaben für die Etappe (*étape*). Von dort erhielt er allerdings die Antwort, dass diese Einnahmen bereits auf Befehl der Steuerpächter nach Paris weitergeleitet worden seien. Von dem betroffenen Beamten forderte der Intendant wütend 15000 Livres in bar und den Rest in Anweisungen auf die königliche Münze (*billets de monnoye*) als Kompensation für sein Versehen.[30]

Bereits einen Monat später geriet Bernage in eine wesentlich ernsthaftere Auseinandersetzung mit Joseph Durey de Sauroy, dem Generaleinnehmer der Franche-Comté. Durey de Sauroy hatte zahlreiche Assignationen auf die direkten Steuern der Provinz für das kommende Jahr 1707 ausgegeben. Bernage informierte ihn über Chamillarts Befehl, soviel wie möglich aus diesen Steuern in der Provinz zu behalten, um daraus die Ausgaben der *Extraordinaire des Guerres* bestreiten zu können. Durey de Sauroy solle daher keine neuen Assignationen auf zukünftige Steuereinnahmen mehr ausgeben. Der Intendant warnte außerdem den Generalkontrolleur in außergewöhnlich offenen Worten vor den Konsequenzen des gängigen Umgangs mit den Steuermitteln: „Vous connoissez mieux que moy l'Importance de ne plus permettre à ceux qui font des recouvrements de faire venir les fonds à Paris, comme ils l'ont pratiqué [...] et vous voyez sans doute que le seul moyen d'Eviter les Embaras où vous vous estez trouvé cette année est de vous rendre maitre du produit de toutes les Recettes pour que toutes les assignations que vous donnerez ne soient payée qu'en argent comptant sur les lieux."[31]

Sowohl die Minister als auch die Amtsträger der Provinzbehörden sahen in diesen Maßnahmen lediglich kurzfristige Lösungen zur Überbrückung aktueller Engpässe der *Extraordinaire des Guerres*. Im Jahr 1707 sollte es schließlich zu einer ausgewachsenen Krise der Kriegsfinanzierung kommen. Während des Winters schossen die Ausgaben für den Unterhalt der Armee-Einheiten in der Franche-Comté weit über die in die Provinz gesandten Finanzmittel hinaus. Dies zwang den Intendanten zu einer weiteren provisorischen Lösung: Er nahm im Namen der *Extraordinaire des Guerres* Darlehen auf seinen eigenen Kredit auf, um den Sold für die Truppen im Land, die Beschaffung frischer Pferde für die Armee des Duc d'Orléans und für die Ausgaben für die Winterquartiere bestreiten zu können. Bernage erwartete von der Kriegskammer rasch die Begleichungen dieser Kre-

[30] AN, G7 281/121 bis, Louis de Bernage an Michel Chamillart, 1706 November 11.
[31] AN, G7 281/140, Louis de Bernage an Michel Chamillart, 1706 Dezember 4.

dite. Allerdings wurden ihm bis Juli keine ausreichenden Mittel zur Verfügung gestellt, so dass er nun von seinen Kreditgebern haftbar gemacht wurde. Bernage bat daher Chamillart dringend, den Generalschatzmeister zur umgehenden Bereitstellung der notwendigen Gelder aufzufordern. Wie er berichtete, hatte er über 900 000 Livres während des Winters von einer Reihe lokaler Bankiers aufgenommen. Der Agent der *Extraordinaire des Guerres* hatte bereits die Kosten für die Remontierung der Kavallerie und 120 000 Livres an weiteren Schulden zurückerstattet, ausständig blieben allerdings noch fast 400 000 Livres und damit ein Betrag, der nach Angaben von Bernage ausreichte, um seine Kreditwürdigkeit vollständig zu ruinieren, sollte er nicht schnellstens zurückgezahlt werden.[32]

Aber obwohl die Schulden des letzten Winters noch immer nicht bedient worden waren, summierten sich schon wieder neue Zahlungsverpflichtungen für das Militär. Nur eine Woche nachdem Bernage von Generalkontrolleur Chamillart mehr Mittel gefordert hatte, musste er selbst Gelder für die Bezahlung der Truppen in der Provinz aufbringen. Der Intendant wartete nicht auf entsprechende Assignationen aus Paris, sondern wies die Einnehmer der direkten Steuern in jeder Vogtei (*bailliage*) an, 66 743 Livres in Münzen abzuführen. Anders als im Vorjahr hatte Chamillart dieses Vorgehen nicht genehmigt, so dass Bernage damit rechnen musste, dass der Generaleinnehmer diese Posten bereits für andere Ausgaben vorgesehen hatte. Er bat daher Chamillart, den Generalschatzmeister anzuweisen, diese Fonds durch andere zu ersetzen, ohne dass größere Summen von der Schatzkammer eingekommen wären.[33] Als im Oktober die Feldzugsaison beendet war, wurden Einheiten der Feldarmee in ihre Winterquartiere in die Franche-Comté verlegt. Bernage hatte keine andere Wahl, als wiederum Darlehen auf seinen eigenen Kredit aufzunehmen, um bis Mitte Dezember insgesamt 33 931 Livres für die Bedürfnisse des regionalen Agenten der *Extraordinaire des Guerres* bereitstellen zu können. Seine Schreiben an den Generalkontrolleur um schnelle Erstattung der Gelder nahmen einen immer flehentlicheren Ton an.[34]

Im weiteren Verlauf des Winters 1707/08 blieb die Finanzierung militärischer Ausgaben so prekär, dass sich der Intendant gezwungen sah, nach weiteren Lösungsmöglichkeiten zu suchen. Er wandte sich schließlich an die lokalen Obrigkeiten der Städte in der Provinz und bat sie, Finanzmittel

[32] AN, G7 282/23, Louis de Bernage an Michel Chamillart, 1707 Juli 24.

[33] AN, G7 282/30, Louis de Bernage an Michel Chamillart, 1707 Juli 31. Bernage verfasste eine Aufstellung über den Ertrag jeder Vogtei, s. AN, G7 282/31.

[34] AN, G7 282/131, Louis de Bernage an Michel Chamillart, 1708 März 3.

und Proviant für die königlichen Truppen bereitzustellen. Diese Leistungen sollten später von der *Extraordinaire des Guerres* zurückbezahlt werden.

Im Mai 1708 berichtete Bernage an den neuen Generalkontrolleur, Nicolas Desmarets, dass er auf diese Art und Weise 177718 Livres eingenommen habe. Er drängte die Kriegskammer, diese Schulden sofort zu begleichen, indem er ihr vor Augen hielt, dass nichts wichtiger sei, als die Kreditwürdigkeit zu erhalten, um zukünftig ähnliche Notfallprogramme durchführen zu können.[35] Diese Argumentation lässt den Schluss zu, dass der Intendant die von ihm erprobten Mittel zur Finanzierung der Truppen auch in Zukunft nutzen wollte.

Wie der königliche Kommissar die Ressourcen der Bürgerschaften zur Finanzierung des Kriegswesens nutzte, zeigt ein Ereignis in Besançon vom Januar 1708. Da der lokale Agent der *Extraordinaire des Guerres* nicht in der Lage war, den Sold für die in der Stadt liegende Garnison aufzubringen, wandte sich Bernage an den dortigen Stadtrat und bat um die kostenlose Versorgung der Soldaten mit Brot. Der Magistrat antwortete allerdings, dass eine neben der Versorgung der städtischen Armen zusätzliche Bereitstellung von Brotrationen für die 2000 Mann starke Garnison die Getreidespeicher der Stadt innerhalb von drei Wochen leeren würde. Als der Intendant allerdings auf seiner Forderung beharrte und der Stadt eine Entschädigung von 14 Deniers pro Brotration in Aussicht stellte, sobald die *Extraordinaire des Guerres* entsprechende Mittel bereitstellte, entschied der Stadtrat, den städtischen Bäckern das notwendige Getreide zur Herstellung der Brotrationen (*pain de munition*) zukommen zu lassen.[36]

Der königliche Intendant und die Entscheidungsträger der Provinz waren nicht die einzigen Amtsträger, die ihren Kredit der krisengeschüttelten *Extraordinaire des Guerres* zur Verfügung stellten. Große Unterstützung erhielt die Kammer auch von ihren eigenen Beamten, den Agenten. Im Jahr 1711 sandte der Sieur d'Harnoncourt, Agent in Besançon, einen Bittbrief an den Generalkontrolleur der Finanzen. Er erklärte darin, dass er zwischen 1706 und 1709 der Kriegskammer mehrere Kredite in einer Gesamthöhe von 115618 Livres zur Verfügung gestellt habe, die ihm von der *Extraordinaire des Guerres* noch nicht zurückerstattet worden seien, weshalb nun seine eigenen Gläubiger, die Mehrheit von ihnen Mitglieder des Stadtrats von Besançon, sein Privatvermögen hätten beschlagnahmen lassen. Der

[35] „Rien n'est plus important pour maintenir le crédit et procurer la même facilité pour l'avenir." AN, G7 282/251, Louis de Bernage an Nicolas Desmarets, 1708 Mai 22.
[36] AMB, BB 123, fol. 19r–23v.

Agent bat den Generalkontrolleur, ihm umgehend 14000 Livres zur Befriedigung seiner Gläubiger bezahlen zu lassen und damit der Konfiskation ein Ende zu bereiten.[37] D'Harnoncourts Amtskollege in Dole, Sieur Richer, war in ähnlichen Schwierigkeiten: Zwischen Juli und Dezember 1711 verfasste er eine Serie von Schreiben an den Generalkontrolleur, in denen er ihm erläuterte, im März und April 1708 Kredite in Höhe von 6000 Livres aufgebracht zu haben, um die Brotrationen der Garnison von Dole zu sichern. Die *Extraordinaire des Guerres* hatte an ihn ebenfalls noch keine Zahlungen geleistet, weswegen seine Kreditgeber begonnen hätten, gerichtlich gegen ihn vorzugehen. Richer bat daher den Generalkontrolleur, ihm die 6000 Livres umgehend zukommen zu lassen.[38]

Mit dem Jahr 1704 begann das System der Kriegsfinanzierung mit dem zentralen Instrument der *Extraordinaire des Guerres* in eine Krise zu geraten, in der es schließlich unterging. Ab 1708 wurden der königliche Intendant und die Verwaltungsapparate der Provinz immer häufiger sich selbst überlassen und mussten nach alternativen Finanzierungsmöglichkeiten der königlichen Kriegführung suchen. Dazu gehörten persönliche Kreditaufnahmen des Intendanten und der Agenten der Kammer ebenso wie das Anzapfen lokaler Ressourcen, die später von der *Extraordinaire des Guerres* zurückerstattet werden sollten. Als am wichtigsten erwies sich die Maßnahme des Intendanten, Steuereinnahmen der Provinz, die eigentlich nach Paris gesendet werden sollten, direkt für die Bezahlung von Militärausgaben heranzuziehen. Diese Ad-hoc-Maßnahmen waren allerdings keineswegs neu, sondern wurden spätestens seit der Mitte des 17. Jahrhunderts angewandt. Die historische Forschung hielt diese Praktiken für ein typisches Merkmal der Epoche des Dreißigjährigen Kriegs, während die Verwaltung zu Beginn des 18. Jahrhunderts unter Ludwig XIV. als besser organisiert und leistungsfähiger betrachtet wurde.[39] Die genannten Improvi-

[37] AN, G7 1787/71, Sieur d'Harnoncourt an Nicolas Desmarets, 1711 April 9.

[38] Sieur Richers Schreiben, alle an Nicolas Desmarets adressiert, finden sich in AN, G7 1787/138, 1711 Juli 8; G7 1787/139, 1711 Juli 21; G7 1787/141, 1711 Oktober 18; G7 1787/143, 1711 Dezember 5.

[39] Zu den Provinz- und Armeeintendanten, die ihren persönlichen Kredit nutzten, um die königlichen Truppen während des Dreißigjährigen Kriegs zu finanzieren, s. *Parrott*, Richelieu's Army (wie Anm. 13), 460f. Douglas Baxter meinte, dass diese Praxis in den 1650er Jahren endete. *Douglas Baxter*, Servants of the Sword: French Intendants of the Army, 1630–1670. Urbana 1976, 31. Guy Rowlands erwähnt allerdings die Wiederaufnahme dieses Systems während des Pfälzischen Erbfolgekriegs. *Rowlands*, The Dynastic State and the Army (wie Anm. 8), 141. Zu den lokalen Gemeinden, die königliche Truppen auf eigene Rechnung unterstützten, s. *Parrott*, Richelieu's Army (wie Anm. 13), 507–516.

sationen zur Finanzierung des Militärs wurden allerdings auch in dieser Phase wegen des Zusammenbruchs des Systems der Kriegsfinanzierung und ihrer Verwaltung unumgänglich.

Die Situation sollte sich für die Franche-Comté allerdings noch weiter verschlechtern. Das Jahr 1709 war ein Katastrophenjahr für Frankreich, in dem Niederlagen auf dem Schlachtfeld, Wetterkapriolen und Hungersnöte zusammenkamen. Gleichzeitig erreichte die Krise der königlichen Finanzen ihren Höhepunkt.

Allen diesen Problemen hatten sich sowohl in der Franche-Comté als auch in Versailles neue Amtsträger zu stellen. Zunächst war Louis de Bernage auf die Intendanz von Amiens versetzt worden und konnte gegenüber dem Generalkontrolleur seine Erleichterung nicht verbergen. Er habe aus mehreren Gründen nach Amiens gewollt, hauptsächlich aber, um die Franche-Comté verlassen zu können.[40] Sein Nachfolger, Pierre Hector Le Guerchoys, der in den vorherigen drei Jahren Intendant in Alençon gewesen war, trat Ende Mai seinen Dienst an. Wesentlich wichtigere Änderungen fanden auf der Ebene der obersten königlichen Minister statt: Seit 1701 hatte Michel Chamillart sowohl das Amt des Generalkontrolleurs der Finanzen als auch das des Staatssekretärs für das Kriegswesen inne. Wegen der immer schlechter werdenden Finanzlage Frankreichs trat er 1708 von seinem Posten als Generalkontrolleur zurück und wurde durch Nicolas Desmarets, den früheren Finanzdirektor (*directeur des finances*) und zweiten Mann der königlichen Finanzverwaltung, ersetzt. Im kommenden Jahr verlor Chamillart die Gunst des Königs und wurde gezwungen, als Staatssekretär für das Kriegswesen zurückzutreten. In diesem Amt folgte ihm Daniel Voysin.

Die Situation, mit der sich Voysin konfrontiert sah, war besorgniserregend: Der Sieg der antifranzösischen Koalition bei Oudenarde und die folgende Einnahme von Lille hatten den Festungsgürtel Vaubans durchbrochen. Lediglich eine schmale Kette zweitrangiger Festungen und wenige hundert Meilen lagen zwischen Paris und den Armeen des Herzogs von Marlborough und des Prinzen Eugen.[41] Sofort nach Amtsantritt konzentrierte Voysin die ihm zur Verfügung stehenden Ressourcen auf den Wiederaufbau der nördlichen Front, dem er alle anderen militärtaktischen Überlegungen unterordnete.

[40] „Tant de raisons me font désirer l'Intendance d'Amiens, et j'en ay dailleurs de si fortes d'estre bien ayse de sortir de celle cy." AN, G7 282/202, Louis de Bernage an Nicolas Desmarets, 1708 März 18.

[41] *John A. Lynn*, The Wars of Louis XIV 1667–1714. London 1999, 319–323.

Die Schwierigkeiten, mit denen Desmarets konfrontiert war, erwiesen sich als noch schwerwiegender. Eine Revision der königlichen Finanzen hatte einen immensen Schuldenberg von 482,8 Millionen Livres ergeben, dem lediglich 20,3 Millionen Livres an verfügbaren Mitteln gegenüberstanden. Um Frankreich vor dem finanziellen und damit auch militärischen Kollaps zu bewahren, musste der neue Generalkontrolleur dringend neue Einkommens- und Kreditquellen finden. Gleichzeitig versuchte er, die Steuerverwaltung stärker zu zentralisieren, um dem König und seinen Ministern in Versailles einen möglichst umfassenden Überblick über die zur Verfügung stehenden Mittel zu gewährleisten. Ebenso wichtig war es, die Zentralregierung in die Lage zu versetzen, die vorhandenen Gelder nach ihren Vorstellungen einsetzen zu können und sie nicht frühzeitig in den Provinzen versickern zu lassen. Aus diesen Gründen befahl Desmarets einen sofortigen Stopp zahlreicher Maßnahmen seines Vorgängers wie etwa die Praxis, einkommende Gelder direkt für die Ausgaben vor Ort zu verwenden, statt sie an die Zentrale weiterzuleiten.[42]

Diese Entscheidungen halfen, die größte Krise während des Spanischen Erbfolgekriegs zu überstehen, sie hatten aber direkte Auswirkungen auf die Franche-Comté. Voysins Konzentration auf die nördliche Front hatte zur Folge, dass für die Provinz immer weniger Finanzmittel bereitstanden, obwohl deren militärische Bedeutung und die damit verbundenen Lasten nicht geringer wurden. Dies führte dazu, dass die Lasten durch die regionalen königlichen Amtsträger und die Eliten der Provinz schwerer geschultert werden konnten als zuvor, hatte doch nach dem Zusammenbruch der *Extraordinaire des Guerres* nur der Zugriff auf die Steuereinnahmen, die normalerweise an den Generaleinnehmer und die Steuerpächter in Paris gingen, einen vollständigen Kollaps der Militärorganisation und der mit ihr befassten Behörden in der Franche-Comté verhindern können.

Zusätzlich zur militärischen und finanziellen Krise des Königreichs sah sich dessen Bevölkerung 1709 einem äußerst strengen Winter (*grand hiver*) und einer damit verbundenen Nahrungsmittelknappheit ausgesetzt.[43] Wie überall im gesamten Königreich ließ auch in der Franche-Comté die

[42] Die besten modernen Darstellungen der Tätigkeit von Nicolas Desmarets sind *Margaret Bonney/Richard Bonney,* Jean-Roland Malet: Premier Historien des Finances de la Monarchie Française. Paris 1993, Kap. 3, und *Gary McCollim*, The Formation of Fiscal Policy in the Reign of Louis XIV: The Example of Nicolas Desmaretz, Controller General of Finances (1708–1715). Diss. phil. The Ohio State University 1979.

[43] Zur großen Hungersnot von 1709 s. *Marcel Lachiver*, Les années de misère. La famine au temps du grand roi. Paris 1991; *W. Gregory Monahan*, Year of Sorrows: The Great Famine of 1709 in Lyon. Columbus 1993.

lange Kälteperiode die Wintersaat im Boden erfrieren, so dass die kommende Ernte schwer geschädigt wurde. Am 24. April 1709 berief daher Le Guerchoys eine Zusammenkunft von Repräsentanten der Provinz ein, um Maßnahmen gegen die drohende Hungersnot zu treffen. Nach dreitägigen Beratungen erging an alle Städte und Bewohner der Franche-Comté der Befehl, alle vorhandenen Getreidevorräte den Behörden zu melden; darüber hinaus wurden sie verpflichtet, alles Getreide, das nicht für den Eigengebrauch notwendig war, zu verkaufen.[44] Zwei Wochen später setzte das Regionalparlament Inspektoren ein, die die Meldungen der Getreidevorräte überprüfen sollten. Außerdem wurde der Export aller Lebensmittel aus der Provinz verboten. Diese Maßnahme traf allerdings auf den Widerstand der königlichen Minister, weil Lebensmittel aus der Grafschaft dringend benötigt wurden, um die notleidende Stadt Lyon zu versorgen.[45] Ende Mai wurde daher dem Parlament befohlen, das Exportverbot zurückzunehmen.[46] In der Zwischenzeit hatte der Intendant nach möglichen Vorräten in den Nachbarterritorien der Freigrafschaft Burgund fahnden lassen. Noch im Mai informierte Le Guerchoys das Staatssekretariat für das Kriegswesen, dass er mit dem Herzog Leopold Eberhard von Württemberg-Mömpelgard ein Abkommen über die Getreideversorgung der Provinz geschlossen hatte.[47] Diese und andere Maßnahmen in der Grafschaft sollten schließlich den Ausbruch einer flächendeckenden Hungersnot in der Franche-Comté verhindern.

Als schwerer lösbar erwies sich das Problem der Kriegsfinanzierung. Obwohl weitere Forschungen zum Zusammenhang zwischen der Hungersnot und dem Zusammenbruch der königlichen Finanzen notwendig wären, besteht kaum ein Zweifel über die negativen Folgen der Nahrungsmittelknappheit auf das gesamte Königreich. Auch in der Franche-Comté wurde

[44] AMB, BB 124, fol. 124r–128r. Bei der Konferenz waren anwesend: der Intendant; Comte de Grammont als Militärkommandeur der Provinz; der Erste Präsident und Generalprokurator des Parlaments; Vertreter des regionalen Rechnungshofes (*chambre des comptes*) in Dole und Vertreter der wichtigsten Städte der Provinz. Die Konferenz forderte außerdem die Abordnung von Vertretern des Magistrats von Besançon nach Versailles, um Desmarets zu ersuchen, die Getreideexporte nach Lyon zu stoppen. Die Vertreter von Besançon lehnten dies jedoch mit dem Hinweis ab, dass sie in der Vergangenheit zahlreiche Schreiben an den Generalkontrolleur gesandt hätten, die jedoch alle ergebnislos geblieben seien.

[45] Zur Subsistenzkrise in Lyon und der Bedeutung von Getreidehilfen aus der Franche-Comté s. *Monahan*, Year of Sorrows (wie Anm. 43).

[46] Archives Departmentales du Doubs, BPB B 3768, Beratungen des Parlaments von Besançon, 1709 April 27 und Juni 4.

[47] SHAT, A1 2168/36–37, Pierre Hector Le Guerchoys an Daniel Voysin, 1709 Mai 4.

dadurch die Versorgung der Truppen erschwert. Da beispielsweise die ärmeren Bevölkerungsschichten während der Hungerkrise gezwungen wären, Hafer zu essen, könnten, so der Intendant, die Pferde der Kavallerieregimenter in ihren Winterquartieren nicht mit ausreichend Futter versorgt werden.[48] Darüber hinaus hatte der Ankauf von Lebensmitteln in Mömpelgard (Montbéliard) und anderen benachbarten Territorien zur Folge, dass ein nicht unwesentlicher Teil der Steuereinnahmen der Franche-Comté nicht für Militärausgaben zur Verfügung stand.

Im März 1709 waren die Kriegsfinanzen in der Franche-Comté daher wieder einmal in einem katastrophalen Zustand. Zum zweiten Mal war es nicht möglich, über die *Extraordinaire des Guerres* den Sold für die Garnison in Besançon aufzubringen. Le Guerchoys wandte sich daher an die Stadtverwaltung. Um die Versorgung der Truppen aufrecht zu erhalten, stellte der Intendant den Bürgermeister vor die Wahl, entweder wie im Vorjahr den Truppen kostenlose Brotrationen zur Verfügung zu stellen oder die Stadt dem Risiko einer Plünderung durch die Soldaten auszusetzen.[49] Anders als sein Vorgänger Bernage stellte Le Guerchoys der Stadt keine zukünftige Erstattung ihrer Kosten in Aussicht. Trotz dieser Drohungen lehnte die Stadt die Forderungen des Intendanten ab, indem sie darauf hinwies, dass die Versorgung der Truppen innerhalb von drei Monaten zum Zusammenbruch der Brotversorgung der städtischen Bevölkerung führen würde, die dann ebenfalls revoltieren würde.[50] Mit diesem Argument konnte die Stadt freilich nicht durchdringen. Der Intendant bestand darauf, dass die Stadt entweder die Garnison mit Brot versorgen oder den Sold für die Truppen übernehmen müsse. Sollte sie sich für Letzteres entscheiden, bot sich der Intendant selbst als Bürge für die *Extraordinaire des Guerres* an beziehungsweise war er sogar bereit, sein eigenes Tafelsilber als Sicherheit zu bieten. Sollte die Stadt allerdings beides ablehnen, habe er freilich keine andere Möglichkeit, als den Truppen die Plünderung der Stadt zu erlauben. Vor diese Alternativen gestellt willigte der Stadtrat schließlich in die Forderungen des Intendanten ein. Um die Soldzahlungen vorzustrecken, nahm der Stadtrat 2000 Livres von seinen eigenen Mitgliedern und weitere 1000 Livres von den städtischen Steuerpächtern auf. Der Intendant Le Guerchoys stimmte im Gegenzug zu, dass diese 3000 Livres der Stadt von der *Extraordinaire des Guerres* aus der speziellen Steuerleistung des Klerus

[48] SHAT, A1 2168/22, Pierre Hector Le Guerchoys an Daniel Voysin, 1709 April 9.
[49] AMB, BB 124, fol. 69r.
[50] Ebd. fol. 70r.

der Grafschaft (*don gratuit*) für das Jahr 1710 rückerstattet werden sollten.[51]

Trotzdem verschlechterte sich die Lage in den folgenden Monaten. Die Politik des Generalkontrolleurs, die Einnahmen aus den Provinzen allein für den Bedarf der Zentrale in Versailles zu verwenden, führte zu einem Rückgang der verfügbaren Finanzmittel in der Franche-Comté selbst. Gleichzeitig gelang es dem Generalschatzmeister der *Extraordinaire des Guerres* noch immer nicht, seinen finanziellen Verpflichtungen rechtzeitig nachzukommen. Als ebenfalls noch im Mai 1709 Le Guerchoys Desmarets bat, die Steuereinnahmen der Grafschaft für die regionalen Ausgaben zu verwenden[52], lehnte dies der Generalkontrolleur ab. Da er während des gesamten Jahres 1709 daran arbeitete, das Vertrauen der königlichen Kreditgeber zumindest partiell wiederherzustellen, entschloss er sich, alle Zahlungsanforderungen der Darlehensgeber aus den Steuereinnahmen dieses Jahres zu bedienen, auch wenn sie auf die Steuern des Jahres 1708 oder gar 1707 verwiesen worden waren. Um diese ambitionierte Politik zur Sanierung des Staatskredits umzusetzen, war er auf kontinuierliche Einnahmen aus den Provinzen angewiesen.[53] Da der Intendant beim Generalkontrolleur mit seinen Forderungen nicht durchdringen konnte, wandte er sich an den Staatssekretär für das Kriegswesen. Im Juli 1709 setzte Le Guerchoys Daniel Voysin darüber in Kenntnis, dass der Agent der *Extraordinaire des Guerres* keinerlei Mittel mehr zur Verfügung hatte, obwohl sowohl die regionalen Garnisonen als auch die Truppen, die in der Franche-Comté ihr Winterquartier bezogen hatten und noch immer in der Provinz standen, ihre Soldzahlungen forderten. Der Intendant bat den Minister, dringend mehr Mittel durch den Generalschatzmeister bereitstellen zu lassen.[54]

Während Le Guerchoys auf eine Antwort aus Versailles wartete, wandte er sich wieder an die Stadträte und Bürgerschaften der Franche-Comté, um die dringlichsten Probleme zu lösen. Zum dritten Mal sah sich der Stadtrat von Besançon nun mit der Forderung konfrontiert, den Sold für die Garnison in der Stadt übernehmen zu sollen, ohne irgendwelche Garantien für eine Rückzahlung der Gelder zu erhalten. Als der Rat gegen diese Zumu-

[51] Ebd. fol. 71r–74r. Der Klerus der Franche-Comté war von der ordentlichen direkten Besteuerung befreit. Stattdessen bezahlte er einen jährlichen *don gratuit* an die königliche Regierung. Dieser *don gratuit* der Franche-Comté ist vom *don gratuit* des gesamten französischen Klerus zu unterscheiden.

[52] AN, G7 283/45, Pierre Hector Le Guerchoys an Nicolas Desmarets, 1709 Mai 3.

[53] *Bonney/Bonney*, Jean-Roland Malet (wie Anm. 42), 65.

[54] SHAT, A1 2168/79, Pierre Hector Le Guerchoys an Daniel Voysin, 1709 Juli 9.

tung protestierte, wischte Le Guerchoys alle Beschwerden der Stadtobrigkeit zur Seite und erklärte, die Stadt müsse unter allen Umständen die benötigten Gelder aufbringen. Zur Unterstützung dieser Forderung ließ der Kommandeur des Regiments des Dauphins (*régiment du Dauphin*) die städtischen Ratsstuben durch Truppen besetzen und drohte damit, seine Soldaten in die Häuser der Stadträte einzuquartieren, wenn sie nicht nachgäben.

Dies sollte der Höhepunkt der Krise der Kriegsfinanzierung in der Franche-Comté sein: Die Gewaltandrohungen des Intendanten und des Truppenkommandeurs entsprachen genau dem früheren Verhalten des Militärs in den Kriegen gegen Habsburg zwischen 1635 und 1659, mit dem das Vertrauen in die öffentliche Ordnung stark erschüttert worden war.[55] Vor die Alternative gestellt, entschied sich der Stadtrat für eine Kooperation mit den königlichen Amtsträgern. Auch wenn die Stadt die Gewaltandrohung des Intendanten zurückwies, sah sich der Rat doch gezwungen, im Interesse des Gemeinwohls auf die Forderungen einzugehen. Er nahm umgehend einen Kredit von 3000 Livres bei den städtischen Steuerpächtern auf und sandte diese Summe an Le Guerchoys.[56]

Die Notlage in der Franche-Comté war für die königlichen Minister in Versailles nur partiell zu erkennen. Im August 1709 forderte der Staatssekretär für das Kriegswesen vom Intendanten eine detaillierte Auflistung der Schulden der *Extraordinaire des Guerres* in der Grafschaft. Le Guerchoys meldete die Schuldsumme von 600000 Livres für die Jahre 1708 und 1709, wobei der Großteil von Städten und zahlreichen Einzelpersonen zur Finanzierung der Winterquartiere aufgenommen worden war. Der Intendant vertrat die Meinung, dass es, um den Kredit der *Extraordinaire des Guerres* zu erhalten, unumgänglich sei, diese Darlehen – wie im Vorjahr – aus den dies- oder nächstjährigen Steuereinnahmen aus der Provinz zu bedienen. Außerdem wies er darauf hin, dass er aus seinem eigenen Vermögen mehr als 70000 Livres vorgestreckt habe und bat den Minister, ihm das Geld schnellstens zukommen zu lassen, damit er seine eigene Kreditwürdigkeit für den kommenden Winter wiederherstellen könne.[57] In seiner umgehen-

[55] Sharon Kettering bietet zahlreiche Beispiele, wie nachdrückliche Forderungen königlicher Behörden nach Geld und Proviant zur Unterstützung der Truppen in den 1640er und 1650er Jahren in der Provence zu weitreichenden Konflikten mit den regionalen Behörden führten. *Sharon Kettering*, Judicial Politics and Urban Revolt. Princeton 1978, 51–80. William Beik beschreibt Vergleichbares für das Languedoc. *Beik*, Absolutism and Society (wie Anm. 10), 172–176.

[56] AMB, BB 124, fol. 201v–203r und 209r–210r.

[57] SHAT, A1 2168/110, Pierre Hector Le Guerchoys an Daniel Voysin, 1709 August 16.

den Antwort erkannte Voysin die Forderungen des Intendanten an, erklärte aber, keine Mittel zur Verfügung zu haben, da sämtliche Einkünfte für die Flandernarmee reserviert seien, deren Versorgung vor allen anderen Dingen den Vorrang habe. In der Frage der Schulden bei den Städten der Grafschaft, die direkt mit den dortigen Steuereinnahmen im Zusammenhang stünden, verwies der Minister den Intendanten auf den Generalkontrolleur.[58]

Nach dem Schreiben Voysins versuchte Le Guerchoys den Generalkontrolleur von einer Rückkehr zum alten Verfahren der Verwendung der Steuereinnahmen der Provinz für regionale Militärausgaben zu überzeugen. Vorher musste er sich jedoch auf die Vorbereitung der diesjährigen Winterquartiere konzentrieren. Anfang Oktober 1709 konnte Le Guerchoys melden, dass er und der Oberbefehlshaber der Truppen der Provinz, Generalleutnant Ferdinand Comte de Grammont, die Unterkünfte für 13 Bataillone und 25 Eskadronen organisiert hatten. Wegen der zu erwartenden Schwierigkeiten, die Truppen besolden zu können, habe er zumindest deren ausreichende Verpflegung vorbereitet. Dafür hatte er einen außerordentlichen Kredit im Umfang von 25000 Sack Getreide von den Städten der Grafschaft aufgenommen.[59]

Als die ersten Armee-Einheiten in die Provinz einrückten, erhielt Le Guerchoys die Nachricht, dass der Generalschatzmeister der *Extraordinaire des Guerres* der Franche-Comté keinerlei Finanzmittel zur Unterhaltung der Winterquartiere bereitstellen würde. Tatsächlich hatten die Agenten der *Extraordinaire des Guerres* in der Provinz vom Generalschatzmeister keine Mittel zugewiesen bekommen, um die kalkulierten 13000 Mann an Fußsoldaten und Reitern versorgen zu können. Le Guerchoys forderte daher dringend die notwendigen Gelder oder zumindest entsprechende Anweisungen auf die Einnahmen aus den direkten Steuern (*taille*) der Provinz.[60]

Diese Bitte des Intendanten der Franche-Comté erreichte Desmarets in einer für ihn ungünstigen Situation. Der Generalkontrolleur hatte in der Zwischenzeit, beginnend mit Herbst 1709, eine neue Aufstellung über die königlichen Finanzen anfertigen lassen. Daraus war ersichtlich, wie Desmarets Ludwig XIV. mitteilte, dass nicht genügend Einnahmen zur Deckung aller Ausgaben vorhanden waren. Der König beauftragte daher Voy-

[58] SHAT, A1 2168/115, Daniel Voysin an Pierre Hector Le Guerchoys, 1709 August 20.
[59] SHAT, A1 2168/156, Pierre Hector Le Guerchoys an Daniel Voysin, 1709 Oktober 4.
[60] AN, G7 283/86, Pierre Hector Le Guerchoys an Nicolas Desmarets, 1709 November 3.

sin, eine Übersicht über die dringlichsten Ausgaben seines Ressorts anzufertigen und diese an den Generalkontrolleur weiterzuleiten. Der Staatssekretär für das Kriegswesen kam zu dem Schluss, dass ihm mindestens 25 Millionen Livres zur Bezahlung der diesjährigen Winterquartiere fehlten. Um diese Finanzierungslücke zu überbrücken, schlug Desmarets dem König vor, einen neuen Fonds zur Aufnahme von Krediten zu schaffen, die *caisse legendre*. In ihr sollten die Steuereinkünfte von zwölf Generaleinnehmern zusammengefasst werden, die als Sicherheiten für die Kredite dienen sollten.[61]

In dieser Situation, als Desmarets dabei war, die *caisse legendre* zu organisieren, erreichte ihn ein Schreiben von Le Guerchoys, dessen Vorschlag nach einer Teilung der Steuereinnahmen er ablehnte. Dieser wandte sich nun wieder an Voysin, da die Truppen bereits unruhig zu werden begannen, weil ihnen nur minderwertiges Mischbrot aus Weizen und Hafer zur Verfügung gestellt werden sollte. Um einen vollständigen Zusammenbruch der Disziplin zu verhindern, erschien es notwendig, den Soldaten zumindest einen Teil des Solds auszubezahlen. Allerdings seien die Städte der Franche-Comté finanziell nun völlig erschöpft, und der Intendant selbst habe mit der Aufnahme eines neuen Darlehens im Umfang von 70000 Livres für die *Extraordinaire des Guerres* seinen Kredit vollständig überzogen. Als einzige Möglichkeit erscheine ihm, den Generaleinnehmer davon zu überzeugen, einen Teil von dessen Einkünften zugewiesen zu bekommen. Allerdings würden diese Gelder täglich nach Paris abgeführt.[62]

Tatsächlich hatte Le Guerchoys mit seinen ständigen Klagen Erfolg bei den königlichen Ministern. Voysin sprach mit Desmarets über die bedrohliche Situation in der Franche-Comté, und der Generaleinnehmer versprach, im Januar 1710 Geld in die Provinz zu schicken. Allerdings verbot er dem Intendanten noch immer, Teile der Steuereinnahmen der Provinz für seine Zwecke zu verwenden, vielmehr befahl er ihm zunächst, eine Aufstellung über die Kosten der gegenwärtigen Winterquartiere anzufertigen. Le Guerchoys hoffte, dass dieser Bericht, der die ausstehenden Zahlungsverpflichtungen auf 1,5 Millionen Livres bezifferte, Desmarets von der Notwendigkeit, der Provinz zu Hilfe zu kommen, überzeugen würde.[63]

[61] *Bonney/Bonney*, Jean-Roland Malet (wie Anm. 42), 67 f.

[62] SHAT, A1 2168/177, Pierre Hector Le Guerchoys an Daniel Voysin, 1709 November 22.

[63] SHAT, A1 2168/193, Pierre Hector Le Guerchoys an Daniel Voysin, 1709 Dezember 1. Der Bericht „État en détail de la dépense du présent quartier d'hiver" selbst liegt in AN, G7 283/99, 1709 Dezember 13.

Tatsächlich sollte Le Guerchoys nun Erfolg haben. Ein weiterer, detaillierterer Bericht von Le Guerchoys kalkulierte die Einnahmen aus der direkten Steuer der Provinz für 1710 mit 1845884 Livres; allein für die Ausgaben der *Extraordinaire des Guerres* in der ersten Jahreshälfte seien aber 1559087 Livres vonnöten. Außerdem hatte sie Schulden in Höhe von 2429051 Livres, von denen ein erheblicher Teil noch aus den Jahren 1708 oder sogar 1707 stammte. Auf Basis dieser Zahlen stellte der Intendant fest, dass es unumgänglich sei, einen Abfluss der Steuererträge aus der Provinz zu verhindern, wie dies auch in früheren Jahren geschehen war, und darüber hinaus notwendig, mehr Geld angewiesen zu bekommen.[64]

Konfrontiert mit diesem Beleg für das Scheitern des bestehenden Systems der Kriegsfinanzierung sah sich Desmarets tatsächlich zum Handeln gezwungen, indem er den automatischen Transfer der Steuergelder aus der Provinz zum Generaleinnehmer nach Paris stoppte. Gleichzeitig verbot er aber dem Intendanten, diese Gelder nach eigenem Gutdünken zu verwenden, vielmehr hatte Le Guerchoys auf offizielle Zahlungsanweisungen aus Versailles an die Steuereinnehmer der Provinz zu warten. Damit wollte der Generaleinnehmer einerseits den Finanzbedarf in der Provinz abdecken, andererseits aber nach wie vor die Kontrolle über die Zirkulation königlicher Einkünfte behalten.

Nach dem Erhalt der Anweisungen hatte der Intendant tatsächlich Mittel, um die lokalen Militärausgaben und andere Forderungen zu decken. Damit war de facto das System, das erstmals von Chamillart 1706 geschaffen worden war, wieder etabliert. Bis zum Ende des Krieges wurden diese ursprünglichen Ad-hoc-Maßnahmen weiter ausgebaut.

Das System erfüllte dreierlei Funktionen: Erstens sollte es sicherstellen, dass die privaten Financiers, die die Steuererhebung der Provinz kontrollierten, zumindest einen geringen Profit daraus ziehen konnten. Jedes Jahr wies Desmarets Le Guerchoys an, einen bestimmten Anteil der Einnahmen für den Generaleinnehmer zu reservieren. Zum Beispiel führte der Intendant im April 1710 den Transport von 62000 Livres in Münzen an den Generaleinnehmer Durey de Poligny in Paris durch.[65] Für das Jahr 1711 wei-

[64] „Ainsy, Monsieur, vous jugerez qu'il est très important d'empescher qu'on ne tire les fonds de cette province, comme on l'a fait les années dernières, même nécessaire d'en envoyer." AN, G7 283/2–5, Pierre Hector Le Guerchoys an Nicolas Desmarets, 1710 Januar 5 (Nr. 2: Brief Le Guerchoys; Nr. 3: Bericht über die Einnahmen aus den direkten Steuern in der Provinz; Nr. 4: Abrechnung über die Militärausgaben; Nr. 5: Zusammenfassung der Schulden der *Extraordinaire des Guerres*).

[65] AN, G7 283/61, Pierre Hector Le Guerchoys an Nicolas Desmarets, 1710 April 11.

sen die Rechnungen Le Guerchoys' 104500 von insgesamt 701400 Livres aus, die für Durey de Poligny reserviert waren.[66] Dennoch waren die Generaleinnehmer nicht immer zufrieden, nur einen relativ geringen Anteil der Einnahmen aus den direkten Steuern zu erhalten. Sie versuchten daher zu intervenieren, um ihre Quote zu steigern oder zumindest auf Dauer konstant zu halten. Im März 1711 berichtete beispielsweise der Intendant, dass die Steuereinnehmer der Provinz zwei Anweisungen des Agenten der *Extraordinaire des Guerres* zurückgewiesen hätten. Der Intendant protestierte bei Desmarets gegen diese Unverschämtheit der Generaleinnehmer, die dadurch den Interessen der Kriegsfinanzierung zuwiderhandeln würden.[67] Le Guerchoys verlangte vom Generalkontrolleur Durey de Poligny, die Mittel sofort freizugeben. Desmarets reagierte sofort mit einem Befehl an den Generaleinnehmer, indem er ihn beauftragte, mit dem Intendanten zu kooperieren.

Die zweite Funktion des Systems lag darin, weiterhin die Zentralregierung mit Finanzmitteln zu versorgen. 1711 instruierte etwa Desmarets Le Guerchoys, 400000 Livres in Münzen aus den Steuereinnahmen der Provinz direkt zur Flandernarmee zu senden.[68] Probleme ergaben sich, wenn der Intendant der Meinung war, dass kein Geld für solche Transfers vorhanden war, oder, im schlimmeren Fall, wenn Einnahmen, die eigentlich für Versailles vorgesehen waren, bereits für regionale Angelegenheiten verwendet worden waren. Im Juli 1710 informierte Voysin Le Guerchoys, dass Desmarets 252000 Livres aus den Einkommen der Franche-Comté dem Agenten der *Extraordinaire des Guerres* im Elsass angewiesen habe. Der Staatssekretär für das Kriegswesen betonte, dass diese Gelder, die dringend für die Bezahlung der Armee im Heiligen Römischen Reich benötigt wurden, verfügbar sein müssten.[69] Als der Intendant mitteilte, dass diese Mittel bereits ausgegeben worden waren, reagierten sowohl Voysin als auch Desmarets verärgert.[70] Der Intendant wurde angewiesen, in Zukunft den Anordnungen des königlichen Rats Vorrang einzuräumen.[71]

Die dritte Funktion des neuen Systems war selbstverständlich, die Ressourcen für die in der Provinz selbst anfallenden Militärausgaben zur Ver-

[66] AN, G7 284/91, „Recette du Comté de Bourgogne", 1711 September 11.
[67] „[...] trop d'hardiesse de ces receveurs generaux qui sont très oposés à vos intentions." AN, G7 284/19, Pierre Hector Le Guerchoys an Nicolas Desmarets, 1711 März 13.
[68] „Recette du Comté de Bourgogne" (wie Anm. 66).
[69] SHAT, A1 2241/68, Daniel Voysin an Pierre Hector Le Guerchoys, 1710 Juli 9.
[70] SHAT, A1 2241/72, Pierre Hector Le Guerchoys an Daniel Voysin, 1710 Juli 16.
[71] SHAT, A1 2241/75, Daniel Voysin an Pierre Hector Le Guerchoys, 1710 Juli 27.

fügung zu haben. Aber gerade in diesem Punkt besaß es einen fundamentalen Konstruktionsfehler: Die Militärausgaben in der Franche-Comté überstiegen immer die zur Verfügung stehenden Einnahmen. Um dieses Defizit zu überbrücken, hätte die königliche Regierung über die *Extraordinaire des Guerres* Gelder in die Provinz schicken müssen, was freilich kaum geschah. Die regelmäßigen Berichte des Intendanten seit 1710 zeichnen daher das Bild eines steigenden Defizits.[72] In dieser Situation permanenten Ressourcenmangels mussten Intendant und Provinzbehörden Prioritäten bei ihren Ausgaben setzen. Im Allgemeinen schafften sie es, die Etappe zu versorgen und, noch wichtiger, die Rationen für die in der Provinz stationierten Truppen bereitzustellen. Trotz ihrer Anstrengungen konnten sie kritische Situationen nicht immer vermeiden. Der Umfang und die Kosten der Winterquartiere wurden beispielsweise erst im Spätsommer oder Frühherbst eines Jahres bekanntgegeben – zu einem Zeitpunkt, als der größte Teil der Einkommen aus der Provinz bereits ausgegeben war. Lösungen für dieses Problem bestanden entweder darin, diese Ausgaben auf zukünftige Steuereinnahmen zu verweisen oder die Gemeinden und Korporationen der Provinz zu bitten, Geld und Proviant vorzustrecken. Schwieriger war die Aufgabe zu erfüllen, den Sold für die in den Garnisonen der Provinz stationierten Truppen aufzubringen. Nach den Ausgaben der Kosten für die Etappe und die Winterquartiere hatten die Provinzialbehörden kaum mehr Mittel für die Besoldung der königlichen Truppen zur Verfügung. Die Notwendigkeit, die Zahlungen an die Truppen in Bargeld zu leisten, erhöhte die Schwierigkeiten, weil Geld in der Provinz immer knapp war und durch Zahlungen an die Zentralbehörden zusätzlich Mittel abgesaugt wurden. Dennoch scheint der Intendant nach 1711 nicht mehr auf sein altes Mittel, die Städte zur Übernahme der Soldzahlungen für ihre Garnisonen zwingen zu müssen, angewiesen gewesen zu sein.

Da die Besoldung der Truppen mehr oder weniger permanent im Rückstand war, konnten die Provinzialbehörden nur hoffen, durch eine ausreichende Versorgung der Garnisonen mit Proviant Meutereien der Truppen zu verhindern. Es ist bemerkenswert, dass sich diese Hoffnungen für die restlichen Kriegsjahre tatsächlich erfüllten. Trotz zahlloser Befürchtungen

[72] AN, G7 283/74, „État des sommes assignées ou à assigner sur les impositions du Comté de Bourgogne année 1710", 1710 Juni 1. In dieser Abrechnung sind die Einnahmen aus den direkten Steuern mit 1262639 Livres angegeben; die Verschreibungen (*assignations*) auf diese Einnahmen betrugen insgesamt 1824300 Livres.

der Behörden kam es zu keiner Erhebung der Truppen.[73] Es ist eine Ironie der Geschichte, dass sich gerade nach Friedensschluss die Situation dramatisch verschlechterte. Da das Kriegsende den Druck von den königlichen Finanzen nahm, glaubten die Truppen nun, ihren ausstehenden Sold zu erhalten. Die fast bankrotte Monarchie konnte freilich nicht alle Ansprüche erfüllen, und die Garnisonen der Franche-Comté lagen weit unten in ihrer Prioritätenliste. Als den Truppen der Zitadelle von Besançon klar wurde, dass sie mit einer umgehenden Bezahlung nicht rechnen konnten, begannen sie am 27. August 1715 zu meutern. Hunderte bewaffneter Soldaten drohten, die Stadt zu plündern, sollten sie ihren Sold nicht erhalten. Die städtischen Behörden konnten nur dadurch einen Gewaltausbruch verhindern, indem sie selbst Geld zur Besoldung der Truppen vorstreckten. Noch wichtiger war, dass rasch auf die Krise reagiert werden konnte und schnell Mittel gesandt wurden, um die Soldzahlungen zu leisten und den Stadtrat für seinen Einsatz zu entschädigen.[74]

IV. Resümee

Die Erforschung der Kriegsfinanzierung in der Franche-Comté während des Spanischen Erbfolgekriegs erlaubt neue Einsichten in den Zusammenhang zwischen der Führung großer Kriege und der Entwicklung der Staatsfinanzen im frühneuzeitlichen Frankreich. Am Beispiel dieser Provinz kann festgestellt werden, dass es im Zuge des Spanischen Erbfolgekriegs in erster Linie nicht zur Entwicklung neuer Formen der Finanzverwaltung kam, sondern vielmehr auf traditionelle Mittel der Kriegsfinanzierung zurückgegriffen wurde. Grund dafür war der Zusammenbruch der entscheidenden Institution zur Kriegsfinanzierung in Frankreich, der *Extraordinaire des Guerres*. Folge dieser Entwicklung war eine Dezentralisierung der Truppenfinanzierung weg von der königlichen Zentralverwaltung hin zu den regionalen Behörden. Um die Krise der *Extraordinaire des Guerres* zu bewältigen, waren der Intendant und lokale Entscheidungsträger gezwungen, Notmaßnahmen zur Deckung der regionalen Militärausgaben zu ergreifen.

[73] S. zum Beispiel SHAT, A1 2242/142, Pierre Hector Le Guerchoys an Daniel Voysin, 1712 März 5.

[74] Zur Zusammenfassung dieser Ereignisse s. *Darryl Dee*, The Practice of Absolutism: Franche-Comté in the Kingdom of France, 1674–1715. Diss. phil. Emory University 2004, 456–460.

Diese betrafen einerseits die Intendanten, die ihr eigenes Vermögen bis hin zu ihrem Tafelsilber zur Verfügung stellten, um die königliche Kriegführung zu unterstützen. Andererseits wurden die Städte und Dörfer – manchmal unter Gewaltandrohung – gezwungen, ihre Ressourcen für die Bezahlung und Versorgung der königlichen Regimenter einzusetzen. Es wurde versucht, regionale Einnahmen einzubehalten und nicht an die königliche Zentrale abzuführen. Insgesamt waren die in der Franche-Comté während des Spanischen Erbfolgekriegs erprobten Maßnahmen grundsätzlich dieselben wie die während des Dreißigjährigen Kriegs und dem großen Krieg gegen das habsburgische Spanien sechs Jahrzehnte vorher.

Konfrontiert mit diesem permanenten Druck konnten weder die königlichen Behörden noch die Provinzialverwaltung Wege der Modernisierung etwa durch Standardisierung und Formalisierung der Verwaltungstechniken einschlagen. Stattdessen griffen sie auf traditionelle Methoden der Ressourcenextraktion und Abläufe der Verwaltung zurück und versuchten deren Effizienz zu steigern, womit sie weitgehend Erfolg hatten. Wenn auch die Besoldung der Truppen nicht gewährleistet werden konnte, wurde doch ihre regelmäßige Versorgung mit Proviant gesichert und so die militärische Disziplin aufrecht erhalten. Die Bevölkerung der Grafschaft sah sich daher nicht mehr den Plünderungen hungriger und unbesoldeter Truppen ausgesetzt.

Dieser Erfolg hatte allerdings seinen Preis für die königlichen Amtsträger in der Provinz und die regionalen Eliten. In der historischen Forschung wurde gezeigt, wie es dem König gelang, im Zuge der Kriegführung die Ressourcen der privilegierten Stände durch den Abbau von Steuerprivilegien und durch die starke Ausweitung des Ämterkaufs zu mobilisieren.[75] Weitere Forschungen könnten wahrscheinlich zeigen, dass die verschiedenen Techniken der Truppenfinanzierung und -versorgung ein Mittel darstellten, um auf das Vermögen und den Kredit steuerbefreiter Bevölkerungsgruppen zurückgreifen zu können. Dies galt besonders für eine Grenzprovinz wie die Franche-Comté und für Regionen, in denen die königliche Armee fast ständig präsent war.

[75] Zu den allgemeinen direkten Steuern s. *François Bluche/J. F. Solnon*, La veritable hiérarchie sociale de l'ancienne France. Le tariff de la première capitation, 1695. Genf 1983; *Michael Kwass*, Privilege and the Politics of Taxation in Eighteenth-Century France: Liberté, Égalité, Fiscalité. Cambridge 2000; zum Ämterkauf s. *Doyle*, Venality (wie Anm. 24); *Roland Mousnier*, La Venalité des offices sous Henri IV et Louis XIII. 2. Aufl. Paris 1971.

Die Mittel, um die es hier ging, waren beträchtlich: Die Intendanten Bernage und Le Guerchoys verschuldeten sich beispielsweise zugunsten der *Extraordinaire des Guerres* in Höhe von Zehn-, ja sogar Hunderttausenden Livres. Dabei stiegen die Ansprüche der Zentralregierung im Laufe des Kriegs ständig, während die Rückzahlung der Kredite und der für Militärausgaben vorgestreckten Gelder durch die *Extraordinaire des Guerres* immer schleppender vonstatten ging. Wie der Stadtrat von Besançon schmerzlich erfahren musste, konnte die Zurückweisung von Hilfsansuchen für die Truppen Gewaltandrohungen zur Folge haben.

Dennoch gab es einen fundamentalen Unterschied zwischen dem Spanischen Erbfolgekrieg und den Kriegen der Mitte des 17. Jahrhunderts: Zu keinem Zeitpunkt kam es zu einem Zusammenbruch der sozialen Ordnung und der Regierungsgewalt in den Provinzen. Anders war die Lage unter Richelieu und Mazarin gewesen, wie David Parrott feststellte: „[T]he pressures of recruiting, supplying, quartering and controlling the troops across France after 1630 tipped a fragile system of local authority, already under challenge from large-scale popular revolt, into breakdown.“[76]

Ludwig XIV. war in der Lage, einen solchen Zusammenbruch zu vermeiden, weil es ihm gelungen war, die königliche Gewalt auszubauen. Wie zahlreiche Historiker festgestellt haben, war wohl die Wiederherstellung der Ordnung und die Stärkung des Zusammenhalts zwischen den französischen Herrschaftseliten die größte Leistung der ersten Hälfte der Regierungszeit Ludwigs XIV.[77] Die heftigen Rivalitäten zwischen den verschiedenen Führungsgruppen über ihre Vorrangstellung und Privilegien wurden beendet. Unterschiedliche Behörden kooperierten nun im Zuge gemeinsamer Interessen – koordiniert von Versailles. Am wichtigsten war dafür, dass die Autorität eines mächtigen und ruhmreichen Monarchen nun unangefochten war.

In der Franche-Comté funktionierte dieses System auch unter den schwierigen Bedingungen während des Spanischen Erbfolgekriegs. Abgesehen vom Zusammenbruch der *Extraordinaire des Guerres* stimmten sich königliche Minister, Kommissare und die regionalen und lokalen Herrschaftsträger ab, um den Bedürfnissen der Kriegführung gerecht zu werden. Durch die Rückkehr zu traditionellen Finanzierungstechniken und die harten Maßnahmen, um diese durchzusetzen, kam es zwar zu Spannungen

[76] *Parrott*, Richelieu's Army (wie Anm. 13), 551.

[77] S. *Beik*, Absolutism and Society (wie Anm. 10); *Collins*, Classes, Estates and Order (wie Anm. 10); *Parker*, Class and State (wie Anm. 10). Siehe auch *Peter R. Campbell*, Power and Politics in Old Regime France, 1720–1745. London 1996, 305–314.

zwischen den Behörden, diese konnten letztlich aber überbrückt werden. Im Fall des Stadtrats von Besançon führten selbst die Drohungen des Intendanten der Provinz nicht mehr zu einer Eskalation, wie dies in früheren Jahren der Fall sein konnte. Die städtischen Entscheidungsträger waren der Ansicht, dass der Gehorsam gegenüber ihrem König und die Aufrechterhaltung der Ordnung letztlich wichtiger und auf längere Sicht vorteilhafter waren als das Festhalten an überkommenen Privilegien. Trotz zahlreicher Probleme kann am Beispiel der Franche-Comté während des Spanischen Erbfolgekriegs gezeigt werden, wie belastbar und flexibel auch traditionelle Verwaltungstechniken auf regionaler Ebene im Zusammenwirken mit einer starken Zentralstelle sein konnten.

„Große Erwartungen"

Britische Subsidienzahlungen an Savoyen im 18. Jahrhundert*

Von

Christopher Storrs

„Es war für uns immer unmöglich, ohne Subsidien Krieg zu führen."
(Viktor Amadeus III. an Filippo di San Martino di Fronte, Januar 1793)[1]

I. Einleitung

Subsidienzahlungen europäischer Mächte waren bereits seit dem ausgehenden Mittelalter nichts Außergewöhnliches.[2] Im 18. Jahrhundert bildeten sie einen integralen Bestandteil des europäischen Mächtesystems der aus den fünf Großmächten England (beziehungsweise Großbritannien nach der Union mit Schottland 1707), Frankreich, Österreich, Russland und Preußen bestehenden „Pentarchie".[3] Von diesen Mächten vergaben Groß-

* Aus dem Englischen übersetzt von *Peter Rauscher.*

[1] Die Ordnungszahlen der savoyardischen Herrscher beziehen sich im Folgenden auf ihre Funktion als Herzöge von Savoyen und nicht als Könige von Sizilien/Sardinien. Archivio di Stato Torino (AST), Lettere Ministri (LM), Inghilterra, Fasz. 94, Viktor Amadeus III. an Conte Filippo di San Martino di Fronte, Turin, 1793 Januar 26. Viktor Amadeus II. hatte bereits 1713 Ähnliches geäußert. National Archives (Kew/London) (NA), State Papers (SP) 92/27, John Chetwynd an William Legge, Earl of Dartmouth, Turin, 1713 Februar 8, fol. 547. – Ebenso Karl Emanuel III. 1748: NA, SP 92/56, Arthur Villettes an Thomas Pelham-Holles, Duke of Newcastle, Turin, 1748 November 9.
Dieser Beitrag entstand als Teil des Forschungsprojekts „Guerras de España. Identidad y política en la encrucijada de 1700", das vom Ministerium für Unterricht und Wissenschaft (Madrid, Spanien) finanziell unterstützt wurde.

[2] Eduard III. hatte zunächst gehofft, den Hundertjährigen Krieg mit Hilfe von Subsidienzahlungen an Alliierte auf dem Kontinent, darunter verschiedene Fürsten in Flandern und im Rheinland, führen zu können, bevor er aufgrund der hohen Kosten und geringen Erfolge seine Strategie ändern musste. *George Holmes*, The Later Middle Ages 1272–1485. London 1962, 119–121.

[3] S. *Derek McKay/Hamish M. Scott*, The Rise of the Great Powers 1648–1815. Harlow 1983, passim; *Heinz Duchhardt*, Balance of Power und Pentarchie. Internationale Beziehungen 1700–1785. (Handbuch der Geschichte der internationalen Beziehungen, Bd. 4.) Paderborn/München/Wien/Zürich 1997.

britannien und Frankreich zwischen 1688 und 1815 am häufigsten Finanzhilfen zur Kriegführung an die anderen Großmächte oder sonstige Staaten.[4]

Vor 1688 spielte England eine relativ unbedeutende Rolle in Europa, Karl II. nahm sogar selbst vom französischen König Ludwig XIV. Subsidien an, um sich aus den Mächtekonflikten auf dem Festland herauszuhalten.[5] Seit der *Glorious Revolution* war England der Hauptgegner Frankreichs in Europa, mit dem es sich in einer ganzen Serie von Konflikten einen „Zweiten Hundertjährigen Krieg" lieferte[6]: den Pfälzer Erbfolgekrieg (*Nine Years War/War of the League of Augsburg*, 1688–1697), den Spanischen Erbfolgekrieg (1701–1713), den Siebenjährigen Krieg (1756–1763, parallel zum *French and Indian War* in den Kolonien 1754–1763), den Amerikanischen Unabhängigkeitskrieg (1775–1783) und die französischen Revolutionskriege beziehungsweise die Napoleonischen Kriege (Koalitionskriege, 1793–1814). Diese Kriege beruhten auf dem Ausgleich von 1688, der die Krone von der Zustimmung des Parlaments zur Kriegsfinanzierung abhängig gemacht hatte.[7] Subsidienzahlungen an Verbündete waren in Kriegszeiten ab diesem Zeitpunkt permanenter Bestandteil der englischen/britischen Kriegsausgaben.

Abgesehen davon, dass die prinzipielle Bedeutung der Subsidien, die zeitweilig auch für das direkte Anmieten fremder Truppen in britischen Diensten geleistet wurden, in der historischen Forschung erkannt wurde[8], existiert keine breite Studie zu diesem wichtigen politischen Instrument. D. W. Jones' Untersuchung zu den wirtschaftlichen Folgen der Kriege von 1689 bis 1713 behandelt Subsidien nur oberflächlich[9], und John Brewers Studie zum britischen *fiscal-military state* nach 1688 ignoriert das Phäno-

[4] S. *Jeremy Black*, Parliament and Foreign Policy in the Age of Walpole: the Case of the Hessians, in: ders. (Ed.), Knights Errant and True Englishmen. British Foreign Policy 1600–1800. Edinburgh 1989, 41–54, hier 41 ff.

[5] *Tim Harris*, Restoration. Charles II and his Kingdoms, 1660–1685. London 2005, 71, 253 f.

[6] *Graham C. Gibbs*, The Revolution in Foreign Policy, in: Geoffrey Holmes (Ed.), Britain after the Glorious Revolution, 1689–1714. London 1970, 59–79.

[7] *John R. Western*, Monarchy and Revolution. The English State in the 1680s. London 1972, 395 ff.

[8] Im Jahr 1692 einigten sich Wilhelm III. und die Generalstaaten darauf, dem Kurfürsten von Brandenburg 40000 Reichstaler pro Monat für fast 8000 Mann zu bezahlen. S. *Clive Parry* (Ed.), The Consolidated Treaty Series [CTS]. 243 Vols. London 1964–1986, Vol. 20, 65. Hierbei handelte es sich jedoch eher um eine Anmietung von Truppen als um einen Subsidienvertrag.

[9] *Dywyrd W. Jones*, War and Economy in the Age of William III and Marlborough. Oxford 1988.

men fast vollständig[10]. Lediglich Subsidienzahlungen an einzelne Staaten[11] und in bestimmten Kriegen[12] wurden bisher näher erforscht. Einen weiteren Rahmen des Themas stecken nur wenige Untersuchungen ab wie beispielsweise Peter Dicksons Analyse zu den britischen Subsidien im Rahmen des Österreichischen Erbfolgekriegs (1740–1748) oder den französischen im Siebenjährigen Krieg, die sich freilich auf die Habsburgermonarchie beschränkt.[13]

Der vorliegende Artikel untersucht hingegen die britischen Subsidienleistungen für die Herzöge von Savoyen (zwischen 1713 und 1730 Könige von Sizilien, ab 1720 Könige von Sardinien) im 18. Jahrhundert. Savoyen eignet sich dafür aus mehreren Gründen: Zwar waren die Fürsten aus dem Haus Savoyen weder die einzigen Empfänger britischer Finanzhilfen in Kriegszeiten, noch erhielten sie insgesamt die höchsten Leistungen. Mit ihnen begann aber die englische Subsidienpolitik nach 1688[14], und Savoyen bezog bis zum Österreichischen Erbfolgekrieg auch die höchsten Zahlungen. Hinzu kommt, dass die Herzöge von Savoyen über das ganze 18. Jahrhundert Subsidienempfänger blieben. Viktor Amadeus II. – ab 1713 als Viktor Amadeus I. König von Sizilien, seit 1720 von Sardinien – erhielt britische Gelder im Pfälzer Erbfolgekrieg und während des Spanischen Erbfolgekriegs, Karl Emanuel III. während des Österreichischen Erbfolgekriegs und Viktor Amadeus III. im Ersten Koalitionskrieg gegen das revolutionäre Frankreich. Savoyen eignet sich daher als exzellentes Fallbeispiel für die Langzeitentwicklung eines Schlüsselelements der britischen Außenpolitik und Kriegsstrategie und damit als Folie für Vergleiche mit anderen Subsi-

[10] *John Brewer*, The Sinews of Power. War, Money and the English State, 1688–1783. London 1989.

[11] *Gustav Otruba*, Die Bedeutung englischer Subsidien und Antizipationen für die Finanzen Österreichs 1701 bis 1748, in: VSWG 51, 1964, 192–234; *Michael Braddick*, English War Finance and Subsidies during the War of Spanish Succession, in: Peter Rauscher (Hrsg.), Kriegführung und Staatsfinanzen. Die Habsburgermonarchie und das Heilige Römische Reich vom Dreißigjährigen Krieg bis zum Ende des habsburgischen Kaisertums. (Geschichte in der Epoche Karls V., Bd. 10.) Münster 2010, 603–620.

[12] *Carl W. Eldon*, England's Subsidy Policy towards the Continent during the Seven Years War. Philadelphia 1938; *John M. Sherwig*, Guineas and Gunpowder: British Foreign Aid in the Wars with France, 1793–1815. Cambridge, Mass. 1969.

[13] *Peter G. M. Dickson*, Finance and Government under Maria Theresia 1740–1780. 2 Vols. Oxford 1986, hier Vol. 2, 157 ff. Dickson untersucht ebenso die französischen Subsidienzahlungen im Österreichischen Erbfolgekrieg: ebd. 167 ff.

[14] Für Dickson entwickelte sich das englische Subsidiensystem der 1740er Jahre im Verlauf des Spanischen Erbfolgekriegs. Tatsächlich hatte es seine Ursprünge bereits im Pfälzer Erbfolgekrieg. S. ebd. 158.

dienempfängern. Da Viktor Amadeus II. zeitweilig auch Subsidien von Frankreich (1696, 1701–1703, 1733–1735), der Republik der Vereinigten Niederlande (1690–1696, 1703–1713) und Spanien (1690–1696) bezog, kann Savoyen auch als Vergleichsobjekt für die Politik von Subsidiengebern dienen. Die Schaukelpolitik des Hauses Savoyen und die damit verbundenen Möglichkeiten, von unterschiedlichen Mächten Kriegshilfen zu erhalten, bildete einen wichtigen Faktor des machtpolitischen Aufstiegs der Dynastie im Verlauf des 18. Jahrhunderts.[15] Zwar ist die Bedeutung der Subsidien für die Staatsfinanzen Savoyens bekannt[16], aber es fehlt nach wie vor eine kritische Diskussion des Gesamtphänomens. Dies gilt noch mehr für die Frage nach dem Einfluss der Subsidien auf die Politik und Strategie Savoyens.[17]

Dieser Beitrag untersucht zunächst die Rolle der Subsidienzahlungen innerhalb der englischen/britischen Militärstrategie und Staatsfinanzen und daran anschließend die Bedeutung der Zahlungen für Savoyen. Dazu sind einige kritische Bemerkungen vorab unablässig: Frühmoderne Staatsfinanzen lassen sich oft nur schwer erfassen, was auch für die Zahlung und den Empfang von Subsidien zutrifft.[18] Die notwendigen Informationen sind für die historische Forschung nicht immer zu ermitteln, nicht zuletzt, weil Abrechnungen darüber nur spät, wenn überhaupt, vorgelegt wurden. Und auch wenn dies der Fall war, wurden sie zum Teil absichtlich unvollständig angelegt.[19]

[15] S. *Luigi Cibrario* (Ed.), Relazioni dello Stato di Savoia negli anni 1574, 1670, 1743. Scritte dagli ambasciatori Veneti. Turin 1830, 91 ff.

[16] Zum Pfälzer Erbfolgekrieg s. *Enrico Stumpo*, Finanza e Stato moderna nel Piemonte del Seicento. Rom 1979, 85 ff., und *Christopher Storrs*, War, Diplomacy and the Rise of Savoy, 1690–1720. Cambridge 1999, 74 ff.; zum Spanischen Erbfolgekrieg s. *Luigi Einaudi*, La finanza sabauda all'aprirsi del secolo XVIII e durante la guerra di successione spagnuola. Turin 1908, 287 ff., und *Geoffrey Symcox*, Britain and Victor Amadeus II: or, The Use and Abuse of Allies, in: Stephen Baxter (Ed.), Britain's Rise to Greatness 1660–1763. Berkeley 1983, 151 ff.; zum Polnischen Thronfolgekrieg s. *Guido Quazza*, Le Riforme in Piemonte nella prima metà del '700. 2 Vols. Modena 1957, Vol. 1, 187 ff.; zum Österreichischen Erbfolgekrieg und zum Ersten Koalitionskrieg, die in diesem Zusammenhang schlecht erforscht sind, s. *Paolo Norsa*, La Finanza Sabauda dal 1700 all'Unita d'Italia. Typoskript. Mailand 1953–1960.

[17] Ein jakobitischer Gegenspieler Wilhelms III. meinte, es sei ein Fehler gewesen, dem Herzog von Savoyen Subsidien zu bezahlen, und erklärte damit sein Ausscheiden aus der Allianz 1696. S. *W. E. Buckley* (Ed.), Memoirs of Thomas, Earl of Ailesbury. 2 Vols. Edinburgh 1890, Vol. 1, 241 f.

[18] S. die Erläuterungen von *Sherwig*, Guineas and Gunpowder (wie Anm. 12), 362–364, zu einem Bericht, der dem Parlament 1822 vorgelegt wurde und die Subsidienzahlungen seit 1792 zum Inhalt hat.

[19] Die Abrechnungen des Kriegszahlmeisters (*Paymaster General of the Army*) Richard

Darüber hinaus ist oft nur schwer zu erkennen, welche Summen nicht nur versprochen, sondern auch tatsächlich bezahlt wurden.[20] Den Zahlen in den Quellen, die Finanzhistoriker zu interpretieren suchen, ist daher mit Vorsicht zu begegnen. Trotzdem erlauben sie immerhin einen Ansatzpunkt über die bezahlten oder empfangenen Summen oder – wo dies nicht möglich ist – darüber, wie hoch die Zahlungsverpflichtungen waren und eröffnen daher die Möglichkeit, ihren relativen Wert im Vergleich zu anderen Ausgaben oder Einnahmen zu bestimmen. Wegen dieser Schwierigkeiten mit dem Zahlenmaterial wird der Fokus der folgenden Analyse nicht so sehr auf Details gerichtet, als vielmehr versucht werden, ein möglichst breites Bild über die Bedeutung der Subsidien für die Finanzen, die Politik und die Strategien beider Seiten zu zeichnen. Schließlich wird dargestellt werden, dass finanzielle Beziehungen zwischen europäischen Mächten für die Beteiligten nicht immer zufriedenstellende Ergebnisse zur Folge hatten. Die Vertragspartner erwarteten oft zuviel, so dass sie zwangsläufig enttäuscht werden mussten. Insgesamt profitierten jedoch beide Seiten. Ich kann daher den Argumenten, die besonders im Zuge des Widerstands der Tories während des Spanischen Erbfolgekriegs und brillant in den Pamphleten von Jonathan Swift gegen die Subsidienzahlungen vorgebracht wurden, dass nämlich Subsidien eine Geldverschwendung seien und Großbritannien von seinen geldgierigen Verbündeten betrogen würde, nicht zustimmen.[21] Zwar hatten Subsidien kaum jemals entscheidenden Einfluss auf die grundlegende Ausrichtung der Außenpolitik des Empfängers[22], wie die Tatsache zeigt, dass Viktor Amadeus II., Karl Emanuel III. und Viktor Amadeus III. Zahlungen von Mächten nur annahmen, wenn sie mit ihren eigenen Plänen übereinstimmten. Sie hatten diese Möglichkeit, weil Sub-

Jones, Earl of Ranelagh, der für die savoyardischen Subsidien während des Pfälzer Erbfolgekriegs zuständig war, wurden 1697 beendet, aber erst 1702 vorgelegt und waren mangelhaft. *William Shaw* (Ed.), Calendar of Treasury Books [CTB]. 32 Vols. London 1904–1962, Vol. 9/1, cclxxviii; *John Childs*, The British Army of William III 1689–1702. Manchester 1987, 139ff.

[20] *Stumpo*, Finanza (wie Anm. 16), 97, meint, dass alle Subsidien, die Victor Amadeus II. erhielt, während des Pfälzer Erbfolgekriegs bezahlt wurden, was nicht der Fall war.

[21] S. *G. M. Trevelyan*, England under Queen Anne. 3 Vols. London 1930–1934, Vol. 3, 111ff., 209ff.

[22] *Andrew Lossky*, International Relations in Europe, in: John S. Bromley (Ed.), New Cambridge Modern History. Vol. 6: The Rise of Great Britain and Russia 1688–1725. Cambridge 1970, 183f. Losskys Fokus richtet sich auf die von Ludwig XIV. bezahlten Subsidien; in diesem Zusammenhang behandelt er Savoyen nicht. *Symcox*, Britain (wie Anm. 16), 179, zitiert Lossky im Zusammenhang seiner Studie über Viktor Amadeus II. im Spanischen Erbfolgekrieg.

sidien im Gegensatz zur weit verbreiteten Meinung ihrer Zeitgenossen im Vergleich zu den eigenen finanziellen Ressourcen zur Kriegführung immer von sekundärer Bedeutung waren. Trotzdem profitierten beide Seiten von diesen Beziehungen.

II. Die englisch-savoyardischen Subsidienbeziehungen im 18. Jahrhundert

Die Beziehungen zwischen England und Savoyen waren vor 1690 sehr lose. Trotzdem trat Herzog Viktor Amadeus II. der kurz vorher formierten Koalition gegen Ludwig XIV. bei und bat gleichzeitig die Seemächte England und die Niederlande um Subsidien.[23] Im Oktober 1690 schloss der englische König Wilhelm III. ein Subsidienabkommen, das er für eine zeitlich befristete Maßnahme hielt, bis es ihm gelingen würde, Schweizer Söldner für die antifranzösische Kriegführung in Norditalien anzuwerben. Nur dem Scheitern dieser Verhandlungen und den französischen Erfolgen im Piemont sowie der drohenden Niederlage des Herzogs von Savoyen und der mit ihm verbundenen strategischen Vorteile für die Allianz war es zu verdanken, dass Wilhelm III. im März 1691 zustimmte, Subsidienzahlungen für den Herzog für die gesamte Kriegsdauer zu gewähren.[24] Dieses zögerliche Vorgehen stand am Beginn der finanziellen Beziehungen zwischen England/Großbritannien und Savoyen.

Wilhelm III. und die späteren britischen Könige und Minister sollten auch in Zukunft wegen der strategischen Bedeutung Savoyens für jede Koalition gegen Frankreich Subsidien für die Herzöge bereitstellen.

Der Zweck dieser Finanztransfers war, den Herzog von Savoyen, der über eine beträchtliche Armee verfügte, die im Laufe des 18. Jahrhunderts weiter ausgebaut werden sollte[25], in die Lage zu versetzen, französische Truppen zu binden und eine für die Alliierten gefährliche Konzentration der französischen Streitkräfte in Flandern und am Rhein zu verhindern.[26]

[23] Zum Folgenden s. *Christopher Storrs*, Machiavelli Dethroned. Victor Amadeus II and the Making of the Anglo-Savoyard Alliance of 1690, in: EHQ 22, 1992, 347–381, hier 354f.

[24] AST, Trattati Diversi, Fasz. 12/15, Erklärung Wilhelms III., 1691 März 16.

[25] Die Armee Savoyens wuchs von fast 9000 Mann im Jahr 1690 auf knapp 29000 Mann 1787, exklusive ausländischer Einheiten. Ihre Kosten stiegen von rund 3 Millionen Lire (1690) auf über 55 Millionen (1795). *Sabina Loriga*, Soldati. L'istituzione militare nel Piemonte del Settecento. Venedig 1992, 5f.

[26] Referat Richard Hills für den königlichen Schatzmeister (*Lord Treasurer*) [Sidney Go-

Aber dies war nicht der einzige Grund: Die Territorien des Herzogs von Savoyen reichten über die Alpen und kontrollierten zahlreiche Pässe zwischen Frankreich und Norditalien. Abgesehen davon, Frankreich den Weg auf die Apenninenhalbinsel zu versperren, schuf ein Bündnis mit Savoyen auch die Chance, über diese Pässe nach Frankreich einfallen zu können, wie dies 1692 tatsächlich passierte. Dadurch sollten, wie viele Protestanten in den 1690er und 1700er Jahren hofften, ein Aufstand der Hugenotten initiiert und Möglichkeiten geschaffen werden, die französische Flotte in Toulon zu zerstören[27], was 1707 zumindest versucht wurde. Diese Aussichten schienen die Subsidien allemal wert zu sein.[28]

Tabelle 1: Englische Subsidien für Herzog Viktor Amadeus II. im Pfälzer Erbfolgekrieg 1690–1696

Jahr	Gesamtsumme der Subsidienzahlungen Englands und der Niederlande	Englands Zweidrittelanteil	Englands außerordentliche Zahlungen
Okt. 1690–Dez. 1691	30000 Écus monatlich	20000 Écus monatlich	
Jan.–Okt. 1692	36000 Écus	24000 Écus	8000 Écus für Truppenrekrutierungen
1692/93	36000 Écus	24000 Écus	2000 Pfund Sterling sowie Unterstützung für Geldwechsel (1694 rückwirkend bewilligt)
1693/94	48000 Écus	32000 Écus	(a) Zwei Drittel von 50000 Écus für Rekrutierungen (b) 8000 Pfund Sterling sowie Unterstützung für Geldwechsel
1694/95	48000 Écus	32000 Écus	2800 Pfund Sterling für Geldwechsel
1695/96	48000 Écus	32000 Écus	4000 Pfund Sterling für Geldwechsel

dolphin], 1706 Mai 6, in: *W(illiam) Blackley*, The Diplomatic Correspondence of the Rt. Hon. Richard Hill, extraordinary Envoy from the Court of St. James to the Duke of Savoy in the Reign of Queen Anne from July 1703 to May 1706. 2 Vols. London 1845, Vol. 2, 695–699.

[27] S. *Geoffrey Symcox*, Victor Amadeus II: Absolutism in the Savoyard State 1675–1730. London 1983, 107.

[28] 1696, nach dem Austritt von Viktor Amadeus aus der Großen Allianz, wollte Wilhelm III. anscheinend die ursprünglich an Savoyen bezahlten Subsidien Kaiser Leopold I. zur Verfügung stellen, um die Fortsetzung des Kriegs in Italien zu sichern. Wilhelm III. an Henri de Massue, Earl of Galway, Feldlager bei Corbay, 1696 Juni 29, in: *F(riedrich) Heller* (Ed.), Militärische Korrespondenz des Prinzen Eugen von Savoyen. 2 Bde. Wien 1843, Bd. 1, 76f.

Im Vertrag von 1690 verpflichtete sich Wilhelm III. zwei Drittel (20000 Écus) der englisch-niederländischen Subsidien in Höhe von 30000 Écus monatlich für Viktor Amadeus II. zu übernehmen.[29] Dieser Verteilungsschlüssel (England zwei Drittel, Republik der Vereinigten Niederlande ein Drittel) wurde auch im weiteren Verlauf des Krieges beibehalten, als die Seemächte ihre Subsidienzahlungen an den Herzog von Savoyen erhöhten. Um Viktor Amadeus in die Lage zu versetzen, drei Bataillone Hugenotten, die für ihn 1691 von den Seemächten aufgestellt worden waren, zu unterhalten, erhöhten diese ihre Subsidienzahlungen ab Januar 1692 um 6000 auf 36000 Écus pro Monat.[30] Nach der zweiten Niederlage des Herzogs gegen die Truppen Ludwigs XIV. bei Marsaglia 1693 wurden die gemeinsamen Subsidien der Seemächte um ein Drittel auf 48000 Écus monatlich aufgestockt. Für den Rest des Kriegs hatte daher Wilhelm III. monatlich 32000 und damit jährlich 384000 Écus an Viktor Amadeus zu leisten.[31] Insgesamt betrug die Subsidienverpflichtung des englischen Königs gegenüber Viktor Amadeus von Oktober 1690 bis Ende Juni 1696, als der Herzog mit Frankreich einen Separatfrieden schloss, mehr als 2 Millionen Écus[32], die bei einem Wechselkurs von ca. 4 Kronen oder Écus für ein Pfund ungefähr 500000 Pfund Sterling ausmachten.

Neben diesen regulären monatlichen Subsidien leisteten die Seemächte auch außerordentliche Einmalzahlungen an den Herzog von Savoyen. Abgesehen von der Finanzierung der Aushebung dreier Hugenottenbataillone, die ins Piemont gesandt wurden, um für Viktor Amadeus zu kämpfen, sagte Wilhelm III. im Winter 1691/92 dem Herzog eine Pauschale von 8000 Écus für die Rekrutierungskosten dieser Bataillone zu[33], und im Oktober 1693 bewilligten der englische König und die Generalstaaten Viktor Amadeus eine Summe von 50000 Écus, um die Verluste dieser Truppen bei Marsaglia wieder aufzufüllen. Wilhelm III. beteiligte sich auch in geringem Um-

[29] Die englischen und niederländischen Subsidien für den Herzog von Savoyen wurden getrennt bezahlt, aber als Einheit aufgefasst. Dies entsprach dem System der *Dual Monarchy*, wie die Herrschaft Wilhelms III. bezeichnet wurde. *Stephen B. Baxter*, William III. Harlow 1966, 269ff.

[30] S. Richard Jones, Earl of Ranelagh's Declared Accounts for 1690, 1695 Juli 6 (alter Stil), in: CTB (wie Anm. 19), Vol. 9/1, cclxxvii; Resolutionen der Staaten von Holland, 1692 September 20, in: ebd. 742.

[31] S. AST, Negoziazioni, Inghilterra, Fasz. 1, Zusammenstellung der von England, Holland und Spanien seit 1690 bezahlten Subsidien, 1696 Juli 7.

[32] S. ebd. Fasz. 2/9, Nr. 41, Denkschrift bezüglich der holländischen und englischen Subsidien, 1691–1695.

[33] AST, LM, Gran Bretagna (GB), Fasz. 8, Filiberto Sallier, Comte de la Tour an Carlo Giuseppe Vittorio, Marquis de Saint Thomas, London, 1692 Februar 26.

fang an den Kosten des Herzogs, um diejenigen savoyardischen Regimenter ergänzen zu können, die sich 1690 im Dienst Ludwigs XIV. befunden hatten und die dieser nicht zurückgab, sondern in Flandern einsetzte, von wo einige nach Italien zurückkehrten. In den späteren Jahren des Kriegs unterstützte Wilhelm III. Viktor Amadeus auch mit Zahlungen, um dessen Wechselverluste (beispielsweise um die Subsidien von London nach Turin zu transferieren) auszugleichen: 1694 handelte es sich dabei um eine Summe von 2000 Pfund Sterling für die Wechselverluste der Subsidien des Vor jahres; außerdem übernahm der König die Kosten für die Finanztransaktionen, die in diesem Jahr um sieben Prozent gestiegen waren, für das laufende Kriegsjahr 1693/94[34]; im Frühjahr 1695 gewährte Wilhelm III. dem Herzog außerdem 2800 Pfund als Kompensation für die Wechselkosten in diesem Jahr[35]; und schließlich kamen im April 1696 weitere Ausgleichszahlungen für die Transferkosten in Höhe von 4000 Pfund Sterling hinzu, die die Verpflichtungen des englischen Königs in der Subsidienperiode 1695/96 auf 100000 Pfund Sterling anwachsen ließen.[36] Abgesehen von diesen Beträgen leistete Wilhelm III. auch Zahlungen für die Absendung anderer Truppen in das Piemont, um dort den Herzog zu unterstützen.[37]

[34] Ebd. De la Tour an Saint Thomas, London, 1694 April 27; Henry Guy, Sekretär der Schatzkammer, an den Rechnungskontrolleur (*Auditor of the Receipt*), 1694 Januar 2 (alter Stil), in: CTB (wie Anm. 19), Vol. 10/1, 441, wegen Auszahlung von 2213 Pfund, 2 Schilling, 5 Pfennig an Richard Jones, Earl of Ranelagh für die Bezahlung der mit der Übermittlung der Subsidien beauftragten Personen Sir Joseph Herne und Sir Stephen Evance. Zusätzliche Leistungen Wilhelms III. als Kompensation für die Wechselgebühren der Subsidien von 1694/95 betrugen 8000 Pfund, so dass die an den Herzog bezahlte Gesamtsumme für dieses Jahr 104000 Pfund ausmachte. Henry Guy an den Auditor of the Receipt, London, 1694 April 20 (alter Stil), in: CTB (wie Anm. 19), Vol. 10/2, 595.

[35] Protokoll eines Treffens zwischen König und Schatzkammer, 1695 April 27 (alter Stil), in: CTB (wie Anm. 19), Vol. 10/3, 1369f. Diese Summe machte nur die Hälfte der zusätzlichen Kosten aus.

[36] Protokoll eines Treffens des Königs und des Schatzmeisters, 1696 April 29 (alter Stil), in: CTB (wie Anm. 19), Vol.11, 7.

[37] Im Jahr 1691 bezahlte Wilhelm III. 300000 Écus an Kaiser Leopold I. und 100000 Écus an Max Emanuel von Bayern für 18000 Mann, die sie versprachen, in das Piemont zu senden. S. *Christopher Storrs*, Imperial Authority and the Levy of Contributions in „Reichsitalien" in the Nine Years War (1690–1696), in: Matthias Schnettger/Marcello Verga (Eds.), L'Impero e l'Italia nella Prima Eta Moderna/Das Reich und Italien in der Frühen Neuzeit. (AnnTrento, Contributi/Beiträge, Bd. 17.) Bologna/Berlin 2006, 241–273.

Tabelle 2: Reguläre Subsidien für Savoyen und ihr Anteil an den gesamten englischen Subsidienleistungen

Jahr	Reguläre Subsidien für Savoyen	Gesamtsumme aller Subsidien	Währung
1690/91	240000		Écus
1691/92	240000		Écus
1692/93	260800	580000	Écus
1693/94	326934	693599	Écus
1694/95	96000	230571	Pfund St.
1695/96	96000	212572	Pfund St.
1696/97	96000	212572	Pfund St.

Die an Savoyen bezahlten Subsidien waren die umfangreichsten, die Wilhelm III. während des Pfälzischen Erbfolgekriegs leistete (s. Tabelle 2). Neben dem Herzog standen zahlreiche Reichsstände wie der Kurfürst von Braunschweig-Hannover, der Kurfürst von Sachsen, der Erzbischof von Lüttich, der Herzog von Braunschweig-Wolfenbüttel, der Landgraf von Hessen-Kassel und der Bischof von Münster in englischem Sold. Im Fiskaljahr von April 1692 bis April 1693 erhielt Viktor Amadeus fast die Hälfte der englischen Subsidien in einer Gesamthöhe von 580000 Écus/Kronen[38]; im Folgejahr 1693/94 bezog er fast die Hälfte der 693599 Écus englischer Finanzhilfen für auswärtige Fürsten[39]; 1694/95 war es mit 96000 Pfund Sterling noch immer fast ein Drittel, das Viktor Amadeus II. von den gesamten englischen Subsidien in Höhe von 230571 Pfund versprochen worden war.[40] In ihren Planungen für 1695/96 kalkulierten die königlichen Amtsträger die savoyardischen Subsidienzahlungen wiederum mit fast 50 Prozent (96000 Pfund) der Gesamtleistungen (212572 Pfund Ster-

[38] British Library (BL), London, Additional Manuscripts (Add. Mss.) 38,697, Übersicht über die Subsidienzahlungen an ausländische Fürsten im Zeitraum 1. April 1692 bis 1. April 1693 [nach 1702], fol. 49. Der Restbetrag ging an Braunschweig-Hannover im Umfang von 200000 Écus und an Brandenburg in der Höhe von 120000 Écus, gemäß einer Vereinbarung zwischen dem Kurfürsten und dem Statthalter von Flandern. Die Aufstellungen sind unübersichtlich, weil das savoyardische Subsidienjahr (Oktober bis Oktober) nicht mit dem englischen Fiskaljahr (April bis April) übereinstimmte.

[39] BL, Add. Mss. 38,698, Übersicht über die Subsidienzahlungen an ausländische Fürsten im Zeitraum 1. April 1693 bis 1. April 1694 [nach 1702], fol. 97. Viktor Amadeus erhielt 326934 Écus von insgesamt 693599. Die übrigen Empfänger waren Braunschweig-Hannover (224666 Écus), Kursachsen (100000 Écus), Kurbrandenburg (12000 Écus) und Hessen-Kassel (30000 Écus).

[40] NA, SP 8/15, Aufstellung über die Unterhaltung der Landstreitkräfte für 1694, fol. 164.

ling).[41] Ganz ähnlich war es im Folgejahr 1696/97, in welchem dem Herzog von Savoyen wiederum mit 96000 Pfund nahezu die Hälfte der festgelegten Subsidien von insgesamt 212572 Pfund Sterling zugesprochen wurde.[42]

Trotz des großen Anteils Savoyens am gesamten Subsidienbudget Englands und dessen Zahlungen ans Festland[43], bildeten die Finanztransfers an den Herzog nur einen sehr geringen Anteil an den gesamten englischen Kriegsausgaben. Im Jahr 1694/95 betrugen die Leistungen Wilhelms III. für Savoyen insgesamt 104000 Pfund (96000 Pfund Subsidien plus 8000 Pfund für die Wechsel), während die Gesamtausgaben auf vier Millionen Pfund kalkuliert worden waren. Der Anteil der Subsidien für Savoyen machte daher lediglich 2,5 Prozent der Jahresausgaben aus.[44] 1694/95 entsprachen dieselben Subsidienleistungen zwei Prozent der Gesamtausgaben für den Krieg.[45] Die Budgetplanungen für 1695 sahen für Subsidienzahlungen einen Anteil von fast zehn Prozent von über 2,7 Millionen Pfund an Kosten für die Landkriegsführung vor.[46] Die Leistungen an Viktor Amadeus ebenso

[41] BL, Add. Mss. 38,698, Übersicht über die Zahlungen für die Landstreitkräfte für das Jahr 1695 [nach 1702], fol. 1. Die restlichen 104000 Pfund teilten sich fünf Reichsfürsten. Die Subsidien für Savoyen wurden später um 2800 Pfund erhöht, um die Wechselkosten abzudecken. S. William Lowndes an den *Auditor of the Receipt*, 1695 April 2, in: CTB (wie Anm. 19), Vol. 10/2, 969, womit die gesamten 98800 Pfund von der *Bank of England* bezogen werden konnten, die die Bezahlung der Summe an den Herzog von Savoyen in Livorno, Genua oder Turin übernommen hatte; William Lowndes an William Blathwayt, 1695 April 13, in: CTB (wie Anm. 19), Vol. 10/2, 988. Tatsächlich handelte es sich hierbei nur um die Hälfte der Wechselkosten, s. das Protokoll über das Treffen des Schatzkanzlers mit dem König, 1695 April 27 (alter Stil), in: CTB (wie Anm. 19), Vol. 10/3, 1369.

[42] Subsidien für dieses Jahr, 1696 April 9 (alter Stil), in: CTB (wie Anm. 19), Vol. 11, 86f.; Protokoll über das Treffen des Königs mit dem Schatzkanzler, 1696 April 29 (alter Stil), in: ebd. 7. Die übrigen Subsidien erhielten Hessen-Kassel (35000 Pfund Sterling), Brandenburg (28571), Sachsen (25000), Braunschweig-Wolfenbüttel (16000) und Lüttich (12000). Rechnet man die Wechselkosten hinzu, ändern sich die Zahlen.

[43] S. „Table of remittances abroad, 1688–97", in: *Dywyrd W. Jones*, Economic Consequences of William III, in: Black (Ed.), Knights Errant (wie Anm. 4), 24–40, hier 27.

[44] Henry Guy an den *Auditor of the Receipt*, 1694 April 20 (alter Stil) und derselbe an Richard Jones, Earl of Ranelagh, Generalzahlmeister der Armee, 1694 April 23 (alter Stil), in: CTB (wie Anm. 19), Vol. 10/2, 595.

[45] BL, Lansdowne Manuscripts 1215, „Apportionment of funds" für das Jahr 1694; 1694 April 17, fol. 62. Die Subsidien betrugen insgesamt 270000 Pfund, was ca. acht Prozent der Ausgaben für die Landstreitkräfte und fünf Prozent der Kriegsausgaben entsprach (5560705 Pfund). Die übrigen Subsidienempfänger waren Braunschweig-Hannover (58000 Pfund Sterling), Sachsen (30000), Hessen-Kassel (35000), Brandenburg (28571), der Fürstbischof von Lüttich (12000) und der Kurfürst von Trier (3000).

[46] NA, SP 8/15, Übersicht über die Landstreitkräfte für 1695, fol. 254; ebd. Schätzung über die außerordentlichen Ausgaben, die unbezahlt blieben, fol. 276.

wie die gesamten Subsidienzahlungen waren allerdings verglichen mit den Gesamtaufwendungen für das Militär (Heer[47] und Flotte) nur von untergeordneter Bedeutung. 1692/93 bewilligte das Parlament 1926516 Pfund für die Flotte für 1693 und gemeinsam für die Land- und Seestreitkräfte sowie für die Zahlungen an die Alliierten 3974608 Pfund Sterling.[48] Im Jahr 1694 erhöhten sich die Kalkulationen für die Gesamtausgaben für Subsidien deutlich auf 230571 Pfund oder fast zehn Prozent der Ausgaben für die Landstreitkräfte (2530581 Pfund)[49], für die im Budget für 1696 insgesamt 2709714 Pfund vorgesehen waren.[50] Alles in allem bezahlte Wilhelm III. an den Herzog von Savoyen zwischen 1690 und 1695 in etwa 450000 Pfund, was einem Anteil von weniger als 1,25 Prozent an den gesamten Kriegsausgaben Englands im Pfälzer Erbfolgekrieg entsprach.[51]

Das Muster, das hier für die erste Phase der englisch-savoyardischen Subsidienbeziehungen beschrieben wurde, kann auch auf spätere Kriege umgelegt werden. Zunächst brachen die Finanzhilfen im Sommer 1696 mit dem Austritt Viktor Amadeus' II. aus der Großen Allianz und dem Abschluss des Bündnisses mit Ludwig XIV., von dem er Subsidien in Höhe von 600000 Écus pro Jahr oder 150000 Livres monatlich[52] erhielt, ab, bevor im Oktober dieses Jahres der Krieg in Italien beendet wurde.

Zu Beginn des Spanischen Erbfolgekriegs 1701 stand der Herzog von Savoyen neuerlich in einem Bündnis mit Ludwig XIV., von dem er wiederum 600000 Écus jährlich erhielt, für die er die Unterhaltung von 10500 Mann (8000 Fußsoldaten, 2500 Reiter) versprach.[53] Im November 1703 wechselte der Herzog aber wieder die Seiten und trat der Großen Allianz

[47] S. die Zusammenfassung über die fixen wöchentlichen Zahlungen für die Truppen im Ausland (Flandern) beginnend mit dem 1. April 1692, ediert in: *Robert P. Mahaffy* (Ed.), Calendar of State Papers Domestic 1691–1692. London 1910, 214.

[48] Bericht der *Lords of the Treasury*, 1693 April 11 (alter Stil), in: CTB (wie Anm. 19), Vol. 10/1, 153.

[49] NA, SP 8/15, Ausgabenplan für die Landstreitkräfte für 1694, fol. 164.

[50] NA, SP 8/16/53.

[51] S. *Brewer*, Sinews of Power (wie Anm. 10), 40; *Henry Roseveare*, The Financial Revolution 1660–1760. Harlow 1991, 33; *Peter G. M. Dickson*, The Financial Revolution in England. London 1967, 10. Die Gesamtkosten wurden auf Basis der Tabellen 1 und 2 berechnet. Dabei wurde ein Écu mit 5 Shilling gleichgesetzt. S. *Narcissus Luttrell*, The Parliamentary Diary of Narcissus Luttrell 1691–1693. Ed. by Henry Horwitz. Oxford 1972, 26, Verhandlungen über die Subsidien an die Herzöge von Braunschweig-Hannover und Savoyen, 1692 Dezember 9 (alter Stil).

[52] Der (Geheim-)Vertrag vom 29. Juni 1696 findet sich in: *Ralph D. Handen*, The Savoy Negotiations of the Comte de Tessé 1693–1696. Diss. Univ. of Ohio 1970, Appendix D.

[53] [*Clemente*] *Solar de la Marguerite* (Ed.), Traités publics de la royale maison de Savoie avec les puissances étrangères depuis la paix de Chateau-Cambresis jusqu'à nos jours pub-

bei. Im Vertrag zwischen Viktor Amadeus und Kaiser Leopold I. versprach dieser, England und die Generalstaaten zu Subsidienzahlungen an den Herzog zu bewegen.[54] Die englische Königin Anna und ihre Minister erwiesen sich als weniger abgeneigt als Wilhelm III. im Jahr 1690 und bestanden auf nur wenigen Bedingungen. Gemäß dem im August 1704 abgeschlossenen Allianzvertrag hatte Anna an Viktor Amadeus zwei Drittel (66 667 Écus) einer englisch-holländischen Anzahlung in Höhe von 100 000 Écus zu leisten, die es dem Herzog erlauben sollten, die Anfangskosten für den Eintritt in den Krieg abzudecken. Anschließend sollte er monatlich 80 000 Écus von den Seemächten, davon 53 333 Écus von England erhalten, was der Gesamtsumme aller monatlich im Pfälzer Erbfolgekrieg bezogenen Subsidien von England, den Niederlanden und Spanien entsprach. Die Gelder sollten mit der Kriegserklärung des Herzogs gegen Ludwig XIV. im Oktober des Vorjahres 1703 zu fließen beginnen. Verglichen mit früheren Zahlungen hatten sich einige Neuerungen ergeben: Erstens verpflichtete sich Königin Anna, die Subsidien jeweils zwei Monate im Voraus zu bezahlen; zweitens wurden die Wechselkurse neu fixiert, indem nun für einen Écu 82 Piemonteser Solidi veranschlagt wurden. Im Gegenzug versprach Viktor Amadeus, eine Truppe von 15 000 Mann (12 000 Infanteristen und 3000 Reiter) aufzustellen und davon diejenigen Einheiten, die für die Besatzung der Festungen nicht notwendig waren, ins Feld zu schicken.[55] Die Subsidien der Seemächte waren daher höher als die Summe, die Viktor Amadeus von Ludwig XIV. erhalten hatte, aber er hatte dafür auch mehr Truppen zu unterhalten. Eine weitere wichtige Neuerung war, dass Viktor Amadeus erfolgreich darauf bestanden hatte, dass seine Subsidien noch zwei Monate nach Kriegsende bezahlt werden sollten.[56] Dafür versprach der Herzog von Savoyen, jeden protestantischen Flüchtling, der im Piemont Kriegsdienst leisten wollte, zu bewaffnen und den Handel zwischen der britischen Insel und dem Piemont zu fördern. Nicht verpflichtet hatte er sich hingegen in

liés par ordre du Roi et présentés à S. M. 8 Vols. Turin 1836–1861, Vols. 2, 194ff.; *Symcox*, Victor Amadeus (wie Anm. 27), 252.

[54] Instruktionen für Richard Hill als Gesandter an den Herzog von Savoyen, 1703 Juli 26, in: *Blackley*, Diplomatic Correspondence (wie Anm. 26), Vol. 1, 2ff.; Daniel Finch, Earl of Nottingham an Richard Hill, 1703 August 27, in: ebd. 19ff.

[55] Dieser Vertrag ist ediert in CTS (wie Anm. 8), Vol. 25, 97ff., und bei *Blackley*, Diplomatic Correspondence (wie Anm. 26), Vol. 2, 770ff. und 929ff. (englische Übersetzung). Der König von Portugal bezog Subsidien in derselben Höhe für die gleiche Anzahl an Truppen.

[56] S. Richard Hill an Charles Hedges, Turin, 1704 Juli 22 und August 11, in: *Blackley*, Diplomatic Correspondence (wie Anm. 26), Vol. 2, 387f., 395–397.

Bezug auf seine waadtländischen Untertanen oder darauf, den Handel zwischen seinen Territorien und Frankreich zu verbieten.

In den folgenden Jahren gewährte Königin Anna nicht nur dem Herzog von Savoyen Finanzhilfen für seine Kriegführung, sondern auch verschiedenen Reichsständen wie dem Landgrafen von Hessen-Kassel, dem Kurfürsten von der Pfalz, dem preußischen König, dem Kurfürsten von Trier sowie dem König von Dänemark und seit 1703 auch dem König von Portugal sowie dem habsburgischen Gegenspieler Philipps von Anjou um den spanischen Thron, Karl (III.), dem zukünftigen Kaiser Karl VI.[57] Die Subsidien für Savoyen beliefen sich auf insgesamt 640000 Kronen oder 160000 Pfund jährlich und waren die höchsten, die unter Königin Anna geleistet wurden.[58] Außerdem erhielt Viktor Amadeus wiederum außerordentliche Zahlungen: Im Jahr 1707 100000 Pfund als Anreiz, um am schließlich fehlgeschlagenen Angriff auf Toulon in diesem Jahr teilzunehmen, und 1708 weitere 100000 Pfund. Insgesamt beliefen sich die britischen Zahlungen an Viktor Amadeus zwischen 1703 und 1713 auf mehr als 1,5 Millionen Pfund Sterling.[59] Diese Summe war weitaus höher als die Subsidien, die der Herzog von Wilhelm III. während des Pfälzer Erbfolgekriegs erhalten hatte, und sie bedeutete auch mit zwischen zwei und drei Prozent einen etwas höheren Anteil an den gesamten britischen Ausgaben für den Spanischen Erbfolgekrieg, die sehr viel höher waren als in den 1690er Jahren. In der Gesamtrechnung der Subsidien, die sich auf über 414000 Pfund belief, lag der Anteil von Viktor Amadeus für das Jahr 1706 bei fast 38 Prozent[60]; 1707 machten allein die von Viktor Amadeus empfangenen ordentlichen Subsidien 160000 Pfund aus und damit mehr als ein Drittel der britischen Gesamtzahlungen; 1708 lagen die Leistungen an Savoyen nur knapp unter dieser Marke.[61] Obwohl ihr Anteil sank, machten

[57] CTB (wie Anm. 19), Vol. 20/1, xliii ff. S. die Subsidienverträge, die in der königlichen Vollmacht (*royal warrant*) erwähnt sind und die Zahlungen durch den *Paymaster of the Forces*, Charles Fox, betreffen, 1708 Juni 19, in: CTB (wie Anm. 19), Vol. 22/1, 276 ff.

[58] S. die dem Unterhaus vom *Secretary for War* präsentierte Liste der im Jahr 1707 fälligen Subsidien sowie der Schätzungen für 1708 vom Januar 1708, in: CTB (wie Anm. 19), Vol. 20/2, xiv.

[59] *Symcox*, Britain (wie Anm. 16), 165; Huntington Library, San Marino/California, Stowe Manuscripts 8, Die Rechnungen des Generalzahlmeisters (*Paymaster-General*), James Brydges, 5 Vols., hier Vol. 3, 103 ff., 201 ff., 303 ff., 377 ff.; Vol. 5, 39 ff., 211 ff., 275, 311, 488.

[60] CTB (wie Anm. 19), Vol. 21/1, xi.

[61] Die britischen Subsidien beliefen sich insgesamt auf 494689 Pfund Sterling. S. Zahlungsanweisung an den Generalzahlmeister James Brydges, 1708 Juni 26, in: CTB (wie Anm. 19), Vol. 22/2, 289.

die Subsidien an den Herzog im Jahr 1709 noch immer mehr als ein Viertel der britischen Finanzhilfen für ihre Alliierten aus. Im Vergleich zu den Gesamtausgaben für die britische Armee und die Flotte handelte es sich bei den Subsidien für Savoyen allerdings noch immer um sehr geringe Summen.[62] 1705, als Viktor Amadeus ordentliche Subsidien in Höhe von 160 000 Pfund erhielt, waren dies nicht mehr als drei Prozent des ordentlichen Kriegsbudgets von 4 36 625 Pfund.[63] Wie im vorhergegangenen Krieg gegen Frankreich erhielten auch jetzt einige deutsche Fürsten Subsidien für die Sendung von Truppen in das Piemont, was als indirekte Subsidienleistungen für Savoyen gewertet werden kann.[64]

Tabelle 3: Britische Subsidien für Savoyen und die gesamten Kriegsausgaben im Spanischen Erbfolgekrieg in Pfund Sterling bis 1711

Jahr	Ordentliche Subsidien für Savoyen	Gesamthöhe aller britischen Subsidien	Ordentliche britische Kriegsausgaben
1705	160000		4367625
1706	160000	414000	
1707	160000	471179	
1708	160000	494689	
1709 (geschätzt)	160000	567846	
1710	160000	567846	
1711 (geschätzt)	160000	478957	

Quellen: CTB, Vol. 19 (1704/05), vi; CTB, Vol. 23/1 (1709), xxii–iii; CTB, Vol. 24/1 (1710), viii–ix; CTB, Vol. 25/1 (1711), x.

Für nahezu drei Jahrzehnte nach dem Spanischen Erbfolgekrieg flossen keine Subsidien an den Herzog von Savoyen, der ab 1720 den Titel eines Königs von Sardinien führte, obwohl Viktor Amadeus entsprechende Zahlungen erwartet hatte, als er ausgangs der 1720er Jahre dem Bündnis von Herrenhausen (*League of Hanover*) beitrat.[65] Während des Polnischen Thronfolgekriegs, in dem Großbritannien neutral blieb, nahm Karl Emanuel III. französische Subsidien an, durch die der Angriff der Bourbo-

[62] Zu den jährlichen Kriegskosten sowie den Schulden zu Kriegsende und einem Vergleich mit dem Pfälzer Erbfolgekrieg s. *Brewer*, Sinews of Power (wie Anm. 10), 40, und *Trevelyan*, England under Queen Anne (wie Anm. 21), Vol. 1, 301.

[63] CTB (wie Anm. 19), Vol. 19 [Januar 1704 bis März 1705], vi.

[64] CTB (wie Anm. 19), Vol. 21/1, xi. S. *Trevelyan*, England under Queen Anne (wie Anm. 21), Vol. 2, 160.

[65] NA, SP 92/32, Charles Hedges an Thomas Pelham-Holles, Duke of Newcastle, Turin, 1726 November 15, fol. 29 ff., und ders. an Thomas Robinson, Turin, 1727 März 8, fol. 158.

nen auf das habsburgische Mailand erleichtert wurde.[66] Als nach dem Tod Kaiser Karls VI. der Österreichische Erbfolgekrieg ausbrach, sicherte sich König Karl Emanuel im Februar 1742 im Anschluss an das Abkommen von Turin (*Convention of Turin*) britische Subsidien in Höhe von 200000 Pfund für ein Jahr, die nach dem Abschluss des Bündnisvertrags regulär weiterbezahlt werden sollten; im Falle des Scheiterns der Verhandlungen hatte der König das Geld zurückzuerstatten.[67] Diese Subsidienleistung, die Großbritannien erstmals vollständig übernahm, anstatt wie früher einen Anteil von zwei Dritteln zu leisten und das letzte Drittel den Niederlanden zu überlassen, wurde im Vertrag von Worms im September 1743 bestätigt.[68] Einige Aspekte dieser Subsidienvereinbarung glichen den Zahlungen während des Spanischen Erbfolgekriegs. Die Gelder hatten im Voraus bezahlt zu werden – nun im Umfang eines Vierteljahres, nicht mehr nur von zwei Monaten – und Karl Emanuel hatte dafür eine festgelegte Anzahl an Soldaten zu stellen. Entsprechend seinen höheren Einnahmen war er nun verpflichtet, mehr Truppen aufzubringen, nämlich 45000 Mann (40000 Fußsoldaten und 5000 Reiter) inklusive der Besatzungen der Festungen. Anders als im Vertrag von 1704 gab es keine Vereinbarungen zu den Wechselkursen.

Allerdings enthielt der Vertrag von Worms ebenfalls die Möglichkeit, die Subsidienleistungen auch nach dem Ende des Kriegs weiterlaufen zu lassen, allerdings ohne, wie 1704, als bestimmt worden war, dass die Zahlungen noch zwei Monate nach Friedensschluss fortgesetzt werden sollten, die genaue Laufzeit festzulegen.[69] Tatsächlich wurden nach Kriegsende keine weiteren Subsidien mehr geleistet, allerdings erhielt der König von

[66] Der König erhielt eine Vorauszahlung von einer Million Lire und monatliche Subsidien in Höhe von 200000 Lire, die jeweils im Voraus bezahlt wurden. CTS (wie Anm. 8), Vol. 34, 95ff.; *Guido Quazza*, Il Problema Italiano e l'Equilibrio Europeo 1720–1738. Turin 1965, 218.

[67] *Domenico Carutti*, Storia del Regno di Carlo Emanuele III. 2 Vols. Turin 1859, Vol. 1, 181ff., 236ff.; CTS (wie Anm. 8), Vol. 37, 183ff.; BL, Add. Mss. 33,038, Aufstellung über die vom Parlament seit April 1741 bewilligten Gelder für die Kriegführung, fol. 231.

[68] Zu den Verhandlungen über ein Bündnis mit den Bourbonen, in welchem eine Vorauszahlung des spanischen Königs an Karl Emanuel im Wert von 50000 Pfund und monatliche Subsidien von 150000 Pfund für 18 Monate vorgesehen waren, s. *Carutti*, Storia del Regno (wie Anm. 67), Vol. 1, 230.

[69] Carlo Vincenzo Francesco Ferrero, Marchese d'Ormea forderte einen Fortgang der Subsidien nach Kriegsende mit dem Hinweis auf die fortdauernden Zahlungsverpflichtungen seines Herrn auch in Friedenszeiten. NA, SP 92/47, Arthur Villettes an Thomas Pelham-Holles, Duke of Newcastle, Turin, 1743 März 10. Tatsächlich erhielt der König von Sardinien nach dem Friedensschluss keine Zahlungen mehr.

Sardinien während des ganzen Österreichischen Erbfolgekriegs von 1742 bis 1748 jährlich 200000 Pfund vom britischen König Georg II. und damit das Doppelte der Summe, die Viktor Amadeus II. von Wilhelm III. bezogen hatte beziehungsweise 25 Prozent mehr als von Königin Anna bezahlt worden war. Wie im Pfälzer und im Spanischen Erbfolgekrieg wurden die regulären Subsidien noch durch anlassbezogene Sonderzahlungen ergänzt. 1745 bezog der König von Sardinien 60000 Pfund, um seine Streitkräfte auf 50000 Mann erhöhen zu können[70], und im Folgejahr weitere 100000, um diese aufgestockten Truppen zu unterhalten[71]. In den Jahren 1747 und 1748 wurden dem König 300000 Pfund pro Jahr versprochen, um sich seine Beteiligung am Einfall in die Provence zu sichern, für die er 30000 Mann bereitstellen sollte.[72] Diese Zusatzzahlungen erhöhten die gesamten Subsidien, die Karl Emanuel III. aus Großbritannien bezog, auf knapp über 1,75 Millionen Pfund[73], was im Vergleich zum Spanischen Erbfolgekrieg einem Anstieg um fast ein Drittel entsprach.

Tabelle 4: Britische Subsidien für Savoyen im Österreichischen Erbfolgekrieg (in Pfund Sterling)

Jahr	Reguläre Subsidien	Außerordentliche Zahlungen
1742/43	200000	
1743/44	200000	
1744/45	200000	
1745/46	200000	60000
1746/47	200000	100000
1747/48	200000	100000
1748	200000	100000

[70] NA, SP 103/115, Entwurf des Abkommens über die Subsidienzahlungen, London, 1745 Mai 21; AST, LM, Inghilterra, Fasz. 51, Cavaliere Giuseppe Ossorio Alarcon an Karl Emanuel III., London, 1745 Mai 14 und Juni 1. Ossorio hatte mehr erhofft und dabei auch an Zahlungen aus den Niederlanden, die nicht in diesem, aber in allen vorhergehenden Kriegen einen Teil der savoyardischen Subsidien übernommen hatten, in Höhe von weiteren 20000 Pfund gedacht. NA, SP 107/61, Giuseppe Ossorio an Comte Giuseppe Borré Caire de la Chavanne, London, 1745 Mai 21.

[71] AST, LM, Inghilterra, Fasz. 52, Übersetzung des Abkommens, 1746 Juni 10; Giuseppe Ossorio an Karl Emanuel III., London, 1746 April 6, und ders. an Marchese Leopoldo Del Carretto di Gorzegno, London, 1746 Juni 10. S. *Richard Lodge*, Studies in Eighteenth Century Diplomacy 1740–1748. London 1930, 121.

[72] S. Haager Konvention, Januar 1747, in: CTS (wie Anm. 8), Vol. 38, 49ff., und Januar 1748, in: ebd. 187ff.

[73] Aufstellung über die vom Parlament seit April 1741 bewilligten Gelder für die Kriegführung (wie Anm. 67) führt insgesamt 1,46 Millionen Pfund für das Jahr 1747 an, wozu noch 300000 Pfund für 1748 zu rechnen sind.

Trotz dieser hohen Summen, die an den König von Sardinien bezahlt wurden, waren die Subsidien für das Haus Savoyen im Österreichischen Erbfolgekrieg erstmals seit 1690 nicht die höchsten britischen Hilfsgelder. Die meisten Finanzhilfen gingen an Maria Theresia. Aber noch immer machten die Subsidien für Savoyen einen erheblichen Anteil an den gesamten britischen Hilfszahlungen aus. Bis 1743/44 wurde insgesamt eine halbe Million Pfund Sterling an Savoyen bezahlt, bis zum Ende des Jahres 1744 erhöhte sich die Summe auf fast 700000 Pfund[74] und sollte im Jahr 1745 auf fast 900000 Pfund ansteigen.[75] Zwischen 1742 und 1747 betrug der savoyardische Anteil an den gesamten britischen Subsidienleistungen von insgesamt 6864402 Pfund mehr als 20 Prozent.[76] Für das Jahr 1748 machten die Subsidien für Savoyen fast zehn Prozent der diesjährigen Zahlungen im Umfang von nahezu 2,25 Millionen Pfund aus. Damals erreichte der Anteil für Subsidien und die Anmietung fremder Truppen an den gesamten Kriegsausgaben, der durchschnittlich 15,8 Prozent betrug, mit 18,8 Prozent seinen Höhepunkt.[77]

Wieder einmal wurden die Subsidien für Savoyen von den britischen Ausgaben für Armee und Marine deutlich in den Schatten gestellt. 1744 bedeuteten die Zahlungen an den König von Sardinien weniger als zehn Prozent der Summe von knapp über 2,5 Millionen Pfund, die jeweils von beiden Truppenkörpern verbraucht wurden. Im Verhältnis zu den gesamten Kriegskosten in Höhe von zehn Millionen Pfund jährlich betrugen die Subsidien für Savoyen lediglich zwei Prozent.[78] Für die Jahre 1745[79], 1746[80] und 1747[81] ergibt sich ein ähnliches Bild, während im Jahr 1748 der Anteil

[74] *William Coxe*, Memoirs of the Administration of the Right Honourable Henry Pelham. 2 Vols. London 1829, Vol. 1, 177ff.: Memorial, 1744 November.

[75] Coxe gibt folgende Zahlen an: Maria Theresia: 500000 Pfund; König von Sardinien: 200000; Kurfürst von Sachsen 100000; Kurfürst von Köln: 24299; Kurfürst von Mainz: 8620. Ebd. 225. Ende dieses Jahres betrugen die Subsidien insgesamt 1780000 Pfund. Ebd. 247.

[76] Aufstellung über die vom Parlament seit April 1741 bewilligten Gelder für die Kriegführung (wie Anm. 67).

[77] *Dickson*, Finance and Government (wie Anm. 13), Vol. 2, 158.

[78] *Coxe*, Pelham (wie Anm. 74), Vol. 1, 148ff.

[79] Ebd. 225f.

[80] Ebd. 312.

[81] Ebd. 350. Da alle Ausgaben angestiegen waren (für die Flotte auf fast 4 Millionen Pfund, für die Armee auf über 2,5 Millionen und für die Subsidien für Savoyen auf 300000) und sich die Gesamtausgaben auf fast 13 Millionen Pfund erhöht hatten, betrugen die Subsidien für Savoyen noch immer lediglich etwas über zwei Prozent.

Savoyens an den britischen Kriegsausgaben etwas sank.[82] Insgesamt machten die Subsidien für Savoyen circa drei Prozent der gesamten britischen Kriegskosten aus.[83]

Nach dem Österreichischen Erbfolgekrieg folgte für den Herrschaftskomplex des Hauses Savoyen eine lange Friedensperiode, die fast ein halbes Jahrhundert währen sollte, bevor im Herbst 1792 der Krieg gegen das revolutionäre Frankreich begann. Im Frühling 1793 schloss Großbritannien mit König Viktor Amadeus III. einen Subsidienvertrag über 200000 Pfund pro Jahr und damit in derselben Höhe wie während des Österreichischen Erbfolgekriegs. Für die Zeit zwischen 1793 und Frühjahr 1796, als der König von Sardinien aus dem Krieg austrat und damit auch die Subsidienzahlungen endeten, machten die britischen Zahlungen an den König wiederum nur einen kleinen Anteil an den gesamten britischen Kriegsausgaben, die etwa 22 Millionen Pfund jährlich betrugen, aus.[84]

III. Die Perspektive Englands/Großbritanniens

Die Subsidien für Savoyen machten seit dem Pfälzer Erbfolgekrieg insgesamt einen kleinen Anteil an den britischen Kriegsausgaben aus, waren aber vor den innenpolitischen Wechselfällen der britischen Politik nicht gefeit.

Diesen Schwierigkeiten waren auch andere Subsidienempfänger sowie die Flandernarmee und die Flotte außerhalb des britischen Hoheitsgebiets ausgesetzt. Sie bestanden hauptsächlich aus zwei miteinander verflochtenen Problemen, die mit der Kriegsdauer zunahmen[85]: die Neuartigkeit und das Ausmaß der Zahlungen. Diese Schwierigkeiten kamen besonders während des Pfälzer Erbfolgekriegs zum Tragen, als sich England einer neuen, aktiveren und expansiven Außenpolitik zuwandte, und nahmen im Laufe des 18. Jahrhunderts ab, als Großbritannien zunehmend in seine Rolle als Financier auswärtiger Mächte hineinwuchs. Trotzdem wurden die Schwie-

[82] 1748 betrugen die Gesamtausgaben 13,5 Millionen Pfund. Der Anteil der Subsidien für Savoyen, der bei 300000 Pfund geblieben war, sank daher leicht. *Coxe*, Pelham (wie Anm. 74), Vol. 1, 381.

[83] *Brewer*, Sinews of Power (wie Anm. 10), 40.

[84] *Patrick K. O'Brien*, Public Finance in the Wars with France 1793–1815, in: Harry T. Dickinson (Ed.), Britain and the French Revolution. Basingstoke 1989, 165–187, hier 176f. Die Gelder für den König von Sardinien waren verglichen mit anderen Subsidienzahlungen gering. *Sherwig*, Guineas and Gunpowder (wie Anm. 12), 365.

[85] S. *Jones*, War and Economy (wie Anm. 9), passim.

rigkeiten nie vollständig überwunden, mit bedeutenden Auswirkungen auf die Subsidien während des gesamten Jahrhunderts.

Die neue politische und finanzielle Ausrichtung der englischen Politik, die mit der Revolution von 1688 vorgenommen wurde, wurde grundsätzlich positiv beurteilt, da sie das Fundament für den Aufstieg Großbritanniens zur Großmacht bildete. Allerdings zeigen die Subsidienzahlungen an Savoyen im Pfälzer Erbfolgekrieg und in späteren Konflikten, dass die neuen Mechanismen zumindest kurzfristig nicht immer reibungslos funktionierten, da die Schatzkammer (*Treasury*) die Subsidien so lange nicht leisten konnte, bis ihnen das Parlament zugestimmt und entsprechende Fonds bereitgestellt hatte.[86] Während des Pfälzer Erbfolgekriegs waren die Subsidien für Savoyen Teil des jährlichen Militärbudgets (*state of war*), das dem Parlament jeweils im Herbst für das Folgejahr vorgelegt wurde[87], während sie im Österreichischen Erbfolgekrieg einen selbständigen Ausgabeposten darstellten. In jedem Fall dauerte es einige Zeit, bis das Parlament dem Budget zustimmte und entsprechende Mittel zur Verfügung stellte.[88] Damit war die Angelegenheit aber noch immer nicht erledigt. Die Schatzkammer überwies dem Herzog von Savoyen seine Subsidien nicht direkt, sondern beauftragte damit Einzelpersonen oder Handelsgesellschaften und versuchte, aus diesem Geschäft möglichst günstig auszusteigen.[89] Ein Teil des Handels, an dem die Gesandten Savoyens in London regelmäßig teilnahmen, betraf die genauen Einkommensquellen, aus denen die Zahlungen geleistet oder auf die sie verschrieben werden sollten. Je nachdem, wie sicher diese Einkünfte angesehen wurden, gingen die Verhandlungen mehr oder weniger reibungslos über die Bühne. Doch noch bevor ein Abkommen mit der Schatzkammer abgeschlossen wurde, versuchten die beteiligten Kaufleute, entsprechende Wechselbriefe in Höhe der zu übermittelnden Summen zu erhalten, um die Gelder für den Herzog von Sa-

[86] AST, LM, Inghilterra, Fasz. 8, Filiberto de La Tour an Viktor Amadeus II., London, 1691 Dezember 28.

[87] S. *Henry Horwitz*, Parliament, Policy and Politics in the Reign of William III. Manchester 1977, 62 (Oktober 1690), 70–72 (Oktober 1691), 104 (Ende 1692), 123 (Ende 1693), 136 (Ende 1694), und 159 (Ende 1695).

[88] Im Jahr 1706 hatte das Parlament allerdings zusätzlichen Subsidien für Viktor Amadeus für dieses Jahr nicht zugestimmt. *Jeremy Black*, A System of Ambition? British Foreign Policy 1660–1793. Harlow 1991, 48.

[89] Im Pfälzer Erbfolgekrieg wurde die Überweisung der Subsidien durch die Bankiers Joseph Herne und Stephen Evance abgewickelt, im Spanischen Erbfolgekrieg durch Sir Theodore Janssen und im Österreichischen Erbfolgekrieg (zwischen 1742 und 1744) durch Sir John Gore, über den auch die Subsidien für Maria Theresia liefen. *Dickson*, Finance and Government (wie Anm. 13), Vol. 2, 162ff.

voyen auf möglichst hochrangigen Finanzplätzen, in der Regel in Genua oder Livorno, ausbezahlen zu können. Außerdem strebten sie danach, die Wechselkurse zu fixieren. Aufgrund des Kriegszustands war es für englische Kaufleute oft nicht einfach, kurzfristig fällige Wechselbriefe in ihre Hände zu bekommen, so dass sich die Auszahlung der Subsidien verzögerte. Außerdem erhöhten sich damit die für die Wechsel anfallenden Kosten, die, wenn sie vom Herzog von Savoyen getragen wurden, den Wert seiner Finanzhilfen reduzierten. Als im Verlauf des Kriegs die Zahlungsverpflichtungen die zur Verfügung stehenden Einnahmequellen überstiegen und es zu einem Wettlauf um die knappen Ressourcen kam, dauerte es immer länger, solche Finanztransaktionen durchzuführen.

Diese Schwierigkeiten führten im Verlauf des Krieges zu anwachsenden Rückständen bei der Auszahlung der Subsidien. Im Finanzjahr von Oktober 1693 bis Oktober 1694 dauerte es beispielsweise ein halbes Jahr – nämlich bis Ende April 1694 –, bis der savoyardische Gesandte in London Graf Filiberto de la Tour melden konnte, dass es der Schatzkammer endlich gelungen sei, ein Abkommen mit dem Bankhaus Joseph Herne und Stephen Evance zur Bezahlung der diesjährigen Subsidien für Viktor Amadeus zu Stande zu bringen. Laut De la Tour hatte ihm der König die Bezahlung der Gelder aus den Einnahmen der Lotterie zugesagt, aber die Kammer habe davon abgeraten, so dass die Bankiers nun durch die neue Kopfsteuer bezahlt würden. Das Geld würde gegen eine Gebühr von 65 Sol pro Real de a ocho nach Genua oder Livorno übermittelt werden, von der 61 Sol von Viktor Amadeus II., die restlichen vier von der englischen Schatzkammer bezahlt werden sollten. Damit unterstützte Wilhelm III. de facto zu einem kleinen Teil den Geldtransfer. Die Zahlung sollte in sechs Tranchen abgewickelt werden. Die erste in Höhe von 128000 Reales de a ocho beziehungsweise Écus wurde Ende April ausbezahlt, womit ein Drittel der Subsidien sieben Monate verspätet ankam, während die restliche Summe in vier Monatsraten (Juni bis September) in Höhe von 48000 Reales und einer Abschlusszahlung von 57600 folgen sollten. 1696, als alle Zahlungen der Regierung und damit auch die Subsidien in Rückstand gerieten[90], wurden Viktor Amadeus überhaupt keine Gelder überwiesen.[91] Am Ende des Pfäl-

[90] S. die im Frühjahr zusammengestellte Liste der Zahlungsrückstände an verschiedene Reichsstände für 1695, die sich insgesamt auf fast 83000 Pfund beliefen, 1696 April 9 (alter Stil), in: CTB (wie Anm. 19), Vol. 11, 86 f. Die Hälfte der Summe betraf Rückstände für Kurbrandenburg für einen Zeitraum von 16 Monaten.

[91] AST, LM, GB, Fasz. 8, Filiberto de la Tour an Carlo de Saint Thomas, London, 1694

zer Erbfolgekriegs schuldete Wilhelm III. unterschiedlichen Verbündeten noch immer fast eine Million Reichstaler.[92]

Freilich sollten sich die Subsidienzahlungen in Zukunft als einfacher erweisen als während des Pfälzer Erbfolgekriegs, als auch andere Mächte, wie die Generalstaaten oder Spanien, ebenfalls ihren Zahlungsverpflichtungen kaum nachkommen konnten. Aber trotzdem kam es immer wieder zu Verzögerungen bei den Subsidienzahlungen an Savoyen. So blieb ein Teil der Subsidien Königin Annas für Viktor Amadeus II. bis zum Ende des Spanischen Erbfolgekriegs offen, so dass eine Aufgabe der Diplomatie Savoyens in London darin bestand, Außenstände einzubringen, die der Herzog auf 347000 Pfund bezifferte.[93] Auch im Österreichischen Erbfolgekrieg ergaben sich wegen der langwierigen Behandlung der Subsidienleistungen im Parlament und schwankenden Wechselkursen Verzögerungen. Im Jahr 1743 hatte der mit der Transaktion der Gelder beauftragte Händler John Gore Schwierigkeiten, zahlbare Rechnungen in Genua zu finden[94], während es 1746, wie schon 1694, bis April dauerte, bis Cavaliere Giuseppe Ossorio Alarcon, Gesandter Savoyens in London, die Subsidien für ein Quartal, die mit Anfang Februar fällig gewesen waren, an das Generalschatzmeisteramt (*Ufficio Generale delle Finanze*) in Turin übermitteln konnte, nachdem das Parlament Mittel für die Deckung der Subsidien bewilligt hatte[95].

Zahlungsrückstände konnten aber auch andere Ursachen haben. Als die Rückstände 1745/46 einen Höhepunkt erreichten, war dies beispielsweise

April 27, und das beiliegende Zustimmungsschreiben. De la Tour sandte die erste Rate drei Tage später nach Turin und war deshalb in London geblieben.

[92] Aufstellung über die vom Parlament seit April 1741 bewilligten Gelder für die Kriegführung (wie Anm. 67), fol. 90. Die größte Teilsumme waren 254000 Reichstaler für den Landgrafen von Hessen-Kassel.

[93] *Symcox*, Britain (wie Anm. 16), 182f. Offenbar erhielt Viktor Amadeus nur 115000 Pfund und damit lediglich ein Drittel der verlangten Summe.

[94] BL, Add. Mss. 32,803, John Gore an Thomas Pelham-Holles, Duke of Newcastle, London, 1743 Juni 3, fol. 166; und Gores Memoir über die Wechselkurse nach Genua, 1743 Oktober 26, in: *William A. Shaw* (Ed.), Calendar of Treasury Books and Papers. 5 Vols. London 1897–1903, Vol. 5 [1742–1745], 324.

[95] AST, LM, Inghilterra, Fasz. 63, Giuseppe Ossorio an Karl Emanuel III. und ders. an Leopoldo Del Carretto di Gorzegno, London, 1746 April 6; Aufstellung über die vom Parlament seit April 1741 bewilligten Gelder für die Kriegführung (wie Anm. 67). In Turin wurden die Subsidien in der Regel an das *Ufficio Generale delle Finanze*, das für die Zentralverwaltung der savoyardischen Finanzen zuständig war und die notwendigen Quittungen ausstellte, bezahlt. S. *Blackley*, Diplomatic Correspondence (wie Anm. 26), Vol. 2, passim, sowie NA, SP 100/34, Erklärung von Karl Emanuel III., Parma, 1742 Mai 9.

der Tatsache geschuldet, dass Karl Emanuel III. Geheimverhandlungen mit Frankreich führte und dass man in London fürchtete, der König könne, ganz nach dem Vorbild seines Vaters, die Fronten wechseln. Um sich seiner Loyalität zu versichern, erhöhte man nach dem Scheitern dieser Verhandlungen seine Subsidien um 100000 Pfund. Ein anderes Beispiel kann aus dem Jahr 1748 angeführt werden: Im Herbst dieses Jahres schuldete man Karl Emanuel 100000 Pfund. Dies war die Folge der Weigerung des Generals James St. Clair eine Bestätigung abzugeben, dass der König von Sardinien die laut Haager Konvention von ihm aufzubringenden Truppen in voller Stärke gestellt hatte, weshalb ihm seine diesjährigen Subsidien in Höhe von 300000 um 100000 Pfund gekürzt wurden.[96] Mit diesem Beispiel wird deutlich, dass sich die britischen Minister nun nicht mehr nur von allgemeinen militärstrategischen Überlegungen leiten ließen, sondern auch dazu übergingen, den Subsidienempfänger bei Zuwiderhandeln gegen die Vertragsvereinbarungen durch Entzug der ihm zugesagten Gelder zu bestrafen. Tatsächlich fanden die britischen Minister während des Österreichischen Erbfolgekriegs teilweise harte Worte über ihre Subsidienempfänger. Es war ein Fehler des Königs von Sardinien, mit den Bedingungen seiner erhöhten Subsidien zufrieden gewesen zu sein. Folge davon war, dass nach dem Ende des Kriegs 1748 noch immer 75000 Pfund seiner Forderungen offen waren, die die britische Regierung erst im Frühjahr 1749 bezahlte.[97] Im Ersten Koalitionskrieg setzte die britische Regierung ebenfalls das Aussetzen oder die verspätete Zahlung von Subsidien als Sanktionen ein.

Während des Pfälzer Erbfolgekriegs bildete die um 1695 zunehmende Finanzkrise den Anlass, einen Plan zur Reduzierung der Subsidien für Viktor Amadeus auszuarbeiten. Außerdem sollten der Handel zwischen dem Piemont und England gefördert und damit die französischen Exporte in das Piemont reduziert werden. Ziel war es, dadurch die französischen Steuereinnahmen, die Ludwig XIV. zur Kriegführung benötigte, zu schwächen.[98] Konkret hoffte die englische Regierung, die Geldhilfen durch das Liefern von Uniformen für die wachsende Armee Viktor Amadeus' zu ersetzen, um damit sowohl die englischen Tuchexporte anzukurbeln als auch die franzö-

[96] NA, SP 92/56, James St. Clair an Thomas Pelham-Holles, Duke of Newcastle, Turin, 1748 Juli 11.
[97] NA, SP 92/58, fol. 100, John Russell, Duke of Bedford an Arthur Villettes, Whitehall, 1749 Februar 27. S. die Beobachtungen von *Dickson*, Finance and Government (wie Anm. 13), Vol. 2, 162f., zu den österreichischen Subsidien 1748.
[98] Zum Folgenden s. grundsätzlich *Storrs*, War (wie Anm. 16), 115.

sischen Manufakturen zu schädigen. Dieser Plan, an dem unter anderem die *Bank of England* und die *Lustring Company*[99] beteiligt waren und der die generelle Ersetzung von Geldhilfen durch Tuchlieferungen vorsah[100], konnte aber aus unterschiedlichen Gründen nicht realisiert werden. Hierzu gehörten die Forderung der englischen *Lustring Company*, die mit der Umsetzung des Vorhabens beauftragt war, nach einer Reduzierung der Importzölle für Tuchwaren in den Territorien des Herzogs, womit dessen Einkünfte gesunken wären, ebenso wie die Präferenz des savoyardischen Herzogs für Subsidien in bar, seine Vorstellungen, die eigene Tuchindustrie auszubauen, und die schwachen Wirtschaftsbeziehungen zwischen England und dem Piemont.[101] Im Spanischen Erbfolgekrieg hofften die englischen Minister wiederum, Viktor Amadeus würde englische Tuchwaren beziehen wollen, womit die Kosten für die Subsidien gesunken wären.[102] Aber obwohl der Herzog, wie unten ausgeführt wird, tatsächlich einen Teil der empfangenen Gelder für den Einkauf von Tuchen verwendete, wurde das Experiment, Subsidien in Waren zu leisten oder als Instrument für wirtschaftspolitische Ziele zu nutzen, aufgegeben.[103]

Es ist wenig erstaunlich, dass mit dem Anstieg der Kriegskosten und speziell der Subsidien für europäische Alliierte auch die Kritik an einer solchen Politik zunahm. Seit der Frühphase des Pfälzer Erbfolgekriegs waren im Parlament Gegenstimmen gegen die von der Regierung geforderten Subsidien laut geworden[104], die im Spanischen Erbfolgekrieg ihren Höhe-

[99] NA, SP 104/198, Charles Talbot, Duke of Shrewsbury, an Henri de Massue, Earl of Galway, 1695 Mai 21 und August 1. Die *Lustring Company* wurde 1691 gegründet und sollte helfen, die englische Seidenindustrie zu entwickeln. S. *Gerald B. Hertz*, The English Silk Industry in the Eighteenth Century, in: EHR 24, 1909, 710–727, hier 710f. Seide war der Hauptexportartikel des Piemont.

[100] Koninklijk Huisarchief, Den Haag, XI/g/176, Protokoll [William Blathwayt] an Sidney Godolphin, Loo, 1695 September 16.

[101] 1696 verwies Viktor Amadeus die Bezahlung für Uniformen für seine Truppen in Höhe von 5000 Pfund auf die noch immer nicht erhaltenen englischen Subsidien, Protokoll eines Treffens der *Lords of Treasury*, 1697 Juni 15 (alter Stil), in: CTB (wie Anm. 19), Vol. 12, 45.

[102] S. Daniel Finch, Earl of Nottingham an Richard Hill, 1703 November 19 und Dezember 10 (alter Stil) und 1704 Februar 15 (alter Stil), in: *Blackley*, Diplomatic Correspondence (wie Anm. 26), Vol. 2, 61f., 65f., 80.

[103] Zu fortbestehenden Hoffnungen auf eine grundsätzliche Besserung s. NA, SP 92/28, John Chetwynd an William Legge, Earl of Dartmouth, 1713 Januar 28, fol. 540, und NA, SP 92/28, ders. an [?],Turin, 1709 April 6.

[104] S. *Luttrell*, The Parliamentary Diary of Narcissus Luttrell (wie Anm. 51), 26: Debatte über die Subsidien, 1691 November 28; sowie ebd. 250 und 303f., Debatte über die Subsidien, 1692 November 22 und Dezember 9. Sir Thomas Clarges, Mitglied des Parla-

punkt erreichten. Auch Mitglieder der Regierung äußerten manchmal Zweifel am Wert von Subsidienzahlungen, wie beispielsweise einer der Außenminister (*Secretary of State*), Thomas Pelham-Holles, Herzog von Newcastle.[105] Insgesamt wurde der Herzog von Savoyen aus dieser Kritik aber weitgehend ausgenommen. In den Jahren 1694/95 führten Mitglieder des Parlaments ausdrücklich Viktor Amadeus II. als positives Beispiel für die Subsidienpolitik gegenüber Kritikern an[106], und als 1743 die Regierung den Wormser Vertrag dem Parlament vorlegte, gelang es den Ministern, sich gegen die Opposition, die das grundsätzlich unbefristete Abkommen mit Karl Emanuel III. ablehnte, durchzusetzen.[107] Entscheidend dafür war nicht zuletzt, dass der König in England hoch geschätzt wurde, so dass er im Frühjahr 1746 sogar als „Liebling der Nation" bezeichnet wurde.[108] Im Jahr 1793 kam es schließlich doch zur Kritik an dem geplanten Subsidienvertrag mit König Viktor Amadeus III. im britischen Unterhaus (*House of Commons*). Argumentiert wurde damit, dass frühere Abkommen mit dem König von Sardinien in den Jahren 1703 und 1742 notwendig gewesen seien, um sich dessen Beistand im Kampf gegen Frankreich zu versichern, während das nun, nach der französischen Invasion in Savoyen 1792, nicht mehr notwendig sei.[109]

Teil dieser Kritik war auch die grundsätzliche Überzeugung, dass Subsidien Geldverschwendung seien, zumal sie nicht zu den gewünschten Ergebnissen für die Briten führten. Verwiesen werden konnte in diesem Zusammenhang auf den Misserfolg der zusätzlichen Subsidienzahlungen während des Österreichischen Erbfolgekriegs, durch die das Ziel eines erfolgreichen Einfalls in Frankreich in den Jahren 1746 bis 1748 durch die

ments, beanstandete, dass die Subsidienzahlungen eine Neuerung darstellten und, obwohl der Krieg mehr eine niederländische als eine englische Angelegenheit sei, England den größeren Teil der Subsidien an die Herzöge von Savoyen und Braunschweig-Hannover leisten sollte.

105 Der Herzog von Newcastle bezweifelte den Nutzen der von ihm berechneten 1178753 Pfund an Subsidien, die an verschiedene Verbündete inklusive des Königs von Sardinien bezahlt wurden. Er war aber nicht der Meinung, dass diese Zahlungen irgendwo eine strategische Überlegenheit zur Folge hatten. *Black*, System of Ambition (wie Anm. 88), 172.

106 AST, LM, GB, Fasz. 8, Filiberto de la Tour an Carlo de Saint Thomas, London, 1694 Januar 1.

107 *Coxe*, Pelham (wie Anm. 74), 133ff.

108 AST, LM, Inghilterra, Fasz. 52, Giuseppe Ossorio an Karl Emanuel III., London, 1746 April 22.

109 S. *Federigo Sclopis*, Delle relazioni politiche tra la dinastia di Savoia ed il governo britannico 1240–1815. Turin 1853, 103ff.

Truppen Karl Emanuels III. – und Maria Theresias – nicht erreicht wurde.[110] All dieser zeitgenössischen Kritik zum Trotz stellten die Subsidienzahlungen Großbritanniens ein vergleichsweise billiges und effizientes Mittel englischer Außenpolitik dar, das am Aufstieg Großbritanniens zur Großmacht seinen Anteil hatte. Dies kann am Beispiel der Ereignisse der Jahre 1696/97 gut demonstriert werden. Als Viktor Amadeus II. 1696 mit Ludwig XIV. einen Separatfrieden abgeschlossen hatte und die Subsidienbeziehungen zu England abbrachen, hatte dies das Ende des Kriegs in Italien zur Folge. Damit wurde der französische König in die Lage versetzt, seine Truppen in Flandern und am Rhein zu konzentrieren und so den Friedensschluss von Rijswijk 1697 zu erzwingen. Zwar hatte Ludwig XIV. Viktor Amadeus einige Zugeständnisse machen müssen, aber diese machten sich mehr als bezahlt, als 1697 ein für Frankreich wesentlich günstigerer Frieden zustande kam, als er sich 1695 abgezeichnet hatte. Auch in den folgenden Kriegen erlaubten es die britischen Subsidien für Viktor Amadeus und seine Nachfolger, eine weitere Front gegen Frankreich im Süden zu eröffnen und so dessen militärische Schlagkraft zu schwächen.

IV. Die Perspektive Savoyens

Betrachtet man die britisch-savoyardischen Subsidienbeziehungen aus der Perspektive des Empfängers, sind vier wesentliche Aspekte zu beachten: 1. der Anteil der Subsidien an den gesamten Staatseinnahmen; 2. inwieweit Subsidien den Verlust anderer Einkünfte ersetzen konnten; 3. ob sie darüber hinaus einen weiteren Wert besaßen; und 4. bis zu welchem Grad Subsidien die herzogliche Politik und Strategie beeinflussten.

Wie aus der nachfolgenden Tabelle hervorgeht, machten sämtliche Subsidien, die Savoyen von England, den Generalstaaten und Spanien während des Pfälzer Erbfolgekriegs bezog (exklusive der französischen im Sommer 1696), ca. 22 Prozent aller außerordentlichen Einnahmen in Höhe von etwas über 71 Millionen Lire aus. Dies entsprach ungefähr 15 Prozent der Gesamteinnahmen des Herzogs. Weil es sich bei den Subsidien zunächst um Zahlungszusagen und nicht um tatsächlich bereits erhaltene Einkünfte handelte, sind die genannten Summen, wie unten zu zeigen sein wird, zu-

[110] Zur Enttäuschung der offiziellen Stellen bezüglich des Erfolgs der außerordentlichen Subsidien für Karl Emanuel III. s. NA, SP 92/51, Thomas Pelham-Holles, Duke of Newcastle an Arthur Villettes, Whitehall, 1746 Juli 18, September 26, November 21 und Dezember 26, und NA, SP 92/52, ders. an dens., Whitehall, 1747 Februar 24.

dem mit Vorsicht zu betrachten. Im Spanischen Erbfolgekrieg hatten die englischen und niederländischen Subsidien einen Anteil von 20 Prozent an den Gesamteinnahmen Savoyens zwischen 1703 und 1713, betrachtet man die tatsächlich bezogenen und nicht nur budgetierten Einkünfte von 25 Prozent. 1706 machten sie sogar etwas über 40 Prozent der gesamten Einnahmen aus.[111]

Tabelle 5: Außerordentliche Einkommen des Herzogs Viktor Amadeus II. während des Pfälzer Erbfolgekriegs 1690–1696 in Lire[112]

Außerordentliche Einkünfte aus den Ländern Viktor Amadeus'	55488606
Englische Subsidien	6688000
Niederländische Subsidien	3341332
Spanische Subsidien	5744148
Gesamtsumme aller Subsidien	15773480
Gesamtsumme aller außerordentlichen Einnahmen	71262086

Im Österreichischen Erbfolgekrieg trug Großbritannien über Subsidienzahlungen 30 Prozent aller außerordentlichen Einnahmen Savoyens, laut einer Quelle in Höhe von 33 Millionen Lire bei einer Gesamtsumme von 110 Millionen Lire.[113] Schwieriger ist es, die genauen Relationen für die französischen Revolutionskriege zu bestimmen. Zwar betrugen die britischen Subsidien zwischen 1793 und 1796 12 Millionen Lire, die aber im Gesamtkontext der Einnahmen Königs Viktor Amadeus III. eine wesentlich geringere Rolle spielten, als dies in der Vergangenheit der Fall gewesen

[111] *Symcox*, Britain (wie Anm. 16), 163ff. Im Polnischen Thronfolgekrieg lagen die französischen Subsidien unter 8 Millionen Lire und machten fast 25 Prozent aller außerordentlichen Einkommen sowie den größten einzelnen Einnahmeposten aus. *Quazza*, Riforme (wie Anm. 16), Vol. 1, 187ff.

[112] Nach *Stumpo*, Finanza (wie Anm. 16), 85ff.

[113] *Carutti*, Storia del regno (wie Anm. 67), Vol. 2, 65ff. Carutti schlüsselt diese Zahl nicht näher auf. Kalkuliert man 20 Piemonteser Lire auf ein Pfund Sterling, betrugen die regulären Subsidien 28 Millionen Lire zwischen 1742 und 1748 und die Sonderzahlungen 15,2 Millionen, insgesamt also 43,2 Millionen Lire. Die Anleihe von 200000 Pfund von 1745 ergab wohl vier Millionen Lire. *Norsa*, Finanza Sabauda (wie Anm. 16), Bilanci degli Stati Sabaudi di Terraferma dal 1741 al 1748 Fondi (Tavola VI), gibt eine Gesamtsumme von 20762500 Lire für die Jahre 1745 bis 1748 an Einnahmen aus den Subsidien und der Anleihe an. Dies entspräche einem Gegenwert für 200000 Pfund in Höhe von 3775000 Lire (wobei hier wahrscheinlich die Wechsel- und Transferkosten inkludiert sind). Er berücksichtigt allerdings die Subsidien der Jahre 1742 bis 1744 nicht. Addiert man die fehlenden Raten, kommt man zu einer Gesamtsumme von knapp über 32 Millionen Lire und damit knapp über zehn Prozent der savoyardischen Gesamteinnahmen während des Konflikts.

war.[114] Sie machten nur noch weniger als vier Prozent des realen Gesamteinkommens von fast 300 Millionen Lire aus.[115]

Diese Zahlen belegen, dass Subsidien in bestimmten Phasen einen bedeutenden, ja sogar entscheidenden Anteil an den Einnahmen in Kriegszeiten darstellen konnten, vor allem was die Einkünfte anlangte, die noch nicht für bestimmte Ausgaben verplant waren. Für die Jahre 1704/05 bildeten die englischen Subsidien den Anteil an den savoyardischen Finanzen, der am freiesten eingesetzt werden konnte.[116] Die Zahlen belegen jedoch auch, dass die Herzöge von Savoyen im überwiegenden Maß von den Einkommen aus ihren Ländern abhingen, in erster Linie von den Einkünften aus dem Piemont als dem im gesamten 18. Jahrhundert sowohl in Kriegs- als auch in Friedenszeiten größten, bevölkerungsreichsten und wohlhabendsten Territorium. Die Abhängigkeit vom Piemont war um so größer, als die anderen Länder, Savoyen und Nizza, im Kriegsfall unverzüglich von Frankreich, im Fall des Österreichischen Erbfolgekriegs von Spanien besetzt wurden. Zwar hatte auch das Piemont in allen militärischen Konflikten unter Besetzungen und Zerstörungen zu leiden[117], es trug aber dennoch die Hauptlast der Kriege des savoyardischen Länderkonglomerats im 18. Jahrhundert.

Als 1706 während des Spanischen Erbfolgekriegs der Anteil an auswärtigen Subsidien am Gesamtbudget seinen Höhepunkt erreichte, kam der Großteil der Einkünfte des Herzogs noch immer aus dem Piemont. Ähnlich war dies der Fall zwischen 1793 und 1796, als die britischen Subsidien weniger als vier Prozent der budgetierten Gesamteinnahmen von knapp über 300 Millionen Lire ausmachten und nahezu die gesamten Einkünfte aus außerordentlichen Steuern, Anleihen und der Ausgabe von Schuldverschreibungen aus dem Piemont stammten.[118]

Nach einer Übersicht betrugen die britischen Subsidien 2823600 Lire und damit ca. vier Prozent von insgesamt 73804783 Lire an den zwischen

[114] S. *Nicomede Bianchi*, Storia della Monarchia Piemontese dal 1773 al 1861. 4 Vols. Turin 1877–1885, Vol. 2, 459ff.

[115] S. die Tabelle in *Norsa*, Finanza Sabauda (wie Anm. 16), 448f.

[116] Richard Hill an John Churchill, Duke of Marlborough, Turin, 1705 Januar 14, in: *Blackley*, Diplomatic Correspondence (wie Anm. 26), Vol. 2, 483f.

[117] Ende 1704 hatte Viktor Amadeus II. nicht nur Savoyen, sondern auch einen Großteil des Piemont verloren. S. Richard Hill an Charles Hedges, Turin, 1704 August 1, und ders. an John Churchill, Duke of Marlborough, Turin, 1704 Dezember 7, in: *Blackley*, Diplomatic Correspondence (wie Anm. 26), Vol. 2, 395–397, 468.

[118] *Bianchi*, Storia della Monarchia (wie Anm. 114), Vol. 2, 459f. Bianchis Darstellung der Finanzen ignoriert bezeichnenderweise die britischen Subsidien.

Januar 1793 und März 1794 erzielten außerordentlichen Einnahmen oder drei Prozent der Gesamteinnahmen (ordentliche und außerordentliche Einnahmen).[119] Ende des Jahres 1795 berichtete der britische Gesandte in Turin, dass die fünf Millionen Lire Subsidien aus Großbritannien, die zu den 68 Millionen Lire außerordentlicher Einnahmen Savoyens hinzugekommen seien, ausgereicht hätten, um das jährliche Defizit auszugleichen.[120] Für das Jahr 1796 rechneten Minister in Turin mit Subsidieneinnahmen aus Großbritannien in der Höhe von 4,5 Millionen Lire, die zum Füllen einer Finanzierungslücke von über 43 Millionen Lire verwendet werden sollten. Diese Summe bedeutete weniger als zehn Prozent von knapp über 54 Millionen an Gesamteinnahmen, die zum Großteil wiederum aus dem Piemont stammten.[121] Die Beobachtung des britischen Gesandten in Savoyen, dass trotz der großzügigen Finanzhilfe Großbritanniens die Subsidien in geringerem Ausmaß zu Buche schlagen würden als im vorausgegangenen Österreichischen Erbfolgekrieg[122], entsprach daher den Tatsachen.

Ausländische Beobachter äußerten häufig die Meinung, dass die Subsidien die Einkommensverluste des Herzogs von Savoyen aufgrund der Besetzung und Zerstörung seiner Territorien mehr als ausglichen. 1695, als über den Beitritt Viktor Amadeus' zur Großen Koalition verhandelt wurde, schien dieser Umstand dafür zu sprechen, dass mit den Zahlungen die dauerhafte Loyalität des Herzogs zu seinen Verbündeten gesichert werden könne[123], was wahrscheinlich auch der Fall war. Die englischen Subsidien für

[119] NA, Foreign Office (FO) 67/18, Beilage des Schreibens von Thomas Jackson an William Wyndham, Baron von Grenville, Turin, 1795 August 28: „Stato Generale dell esito delle Regie Finanze, ossia de Fondi esatti e spese pagate per l'anno 1793". Die überwiegende Mehrheit der Einkünfte kam aus dem Piemont.

[120] NA, FO 67/19, John Trevor an William Wyndham, Baron von Grenville, Turin, 1795 Dezember 21. Die Einkünfte waren nach dem Verlust von Nizza und Savoyen auf 22 Millionen Lire gesunken, während die jährlichen Ausgaben auf ca. 90 Millionen Lire angestiegen waren. Nach Trevor entsprachen einer Million Pfund 25 bis 26 Millionen Lire.

[121] NA, FO 67/20, Beilage des Schreibens von [?] an William Wyndham, Turin, [1795/96]: „Dimostrazione con cui si potra supplire al Fondo mancante portato da Tabella Generale de' fondi e spese del 1796, e sperabile l'Esazione come infra ed a calcolo [1795–1796]".

[122] NA, FO 67/13/82, John Trevor an William Wyndham, Turin, 1793 Oktober 23. Zu dem sich vergrößernden Defizit Savoyens 1789–1798 s. *Giorgio Felloni*, Il Mercato monetario in Piemonte nel secolo XVIII. Mailand 1968, 100.

[123] S. Henri de Massue, Earl of Galway an Robert Sutton, Lord Lexington, Turin, 1695 Januar 22, in: *H. Manners Sutton*, The Lexington Papers, or Some Account of the Courts of London and Vienna at the Conclusion of the seventeenth century extracted from the official and private correspondence of Robert Sutton, Lord Lexington, British minister at Vienna 1694–98, selected from the originals at Kelham. London 1854, 45.

Viktor Amadeus überstiegen allein im Pfälzer Erbfolgekrieg dessen normale Einkünfte aus Savoyen und Nizza in Friedenszeiten.[124] Der Verlust dieser Territorien und der kleinen Exklave Oneglia an der Küste im Österreichischen Erbfolgekrieg hatte angeblich den Ausfall von mehr als drei Millionen Lire an jährlichen ordentlichen und außerordentlichen Einnahmen zur Folge, der durch die Besetzung und Verwüstung großer Teile des Piemonts im Jahr 1744 und vor allem 1745 noch vergrößert werden sollte.[125] Ähnliche Konsequenzen hatte der Krieg gegen Frankreich zwischen 1793 und 1796. Angesichts dieser Zahlen ist festzustellen, dass Subsidien in manchen, aber keineswegs allen Fällen mehr leisteten, als lediglich den Abgang ordentlicher Einkünfte zu kompensieren. Sie waren aber, vor allem im Ersten Koalitionskrieg, sicherlich zu niedrig, um die Lücke zwischen den Staatseinnahmen und den kriegsbedingt enorm ansteigenden Ausgaben zu überbrücken.[126]

Wie ausgeführt, konnten Subsidien zu einem bestimmten Zeitpunkt von eminenter Bedeutung sein. Abgesehen von Anschubzahlungen beispielsweise zur Unterstützung der Truppenmobilisierung am Beginn eines militärischen Konflikts trafen Subsidien idealerweise genau dann ein[127], wenn der Empfänger mit den Vorbereitungen für die nächste Feldzugssaison beschäftigt war und daher am dringendsten Geld für die Rekrutierung, den Ankauf von Pferden und Ausrüstung etc. benötigte. Dies war sowohl im Pfälzer als auch im Spanischen[128] und Österreichischen Erbfolgekrieg der Fall. Die im Dezember 1743 eintreffenden zwei Viertel der Subsidien er-

[124] *Stumpo*, Finanza (wie Anm. 16), 13ff.; S. Marquis René Martel d'Arcy an Ludwig XIV., Turin, 1688 März 20 und 27, in: *Camille de Rousset*, Histoire de Louvois et de son administration. 4 Vols. Paris 1862/63, Vol. 2/2, 53.

[125] Um die Bitte nach Subsidien zu unterstützen, wurde 1741 geschätzt, dass mit dem Verlust von Savoyen dem König Einnahmen in Höhe von 2785000 Lire ausfallen würden. AST, LM, Inghilterra, Fasz. 50, Karl Emanuel III. an Giuseppe Ossorio, Turin, 1744 Mai 4; NA, SP 100/34, Denkschrift von Giuseppe Ossorio, London, 1745 März 23; und NA, SP 92/45, Arthur Villettes an Andrew Stone, Turin, 1741 Dezember 26.

[126] S. *Norsa*, Finanza Sabauda (wie Anm. 16), 448f. Tabelle „Passaggio dai Preventivi agli Importi da noi calcolati per I Consuntivi dal 1774 al 1796 [...] e sino a tutto il 1798" und die Graphik „Bilanci Annuali degli Stati Sabaudi di Terraferma dal 1774 al 1798", und 473 („Andamento del Debito Pubblico dal 1773 al 1798").

[127] Unter diesen Umständen waren die Vorauszahlung der versprochenen Subsidien 1690 in Höhe der Hälfte der Gesamtleistungen und der Vorschuss von 1704 von unschätzbarem Wert. Nach Carlo Ormea hatte das französische Subsidienangebot an den König von Sardinien eine Vorauszahlung von einer Million Lire vorgesehen. NA, SP 92/46, Arthur Villettes an Thomas Pelham-Holles, Duke of Newcastle, Feldlager bei Cesena, 1742 August 16.

[128] *Storrs*, War (wie Anm. 16), 108.

möglichten es Karl Emanuel, seinen Feldzug zu planen, ohne auf die Aufnahme von Krediten angewiesen zu sein.[129] Im Frühjahr 1796 drückte einer der Minister von Viktor Amadeus III. die Hoffnung aus, die Subsidien mögen in den „dürren Monaten", der Zeit vor Juli/August, eintreffen, bevor dann in der überwiegend agrarisch strukturierten Wirtschaft nach der Ernte die Steuern in die Staatskassen flossen.[130]

Wenn die Aufnahme von Krediten notwendig war, konnten Subsidien auch als Sicherheiten eingesetzt werden. Sowohl im Pfälzer als auch im Spanischen Erbfolgekrieg streckten einheimische und auswärtige Kreditgeber in Genf oder Genua dem Herzog Gelder auf seine Subsidieneinnahmen vor.[131] Auszahlungen von Subsidien in England ermöglichten es dem Herzog, während des Spanischen Erbfolgekriegs dort Gesandte zu unterhalten, Munition anzukaufen und billige qualitätsvolle Uniformen für seine Truppen zu erwerben.[132] Und zu guter Letzt verhinderten die Subsidien, dass der Herzog von Savoyen in Kriegszeiten seine Untertanen im Piemont noch härter ausbeuten und deren Leistungsfähigkeit vielleicht überstrapazieren musste, wie dies 1796 im Krieg gegen das revolutionäre Frankreich der Fall sein sollte, worunter nicht nur seine Kriegsanstrengungen, sondern auch seine Autorität litten.[133]

Subsidien waren aber auch aus der Perspektive Savoyens überaus problematisch. Auch wenn sie, wie in allen Kriegen bis 1748, aufgestockt wurden, wurden sie in keinem Fall als ausreichend angesehen. Eine theoretisch mögliche, aber kaum realisierte Form, die Subsidien zu ergänzen, war daher der privilegierte Zugang zum britischen Kreditmarkt, indem die britische Regierung für Anleihen Savoyens in London besonders niedrige Zinssätze garantierte. Für solche Maßnahmen waren vor allem zwei Umstände von Bedeutung: erstens die nicht vorhandene Bereitschaft der britischen Regierung seit dem Österreichischen Erbfolgekrieg mehr als 200000 Pfund pro Jahr an Subsidien zu bezahlen, und zweitens die beeindruckende Entwicklung des Finanzplatzes London nach der Revolution

[129] NA, SP 92/47, Arthur Villettes an Thomas Pelham-Holles, Duke of Newcastle, Turin, 1743 Dezember 9.

[130] NA, FO 67/20, John Trevor an William Wyndham, Turin, 1796 März 27.

[131] *Storrs*, War (wie Anm. 16), 114; *Symcox*, Britain (wie Anm. 16), 163. Für das Jahr 1696 s. die Rolle des Bankiers „Monsr Caille" aus Genf, in: *Joseph Redington* (Ed.), Calendar of Treasury Papers. 6 Vols. London 1868–1889, Vol. 2, 27.

[132] S. Protokolle der Schatzkammer, 1708 Juni 2, in: CTB (wie Anm. 19), Vol. 22/2, 22; „Treasury Warrant", 1709 März 31, in: CTB (wie Anm. 19), Vol. 23/2, 129f.

[133] Die Berichte der britischen Gesandten in Turin in den Jahren 1795/96 legen eine Abnahme der Kriegsbereitschaft mit der Zunahme des Steuerdrucks nahe.

von 1688.[134] Zwar nahm Savoyen während des Pfälzer Erbfolgekriegs anders als einige andere Alliierte Englands weder in London noch in Den Haag Kredite auf und sollte während des Spanischen Erbfolgekriegs damit scheitern[135], aber der König borgte sich dort 1744 während des Österreichischen Erbfolgekriegs 200 000 Pfund, obwohl der Zinssatz von sechs Prozent höher lag, als er gehofft hatte[136]. Auch während der Revolutionskriege bemühte sich Turin – allerdings erfolglos – um einen Kredit in London.[137] Kredite konnten also direkte Subsidien, mit denen Großbritannien im 18. Jahrhundert die Kriegführung Savoyens unterstützte, nicht ersetzen.[138]

Subsidien hatten freilich andere Nachteile, die mit der Art ihrer Zahlungen durch die britische Regierung und mit zeitgenössischen Mechanismen des internationalen Zahlungsverkehrs zusammenhingen.[139] Im Frühling 1693 entschuldigte sich Filiberto de la Tour bei seinem Herrn für die Übersendung von Wechselbriefen, die bis spätestens zwei Monate nach ihrer Präsentation ausbezahlt werden sollten und auf unterschiedliche Bankiers bezogen waren.[140] Die Kosten für diese Transaktionen hatte in der Regel der Herzog von Savoyen zu tragen[141], obwohl Viktor Amadeus während

[134] *Dickson*, Financial Revolution (wie Anm. 51), passim.

[135] *Storrs*, War, Diplomacy (wie Anm. 16), 99f.

[136] AST, LM, Inghilterra, Fasz. 50, Marchese Leopoldo Del Carretto di Gorzegno an Giuseppe Ossorio, Turin, 1744 August 6 und 15; Karl Emanuel III. an Giuseppe Ossorio, Turin, 1744 Dezember 12; Giuseppe Ossorio an Leopoldo Del Carretto, London, 1744 Juli 28, August 20, Oktober 9, 16 und 30 sowie November 6 und 13. Im Laufe des Kriegs stiegen in London die Kreditkosten nicht zuletzt wegen der Darlehen, die von der britischen und den verbündeten Regierungen aufgenommen wurden. Die letzte Zahlung in Höhe von 50000 Pfund erging im Januar 1745. AST, LM, Inghilterra, Fasz. 51, Giuseppe Ossorio an Leopoldo Del Carretto, London, 1745 Januar 29. Die Kreditgeber waren Bristow & Van Neck. *Luigi Bulferetti*, I Piemontesi piu ricchi negli ultimi cento anni dell'assolutismo sabaudo. Studi storici in onore di Gioacchino Volpe. 2 Vols. Florenz 1958, Vol. 1, 62.

[137] Im Herbst 1794 forderte Viktor Amadeus III. 50 Millionen Lire, um den Feldzug beenden zu können. Ihm ging es nicht um Subsidien, sondern um Unterstützung bei der Aufnahme eines Kredits. NA, FO 67/16, Nr. 51, John Trevor an William Wyndham, Turin, 1794 Oktober 8; NA, FO 67/16/2, Nr. 7, ders. an dens., Turin, 1795 Januar 7 und 3. Im weiteren Verlauf des Jahres hoffte der König 10 bis 12 Millionen Lire aufnehmen zu können. NA, FO 67/19, Trevor an Grenville, Turin, 1795 Dezember 28, beziehungsweise 500000 bis 600000 Pfund. NA, FO 67/18, Graf Joseph Francois Perret d'Hauteville an John Trevor, 1795 Dezember 30.

[138] S. *Sherwig*, Guineas and Gunpowder (wie Anm. 12), 345ff., zu einer großzügigeren britischen Subsidienpolitik ab 1793.

[139] *John Sperling*, The International Payments Mechanism in the Seventeenth and Eighteenth Centuries, in: EconHR, 2nd Series, 14/3, 1961/62, 446–468.

[140] AST, LM, GB, Fasz. 8, Filiberto de la Tour an Viktor Amadeus II., London, 1693 März 3.

[141] AST, LM, Olanda, Fasz. 3, Filiberto de la Tour an Carlo de Saint Thomas, Den Haag,

des Pfälzer Erbfolgekriegs manchmal dafür finanziell entschädigt wurde. Im Subsidienvertrag von 1704 waren daher feste Wechselkurse für die Auszahlung der Subsidien vorgesehen.[142] Trotzdem begleiteten Probleme dieser Art auch die britischen Subsidienzahlungen während des Österreichischen Erbfolgekriegs und reduzierten deren Wert für Karl Emanuel III. Im Herbst 1744 verlangte Giuseppe Ossorio daher eine Entschädigung für die Wechselverluste im Zuge der jüngsten Subsidienanweisung.[143]

Während des Pfälzer Erbfolgekriegs bezahlte Filiberto de la Tour kleinere Summen an die Beschäftigten der Schatzkammer, die mit der Auszahlung der Subsidien seines Herrn beschäftigt waren, auch wenn der savoyardische Herzog von den sonst üblichen Gratifikationen für britische Beamte ausgenommen gewesen zu sein scheint. Als der Kriegszahlmeister (*Paymaster of the Forces*) während des Österreichischen Erbfolgekriegs für sich ein Prozent der Subsidien mit dem Argument beanspruchte, diese Praxis sei bereits während des Spanischen Erbfolgekriegs üblich gewesen, hatte er damit jedenfalls keinen Erfolg.[144]

Ein weiteres Problem waren die mit den Subsidien verbundenen Bedingungen. Im Pfälzer Erbfolgekrieg war die Hälfte der Vorauszahlungen, die 1690 Viktor Amadeus II. versprochen worden waren, von Wilhelm III. und den Generalstaaten für die protestantischen Truppen vorgesehen gewesen, die die beiden Mächte bereits für eine anvisierte Invasion in Frankreich aufzustellen begonnen hatten.[145] Zwar war dies im Subsidienvertrag des Spanischen Erbfolgekriegs nicht vorgesehen, dennoch war der Herzog von Savoyen besorgt, dass wiederum eine Truppe protestantischer Exulanten seine Subsidien schmälern könnte.[146]

1693 Juni 9 (inklusive vier Wechselbriefe auf die englischen Subsidien zum 20. April 1693). Die Wechselkosten waren um 1,75 Prozent angestiegen, obwohl die Schatzkammer versprochen hatte, mit den Bankiers ein Übereinkommen zur Gleichbehaltung der Gebühren abzuschließen.

[142] Viktor Amadeus II. erhielt im Spanischen Erbfolgekrieg für die englischen Subsidien einen besseren Wechselkurs als für die niederländischen. S. Richard Hill an den *Lord Treasurer* [Sidney Godolphin], Turin, 1705 Oktober 21, in: *Blackley*, Diplomatic Correspondence (wie Anm. 26), Vol. 2, 620f.

[143] AST, LM, Inghilterra, Fasz. 50, Leopoldo Del Carretto an Giuseppe Ossorio, Cuneo, 1744 November 13.

[144] AST, LM, Inghilterra, Fasz. 51, Giuseppe Ossorio an Karl Emanuel III., London, 1745 März 5; Karl Emanuel III. an Giuseppe Ossorio, Turin, 1745 April 4 und Juni 19.

[145] S. *Storrs*, Machiavelli Dethroned (wie Anm. 23), passim.

[146] Richard Hill an den *Lord Treasurer* [Sidney Godolphin], Turin, 1704 September 19 (neuer Stil), in: *Blackley*, Diplomatic Correspondence (wie Anm. 26), Vol. 2, 422–424.

In Zukunft wurde vom Herzog erwartet, eine bestimmte Anzahl von Truppen als Gegenleistung für seine Subsidien zu unterhalten. Zwar hatte es im Pfälzer Erbfolgekrieg, als Wilhelm III. die Subsidien einiger Reichsstände kürzte, deren Truppen vom Kampf gegen Frankreich abgezogen und an die Front gegen die Osmanen kommandiert worden waren[147], noch keine solchen Klauseln gegeben, aber sowohl 1704 als auch 1743 (1746) und 1793 hatten Viktor Amadeus II. und seine Nachfolger ein vorher festgelegtes Truppenkontingent zu stellen. Verpflichtungen dieser Art konnten Schwierigkeiten verursachen, vor allem wenn, wie während des Österreichischen Erbfolgekriegs, britische Minister argwöhnten, Karl Emanuel III. und auch Maria Theresia würden weniger als die vereinbarten Truppenzahlen ins Feld führen, weshalb die Minister auf entsprechenden Nachweisen verbunden mit der Drohung, die Subsidien im gegebenen Fall zu streichen, bestanden.[148] In den Jahren 1748 und 1795, als die britische Regierung in zunehmendem Maße beunruhigt war, dass Viktor Amadeus III. seinen Vertragsverpflichtungen nicht nachkommen würde, wurden die Subsidienzahlungen ausgesetzt.[149] 1796 wurden die außerordentlichen Subsidien in Höhe von 200000 Pfund an die Bedingung geknüpft, dass das gesamte Geld in das Militär fließen müsse und dies umfassend nachzuweisen sei.[150]

Gelegentlich gingen mit den Subsidienzahlungen verbundene Bedingungen auch über den militärischen und finanziellen Bereich hinaus. 1690 verlangten die Seemächte im Gegenzug für ihre Subsidien beispielsweise die Tolerierung der protestantischen Waadtländer, die der Herzog, teilweise auf Druck Frankreichs, ausgewiesen hatte. Diese Angelegenheit belastete die Beziehungen zwischen England und Savoyen während des Pfälzer Erbfolgekriegs. Viktor Amadeus erließ zwar 1694 ein Toleranzedikt, war aber über diese Zumutung, die sein Verhältnis zum Papst verschlechterte, wenig erfreut. Britische Minister sahen daher klugerweise von ähnlichen Bestimmungen in späteren Subsidienverträgen ab. Trotzdem trugen auch die britischen Subsidien in gewisser Hinsicht zur Wiederbelebung und Sicherung einer protestantischen Enklave in einem ansonsten typischen katholischen Konfessionsstaat bei.

[147] William Blathwayt an Robert Sutton, Lord Lexington, 1695 März 19 (alter Stil), in: *Manners Sutton*, Lexington Papers (wie Anm. 123), 70f.; NA, SP 104/197, Charles Talbot, Duke of Shrewsbury an George Stepney, London, 1695 April 9, fol. 94.

[148] 1748 bestanden die britischen Minister auf einen entsprechenden Nachweis vor der Auszahlung zusätzlicher Subsidien. *Coxe*, Pelham (wie Anm. 74), Vol. 1, 394.

[149] NA, FO 67/18, John Trevor an William Wyndham, Turin, 1795 September 30; *Sherwig*, Guineas and Gunpowder (wie Anm. 12), 76.

[150] NA, FO 67/120, William Wyndham an John Trevor, Downing Street, 1796 Februar 19.

Das Hauptproblem bestand aber darin, dass die Subsidienzahlungen stark im Verzug waren. Dies hing, wie erwähnt, mit wachsenden Finanzproblemen in England zusammen, hatte aber direkte Auswirkungen auf das Piemont. Während des Pfälzer Erbfolgekriegs waren die englischen Subsidien Viktor Amadeus' chronisch im Rückstand. Wie bereits festgestellt wurde, waren ihm für das Jahr 1695/96, als er schließlich mit Ludwig XIV. Frieden schloss, noch keinerlei Subsidien bezahlt worden. Obwohl in der Folgezeit die Rückstände nicht mehr diese Dimension erreichen sollten und während des Spanischen Erbfolgekriegs die Gelder wie vereinbart manchmal sogar im Voraus geleistet wurden[151], kam es auch in diesem Konflikt wieder zu Zahlungsverzögerungen.[152] Erst mit dem Österreichischen Erbfolgekrieg, als die Subsidien quartalsweise im Voraus bezahlt wurden, gehörten die Probleme der 1690er Jahre weitestgehend der Vergangenheit an. Gelegentlich kam es aber auch jetzt noch zum Zahlungsverzug. Für November 1743 wurde ein Rückstand von insgesamt 150000 Pfund festgestellt.[153] In dieser Situation hatte die Verzögerung zur Folge, dass man in London um die Loyalität des savoyardischen Bündnispartners zu fürchten begann.[154] Die Lage war dennoch wesentlich weniger kritisch als früher. Ein Verzug wegen der erst einzuholenden Zustimmung des Parlaments zu den Subsidien war zur Gewohnheit geworden.[155] Und der inzwischen erfolgte Aufschwung des Londoner Finanzmarkts garantierte,

[151] Im November 1705 waren die englischen Subsidien bis Februar 1706 bezahlt. Richard Hill an den *Lord Treasurer* [Sidney Godolphin], Turin, 1705 November 14–25, in: *Blackley*, Diplomatic Correspondence (wie Anm. 26), Vol. 2, 666f.

[152] NA, SP 92/28, John Chetwynd an William Legge, Earl of Dartmouth, Turin, 1711 Dezember 2, 1712 April 2 und 20 sowie Juni 29. Im ausgehenden Jahr 1712 erhielt Viktor Amadeus II. vier Monate ausständiger Subsidien. Ebd. ders. an dens., Turin, 1712 Oktober 8. In diesem Jahr bezog Viktor Amadeus II. Subsidien in Höhe von knapp über 2 Millionen Lire, was 15 Prozent der budgetierten und 19 Prozent der tatsächlichen Einnahmen entsprach. Im Folgejahr, in dem der Krieg endete, fielen die Einkünfte aus den Subsidien auf weniger als 500000 Lire und damit nur drei Prozent der budgetierten und vier Prozent der tatsächlichen Einnahmen. *Symcox*, Britain (wie Anm. 16), 164.

[153] AST, LM, Inghilterra, Fasz. 49, Karl Emanuel III. an Giuseppe Ossorio, Turin, 1743 November 2; NA, SP 92/47, Arthur Villettes an Thomas Pelham-Holles, Duke of Newcastle, Turin, 1743 November 2. Offenbar war eine Erklärung für die Verzögerung, dass die Wechselkosten nicht ansteigen sollten.

[154] NA, SP 92/47, Arthur Villettes an Thomas Pelham-Holles, Duke of Newcastle, Turin, 1743 Mai 26; AST, LM, Inghilterra, Fasz. 52, Giuseppe Ossorio an Karl Emanuel III., London, 1746 März 11. Diese neuerlichen Verzögerungen im Jahr 1746 kamen wegen der wieder aufgekommenen Skepsis bezüglich der Loyalität Karl Emanuels zustande.

[155] S. AST, LM, Inghilterra, Fasz. 51, Karl Emanuel III. an Giuseppe Ossorio, Casale, 1745 Oktober 3.

dass auf ausstehende Subsidien Kredite aufgenommen werden konnten.[156] Dies war auch auf langfristige Wechselbriefe möglich, obwohl damit gewisse Abschlagszahlungen verbunden waren und sich damit der Wert der Subsidien verringerte.[157] Auch wenn es also weiterhin zu Verzögerungen kam[158], waren am Ende des Österreichischen Erbfolgekriegs 1748 keine Subsidien mehr ausständig. Im Ersten Koalitionskrieg kam es Ende 1795 zu Zahlungsrückständen, die wohl mit gewissen Sorgen über die Politik Savoyens zusammenhingen[159], aber als die Koalition im Frühjahr 1796 auseinanderbrach, waren keine Schulden mehr vorhanden.

In gewisser Hinsicht trugen die britischen Subsidien auch zur Fortentwicklung der savoyardischen Diplomatie bei. Das Thema erforderte die Aufmerksamkeit der Gesandten Savoyens in London, die über die Vertragsbedingungen und Sonderzahlungen verhandelten, auf Auszahlung drangen und Druck auf den König, seine Minister, die Beamten der Schatzkammer und die Finanziers ausüben sowie die Übermittlung der Gelder nach Turin organisieren mussten.[160] Sie hatten die bezahlten und noch ausständigen Summen im Auge zu behalten, zahlreiche Denkschriften für ihre Herren und für britische Minister zu verfassen, die für die historische Forschung zur Rekonstruktion der Subsidienbeziehungen unschätzbar sind.[161] Und sie hatten ihren Auftraggeber gegen Anschuldigungen, seinen Vertragsverpflichtungen nicht nachzukommen, zu verteidigen.

Während des Pfälzer Erbfolgekriegs verbrachte Filiberto de la Tour, der Viktor Amadeus II. sowohl in Den Haag als auch in London vertrat, den Winter in der englischen Hauptstadt, um neben anderen Aufgaben die englischen Subsidienleistungen zu überwachen und dann zur Feldzugssaison im Frühjahr wieder auf das Festland zurückzukehren. Gelegentlich hielt ihn die Beschäftigung mit den englischen Subsidien auch länger in London

[156] AST, LM, GB, Fasz. 8, Filiberto de la Tour an Carlo de Saint Thomas, London, 1696 April 10.

[157] AST, LM, Inghilterra, Fasz. 51, Karl Emanuel III. an Giuseppe Ossorio, Turin, 1745 Mai 8.

[158] Das Parlament stimmte Subsidienzahlungen an auswärtige Fürsten erst Anfang April 1746 zu, so dass erst dann an Ossorio das erste Quartal der Subsidien für dieses Jahr, das bereits am 1. Februar 1746 fällig gewesen wäre, ausbezahlt werden konnte. Ebd. Giuseppe Ossorio an Karl Emanuel III., London, 1746 April 6.

[159] NA, FO 76/20, John Trevor an William Wyndham, Baron Grenville, Turin, 1696 Januar 16 und 30 sowie Februar 11.

[160] Zur Bedeutung von Ossorios Rückkehr nach London s. AST, LM, Inghilterra, Fasz. 49, Karl Emanuel III. an Giuseppe Ossorio, Turin, 1743 November 2.

[161] AST, Negoziazioni, Inhilterra, Fasz. 2/9, Denkschrift Filiberto de la Tours über die englischen Subsidienzahlungen von Oktober 1690 bis Ende April 1692.

auf. So blieb De la Tour beispielsweise aus diesem Grund im Frühjahr 1692[162], 1693[163] und 1696, als ihn – wenig erstaunlich – die Subsidien mehr in Anspruch nahmen als jemals zuvor, in der Stadt, auch nachdem Wilhelm III. nach Den Haag abgereist war[164]. Auch während des Spanischen Erbfolgekriegs (Conte Giuseppe Gioachino Carron de Briançon und Conte Annibale Maffei), des Österreichischen Erbfolgekriegs (Cavaliere Giuseppe Ossorio Alarcon) und im Ersten Koalitionskrieg (Conte Filippo di San Martino di Fronte) zählten die Subsidien zu den Hauptaufgaben der savoyardischen Gesandten.[165] Diese Diplomaten wurden notwendigerweise vertraut mit der Arbeit der britischen Regierung und den öffentlichen Finanzen. 1745 war Giuseppe Ossorio der Ansicht, der Aufstand der Jakobiten in Schottland würde die Kreditwürdigkeit der Regierung aufs Spiel setzen und damit auch die außerordentlichen Subsidien für seinen Herrn gefährden, was sich allerdings als Fehlprognose erweisen sollte.[166] Angelegenheiten, die die Subsidien betrafen, beschäftigten auch britische Gesandte in Turin, nicht zuletzt weil sie sich mit Beschwerden über deren Unzulänglichkeit und den auflaufenden Rückständen auseinanderzusetzen hatten.[167]

Wichtig ist freilich die Feststellung, dass die Subsidien keinen entscheidenden Einfluss auf die Außenpolitik Savoyens hatten. Zweifelsohne erhöhte beispielsweise 1690 die Aussicht auf Subsidien die Bereitschaft, in den Krieg gegen Ludwig XIV. einzutreten, aber Viktor Amadeus hatte wesentlich triftigere Gründe, sich gegen die französische Vorherrschaft zu erheben. Ganz ähnlich war es im umgekehrten Fall 1696: Zwar ließ Savoyens

162 AST, LM, GB, Fasz. 8, Filiberto de la Tour an Viktor Amadeus II., London, 1692 März 13.

163 AST, LM, Olanda, Fasz. 3, Filiberto de la Tour an Carlo de Saint Thomas, Den Haag, 1693 April 17.

164 AST, LM, GB, Fasz. 8, Filiberto de la Tour an Carlo de Saint Thomas, London, 1696 Mai 11; AST, LM, Olanda, Fasz. 5, ders. an dens., Den Haag, 1696 Juni 15, Juli 10 und 13.

165 S. AST, LM, Inghilterra, Fasz. 51, Korrespondenz von Giuseppe Ossorio, London im Jahr 1745. In diesem Jahr bezahlte Karl Emanuel III. Giuseppe Ossorio 8000 Lire, um die außerordentlichen Subsidien zu erhalten. Ebd., Leopoldo Del Carretto an Giuseppe Ossorio, Alessandria, 1745 Juli 19. S. auch AST, LM, Inghilterra, Fasz. 94–96, Korrespondenz zwischen Filippo di Fronte und Joseph Francois Perret d'Hauteville zwischen 1793 und 1796.

166 AST, LM, Inghilterra, Fasz. 51, Giuseppe Ossorio an Karl Emanuel III., London, 1745 Oktober 22.

167 NA, SP 93/47, Arthur Villettes an Thomas Pelham-Holles, Duke of Newcastle, Turin, 1743 November 2.

Bekenntnis zur Großen Koalition aufgrund der Unfähigkeit Wilhelms III., die Subsidien weiter zu bezahlen, nach, wie er im Gegenzug zwar an den von Frankreich angebotenen Finanzhilfen interessiert war, wichtiger war jedoch die Bereitschaft Ludwigs XIV., die Festung Pinerolo zu räumen, die sich seit 1631 in französischen Händen befand, und die Ansprüche des Hauses Savoyen auf die Zuerkennung königlicher Würden zu erfüllen. Allgemein gesprochen trachteten Viktor Amadeus II. und Karl Emmanuel III. nach Subsidien, weil sie ihnen dabei halfen, ihre eigenen Interessen voranzutreiben. Als 1742 Karl Emanuel III. großzügige Subsidien von Frankreich angeboten bekam, um dem Bündnis zwischen Ludwig XV. und Philipp V. von Spanien gegen Maria Theresia beizutreten, opferte der König von Sardinien diese Gelder, um sein Ziel, die spanischen Bourbonen aus Italien zu vertreiben, zu verfolgen, und trat in die Allianz mit Großbritannien und Österreich ein. Der Umstand, dass die britischen Subventionen für Viktor Amadeus III. so dürftig ausfielen, machte es ihm vielleicht leichter, 1796 die Koalition gegen das revolutionäre Frankreich zu verlassen, entscheidend war jedoch, dass Savoyen durch die französische Republik eine desaströse Niederlage hatte hinnehmen müssen und der Staat von innen zu zerfallen drohte.

V. Resümee

Der Aufstieg Englands/Großbritanniens zur Großmacht nach 1688 basierte auf den drei Säulen Flotte, Heer und Subsidienzahlungen an Verbündete auf dem Kontinent in Kriegszeiten.[168] Das Leisten von Subsidien war dabei die billigste Variante, aber von enormer Bedeutung, um erfolgreich Koalitionen gegen Frankreich schmieden zu können. Am Beispiel der Subsidien für Savoyen sollten sowohl Zielsetzungen als auch Mechanismen der Subsidienpolitik untersucht werden. Es ist deutlich erkennbar, dass versucht wurde, die Methode der Subsidienzahlungen im Laufe des 18. Jahrhunderts zu verbessern.

Für das Haus Savoyen dienten die Subsidien dazu, in Kriegszeiten die Finanzierungslücke zwischen zur Verfügung stehenden Einnahmen und explodierenden Ausgaben zu verringern und damit den Druck auf die eige-

[168] Subsidien wurden gewöhnlich nur in Kriegszeiten bezahlt, aber es gelang Thomas Pelham-Holles, Duke of Newcastle, Finanzhilfen für Bayern auch nach dem Österreichischen Erbfolgekrieg durchzusetzen. *Black*, System of Ambition (wie Anm. 88), 112, 182f.

nen Untertanen zumindest etwas zu mildern.[169] Die Finanzhilfen machten zeitweise einen nicht unerheblichen Anteil an den budgetierten und tatsächlich erzielten Staatseinnahmen aus.

Dennoch bildeten Subsidien ein mangelhaftes politisches Instrument, nicht zuletzt wegen der unterschiedlichen Vorstellungen der beiden Vertragspartner. Während der Subsidiengeber die Zahlungen als großzügig einstufte, hielt sie der Empfänger für ungenügend, so dass Historiker, die der Ansicht sind, dass der Herzog von Savoyen seine Wünsche durchsetzen konnte, seine Verhandlungsposition überschätzen. Liefen für den Subsidiengeber die Zahlungen relativ pünktlich ab und waren mit nur wenigen Verpflichtungen für die Gegenseite verbunden, kamen sie für den Empfänger oft zu spät und stellten die diktierten Vertragsbedingungen eine störende Einmischung dar.

Subsidien gaben Großbritannien selbstverständlich einige Einflussmöglichkeiten auf die Politik und Strategie derjenigen, denen man Zahlungen leistete, aber sie bestimmten kaum jemals deren Politik fundamental. Dies war allein deshalb der Fall, weil die Subsidien de facto nur einen Teil der Einkommen aus den eigenen Ländern ersetzten, die, wie am Beispiel Savoyens gezeigt wurde, noch immer den größten Anteil an den Staatseinnahmen – auch in Kriegszeiten – bereitstellen mussten. Es ist daher wenig erstaunlich, dass es aufgrund dieser unterschiedlichen Erwartungen beider Seiten zwangsläufig zu Spannungen zwischen den Alliierten kam. In Großbritannien wurden daher Debatten über den Wert von Subsidien geführt, auch wenn in diesem Kontext das Haus Savoyen kaum kritisiert wurde. In Savoyen mag, ähnlich wie dies für die österreichische Habsburgermonarchie nach den beiden großen Kriegen zu Mitte des 18. Jahrhunderts, in denen sie erst Subsidien von Großbritannien und dann von Frankreich erhal-

[169] Die Geschäfte mit den Subsidien ermöglichten einer äußerst kleinen Gruppe von Kapitalbesitzern in Savoyen, ähnlich wie in England, Profite und sozialen Aufstieg. S. *Bulferetti*, I Piemontesi piu ricchi (wie Anm. 136), 41 ff., und *Giorgio Monestarolo*, Una Chiusa Elite? I Negozianti-Banchieri di Torino attraverso I Censimenti Fiscali (1734–1797), in: Societa e Storia 113, 2006, 469–518. Die Firma „Monier und Moris", die 1731 in Turin gegründet worden war, handelte ursprünglich mit dem Hauptexportgut des Piemont (Seide), beteiligte sich dann während des Österreichischen Erbfolgekriegs am Transfer der britischen Subsidien und brach 1751 zusammen. S. *Giacomina Caligaris*, Crisis bancaria a Torino: il Fallimento della Casa Monier, Moris e C (metà XVIII secolo), in: Bollettino Storico Bibliografico Subalpino 86, 1988, 523–591, und *Giuseppe Chicco*, La politica economica statale e i „banchieri-negozianti" nel Settecento, in: Giuseppe Ricuperati (Ed.), Storia di Torino, Vol. 5: Dalla città razionale alla crisi dello Stato d'Antico Regime (1730–1798). Turin 2002, 179.

ten hatte[170], belegt ist, die Enttäuschung über die Subsidien nach 1748 Anlass für eine Reformpolitik zur Stärkung der eigenen Ressourcen gewesen sein.[171] Trotz dieser Schwierigkeiten im Verhältnis der beiden Partner eines Subsidienvertrags[172] muss insgesamt festgestellt werden, dass solche Abkommen generell erstaunlich gut funktionierten, vor allem jene mit Viktor Amadeus II. und Karl Emanuel III. Für einen relativ geringen Preis gelang es damit der englischen/britischen Regierung, französische Streitkräfte zu binden und sogar, wie 1692, 1707 und 1747, einen Einmarsch in Frankreich zu organisieren. Diese Offensiven erwiesen sich dann aber als großteils erfolglos und enttäuschten die großen Erwartungen, die man in London auf sie gesetzt hatte. Sie zeigten die Schwierigkeiten der britischen Politik, mit Hilfe von Subsidien ihre Alliierten von Zielen zu überzeugen, wenn diese nicht deren eigenen Interessen entsprachen. Trotzdem blieben Subsidien ein zentraler Bestandteil der britischen und savoyardischen Kriegsfinanzen bis zum Ende des 18. Jahrhunderts.

170 S. *Dickson*, Finance and Government (wie Anm. 13), Vol. 2, 114ff., 157ff.

171 S. *Christopher Storrs*, Savoyard Diplomacy in the Eighteenth Century, 1684–1798, in: Daniela Frigo (Ed.), Politics and Diplomacy in Early Modern Italy. The Structure of Diplomatic Practice, 1450–1800. Cambridge 2000, 210–253, hier 210ff.

172 Der Turiner Hof versuchte noch immer Zahlungsrückstände der französischen Subsidien aus dem Polnischen Thronfolgekrieg ausbezahlt zu bekommen. *Quazza*, Riforme (wie Anm. 16), Vol. 1, 188f.

II. Makroanalysen

Vom Adelsregiment zum Absolutismus

Finanzwirtschaft und Herrschaft in Schweden im 17. Jahrhundert

Von

Werner Buchholz

I. Zielsetzung und Aufbau

Ziel dieses Beitrags[1] sind Darstellung und Analyse der finanzwirtschaftlichen Strukturen des Königreichs Schweden[2] im 17. Jahrhundert. Die Finanzpolitik des schwedischen Hochadels[3] zwischen 1611 und 1680 wird dabei ebenso in die Betrachtungen einbezogen wie die Veränderungen, Umbrüche und Neustrukturierungen, die im Zusammenhang mit der Errichtung des karolinischen Absolutismus im Jahre 1680 erfolgten. Weitere Schwerpunkte sind die ökonomischen und sozialen Grundlagen der Finanzwirtschaft sowie die spezifische Art und Weise, in der sich das gesellschaftliche Kräfteverhältnis im Finanzsystem abbildet. Den Ausführungen liegt insgesamt die Voraussetzung zugrunde, dass die Analyse eines historisch-gesellschaftlichen Phänomens identisch mit seiner Genese ist.

Anlage und Aufbau dieses Beitrages folgen dem chronologischen Ablauf des historischen Geschehens, der sich in diesem Fall mit der Systematik der sachlichen Zusammenhänge recht gut in Einklang bringen lässt: Die Finanzwirtschaft der hochadligen Ratsaristokratie rief den Widerstand der drei nichtadligen (*ofrälse*) Stände, Bauern, Geistlichkeit und Bürger, hervor, der seinerseits in die Errichtung des karolinischen Absolutismus und

[1] Sämtliche Übersetzungen schwedischer Zitate wurden vom Verfasser angefertigt.

[2] Im Folgenden wird mit „Schweden" das historische Königreich Schweden bezeichnet, welches – ohne die baltischen und ohne die deutschen Provinzen – in etwa das Gebiet der heutigen Staaten Schweden und Finnland umfasste. Zu berücksichtigen ist jedoch, dass die Landschaften Halland, Schonen, Blekinge, Bohuslän, Jämtland, Härjedalen, Särna/Idre und Gotland erst zwischen 1645 und 1658 von Dänemark beziehungsweise Norwegen an Schweden kamen.

[3] Der Begriff „Hochadel" (*högadel/högfrälse*) bezeichnet hier diejenigen adligen Familien, die seit Erik XIV. (1560–1568) den Grafen- oder Freiherrentitel führten. Diese stellten aus ihrer Mitte die Mitglieder des Reichsrats. Daher werden die Begriffe „Hochadel" und „Ratsaristokratie" im Folgenden synonym verwendet.

seines Finanzsystems auf der Grundlage der Reichstagsbeschlüsse von 1680 und 1682 mündete.

Im Folgenden werden zunächst die Problematik (II.), die Fragestellung (III.) und die Quellen einschließlich ihres Entstehungszusammenhangs (IV.) vorgestellt. Im V. Abschnitt wird ein Überblick über die Verteilung des Grundbesitzes im 16. Jahrhundert nach den kameralen Besitz- und Eigentumskategorien *skatte*, *krono* und *frälse* gegeben. Anschließend werden die ersten Ansätze zur Gutsbildung im 16. Jahrhundert vorgestellt. Der Regimentswechsel von 1611 (VI.) öffnete schließlich den Weg für die folgende breit angelegte und systematisierte Gutsbildung des Hochadels.

Im VII. Abschnitt steht die Finanzdoktrin des Hochadels im Mittelpunkt, die dieser vor dem Hintergrund des *a priori* gesetzten Ziels der Gutsbildung entwickelte. In diesem Abschnitt vollzieht die vorliegende Studie einen Wechsel der Perspektive hin zu den nichtadligen Ständen und deren Gegenentwurf zur Finanzdoktrin des Adels. In Abschnitt VIII. werden Struktur und Zusammensetzung der Einnahmen der Krone in den Blick genommen. Die Veräußerungen von Krongut, der Höhepunkt adliger Gutsbildung in der Mitte des 17. Jahrhunderts und der entschiedener werdende Widerstand der nichtadligen Stände, einschließlich des Reduktionsbeschlusses von 1655, stehen in den beiden folgenden Abschnitten IX. und X. im Vordergrund. Die anschließende faktische Nichtbeachtung dieses ersten Reduktionsbeschlusses durch die Ratsaristokratie nach dem plötzlichen und unerwarteten Tod Karls X. Gustav im Alter von erst 37 Jahren im Februar 1660 und die – allerdings vergleichsweise verhaltene – Fortsetzung der Gutsbildung unter der Vormundschaftsregierung für den minderjährigen Thronfolger (1660–1672) bildeten gewissermaßen das retardierende Moment (XI.), bevor sich Königtum und nichtadlige Stände in den Jahren 1675 und 1680 zum gemeinsamen Vorgehen zusammenfanden und endgültig durchsetzten. Im XII. Abschnitt stehen die beiden zentralen Maßnahmen im Mittelpunkt, die mit der Errichtung des absolutistischen Finanzsystems praktisch gleichzusetzen sind: die Reduktion und die vom Reichstag angeordnete Rechenschaftslegung der Vormundschaftsregierung (*förmyndarräfst*).

Es folgen die Beschreibung des absolutistischen Finanzsystems, des Einteilungswerkes (*indelningsverk*) (XIII.) und die abschließende Zusammenfassung (XIV.).

II. Das Problem

In dem großen schwedischen Konversationslexikon, dem „Nordisk familjebok", das zu Beginn des 20. Jahrhunderts in 38 Bänden erschien, heißt es in dem im Jahre 1910 herausgegebenen zwölften Band unter dem Stichwort „indelta armén" („das eingeteilte Heer"): „[...] das jüngere Einteilungswerk, das von Karl XI. geschaffen wurde, ist, abgesehen von einigen unbedeutenden Änderungen, bis in unsere Gegenwart hinein in Kraft."[4] Damals waren seit den Reformen Karls XI. 230 Jahre ins Land gegangen. Die lange Zeitspanne, während der das Reformwerk dieses Monarchen aus dem Hause Wittelsbach, Linie Pfalz-Zweibrücken, bestand, legt von der hohen Akzeptanz, welche das Einteilungswerk allgemein fand, beredtes Zeugnis ab.[5] Der letzte „eingeteilte" Soldat lebte, so der schwedische Militärhistoriker Lars Ericson, noch im Jahre 1969.[6] Wie kaum ein anderes Reformwerk hat das Einteilungswerk die ländliche schwedische und finnische Gesellschaft mitgeprägt und bis heute Spuren hinterlassen. Diese hohe Akzeptanz dürfte ihre Ursache in der optimalen Abstimmung des Einteilungswerks auf die ökonomischen und sozialen Verhältnisse des Landes und damit insbesondere auf die Interessenlage der bäuerlichen Schichten gehabt haben. Die Bauern waren maßgeblich an der Errichtung des Einteilungswerkes beteiligt. Im Gegenzug wurden sie sowie ihre Söhne und

[4] Nordisk familjebok. Konversationslexikon och realencyklopedi. 34 Bde. u. 4 Supplementbde. Neue revidierte und reich illustrierte Aufl. Stockholm 1904–1926, hier Bd. 12, Sp. 473. Das oben angeführte Zitat lautet im Original: „[...] det yngre indelningsverket, som uppgjordes av nämnde konung [Karl XI., W. B.] [tillämpas] med obetydliga ändringar intill våra dagar." In Finnland wurde das Einteilungswerk mit dem Übergang des Landes an Russland 1809 de facto außer Kraft gesetzt, das heißt, die Soldaten wurden entlassen, die bisher Unterhaltspflichtigen zahlten anstelle der Naturalleistungen eine „Vakanzabgabe". Während des Krimkrieges wurde das System reaktiviert, indem auf seiner – immer noch intakten – organisatorischen Grundlage neun Scharfschützenbataillone aufgestellt wurden. Diese wurden 1867 wieder aufgelöst. 1885 hob der Landtag des Großfürstentums Finnland das militärische Einteilungswerk formell auf (ebd. Sp. 478).

[5] Zur Geschichte des militärischen Einteilungswerkes s. die moderne Darstellung von *Lars Ericson*, Svenska knektar. Indelta soldater, ryttare och båtsmän i krig och fred. Lund 1995, neue, erw. Aufl. Lund 2002. Im Jahre 1900 wurde im damaligen (Rest-)Königreich Schweden die Allgemeine Wehrpflicht eingeführt, jedoch sollten die aktiven eingeteilten Soldaten bis zu ihrem Eintritt in den Ruhestand weiterhin Dienst tun. 1910 bestanden also beide Systeme, Wehrpflicht und Einteilung, nebeneinander. Eine Einordnung in den Zusammenhang der allgemeinen gesellschaftlichen Entwicklung Schwedens findet sich bei: *Stig Hadenius/Björn Molin/Hans Wieslander*, Sverige efter 1900. En modern politisk historia. Stockholm 1972, 30ff.

[6] *Ericson*, Svenska knektar (wie Anm. 5), 276.

Schwiegersöhne vom Kriegsdienst freigestellt. Der vom Landbesitz freigesetzten Bevölkerung, der sogenannten Landarmut, bot dieses System die Möglichkeit, sich mit der Übernahme einer der neu geschaffenen Soldatenstellen eine Existenzgrundlage im Bereich der engeren Heimat zu schaffen.

Seinen Namen erhielt das Einteilungswerk daher, dass jede (Natural-) Einnahme der Krone für eine bestimmte Ausgabe fest und unveränderlich „eingeteilt" war und so nahe wie möglich am Ort der Produktion an die Berechtigten ausgeliefert wurde.[7] Was dann etwa noch am etatmäßig festgesetzten Gehalt fehlte, wurde aus (Geld-)Einnahmen der Krone „angeordnet".[8] Mit dem Einteilungswerk von 1680 kehrten nach Jahrzehnten innerer Konflikte und Auseinandersetzungen, in deren Verlauf die Existenz der freien Bauern und der Erbpächter der Krone gefährdet und bedroht war, relative Ruhe und innere Stabilität in das schwedische Ostseeimperium ein.

Im Laufe des 17. Jahrhunderts erlebte das Königreich Schweden gleich zweimal einen Wechsel im politischen Regiment, jeweils gefolgt von Finanz- und Verwaltungsreformen: das erste Mal 1611 anlässlich des Regierungsantritts Gustavs II. Adolf (1611–1632)[9], das zweite Mal im Jahre 1680 nach der katastrophalen Niederlage im Krieg von 1672 bis 1679.

Anlässlich des Thronwechsels von 1611 sicherte sich die hochadlige Ratsaristokratie weitgehenden Einfluss auf das Regiment, nachdem

[7] Sofern Transportkosten anfielen, wurden damit die Steuerpflichtigen belastet. Im 19. Jahrhundert übernahm die Krone anfallende Transportkosten.

[8] Unter dem Stichwort „indelningsverk" (=Einteilungswerk) gibt das „Nordisk familjebok" die folgende Definition: „Im weitesten Sinne bezeichnet dieser Begriff das gesamte auf Einteilung basierende [staatliche] schwedische Gehaltssystem, ja sogar das gesamte System der Staatshaushaltung, das auf Einteilung oder Belehnung beruhte, das heißt auf Anweisung bestimmter Renten aus den Gütern und Bauernhöfen der Krone für jeden einzelnen ständigen Staatsbedarf (Heer, Flotte, Rechtswesen, Provinzregierungen mit der Gendarmerie und dem Steuererhebungssystem, Unterhaltung der Bergwerke usw.). Dieses System [...] erreichte seine Vollendung während der Regierung Karls XI., nachdem die Reduktion [...] die an Private vergebenen Güter und Renten wieder in den Besitz der Krone zurückgeführt hatte." (Im Original: „I vidsträckt bemärkelse omfattar detta ord hela det på indelning [...] byggda svenska aflöningsväsendet, ja t. o. m. hela det statshushållningssystem, som var grundad på indelning eller förläning, d. v. s. på anvisning af särskilda kronans gods och hemmansräntor för hvar och ett af de ständiga (ordinarie) och mera vidtomfattande statsbehofven (militien, flottan, rättsväsendet, länsstyrelsen med landtpolisen och uppbördsverket, bergsrörelsen m. m.). Detta system... nådde sin fulländning under konung Karl XI:s regering, sedan reduktionen bragt de till enskilda bortförlänade godsen och räntorna åter till kronan." Nordisk familjebok (wie Anm. 4), Bd. 12, 471.

[9] Die Jahreszahlen in Klammern hinter den Namen von Regenten geben die Regierungszeiten an.

Karl IX., Vorgänger und Vater Gustavs II. Adolf, sich bis dahin recht weitgehend auf Bauernstand und Geistlichkeit gestützt hatte.[10] Die Konfirmation der Adelsprivilegien hatte Karl IX. zu seinen Lebzeiten immer wieder hinausgezögert, bis sich diese durch seinen Tod erledigte.[11] 1604 hatte Karl IX. eine Reihe von Wortführern des Hochadels im sogenannten Blutbad von Linköping hinrichten lassen.[12]

Den Thronwechsel von 1611 nutzte der Hochadel, um dem Thronfolger eine Handfeste (*konungaförsäkran*) abzufordern. Darin musste sich Gustav Adolf verpflichten, seine Entscheidungen und Beschlüsse an die Zustimmung des Reichsrats zu binden.[13] Dadurch wurde der ausschließlich aus Hochadligen zusammengesetzte Reichsrat zum politischen Entscheidungszentrum.[14] Dies war die offizielle Geburtsstunde des Ratskonstitutionalismus beziehungsweise der schwedischen *monarchia mixta*.[15] In der Regi-

[10] *Sven A. Nilsson*, Reaktionen mot systemskiftet 1611. En linje i Gustav II Adolfs politik, in: ders., På väg mot reduktionen. Studier i svenskt 1600-tal. Stockholm 1964, 58–85, passim.

[11] *Severin Bergh*, Karl IX och den svenska adeln 1607–1609. Ett bidrag till Sveriges inre historia under början af 1600-talet. Akad. Afhandl. Uppsala 1882, passim. Berghs Untersuchung setzt 1607 ein, weil Karl IX. in diesem Jahre zum König gekrönt wurde.

[12] *Erik Petersson*, Den skoningslöse. En biografi över Karl IX. Stockholm 2008, 166–179 (Abrechnung mit führenden Persönlichkeiten des Hochadels), 290–292 (differenzierte Darstellung des Verhältnisses Karls IX. zum Bauernstand); *Lennart Hedberg*, Karl IX. Företagarfursten och envåldshärskaren. Stockholm 2009, u. a. 258, bes. 259f. Hedbergs Argumentation ist im Vergleich zu Peterssons stärkerer Orientierung an den ökonomischen und sozialen Strukturen Schwedens eher von einer personalisierenden Geschichtsauffassung geprägt.

[13] Eine gute Darstellung dieser Vorgänge in deutscher Sprache bei: *Marcus Junkelmann*, Gustav Adolf (1594–1632). Schwedens Aufstieg zur Großmacht. Regensburg 1993, 50–57. Dort findet sich ebenfalls eine Darstellung der Verwaltungsreformen, die in der Frühzeit der Regierung Gustavs II. Adolf durchgeführt wurden (131–155).

[14] Konungaförsäkran 1611. Försäkran afgifven af konung Gustaf II Adolf, datiert Nyköping, den 31. Dezember 1611 alter Stil (10. Januar 1612 neuer Stil), 6. Punkt (Till det siette), gedr. in: *Emil Hildebrand* (Ed.), Sveriges regeringsformer 1634–1809 samt konungaförsäkringar 1611–1800. Stockholm 1891, 195–202, hier 199f. – Von dieser Ausnahme abgesehen, erfolgt die Datierung oben im Text durchweg nach dem in Schweden bis zum Jahre 1752 ausschließlich verwendeten julianischen Kalender.

[15] *Nils Runeby*, Monarchia mixta. Maktfördelningsdebatt i Sverige under den tidigare stormaktstiden (1611–1660). (Studia Historica Upsaliensia, Bd. 6.) Stockholm 1962, 79ff. Aufschlussreich ist der hier zitierte Vergleich des schwedischen Reichsrats mit dem Kurfürstenkollegium des Heiligen Römischen Reichs, den Gustav II. Adolf persönlich anstellte: „Der Hochadel habe", so Gustav II. Adolf, „versucht, den Gemeinen Mann zu beeinflussen, damit dieser seinen Gehorsam und seine Anhänglichkeit von der königlichen Dynastie abwendet, um dann selbst nach dem Vorbild der sieben Kurfürsten um so eher seine eigene Herrschaft zu befestigen." („[...] att märkeligen avvärja allmogen ifrån konungasläktets hörsamhet och sedan framdeles så makeligen sitt egit välde stadfästa

mentsverfassung von 1634 erhielt diese ihre schriftliche Form, nachdem Gustav II. Adolf seinen Einfluss zeitweise stärker geltend gemacht hatte.[16]

Darüber hinaus musste Gustav II. Adolf das Versprechen abgeben, die fünf hohen Reichsämter (Reichsdrost, Reichsmarschall, Reichsadmiral, Reichskanzler und Reichsschatzmeister) sowie die höheren und leitenden Ämter in Heer, Flotte und Zivilverwaltung mit „eingeborenen schwedischen Männern von Ritterschaft und Adel" („infödde svenske män af ridderskapet och adelen") zu besetzen.[17] Nicht zuletzt wurde mit Axel Oxenstierna ein Repräsentant hochadliger Interessen dem König als Reichskanzler zur Seite gestellt.

Rund sieben Jahrzehnte später, nach der Niederlage im Krieg von 1672 bis 1679, galt die Politik der Ratsaristokratie allgemein als gescheitert. Schwedens norddeutsche Provinzen waren besetzt, die Flotte des dänischen Königs beherrschte die Ostsee, ein dänisches Expeditionskorps setzte über den Sund und konnte nur mit knapper Not abgewehrt werden, nachdem Karl XI. persönlich auf dem Kriegsschauplatz erschienen war. Allein durch das diplomatische Eingreifen Ludwigs XIV. wurde die Situation bereinigt und Schweden in den Friedensschlüssen des Jahres 1679 weitgehend restituiert. Allerdings gab es auch – kleinere – Gebietsverluste, in die Ludwig XIV. ohne Abstimmung mit Karl XI., aber in dessen Namen einwilligte.[18]

Die Verschuldung der Krone drohte außer Kontrolle zu geraten. Die Kehrseite dieser Verschuldung, der Reichtum des Hochadels, trat dagegen in dessen Prachtbauten rundum im Lande sichtbar und provozierend in Erscheinung.[19] Dies hatte sich schon in den 1630er Jahren für Bauern und Geistlichkeit als ein Ärgernis dargestellt.[20]

[…] på det de sitt sjumanna regemente till kurfurstarna i Tysklands exempel desto bättre anställa kunde […].").

16 Regeringsform 1634. Regeringsform af Rikets ständer gillad och daterad Stockholm den 29 juli 1634, gedr. in: *Hildebrand* (Ed.), Sveriges regeringsformer (wie Anm. 14), 1–41.

17 Konungaförsäkran 1611 (wie Anm. 14), 198.

18 Vgl. u. a. *Ragnar Hoffstedt*, Sveriges utrikespolitik under krigsåren 1675–1679. Akad. avh. Uppsala 1943, 322–324. S. auch *Georg Landberg*, Den svenska utrikespolitikens historia. Bd. 1, T. 3: 1648–1697. Stockholm 1952, 200–212, hier bes. 201 ff.

19 *Claes Ellehag*, Palatsen i Stockholm under stormaktstiden. Lund 1998, passim, mit Abbildungen. Die Repräsentativität der Schlösser des Hochadels wird etwa dadurch deutlich, dass die königliche Familie nach dem Brand des Stockholmer Königsschlosses „Drei Kronen" in einen dieser zahlreichen Paläste, den Wrangel'schen, umziehen und dort bis zur Fertigstellung des neuen Schlosses im Jahre 1754 residieren konnte. Ebd. 102–111 und Abbildungen, insbes. 105 Abb. 90. Nach 1680 wurden in vielen dieser

Kontribution oder Reduktion hieß die finanzwirtschaftliche Alternative, hinter der sich gegensätzliche Konzepte der Umverteilung des gesellschaftlichen Reichtums verbargen. Dem Konzept der Ratsaristokratie, die Kronfinanzen mit Hilfe der Erhebung von Kontributionen zu konsolidieren, von denen sie selbst befreit sein sollte, setzten die nichtadligen Stände die Forderung nach der Reduktion der adligen Güter und deren Rückführung in die Verwaltung der Krone entgegen. Mit den so vermehrten Einnahmen sollten die Aufgaben der Krone finanziert werden, so dass keine Kontributionen erforderlich wären.

III. Die Fragestellung

Vor diesem Hintergrund stellt sich eine Reihe von Fragen, auf die im Folgenden eine Antwort gesucht werden soll. In welchem Zusammenhang standen adlige Gutsbildung und das vom Hochadel favorisierte Finanzsystem? Welche Finanzdoktrin legte der Hochadel seiner Finanzpolitik seit 1611 zugrunde? Wie begründeten beziehungsweise wie propagierten die Repräsentanten des Hochadels ihre Maßnahmen gegenüber den anderen Ständen? In welcher Weise waren andere gesellschaftliche Gruppen betroffen und wie reagierten diese?

Welche Ursachen und Kräfte führten dazu, dass der Prozess der Gutsbildung in Schweden und Finnland gestoppt wurde und seit 1680 wieder rückläufig war?

Wenn es im Königreich Schweden zu einem Zusammengehen von Bauern, Königtum, Geistlichkeit und Bürgerstand kam, dann mag sich dies aus mitteleuropäischer Perspektive auf den ersten Blick als ungewöhnlich darstellen. Daran schließt sich die Frage nach den finanzwirtschaftlichen Vorstellungen an, die Bauern, Bürger und Geistlichkeit ihrerseits entwickelten.

Für den Zeitraum ab 1680 rücken die Bedingungen in den Vordergrund, unter denen das Finanzsystem des karolinischen Absolutismus aufgebaut wurde.

Paläste Behörden und Gerichte untergebracht, so etwa der Oberste Gerichtshof (Högsta domstolen) im ehemaligen Palast der Familie Bonde.

[20] *Gunner Wetterberg*, Axel Oxenstierna i sin tid. T. 2. Stockholm 2002, 706f. Eine ausführliche Untersuchung des Widerstandes der nichtadligen Stände während der Unmündigkeit Christines findet sich bei *Georg Wittrock*, Regering och allmoge under Kristinas förmyndare. Studier rörande allmogens besvär. (Skrifter utgivna av K. Humanistiska Vetenskaps-Samfundet i Uppsala, Bd. 38.) Uppsala 1948, passim, bes. 482–489.

In diesem Zusammenhang sollte untersucht werden, ob nach Durchführung der Finanzreformen in den Jahren nach 1680 tatsächlich keine Kontributionen mehr ausgeschrieben wurden.

Zu betrachten ist aber auch die für Schweden eigentümliche Rolle des Königtums – jenseits vereinfachender Vorstellungen einer einseitigen Parteinahme für die eine oder die andere Seite.

Schließlich soll eine allgemeine und übergreifende Antwort auf die Frage gesucht werden, ob und gegebenenfalls inwieweit die Ereignisse und Verläufe der schwedischen Finanzgeschichte des 17. Jahrhunderts mit den klassischen Begriffen „Domänenwirtschaft", „Finanzstaat" und „Steuerstaat" der historischen Teildisziplin „Finanzgeschichte" angemessen beschrieben und analysiert werden können.[21]

IV. Die Quellen und ihr Entstehungszusammenhang

Die Quellenlage zu den Auseinandersetzungen des 17. Jahrhunderts ist insgesamt gut. Dazu hat nicht unwesentlich beigetragen, dass den Bauern mit dem Reichstag ein Forum zur Verfügung stand, in das sie sich mit ihren Interessen umfassend einbringen konnten.[22] Dies geschah überwiegend in schriftlicher Form. Bei mündlichen Verhandlungen wurde Protokoll geführt. Für diese Aufgabe stellte der Bauernstand einen oder mehrere Schreiber an. Die Bauern waren weitgehend in den Herrschaftsdiskurs integriert; sie erwiesen sich dabei nahezu durchgehend als eine zuverlässige und starke Stütze des Königtums.[23]

Wichtigste Grundlage der finanzgeschichtlichen Forschung sind indessen die systematisch angelegten und in Serien überlieferten Kameralakten,

[21] Vgl. dazu *Werner Buchholz*, Der moderne Steuerstaat. Bedingungen seiner Entstehung und Entwicklung in Mittelalter und Neuzeit, in: Sozialwissenschaftliche Informationen 19, 1990, 5–22, mit der dort angegebenen Literatur, insbesondere die Arbeiten von Joseph Alois Schumpeter, Rudolf Goldscheid und Erling Ladewig Petersen, sowie: *ders.*, Geschichte der öffentlichen Finanzen in Europa in Spätmittelalter und Neuzeit. Darstellung, Analyse, Bibliographie. Berlin 1996.

[22] Im Geheimen Ausschuss, dem Machtzentrum des Reichstags, waren sie jedoch nicht zugelassen.

[23] Vgl. dazu zuletzt die vergleichende englischsprachige Übersicht über die Rolle der Bauern in Skandinavien, England und Deutschland von *Peter Blickle/Steven Ellis/Eva Österberg*, The Commons and the State: Representation, Influence, and the Legislative Process, in: Peter Blickle (Ed.), Resistance, Representation, and Community. (The Origins of the Modern State in Europe, 13th to 18th Centuries.) Oxford/New York 1997, 115–153, hier 122f.

in denen die Besitz- und Eigentumsverhältnisse seit dem 16. Jahrhundert dokumentiert wurden. Auf dieser Grundlage konnte das Krongut, das im Laufe der knapp sieben Jahrzehnte vor 1680 veräußert worden war, erfasst und im Zuge der Reduktion der adligen Güter an die Krone zurückgeführt werden. Hier markierte das Jahr 1604 gleich in mehrerlei Hinsicht eine Zäsur.[24] Grund und Boden, den die Krone vor 1604 veräußert hatte, war in den Akten der Kameralverwaltung des 16. Jahrhunderts anfänglich in die Kategorie *frälse* (von Abgaben und Diensten gegenüber der Krone weitgehend befreites Adelsland) überführt worden, unabhängig davon, ob die Vergabe als Donation, als Lehen oder im Wege des Verkaufs von Renten und Diensten erfolgt war.[25] Damit hatte die Krone sich des Rechtstitels entäußert, mit dem Rückforderungsansprüche begründet werden konnten. So wurde ursprünglich der Krone gehörendes Land mit dem alten *frälse*-Land rechtlich gleichgestellt.[26]

Güter, die auf der Grundlage des Reichstagsbeschlusses von 1604 vergeben wurden, sollten dagegen den Charakter von Lehen haben und an die Krone zurückfallen, sobald keine männlichen Erben mehr vorhanden waren. Die Anzahl der Erbberechtigten wurde eingeschränkt, meist auf die direkten Nachkommen. Darüber hinaus wurden veräußerte Güter und Einkünfte in den Verwaltungsakten und Rechnungen weiterhin mit ihrer ursprünglichen kameralen Eigenschaft, *krono* oder *skatte*, geführt. Auch dies geschah auf der Grundlage des Reichstagsbeschlusses von Norrköping 1604.[27] Damit wurden in den jährlichen Rechnungen der Krone die Abgaben Jahr für Jahr aufgeführt, die der Krone während der Zeit der Veräußerung von Teilen ihres Gutsbestandes verlorengingen.

[24] Vgl. hierzu und zum Folgenden: *Sven A. Nilsson*, Det gamla frälset, in: ders., På väg mot reduktionen (wie Anm. 10), 11–22.

[25] Ebd. 14f. Die dazu teilweise scheinbar im Widerspruch stehenden Ausführungen bei *Eli F. Heckscher*, Sveriges ekonomiska historia från Gustav Vasa. Bd. 2/1: Före frihetstiden, Stockholm 1936, 333, dürften sich durch chronologische Zu- und Einordnung der angeführten Beispiele auflösen. Die von Heckscher angegebenen Beispiele stammen aus der Zeit vor 1632.

[26] Eine vorzügliche Einführung in deutscher Sprache in die kameralen Kategorien *skatte*, *krono*, *frälse*, *skattefrälse*, *frälseskatte* usw. bietet: *Helmut Backhaus*, Bauernstand und Eigentumsrecht während der schwedischen Freiheitszeit, in: Rudolf Vierhaus (Hrsg.), Eigentum und Verfassung. Zur Eigentumsdiskussion im ausgehenden 18. Jahrhundert. Göttingen 1972, 68–111.

[27] *Nilsson*, Gamla frälset (wie Anm. 24), 16f., v. a. 20: „För Norrköpingsgodsen kunde man [...] inte medge någon frälseöverföring [...]." („Für die Güter, die auf der Grundlage des Reichstagsbeschlusses von Norrköping 1604 vergeben wurden, konnte man [...] keine Überführung in die Kategorie frälse zugestehen.")

Entscheidend war, dass die Erträge und Abgaben aus den vergebenen Ländereien, die von den dort ansässigen Bauern und ihren Arbeitskräften erwirtschaftet wurden, unter der Rubrik *avkortningar* (im Sinne von „Einnahmeminderungen“) weiterhin Jahr für Jahr erfasst und dokumentiert wurden.[28] Allerdings wurden noch bis zum Jahre 1632 vereinzelt Umwandlungen von Krongut in Adelsland vorgenommen. Erst nach dem Tode Gustavs II. Adolf hörten diese Umwandlungen von der einen kameralen Bodenkategorie in die andere endgültig auf.[29]

Diese Dokumentation der Einnahmeausfälle der Krone, die mit den Einkünften der Käufer und Donatare identisch waren, macht es möglich, die Veräußerung von Gütern und Renten der Krone bis ins Jahr 1604 zurückzuverfolgen.

Nach dem Tode Karls IX. gab es immer wieder Vorstöße und Versuche des Adels, die Überführung seiner Donationen und Lehen aus Krongut in die Kategorie *frälse* zu erwirken, so dass etwaigen Rückforderungen seitens der Krone ein Riegel vorgeschoben worden wäre. Ebenso regelmäßig wurden solche Versuche jedoch von den nichtadligen Ständen abgewehrt. Auch aus der Verwaltung wurde des Öfteren der Wunsch geäußert, eine solche Überführung der Donationen und Lehen in die Kategorie *frälse* vorzunehmen. Man wollte sich der zeitraubenden Doppelbuchführung entledigen, dass nämlich Jahr für Jahr zunächst sämtliche veräußerten Güter der Krone mit ihren Abgaben auf der Einnahmeseite aufgeführt und dann – zum zweiten Mal – ebenso detailliert als Einnahmeminderung (*avkortning*) auf der Ausgabenseite verzeichnet werden mussten.[30]

[28] Ebd. 13 ff., bes. 17: „Den tidigare sedvänjan att överföra donerade gods till frälse var naturlig under en tid då donationerna hade fullt allodial karaktär; de avsöndrade godsen fick då samma ställning som adelns gamla arvegods. Men när dessa förhållanden började ändras och samtidigt en rad godsrannsakningar igångsattes, fick kronan ett direkt intresse av att låta de avsöndrade godsen behålla sin ursprungliga hemmansnatur och i stället avdraga deras räntor i räkenskapernas avkortning.“ („Die frühere [vor 1604 vorwiegend praktizierte, W. B.] Gewohnheit, als Donation veräußerte Krongüter unter der kameralen Kategorie *frälse* zu führen, erschien so lange angebracht, wie die Donationen allodialen Charakter hatten; die veräußerten Güter erhielten dann dieselbe Rechtsqualität wie die traditionellen adligen Erbgüter. Als dies aber geändert wurde und gleichzeitig eine Reihe von Überprüfungen vorgenommen wurde, hatte die Krone ein unmittelbares Interesse daran, dass das veräußerte Krongut seine ursprüngliche kamerale Natur behielt und stattdessen die daraus herfließenden Renten als Minderung der regulären Einnahme in der Rechnungsführung der Krone auszuweisen.“)

[29] Ebd. 20.

[30] Ebd.

V. Die Verteilung des Grundbesitzes bis zum Regierungsantritt Gustavs II. Adolf

Als Gustav II. Adolf im Jahre 1611 den schwedischen Thron bestieg, war im gesamten übrigen Ostseeraum die Gutsbildung bereits seit Jahrzehnten in vollem Gange.[31] Dieser Fundamentalprozess veränderte und prägte seit dem 15. Jahrhundert die gesellschaftlichen Strukturen des Ostseeraumes. Ihren „sichtbarsten Ausdruck" (Helmfrid) fand die Gutsbildung in der Veränderung der Kulturlandschaft.[32] Die „Weite des Landes", die oft als Charakteristikum der Landschaft östlich der Elbe hervorgehoben wird, ist auf die dünne Besiedlung als eine Folge der Großbetriebslandwirtschaft zurückzuführen.[33] Dagegen umfassten die Adelshöfe (*säterier*) Schwedens und Finnlands bis zum Beginn des 17. Jahrhunderts – und dann wieder nach 1680 – meist nur ein oder zwei Hufen. Sie waren also kaum größer als Bauernhöfe.[34] Von diesen unterschieden sie sich im Wesentlichen nur durch die Privilegierung.

Versuche zur Gutsbildung in den Regionen nördlich der Ostsee mussten die freien bäuerlichen Selbsteigentümer (*självägande*), die *skatte*-Bauern, wie auch die Erbpächter der Krone, die *krono*-Bauern, auf den Plan rufen.[35]

[31] S. dazu die Untersuchung des Kulturgeographen *Staffan Helmfrid*, Studier i agrar stordrift, in: Ymer. Tidskrift utgiven av Svenska sällskapet för antropologi och geografi 84, 1964, 1–149.

[32] *Ders.*, Gutsbildung und Agrarlandschaft in Schweden im 16.–17. Jahrhundert, in: Mårten Stenberger (Hrsg.), Die Bauerngesellschaft im Ostseeraum und im Norden um 1600. (Museum Gotlands fornsal). Visby 1966, 17–34, hier 17f.

[33] Von der „Entvölkerung des platten Landes", die durch die Vergrößerung der ohnehin schon großen Güter auf Kosten der Bauern im Zuge der preußischen Agrarreformen zu Beginn des 19. Jahrhunderts weiter vorangetrieben wurde, sprach etwa Julius Langerstein: *Julius Langerstein*, Die Entvölkerung des platten Landes in Pommern von 1890 bis 1905. Diss. phil. Greifswald 1912.

[34] *Helmfrid*, Gutsbildung und Agrarlandschaft (wie Anm. 32), 17 und 21. S. u. a. auch *Max Stolt*, Wirtschafts- und bevölkerungsgeographische Verhältnisse von Alt-Vorpommern. Mit einer Volksdichte- und einer Siedlungskarte. (Beiheft zum XVI. Jahresbericht der Geographischen Gesellschaft zu Greifswald 1916–1917.) Greifswald 1917, 177–186.

[35] Auch die Erbpächter der Krone waren persönlich frei. Hörige Bauern gab es weder in Schweden selbst noch im östlichen Reichsteil auf der anderen Seite des Bottnischen Meerbusens. Die *krono*-Bauern und die *skatte*-Bauern unterschieden sich durch das unterschiedliche Besitzrecht an ihren Höfen. Der *skatte*-Bauer war Selbsteigentümer (*självägande*) mit ständischem Geburtsrecht (*bördsrätt*) an seinem Hof. In der deutschen Literatur werden *skatte*-Bauern und ihre Höfe oftmals zur Krondomäne gerechnet, vermutlich weil die Krone gewisse Rechte an den Höfen hatte und die Abgaben und Dienste dem König geleistet wurden. Jedoch handelte es sich dabei nur um solche Rechte, welche die Aufrechterhaltung des landwirtschaftlichen Betriebes gewährleisten sollten. Dies waren

Gemeinsam repräsentierten diese beiden Gruppen reichstagsfähiger Bauern den weitaus größten Anteil des Grundbesitzes. Fast 80 Prozent der bewirtschafteten Flächen befanden sich entweder im Besitz oder im Eigentum der freien Bauern. In den Kämpfen des Spätmittelalters, als die Rechte der Bauern in den meisten Regionen Europas eingeschränkt wurden, haben die skandinavischen Bauern ihre Positionen nicht nur behaupten, sondern sogar noch ausbauen können. Die Durchsetzung „rechtlich nicht gesicherter Ansprüche", wie Peter Blickle die Missachtung bäuerlicher Rechte und ihre Unterdrückung in weiten Teilen Europas seit dem Spätmittelalter euphemistisch umschrieb[36], erwies sich in Skandinavien mit Ausnahme Dänemarks als eine nicht mögliche Option.[37] Der Adel verfügte nur über einen – gemessen an mitteleuropäischen Verhältnissen – relativ geringen Anteil am Grund und Boden. Tabelle 1 gibt einen Überblick über die Verteilung des Grundbesitzes auf die genannten kameralen Kategorien, *skatte*, *krono* und *frälse*, vor und nach der Säkularisation des Kirchengutes im Zuge der Reformation.

Tabelle 1: Grundbesitzverteilung im Königreich Schweden vor und nach 1527 in Prozent[38]

	1527	1550
Bauern (*skatte*)	61,8	62,5
Krone	3,5	21,3
Adel	17,3	16,2
Kirche	17,4	0,0
	100,0	100,0

Rechte, deren Wahrnehmung durch die Krone im Interesse des Bauernstandes selbst lag. Eine Gleichstellung des *skatte*-Bauern mit den Domänenbauern anderswo in Europa verdeckt die gravierenden Unterschiede und ist daher m. E. eher irreführend.

[36] *Peter Blickle*, Auf dem Weg zu einem Modell der bäuerlichen Rebellion – Zusammenfassung, in: ders./Peter Bierbrauer/Renate Blickle (Hrsg.), Aufruhr und Empörung? Studien zum bäuerlichen Widerstand im Alten Reich. München 1980, 296–308, hier 297.

[37] Vgl. *Peter Bierbrauer*, Bäuerliche Revolten im Alten Reich. Ein Forschungsbericht, in: Blickle/Bierbrauer/Blickle (Hrsg.), Aufruhr und Empörung (wie Anm. 36), 1–68, hier 39f. Die von Bierbrauer genannten Ziele der Bauernrevolten im Heiligen Römischen Reich sind für skandinavische Bauern als genuine Rechte in den alten Landschaftsrechten überliefert. In den Auseinandersetzungen des Spätmittelalters konnten diese behauptet werden. – Vgl. ebenfalls *Peter Blickle*, Bäuerliche Erhebungen im spätmittelalterlichen deutschen Reich, in: ZAA 27, 1979, 208–231, hier bes. 224–226. Ebenfalls grundlegend und umfassend: *Winfried Schulze*, Bäuerlicher Widerstand und feudale Herrschaft in der frühen Neuzeit. (Neuzeit im Aufbau, Bd. 6.) München 1980, zu den Motiven und Zielen der Bauern s. 115–128.

[38] Angaben nach *Lars-Olof Larsson*, Jordägofördelningen i Sverige under Gustav Vasas

Tabelle 1 weist aus, dass die Säkularisation des Kirchenguts überwiegend der Krone und dem Königshaus[39] zugute kam. Die insgesamt signifikante Verbreiterung der ökonomischen Grundlage des Königtums findet in dessen politischem Erstarken und der Einführung der Erbmonarchie im Jahre 1544 als einem zentralen Ergebnis der Umbrüche der ersten Hälfte des 16. Jahrhunderts seine Entsprechung.

Der Adel büßte dagegen einen Prozentpunkt ein. Allerdings handelte es sich hier um eine relative Minderung; die absolute Zahl der Höfe in adligem Besitz erhöhte sich um einige hundert Bauernstellen aus ehemals kirchlichem Besitz.

Die relative Verringerung des adligen Grundbesitzes führte der schwedische Historiker Lars-Olof Larsson auf die Binnenkolonisation in der ersten Hälfte des 16. Jahrhunderts zurück. Diese habe zu einem Zuwachs von insgesamt sechs Prozent in der Gesamtzahl der Bauernhöfe in Schweden und Finnland geführt. Die neu angelegten Höfe, die durch Kolonisation unter der Ägide der Krone gewonnen wurden, erhielten in der Regel den Charakter von *krono*.[40]

Was die freien Bauern betrifft, so war deren Land durch die Säkularisierungen geringfügig um 0,7 Prozent oder etwa 700 Höfe angewachsen. Allerdings überlappen sich hier die Bereiche der Krone und der freien Bauern, denen auch die Erbpächter der Krone, die *krono*-Bauern, zuzurechnen sind. Nicht zuletzt bildeten sie gemeinsam mit den Inhabern der *skatte*-Höfe den Bauernstand des Reichstags. An diesem Beispiel zeigt sich die partielle Interessenkongruenz von Königtum und Bauern.

regering, in: Scandia 51, 1985, 61–90, hier 75 Tabelle 10. Zur kritischen Würdigung der älteren Literatur, insbesondere der bis heute in vielerlei Hinsicht unentbehrlichen schwedischen Wirtschaftsgeschichte Hecksches, durch Larsson vgl. ebd. 61–75. Vgl. ebenfalls *Eli F. Heckscher*, Sveriges ekonomiska historia från Gustav Vasa. Bd. 1/1. Stockholm 1935, 132 und Anlage IV, 14. 1527 beschloss der schwedische Reichstag die Säkularisation des Kirchengutes, s. dazu *Werner Buchholz*, Schweden mit Finnland, in: Matthias Asche/Anton Schindling (Hrsg.), Dänemark, Norwegen und Schweden im Zeitalter der Reformation und Konfessionalisierung. (Katholisches Leben und Kirchenreform im Zeitalter der Glaubensspaltung, Bd. 62.) Münster 2003, 107–239, hier 144 ff.

[39] Die sogenannten Erb- und Eigengüter (*arv och eget*) des Königshauses werden üblicherweise unter der Kategorie *krono* eingeordnet und nicht gesondert, etwa als privater Besitz des Königshauses, ausgewiesen.

[40] *Larsson*, Jordägofördelningen (wie Anm. 38), 74. Auch die neueren übergreifenden Darstellungen zur Geschichte Schwedens sind dazu übergegangen, die neueren Ziffern Larssons zu verwenden. Vgl. *Dick Harrison/Bo Eriksson*, Sveriges historia 1350–1600. Stockholm 2010, 238.

In ihrem Ergebnis hat die Reformation eher zu einer Schwächung des Adels und zur weiteren Stärkung des Bauernstandes geführt. Die großen Gewinner der Reformation waren indessen die Krone und mit ihr die königliche Familie.

In der Mitte des 16. Jahrhunderts besaß der Adel weniger als ein Fünftel des Bodens, der von den – persönlich ebenfalls freien – *frälse*-(=Adels-) Bauern bearbeitet wurde. Zur bäuerlichen Kurie des Reichstags waren diese jedoch nicht zugelassen. *Skatte*- und *krono*-Bauern begründeten die Nichtzulassung der *frälse*-Bauern zum Reichstag damit, dass diese die Interessen ihrer adligen Patrone verträten. Die *frälse*-Bauern waren gegenüber der Krone im Prinzip abgabenfrei und leisteten ihre regelmäßigen Abgaben und Dienste dem Adelsmann als dem Grundherrn des Bodens, den sie bearbeiteten. Bei außerordentlichen Bewilligungen und Steuerausschreibungen leisteten sie für gewöhnlich die Hälfte im Vergleich zu *skatte* und *krono*.

VI. Der Regimentswechsel von 1611 und die adlige Gutsbildung im 17. Jahrhundert

Mit der Etablierung des Regiments von 1611 wurden die politischen Voraussetzungen zur Bildung großer adliger Güter auf Kosten der freien schwedischen und finnischen *skatte*-Bauern ebenso wie der Erbpächter der Krone (*krono*-Bauern) geschaffen. Der *skatte*-Bauer hielt als Vertreter seines Geschlechts das volle Eigentumsrecht an seinem Hof; das *dominium directum* stand weder dem König noch einem Adelsmann zu.[41] Auch wenn der Adel diese Rechtsposition bestritt und den *skatte*-Bauern, ähnlich wie den Erbpächter der Krone, auf das *dominium utile* beschränkt sehen wollte, so wurde in der Praxis doch dementsprechend verfahren, etwa indem bei Veräußerungen von Renten und Diensten eines *skatte*-Hofes (*skattehem-*

[41] Der *skatte*-Bauer hatte nicht nur das Geburtsrecht (*bördsrätt*) an seinem Hof, sondern das volle Eigentum, wie es in einer Schrift aus dem Jahre 1649 heißt, die dem späteren Königlichen Rat Edvard Ehrensteen zugeschrieben wird („så består Skatterättigheten icke allenast uti blotta bördsrätten, eller som en part af Adelen det uttydde, *in jure soli habitandi*; utan ock fast mer i sielfwa Egendomen, hwilken hörer Bonden til"), s. *Jonas Hallström* (Ed.), Oförgripelige bewis emot Adelens Rättighet öfwer Skatte-gods, författade af Kongl. Rådet och Cantzli-rådet Edvard Philipsson Ehrensteen. Jämte bihang, af Åke Rålambs Deduction, huru stora landtougs-gjärden olagligen gådt från kronan under frälset. Stockholm 1769, 25. – Vgl. *Heckscher*, Sveriges ekonomiska historia (wie Anm. 25), Bd. 2/1, 334f.

man) an einen Adelsmann in die Donations- beziehungsweise Belehnungsurkunden durchgehend die Bestimmung eingefügt wurde, dass der Bauer nicht unter Missachtung seines Geburtsrechts (*bördsrätt*) von seinem Hof verdrängt werden durfte.[42]

In den übrigen Ländern des Ostseeraumes war, wie bereits erwähnt, die Gutsbildung schon seit längerem in vollem Gange und hatte zu Beginn des 17. Jahrhunderts ein fortgeschrittenes Stadium erreicht.[43] Wenn diese dagegen im Königreich Schweden über die kaum nennenswerten Ansätze des 16. Jahrhunderts nicht hinausgekommen war, so dürfte dies zu einem nicht unerheblichen Anteil auf die wirtschaftliche und soziale Stärke der Bauern und ihren damit verbundenen politischen Einfluss selbst zurückzuführen sein.[44] In den Auseinandersetzungen des 15. und 16. Jahrhunderts hatten die Bauern nicht nur ihre Mitspracherechte in der lokalen Verwaltung und der Gerichtsbarkeit behaupten, sondern auch die Herabsetzung von Abgaben und Diensten durchsetzen können. Diese durften auch nicht einseitig erhöht werden.[45] Gegenüber dem König verhielten sich die Bauern prinzipiell loyal. Sie respektierten grundsätzlich auch die Existenz eines Adels,

[42] *Heckscher*, Sveriges ekonomiska historia (wie Anm. 25), Bd. 2/1, 332f. – Das Geburtsrecht (*bördsrätt*) am Hof hatten alle Verwandten in auf- und absteigender sowie in vertikaler Linie. Der *skatte*-Bauer hatte somit kein individuelles Eigentumsrecht am Hof, sondern war Eigentümer als Vertreter seines Geschlechts. Zu Diskussion und Stärkung des Eigentumsrechts der bäuerlichen Selbsteigentümer vgl. auch *Arthur Thomson*, Grundskatterna i den politiska diskussionen 1809–1866. Ett bidrag till lantmannapartiets förhistoria. Lund 1923, 76–89, bes. 86ff.

[43] Vgl. dazu zuletzt regional übergreifend mit Blick auf den gesamten Ostseeraum: *Kerstin Sundberg*, Stat, stormakt och säterier. Agrarekonomisk utveckling och social integration i östersjöområdet 1500–1800. Lund 2001, 135–157, zur Stellung der Bauern, 162ff. In Dänemark erreichte das Bauernlegen im Zuge der Herausbildung der Gutsherrschaft in den Jahrzehnten zwischen 1650 und 1690 seinen Höhepunkt: *Carsten Porskrog Rasmussen* u. a. (Eds.), Det danske godssystem 1500–1919. Århus 1987, 14f., mit Hinweisen auf weitere Literatur, darunter der Klassiker für die Geschichte der Gutsbildung in Dänemark: *Gunnar Olsen*, Hovedgård og bondegård. Studier over stordriftens udvikling i Danmark i tiden 1525–1774. Bd. 1. Kopenhagen 1957.

[44] Vereinzelte Ansätze zur Gutsbildung hatte es auch im Königreich Schweden schon im 16. Jahrhundert gegeben, s. dazu *Sven A. Nilsson*, Krona och frälse i Sverige 1523–1594. Rusttjänst, länsväsende, godspolitik. Lund 1947, passim, bes. das zusammenfassende Kapitel „Utvecklingslinjer inom godspolitiken" („Entwicklungslinien in der Guts[bildungs]politik"), 374–384.

[45] *Harrison/Eriksson*, Sveriges historia (wie Anm. 40), 113–126, 238ff., 253ff., insbes. aber 239f. – Auch die ältere Arbeit von *Enoch Ingers*, Bonden i svensk historia. T. 1. Stockholm 1943, 109–137, bietet eine solide Darstellung, sofern man von der Neigung des Autors zu zeittypischen nationalistischen Projektionen und Mythenbildungen absieht und sich auf die Rezeption der von ihm dargelegten Fakten beschränkt.

erwarteten jedoch, dass dieser für seine Privilegien der Krone entsprechende Dienste leistete.[46] Der Adel sollte nicht Kostgänger der Allgemeinheit, sondern ein nützliches Mitglied der Gesellschaft sein. Wenn die Bauern für ihre Rechte kämpften, dann ging es ihnen stets auch um die Bewahrung beziehungsweise Wiederherstellung der überkommenen Rechts- und Gesellschaftsordnung.

Nach 1611 kam indessen die Gutsbildung in Gang, vorbereitet durch den Wechsel im Regiment, der sich in diesem Jahr vollzog.[47] Allerdings lief dieser Prozess auch nach 1611 eher sachte und allmählich an, wohl nicht zuletzt wegen der stets zu befürchtenden Reaktionen des Bauernstandes. Ein festes Schema für das Vorgehen des Adels und seiner Bedienten gab es nicht, aber im Allgemeinen hat man sich diese Vorgänge der versuchten Gutsbildung in Schweden und Finnland in etwa wie folgt vorzustellen: Im ersten Schritt erwarb der adlige Käufer, Donatar oder Lehnsträger das Recht, anstelle der Krone die bäuerlichen Renten und Dienste eines oder mehrerer *skatte*-Höfe zu vereinnahmen. Dabei blieben die Rechte und die Verpflichtungen der Bauern anfänglich unberührt. Aus der Perspektive des Bauern wechselte zunächst nur der Empfänger seiner Abgaben und Dienste. An die Stelle der Krone trat der begünstigte Adelsmann. Sonst blieb alles beim Alten. Erst nach und nach versuchten die Adligen, die bäuerlichen Rechte, insbesondere das Geburtsrecht, zu schwächen und schließlich an sich zu bringen.[48]

Kurt Ågren gelangte auf der Grundlage seiner Untersuchung zu den Bauern der Krone und des Adels in der Provinz Uppland zu dem Ergebnis, dass der Adel in seinen Bestrebungen, sich in den Besitz von *skatte*-Höfen zu setzen, beim bäuerlichen Geburtsrecht ansetzte. Gelang es dem Adelsmann, das Geburtsrecht in die Hand zu bekommen, konnte der Bauer gelegt und sein Hof einem Herrensitz (*säteri*) zugeschlagen werden. Für diesen wurde dann gemäß den Bestimmungen der Adelsprivilegien Abgabenfreiheit gegenüber der Krone beansprucht.

[46] Diesen Grundsatz hatte Karl IX. stets betont. Adlige, die Krongüter zu Lehen besaßen, hatten dafür Waffendienst zu leisten. *Bergh*, Svenska adeln (wie Anm. 11), 49f.

[47] *Nilsson*, Reaktionen (wie Anm. 10), bes. 60: „Förändringarna 1611 hade främst inneburit, att adeln och dess ledande män kommit till makten [...].“ („Die Veränderungen von 1611 bedeuteten in erster Linie, dass der Adel und seine führenden Persönlichkeiten an die Macht kamen [...].“). Vgl. auch *ders.*, Gamla frälset (wie Anm. 24), 18.

[48] *Heckscher*, Sveriges ekonomiska historia (wie Anm. 25), Bd. 2/1, 331 mit Hinweisen auf weitere (ältere) Literatur und Quellen; *Kurt Ågren*, Adelns bönder och kronans. Skatter och besvär i Uppland 1650–1680. (Studia Historica Upsaliensia, Bd. 11.) Uppsala 1964, 178f.

Ein Ansatz bot sich, wenn der Bauer mit seinen Abgaben in Verzug geriet und sich Restanten bildeten. Wenn in einem solchen Fall die Bezahlung ohne Einräumen von Fristen gefordert wurde und der Bauer nicht zahlen konnte, blieb ihm nichts anderes übrig, als sein Geburtsrecht gegen Erlass der Schulden an den Adelsmann abzutreten.[49] Grundsätzlich hatten allerdings die Anverwandten, die sowohl in absteigender und aufsteigender als auch in horizontaler (Seiten-)Linie erbberechtigt waren, das Recht, den Hof für das Geschlecht zu erhalten, indem sie ihrerseits die Restanten beglichen.[50] Allem Anschein nach wurde dieses Recht aber nicht sehr häufig wahrgenommen.

Die Palette möglicher Druckmittel, welche von den adligen Donataren und Käufern bäuerlicher Renten eingesetzt wurden, umfasste noch weitere Maßnahmen: Allmähliche Erhöhung der Abgaben, schleichende Erweiterung der Dienstleistungen und punktuelle Versuche, die Hardengerichte mit ihren bäuerlichen Beisitzern beziehungsweise Schöffen (*nämndemän*) durch Patrimonialgerichte zu ersetzen, stellten weitere Varianten adligen Vorgehens dar.[51] Der Wirtschaftshistoriker Eli F. Heckscher führte einige konkrete Beispiele an, darunter etwa die ebenfalls häufig angewendete Strategie, dass der Adelsmann sich zwei Jahre lang weigerte, die Rente entgegenzunehmen, im dritten Jahr dann aber alles auf einmal forderte.[52] Wenn es dem Bauern nicht möglich war zu zahlen, konnte der Adelsmann den Hof einziehen.

Übergriffe dieser Art auf die Rechte der Bauern und deren – letztlich von Erfolg gekrönter – Widerstand sind das Grundthema der schwedischen Geschichte des 17. Jahrhunderts. Im Kern sehen wir hier den Primat der Innenpolitik vor uns, der die grundlegenden Bedingungen der schwedischen

[49] *Ågren,* Adelns bönder (wie Anm. 48), 195. Restanten konnten auch als Druckmittel eingesetzt werden, um die Frondienstleistungen zu erhöhen.

[50] Allgemeines Landrecht, Kapitel Erbrecht (*ärvdabalken*), Abschnitte I und II, gedruckt in: *Åke Holmbäck/Elias Wessén* (Bearb.), Magnus Erikssons landslag i nusvensk tolkning. (Rättshistoriskt bibliotek, Bd. 6.) Stockholm 1962, 58. – Zum bäuerlichen Geburtsrecht (*bördsrätt*) s. auch *Gerhard Hafström*, Den svenska fastighetsrättens historia. 2. Aufl. Lund 1968, 10–13 und 108. – Zum Erbrecht: *ders.*, Den svenska familjerättens historia. 8. Aufl. Lund 1972, 109f. – Für die neuere Entwicklung mit Rückblicken auf ältere Zeiten: *Monica Wernstedt*, Fastighetsrättens historia. 3. Aufl. Stockholm 1975, 42–44, bes. 43.

[51] Vgl. *Helmfrid*, Gutsbildung und Agrarlandschaft (wie Anm. 32), 26f.

[52] *Heckscher*, Sveriges ekonomiska historia (wie Anm. 25), Bd. 2/1, 335. – Wenn der adlige Rentenempfänger zwei Jahre wartete und im dritten alles zusammen forderte, dann hing dies offenbar mit der Bestimmung zusammen, dass der Bauer von seinem Hof entfernt werden konnte, wenn er drei Jahre lang keine Abgaben leistete.

Außen- und Expansionspolitik des 16. und 17. Jahrhunderts vorgab. In den eroberten Provinzen, das heißt in den baltischen Landen, in Pommern, Wismar, Bremen und Verden, konnte der schwedische Adel sehr viel leichter Güter erwerben und ungestörter genießen als in den Kernregionen des Königreichs. Daher war ihm daran gelegen, dass etwa die norddeutschen Territorien nicht in Schweden inkorporiert wurden, sondern ihre herkömmliche rechtliche Qualität als Reichsfürstentümer, die jeglicher Uniformitätspolitik entzogen waren, beibehielten.[53]

VII. Finanzdoktrin des Hochadels und Gegenentwurf der nichtadligen Stände

Die Bestrebungen der Ratsaristokratie, nach dem Vorbild des ostelbischen, deutschbaltischen und polnischen Adels zusammenhängende Gutskomplexe aufzubauen, fanden nicht zuletzt in der Finanzdoktrin ihren Niederschlag, die seit 1611 der Finanzpolitik der Krone zugrunde lag.[54] Es waren Axel Oxenstierna und die hochadlige Ratsaristokratie, die das politische Programm der Adels- und Militärmonarchie Gustav Adolfs entwickelten: Die Finanzen der Krone sollten ganz auf die Grundlage von indirekten Steuern in Form von Zöllen, Akzise und anderen Abgaben auf Handel und Gewerbe gestellt werden.[55] Diese Steuern hätten den Vorteil, so Axel Oxenstierna stellvertretend für seine Standesgenossen, dass sie nicht Naturalien, sondern Bargeld abwarfen, das zur Durchführung der Kriegspolitik

[53] *Jerker Rosén*, Statsledning och provinspolitik under Sveriges stormaktstid. En författningshistorisk skiss, in: Scandia 17, 1946, 224–230. Wenn Rosén die Frage, die er hier auf Seite 225 stellt: „I vad mån erbjödo traktaternas bestämmelser möjligheter att införa uniformitet?" („In welchem Umfang erlaubten die vertraglichen Regelungen die Herstellung von Uniformität [mit dem Recht, den Gesetzen und Privilegien im Königreich Schweden]?") für die Friedensverträge von Roskilde 1658, Kopenhagen 1660 und Lund 1679 selbst positiv beantworten kann, so ist diese für den Westfälischen Frieden zu verneinen. Das Osnabrücker Friedensinstrument ließ keinen Raum für eine Uniformitätspolitik in den Herzogtümern Bremen, Verden und Pommern.

[54] Die staatsrechtliche Fiktion, dass es sich bei Entscheidungen der Regierung um Beschlüsse „der Krone" beziehungsweise „Seiner Königlichen Majestät" handelte, wurde auch in den Zeiträumen aufrechterhalten, in denen die Regierung faktisch in den Händen der Ratsaristokratie lag.

[55] Vgl. hierzu und zum Folgenden: *Sven A. Nilsson*, Reduktion eller kontribution. Alternativ inom 1600-talets svenska finanspolitik, in: ders., På väg mot reduktionen. Studier i svenskt 1600-tal. Stockholm 1964, 86–123, hier 89; *Werner Buchholz*, Der Eintritt Schwedens in den Dreißigjährigen Krieg in der schwedischen und deutschen Historiographie des 19. und 20. Jahrhunderts, in: HZ 245, 1987, 291–314, hier 303.

erforderlich war. Im Rahmen einer Finanzwirtschaft, die überwiegend auf Naturalienabgaben basierte, war dies in der Tat nicht nur ein Scheinargument, mit dem man etwa seinen Eigennutz als angeblich im Allgemeininteresse liegend hinzustellen versucht hätte. So forderte Reichskanzler Oxenstierna denn auch, das gesamte Land an den Adel zu verteilen, der dafür der Krone seine Dienste zur Verfügung stellen sollte.[56] Ein an Gütern reicher Adel sei vermeintlich besser imstande, der Krone zu dienen. Auch die Staatskasse würde durch die Aufteilung des gesamten Landes an den Adel entlastet werden, da verdiente Adlige mit Land statt mit barem Geld besoldet werden könnten.

Seit 1633 setzten die nichtadligen Stände dem Verlangen des Hochadels nach Ausschreibung von Kontributionen stets (sic!) die Gegenforderung nach Reduktion der adligen Güter entgegen. „Reduktion oder Kontribution" hieß damit die finanzwirtschaftliche Alternative, die seit 1633 immer wieder zum Gegenstand der Debatte zwischen den Ständen auf den Reichstagen gemacht wurde. Die Rückführung der vom Adel der Krone entfremdeten Güter würde diese in den Stand versetzen, ihre Aufgaben ohne Kontributionen zu finanzieren.[57] Demnach sollten die Finanzen der Krone auf die sichere Grundlage der Einkünfte aus der von den Bauern erwirtschafteten Bodenrente gestellt werden, nicht auf Zölle und Akzise. Im Reichstag wurde diese Auffassung, soweit ich sehe, erstmals 1650 vorgetragen.[58] Der Bauernstand verband damit die Frage an Christine, ob sie sich zur Königin über Land oder Leute oder über Zölle und Akzise krönen lassen wolle.[59]

[56] Der Grundsatz, nach dem die Inanspruchnahme von Ländereien, Abgaben oder Diensten der Krone stets mit einer Dienstleistung des jeweils Begünstigten verbunden sein müsse, wurde seitens der Vertreter des Königtums in allen Diskussionen als selbstverständlich vorausgesetzt. Auch die Bauern wiesen immer wieder darauf hin, dass dies der Maßstab für die Vergabe von Kronland sein müsse. So klagte Karl IX. nicht zuletzt darüber, dass der Adel sich häufig dem Waffendienst entzog, obwohl er dafür Freiheit von Abgaben und Diensten genoss. Der König forderte die Aufhebung des adligen Heeresdienstes wie auch der damit verbundenen steuerlichen Privilegierung des Adels. Stattdessen sollten die Bauern des Adels, so Karl IX., verpflichtet sein, zu den allgemeinen Bewilligungen und Kontributionen im selben Umfang wie die übrigen Bauern beizutragen. Vgl. dazu *Bergh*, Svenska adeln (wie Anm. 11), 12f.

[57] *Nilsson*, Reduktion eller kontribution (wie Anm. 55), 108ff.

[58] Ebd. 90. – *Birger Lövgren*, Ståndsstridens uppkomst. Ett bidrag till Sveriges inre politiska historia under drottning Kristina. Uppsala 1915, 121ff. – Vgl. auch *Georg Wittrock*, Regering och allmoge under Kristinas egen styrelse. Riksdagen 1650. (Acta Societatis Litterarum Humaniorum Regiae Upsaliensis, Bd. 41.) Uppsala/Wiesbaden 1953, 185 und 221.

[59] *Nilsson*, Reduktion eller kontribution (wie Anm. 55), 90.

VIII. Die Einkünfte der Krone während der Regierung Gustavs II. Adolf

Die Struktur der Finanzen des schwedischen Reichs war zu Beginn des 17. Jahrhunderts noch weitgehend von der Subsistenzwirtschaft geprägt. Die nur gering ausgeprägten Marktbeziehungen führten dazu, dass große Teile der landwirtschaftlichen Produktion vor Ort verbraucht werden mussten. Der Eisen- und Kupferbergbau warf dagegen Bargeld ab und lieferte damit die Grundlage für die Aufnahme von Krediten durch die Krone.[60] Die Erzeugnisse des Metallgewerbes, meist Halbprodukte, stellten Handelsgüter dar, die auf den europäischen Märkten stark nachgefragt waren, nicht zuletzt als Rohstoffe für die Herstellung von Waffen.[61] Zu einem geringeren Teil wurden diese auch vom einheimischen Metallgewerbe weiterverarbeitet. Daher ist die Bedeutung des Bergbaus für die königlichen Finanzen und die Kriegsfinanzierung sehr viel höher zu veranschlagen, als dies der relative Anteil an den Gesamteinnahmen auf den ersten Blick annehmen lässt.[62]

Tabelle 2 gibt einen Überblick über Struktur und Zusammensetzung der Einnahmen der Krone im zweiten Jahrzehnt der Herrschaft Gustavs II. Adolf. Die Angaben sind der Anlage XV bei Brännman entnommen[63], wurden jedoch auf der Grundlage der kritischen Revision des Autors selbst

[60] *Georg Wittrock*, Svenska Handelskompaniet och kopparhandeln under Gustaf II Adolf. Uppsala 1919, führt zahlreiche konkrete Beispiele der Kriegsfinanzierung auf der Grundlage des Kupferhandels der Krone an, u. a. 88f. zur Finanzierung des Feldzuges in Preußen im Jahre 1626. Kupfer- und Eisenbergbau stellten den ökonomischen Kern der schwedischen frühmodernen Staatsbildung dar. Der Aufstand gegen das Kalmarer Unionskönigtum war im 15. Jahrhundert von den Bergwerksdistrikten ausgegangen.

[61] Den Prozess der Umwandlung von Steuer- und Abgabenaufkommen in Bargeldeinnahmen hat Lennart Hedberg am Beispiel der unternehmerischen Tätigkeit Herzog Karls, des späteren Königs Karl IX. und Vaters Gustavs II. Adolf, im konkreten Detail untersucht: *Hedberg*, Företagarfursten (wie Anm. 12), bes. Kap. 5: „Från bruksvärden till bytesvärden" („Von Gebrauchswerten zu Tauschwerten") und hier wiederum besonders den Abschnitt 5.5: „Bruken som transformerar skatteuppbörden" („Die Manufakturen, die das Steueraufkommen [in Geld] umwandeln").

[62] Über die Organisation und Leitung des Kupferhandels durch Gustav II. Adolf persönlich sowie die damit eng verbundene Kriegsfinanzierung s. *Georg Wittrock*, Svenska Handelskompaniet och kopparhandeln under Gustaf II Adolf. Uppsala 1919, passim, besonders das aufschlussreiche Beispiel der Finanzierung des Krieges in Preußen über den Kupferhandel auf den Seiten 88–91.

[63] *Erik Brännman*, Frälseköpen under Gustav II Adolfs regering. Lund 1950, Anlage XV und 23.

auf der Seite 23 seines Opus korrigiert und ergänzt.[64] Brännman gelangt zu dem Schluss, „[...] dass sowohl regelmäßige als auch schwebende Einnahmen aus der Bodenrente in Höhe von zusammengenommen etwa 1420000 dlr. smt. ebenso wie eine Bezifferung der Gesamteinkünfte [der Krone, W. B.] auf circa 2550000 dlr. smt. der Realität der tatsächlichen Staatseinnahmen besser entsprechen dürften als die Angaben in Anlage XV".[65]

Die Positionen 1., 2. und 7. der Tabelle 2 erfassen die Einnahmen aus dem Bereich der Landwirtschaft. Zusammengerechnet ergeben diese 72,1 Prozent, das heißt mehr als zwei Drittel der Gesamteinnahmen. An zweiter Stelle folgen die Einkünfte aus dem Kupferregal mit einem Anteil von etwa einem Fünftel der Gesamteinnahmen oder – in absoluten Angaben – fast einer halben Million Daler Silvermynt.

[64] Vgl. dazu *Kersten Krüger*, Die Staatsfinanzen Dänemarks und Schwedens im 16. Jahrhundert. Ein Strukturvergleich, in: ZHF 15, 1988, 129–150, hier Tabelle 2 auf 130. Krügers Arbeit ist wiederabgedruckt in: *ders.*, Formung der Moderne. Ausgewählte Aufsätze. (Geschichte. Forschung und Wissenschaft, Bd. 14.) Münster 2005, 53–71. Hier befindet sich die Tabelle 2 auf 54. Die Umrechnung von Daler Silvermynt (dlr. smt.) in Reichstaler erfolgt hier auf der Grundlage der Angaben bei: *Georg Wittrock*, Karl XI:s förmyndares finanspolitik. Gustaf Bondes finansförvaltning och brytningen under bremiska kriget 1661–1667. Uppsala 1914, 461. Krüger hat die Zahlen Brännmans aus dessen Anlage XV (*Brännman*, Frälseköpen [wie Anm. 63], 422) unverändert übernommen und auf der Grundlage 1,625 Daler Silvermynt = 1 Reichstaler umgerechnet. In der Anlage XV werden jedoch nur die Ziffern der Quellen, in diesem Fall eines im Reichshauptbuch von 1623 abgehefteten Kontos mit der Rubrik „Anno 1623 Seiner Königlichen Majestät und der Krone", wiedergegeben.

[65] *Brännman*, Frälseköpen (wie Anm. 63), 23 und Tabelle XV. Das o. a. Zitat lautet im schwedischen Original: „[...] att vissa och ovissa räntor på ungefär 1420000 dlr smt en inkomstsumma på cirka 2550000 dlr torde alltså bättre än uppgifterna i bilaga XV motsvara de verkliga statsinkomsterna." Umrechnung von dlr. smt. (Daler Silvermynt) in Reichstaler nach den Angaben, die Heckscher für den Zeitraum 1633 bis 1715 macht: *Heckscher*, Sveriges ekonomiska historia (wie Anm. 25), Bd. 2/1, 614.
Wert der verschiedenen umlaufenden Münzen im Verhältnis zueinander:

	Rtlr.	dlr. smt.	dkmt. (in dlr. smt.)
1633	1	1,5	3 (2)
1643	1	1,5	3,75 (2,5)
1665	1	1,625	4,875 (3)
1681	1	2	6 (3)

Rtlr. = Reichstaler; dlr. smt. = Taler Silbermünze; dkmt. = Taler Kupfermünze.
Der Reichstaler wurde als einzige Münze über den gesamten Zeitraum hinweg mit demselben Feinsilbergehalt von 26 g ausgeprägt.

Tabelle 2: Absolute und relative Einnahmen der Krone im Rechnungsjahr 1623/24

	dlr. smt.	Reichstaler	in %
1. Bodenrente	1420000	873846	55,7
2. Viehsteuer	305127	187770	12,0
3. Kupferregal (Pacht und Zoll)	473273	291245	18,5
4. Zölle und Zollverpachtungen	137921	84874	5,4
5. Städtische Abgaben	33888	20854	1,3
6. Baltische Provinzen	68182	41958	2,7
7. *frälse*-Kauf (*frälseköp*)	112815	69425	4,4
Gesamteinnahmen	2551206	1569972	100,0

Um eine Vorstellung von Größenordnung und Bedeutung der angeführten Beträge zu vermitteln, seien diese in Beziehung zum Geldanteil der Ausgaben für die in Schweden und Finnland garnisonierten Infanterieregimenter gesetzt, soweit diese in dem von Brännman mitgeteilten Gehaltsetat von 1622 aufgeführt werden. Der Naturalienanteil der Besoldung ist hier nicht erfasst. Offizieren wurde ein Hof mit Arbeitskräften, Soldaten eine Kate mit Gartenland, Weide und einem kleinen Stück Acker zugeteilt. Es handelte sich dabei um die spezifische Art der Besoldung, die 1680 systematisiert und reichsweit flächendeckend ausgebaut wurde.[66] Dieser Teil der Besoldung mag sogar der an Wert bedeutendere gewesen sein. Jedoch lässt er sich nicht auch nur annähernd beziffern. In diesem Zusammenhang steht daher das Verhältnis zwischen den Geldeinkünften der Krone – wie bereits dargelegt – und den reinen Geldausgaben für das Militär im Vordergrund. Immerhin ergeben sich daraus folgende Aufschlüsse:

1. Das Verhältnis zwischen Geldeinnahmen und Geldausgaben für das Militär weist den materiellen Rahmen der militärischen Möglichkeiten Schwedens aus.

2. Je nachdem, wie dieses Verhältnis ausfällt, ergeben sich Hinweise zur Bedeutung der Naturalienwirtschaft für die Kriegsfinanzierung.

Dabei ergibt sich Folgendes: Nach dem von Brännman mitgeteilten Gehaltsetat für 1622 mussten für ein Infanterieregiment mit acht Kompanien zu je 150 Gemeinen und den Angehörigen des Stabes vom Major abwärts[67] rund 14000 Daler Silvermynt an jährlichen Geldausgaben aufgewendet werden. Für die 24 Regimenter und zehn freien Kompanien, die im Jahre 1626 in Schweden und Finnland standen, wurden insgesamt 350000 Daler Silvermynt ausgegeben. Zusätzlich beliefen sich die Kosten für die höhe-

[66] S. dazu unten Abschnitt XIII.

[67] Die höheren Stabsoffiziere wurden aus anderen Etatposten bezahlt.

ren Stabsoffiziere vom Oberstleutnant aufwärts auf rund 64000 Daler Silvermynt, sie standen also zu den erstgenannten Personalausgaben *in Geld* in einem Verhältnis von etwa 1:5,5.[68] Umgerechnet auf das einzelne Regiment entspräche dies etwa 2700 Daler Silvermynt, so dass die Gesamtkosten für ein Regiment einschließlich der Führungsspitze mit etwa 16700 Daler Silvermynt oder rund 11334 Reichstaler jährlich zu veranschlagen sind. Wenn dies im europäischen Vergleich als sehr günstig beziehungsweise als relativ geringer Geldaufwand erscheint, dann ist das auf den Anteil der Naturalienfinanzierung zurückzuführen. Geworbene Regimenter, bei denen nicht auf die einheimischen Ressourcen an Naturalien zurückgegriffen werden konnte, waren weitaus teurer.

Was Rolle und Bedeutung der Städte betrifft, so machen die Angaben in Tabelle 1 deutlich, dass diese zu Beginn des 17. Jahrhunderts nur eine untergeordnete Rolle spielten. Eine systematisch durchgeführte Städtepolitik hatte erst mit Karl IX. begonnen, und dann auch nur mit mäßigem Erfolg. Beim Regierungsantritt Gustavs II. Adolf im Jahre 1611 war Stockholm die einzige Stadt von überregionaler Bedeutung in seinem Reich. Göteborgs erste Gründung im Jahre 1607 durch Karl IX. wurde im sogenannten Kalmarkrieg (1611–1613) von Truppen des dänischen Königs zerstört. Erst 1621, dem Jahr, in dem Gustav Adolf Riga eroberte, kam es zur erneuten Gründung Göteborgs. Jetzt blühte die Stadt am Göta Älv auf und entwickelte sich zu Schwedens „Tor nach Westen", nicht zuletzt deswegen, weil es gelang, hier holländische Reeder und Handelsleute anzusiedeln, die das erforderliche Kapital mitbrachten und über gute Beziehungen in ihre niederländische Heimat verfügten.

IX. Veräußerungen von Krongut 1611 bis 1655

In der Finanzpolitik Gustavs II. Adolf spielten die *frälse*-Käufe eine nicht unwesentliche Rolle für die Kriegsfinanzierung.[69] Im Folgenden wird der Blick sowohl auf die *frälse*-Käufe als auch auf die anderen Formen der Veräußerung von Krongut an Angehörige des Hochadels gerichtet. Diese Veräußerungsformen waren schon im 16. Jahrhundert vereinzelt praktiziert worden. Nach dem Tode Gustavs II. Adolf kamen sie verstärkt zur Anwendung: 1. Donationen auf Zeit (*behaglig tid*), 2. auf Lebenszeit, 3. Beleh-

[68] *Brännman*, Frälseköpen (wie Anm. 63), 3 Anm. 10.

[69] Ebd. 245–260, bes. 257. – *Sven A. Nilsson*, Rezension von Brännman (wie Anm. 63), in: Historisk tidskrift (für Schweden) 72, 1952, 404–415, passim, bes. 415.

nungen mit Krongut und 4. Übertragung von bäuerlichen Abgaben und Diensten an Adlige. Zunächst wird in Tabelle 3 eine Übersicht über die *frälse*-Käufe gegeben. Bei dieser Variante der Veräußerung von Krongut erwarb der Käufer das Recht, Abgaben und Dienste eines *skatte*- oder *krono*-Bauern zu Adels-(*frälse*-)recht zu vereinnahmen.

Tabelle 3: Übersicht *frälse*-Käufe. Totale Anzahl der *frälse*-Käufe, die Gesamthöhe der jährlich der Krone verlorenen Bodenrente sowie die Kaufsumme im eigentlichen Schweden 1622–1632 (ohne den Bereich des heutigen Finnland)[70]

Jahr	Anzahl Käufe	Jährliche Bodenrente dlr. smt.	Ø pro Kauf	Kaufsummen Rtlr.	Ø pro Kauf
1622	5	4061	812,2	40405	8081,0
1623	8	1113	139,1	16144	2018,0
1624	17	1413	83,1	28745	1690,9
1625	22	1226	55,7	25193	1145,1
1626	30	2188	72,9	44875	1495,8
1627	15	1101	73,4	22545	1503,0
1628	28	2339	85,3	47405	1693,0
1629	4	620	155,0	13461	3365,3
1630	19	4048	213,1	70165	3692,9
1631	17	1652	97,2	33889	1993,5
1632	41	2004	48,9	42732	1042,2
1622–1632	206	21815	105,9	385559	1871,6

Die folgende Tabelle 4 zeigt dagegen den Gesamtumfang der Veräußerungen von Krongut während der Regierungszeit Gustavs II. Adolf (1611–1632), der Vormundschaftsregierung für Christine (1632–1644) und der Regierung Christines (1644–1654). Die *frälse*-Käufe sind in diesen Angaben enthalten. Angegeben ist die jährliche Rente, die der Krone „abgekürzt" wurde und stattdessen dem Donatar, Käufer oder Lehnsinhaber zufloss. Verpfändungen, Boden- und Rentenverkäufe wurden unter der Rubrik „gegen Entgelt" zusammengefasst.

Bei der Ausrechnung der jährlichen Durchschnitte wurden für Gustav II. Adolf 21 Regierungsjahre, für die Vormundschaftsregierung 12 und für Christine 10 zugrunde gelegt.

[70] Nach *Brännman*, Frälseköpen (wie Anm. 63), 380, Anlage III.3.

Tabelle 4: Veräußerungen von Grundbesitz und Bodenrenten der Krone (in 1 000 dlr. smt., angegeben wird der laufende jährliche Einnahmeverlust der Krone)

	Art der Veräußerung				Insgesamt veräußert		
Zeitraum	Donationen		gegen Entgelt[a]		Gesamt	pro Jahr	Verteilt auf die Zeiträume
	in Tsd.	%	in Tsd.	%	in Tsd.	in Tsd.	%
Gustav Adolf	214,5	78,0	61,8	22,0	276,3	13,1	23,8
Vormundschafts-regierung	73,9	45,5	88,7	54,5	162,6	13,6	14,0
Christine	551,3	76,5	170,3	23,5	721,6	72,2	62,2
Gesamt	839,7	69,5	320,8	30,5	1 160,5	26,9	100,0

a Dabei handelte es sich in der Regel um den Kauf der Abgabenfreiheit an die Krone, wobei das Recht der Vereinnahmung von Bodenrente und Dienstpflicht an den Käufer überging (= *frälse*-Kauf).

Es fällt auf, dass während der Vormundschaftsregierung für Christine die Veräußerungen von Krongut relativ gering waren. Dies hatte vermutlich zwei Ursachen, die allerdings ineinander griffen und nicht eindeutig voneinander getrennt werden können. Einmal ist hier in Rechnung zu stellen, dass die Bauern Regierungsmaßnahmen meist nur dann akzeptierten, wenn diese vom König beziehungsweise von der Königin persönlich verfügt wurden. Es mag hierin seine Ursache haben, wenn Adlige, denen während der Minderjährigkeit Christines ein Krongut übertragen werden sollte, zunächst nur eine Anwartschaft erhielten. Diese sollte von der Königin persönlich bestätigt werden, sobald sie volljährig wurde. Aller Wahrscheinlichkeit nach ist darin zumindest ein Grund dafür zu sehen, dass die Veräußerung von Krongut unter Christines eigenem Regiment einen Höhepunkt erreichte. Weiterhin waren die heftigen Reaktionen gegen die Kriegs- und Kontributionspolitik der Ratsaristokratie während der 1630er Jahre angesichts des kostspieligen Baus von zahlreichen adligen Statusgebäuden vermutlich eine weitere Ursache für die Zurückhaltung der hochadligen Vormundschaftsregierung gegenüber der Vergabe von Krongut an Angehörige ihrer Klasse. Nicht zuletzt wurde die Vermutung geäußert, der Hochadel würde die Kontributionen ausschreiben, um seine Paläste und Schlossanlagen damit zu finanzieren. Der Krieg diene ihm dabei nur als Vorwand.[71]

Christine trug sich frühzeitig mit Abdankungsplänen, lange bevor sie diese offiziell bekanntgab. Daher sah sie sich hinsichtlich der Regelung ih-

[71] Eine ausführliche Untersuchung des Widerstandes der nichtadligen Stände während der Unmündigkeit Christines findet sich bei *Wittrock*, Kristinas förmyndare (wie Anm. 20), passim. Zur Vereinigung des Widerstandes der Geistlichkeit gegen die Einführung eines *consistorium generale* als zentrales Steuerungsinstrument zur Unterwerfung

res Unterhalts auf ein entspanntes Verhältnis zur Ratsaristokratie angewiesen. Keinesfalls wollte sie einen Konflikt riskieren.[72]

X. Der Höhepunkt des Widerstandes der nichtadligen Stände 1650 und der Reduktionsbeschluss von 1655

In der Mitte des 17. Jahrhunderts erreichte die Gutsbildung in Schweden und Finnland ihren Höhepunkt. Zu diesem Zeitpunkt konnten Adel und Hochadel rund zwei Drittel des gesellschaftlichen Mehrprodukts für sich vereinnahmen. Das war die Folge davon, dass bis dahin 63 Prozent (vergleiche Tabelle 5) aller Bauernhöfe Schwedens und Finnlands in adlige Abhängigkeit gekommen waren.

Tabelle 5: Grundbesitzverteilung in Schweden und Finnland 1654/55[73]

	Steuerbefreite Adelshufen		Gesamtzahl Hufen[a]
	absolut	%	(= 100 %)
Schweden	39632	65,24	60750
Finnland	14323	58,37	24539
Gesamt	53955	63,26	85289

a Der schwedische Kameralbegriff *mantal* wird hier mit deutsch „Hufe“ wiedergegeben.

Weder vorher noch nachher hat sich ein solch hoher Anteil der Bauernschaft in der Abhängigkeit vom Adel befunden. Der freie Bauernstand schien in seiner Existenz insgesamt gefährdet. Während des Reichstages von 1650 kam es zur ersten gemeinsamen Protestaktion der drei nichtadligen Stände. Die Finanzen der Krone sollten auf die sichere und feste Grundlage der Bodenrente gestellt werden. Der Bauernstand hat, wie bereits angeführt, im Hinblick auf die bevorstehende Krönung Christines gar die Frage gestellt, ob sie sich zur Königin über Land und Leute oder über Zölle und Akzise krönen lassen wolle.[74]

der Kirche unter die hochadlige Regierung mit der Opposition der Bauern unter der Führung des Bischofs von Västerås, Johannes Rudbeckius, s. auch *Wetterberg*, Oxenstierna (wie Anm. 20), 705–713.

72 Dazu zuletzt *Werner Buchholz*, Schweden. Die Wittelsbacher an der Ostsee (1654–1720), in: Katharina Weigand/Alois Schmid (Hrsg.), Bayern mitten in Europa. Vom Frühmittelalter bis ins 20. Jahrhundert. München 2005, 190–210, bes. 193–199 mit der dort angegebenen Literatur.

73 Nach *Nilsson*, Reduktion eller kontribution (wie Anm. 55), 88. – S. auch oben Anm. 59 und dazugehörigen Text.

74 *Nilsson*, Reduktion eller kontribution (wie Anm. 55), 90.

Auf dem Reichstag von 1655 kam es zu einer weiteren gemeinsamen Gegenreaktion der drei nichtadligen Stände – dieses Mal im Verein mit dem König. Aus der Sicht Karls X. Gustav waren regelmäßige Einnahmen der Krone in einem Ausmaß veräußert worden, das die Funktionsfähigkeit von Zivilverwaltung, Heer und Flotte in Frage stellte. Durch die Abdankung Christines und den Umfang ihrer Unterhaltsländer – neben der Provinz Nyköping unter anderem auch die Tafelgüter des schwedischen Pommern – hatte sich die krisenhafte Entwicklung der Reichsfinanzen weiter verschärft. Es kam zu bedrohlichen Engpässen bei der Finanzierung der Armee.[75]

In dieser Situation setzte Karl X. Gustav (1654–1660) erstmals gegen den erklärten Willen des Reichsrats einen Beschluss zur Reduktion des adligen Grundbesitzes durch. Neben der Sanierung der Kronfinanzen strebte der König von vornherein die Schwächung des Adels an. Das Beispiel Englands und König Karls I. hatte die Bedeutung der Domäne beziehungsweise deren Verlust für ein starkes und unabhängiges Königtum eindringlich vor Augen geführt.[76]

Der Reduktionsbeschluss von 1655 umfasste vier Hauptpunkte: 1. Donationen, die nach 1632 an sogenannten unzulässigen Orten[77] vergeben worden waren, sollten vollständig an die Krone zurückgegeben werden; 2. Anwartschaften und Allodialrechte, die nach 1632 verliehen worden waren, sollten außer Kraft gesetzt und aufgehoben werden; 3. für Güter, die nach 1604 aus dem Krongut veräußert worden waren, sollte eine Überprüfung im Einzelfall erfolgen; 4. von allen Donationen, die nach 1632 an sogenannten zulässigen Orten vergeben worden waren, sollte ein Viertel an

[75] *Stellan Dahlgren*, Karl X Gustav och reduktionen. Uppsala 1964, passim; *Hans Landberg*, Statsfinans och kungamakt. Karl X Gustav inför polska kriget. Uppsala 1969, 17ff. Zuletzt *Björn Asker*, Karl X Gustav. En biografi. Lund 2009, 159f. und 178–180. Besonders zur Frage des Zusammenhangs von Politik und Finanzkrise s. *Helge Kongsrud*, En karakteristikk av Danmark-Norges historie på 1600-tallet. Statens finanskrise som skjellsettende årsaksfaktor, in: Historie. Jyske Samlinger, Ny række 16, 1986, 407–421.

[76] *Rudolf Braun*, Taxation, Sociopolitical Structure, and State-Building: Great Britain and Brandenburg-Prussia, in: Charles Tilly (Ed.), The Formation of National States in Western Europe. Princeton 1975, 243–327, hier 273f. und 277f., vgl. auch 264 Anm. 27. S. auch die diesbezüglichen Ausführungen bei *Brännman*, Frälseköpen (wie Anm. 63), 25–30, der die Frälsekäufe zu den Domänenverkäufen in anderen Ländern, darunter in England, in Beziehung setzt.

[77] Laut Reichstagsbeschluss hatten an Orten, die zur Finanzierung lebenswichtiger Aufgaben der Krone beitrugen, keine Donationen vergeben werden dürfen. Dies waren die sogenannten unzulässigen oder „verbotenen" Orte. Dieses Verbot hatte die Ratsaristokratie missachtet.

die Krone zurückgegeben werden.[78] Was die vierte und letzte Bestimmung betrifft, so sollte den Inhabern und Donataren der hier genannten Güter bis zu einer endgültigen Regelung die Möglichkeit eingeräumt werden, eine jährliche Kontribution in Höhe eines Viertels ihrer Einkünfte aus dem Gut zu zahlen. Das war der sogenannte *fjärdeparträfst*.[79]

Karl X. Gustav verweigerte dem Adel darüber hinaus die Konfirmation der Privilegien, die zuletzt noch von Christine im Jahre 1644 bestätigt worden waren. Auch in der Außenpolitik zeigten sich Unterschiede zu der vom Hochadel verfolgten Linie: Im Gegensatz zum Osnabrücker Frieden von 1648, der unter hochadliger Ägide abgeschlossen worden war, eröffnete der Frieden von Roskilde, den der erste Pfälzer auf dem schwedischen Thron nach seinem spektakulären Marsch über das Eis des zugefrorenen Großen Belts im Februar 1658 mit Friedrich III. von Dänemark abschloss, die Möglichkeit der Uniformitätspolitik in den gewonnenen Provinzen.[80]

Diese Vorgänge demonstrierten schlaglichtartig, wie schnell und relativ weitgehend der Adel begrenzt werden konnte, wenn Königtum und nichtadlige Stände sich auf ein gemeinsames Vorgehen zu einigen vermochten.

Jedoch kam die Reduktion bereits im Herbst 1656 zum Erliegen. Karl X. wollte im laufenden Krieg keinen Konflikt mit dem Hochadel riskieren, plante aber die Fortsetzung der Reduktion für die Zeit nach dem Krieg. Nach dem plötzlichen und unerwarteten Tod des Königs im Februar 1660 zeigte die mit Angehörigen der Ratsaristokratie besetzte Vormundschaftsregierung, die während der Minderjährigkeit Karls XI. von 1660 bis 1672 amtierte, kein Interesse an einem Wiederaufleben der Reduktion. Der Reichsschatzmeister und Präsident des Reduktionskollegiums, Hermann Fleming, ein entschiedener Befürworter der Reduktion, wurde unter Missachtung des Testaments Karls X. Gustav seiner Ämter enthoben und durch Gustav Bonde ersetzt.[81] Das Reduktionskollegium wurde jedoch nicht auf-

[78] Als „zulässige Orte" galten solche Krongüter, deren Einkünfte für die Staatsfinanzierung als entbehrlich eingestuft wurden. Vgl. dazu oben Anm. 77.

[79] Zu den angeführten konkreten Bestimmungen des Reduktionsbeschlusses von 1655 s. *Stellan Dahlgren*, Art. „Karl X Gustav", in: Svenskt biografiskt lexikon 20, 1973–1975, 641–650, hier 643f. Vgl. dazu auch in der Tabelle 20 den Posten „Viertelrente"

[80] Zu dem für diese Frage zentralen § 9 des Friedens von Roskilde 1658 vgl. *Jerker Rosén*, Statsledning och provinspolitik under Sveriges stormaktstid. En författningshistorisk skiss, in: Scandia 17, 1946, 224–230, hier bes. 224f. Ausführlicher zu den Friedensverhandlungen, zum Vertrag selbst eher unübersichtlich: *Carl Gustav Weibull*, Freden i Roskilde den 26 februari 1658. Stockholm 1958, bes. 147–174.

[81] *Georg Wittrock*, Carl X Gustafs testamente. Den politiska striden i Sverige 1660. Akad. Afhandl. Uppsala 1908, 316–320, ausführlich zur Rolle des Adels als Initiativträger für die Absetzung Flemings 238–297 (= Kap. IV), insbesondere die Passage auf Seite

gelöst, offenbar mit Rücksicht auf die nichtadligen Stände, hätte dies doch die Absicht der Vormundschaftsregierung, die Reduktion ganz einzustellen, allzu deutlich werden lassen. Allerdings entwickelte das Reduktionskollegium unter der Aufsicht Gustav Bondes keine nennenswerten Aktivitäten.

XI. Wiederaufnahme der Gutsbildung und Entwicklung der Staatsverschuldung 1660 bis 1672

Die Vormundschaftsregierung[82] für Karl XI. setzte seit 1660 de facto die Politik der Veräußerung von Krongut fort, wenn auch in geringerem Umfang als zuvor. In der Frage der Erhebung von Kontributionen übte sich die Vormundschaftsregierung ebenfalls in Zurückhaltung. Die Erfahrung der letzten drei Jahrzehnte hatte gezeigt, dass die nichtadligen Stände auf den Wunsch des Adels, Kontributionen auszuschreiben, regelmäßig mit der Forderung nach Reduktion der adligen Güter antworteten. Dennoch schmälerten die fortgesetzten Veräußerungen von Krondomänen an Angehörige des Hochadels weiterhin die Einnahmen der Krone in bedenklicher Weise.[83] Nicht zuletzt wurden Donationen zugunsten von Mitgliedern der Vormundschaftsregierung vergeben. So verschaffte sich etwa der Reichsschatzmeister, Gustav Bonde, selbst eine Schenkung von über 100 Bauernhöfen, auf die er keinen – wie auch immer gearteten – rechtlichen Anspruch hatte.[84]

Tabelle 6 weist die Veräußerungen von Domänengütern und Bodenrenten aus, die nach dem formellen Beschluss von Regierung und Reichsrat vom 27. Juni 1661, keine Güter der Krone mehr zu veräußern, dennoch weiterhin verfügt wurden.[85] Dabei wird die Zurückhaltung der Vormundschaftsregierung im Vergleich zu früheren Jahrzehnten durch den relativ geringen Anstieg der Einnahmeminderungen (*avkortningar*) ebenfalls deut-

261 über das freie *ius adprobandi et improbandi* der Stände (nämlich gegenüber dem Willen des verstorbenen Königs, den dieser in seinem Testament geäußert hatte). Vgl. auch *Stellan Dahlgren*, Art. „Fleming, Herman (Klasson)“, in: Svenskt biografiskt lexikon 16, 1964–66, 147–152, hier 150f.

[82] Die Regierung bestand aus den fünf Hohen Reichsbeamten Drost, Marschall, Admiral, Kanzler und Schatzmeister unter dem Präsidium der Königinwitwe Hedwig Eleonore. Die Regierung beriet vorwiegend gemeinsam mit dem Reichsrat, mit dem zusammen sie auch Beschlüsse von größerer Tragweite fasste.

[83] *Wittrock*, Karl XI:s förmyndares finanspolitik (wie Anm. 64), 158.

[84] Ebd. 69.

[85] Ebd. 79f.

lich. Allerdings darf die geringe Differenz zwischen den Einnahmeminderungen von 1668 und 1669 von „nur“ 2032 Daler Silvermynt oder 1250 Reichstaler nicht darüber hinwegtäuschen, dass diese in den einzelnen Veräußerungsformen fast durchweg zunahmen.[86] Die geringe Differenz in der Gesamtbilanz ist ganz überwiegend auf die Minderung des nicht eindeutigen Postens „Außerordentliche Abschreibungen“ von 1668 auf 1660 um 24000 Daler Silvermynt zurückzuführen. Fast alle anderen „harten“ Einnahmeminderungen waren – mit Ausnahme der erblichen Donationen – weiter gestiegen.

Tabelle 6: Jährliche Einnahmeminderung der Krone durch Veräußerungen von Krongut (alle Angaben in dlr. smt.)[87]

Art der Veräußerung	Einnahmeverluste in den Jahren	
	1668	1669
Erbliche Donationen	828829	825448
Verkaufte Krongüter und Renten	304990	305658
Getauschte Güter (Verlustdifferenz)	52915	55570
Anerkannte Güter und Renten	618	681
Privilegierungen des Adels	231942	237893
Renten aus Städten, Schlössern und Kronhöfen	32297	33054
Wüste Höfe	54715	68969
Freiheitsjahre neu eingerichteter Höfe	13254	12752
Pfandgüter und Pfandrenten	103756	95068
Belehnungen auf Lebenszeit	47064	47004
Belehnungen auf Widerruf	10725	12348
Bergmannsfrälse	4006	3740
Viertelrente[a] der Donatare, Freiheiten und	27033	30967
Kapitelsgüter in Schonen (Lund)[b]	7490	7909
Kapitulationsgüter in Ingermanland	21650	26112
	1808058	1833873
Städtische Privilegierungen	69707	68256
Entgelt für abgetretene Güter	2316	4131
Außerordentliche Abschreibungen	170665	146295
Observationen auf dem Lande	23042	24165
Einnahmeverluste insgesamt	2074688	2076720

a Zum Begriff der Viertelrente s. oben den Kommentar zum Reduktionsbeschluss von 1655: *fjärdeparträfst*.

b Als Belehnungen auf Lebenszeit vergeben.

[86] S. Tabelle 6.

[87] *Georg Wittrock*, Karl XI:s förmyndares finanspolitik. Från blå boken till franska förbundet 1668-1672. Uppsala/Leipzig 1917, 420 Tabelle „Afkortningar“ (Achtung: Dieses

Insgesamt entsprach der jährliche Ausfall an regulären Einnahmen der Krone in etwa 50 Prozent der jährlichen Gesamtausgaben des Reichsetats. Diese bewegten sich in diesem Zeitraum, Schuldendienst und Güterveräußerungen nicht eingerechnet, zwischen 3,6 und 4 Millionen Daler Silvermynt.[88]

Die erblichen Donationen stellten den größten Einzelposten der Einnahmeverluste dar, gefolgt von den Erlösen aus Verkäufen von Höfen und Einnahmen der Krone, darunter die verkauften *krono*-Bauernhöfe und die veräußerten Renten von *skatte*-Bauern. Während erstere den Status von *frälse*-Bauern erhielten, behielten die *skatte*-Bauern das Eigentumsrecht an ihren Höfen, wurden aber fortan als *skattefrälse*-Bauern geführt und damit von der Teilnahme am Reichstag ausgeschlossen. Diese Mischbenennung *skattefrälse* brachte das Recht beider Seiten zum Ausdruck: Der Bauer besaß seinen Hof weiterhin zu *skatte*-Bedingungen, leistete seine Abgaben aber an einen Adligen, den *frälse*-Mann. Der drittgrößte Posten der Einnahmeausfälle unter der Vormundschaftsregierung entfiel auf die Verpfändungen, die unter den Bedingungen der Naturalienwirtschaft die übliche Form der Verzinsung von Krediten darstellten.

Die folgende Tabelle 7 gibt eine von Georg Wittrock zusammengestellte Übersicht der Reichshauptbücher wieder, aus der die Entwicklung der Staatsverschuldung unter der Vormundschaftsregierung für Karl XI. hervorgeht. Diese nahm beträchtliche Ausmaße an. Die Angaben über Einnahmen und Ausgaben sind deswegen weitaus höher als der Umfang der Realeinnahmen und -ausgaben angegeben, weil die Kredite unter den Einnahmen verbucht sind und der Schuldendienst in den Ausgaben enthalten ist.

Von Bedeutung ist in diesem Zusammenhang das weitere Ansteigen der Staatsverschuldung. Im Jahre 1669 betrug diese das 3,5fache des Volumens des jährlichen Realhaushalts. Das war der Grund für die auf Betreiben der nichtadligen Stände vom Reichstag im Jahre 1675 eingesetzte Kommission, die bereits im Jahre 1672 erteilte Entlastung der Vormundschaftsregierung für Karl XI. zu widerrufen und eine nochmalige – scharfe – Revision ihres Finanzgebarens auf den Weg zu bringen.[89]

Werk ist nicht zu verwechseln mit der in Anm. 64 aufgeführten Veröffentlichung Wittrocks mit nahezu identischem Titel aus dem Jahre 1914!).

[88] *Wittrock*, Karl XI:s förmyndares finanspolitik (wie Anm. 64), 458 f., Anlage II: Statsutgifterna i svenska riket enligt personalstaterna 1661–72.

[89] Vgl. unten Abschnitt XII.1.

Tabelle 7: Übersicht der Reichshauptbücher 1662 und 1667 bis 1669 (in dlr. smt.)[90]

Debet	1662	1667[a]	1668	1669
Verschuldung Vorjahr	[b]10274678	keine Angabe	12444688	12865970
Veräußerte Bodenrenten	2003682	2038724	2074688	2076720
Ausgaben	4096750	5381386	5606571	4634857
Zur Verfügung	2341935	2719030	2810919	2939520
	18717045	ca. 21500000	22936866	22517067

Credit	1662	1667	1668	1669
Übertrag aus Vorjahr	2269564	keine Angabe	2719031	2810919
Einnahmen	7191965	6998858	7351865	6831761
Verschuldung Folgejahr	9255516	12444688	12865970	12874388
	18717045	ca. 21500000	22936866	22517068

a Für 1667 liegen nur unvollständige und ungefähre Angaben vor. Daher enthält diese Spalte nur Circa-Angaben.
b Die Vorschüsse und Auslagen im Voraus, die von den Kassen getätigt wurden und die Wittrock nicht zur „eigentlichen" Schuld rechnet, bleiben hier unberücksichtigt. Diese machen nicht einmal ein Prozent der Gesamtschuld aus und sind daher für die hier zu treffenden Aussagen unerheblich. Vgl. dazu *Wittrock*, Karl XI:s förmyndares finanspolitik (wie Anm. 64), 145.

XII. Reduktion der adligen Güter und Abrechnung mit der Vormundschaftsregierung für Karl XI.

Noch während des Krieges hatte Karl XI. (1672–1697) begonnen, im Einvernehmen mit den drei nichtadligen Ständen sowie dem niederen Adel darauf hinzuarbeiten, die Vormundschaftsregierung zur Rechenschaft zu ziehen.[91] Die Niederlage im Krieg von 1672 bis 1679 offenbarte die völlige Überschuldung der Krone. Schon 1675 war, wie oben ausgeführt, auf Betreiben der nichtadligen Stände die Entlastung der Vormundschaftsregierung aufgehoben und die erneute Untersuchung ihrer Finanzwirtschaft angeordnet worden. Die Reichstage von 1680 und 1682 beschlossen die Re-

[90] *Wittrock*, Karl XI:s förmyndares finanspolitik. Från blå boken till franska förbundet 1668–1672 (wie Anm. 87), 414f.

[91] Zu den Vorbereitungen hinsichtlich des Einteilungswerks s. *Sven Ågren*, Karl XI:s indelningsverk för armén. Bidrag till dess historia åren 1679–1697. Akad. Avh. Uppsala 1922, 11–17. Zur Rechenschaftslegung der Vormundschaftsregierung s. *Otto Varenius*, Räfsten med Karl XI:s förmyndarstyrelse I: Dechargens gifvande och återkallande. Uppsala 1901, sowie *ders.*, Räfsten med Karl XI:s förmyndarstyrelse II: Den undersökande kommissionen af år 1675. Uppsala 1903.

duktion der adligen Güter und die allgemeine und umfassende Einführung des Einteilungsprinzips in die staatliche Verwaltung.[92]

Der Reichstag von 1680 hob die Bindung des Königs an die Zustimmung des Reichsrats auf, die 1611 eingeführt worden war. Es ist diese Verfügung des Reichstags, die im Kern den karolinischen Absolutismus begründete. Die nichtadligen Stände und der niedere Adel übertrugen dem König das Recht, alle Entscheidungen, die bisher der Zustimmung des Reichsrats bedurften, allein zu treffen. Die Räte durften nur noch dann Ratschläge geben, wenn sie dazu vom König ausdrücklich aufgefordert wurden. Die veränderten Machtverhältnisse kamen unter anderem auch darin sinnfällig zum Ausdruck, dass der Titel Reichsrat abgeschafft und die bisherigen Reichsräte im Rang zu Königlichen Räten herabgestuft (*rådets degradering*) wurden.

Zwar bestand, wie wir gesehen haben, das alte Reduktions*kollegium* von 1655 weiter, jedoch setzte der Reichstag von 1680 mit der Reduktions*kommission* eine zweite Behörde ein, welche insgesamt die obere Verantwortung für die Reduktion übernahm. Ihr Chef wurde Clas Fleming, der Sohn Hermann Flemings, des Reichsschatzmeisters und Präsidenten des Reduktionskollegiums von 1655, der 1660 von der Vormundschaftsregierung seiner Ämter enthoben und durch Gustav Bonde ersetzt worden war. Sein Sohn erhielt nun die Gelegenheit, das von seinem Vater angefangene Werk zu Ende zu bringen. Clas Fleming wurde im Jahre 1682 auch zum Präsidenten des Reduktionskollegiums ernannt, so dass die Leitung der beiden Behörden, die mit der Reduktion befasst waren, von da an in einer Hand lag.

Was dagegen die Abrechnung mit den Vormündern Karls XI. (*förmyndarräfsten*)[93] betrifft, so wurde diese einer Reihe von Kommissionen übertragen, die arbeitsteilig vorgingen und deren Kernstück die Große Kommission (*Stora Kommissionen*) war. Diese hatte den Charakter eines außerordentlichen Gerichtshofes mit Sonderbefugnissen, der sowohl un-

[92] Eine ausführliche Darstellung der Verhandlungen des Reichstags von 1682 über die Frage der „ständigen Unterhaltung von Knechten" bietet *Ågren*, Karl XI:s indelningsverk för armén (wie Anm. 91), 121–143.

[93] Das Wort *räfst* wird mit „Abrechnung" nur bedingt zutreffend wiedergegeben. Einen entsprechenden Begriff gibt es im Deutschen nicht. Daher kann *räfst* etwa als eine Revision beschrieben werden, bei der man schärfer als üblich nachschaut, wie mit den Mitteln des Reiches umgegangen wurde. Insbesondere mussten die Verantwortlichen den Schaden, welcher der Krone durch ihre Handlungsweise entstanden war, aus ihrem persönlichen Vermögen ersetzen. Etymologisch kommt *räfst* von altschwedisch *ræfsa* = bestrafen. Vgl. dazu *Elof Hellquist*, Svensk etymologisk ordbok. 2 Bde. 3. Aufl. Malmö 1980, hier Bd. 2, 867.

tersuchte und ermittelte als auch die Urteile sprach.[94] Am 4. Dezember 1680 gab Karl XI. die Anweisung, dass auch die Reichsräte der Zeit seiner Minderjährigkeit in die Abrechnung mit einzubeziehen seien.[95] Damit erweiterte sich der Kreis derjenigen, die mit ihrem gesamten Vermögen für die Tätigkeit der Vormundschaftsregierung haftbar gemacht wurden, auf ca. 60 Personen. Aus der Sicht des Königtums entscheidend war, dass auf diesem Wege sämtliche Familien des Hochadels in die Rechenschaftslegung für die Tätigkeit der Vormundschaftsregierung einbezogen waren. Damit war auch der Zugriff auf Vermögen und Besitz freigegeben, den diese seit 1604 angehäuft hatten. Mit der Einziehung beziehungsweise drastischen Beschneidung ihrer Vermögen konnten sie als Konkurrenten um die Herrschaft ausgeschaltet werden.

Die Arbeit der Großen Kommission wurde ergänzt durch die Liquidationskommission, deren Aufgabe es war, auf der Grundlage der Urteile der Großen Kommission die genauen Beträge zu errechnen, die von den Mitgliedern der Vormundschaftsregierung und des Reichsrates als Schadenersatz an die Krone zu leisten waren. Die Liquidationskommission hatte darüber hinaus die Aufgabe, die Beträge einzufordern. Für die Durchführung von Zwangsvollstreckungen (*utsökning*) wurde die Exekutionskommission eingerichtet.

Schließlich bleibt noch auf die großen Unterschiede im Forschungsstand zur Reduktion einerseits und zur Abrechnung mit den Vormündern andererseits hinzuweisen. Während Letztere von Otto Varenius und Rune Blomdahl umfassend erforscht und in insgesamt sechs Bänden eingehend dargestellt wurde, ist das umfangreiche Material der Reduktion bislang weitgehend unbearbeitet geblieben.[96] Jedoch liegt die Untersuchung Sven Ågrens vor, der die Akten und Schreiben der beteiligten Behörden und des Reichstages sowie die normativen Quellen ausgewertet hat. Auch die Ergebnisse der Reduktion sind bekannt: das militärische und das zivile Einteilungswerk, die Neuordnung der Grundbesitzverhältnisse sowie die jähr-

[94] Die Große Kommission setzte sich aus Deputierten aller vier Stände als Beisitzer und drei Staatsanwälten, die als sogenannte Aktoren die Untersuchungen leiteten, zusammen. Verzeichnis der Mitglieder und des Personals mit Lebenslauf: *Rune Blomdahl*, Förmyndarräfstens huvudskede. Suppl. (Stockholm Studies in History, Vol. 9.) Stockholm/Göteborg/Uppsala 1964, 3–14.

[95] *Ders.*, Förmyndarräfstens huvudskede. En studie i stora kommissionens historia. (Stockholm Studies in History, Vol. 8.) Stockholm/Göteborg/Uppsala 1963, 122f.

[96] *Sten Carlsson/Jerker Rosén*, Svensk historia I: Tiden före 1718. 4. Aufl. Lund 1978, 521.

lichen Haushalte der nachfolgenden Jahrzehnte, in denen die Finanzverwaltung den Prinzipien von 1680 folgte.

1. Abrechnung mit der Vormundschaftsregierung für Karl XI.

Allein schon das Zustandekommen der Großen Kommission von 1680 bedeutete eine Niederlage der Ratsaristokratie. Wie bereits erwähnt, waren die Vormünder anlässlich der Volljährigkeit Karls XI. im Jahre 1672 zunächst entlastet worden.[97] Jedoch war drei Jahre später auf Betreiben der nichtadligen Stände die Entlastung aufgehoben und eine Kommission zur Untersuchung der Finanzwirtschaft der Vormundschaftsregierung eingesetzt worden.[98] Diese legte dem König einen Untersuchungsbericht vor, in dem sie befand, dass die vorgelegten Rechnungen unvollständig und lückenhaft waren. Darüber hinaus sei es verwunderlich, dass trotz der langen Friedenszeit keine Mittel vorhanden gewesen seien. Es war jedoch nicht nur kein Staatsschatz angelegt worden, sondern ganz im Gegenteil sei die Verschuldung ohne erkennbaren Grund immer weiter angewachsen. Angesichts dieser Lage forderten die nichtadligen Stände des Reichstags von 1680 die Herausgabe der Untersuchungsergebnisse, die dem König wohl schon seit Beginn des Reichstages vorgelegen hatten und ihnen jetzt anscheinend durch gezielte Indiskretion bekannt gemacht worden waren. Seit dem 6. Oktober war der Untersuchungsbericht den Ständen zugänglich.[99] Am 15. Oktober fiel die Entscheidung der Stände für die Einsetzung der oben bereits vorgestellten Großen Kommission und ihrer Nebenkommissionen.[100]

Während die Vormundschaftsregierung und an die 50 ehemalige Reichsräte nach der Einsetzung der Großen Kommission eine strenge Revision ihrer Tätigkeit zu gewärtigen hatten, war das ranghöchste Regierungsmitglied schon im Oktober 1675 von aller Verantwortung befreit worden: die Königinwitwe Karls X. Gustav und Mutter Karls XI., Hedwig Eleonore, geborene Herzogin von Holstein-Gottorf. Die Argumentation des Königs in seinem Freistellungsbrief vom 1. Oktober 1675 zeigt an, dass ein solcher Schritt nicht recht glaubhaft begründet werden konnte. Hedwig Eleonore sei nicht, so Karl XI., wie die anderen Regierungsmitglieder von Jugend auf in „Regimentssachen eingeübt" („icke uti regimentssysslor uppöfvad") worden.[101]

97 *Varenius*, Räfsten I (wie Anm. 91), 34–57, bes. 44f.
98 *Varenius*, Räfsten II (wie Anm. 91), 159f.
99 Ebd. 132.
100 *Blomdahl*, Förmyndarräfstens huvudskede (wie Anm. 94), 60f.
101 *Varenius*, Räfsten II (wie Anm. 91), 169.

Dies darf freilich nicht über die Tatsache hinwegtäuschen, dass Hedwig Eleonore nicht nur zwölf Jahre lang das Präsidium der Regierung geführt, sondern darüber hinaus auch zwei Stimmen zur Verfügung gehabt hatte. Wären die Kriterien der Abrechnung mit den Vormündern auf sie angewendet worden, dann hätte sie für jede Entscheidung des Reichsrats, die nach dem Urteil der Großen Kommission der Krone zum Nachteil gereicht hatte, im Verhältnis zu den beteiligten Reichsräten in doppelter Höhe Schadensersatz leisten müssen.

Es ist auch nicht bekannt, dass Hedwig Eleonore als Präsidentin der Vormundschaftsregierung Versuche unternommen hätte, die Politik ihres verstorbenen Gemahls, Karls X. Gustav, fortzusetzen. Vielmehr scheint sie es ohne Gegenreaktion hingenommen zu haben, dass das Testament Karls X. Gustav in wesentlichen Teilen ebenso kassiert wurde wie seine Reduktionspolitik *in toto*. An den richtigen Beratern hätte es der Königinwitwe keinesfalls gemangelt, wenn sie denn gewollt hätte, beispielsweise in der Person Hermann Flemings, aber auch anderer.[102]

Karl XI. setzte in die Schlüsselpositionen der genannten Behörden Persönlichkeiten ein, von denen angenommen werden konnte, dass sie kompromisslos vorgehen würden. Clas Fleming, der nicht nur dem Andenken seines Vaters verpflichtet war, sondern auch selbst als entschiedener Befürworter der Reduktion galt, wurde schon genannt. Ein weiteres repräsentatives Beispiel ist Håkan Fägerstierna. Dieser war als herausragender Jurist bekannt und kam als Staatsanwalt und Ermittlungsführer in die Große Kommission. Gleichzeitig wurde er *actor causae* in der Liquidationskommission zur Vollstreckung der Urteile der Großen Kommission. Damit war er auch Herr der Exekutionskommission. Fägerstierna war 1675 von Reichskanzler Magnus Gabriel De la Gardie seines Amtes als Professor der Rechte an der Universität Uppsala enthoben worden. Daraufhin hatte ihn ein Parteigänger des Königs, Hans Wachtmeister, in der Admiralität unter-

102 Es ist nicht einmal bekannt, ob sie Flemings Vorschlag zur Finanzierung der Wiedereinrichtung wüst liegender Bauernhöfe in Finnland unterstützt hat, den dieser im Jahre 1669 der Regierung unterbreitete. Die erforderlichen Mittel sollten, so Fleming, der seit seiner Entfernung aus dem Amt des Kammerpräsidenten und Chefs des Reduktionskollegiums auf seinen Gütern lebte, durch den Verkauf des Geburtsrechtes an bäuerliche Besitzer von *krono*-Höfen aufgebracht werden, die dadurch in *skatte*-Höfe umgewandelt werden sollten. Vgl. dazu *Dahlgren*, Fleming (wie Anm. 81), passim. Zu dem Vorschlag, *krono*-Bauern den Kauf der *skatte*-Rechte an ihren Höfen zur Finanzierung der Aufnahme wüster Höfe anzubieten, s. ebd. 151. Das wäre den Interessen des Hochadels zuwider gelaufen. Unklar ist aber, aus welchen Gründen die Königinwitwe diesen Plan nicht unterstützte.

gebracht. Rune Blomdahl wies darauf hin, dass Fägerstierna als jemand betrachtet werden kann, der einen Groll gegen De la Gardie hegte.[103]

Überall wo Vormundschaftsregierung und Reichsrat ihre Stellung dazu ausgenutzt hatten, zu Lasten der Krone sich oder ihren Klienten materielle Vorteile zu verschaffen, wurden sie zur Leistung von Schadensersatz verurteilt. Dabei ging man sehr akribisch vor und untersuchte jeden einzelnen Beschluss des Reichsrats daraufhin, wie die Regierungsmitglieder und Reichsräte ihre Ratschläge im Einzelnen erteilt und wie sie in jedem Einzelfall abgestimmt hatten. Wer gegen einen Beschluss gestimmt hatte, der zu einem Schaden für die Krone geführt hatte, wurde freigesprochen; wer dafür gestimmt hatte, wurde dazu verurteilt, den entstandenen Schaden gemeinsam mit den anderen befürwortenden Regierungsmitgliedern und Reichsräten anteilig zu ersetzen. Für jeden einzelnen Beschluss der Vormundschaftsregierung wurde für jeden daran beteiligten Reichsrat oder Hohen Reichsbeamten ein Urteil gesprochen.

Vor diesem Hintergrund erklärt es sich, dass gegen den Reichskanzler der Vormundschaftsregierung, Graf Magnus Gabriel De la Gardie, insgesamt 258 Urteile verhängt wurden, davon drei Freisprüche und 255 Schuldsprüche.[104] Die Zahl von 258 dürfte auch ziemlich nahe an die Gesamtzahl aller kostenträchtigen Beschlüsse herankommen, die zwischen 1660 und 1672 von der Regierung gefasst worden waren. Als Reichskanzler war De la Gardie bei den meisten Beratungen zugegen gewesen. Nach erfolgter Verurteilung berechnete die Liquidationskommission den Schaden exakt und legte die errechnete Summe auf die Reichsräte um, die dafür gestimmt hatten. Für den Fall, dass Zwangseintreibungen durchzuführen waren, wurde die Exekutionskommission in Gang gesetzt. In der Mehrzahl aller Fälle, in denen eine Zwangsvollstreckung erforderlich wurde, handelte es sich um Nachkommen früherer Reichsräte oder Hoher Reichsbeamter, die sich weigerten, ein solch – zugegebenermaßen – zweifelhaftes Erbe anzutreten.

Bei den Beschlüssen der Vormundschaftsregierung, durch welche die Krone einen Verlust erlitten hatte, wurde unterschieden zwischen:

1. Vorteilen, welche die Regierungsmitglieder sich persönlich verschafft hatten,
2. Donationen an Personen außerhalb der Regierung,
3. Entscheidungen, die zu Ausgaben über den Normaletat von 1662 hinausgeführt hatten,

[103] *Blomdahl*, Förmyndarräfstens huvudskede (wie Anm. 94), 13.

[104] S. unten Tabelle 8.

4. Pensionen und Leibrenten,
5. Erlassen von Forderungen der Krone an Einzelpersonen,
6. geschenkten Befreiungen von Zöllen sowie einigen kleineren Schäden, welche – in der Perspektive der hier zugrundeliegenden Bewertung – die Regierung der Krone zugefügt hatte und die von Mitgliedern der Regierung persönlich zu ersetzen waren.

Wenn ein ehemaliges Regierungsmitglied zwischenzeitlich verstorben war, so mussten, wie schon angedeutet, die Erben für den Schaden eintreten, den der Erblasser der Krone zugefügt hatte, und diesen ersetzen. Entscheidend war, dass die Erben auch das vom Erblasser der Krone entfremdete Gut übernommen und die daraus fließenden Abgaben und Dienste vereinnahmt hatten.

Die Untersuchungen erstreckten sich nicht nur auf die Krongüter und die unrechtmäßig verfügten Entnahmen aus der Staatskasse, sondern bezogen auch alle anderen Varianten eigenmächtig verfügter Vorteilsnahme ein, wie etwa Bargeldauszahlungen aus Mitteln der Krone, Entnahmen von Material und Vorräten aus den Lagerhäusern der Krone, den Arbeitseinsatz von Soldaten, Matrosen oder Kronbauern zu privaten Zwecken der Regierungsmitglieder und Reichsräte, beispielsweise bei der Garten- und Parkpflege in den Schlössern und Palästen des Hochadels. Diese wurden jetzt in Rechnung gestellt.

Die 255 Schuldsprüche, die gegen De la Gardie verhängt wurden, führten in der Summe zu einer Schadensersatzforderung von insgesamt 505 167 Daler Silvermynt zugunsten der Staatskasse.[105] Zu De la Gardies Lebzeiten wurden 292903 Daler Silvermynt, also fast 60 Prozent der Gesamtsumme, beglichen. Bei seinem Tode stand ein Betrag von 212364 Daler Silvermynt offen. Sein Sohn, Gustav Adolf De la Gardie, der zunächst – wie alle anderen Erben der betroffenen Regierungsmitglieder und Reichsräte – die Schulden seines Vaters als nicht ausschlagbares Erbe übernehmen musste, starb kinderlos. Daraufhin musste diese „Rest"-Summe schließlich abgeschrieben werden.[106]

Tabelle 8[107] führt die vermutliche Gesamtzahl von 60 angeklagten Reichsräten und Regierungsmitgliedern auf. Die Urteile datieren vom 10. und vom 17. Dezember 1681 sowie vom 21. und 28. Januar, vom 4., 18.

[105] *Rune Blomdahl*, Förmyndarräfstens ekonomiska resultat. (Stockholm Studies in History, Vol. 16.) Stockholm 1973, 29ff., bes. 30.

[106] *Heckscher*, Sveriges ekonomiska historia (wie Anm. 25), Bd. 2/1, 344ff.

[107] Tabelle 8 wurde übernommen aus: *Blomdahl*, Förmyndarräfstens huvudskede (wie Anm. 94), 657f., Anlage B.

und 25. Februar und vom 4. März 1682. Danach kam die Arbeit der Großen Kommission in ruhigeres Fahrwasser. Am 27. Mai 1682 verkündete sie ihr letztes Urteil. Zum 31. Mai 1682 a. St. (= 10. Juni 1682 n. St.) schrieb Karl XI. in sein Tagebuch: „Den 31 [...], som var om Onsdagen, blefw dhen stora commissionen ändat" („Am 31. [Mai], der auf einen Mittwoch fiel, wurde die Große Kommission aufgelöst").[108] In den Urteilssprüchen des Jahres 1682 wurden die Namen der Freigesprochenen nicht aufgeführt. Daher werden in der rechten Spalte der Tabelle 8 nur diejenigen genannt, die am 10. und 17. Dezember 1681 freigesprochen wurden. In dieser Hinsicht sind die Angaben in Tabelle 8 also nicht vollständig.

Tabelle 8: Übersicht über die angeklagten Reichsräte und die Anzahl ihrer Verurteilungen wegen der Vergabe von Einnahmen der Krone aus der bäuerlichen Bodenrente (der Kron- und der Skattebauern) als Donationen auf Lebenszeit oder auf beliebige Zeit an nicht zulässigen Orten.

Name[a]	Jahr der Ernennung	Jahr des Todes bzw. des Rücktritts	Anzahl der Urteile Schuldsprüche	Freisprüche
Sten Bielke	1657, 1672[b]		52	2
Gustaf Bonde	1660	1667	131	1
Per Brahe	1641	1680	217	5
Seved Bååt	1668	1669	88	10
M. G. De la Gardie	1660	1686	255	3
Lars Kagg	1660	1661	21	1
Gustaf Otto Stenbock	1664	1664	193	3
Carl Gustaf Wrangel	1657	1676	54	3
Gustaf C:son Banér	1664	1680	28	1
Gustaf P:son Banér	1652		33	5
Svante Banér	1660	1674	6	2
Gustaf Bielke	1650	1661	3	3
Claes Bielkenstierna	1653	1662	6	1
Mattias Björnklou	1664	1671	4	1
Tord Bonde	1668		5	–
Nils Brahe	1660		63	6
Lorentz Creutz	1660	1676	9	3
Pontus Fredr. De la Gardie	1666		6	–
Erik Fleming	1655	1679	7	3
Göran Fleming	1660	1667	7	4

[108] Karl XI:s almanacksanteckningar. Från originalen ånyo utgivna, hrsg. von Sune Hildebrand, Stockholm 1918, 85. – Vgl. jedoch *Blomdahl*, Förmyndarräfstens huvudskede (wie Anm. 94), 608, der den 1. Mai 1682 nennt, was jedoch angesichts der Tatsache, dass das letzte Urteil der Großen Kommission auf den 27. Mai 1682 a. St. datiert, zweifelhaft erscheint.

Hermann Fleming	1650	1660	1	1
Lars Fleming	1668		1	–
Arvid Forbus	1653	1665	11	3
Göran G:son Gyllenstierna	1666		8	1
Johan G:son Gyllenstierna	1668	1680	4	–
Johan N:son Gyllenstierna	1654	1673	6	–
Bengt Horn	1660	1678	7	–
Christer Horn	1660		5	9
Henrik Horn	1660		5	3
Gustaf Horn	1653	1666	2	5
Gustaf Kurck	1664		7	1
Knut Kurck	1660		5	2
Hans Chr. v. Königsmarck	1651	1663	–	–
Carl Mauritz Lejonhufvud	1653	1666	58	9
Ludvig Wierich Lejonhufvud	1666	1667	–	–
Axel Lillie	1648	1662	33	1
Lorenz von der Linde	1653	1671	86	7
Carl Mörner	1653	1665	6	2
Bengt Oxenstierna	1654		4	2
Gabriel Oxenstierna	1653	1673	12	11
Gustaf Posse	1660	1676	4	3
Knut Posse	1641	1664	–	–
Per Ribbing	1654	1664	3	–
Johann Rosenhane	1658	1661	5	2
Schering Rosenhane	1650	1663	5	5
Claes Rålamb	1664		11	2
Chr. Karl v. Schlippenbach	1657	1660	2	–
Bengt Skytte	1648	1664	9	2
Gustaf Soop	1658	1679	42	5
Axel Sparre	1655	1679	15	7
Erik Sparre	1654	1673	2	1
Gustaf Sparre	1666		1	–
Per P:son Sparre	1664	1669	7	3
Ture Sparre	1645	1664	1	–
Harald Stake	1657	1677	6	–
Joh. Gabriel Stenbock	1668		8	–
Claes Stiernsköld	1660	1676	20	3
Vilhelm Taube	1653	1662	6	–
Claes Tott	1654	1674	6	5
Ebbe Ulfeldt	1664		2	3

a Abgekürzte Patronymika: C:son = Carlsson, G:son = Gustafsson, N:son = Nilsson, P:son = Persson.

b Jahr der Ernennung zum Reichsschatzmeister.

Insgesamt wurden sechzig Personen zu 3 981 056 Daler Silvermynt an die Krone zu leistendem Schadensersatz verurteilt. Das entsprach etwa einem Reichsjahreshaushalt der Vormundschaftsregierung.

Darüber hinaus wurden Zinsen auf die Einnahmeausfälle der Krone berechnet, die von der Vormundschaftsregierung verursacht worden waren. Da seit der Verleihung so mancher Donation an die zwei Jahrzehnte vergangen waren, seit diese in den Besitz eines Reichsrats gekommen waren, ergaben sich bei einigen Schuldnern aufgelaufene Zinsen, deren Höhe das Schuldkapital überstieg.[109] Bis 1686 galt für die Berechnung der Zinsen das *alterum tantum*-Prinzip, welches festlegte, dass die Zinsen die Schuldsumme nicht übersteigen durften. Dieses Prinzip wurde von Karl XI. jetzt, im Jahre 1686, aufgehoben. Seitdem konnte es durchaus vorkommen, dass die in Rechnung gestellten Zinsen höher waren als das zurückgeforderte Kapital.[110]

Im Jahre 1694, als die Revision der Maßnahmen der Vormundschaftsregierung wie auch die Reduktion vor dem Abschluss standen, legte die Liquidationskommission dem König eine „Generalübersicht, was auf der Grundlage der Urteile der Großen Kommission auf verschiedene Titel durch Zwangsvollstreckung eingetrieben wurde", vor.[111] Demzufolge waren von der Liquidationskommission bis dahin eingetrieben worden:

Tabelle 9: Gesamtübersicht über die Forderungen der Krone an die Vormünder Karls XI. und an die Reichsräte

Titel	Betrag (dlr. smt.)
Persönliche Vorteile der Reichsräte	2175467
Überziehung (der Ausgabenseite) des Normaletats von 1662	414140
Erlassen von Schuldforderungen der Krone	699944
Diverse von der Krone nicht anerkannte Verträge	693114
Dem Etat der Reichskammer zugehörig[a]	21493
Unterlassene Durchführung des Reduktionsbeschlusses von 1655	139042
Donationen an unzulässigen Orten	297885
Donationen an zulässigen Orten	251365
Pensionen, Gnadengeschenke, Stipendien	107568
Gehälter außerhalb des Etats	10131

[109] *Blomdahl*, Förmyndarräfstens ekonomiska resultat (wie Anm. 105), 97.

[110] Ebd. 6.

[111] Generalöversikt av vad enl. SK:s domar utsökts på olika titlar, gedruckt in: *Blomdahl*, Förmyndarräfstens ekonomiska resultat (wie Anm. 105), 100. Die Tabellen 1 und 2 bieten namentlich aufgeschlüsselte Listen über die genauen Schadensersatzsummen für jeden einzelnen Reichsrat sowie für die Mitglieder der Vormundschaftsregierung. Ebd. 108–111.

„Fallissemang“ der alten Bank (ungefähr)	[b]300 000
Erlass von gerichtlich festgestellten Restanten	60 760
Geldgeschenke und geldwerte Geschenke	129 172
Zollbefreiungen	100 783
Gesamtforderung der Krone an Vormünder und Reichsräte	[c]5 400 864

a Bei diesem Posten handelte es sich um Gelder, die dem Etat der Reichskammer entnommen und zu privaten Zwecken verwendet worden waren.

b 1664 war die Wechsel- und Kreditbank, die Karl X. Gustav im Jahre 1656 privilegiert hatte, wegen Zahlungsunfähigkeit geschlossen worden. Ursache war die Ausgabe von Banknoten in einer Höhe von 731 250 dlr. smt. (beziehungsweise 2,7 Mio. dlr. kmt. oder 450 000 Rtlr. Hamburg banco), die der Markt nicht verkraftete. Die Vormundschaftsregierung schoss aus Mitteln der Krone 141 000 dlr. smt. zur Abwicklung der Bank bei. Der größere Teil der Banknoten war anscheinend eingelöst worden, wenn auch mit Abschlägen bis zu zehn Prozent. Der Inhaber der Bank, Johann Palmstruch (1611–1671), wurde vor Gericht gestellt und zum Ersatz des Schadens, im Nichtzahlungsfall alternativ zum Tode verurteilt. Die Regierung begnadigte ihn zu lebenslanger Gefängnisstrafe. Reichskanzler Magnus Gabriel De la Gardie setzte sich persönlich für Palmstruchs Freilassung ein. S. *Gunnar Wetterberg*, Pengarna & makten. Riksbankens historia. Stockholm 2009, 33–44. Im Rahmen der Abrechnung mit der Vormundschaftsregierung wurde dieser jetzt, zwanzig Jahre danach, die Rechnung einschließlich der aufgelaufenen Zinsen präsentiert.

c Nilsson beziffert die Schadensersatzforderungen der Krone auf nur 4 Mio. dlr. smt. S. *Sven A. Nilsson*, Den karolinska militärstaten. Fredens problem och krigets, in: Tre Karlar. Karl X Gustav, Karl XI, Karl XII. Hrsg. v. der Leibrüstkammer [*livrustkammaren*]. Stockholm 1984, 29–49, hier 41. Möglicherweise liegt hier eine Verwechslung mit dem tatsächlich eingetriebenen Betrag vor. Allerdings nimmt Sven A. Nilsson, ansonsten ein ausgezeichneter Kenner der schwedischen Finanzgeschichte des 16. und 17. Jahrhunderts, weder auf die Untersuchungen von *Varenius*, Räfsten I und II (wie Anm. 91), noch auf die von *Blomdahl* (wie Anm. 94, 95 und 105), Bezug. Ein schwer deutbarer Umstand.

Es fällt auf, dass die Liste der kostenpflichtigen Beanstandungen mit großem Abstand von der Rubrik „Verschaffung persönlicher Vorteile“ angeführt wird. Diese macht allein 41 Prozent des eingetriebenen Schadensersatzes aus.

Zu der in Tabelle 9 ausgewiesenen Gesamtsumme von rund 5,4 Millionen Daler Silvermynt kamen die Schadensersatzforderungen der Krone an Personen hinzu, die nicht dem Reichsrat angehört hatten, von diesem aber ebenfalls mit Vergünstigungen aus Mitteln der Krone bedacht worden waren. Diese Forderungen wurden auf knapp 2,5 Millionen Daler Silvermynt berechnet, von denen etwa 1,2 Millionen eingetrieben wurden.[112] Damit stieg die Gesamtforderung der Krone aufgrund beanstandeter Maßnahmen der Vormundschaftsregierung auf 7,9 Millionen Daler Silvermynt.

[112] S. die Übersicht für jeden einzelnen Schuldner bei *Blomdahl*, Förmyndarräfstens ekonomiska resultat (wie Anm. 105), Tabelle 3 und die zusammenfassende Tabelle 4.

Die Forderungen der Krone konnten weitreichende Auswirkungen für die persönliche Ökonomie des Hochadels haben. Dies war insbesondere dann der Fall, wenn die Konsequenzen von Revision der Vormundschaftsregierung und Reduktion zusammenwirkten.[113]

2. Die Reduktion

Die Zeit der großen Güterbildung mit einigen hundert Hufen, wie sie Magnus Gabriel De la Gardie angehäuft hatte, war mit dem Jahre 1680 endgültig vorüber.[114] Was an Gütern blieb oder nach der Reduktion neu gebildet wurde, hatte in der Regel eine geringere Größe als die Latifundien, die vor 1680 entstanden waren. Die Bestimmungen des Reduktionsbeschlusses von 1680 liefen im Großen und Ganzen auf Folgendes hinaus:

1. Aufhebung aller Graf- und Freiherrenschaften samt deren Rechten und Befugnissen.
2. Rücknahme aller Güter, die auf der Grundlage des Reichstagsbeschlusses von Norrköping 1604 vergeben worden waren und eine jährliche Rente von mehr als 600 Daler Silvermynt abwarfen.[115] Damit blieb der niedere Adel von der Reduktion verschont.
3. Rücknahme aller Königlichen Gutshöfe (*kungsgårdar*, wörtlich: *Königshöfe*) durch die Krone.
4. Rückführung aller Donationen an „verbotenen" beziehungsweise „unzulässigen" Orten an die Krone. Damit waren Güter und Renten gemeint, die zur Erfüllung der Aufgaben der Krone als unverzichtbar eingestuft worden waren. Weiterhin sollten
5. alle Verpfändungen und Verkäufe von Krongütern geprüft werden. Was gegen Bargeldzahlung verkauft oder als Pfand eingesetzt worden war, sollte bestehen bleiben, wo aber Güter gegen Forderungen an die Krone verpfändet worden waren, sollte noch einmal geprüft

[113] Konkrete Beispiele von Adelsfamilien, wie etwa Brahe oder De la Gardie, die am schwersten betroffen waren, bei *Heckscher*, Sveriges ekonomiska historia (wie Anm. 25), Bd. 2/1, 344ff.

[114] Zur Größe des Gutskomplexes De la Gardies s. *Margareta Revera*, Gods och gård 1650–1680. Magnus Gabriel De la Gardies godsbildning och godsdrift i Västergötland. Bd. 1. (Studia Historica Upsaliensia, Bd. 70.) Uppsala 1975, 169–172. Die Verwaltung der Güter, die im 17. Jahrhundert zum Teil gewaltige Ausmaße erreichten, wurde bisher kaum untersucht, ein Schicksal, das die Gutsbildung des schwedischen Adels mit zahlreichen anderen abgebrochenen Entwicklungen teilt. S. dazu *dies.*, En barock historia, in: Tre Karlar (wie Tab. 9 Anm. c), 113–135, hier 113, zur Gutsbildung 120f.

[115] Zur Umrechnung von Daler Silvermynt in Reichstaler s. die Tabelle in Anm. 65.

werden, inwieweit sich aus dem zwischenzeitlich etwa veränderten Zinsfuß Rückforderungen der Krone ergaben.

In ihrem Ergebnis führte die Reduktion zur Wiederherstellung des bäuerlichen Grundbesitzes: Um 1700 verteilte sich das Land in etwa gleich auf die drei kameralen Kategorien *skatte*, *krono* und *frälse*.[116] Zu diesem Zeitpunkt besaßen die freien Selbsteigentümer über zwei Drittel des gesamten landwirtschaftlich genutzten Kulturlandes, das sie persönlich bewirtschafteten. Gleichwohl bedeutete dies gegenüber der Besitzverteilung des 16. Jahrhunderts eine relative Einbuße von rund zehn Prozent.[117]

In diesem Zusammenhang hat Lars-Olof Larsson darauf hingewiesen, dass die relativen Angaben zur Grundbesitzverteilung von 1560 und 1700 nicht direkt vergleichbar seien. Die Grenzen des Königreiches hatten sich in diesen 140 Jahren verändert, so dass relative Einbußen auch bei absoluten Zuwächsen möglich seien: Durch die Friedensschlüsse von Brömsebro 1645, Roskilde 1658 und Kopenhagen 1660 waren die Provinzen Schonen, Halland, Blekinge, Gotland, Bohuslän, Jämtland, Härjedalen und Särna/Idre hinzugekommen. In Schonen dominierte – ähnlich wie im übrigen Dänemark – der adlige Grundbesitz. Auch in Halland und Blekinge war der adlige Anteil recht hoch. In Halland und Blekinge hatte aber auch die Domäne einen bedeutenden Umfang, so dass es hier nur wenige freie Bauern gab, die der Kategorie *skatte* zugeordnet werden konnten. Beim Übergang an Schweden wurden daher die hier possessionierten Bauern in die Kategorie *krono* eingestuft. Bäuerliche Selbsteigentümer, die als *skatte*-Bauern hätten klassifiziert werden können, gab es in diesen ehemals dänischen Landschaften nur vereinzelt. Dagegen gab es auf Gotland, in Jämtland und Särna fast ausschließlich freibäuerlichen Besitz. Jedoch waren diese Landschaften, mit Ausnahme Gotlands, relativ dünn besiedelt, so dass sie im Reichsdurchschnitt insgesamt nicht groß ins Gewicht fielen.

Weitere Faktoren, die nicht im Zusammenhang mit der Reduktion standen, haben zur relativen Erweiterung von Krondomäne und Adelsland gegenüber dem Grundbesitz der bäuerlichen Selbsteigentümer beigetragen.[118] An erster Stelle nennt Larsson hier die Binnenkolonisation des 16. und 17. Jahrhunderts. Diese habe zu einer relativen Erhöhung der Gesamtzahl aller Höfe um sechs Prozent geführt. Bauernhöfe, die neu eingerichtet

[116] Die genauen Ziffern sind für Schweden ohne den östlichen Reichsteil: *skatte* 31,5 %, *krono* 35,6 % und *frälse* 32,9 %. *Heckscher*, Sveriges ekonomiska historia (wie Anm. 25), Bd. 2/1, 14 des Anhangs, Anlage IV, Nr. 2.

[117] S. oben Tabelle 1.

[118] Vgl. hierzu und zum Folgenden: *Larsson*, Jordägofördelningen (wie Anm. 38), 84.

wurden, seien der Kategorie *krono* zugeordnet worden. Zweitens pflichtet Larsson Heckscher insoweit bei, als im Zuge der Reduktion tatsächlich etliche Höfe, die unter *skatte* sortiert hatten, bevor sie im Laufe des 17. Jahrhunderts in adlige Hand geraten waren, im Zuge der Reduktion zum Kronland gelegt wurden. Für den Bauern und Hofinhaber war, nachdem die Gefahr adliger Gutsbildung gebannt war, von zweitrangiger Bedeutung, welcher Kategorie, *skatte* oder *krono*, der eigene Hof angehörte. Im praktischen Alltag unterschieden sich die Lebens- und Arbeitsbedingungen nur unwesentlich. Zudem wurde den *krono*-Bauern seit Anfang des 18. Jahrhunderts die Möglichkeit eingeräumt, das *skatte*-Recht an ihren Höfen zu erwerben.[119]

Abgesehen von Gotland und den nur dünn besiedelten ehemaligen norwegischen Provinzen Jämtland und Särna/Idre war der Anteil an Adelsbauern, die durch die Gebietsabtretungen des 17. Jahrhunderts an Schweden kamen, sehr viel größer als die Anzahl der bäuerlichen Selbsteigentümer. Dieser Umstand sei es gewesen, so Larsson, der bewirkt habe, dass um 1700 der relative Anteil der Selbsteigentümer geringer war als im 16. Jahrhundert. Bis zu einem gewissen Anteil seien aber auch *skatte*-Höfe verlorengegangen, weil sie nicht wieder zurückgeführt werden konnten. So konnten besonders in Finnland aufgrund der Kriegseinwirkungen zahlreiche *skatte*-Höfe aus wirtschaftlichen Gründen nicht weitergeführt werden und fielen infolgedessen nach dem Landrecht an die Krone, die sie als *krono*-Höfe wieder ausgab.

Insgesamt kam es mit dem Erwerb der Provinzen und der Binnenkolonisation zu einer stärkeren Erweiterung von Adelsland (*frälse*) und Kronland (*krono*), während freies Bauernland nur in geringerem Umfang neu hinzukam. Die relative Minderung des Grundbesitzes der bäuerlichen Selbsteigentümer, wie unten in Tabelle 10 ausgewiesen, ist im Wesentlichen auf diese Ursachen zurückzuführen. Dies bedeutete, dass der ursprüngliche Besitzstand in den alten Provinzen des Reichs sehr viel weitgehender wiederhergestellt wurde, als dies die relativen Angaben für das gesamte Königreich bei Einbeziehung auch der eroberten Gebiete erkennen lassen.

Das Ergebnis der Reduktion im eigentlichen Schweden hat Heckscher in einer Übersicht zusammengestellt, die hier wiedergegeben wird. In dieser Übersicht werden für 1700 die Ergebnisse der Reduktion angezeigt und für den Zeitraum bis 1825 die Auswirkungen der gesetzlichen Freigabe des

[119] Vgl. Tabelle 10 sowie *Eli F. Heckscher*, Ett kapitel ur den svenska jordbesittningens historia. Skatteköpen under 1700-talet, in: Ekonomisk tidskrift 46, 1944, 103–123.

skatte-Kaufes für die Erbpächter der Krone, die dadurch zu Selbsteigentümern aufsteigen konnten. War der *frälse*-Kauf eine Erscheinungsform der ökonomischen Expansion des Adels im 17. Jahrhundert, so war der *skatte*-Kauf Ausdruck dessen, was Christer Winberg mit Bezugnahme auf Timothy Tilton „the advancement of the Swedish peasantry" im 18. und insbesondere im 19. Jahrhundert nennt.[120] In Finnland lag der Anteil der *skatte*-Bauern traditionell höher als im eigentlichen Schweden.

Tabelle 10[121]: Entwicklung der Grundbesitzverhältnisse in Schweden in den Grenzen von 1809[122]

	Anzahl der Höfe in absoluten Zahlen				Anzahl der Höfe in Prozent			
Jahr	Krono	Frälse	Skatte	Gesamt	Krono	Frälse	Skatte	Gesamt
1560	18936	14175	33130	66241	28,5	21,4	50,1	100,0
1600	–	–	20000	–	–	–	–	–
1700	23819	22030	21159	67008	35,6	32,9	31,5	100,0
1772	13461	21701	31085	66247	20,3	32,8	46,9	100,0
1825	8298	21581	35719	65598	12,7	32,9	54,4	100,0

XIII. Militärisches und ziviles Einteilungswerk

Das Einteilungswerk (*indelningsverk*) ist die spezifisch schwedische Form der Staatsfinanzierung auf der Grundlage weit verbreiteter Subsistenzwirtschaft und entsprechend schwach entwickelter Marktbeziehungen. Da das gesellschaftliche Mehrprodukt, das der Finanzierung von Armee und Flotte dienen sollte, nicht auf den Markt gelangte, musste dieses vor Ort abgeschöpft werden. Für das Militär bedeutete dies die Verlegung auf das Land direkt an den Ort der Erzeugung des abzuschöpfenden Mehrprodukts. Dies wird weiter unten konkret beschrieben.

Der Begriff der „Einteilung" (*indelning*) meint, dass jede Einnahme für eine bestimmte Ausgabe festgelegt, „eingeteilt" ist.[123] Anderweitige Ver-

[120] *Christer Winberg*, Another Route to Modern Society: The Advancement of the Swedish Peasantry, in: Mats Lundahl/Thommy Svensson (Eds.), Agrarian Society in History. Essays in Honour of Magnus Mörner. London/New York 1990, 48–67, bes. 61 ff. Dort auch der Hinweis auf Tiltons These.

[121] *Heckscher*, Sveriges ekonomiska historia (wie Anm. 25), Bd. 1/1, Bilagor 14, Anlage IV, Tabelle 2: „Hemman av olika slag i egentliga Sverige 1500–1878" („Höfe der verschiedenen [kameralen] Kategorien im eigentlichen Schweden 1500–1878").

[122] Seit 1809 haben sich die Grenzen Schwedens bis heute nicht mehr verändert.

[123] S. auch die oben in Anm. 8 angeführte Definition von Einteilungswerk. Vgl. auch Anm. 4.

wendung oder gar freie Disposition über diese Einnahmen ist unzulässig und wurde gegebenenfalls als „Verstoß gegen die Sicherheit des Reiches" mit hohen Strafen geahndet. Die entsprechenden Einnahme-Ausgabe-Zuordnungen sind im sogenannten Normaletat festgehalten. Ein solcher wurde für 1696 erstellt. Insofern kann dieses Jahr als Abschluss der Finanzreformen Karls XI. betrachtet werden. Der Normaletat von 1696 galt über das Ende des Absolutismus hinaus bis zu den Steuer- und Finanzreformen des 19. Jahrhunderts als verbindliche Richtschnur.

Für die Bauern bestand der Anreiz darin, dass sie selbst vom Kriegsdienst befreit wurden und sich im Gegenzug dazu bereit erklärten, mit einer gewissen Anzahl von Bauernhöfen, die zusammen eine Größe von zwei Hufen haben sollten, einen Soldaten zu unterhalten.

Damit kommen wir zur konkreten Beschreibung des militärischen Einteilungswerkes.[124] Die Entlohnung der Soldaten wie der Zivilbeamten erfolgte gemischt mit Geld, Naturalien und Dienstleistungen.[125]

Es lassen sich drei unterschiedliche „Auszahlungsweisen" von Gehältern unterscheiden, die den drei folgenden Gruppen der königlichen Bedienten zuzuordnen sind:

1. Bediente der Zivilverwaltung
2. Offiziere und Unteroffiziere
3. Gemeine Soldaten

Offiziere erhielten in der Regel einen Gutshof (*kungsgård*) auf der Domäne als Dienstsitz (*boställe*) zugewiesen, der wie ein Adelsgut privilegiert war. Unteroffiziere erhielten einen *skatte*-Bauernhof. Gutshöfe und Bauernhöfe lagen auf dem Land der Krone und wurden von Dienstgesinde auf Rechnung des Inhabers, des Offiziers beziehungsweise Unteroffiziers, bewirtschaftet. Die Knechte und Mägde, die auf diesen Höfen arbeiteten, wurden ebenfalls aus den Erträgen des landwirtschaftlichen Betriebes ent-

[124] Zum Folgenden s. *Werner Buchholz*, Staat und Ständegesellschaft in Schweden zur Zeit des Übergangs vom Absolutismus zum Ständeparlamentarismus 1718–1720. (Stockholm Studies in History, Vol. 27; Studies Presented to the International Commission for the History of Representative and Parliamentary Institutions, Vol. 62.) Stockholm 1979, 31 ff. mit der dort angegebenen Literatur, vor allem *John E. Roos*, Uppkomsten av Finlands militieboställen under indelningsverkets nyorganisation 1682–1700. Helsingfors 1933. Ausführliche Darstellung des Einteilungswerkes und seiner Veränderungen seit dem 16. bis in die zweite Hälfte des 20. Jahrhunderts hinein bei *Ericson*, Svenska knektar (wie Anm. 5), passim.

[125] Eine Beschreibung des Einteilungswerkes findet sich auch bei *Ernst Moritz Arndt*, Reise durch Schweden im Jahre 1804. 4 Tle. Berlin 1806. Schwedische Ausgabe: Ernst Moritz Arndt's resa genom Sverige år 1804. Übers. v. J. M. Stjernstolpe. Karlstad 1807 (Ndr. Kristianstad 1994), hier T. 2, 203, 206–211 und 213.

lohnt. Was an der festgesetzten Honorierung etwa noch fehlte, wurde von umliegenden Bauernhöfen geliefert beziehungsweise aus den Geldeinnahmen der Krone „angeordnet".

Der Geldwert, der für die Naturalien zu veranschlagen war, wurde nach der sogenannten *kronovärdering* (= Bewertung durch die Krone) von 1622 bestimmt. Im 18. Jahrhundert ging man dazu über, den durchschnittlichen Marktpreis der jeweils letzten zehn Jahre zugrunde zu legen.

Dienstwohnsitze, die mit einem landwirtschaftlichen Betrieb verbunden waren (*boställen*) und deren Erträge die Besoldung oder zumindest einen Teil davon ausmachten, waren üblich für Pfarrer, Offiziere und Unteroffiziere. In der Regel lag der veranschlagte Geldwert der Erträge aus dem Wirtschaftsbetrieb des Dienstwohnsitzes unter dem etatmäßig festgelegten Gehalt. Die Differenz erhielt der Inhaber des Dienstwohnsitzes von den umwohnenden Bauern *in natura*.

Die einfachen Soldaten erhielten eine Kate mit Garten und einem Stück Acker sowie einen Anteil an der Weide. Eine gewisse Anzahl Bauernhöfe, deren Größe insgesamt zwei Vollhufen haben sollte, schlossen sich, wie bereits ausgeführt, zur Unterhaltung eines gemeinen Soldaten zu einer sogenannten *rote*[126] zusammen. Die *rote* Bauern stellten die Soldatenkate und hielten diese instand, meist auf dem Land des größten Hofes der *rote*. Dazu wurde dem Soldaten ein Stück Land zugeteilt, auf dem er Gemüse, Obst und Getreide für den Eigenbedarf anbauen konnte; darüber hinaus erhielt er die Erlaubnis zur Nutzung von Weideland für ein oder mehrere Stück Vieh. Befand sich der Soldat im Manöver oder im Krieg, so bebauten die *rote*-Bauern sein Land beziehungsweise unterstützten die Soldatenfrau bei der Bewirtschaftung.

Es hatte schon vor 1680 Ansätze zu einem solchen Versorgungssystem gegeben, das sogenannte ältere Einteilungswerk. Nach 1680 wurde dieses System jedoch flächendeckend über das gesamte Königreich, östlich und westlich des Bottnischen Meerbusens, ausgebaut. Jede Provinz unterhielt ein Regiment, nach der dieses auch benannt wurde. Der König schloss mit den bäuerlichen Vertretern einer jeden Provinz gesondert Verträge über die Unterhaltung des Provinzregiments ab.

In Kriegszeiten konnten ein oder sogar zwei weitere Regimenter je Provinz hinzukommen, die sogenannten *tremännings*- und *femmännings*-Regimenter. Dazu schlossen sich wiederum drei beziehungsweise fünf *rotar*

[126] Nach *Elof Hellquist*, Svensk etymologisk ordbok. 2 Bde. Malmö 1922, hier Bd. 2, 846f. bedeutet *rote* so viel wie ‚Schar' oder ‚Gruppe' (dt.: Rotte).

zusammen und unterhielten einen weiteren Soldaten. In diesem Fall fiel auf jede *rote* der Unterhalt von 1,33 beziehungsweise 1,2 Soldaten.

XIV. Zusammenfassung

Die Reduktion schuf die Voraussetzungen zur Errichtung des Einteilungswerkes; dieses stellte seinerseits die Finanzierung des gesamten frühmodernen Staatsapparates langfristig auf eine solide Grundlage. Darüber hinaus brachte die Abrechnung mit den Vormündern Karls XI. (*förmyndarräfst*) die Geldeinnahmen, mit denen die Kronschulden getilgt und ein Grundstock für den Staatsschatz angelegt werden konnte. Sichtbarsten Ausdruck fand das militärische Einteilungswerk in den Guts- und Bauernhöfen und den Zehntausenden von Soldatenkaten, die rundum im Lande als Dienstwohnungen für Offiziere, Unteroffiziere und gemeine Soldaten errichtet wurden.

Wendet man die moderne finanzhistorische Begrifflichkeit auf Reduktion und Einteilungswerk an, so bedeuteten diese die Rückkehr zur Domänenwirtschaft mit steuerstaatlichen Elementen. Die Domäne sicherte die ökonomische Unabhängigkeit des Königtums. Das Wissen darum, dass die Domäne die Grundlage des unabhängigen Königtums war, gehörte zum Allgemeingut der Kameralwissenschaft der Zeit. In Brandenburg hatte Kurfürst Friedrich Wilhelm die Domänenverwaltung zentralisiert und damit effektiver gestaltet, sein Nachfolger König Friedrich Wilhelm I. vergrößerte die Domäne beträchtlich und verbreiterte damit die ökonomische Basis des unabhängigen Königtums.[127] Insbesondere sollten die Einnahmen aus ausgedehnten Domänen die Unabhängigkeit des Fürsten von ständischen Bewilligungen garantieren: „Die Einnahme aus den Domänen ist die wirtschaftliche Basis des selbständigen Königthums und mit ihm der inneren und äußeren Staatsbildung; denn sie wird [= ist?] die Grundlage der materiellen Unabhängigkeit der Könige gegenüber der Herrschaft und Gewalt der mächtigen ständischen Körperschaften."[128]

[127] *Braun*, Taxation (wie Anm. 76), 243–327, hier 273 f. und 277 f., vgl. auch 264 Anm. 27, und für einen Vergleich mit der Bedeutung, die in England der Domäne beigemessen wurde, bes. 290: „With the restoration of the monarchy (1660) the Crown had to be endowed with an annual income by the ‚Convention Parliament', because the traditional sources of income [= die Domäne, W. B.] were either lost or diminished to insignificance."

[128] Karl Freiherr vom und zum Stein, zitiert nach *Gustav Schmoller*, Die Epochen der preußischen Finanzpolitik, in: Jahrbuch für Gesetzgebung, Verwaltung und Volkswirtschaft im deutschen Reich 1, 1877, 33–114, hier 71.

Die im Vergleich zu Schweden geradezu gegenläufige Entwicklung in England belegt vielleicht – wenn möglich – noch klarer die Bedeutung der Domäne. In den Auseinandersetzungen zwischen Parlament und Monarchie wurde letztlich die entscheidende und dauerhafte Schwächung des Königtums durch die Veräußerung der Domäne erreicht: „We might recall the Tudor tradition of handling the ‚own' resources [...] and using the fiscal apparatus as an instrument of nationwide control. Yet [...] the royal bureaucracy was dismantled in 1640–1641 and the Crowns land shrank to insignificance."[129] Karl II., der erste König der *restoration*, verfügte nicht mehr über selbständige Einkommensquellen; seit 1660 bewilligte ihm das Parlament sein Budget, jeweils auf ein Jahr begrenzt.[130] Schwedens Entwicklung verlief in dieser Hinsicht – zeitlich parallel – diametral entgegengesetzt.[131]

Eine reine Domänenwirtschaft stellte das schwedische Finanzsystem nach 1680 jedoch nicht dar, auch dann nicht, wenn das Bergwesen der Domäne zugerechnet wird. Neben der Domäne bildeten Zölle und Akzise ein zweites Standbein der Krone. Kontributionen beziehungsweise ständische Bewilligungen wurden noch die gesamten 1680er Jahre hindurch erhoben. Im Jahre 1693 legte der König jedoch den Ständen eine Erklärung vor, nach der das Reformwerk so weit gediehen war, dass zukünftig keine Kontributionen mehr benötigt wurden. Somit war das finanzstaatliche Element gewissermaßen eliminiert und die Unabhängigkeit des Königtums hergestellt. Es ist nur scheinbar paradox, dass dieser Verfassungszustand von den Ständen selbst angestrebt worden war. Der karolinische Absolutismus war bis zu einem recht hohen Grad der politische Träger und Vollstrecker eines breiten Spektrums ständischer Interessen. Nachdem das absolute Königtum nach 1709 gegen die ständischen Interessen massiv verstieß, übernahmen denn auch die Stände selbst – mit einem nunmehr zumindest in ökonomischer Hinsicht homogenen Adel – das Regiment.[132] Seit 1719 regierte

[129] *John E. D. Binney*, British Public Finance and Administration, 1774–1792. Oxford 1958, 1f., zitiert nach *Braun*, Taxation (wie Anm. 76), 316f. Anm. 68.

[130] *Braun*, Taxation (wie Anm. 76), 290.

[131] Das war keineswegs selbstverständlich, auch wenn sich dies auf den ersten Blick nur als die andere Seite der Medaille darzustellen und für Schweden tatsächlich zuzutreffen scheint. Was dem Adel an Gütern entzogen wurde, war identisch mit dem, was die Krone an materiellen Ressourcen hinzugewann. Daher sei in diesem Zusammenhang an den Kurfürsten Friedrich Wilhelm von Brandenburg und für das Brandenburg-Preußen des 18. Jahrhunderts an das Beispiel König Friedrich Wilhelms I. erinnert. Beide Herrscher betrieben die Vergrößerung der Domäne, *ohne* den Adel zu schwächen.

[132] Eine der ersten Maßnahmen von Ritterschaft und Adel auf dem ersten Reichstag der

der Reichstag. Allerdings erwies sich der Verzicht auf Bewilligungen nur in Friedenszeiten als eine mögliche Option. Bei Kriegsausbruch 1700 mussten erneut Kontributionen mit ständischer Zustimmung erhoben werden. Damit wurden auch finanzstaatliche Elemente wieder eingeführt. Allerdings verfestigten sich die Kontributionen und wurden dauerhaft erhoben, ohne dass es noch der ständischen Bewilligung bedurfte. Mit der Relativierung und schließlichen Aufhebung des ständischen Einflusses auf die Erhebung der Kontribution verlor diese ihren finanzstaatlichen Charakter und wurde als direkte Steuer in den bereits existierenden steuerstaatlichen Sektor integriert. Bis zur Aufhebung und Abwicklung des Einteilungswerkes wird man die schwedischen Staatsfinanzen seit Karl XI. als einen Domänenstaat mit ergänzendem steuerstaatlichen Bereich charakterisieren können. Mit der Ausweitung der Marktbeziehungen gewann der steuerstaatliche Bereich an Bedeutung. Die Aufhebung des Einteilungswerkes markiert dann um die Wende vom 19. zum 20. Jahrhundert den Übergang zum Steuerstaat.

Karl XI. zeigte sich mit der Reduktion der adligen Güter und deren Rückführung an die Krone indessen noch nicht zufrieden. Der Reichtum, den zahlreiche hochadlige Familien angehäuft hatten, solange sie sich im Besitz von Krondomänen befanden, wurde ebenfalls so drastisch minimiert, dass diese

1. als Konkurrenten um die Herrschaft ausgeschaltet und
2. in den übrigen Adel reintegriert wurden, mit dem sie zu einem homogenen Beamten- und Dienstadel verschmolzen.

Dieser Vorgang der Rückführung des Hochadels auf ein gewissermaßen „normaladliges" Maß und seine Verschmelzung mit dem übrigen Adel zu einem Stand von Offizieren und Zivilbeamten könnte insgesamt als der spezifisch schwedische Weg zur Domestizierung des Adels bezeichnet werden.

Sichtbares Zeichen dieser Domestizierung war die Übernahme der schlossähnlichen Paläste, die in Stockholm vor 1680 im Umkreis des königlichen Schlosses errichtet worden waren, durch die Krone. Die rückgeführte Ökonomie der meisten adligen Geschlechter ließ die Unterhaltung kostspieliger Statusgebäude mit entsprechend zahlreicher Dienerschaft nicht mehr zu. Die Paläste des Hochadels wurden nicht selten einer Nutzung durch staatliche Behörden zugeführt.

sogenannten Freiheitszeit (1718–1772) war die Aufhebung der drei Klassen, in welche die Adelskurie sich bis dahin untergliedert hatte.

Im Unterschied zu Brandenburg-Preußen hatte damit der Adel in Schweden mit seiner ökonomischen Grundlage auch seinen politischen Einfluss recht weitgehend eingebüßt. Der wesentliche Effekt, das heißt die Stärkung des Königtums, wurde noch dadurch erhöht, dass die Adelswürde durch zahlreiche Nobilitierungen relativ abgewertet wurde. Ende der 1680er Jahre war die Anzahl der neu nobilitierten Adelsfamilien höher als die der alten Familien.[133] Wenn zuvor der adlige Stand die Voraussetzung für den Aufstieg in höhere und höchste Staatsämter gewesen war, so folgte nun umgekehrt die Nobilitierung mit dem Aufstieg in ein höheres Amt.[134]

Der Hochadel wurde nicht ausgegrenzt oder gar strafrechtlich verfolgt, etwa wegen Veruntreuung. Man beschränkte sich auf die Wiedereintreibung der Güter, Dienste und Einkünfte, die der Krone entfremdet worden waren. Formal war eher das Gegenteil der Fall, denn Grafen- und Freiherrenwürden wurden beibehalten, auch wenn Grafschaften und Freiherrschaften aufgehoben worden waren. Auch hier erzielte Karl XI. eine Änderung der Mehrheitsverhältnisse zu seinen Gunsten, indem er seinerseits mehr Geschlechter in den Grafen- und Freiherrenstand erhob, als diesem bisher angehört hatten.[135]

Auch wenn es nach 1680 erneut zur Bildung einiger größerer Gutskomplexe kam, so waren diese doch nicht vergleichbar mit der Gutsbildung vor 1680 oder gar mit den Latifundien Ostelbiens. Es waren die Männer, welche die Reduktion an verantwortlicher Stelle durchführten, die ihre Positionen dazu nutzten, ausgedehnte Ländereien zu erwerben, nicht zuletzt Clas Fleming selbst, der Chef der Reduktionskommission.[136] So gab es auch nach 1700 noch größere Gutshöfe. Allerdings stellten diese jetzt eine Ausnahme in der großen Masse der Bauern- und Adelshöfe mit „Normalgröße“, das heißt mit einer bis einigen wenigen Hufen Umfang, dar. Im statistischen Mittel verlor der Adel – auf den ganzen Stand berechnet – etwa die Hälfte seiner Ländereien, er behielt in der Regel jedoch die wertvollere

133 *Göran Rystad*, Karl XI. En biografi. Lund 2001, 231. S. auch *Werner Buchholz*, Absolutismus und ständische Repräsentation in Schweden 1700–1723: Revolution oder Restauration, in: Parliaments, Estates & Representation 8, 1988, 47–62, hier 53f.

134 *Sten Carlsson*, Ståndssamhälle och ståndspersoner 1700–1865. Studier rörande det svenska ståndssamhällets upplösning. 2. Aufl. Lund 1973, 60, Tab. 9 und 85. Beim Militär erfolgte die Nobilitierung meist mit der Beförderung zum Major (entsprechend bei der Flotte: *örlogskapten*, deutsch: Korvettenkapitän), in der zivilen Verwaltung mit dem Aufstieg in ein Amt der entsprechenden Rangstufe.

135 *Rystad*, Karl XI (wie Anm. 133), 231.

136 *Heckscher*, Sveriges ekonomiska historia (wie Anm. 25), Bd. 2/1, 351–353.

Hälfte mit den privilegierten Herrenhöfen.[137] Sofern diese nicht an die Krone kamen, behielten sie ihre Privilegierung. Jedoch verbot Karl XI. im Jahre 1686 generell die Neueinrichtung von Adelshöfen.

Nicht zuletzt kam es im Gefolge der Reduktion zu einer insgesamt ausgeglichenen Eigentumsstruktur in Schweden und Finnland. Gepaart mit einem hohen Anteil an Mitspracherechten in der Verwaltung, im Gerichtswesen und im Reichstag führte dies zu insgesamt hoher innerer Stabilität und Sicherheit.[138] Anders als in West-, Zentral- und Osteuropa waren die Bauern nicht nur auf die landwirtschaftliche Produktion hingewiesen, sondern sie waren selbst sowohl politische Entscheidungsträger als auch Träger der Militärorganisation des Königreiches.[139]

Andererseits hat Heckscher betont, dass die Reduktion nicht auf soziale Rücksichten als Ursache zurückzuführen sei, sondern dass diese allein fiskalisch orientiert war.[140] Reduktion und Einteilungswerk waren Maßnahmen, die auf der Grundlage einer rationalen politischen Planung sowie einer realistischen Einschätzung dessen, was möglich und wünschenswert war, durchgeführt wurden.

Im Ergebnis schufen die Finanzreformen Karls XI. ein System, das die Ressourcen des Landes optimal ausschöpfte und umfassend in den Dienst der Großmachtpolitik stellte. Dieses Finanzsystem bestand, abgesehen davon, dass der Naturalienanteil nach und nach durch geldwirtschaftliche Elemente ersetzt wurde, in seinen Grundstrukturen bis zum Beginn des 20. Jahrhunderts. Erst dann wurde es abgeschafft und durch eine einheitliche Einkommensteuer ersetzt.

Nach Auffassung Heckschers bedeutete die Reduktion von 1680 insgesamt „die Rettung und Bewahrung des schwedischen Bauernstandes als Eigentümer von Grund und Boden wie auch als politisch tätige Klasse" („blev reduktionen [...] det svenska bondeståndets räddning som jordägande och politiskt verksam klass").[141]

[137] Ebd. 339–342.

[138] *Eva Österberg*, Agrar-ekonomisk utveckling, ägostrukturer och sociala oroligheter: de nordiska länderna c:a 1350–1600, in: Scandia 45, 1979, 171–204. Vgl. auch *Hugues Neveux/Eva Österberg*, Norms and Values of the Peasantry in the Period of State Formation: A Comparative Interpretation, in: Blickle (Ed.), Resistance (wie Anm. 23), 155–184, bes. 158ff. und 182–184 (conclusion).

[139] Vgl. *Steinar Imsen/Günter Vogler*, Communal Autonomy and Peasant Resistance in Northern and Central Europe, in: Blickle (Ed.), Resistance (wie Anm. 23), 5–43, hier 41f.

[140] Vgl. hierzu und zum Folgenden: *Heckscher*, Sveriges ekonomiska historia (wie Anm. 25), 337f.

[141] Ebd. 359.

Die osmanischen Staatsfinanzen in europäischer Perspektive

Von

K. Kıvanç Karaman und Şevket Pamuk[*]

I. Einführung

Die Frühe Neuzeit erlebte die Formierung mehrerer zentralisierter Staaten, die sich in zunehmendem Maße Anteile der ökonomischen Ressourcen ihrer Bevölkerungen in Form von Steuern aneigneten. Dieser Trend war kein allgemeiner, nicht allen Staaten gelang die Zentralisierung ihrer Finanzen, und diejenigen, die es taten, unterschieden sich erheblich im Hinblick auf den zeitlichen Ablauf und die Intensität dieses Prozesses. Die Untersuchung der Zentralisierung der Eintreibung von Einkünften als finanzpolitisches Phänomen und im weiteren Kontext als Phänomen der Staatsbildung beruhte bisher in erster Linie auf Quellenmaterial europäischer Staaten.[1]

Im folgenden Artikel befassen wir uns mit dieser Frage anhand der Finanzen des Osmanischen Reiches, eines Staates, der einerseits Teil des europäischen Mächtesystems war, gleichzeitig aber auch institutionelle Elemente aus nahöstlichen und türkischen Traditionen geerbt hatte. Insbesondere werden wir die seriellen Verzeichnisse der Steuereinkünfte der osmanischen Zentralverwaltung für den Zeitraum vom 16. bis zum 19. Jahrhundert analysieren, einen Überblick über die Finanz- und Militärinstitutionen geben und die Beziehung zwischen institutionellem Wandel und finanzieller Leistungsfähigkeit des Staates erörtern.

Um die Entwicklung der finanziellen Leistungsfähigkeit des Osmanischen Reichs zu untersuchen und sie in den Kontext anderer wichtiger europäischer Staaten zu stellen, werden im folgenden Ex-post-Budgets für

[*] Aus dem Englischen übersetzt von *Marlene Kurz*.

[1] Vgl. aus der englischsprachigen Forschung etwa die beiden folgenden Sammlungen von Fallstudien: *Richard Bonney* (Ed.), The Rise of the Fiscal State in Europe, c. 1200–1815. Oxford 1999; *Christopher Storrs* (Ed.), The Fiscal-Military State in Eighteenth-Century Europe. Essays in Honour of P. G. M. Dickson. Farnham 2009. Ein Klassiker zu diesem Thema ist *Charles Tilly*, Coercion, Capital and European States, 990–1990. Cambridge, Mass. 1990.

das 16. bis 18. Jahrhundert[2] und das 19. Jahrhundert herangezogen[3], die die Nettoeinkünfte der zentralen Staatskasse, gemessen in Silber, enthalten.

Es zeigt sich, dass auf zum Teil fluktuierende, insgesamt jedoch stagnierende Einkünfte während des 17. und 18. Jahrhunderts enorme Zuwächse im 19. Jahrhundert folgten. Das in Silber gemessene osmanische Staatseinkommen nahm zwischen den 1560er und 1780er Jahren um 18 Prozent zu, zwischen den 1780er und 1890er Jahren aber um nicht weniger als 1145 Prozent. Um die Auswirkungen zu erfassen, die Bevölkerungs-, Preis- und Einkommensschwankungen auf die Ertragszahlen hatten, wurden außerdem Schätzungen des Steuerertrags pro Kopf in Silber vorgenommen und in Relation zu der Entwicklung des Silberpreises und der Einkommen gesetzt. Es wird sich zeigen, dass sich auch durch diese alternative Methode am Grundmuster der Entwicklung der osmanischen Staatsfinanzen nichts ändert.

In einem weiteren Schritt stellen wir die Einnahmen der osmanischen Zentralverwaltung in bestimmten Vergleichsjahren denen von England, Frankreich, der Republik der Vereinigten Niederlande, Spanien, Venedig, der Österreichischen Monarchie, Preußen und Russland gegenüber, die wir für eine ähnliche Studie zusammengestellt haben. Für diese Gemeinwesen lassen die Zahlen erkennen, dass hier die Finanzen dieser frühmodernen Staaten und Reiche früher Zuwächse verzeichneten als im Osmanischen Reich, nämlich bereits im 16. und 17. Jahrhundert im Falle Westeuropas und im 18. Jahrhundert in Zentral- und Osteuropa. In allen diesen Staaten wurde der Großteil der erzielten Einnahmen in erster Linie für die Finanzierung von Kriegen verwendet. In dieser Hinsicht passt der Befund, dass im 18. Jahrhundert die Diskrepanz zwischen russischen und österreichischen Einnahmen einerseits und osmanischen andererseits beträchtlich war, zum gleichzeitigen Niedergang der osmanischen militärischen Leistungsfähigkeit. Gleichermaßen kann man die These vertreten, dass die Zuwächse im 19. Jahrhundert entscheidend zum Überleben des osmanischen Staates bis zum Ersten Weltkrieg beitrugen und es ihm ersparten, das Schicksal der Polnisch-Litauischen Union, die Ende des 18. Jahrhunderts unter ihren Nachbarn aufgeteilt wurde, zu teilen.

Um die Stagnation der osmanischen Staatseinnahmen im 17. und 18. Jahrhundert und die Zuwächse im 19. Jahrhundert zu erklären, wird in

[2] *Mehmet Genç/Erol Özvar* (Eds.), Osmanlı Maliyesi, Kurumlar ve Bütçeler. Istanbul 2006.

[3] *Tevfik Güran*, Osmanlı malî istastikleri bütçeleri 1841–1918 / Ottoman Financial Statistics, Budgets, 1841–1918. Ankara 2003.

einem weiteren Schritt die Entwicklung osmanischer Institutionen untersucht und diese mit anderen europäischen Gemeinwesen verglichen. Während der Neuzeit veranlassten die Entwicklungen in der Militärtechnologie die Staaten dazu, sowohl die Steuereinhebung als auch die innerstaatliche Gewaltenkontrolle zu zentralisieren. Zwar kann festgestellt werden, dass die osmanische Zentralverwaltung finanzpolitische Innovationen einführte, die dazu dienten, die Steuereinhebung zu zentralisieren, hingegen aber nicht die nötigen Maßnahmen ergriff, um ein innerstaatliches Gewaltmonopol durchzusetzen. Stattdessen fiel die Militärmaschinerie der Provinzen in die Hände einer neuen Gruppe lokaler Dynastien, die wiederum ihr Machtpotential nutzten, um einen großen Anteil der von der Landbevölkerung erhobenen Steuern für sich zu behalten. Zu zeigen wird außerdem sein, dass es die Adaption westlicher Militär- und Verwaltungsformen im 19. Jahrhundert war, die den Zuwachs an Steuereinnahmen bewirkte.

II. Die Entwicklung der frühneuzeitlichen osmanischen Finanz- und Militärinstitutionen

Wesentlich für das Verständnis der Transformationen der Staatsfinanzen in der Frühen Neuzeit ist das enge Wechselspiel zwischen Kriegführung und Staatsfinanzen. Kriegführung war die vorrangige Aktivität aller Staaten, und demnach wurde der Großteil der Steuereinnahmen für den Militärapparat verwendet.[4] Innovationen in den Bereichen der Militärtechnologie, Ausbildung und Taktik begünstigten eine Zentralisierung des Kriegswesens in Form einsatzbereiter, tendenziell wachsender und damit immer kostenintensiver werdender stehender Heere gegenüber dezentralen Strukturen der Truppenorganisation. Folge davon war die Notwendigkeit, auch ein zentralisiertes Finanzsystem zu schaffen.

Auch die Entwicklung der osmanischen Staatsfinanzen in dieser Epoche sollte im Kontext dieser Herausforderungen analysiert werden. Auf die genannten, aus Veränderungen im Kriegswesen resultierenden Herausforderungen reagierten die Osmanen im Bereich der Finanzpolitik, indem sie das Pfründenwesen (*tımar*-System) auslaufen ließen und stattdessen das System der Steuerpacht ausbauten, das sowohl der Zentralisierung der Steuereinhebung als auch der kurzfristigen Beschaffung von Finanzmitteln dien-

[4] *Richard Bonney*, Revenues, in: ders. (Ed.), Economic Systems and State Finance. Oxford 1995, 423–505.

te. Auf militärischem Gebiet wurde die leichte Kavallerie der Timarioten (*tımar*-Inhaber) abgebaut, allerdings hatten Versuche, die entscheidende Infanterietruppe der Janitscharen auszubauen, nur begrenzten Erfolg. Stattdessen verhandelte die osmanische Verwaltung in zunehmendem Maße mit einer neuen Klasse städtischer Notabeln mit militärischem Gefolge über ihre Teilnahme an Kriegen.

Während der Klassischen Zeit des Osmanischen Reiches (1453–1600) unterschied man zwischen solchen Einnahmequellen, die der zentralen Staatskasse (*Hazine-i Amare*) zugewiesen waren, und solchen, die im Rahmen des *tımar*-Systems Provinzfunktionären zugeteilt wurden. Die Einnahmequellen der zentralen Staatskasse waren ordentliche und außerordentliche, in Bargeld zu leistende Steuern, die durch verschiedene Mechanismen eingesammelt wurden. Das *mukataa*- oder Steuerpachtsystem wurde für die Einhebung von Geldabgaben in städtischen Gebieten genutzt, unter Einschluss von Zöllen und gewerblichen Abgaben, Einkünften aus Monopolen wie Münzanstalten, Salinen und Minen sowie landwirtschaftlichen Abgaben aus fruchtbaren Regionen. Die *avarız* waren außerordentliche, pro Haushalt zu leistende Kriegsabgaben, die in Form von Naturalien und später zunehmend in bar eingetrieben wurden, indem die Forderungen des Staates auf lokaler Ebene auf die Steuerzahler umgelegt wurden.[5] Die *cizye* war eine in Geld zu leistende Kopfsteuer, die von den nicht-muslimischen Untertanen des Reiches gezahlt werden musste. Sie wurde direkt von der Zentralverwaltung administriert und beruhte auf Verzeichnissen, die speziell für diesen Zweck angelegt wurden. Die Verwaltung ließ sich allerdings darauf ein, mit lokalen religiösen Autoritäten Pauschalsummen zu vereinbaren.

Diese Einnahmen der zentralen Staatskasse wurden in erster Linie für Verwaltungskosten und die Versorgung und Besoldung der zentralen Sklavenarmee ausgegeben. Bei den Pfründen, die im Rahmen des *tımar*-Systems vergeben wurden, handelte es sich in erster Linie um bäuerliche Abgaben. Da Grundbesitz und Bevölkerung des Osmanischen Reichs als Patrimonium des Sultans betrachtet wurden, waren die Bauern verpflichtet, Grundpacht, Steuern, Arbeitsdienste und andere Gebühren zu leisten, die in Naturalien oder in Geld verlangt wurden. Die Inhaber der unterschiedlich dimensionierten Militärpfründen (*tımar*), die *sipahis*, trieben diese Abga-

[5] *Bruce McGowan*, Economic Life in Ottoman Europe. Taxation, Trade, and the Struggle for Land, 1600–1800. Cambridge 1981; *Linda T. Darling*, Revenue-Raising and Legitimacy: Tax Collection and Finance Administration in the Ottoman Empire, 1560–1660. (The Ottoman Empire and its Heritage, Vol. 6.) Leiden 1996.

ben ein und verwendeten sie, um eine festgelegte Zahl von Kavalleristen auszustatten und für militärische Unternehmungen bereitzustellen.[6]

Die Klassische Zeit des Osmanischen Reiches gilt als der Höhepunkt der Macht der Zentralverwaltung, was sich zum Teil aus ihrer Effektivität im Hinblick auf die Eindämmung dezentraler Tendenzen begründet, die der Steuereinhebung im Rahmen des Pfründenwesens inhärent sind. Insbesondere überwachte die Zentrale während dieser Periode das *tımar*-System sorgfältig durch regelmäßige fiskalische Bestandsaufnahmen und gerichtliche Aufsicht über die Steuereinhebung. In dieser Epoche achtete die Zentrale ebenfalls darauf, die Ausbildung lokaler Netzwerke durch die Inhaber von Großpfründen zu unterbinden, und verhinderte lokale Machtkonzentrationen, indem sie zum Beispiel die militärischen Führungsschichten und Inhaber von Großpfründen alle drei Jahre in anderen Gebieten als Pfründeninhaber einsetzte.[7]

Als Hauptfaktor, der es der Zentrale gestattete, eine strenge Kontrolle über die Pfründeninhaber auszuüben, kann die „Knabenlese" (*devshirme*) betrachtet werden. Dieses System beruhte darauf, christliche Untertanen in der Kindheit als Sklaven zu rekrutieren und ihnen, je nach ihren Talenten, militärische und administrative Aufgaben zuzuweisen. Diese Praxis war bereits bei Vorgängerstaaten des Osmanischen Reiches im Nahen Osten üblich gewesen, wenn auch in geringerem Umfang und in weniger formalisierter Weise als bei den Osmanen. Während der Klassischen Zeit diente die Knabenlese dazu, die Macht der Zentrale zu konsolidieren, da durch sie eine militärische und administrative Elite geschaffen wurde, die sorgfältig ausgebildet war, keine sozialen Bindungen zur Bevölkerung hatte und dem Sultan absolute Gefolgschaftstreue schuldete. In der zentralen Armee wurden die zwangsrekrutierten Janitscharen als Eliteinfanteristen verwendet, die von europäischen Beobachtern aufgrund ihrer Disziplin und Hingabe an den Sultan im Vergleich mit den Söldnerheeren in Europa bewundert wurden.[8] Auch das Rückgrat des Verwaltungsapparats wurde von Sklaven gebildet, die in der nahöstlichen Staatstradition ausgebildet waren.

[6] *Halil İnalcık*, Devlet-i Aliyye: Osmanlı İmparatorluğu Üzerine Araştırmalar. Vol. 1: Klasik dönem (1302–1606). Istanbul 2009.

[7] *Halil İnalcık*, The Ottoman Empire. The Classical Age, 1300–1600. New York 1973; *K. Kıvanç Karaman*, Decentralized Coercion and Self-Restraint in Provincial Taxation. The Ottoman Empire, 15th–16th Centuries, in: Journal of Economic Behavior and Organization 71, 2009, 690–703.

[8] *David B. Ralston*, Importing the European Army. The Introduction of European Military Techniques and Institutions into the Extra-European World, 1600–1914. Chicago 1990.

Die Effizienz der klassischen osmanischen Militär- und Finanzinstitutionen wurde jedoch im 17. und 18. Jahrhundert durch Veränderungen in der Organisation und Intensität der Kriegführung untergraben. Vor allem sah sich die osmanische Verwaltung dem wachsenden Druck ausgesetzt, Infanterietruppen zu rekrutieren und auszustatten und hohe Summen für die Artillerie und den Festungsbau bereitzustellen. Dies bedeutete sowohl eine finanzpolitische Herausforderung, da diese Ausgaben in Bargeld geleistet werden mussten, als auch eine organisatorische hinsichtlich der Ausweitung der Infanterietruppen. Die Denkschriften, die von Verwaltungsbeamten in dieser Zeit verfasst wurden, deuten darauf hin, dass diese das Wesen der stattfindenden Veränderungen nicht erkannten und es ihnen nicht gelang, eine entsprechende Antwort zu formulieren. Stattdessen empfahlen sie für gewöhnlich die Wiederbelebung der Institutionen der Klassischen Zeit. In der Praxis jedoch wurden diese Institutionen durch eine Reihe pragmatischer Antworten auf die Erfordernisse der Kriegführung allmählich abgebaut.

Auf finanzpolitischem Gebiet versuchte die Verwaltung die Einnahme von Bargeld in die zentrale Staatskasse zu steigern, indem sie Einnahmequellen des *tımar*-Systems Steuerpachten zuwies, die auf zentral organisierten Auktionen versteigert wurden, und die Raten der außerordentlichen Kriegssteuern, der *avarız*, erhöhte.[9] Die Ausweitung des Steuerpachtsystems war auch deshalb wichtig, weil es zu einer Entwicklung des öffentlichen Kreditwesens führte. In Zeiten intensiver Kriegführung wurde die Geltungsdauer der Steuerpachtverträge allmählich von einem auf drei Jahre und sogar auf noch längere Fristen erhöht, und die Verwaltung verlangte zunehmend höhere Anteile der Vertragssumme im Voraus. Gegen Ende des 17. Jahrhunderts veranlasste der Druck der Kriege, die gegen die Allianz von Habsburgern, Polen, Venedig und Russen geführt wurden, die Verwaltung dazu, das *malikane*-System einzuführen, mit dem begonnen wurde, die Einnahmequellen gegen eine hohe Einstandszahlung und darauf folgende, festgelegte jährliche Zahlungen auf Lebenszeit zu verpachten. Der nächste Schritt in dieser Entwicklung war das *esham*-System, das am Ende des Krieges mit Russland (1768–1774) eingeführt wurde. In diesem System wurde das jährliche Nettoeinkommen einer Steuerquelle nominell festgelegt, in eine große Zahl von Anteilen geteilt und öffentlich für die Dauer

[9] *Suraiya Faroqhi*, Crisis and Change, 1590–1699, in: Halil İnalcık/Donald Quataert (Eds.), An Economic and Social History of the Ottoman Empire, 1300–1914. Vol. 2: 1600–1914. Cambridge 1994, 411–636.

des Lebens des Käufers verkauft. Die jährlichen Einnahmen aus der Steuerquelle wurden weiterhin von Steuerpächtern eingetrieben.[10] Als die Verbindung zwischen den jährlichen Zahlungen der Regierung und den diesen zugrundeliegenden Einkünften aus den Steuerquellen schwächer wurde, ähnelten die *esham* zunehmend einer lebenslangen Rente, wie sie zu dieser Zeit in vielen europäischen Ländern weit verbreitet war.

Auf militärischem Gebiet bestand die Antwort der Osmanen anfänglich darin, die Zahl der Janitscharen zwischen 1567 und 1669 zu vervierfachen und sie in den Provinzen zu stationieren. Die Ausweitung der traditionellen Truppe erwies sich jedoch als ungenügend, weil das System der Rekrutierung von Sklaven zusammenbrach, die Zahlen unzureichend waren und die Truppen unter mangelnder Disziplin litten. Allmählich gab die osmanische Verwaltung ihre Politik der strikten Trennung von Mitgliedern der herrschenden Klasse und dem gewöhnlichem Volk auf und begann mit saisonalen Rekrutierungen aus der Landbevölkerung. Da die Verwaltung über keinen Mechanismus zur dauerhaften Versorgung saisonaler Rekruten verfügte, griffen die entlassenen Truppen nach dem Krieg mit den Habsburgern (1593–1606) und den Kriegen mit Persien (1603–1639) zur Selbsthilfe: Sie zogen plündernd durch das Land, brachten so die Landwirtschaft zum Erliegen und provozierten eine massenhafte Landflucht. Die öffentliche Ordnung wurde nach den 1650er Jahren teilweise wiederhergestellt, aber, wie unten erörtert werden wird, zu anderen Bedingungen als im 16. Jahrhundert.[11]

Im späten 17. und im 18. Jahrhundert gewann eine neue Schicht städtischer Notabeln (*ayan*) an Bedeutung, die in den Provinzen zunehmend die Regie sowohl über die Steuererhebung als auch die militärischen Rekrutierungsprozesse übernahm. Diese Familien waren nicht lokalen Ursprungs, sondern entstammten vielmehr den Reihen derjenigen, die zuvor von der Regierung in diese Regionen entsandt worden waren. Im Finanzsystem spielten sie sowohl als Unterpächter von Steuerpachtverträgen als auch bei der Umlage außerordentlicher *avarız*-Steuern auf die lokalen Haushalte eine Rolle. Sie bildeten eigene militärische Gefolgschaften und verließen sich auf diese, was die Durchsetzung der Steuereinhebung, den Schutz ihrer

[10] *Yavuz Cezar*, Osmanlı Maliyesinde Bunalım ve Değişim Dönemi: XVIII. yy.dan Tanzimat'a Mali Tarih. Istanbul 1986; *Mehmet Genç*, Art. „Esham“, in: Türk Diyanet Vakfı İslam Ansiklopedisi. Vol. 11. Istanbul 1995, 376–380.

[11] *Darling*, Revenue-Raising (wie Anm. 5); *Halil İnalcık*, Military and Fiscal Transformation in the Ottoman Empire, 1600–1700, in: Archivum Ottomanicum 6, 1980, 283–337.

eigenen Interessen und die Verhandlungen mit der Zentralverwaltung um Titel und Gegenleistungen für die Teilnahme an Kriegen betraf. Ihre Rolle im Finanzsystem verdankten sie, zusätzlich zu ihrer Fähigkeit, ihre Ansprüche durchsetzen zu können, ihrem Wissen um lokale Verhältnisse, ihrer Möglichkeit, die landwirtschaftlichen Naturalabgaben zu lagern und zu Geld zu machen und in Notzeiten große Summen von Bargeld zur Verfügung zu stellen. Die Notabeln betrieben auch Handel und Kreditgeschäfte, ihre wichtigste Vermögensquelle jedoch blieb ihre Rolle in der Steuereinhebung; außerdem waren sie in begrenztem Maße in die Umgestaltung und in Investitionen in die wirtschaftlichen Aktivitäten, die sie besteuerten, involviert.[12]

Die Auswirkungen des Abbaus des Pfründensystems und der Aufstieg einer neuen militärischen und finanziellen Mittelklasse gehören zu den zentralen Themen der osmanischen Historiographie. Einerseits beweist die Transformation des osmanischen Finanzapparats den Pragmatismus und die Fähigkeit zur Umstrukturierung, Adaption und Innovation, über die der osmanische Staat und die osmanische Gesellschaft verfügten.[13] Dies wird besonders anhand der Entwicklung der Steuerpacht- und *malikane*-Verträge deutlich, die in zunehmendem Maße viele Kennzeichen von Aktiengesellschaften aufwiesen.[14] Es wird auch die Ansicht vertreten, dass die Veränderungen im Finanzsystem dabei behilflich waren, die aufstrebende Gruppe der Notabeln zu kooptieren und sie zu Interessenvertretern der Geschicke des Reiches zu machen. Insbesondere stand oft hinter einer Person, die bei den Versteigerungen der Steuerpachten mitbot, eine ganze Teilhaberschaft, die Mitglieder der Zentralverwaltung, städtische Notabeln und Finanziers umfasste, die den ursprünglichen Vertrag in kleinere Anteile aufteilten. Infolgedessen wurden im Laufe des 18. Jahrhunderts ca. 1000 bis 2000 Einwohner Istanbuls zusammen mit ungefähr 5000 bis 10000 Personen aus den Provinzen sowie zahllose weitere Vertragsnehmer, Agenten, Finanziers, Buchhalter und Verwalter Mitglieder der Herr-

[12] *Halil İnalcık*, Centralization and Decentralization in Ottoman Administration, in: Thomas Naff/Roger Owen (Eds.), Studies in Eighteenth-Century Islamic History. (Papers on Islamic History, Vol. 4.) Carbondale/Edwardsville 1977, 27–52.

[13] *Gábor Ágoston*, A Flexible Empire, Authority, and its Limits on the Ottoman Frontiers, in: International Journal of Turkish Studies 9, 2003, 15–31; *Şevket Pamuk*, Institutional Change and the Longevity of the Ottoman Empire, 1500–1800, in: JInterH 35, 2004, 225–247.

[14] *Murat Çizakça*, A Comparative Evolution of Business Partnerships. The Islamic World and Europe with Specific Reference to the Ottoman Archives. (The Ottoman Empire and its Heritage, Vol. 8.) Leiden 1996.

schaftsschicht.[15] Andererseits ist diese Periode aber auch als eine Zeit des Niedergangs der staatlichen Macht beschrieben worden, hauptsächlich wegen des Zusammenbruchs des strikt hierarchisch organisierten und unter der strengen Aufsicht der Zentralverwaltung befindlichen *tımar*-Systems. Wie oben erörtert, beruhte die Herrschaft der Zentrale in dieser Zeit immer mehr auf Verträgen mit lokalen Dynastien. Außerdem waren diese Verträge aufgrund der Abneigung der Zentrale, lokale Macht in der Hand einer einzigen Familie zu konzentrieren, und wegen der Rivalitäten zwischen den lokalen Dynastien für gewöhnlich kurzfristig angelegt. Die Folge war, dass wechselnde Zusammenschlüsse von Koalitionen Sicherheit und öffentliche Ordnung in den ländlichen Gebieten untergruben.[16]

III. Die Einnahmen des Osmanischen Reichs in der Frühen Neuzeit (1523–1788)

In diesem Abschnitt wird die osmanische Finanzkapazität während der Frühen Neuzeit basierend auf Angaben aus osmanischen Budgets analysiert. Insbesondere werden die Einnahmen der zentralen Staatskasse (in Silber) beziffert und diese mit der Bevölkerungszahl, den Preisen und dem Pro-Kopf-Einkommen ins Verhältnis gesetzt.

Das Material, auf dessen Grundlage die Einnahmen der osmanischen zentralen Staatskasse während der Frühen Neuzeit nachvollzogen werden können, stammt aus einem noch nicht lange zurückliegenden Projekt, in dessen Rahmen die Budgets des Osmanischen Reichs in der Frühen Neuzeit zusammengetragen wurden.[17] Diese Aufstellungen über die zentralen Einkünfte basieren auf der zeitgenössischen Währung Akçe. Um zeitlich übergreifende und zwischenstaatliche Vergleiche zu erleichtern, wurden alle Währungsgrößen in Tonnen oder Gramm Silber umgerechnet, indem wir die Einkünfte in Akçe mit ihrem Silbergehalt multipliziert haben.[18] Aus den daraus resultierenden Zahlen wurde die Datenreihe „Osmanisch I" erstellt, die die Bargeldeinnahmen der zentralen Staatskasse darstellt. Eine

[15] *Ariel Salzman*, An Ancien Regime Revisited. Privatization and Political Economy in the Eighteenth-Century Ottoman Empire, in: Politics and Society 21, 1993, 393–423.
[16] *Karen Barkey*, Bandits and Bureaucrats. The Ottoman Route to State Centralization. Ithaca 1994; *İnalcık*, Centralization and Decentralization (wie Anm. 12).
[17] *Genç/Özvar*, Osmanlı Maliyesi (wie Anm. 2).
[18] Die Angaben zum Silbergehalt des Akçe in verschiedenen Jahren stammen aus den Tabellen in *Şevket Pamuk*, A Monetary History of the Ottoman Empire. Cambridge 2000.

zweite Datenreihe „Osmanisch II" beinhaltet zusätzlich zu den Bareinnahmen den geschätzten Geldwert der Leistungen für die Kavalleristen und die übrigen Hilfstruppen, die über das *tımar*-System finanziert wurden. Diese Datenreihe Osmanisch II liefert ein realistischeres, allerdings auch weniger präzises Maß für die militärisch-fiskalische Leistungsfähigkeit des Osmanischen Reichs. Im Folgenden werden diese Daten daher nicht für einen Vergleich mit anderen europäischen Ländern gebraucht; sie werden aber dennoch präsentiert, um zu zeigen, dass sich unsere Ergebnisse durch die Einbeziehung dieser Einkünfte nicht wesentlich ändern.[19]

Die Graphiken 1 und 2 am Ende dieses Beitrags stellen die Gesamteinnahmen beziehungsweise die Pro-Kopf-Einnahmen der zentralen Staatskasse in Silber dar. Da sich die Gesamtbevölkerung des Reiches zwischen 1550 und 1800 mit 19 bis 22 Millionen nur leicht veränderte, sind die langfristigen Trends in den beiden Graphiken einander sehr ähnlich. Beide zeigen, dass die osmanischen Staatseinnahmen bis zum dritten Viertel des 16. Jahrhunderts anwuchsen. Diese Beobachtung stimmt mit der Literatur überein, die diese Periode als den Höhepunkt der osmanischen Finanzmacht und der Zentralisierung charakterisiert. Die Einnahmen der Zentralverwaltung nahmen vom vierten Viertel des 16. Jahrhunderts bis zum Ende des 17. Jahrhunderts tendenziell ab – trotz des Abbaus des *tımar*-Systems und trotz Versuchen, einen größeren Anteil der daraus resultierenden Steuereinnahmen in Geld und direkt von der Zentrale aus einzutreiben. Ende des 17. Jahrhunderts, zu einer Zeit intensiver Kriegführung an der Westfront, gab es Zuwächse, die aber in der zweiten Hälfte des 18. Jahrhunderts von einem Rückgang der Einnahmen abgelöst wurden. Vielleicht wichtiger als diese mittelfristigen Trends ist jedoch das Fehlen eines langfristigen Aufwärtstrends bei den Einnahmen während der frühneuzeitlichen Jahrhunderte insgesamt. Die osmanischen Pro-Kopf- und Gesamteinnahmen während des 18. Jahrhunderts waren nicht höher als die des 16. Jahrhunderts.

Eine Berechnung, die es ermöglicht, weitere Erkenntnisse über die zentrale Finanzkapazität zu gewinnen, besteht darin, die Steuereinnahmen durch die Einkommen zu teilen. Daher haben wir die jährlichen Pro-Kopf-Steuereinnahmen der Zentralverwaltung als ein Vielfaches der Tageslöhne von ungelernten Bauarbeitern in der Hauptstadt angesetzt. Diese Datenrei-

[19] Für Details und Jahreswerte der Datenreihen Osmanisch I und II sowie der Graphiken 1, 2 und 3 vgl. *K. Kıvanç Karaman/Şevket Pamuk*, Ottoman State Finances in European Perspective, 1500–1914, in: JEconH 70, 2010, 593–627.

he (vgl. Graphik 3 am Ende dieses Beitrags) zeigt, dass die Grundtendenz bei den Steuereinnahmen der osmanischen Zentralverwaltung während der Frühen Neuzeit ebenfalls horizontal verlief und dass die Kapazität der osmanischen Regierung, Steuern einzutreiben, auffällig niedrig blieb.

Die jährlichen Bargeldeinnahmen der Zentralverwaltung pro Kopf überstiegen nicht die Grenze von drei Tageslöhnen eines ungelernten Bauarbeiters in Istanbul und blieben die meiste Zeit unter zwei Tageslöhnen. Auch wenn wir die Beitragsleistungen der Timarioten und anderer Soldaten auf Feldzügen miteinbeziehen, übertreffen die Pro-Kopf-Einkünfte der Zentralverwaltung nur selten vier Tageslöhne, unabhängig vom gewählten Jahr.[20]

Um das Muster der osmanischen Einnahmen zu verstehen, besteht eine weitere wichtige Berechnung darin, die Zahlen für die Gesamtsteuerlast zusammenzustellen und den Anteil zu bestimmen, der der zentralen Staatskasse zufiel, sowie den Anteil, der an die Mittelsmänner ging. Dies erlaubt es herauszufinden, ob die Stagnation bei den Einnahmen der zentralen Staatskasse aus der Unfähigkeit resultierte, wirtschaftliche Aktivitäten zu besteuern, oder ob es der neuen Klasse der städtischen Notabeln gelang, die abgeschöpften Ressourcen zu einem erheblichen Teil oder fast vollständig für sich zu behalten.

Die osmanischen Quellen gestatten es nicht, langfristige Datenreihen für die Gesamtsteuerlast für die Wirtschaft zu rekonstruieren, aber für einige Jahre gibt es reichsweite Schätzungen. Die verfügbaren Angaben stimmen darin überein, dass sie ein Muster erkennen lassen, dem zufolge die Steuerlast für die Wirtschaft zunahm, aber beinahe alle Zuwächse an die lokalen Eliten, nicht an die zentrale Staatskasse fielen. Es gibt Schätzungen, die besagen, dass der Anteil der Einkünfte der osmanischen zentralen Staatskasse an der Gesamtlast der Steuern von 46 Prozent im Jahr 1527/28 auf 25 Prozent im Jahr 1661/62 sank.[21] Ebenso zeigen Schätzungen von Mehmet Genç für das 18. Jahrhundert, dass nur ein Drittel der erhobenen

[20] Eine alternative Methode, die Veränderungen der Pro-Kopf-Einkommen zu prüfen, bestünde darin, die Pro-Kopf-Steuereinnahmen durch das Bruttoinlandsprodukt (BIP) pro Kopf zu dividieren. Unglücklicherweise verfügen wir aber für die Frühe Neuzeit nur für einige wenige Vergleichsjahre über Schätzungen des BIP pro Kopf, und auch diese unterliegen einer erheblichen Fehlerspanne. Diese groben Schätzungen legen nahe, dass, was die Bareinnahmen der osmanischen zentralen Staatskasse betrifft, die Datenreihe Osmanisch I unter vier Prozent des BIP blieb und Osmanisch II unter sechs Prozent. Wichtig ist auch, dass diese Größenverhältnisse in der zweiten Hälfte des 18. Jahrhunderts niedriger waren als in der zweiten Hälfte des 16. Jahrhunderts.

[21] *Baki Çakır*, Geleneksel Dönem (Tanzimat öncesi) Osmanlı Bütçe Gelirleri, in: Erol

Steuern in der zentralen Staatskasse landete.[22] Diese Zahlen untertreiben den Rückgang des Anteils der zentralen Staatskasse wohl sogar noch, da es im 17. Jahrhundert zudem einen Zuwachs der illegalen und daher nicht registrierten Einhebung von Abgaben durch die Provinznotabeln gab.

IV. Osmanische Finanzen im europäischen Vergleich

Um die osmanischen Einnahmen in einem weiteren Kontext zu betrachten, vergleichen wir sie mit denen führender europäischer Staaten, nämlich mit denen Englands, Frankreichs, der Republik der Vereinigten Niederlande, Spaniens, Venedigs, des Habsburgerreiches, Preußens, Polens und Russlands. Für jedes Gemeinwesen wurden die Nettoeinnahmen in Tonnen Silber konvertiert, indem diese Einnahmen mit dem Silbergehalt der Währungseinheit multipliziert wurden. Wir haben sorgfältig darauf geachtet, eine vergleichbare Definition von Einnahmen auf alle Staaten anzuwenden, aber die Grenzen dieses Vorgehens, die aus den verschiedenen Abrechnungsverfahren und Finanzorganisationen resultieren, müssen dennoch berücksichtigt werden.[23] Die so gewonnene Darstellung (siehe Graphik 4 am Ende dieses Beitrags) zeigt die Gesamteinnahmen der zentralen Staatskassen der führenden europäischen Staaten. Anhand dieser Graphik sind eine Reihe interessanter Muster zu erkennen. Die Einkünfte der osmanischen Zentralverwaltung waren mit denen großer europäischer Staaten während des 16. Jahrhunderts vergleichbar. Tatsächlich übertrafen die osmanischen Einnahmen die aller anderen europäischen Staaten außer Frankreich und Spanien. Während die osmanischen Einkünfte jedoch stagnierten, nahmen die Einnahmen der meisten europäischen Staaten während des 17. und besonders während des 18. Jahrhunderts erheblich zu. In Osteuropa im speziellen blieben das Osmanische Reich und Polen-Litauen hinter den anderen zurück, wohingegen die Habsburgermonarchie und Russland im 17. und 18. Jahrhundert bedeutende Zuwächse erlebten.

Graphik 5 (am Ende dieses Beitrags) stellt die Pro-Kopf-Einnahmen der zentralen Staatskasse in Gramm Silber dar. Betrachtet man diese Zahlen

Özvar/Mehmet Genç (Eds.), Osmanlı Maliyesi, Kurumlar ve Bütçeler. Vol. 1. Istanbul 2006, 167–197.

22 *Mehmet Genç*, Art. „İltizam", in: Türk Diyanet Vakfı Islam Ansiklopedisi. Vol. 14. Istanbul 1997, 154–158.

23 Für die Graphiken 4, 5 und 6 vgl. *Karaman/Pamuk*, Ottoman State Finances in European Perspective (wie Anm. 19).

unter Berücksichtigung der Bevölkerung, ändert sich die Rangordnung der Staaten, und kleinere, städtisch geprägte Gemeinwesen wie England, die Republik der Vereinigten Niederlande und Venedig stehen im Hinblick auf die Pro-Kopf-Daten erheblich besser da. Dies liegt daran, dass mit zunehmender Entfernung von den Hauptstädten die Logistik des Transfers der Steuereinnahmen in die Zentrale und zurück schwieriger wurde und dafür ein größerer Teil der Bruttoeinnahmen ausgegeben wurde, ohne in die Kassen und Budgets der Zentrale zu gelangen. Tatsächlich wurde in größeren Staaten der überwiegende Teil der Zentraleinnahmen in Kernprovinzen eingehoben, wie zum Beispiel in Kastilien in Spanien, in den *pays d'élection* in Frankreich sowie in Anatolien und auf dem Balkan im Osmanischen Reich; entfernter gelegene Regionen leisteten geringere Beiträge und auch dies nur sporadisch. Für die vorliegende Studie sind es nicht die Ebenen der Einkünfte, sondern vielmehr deren Trends, die aufschlussreich sind: Graphik 5 zeigt deutlich, dass die Osmanen mit den Zuwächsen der Russen und der Habsburger nicht mithalten konnten trotz der Ähnlichkeiten ihrer Reiche im Hinblick auf die Größe, die Struktur der Wirtschaft und die zahlreiche, multi-ethnische Bevölkerung.

Graphik 6 (am Ende dieses Beitrags) setzt die Pro-Kopf-Steuereinnahmen in Beziehung zu den Tageslöhnen ungelernter Arbeiter. Die Graphik macht deutlich, dass sich die Zuwächse der Einnahmen der Zentralverwaltung innerhalb Europas in sehr unterschiedlicher Weise entwickelten. In der ersten Hälfte des 16. Jahrhunderts überstiegen die jährlichen Pro-Kopf-Steuereinnahmen in den meisten europäischen Staaten nicht die Grenze von fünf städtischen Tageslöhnen. Die einzige Ausnahme waren die kleinen, in hohem Maße städtisch geprägten Gemeinwesen wie Venedig und die Vereinigten Niederlande. Gegen Ende des 18. Jahrhunderts jedoch hatten die Unterschiede der finanzpolitischen Zentralisierung innerhalb Europas erheblich zugenommen. Während die jährlichen Pro-Kopf-Einnahmen einiger Zentralverwaltungen wie zum Beispiel Polens und des Osmanischen Reiches weiterhin unter der Grenze von fünf städtischen Tageslöhnen lagen, hatten viele andere ein Niveau von 10 bis 15 Tageslöhnen erreicht; die jährlichen Pro-Kopf-Einnahmen der Zentralverwaltung in der Republik der Vereinigten Niederlande überstiegen sogar 20 städtische Tageslöhne. An dieser Stelle sollte festgehalten werden, dass die mittlere Gruppe, bei der die jährlichen Pro-Kopf-Einnahmen 10 bis 15 Tageslöhne erreichten, nicht nur die stärker verstädterten westeuropäischen Staaten wie England, Frankreich, Spanien und Venedig umfasste, sondern auch die eher ländlichen Staaten in Zentral- und Osteuropa wie Österreich und Preußen.

Diese Zahlen lassen erkennen, dass in den meisten europäischen Staaten die Zunahme der zentralisierten Finanzkapazität der Industriellen Revolution und dem Beginn des modernen wirtschaftlichen Wachstums im 19. Jahrhundert voranging, dass aber die Osmanen an diesem Prozess nicht teilhatten.

V. Vergleich der Entwicklung der osmanischen Finanz- und Militärinstitutionen mit denen anderer europäischer Staaten

Der Vergleich des Musters der osmanischen Staatseinnahmen mit denen anderer europäischer Staaten im vorigen Abschnitt verdeutlicht die Diskrepanz zwischen deren Finanzkapazitäten während der Frühen Neuzeit. Im folgenden Abschnitt soll ein Vergleich der osmanischen militärischen und politischen Institutionen mit denen in Europa unternommen werden, um die Wirkungskräfte hinter diesen Abweichungen besser zu verstehen.

Wie weiter oben erörtert, veränderte die Zunahme der Effizienz von Artillerie und Infanterie in dieser Periode die Schlagkraft der Armeen und ließ große, gut disziplinierte und ausgebildete Infanteriearmeen gegenüber den relativ kleinen, undisziplinierten Kavallerietruppen an Bedeutung gewinnen. Während es der osmanische Militärapparat versäumte, diesen Übergang mitzumachen, und zerfiel, ging der übergreifende Trend in Europa in die entgegengesetzte Richtung. Anfänglich stützten sich europäische Herrscher bei der Finanzierung und Organisation ihrer Truppen auf unabhängige militärische Vertragspartner, ähnlich wie sich die osmanische Verwaltung auf lokale Dynastien verließ. Vor allem nach der Mitte des 17. Jahrhunderts wurden diese Mittelsmänner eliminiert, der private Gebrauch von Gewalt wurde kriminalisiert, Armeen mit zentralisierten Hierarchien wurden aufgebaut und die Staaten wurden die einzigen Besitzer legitimer Streitkräfte. Während die ländlichen Gebiete in den osmanischen Provinzen zunehmend unter Unsicherheit und Banditentum litten, nahm innerhalb Europas die auf der lokalen oder regionalen Ebene periodisch auftretende Gewalt ab, und die Entwicklung machte den Weg frei für groß angelegte Kriege, die von Zentralstaaten geführt wurden.[24]

[24] *Jeremy Black*, Introduction, in: ders. (Ed.), War in the Early Modern World, 1450–1815. London 1999, 1–24; *Peter A. Wilson*, European Warfare, 1450–1815, in: ebd. 177–206.

Historische Befunde lassen auch erkennen, dass es innerhalb Europas Unterschiede im Hinblick darauf gab, welche politische Partei die Monopolisierung der Gewalt vorantrieb. In manchen Ländern spielten Monarchie und Zentralverwaltung die ausschlaggebende Rolle und wurden zum dominanten Faktor eines politischen Systems, während in anderen Staaten Grundbesitz- und Handelseliten die führende Rolle spielten. Vereinfacht ausgedrückt, waren Frankreich, Spanien und Russland Beispiele für die erste Variante, England und die Republik der Vereinigten Niederlande für die zweite. Gleichzeitig bestand das Ergebnis dieses Konfliktes um einen vereinheitlichten Finanz- und Militärapparat in den betroffenen Staaten nicht darin, dass die unterlegenen sozialen Gruppen von der politischen Bühne verschwanden. Vielmehr wurden auch sie mittels finanzieller Belohnungen und militärischer Posten in den Staatsapparat integriert, und gewaltfreie interne Verhandlungen über Ressourcen wurden zum Bestandteil des politischen Systems.[25]

Im osmanischen Gemeinwesen konnten weder die lokalen Eliten noch die Zentrale die Vereinheitlichung des Finanz- und Militärapparates vorantreiben. Eine Erklärung dafür, warum es die lokalen Eliten versäumten, über das Niveau von untergeordneten Steuereintreibern und regionalen Machthabern hinauszugehen und einen gemeinsamen Staatsapparat zu konsolidieren, ist in der Beschränkung zu finden, die durch das Rechtssystem auferlegt wurde. Im osmanischen Rechtssystem teilte der Sultan seine Souveränität nicht und war theoretisch nur an die Tradition und das islamische Gesetz gebunden. Außerdem gab es im islamischen Recht keine juristischen Personen. Obwohl im 17. und 18. Jahrhundert de facto lokale Dynastien Teil des Verwaltungs- und Finanzapparates der Provinzen wurden, ermöglichte es die rechtliche Infrastruktur nicht, diesen Macht- und Einflussgewinn für die Sicherheit von Leben und Eigentum und für andere Grundrechte zu formalisieren. Während in Europa korporative juristische Personen unter Einschluss von Städten und bestimmten Segmenten der Gesellschaft durch das Gesetz geschützt wurden, im Laufe der Zeit organisatorische Kompetenzen entwickelten und formal mit dem Herrscher über Rechte und Privilegien verhandeln konnten, beruhten die Beziehungen zwischen Herrscher und Eliten im Osmanischen Reich weiterhin auf kurzfristigen, patrimonialen und informellen Übereinkünften.[26]

[25] *Richard Bean*, War and the Birth of the Nation-State, in: JEconH 33, 1973, 203–221.

[26] *Faroqhi*, Crisis and Change (wie Anm. 9); *McGowan*, Economic Life in Ottoman Europe (wie Anm. 5).

Die wichtigere Frage ist allerdings, warum der alternative Weg, nämlich Staatsbildung durch eine zentral gesteuerte Militärreform und die Unterdrückung der lokalen Eliten, nicht eingeschlagen wurde. Immerhin war aufgrund des Fehlens korporativer Strukturen und von Privilegien für lokale Eliten deren Fähigkeit, sich solch einem Programm zu widersetzen, gering, und außerdem war die osmanische Verwaltung willig und schnell darangegangen, die Innovationen in der Militärtechnologie zu übernehmen.[27] Vieles deutet jedoch darauf hin, dass die Fähigkeit der osmanischen Verwaltung, die neuen Technologien effektiv einzusetzen, um den Staatsapparat zu konsolidieren, durch organisatorische Probleme und Fragen der Disziplin eingeschränkt wurde. Genauer gesagt, die osmanischen Militärinstitutionen des Klassischen Zeitalters erwiesen sich als kaum geeignet, die neuen Technologien aufzunehmen, und aufgrund kultureller Barrieren und eigennütziger Interessen erkannten und übernahmen die Osmanen die organisatorischen und logistischen Innovationen nur langsam. Anfangs versuchte die Verwaltung, die Armee auf Grundlage des Systems der Janitscharen und der Rekrutierung von Sklaven auszubauen, die Truppen litten aber unter Disziplinmangel sowohl auf dem Schlachtfeld als auch andernorts, und die Verwaltung hatte sogar Schwierigkeiten, den Überblick über die genaue Zahl der Soldaten zu behalten. Zu Beginn des 18. Jahrhunderts wurde das Sklavensystem praktisch aufgegeben, und die Janitscharen wurden nun unter den muslimischen Untertanen des Reiches rekrutiert. Mittlerweile hatten die Janitscharen selbst persönliche Interessen an geschäftlichen Unternehmungen und Steuerpachten, und Versuche von reformorientierten Verwaltungsbeamten, die Janitscharen abzuschaffen, stießen auf Widerstand und scheiterten schließlich vollständig.[28]

Infolgedessen nahm die Herrschaft über die Provinzen den Charakter einer Pattsituation an, bei der weder die Zentrale noch die lokalen Eliten die Gewaltenkontrolle konsolidieren konnten. Das institutionelle Erbe der vorhergehenden Epoche und die soziale Struktur der osmanischen Gesellschaft waren nicht günstig für eine Staatsverdichtung durch lokale Eliten, und die Zentrale unternahm bis zum 19. Jahrhundert keine umfassenden Anstrengungen zur Modernisierung. Die Taktik der Verwaltung, an jedem Ort zahlreiche rivalisierende Dynastien zu fördern und gegeneinander auszuspielen, trug zum Erhalt des bestehenden Systems bei. Für lokale Dynas-

[27] *Geoffrey Parker*, The Military Revolution. Military Innovation and the Rise of the West, 1500–1800. 2. Aufl. Cambridge 1996.

[28] *Virginia H. Aksan*, Ottoman Wars, 1700–1870. An Empire Besieged. Harlow 2007; *Ralston*, Importing the European Army (wie Anm. 8).

tien wechselten sich Zeiten der Belohnungen und Beförderungen mit solchen der Konfiszierungen und Hinrichtungen als Strafe für Preistreiberei in Kriegszeiten und Pflichtversäumnisse ab. Die Praxis, Herrschaft durch selektive und kurzfristige Kooptation einer Reihe halbautonomer Militärformationen und Vertragspartner auszuüben, verhinderte die Bedrohung der Herrschaftsansprüche der osmanischen Dynastie, aber dies geschah um den Preis gelegentlicher Gewaltausbrüche und der Verringerung der öffentlichen Sicherheit in ländlichen Gebieten.[29]

VI. Reformen der Moderne: Zentralisierung der Finanzen und Befunde aus den osmanischen Budgets (1800–1914)

Im 19. Jahrhundert veranlassten die militärischen Niederlagen und die territorialen Verluste die osmanische Verwaltung, ein Programm einer „defensiven Modernisierung" einzuleiten, ähnlich den Petrinischen Reformen in Russland und der Meiji-Restauration in Japan.[30] Zunächst bestanden diese Reformen in dem Bemühen, moderne militärische Technologien einzuführen, die dem eigenen Überleben und der Verteidigung gegen Aggressoren von außen dienen sollten. Im Laufe der Zeit jedoch griffen diese Reformen auch auf den administrativen, finanzpolitischen und rechtlichen Bereich über. Das Programm resultierte in der Monopolisierung der innerstaatlichen Gewaltenkontrolle und führte zu einem Zuwachs der zentralen Finanzkapazität, allerdings kamen diese Zuwächse spät und genügten nicht, um beim Wettbewerb in der internationalen Arena zu bestehen.

Das Reformprogramm datiert zurück in die Herrschaftszeit Selims III. (1789–1808), aber der Fortschritt wurde zunächst durch die Opposition eigennütziger Interessen beschränkt. Der Wendepunkt war die Herrschaft

[29] Für die Provinzverwaltung in dieser Periode vgl. *Mehmet Genç*, A Study of the Feasibility of Using Eighteenth Century Ottoman Financial Records as an Indicator of Economic Activity, in: Huri İslamoğlu-İnan (Ed.), The Ottoman Empire and the World Economy. Cambridge 1987, 345–373; *Erol Özvar*, Osmanlı Maliyesinde Malikane Uygulaması. Istanbul 2003; *Deena R. Sadat*, Rumeli Ayanları: The Eighteenth Century, in: JModH 44, 1972, 346–363; *Canay Şahin*, The Economic Power of Anatolian Ayans in the Late Eighteenth Century. The Case of the Caniklizades, in: International Journal of Turkish Studies 11, 2005, 29–48; *Barkey*, Bandits and Bureaucrats (wie Anm. 16); *İnalcik*, Military and Fiscal Transformation (wie Anm. 11); *Cezar*, Osmanlı Maliyesinde Bunalım ve Değişim Dönemi (wie Anm. 10); *Yücel Özkaya*, Osmanlı İmparatorluğu'nda Âyânlık. Ankara 1994.

[30] *Ralston*, Importing the European Army (wie Anm. 8).

Mahmuds II. (1808–1839), der 1826 die Janitscharen besiegte und abschaffte und 1831 die noch verbliebenen Militärpfründen formell einzog. Mit Hilfe westlicher Fachleute stellte Mahmud II. eine neue Armee auf, deren Größe von nur 2000 Mann zu Beginn des Jahrhunderts auf 120000 Mann in den späten 1830er Jahren stieg.[31] Die Bedürfnisse der neuen Armee wiederum machten die Schaffung eines modernen Verwaltungsapparates für Steuerwesen, Rekrutierung und Logistik erforderlich. Infolgedessen wurde die Reformbewegung in den 1820er Jahren auf Verwaltung, Justiz und Erziehung einschließlich der Einrichtung von Militärschulen, Ministerien und Postwesen ausgedehnt, und es erfolgten der erste moderne Zensus und moderne Katasteraufnahmen.[32]

Wichtigste Folge der militärischen Reformen war der Niedergang der Macht der Provinznotabeln. Während die neue osmanische Armee in den Kriegen vor allem gegen Russland (1806–1812, 1828/29, 1853–1856, 1877/78) nur begrenzt Erfolg hatte, war sie doch in der Lage, diverse Aufstände sowohl auf dem Balkan als auch in Anatolien zu unterdrücken, lokale Dynastien auszuschalten und das innerstaatliche Gewaltmonopol zu festigen. Daher nahm die Macht der Provinzeliten kontinuierlich ab. Das erste und das zweite osmanische Parlament, in denen die Provinzeliten repräsentiert waren, wurden 1876 beziehungsweise 1908 eröffnet, aber beide bestanden nur wenige Jahre und übten keinen bemerkenswerten Einfluss auf das Reformprogramm aus.

Die Kosten für den Aufbau der Armee und die Kriege brachten die Osmanen in große finanzielle Schwierigkeiten. Während der Regierungszeit des zentralisierungs- und reformfreudigen Sultans Mahmud II. gab es die größte Inflation und Währungsverschlechterung in der osmanischen Geschichte. Der Silbergehalt des osmanischen Kurush sank zwischen 1808 und 1839 um mehr als 80 Prozent, die Verbraucherpreise stiegen um mehr als das Fünffache.[33] Langfristig gesehen zahlte sich die Investition in die moderne Armee aber aus, da sie der Zentrale ermöglichte, größere Kontrolle über den Prozess der Steuereinhebung zu erreichen und die Besteuerung in ländlichen Gegenden durchzusetzen.[34]

31 *Stanford J. Shaw/Ezel Kuran Shaw*, History of the Ottoman Empire and Modern Turkey. Vol. 2: Reform, Revolution, and Republic. The Rise of Modern Turkey, 1808–1975. Cambridge 1977.

32 *İlber Ortaylı*, İmparatorluğun En Uzun Yüzyılı. Istanbul 1987.

33 *Pamuk*, A Monetary History of the Ottoman Empire (wie Anm. 18).

34 *Nadir Özbek*, İkinci Meşrutiyeti Hazırlayan Koşullar: Rumeli'de Vergi Tahsilatı ve Jandarma, in: Toplumsal Tarih 183, 2009, 46–50.

Dennoch hatten die Osmanen während des gesamten 19. Jahrhunderts mit ihren Staatsfinanzen zu kämpfen. In den 1840er Jahren versuchte die Zentralverwaltung, das Steuerpachtsystem gänzlich abzuschaffen und Steuern der Landbevölkerung direkt einzutreiben, aber der Versuch wurde wegen des drastischen Rückgangs der Einnahmen aufgegeben. Um die Mitte des Jahrhunderts begannen die Osmanen unter dem Druck, der durch den Krimkrieg entstanden war, auf dem europäischen Finanzmarkt Kredite aufzunehmen. Nach zwei Jahrzehnten rasanter Geldaufnahme war die Regierung 1876 gezwungen, ein Moratorium der Schuldenrückzahlungen zu verkünden. Nach einer längeren Verhandlungsperiode und als Gegenleistung für eine fünfzigprozentige Reduktion der ausstehenden Nominalschuld stimmte die Regierung 1881 zu, große Teile ihrer Einnahmequellen an die Osmanische Staatsschuldenverwaltung (*Ottoman Public Debt Administration*, OPDA) abzutreten, die zum Zwecke zukünftiger Schuldenrückzahlungen eingerichtet worden war. Die OPDA blieb bis zum Ersten Weltkrieg bestehen.

Um die finanziellen Auswirkungen dieser Veränderungen zu quantifizieren, wenden wir uns wieder Daten zu den zentralen Einnahmen des Osmanischen Reichs zu. Für die Zeit vom Ende der 1780er bis zum Ende der 1830er Jahre gibt es keine Dokumente über osmanische Budgets. Das ist eigentlich nicht überraschend, da dies ja eine Zeit schnellen und weitreichenden institutionellen Wandels in den osmanischen Staatsfinanzen war. Als Folge der Zentralisierungsbemühungen wurde die große Zahl einzelner Kassen und Budgets der früheren Jahrhunderte nach und nach zugunsten eines einzigen Budgetsystems aufgegeben. Alle osmanischen *ex post* erstellten Budgetzahlen der Zeit von 1840 bis zum Ersten Weltkrieg sind kürzlich von Tevfik Güran gesammelt und publiziert worden.[35] Die Graphiken 7 und 8 am Ende dieses Beitrags stellen die Gesamteinnahmen beziehungsweise die Pro-Kopf-Einnahmen in Tageslöhnen der osmanischen Zentralverwaltung während des 19. Jahrhunderts dar. Zum Vergleich zeigt Graphik 9 (am Ende dieses Beitrags) die Pro-Kopf-Einnahmen der wichtigsten europäischen Staaten in Gramm Gold.[36]

Die Graphiken zeigen deutlich die positive Wirkung der Reformen auf die zentrale Finanzkapazität, weisen aber auch deren Grenzen auf. Die Reformen führten zu rasanten Einnahmezuwächsen, die wiederum zweifellos

[35] *Güran*, Ottoman Financial Statistics (wie Anm. 3).

[36] Für Details und Jahreswerte der Datenreihen in den Graphiken 7, 8 und 9 vgl. *Karaman/Pamuk*, Ottoman State Finances in European Perspective (wie Anm. 19).

der osmanischen Regierung halfen, ihre militärischen Fähigkeiten zu verbessern und das Reich bis zum Ersten Weltkrieg zusammenzuhalten. Allerdings stiegen auch die Einnahmen vieler europäischer Staaten während des 19. Jahrhunderts kontinuierlich an. Solche Staaten waren zum Beispiel England und die Niederlande, wo die Steuereinnahmen im Vergleich zu den Einkommenszahlen zwar relativ fielen, aber dennoch als Folge der einsetzenden Industrialisierung und der raschen Erhöhung der Einkommen absolut stiegen. Das Ergebnis war, dass bis zum Ersten Weltkrieg die finanziellen und militärischen Kapazitäten der osmanischen Regierung, obwohl eine bedeutende Zentralisierung der Finanzen stattfand, weiterhin hinter denen der meisten europäischen Staaten zurückblieben.

VII. Fazit

Die Entwicklung der osmanischen Institutionen der Steuereinhebung in der Frühen Neuzeit zeigt einerseits die Bereitschaft und Fähigkeit der Zentralverwaltung, als Antwort auf aus Kriegen und anderen finanziellen Belastungen resultierende Notstände Umstrukturierungen vorzunehmen. Der Pragmatismus und die Flexibilität, die während dieser Prozesse zutage traten, liefern außerdem wichtige Hinweise für ein besseres Verständnis der Langlebigkeit des Reiches sowie der Schlüsselposition der zentralen Bürokratie bis zu seinem Ende. Andererseits blieben aber, trotz aller Anstrengungen der Bürokratie, nicht nur die Staatseinnahmen auf niedrigem Niveau, auch der Abstand zwischen den Osmanen und den meisten europäischen Staaten vergrößerte sich während der Frühen Neuzeit in dramatischer Weise, vor allem im 18. Jahrhundert, wie unsere Studie gezeigt hat.

Zweifelsohne sind diese großen Differenzen bei den Steuereinnahmen teilweise auf ein höheres Maß an Bevölkerungszuwachs, an Monetarisierung und Urbanisierung in anderen Teilen Europas zurückzuführen, vor allem in Westeuropa – auf Faktoren also, die es der Zentralverwaltung erleichterten, Steuern einzutreiben. Diese grundlegenden und wichtigen Ursachen genügen jedoch nicht, um das gesamte Ausmaß des Abstandes zu erklären. Tatsächlich war ja die Gesamtsumme der eingetriebenen Steuern im Osmanischen Reich erheblich höher als die Einnahmen der osmanischen Zentralverwaltung, die gezwungen war, einen großen Teil der Einkünfte mit Mittelsmännern zu teilen. Obwohl die Notabeln in der Zentrale und in den Provinzen häufig bei Steuereinhebung und Militärdienst kooperierten, wurde nie ein langfristiger, glaubwürdiger und stabiler politischer Pakt mit klar definierten Verpflichtungen und Privilegien realisiert.

Die wachsenden finanziellen und militärischen Ungleichheiten gegenüber europäischen Staaten im Westen und Norden belasteten den osmanischen Staat, seine Finanzen und seine Wirtschaft in erheblichem Maße. Die finanziellen Schwierigkeiten der Zentralverwaltung zwangen diese nicht nur, häufige Geldentwertungen vorzunehmen, sondern auch von Praktiken wie außerordentlichen Steuern und Enteignungen wohlhabender ehemaliger Staatsbeamter Gebrauch zu machen. Vielleicht sogar noch wichtiger war die Abnahme sowohl der inneren als auch der äußeren Sicherheit infolge der finanziellen Schwierigkeiten der Regierung. All diese Faktoren führten zu einer institutionellen Struktur, die, vor allem während großer Teile des 17. und 18. Jahrhunderts, kaum einen geeigneten Rahmen für eine langfristige wirtschaftliche Entwicklung bot. Unserer Ansicht nach hat die neuere Historiographie zum Osmanischen Reich in der Frühen Neuzeit diesen finanziellen Fragen nicht genug Aufmerksamkeit gewidmet. Die große Allianz zwischen der Zentralregierung und den *ayan*s der Provinzen ist als Schlüsselfaktor für die Einheit des Reiches gepriesen worden, aber die finanziellen, militärischen und wirtschaftlichen Konsequenzen der Abtretung beachtlicher Einnahmenanteile an Mittelsmänner ist nicht ausreichend verstanden oder gewürdigt worden.

Während des 19. Jahrhunderts begann der osmanische Staat mit Hilfe der neuen Militär- und Verkehrstechnologien mit einer breit angelegten Zentralisierungspolitik, durch die die Höhe der Einnahmen erheblich gesteigert werden konnte. Dies wurde nicht so sehr dadurch erreicht, dass ein Pakt mit den Provinznotabeln zustande kam, sondern indem deren Anteil an den Steuereinnahmen mit Hilfe der militärischen und anderer Technologien des 19. Jahrhunderts reduziert wurde. Die höheren Einnahmen ermöglichten es den Osmanen, ihre militärische Leistungsfähigkeit zu verbessern, aber dennoch blieben die Staatsfinanzen bis zum Ersten Weltkrieg die Achillesferse des osmanischen Staates.

Die Untersuchung der osmanischen Staatsfinanzen in der Frühen Neuzeit in einem europäischen Rahmen ermöglicht nicht nur wichtige Einsichten in die innere Entwicklung des Osmanischen Reichs, sondern auch in die Herausbildung zentralisierter Staaten in Europa. Es gelang nicht allen Mächten, angemessen auf die Intensivierung der Staatsgewalt im westlichen Europa zu reagieren, zumindest nicht in rascher Weise, wie durch die militärischen Niederlagen der Osmanen insbesondere zwischen den 1760er und 1830er Jahren deutlich wurde. Andererseits sollte uns die Fähigkeit der

Osmanen, im 19. Jahrhundert auf Zentralisierung ausgerichtete Reformen zu unternehmen und ihre Einnahmen zu steigern, daran erinnern, dass auch andere Staaten in Europa, wie zum Beispiel Österreich, Preußen und Russland, oft nur mit Verzögerung in der Lage waren, dem herrschenden Druck angemessen zu begegnen. Anders ausgedrückt: Während die Zentralisierung der Finanzen in Westeuropa im 16. und 17. Jahrhundert begann, ließ die Antwort darauf anderswo auf dem Kontinent bis zum 18. und 19. Jahrhundert auf sich warten.

Graphiken

Graphik 1: Gesamteinnahmen der zentralen Staatskasse in Tonnen Silber (1523–1788)

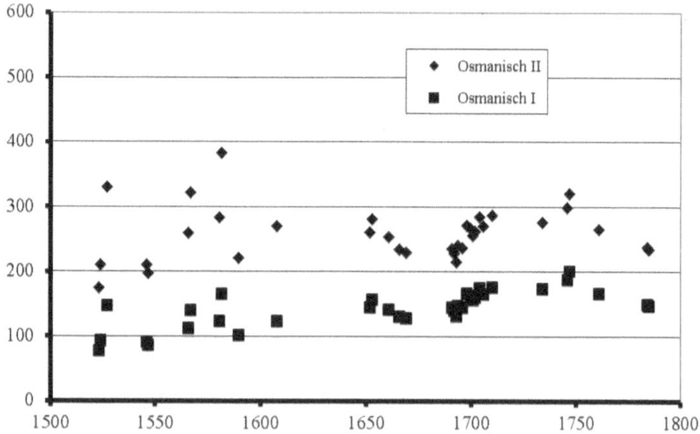

Graphik 2: Pro-Kopf-Einnahmen der zentralen Staatskasse in Gramm Silber (1523–1788)

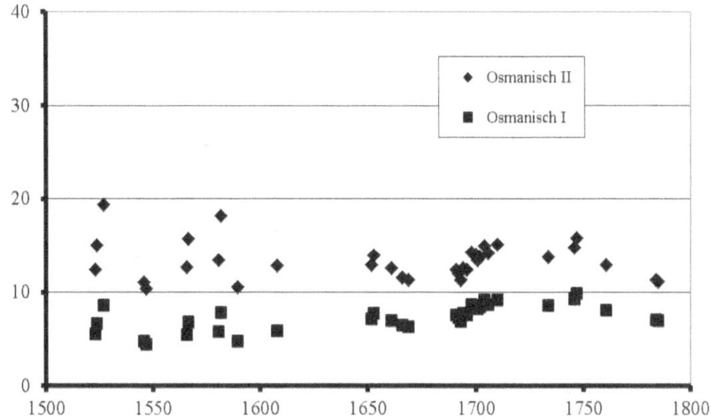

Graphik 3: Jährliche Pro-Kopf-Steuereinnahmen/Tageslohn ungelernter Bauarbeiter (1523–1785)

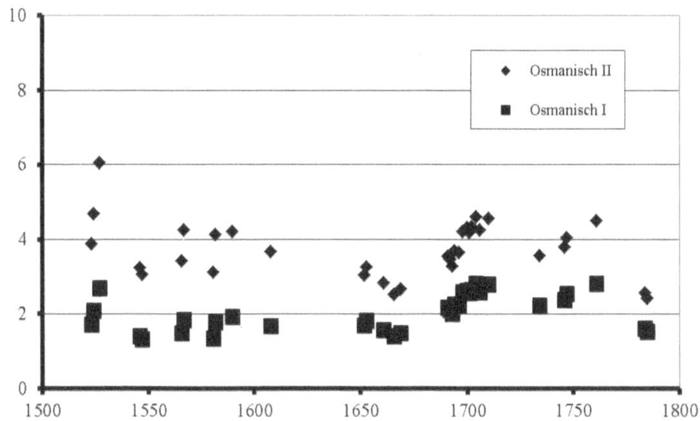

Graphik 4: Jährliche Steuereinnahmen europäischer Staaten – Zehnjahresdurchschnitt in Tonnen Silber (1500–1789)

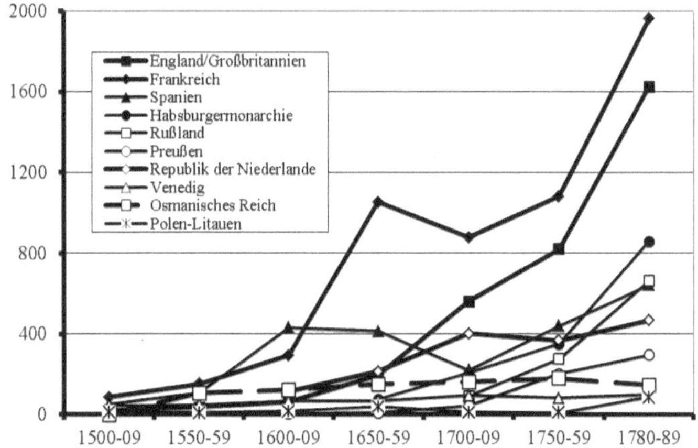

Graphik 5: Jährliche Pro-Kopf-Steuereinnahmen – Zehnjahresdurchschnitt in Gramm Silber (1500–1789)

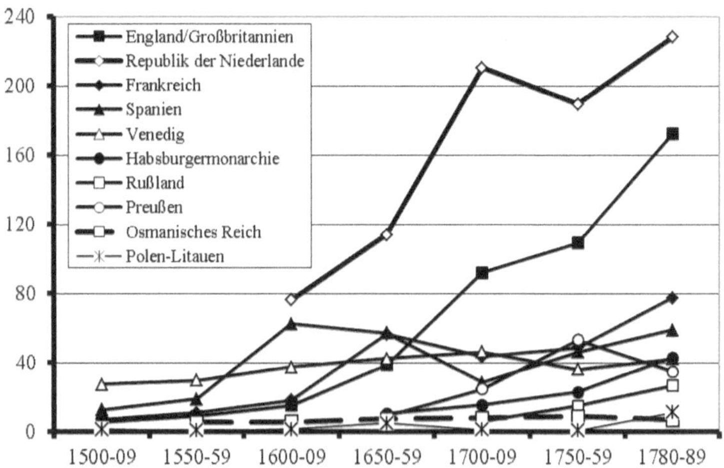

Graphik 6: Jährliche Pro-Kopf-Steuereinnahmen/Tageslohn – Zehnjahresdurchschnitt (1500–1789)

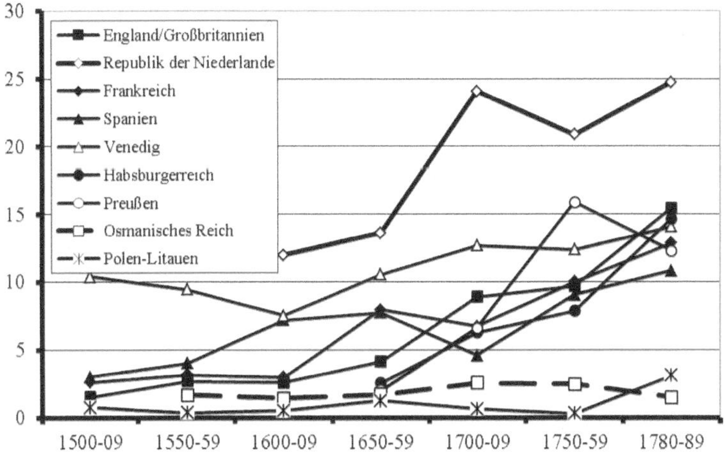

Graphik 7: Osmanische Staatseinnahmen in Tonnen Silber (1523–1914)

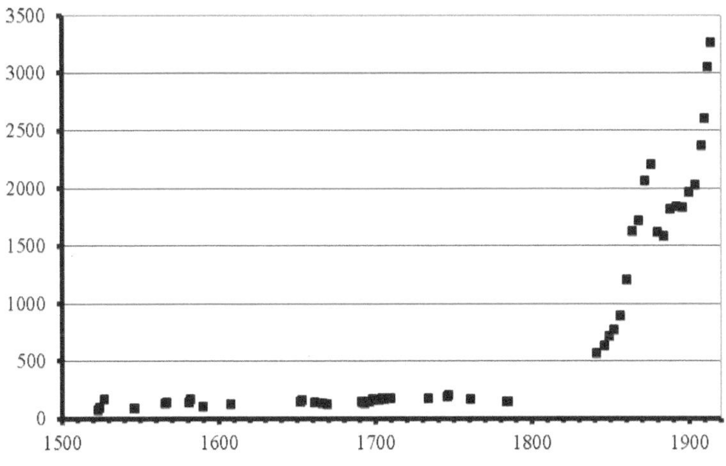

Graphik 8: Pro-Kopf-Steueraufkommen/Tageslohn in Istanbul (1523–1914)

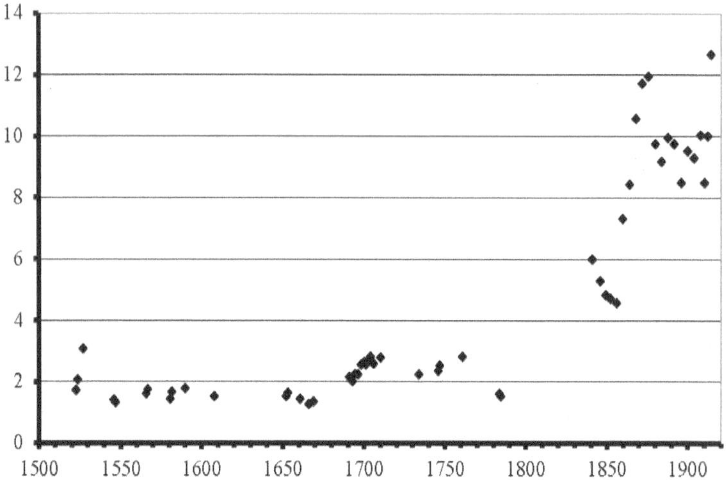

Graphik 9: Pro-Kopf-Steuereinnahmen ausgewählter europäischer Staaten in Gramm Gold (1780–1909)

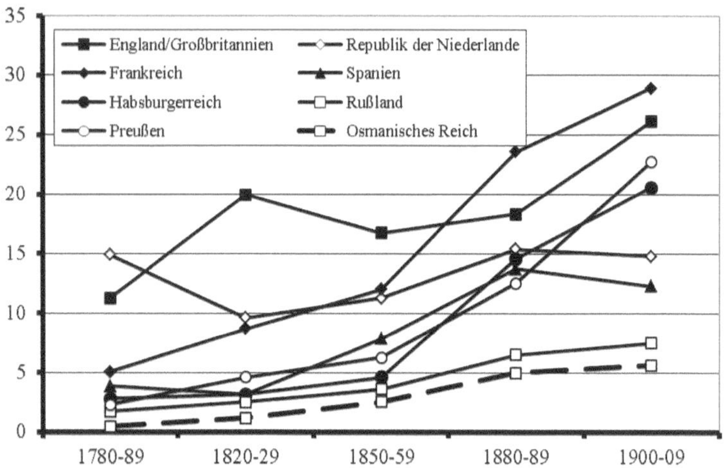

Die Staatsfinanzen Chinas und Großbritanniens im langen 18. Jahrhundert

Ein Vergleich*

Von

Peer Vries

I. Einleitung

Der kurze Vergleich der Staatsfinanzsysteme Großbritanniens und Chinas, der hier vorgestellt werden soll, bildet einen Teil meiner wirtschaftshistorischen Forschungen zu den Ursprüngen der *Great Divergence*, also der Entstehung enormer Wohlstands-, Wachstums- und Entwicklungsunterschiede zwischen den westlichen Ländern und den meisten anderen Ländern der Welt, die sich während des 18. und 19. Jahrhunderts als Folge der Industrialisierung im Westen herausbildeten.[1] Meines Erachtens neigt die derzeitige Forschung zu diesem Thema zu Unrecht dazu, die Rolle der Institutionen, allen voran des Staates, zu vernachlässigen.[2] Um die Bedeutung des Staates einschätzen zu können, befasse ich mich mit Westeuropa

* Aus dem Englischen übersetzt von *Margarete Grandner.*

[1] Zur Begrifflichkeit vgl. *Kenneth Pomeranz*, The Great Divergence. China, Europe, and the Making of the Modern World Economy. Princeton 2000. Dazu *Peer Vries*, Are Coal and Colonies really Crucial? Kenneth Pomeranz and the Great Divergence, in: Journal of World History 12, 2001, 407–446.

[2] Zu meiner Analyse der *Great Divergence* und vor allem der Rolle, die Institutionen und der Staat dabei gespielt haben (mögen), vgl. *Peer Vries*, The Role of Culture and Institutions in Economic History: Can Economics Be of any Help?, in: Nederlandsch Economisch-Historisch Archief Jaarboek 64, 2001, 28–60, auch veröffentlicht unter http://www.lse.ac.uk/collections/economicHistory/GEHN/GEHNWorkshops.htm (Zugriff 22.9.2010); *ders.*, Via Peking back to Manchester. Britain, the Industrial Revolution, and China. (Studies in Overseas History, Vol. 4.) Leiden 2003; *ders.*, Is California the Measure of all Things Global? A Rejoinder to Ricardo Duchesne, in: World History Connected, May 2005, http://worldhistoryconnected.press.illinois.edu/2.2/vries.html (Zugriff 22.9.2010); *ders.*, Global Economic History: A Survey, in: Österreichische Zeitschrift für Geschichtswissenschaften 20/2, 2009, 133–169; *ders.*, The California School and beyond: How to Study the Great Divergence?, in: Journal für Entwicklungspolitik 24/4, 2008, 6–49; eine leicht modifizierte Fassung dieses Artikels wurde in History Compass 8/7, 2010, 730–751, veröffentlicht. Schließlich *ders.*, Zur politischen Ökonomie des Tees. Was uns Tee über die englische und chinesische Wirtschaft der Frühen Neuzeit sagen kann. (Stabwechsel, Bd. 1.) Wien 2009.

und Ostasien, den beiden am weitesten fortgeschrittenen Gebieten der globalen Wirtschaft im sehr langen 18. Jahrhundert, das heißt im Zeitraum von den 1680er bis zu den 1840er Jahren. In dieser Epoche wurde Großbritannien zum mächtigsten und entwickeltsten der größeren Länder des Westens und zum ersten, das sich industrialisierte. In Ostasien war China das mächtigste und bestentwickelte größere Reich. Diese beiden Länder sind also hervorragend geeignet, in einer vergleichenden Analyse, wie sie hier vorgeführt wird, gegenübergestellt zu werden. Im Falle Großbritanniens handelt es sich dabei um die Zeitspanne von der Glorreichen Revolution des Jahres 1688, die bedeutende Veränderungen im politischen und ökonomischen System des Landes in Gang setzte, bis zur Aufhebung der *Navigation Acts* im Jahre 1849, die das Ende von dessen merkantilistischer Politik versinnbildlicht. Im Falle Chinas liegt das Augenmerk auf der Periode von der Konsolidierung der Qing-Herrschaft über das gesamte Land im Jahre 1683 bis zum Ausbruch des Ersten Opiumkriegs (1839–1842).

Wie erwähnt werden Institutionen und Unterschiede zwischen den Institutionen in neueren Untersuchungen der *Great Divergence* eher stiefmütterlich behandelt. Ganz deutlich ist das im Werk André Gunder Franks der Fall, der nachdrücklich behauptet, dass Institutionen weniger die Wirtschaftsprozesse und deren Erfordernisse bestimmen, als vielmehr von diesen bestimmt würden. Gleiches gilt aber auch für die Arbeiten von Kenneth Pomeranz.[3] Roy Bin Wong will in seinem einflussreichen Buch „China Transformed“ zwar zeigen, wie verschieden der Staat und die Staatsbildung in China und Europa waren, behauptet aber, diese Unterschiede hätten vor der Industriellen Revolution zu keinen signifikanten ökonomischen Gegensätzen geführt.[4] Nach meiner Ansicht übersehen diese Forscher und die meisten anderen Mitglieder der sogenannten *California School*[5] tendenziell den Einfluss verschiedener wichtiger Differenzen im Institutionengefüge Großbritanniens und Chinas, jener beiden Länder, die in den Forschungen zur *Great Divergence* vor und während der Industrialisierung eine zentrale Rolle spielen.

Die hier gebotene Analyse könnte aber auch für jene relevant sein, die in erster Linie an der Geschichte der Staatsfinanzen europäischer Länder in der Frühen Neuzeit interessiert sind. Das chinesische Fallbeispiel führt ih-

[3] *André Gunder Frank*, ReOrient: Global Economy in the Asian Age. Berkeley/Los Angeles/London 1998, 206. Für die Analyse von Pomeranz vgl. Anm. 1.

[4] *Roy Bin Wong*, China Transformed. Historical Change and the Limits of European Experience. Ithaca/London 1997, passim, bes. 151.

[5] Zu den Positionen dieser Historiker vgl. *Vries*, California School (wie Anm. 2).

nen einen Staat vor, der bis ins 19. Jahrhundert hinein recht erfolgreich war, der sich aber von den zeitgenössischen europäischen Staaten in fast allen wichtigen finanziellen Aspekten gänzlich unterschied. Die Belege, die ich hinsichtlich Qing-China bis in die 1850er Jahre gesammelt habe, widersprechen vielen, wenn nicht den meisten der Annahmen, die das Denken über Finanzgeschichte in der westlichen Welt beherrscht haben. Man erinnere sich nur an die Unterscheidung Schumpeters zwischen Domänenstaat und Steuerstaat und deren Verfeinerung durch E. Ladewig Petersen und Kersten Krüger; oder an das Modell von Mark Ormrod und Margaret und Richard Bonney mit ihrer Unterscheidung zwischen Tributstaat, Domänenstaat, Steuerstaat und was bei ihnen etwas verwirrend „fiscal state" – am besten übersetzt als „Finanzstaat" – heißt und die dahinter stehende Annahme, Finanzgeschichte sei in der Regel von einer selbsttragenden Dynamik gekennzeichnet, die sie in die Richtung immer wachsender Steuern und der Schaffung immer komplexerer Kreditstrukturen drängte.[6] Dieser ‚Drall' wurde allerdings bereits vor mehr als hundert Jahren von dem deutschen Ökonomen Adolph Wagner (1835–1917) festgestellt, der ein ‚Gesetz' formulierte, wonach die öffentlichen Ausgaben gemessen am Bruttoinlandsprodukt (BIP) mit der Zeit steigen.[7] In den 1980er Jahren formulierte die Politikwissenschaftlerin Margaret Levi das ‚Axiom', dass Staaten räuberisch seien und stets danach trachten, die Staatseinnahmen zu maximieren.[8] Der Institutionenökonom Douglass North und der Politologe Mancur Olson, zwei außerordentlich einflussreiche Forscher auf ihren Gebieten, vertraten im Grunde dieselbe Ansicht: ‚ungezähmt' sei der Staat räuberisch, oder in Olsons Worten, ein „stationary bandit" mit der natürlichen Neigung, Einnahmen und Ausgaben zu maximieren und in die Eigentumsrechte einzugreifen. In der Institutionenökonomik wie in der orthodoxen Ökonomie sind diese Annahmen kaum bestritten.[9]

[6] Eine Einführung in die Historiographie und die Theorie der Entwicklung der Staatsfinanzen bietet *Richard Bonney*, Economic Systems and State Finance, in: ders. (Ed.), Economic Systems and State Finance. (The Origins of the Modern State in Europe, 13th–18th Centuries, Theme B.) Oxford 1995, 1–18, und *ders.*, Introduction: The Rise of the Fiscal State in Europe, c. 1200–1815, in: ders. (Ed.), The Rise of the Fiscal State in Europe. Oxford 1999, 1–17. Die Leserinnen und Leser finden dort auch alle wichtigen Literaturhinweise.

[7] Zu diesem ‚Gesetz' vgl. *Jürgen G. Backhaus* (Ed.), Essays in Social Security and Taxation. Gustav von Schmoller and Adolph Wagner Reconsidered. Marburg 1997.

[8] *Margaret Levi*, The Predatory Theory of Rule, in: Politics and Society 10, 1981, 435–461.

[9] Als eine neue Untersuchung zu den Ansichten von Douglass North s. *Ingo Pies/Martin Leschke* (Hrsg.), Douglass Norths ökonomische Theorie der Geschichte. (Konzepte der

Einschlägige Fachleute wissen, dass die Finanzgeschichte Europas nicht so geradlinig verlief. Sie durchlief nicht immer fein säuberlich aufeinanderfolgende Stufen.[10] In manchen Regionen Europas, wie etwa in mehreren Schweizer Kantonen oder in Polen, stiegen die Steuern und die Staatsausgaben in der Frühen Neuzeit nicht stetig an.[11] Dennoch dienen die kurz skizzierten Konzepte und Annahmen den meisten Studien als Ausgangspunkt. Das ist, wie gezeigt werden soll, aus mehreren Gründen erstaunlich. Erstens, weil sie kaum, oft gar keine Bedeutung haben für China unter den Qing, das um 1800 immerhin die Heimat etwa eines Drittels der Weltbevölkerung war, und trotz der alten wissenschaftlichen Tradition, die das Land als „orientalische Despotie" beschrieb und behauptete, dass der Steuerdruck dort hoch gewesen sei, weil es an repräsentativen Institutionen gemangelt habe.[12] Zweitens, weil Großbritannien nach der Glorreichen Revolution mit seinem mächtigen Parlament und seinen Vertretungsinstitutionen zur ersten Industrienation der Welt und zum Land mit den höchsten Steuern und der höchsten Staatsschuld in Europa wurde, beides viel höher als jemals in Qing-China.

Gesellschaftstheorie, Bd. 15.) Tübingen 2009. Zur Position Mancur Olsons vgl. beispielsweise *Mancur Olson*, Dictatorship, Democracy, and Development, in: ders./Satu Kähkönen (Eds.), A Not-so-dismal Science. A Broader View of Economies and Societies. Oxford 2000, 119–137, und *ders.*, Power and Prosperity. Outgrowing Communist and Capitalist Dictatorship. New York 2000. Vgl. auch *Geoffrey Brennan/James M. Buchanan*, The Power to Tax: Analytical Foundations of a Fiscal Constitution. Cambridge 1980.

[10] Vgl. zum Beispiel *Mark Spoerer*, The Revenue Structures of Brandenburg-Prussia, Saxony and Bavaria (Fifteenth to Nineteenth Centuries). Are They Compatible with the Bonney-Ormrod Model?, in: Simonetta Cavaciocchi (Ed.), La Fiscalità nell'Economia Europea Secc. XIII–XVIII = Fiscal Systems in the European Economy from the 13th to the 18th Centuries. „Atti della Trentanovesima Settimana di Studi" 22–26 aprile 2007. (Fondazione Istituto Internazionale di Storia Economica „F. Datini" Prato, Serie II – Atti delle „Settimane di Studi" e altri Convegni, Vol. 39.) Florenz 2008, 781–792.

[11] Vgl. beispielsweise *Martin Körner*, The Swiss Confederation, und *Anna Filipczak-Kocur*, Poland-Lithuania before Partition, in: Bonney (Ed.), Rise of the Fiscal State (wie Anm. 6), 327–358 und 443–480.

[12] Für Informationen über China und den ‚orientalischen Despotismus' s. *Gregory Blue*, China and Western Social Thought in the Modern Period, in: Timothy Brook/Gregory Blue (Eds.), China and Historical Capitalism. Genealogies of Sinological Knowledge. (Studies in Modern Capitalism.) Cambridge 1999, 57–109; *Ho-fung Hung*, Orientalist Knowledge and Social Theories: China and European Conceptions of East-West Differences from 1600–1900, in: Sociological Theory 21, 2003, 254–280; *Joan Pao-Rubiés*, Oriental Despotism and European Orientalism: Botero to Montesquieu, in: Journal of Early Modern History 9/2, 2005, 109–180. Der *locus classicus* ist selbstverständlich *Karl A. Wittfogel*, Oriental Despotism. A Comparative Study of Total Power. New Haven/London 1957.

Ich beginne meinen Beitrag mit dem Hinweis auf einige auffallende Unterschiede in den Systemen der Staatsfinanzen und allgemeiner der Wirtschaftspolitik zwischen Großbritannien und China (II.–V.). Dann sollen die ‚Ideologien' oder ‚Wirtschaftsphilosophien', die diese Unterschiede offensichtlich stützten, und deren mögliche Gründe kommentiert werden (VI.). In einem abschließenden Resümee wird diskutiert werden, was diese Unterschiede für die (wirtschaftliche) Entwicklung der beiden Länder bedeutet haben könnten (VII.).

II. Das System der Staatsfinanzen in Großbritannien

Adam Smith (1723–1790) wird die Aussage zugeschrieben: „Um einen Staat aus der niedrigsten Barbarei zur höchsten Stufe des Reichtums zu bringen, ist wenig mehr als Frieden, niedrige Steuern und eine verträgliche Ausübung der Justiz vonnöten."[13] Das war keine Beschreibung der Situation Großbritanniens zu seiner Zeit. Seit der bahnbrechenden Studie John Brewers wissen wir, dass Großbritannien im 18. Jahrhundert zu Europas hervorstechendstem Steuer- und Militärstaat wurde.[14] Dieser Staatentyp, der so charakteristisch für das frühneuzeitliche Europa war, stand vor kurzem im Zentrum einer hitzigen historiographischen Debatte. Ich möchte hier nicht darauf eingehen, wie er genau definiert wird oder werden sollte, und verweise für weitere Erklärungen auf die Literatur.[15] Klar ist jedoch, dass, in der Terminologie von Charles Tilly, Großbritannien im Laufe des 18. Jahrhunderts zu einem Steuer- und Militärstaat der kapitalintensiven Variante wurde.[16] Die Steuern stiegen auf ein sehr hohes Niveau, und die Regierung borgte sich hohe Summen bei ihren reichen Untertanen und

[13] „Little else is required to carry a state to the highest degree of opulence from the lowest barbarism, but peace, easy taxes, and a tolerable administration of justice." Hier zitiert nach *John A. Hall*, States and Economic Development: Reflections on Adam Smith, in: ders. (Ed.), States in History. Oxford 1986, 154–176, hier 154.

[14] *John Brewer*, The Sinews of Power. War, Money and the English State 1688–1783. London 1988.

[15] Ich verweise nur auf folgende Sammelbände: *Bonney* (Ed.), Economic Systems (wie Anm. 6); *ders.* (Ed.), Rise of the Fiscal State (wie Anm. 6); *Cavaciocchi* (Ed.), Fiscalità (wie Anm. 10); *Christopher Storrs* (Ed.), The Fiscal-Military State in Eighteenth-Century Europe. Essays in Honour of P. G. M. Dickson. Farnham/Burlington 2009; *Rafael Torres Sánchez* (Ed.), War, State and Development. Fiscal-Military States in the Eighteenth Century. Pamplona 2007, sowie den Aufsatz von *Mark Dincecco*, Fiscal Centralization, Limited Government, and Public Revenues in Europe, 1650–1913, in: JEconH 69/1, 2009, 48–103.

auch bei Ausländern. Sie brauchte die riesigen Summen, die sie sammelte, vor allem für Armee und Flotte.

In meiner Untersuchung werde ich mich nur auf die Gesamteinnahmen des *Zentral*staates beziehen, das heißt, alle Finanzquellen, die dem Zentralstaat voll zur Verfügung standen, wo immer diese tatsächlich angesiedelt waren und wer auch immer sie im Namen der Regierung verwaltete.[17] Dieses Einkommen ist der beste Indikator für das ökonomische Gewicht und den ökonomischen Einfluss des Staates in der Gesellschaft. Der Schwerpunkt der Untersuchung der Situation in Großbritannien wird auf dem Steueraufkommen und den staatlichen Kreditaufnahmen liegen. Andere Einnahmequellen bleiben außer Betracht. Das ist unproblematisch, weil im Untersuchungszeitraum die Staatseinnahmen in Großbritannien fast zur Gänze aus Steuern und Anleihen bestanden. Andere Einnahmequellen waren praktisch unerheblich. Im chinesischen Fall werden wir auch solche in Betracht ziehen müssen.

Der allgemeine Trend der britischen Finanzgeschichte dieser Zeit ist recht klar.[18] Während des gesamten 18. Jahrhunderts stiegen die Staatseinnahmen, wie immer man sie auch misst. Während der Napoleonischen

[16] *Charles Tilly*, Coercion, Capital and European States. AD 990–1990. Cambridge, Mass./Oxford 1990. Tilly stellt diesem Staatstypus den zwangsintensiven Staat gegenüber.

[17] Aus Gründen der Zweckmäßigkeit werde ich mich in diesem Text in der Regel auf ‚Großbritannien' beziehen. Bis zum Beginn des 19. Jahrhunderts heißt das im Grunde England und Wales, da Schottland trotz der Vereinigung von 1707 den Großteil seiner Steuern für sich behielt. Irland wurde aus der Sicht der Staatsfinanzen erst seit den 1820er Jahren in das Vereinigte Königreich von Großbritannien und Irland integriert.

[18] Meine Analysen stützen sich (in alphabetischer Reihenfolge) auf: *Brewer*, Sinews of Power (wie Anm. 14); *Forrest Capie*, The Origins and Development of Stable Fiscal and Monetary Institutions in England, in: Michael D. Bordo/Roberto Cortés-Conde (Eds.), Transferring Wealth and Power from the Old to the New World: Monetary and Fiscal Institutions in the 17th through the 19th Centuries. (Studies in Macroeconomic History.) Cambridge 2001, 10–58; *Martin Daunton*, Trusting Leviathan: The Politics of Taxation in Britain, 1799–1914. Cambridge 2001; *Philip Harling/Peter Mandler*, From ‚Fiscal-Military' State to Laissez-faire State, 1760–1850, in: Journal of British Studies 32, 1993, 44–70; *Allen Horstman*, Taxation in the Zenith: Taxes and Classes in the United Kingdom, 1816–1842, in: JEEH 32, 2003, 111–137; *Robert M. Kozub*, Evolution of Taxation in England, 1700–1850: A Period of War and Industrialization, in: JEEH 32, 2003, 363–387; *Peter Mathias*, The First Industrial Nation. An Economic History of Britain, 1700–1914. London 1969; *Peter Mathias/Patrick K. O'Brien*, Taxation in Britain and France, 1715–1810. A Comparison of the Social and Economic Incidence of Taxes Collected for Central Government, in: JEEH 5, 1976, 601–650, und *Patrick K. O'Brien*, The Political Economy of British Taxation, 1660–1815, in: EconHR 41, 1988, 1–32. Schließlich möchte ich auf die Artikel von *O'Brien*, *Hoppit*, *Capie*, *Daunton* und *Peden* verweisen, in: *Donald Winch/Patrick K. O'Brien* (Eds.), The Political Economy of British Historical

Kriege erreichten die staatlichen Steuereinnahmen (und auch die Kredite) ihren Plafond. Danach verringerten sich die Steuern sowohl in absoluten Zahlen als auch als Anteil am BIP. Über das sehr lange 18. Jahrhundert hinweg waren die Einwohner Großbritanniens und jener Gebiete, die heute die Niederlande sind, die am stärksten besteuerten Menschen in Europa.

Tabelle 1: Staatseinnahmen, Staatsausgaben und Bevölkerung Großbritanniens 1700–1849

Jahrzehnt	Staatseinnahmen in Mio. Pfund Sterling*	Netto-Staatsausgaben in Mio. Pfund Sterling*	Bevölkerung Großbritanniens in Mio.**	Bevölkerung Großbritanniens und Irlands in Mio.
1700–1709	5,1	6,1	5,3	
1710–1719	5,7	7,7	5,4	
1720–1729	6,1	5,9	5,6	
1730–1739	5,8	5,4	5,5	
1740–1749	6,6	9,5	5,8	
1750–1759	7,4	8,9	6,1	
1760–1769	10,1	13,8	6,4	
1770–1779	11,1	12,8	7,0	
1780–1789	14,6	21,6	7,4	
1790–1799	21,0	33,4	8,2	
1802–1809	50,3	60,6	11,5	17,0
1810–1819	70,2	81,3	13,0	19,5
1820–1829	58,2	51,8	15,0	22,5
1830–1839	51,6	49,7	17,0	25,4
1840–1849	55,1	51,0	19,0	27,0

* Großbritannien 1700–1800, Vereinigtes Königreich 1802–1850.
** Bis 1800 nur England und Wales. Alle Zahlen im Zehnjahresdurchschnitt. Ausschließlich Angaben zur Ebene der Zentralregierung.

Aus der Tabelle geht hervor, dass die Einwohner von England und Wales in den ersten beiden Jahrzehnten des 19. Jahrhunderts, als Irland und Schottland – mit 1,6 Millionen Einwohnern 1801 und 2,8 Millionen 1851 – noch nicht wirklich in das gemeinsame Steuersystem integriert waren, pro Kopf jährlich bis zu fünf Pfund Sterling an Steuern an die Zentralregierung zahlten. Ein Pfund Sterling entsprach während der ganzen hier diskutierten Periode 111 Gramm Silber. Ein einfacher Bauarbeiter in Londen, wo die Löhne höher waren als irgendwo anders in Großbritannien, verdiente

Experience, 1688–1914. Oxford 2002, und auf die Aufsätze, die Großbritannien behandeln, in den in Anm. 15 genannten Bänden.

damals durchschnittlich weniger als 18 Gramm Silber pro Tag. Die gesammten Steuereinkünfte der Zentralregierung dürften in dieser Periode einen Gipfelpunkt von mehr als 20 Prozent des BIP erreicht haben. 1850, nach einer Periode von mehr als 30 Jahren von insgesamt stark sinkenden Preisen, mehr oder weniger gleichbleibenden Einkünften und einem wachsenden BIP, betrug dieser Prozentsatz noch immer mehr als zehn Prozent.

Wichtig ist, was besteuert wurde. Im Durchschnitt über die gesamte Periode wurden grob zwei Drittel des Steueraufkommens als Verbrauchssteuern und Zölle erhoben. Das Einkommen aus Domänen und Staatsbesitz war dagegen vernachlässigbar gering. Auch die Bedeutung der Abgaben auf Grund und Boden ging bald zurück. Während der Napoleonischen Kriege wurde mit einer Einkommensteuer experimentiert, die damals relativ wichtig war; 1816 wurde sie wieder abgeschafft und erst in den 1840er Jahren wieder eingeführt.

Graphik 1: Verteilung der Steuern in Großbritannien nach verschiedenen Einnahmen in Prozent (1696–1875)

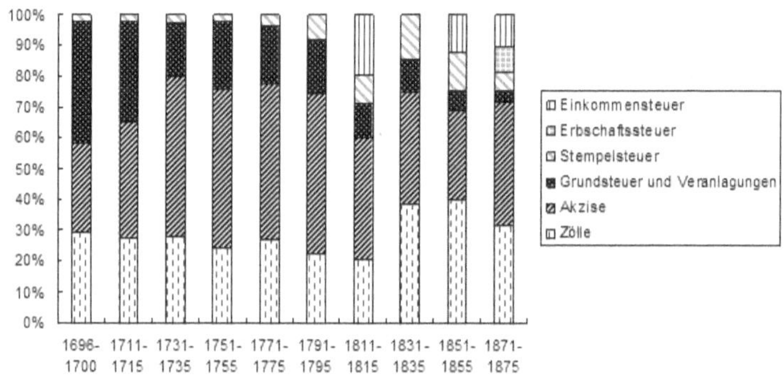

Die Steuereinhebung war insgesamt recht effizient, das heißt, dass die Differenz zwischen dem, was die Steuerzahler an den Zentralstaat abführten, und dem, was der Zentralstaat tatsächlich bekam, klein war. Nach einer Schätzung belief sie sich im Zeitraum von 1788 bis 1815 auf etwa zehn Prozent.[19] Davor war der Prozentsatz aller Wahrscheinlichkeit nach höher. Es gab im Laufe der Zeit zwar Schwankungen, aber die Größenordnung än-

[19] *Mathias/O'Brien*, Taxation (wie Anm. 18), 642, und *O'Brien*, Political Economy (wie Anm. 18), 3.

derte sich nicht stark. Im Jahre 1850 machten die Einhebungskosten weniger als zehn Prozent der Gesamtausgaben aus.[20]

Einer der Gründe, warum die Einhebung der britischen Steuern so effizient war, liegt in der Professionalität der Eintreiber. Steuerpacht war zu einem Phänomen der Vergangenheit und die Käuflichkeit von Ämtern sehr, und von Sinekuren ziemlich selten geworden. Allerdings muss man hier sehr genau sein: Tatsächlich waren nur die Eintreiber der Verbrauchssteuern, der zumindest seit den 1710er bis in die 1830er Jahre wichtigsten Steuern in Großbritannien, recht effizient. Die Einhebung der Verbrauchssteuern war erstaunlich billig: Sie kostete 15,8 Prozent des Gesamtaufkommens im Jahre 1684, 7,7 Prozent 1730, 6,5 Prozent 1760 und nur 5 Prozent im Jahre 1787.[21] Die Verbrauchssteuern wurden durch das ausschließlich staatliche *Excise Department* eingehoben. Dies war aller Wahrscheinlichkeit nach jene Einrichtung der Frühen Neuzeit, die einer echten Bürokratie am nächsten kam. Nach William Ashworth war es „durch eine wohlausgebildete Armee von Beamten charakterisiert, die strengen Regeln unterworfen war, eingebettet in eine klar strukturierte Hierarchie [...], die sich durch ein Leistungselement, reguläre Entlohnung und die Betonung der technischen Fragen der Steuereinhebung auszeichnete".[22]

Die Steuern auf Grund und Boden in Großbritannien und einige andere kleine Steuern wurden von Laien als Kommissäre geschätzt. Das geschah auf einer viel weniger bürokratischen und professionellen Basis als die Kollektion der Verbrauchssteuern. Da die Grundsteuern aber nur einen kleinen und abnehmenden Prozentsatz der Gesamtsteuereinnahmen ausmachten, war das kein wirklich ernstes Problem. De facto waren sie schon am Ende des 17. Jahrhunderts fixiert worden und standen in keinem Verhältnis zum tatsächlichen Wert des Landes oder der landwirtschaftlichen

[20] *Kozub*, Evolution of Taxation (wie Anm. 18), 377.

[21] Die Zahlen finden sich bei *S. E. Fine*, Production and Excise in England 1643–1825. Ungedr. PhD Thesis Harvard 1937. Nach: *William Ashworth*, Customs and Excise. Trade, Production and Consumption in England, 1640–1845. Oxford 2003, 363.

[22] „[...] characterized by a well-trained army of officers subject to strict regulations, within a clearly structured hierarchy [...] characterized by an element of merit, a regular wage, and an emphasis on a technical method of revenue collection." *Ashworth*, Customs (wie Anm. 21), 382. Für eine Untersuchung der britischen Steuerbürokratie und der Charakteristika ihres Personals vgl. *Brewer*, Sinews of Power (wie Anm. 14), Kap. 3, und *ders.*, Servants of the Public – Servants of the Crown: Officialdom of Eighteenth-Century English Central Government, in: John Brewer/Eckhart Hellmuth (Eds.), Rethinking Leviathan. The Eighteenth-Century State in Britain and Germany. (Studies of the German Historical Institute London.) Oxford 1999, 127–148.

Produktion.[23] Das System der Zolleinhebung war recht kompliziert, betraf viele Inhaber von Sinekuren und war ebenfalls viel weniger bürokratisch. Es galt als ziemlich korrupt und notorisch ineffizient.[24] Dennoch erbrachte es zwischen ungefähr einem Fünftel bis zu einem Viertel der gesamten Steuereinnahmen im 18. Jahrhundert. Ab den 1820er Jahren stieg die Bedeutung der Zölle stark an. Bis zum Ende des hier behandelten Zeitraums machten sie dann mehr als ein Drittel der gesamten Staatseinnahmen aus.[25] Die Einhebungskosten der Einkommensteuer waren ziemlich niedrig.

Auf lokaler Ebene verließ sich Großbritannien bis weit ins 19. Jahrhundert auf Selbstverwaltung und den *gentlemanly amateurism* seiner Eliten. Die Einhebung der Steuern für den Zentralstaat war etwas ganz anderes. In Anbetracht des zu jener Zeit Üblichen war eine erstaunlich große Zahl von staatlichen *professionials* daran beteiligt. Michael Mann ist der Ansicht, dass etwa 20000 Zivilpersonen in den 1760er Jahren für die Zentralregierung Großbritanniens arbeiteten.[26] Nach Hardling und Mandler gab es im Jahr 1797 16267 (zivile) Staatsdiener und 24598 im Jahr 1815. Sie beziehen sich allerdings nur auf England und Wales.[27] Alle anderen Schätzungen bewegen sich in der gleichen Größenordnung.[28] Insgesamt stellten die Steuerbeamten im 18. Jahrhundert ungefähr 80 Prozent aller Bediensteten. Nach den Napoleonischen Kriegen herrschte allgemein die Meinung, dass der Steuer- und Militärstaat abgebaut werden sollte. Im Fall der Bediensteten, die für die Zentralregierung arbeiteten, war das offensichtlich nicht leicht. Ihre Zahl stieg in den 1820er und 1830er Jahren weiter an: 1827 waren es 43 Prozent mehr Beamte als 1797, die in realen Werten mehr als dop-

[23] *John V. Beckett*, Land Tax or Excise: The Levying of Taxation in Seventeenth- and Eighteenth-Century England, in: EHR 100, 1985, 285–308, und *Eric J. Evans*, The Forging of the Modern State. Early Industrial Britain, 1783–1870. (Foundations of Modern Britain, Vol. 5.) Harlow 1983, 413. Zur tatsächlichen Einhebung der Abgaben auf Grund und Boden s. *Patrick O'Brien*, Taxation for British Mercantilism from the Treaty of Utrecht (1713) to the Peace of Paris (1783), in: Torres Sánchez (Ed.), War (wie Anm. 15), 295–356.

[24] *Ashworth*, Customs (wie Anm. 21), Teil III.

[25] In den 1820er Jahren wurde das Steuerwesen reformiert und viele Waren, wie Wein, ausländische Spirituosen, Kaffee, Kakao, Pfeffer und Tabak, die zuvor der Verbrauchssteuer unterlagen, wurden nun verzollt.

[26] *Michael Mann*, The Sources of Social Power. Vol. 2: The Rise of Classes and Nation-States, 1760–1914. Cambridge 1993, 393.

[27] *Harling/Mandler*, From ‚Fiscal-Military' State to Laissez-faire State (wie Anm. 18), 54.

[28] Vgl. beispielsweise die Zahlen für Großbritannien bei *Julian Hoppit*, Checking the Leviathan, 1688–1832, in: Winch/O'Brien (Eds.), Political Economy (wie Anm. 18), 267–294, hier 284.

pelt so viel kosteten.[29] Die Zahl der militärischen und zivilen Bediensteten im Außenministerium stieg von 9700 in den Jahren 1782/83 auf 24598 im Jahr 1815 und 29000 im Jahr 1849.[30]

Bei weitem die Mehrheit aller Menschen, die für den Staat arbeiteten, waren keine zivilen Bürokraten, sondern Militärpersonen. Die folgenden Zahlen können als Illustration dafür dienen, welch unglaubliche Truppenstärke Großbritannien, ein relativ kleines Land, dank seiner Steuerkraft mobilisieren konnte. Sie beziehen sich alle auf die Zeit des Höhepunkts der Napoleonischen Kriege. Zur Erinnerung: Die Bevölkerung Großbritanniens belief sich auf knapp 12 Millionen im Jahre 1811, jene Irlands auf fast sechs Millionen. Die Zahl der regulären britischen und ausländischen Soldaten in der Armee Großbritanniens lag bei über 250000, während etwa 150000 Mann in der Königlichen Marine dienten.[31] Diese Marine war außerordentlich groß und effizient. 1810 zählte die Kriegsflotte 152 Schlachtschiffe, 183 Kreuzer und 63 kleinere Schiffe.[32] Insgesamt umfasste sie etwa 1000 Wasserfahrzeuge.[33] Die britischen Streitkräfte setzten sich nicht bloß aus Männern zusammen, die direkt im Dienst des Staates standen. Hinzu kamen die Streitkräfte der East India Company, in denen nur in geringem Maße Briten zu finden waren; sie wuchsen zahlenmäßig von beinahe 90000 Mann im Jahr 1793 auf 230000 im Jahr 1820.[34] Hinzu kamen

[29] *Philip Harling*, The Waning of ‚Old Corruption': The Politics of Economic Reform in Britain 1779–1846. Oxford 1996, 177.

[30] *Peter Jupp*, The Governing of Britain 1688–1848. The Executive, Parliament and the People. London 2006, 136.

[31] Für einige Schätzungen vgl. *Evans*, Forging of the Modern State (wie Anm. 23), unter ‚army size' und ‚navy strength'; *Christopher D. Hall*, British Strategy in the Napoleonic War, 1803–1815. Manchester 1992, Kap. 1; *Richard Harding*, Sea Power and Naval Warfare, 1650–1830. London 1999, 139, und *N(icholas) A. M. Rodger*, The Command of the Ocean. A Naval History of Britain, 1649–1815. London 2004, 636–639.

[32] *Harding*, Sea Power (wie Anm. 31), Appendix 289–295. Zu Details vgl. *Rodger*, Command of the Ocean (wie Anm. 31), 606–617, und *Michael Duffy*, World-Wide War and British Expansion, 1793–1815, in: P(eter) J. Marshall (Ed.), The Oxford History of the British Empire. The Eighteenth Century. Oxford 1998, 184–207, bes. 199 Tabelle 9.1, und 294 Tabelle 9.3. Wenn man die Tonnage der Segelschiffe über 500 Tonnen in Betracht zieht, dann war die britische Flotte 1815 beinahe so groß wie die Flotten aller anderen Seemächte zusammen. Zur Effizienz der Marine s. *Daniel A. Baugh*, Naval Power: What Gave the British Navy Superiority?, in: Leandro Prados de la Escosura (Ed.), Exceptionalism and Industrialisation. Britain and its European Rivals, 1688–1815. Cambridge/New York 2004, 235–260.

[33] *Hall*, British Strategy (wie Anm. 31), Kap. 1.

[34] *Lawrence Stone*, Introduction, in: ders. (Ed.), An Imperial State at War. Britain from 1689 to 1815. London 1994, 1–31, hier 30. Vgl. auch *Duffy*, World-Wide War and British Expansion (wie Anm. 32), 202 Tabelle 9.2.

auch die sogenannten Freibeuter.[35] Obwohl dies private ‚Unternehmer' waren, wurden sie vom britischen Staat aktiv unterstützt und agierten häufig als Hilfstruppen der Königlichen Marine. In der Zeit von 1793 bis 1815 vergab die Admiralität 4000 Kaperbriefe. Allein in den Jahren 1803 bis 1806 genossen 47000 Männer Schutz vor Zwangsrekrutierung, weil sie als Freibeuter aktiv waren.[36]

Dazu kamen dann noch einige hunderttausend Mann, die als Teilzeit- oder Freiwilligeneinheiten die Heimatfront gegen die Franzosen verteidigen sollten. Die Hauptlast der Verteidigung fiel immer den professionellen Soldaten zu, aber jene Streitkräfte waren nicht unwichtig. In der Periode von 1804 bis 1813 waren das durchschnittlich 80000 Mann. Neben dieser Miliz gab es eine Reservearmee, die manchmal an die 30000 Mann zählte. Die sogenannten *Sea Fencibles* (Seeverteidiger) waren in der Marine das Äquivalent zur Heimatverteidigung. Ihre Zahl erreichte bis zu 25000.[37] Auf dem Höhepunkt der Napoleonischen Kriege war die Zahl der in den britischen Einheiten dienenden Männer auf dem europäischen Kriegsschauplatz zu keinem Zeitpunkt geringer als 500000 – ohne jene, die in der Königlichen Marine dienten. Tatsächlich ging der Kriegseinsatz Großbritanniens noch darüber hinaus: Das Land unterstützte auch seine Verbündeten auf dem Kontinent. In den Jahren von 1812 bis 1815 unterhielt es etwa 500000 Mann solcher Truppen, meist Russen, Preußen und Österreicher.

Aber kehren wir zu den Steuern zurück. Die große Effizienz der britischen Steuereinhebung war nicht bloß dem professionellen Personal geschuldet. Unterstützt wurde sie auch dadurch, dass das Steuersystem im gesamten Land gleich war. Es gab keine inneren Zollschranken und keine Unterschiede der Steuerinzidenz nach Ort oder sozialem Status. Die tatsächlichen Abgaben hingen offenkundig stark von Besitz, Einkommen und Konsum ab. Die britischen Grundsteuern wurden etwas willkürlich eingehoben, was in häufigen regionalen Unterschieden zum Ausdruck kam. Aber bei allen anderen Steuern besaß das Land ein nationales System, in dem Status und Rang keine Rolle spielten. Und auch nicht der geographische Ort, soweit es die Kernregionen England und Wales betraf. Die Effi-

[35] Ein Freibeuter ist eine Privatperson oder ein privates Kriegsschiff, das durch einen staatlichen Kaperbrief ermächtigt ist, fremde Schiffe anzugreifen. Allgemein vgl. *Janice E. Thomson*, Mercenaries, Pirates and Sovereigns. State-Building and Extraterritorial Violence in Early Modern Europe. (Princeton Studies in International History and Politics.) Princeton 1994.

[36] *Hall*, British Strategy (wie Anm. 31), 11.

[37] S. dazu ebd.

zienz wurde weiter gefördert, weil die Steuern in der monetarisierten Gesellschaft, die einheitliche Gesetze und weitgehend einheitliche Gewichte und Maße besaß, stets in Geld eingehoben wurden. 1824 wurde die Einheitlichkeit der Maße auch gesetzlich für das gesamte Land festgeschrieben.[38]

Keine Interessengruppe konnte am Staat schmarotzen und öffentliche Gelder in die Privatschatullen umleiten. Es gab keine Gelegenheiten mehr, (halb-)feudale Macht- und Einkommensquellen zu nützen oder zu schaffen. Feudale Steuerbefreiungen, Privilegien und Immunitäten waren unbekannt. Der britische Staat hatte bereits die Monopole der legitimen Gewalt, der öffentlichen Verwaltung und der Steuereinhebung an sich gezogen, die als konstitutiv für einen modernen Staat gelten. Er hatte in keinem öffentlichen Bereich mehr irgendwelche Konkurrenten. Der Adel erhob in der Regel keine feudalen Abgaben, und im Jahr 1534 war das Recht, Annaten und Zehnte zu nehmen, vom Papst und den Klöstern auf die Krone übergegangen. Dem Staat war es vorbehalten, Abgaben, die man als ‚öffentlich' bezeichnen kann, einzuheben, und fast alle diese Einnahmen standen ihm zur Verfügung. Trotz aller lokaler Selbstverwaltung war die Verwaltung des britischen Finanzstaates ‚zentripetal', einheitlich und zentralisiert.[39] In der Mitte des 18. Jahrhunderts machten die lokalen Steuern ungefähr ein Zehntel der zentralstaatlichen Abgaben aus, zwischen den 1770er und den 1830er Jahren stiegen sie auf 14 bis 15 Prozent.[40] Die Lokalverwaltung war hingegen öfter nicht monetarisiert, wie beispielsweise in weiten Bereichen des Justizwesens und der Erhaltung der Straßen. Nach den Napoleonischen Kriegen nahmen die lokale Steuereinhebung und die lokalen Ausgaben zu: 1840 beliefen sich die lokalen Ausgaben auf 21,9 Prozent der gesamten Staatsausgaben. 1910 waren sie auf nicht weniger als 49,7 Prozent gestiegen.[41] Die lokale Steuereinhebung ist hier stets außer Betracht gelassen.

[38] *Julian Hoppit*, Reforming Britain's Weights and Measures, in: EHR 108, 1993, 82–104.

[39] Vgl. die Untersuchung von *Alan Macfarlane*, The Cradle of Capitalism, in: Jean Baechler/John A. Hall/Michael Mann (Eds.), Europe and the Rise of Capitalism. Oxford/Cambridge 1988, 185–203.

[40] *Peter Mathias*, Taxation and Industrialization in Britain, 1700–1870, in: ders., The Transformation of England. Essays in the Economic and Social History of England in the Eighteenth Century. London 1979, 116–130, hier 117. Die Angaben von Julian Hoppit verweisen auf gleiche Größenordnungen. Vgl. *Hoppit*, Checking the Leviathan (wie Anm. 28), 280.

[41] *Daunton*, Trusting Leviathan (wie Anm. 18), 342.

In der Literatur und vor allem von Forschern, die im Banne der Institutionenökonomik stehen, wird immer der Umstand hervorgehoben, dass die öffentlichen Finanzen Großbritanniens transparent und der Gewaltenteilung unterworfen gewesen seien. Anhänger dieser Ansicht preisen gern die Glorreiche Revolution als jenen Moment, als die Souveränität des Parlaments und ‚Keine Besteuerung ohne Vertretung' als das Grundprinzip der britischen Politik de facto festgeschrieben worden seien.[42] Auch das soll die Effizienz gesteigert und die Steuereinhebung erleichtert haben. Tatsächlich wurden immer mehr Bereiche der öffentlichen Finanzen und der Wirtschaftspolitik Gegenstand der oft institutionalisierten Aushandlung zwischen der Regierung und den gesellschaftlichen Eliten. Vermögende und mächtige Untertanen, die *moneyed interests* (Geldleute), also die Kaufleute, und die zahlenmäßig und nach Gesamtvermögen noch immer viel wichtigeren *landed interests*, die aristokratischen Grundbesitzer, waren tatsächlich die herrschende Klasse des Landes. Aber zu meinen, dass nach der Glorreichen Revolution das Parlament die vollständige Kontrolle über die öffentlichen Finanzen gehabt habe, ist sicher übertrieben. Die Kosten des königlichen Haushalts und der Zivilregierung waren zum Beispiel bis in die 1780er Jahre die ganz private Sache der Krone, während die Staatsschuld als ein Vertrag zwischen dem Staat und den Individuen aufgefasst wurde. Anders als die Steuereinhebung waren die Ausgaben nicht der Aufsicht des Parlaments unterworfen, auch nicht nach der Verfassungsrevolution. In der Praxis gab es eine beinahe vollständige ministerielle Kontrolle des öffentlichen Finanzgebarens und eine klare Vorherrschaft des Schatzministeriums.[43] Den Parlamentariern war es möglich, Informationen zu überprüfen, zu sammeln und darüber zu debattieren.[44] Da es in den verschiedenen Regierungsabteilungen keine standardisierten Buchhaltungspraktiken gab, war das allerdings alles andere als einfach. Wenn die von

[42] Zu dieser Interpretation – verbunden mit den Namen Douglass North und Barry Weingast – und vielen weiteren Interpretationen des Jahres 1688 vgl. *Steven A. Pincus*, 1688. The First Modern Revolution. (The Lewis Walpole Series in Eighteenth-Century Culture and History.) New Haven/London 2009, bes. Kap. 12.

[43] Weitere Informationen zu den Kompetenzen und Aktivitäten des Parlaments im Einzelnen bei *Wenkai He*, Paths toward the Modern Fiscal State: England (1642–1752), Japan (1868–1895) and China (1850–1911), Kap. 3. Die Erstfassung dieser Studie war eine PhD-Arbeit am Department of Political Science am Massachusetts Institute of Technology, Cambridge. Sie wird derzeit überarbeitet. Ich beziehe mich auf die Fassung, die mir der Autor am 12. Juni 2008 zur Verfügung gestellt hat.

[44] *Hoppit*, Checking the Leviathan (wie Anm. 28).

Stephen Conway vorgelegten Beispiele typisch sind, waren die Parlamentarier auch nicht fanatisch darauf aus, ihre Rechte auszuüben.[45]

Die häufigen Hinweise von Institutionenökonomikern und Wirtschaftshistorikern auf Steuern, Repräsentation und glaubhaftes Engagement erwecken den Eindruck, dass jene, die (den Großteil der) Steuern zahlten, und die, die eine Vertretung hatten, identisch waren. Das war keinesfalls so. Die Mehrheit der Parlamentarier waren bis weit ins 19. Jahrhundert hinein aristokratische Landbesitzer. Der Rest bestand aus *moneyed interests*. Die Grundsteuern waren ziemlich niedrig, und eine Einkommensteuer existierte lediglich während der Notzeit der Napoleonischen Kriege und dann seit den 1840er Jahren. Der Großteil der Steuern wurde auf Konsumgüter eingehoben, die weder Lebensnotwendigkeiten noch richtige Luxusgüter waren.[46] Diese Steuern waren also tendenziell regressiv. Wenn die Parlamentarier über Steuern entschieden, dann trafen diese insgesamt gesehen andere Leute viel härter als sie selbst. Beim Dienst für das Land in Armee und Marine fällt auf, dass die *moneyed interests* üblicherweise fehlten. Nur bei der Versorgung des Staates mit Anleihen war die Situation ganz anders. Hier zahlten tatsächlich jene, die auch vertreten waren. Das überrascht nicht: Anleihen kaufen hieß, eine sichere Investition zu tätigen, statt Steuern zu zahlen. Ich komme darauf noch zurück. Es bleibt aber die Tatsache, dass der Zentralstaat riesige Summen an Steuereinkünften erhob.

In einer Diskussion über die parlamentarische Kontrolle in diesem Zusammenhang muss auch das Thema der Korruption angesprochen werden. Obwohl diese, wie gezeigt werden wird, in China unter den Qing viel stärker grassierte und weiter verbreitet war als in Großbritannien, wäre es naiv zu meinen, es handle sich dabei um ‚ein orientalisches Laster'. Im Gegenteil, das, was als ‚das System der alten Korruption' mit seiner Patronage, seinem Unterschleif und seinen Sinekuren bezeichnet wurde, war notorisch. Sein Urquell waren der Herrscher und seine Ministerien. Käuflichkeit und Patronage waren, zum Beispiel in der britischen Marine, um es milde auszudrücken, nicht unbekannt.[47] Auf die Ineffizienz und die Kor-

[45] *Stephen Conway*, Checking and Controlling British Military Expenditure, 1739–1783, in: Torres Sánchez (Ed.), War (wie Anm. 15), 45–68.

[46] *Patrick Karl O'Brien*, The Triumph and Denouement of the British Fiscal Military State: Taxation for the Wars against Revolutionary and Napoleonic France, 1793–1815, in: Torres Sánchez (Ed.), War (wie Anm. 15), 167–200.

[47] *Daniel A. Baugh*, British Naval Administration in the Age of Walpole. Princeton 1965, Kap. 8 und 9.

ruption im Zollwesen wurde bereits hingewiesen. Der britische Staat war auch weiterhin in so unterschiedlichen Bereichen wie dem Unterhalt von Gefängnissen oder der Proviantierung der Marine und des Militärs auf externe Auftragnehmer angewiesen. Deren Rolle wurde wichtiger, als das Wachstum der Armee jenes des für die Lieferung zuständigen staatlichen Verwaltungsapparats übertraf. Missbrauch kam auch dort selbstverständlich vor, dennoch verbesserte sich die Lage deutlich.[48] Die ‚alte Korruption' in allen ihren Varianten wurde angepackt, und seit den 1780er Jahren kann man den Erfolg der Reformen erkennen. Noch wichtiger: Die Formen der Korruption, um die es hier geht, konnten die effiziente Verwaltung des Staates, etwa durch einen nachhaltigen negativen Einfluss auf dessen Handlungsspielraum, nicht wirklich beeinträchtigen.[49]

III. Die Ausgaben und Schulden des britischen Steuer- und Militärstaats

Über den gesamten Zeitraum von 1688 bis 1850 hinweg zahlten die Briten, mit den Niederländern, im Durchschnitt die höchsten Steuern in Europa. Oben wurde bereits angedeutet, dass dies dennoch nicht ausreichte. Wie man Tabelle 1 entnehmen kann, gab die britische Regierung gewöhnlich deutlich mehr aus als sie an Abgaben einnahm. Im 18. Jahrhundert bestanden im Durchschnitt etwa 30 Prozent der Ausgaben aus Krediten.[50]

Sie fielen zum Großteil für die Kriegführung an. Im Zeitraum von 1750 bis 1850 absorbierten die Ausgaben für vergangene, aktuelle und zukünftige Kriege, das heißt für Armee, Marine, Ordonnanz und Kriegsschulden, mindestens etwa drei Viertel der gesamten Staatsausgaben. Erst nach den Napoleonischen Kriegen setzte sehr langsam eine relative ‚Zivilisierung'

[48] Zu Klagen über Korruption vgl. *Conway*, British Military Expenditure (wie Anm. 45). Ein optimistischeres Bild zeigt *Gordon E. Bannerman*, Merchants and the Military in Eighteenth-Century Britain: British Army Contracts and Domestic Supply, 1739–1763. London 2008.

[49] Vgl. zur ‚alten Korruption' *Harling*, Waning of ‚Old Corruption' (wie Anm. 29), und *Ashworth*, Customs (wie Anm. 21), Kap. 18.

[50] Zum gesamten Zeitraum s. *D. Eckart Schremmer*, Taxation and Public Finance: Britain, France and Germany, in: Peter Mathias/Sidney Pollard (Eds.), The Cambridge Economic History of Europe. Bd. 8: The Industrial Economies: The Development of Economic and Social Policies. Cambridge 1969, 314–494, hier 319. Für die Kriegszeiten vgl. *Paul Kennedy*, The Rise and Fall of Great Powers: Economic Change and Military Conflict from 1500 to 2000. New York 1987, 81.

der Ausgaben ein.[51] Krieg war die treibende Kraft hinter dem Wachstum des Steuer- und Militärstaates. Er wurde zu einem Geschäft, das eine Kombination aus Geschäftsleuten und Bürokraten betrieb und in dem die meisten tatsächlichen Kampfhandlungen von Söldnern oder zum Kriegsdienst gepressten Männern ausgeführt wurden. Seine Kosten stellten alle anderen Ausgaben in den Schatten und machten den britischen Staat zum größten Verbraucher, Produzenten und Investor des Landes. Das folgende Beispiel von Peter Mathias zeigt das ganz eindeutig. Die gesamten Militärkosten der Französischen Kriege für Großbritannien zwischen 1793 und 1815 beliefen sich auf etwa 1000 Millionen Pfund Sterling. Mehr als 500 Millionen Pfund Sterling davon waren Kapital, die dem Staat durch den Markt langfristiger Anleihen verteilt über 22 Jahre zur Verfügung gestellt wurden. Das gesamte im Kanalsystem akkumulierte Kapital von 1750 bis 1820 betrug ‚nur' etwa 20 Millionen Pfund Sterling. Die Investitionen in das Transportwesen stellten die wichtigsten Formen von Produktionsinvestitionen dar. Für 1809/10 wurde berechnet, dass die jährlichen Investitionen in das Anlagekapital der gesamten Baumwollindustrie gerade einmal 0,4 Millionen Pfund Sterling betrugen. Das war weniger als ein Prozent des Militärbudgets von 45 Millionen, die während dieses Jahres ausgegeben wurden.[52]

Aber nicht alle Ausgaben flossen in den Krieg – und an den Hof. Ein nicht unbeträchtlicher Teil des Geldes ging in die Armenfürsorge. Das britische Armenfürsorgewesen mag auf der Basis der Pfarrgemeinden organisiert gewesen sein, aber es ruhte auf der nationalen, weltlichen Gesetzgebung, in der das Parlament die Fürsorgesätze festlegte. Es war eine verpflichtende Leistung, die aus Steuern auf das Eigentum bezahlt und in den 15000 Pfarrbezirken Großbritanniens verteilt wurde. Die Summen, um die

[51] S. zum Beispiel *Harling/Mandler*, From ‚Fiscal-Military' State to Laissez-faire State (wie Anm. 18), 56 Tabelle 5.

[52] *Peter Mathias*, Financing the Industrial Revolution, in: ders./John A. Davis (Eds.), The First Industrial Revolutions. Oxford/Cambridge, Mass. 1989, 69–85, hier 72. Das wörtliche Zitat im englischen Original lautet: „Consider the single statistic that the total military costs of the French wars for Britain between 1793 and 1815 amounted to approximately 1,000 million pounds sterling, with over 500 million pounds sterling in mobilized savings produced for government loans by way of the long-term capital market, spread over twenty-two years, whereas the total accumulated capital in the canal system, from 1750 to 1820, was about twenty million pounds sterling. Moreover, transport investment was one of the ‚lumpiest' forms of productive investment to be undertaken. In 1809–1810 it was reckoned that the annual investment in fixed capital in the entire cotton industry was 0,4 million pounds sterling. That was less than one percent of the military budget of forty-five millions spent during that year."

es sich dabei handelte, waren beträchtlich und dürften dazu beigetragen haben, soziale Unruhen zu dämpfen.

Im Jahre 1777 beliefen sich die an die Unterstützungssätze gekoppelten Ausgaben für die Armen in England und Wales auf 1,2 Millionen Pfund Sterling. 1787 waren es mehr als zwei Millionen, 1803 mehr als vier Millionen Pfund Sterling. Im Zeitraum von 1814 bis 1833 waren es im Durchschnitt ungefähr sechs Millionen Pfund Sterling pro Jahr. Innerhalb der hier betrachteten Zeitspanne wurde 1818 der Höhepunkt erreicht, als diese Ausgaben 7871000 Pfund ausmachten, das Äquivalent von über 70 Gramm Silber pro Kopf.[53] In Silber gerechnet waren das ungefähr die Hälfte des gesamten Einkommens des Chinesischen Reichs aus Grundsteuern zur selben Zeit.

Tabelle 2: Ausgaben für die Armenfürsorge pro Jahr als Prozentsatz des BIP von England und Wales[54]

Jahr	Anteil am BIP
1688	1,22
1749	0,99
1776	1,59
1783–1785	1,75
1801–1803	2,15
1811–1813	2,58
1820–1821	2,66
1830–1832	2,00
1840	1,12
1850	1,07

Die massiven Mehrausgaben mussten zu einer hohen Staatsschuld führen. Im Jahrhundert nach der Glorreichen Revolution stieg die britische Staatsschuld mit nur wenigen Atempausen in Friedenszeiten bis auf 215 Prozent des Nationaleinkommens im Jahre 1784. Nach einer kurzen Verringerung in der Friedensperiode des folgenden Jahrzehnts stieg sie abermals auf 222 Prozent des Volkseinkommens im Jahr 1815 und erreichte 1821 mit 268 Prozent einen Gipfel von mehr als 800 Millionen Pfund Sterling.[55] Andere Schätzungen für die Jahre 1815 bis 1820 schwanken zwi-

[53] *Evans*, Forging of the Modern State (wie Anm. 23), 426.

[54] *Peter H. Lindert*, Poor Relief before the Welfare State: Britain versus the Continent, 1780–1880, in: European Review of Economic History 2, 1998, 101–140, hier 114.

[55] Ich folge hier *Niall Ferguson*, The Cash Nexus. Money and Power in the Modern World, 1700–2000. London 2001, 129.

schen 800 und 900 Millionen Pfund Sterling.[56] Die Regierung Großbritanniens hatte schon sehr früh begonnen, Schulden zu machen. 1697, am Ende des Pfälzer Erbfolgekrieges (Neunjähriger Krieg) hatte sie zum Beispiel 12,2 Millionen Pfund schwebende kurzfristige Verbindlichkeiten und 5,1 Millionen Pfund fundierte langfristige Anleihen. Die jährlichen Staatseinnahmen in den 1690er Jahren lagen bei etwa vier Millionen Pfund.[57]

Die Staatsschuld von (mehr als) 800 Millionen Pfund Sterling nach den Napoleonischen Kriegen entsprach 88,8 Milliarden Gramm Silber. Pro Kopf, einschließlich Irland, waren das 1821 etwa 4200 Gramm Silber. Ohne Irland, was realistischer ist, sprechen wir über etwa 6200 Gramm Silber pro Kopf. Die tatsächlich geborgte Geldmenge wird geringer gewesen sein, da viele Anleihen mit beträchtlichem Abschlag verkauft wurden. Die Schuldscheine waren verhandelbar und funktionierten wie Geld. Die Napoleonischen Kriege brachten die Staatsschuld auf nie erreichte Höhen, aber sie lag auch im längeren Zeitraum zwischen 1760 und 1860 nie unter 150 Prozent des BIP.[58] Im Jahr 1850 betrug sie immer noch etwa 800 Millionen Pfund Sterling.[59] Budgetdefizite waren zu diesem Zeitpunkt aber bereits ein Phänomen der Vergangenheit.

Die Dimensionen, über die wir hier sprechen, können durch einen Vergleich der eben erwähnten Zahlen mit Chinas BIP gut verdeutlicht werden. Die Schätzung für das BIP Chinas, die zeitlich am nächsten bei 1821 liegt, ist jene von 1833 mit etwa vier Milliarden Tael.[60] In Gramm Silber wären

[56] Vgl. zum Beispiel *Glyn Davies*, History of Money. From Ancient Times to the Present Day. 3., rev. Aufl. Cardiff 2002, 304; *Patrick O'Brien*, Fiscal and Financial Preconditions for the Rise of British Naval Hegemony, 1485–1815. (Working Papers in Economic History. Department of Economic History, London School of Economics and Political Science, Vol. 91.) London 2005, 23; *Schremmer*, Taxation (wie Anm. 50), 354.

[57] *He*, Paths (wie Anm. 43), Kap. 3, bes. 38.

[58] Vgl. *James Macdonald*, A Free Nation Deep in Debt. The Financial Roots of Democracy. Princeton/Oxford 2006, 348–355. Vgl. auch *Gregory Clark*, A Farewell to Alms. A Brief Economic History of the World. (The Princeton Economic History of the Western World.) Princeton/Oxford 2007, 158 Graphik 8.8.

[59] *Peter Mathias*, The First Industrial Nation. An Economic History of Britain, 1700–1914. London 1969, 463.

[60] Zu den Schätzungen, die selbstverständlich alle auf schwankendem Grund stehen, in chronologischer Reihenfolge: *Chung-li Chang*, The Income of the Chinese Gentry. Seattle 1962, 196; *Albert Feuerwerker*, The Chinese Economy, ca. 1870–1911. (Michigan Papers in Chinese Studies, Vol. 5.) Ann Arbor 1969, 2; *Yuru Wang*, Economic Growth and Structural Change in Modern China 1880s–1930s. 13th Economic History Congress, Buenos Aires, 22.–26. Juli 2002, http://eh.net/XIIICongress/Papers/Wang.pdf (Zugriff 22.09.2010), und *Kent Deng*, The Nanking Treaty System. Institutional Change and Improved Economic Performance (in Vorbereitung). Schließlich existiert die Schätzung

das beinahe 150 Milliarden. Die Zahl für das chinesische BIP ist eine recht grobe Schätzung, eher ein Raten: Aber es kann kein Zweifel darüber bestehen, dass Großbritannien mit einer Bevölkerung, die beträchtlich geringer war als die einiger chinesischer Provinzen, es in der ersten Hälfte des 19. Jahrhunderts schaffte, seine Wirtschaft am Laufen zu halten und mit der Industrialisierung zu beginnen – mit einer Staatsschuld, die, in Silber ausgedrückt, höher (aller Wahrscheinlichkeit nach massiv höher) als die Hälfte des chinesischen Gesamt-BIP zur selben Zeit war. Pro Kopf gerechnet sind die Zahlen sogar noch erstaunlicher. Ein BIP von vier Milliarden Tael für China in den 1830er Jahren entspricht ungefähr zehn Tael oder etwa 370 Gramm Silber pro Kopf. Die Staatsschuld des Vereinigten Königreichs von Großbritannien und Irland im Jahre 1821, berechnet pro Kopf und ausgedrückt in Silber, wäre demnach also mehr als elf Mal so hoch gewesen wie das durchschnittliche jährliche Einkommen eines Chinesen. Wenn wir Irland nicht berücksichtigen, läge die Zahl etwa beim Siebzehnfachen. Dies sind nur Schätzungen, und der Umstand, dass die Kaufkraft des Silbers in China damals höher war als in Großbritannien – nach meiner Einschätzung ungefähr dreimal so hoch – muss in Betracht gezogen werden. Aber selbst wenn genauere Zahlen vorlägen und diese besser vergleichbar wären, würde der Kern meiner Argumentation nicht zusammenbrechen. Pro Kopf und in realen Werten gab der britische Staat riesige Summen Geld aus – viel mehr als sein chinesischer Gegenspieler, wie wir sehen werden –, und er häufte so eine enorme Staatsschuld an. Aber er brach trotzdem nicht zusammen, und Großbritannien industrialisierte sich trotzdem weiter.

Ein sehr beträchtlicher Teil der Staatsausgaben musste einfach zur Bedienung der Schuld getätigt werden. Mit der Teilnahme am Spanischen Erbfolgekrieg (1702–1713) machte die Bedienung der Kredite 50 Prozent der Gesamtausgaben aus. Dieser Prozentsatz sank im Zeitraum bis 1790 nie unter 35 Prozent.[61] Zwischen 1816 und 1850 belief sich der Schuldendienst fast ohne Ausnahme auf mehr als 50 Prozent des jährlichen Budgets. Gleich nach den Napoleonischen Kriegen lag er bei über 60 Prozent des Steueraufkommens. Der Bankrott schien unausweichlich, aber er trat nicht ein. Es war nicht nur das Wachstum der Wirtschaft, das selbst eine solche

Kent Dengs für das BIP Chinas im Zeitraum von 1830 bis 1833, die bei einem Workshop an der London School of Economics and Political Science am 5. Juni 2006 präsentiert wurde und die ich hier heranziehe. Es gibt gute Gründe anzunehmen, dass das chinesische BIP in den 1880er Jahren nicht höher war als in den 1830er Jahren.

[61] Vgl. für die erste Periode *Brewer*, Sinews of Power (wie Anm. 14), 117, und für die zweite *Ferguson*, Cash Nexus (wie Anm. 55), 140f.

Last handhabbar machte: Die großen Gläubiger waren alle im Parlament vertreten. Tatsächlich ging der Staat in der hier behandelten Periode nie Bankrott.[62] Die Summen, um die es ging, waren enorm. In der Periode 1700 bis 1709 lag die durchschnittliche jährliche Schuldenbelastung bei 1,3 Millionen Pfund. Sie stieg auf einen jährlichen Durchschnitt von beinahe 30 Millionen Pfund Sterling im Zeitraum von 1810 bis 1849. In Silber ausgedrückt ist das mehr als das gesamte jährliche – offizielle – Steuereinkommen des Chinesischen Reiches.[63]

Irgend jemand musste dem Staat all das Geld bereitstellen, das er borgte. In der Mitte des 18. Jahrhunderts gab es 50000 bis 60000 Gläubiger der Staatsschuld in Großbritannien. Die Wählerschaft zu dieser Zeit umfasste knapp 300000 Personen. Gegen Ende der Napoleonischen Kriege bildeten die circa 300000 Personen, die die Staatsschuld hielten, die Mehrheit der Wählerschaft.[64] Nicht alle Staatsschulden waren in britischer Hand. Aber Ausländer, vor allem aus der Republik der Niederlande, besaßen nie mehr als ein Viertel, normalerweise viel weniger. Ein Weg, um Vertrauen bei den potentiellen Käufern der Staatsanleihen zu schaffen, war, die Schuld zu ‚decken'. Das bedeutete, dass die Rückzahlung der Anleihen an eine bestimmte Steuer gekoppelt war, die als deren Sicherheit oder ‚Fonds' diente. Jede Anleihe musste mit einer speziellen Steuer gekoppelt sein, die auch als eine Schranke für die Kreditaufnahme fungierte.[65] Eine andere Methode, mit der experimentiert wurde, war die Schaffung eines ‚Tilgungsfonds'. Er wurde von Robert Walpole im Jahre 1716 eingeführt und funktionierte in den 1720er und 1730er Jahren recht gut. Im Prinzip sollte der Fonds alle Überschüsse, die im nationalen Budget jedes Jahr anfielen, bekommen. Allzu oft wurde er jedoch von Raubzügen des Schatzamtes heimgesucht, wenn dieses rasch Geld brauchte. In den 1780er Jahren wurde er von William Pitt dem Jüngeren, begleitet von besseren Gesetzen, die den Zugriff der Minister verhinderten, wiedereingeführt. Die Verwaltung wurde in die Hände von Kommissären gelegt. Das System funktionierte gut zwischen 1786 und 1793, als die Kommissäre die Schuld um mehr als zehn Millionen Pfund verringerten. Der Fonds wurde erst in den 1820er Jahren abge-

[62] Großbritannien hatte einige Beispiele von Regierungen, die versuchten, ihre Schulden nicht zurückzuzahlen. Insgesamt aber war ihre Zahlungsmoral seit der Glorreichen Revolution fast tadellos. Einige Kommentare dazu bei *Ferguson*, Cash Nexus (wie Anm. 55), 146f.

[63] *Mathias*, First Industrial Nation (wie Anm. 59), 463.

[64] *Macdonald*, Free Nation (wie Anm. 58), 227 und 351.

[65] *Martin J. Daunton*, Progress and Poverty. An Economic and Social History of Britain, 1700–1850. Oxford 1995, 511.

schafft. Während der Napoleonischen Kriege benötigte der Staat innerhalb sehr kurzer Zeit so enorme Summen an Geld, dass er zur Einführung einer Einkommensteuer und zur Aufbringung des Geldes durch kurzfristige, ‚schwebende' Schuldverschreibungen schreiten musste, die nicht durch zweckgebundene Steuern besichert waren und die er mit der Zeit zu konsolidieren suchte, um die Kosten zu verringern.[66]

Viel wurde improvisiert und hätte leicht schiefgehen können. Viele Briten fürchteten, dass das geschehen würde. Es passierte dennoch nicht. Zwischen 1688 und 1815 halbierten sich die Zinssätze auf britische Staatsanleihen, während sowohl die Steuern als auch die Staatsschuld hoch waren, sogar weiter stiegen, und die Inflation beträchtlich war.[67] Das zeigt deutlich, dass Leute mit disponiblem Geld dem Staat vertrauten und sein Finanzsystem als effizient ansahen.[68]

Der Zentralstaat in Großbritannien wäre niemals in der Lage gewesen, so viel Geld aufzutreiben, wenn nicht wichtige institutionelle Änderungen, gemeinhin bekannt als die ‚Finanzielle Revolution', eingetreten wären.[69] Diese Revolution begann in der zweiten Hälfte des 17. Jahrhunderts und beschleunigte sich nach der Glorreichen Revolution. Die wichtigsten Neuerungen betrafen die Schaffung einer Zentralbank, einer konsolidierten Staatsschuld und eines Tilgungsfonds, Verbesserungen im Umgang mit Anleihen und Aktien, ein ausgeklügeltes Versicherungswesen, Veränderungen in der Wirkungsweise des Unternehmensrechts, zum Beispiel die Schaffung einer neuen Ostindischen Kompanie, und die Entwicklung besserer Formen der Sammlung und Verwertung von Informationen über das Land und die Wirtschaft. Die Bedeutung dieser Änderungen für die Gesamtwirtschaft muss enorm gewesen sein.

[66] *Michael D. Bordo/Eugene N. White*, A Tale of two Currencies: British and French Finance during the Napoleonic Wars, in: JEconH 51, 1991, 303–316.

[67] *Daunton*, Trusting Leviathan (wie Anm. 18), 47.

[68] Vgl. *Stephan R. Epstein*, The Rise of the West, in: John A. Hall/Ralph Schroeder (Eds.), An Anatomy of Power. The Social Theory of Michael Mann. Cambridge 2006, 233–259, hier 250f. Vgl. auch *ders.*, Freedom and Growth. The Rise of States and Markets in Western Europe, 1300–1750. (Routledge Explorations in Economic History.) London 2000.

[69] Zu dieser Revolution vgl. in chronologischer Reihenfolge *P(eter) G. M. Dickson*, The Financial Revolution in England. London 1967; *Henri Roseveare*, The Financial Revolution, 1660–1760. (Seminar Studies in History.) London/New York 1991, und *Bruce G. Carruthers*, City of Capital. Politics and Markets in the English Financial Revolution. Princeton 1996.

IV. Die chinesischen Staatseinnahmen

Die Situation im Qing-China war völlig verschieden. Verglichen mit Großbritannien war und blieb das offizielle, jährliche Steuereinkommen für die Zentralregierung niedrig. Ein Tael entsprach zwischen 37 und 38 Gramm Silber. Das wiederum entsprach einem Drittel Pfund Sterling. Die folgenden Zahlen sind gerundet: während der Regierung des Kaisers Kangxi (1662–1722) 35 Millionen Tael; während der Regierung des Kaisers Yongzheng (1722–1735) 40 Millionen und während der des Kaisers Qianlong (1735–1795) 43 bis 48 Millionen. Für das Ende des 18. Jahrhunderts geht man von 43 bis 44 Millionen Tael aus, einer Höhe, die sich in den nächsten 50 Jahren kaum änderte: 1849 betrugen die zentralen, offiziellen Steuereinnahmen noch immer nur 42 Millionen. Ab den 1850er Jahren begannen die Einnahmen merklich zu steigen, bis sie 1911 schließlich 300 Millionen erreichten.[70] James Lee schätzt, dass die Gesamteinnahmen der Qing-Regierung bis zum Ersten Opiumkrieg zwischen 60 und 80 Millionen Tael lagen.[71] Pierre-Étienne Will, Roy Bin Wong und Mark Elliott berufen sich in ihren Arbeiten auf diese Schätzung und scheinen sie zu akzeptieren. Debin Ma gibt einen noch niedrigeren Schätzwert an.[72] Ganz offensichtlich beziehen sie sich nur auf Steuern und Steueraufschläge.[73] Chung-li Chang schätzt, dass die jährlichen Gesamteinnahmen der Regierung in den 1880er Jahren noch immer bei rund 80 Millionen Tael gelegen haben.[74]

Gemessen an der Bevölkerungszahl sanken die effektiven Steuereinnahmen fast über den gesamten hier behandelten Zeitraum.[75] In der Forschung

[70] S. die Zahlen bei *Immanuel C. Y. Hsü*, The Rise of Modern China. 6. Aufl. Oxford/London 2000, 59–65; *Evelyn S. Rawski*, The Qing Formation and the Early-Modern Period, in: Lynn A. Struve (Ed.), The Qing Formation in World-Historical Time. (Harvard East Asian Monographs, Vol. 234.) Cambridge, Mass./London 2004, 207–240, hier 213–218, und *Wong*, China Transformed (wie Anm. 4), 155f.

[71] *James Z. Lee*, The Political Economy of a Frontier: Southwest China 1250–1850. Cambridge 2000, Tabelle 1.6.

[72] *Mark C. Elliott*, The Manchu Way. The Eight Banners and Ethnic Identity in Late Imperial China. Stanford 2001, 489, und *Pierre-Étienne Will/Roy Bin Wong/James Lee*, Nourish the People. The State Civilian Granary System in China, 1650–1850. Ann Arbor 1990, 494. Für *Debin Mas* Schätzung s. Rock, Scissors, Paper: the Problem of Incentives and Information in Traditional Chinese State and the Origin of Great Divergence, http://www.econ.upf.edu/docs/seminars/ma.pdf (Zugriff 21.3.2011).

[73] Eine Erklärung des Konzepts der Aufschläge gibt *Yeh-chien Wang*, Land Taxation in Imperial China, 1750–1911. Cambridge, Mass. 1973, Kap. 2, bes. 33.

[74] *Chang*, Income (wie Anm. 60), 328.

[75] Zu den sehr unterschiedlichen Zahlen über die Größe der chinesischen Bevölkerung in dieser Epoche s. *James Lee/Wang Feng*, One Quarter of Humanity. Malthusian Myth-

werden die Steuereinnahmen der Zentralregierung inklusive der sogenannten Aufschläge in der Regel mit den Staatseinnahmen generell gleichgesetzt. Dies ist nicht korrekt. Vielmehr gab es eine ganze Bandbreite anderer Einkommensquellen, die freilich sehr schwer zu quantifizieren sind, aber dennoch berücksichtigt werden müssen, wenn man ein realistisches Bild der Mittel, die der chinesischen Zentralregierung zur Verfügung standen, zeichnen will.

Zunächst sind die Einkommen des kaiserlichen Haushalts in die kaiserliche Schatzkammer zu nennen, die, obwohl sie privater Natur waren, oft von den Untertanen erhoben, aber auch häufig für öffentliche Ausgaben verwendet wurden.[76] Die Regierung erzielte außerdem Einnahmen durch den Verkauf von Ämtern und Titeln oder durch die Verpachtung von Steuern. Die Gesamteinnahmen aus diesen Quellen stiegen seit dem Ende des 18. Jahrhunderts.[77] Darüber hinaus existierten unterschiedliche Arten von Fronarbeit.

Es fehlen gute serielle Daten über die Gesamteinnahmen und -ausgaben der Regierung. Das Steuersystem der Qing war kompliziert und intransparent. Das erste offizielle Budget stammt erst aus dem Jahr 1908. Meine – sicher im oberen Bereich angesiedelten – Schätzungen, die ich in einer Monographie demnächst präsentieren werde, gehen davon aus, dass das Gesamteinkommen der Qing-Regierung vor dem Ersten Opiumkrieg (1839–

ology and Chinese Realities, 1700–2000. Cambridge, Mass./London 1999; *Kent G. Deng*, Unveiling China's True Population Statistics for the Pre-Modern Era with Official Census Data, in: Population Review 43/2, 2004, 1–38; *Ramon H. Myers/Yeh-chien Wang*, Economic Development, 1644–1800, in: Willard J. Peterson (Ed.), The Cambridge History of China. Vol. 9/1: The Ch'ing Dynasty to 1800. Cambridge 2002, 563–645, hier 565f. Zur Preisentwicklung s. *Yeh-chien Wang*, Secular Trends of Rice Prices in the Yangzi Delta, 1638–1935, in: Thomas G. Rawski/Lillian M. Li (Eds.), Chinese History in Economic Perspective. Berkeley/Los Angeles/Oxford 1992, 35–68. Ab den 1820er Jahren erhöhte sich der reale Steuerdruck, obwohl die Steuersätze nominell gleich blieben, weil die Steuern in Silber zu leisten waren, das nun immer knapper und teurer wurde. Zum Teil wurde dies dadurch ausgeglichen, dass die fixierten Steuern nun von mehr Personen bezahlt wurden.

[76] S. *Te-ch'ang Chang*, The Economic Role of the Imperial Household in the Ch'ing Dynasty, in: Journal of Asian Studies 31, 1972, 243–273. Seine Schätzung der Bedeutung der Einnahmen dieses Haushalts ist sehr hoch – und wird in der Literatur ansonsten nicht bestätigt.

[77] S. *Elisabeth Kaske*, The Price of an Office: Venality, the Individual and the State in 19th-Century China, in: Nanny Kim/Thomas Hirzel (Eds.), Metals, Monies, and Markets in Early Modern Societies: East Asian and Global Perspectives. (Bunka – Wenhua. Tübinger Ostasiatische Forschungen, Bd. 17.) Berlin 2008, 279–304, und *Wang*, Land Taxation (wie Anm. 73), Kap. 1.

1842) die Marke von 300 Millionen Tael im Jahr nie überschritt. In der Literatur bin ich niemals auf eine Zahl gestoßen, die auch nur annährend so hoch ist. Auffällig ist jedoch, dass es sich dabei noch immer, verglichen mit dem Einkommen der britischen Zentralregierung, um extrem niedrige Summen handelt. Dies mag eine Überraschung für diejenigen sein, die im Qing-China ein Beispiel für den ‚orientalischen Despotismus' sehen. Sogar wenn wir von meiner sehr hohen Schätzung von 300 Millionen Tael ausgehen, würde das noch immer bedeuten, dass in China in der Periode von 1780 bis 1840 die offiziellen Steuern pro Kopf und Jahr nie höher waren als 30 Gramm Silber. Die Kaufkraft von einem Gramm Silber war in Peking und Kanton, wo ein Arbeiter damals pro Tag durchschnittlich das Äquivalent von drei Gramm Silber erhielt, schätzungsweise drei mal so hoch wie in Londen. Das kann nur bedeuten, dass die chinesische Zentralregierung, die sich außerdem nie Geld borgte, sehr ‚arm' war im Vergleich zur britischen, die pro Kopf und nur in Steuern manchmal mehr als 500 Gramm Silber von ihren Untertanen einholte. Sogar in meiner höchsten Schätzung beliefen sich die gesammten Einkünfte der Zentralregierung in China nie auf mehr als acht Prozent des BIP.

Von diesem Einkommen kam nur ein geringer Teil tatsächlich in Peking an. Der größere Teil verließ nie die Provinz, in der er eingehoben worden war, und stand den Repräsentanten der Zentralregierung vor Ort zur Verfügung. Ein Transport nach Peking wäre zu aufwendig und teuer gewesen.[78] In diesem Zusammenhang gilt es zu beachten, dass die Provinzen über eine hohe Autonomie in Fragen der Besteuerung verfügten und deren Steuersysteme sehr unterschiedlich funktionieren konnten.

Es muss an dieser Stelle nicht näher auf diese Steuersysteme eingegangen werden. Insgesamt lässt sich ein einfaches Grundmuster erkennen: Über die gesamte behandelte Epoche hinweg stammte der Großteil – zwei Drittel bis drei Viertel oder noch etwas mehr – aller Steuereinnahmen aus der Besteuerung von Grundbesitz. Die Grundsteuern wurden auf Basis einer Schätzung der Größe und der Qualität des Landes bemessen und waren vom Grundbesitzer zu bezahlen. Dies klingt einfacher, als es tatsächlich war, da in China zu der Zeit komplizierte Besitzverhältnisse herrschten, die

[78] Zum dezentralisierten System der Steuererhebung in China, das die Regierung nur aus der Ferne kontrollierte, das heißt, dass sie den Großteil der Steuern in den Provinzen beließ, aber die Entscheidung darüber traf, wie das meiste davon auszugeben war, so dass immer zu wenig für die lokalen Angelegenheiten übrig blieb, s. *Wang*, Land Taxation (wie Anm. 73), 12–19; *Madeleine Zelin*, The Magistrate's Tael. Fiscal Reform in Eighteenth-Century Ch'ing China. Berkeley/Los Angeles/London 1984, Kap. 2, bes. 26–37.

uns aber hier nicht weiter zu beschäftigen brauchen. Die Besteuerung war jedenfalls ziemlich unflexibel, und ihre Prinzipien änderten sich fast nicht.[79] Der Rest der Steuereinnahmen stammte aus Salzsteuern, Getreideabgaben, Zöllen und einer Vielzahl kleinerer Einkommensquellen.

Die Effizienz der Steuererhebung war hoch, stellt man die schwierigen Rahmenbedingungen in Rechnung, aber niedriger als in Großbritannien. Schätzungsweise kostete die Erhebung der Grundsteuer ein Fünftel bis ein Viertel der gesamten daraus erzielten Einnahmen.[80] Die Steuererhebung sollte billig sein und der Steuerdruck gering. Wenn ich das chinesische System der Besteuerung dennoch als ineffizient beschreibe, dann nicht wegen der geringen Quote, die in den Händen der Regierung landete, sondern weil die überwiegende Mehrheit der chinesischen Bevölkerung tatsächlich in Form von Geld, Naturalien oder Diensten wesentlich mehr an die Beamten und ihr Personal – Sekretäre, Schreiber, Boten – bezahlte, als sie offiziell zu leisten hatte. Die offiziellen und halboffiziellen Vertreter des chinesischen Staates strichen ein Mehrfaches der Summen ein, die sie an die Regierung weiterleiteten. Der Punkt dabei ist nicht, dass die Menschen jede Menge ‚nichtoffizieller' Gebühren bezahlten, sondern dass sie dies taten, ohne dafür immer im Gegenzug entsprechende öffentliche Leistungen zu erhalten.

Sie waren dazu gezwungen, weil Chinas gesamtes Verwaltungssystem, obwohl es den gegenteiligen Anschein hat, ineffizient war. Roy Bin Wong, der sich damit immer wieder auseinandergesetzt hat, beschreibt es zwar als effizient und bürokratisch, zumindest bis 1800, ignoriert dabei aber den großen Unterschied zwischen Theorie und Praxis.[81] Ein Teil der Ineffizienz der Steuereinnehmer kann durch deren fehlende Professionalität und durch die spezifische Organisationsstruktur, in der sie agieren mussten, erklärt werden. Vordergründig sieht es so aus, als ob das China der Qing von einer ziemlich modernen Bürokratie verwaltet wurde. Um eine Anstellung als Beamter zu erhalten, hatte man sich in einem selektiven Auswahlverfahren durch das Ablegen von Prüfungen durchzusetzen. Was die Kandidaten allerdings zur positiven Absolvierung dieser Tests zu lernen hatten, bereitete sie kaum auf das Wesentliche ihrer zukünftigen Tätigkeit vor. Hinzu kommt, dass der Verkauf von Ämtern, Titeln und Rechten, Steuern einheben zu dürfen, seit dem Ende des 18. Jahrhunderts zunahm. Um 1800 gab es beispielsweise geschätzte 350000 Inhaber gekaufter Titel in China –

[79] *Wang*, Land Taxation (wie Anm. 73).

[80] Ebd. 72.

[81] S. zum Beispiel *Wong*, China Transformed (wie Anm. 4), 134, 157 und 282. In Wongs Opus magnum findet sich kein einziger Hinweis auf Korruption.

eine Zahl, die im Laufe des 19. Jahrhunderts, als die Regierung finanziell stärker unter Druck geriet, weiter ansteigen sollte.[82] Alle drei Jahre wurden die Beamten in einen anderen Distrikt versetzt, in welchem sie keine verwandtschaftlichen Beziehungen haben sollten. Als Fremde gerieten sie so schnell in die Abhängigkeit lokaler Eliten. Der Umstand, dass sie unzulänglich mit Personal ausgestattet waren, verstärkte diese Abhängigkeit. Da ihnen die Regierung keine ausreichenden Mittel zur Bezahlung von Sekretären vor allem für die Finanzverwaltung zur Verfügung stellte, mussten sie den vorhandenen Sekretären gestatten zu „improvisieren“ und einen großen Teil der Amtseinnahmen für sich abzuzweigen.[83] Um ihren Amtsbezirk überhaupt verwalten zu können, mussten sie sich auf hunderte von Schreibern und Boten stützen, die nicht im Dienst der Regierung standen und über kein offizielles Einkommen verfügten, sondern von den Gebühren lebten, die sie von der Bevölkerung einheben konnten.[84] Mit dieser Form von Ausstattung und Personal war es für die Beamten schlichtweg unmöglich, ihre Aufgaben ordnungsgemäß zu versehen. Ebenso wenig sicherte ihnen ihr Einkommen einen angemessenen Lebensstandard. Chinas Verwaltung kann daher kaum als effiziente Bürokratie bezeichnet werden.[85]

Die Anzahl an Beamten in China war erstaunlich gering. Die Gesamtzahl der zivilen ‚Beamten‘ in China, die ebenso Aufgaben in der Steuerverwaltung innehatten, blieb in der hier diskutierten Periode fast konstant und betrug, je nach den verwendeten Quellen und der Definition, wer zu dieser Gruppe zu zählen ist, zwischen 20 000 und 30 000 – eine Anzahl, die annähernd mit dem Umfang der britischen Beamtenschaft zur gleichen Zeit übereinstimmt.[86] Zieht man die Beamten in Peking davon ab, kommt man

[82] *William Rowe*, China's Last Empire. The Great Qing. Cambridge, Mass./London 2009, 114.

[83] Zu diesen Sekretären s. *Kenneth E. Folsom*, Friends, Guests and Colleagues: The Mufu System in the Late Ch'ing Period. Berkeley 1968.

[84] Zu den Schreibern und Boten s. *Bradly W. Reed*, Talons and Teeth. County Clerks and Runners in the Qing Dynasty. Stanford 2000.

[85] Diese Ineffizienz auf lokaler Ebene näher auszuführen, würde mehr Platz benötigen, als hier zur Verfügung steht, so dass ich im Folgenden lediglich auf die Literatur und meine Kommentare zur Korruption verweise. Eine knappe Skizze stammt von *S. E. Finer*, The History of Government. 3 Vols. Oxford 1997, Vol. 3, 1129–1162.

[86] Zu diesen Zahlen, die nicht bestritten werden, s. *Myron L. Cohen*, State and Society during the Qing Dynasty, 1644–1911, in: Ainslie T. Embree/Carol Gluck (Eds.), Asia in Western and World History. A Guide for Teaching. New York/London 1997, 523–560, hier 530. Vgl. *Kent Deng*, Sweet and Sour Confucianism. Paper Presented at the Tenth Global Economic History Conference, September 2006, Washington, 9.

zu dem Ergebnis, dass nicht mehr als 10000 bis 15000 Beamte ein Reich mit hunderten Millionen an Einwohnern regierten. In China im engeren Sinne war die Regionalverwaltung eines jeden der ungefähr 1500 Distrikte zu Beginn des 19. Jahrhunderts durchschnittlich für mehr als 200000 Menschen zuständig. In den 1880er Jahren lag die Zahl der Beamten noch immer in der gleichen Größenordnung.[87] Außerdem war die Zusammenarbeit zwischen den zentralen Ämtern in Peking und in den Provinzen nur sehr lose. Ich konnte hierfür lediglich Zahlen für das Jahr 1895 finden, die aber wahrscheinlich auch für die früheren Zeiten zumindest tendenziell gegolten haben dürften. Die Zahl der Angestellten, die für die zentrale Finanzstelle in Peking arbeiteten, und derjenigen, die mit der Verwaltung der Steuern in den Provinzen beschäftigt waren, das heißt die Anzahl aller Finanzbeamten in ganz China, umfasste lediglich 1800 Personen.[88] Roy Bin Wongs Feststellung, dass Chinas Bürokratie „certainly the world's largest eighteenth-century civilian state operation"[89] gewesen sei, erscheint vor diesem Hintergrund etwas überzogen.

Zumindest aus der Perspektive eines auf Maximierung seiner Einkünfte zielenden Herrschers ließen die Methoden der Steuererhebung in China vieles zu wünschen übrig. Ordentliche Landesaufnahmen fehlen. Bis in die 1850er Jahre verfügte die Zentralregierung über keinen aktuellen Kataster und über keine glaubwürdigen Informationen zum Grundstücksmarkt und zu den aktuellen Eigentumsverhältnissen. Der letzte reichsweite Landzensus wurde in den Jahren 1578 bis 1582 durchgeführt, und seine Ergebnisse galten seitdem als nicht antastbare Grundlage für alle praktischen Zwecke.[90] Yeh-chien Wang wagte eine reichsweite Schätzung und kam zu dem Ergebnis, dass mindestens ein Drittel des neu kultivierten Landes während des ersten Jahrhunderts der Qing-Dynastie und ungefähr vier Fünftel im folgenden Jahrhundert unregistriert geblieben sind.[91] Darüber hinaus gab

[87] S. beispielsweise *Chang*, Income (wie Anm. 60), Kap. 1.

[88] *Marianne Bastid*, The Structure of Financial Institutions of the State in the Late Qing, in: Stuart R. Schram (Ed.), The Scope of State Power in China. London/Hong Kong 1985, 51–80, hier 70.

[89] *Roy Bin Wong*, The Changing Fiscal Regime of Qing Dynasty China. Paper Presented at the Conference „Toward the Twentieth Century in Asia: Comparative Perspectives on Politics, Economy and Society in China and India". May 19–22, 2005, Duke University, Durham, 14.

[90] *Pierre-Étienne Will*, Bureaucracy and Famine in Eighteenth-Century China. Stanford 1990, 243.

[91] *Wang*, Land Taxation (wie Anm. 73), 26f.; S. einige aufschlussreiche regionale Beispiele bei *Anne Osborn*, Property, Taxes and State Protection of Rights, in: Madeleine Zelin/Jonathan K. Ocko/Robert Gardella (Eds.), Contract and Property in Early Modern

es große Unterschiede zwischen einzelnen Gesellschaftsgruppen, zwischen den Provinzen und den Provinzen und Regionen außerhalb Chinas im engeren Sinn.[92] Mitglieder der Gentry[93] bezahlten wesentlich weniger Steuern als normale Untertanen. Das Gleiche galt für Mitglieder des Militärs. Ein beträchtlicher Teil der Steuern wurde außerdem nach wie vor in Form von Waren, vor allem Getreide, eingezogen. Dieses System war relativ teuer und betrugsanfällig. Kent Deng ist der Ansicht, dass die offizielle Reissteuer für die Unterhaltung von Soldaten und Beamten zehnmal eingehoben wurde.[94] Hinzu kam die fehlende Standardisierung von Maßen und Gewichten. Zwar fehlte es nicht an gegenseitiger Kontrolle innerhalb der Bürokratie und an Aufsicht aus Peking, aber es blieb für die Zentralregierung häufig unmöglich, einen fundierten Einblick in die Tätigkeit der unteren Ämter zu bekommen.

Das Endergebnis war eine enorme Differenz zwischen tatsächlich geleisteten Steuern und legalen Zahlungsverpflichtungen. Für das Ende des 19. Jahrhunderts wird geschätzt, dass die realen Steuererhebungen die vorgeschriebenen Steuern um das Drei- bis Vierfache überstiegen.[95] Wilhelm Wagner war bereits der Ansicht, dass es keine Überraschung wäre, wenn am Ende der Qing-Herrschaft die wirklich geleisteten Land- und Kopfsteuern das Sechsfache der offiziellen Steuern ausgemacht hätten, und mutmaßte, dass Ähnliches auch für frühere Zeiten gegolten habe.[96] Mit dem

China. Stanford 2004, 120–159, hier 154f.; *Robert B. Marks*, Tigers, Rice, Silk & Silt. Environment and Economy in Late Imperial South China. Cambridge 1998, unter ‚Guangdong'.

92 Für einen Überblick zur Komplexität des chinesischen Steuersystems mit Fokus auf das 19. Jahrhundert, der aber auch für die frühere Zeit durchaus informativ ist, s. *Hosea Ballou Morse*, The Trade and Administration of the Chinese Empire. London 1908 (Ndr. New York 2005), Kap. 4.

93 Zur Erklärung dieses Begriffs und für Informationen zu dieser wichtigen, privilegierten sozialen Gruppe von Landbesitzern-Literati s. *Chung-li Chang*, The Chinese Gentry. Their Role in Nineteenth-Century Chinese Society. Seattle/London 1955; *Tsung-su Ch'ü*, Local Government in China under the Ch'ing. Cambridge, Mass. 1962; *Benjamin A. Elman*, A Cultural History of Civil Examinations in Late Imperial China. Berkeley/Los Angeles/London 2000; *Rainer Hoffmann*, Traditionale Gesellschaft und moderne Staatlichkeit. Eine vergleichende Untersuchung der europäischen und chinesischen Entwicklungstendenzen. München 1987; *Jürgen Osterhammel*, Gesellschaftliche Parameter chinesischer Modernität, in: GG 28, 2002, 71–108, und *Richard. J. Smith*, China's Cultural Heritage, The Qing Dynasty 1644–1912. 2. Aufl. Boulder 1994, Kap. 6 und 11.

94 *Kent Deng*, The Qing State and the Chinese Economy. Great Divergence Conference, London School of Economics and Political Science, 26. Juni 2009 [Konferenzbeitrag].

95 *Bastid*, Structure (wie Anm. 88), 74.

96 *Wilhelm Wagner*, Die chinesische Landwirtschaft. Berlin 1926, 141. Vgl. *Morse*, Trade (wie Anm. 92), Kap. 4.

Experten für chinesische Militärgeschichte der Qing-Ära Van der Ven kann geschätzt werden, dass zu Ende dieser Epoche nicht weniger als zwei Drittel der Steuereinnahmen ‚informeller' Natur gewesen sind.[97] 1854 schätzte ein Zensor allein die durch Korruption von Schreibern und Boten sowie Sonderzahlungen an private Sekretäre anfallenden Kosten auf etwa acht Millionen Tael, was einem Fünftel der jährlichen Gesamteinnahmen des Staates entsprochen habe.[98] Die Getreideabgaben dieser Zeit betrugen ungefähr das 2,5-fache der von der Regierung vorgeschriebenen Zahlungen.[99] Für das frühe 19. Jahrhundert gehen Studien über die Provinzen des unteren Yangtze-Tals davon aus, dass nur die Hälfte oder ein Drittel der von der Bevölkerung eingehobenen Landsteuern nach Peking gemeldet wurde.[100] Auch die Einnahme der Salzsteuer bot ausreichende Gelegenheiten zur persönlichen Bereicherung. Im frühen 19. Jahrhundert betrug die an die Zentralregierung abgeführte Salzsteuer aus Lianghuai knapp über zwei Millionen Tael, während tatsächlich rund acht Millionen eingehoben worden waren.[101] Fälle, in denen auswärtige ebenso wie chinesische Kaufleute mit Ausbeutung und Korruption konfrontiert wurden, waren weit verbreitet. Auch im Zollwesen kamen solche Praktiken häufig vor.[102]

Dass all diese Missstände im China des 19. Jahrhunderts, vor allem in dessen zweiter Hälfte, vorhanden waren, wird kaum bestritten. Allerdings war auch vorher die Situation keineswegs rosig. Gerüchten zufolge scheffelte Ho-shen (Hešen, 1750–1799), der Leibwächter des Kaisers Qianlong, 800 Millionen Tael.[103] Tatsächlich war auch schon vor ihm Korruption

[97] *Hans van der Ven*, The Onrush of Modern Globalization in China, in: A(nthony) G. Hopkins (Ed.), Globalization in World History. London 2002, 167–193, hier 180.

[98] *Man-houng Lin*, China upside down. Currency, Society and Ideologies, 1808–1856. (Harvard East Asian Monographs, Vol. 270.) Cambridge, Mass./London 2006, 138.

[99] *T'ung-tsu Ch'ü*, Local Government under the Ch'ing. (Harvard East Asian Studies, Vol. 9.) Cambridge, Mass. 1962, 141.

[100] *Albert Feuerwerker*, State and Society in Eighteenth-Century China. The Ch'ing Empire in its Glory. (Michigan Papers in Chinese Studies, Vol. 27.) Ann Arbor 1976, 90–92.

[101] *Rhoads Murphey*, The Outsiders. The Western Experience in India and China. (Michigan Papers in Chinese Studies, Vol. 29.) Ann Arbor 1977, 115.

[102] S. zum Beispiel *Chang*, Income (wie Anm. 60), Kap. 6; *Paul A. van Dyke*, The Canton Trade. Life and Enterprise on the China Coast, 1700–1845. Hong Kong 2005, unter ‚corruption'; *Huang Guosheng*, The Chinese Maritime Customs in Transition, 1750–1850, in: Wang Gungwu/Ng Chin-keong (Eds.), Maritime China in Transition 1750–1850. (South China and Maritime Asia, Vol. 12.) Wiesbaden 2004, 169–190.

[103] *Hsü*, Rise of Modern China (wie Anm. 70), 124f.; Vgl. *Mark C. Elliott*, Emperor Qianlong. Son of Heaven, Man of the World. (The Library of World Biography.) New York 2009, 153–157. Eine wesentlich niedrigere Zahl bietet *Chang*, The Economic Role (wie Anm. 76), 267f. Eine ausführliche Beschreibung bei *David S. Nivison*, Ho-shen and his

weit verbreitet. Bereits im 18. Jahrhundert war es nicht unüblich, dass ein Mehrfaches der vorgeschriebenen Steuern eingehoben wurde und dass die Bauern von den Steuereinnehmern und der lokalen Gentry ausgebeutet wurden.[104] Die Möglichkeiten für Amtsträger zu betrügen und zu erpressen waren grenzenlos. Im Jahr 1753 war der Betrag der sogenannten ‚verschiedenen Steuern', die tatsächlich eingehoben wurden, fünfmal so hoch wie die Summe, die an die Zentrale gemeldet wurde.[105] In Torberts Untersuchung des Kaiserlichen Haushalts (*neiwufu*) finden sich Beschwerden, die darauf hindeuten, dass auch in dieser Institution Korruption bereits vor 1800 weit verbreitet war.[106]

Die chinesische Bevölkerung dieser Zeit war sich des grassierenden Amtsmissbrauchs nur zu bewusst, und man kann zahllose und zunehmende Beschwerden ebenso wie Proteste finden.[107] Hong Liangji (1746–1809), ein Gelehrter und Staatsmann, der für seine kritischen Schriften, die er an Kaiser Jiaqing (1795–1820) sandte, bekannt ist, berichtet Folgendes: „Was wirklich passiert, ist, dass der Beamte Vorteile aus der Autorität zieht, die ihm von seinen Vorgesetzten übertragen wurde, um die Menschen auszupressen: Die Hälfte von dem, was er einnimmt, geht an die höheren Stellen, aber die andere behält er für sich selbst."[108] Und in den Annalen der Qing für 1806 wird festgestellt, dass „wenn die Getreideabgabe eingehoben wird, die lokalen Amtsträger in den Provinzen mehr einnehmen, als durch das Gesetz vorgeschrieben ist. Sie verbinden sich mit Mitgliedern der Gentry von schlechtem Charakter, die als ihre Agenten helfen, die Zahlungen

Accusers: Ideology and Political Behaviour in the Eighteenth Century, in: ders./Arthur F. Wright (Eds.), Confucianism in Action. Stanford 1959, 209–243.

104 *Hsü*, Rise of Modern China (wie Anm. 70), 125.

105 *Wang*, Land Taxation (wie Anm. 73), 71.

106 *Preston M. Torbert*, The Ch'ing Imperial Household Department. A Study of its Organization and Principal Functions, 1662–1796. (Harvard East Asian Monographs, Vol. 71.) Cambridge, Mass. 1977.

107 Zur Kritik chinesischer Beamter und Gelehrter s. *James M. Polachek*, The Inner Opium War. (Harvard East Asian Monographs, Vol. 151.) Cambridge, Mass. 1992. Song Yun, ein wichtiger Beamter mit einer langen und hervorragenden Karriere, wies ebenfalls auf die weite Verbreitung schwerer Korruption hin. S. *Sabine Dabringhaus*, Das Qing-Imperium als Vision und Wirklichkeit. Tibet in Laufbahn und Schriften des Song Yun (1752–1835). (Münchener Ostasiatische Studien, Bd. 69.) Stuttgart 1994, 74. Zur Kritik des Kommissars Lin, der eine überaus wichtige Rolle im Ersten Opiumkrieg spielte, s. *Hsin-pao Chang*, Commissioner Lin and the Opium War. Cambridge, Mass. 1964, unter ‚China', und ‚official corruption'.

108 *Susan Mann Jones*, Hung Liang-Chi (1746–1809). The Perception and Articulation of Political Problems in Late Eighteenth-Century China. Michigan 1972, 176. In der Regel wird der Name als ‚Hong Liangji' transkribiert.

zu erzwingen. Zuerst ziehen sie Informationen ein, wer sich von den Mitgliedern der Gentry darauf gerne einlässt. Dann bestechen sie sie im Voraus und garantieren das Recht, einen bestimmten Anteil des Getreidetributs einzuziehen. Die Bauern und die Armen tragen die doppelte Last, weil diese Personen von ihnen ein Übermaß erheben können, ganz wie es ihnen gefällt."[109]

Nancy Park stellt fest, dass sowohl ausländische als auch einheimische Beobachter im China des 18. Jahrhunderts der Meinung gewesen seien, dass Korruption ein allgegenwärtiges und ernstes Problem des chinesischen Staates sei. Diese negativen Bilder Chinas waren keineswegs ein Produkt von Einbildung. Park schließt ihre Untersuchung mit der Aussage, „dass die Notwendigkeit der Korruption für das Steuersystem, verbunden mit der Ineffizienz des Strafrechts, um ihr einen Riegel vorzuschieben, und den daraus erzielbaren beruflichen Vorteilen, zu einer grassierenden Korruption beitrugen, die Staat und Gesellschaft Chinas im 18. Jahrhundert wie eine Seuche befallen hatte".[110] Unzufriedenheit war weit verbreitet. Dieses soziale Konfliktpotential entlud sich mit der Weißen-Lotus-Rebellion Ende des 18. Jahrhunderts, die allerdings nur den Anfang einer Reihe von Aufständen bildete.[111]

Der chinesische Staat unter den Qing mutete seiner steuerzahlenden Bevölkerung zunehmend die schlechteste Kombination einer Abgabenpolitik zu: hohe Zahlungen und im Gegenzug wenige öffentliche Güter. Über ihre

[109] *Mark Elvin*, Another History. Essays on China from a European Perspective. (University of Sydney East Asian Series, Vol. 10.) Canberra 1996, 15 f.: „It has been reported that when the tribute grain is collected, the local officials in the provinces collect more than the amount sanctioned by law. They make arrangements to have gentry of bad character act as their agents in coercing payment. They first make enquiries as to who, among the gentry, are habitually fond of meddling. Then they bribe them in advance, granting them the right to contract a certain portion of the tribute grain. The rustics and the poor have a redoubled burden because these persons can levy an excess amount from them just as they please."

[110] *Nancy E. Park*, Corruption in Eighteenth-Century China, in: Journal of Asian Studies 56, 1997, 967–1005, hier 999: „Thus the fiscal need for corruption, compounded by the ineffectiveness of the criminal laws to prevent it and the professional benefits of engaging in it, contributed to the omnipresent corruption problem that plagued the eighteenth-century Chinese state and society."

[111] S. *Susan Mann Jones/Philip A. Kuhn*, Dynastic Decline and the Roots of Rebellion, in: John K. Fairbank (Ed.), The Cambridge History of China. Vol. 10: Late Ch'ing, 1800–1911. Part. 1. Cambridge 1978, 107–132; *Ho-fung Hung*, Contentious Peasants, Paternalist State, and Arrested Capitalism in China's Long Eighteenth Century, in: Christopher Chase-Dunn/Eugene N. Anderson (Eds.), The Historical Evolution of World-Systems. (The Evolutionary Processes in World Politics Series.) New York 2005, 155–173.

sogenannte ‚auffällige Wohltätigkeit' ließen Beamte der Gesellschaft wieder Mittel für öffentliche Güter zukommen, aber man muss kein Zyniker sein, um anzunehmen, dass diese Spenden nur einen Teil der Summen ausmachten, die die Beamten durch ihre Extraeinkünfte der Bevölkerung entzogen hatten. Nach Madeleine Zelin hatten die lokalen Amtsträger nur zwei Möglichkeiten: „Entweder saugten sie Mittel, die der Zentralregierung für andere Zwecke zugeteilt waren oder an diese weitergeleitet werden sollten, ab, oder sie pressten die notwendigen Gelder aus der Bevölkerung durch die Erhebung von Steuern. Tatsächlich taten sie beides."[112] Um in der Lage zu sein, alle ihre Aufgaben zu erfüllen, hätten Beamte von genialem Einfallsreichtum sein müssen, was sie natürlich nur im seltensten Fall waren.[113] Dies war umso problematischer, als Mängel in der Finanzverwaltung, bei den öffentlichen Getreidespeichern oder das Verfehlen bestimmter Quoten als moralische Defizite der Beamten und ihres Hilfspersonals interpretiert wurden.[114]

Freilich sollte man die Probleme der chinesischen Mandarine nicht überbewerten: Buchstäblich Millionen von Menschen versuchten weiterhin in fast verzweifelter Manier, die vorgeschriebenen Prüfungen zu absolvieren und am Ende ihrer Ausbildung eine Anstellung als Beamte zu erhalten. Wie oben bereits festgestellt wurde, war eine steigende Zahl von Menschen bereit, für solche Stellen Geld zu bezahlen oder zumindest für die Aussicht, sie über kurz oder lang zu bekommen. Im Jahr 1800 gab es lediglich einige zehntausend Beamtenposten im gesamten Reich, die aus einem Pool von über 1,4 Millionen Inhabern höherer und niedriger Titel besetzt wurden.[115] Nach dem Taiping-Aufstand (1850–1864) gab es nicht weniger

112 *Madeleine Zelin*, The Yung-cheng Reign, in: Peterson (Ed.), Cambridge History of China. Vol. 9/1 (wie Anm. 75), 203–220, hier 207: „In the end if local officials were to do their jobs, they had only two options. Either they siphoned off funds allocated by the central government for other purposes or earmarked for remittance to the central treasuries, or they squeezed the necessary revenue from the people in the process of collecting taxes. In fact, they did both."

113 *Etienne Balazs*, Political Theory and Administrative Reality in Traditional China. London 1965, 54. Eine strukturellere soziologische Analyse der Ursachen der Korruption und ihr Funktionieren stammt von *Edgar Kiser/Xiaoxi Tong*, Determinants of the Amount and Type of Corruption in State Fiscal Bureaucracies. An Analysis of Late Imperial China, in: Comparative Political Studies 25, 1992, 300–331.

114 *Patricia M. Thornton*, Disciplining the State. Virtue, Violence, and State-Making in Modern China. (Harvard East Asian Monographs, Vol. 283.) Cambridge, Mass. 2007, Kap. 2.

115 *Rowe*, China's Last Empire (wie Anm. 82), 152.

als 1,5 Millionen Gebildete im Besitz eines Abschlusses und circa drei Millionen Kandidaten für die jedes zweite Jahr stattfindenden Prüfungen.[116]

Die Gründe für diesen Andrang sind leicht auszumachen: Verwaltungsbeamten boten sich zahllose Möglichkeiten zur Bereicherung. In den beginnenden 1880er Jahren, als Korruption und Selbstbereicherung von Beamten aller Wahrscheinlichkeit nach noch weiter verbreitet waren als in der hier behandelten Epoche, betrug das gesamte reguläre Einkommen der Beamten nach Chung-li Chang insgesamt 6295000 Tael, wohingegen ihre Nebeneinkommen mehr als 120 Millionen Tael ausmachten. Das durchschnittliche Jahresbruttoeinkommen eines Beamten lag bei mehr als 5000 Tael, zu einer Zeit, als das Jahreseinkommen eines Arbeiters fünf bis zehn Tael als Ergänzung zur Lebensmittelverpflegung, die von den Arbeitgebern bereitgestellt wurde, betrug.[117]

V. Militär- und Sozialausgaben im Vergleich

Auch die Ausgaben der chinesischen Zentralverwaltung flossen in erster Linie in die Kriegführung. In der Literatur sind unterschiedliche Schätzungen zu finden, aber die Größenordnung ist ziemlich klar. Etwa 50 bis 70 Prozent des offiziellen Budgets der Zentralregierung wurden für die Armee verwendet. Die meisten Forscher sind sich darüber einig, dass die offiziellen und ordentlichen Militärausgaben während der Zeit von 1750 bis 1850 im jährlichen Durchschnitt ungefähr zwischen 28 und 32 Millionen Tael lagen.[118] Außerordentliche Ausgaben wie für Feldzüge wurden oft aus Rücklagen bezahlt. Nach Peter Perdue kosteten die größeren Feldzüge zwischen

[116] S. *Elman*, Cultural History (wie Anm. 93), 584.

[117] *Chang*, Income (wie Anm. 60), 12, 42.

[118] Eine systematische Analyse bei *Elliott*, Manchu Way (wie Anm. 72), 308–310. James Lee behauptet, dass sich im 18. Jahrhundert die ordentlichen Militärausgaben im Durchschnitt auf zwischen 28 und 31 Millionen Tael belaufen hätten. S. *Lee*, Political Economy (wie Anm. 71), Tabelle 1.6. Zahlen in derselben Größenordnung bei *Van der Ven*, Onrush of Modern Globalization (wie Anm. 97), 179f. Seine – ebenso wie Elliotts – Schätzungen beruhen auf *Chen Feng*, A Study of Military Expenditures during the Qing Dynasty [Übersetzung des Titels aus dem Chinesischen, P. V.]. Wuhan 1992. Für die Mitte des 19. Jahrhunderts liegen die Schätzungen von Thomas Wade vor, der die Ausgaben der obersten Militärbehörde mit 30874540 Tael angibt. S. *T. F. Wade*, The Army of the Chinese Empire, in: The Chinese Repository 20/5–7, 1851, 250–280, 300–340, 363–422. Zitiert nach *Ralph L. Powell*, The Rise of Chinese Military Power, 1895–1912. Princeton 1955, 19.

1747 und 1805 etwa 300 Millionen Tael.[119] Im Durchschnitt sind das lediglich ungefähr fünf Millionen Tael pro Jahr. Natürlich fanden auch vor 1747 Feldzüge statt. Die siebenjährige Kampagne des Kaisers Yongzheng (1723–1735) gegen die Dsungaren kostete den höchsten Schätzungen zufolge fast 130 Millionen Tael oder 18 Millionen Tael jährlich.[120] In der ersten Hälfte des 19. Jahrhunderts sanken die Ausgaben für Feldzüge. Die Kosten der defensiv ausgerichteten Feldzüge während des Ersten Opiumkriegs bis zum Vertrag von Nanking betrugen insgesamt 30 Millionen Tael.[121]

Die hier präsentierten Zahlen legen den Schluss nahe, dass die gesamten ordentlichen und außerordentlichen Militärausgaben Chinas verglichen mit denen Großbritanniens recht gering waren. Über den von Perdue behandelten Zeitraum von den 1740er Jahren bis zum Beginn des 19. Jahrhunderts lagen die durchschnittlichen Ausgaben pro Jahr bei hoch geschätzten 32 Millionen Tael. Rechnet man noch circa fünf Millionen Tael pro Jahr an Feldzugsausgaben hinzu, beliefen sich diese Gesamtkosten auf etwa 37 Millionen Tael. Gemessen an der inländischen Kaufkraft entsprach diese Summe 37 Millionen Pfund Sterling in Großbritannien. Das heißt, dass China mit einer ungefähr zwanzigfach höheren Bevölkerungszahl effektiv lediglich das 1,8-fache der britischen Militärausgaben zwischen den 1760er und den 1820er Jahren aufwandte. Pro Kopf gab damit Großbritannien real mehr als zehnmal soviel für seine Armee und seine Marine aus wie China. Chinas Regierung sah ihr Reich nicht von gefährlichen Feinden oder Rivalen umgeben, besonders nicht nach dem Sieg über die Dsungaren in den 1760er Jahren. Seither spielten Professionalisierung und Effizienzsteigerung der Armee eine geringere Rolle.[122]

[119] *Peter C. Perdue*, China's Environment, 1500–2000: Is there Something New under the Sun? Paper Presented at the Conference „Toward the Twentieth Century in Asia: Comparative Perspectives on Politics, Economy and Society in China and India". May 19–22, 2005, Duke University, Durham, Tabelle 1. Etwas abweichende Zahlen aber in derselben Größenordnung bei *Susan Naquin*, Millennarian Rebellion in China: The Eight Trigrams Uprising of 1813. New York 1976, 359–361 Anm. 194; *Van der Ven*, Onrush of Modern Globalization (wie Anm. 97), 179f.; *Will*, Bureaucracy (wie Anm. 90), 291.

[120] *Beatrice S. Bartlett*, Monarchs and Ministers: The Grand Council in Mid-Ch'ing China, 1723–1820. Berkeley 1991, 121f.

[121] *Deng*, Sweet and Sour Confucianism (wie Anm. 86), 28.

[122] Für detaillierte Erklärungen und Analysen sei auf die umfangreiche Literatur verwiesen. Genannt seien *Elliott*, Manchu Way (wie Anm. 72); *Pamela Kyle Crossley*, Orphan Warriors. Three Manchu Generations and the End of the Qing World. Princeton 1990. Aus meiner Sicht auch noch immer sehr hilfreich: *Powell*, Rise (wie Anm. 118).

Die Größe der chinesischen Armee ist schwer zu ermitteln. Die Zahlen, die hier genannt werden, sind bloße Schätzungen auf Basis des bisherigen Kenntnisstandes. In den jüngsten Publikationen sind folgende Daten über die Stärke der beiden Teile der chinesischen Streitkräfte zu finden: Die sogenannten Banner-Armeen werden auf gut 200000 Soldaten und die Armee der Grünen Standarte wird auf 600000, vielleicht 700000 Mann beziffert.[123] Die jeweilige Größe der Banner-Armeen ist sehr schwierig festzumachen, weil unklar ist, wie viele ihrer nominellen, mit Sold oder Land bezahlten Mitglieder tatsächlich als echte Soldaten zu bezeichnen sind. In der Forschung ist man derzeit der Meinung, dass dies viele, sehr wahrscheinlich sogar der Großteil nicht waren.[124] Für die Truppen der Grünen Standarte gibt es zumindest Angaben über ihre offizielle Stärke:

Tabelle 3: Die offizielle Stärke der Truppen der Grünen Standarte 1662–1825[125]

Jahr/Zeitraum	Mann
1662–1722	590000
1764	630000
1785	590000
1812	660009
1825	618000

Unmittelbar vor dem Taiping-Aufstand (1850–1864) umfasste die Grüne-Standarten-Armee eine nominelle Stärke von 585000 Mann. Entscheidend ist auch hier die Anzahl, die tatsächlich ins Feld geführt werden konnte. Es herrscht Einigkeit in der Forschung, dass diese Zahlen wesentlich niedriger anzusetzen sind. Es gab keine nennenswerte Marine, nicht einmal am Vorabend des Ersten Opiumkriegs. Hier sei daran erinnert, dass Chinas Bevölkerung von ungefähr 250 Millionen im Jahr 1750 auf ungefähr 400 Millionen im Jahr 1850 wuchs.

Großbritanniens Zentralverwaltung gab nicht nur wesentlich mehr für das Militärwesen aus als China, sondern auch für ‚Sozialpolitik', ungeachtet der Tatsache, dass Wong immer wieder betont, dass China in dieser Be-

[123] Zahlen in dieser Größenordnung bei *Lin*, China upside down (wie Anm. 98), 130; *F(rederick) W. Mote*, Imperial China 900–1800. Cambridge, Mass./London 1999, 860f., bes. Anm. 13; *Hsü*, Rise of Modern China (wie Anm. 70), 62; *Van der Ven*, Onrush of Modern Globalization (wie Anm. 97), 179; *Alexander Woodside*, The Ch'ien-lung Reign, in: Peterson (Ed.), Cambridge History of China. Vol. 9/1 (wie Anm. 75), 230–309, hier 268f.

[124] S. *Elliott*, Manchu Way (wie Anm. 72); *Crossley*, Orphan Warriors (wie Anm. 122).

[125] *Powell*, Rise (wie Anm. 118), 11–13. Diese Information stammt ursprünglich aus *Wade*, The Army of the Chinese Empire (wie Anm. 118). Die Zahlen sind gerundet.

ziehung Anstrengungen für die materielle Wohlfahrt unternommen hätte, die alles Vorstellbare, geschweige denn das Erreichte in Europa in den Schatten gestellt hätten.[126] Dass die chinesischen Herrscher danach trachteten, ihre Untertanen in Sicherheit und Wohlstand leben zu lassen und daher die Steuern niedrig hielten, Abschläge auf Steuern gaben, sie zeitweise sogar aussetzten, der Bevölkerung in Notzeiten halfen, Geldtransfers von reichen zu armen Provinzen durchführen ließen und Druck auf wohlhabende Untertanen ausübten, die Armen zu unterstützen, ist unbestreitbar, letztlich aber nicht gut zu quantifizieren.

Die oben genannten Zahlen bieten uns zumindest die Möglichkeit, die offiziellen und ordentlichen Ausgaben der chinesischen Regierung für die Armenfürsorge mit denen Großbritanniens zu vergleichen. Nach Peter Lindert machten die der Bevölkerung während des 18. Jahrhunderts zur Verfügung gestellten Getreidehilfen aus Chinas berühmten Kornspeichern, den Eckpfeilern der kaiserlichen Sozialpolitik, in Geld umgerechnet nie mehr als 0,5 Prozent des chinesischen BIP aus.[127] Seit dem Ende dieses Jahrhunderts funktionierte das Speichersystem weniger gut, und die Menge des verteilten Getreides ging ebenso wie andere Maßnahmen der chinesischen Armenpolitik zurück. Betrachtet man die strukturellen und institutionalisierten Rahmenbedingungen, kann festgestellt werden, dass die britische Regierung mehr für die öffentliche Wohlfahrt ausgab als die Regierung Chinas.

Mit Blick auf die vorhandenen Informationen zu den Einnahmen und Ausgaben der chinesischen Zentralverwaltung kann man sich nur wundern, aufgrund welcher empirischen Basis Roy Bin Wong zu der Feststellung kam, dass der chinesische Staat eine strukturelle Leistungsfähigkeit, Einnahmen zu kreieren und auszuzahlen, entwickelt hätte, die jenseits jeder Vorstellungskraft – ganz abgesehen von den Möglichkeiten – europäischer Staaten zur selben Zeit lagen.[128]

Dabei ist zu beachten, dass außer ganz am Ende des hier behandelten Zeitraums die chinesische Zentralverwaltung nie mehr ausgab, als sie ein-

[126] *Wong*, China Transformed (wie Anm. 4), 98 f.: „commitments to material welfare beyond anything imaginable, let alone achieved, in Europe".

[127] Zu dieser präzisen Schätzung für 1735 und die Zeit von 1735 bis 1780 s. *Peter H. Lindert*, De bonnes idées en quête de nombres. Response à Gilles Postel-Vinay et R. Bin Wong, in: Annales. Histoire, Sciences Sociales 62/6, 2007, 1417–1423, hier 1422 f. Linderts Schätzungen für China basieren auf Daten von Wong und Will.

[128] *Wong*, China Transformed (wie Anm. 4), 132: „The Chinese state developed an infrastructural capacity to mobilise and disburse revenues quite beyond the imagination, let alone the abilities, of European state makers at the moment."

nahm. Sie nahm nie Kredite auf und musste daher auch keine Verfahren entwickeln, um mit Schulden umzugehen. Die Kaiser Kangxi (1662–1722) und Yongzheng (1722–1735) versorgten sogar Kaufleute mit Krediten. Diese Praxis fand unter Kaiser Qianlong (1735–1795) ein Ende.[129] Sogar noch zum Ausgang der Herrschaft Kaiser Daoguangs (1826–1850) waren die zentralen Staatskassen nicht leer. In der Regel wurden die Ausgaben einfach den Einnahmen angepasst, und im Falle eines Problems ergriff man Ad-hoc-Maßnahmen. Es änderte sich nichts am Prinzip der Steuererhebung, und es wurden keine neuen Typen von Steuern eingeführt. Es gab absolut nichts, was mit der Finanziellen Revolution in Großbritannien vergleichbar gewesen wäre. Es wurden keine neuen Institutionen geschaffen, um Verhandlungen zwischen den Eliten und der Regierung über Angelegenheiten der öffentlichen Finanzen zu erleichtern. Weder entwickelte sich ein Prinzip von *checks and balances*, das mit dem britischen Muster vergleichbar gewesen wäre, noch wurde das System transparenter. Abgesehen von einer kurzlebigen Ausnahme druckte die Regierung nie Papiergeld. Sie prägte keine Münzen. Es gab keine Nationalbank, und es gab auch keine Handelsgesellschaften in Form von *chartered companies*, den Vorgängern moderner Unternehmen.

VI. Merkantilismus versus ‚agrarischer Paternalismus'

An dieser Stelle sind einige Anmerkungen zur Legitimation der unterschiedlichen Politik Großbritanniens und Chinas notwendig. In Großbritannien war die der Fiskalpolitik zugrundeliegende Wirtschaftsphilosophie bis in die 1840er Jahre die des Merkantilismus. Die Regierung wollte Großbritannien in einen starken Staat verwandeln. Merkantilismus war eine Form ökonomischen Nationalismus, darauf ausgerichtet, die Güterproduktion und den Export zu steigern, um dadurch auch das besteuerbare Einkommen zu vergrößern. Merkantilismus bedeutete mehr als die bloße Besessenheit nach Edelmetallreserven, und obwohl keine konkreten Vorstellungen entwickelt wurden, wie ein allgemeines Wirtschaftswachstum erzielt werden könnte, und man dahin tendierte, in Formen von Nullsummenspielen zu denken, enthielt er dennoch praktikable Rezepte, für ein Wirtschaftswachstum in bestimmten Ländern zu sorgen. Eine solche Wirtschaftspolitik bedeutete dauerhafte Anstrengungen, den Staatsapparat zu

[129] S. zum Beispiel *He*, Paths (wie Anm. 43), Kap. 6.

stärken und die Gesellschaft im Interesse des Staates umzugestalten. Die Produktion und der Export von Gütern mit einem hohen Mehrwert oder steigenden Erträgen wurden unterstützt, um eine positive Handelsbilanz zu erzielen.[130] Handelskriege und reale Kriege wurden als Notwendigkeiten angesehen. ‚Macht' und ‚Reichtum' waren untrennbar miteinander verbunden.[131] Jedermann in Großbritannien, der auch nur von geringer Bedeutung war, teilte die Überzeugung, dass der Staat den Handel verteidigen, unterstützen und fördern sollte, im Notfall mit Hilfe von Armee und Marine.

Es ist wenig überraschend, dass die zwischenstaatlichen Rivalitäten unter merkantilistischen Vorzeichen zu einem globalen Phänomen wurden, als einige europäische Staaten damit begannen, Überseereiche zu schaffen.[132] Betrachtet man die Gründe für das Verhalten europäischer Herrscher wie jener Großbritanniens, kommt man nicht umhin, auf die extreme Konkurrenzsituation und Bellizität des europäischen Staatensystems hinzuweisen. Diese Feststellung ist nicht neu und erscheint offensichtlich, obwohl Staatensysteme an sich nicht so kompetitiv und gewalttätig sein

[130] Für eine kurze Information s. *Elise S. Brezis*, Art. „Mercantilism", in: Joel Mokyr (Ed.), The Oxford Encyclopaedia of Economic History. Vol. 3. Oxford 2003, 482–485. Wesentlich umfangreicher *Lars Magnusson*, Mercantilism. Critical Concepts in the History of Economics. London 1996. Zum Zusammenhang von Merkantilismus und Staatsfinanzen s. *Richard Bonney*, Early Modern Theories of State Finance, in: ders. (Ed.), Economic Systems (wie Anm. 6), 163–230. Eine Analyse, in der sich der Autor mit den oft erfolgreichen merkantilistischen Bemühungen, Wachstum und Entwicklung zu fördern, beschäftigt, bietet *Erik S. Reinert*, How Rich Countries Got Rich … and why Poor Countries Stay Poor. New York 2007. Eine Interpretation des Merkantilismus in erster Linie als Form des ‚rent-seeking' bei *Robert P. Ekelund Jr./Robert D. Tollison*, Mercantilism as a Rent-Seeking Society. Economic Regulation in Historical Perspective. (Texas A and M University Economics Series, Vol. 5.) College Station Texas 1981; *dies.*, Politicized Economics: Monarchy, Monopoly and Mercantilism. (Texas A and M University Economics Series, Vol. 14.) College Station Texas 1997. Der Begriff ‚Rent' verweist in diesem Kontext auf ein Einkommen, das nicht durch eine aktuelle Gegenleistung bezogen wird, sondern dank politischer Unterstützung und ‚Manipulation' des Marktes.

[131] Erfreulicherweise wurde jüngst erkannt, dass dies für die gesamte Wirtschaftsgeschichte zutrifft. S. zum Beispiel *Ronald Findlay/Kevin O'Rourke*, Power and Plenty. Trade, War, and the World Economy in the Second Millennium. (Princeton Economic History of the Western World.) Princeton/Oxford 2007.

[132] Die Schaffung von Peripherien in Übersee generell und das britische Beispiel im Besonderen sind so ausführlich beschrieben, dass sich hier jede weitere Diskussion erübrigt. Zur Analyse der Bildung der europäischen Kolonialreiche s. *David B. Abernethy*, The Dynamics of Global Dominance. European Overseas Empires 1415–1980. New Haven/London 2000. Für das britische Beispiel sei auf The Oxford History of the British Empire. 5 Vols. Oxford 1998–1999, verwiesen.

müssen.[133] Ebensowenig ist es selbstverständlich, dass – um bereits auf China nach den 1760er Jahren einzugehen – große Reiche ohne ernstzunehmende Feinde nichtexpansionistisch und halbwegs friedlich sind. Auch deren Herrscher konnten sich das Ziel setzen, die Länder aller ihrer schwachen Nachbarn zu erobern. Kurzum: Regierungen können auch andere Beweggründe für ihre Außenpolitik haben als einfache geostrategische Konzepte.

Der Grund dafür, dass sich die chinesischen Qing-Herrscher in finanziellen Angelegenheiten so verhielten, wie sie es taten, war ziemlich einfach: Fast ohne Ausnahme gingen sie von dem Prinzip aus, dass Herrschaft billig sein sollte. Kaiser Kangxi zum Beispiel soll während der ersten 49 Jahre seiner Regierung 100 Millionen Tael an Steuern erlassen und eine reichsweite Amnestie erklärt haben, die jede Provinz außer Strafe stellte, wenn sie ihre jährliche Landsteuer einmal innerhalb von drei Jahren abführte.[134] Berühmt und sehr folgenreich war sein Versprechen im Jahr 1713, dass die Kopfsteuern auf Dauer auf Basis der Quoten von 1712 erhoben werden sollten.[135] Kaiser Qianlong legte großen Wert darauf, seine ‚Sparsamkeit' und ‚Mildtätigkeit' zu demonstrieren.[136] Die Epoche der Qing kennt eine ganze Reihe von Perioden, in denen keine Steuern erhoben wurden. Es gibt viele Beispiele von Steuerbefreiungen, Nachlässen und Subventionen.[137] Lillian Li verweist auf eine großzügige Schätzung, dass während der beiden letzten Jahrzehnte des 17. Jahrhunderts bis inklusive der Regierungszeit Kaiser Daoguangs (1820–1850) die Gesamtsumme der Steuererlässe 150 bis 200 Millionen Tael betragen habe und Ermäßigungen wegen Hun-

[133] S. die Kommentare von *Michael Mann*, Putting the Weberian State in its Social, Geopolitical and Militaristic Context: A Response to Patrick O'Brien, in: Journal of Historical Sociology 19/4, 2006, 365–373.

[134] *Thornton*, Disciplining the State (wie Anm. 114), 31.

[135] *Hsü*, Rise of Modern China (wie Anm. 70), 60.

[136] *William T. Rowe*, Saving the World. Chen Hongmou and Elite-Consciousness in Eighteenth-Century China. Stanford 2001, 333 und 342. Beispiele für die Mildtätigkeit und Sparsamkeit des Kaisers Qianlong bei *Zelin*, Magistrate's Tael (wie Anm. 78), 262f.; *Helen Dunstan*, State or Merchant? Political Economy and Political Process in 1740s China. (Harvard East Asian Monographs, Vol. 273.) Cambridge, Mass./London 2006, 444–452.

[137] *Dunstan*, State or Merchant (wie Anm. 136), unter ‚land tax, universal remissions of'; *Will*, Bureaucracy (wie Anm. 90), 292, gibt Befreiungen von der Landsteuer in den Jahren 1710, 1745, 1777, 1790 und 1795 im Umfang von über 28 Millionen Tael an. Zu Befreiungen und Katastrophenhilfen s. *Myers/Wang*, Economic Development (wie Anm. 75), 603; *Deng*, Sweet and Sour Confucianism (wie Anm. 87), passim. Zu Subventionen s. *Rawski*, Qing Formation (wie Anm. 70), 221; *Chang*, The Economic Role (wie Anm. 76), 272.

gersnöten mit 446 Millionen Tael zu Buche schlugen.[138] Kaiser und hohe Beamte stimmten fast ausnahmslos darin überein, dass die Steuern so niedrig wie möglich gehalten werden sollten und dass sich die Ausgaben an den Einnahmen zu orientieren hätten.[139] Klagen, dass die Steuern zu niedrig seien, waren hingegen selten.[140]

Die Philosophie, der die chinesischen Herrscher in dieser Zeit folgten, kann am besten als ‚agrarischer Paternalismus' bezeichnet werden.[141] Recht und Ordnung sowie das Militär waren zweifellos wichtig. Aber die Regierung befand sich nicht in einem Rüstungswettlauf. Sie kümmerte sich nicht darum, eine schlagkräftige Marine aufzubauen. Bis in die 1810er Jahre führte das Land mehr Edelmetall ein, als es ausführte, und die Regierung sah deshalb keinen Grund, sich wegen der Exporte Sorgen zu machen, wie dies ihre europäischen Gegenspieler taten. Die Landwirtschaft wurde als Basis von Wirtschaft und Gesellschaft angesehen. Die Herrscher verstanden es als ihre Pflicht, die Existenzgrundlage ihres Volks zu garantieren, also die Sicherheit und den Wohlstand ihrer Untertanen zu schützen. Sie

[138] *Lillian Li*, Fighting Famine in North China. State, Market and Environmental Decline, 1690s–1990s. Stanford 2007, 448.

[139] S. die Angaben bei *Rowe*, Saving the World (wie Anm. 136), 191, 260 und 332; *Helen Dunstan*, Conflicting Counsels to Confuse the Age. A Documentary Study of Political Economy in Qing China, 1644–1840. (Michigan Monographs in Chinese Studies, Vol. 73.) Ann Arbor 1996, 151 und 189, sowie *dies.*, State or Merchant (wie Anm. 136), 445.

[140] S. zum Beispiel *Dunstan*, Conflicting Counsel (wie Anm. 139), 155 und 188–191. Weiterführend: *Yang Lien-sheng*, Economic Justification for Spending. An Uncommon Idea in Traditional China, in: Harvard Journal of Asiatic Studies 20, 1957, 36–52.

[141] Zum ‚agrarischen Paternalismus' s. in chronologischer Reihenfolge: *Susan Mann*, Local Merchants and the Chinese Bureaucracy, 1750–1950. Stanford 1987; *Will/Wong*, Nourish the People (wie Anm. 72); *Jane K. Leonard/John R. Watt* (Eds.), To Achieve Security and Wealth. The Qing Imperial State and the Economy, 1644–1911. Ithaca/New York 1992; *Gang Deng*, The Premodern Chinese Economy. Structural Equilibrium and Capitalist Sterility. (Routledge Explorations in Economic History.) London/New York 1999; *Pierre-Étienne Will*, Chine moderne et sinologie, in: Annales. Histoire, Sciences Sociales 49, 1994, 7–26; *ders.*, Développement quantitatif et développement qualitatif en Chine à la fin de l'époque impériale, in: ebd. 863–902; *Dunstan*, Conflicting Counsels (wie Anm. 139); *Wong*, China Transformed (wie Anm. 4); *ders.*, The Political Economy of Agrarian Empires and its Modern Legacies, in: Brook/Blue (Eds.), China and Historical Capitalism (wie Anm. 12), 210–245, und *ders.*, The Search for European Differences and Domination in the Early Modern World: A View from Asia, in: AHR 107, 2002, 447–469. Abschließend sei hingewiesen auf *Robert J. Antony/Jane Kate Leonard* (Eds.), Dragons, Tigers, and Dogs. Qing Crisis Management and the Boundaries of State Power in Late Imperial China. Ithaca/New York 2001; *Dunstan*, State and Merchant (wie Anm. 136).

nahmen sich daher zurück und sahen den Auftrag des Staates darin, den Wohlstand zu verwalten und zu bewahren und nicht ihn zu kontrollieren und zu extrahieren. Leichte Besteuerung und geringe Eingriffe in die lokalen Angelegenheiten waren Folgen dieser Ansicht. ‚Kontrolle aus der Ferne' durch eine ‚schlanke Verwaltung' war das Motto.[142] Die Vorstellung, beim China der Qing habe es sich zumindest auf zentralstaatlicher Ebene um eine ‚orientalische Despotie' gehandelt, wird kaum mehr vertreten.[143]

Die Qing-Herrscher hatten keine Absicht, die Wirtschaft grundlegend zu reformieren und wettbewerbsfähiger zu machen. Im Großen und Ganzen hielten sie es für ihre Aufgabe, es bei den bestehenden Verhältnissen bewenden zu lassen, solange die herrschende Ordnung nicht bedroht wurde.[144] Die Massen im Dienste von Staat und Nation zu mobilisieren, stand nicht auf ihrem Programm. Forscher wie Wong und Thornton betonen die moralischen Grundlagen und Logik des chinesischen Herrschaftssystems.[145] Thornton beschreibt den Staat sogar als „*the* moral agent [...] in modern Chinese history", dessen normative Vorstellungen ebenso wichtig wie seine militärischen Ziele für die Staatsbildung Chinas gewesen seien.[146] Diese Vorstellungen waren definitiv nicht merkantilistisch. In verschiedenen Aspekten verfolgten sie sogar eine ausgeprägtere *laissez-faire*-Doktrin als ihre westlichen Gegenspieler.[147] Die Zielvorgabe war aber „less one of *letting* the market accomplish its task than of *making* it do so".[148] Wenn Händler verdächtigt wurden, die bestehende Moral und politische Ordnung zu gefährden, intervenierte die Regierung. Für den Außenhandel bedeutete dies, dass er auf bestimmte Orte beschränkt wurde: der Überseehandel mit dem Westen fast ausschließlich auf Kanton. Die Regierung beschränkte auch den Export mancher Güter oder besteuerte die Einfuhr von Silber. Die chinesischen Herrscher ermutigten chinesische Händler nicht, ihren Geschäften im Ausland nachzugehen, und gaben ihnen keine Unterstützung, wenn sie dort in Schwierigkeiten gerieten. Die chinesi-

[142] *Jane K. Leonard*, Controlling from Afar. The Daoguang Emperor's Management of the Grand Canal Crisis, 1824–1826. Ann Arbor 1996, Kap. 2.

[143] S. oben Anm. 12.

[144] S. *C. K. Yang*, Some Characteristics of Chinese Bureaucratic Behaviour, in: Nivison/Wright (Eds.), Confucianism in Action (wie Anm. 103), 134–164.

[145] *Wong*, China Transformed (wie Anm. 4), Teil 2.

[146] *Thornton*, Disciplining the State (wie Anm. 114), Introduction, Zitat 2.

[147] Zu Chinas Form oder sogar Erfindung des *laissez-faire* s. *Christian Gerlach*, Wu-wei in Europe. A Study of Eurasian Economic Thought. (Working Papers of the Global Economic History Network, Vol. 12.) London 2005.

[148] *Rowe*, Saving the World (wie Anm. 136), Zitat 162.

sche Reichsbildung war mit Ausnahme Taiwans auf das Festland ausgerichtet und prinzipiell von Sicherheitsinteressen motiviert, im Gegensatz zu Westeuropa mit seiner Überseeexpansion und Profitorientiertheit. Der chinesische Staat investierte eher in seine ‚Peripherien', als dass er ihnen Ressourcen entzogen hätte.[149] Er war nicht daran interessiert, viel Geld für imperialistische Aktivitäten auszugeben und stand einer Politik, die aggressive Reaktionen hervorrufen könnte, sehr skeptisch gegenüber. Kein chinesischer Kaiser kam jemals auf die Idee, Handelsgesellschaften zu gründen und Souveränitätsrechte an Kaufleute abzugeben. Der mögliche Erwerb weiterer Länder war alles andere als ein vorrangiges Ziel der chinesischen Politik. Und es wurden, was auch immer die genauen Gründe dafür gewesen sein mögen, die in das Qing-Reich integrierten Provinzen nicht ausgebeutet.

Im Falle Tibets mussten zwar die sehr geringen Kosten der Qing für die Kontrolle der Region von der dortigen Bevölkerung selbst getragen werden, allerdings wurden keine Mittel abgezogen oder sonstige Maßnahmen ergriffen, sie auszubeuten.[150] Xinjiang wurde zwar niemals ganz eigenständig, aber auch nie wirklich mit dem chinesischen Kernraum durch privaten Handel verbunden.[151] Insgesamt waren die Besatzungskosten höher als die Ausbeute. Im 19. Jahrhundert wurde der Abfluss noch größer. Für Regionen wie die Mongolei oder das gegenwärtige Qinghai sind mir keine Informationen untergekommen, die darauf hindeuten würden, dass die Situation dort grundsätzlich anders war. Grenzregionen wie Guizhou und Yunnan zogen viele Han-Chinesen an. Es kam zu regelmäßigen Konflikten zwischen den Siedlern und der einheimischen Bevölkerung, aber die Regionen wurden nie systematisch in Peripherien im Sinne Immanuel Wallersteins verwandelt.[152] Dasselbe trifft auf Taiwan zu, wo die Politik der Re-

[149] *Wong*, China Transformed (wie Anm. 4), 148.

[150] *Dabringhaus*, Das Qing-Imperium (wie Anm. 107), 212.

[151] *Peter C. Perdue*, China Marches West. The Qing Conquest of Central Eurasia. Cambridge, Mass. 2005, 397. S. außerdem *Joseph Fletcher*, Ch'ing Inner Asia c. 1800, in: John K. Fairbank (Ed.), The Cambridge History of China. Vol. 10/1 (wie Anm. 111), 35–106, hier 61; *James A. Millward*, Beyond the Pass. Economy, Ethnicity and Empire in Qing Central Asia, 1759–1864. Stanford 1998, 58–61; *ders.*, Eurasian Crossroads. A History of Xinjiang. London 2007, 102–105.

[152] S. *John E. Herman*, Amid the Clouds and Mist. China's Colonization of Guizhou, 1200–1700. (Harvard East Asian Monographs, Vol. 293.) Cambridge, Mass./London 2007; *Robert D. Jenks*, Insurgency and Social Disorder in Guizhou. The „Miao" Rebellion, 1854–1873. Honolulu 1994; *C. Patterson Giersch*, Asian Borderlands. The Transformation of Qing China's Yunnan Frontier. Cambridge 2006.

gierung zwischen Selbstbeschränkung und Ausbeutung oszillierte.[153] Die Mandschurei war für die Regierung eine defizitäre Region.[154] Während der meisten Zeit der hier behandelten Epoche war die Ansiedlung dort nicht gestattet. Die Region, zweimal so groß wie Frankreich, sehr fruchtbar und reich an Rohstoffen, blieb weiterhin fast unbewohnt und wurde nicht ausgebeutet. Sie blieb mit ihren enormen Ressourcen ein ungenützter ‚geographischer Glücksfall'.[155]

Es gab gute Gründe für diese Politik der chinesischen Herrscher. Der Umstand, dass sie wesentlich weniger Steuern einnahmen als die britischen Könige, war bis zu einem gewissen Punkt ihre eigene Entscheidung gewesen. Die Bevölkerung nur leicht zu besteuern, wurde als Zeichen einer wohltätigen Herrschaft bewertet, und außerdem wurde deutlich weniger Geld für die Kriegführung benötigt als im Fall Großbritanniens. Andererseits waren die geringen Steuern wohl unvermeidbar. Die herrschenden Mandschus bildeten lediglich eine schmale ausländische Elite von wenigen Millionen Menschen in einem riesigen Land, das im 19. Jahrhundert im Durchschnitt weit über 350 Millionen Einwohner hatte. Sie mussten besonders davor auf der Hut sein, die chinesischen Bauern gegen sich aufzubringen. Eine niedrige Besteuerung passte daher in ihre Herrschaftsstrategie, obwohl die Qing nie so weit gingen, Bauern, die sich weigerten, Abgaben an ihre Grundherren zu bezahlen, zu unterstützen. Sie wussten, dass es die Grundbesitzer waren, die die Steuern bezahlten und dies nur tun konnten, wenn die Bauern ihre Abgaben leisteten.[156]

Dass ihre Verwaltung der öffentlichen Finanzen weniger effizient und ‚korrupter' war als die Großbritanniens, war in einem hohen Maß die direkte Folge ihrer ‚Entscheidung', so billig und mit so wenig Beamten wie möglich zu regieren. Die Tatsache, dass sie davor zurückschreckten, ihre Macht durch eine Ausweitung des offiziellen Verwaltungsapparats zu

[153] S. *J. R. Shepherd*, Statecraft and Political Economy on the Taiwan Frontier, 1600–1800. Stanford 1993, für die Zeit bis 1800 und *Sucheta Mazumdar*, Sugar and Society in China. Peasants, Technology and the World Market. (Harvard-Yenching Institute Monograph Series, Vol. 45.) Cambridge, Mass./London 1998, Kap. 7, zum unterschiedlichen Verhalten der Chinesen und Japaner als Kolonialherren der Insel.

[154] S. *Christopher Mills Isett*, State, Peasant, and Merchant in Qing Manchuria, 1644–1862. Stanford 2007, Kap. 1, und *James Reardon-Anderson*, Reluctant Pioneers. China's Expansion Northward, 1644–1937. Stanford 2005, 58 f., 72.

[155] *Yong Xue*, A „Fertiliser Revolution"? A Critical Response to Pomeranz's Theory of „Geographic Luck", in: Modern China 33, 2007, 195–229, passim.

[156] Zu dieser These s. *Kathryn Bernhardt*, Rents, Taxes, and Peasant Resistance. The Lower Yangzi Region, 1840–1950. Stanford 1992, Kap. 1, 27–30.

schwächen, da sich damit auch die Möglichkeiten für Beamte erhöht hätten, unerwünschten Einfluss auf die Politik der Zentralregierung zu nehmen, spielte ebenfalls eine Rolle.[157] Beamte hatten das Interesse möglichst exklusiv zu bleiben und strebten daher ebenfalls nicht danach, ihre Anzahl zu erhöhen.[158] Ineffizienz und Amtsmissbrauch waren aller Wahrscheinlichkeit nach fast unvermeidbar, wenn man die Größe des Reiches der Qing, seine enorme Bevölkerung und den Stand der damaligen Technologie in Rechnung stellt. Um das Land modern, bürokratisch und zentralistisch verwalten zu können, fehlte es grundsätzlich an logistischen Kapazitäten, nicht nur in Qing-China, sondern in jeder vorindustriellen Gesellschaft. In der Lage zu sein, ‚Kontrolle aus der Ferne' auszuüben, war wahrscheinlich das Beste, was die Qing-Herrscher erreichen konnten. Dieser Umstand unterschied sie nicht maßgeblich von den meisten Herrschern der viel kleineren Staaten Westeuropas vor der Französischen Revolution. Großbritannien bildete in vielerlei Hinsicht eine Ausnahme, auch in Europa.

VII. Konsequenzen

Was könnte all das für wirtschaftliche Entwicklung und Wachstum bedeutet haben? Selbst auf seinem Zenith zur Zeit der Kaiser Kangxi, Yongzheng und Qianlong war der Staat Qing-Chinas zu schwach, um direkt und systematisch darauf Einfluss zu nehmen, was auf dem Boden des Reiches vor sich ging. Selbst zu diesen Zeiten musste – und in vielerlei Hinsicht wollte – sich die Zentralregierung auf unbürokratische, unprofessionelle Mittel beschränken. Das System funktionierte recht lange recht gut. Das Reich der Qing war ein erfolgreiches und expandierendes Staatswesen, das seinen Untertanen – gemessen an den Standards der Zeit – ein anständiges Leben ermöglichte.[159] Ebenfalls für recht lange Zeit stellte es in gewissem Sinn

[157] S. zum Beispiel *Thornton*, Disciplining the State (wie Anm. 114), 49.

[158] Weiterführend in alphabetischer Reihenfolge: *Folsom*, Friends (wie Anm. 83), 31 f.; *Philip A. Kuhn*, Origins of the Modern Chinese State. Stanford 2002, 23 f.; *Alexander Woodside*, Lost Modernities. China, Vietnam Korea, and the Hazards of World History. (The Edwin O. Reischauer Lectures, 2001.) Cambridge, Mass./London 2006, 51 f.; *Yang*, Some Characteristics (wie Anm. 144).

[159] Zur Ansicht der *California School*, die reichsten Gebiete Westeuropas seien nicht reicher und weiter entwickelt gewesen als die reichsten Regionen Asiens, vgl. *Vries*, How to Study the Great Divergence? (wie Anm. 2); *Bishnupriya Gupta/Debin Ma*, Europe in an Asian Mirror: The Great Divergence, in: Stephen Broadberry/Kevin O'Rourke (Eds.), The Cambridge Economic History of Modern Europe. Vol. 1: 1700–1870. Cambridge 2010, 264–285.

eine moralische Ordnung dar, und dies offensichtlich zur Zufriedenheit seiner Bevölkerung. Seit den letzten Jahrzehnten des 18. Jahrhunderts änderte sich dies jedoch. Die überkommene Form der Regierung und die Art, wie diese ihre Aufgaben erledigte, verloren an Schlagkraft, und es schien, als ob ihr ‚das Mandat des Himmels' entzogen worden wäre. Die Korruption nahm zu. Das System der Getreideversorgung funktionierte schlechter. In manchen Regionen kam es zu einer Überbevölkerung, was zu ökologischen Problemen führte. Die Infrastruktur des Landes verkam. Zunehmend gab es Unruhen, und seit dem zweiten Jahrzehnt des 19. Jahrhunderts floss Silber ab. Die meisten der Schwierigkeiten begannen zweifellos schon vor dem Ersten Opiumkrieg, also bevor die westlichen Mächte sich direkt in die inneren Angelegenheiten Chinas einmischen konnten.[160] Der Krieg stellte dann unter Beweis, wie völlig unvorbereitet den chinesischen Staat die Konfrontation traf, die er seit Jahrzehnten hätte kommen sehen müssen. Seine Armee war unterfinanziert, schlecht ausgerüstet, ausgebildet und organisiert und nicht wirklich motiviert. Es gab noch immer keine nennenswerte Marine.

Der Staat lag in Qing-China wie ein dünnes Furnier auf der Gesellschaft und war nicht im Stande diese Gesellschaft und ihre Ressourcen schnell zu mobilisieren. In Großbritannien war der Staat ausreichend verankert, um, mit Michael Manns Worten, erstaunlich viel „infrastructural power" zu besitzen, viel mehr als Qing-China. Mann stellt dieser ‚infrastrukturellen Macht' die ‚despotische Macht' gegenüber. Infrastrukturelle Macht definiert er als die Fähigkeit der Herrscher, die Gesellschaft tatsächlich zu durchdringen und politische Entscheidungen logistisch in ihrem gesamten Bereich durchzusetzen. Despotische Macht meint den Aktionsradius, der Herrschern zur Verfügung steht, ohne dass sie mit Gruppen der Gesellschaft routinemäßig und auf institutionalisierter Basis in Verhandlung treten müssen. Im Grunde meint dies das Maß, in dem Herrscher nach eigenem Gutdünken mit ihren Untertanen umgehen können. In dieser Hinsicht war der chinesische Staat stärker als der Großbritanniens: In der Regel ist ein Staat mit starker despotischer Macht infrastrukturell schwach und umgekehrt.[161]

160 Ich stimme der folgenden Ansicht William Rowes zu: „[...] it is undeniable that systemic failures within the Qing empire itself became manifest around the turn of the nineteenth century [...] which made the nineteenth-century divergence not merely a matter of being left behind by Europe in relative terms but also of an intrinsic and absolute loss of capacity." Vgl. *Rowe*, China's Last Empire (wie Anm. 82), 149f.

161 *Michael Mann*, The Autonomous Power of the State: Its Origins, Mechanisms and

In Großbritannien verhandelten die Eliten dauernd – und in institutionalisierter Weise – mit dem Staat über die öffentlichen Finanzen. Sie waren bereit, enorme Summen Geldes in ‚ihren' Staat zu investieren, an dem sie ein klares Interesse hatten. Die dauernden Kriege zogen große Teile der Bevölkerung in die Staats- und Nationsbildung hinein und riefen patriotische, oder, wie manche behaupten, nationalistische Gefühle hervor.[162] In China unter den Qing waren die Steuern zu einem großen Teil fixiert. Es gab kein institutionelles Aushandeln zwischen Herrschern und Untertanen, und die Untertanen hatten keinen Anteil am Staat. Kämpfe gegen auswärtige Feinde kamen nur sporadisch vor und zogen nie einen beträchtlichen Teil der Bevölkerung in Mitleidenschaft. Bis zur zweiten Hälfte des 19. Jahrhunderts ging es nicht um das Überleben der Nation. Es existierte keine Politik der Staats- oder Nationsbildung, in die lokale Eliten eingebunden gewesen wären. Es fehlte also ein Gefühl nationaler Identität oder nationaler Ziele. Die Führung konnte das Land nicht hinter sich einen. Häufig herrschte Misstrauen zwischen den Mandschu und den Han.[163] Außerdem war die Autonomie der Provinzen recht groß. Sie waren zuständig fur ‚Barbarische Angelegenheiten'. Es gibt verschiedene Beispiele von Konflikten, in welche die Zentralregierung verwickelt war, die aber von Teilen des Landes einfach nicht als deren Angelegenheit betrachtet wurden.

Eine starke nationale Identität und das Vorhandensein von nationalen, repräsentativen Organen ist auch wirtschaftlich von sehr großer Bedeutung.[164] In Großbritannien hatte sich offensichtlich eine solche nationale Identität herausgebildet. Sein Regierungssystem war schließlich von einem hinreichend großen Teil der Bevölkerung ‚akzeptiert' worden, wenngleich manchmal auch nur als ein notwendiges Übel. Seine Eliten waren sowohl lokal verankert als auch in den Zentralstaat integriert oder wenigstens damit verbunden. In China fehlten der Qing-Herrschaft die Institutionen und Mechanismen, um Einfluss auf die Untertanen zu nehmen, ebenso wie den

Results, in: Hall (Ed.), States in History (wie Anm. 13), 109–136, zur Definition s. 113; *ders.*, Sources of Social Power (wie Anm. 26), Vol. 1–2, passim.

162 S. *Linda Colley*, Britons. Forging the Nation, 1707–1837. New Haven/ London 1992, und *Liah Greenfeld*, Nationalism. Five Roads to Modernity. Cambridge, Mass./London 1992.

163 S. zum Beispiel *Jeremy Black*, War and the World. Military Power and the Fate of Continents 1450–2000. New Haven/London 1998, 181; *Folsom*, Friends (wie Anm. 83), 61; *Crossley*, Orphan Warriors (wie Anm. 122), 54f.

164 Für eine Analyse der Verknüpfung zwischen Modernisierung, Nationalismus und Industrialisierung s. *Liah Greenfeld*, The Spirit of Nationalism. Nationalism and Economic Growth. Cambridge, Mass./London 2000.

Untertanen keine Mittel außer Protest und Rebellion zur Verfügung standen, um den Staat zu beeinflussen. In Großbritannien waren aus dem langen Prozess der Schaffung eines starken Steuer- und Militärstaates ein starker Staat und – fast als unbeabsichtigtes Nebenprodukt – eine starke Nation entstanden. In China gab es nichts Derartiges. Man mag lange darüber diskutieren, ob das britische Herrschaftssystem dieser Zeit als solches dem Chinas vorzuziehen sei. Klar ist jedenfalls, dass China Großbritannien militärisch und wirtschaftlich nicht ebenbürtig war und die Modernisierung für China noch problematischer und schwieriger war als für Großbritannien.

Der chinesische Staat blieb weiter ‚schlank': Er wuchs nicht, was Ressourcen, Personal oder Tätigkeitsbereiche betraf, während Territorium, Bevölkerung und Herausforderungen zunahmen. Er wurde einfach zu schlank. Wir haben hier nur finanzielle Fragen in Betracht gezogen, aber auch so ist es ganz klar, dass die Effizienz und Effektivität des Zentralstaates auf diesem Gebiet durch das Fehlen aller Arten von Institutionen, wie sie in Großbritannien existierten, schwer beeinträchtigt war, wenn es um die Bewältigung von Notsituationen und die Durchsetzung von Veränderungen ging.[165] In Zeiten, in denen der Staat rasch mehr Geld brauchte, erwies sich die Einhebung der Abgaben, deren Löwenanteil auf Grund und Boden lag, als inflexibel und ineffizient. Die neu eingeführte Besteuerung des Handels nach 1850 war aus der Sicht des Zentralstaats zu gering und kam zu spät. In der ersten Hälfte des 19. Jahrhunderts wurde der chinesische Staat schwächer und konnte nicht einmal mehr seine traditionellen, recht beschränkten Aufgaben erfüllen. Geld aufzutreiben, um die Gesellschaft zum Beispiel durch den Aufbau einer verbesserten Infrastruktur mit Straßen, Eisenbahnen und Häfen und die Finanzierung eines breiten Erzie-

[165] Zu den monetären und finanziellen Schwierigkeiten des Staates und dessen häufige Unfähigkeit, damit umzugehen, in chronologischer Reihenfolge: *C. John Stanley*, Late Ch'ing Finance: Hu Kuang-Yung as an Innovator. (Harvard East Asian Monographs, Vol. 12.) Cambridge, Mass. 1961; *Frank H. H. King*, Money and Monetary Policy in China, 1845–1895. (Harvard East Asian Series, Vol. 19.) Cambridge, Mass. 1965; *Yeh-chien Wang*, Evolution of the Chinese Monetary System, 1644–1895, in: Chi-ming Hou/Tzong-shian Yu (Eds.), Modern Chinese Economic History. Taipei 1979, 425–452; *Zelin*, Magistrate's Tael (wie Anm. 78); *Peng Xinwei*, A Monetary History of China. Bellingham, WA 1994; *Harriet Zurndorfer*, Imperialism, Globalization and Public Finance: The Case of Late Qing China. Vortragsmanuskript für den Global Economic History Network Workshop „Imperialism and Economic Change, ca. 1750–1950", Irvine, California, 15–17. Januar 2004; *Lin*, China upside down (wie Anm. 97); *He*, Paths (wie Anm. 43); *Hirzel/Kim*, Metals (wie Anm. 77).

hungswesens zu modernisieren, ging, was wenig überrascht, über seine Kräfte.[166]

Der Silberabfluss, der in den 1810er Jahren einsetzte, hätte die gravierenden Probleme, die mit ihm verbunden waren, nicht verursachen müssen, wenn das Land ein besser entwickeltes Geld- und Finanzwesen gehabt hätte. Die Staatsschulden, die sich China seit den Opiumkriegen einhandelte und die im Vergleich zu jenen Großbritanniens winzig waren, hätten keine schwerwiegenden Folgen haben müssen, wenn Mechanismen existiert hätten, um das Vermögen im Inland anzuzapfen, und wenn Vertrauen zwischen den Herrschern und den Beherrschten vorhanden gewesen wäre. Der britische Dienstleistungssektor war – dank der umfassenden Förderung durch den Staat – so weit entwickelt, dass er das fast ständige Defizit der Handelsbilanz ausgleichen konnte. Gute – öffentliche und private – Finanzinstitutionen sind notwendige Bedingungen für Wachstum und Entwicklung und fördern sie. In dieser Hinsicht waren die Unterschiede zwischen Großbritannien und China im sehr langen 18. Jahrhundert mehr als erheblich, und dies eindeutig zum Nachteil Chinas.[167]

[166] *Dwight H. Perkins*, Government as an Obstacle to Industrialisation: The Case of Nineteenth-Century China, in: JEconH 27, 1967, 478–492.

[167] *Peter L. Rousseau/Richard Scylla*, Financial Systems, Economic Growth and Globalization, in: Michael Bordo/Alan Taylor/Jeffrey Williamson (Eds.), Globalization in Historical Perspective. Chicago/London 2003, 373–416.

III. Der gescheiterte Steuerstaat – Das Heilige Römische Reich

Der Gemeine Pfennig, eine richtungweisende Steuerform?

Zur Entwicklung des Reichssteuersystems 1422 bis 1608

Von

Maximilian Lanzinner

I. Reichssteuern im 15. und 16. Jahrhundert – ein Überblick

Der Gemeine Pfennig war eine allgemeine, direkte Steuer, die gemäß den Beschlüssen von Reichsversammlungen zwischen 1495 und 1544 alle Bewohner des Reichs zu bezahlen hatten. Jedoch entsprach schon die sogenannte Hussitensteuer von 1427 als kombinierte Kopf-, Vermögens- und Einkünftesteuer des Reichs den Gemeinen Pfennigen ab 1495. In einem systematischen Verständnis des Begriffs beginnt die Geschichte des Gemeinen Pfennigs damit schon 1427, nicht erst 1495.[1] Die Begriffe „Gemeiner Pfennig" oder „Hussitensteuer" wurden nicht systematisch ex post gebildet, sondern fallweise der Quellensprache entnommen.

In den 1420er Jahren, genauer mit der ersten reichsweiten Steuer im Jahr 1422 begann zugleich die Geschichte eines Reichssteuersystems überhaupt. Diese erste Abgabe im gesamten Reich wurde in Form einer Matrikel angelegt, also in Form eines Verzeichnisses von Kurfürsten, Fürsten, Prälaten, Grafen, Herren und Städten mit jeweils zugehörigen Leistungen, um den Kriegszug gegen die Hussiten zu finanzieren.

Nach weiteren Steuererhebungen und -projekten fanden bis ins 16. Jahrhundert prinzipiell immer noch diese beiden Formen der 1420er Jahre Anwendung: die allgemeinen, direkten Pfennigsteuern als Kopf-, Vermögens- oder Einkünftesteuern und die Matrikelabgaben oder -steuern für Reichs-

[1] *Heinz Angermeier*, Art. „Gemeiner Pfennig", in: Adalbert Erler/Ekkehard Kaufmann (Hrsg.), Handwörterbuch zur deutschen Rechtsgeschichte. 5. Bde. Berlin 1971–1998, Bd. 1, Sp. 1503–1506. Angermeier beschränkt sich in seinem Beitrag für die 1. Auflage des renommierten Handbuchs auf den Gemeinen Pfennig von 1495 und erwähnt die weiteren mit keinem Wort, obwohl sie zumindest aus den Reichsabschieden und einzelnen Studien schon bekannt waren. Lediglich auf den „Gedanken einer Kopfsteuer" von 1427 wird verwiesen. Der Artikel spiegelt den völlig unzureichenden Kenntnisstand, der sich zwar verbessert hat. Aber das vordergründig finanzgeschichtliche Thema blieb von den geschichtswissenschaftlichen Interessenlagen der vergangenen Jahrzehnte nahezu unberührt, auch von der betriebsamen Hinwendung zur Reichsgeschichte.

stände, die ihre Beiträge in Truppen beziehungsweise in Geld zu leisten hatten. Einen Gemeinen Pfennig beschloss letztmals der Reichstag 1544 – nicht der Reichstag 1551, wie man vielfach lesen kann –, er wurde in vielen Territorien erst nach und nach bis zum Beginn der 1550er Jahre eingesammelt. Eine Anzahl von Reichsständen reichte die erhobenen Beträge bis 1554 an König Ferdinand I. weiter. Die genaue Zahl kennen wir nicht. Nach 1544/54 setzte sich zwar die Matrikelsteuer durch, allerdings erwogen Kaiser und Reichsstände weiterhin bis zum Beginn des 17. Jahrhunderts Besteuerungen nach dem Gemeinen Pfennig.

Die Matrikelsteuer wurde prinzipiell auf der Grundlage der Reichsmatrikel von 1521 erhoben, aus der 1545 die eindeutig nicht zum Reich gehörigen Stände herausgenommen wurden. Sie war 1521 als Romzugmatrikel für den Zug Karls V. zur Kaiserkrönung erstellt worden und listete Kurfürsten, Fürsten, Prälaten und Äbtissinnen, Grafen und Herren sowie Reichsstädte auf, die jeweils mit einer Anzahl an Knechten und Reitern veranschlagt wurden. Knechte wurden mit vier Gulden, Reiter mit zwölf Gulden gerechnet. Nach 1545 wurde die Wormser Romzugmatrikel von 1521 nur noch geringfügig korrigiert. Jedoch veränderte sich der Kreis der Reichsstände fortgesetzt durch Standeserhebungen, Landesteilungen, Aussterben von Linien, Mediatisierungen und Säkularisierungen. Die Matrikelabgaben in Truppen wurden letztmals auf dem Speyerer Reichstag 1542 verfügt und im gleichen Jahr geleistet, danach immer in Geld. Die Matrikelabgaben und -steuern hatten zwar allein die Reichsstände zu leisten. Diese wurden jedoch 1530 und erneut 1543 ermächtigt, die Abgabe beziehungsweise die Steuer innerhalb ihrer Territorien auf die Untertanen umzulegen.

Seit dem Augsburger Reichstag 1547/48 bewilligten die Reichstage sämtliche Steuern nur noch als Matrikelsteuern, also in Geld. Matrikelsteuern entrichteten allein die Reichsstände. Sie wurden freilich im Wesentlichen von den Untertanen bezahlt, die sie in Form einer allgemeinen Steuer zuvor entrichtet hatten. Auf diese Weise begünstigte die Matrikelbesteuerung die Ausbildung territorialer Steuersysteme; manchmal wurden diese dadurch überhaupt erst begründet. Die Umlage der Matrikel auf die Untertanen war innerhalb der Territorien vor allem deshalb legitimiert, weil sie ab der Mitte des 16. Jahrhunderts überwiegend zur Abwehr der Türken geleistet wurde.

Die neuere Forschung seit Winfried Schulze[2] wies nach, dass sich auf der Basis der Matrikelbesteuerung ein funktionsfähiges Reichssteuersys-

[2] *Winfried Schulze*, Reich und Türkengefahr im späten 16. Jahrhundert. Studien zu den

tem ausbildete. Es erbrachte bedeutende Summen. Während unter Karl V. keine Bewilligung den Umfang von sechs Römermonaten übertraf, was etwa 400000 Gulden entsprach, betrug die Bewilligung 1576 schon 60, 1603 gar 86 Römermonate. Insgesamt entrichteten die Reichsstände zwischen 1576 und 1606 Türkensteuern in Höhe von 18,7 Millionen Gulden (326 Römermonate). Die Matrikelsteuern wurden nahezu bis zum Ende des Reichs geleistet und ganz überwiegend zur Kriegsführung verwendet.[3] Zuletzt bewilligte der Immerwährende Reichstag 1793 bis 1795 insgesamt 230 Römermonate gegen die französischen Revolutionsheere, von denen allerdings offenbar nur noch ca. fünf Millionen Gulden bezahlt wurden.[4]

Die einzige regelmäßige Reichsabgabe neben den Matrikelsteuern war der Kammerzieler, mit dem das Reichskammergericht finanziert wurde. Seine Erträge waren vergleichsweise gering[5], in einer Größenordnung von zunächst rund 15000 Gulden pro Jahr. Der Kammerzieler hatte ebenfalls die Form einer Matrikelsteuer. Jeder Reichsstand war mit einem bestimmten Geldbetrag veranschlagt, den er regelmäßig zu entrichten hatte. Die Geldbeträge flossen dem Reichskammergericht zu, das im Wesentlichen damit sein Personal bezahlte. Der Kammerzieler fand wie die Romzugmatrikel bis zum Ende des Alten Reichs Anwendung.

Der Gemeine Pfennig und die Matrikelsteuer waren jedoch sonst im 15. und 16. Jahrhundert die einzigen Steuerformen des Reichs. Indirekte Steuern, die in breiter Vielfalt in den Territorien üblich waren, wurden auf

politischen und gesellschaftlichen Auswirkungen einer äußeren Bedrohung. München 1978. Grundinformation zum Gemeinen Pfennig s. *Maximilian Lanzinner*, Art. „Gemeiner Pfennig", in: Albrecht Cordes u. a. (Hrsg.), Handwörterbuch zur deutschen Rechtsgeschichte. 2., völlig überarb. und erw. Aufl. Berlin 2009, Bd. 2, Lief. 9, Sp. 58f.

[3] *Peter Rauscher* (Hrsg.), Kriegführung und Staatsfinanzen. Die Habsburgermonarchie und das Heilige Römische Reich vom Dreißigjährigen Krieg bis zum Ende des habsburgischen Kaisertums. (Geschichte in der Epoche Karls V., Bd. 10.) Münster 2010; darin besonders die Beiträge Rauschers: Kriegführung und Staatsfinanzen: Die Habsburgermonarchie und das Heilige Römische Reich vom Dreißigjährigen Krieg bis zum Ende des habsburgischen Kaisertums 1740, 5–40; Nach den Türkenreichstagen. Der Beitrag des Heiligen Römischen Reichs zur kaiserlichen Kriegführung im 17. und frühen 18. Jahrhundert, 433–486.

[4] *Karl Härter*, Reichstag und Revolution 1789–1806. Die Auseinandersetzung des Immerwährenden Reichstags zu Regensburg mit den Auswirkungen der Französischen Revolution auf das Alte Reich. (Schriftenreihe der Historischen Kommission bei der Bayerischen Akademie der Wissenschaften, Bd. 46.) Göttingen 1992.

[5] Benannt nach den halbjährlichen „Zielen", das heißt den Abgabeterminen der Steuer; *Rudolf Smend*, Das Reichskammergericht. Geschichte und Verfassung. Weimar 1911 (Ndr. Aalen 1965).

Reichsebene nie ernsthaft debattiert. Dabei trafen Kaiser und Reichsstände im gesamten Zeitraum von der ersten Reichsabgabe im Jahr 1422 bis in die Mitte des 16. Jahrhunderts keine klare Weichenstellung für den Gemeinen Pfennig oder die Matrikelsteuer. Fest stand seit dem ausgehenden 15. Jahrhundert nur, dass allein ein Reichstagsbeschluss eine Steuererhebung in allen Territorien des Reichs ermöglichte. Im Lauf des 16. Jahrhunderts klärten Reichsabschiede und die Steuerpraxis in den Territorien die anderen noch offenen Fragen:

- welche Art der Besteuerung Verwendung fand, also ob Gemeiner Pfennig oder Matrikelsteuer;
- wer die Kollektation durchführen sollte, die eine Form der Herrschaftsausübung war, weil sie Untertanen zum Gehorsam zwang;
- wer die Steuergelder bis zur Zuwendung aufbewahren sollte – entweder der Kaiser, die Reichskreise, andere Reichsorgane, Reichsschatzmeister oder Beauftragte der Reichstage;
- wer die Steuergelder zu welchem Zweck verwenden durfte;
- wer die Verwendung kontrollieren sollte, worüber wiederum Reichstage entschieden;
- schließlich, ob die Verwendung überhaupt kontrolliert werden sollte.

Das Reichssteuersystem war schließlich um 1600 in den wesentlichen Strukturen ausgebildet und wurde danach nicht mehr prinzipiell verändert.

II. Forschungsstand und Forschungsfragen

Diese Grundinformationen zum Reichssteuerwesen, insbesondere zum Gemeinen Pfennig, erschienen zu Beginn dieser Studie notwendig. Denn längst nicht alle Handbücher und Studien geben die Fakten korrekt wieder. Außerdem findet sich selten ein geeigneter Überblick über die gesamte Entwicklung des 15. und 16. Jahrhunderts. Die Forschungslücken zum Gemeinen Pfennig wie zur Steuergeschichte des Reichs insgesamt sind beträchtlich, auch und gerade, was die Tatsachen betrifft. Wir wissen nicht einmal hinreichend, wann Gemeine Pfennige bewilligt und in welchem Umfang sie im Reich erhoben wurden. Insofern versteht sich der vorliegende Beitrag als Bestandsaufnahme, einerseits im Hinblick auf das Wissen zum Gegenstand und die bislang daraus gezogenen Schlussfolgerungen, andererseits im Hinblick auf weiterführende Forschungsperspektiven. Das Interesse ist, einen Überblick zu gewinnen, in welchen Stufen sich das Reichssteuersystem ausbildete. Dabei wird dieses System in Bezug auf die

Verfasstheit des Reichs analysiert, und es werden auch Fragen nach den Wert- und Sinnkonstruktionen der Steuerentscheidungen gestellt.

Wie ist die Titelfrage zu verstehen, ob der Gemeine Pfennig eine richtungweisende Steuerform war?

„Richtungweisend" nimmt erstens Bezug auf die Debatte in der älteren Forschung, ob nicht die Einheitssteuer aller Reichsbewohner auch einen deutschen Einheitsstaat hätte begründen können. Die Argumentation der älteren Forschung lautete, dass die Besteuerung jedes Reichsbewohners durch den Gemeinen Pfennig eine unmittelbare herrschaftliche Bindung zwischen dem Reichsoberhaupt und den Reichsuntertanen geschaffen hätte. Sie schien somit geeignet, den so sehr beklagten Partikularismus im Reich zu überwinden.

Der Gemeine Pfennig galt mithin als Schritt zu einer monarchischen Einheit des Reichs, während die Matrikelsteuer im Gegensatz dazu die Reichsstände als eigenständige Herrschaftsträger zwischen Kaiser und Reichsbewohnern noch zusätzlich gestärkt habe. Gemäß diesem Verständnis musste der Gemeine Pfennig als zukunftsweisend erscheinen, weil er den Kaiser im Reichsverband mit eigenen Finanzen und neuer Verfügungsgewalt ausstattete. Die politische Dynamik einer solchen Lösung schien den Weg zu einer machtstaatlichen deutschen Zukunft zu öffnen. Als richtungweisend konnte die ältere Forschung den Gemeinen Pfennig auch deshalb ansehen, weil sich die allgemeinen, direkten Steuern in zahlreichen Staaten Europas und in den Territorien des Reichs im Lauf der Frühen Neuzeit zur gebräuchlichen Steuerform entwickelten. Die Matrikelsteuern der Reichsstände galten demgegenüber als anachronistisch, weil sie die vasallitische Lehensbeziehung zwischen Kaiser und Reichsständen abbildeten.

Die Frage, ob der Gemeine Pfennig richtungweisend war, wird zweitens aus der Zeit heraus gestellt. Denn es gab im 15. und 16. Jahrhundert um den Gemeinen Pfennig fortgesetzt Diskussionen. Außerdem wurden Erfahrungswerte gewonnen, die für künftig wirksame Entscheidungen erwogen wurden. Solche „diskursiven Konstruktionen"[6], wie eine künftige Besteuerung aussehen konnte, waren Resultat einer Vielzahl von Fragen. Wie hoch sollte der Steuerertrag sein? Wie war die Besteuerung zu gestalten, um sie den Herrschaftsverhältnissen im Reich und den Territorien anzupas-

[6] *Thomas Mergel*, Überlegungen zu einer Kulturgeschichte der Politik, in: GG 28, 2002, 574–606, hier 605; *Achim Landwehr*, Diskurs – Macht – Wissen. Perspektiven einer Kulturgeschichte des Politischen, in: AKG 85, 2003, 71–117; *Barbara Stollberg-Rilinger*, Was heißt Kulturgeschichte des Politischen? Einleitung, in: dies. (Hrsg.), Was heißt Kulturgeschichte des Politischen? (ZHF, Beih. 35.) Berlin 2005, 9–24.

sen? Und weiter, aus dem Blickwinkel des Historikers formuliert: Welche Wert- und Sinnkonstruktionen verknüpften die Entscheidungsträger mit der Steuer? Wie war eine Besteuerung mit ihrem Rang und mit ihrer Ehre zu vereinbaren? Wie war Steuergerechtigkeit zu verwirklichen, insbesondere eine Steuergerechtigkeit gegenüber dem Gemeinen Mann und den ärmeren Schichten der Bevölkerung?

Der Steuerdiskurs war also einerseits ein von Macht- und Konfliktaustrag gelenkter Prozess, andererseits ein von Interessen und Erfahrungen gelenktes Diskussionsfeld. In diesem Sinn bedeutet richtungweisend, dass neben der bislang üblichen Bewertung des Gemeinen Pfennigs im Hinblick auf die Verfasstheit des Reichs auch die kulturell-diskursiven Konstrukte der Zeitgenossen stärker als bisher bei Studien über Steuern in die Betrachtung einbezogen werden.

Kulturgeschichtliche Aspekte blieben bei Steueranalysen zur Frühen Neuzeit gewöhnlich unberücksichtigt. Auch im Folgenden bilden sie nicht den Schwerpunkt. Im Vordergrund steht vielmehr die Entwicklung der Reichssteuern zwischen 1422 und 1608. Dazu existieren zahlreiche Hinweise, etwa in Werken zur Reichsgeschichte, aber nur eine einzige eindringende Untersuchung, die wenigstens annähernd die Überlieferung ausschöpft, nämlich zum Gemeinen Pfennig von 1495.[7] Die Forschungslage ist desolat. Bis in die 1980er Jahre wusste man kaum mehr, als dass es Beschlüsse und Steuererhebungen zum Gemeinen Pfennig gegeben hatte, doch deren Jahr und Anzahl wurden wegen der unklaren Formulierungen in den Abschieden oftmals falsch angegeben.[8] Anders als 1495, als eine ge-

[7] *Peter Schmid*, Der Gemeine Pfennig von 1495. Vorgeschichte und Entstehung, verfassungsgeschichtliche, politische und finanzielle Bedeutung. (Schriftenreihe der Historischen Kommission bei der Bayerischen Akademie der Wissenschaften, Bd. 34.) Göttingen 1989.

[8] Etwa *Karl Eugen Hermann Müller*, Reichs-Steuern und Reichs-Reform-Bestrebungen im 15. und 16. Jahrhundert. Prenzlau 1880; *Johannes Müller*, Veränderungen im Reichsmatrikelwesen um die Mitte des 16. Jahrhunderts, in: Zeitschrift des Historischen Vereins für Schwaben und Neuburg 23, 1896, 115–176; *Alfred Teicke*, Reichssteuerbestrebungen unter Karl dem Fünften (bis zum Sturze des zweiten Nürnberger Reichsregiments). Diss. phil. Leipzig 1910; *Albert Werminghoff*, Die deutschen Reichskriegssteuergesetze von 1422 bis 1427 und die deutsche Kirche. Ein Beitrag zur Geschichte des vorreformatorischen deutschen Staatskirchenrechts. (ZRG KA, 5.) Weimar 1916; *Wolfgang Steglich*, Die Reichstürkenhilfe in der Zeit Karls V., in: MGM 11/1, 1972, 7–55; bei *Heinrich Mitteis/Heinz Lieberich*, Deutsche Rechtsgeschichte. Ein Studienbuch. 18., erw. u. erg. Aufl. München 1988, 353, die verfehlte Bemerkung, neben den ordentlichen Reichssteuern habe es als „außerordentliche den gemeinen Pfennig für militärische Zwecke" gegeben.

sonderte Reichsordnung zum Gemeinen Pfennig erlassen wurde, finden sich die Verfügungen zu den Gemeinen Pfennigen seit 1512 in die Reichsabschiede eingefügt. Sie wurden also nicht mehr separat publiziert.

Dabei sind die Formulierungen der Abschiede oftmals so, dass nicht eindeutig herauszulesen ist, ob es sich um den Beschluss, die Ankündigung oder die Bestätigung des Gemeinen Pfennigs handelt. Dies hatte fortgesetzt Fehldeutungen zur Folge, die zu einem diffusen, nach Richtig und Falsch kaum zu unterscheidenden Informationsstand führten, was die Bewilligung oder Erhebung von Gemeinen Pfennigen betraf. Deshalb waren auch die Steuersätze und Arten der Veranlagung, die sich änderten, nicht zutreffend einzuschätzen. Eindeutigkeit bestand nur im Grundsätzlichen: Der Gemeine Pfennig belegte alle Reichsbewohner, und zwar Männer und Frauen, nach Vermögen, Einkünften oder einfach mit einer Kopfsteuer.[9]

Kommen wir noch zu den Bewilligungen. Erst in jüngster Zeit haben Studien zur Reichsfinanzgeschichte zuverlässig ermittelt[10], dass nur die Reichstage 1495, 1512[11], 1542 und 1544 Gemeine Pfennige bewilligt haben. Zweifelsfrei wurden die Beschlüsse von 1495, 1542 und 1544 vollzogen. Die Erhebung nach 1512 ist indes unsicher. Die Beschlüsse der Reichstage 1545, 1547/48 und 1551, die fortgesetzt als Bewilligungen be-

[9] Ein erster Versuch zur Zusammenfassung, der Irrtümer angesichts des Forschungsstands nicht vermeiden kann: *Peter Schmid*, Reichssteuern, Reichsfinanzen und Reichsgewalt in der ersten Hälfte des 16. Jahrhunderts, in: Heinz Angermeier (Hrsg.), Säkulare Aspekte der Reformationszeit. Unt. Mitarb. v. *Reinhard Seyboth*. (Schriften des Historischen Kollegs, Kolloquien, Bd. 5.) München 1983, 153–198.

[10] *Maximilian Lanzinner*, Friedenssicherung und politische Einheit des Reiches unter Kaiser Maximilian II. 1564–1576. (Schriftenreihe der Historischen Kommission bei der Bayerischen Akademie der Wissenschaften, Bd. 45.) Göttingen 1993, 485–491; *Peter Rauscher*, Zwischen Ständen und Gläubigern. Die kaiserlichen Finanzen unter Ferdinand I. und Maximilian II. (1556–1576). (Veröffentlichungen des Instituts für Österreichische Geschichtsforschung, Bd. 41.) München 2004, 82 f.

[11] Dazu *Georg Schmidt*, Der Städtetag in der Reichsverfassung. Eine Untersuchung zur korporativen Politik der Freien und Reichsstädte in der ersten Hälfte des 16. Jahrhunderts. (Beiträge zur Sozial- und Verfassungsgeschichte des Alten Reiches, Bd. 5.) Wiesbaden 1984, 348 f. Darüber hinaus findet sich zum Gemeinen Pfennig von 1512 wenig, auch nicht bei *Hermann Wiesflecker*, Maximilian I. Das Reich, Österreich und Europa an der Wende zur Neuzeit. 5 Bde. Wien/München 1971–1986, der Steuerfragen generell keine Aufmerksamkeit zuwendet, obwohl ihnen Maximilian I. hohe Bedeutung zumaß; zum Gemeinen Pfennig von 1495 s. ebd. Bd. 2: Kaiser Maximilian I. Reichsreform und Kaiserpolitik 1493–1500, 311; Beschluss und Bestimmungen zum Gemeinen Pfennig 1512 in *Heinrich Christian von Senckenberg/Johann Jacob Schmauß* (Hrsg.), Neue und vollständigere Sammlung der Reichs-Abschiede, welche von den Zeiten Kayser Conrads des II. bis jetzo, auf den Teutschen Reichs-Tägen abgefasset worden [...]. 4 Bde. Franckfurt am Mayn, 1747, Bd. 1, 138–140.

zeichnet wurden, bestätigen oder beziehen sich hingegen nur auf den Gemeinen Pfennig von 1544, der erst im Reichsabschied 1551 eingefordert und im Wesentlichen bis 1554 dem Wiener Hof ausgehändigt wurde.[12] Immer noch behaupten auf Grund der missverstandenen Reichsabschiede gängige Überblicksartikel zur Finanz- und Wirtschaftsgeschichte, beim Augsburger Reichstag 1551 sei der letzte Gemeine Pfennig beschlossen worden.[13] Demgegenüber trifft eindeutig 1544 als letzte Bewilligung zu.

Im Ganzen besteht für die Pfennige 1542 und 1544 besonderer Forschungsbedarf, entschieden mehr noch für 1512; die Edition zu den Reichstagen in Trier/Köln 1512 und Worms 1513 könnte für eine Untersuchung dieser Bewilligung grundlegend sein. Selbst ein Kenner wie Peter Schmid behauptete, dass neben 1495, 1542 und 1544 Gemeine Pfennige auch „1512, 1518, 1548, 1551 bewilligt" worden seien.[14] 1512 ist fraglich, wie angedeutet. Der Reichstag 1518 bewilligte nicht, sondern erwog einen Gemeinen Pfennig; denn der Reichsabschied formulierte lediglich, dass die Reichsstände „dieser Meynung" seien, dass jede Frau und jeder Mann drei Jahre lang ein Zehntel Gulden geben sollten, dass sie aber erst die Untertanen befragen wollten, um beim nächsten Reichstag „endlich zu beschließen".[15] Die Nennungen des Gemeinen Pfennigs in den Reichsabschieden 1548 und 1551 nahmen nur auf 1544 Bezug.

Die vorliegende Studie stützt sich im Wesentlichen auf die Reichsabschiede und auf die Editionen der Reichstagsakten, die insbesondere für die Zeit Karls V. (1519–1556) bedeutende Fortschritte gemacht und nun nahezu alle Reichstage für die Forschung erschlossen haben. Ebenso gut dokumentiert sind die Reichsversammlungen für den Anfang der Regierung Kö-

[12] *Lanzinner*, Friedenssicherung (wie Anm. 10), 487f.; *Rauscher*, Zwischen Ständen und Gläubigern (wie Anm. 10), 86f.; vgl. jetzt die Editionen der Reichstagsakten: *Ursula Machoczek* (Bearb.), Der Reichstag zu Augsburg 1547/48. 3 Teilbde. (Deutsche Reichstagsakten. Jüngere Reihe: Deutsche Reichstagsakten unter Kaiser Karl V., Bd. 18.) München 2006; *Erwein Eltz* (Bearb.), Der Reichstag zu Augsburg 1550/51. 2 Teilbde. (Deutsche Reichstagsakten. Jüngere Reihe: Deutsche Reichstagsakten unter Kaiser Karl V., Bd. 19.) München 2005.

[13] Beispiele: *Friedrich-Wilhelm Henning*, Handbuch der Wirtschafts- und Sozialgeschichte Deutschlands. Deutsche Wirtschafts- und Sozialgeschichte im Mittelalter und in der frühen Neuzeit, mit Tabellen. Paderborn/München/Wien/Zürich 1991, 707 (1551 letzter Gemeiner Pfennig); *Walter Schomburg*, Lexikon der deutschen Steuer- und Zollgeschichte. Abgaben, Dienste, Gebühren, Steuern und Zölle von den Anfängen bis 1806. München 1992, 121 (Gemeine Pfennige „1548 und letztmals 1551").

[14] *Schmid*, Reichssteuern (wie Anm. 9), 168.

[15] *Von Senckenberg/Schmauß* (Hrsg.), Neue und vollständigere Sammlung (wie Anm. 11), Bd. 1, 170.

nig Maximilians I. zwischen 1486 und 1498 und für die Phase von 1555 bis 1586.[16]

III. Steuererhebungen und Steuerdiskurs im 15. Jahrhundert

Üblicherweise werden nur die zeitgenössisch so bezeichneten Gemeinen Pfennige ab 1495 unter diesem Begriff subsumiert.[17] Eine allgemeine und direkte Steuer in der Form eines Gemeinen Pfennigs wurde jedoch, wie angedeutet, schon 1427 eingezogen und später fortgesetzt bis zum Reichstag 1603 beraten.

Die erste Reichsabgabe, unmittelbar zuvor als „anslag"[18] gegen die Hussiten verfügt, hatte die Form einer Heeresmatrikel, die das Aufgebot der Fürsten, Standespersonen und Städte mit Gleven, Schützen und Reitern ansetzte. Die Matrikel wurde von der Nürnberger Reichsversammlung 1422 beschlossen. Die in Truppen und teils in Geld zu leistenden Beiträge zum Reichsaufgebot sollten den Krieg gegen die böhmischen Hussiten ermöglichen. Das Verzeichnis wurde durch eine Geldabgabe für diejenigen ergänzt, die keine Bewaffneten schicken konnten.[19] Diese Heeresmatrikel, die den Vasallen des Reichsoberhaupts eine Steuer auferlegte, wurde legitimiert einerseits durch die Kreuzzugsbulle Papst Martins V. gegen die Hussiten und damit durch den Kampf gegen Ketzer, aber andererseits auch durch die Treuepflicht der Reichsstände und -städte. König Sigmund verwies schon in der Ladung zum Nürnberger Tag auf die „trew ere und gelubde die ir kristenglawben gemeinem nucz und auch uns und dem reiche

[16] S. Homepage der Historischen Kommission bei der Bayerischen Akademie der Wissenschaften, URL: http://www.historischekommission-muenchen.de/index.php (Zugriff 3.3.2011).

[17] So jetzt auch *Martina Schattkowsky*, Gemeiner Pfennig, in: Stephan Wendehorst/Siegrid Westphal (Hrsg.), Lesebuch Altes Reich. München 2006, 189–197, die Formen ab 1422/27 firmieren dort als „Reichssteuer".

[18] *Dietrich Kerler* (Bearb.), Deutsche Reichstagsakten unter Kaiser Sigmund 1421–1426. (Deutsche Reichstagsakten. Ältere Reihe: Von König Wenzel bis Kaiser Friedrich III., Bd. 8/Abt. 2.) Göttingen 1956, Nr. 145, 156–165. Anschlag „von den kurfursten allen andern fursten, gaistlichen und werltlichen [!], grafen ebten prelaten herren rittern und steten zu dem heiligen reich gehorig begriffen und gemacht". Zitat 156.

[19] S. zu den noch nicht geklärten Umständen der Steuer von 1422 die Ausführungen bei *Werner Wild*, Steuern und Reichsherrschaft. Studien zu den finanziellen Ressourcen der Königsherrschaft im spätmittelalterlichen deutschen Reich. Bremen 1984, 133–139, die den Forschungsstand zusammenfassen.

pfflichtig seyt".[20] Inwieweit der Beschluss der Nürnberger Reichsversammlung 1422 zur Einziehung von Steuern zumindest in jenen Territorien führte, die von den Hussiten bedroht wurden, ist ungeklärt.[21]

Dem gleichen Zweck diente die zweite Hussitensteuer von 1427, die jedoch als allgemeine Kopfsteuer bei den Untertanen und als Einküfte- oder Vermögenssteuer bei Standespersonen veranschlagt wurde, also bereits alle Elemente der Gemeinen Pfennige ab 1495 aufwies. Es ist die einzige direkte und allgemeine Steuer des 15. Jahrhunderts, deren zumindest partielle Erhebung eindeutig nachgewiesen ist. Die Steuermandate gemäß der Steuer von 1427, ausgeschrieben von Papst Martin V. und von König Sigmund, drohten den Verweigerern noch mit Kirchenbann. Anders mithin als die Gemeinen Pfennige ab 1495 legitimierte und strafte auch noch die Kirche, nicht nur Organe des Reichs und der Territorialherren.

Hinsichtlich der Veranlagung zeigten sich 1427 bereits deutliche Parallelen zu den Gemeinen Pfennigen. Jeder Bewohner des Reichs über 15 Jahren, männlich oder weiblich, wurde 1427 bis zu einem Vermögen von 200 Gulden mit einem böhmischen Groschen, bei einem Vermögen von 200 bis 1000 Gulden mit einem halben Gulden, bei einem Vermögen über 1000 Gulden mit einem ganzen Gulden besteuert. Fürsten gaben nach Gewissen. Sonderregelungen galten darüber hinaus für Klerus und Adel, die Spielraum zur Selbstveranlagung hatten. Der Modus der Einhebung 1427 sah vor, dass in jeder Pfarrei und in jeder Pfarrgemeinde einer Stadt ein Sechserausschuss „ehrwürdiger Personen" die Steuer sammelte, an eine Kasse der Bischofsstadt weiterreichte, deren Inhalt wiederum an die fünf Legstädte Köln, Erfurt, Breslau, Salzburg oder Nürnberg weitergereicht wurde. Ein „Rat der Neun" sollte 1428 die Gesamteinnahmen registrieren und die Anwerbung von Söldnern veranlassen. Bis 1430 kamen auf diese Weise 35 000 Gulden in Nürnberg zusammen.[22]

Bemerkenswert ist, dass bereits die beiden ersten Steuerprojekte der Reichsgeschichte zugleich die beiden Grundformen entwickelten, die danach fast 200 Jahre lang die Alternativen einer direkten Steuer des Reichs blieben: zum einen die Besteuerung der Reichsstände nach einer Matrikel

[20] *Kerler*, Deutsche Reichstagsakten unter Kaiser Sigmund (wie Anm. 18), 170.

[21] *Maximilian Lanzinner*, Reichssteuern in Bayern im 15. und 16. Jahrhundert, in: Johannes Helmrath/Heribert Müller/Helmut Wolff (Hrsg./Mitarb.), Studien zum 15. Jahrhundert. Festschrift für Erich Meuthen. Bd. 2. München 1994, 821–843, hier 824.

[22] *Wild*, Steuern (wie Anm. 19), 156; *Michaela Bleicher*, Das Herzogtum Niederbayern-Straubing in den Hussitenkriegen. Kriegsalltag und Kriegsführung im Spiegel der Landschreiberrechnungen. Diss. phil. Regensburg 2004, 148.

mit Reitern und Fußknechten, die in der Abordnung von Truppen oder in Geld zu entrichten war, zum anderen die direkte Besteuerung aller Reichsbewohner.

Nach 1427 kam es unmittelbar zu keinen weiteren Bewilligungen, jedoch wurden wiederholt Projekte erwogen. Ein Steuerentwurf, den die Reichsstände nach dem Konzil von Basel vereinbarten, plante 1434 eine Besteuerung der Städte[23], blieb aber wegen der nachlassenden Hussitengefahr unausgeführt. Nach dem Fall Konstantinopels entwarfen kaiserliche Gesandte, der päpstliche Legat und Reichsstände ein Steuermodell, wonach 30 Personen einen Reiter oder zwei Fußknechte finanzieren sollten. In abgewandelter Form tauchten ähnliche Pläne noch zu Beginn des 16. Jahrhunderts auf, nun mit Quoten von 20 bis 100 Personen, die einen Fußknecht stellen sollten.[24]

Für eine andere Variante einer allgemeinen Steuer steht die sogenannte Türkenkriegssteuer von 1471, welche die jährlichen Einkünfte aus Renten, Zinsen, Gülten und sonstigen Nutzungen in Höhe von zehn Prozent besteuern wollte, weshalb sie als „Decima" („zehnter Pfennig") bezeichnet wurde. Die Reichsfürsten sollten 1471 zusätzlich Truppen stellen, die eine Matrikel anteilig umlegte.[25] Für diesen Anteil wurde ihnen der „zehnte Pfennig" erlassen. Die Türkenkriegssteuer von 1471 wurde im Reich offenbar ebensowenig wie eine Neuauflage im Jahr 1474 realisiert.[26] Noch einmal, auf den Versammlungen in Nürnberg 1480 und 1481, legten die kaiserlichen Räte eine ähnliche Kombination von Matrikel und allgemeiner Steuer vor, welche nun die jährlichen Einkünfte aus Renten, Zinsen, Gülten und sonstigen Nutzungen in Höhe von nur noch 2,5 Prozent besteuern sollte, um ein Heer von 15000 Mann für mindestens ein Jahr zu unterhalten.[27]

Überblickt man die Steuervorschläge des 15. Jahrhunderts bis 1486, ist hervorzuheben, dass das Meiste auf dem Papier blieb. Nur die beiden Hussitensteuern in Form einer Gleven-Matrikel und einer allgemeinen Steuer wurden nachweislich der Realisierung zugeführt, während zwischen 1427

[23] *Steven Rowan*, Imperial Taxes and German Politics in the Fifteenth Century: An Outline, in: CEH 13, 1980, 203–217, hier 212, ULR: http://www.jstor.org/stable/4545897 (Zugriff 12.1.2011); *Schmid*, Der Gemeine Pfennig (wie Anm. 7), 39.

[24] *Johannes Müller*, Das Steuer- und Finanzwesen des Heiligen Römischen Reiches im XVI. Jahrhundert, in: Neue Jahrbücher für das klassische Altertum, Geschichte und deutsche Literatur 5, 1902, 652–678, hier 655.

[25] *Eberhard Isenmann*, Reichsfinanzen und Reichssteuern im 15. Jahrhundert (2. Teil), in: ZHF 7, 1980, 129–218, hier 164.

[26] *Wild*, Steuern (wie Anm. 19), 178f.

[27] *Isenmann*, Reichsfinanzen (wie Anm. 25), 184.

und 1486 immer wieder Kombinationen einer allgemeinen Steuer mit einer Matrikel für die Fürsten nur vorgeschlagen und beraten wurden. Eine Erhebung im Reich gab es anscheinend nach 1427 nicht mehr. Es ist freilich anzunehmen, dass nicht alle Steuerprojekte dieses Zeitraums bekannt sind, weil vor allem Reichstagsakteneditionen fehlen.

Ab 1486 kam es zu Bewilligungen. Der Reichstag 1486 lehnte zwar erneut eine allgemeine Erhebung in Form einer Vermögenssteuer ab, bewilligte aber Kaiser Friedrich III. statt dessen eine Truppenmatrikel. Um 34000 Mann zu unterhalten, steuerten die als Reichsstände Veranschlagten, aber nicht die Ritter und Herren, Truppenkontingente bei, die in Geld umgelegt insgesamt 500000 Gulden bringen sollten. Zumindest für einen Teil dieser Summe lässt sich die Einhebung nachweisen.[28] Auch 1487 und 1489 erhielt König Maximilian I. Zusagen in Form einer Truppenmatrikel, während er 1492 mit der Alternative einer allgemeinen (Heer-)Steuer wie schon 1486 keinen Erfolg hatte.

Daraus ließe sich für das ausgehende 15. Jahrhundert die Schlussfolgerung ableiten, dass die Reichsstände bereit waren, Matrikelsteuern zu akzeptieren, nicht aber eine einheitliche Besteuerung aller Reichsbewohner. Zu dieser Feststellung passt indessen nicht, dass der Reichstag 1495 unmittelbar darauf den Gemeinen Pfennig beschloss. Sicher spielte dabei eine Rolle, dass der Pfennig nicht unmittelbar vom Reichsoberhaupt, sondern von Seiten der Stände, insbesondere vom Mainzer Kurfürsten Berthold von Henneberg, gefordert wurde. Außerdem bleibt festzuhalten, dass die allgemeine, direkte Steuer das vorherrschende Modell im Reichssteuerdiskurs des 15. Jahrhunderts war, die Matrikel hingegen jeweils nur als Annex hinzugefügt wurde, um auch die Fürsten selbst heranzuziehen.

Eine solche allgemeine Steuer vorzusehen, lag schon deshalb nahe, weil dies im 15. Jahrhundert bereits die übliche Form der Landsteuer in großen Territorien war, so im ernestinischen und albertinischen Sachsen[29] oder in den Herzogtümern Bayerns[30]. Die dort praktizierten Landsteuern, die freilich fallweise, nicht regelmäßig erhoben wurden, waren allgemeine, direkte Steuern auf Einkünfte oder Vermögen. Diese Form wurde nun modellhaft auf das Reich übertragen. Dagegen übertrug die Reichsmatrikel die

[28] *Schmid*, Der Gemeine Pfennig (wie Anm. 7), 52f.

[29] *Uwe Schirmer*, Kursächsische Staatsfinanzen (1456–1656). Strukturen – Verfassung – Funktionseliten. (Quellen und Forschungen zur sächsischen Geschichte, Bd. 28.) Stuttgart 2006, 63–66, 249–251.

[30] *Pankraz Fried*, Zur Geschichte der Steuer in Bayern, in: ZBLG 27, 1964, 570–599, hier 587.

Lehenstruktur in ein Abgabensystem des Reichs[31], ob in der herkömmlichen Form des direkten Vasallendienstes oder in der neuen Form einer Geldmatrikel. Diese Übertragung lässt sich nur dann ausschließlich negativ bewerten, wenn mit anachronistischen Maßstäben moderner Steuersysteme gemessen wird. Auch Vergleiche mit England oder Frankreich im Spätmittelalter haben die andersartige Verfasstheit dieser Königreiche und die Herausforderungen des Hundertjährigen Kriegs zu berücksichtigen.

Die Pläne des 15. Jahrhunderts hatten immer wieder eine Kombination beider Steuerformen vorgesehen, eine Geld- oder Truppenmatrikel für die Vasallen und eine allgemeine, direkte Steuer für die Untertanen. Dabei traten schon im 15. Jahrhundert die Probleme zutage, die im 16. bestimmend wurden. Eine Offenlegung des Vermögens der Reichsstände und großen Kaufleute hätte, so das Argument gegen die anteilige Besteuerung aller Reichsbewohner, die Kreditwürdigkeit beeinflusst. Jedoch war sie auch sozial unerwünscht, weshalb man für die Standespersonen eine eigene Matrikel vorsah. Als Alternative wurde schon im 15. Jahrhundert über eine Selbstveranlagung nachgedacht. Deren Unzulänglichkeiten lenkten die Diskussion immer häufiger auf die Matrikel für Reichsstände und -städte. Sie erschien freilich nur als Ergänzung geeignet, weil nach vorherrschender Meinung allein die allgemeine Steuer eine für Kriegszwecke ausreichende Summe erbringen konnte.

IV. Der Gemeine Pfennig von 1495

Der vermeintlich hohe Ertrag war einer der Gründe, weshalb die Stände 1495 den Gemeinen Pfennig favorisierten. Immerhin sollte die Steuer die Mittel bereitstellen, um das Reich als Staatswesen und für einen Krieg auszustatten. Ziel war einerseits, Frieden und Recht auf Dauer zu stabilisieren. Der Mainzer Kurfürst Berthold von Henneberg und eine Ständepartei waren die Initiatoren. Sie versuchten beim Wormser Reichstag 1495, durch Gesetze und neue Institutionen eine Regierungs- und Gerichtsgewalt des Reichs zu etablieren. Ziel König Maximilians I. hingegen war andererseits, für sich eine Soforthilfe für den Rom- und Italienzug zu erhalten, dazu eine beharrliche Hilfe für einen längeren Zeitraum, die er durch einen (All-)Gemeinen Pfennig sicherstellen wollte. Für den Gemeinen Pfennig gaben

[31] *Schattkowsky*, Gemeiner Pfennig (wie Anm. 17), 192, sieht zutreffend in der Geldmatrikel „ein Grundprinzip gefunden, das in der weiteren Entwicklung gegenüber der allgemeinen Steuer immer mehr an Gewicht gewinnen sollte".

1495 zunächst die Steuerforderungen König Maximilians I. den Anstoß, dann jedoch übernahmen die Reichsstände die Initiative, um mit der Steuer nicht erstrangig die Kriegszüge des Königs zu finanzieren, sondern vor allem die mit Kosten verbundenen Reformen des Wormser Reichstags: die Sicherung des Landfriedens, das Reichskammergericht und das Reichsregiment.[32]

Der Gemeine Pfennig des Wormser Reichstags 1495 belegte alle Frauen und Männer im Reich ab dem 15. Lebensjahr mit einem Steuersatz, der nach Vermögen gestaffelt war. Mit weniger als 500 Gulden Vermögenswert waren zweieinhalb Kreuzer zu bezahlen, ab 500 Gulden 30 Kreuzer, ab 1000 Gulden ein Gulden oder mehr. Fürsten zahlten nach „stande und wesen"[33], Juden gaben einen Gulden. Da eine Verwaltung des Reichs nicht existierte, sollten Amtsträger der Reichsstände, womöglich unter Mithilfe von Pfarrern, den Pfennig einziehen. Doch er erfüllte die Erwartungen nicht. In manchen Territorien unterblieb die Besteuerung überhaupt, viele Reichsstände lieferten die Erträgnisse nicht ab. Zeitgenössische Schätzungen erwarteten einen Gesamtbetrag von zwei Millionen Gulden. Jedoch nahmen die Reichsschatzmeister, an die alle Steuergelder fließen sollten, nur 43 254 Gulden in Empfang.[34]

Wie ist das Ergebnis zu bewerten? Vergleichen wir die Erwartungen mit dem Erreichten. Maximilian I. verlangte in der Proposition eine Unterstützung für zehn oder zwölf Jahre.[35] Mit dieser für den König durchaus typischen, weitgespannten Forderung erlitt er völligen Schiffbruch. Ob es ihm dabei wie sonst um die „Beschneidung des Einflusses der Reichsstände" und um eine „Stärkung der Position des Königs ging"[36], sei dahingestellt. Aus dem Ergebnis zog noch ganz im Sinn der älteren Forschung Werner Wild 1984 in seiner Untersuchung des Gemeinen Pfennigs den Schluss, dass „die reichsunmittelbaren Stände an einem unabhängigen, selbständig

[32] *Heinz Angermeier*, Der Wormser Reichstag 1495 in der politischen Konzeption König Maximilians I., in: Heinrich Lutz (Hrsg.), Das römisch-deutsche Reich im politischen System Karls V. (Schriften des Historischen Kollegs, Kolloquien, Bd. 1.) München 1982, 1–13; *Markus Thiel*, Der Reichstag zu Worms im Jahre 1495 und die Schaffung des Reichskammergerichts. Kompromiß eines kriegsbedrängten Kaisers oder friedensbedingte Rechtssetzung?, in: Der Staat 41, 2002, 551–573.

[33] *Heinz Angermeier* (Bearb.), Reichstag von Worms 1495. (Deutsche Reichstagsakten. Mittlere Reihe: Deutsche Reichstagsakten unter Maximilian I., Bd. 10/1,1.) Göttingen 1981, 547.

[34] *Schmid*, Der Gemeine Pfennig (wie Anm. 7), 571.

[35] *Angermeier*, Reichstag von Worms 1495 (wie Anm. 33), Nr. 1797, 1510.

[36] *Schmid*, Der Gemeine Pfennig (wie Anm. 7), 71 f.

handlungsfähigen ‚Reich' – in welcher konkreten Machtausstattung auch immer – nicht interessiert waren".[37] Deshalb hätten die Reichsstände die Beschlüsse von 1495 so unzureichend durchgeführt.

Diese Begründung trifft nicht zu. Den Reichsständen in der Gesamtheit lag nicht an einer selbständigen, machtvollen Reichsregierung mit einem eigenen Etat, sondern an der Friedens- und Rechtsordnung des Reichs, die sie im Konsens mit anderen Herrschaftsträgern konsolidieren wollten. Die schleppende Einbringung des Gemeinen Pfennigs war in erster Linie darauf zurückzuführen, dass es organisatorisch dazu keine Erfahrung gab. Außerdem zögerten die Reichsstände, die faktisch die Steuer erhoben (und nicht Pfarrer oder eine gar nicht existente „Reichsverwaltung"), die Beträge weiterzureichen.

Werner Wild relativierte bereits die These der Forschung vor ihm, dass die Reichsstände deshalb die Durchführung der Pfennigordnung blockierten, weil dadurch ein direkter Bezug zwischen dem Reichsoberhaupt und den Bewohnern des Reichs hergestellt worden wäre. Diese These vertrat noch 1992 der Wirtschaftshistoriker Fritz Blaich. Er war der Meinung, dass der Gemeine Pfennig zukunftsweisend die Einheit des Reichs begründet hätte, und bedauerte aus diesem Grund, dass sogar der Kaiser selbst eine Legstätte für den Gemeinen Pfennig in seinen Territorien angeordnet habe.[38] Damit habe er wie andere Territorialherren gegen die Ordnung des Gemeinen Pfennigs gehandelt und die Steuervereinheitlichung durchkreuzt.

Wie kam es zu dieser Gleichsetzung von Steuereinheit und Reichseinheit? Der direkte Bezug von Reichsoberhaupt und Gemeinem Mann war hergestellt worden, weil sich die Ordnung des Gemeinen Pfennigs so verstehen ließ, dass beauftragte Pfarrer in den Gemeinden die Steuergelder einsammeln sollten. Sie sollten sie vermeintlich an Kommissare der Bischöfe weiterleiten, die wiederum das Geld an die in Frankfurt sitzenden Schatzmeister übergaben. Der Gemeine Pfennig schien also die Reichsstände, die ihn beschlossen hatten, auszuklammern. Deshalb hatte Peter Blickle schon 1976, vor der Arbeit Werner Wilds, die naheliegende Frage

[37] *Wild*, Steuern (wie Anm. 19), 221.

[38] *Fritz Blaich*, Die Bedeutung der Reichstage auf dem Gebiet der öffentlichen Finanzen im Spannungsfeld zwischen Kaiser, Territorialstaaten und Reichsstädten (1495–1670), in: Aldo de Maddalena/Hermann Kellenbenz (Hrsg.), Finanzen und Staatsräson in Italien und Deutschland in der Frühen Neuzeit. (Schriften des Italienisch-Deutschen Historischen Instituts in Trient, Bd. 4.) Berlin 1992, 79–112, hier 80.

gestellt, was die Reichsstände 1495 veranlasste, „einem Steuersystem zuzustimmen, das ihren eigenen Interessen widersprach".[39]

Die genaue Analyse der Fassungen des Gemeinen Pfennigs ergibt indessen, dass die Pfarrer nicht, wie die Ordnung auszudrücken schien, zu Steuerbeamten des Reichs wurden. Vielmehr waren allein die Reichsstände mit ihren Amtsträgern sowohl bei der Einhebung wie bei der Verwahrung die Verantwortlichen. Damit blieb der Gemeine Pfennig bereits 1495 (wie auch später), was die Einhebung und Verwahrung bis zur Verwendung betraf, ganz in der Verfügung der Territorien. Dies ist aus der Ordnung des Gemeinen Pfennigs vom 7. August 1495 abzuleiten, wenn man ihre Vorstufen und Formulierungen prüft. Aber dies belegt auch die Praxis der Einhebung.

Betrachten wir die Ordnung selbst. Zu ihrer Endfassung sind ab dem 19. Mai fünf Vorentwürfe überliefert, deren Kenntnis das Einhebungsverfahren erst verständlich macht.[40] Der erste Entwurf übertrug in der Tat die Einsammlung „den pfarrherren und kirchenmaister und ambtsleut derselben pfarr", die das Steuergeld an den jeweiligen Bischof weiterzugeben hatten. Von den Bischöfen wiederum hatten die „commissarien" die Steuer einzuziehen. Die am Ende verabschiedete Ordnung übertrug allerdings die Verantwortung der jeweiligen Obrigkeit, wobei die Reichsstände ausdrücklich genannt sind; es hieß hier nur noch in Bezug auf die Pfarrer, dass die Steuer in „beywesen des pfarrers"[41] eingezogen wurde. Als Zwischeninstanz amtierten nun Kommissare, die von den sieben Schatzmeistern an der Spitze der Steuerorganisation „in yedem land" zu beauftragen waren. Der zweite ständische Entwurf vom 14. Juli hatte bereits die weitere, entscheidende Vorkehrung getroffen, dass die Territorialherren die Steuer, erst nachdem sie sie selbst „geantwurt" hatten, abliefern sollten. Der Passus gab ihnen die Möglichkeit, die Steuergelder zunächst und für eine nicht näher bestimmte Frist in den eigenen Kassen zu verwahren.[42]

Eine genaue Rekonstruktion des Einhebungsverfahrens wurde erst durch die Edition der Reichstagsakten möglich. Bis dahin existierten Missverständnisse. Da für die Einhebung die „pfarren" genannt waren, schloss man daraus, dass die Pfarrer die Steuer einsammelten. Diese Annahme, die

[39] *Peter Blickle*, Gemeiner Pfennig und Obrigkeit (1495), in: VSWG 63, 1976, 180–193, hier 181.

[40] *Angermeier*, Reichstag von Worms 1495 (wie Anm. 33), Nr. 448, 537–558.

[41] Ebd. Nr. 448, 549.

[42] Ebd. Nr. 448, 548.

durch Überlieferungsfehler gestützt wurde[43], fand über Spezialwerke Eingang in die Handbücher. So notiert Gerhard Oestreich in seiner „Verfassungsgeschichte" zum Gemeinen Pfennig: „Da die Territorien mit ihrem Verwaltungsapparat sich versagten und auch sonst Widerstand leisteten, wurde die lokale Organisation der Kirche mit der Steuereinziehung betraut."[44] Die unbestimmte Nennung der Bistümer als Zwischeninstanz, denen die Kommissare zugeordnet wurden, verstanden Historiker völlig unzutreffend im Sinne einer beginnenden Reichsverwaltung. Winfried Schulze etwa leitete daraus ab, dass „der Gemeine Pfennig durch Beamte des Reiches eingezogen wurde", und weiter, dass er „deshalb als eine zentralistische Reichssteuer bezeichnet werden muß, die die Territorien des Reiches umging".[45]

Die Schwierigkeit war, dass die Ordnung aus ihrem Wortlaut allein keine präzise Rekonstruktion des Einhebungsverfahrens erlaubte. Sie ließ, um Formelkompromisse zwischen König und Ständen beizubehalten, manche Formulierung im Ungewissen und vermied es, die Kollektation und Verwahrung des Gemeinen Pfennigs den Reichsständen ausdrücklich zuzuschreiben, um den damit verbundenen Verfügungs- und Herrschaftsanspruch gegenüber dem König abzumildern.[46] Tatsächlich waren 1495 die Kollektation und Verwahrung dem Einfluss des Reichsoberhaupts entzogen, was Maximilian I. akzeptieren musste, damit er Unterstützung für den Italienfeldzug bekam.[47] Die Formelkompromisse ließen sich erst eindeutig interpretieren, nachdem man die Vorstufen der Ordnung kannte und Informationen zu den tatsächlichen Praktiken gewonnen hatte.[48]

[43] Ebd. Nr. 448, 562; Lünig, Datt und Zeumer druckten in ihren Ausgaben der Ordnung noch „pfarrer" statt „pfarren", Literaturangaben ebd.

[44] *Gerhard Oestreich*, Verfassungsgeschichte vom Ende des Mittelalters bis zum Ende des alten Reiches. (Gebhardt Handbuch der deutschen Geschichte. 9. Aufl., Bd. 11.) München 1974, 22.

[45] *Schulze*, Reich und Türkengefahr (wie Anm. 2), 180.

[46] Zu korrigieren auch *Wiesflecker*, Maximilian I. (wie Anm. 11), Bd. 2, 265, die Pfarrer seien zur Kollektation eingesetzt worden, weil die Fürsten und Stände ihren Steuerapparat dem Reich nicht zur Verfügung gestellt hätten. Verwaltungsstrukturen zum Einzug einer allgemeinen Steuer existierten 1495 nur in wenigen Territorien.

[47] *Schmid*, Der Gemeine Pfennig (wie Anm. 7), 289.

[48] *Blickle*, Gemeiner Pfennig und Obrigkeit (wie Anm. 39), 180–193; *Otto Puchner*, Das Register des Gemeinen Pfennigs (1497) der Reichsstadt Nürnberg als bevölkerungsgeschichtliche Quelle, in: Jahrbuch für fränkische Landesforschung 34/35, 1975, 909–948; *Peter Schmid*, Der Deutsche Orden und die Reichssteuer des Gemeinen Pfennigs von 1495. Die Grundherrschaft des Deutschen Ordens im Reich an der Wende vom 15. zum 16. Jahrhundert. (Einzelarbeiten aus der Kirchengeschichte Bayerns, Bd. 76.) Neustadt an der Aisch 2000; *Schmidt*, Der Städtetag (wie Anm. 11); *Kersten Krüger*, Finanzstaat

Die Schwierigkeiten bei der Einbringung des Gemeinen Pfennigs wurden in der Regel auf die Abneigung der Landesherren zurückgeführt, eine Steuer zu akzeptieren, die am Ende doch nicht ihnen selbst, sondern dem König oder den Reichsorganen zugutekam. Demgegenüber wurde zu wenig geprüft, inwieweit Landstände und Untertanen die Legitimation des Pfennigs tatsächlich nicht anerkannten.[49] Steuern waren eine außerordentliche Hilfe in der Not und begründeten sich aus dem „Treueverhältnis zwischen Herrn und Untertan".[50] Insofern waren die Hussiten- oder die Türkensteuern späterer Jahre hinreichend begründet. Die Türkensteuern seit den 1540er Jahren bewilligten die Landstände, soweit es Territorien mit ständischer Verfasstheit gab, meist ohne Widerstände. Damit wurden sie auf die Untertanen umgelegt. Widerstände riefen jedoch, obschon in späterer Zeit, Steuern zur Sicherung des Landfriedens hervor. Ein Beispiel sind die Steuern zur Gothaer Exekution, wie sie die Reichstage 1566/67 zur Niederschlagung der Grumbach-Revolte 1567 verfügten.[51] Der Gemeine Pfennig gehörte gleichermaßen nicht zu den eindeutig legitimierten Steuern. Er sollte zwar Frieden und Recht im Reich sichern helfen, aber eine akute Notlage wie gegenüber den Türken oder Hussiten war 1495 nicht gegeben.

Wo immer der Gemeine Pfennig eingezogen wurde, waren es gemeinhin die Amtsträger der Reichs- und Landstände, die über die Kenntnisse verfügten, um die steuerpflichtigen Untertanen zu erfassen. Außerdem hatten sie die Autorität und die Sanktionsmittel, um die Beträge einzutreiben. Bei der Kollektation nutzten die Territorialherren die Gelegenheit, um Superiotätsansprüche zu festigen, insbesondere um kleinräumige und lokale Herrschaftsverhältnisse durch die Ausübung des Kollektationsrechts zu klären und zu stabilisieren. Vor allem im Westen des Reichs, wo häufig die territorial-landesherrliche Obrigkeit noch ungeklärt oder umstritten war,

Hessen 1500–1567. Staatsbildung im Übergang vom Domänenstaat zum Steuerstaat. (Veröffentlichungen der Historischen Kommission für Hessen, Bd. 24/5.) Marburg 1980; *Peter Fleischmann*, Das Reichssteuerregister von 1497 der Reichsstadt Nürnberg (und der Reichspflege Weißenburg). (Quellen und Forschungen zur fränkischen Familiengeschichte, Bd. 4.) Nürnberg 1993.

49 S. dagegen *Peter Schmid*, Das Haus Wittelsbach und die Reichssteuer des Gemeinen Pfennigs von 1495. Zur wittelsbachischen Reichspolitik am Ende des 15. Jahrhunderts, in: ZBLG 51, 1988, 51–75.

50 *Otto Brunner*, Land und Herrschaft. Grundfragen der territorialen Verfassungsgeschichte Österreichs im Mittelalter. 5. Aufl. Wien 1965 (Ndr. 1984), 292 f.

51 *Lanzinner*, Friedenssicherung (wie Anm. 10), 357–363.

wurde um das Kollektationsrecht gerungen, um Herrschaftsansprüche durchzusetzen.

Der Anspruch auf Kollektation wurde auf unterschiedliche Rechte zurückgeführt, auf Hoch- und Niedergericht, Grund- und Leibherrschaft, Patronats-, Vogtei- und Ortsobrigkeitsrechte; er war jedenfalls „Annex der Obrigkeit".[52] Die einmalige Besteuerung schuf noch kein Präjudiz für eine dauerhafte territoriale Steuer, aber eine weitere Abhängigkeit territorialer Untertanen. Die Zuständigkeit der Territorien formulierte bereits unmissverständlich der Reichsabschied von 1500, indem er in seinen Passagen zum Gemeinen Pfennig nur noch von den Reichsständen sprach, nicht mehr von anderen zur Kollektation Berechtigten. Damit rückte er die Formelkompromisse der Ordnung von 1495 zurecht. Der 1495 beschlossene Pfennig sei nur vom kleineren Teil der Reichsstände „erlegt oder gegeben" worden, hieß es im Abschied des Jahres 1500. Daher sei es in das Ermessen des Reichsregiments gestellt, darüber zu befinden, wie die Steuer von den nicht zahlenden Reichsständen „einbracht" werden könne.[53]

V. Grundprobleme des Reichssteuersystems und erste Lösungen am Beginn des 16. Jahrhunderts

Die Steuerformen und -debatten des 15. Jahrhunderts und noch deutlicher der Gemeine Pfennig ließen die Grundprobleme erkennen, die in der Folge auch im Reichssteuersystem des 16. Jahrhunderts bestanden und schrittweise geklärt wurden:

1. Die Frage war, welche politische Autorität, welches Verfahren und welche Zweckbindung eine Steuer legitimierten. Bei den Hussitensteuern wirkten noch Reichsversammlungen, Papst und König zusammen. Die Steuer sollte in einer Notlage Hilfe gegen Ketzer gewähren, die den Südosten des Reichs verheerten. Beim Reichstag zu Worms 1495 zeichnete sich ab, dass für die Legitimation einer Steuer allein ein Reichstagsbeschluss nötig war, letztlich also die Übereinkunft der Reichsstände. Offen blieb jedoch, ob der Beschluss eines Reichstags ungeachtet der Zweckbindung der Steuer Geltungskraft hatte, ob es also bestimmter Notlagen bedurfte.

[52] *Blickle*, Gemeiner Pfennig und Obrigkeit (wie Anm. 39), 189–192.

[53] *Von Senckenberg/Schmauß* (Hrsg.), Neue und vollständigere Sammlung (wie Anm. 11), Bd. 2, 67.

2. Als Arten einer Abgabe kamen weiterhin zum einen die vasallitische Matrikel in Truppen oder in Geld in Frage oder zum anderen die allgemeine, direkte Besteuerung der Reichsbewohner.

3. Die Ordnung des Gemeinen Pfennigs 1495 hatte zwar die Reichsstände mit der Kollektation und Verwahrung der Steuer beauftragt. In ihr war dabei der politische Wille, die allgemeinen, direkten Steuern in die Verwaltung der Territorien zu geben, noch nicht unmißverständlich geäußert. Ein Grund war wohl die erwähnte Rücksichtnahme auf den König, ein anderer die höchst unterschiedliche Struktur der Territorien, die sich um 1500 nicht überblicken ließ. Vor allem Territorien mit einer landständischen Verfassung konnten den Gemeinen Pfennig einziehen, andere Territorien jedoch hatten noch nie eine allgemeine Steuer erhoben. Auch bestand vielfach in territorialen Mischgebieten keine Klarheit, welche Obrigkeit befugt war, die Kollektation durchzuführen.

4. Keine prinzipiell, aber eine von Fall zu Fall zu lösende Frage war die fiskalische Zuweisung der Steuergelder und die Kontrolle der Steuerverwendung. Es lag nahe, dass diese Entscheidungen Reichstage trafen, was sich in der ersten Hälfte des 16. Jahrhunderts einspielte. Zunächst gab es dazu allerdings weder geschriebenes Recht noch Praktiken, die durch Herkommen gefestigt waren.

Klärungen innerhalb dieser vier Problembereiche in den ersten beiden Jahrzehnten des 16. Jahrhunderts lassen sich nur in vagen Umrissen verfolgen. Denn wie für den Zeitraum zwischen 1427 und 1486 liegen auch für 1500 bis 1520 noch keine gesicherten und auf der Grundlage der Überlieferung annähernd vollständigen Informationen vor, welche Steuerprojekte erwogen oder realisiert wurden. Für diesen Zeitraum fehlen gleichermaßen Editionen der Reichstagsakten, insbesondere für die steuerlich wichtigen Reichstage 1500 und 1512.

Immerhin ist zu erkennen, dass nun anders als zwischen 1427 und 1486 die Projekte zur Matrikelbesteuerung häufiger wurden und überwogen. Um Kammergericht und Regiment zu finanzieren, erstellte der Augsburger Reichstag 1500 einen Kostenvoranschlag für das Reichskammergericht, der mit 8300 Gulden jährlich beziffert wurde.[54] Der Bedarf erhöhte sich 1521 auf 13 410 Gulden. Nachdem der Konflikt über die Finanzierung des Reichskammergerichts zwischen dem Kaiserhof und den Reichsständen 1541 beigelegt worden war, wurde die Reichsmatrikel für den Kammerzie-

[54] *Schmidt*, Der Städtetag (wie Anm. 11), 339–343; *Müller*, Das Steuer- und Finanzwesen (wie Anm. 24), 655.

ler fest installiert. Sie war parallel zur Romzugmatrikel 1521 erstellt worden[55] und wurde seit den 1540er Jahren kontinuierlich zur Finanzierung des Reichskammergerichts verwendet.

Der Reichstag zu Augsburg im Jahr 1500 befasste sich außerdem wieder mit einem kombinierten Modell von Matrikel und allgemeiner Steuer, wie schon die meisten Projekte des 15. Jahrhunderts. Jede Pfarrgemeinde im Reich, die 400 selbständige Haushaltungen zählte, sollte zur Unterhaltung eines Fußknechts verpflichtet werden, während Fürsten, Grafen und Herren anteilig Reiter unterhalten sollten. Die Mischformen veranschlagten wie schon im 15. Jahrhundert die höheren Stände mit Truppen, den Gemeinen Mann mit einer allgemeinen, direkten Steuer. Eine Mischform wie im Jahr 1500 kam wieder 1510 auf die Tagesordnung, eine Matrikel- neben einer allgemeinen Steuer im Jahr 1512. Separate Matrikellisten lagen den Reichstagen zu Köln 1505[56], zu Konstanz 1507[57] und wohl auch zu Worms 1509 vor. Zunächst, ab 1500, scheint das Reichsoberhaupt den Gemeinen Pfennig bevorzugt zu haben, später auf Grund der wachsenden Resonanz bei den Reichsständen die Matrikel.

Der Vorschlag eines Gemeinen Pfennigs beim Reichstag von Köln und Trier 1512 kam von den Ständen, nachdem Maximilian I. am Beginn eine Matrikel von 50000 Mann gefordert hatte.[58] Der Reichsabschied zu Trier und Köln 1512 regelte dann eindeutiger als die Ordnung von 1495 die Einbringung des verfügten Gemeinen Pfennigs. Kurfürsten und Fürsten sollten jeweils einen ihrer Amtsträger, einen Vertreter der Prälaten und einen der Kommunen aus ihrem Territorium beauftragen, dagegen die Erzbischöfe und Bischöfe ihrerseits einen Prälaten, der die Geistlichen zu besteuern hatte. Reichsprälaten und -prälatinnen setzten gemäß dem Abschied einen ihrer Amtsträger und einen Städtevertreter ein, die Ritterschaft einen Vertreter aus ihren Reihen und einen Hintersassen, die Reichsstädte einen Vertreter aus dem Rat und einen aus der „Gemein".[59] Der Reichsabschied von

[55] *Adolf Wrede* (Bearb.), Von der Königswahl bis zum Wormser Reichstag 1521. Der Reichstag zu Worms 1521. (Deutsche Reichstagsakten. Jüngere Reihe: Deutsche Reichstagsakten unter Kaiser Karl V., Bd. 2.) Gotha 1896 (Ndr. Göttingen 1962), 424–442. Die Guldensätze für die Kammergerichtsmatrikel hier noch einschließlich der Beträge für das Reichsregiment.

[56] Edition bei *Dietmar Heil* (Bearb.), Reichstag zu Köln 1505. (Deutsche Reichstagsakten. Mittlere Reihe: Deutsche Reichstagsakten unter Maximilian I., Bd. 8/1.) Göttingen 2008, 508–520; *Müller*, Veränderungen im Reichsmatrikelwesen (wie Anm. 8), 116.

[57] *Schmidt*, Der Städtetag (wie Anm. 11), 344.

[58] Ebd. 348.

[59] *Von Senckenberg/Schmauß* (Hrsg.), Neue und vollständigere Sammlung (wie Anm. 11), Bd. 2, 140.

1512 übertrug damit ohne jede Einschränkung das Kollektationsrecht den Reichsständen. Er verpflichtete sie jedoch zu Kommissionen und einer Form der Einziehung, die auf territoriale Gepflogenheiten keine Rücksicht nahm. Für alle Territorien wurde die gleiche Vertretung aus den Ständen vorgesehen.

Der letzte Reichstag während der Regierungszeit Maximilians I. zu Augsburg 1518 bewilligte keinen Gemeinen Pfennig, wie der Abschied belegt.[60] Der einschlägige Passus wurde veranlasst durch ein Dekret Papst Leos X.[61] und wog lediglich ab, mit welchen finanziellen Mitteln man dem „Feind Christi dem Türcken" begegnen könne.[62] Er verwies zum einen auf den Kirchenschatz. Zum anderen, so der Abschied, seien die Reichsstände „dieser Meynung", dass jeder Kommunikant drei Zehntel Gulden für drei Jahre geben könnte, die Reichsstände, Reichen und Obrigkeiten, soviel „ihnen gefallen wird". Schließlich erwarteten Kaiser und Reichsstände „nicht wenig Fürderung von Päpstlicher Heiligkeit, und der Römischen Kirchen". Explizit forderte der Abschied, dass „der Arme gegen den Reichen hierinn nicht so hoch beschwert werde". Der Aspekt der Steuergerechtigkeit, der in diesem Wunschkatalog formuliert wurde, gewann später in den Steuertexten immer größere Bedeutung.

VI. Die Wormser Reichsmatrikel von 1521 in Konkurrenz zu Projekten eines Gemeinen Pfennigs bis 1532

Der erste Reichstag Karls V. 1521 zu Worms trug der Verpflichtung der Reichsstände Rechnung, den Romzug zur Kaiserkrönung zu unterstützen. Deshalb wurde eine Matrikel von 4000 Reitern und 20000 Knechten erstellt und in Geld für sechs Monate bewilligt. Die Steuer wurde jedoch nicht für den Krönungszug verwendet, sondern ab 1522 im Einvernehmen mit den Reichsständen der Türkenabwehr zugeführt. Mit der letzten Tranche aus der Hilfe wurden noch Söldnerkontingente bezahlt, die 1529 bei der Belagerung Wiens zum Einsatz kamen.[63]

60 *Schmid*, Reichssteuern (wie Anm. 9), 168; demgemäß auch *Rauscher*, Zwischen Ständen und Gläubigern (wie Anm. 10), 83.

61 *Rowan*, Imperial Taxes (wie Anm. 23), 216.

62 *Von Senckenberg/Schmauß* (Hrsg.), Neue und vollständigere Sammlung (wie Anm. 11), 170.

63 *Steglich*, Die Reichstürkenhilfe (wie Anm. 8), 19f.

Leider kann die Reichstagsedition Adolf Wredes nicht deutlich machen[64], wie es 1521 gerade zu dieser Auflistung der Reichsmatrikel kam. Keiner der Beteiligten konnte 1521 die Tragweite dieser Zusammenstellung ahnen, auch wenn es sich nicht um ein pures „Ad-hoc-Verzeichnis“[65] handelte. Denn offensichtlich legten die Autoren der Matrikel die Listen von 1505[66] und von 1507 zugrunde, scheinen aber dann weniger sorgfältig gewesen zu sein als etwa die Vorlage von 1505, die noch die eximierten Stände ausgeschieden hatte.[67] Denkbar ist allerdings, dass 1521 namentlich wegen des geplanten Romzugs auch oberitalienische Vasallen des römischen Königs in das Verzeichnis von Vorgängerreichstagen aufgenommen wurden.

Die Wormser Romzugmatrikel wurde zwar später nach berechtigten Beschwerden von geistlichen Fürsten und Reichsstädten vor allem beim Moderationstag 1545[68] modifiziert. Sie galt aber nach neuerlichen Versuchen bei den Reichsdeputationstagen 1571 und 1577[69], die Sätze oder das Verzeichnis der Stände zu ändern, bis zum Ende des Alten Reichs, sieht man von dynastischen Veränderungen und Standeserhöhungen ab. Nach dem Stand von 1571 bezahlten die Kurfürsten zehn Prozent eines Römermonats, die Fürsten 46,7, die Prälaten 9,2, die Grafen und Herren 12,6 und die Reichsstädte 21,5 Prozent.[70]

Auch zur Finanzierung des Reichskammergerichts verabschiedete der Wormser Reichstag 1521 eine Liste mit den gleichen Reichsständen wie in der Romzugmatrikel, die aber nur mit Guldenbeträgen veranschlagt waren.[71] Demgemäß hatten die Kurfürsten, legt man die bereinigte Matrikel

[64] *Wrede*, Von der Königswahl bis zum Wormser Reichstag (wie Anm. 55), 424–426.

[65] So noch *Schulze*, Reich und Türkengefahr (wie Anm. 2), 339.

[66] *Heil*, Reichstag zu Köln (wie Anm. 56), 508–520.

[67] Ebd. 520–523.

[68] *Müller*, Das Steuer- und Finanzwesen (wie Anm. 24), 659; der Anteil der Kurfürsten und Fürsten an einem Römermonat wurde von 82 200 Gulden (fl.) auf 76 700 fl., der Anteil der Grafen und Prälaten von 14 500 fl. auf 14 320 fl., der Anteil der Reichsstädte von 30 300 fl. auf 22 150 fl. herabgesetzt. Damit hatte ein Römermonat der Matrikel einen Nominalwert von 94000 fl. statt wie 1521 noch 127000 fl. Ausgeschieden wurden 1545 auch Stände, die keinesfalls als Steuerzahler in Frage kamen, wie Geldern, Riga, Livland, Florenz, Mantua, Mailand usw., nicht aber Stände, die nicht zu lokalisieren (Kunzlingen, Königshofen etc.) und mediat (Chiemsee, Gurk, Sitten usw.) waren oder die eindeutig nie Leistungen für das Reich erbracht hatten (Cambrai, Lothringen, Savoyen usw.); *Müller*, Veränderungen im Reichsmatrikelwesen (wie Anm. 8), 145–154.

[69] *Lanzinner*, Friedenssicherung (wie Anm. 10), 393–408.

[70] *Ders.*, Reichsversammlungen und Reichskammergericht 1556–1586. (Schriftenreihe der Gesellschaft für Reichskammergerichtsforschung, Bd. 17.) Wetzlar 1995, 34.

[71] *Wrede*, Von der Königswahl bis zum Wormser Reichstag (wie Anm. 55), 424–442;

von 1571 zugrunde, einen Steueranteil von 8,6 Prozent zu tragen, die Fürsten 29,0, die Prälaten 17,8, die Grafen und Herren 11,2 und die Reichsstädte 33,4 Prozent.[72] Die Reichsstände entrichteten ihren Kammerzieler an zwei fixen Terminen (Zielen) im Jahr direkt beim Pfennigmeister des Kammergerichts oder in den reichsstädtischen Legstätten. Im Gegensatz zu den Sätzen der Reichsmatrikel wurden die Sätze des Kammerzielers erhöht (insgesamt um zwei Drittel), letztmals 1570. Die Höchstsätze, etwa für Kurfürsten und Reichsstädte, lagen seitdem bei 500 Gulden (zu 16 Batzen). Das jährliche nominale Steueraufkommen, das zum Unterhalt des Reichskammergerichts zur Verfügung stand, betrug ab 1570 ca. 33 900 Gulden.

Die Erwartung, dass nach der Eroberung Belgrads 1521 ein neuerlicher Kriegszug eines osmanischen Heers gegen Ungarn, der „clausen und porten gegen dem Turken"[73], bevorstand, veranlasste das Reichsregiment[74], dem Nürnberger Reichstag 1522 einen Steuerplan vorzulegen, der jederzeit die Aufstellung eines Heers ermöglichte. Der Plan kombinierte Einkünfte- und Vermögenssteuern für alle Bevölkerungsgruppen und sollte ein Aufkommen von etwa drei Millionen Gulden jährlich erbringen.[75]

Wichtig an dem Plan war zum einen, dass jeder Reichsstand die Steuer selbst einziehen, verwahren und für die Anwerbung von Söldnern verwenden sollte, die dann ein Reichshauptmann befehligte. Auch dieser Plan einer allgemeinen, direkten Steuer, eines „Gemeinen Pfennigs", ordnete alle Verwaltungs- und Herrschaftsfunktionen, die mit der Steuer verbunden waren, den Reichsständen zu. Faktisch, aber nicht nach dem Wortlaut der Ordnung, war die Zuweisung zur territorialen Verwaltung ja schon 1495 „Ausweis für die tatsächliche Ausübung der Herrschaftsrechte".[76] Der Entwurf des Regiments formulierte nun explizit, dass jeder Reichsstand „aller per-

URL: http://de.wikisource.org/wiki/Reichsmatrikel_von_1521 (Zugriff: 3.3.2011); jedoch ohne Erläuterung, so dass die Guldenbeträge in der im Netz gebotenen Matrikel nicht verständlich sind. Sie dürfen keinesfalls als das Geldäquivalent für die Reiter und Knechte der Romzugmatrikel verstanden werden. Vielmehr bezeichnen sie die Sätze, die die jeweiligen Reichsstände für Reichsregiment und Reichskammergericht abzuführen hatten.

[72] *Lanzinner*, Reichsversammlungen (wie Anm. 70), 30.

[73] *Adolf Wrede* (Bearb.), Die Reichstage zu Nürnberg 1522/23. (Deutsche Reichstagsakten. Jüngere Reihe: Deutsche Reichstagsakten unter Kaiser Karl V., Bd. 3.) Gotha 1901 (Ndr. Göttingen 1963), 190.

[74] Zum Reichsregiment grundsätzlich *Christine Roll*, Das zweite Reichsregiment 1521–1530. (Forschungen zur deutschen Rechtsgeschichte, Bd. 15.) Köln/Weimar/Wien 1996; die Autorin setzt sich jedoch mit dem Steuerplan nicht auseinander.

[75] *Wrede*, Die Reichstage zu Nürnberg (wie Anm. 73), Nr. 35.

[76] *Schmid*, Der Deutsche Orden (wie Anm. 48), XV f.

sonen und guter halben, die ime underworfen und steuerpar“[77], die Steuer erheben sollte.

Wichtig war zum anderen, dass der Entwurf unter dem Gesichtspunkt der Steuergerechtigkeit intensiv diskutiert wurde. Die Reichsstädte empörten sich, weil die Bürger gemäß dem Plan doppelt besteuert und zur Einkünfte- wie zur Vermögenssteuer herangezogen wurden.[78] Gleichermaßen über eine übermäßige Belastung klagten die Geistlichen und die Ritterschaft.[79] Daher machte sich ein Ausschuss beim Nürnberger Reichstag 1524 Gedanken über Fragen der Steuergerechtigkeit. Er kam zu dem Ergebnis, dass dem Gemeinen Mann am wenigsten Unrecht geschehe, wenn er von seiner „oberkeit“ und den Beauftragten „der landschaft“ besteuert werde. Es sollte also das übliche Steuerverfahren innerhalb der Territorien angewendet werden. Außerdem sollten die vornehmen Stände und die Reichen sich selbst unter Eid belegen, damit sie ihr Vermögen nicht offenbaren müssten.[80] Wie oft beim Reichsregiment wurde der Plan nicht vom gesamten Reichstag beraten und damit nicht der Realisierung zugeführt. Es waren aber nicht die Reichsstädte, wie noch Alfred Teicke glaubte, die an den Plänen kein Interesse zeigten, sondern die Fürsten.[81]

Verglichen mit dem Gemeinen Pfennig von 1495, aber auch mit den verwandten Projekten, die bereits früh in Einwänden geradezu erstickt wurden, waren die Erfahrungen mit der Reichsmatrikel 1521 besser. Zwar konnten von den 1521 bewilligten sechs Römermonaten bis Oktober 1522 nur 40000 Gulden eingesammelt werden, was dem Gegenwert nicht einmal eines einzigen Römermonats entsprach.[82] Die Umlage in Geld erwies sich indes als großer Vorzug. Sie gestattete einen flexiblen Einsatz zur Anwerbung von Söldnern, dazu die Anschaffung von Artillerie oder von Belagerungsmaschinen. Das Volumen, das Ferdinand I. insgesamt bis 1529 gegen die Türken zur Verfügung gestellt wurde, dürfte ein Mehrfaches der bescheidenen Summe von 43000 Gulden aus dem Gemeinen Pfennig von 1495 betragen haben. Immerhin konnten 1529, nachdem ein beträchtlicher

77 *Wrede*, Die Reichstage zu Nürnberg (wie Anm. 73), 194.
78 *Schmidt*, Der Städtetag (wie Anm. 11), 354.
79 *Wrede*, Die Reichstage zu Nürnberg (wie Anm. 73), Nr. 72 (Bericht des kleinen Ausschusses beim zweiten Nürnberger Reichstag 1522/23).
80 *Adolf Wrede* (Bearb.), Der Reichstag zu Nürnberg 1524. (Deutsche Reichstagsakten. Jüngere Reihe: Deutsche Reichstagsakten unter Kaiser Karl V., Bd. 4.) Gotha 1905 (Ndr. Göttingen 1963), Nr. 92.
81 *Teicke*, Reichssteuerbestrebungen (wie Anm. 8), 58–61. Widerlegt von *Schmidt*, Der Städtetag (wie Anm. 11), 360.
82 *Steglich*, Die Reichstürkenhilfe (wie Anm. 8), 17.

Teil der 1521 bewilligten Steuer schon ausgegeben war, noch Kontingente von zumindest 7000 Söldnern angeworben werden. Ein Vorteil der Matrikel war also, dass das Geld zur Verfügung stand, wenn es benötigt wurde, weil die Pflicht zur Abgabe unbestreitbar bei den Reichsständen selbst lag. Für die Ablieferung – in diesem Fall an den Kaiser respektive seinen Statthalter im Reich – waren allein sie verantwortlich und zur Rechenschaft zu ziehen. Sie konnten sich auch nicht wie beim Gemeinen Pfennig der Verantwortung entziehen, indem sie sich auf den Widerstand von Landständen oder Untertanen beriefen.

Jedoch betonten die einschlägigen Entwürfe und Gutachten, dass anders als mit den Pfennigen mit der Matrikel nur geringe Summen zu erzielen waren. Aus zeitgenössischer Sicht erscheint das Argument plausibel. Für die Romzugmatrikel 1521 wie für die Vorläufer galt bindend der Grundsatz, dass die Reichsstände sowohl die Abordnung von Truppen wie die Umlage in Geld aus ihrem Kammergut zu finanzieren hatten. Unter diesen Bedingungen waren die kleinen Territorien, auch die kleineren geistlichen Fürstentümer, zumal wenn sie keine direkte (Land-)Steuer erhoben, schon mit sechs Römermonaten der Überforderung nahe. Bistümer wie Hildesheim, Osnabrück, Freising oder Konstanz dürften für sechs Römermonate die Hälfte eines Jahreseinkommens (deutlich unter 10000 Gulden) aufgewendet haben. Prozentual noch mehr hatten Äbtissinnen, Prälaten und Grafen aufzuwenden. Hohe Summen für das Reich, etwa für Kriege, erforderten allerdings Bewilligungen von mehr als nur sechs Römermonaten.

Eine Wende brachte der Reichstag zu Augsburg 1530 mit seinem Beschluss zum Krieg gegen die Türken. Er verabschiedete zwar eine Truppenhilfe auf der Grundlage der Wormser Reichsmatrikel für zwölf Monate, die vom Reichstag 1532 freigegeben wurde. Angesichts des Umfangs der Hilfe ermächtigte aber der Abschied von 1530 die Reichsstände, zur Finanzierung ihre Untertanen zu besteuern – wenn die Besteuerung möglich war.[83] Damit wurde die Matrikelhilfe in dem beträchtlichen Umfang von 1530 für einen Teil der Reichsstände erst möglich, für andere akzeptabel. Dass die Türkenhilfe 1530/32 noch einmal in Truppen geleistet wurde, lag in erheblichem Maße daran, dass die Reichsstände Karl V. und Ferdinand I. kein Geld zukommen lassen wollten, um die Habsburger nicht gegen die

[83] *Von Senckenberg/Schmauß* (Hrsg.), Neue und vollständigere Sammlung (wie Anm. 11), Bd. 2, 324: „Und dieweil diese eylende Hülff gegen dem Türcken etwas dapffer und groß, und ein gemein Christlich gut Werck ist, welches männiglichen zu Schutz und Trost kommt, soll und mag ein jeder churfurst, Fürst und Stand seine Unterthanen umb Hülff und Steuer ersuchen."

Protestanten und die reichsständische Opposition finanziell zu stärken.[84] Aus dem gleichen Grund baten 1532 die Reichsstände den Kaiser, eine Leistung der Türkenhilfe von 1530 in Geld, falls einzelne Reichsstände dies beabsichtigten, sogar zu verbieten.[85]

VII. Die Gemeinen Pfennige der 1540er Jahre und ihre Auswirkungen auf das Reichssteuersystem

Nach 1532 fand erst wieder 1541 ein Reichstag statt, der zur Geldmatrikel zurückkehrte. Die Bewilligung von eineinhalb Monaten (ein halber Romzug für drei oder vier Monate)[86] war geringfügig und sollte Ferdinand I. eine rasche Finanzhilfe zur Verfügung stellen, um den Türkenangriff gegen Ofen und Pest abwehren zu können. Der Regensburger Reichstag 1541 endete am 29. Juli. Als der Pfennigmeister Wolfgang Schutzpar im März 1542 eine erste Abrechnung der beschlossenen Matrikelsteuer vorlegte, bilanzierte er 75688 Gulden.[87] Damit waren in einem halben Jahr fast zwei Drittel der überhaupt erreichbaren Summe bezahlt worden. Der Nominalwert der Matrikel, der 94000 Gulden betrug, umfasste ja noch alle nicht zahlenden Stände an den und außerhalb der Grenzen des Reichs sowie überhaupt nicht existente und exemte Stände.[88] Der Realertrag lag bei etwa 70 Prozent. Er dürfte zu dieser Zeit maximal 70000 Gulden betragen haben. Das fiskalische Ergebnis beeindruckte die Zeitgenossen, die den Gemeinen Pfennig mit seinen jahrelangen Verzögerungen noch in Erinnerung hatten.

Der steuerliche Erinnerungsstatus der beginnenden 1540er Jahre drückte sich in den Beratungen des Speyerer Reichstags von 1542 aus, zu dem

[84] *Alfred Kohler*, Antihabsburgische Politik in der Epoche Karls V. Die reichsständische Opposition gegen die Wahl Ferdinands I. zum römischen König und gegen die Anerkennung seines Königtums (1524–1534). (Schriftenreihe der Historischen Kommission bei der Bayerischen Akademie der Wissenschaften, Bd. 19.) Göttingen 1982.

[85] *Rosemarie Aulinger* (Bearb.), Der Reichstag in Regensburg und die Verhandlungen über einen Friedstand mit den Protestanten in Schweinfurt und Nürnberg 1532. (Deutsche Reichstagsakten. Jüngere Reihe: Deutsche Reichstagsakten unter Kaiser Karl V., Bd. 10/2.) Göttingen 1992, 592.

[86] *Von Senckenberg/Schmauß* (Hrsg.), Neue und vollständigere Sammlung (wie Anm. 11), Bd. 2, 437.

[87] *Silvia Schweinzer-Burian* (Bearb.), Der Reichstag zu Speyer 1542. (Deutsche Reichstagsakten. Jüngere Reihe: Deutsche Reichstagsakten unter Kaiser Karl V., Bd. 12/1.) München 2003, Nr. 68, 541.

[88] Im Einzelnen *Lanzinner*, Friedenssicherung (wie Anm. 10), 394–400.

ein kurpfälzisches Votenprotokoll und genauere Berichtsprotokolle aus dem Fürstenrat ediert sind; zu den Reichstagen bis 1532 liegt Ähnliches nicht vor.[89] Die Debatten im Kurfürstenrat waren zunächst völlig offen gegenüber allen Varianten: dem Gemeinen Pfennig, einer Matrikelsteuer in Truppen oder in Geld. Die Positionen hingen ab von allgemeinen politischen Bewertungen und dem territorialen Steuersystem. Kursachsen etwa votierte für die Truppenmatrikel, um Kaiser und König nicht finanziell zu stärken. Kurmainz bevorzugte wegen des eigenen unzureichenden Steuersystems, das die Umlage der Matrikelsteuer kaum zuließ, den Gemeinen Pfennig. Um die Richtung abzuklären, kamen schließlich der Entwurf des Reichsregiments 1522 und der Anschlag des Reichstags 1530 zur Beratung beziehungsweise zur Verlesung.[90]

Die Vorlagen von 1522 und 1530 führten zu einem Kompromiss, der Eingang in den Reichsabschied des Speyerer Reichstags 1542 fand.[91] Darin wurde ein Gemeiner Pfennig als kombinierte Vermögens- und Kopfsteuer verfügt, der sich an einem Entwurf des Fürstentags von Esslingen 1526 orientierte.[92] Dieser hatte insbesondere die Reichskreise in die Organisation der Einhebung einbezogen. Die Einkünfte aus dem Pfennig von 1542 sollten das Kriegsvolk gegen die Türken finanzieren, das jeder Reichsstand gemäß dem geringfügig erhöhten Anschlag von 1530/32 sofort, also noch im Jahr 1542 und bevor die Steuer erhoben war, nach Wien schicken sollte. Die Fristen wurden so knapp gesetzt, um die Truppen rasch ins Feld zu bringen. Nur einige Wochen nach dem Reichsabschied am

89 Zur Protokollierung bei Reichstagen s. jetzt *Henry J. Cohn*, Protocols of the German Imperial Diet during the Reign of Emperor Charles V, in: Jörg Feuchter (Hrsg.), Politische Redekultur in der Vormoderne. Die Oratorik europäischer Parlamente in Spätmittelalter und Früher Neuzeit. (Eigene und fremde Welten, Bd. 9.) Frankfurt am Main/New York 2008, 45–63. Cohn kommt in der Auswertung gerade der jüngst edierten Reichstags- und Religionsgesprächsakten zur Erklärung, dass die exakte Protokollierung insbesondere auf das Hagenauer Religionsgespräch 1540 zurückzuführen ist, wo beim ähnlichen Ablauf wie bei einem Reichstag die neuartigen, exakten Votenprotokolle erstellt wurden. Jedoch seien schon die Friedstandsverhandlungen in Schweinfurt und Nürnberg sehr viel exakter protokolliert worden als die Reichstagsverhandlungen selbst; s. dazu neben den oben zitierten Editionen der Reichstagsakten *Klaus Ganzer/Karl-Heinz zur Mühlen* (Hrsg.), Akten der deutschen Reichsreligionsgespräche im 16. Jahrhundert. 3 Bde. Göttingen 2000–2007.

90 *Schweinzer-Burian*, Der Reichstag zu Speyer (wie Anm. 87), Nr. 45, 278f.

91 Ebd. Nr. 285, 1182–1200 (§§ 50–126).

92 Dazu *Rosemarie Aulinger* (Bearb.), Der Reichstag zu Augsburg 1525, der Reichstag zu Speyer 1526, der Fürstentag zu Esslingen 1526. (Deutsche Reichstagsakten. Jüngere Reihe: Deutsche Reichstagsakten unter Kaiser Karl V., Bd. 5/6.) München 2011.

11. April 1542 war demgemäß bereits Mitte Mai in Wien die Musterung des Kriegsvolks der Reichsstände angesetzt.

Der Gemeine Pfennig 1542 hatte also die klare Zweckbestimmung, das Reichsheer gegen die Türken nachträglich zu finanzieren. Es stand unter dem Kommando Kurfürst Joachims II. von Brandenburg und sollte das osmanische Heer Süleymans I. aufhalten. Die Räte beim Reichstag 1542 rechneten für die 8000 Berittenen und 40000 Knechte, wenn sie ein Jahr unter Waffen standen, mit Kosten von 3,6 Millionen Gulden.[93] Noch war freilich ungewiss, wie lange das Heer gegen die Türken benötigt würde.

Die Ordnung des Gemeinen Pfennigs, wie sie der Speyerer Abschied 1542 bekanntgab, regelte minutiös nicht nur die Steuersätze, sondern neben der Zweckbestimmung bis ins Einzelne auch die Einbringung und Verwahrung. Die präzisen Normen machen auf der einen Seite deutlich, wie die Erfahrung bisheriger Steuern und Steuerpläne in die neue Ordnung einfloss.[94] Auf der anderen Seite lässt die Umsicht, mit der die Normen formuliert wurden, die Handschrift der Juristen respektive der Gelehrten Räte erkennen, die nun zahlreich vertreten waren und die rechtlich relevanten Texte formulierten.[95]

Anders als 1495 wurde 1542 verabschiedet, dass allein die Reichsstände die Erhebung und Einbringung „in craft irer oberkeit nach christenlicher gebure ordnen, verschaffen und verfuegen“ sollten, weil man nur so „den ausstandt zu suchen und inzubringen und den ungehorsamen zu straffen wisse“.[96] Damit war ausgedrückt, dass nur die territoriale Herrschaftsorganisation eine geordnete Erhebung möglich machte. Der Abschied verfügte außerdem, dass in jedem „Fürstenthum oder Landschafft“ vier vereidigte Beauftragte mit der Erhebung zu betrauen seien, und zwar jeweils einer vom Fürsten, von der Geistlichkeit, dem Adel und den Städten.

[93] *Otto Winckelmann* (Bearb.), Politische Correspondenz der Stadt Straßburg im Zeitalter der Reformation. 5 Bde. Straßburg 1882–1928, Bd. 3, 229, 231 f.

[94] *Winfried Schulze*, Der Kampf um die „gerechte und gewisse matricul“. Zur Problematik administrativen Wissens im Reich im 16. Jahrhundert, oder: die Suche nach Ständen, die „nicht dieses Reiches oder von dieser Welt“, in: Arndt Brendecke/Markus Friedrich/Susanne Friedrich (Hrsg.), Information in der Frühen Neuzeit. Status, Bestände, Strategien. (Pluralisierung & Autorität, Bd. 16.) Berlin/Münster 2008, 137–162.

[95] *Maximilian Lanzinner*, Juristen unter den Gesandten der Reichstage 1486–1654, in: Friedrich Battenberg/Bernd Schildt (Hrsg.), Das Reichskammergericht im Spiegel seiner Prozessakten. Bilanz und Perspektiven der Forschung. (Quellen und Forschungen zur höchsten Gerichtsbarkeit im Alten Reich, Bd. 57.) Köln/Weimar/Wien 2010, 351–384, hier 361 f.

[96] *Schweinzer-Burian*, Der Reichstag zu Speyer (wie Anm. 87), 1187.

Damit wurde wie schon im Regimentsplan von 1522 eine landständische Vertretung angeregt, die es ja nicht in allen Territorien des Reichs gab. Die Formierung ständischer Vertretungen konnte in jenen Territorien die Einziehung erleichtern, die bisher noch keine landständische Verfassung hatten.[97] Jedoch durften 1542 die eingesammelten Steuergelder nicht unmittelbar im Territorium verbleiben, sondern mussten direkt von den territorialen Beauftragten an je sechs Kreiseinnehmer weitergereicht und in den Kreiskassen hinterlegt werden.[98] Daraus erst sollten die Reichsstände ihre für die Truppen aufgewendeten Kosten zurückbekommen. Neben den Landständen berücksichtigte die Ordnung nun auch die Reichskreise, die sich in den 1520er Jahren noch überwiegend im Planungsstadium befunden hatten, jetzt aber mehr und mehr Eigenleben gewannen.

Die Probleme des Kriegszugs von 1542 brauchen nicht dargelegt zu werden.[99] Entscheidend im Hinblick auf die Reichsverfassung ist der Nachweis, dass der Gemeine Pfennig von 1542 keinesfalls ein zentrales Finanzinstrument des Reichsoberhaupts war, was schon Georg Schmidt aus der Perspektive der reichsstädtischen Handhabung des Gemeinen Pfennigs zutreffend konstatierte.[100] Im Gegenteil verblieben die Kollektation und letztlich die Verwendung auf der Ebene der Territorien – 1542 unter Einbezug der Reichskreise. Wichtig ist ebenso, dass die Kollektation des Gemeinen Pfennigs von 1542 eine vereinheitlichte und der ständischen Verfasstheit der Territorien angepasste Ordnung erhielt. Grundsätzlich war nun angeordnet, dass in jedem Fürstentum oder in jeder Landschaft Kommissionen gebildet wurden, und zwar aus einem landesherrlichen Amtsträger, einem Geistlichen, einem Adeligen und einem Städtevertreter.[101]

Der Nürnberger Reichstag, der zweite des Jahres 1542, stand noch ganz im Schatten des ersten. Er musste auf die Schwierigkeiten der Steuer- und Türkenzugsplanungen reagieren, die sich in der Ausführung der Speyerer

[97] Zu diesem Zusammenhang s. *Volker Press*, Steuern, Kredit und Repräsentation. Zum Problem der Ständebildung ohne Adel, in: ZHF 2, 1975, 59–93.

[98] *Schweinzer-Burian*, Der Reichstag zu Speyer (wie Anm. 87), 1190 (§ 88). Die Reichsstände konnten also nicht selbst ihre Vorfinanzierung ausgleichen (so *Rauscher*, Kriegführung [wie Anm. 3], 84).

[99] S. *Hermann Traut*, Kurfürst Joachim II. von Brandenburg und der Türkenfeldzug vom Jahre 1542. Nach archivalischen Quellen bearbeitet. Gummersbach 1892; *Lanzinner*, Friedenssicherung (wie Anm. 10), 485–487; *Rauscher*, Kriegführung (wie Anm. 3), 83–86. Die Geschichte des Gemeinen Pfennigs 1542 würde eine ähnlich eindringende Untersuchung wie für 1495 lohnen.

[100] *Schmidt*, Der Städtetag (wie Anm. 11), 390.

[101] *Von Senckenberg/Schmauß* (Hrsg.), Neue und vollständigere Sammlung (wie Anm. 11), Bd. 2, 457.

Beschlüsse von 1542 gezeigt hatten. Truppen einzelner Reichsstände waren zu spät in Dienst genommen oder zu spät nach Wien geschickt worden. Andere Reichsstände hatten sich geweigert, sie länger als drei Monate zu besolden. Der Gemeine Pfennig war verspätet oder gar nicht eingesammelt worden. Der Ertrag verfehlte die Erwartungen bei weitem; es sind insgesamt 700000 Gulden anzunehmen bei einer Erwartung von drei Millionen, die freilich hoch gegriffen waren.[102] Dabei zeigte sich bei der Prüfung durch den Nürnberger Reichstag, dass die Entsendung der Truppen, obschon verzögert, einigermaßen zuverlässig durchgeführt wurde[103], dass jedoch für ihre Finanzierung, die ja im Nachhinein erfolgen sollte, der Steuerertrag aus dem Gemeinen Pfennig von 1542 nicht ausreichte. Deshalb besserte der zweite Reichstag des Jahres 1542 nach, indem er einen neuerlichen Gemeinen Pfennig ankündigte. Aber er wollte zuvor die Rechnungslegung durch die Kreiseinnehmer abwarten, damit man wusste, welche Summe an die Reichsstände, die Truppen vorfinanziert hatten, noch zu erstatten war.[104]

Der Nürnberger Reichstag des Jahres 1543 verabschiedete dann allerdings eine Matrikularhilfe in Geld von sechs Römermonaten, deren Zustandekommen erst mit dem Erscheinen der einschlägigen Edition zu klären sein wird.[105] Für die weitere Entwicklung des Reichssteuerwesens sollte ein Passus im Nürnberger Abschied 1543 große Bedeutung gewinnen, der die Umlage der Matrikelbewilligung auf die Untertanen gestattete. Erstmals hatte der Augsburger Reichstag 1530 eine Umlage gestattet, aber in unverbindlicheren Formulierungen und nur für die direkte Truppenhilfe auf der Basis der Reichsmatrikel. Der Abschied 1543 verwies – keinesfalls nur deklamatorisch – darauf, dass „solche Hülff von der Stände eigen Cammer-Gütern, in Ansehung etlicher viel Ursachen zu leisten, beschwärlich und unmöglich sein möchte“. Deshalb werde „geordnet und zugelassen,

[102] *Lanzinner*, Friedenssicherung (wie Anm. 10), 487.

[103] S. das Verzeichnis der geleisteten und noch ausstehenden Truppenhilfe vom Juli 1542 in *Schweinzer-Burian*, Der Reichstag zu Speyer (wie Anm. 87), Nr. 68, 102. Aufschlussreich auch die Schreiben Kurfürst Joachims II. von Brandenburg an die vier verordneten Räte der Reichsstände in Regensburg von Juni bis Oktober 1542 in *Silvia Schweinzer-Burian* (Bearb.), Der Reichstag zu Nürnberg 1542. (Deutsche Reichstagsakten. Jüngere Reihe: Deutsche Reichstagsakten unter Kaiser Karl V., Bd. 13.) München 2010, Nr. 66, 68f., 72, 75, 80f., 83, 85.

[104] Ebd. Nr. 198, 892–894 (§25–30).

[105] Die Bearbeitung liegt bei Friedrich Edelmayer und Silvia Schweinzer-Burian. Bisher *Paul Heidrich*, Karl V. und die deutschen Protestanten am Vorabend des Schmalkaldischen Krieges, auf Grund vornehmlich der Reichstagsakten dargestellt. 2 Bde. Frankfurt am Main 1911/12, Bd. 1: Die Reichstage der Jahre 1541–1543.

daß eine jede Obrigkeit alle ihre Unterthanen/die sie vermög der Rechten, und altem besitzlichem Herkommen, zu steuren und zu belegen hat/auf den gemeinen Pfennig, wie der hievor im Reich bewilliget/doch allein derselben Obrigkeit zu guten […] anlegen und einziehen möge, und soll in solcher Anlag niemand ausgeschlossen seyn“. Dabei solle steuerlich das Herkommen gelten und kein Reichsstand „insonderhet [!] den armen gemeinen Mann/so viel möglich, für andern nicht beschweren“.[106]

Der Artikel ist bekannt und wurde fortgesetzt als Beleg dafür zitiert, dass die Reichsstände die Geldmatrikel als Untertanensteuer umlegen konnten. Einige Aspekte sind darüber hinaus zu betonen, die bislang nicht beachtet wurden:

1. Die Formulierung ermächtigte die Reichsstände, die Umlage vorzunehmen wie beim Gemeinen Pfennig. Dies bedeutete, dass Reichsstände, die keine territoriale allgemeine, direkte Steuer erhoben, diese nun bei Matrikelsteuern fordern konnten. Die prinzipielle Berechtigung, die der Reichsabschied aussprach, war bei den Rechts- und Steuerbedingungen des 16. Jahrhunderts dennoch nicht gleichzusetzen mit einer tatsächlich möglichen Umlage in allen Territorien. Immer noch mussten diejenigen Territorialherren die Reichssteuer aus dem Kammergut entrichten, die gemäß ihrem territorialen Rechts- und Steuersystem die Untertanen nicht heranzuziehen vermochten.

2. Da aber die meisten Reichsstände die Matrikelsteuer umlegen konnten, waren nun wesentlich höhere Bewilligungen möglich. Statt der sechs Römermonate, die bis 1543 die Obergrenze gebildet hatten, wurde ab 1576 das Zehnfache und mehr bewilligt.

3. Der Bezug auf den Gemeinen Pfennig erweist zugleich, dass dessen Praxis die Umlage der Matrikel zumindest vorbereitete. Die Untertanen in einigen zuvor unbesteuerten Territorien entrichteten beim Gemeinen Pfennig erstmals eine Steuer.

4. Alle Reichsstände, auch diejenigen, die selten oder nie steuerten, hatten mit der Pfennig-Ordnung von 1542 Normen für ein Kollektationsrecht erhalten. Diese Rechtsgrundlage definierte die Steuerpflichtigen der Reichsstände, wo die territoriale Zuordnung zuvor noch nicht geklärt war. Vor allem wurden die Grenzen zwischen den (vor allem geistlichen und weltlichen) Territorien gezogen. Denn die Ordnung von 1542 verfügte, dass „ein jeder allein an dem ort, da er gesessen“, besteuert wurde, und

[106] *Von Senckenberg/Schmauß* (Hrsg.), Neue und vollständigere Sammlung (wie Anm. 11), Bd. 2, 487.

zwar von sämtlichen Gütern, „wo die sein oder liegen“.[107] Jeder Steuerpflichtige wurde also mit seinem gesamten Vermögen in demjenigen Territorium besteuert, in dem er ansässig war, einschließlich der Güter, die zum Obrigkeitsbereich eines anderen Reichsstands gehörten.

5. Die Umlageermächtigung von 1543 verpflichtete zur Steuergerechtigkeit, allerdings ohne nähere Definition und Sanktionen.

VIII. Diskursive Konstruktionen der Zeitgenossen: die Debatten um den Gemeinen Pfennig

Beim Speyrer Reichstag des Jahres 1544 wurde die Pfennig-Ordnung von 1542 weitgehend übernommen.[108] Allerdings ging dieser letzten Bewilligung eines Gemeinen Pfennigs eine breite Diskussion der Reichsstände voraus, die den Diskurs um das Reichssteuersystem bündelte und die Erfahrungen in die Argumente für und wider den Gemeinen Pfennig einband. Die Ausgangslage war 1544 im Wesentlichen die folgende: Die territorialen Obrigkeiten besteuerten beim Gemeinen Pfennig ihre Untertanen selbst, hatten aber den gesamten Steuerbetrag abzuführen und nicht für eigene Zwecke zu verwenden, wenn sie sich korrekt verhielten. Auch bei einer Matrikelbewilligung konnten sie nun die Kollektationsordnung des Gemeinen Pfennigs anwenden, wenn ihr Ansuchen, die Matrikelhilfe umzulegen, innerhalb ihres Territoriums akzeptiert wurde. Die Bewilligung lag nach dem verbreiteten Rechtsverständnis bei den Landständen, die es aber längst nicht in allen Territorien gab. Wenn einem Reichsstand die Umlage nicht möglich war, musste er die Matrikelhilfe weiterhin aus dem Kammergut entrichten.

Es waren insbesondere die Gutachten der Kurfürsten, die 1544 die Argumente fokussierten.[109] Sie werden daher im Folgenden analysiert. Be-

[107] *Schweinzer-Burian*, Der Reichstag zu Nürnberg 1542 (wie Anm. 103), Nr. 285, 1186.

[108] *Erwein Eltz* (Bearb.), Der Speyrer Reichstag von 1544. 4 Teilbde. (Deutsche Reichstagsakten. Jüngere Reihe: Deutsche Reichstagsakten unter Kaiser Karl V., Bd. 15.) Göttingen 2001, Teilbd. 4, Nr. 565, 2253–2266 (§ 26–69).

[109] Ebd. Teilbd. 3, Nr. 178 (Kurfürsten Johann Friedrich von Sachsen, Johann von Trier, Friedrich von der Pfalz), 179 (Kurfürsten Albrecht von Mainz, Hermann von Köln, Joachim von Brandenburg), jeweils vom 18. April 1544. Zu den Gutachten s. auch *Erwein Eltz*, Zwei Gutachten des Kurfürstenrates über die Wormser Matrikel und den Gemeinen Pfennig 1544, in: Heinrich Lutz/Alfred Kohler (Hrsg.), Aus der Arbeit an den Reichstagen unter Kaiser Karl V. (Schriftenreihe der Historischen Kommission bei der Bayerischen Akademie der Wissenschaften, Bd. 26.) Göttingen 1986, 273–301. Auf längere

fürworter waren Kurmainz, Kurköln und Kurbrandenburg, Gegner waren Kurtrier, Kurpfalz und Kursachsen. Beginnen wir mit der Gemeinsamkeit. Nur in einem einzigen zentralen Argument stimmten Befürworter und Gegner des Gemeinen Pfennigs überein. Beide sprachen der Reichsmatrikel die größere Dignität zu, weil sie dem „alt herkommen"[110] entspreche. Die Gegner des Gemeinen Pfennigs bezeichneten die Matrikel zusätzlich als eine „alte hergebrachte freiheit"[111] des Reichs. Mit der Matrikel war also auch eine Werthaltung, die Freiheit der deutschen Fürsten, konnotiert, die während der Herrschaft Kaiser Karls V. in besonderem Maß propagiert wurde.[112] Rein als Steuerform betrachtet, gingen der Gemeine Pfennig und die Matrikel als „herkommen" gleichermaßen auf die Hussitenzeit zurück.

Das wesentliche Argument für den Gemeinen Pfennig aus der Sicht der Befürworter Kurmainz, Kurköln und Kurbrandenburg war, dass die Matrikelsteuer nicht zu „gehorsamer Leistung"[113] geführt habe. Nicht alle in der Matrikel Verzeichneten hätten ihren Beitrag entrichtet. Außerdem bemängelten die Befürworter des Gemeinen Pfennigs ebenso zutreffend, dass nicht wenige Reichsstände infolge der Matrikelsätze ein „ubermaß"[114] an Belastung zu tragen hätten. Dieser Einwand ließ sich allerdings auch gegen den Gemeinen Pfennig vorbringen, der unterschiedlich Leistungsfähige in gleiche Steuerklassen einordnete und die Standespersonen geringer veranschlagte als den Gemeinen Mann.

Über unbillige Steuersätze der Matrikel hatten seit den 1520er Jahren Reichstage beraten, da sie immer wieder von Seiten geistlicher Fürsten, kleinerer Reichsstände und von Reichsstädten[115] vorgebracht wurden. Um die ungleiche steuerliche Belastung endlich zu korrigieren, setzte noch der Speyerer Reichstag 1544 einen eigenen Tag an, der über eine „Moderation", das heißt eine Ermäßigung des Steuersatzes, befinden sollte. Die Ansetzung beabsichtigte, neben der Entlastung und der Verbesserung der Steuergerechtigkeit, die Matrikelsteuer attraktiver zu machen.[116]

Quellenzitate wird verzichtet, da sich die Wiedergabe der Argumentationen anhand der edierten Texte nachprüfen lässt.

[110] *Eltz*, Der Speyrer Reichstag (wie Anm. 108), Teilbd. 3, 1245, 1259.

[111] Ebd. 1253.

[112] *Nathan Rein*, The Chancery of God. Protestant Print, Polemic and Propaganda against the Empire, Magdeburg 1546–1551. (St. Andrews Studies in Reformation History.) Aldershot/Burlington 2008, 47–90.

[113] *Eltz*, Der Speyrer Reichstag (wie Anm. 108), Teilbd. 3, 1258.

[114] Ebd.

[115] Zur Entstehung der Ungleichheiten *Schmidt*, Der Städtetag (wie Anm. 11), 331–422.

[116] *Eltz*, Der Speyrer Reichstag (wie Anm. 108), Teilbd. 4, Nr. 565, 2250–2253 (§ 12–

Beide Argumente der Befürworter freilich hoben nicht Vorzüge des favorisierten Gemeinen Pfennigs hervor, sondern Schwächen der Reichsmatrikel, die erkannt worden waren und revidiert werden sollten. Ähnliche Schwächen hatte außerdem der Gemeine Pfennig, die 1542 und 1544 nicht behoben wurden. Immer noch traf bei diesen Pfennigen ein Übermaß an Belastung speziell die ärmeren Untertanen.

Die Argumente gegen den Gemeinen Pfennig fielen zum Teil stärker ins Gewicht. Erstens sei seine Kollektation teuer und unzuverlässig, sodann die Kontrolle schwierig. Sanktionen gegen Standespersonen seien unmöglich, weil diese sich selbst einschätzten. Die Gegner Kurtrier, Kurpfalz und Kursachsen gestanden zwar zu, dass der Reichsfiskal gegen Standespersonen die Acht aussprechen könne, aber dazu sei eine Vermögensoffenbarung nötig. Dadurch gerate die Kreditwürdigkeit der Betroffenen in Gefahr, auch andere, unerwünschte Folgen seien zu befürchten.[117] Hier lag tatsächlich eine Schwierigkeit, die den Diskurs schon im 15. Jahrhundert bestimmt hatte.

Ein zweites Problem sei, dass der Gemeine Pfennig „ein ewiger Last"[118] der Kurfürsten, Fürsten und Stände bleiben könne, dass also die Reichsstände auf Dauer steuerpflichtig würden. Die gleiche Gefahr bestand bei der Matrikelsteuer, die aber offensichtlich unter den Reichsständen nicht als Steuer im Sinn der Zeit verstanden wurde. Zudem stellte die Reichsmatrikel Fürsten, Adlige und Prälaten nicht mit den Untertanen auf die gleiche Stufe. Die Sorge der drei Kurfürsten von Trier, Pfalz und Sachsen war ferner, dass die Reichsmatrikel infolge weiterer Pfennigbewilligungen ganz „fallen"[119] und außer Gebrauch kommen könnte. Sie betrachteten die Reichsmatrikel als die eigentlich angemessene Form reichsständischer Abgaben an Kaiser und Reich. Für die drei Befürworter des Pfennigs, Kurmainz, Kurköln und Kurbrandenburg, waren solche Einschätzungen, die das symbolische Kapital betrafen, weniger relevant. Die Dignität der Matrikel wurde also nicht von allen in gleicher Weise beurteilt.

Das dritte Argument der Gegner lautete, dass Burgund, Österreich und auch „ander vil stende"[120] den Gemeinen Pfennig nicht leisteten. Dies traf zu, galt aber ebenso für die Reichsmatrikel.

25). Eine „Moderation" beim Reichstag 1544 war nicht möglich, da der zuständige Ausschuss „aus manglen genuegsamen berichts" keine Vorschläge erarbeiten konnte. Vgl. den Schlussbericht des „Ausschusses zur Ringerung der Anschläge" vom 12./13. Mai 1544, ebd. 2050.

117 *Eltz*, Der Speyrer Reichstag (wie Anm. 108), Teilbd. 3, 1250–1252.

118 Ebd. 1248.

119 Ebd.

120 Ebd. 1250.

Damit waren Pro und Contra der Befürworter und Gegner jedoch nicht erschöpft. Auf beiden Seiten wurden die gleichen essentiellen Anforderungen an eine Reichssteuer gestellt: zum einen der Ertrag, zum anderen, was den Aufwand an Argumentation betrifft, in besonderer Weise die Steuergerechtigkeit. Die Gerechtigkeit war die Grundfrage beim Reichstag 1544, aber auch eine Grundfrage im nachfolgenden Steuerdiskurs des 16. Jahrhunderts. Zum Ertrag wurden folgende Bewertungen getroffen: Den Befürwortern schien der Gemeine Pfennig „austreglich“[121], wenn man die erkannten Mängel abstelle, was ohne große Mühe geschehen könne. Diese Argumentation lässt sich angesichts des Forschungsstands schwer beurteilen. Die Gegner bestritten die „Austräglichkeit“ und wiesen vor allem darauf hin, dass letztlich die Fürsten Fehlbeträge ausgeglichen hätten, wenn zu wenig eingekommen sei. Damit führe der Gemeine Pfennig zu „beschwerlicher dinstbarkeit“[122] und einer noch größeren Belastung des Kammerguts als die Matrikelsteuer.

Die Steuergerechtigkeit wurde facettenreich, aber nicht immer plausibel abgewogen. Als Grundforderung erklärten die Befürworter des Gemeinen Pfennigs das Erfordernis, dass alle Steuerpflichtigen „gleiche burden“[123] tragen müssten, ohne dies näher zu erläutern. Die Gegner bestritten, dass dies beim Gemeinen Pfennig der Fall sei. Sie bezeichneten die Umlage der Reichsmatrikel als die gerechtere Form und begründeten dies schlicht so: In den Territorien würden die Reichsstände dafür sorgen, dass der „reiche dem armen“[124] nicht die Steuerlast aufbürde. Damit äußerten beide Seiten eher Wünsche und Forderungen, ohne Normen zu nennen, wie eine allgemeine Steuergerechtigkeit beim Gemeinen Pfennig oder bei der Reichsmatrikel erreicht werden konnte.

Die Befürworter des Pfennigs erklärten immerhin ausdrücklich, dass alle „reiche[n] von geistlich und weltlich“[125] ebenfalls Steuern bezahlen und grundsätzlich alle Personen hohen und niederen Standes „gleiche burden tragen“ müssten. Demgegenüber verwiesen die Gegner darauf, dass die nötige Vermögensoffenbarung, wenn Reiche, etwa Kaufleute, angemessen besteuert würden, diese ins „verterben“[126] treiben oder zu Gegenmaßnahmen zwingen würde. Wenn außerdem Adlige eine hohe Pfennigsteuer leis-

[121] Ebd. 1259.
[122] Ebd. 1246.
[123] Ebd. 1256.
[124] Ebd. 1247.
[125] Ebd. 1256.
[126] Ebd. 1247.

teten, sei dies weder möglich noch gerecht, da sie ohnehin zum Reiterdienst mit Rüstungen und einer „antzalh pferde“[127] verpflichtet seien. Die Gegenargumente gegen eine angemessene Belastung der Reichen und Standespersonen waren zwar konkret, aber nicht durchweg überzeugend. So wurde der Reiterdienst nicht mehr in allen Territorien und nicht von allen Adligen eingefordert, zumal nicht von den reichsunmittelbaren.

Auch unter den Reichsstädten gingen die Meinungen auseinander. Straßburg, Ulm und Frankfurt bewerteten den Gemeinen Pfennig „alß allen unvermüglichen stenden für den treglicheristen, leydlichsten weg“.[128] Für die finanzschwachen Reichsstände sei also der Gemeine Pfennig günstiger. Der Straßburger Gesandte Jakob Sturm begründete den Vorzug des Gemeinen Pfennigs ferner damit, dass Österreich, Burgund und Böhmen zur Matrikel nichts beitragen würden; um dies zu kompensieren, müsse der Matrikelanschlag regelmäßig für alle erhöht werden.

Gegen den Gemeinen Pfennig und für die Matrikel traten die Reichsstädte Augsburg und Nürnberg ein, wofür sie als Gründe nannten: Der Gemeine Pfennig werde nicht in der verfügten Weise, sondern ganz unterschiedlich erhoben, vor allem in den Reichsstädten, aber auch sonst. Dies geschehe in Form einer indirekten Steuer, als Zoll- oder Mauteinnahme, als steuerlicher Festbetrag für Güter oder Feuerstätten, schließlich „nach antzal der manschaft“ oder als Landsteuer.[129] Dies traf durchaus zu. In großen Territorien bezahlten die Landstände den Gemeinen Pfennig aus den Rücklagen von Landsteuern. Kleine Territorien, die wegen des Widerstands der Untertanen oder weil die Verwaltungsstruktur fehlte, den Gemeinen Pfennig nicht einziehen konnten, mussten sich anders behelfen. Auch in den Reichsstädten war die Unsicherheit groß. In Frankfurt, wie sonst „im städtischen Bereich“, behielt man das „Prinzip der Selbsteinschätzung“ bei. Aber die „Untertanen des Rates“ entrichteten ihren „Beitrag gemäß dem [vom Rat] geschätzten Vermögen“.[130] Als einen der kleineren Mängel des Pfennigs monierten die beiden Reichsstädte Augsburg und Nürnberg, dass grundsätzlich Bargeld stärker besteuert würde als Liegenschaften. Schlösser und Häuser von Standespersonen würden überhaupt nicht erfasst. Außerdem führe die Selbstbelegung zu Ungerechtigkeiten.

[127] Ebd. 1251.
[128] Ebd. Teilbd. 2, 685.
[129] Ebd. Teilbd. 3, 1229.
[130] *Schmidt*, Der Städtetag (wie Anm. 11), 391.

Ein Argument von Gewicht, das die Kurfürsten nicht einbezogen hatten, kam bei den Beratungen der Städte zur Sprache. Ihre Sorge war, dass bei einer mehrjährigen Erhebung des Gemeinen Pfennigs „Teutschland treffenlich verarmt und in vil 100 jarn die reychtumb der metall nit wider bekomen mecht".[131] In der Tat musste eine Erhebung, die Jahr um Jahr zwei oder drei Millionen Gulden Steuern abzog, wie es bei Gemeinen Pfennigen meist geplant war, zu einer untragbaren Belastung des gesamten wirtschaftlichen und sozialen Lebens führen. Hinzu kam, dass viele Reichsbewohner zuvor noch keine regelmäßigen Steuern erlegt hatten.

Die Debatten beim Reichstag 1544 lassen zwei Schwerpunkte erkennen: die Abwägung der Mängel des Gemeinen Pfennigs gegenüber der Reichsmatrikel, was die Zuverlässigkeit der Steuerleistungen betraf, und die Steuergerechtigkeit. Dabei wurden mitunter einseitige, aber durch Erfahrung bestätigte Einwände gegen den Gemeinen Pfennig vorgebracht. Hinsichtlich der Steuergerechtigkeit argumentierten beide Seiten sehr breit, kamen aber über einen unverbindlichen Forderungskatalog nicht hinaus.

Verfassungspolitische Erwägungen spielten dagegen keine Rolle, allenfalls ständepolitische. Die Reichsstände sollten möglichst nicht zusammen mit den Untertanen steuern. In keiner Weise thematisiert wurden eine zentralisierende Wirkung des Gemeinen Pfennigs oder gar eine Gefährdung der reichsständischen Territorialherrschaft. Dazu hatten die Reichsstände auch keinen Anlass, da die Organisation der Pfennigbesteuerung ihre Interessen seit 1495 berücksichtigt hatte. Beim Gemeinen Pfennig 1542 wurden lediglich die Reichskreise zur Bezahlung der Truppen eingeschaltet, ansonsten verblieb er völlig in der Verwaltung und Herrschaft der Territorien. Genau die gleiche Ordnung wie 1542 erhielt dann der Gemeine Pfennig des Jahres 1544.

Die Forschung hat das lange Zeit übersehen. Denn auch für die Reichstage 1542/44 wurde das Deutungsmuster fortgeschrieben, der Pfennig sei von den Reichsständen als Gefahr für ihre Eigenständigkeit erachtet worden.[132] Selbst der Editor Erwein Eltz, der seine Studie am Beginn der Ak-

[131] *Eltz*, Der Speyrer Reichstag (wie Anm. 108), Teilbd. 3, 1230.

[132] *Eltz*, Zwei Gutachten (wie Anm. 109), 273–301, deutet die Kontroversen um den Gemeinen Pfennig beim Reichstag 1544 noch in erster Linie verfassungspolitisch, dabei *Isenmann*, Reichsfinanzen (wie Anm. 25), 129–218, folgend; ebenso noch die Bewertung des Gemeinen Pfennigs in *Eberhard Isenmann*, The Holy Roman Empire in the Middle Ages, in: Richard Bonney (Ed.), The Rise of the Fiscal State in Europe, c. 1200–1815. Oxford 1999, 243–280, hier 265–267.

tenbearbeitung verfasste, aber bereits wichtige Quellen kannte, löste sich nicht aus der erstarrten Perspektive der älteren Forschung. Dabei ist nachzuweisen, dass sich auch 1542/44 die Haltung der Kurfürsten und Fürsten gegenüber dem Gemeinen Pfennig an Erfordernissen ausrichtete, die mit dem Steuersystem und der Politik des Territoriums zusammenhingen.[133] Zu den territorialen Systemen fehlen weithin Studien. Jedoch bietet die Edition zum Reichstag 1544 eine enorme Fülle an Material und ist die wohl ergiebigste Quellensammlung zur Geschichte des Reichssteuersystems. Es gründlich auszuwerten, bedarf einer Monographie.[134]

IX. Entscheidungen für und gegen den Gemeinen Pfennig in der Mitte des 16. Jahrhunderts

Am Ende des Reichstags 1544 entschied eine letztlich sehr knappe Mehrheit für den Gemeinen Pfennig. Durchweg sprachen sich, wie auch in den Gutachten ersichtlich, Kurmainz, Kurköln und Kurbrandenburg für den Gemeinen Pfennig aus, Kurtrier, Kurpfalz und Kursachsen dagegen. Im Fürstenrat zählte der Bischof von Hildesheim, Valentin von Tetleben[135], nur zwölf Stimmen für die Matrikel, 18 dagegen. Für die Matrikel traten ein: Herzog Moritz von Sachsen, Landgraf Philipp von Hessen, Herzog Ernst von Braunschweig, Herzog Hans-Ernst von Sachsen-Coburg, Herzog Wilhelm IV. (mit Ludwig X.) von Bayern, Herzog Ottheinrich von der Pfalz, die Bischöfe von Bamberg, Worms, Eichstätt, Straßburg und Münster, der Graf von Leuchtenberg. Für den Gemeinen Pfennig traten ein: Österreich, Markgraf Hans von Brandenburg, Herzog Heinrich von Braunschweig, Herzog Ernst von Lüneburg, Herzog Wolfgang von Zweibrücken, Markgraf Albrecht von Brandenburg, die geistlichen Herren von Salzburg, Bremen, Konstanz, Augsburg, Trient, Hildesheim, Lüttich, Regensburg, Passau, der Deutschmeister, Prälaten und die Grafen. Unentschieden waren Jülich, Baden, Pommern, Speyer, Fulda und Würzburg. Die Reichsstädte sprachen sich mit klarer Mehrheit für den Gemeinen Pfennig aus, dagegen

[133] Vgl. die territorialen Hintergründe für die Entscheidungen zum Gemeinen Pfennig 1576 (soweit es der Forschungsstand zuließ) in *Lanzinner*, Friedenssicherung (wie Anm. 10), 493–497.

[134] *Eltz*, Der Speyrer Reichstag (wie Anm. 108), wichtige Quellen neben den Protokollen: reichsständische Instruktionen (Nr. 47, 52, 54f., 57, 59, 62), Gutachten und Berichte (Nr. 171, 174–180, 183, 185, 189–191), Korrespondenzen (Nr. 324f., 327, 331, 334, 336, 338, 342, 346–352, 354, 356f., 359, 361, 364, 367, 372f., 377, 383, 386, 388).

[135] *Eltz*, Zwei Gutachten (wie Anm. 109), 277.

waren nur Nürnberg und Augsburg.[136] Unter den Kurien ergab sich also ein Patt, aber die Kurie der Fürsten überwog die Kurie der Reichsstädte.

Der Reichstag zu Augsburg 1547/48[137], den Karl V. auf dem Höhepunkt seiner Macht im Reich anberaumte, gewährte dem Kaiser sechs Römermonate[138] in Geld zur allgemeinen Friedenssicherung im Reich. König Ferdinand I. erhielt 500000 Gulden zur Sicherung der Grenze gegenüber den Türken, die nach der Matrikel für den Kammerzieler (25facher Satz) zu entrichten waren. Diese Matrikel belastete vor allem die Reichsstädte mit hohen Sätzen, sie deckte sich aber hinsichtlich der aufgelisteten Stände mit der Romzugmatrikel von 1521. Auf ihrer Grundlage wurde später nur noch einmal, 1559, eine beharrliche Türkenhilfe von 500000 Gulden beschlossen. Ihre Anwendung provozierte 1548 wie 1559 erbitterten städtischen Widerstand, den die Fürstenkurien jedoch kaum zur Kenntnis nahmen. Die Reichsstädte konnten 1548 schließlich nicht mehr tun, als ihre Proteste in der kaiserlichen und königlichen Kanzlei zu hinterlegen.[139]

Die Gesamtsumme der beiden Steuern von 1548 übertraf die sonstigen Bewilligungen von Reichstagen unter Karl V. erheblich. Dabei hatten die sechs Römermonate, die nachfolgend geleistet wurden, ein zu erwartendes Aufkommen von 250000 bis 300000 Gulden. Die Reichsstände beschlossen 1548 erneut, die Matrikelsteuer bei den Untertanen umlegen zu können. Die Zweckbindung war bei den 1548 gewährten Steuern nur vage definiert. Die Gelder zur Friedenssicherung flossen schließlich in die Belagerung Magdeburgs, die Türkengelder in den Festungsbau an der ungarischen Grenze. Da sich die Reichsstände bei den Reichstagen der 1540er und 1550er Jahre noch die Kontrolle der Steuerverwendung vorbehielten, lässt

[136] *Eltz*, Der Speyrer Reichstag (wie Anm. 108), Teilbd. 2, Nr. 82, Abstimmung am 16. April 1544.

[137] Zu den Steuerverhandlungen 1547/48 die Darstellung bei *Horst Rabe*, Reichsbund und Interim. Die Verfassungs- und Religionspolitik Karls V. und der Reichstag von Augsburg 1547/1548. Köln/Wien 1971, 398–406. Dort ist zu korrigieren, dass für den „Vorrat" ein ganzer Romzug von 120000 Gulden bewilligt worden sei; die gleiche Angabe zu korrigieren in: *ders.*, Reich und Glaubensspaltung. Deutschland 1500–1600. (Neue Deutsche Geschichte, Bd. 4.) München 1989, 272.

[138] Vgl. das „Bedenken der Reichsstände" vom 1. Juni 1541, ediert in *Ursula Machoczek* (Bearb.), Der Reichstag zu Augsburg 1547/48. (Deutsche Reichstagsakten. Jüngere Reihe: Deutsche Reichstagsakten unter Kaiser Karl V., Bd. 13/3.) München 2006, Nr. 268. Die Reichsstände erklären sich bereit, einen „gantzen romtzug", wie er in Worms 1521 „gelaist" worden sei, „sechs monat lang an gelt" zu erlegen , ebd. 2223. Ebenso die Formulierung im Abschied, ebd. 2680. Das heißt, sie bewilligten einen „Romzug" im Umfang von „sechs Römermonaten". Vgl. ebd. 100.

[139] Ebd. Nr. 276, 278.

sich die Verwaltung der Steuern aus den zuletzt erschienenen Reichstagsaktenbänden rekonstruieren, was bis dahin auf Grund des verstreuten Materials nicht möglich war. Im Gegensatz zur Reichsfinanz- und Reichssteuerverwaltung späterer Reichspfennigmeister, insbesondere des Christoph von Loß auf Schleinitz[140] und Zacharias Geizkoflers[141], ist die Handhabung der Reichssteuern durch die Pfennig- und Schatzmeister zwischen 1541 und 1566 noch nicht untersucht. Jedoch ist auch das Wirken des Nachfolgers Georg Ilsung[142], dem Kaiser Maximilian II. das Amt 1566 übertrug, nur in vagen Umrissen bekannt.

Der Gemeine Pfennig wurde beim Reichstag 1547/48 nur marginal erwähnt, nicht grundsätzlich diskutiert wie noch vier Jahre zuvor. Bezeichnend sind die Beratungen des Kurfürstenrats vom 9. Juni 1548.[143] Die Meinung aller Votierenden ging dahin, zunächst den Gemeinen Pfennig 1544 in allen Territorien einziehen zu lassen, bevor man über eine neue Bewilligung spreche. „Von gemainen pfening begern sie nicht anders dann gleichheit“, fasste der Gesandte Kurbrandenburgs das Kernproblem zusammen. Er meinte, dass erst alle Reichsstände die Auflagen zum Gemeinen Pfennig erfüllen sollten, bevor über ihn noch einmal beraten werde.

Zwar wiederholte schon der Reichsabschied die Aufforderung von 1545[144], den 1544 zu Speyer bewilligten „gmainen pfenning nachmaln einzubringen“, falls noch nicht geschehen, oder zu ersetzen, wenn er für andere Zwecke aufgebraucht war.[145] Jedoch musste der Reichstag zu Augs-

140 *Martina Schattkowsky*, Ein kursächsischer Hofmarschall als Gutsherr: Christoph von Loß auf Schleinitz (1574–1620), in: Jan Peters (Hrsg.), Gutsherrschaftsgesellschaften im europäischen Vergleich. Berlin 1997, 295–309; *dies.*, Zwischen Rittergut, Residenz und Reich. Die Lebenswelt des kursächsischen Landadligen Christoph von Loß auf Schleinitz (1574–1620). (Schriften zur sächsischen Geschichte und Volkskunde, Bd. 20.) Leipzig 2007.

141 *Alexander Sigelen, Dem ganzen Geschlecht nützlich und rühmlich.* Reichspfennigmeister Zacharias Geizkofler zwischen Fürstendienst und Familienpolitik. (Veröffentlichungen der Kommission für geschichtliche Landeskunde in Baden-Württemberg, Rh. B: Forschungen, Bd. 171.) Stuttgart 2008.

142 Unzureichend *Stephan Dworzak*, Georg Ilsung von Tratzberg. Diss. phil. Wien 1954.

143 *Ursula Machoczek* (Bearb.), Der Reichstag zu Augsburg 1547/48. 3 Teilbde. (Deutsche Reichstagsakten. Jüngere Reihe: Deutsche Reichstagsakten unter Kaiser Karl V., Bd. 18.) München 2006, Teilbd. 1, 748–751.

144 *Rosemarie Aulinger* (Bearb.), Der Reichstag zu Worms 1545. 2 Teilbde. (Deutsche Reichstagsakten. Jüngere Reihe: Deutsche Reichstagsakten unter Kaiser Karl V., Bd. 16.) München 2003, Teilbd. 1, Nr. 217. Zu den Positionsbestimmungen gegenüber dem Gemeinen Pfennig beim Wormser Reichstag 1545 s. die Zusammenfassung ebd. 75.

145 *Machoczek*, Der Reichstag zu Augsburg (wie Anm. 143), Nr. 372b, 2666 (§ 46 f.).

burg 1551 noch einmal mahnen.[146] Erst ein „General Mandat" Karls V. vom 4. August 1552[147] führte dann zur Ablieferung und teilweise noch zur Kollektation[148] der Steuergelder, die den Wiener Hof für einen Kriegszug gegen die Türken finanziell besser ausstatten sollten.

Bilanziert man die Einziehung und die Ablieferung der Gemeinen Pfennige von 1542 und 1544, sind die wenig ermutigenden Erfahrungen mit dieser Steuerform evident. Darin lag der wesentliche Grund, weshalb es nach 1544 und in den 1550er Jahren zu keiner Neuauflage der Steuer kam.

Scharfsichtig analysierte 1556 der bayerische Geheime Rat Wiguleus Hundt[149] die Schwächen des Gemeinen Pfennigs, den die bayerischen Herzöge und Landstände seit dem 15. Jahrhundert abgelehnt hatten und den der amtierende Herzog Albrecht V. beim bevorstehenden Reichstag 1556 in Regensburg wieder abzulehnen gedachte.[150] Hundt, der seit 1540 in bayerischen Diensten stand, Reichstage und Reichsversammlungen seit 1547/48 mitgestaltet[151] und am Reichskammergericht gedient hatte, kannte das Innenleben des Reichs wie kaum ein anderer. Er kritisierte zutreffend die mühsame und verzögerte Einbringung der Steuergelder seit 1542/44, die zum Teil „noch auf diese stundt nit"[152] eingezogen seien. Als eine der Ursachen sah er die Streitigkeiten vor allem zwischen geistlichen und weltlichen Obrigkeiten um Kollektationsrechte, die zu Prozessen beim Reichs-

[146] *Erwein Eltz* (Bearb.), Der Reichstag zu Augsburg 1550/51. 2 Teilbde. (Deutsche Reichstagsakten. Jüngere Reihe: Deutsche Reichstagsakten unter Kaiser Karl V., Bd. 19.) München 2005, Teilbd. 2, Nr. 305, 1605 (§ 103 f.).

[147] *Von Senckenberg/Schmauß* (Hrsg.), Neue und vollständigere Sammlung (wie Anm. 11), Bd. 2, 639–641.

[148] Zu den kaiserlichen Kommissionen in diesem Zusammenhang *Christine Pflüger*, Kommissare und Korrespondenzen. Politische Kommunikation im Alten Reich (1552–1558). (Norm und Struktur, Bd. 24.) Köln 2005.

[149] *Wilhelm Liebhart*, Wiguleus Hundt zu Sulzemoos und Lauterbach. Dachau 1999 (mit älterer Literatur).

[150] Besprochen bei *Dietmar Heil*, Die Reichspolitik Bayerns unter der Regierung Herzog Albrechts V. (1550–1579). (Schriftenreihe der Historischen Kommission bei der Bayerischen Akademie der Wissenschaften, Bd. 61.) Göttingen 1998, 152 f. Für die Einsicht in den Text danke ich Dr. Josef Leeb, der erwägt, ihn in die Edition zum Reichstag 1556/57 aufzunehmen. Er stammt vom Herbst/Winter 1556 und liegt im Bayerischen Hauptstaatsarchiv (HStA) München, Kurbayern Äußeres Archiv (KÄA) 3177, fol. 98r–106v (Kopie).

[151] *Manfred Mayer*, Leben, kleinere Werke und Briefwechsel des Dr. Wiguleus Hundt. Ein Beitrag zur Geschichte Bayerns im 16. Jahrhundert. Innsbruck 1892, 61–64; *Maximilian Lanzinner*, Fürst, Räte und Landstände. Die Entstehung der Zentralbehörden in Bayern 1511–1598. (Veröffentlichungen des Max-Planck-Instituts für Geschichte, Bd. 61.) Göttingen 1980, 363 f.

[152] HStA München, KÄA 3177, fol. 98r–106v (Kopie), fol. 99v.

kammergericht geführt hätten und dort noch anhängig seien. Neben dem Nachbarschaftsstreit wurde der Gemeine Pfennig durch innerterritoriale Gepflogenheiten und Rechtsverhältnisse blockiert. Reichsstände, die aus eigenen Mitteln den Gemeinen Pfennig vorfinanziert und dem König zur Verfügung gestellt hätten, erhielten ihre Kredite nicht aus den Pfennigsteuern ihrer Territorien zurück, weil dort „sonndere gebreüch, vertreg unnd alts herkhomen“[153] gälten, die mit den Ordnungen von 1542 und 1544 nicht vereinbar seien.

Auch das Steueraufkommen verbuchte Hundt in seiner Negativbilanz. Er erinnerte, was zutraf, an den unerwartet niedrigen Betrag von 108 800 Gulden, den der Gemeine Pfennig 1542 im Bayerischen Kreis erbracht hatte. So viel sei 1544 bei weitem nicht mehr erzielt worden und auch gegenwärtig nicht mehr zu erzielen. Auf anderem Weg, also durch die Matrikelsteuer, ließen sich im Bayerischen Kreis hingegen „bei den gewissen unnd richtigen stennden biß in die 100000 fl. [Gulden] treffen“.[154] Bei den sechs Römermonaten, die bis dahin üblich waren, stimmte dies nicht. Aber bei den 16 Römermonaten, die der Reichstag 1556/57 kurz darauf gewährte, dürften 100000 Gulden im Bayerischen Kreis erreicht worden sein.[155] Ein Römermonat des Bayerischen Kreises entsprach 6208 Gulden.[156]

Besondere Mühe wendete Hundt auf, um das Argument der Steuergerechtigkeit zu entkräften. Immerhin gestand er zu, dass der Gemeine Pfennig prinzipiell wegen der Besteuerung von Standespersonen den Armen Mann entlaste. Real sei dies aber nicht der Fall, weil auf die Selbstbelegung der höheren Stände immer weniger zu vertrauen sei. Die Matrikelsteuer hingegen müsse nicht umgelegt, sondern könne auch ohne Besteuerung bezahlt werden. Dann werde der Arme Mann gänzlich entlastet. Dies war eindeutig aus bayerischer Sicht argumentiert, weil dort wie in Kursachsen die Landstände aus den üblichen Landsteuern die Beträge für die Matrikelsteuer abzweigten. Zwar wurde der Pfennig nicht umgelegt, aber die Landsteuern bezahlte natürlich dennoch der Gemeine Mann. Ungerecht sei neben

[153] Ebd. fol. 100.

[154] Ebd. fol. 101v.

[155] Aus der Nominalmatrikel des Bayerischen Kreises errechneten sich 6944 Gulden (Stand 1571); Österreichisches Staatsarchiv (ÖStA) Wien, Haus-, Hof- und Staatsarchiv (HHStA), Mainzer Erzkanzlerarchiv, Reichstagsakten, Matrikelmoderation 1 C, fol. 97–98.

[156] *Peter Claus Hartmann*, Der Bayerische Kreis (1500 bis 1803). Strukturen, Geschichte und Bedeutung im Rahmen der Kreisverfassung und der allgemeinen institutionellen Entwicklung des Heiligen Römischen Reiches. (Schriften zur Verfassungsgeschichte, Bd. 52.) Berlin 1997, 273f.

der Selbstbelegung, dass die „vermöglichere oder gewissenhaftere stenndt“ den Gemeinen Pfennig 1542 in die Kreistruhen geliefert hätten, andere nicht. Danach aber seien aus den Kreistruhen die Kosten für die sofort gestellten Türkentruppen aller Reichsstände erstattet worden, auch derjenigen, die ihre Pfennigsteuer nicht an die Kreise gegeben hätten. Es sei „beschwerlich“, dass auf diese Weise der „gehorsam [sc. der gehorsame Reichsstand, M. L.] des anndern ungehorsam oder verschwendnus und ersaigerung entgellten“ müsse.[157] Diese Ungerechtigkeit auf der Ebene der Reichsstände war nicht von der Hand zu weisen.

Schließlich verstand Hundt den Gemeinen Pfennig als „ungebreuchig“[158] und als „beschwerung wider allt herkomen und freihaiten“.[159] Aus dieser Formulierung könnte man herauslesen, was Hundt jedoch nicht explizit sagte, dass der Gemeine Pfennig als Beschränkung der fürstlichen Freiheit empfunden wurde und damit als Beschränkung der territorialen Herrschaft.

X. Nachwirkungen des Gemeinen Pfennigs bis 1576

Wie betont, endete die Geschichte des Gemeinen Pfennigs nicht mit der letzten Bewilligung von 1544. Doch wie nachdrücklich waren die Versuche, in den Jahrzehnten nach 1555 Reichssteuern in dieser Form zu erheben? Kaiser Ferdinand I. proponierte bei seinen letzten Reichstagen 1556/57 und 1559 keinen Gemeinen Pfennig mehr.[160] Die Reichsstände bewilligten stattdessen beim Regensburger Reichstag 1556/57 mit 16 Römermonaten eilender Türkenhilfe[161] ungleich mehr als je zuvor, nachfolgend beim Augsburger Tag 1559 eine beharrliche Türkenhilfe von 500000 Gulden[162], und zwar 1557 nach der Wormser Romzugmatrikel, 1559 nach der Reichs-

[157] HStA München, KÄA 3177 (wie Anm. 150), fol. 103.

[158] Ebd. fol. 104.

[159] Ebd.

[160] Ich danke Herrn Dr. Josef Leeb für die Auskunft. Zum Reichstag 1559 s. *Josef Leeb* (Bearb.), Der Kurfürstentag zu Frankfurt 1558 und der Reichstag zu Augsburg 1559. 3 Teilbde. (Deutsche Reichstagsakten. Reichsversammlungen 1556–1662.) Göttingen 1999.

[161] *Von Senckenberg/Schmauß* (Hrsg.), Neue und vollständigere Sammlung (wie Anm. 11), Bd. 3, 143.

[162] *Leeb*, Der Kurfürstentag zu Frankfurt 1558 (wie Anm. 160), Teilbd. 3, 2010.

kammergerichtsmatrikel.[163] Der Gemeine Pfennig war 1556/57 und 1559 kein Thema.

Bei beiden Reichstagen forderte allein die Gesandtschaft Kurbrandenburgs im Kurfürstenrat, man solle die Türkenhilfen nicht nach dem Reichsanschlag, sondern nach dem Gemeinen Pfennig einziehen. Die Protokolle vermerkten 1556/57 nur die allgemeine Begründung des Gesandten, dass der Gemeine Pfennig größere „richtigkait" aufweise.[164] Auch Kaiser Maximilian II. verzichtete bei seinem ersten Reichstag 1566 darauf, den Gemeinen Pfennig zu proponieren. Als Befürworter im Kurfürstenrat trat erneut Kurbrandenburg auf, daneben nun auch – anders als 1544 – Kurtrier.[165] Im Fürstenrat plädierte nur der Gesandte der Herzöge Heinrich und Wilhelm von Braunschweig-Lüneburg für den Gemeinen Pfennig.[166] Der Sprecher Kurtriers verlangte ausdrücklich, dass in den Reichsabschied die Befugnis aufgenommen werde, jede Obrigkeit dürfe ihre Untertanen nach dem Gemeinen Pfennig besteuern, auch wenn eine Matrikelsteuer beschlossen worden war. Der Antrag wurde abgelehnt. Er verweist darauf, dass der Steuermodus des Gemeinen Pfennigs als Muster für eine eigene Landessteuer gesehen wurde.[167]

Ebenfalls beim Reichstag 1566 beantragte der Gesandte Braunschweig-Lüneburgs, Dr. Joachim Möller[168], in den Reichsabschied aufzunehmen, dass eine einzuziehende Steuer demjenigen Reichsstand zufallen sollte, in dessen Territorium die Güter lagen. Der Gesandte wollte damit die Bestimmung von 1542 und 1544 zum Kollektationsrecht verändern, das jeden Untertan ausschließlich dort zu besteuern vorschrieb, wo er saß, einschließlich

[163] Zu den Erträgen s. *Peter Rauscher*, Kaiser und Reich. Die Reichstürkenhilfen von Ferdinand I. bis zum Beginn des „Langen Türkenkriegs" (1548–1593), in: Friedrich Edelmayer/Maximilian Lanzinner/Peter Rauscher (Hrsg.), Finanzen und Herrschaft. Materielle Grundlagen fürstlicher Politik in den habsburgischen Ländern und im Heiligen Römischen Reich im 16. Jahrhundert. (Veröffentlichungen des Instituts für Österreichische Geschichtsforschung, Bd. 38.) Wien/München 2003, 45–83, hier 63–70.

[164] Sächsisches Hauptstaatsarchiv (SächsHStA) Dresden, Loc. 10193/1, Kursächsisches Protokoll 1556/57, fol. 262f.; vgl. *Leeb*, Der Kurfürstentag zu Frankfurt 1558 (wie Anm. 160), Teilbd. 2, Nr. 184, 768–771, hier 769.

[165] *Maximilian Lanzinner/Dietmar Heil* (Bearb.), Der Reichstag zu Augsburg 1566. (Deutsche Reichstagsakten. Reichsversammlungen 1556–1662.) München 2002, 142, 233f.

[166] Ebd. 145, 331.

[167] Zur Steuerverfassung Kurtriers s. *Gustav Knetsch*, Die landständische Verfassung und reichsritterschaftliche Bewegung im Kurstaate Trier, vornehmlich im 16. Jahrhundert. (Historische Studien, Bd. 75.) Berlin 1909, 70–85.

[168] *Lanzinner/Heil*, Der Reichstag zu Augsburg (wie Anm. 165), 568.

seiner Güter, die in anderen Territorien lagen. Von hoher Bedeutung war diese Norm für den geistlichen Streubesitz. Nachteile von einer Novellierung mussten daher insbesondere die geistlichen Fürsten befürchten, die sich deshalb 1566 widersetzten. Der Fürstenrat einigte sich am Ende auf die Kompromissformel „nach Recht und Herkommen". Der Antrag Braunschweig-Lüneburgs dokumentiert, dass die Normen des Gemeinen Pfennigs bei der Kollektation immer noch angewandt wurden, aber jetzt für die Umlage der Matrikelsteuer. Die neue Formel „nach Recht und Herkommen" ließ den nötigen Spielraum für die unterschiedlichen Rechtspraktiken im Reich. Dies war nicht zuletzt wegen der Höhe der Bewilligung von 1566 mit 48 Römermonaten von Bedeutung.

Die Reichsstände wünschten also 1566 keine eindeutigen und zwingenden Regelungen für territoriale Streitfragen, sondern fallweise Lösungen und jedenfalls keinen Gemeinen Pfennig. Ausdrücklich bekundeten nur die Reichsstädte ihre Ablehnung. Ohne Anlass erklärten sie in ihrer Replik zur Türkenhilfe, dass sie in einen Gemeinen Pfennig aus vielen „trefflichen" Ursachen[169] nicht einwilligen könnten. Damit hatten sie ihre Haltung gegenüber 1544 verändert: Aus Befürwortern wurden Gegner des Gemeinen Pfennigs. In der Beratung zur Replik am 29. März 1566 begründeten sie näher, dass die Städte durch den Gemeinen Pfennig „zum hohisten beschwert und versaigert"[170] würden. Die Bürger der Reichsstädte wurden womöglich durch den Pfennig stärker belastet als durch die Matrikelsteuer, deren Sätze für die Reichsstädte, verglichen mit den Fürsten, bereits hoch waren.

Auch beim Reichstag 1570 wurde über den Gemeinen Pfennig nicht beraten. Jedoch entwickelte der kaiserliche Rat und Reichspfennigmeister Georg Ilsung einige Steuermodelle, die dem Gemeinen Pfennig verwandt waren und einen höheren Ertrag versprachen als die Bewilligungen nach der Romzugmatrikel. Ilsung machte den Vorschlag eines Gemeinen Pfennigs und seine Projekte einer Haus- und Standsteuer im Fürstenrat am 31. August 1570 bekannt. Diese wollte er als Alternativen zur Matrikelbesteuerung und zum Gemeinen Pfennig verstanden wissen, was gewiss nicht ohne das Plazet des Kaisers geschah. Die Alternativen Ilsungs waren: 1. eine indirekte Steuer auf Salz oder Wein; 2. die Belegung von Kirchen und Pfarreien; 3. eine Gebäudesteuer, die Ilsung näher spezifizierte; demnach sollten Kurfürsten 500 Gulden, gewöhnliche Adlige zwei Gulden, Handwerker 20 Kreuzer, ein ganzer Hof zehn Kreuzer und eine Sölde drei bis

[169] Ebd. 951.
[170] Ebd. 640.

vier Kreuzer zahlen.[171] Der Fürstenrat nahm die Vorschläge Ilsungs zur Kenntnis, debattierte allerdings nicht darüber. Auch die beiden anderen Kurien beschäftigten sich nicht damit.

Die genannten Projekte arbeitete Ilsung für den Regensburger Reichstag 1576 dann zu weiteren Haus- und Standsteuervorschlägen aus, die im kaiserlichen Geheimen Rat intensiv erwogen wurden. Ilsung war als Verantwortlicher für die Reichssteuern am Kaiserhof überzeugt von der Notwendigkeit, das Reichssteuersystem grundlegend zu reformieren. Seine Leitlinien dabei waren der Ertrag und die Steuergerechtigkeit. Primär ließ sich nach seiner Einschätzung ein hoher Ertrag durch eine durchgreifende Besteuerung aller ständischen Gruppen erzielen, ferner der Bauten und des Gemeinen Mannes im Reich. Die Steuern sollten jährlich erhoben werden. Dabei lag Ilsung sehr daran, durch die Besteuerung die Standespersonen und die Reichskirche zu erfassen. Indem er die höheren Stände angemessen beteiligte, glaubte er für Steuergerechtigkeit zu sorgen. Seine Projekte waren nicht nur fiskalisch, sondern auch politisch richtungweisend, weil sie die Machtbalance zwischen Kaiser und Reichsständen umgestoßen hätten. Allein die Volumina der jährlichen Erträge aus dem Reich, die bis zu fünf Millionen Gulden betrugen, hätten die schmalen Einkünfte des Kaiserhofs auf eine völlig neue Grundlage gestellt. Sie dürften um 1570 in einer Größenordnung von jährlich deutlich unter zwei Millionen Gulden anzusetzen sein, rechnet man Steuern und Einkünfte aus allen Erb- und Kronlanden zusammen.[172]

Das Drängen Ilsungs führte dazu, dass beim Reichstag 1576 noch einmal ausführlich – obschon längst nicht so leidenschaftlich wie 1544 – über das Steuersystem des Reichs beraten wurde. Diese Pläne, Überlegungen und Argumentationen werden hier ausgeklammert. Sie sind in einem unlängst publizierten Beitrag dargelegt.[173] Die Beratungen im kaiserlichen Geheimen Rat, die für 1576 in Form eines Votenprotokolls überliefert sind[174], zeichnen ein scharfes Bild, wie die führenden Ratgeber des Kaisers

[171] *Maximilian Lanzinner* (Bearb.), Der Reichstag zu Speyer 1570. 2 Teilbde. (Deutsche Reichstagsakten. Reichsversammlungen 1556–1662.) Göttingen 1988, Teilbd. 2, Nr. 140, 151, 307; *ders.*, Friedenssicherung (wie Anm. 10), 475–477.

[172] *Rauscher*, Kriegführung (wie Anm. 3), 277. Der durchschnittliche Finanzbedarf des Kaiserhofs einschließlich der Kosten für die Verteidigung der Türkengrenze betrug in den Jahren von 1567 bis 1573 1,575 Millionen Gulden pro Jahr.

[173] *Maximilian Lanzinner*, Projekte zu einer allgemeinen Reichssteuer beim Reichstag zu Regensburg 1576, in: Tobias Appl/Georg Köglmeier (Hrsg.), Regensburg, Bayern und das Reich. Festschrift für Peter Schmid zum 65. Geburtstag. Regensburg 2010, 369–394.

[174] Die Quelle ist singulär. Mir ist sonst kein Votenprotokoll eines Geheimen Ratsgremi-

im Jahr 1576 den Gemeinen Pfennig und die ihm ähnlichen Alternativen einer Haus- und Standsteuer bewerteten. Der Gemeine Pfennig schien die wünschenswerte Form, auch dem Kaiser selbst. Denn die allgemeine Steuer ließ auf einen hohen Ertrag hoffen. Die Räte des Kaisers hielten sie zudem für gerecht, weil alle Reichsbewohner, besonders die Standespersonen und die Reichsfürsten, herangezogen wurden. Ein Problem war dabei die Selbstbelegung unter Eid, die offenbar gerade in den 1540er Jahren weithin missbraucht worden war. Aber auch Ilsung, unbeirrbarer Verfechter des Gemeinen Pfennigs, räumte ein, dass die Selbstbelegung unumgänglich sei. Die Konskription des Besitzes konnte den Reichsständen, Standespersonen und Reichen nicht zugemutet werden.

Beim Reichstag 1576 wurde über den Gemeinen Pfennig abgestimmt. Diese Abstimmung sei nachfolgend Stand für Stand mitgeteilt, nicht zuletzt wegen des Vergleichs mit 1544. Im Kurfürstenrat votierten am 6. Juli[175] und am 18. September 1576[176] Kurpfalz, Kursachsen, Kurbrandenburg und Kurmainz für die Matrikel. Am 14. September 1576[177], nachdem zuvor schon einmal am 13. Juli abgestimmt worden war, sprachen sich im Fürstenrat für die Matrikelbesteuerung aus: Salzburg, Bayern, die Pfalzgrafen Philipp Ludwig und Johann, der Deutschmeister, Friedrich Wilhelm von Sachsen, Bamberg, Brandenburg-Ansbach, Julius von Braunschweig, Eichstätt, Wolfgang von Braunschweig, Augsburg, Würzburg, Wilhelm, Philipp und Georg von Hessen, Regensburg, Karl und Philipp von Baden, Hirschfeld, Berchtesgaden, Prälaten, Wetterauer und schwäbische Grafen, Henneberg[178], die Söhne Herzog Johann Friedrichs von Sachsen, die Herzöge von Pommern, Halberstadt, Ellwangen, Anhalt, Freising, Brixen.[179] Den Gemeinen Pfennig befürworteten: Österreich, Bremen, Worms, Speyer, Straßburg, Jülich, Paderborn, Konstanz, Lüttich, die Erzherzöge[180] Fer-

ums aus dem 16. Jahrhundert bekannt. S. Anm. 173. Das Protokoll in: HHStA, Reichskanzlei, Reichstagsakten 54a, fol. 29v–36r.

175 SächsHStA Dresden, Loc. 10199/3, Kursächsisches Protokoll, Hand Andreas Paul, fol. 32v–40v.

176 SächsHStA Dresden, Loc. 10200/1–2, Berlepsch, Sebottendorf, Eilenbeck, Andreas Paul an Kurfürst August, Regensburg, 1576 September 18, präs. Glucksburg, 1576 September 22, fol. 269–270 (Original).

177 *Lanzinner*, Friedenssicherung (wie Anm. 10), 492.

178 Die nun Folgenden hatten ihre Stimme durch Vollmacht übertragen.

179 Am 13. Juli außerdem für die Matrikelbesteuerung aufgelistet: Württemberg, Konstanz, Passau, Fulda, Kempten, Trient.

180 Die Folgenden per Vollmacht. „Österreich" wurde also durch Maximilian II. vertreten.

dinand und Karl von Österreich, Johann von Sachsen, Osnabrück, Metz, Verdun, Ratzeburg, Basel, Murbach, Johanniterorden und Corvey. Auch im Fürstenrat kam also eine klare Mehrheit gegen den Gemeinen Pfennig zustande.[181] Für die Matrikel erklärten sich folglich mehr als 30 Stände, dagegen 20.

Bei den Kurfürsten hatten sich gegenüber 1544 die Voten und das Stimmenverhältnis geändert. Kurbrandenburg gab den Widerstand gegen die Matrikel auf, womöglich gedrängt vom sächsischen Kurfürsten August, dem Kurfürst Johann Georg in diesen Jahren oft folgte. Kurtrier und Kurmainz[182] wechselten ebenfalls die Fronten. Kurtrier war nun Befürworter, Kurmainz Gegner des Gemeinen Pfennigs. Bei der Mehrheit von vier zu zwei Stimmen für die Matrikel im Kurfürstenrat blieb es bei den folgenden Reichstagen. Auch im Fürstenrat hatten sich die Mehrheitsverhältnisse gedreht. Die Matrikelbesteuerung wurde eindeutig favorisiert. Von den Reichsständen, die sowohl 1544 wie auch 1576 stimmten, waren nun nicht mehr Befürworter des Gemeinen Pfennigs, sondern der Matrikel: Salzburg, der Deutschmeister, Augsburg, Pfalz-Zweibrücken, Brandenburg-Ansbach, Prälaten und Grafen. Von den Matrikelbefürwortern 1544 stimmten 1576 für den Gemeinen Pfennig: Worms und Straßburg. Von den Unentschiedenen 1544 bevorzugten 1576 Speyer und Jülich den Gemeinen Pfennig, Pommern und Würzburg die Matrikel. Warum diese Stände sich anders entschieden, ist nicht zu beantworten.[183]

Grundsätzlich ist anzunehmen, dass die Argumentation und die Abstimmungen der Reichsstände davon abhingen, ob für die territorialen Verhältnisse der Gemeine Pfennig oder die Matrikelsteuer vorteilhafter waren. Auch die Vorgänge beim Reichstag 1576 bestätigen, dass die Literatur zum Reichssteuerwesen den verfassungspolitischen Aspekt völlig überzeichnet hat. Der Gemeine Pfennig war nicht geeignet, die Reichsstände und ihre Untertanen einer direkten Herrschaft des Kaisers zu unterwerfen.[184] Aller-

[181] Am 13. Juli außerdem für den Gemeinen Pfennig aufgelistet: Besançon, Braunschweig-Lüneburg, Meißen, Lübeck, Minden, Mecklenburg, Cambrai, Weißenburg, Toul.

[182] Wie bei Kurtrier sind innerterritoriale Gründe zu vermuten. Vgl. für Kurmainz *Herbert Helbig*, Fürsten und Landstände im Westen des Reiches im Übergang vom Mittelalter zur Neuzeit, in: RhVjbll 29, 1965, 32–72, hier 48; *Erwin Heusler*, Verfassung von Kurmainz um das Jahr 1600. Ein Beitrag zur Verfassungsgeschichte der geistlichen Fürstentümer. Straßburg 1908, 7.

[183] Weiterführende Hypothesen: *Eltz*, Zwei Gutachten (wie Anm. 109), 297–301; *Lanzinner*, Friedenssicherung (wie Anm. 10), 493–499.

[184] Dezidiert vertritt das noch *Isenmann*, Reichsfinanzen (wie Anm. 25), 129–218.

dings hatten die Formen einer allgemeinen Steuer, die Ilsung als Stand- oder Haussteuern ansetzte[185], Steuervolumina zum Ziel, die dem Kaiser neuartige Machtchancen in die Hand gegeben hätten.

XI. Der Gemeine Pfennig, ein Verhandlungsinstrument bei Reichstagen (1582–1608)?

Eine Debatte um den Gemeinen Pfennig wie 1576 flammte bei späteren Reichstagen nicht mehr auf. Aber immer noch wurden Argumente ausgetauscht und allgemeine, direkte Steuern geplant; ebenso wurden bei Reichstagen immer wieder Abstimmungen zum Gemeinen Pfennig durchgeführt.

Während des Augsburger Reichstags 1582 verhandelten Kaiser und Reichsstände im Wesentlichen über eine Matrikelsteuer, ähnlich wie 1556 bis 1566. Jedoch wurde 1582 im Kurfürstenrat noch einmal die Frage aufgeworfen, ob eine Pfennig- oder eine Matrikelsteuer gewährt werden sollte. Wie 1576 sprachen sich Kurtrier und Kurköln dafür aus, Kurköln mit der Begründung: „Mitt dem romzug gehet der ksl. Mt. gar viel ab, die matricul nitt richtig, und anno 76 caesar Maximilianus expresse sich ercleret, dass eß sich mitt dem romzug nitt werdt thon lassen.“[186] Die Kritik Kurkölns bezog sich zum einen auf die Matrikel, die trotz aller Beschwerden wenig verändert worden war, zum anderen auf den Ertrag der Matrikelsteuer, den Kurköln unter Berufung auf den Kaiser für nicht hinreichend erklärte. Auch die Steuergerechtigkeit bemühte der kurkölnische Gesandte. Der Gemeine Pfennig sei „dem reichen und dem armen furtreglicher“. Die Entgegnungen der anderen kurfürstlichen Gesandten hoben die negativen Erfahrungen der 1540er Jahre hervor und das Problem der Selbstbelegung. Kursachsen wandte ein, dass „viel gewissen dadurch beschwert werden, sich bey seinem aidt selbst anzuschlagen“. Kurbrandenburg wurde noch deutlicher: „Gewißen betreffendt: Würden sehr beschwertt, sonnderlich denen, die dasselb wenig in acht haben etc.“[187] Im Fürstenrat erwähnten überhaupt nur Salzburg und Worms den Gemeinen Pfennig ablehnend beziehungsweise befürwortend.[188]

185 *Lanzinner*, Projekte (wie Anm. 173), 384–386.

186 *Josef Leeb* (Bearb.), Der Reichstag zu Augsburg 1582. 2 Teilbde. (Deutsche Reichstagsakten. Reichsversammlungen 1556–1662.) München 2007, Teilbd. 1, 270.

187 Ebd. 271 f.

188 Ebd. 448.

Nachdem der Kaiser 1594 in Regensburg den Gemeinen Pfennig proponiert hatte[189], verhandelten die Kurien und stimmten ab. Im Kurfürstenrat waren erneut Kurtrier und Kurköln für den Gemeinen Pfennig, im Fürstenrat befürworteten ihn: Salzburg, Österreich, Burgund, der Deutschmeister, Würzburg, Speyer, Konstanz, Augsburg, Freising, Passau, Münster, Basel, Trient, Brixen, Cambrai, Jülich.[190] Salzburg und Freising hatten gegenüber 1576 die Fronten gewechselt. 1598 proponierte Rudolf II. wiederum einen Gemeinen Pfennig für fünf Jahre, alternativ jeweils 30 Römermonate.[191] Die Matrikelsteuer von 30 Römermonaten hätte mehr als zwei Millionen Gulden eingebracht. Auch der Gemeine Pfennig sollte wohl in dieser Größenordnung liegen. Kurtrier und Kurköln traten unverändert für den Gemeinen Pfennig ein, im Fürstenrat wurde er wiederum abgelehnt, diesmal mit 37 gegen 22 Stimmen.[192] Erneut zurückgewiesen wurde der Gemeine Pfennig 1603, jedenfalls im Kurfürstenrat, wie Felix Stieve in seiner Edition vermerkt.[193] Bei den Debatten im Fürstenrat wurden einige der bekannten Argumente geäußert.[194] Dabei fiel auch die Erklärung, dass Reichsstände im Zug der Türkensteuern Verträge mit Landständen geschlossen hätten, die beim Gemeinen Pfennig hinfällig würden. Auf der Grundlage der Matrikelbesteuerung waren mithin territoriale Steuerverfassungen entstanden, die eine Grundlage für die Besteuerung überhaupt bildeten. Beim Regensburger Reichstag des Jahres 1608 wurde der Gemeine Pfennig weder proponiert noch beraten. Jedoch empfahl die Kaiserliche Hofkammer dem Geheimen Rat wie schon bei den Reichstagen zuvor, den Gemeinen Pfennig unter allen Umständen zu verlangen, damit eine große Steuersumme erzielt werde.[195]

189 *Felix Stieve* (Bearb.), Die Politik Baierns 1591–1607. 2 Bde. (Briefe und Akten zur Geschichte des Dreißigjährigen Krieges in den Zeiten des vorwaltenden Einflusses der Wittelsbacher, Bd. 4–5.) München 1878–1883, Bd. 1, 219.

190 Ebd. 220; Stieve nennt die Matrikelbefürworter nicht. Er kommentiert den Gemeinen Pfennig u. a. mit der Bemerkung, die weltlichen Stände seien gegen den Gemeinen Pfennig gewesen, denn sie hätten in ihm eine Gefahr für den Fortgang der Territorialbildung gesehen, die nicht wie bei der Matrikel „ein abgeschlossenes Ganzes" gewesen sei, „sondern der Kaiser übte unmittelbar seine Hoheit über deren Einwohner aus".

191 Ebd. Bd. 2, 364.

192 Ebd. 392; die Namen der Stände werden nicht mitgeteilt. Eine andere Angabe bei *Schulze*, Reich und Türkengefahr (wie Anm. 2), 187: „28:19 Mehrheit für den Römerzug".

193 *Stieve*, Die Politik Baierns 1591–1607 (wie Anm. 189), Bd. 2, 628.

194 So *Schulze*, Reich und Türkengefahr (wie Anm. 2), 188.

195 *Felix Stieve*, Vom Reichstag 1608 bis zur Gründung der Liga. (Briefe und Akten zur Geschichte des Dreißigjährigen Krieges in den Zeiten des vorwaltenden Einflusses der

Der Gemeine Pfennig blieb also auf der Tagesordnung der Reichstage bis 1603. Allerdings liegen bisher nur die Ausgaben der „Briefe und Akten“ vor, die keine Gesamtdokumentation dieser Reichstage bieten. Deshalb sind präzise Aussagen wie zu den Reichstagen bis 1582 noch nicht möglich. Dies gilt auch für eine Antwort auf die Frage, warum der Gemeine Pfennig auf der Agenda der Reichstage blieb, obwohl sich das Nein der Städtekurie und der Fürstenkurien mit hoher Wahrscheinlichkeit vorhersagen ließ. Mögliche Antworten sind: Zum einen konnte der Kaiserhof den Gemeinen Pfennig als Druckmittel nutzen, um eine hohe Bewilligung zu erreichen. Zum anderen hielt sich am kaiserlichen Hof[196] und bei den Reichspfennigmeistern, seitdem Georg Ilsung als erster eine neue Form des Gemeinen Pfennigs propagiert hatte, hartnäckig die Meinung, dass jede allgemeine, direkte Steuer der Matrikelsteuer an Gerechtigkeit und Ertrag überlegen sei.

Ein Beispiel mag genügen, um zu zeigen, wie die Pfennigforderung grundsätzlich die Verhandlungsposition des Kaisers festigte. Kursachsen und Bayern trugen im Kurfürsten- und im Fürstenrat am meisten dazu bei, dass der Kaiser Reichstag um Reichstag hohe Bewilligungen erhielt. Diese beiden Reichsstände zählten zugleich zu denjenigen, die den Gemeinen Pfennig am schärfsten ablehnten. Um so mehr waren sie darauf bedacht, mit einer möglichst hohen Matrikelsteuer dem Kaiser gegenüber für Kompensation zu sorgen, damit der Gemeine Pfennig nicht zum Zug kam. Denn die kursächsischen und die bayerischen Räte wussten, dass der Kaiserhof ihn für die ertragreichere Steuerform hielt.

Die Einschätzung des Gemeinen Pfennigs, wie sie am Kaiserhof nach 1576 fortbestand, lässt sich am Beispiel von Zacharias Geizkofler verdeutlichen. Geizkofler, Reichspfennigmeister von 1589 bis 1603[197], also in der Phase des „Langen Türkenkriegs“, machte sich die Pläne Ilsungs zu eigen, die in Anlehnung an die Matrikel fixe Steuersätze für die ständischen oder alle Bevölkerungsgruppen des Reichs vorsahen. Auch er erwog Haus- und Standsteuern. Geizkofler war wie Ilsung überzeugt, dass die Matrikelbesteuerung ungerecht und im Volumen unzureichend war. In einem Gutach-

Wittelsbacher, Bd. 6.) München 1895, 115; Stieve referiert den Wortlaut des Gutachtens der Hofkammer, das sich detailliert zu den Kriegskosten äußert und darüber, dass man ca. fünf Millionen Gulden benötige, die nur der Gemeine Pfennig erbringen könne.

196 *Rauscher*, Kriegführung (wie Anm. 3), 361.

197 Strukturen des Amts und der Tätigkeit beschrieben bei *Sigelen*, Dem ganzen Geschlecht nützlich (wie Anm. 141), 117–189 (nimmt nicht Bezug auf den Gemeinen Pfennig).

ten zur Vorbereitung des Reichstags 1594[198] notierte er: Die Matrikelsteuer trage „ein große ungleicheit auf sich, betrifft allein den armen mann. Der wirdt dardurch ganz unnd gar erschöpfft und außgesogen und ist den churfürsten, fürsten, graven und herrn nuzlich, den praelaten aber und den städten ganz beschwerlich. Dann die jenige, so landt unnd leut haben, belegen ire underthanen, und zwar underschidlich, die wenigisten aber nemben vom hundert vermögens, wann nun gleich acht simpl monat deß jahrs geraicht worden, dreißig kreuzer, andere drey ortt, ein gulden, cronen, ducaten, zween gulden auch noch woll mehr, dass erlaufft nach gelegenheit sollicher anlag zwey, drey, vier, ja bey etlichen sechs unnd achtfach mehr alß ire contributiones antreffen." Geizkofler nahm also Bezug auf die verbreitete Praxis, die Matrikelsteuer so umzulegen, dass die Reichsstände mehr einnahmen, als sie ans Reich abführten, ebenso auf die Praxis, Reichssteuern ohne Berechtigung auszuschreiben. Aus Sicht der Territorien boten die Reichssteuern die Möglichkeit, die unzureichende Finanzierung von Hof- und Landesausgaben auszugleichen, die aus dem Kammergut nicht mehr zu bestreiten waren. Damit gelang ihnen der Übergang vom kammerfinanzierten „Domänen"- zum partiellen „Steuer"-Staat.

Wie vor ihm Ilsung hob Geizkofler auch die Steuergerechtigkeit des Gemeinen Pfennigs hervor: „So haltte ich für dz besste, gleichmessigiste, fürtreglichste und billichste mitl, den gemainen pfennig, wellicher niemandt über sein vermügen beschwerdt. Der gestaltt, dass alle hohe unnd nidere ständt und sunsten meniglich im reich, geistlich unnd welttlich, exempt und nit exempt, edlleuth, bürger unnd paurn, arm und reich, niemandt außgenumben, auch unangesehen aller verträg, freyheitten, indult und herkhummen, so sollicher bewilligung zu wider sein möchtten, belegt und gestewrt werden sollen."[199] Da eine Vermögens- oder Einkünftesteuer, die prozentual anteilig verfuhr, nicht möglich war, ohne die Vermögensverhältnisse zu offenbaren oder eine Selbstbelegung zu gestatten, hielt Geizkofler wie vor ihm Ilsung[200] fixe Sätze für einzelne Bevölkerungsgruppen für die beste Lösung. Mit einer solchen Veranlagung habe man eine kontinuierliche Steuer, die Jahr um Jahr hohe Erträge einbrächte, die also, „wann sy bona fide geraicht, ein merckhliches vnnd sovill tragen würde, [so] dass man ein

[198] Staatsarchiv Ludwigsburg (StAL), B90 Bü 65, Prag, 1594 März 25. Ich danke Herrn Dr. Alexander Sigelen für die bereitwillige Übermittlung der beiden zitierten Steuertexte Geizkoflers.
[199] Ebd.
[200] *Lanzinner*, Projekte (wie Anm. 173), 383–386.

continuum exercitum, damit man sich iederzeit im feldt finden lassen dürff-te, darvon erhaltten khüntte".[201]

Seine Planung sah folgendes Modell[202] vor, das hier in Tabellenform wiedergegeben ist:

Tabelle 1: Steuerplan Zacharias Geizkoflers 1594 in Gulden

Stände/Stände- bzw. Steuergruppen (Anzahl)	Betrag (je Mitglied einer Stände- bzw. Steuergruppe)	Gesamtleistung (je Ständegruppe)
Kurfürsten (6, ohne Böhmen)	10000	60000
Erzbischöfe (3)	10000	30000
Bischöfe		100000
Bayern, Jülich, Württemberg	10000	30000
Fürsten (22)	4000	88000
Prälaten (50)	1000	50000
Grafen und Herren		50000
Deutsch- und Johannitermeister		50000
Domkapitel		120000
Halbe Stifte		60000
Viertel Stifte		9000
Mittelbare Bistümer und geistliche Stifte (500)		250000
Reichsstädte		100000
Mittelbare Städte (600)		180000
Mittelbare Märkte		60000
Mittelbare Adlige (10000)	20	200000
Jede Pfarrei (100000)	10	1000000
Vikare		10000
Aus den Opfergaben („heiligen oder zehn")		670000
Zünfte		20000
Gemeiner Mann		2500000
Hausierer und Juden		40000
Gesamt		5677000

Die Mängel im Entwurf von Geizkofler waren die gleichen wie in den Entwürfen Ilsungs aus dem Jahr 1576. Sie konnten der Vielfalt der Steuersysteme in den Territorien nicht gerecht werden. Eine allgemeine, direkte Steuer des Reichs überschrieb gewissermaßen die territorialen Systeme mit andersartigen Formen und führte zudem in den großen Territorien zu einer nicht tragbaren Doppelbesteuerung. Die Landsteuern der Territorien konn-

201 StAL, B90 Bü 65 (wie Anm. 198).

202 StAL, B90 Bü 65, Ebd. o. D. [wohl 1594]. Überschrieben: „Ungeverlicher überschlag und bericht, was für eine summa gelts im reich zuerhandlen sein möchte".

ten nicht einfach entfallen, weil dort die Finanzierung von Hof und Verwaltung, Frieden und Recht anders nicht zu leisten war. Die Territorialfinanzierung mochte mitunter bereits von den ungerechtfertigt erhobenen Mehreinnahmen der Reichssteuern abhängig sein, so dass auch in diesen Fällen eine Änderung problematisch war. Allerdings war die Mehreinnahme durch die Reichsabschiede untersagt.[203]

Die Zahlen und Summen in der Liste Geizkoflers wurden am Kaiserhof nicht überprüft und waren völlig unsicher. Innerhalb der fixen Sätze für ständische Gruppen, aber auch beim Satz für den Gemeinen Mann waren die Einkünfte- und Vermögensverhältnisse sehr unterschiedlich. Dennoch sollten jeweils die gleichen Sätze gelten. In diesem Punkt war die allgemeine Steuer Geizkoflers weit entfernt von Steuergerechtigkeit. Ungeklärt war, trotz der damaligen eingehenden Überlegungen, wie schon 1576 die Verwaltungspraxis der Stand- und Haussteuern.[204] Darauf ging Geizkofler gar nicht ein. Schließlich berücksichtigte er nicht, dass jede allgemeine Steuer und damit jede Stand- und Haussteuer administrativ und machtpolitisch direkt in territoriale Herrschaftsstrukturen eingriff. Die steuerliche Superiorität des Reichsoberhaupts wäre unmittelbar wirksam geworden. Die Stand- und Haussteuer stellte also die bestehende Verfasstheit des Reichs in Frage.

XII. Resümee

Die Kommentierung der Stand- und Haussteuer Zacharias Geizkoflers scheint die Ausgangsfrage, ob der Gemeine Pfennig eine richtungweisende Steuer war, mit einem klaren Nein zu beantworten. Aber es ist einzuschränken, dass das Modell Geizkoflers mit den fixen Sätzen sich nicht mit der prozentualen Besteuerung des Gemeinen Pfennigs deckte. Auch hatten sich die 100 Jahre zuvor bestehenden territorialen Steuersysteme bis zum Jahr 1594 fortentwickelt, viele hatten sich überhaupt erst neu ausgebildet. Ein Resümee muss also die Entwicklung beachten, zumal es um die „Richtung“ geht, die das Reichssteuersystem nahm. Richtungweisend impliziert, dass

[203] Zu Fällen extremer Überbesteuerung, etwa in der Markgrafschaft Brandenburg-Ansbach oder im Hochstift Würzburg, vgl. *Schulze*, Reich und Türkengefahr (wie Anm. 2), 258f., 261f.; *ders.*, Reichstage und Reichssteuern im späten 16. Jahrhundert, in: ZHF 2, 1975, 43–58, hier 52; *Ernst Schubert*, Staat, Fiskus und Konfession in den Mainbistümern zwischen Augsburger Religionsfrieden und Dreißigjährigem Krieg, in: Hermann Kellenbenz/Paolo Prodi (Hrsg), Fiskus, Kirche und Staat im konfessionellen Zeitalter. (Schriften des Italienisch-Deutschen Instituts in Trient, Bd. 7.) Berlin 1994, 111–140, hier 113.

[204] *Lanzinner*, Projekte (wie Anm. 173), 390f.

die Handelnden versuchten, bewusst Zukunft zu gestalten, trotz der unvermeidlich nicht intendierten Folgen und der nicht vorhersehbaren Ereignisse.

Versuchen wir daher zunächst eine Antwort auf die Frage, inwieweit der Gemeine Pfennig auf eine stärker monarchische Einheit des Reichs zielte, beziehungsweise allgemeiner formuliert, welche Bedeutung der Gemeine Pfennig für die Verfasstheit des Reichs hatte. Seit den Hussitensteuern 1422 und 1427 beherrschte die Kombination einer allgemeinen, direkten Steuer und einer Matrikelveranlagung die Planung im 15. Jahrhundert. Die allgemeinen Steuern sollte der Gemeine Mann bezahlen, die Matrikelabgabe prinzipiell die Fürsten und der Adel. Im 15. Jahrhundert ging also die Vorstellung meist noch dahin, dass die zu erhebende Steuer zwar den Gemeinen Mann und die Stände heranzog, aber in unterschiedlicher Form, als Gemeiner Pfennig beziehungsweise als Matrikelabgabe. Als sich Reichstag und Reichsstände herausbildeten, waren nur noch die Reichsstände diejenigen, die zunächst in Reitern und Fußknechten, später in Geld mit fixen Sätzen in den Reichsmatrikeln eingetragen waren.

Unter Maximilian I. vollzog sich damit eine noch deutlichere Trennung in zwei Formen: dem Gemeinen Pfennig und der Matrikelabgabe. Der Gemeine Pfennig erfasste sämtliche Reichsbewohner, schuf also eine Einheit der Besteuerten, die von den adligen und fürstlichen Herrschaftsträgern – mit Bourdieu formuliert – als Beeinträchtigung ihres symbolischen Kapitals empfunden wurde, aber nicht als Beeinträchtigung ihres politischen Kapitals. Denn die Einheit der Besteuerten war nicht dem Reichsoberhaupt unterstellt, sondern dem „Reich“, das durch den Reichstag verkörpert wurde. Bei der Gesamtheit der Reichsstände mithin lagen die Entscheidungen über die Steuer wie die Entscheidungen zur Gesetzgebung. Weiterhin wurden die Steuern durch territoriale Amtsträger eingezogen, so dass die Reichsstände die Rechte der Kollektation und Verwahrung der Steuer bis zur Verwendung ausübten. Die Zuordnung der Steuergewalt fügte sich damit beim Gemeinen Pfennig in die territoriale Verfasstheit des Reichs ein. Der Gemeine Pfennig war nicht zentral oder monarchisch strukturiert.

Die Reichsstände gestalteten vielmehr von 1495 bis 1544 den Gemeinen Pfennig gemäß Norm und Praxis als innerterritoriale Steuer. Sie war nach der Verwahrung abzuführen, zunächst an Schatzmeister, später an Beauftragte der Reichskreise, als es diese in den 1540er Jahren gab. Das Reichsoberhaupt selbst hatte außerhalb der Erblande keine steuerlichen Verwaltungs- und Herrschaftsfunktionen. Auch wurden die Steuerbeträge der Pfennige bis 1550 weder dem Kaiser noch dem König zur Verfügung gestellt. Auch insofern fügte sich der Gemeine Pfennig in die territorial-libertäre Verfasstheit des Reichs ein. Dies erklärt, dass der Gemeine Pfennig im Verfassungs- und Machtverständnis der Reichsstände immer prinzipiell als Alternative zur Matrikel akzeptiert wurde.

Das Problem des Gemeinen Pfennigs war, dass er sich in der Praxis wenig bewährte. Die Matrikelbesteuerung erwies sich hingegen in der Umsetzung als tauglicher, vor allem seit dem Reichsabschied 1543. Seitdem konnte die Matrikelsteuer mit der gleichen Kollektation und Vollmacht auf die Untertanen umgelegt werden wie zuvor nur der Gemeine Pfennig. Eine Reichssteuer in der Form der Matrikel bot somit einer wachsenden Zahl von Reichsständen mehr Vorteile als ein Gemeiner Pfennig. Die Matrikelsteuer ließ manche territorialen Steuersysteme erst entstehen. Andere gewannen an Stabilität. Außerdem eröffnete die Matrikelsteuer die Möglichkeit zu territorialen Mehreinnahmen, obwohl die Reichsabschiede das nicht erlaubten. Diese verfügten, dass nur der vom Reich bewilligte Betrag erhoben werden solle.

Die genannten Aspekte machen verständlich, dass eine Beschreibung des Reichssteuersystems die territorialen Steuersysteme zumindest beispielhaft in die Analyse einbeziehen müsste, um nicht zu kurz zu greifen. Nur dann wird man auch der Verfasstheit des Reichs gerecht. Denn die verfassungsrechtliche Eigenheit des Heiligen Römischen Reichs war es ja gerade, die eine Integration eigenständiger Lehens- und Herrschaftsträger mit ihren Territorien in einen vorstaatlich geformten Verband ermöglichte. Die Matrikelbesteuerung war die Form, die dieser Verfasstheit angemessen war.

Welche diskursiven Konstruktionen der Zeitgenossen bestimmten die Entwicklung? Immer wieder ging es um das Volumen der Steuer und die Steuergerechtigkeit. Ergiebigkeit und Gerechtigkeit sind freilich epochenübergreifende Zielsetzungen von Steuerordnungen. Der Gemeine Pfennig schien den Zeitgenossen ergiebig. Er galt unwidersprochen bis zur Mitte des 16. Jahrhunderts als allein geeignet, große Summen zur Abwehr der Hussiten, der Ungarn oder der Türken aufzubringen. Im 15. Jahrhundert kam hinzu, dass der Matrikel in erster Linie die Funktion der raschen Bereitstellung kleiner Truppenkontingente zugeschrieben wurde. Jedoch erwies sich bis zu den letzten Truppenmatrikeln, die von den Reichstagen 1530 und 1542 beschlossen wurden, dass die zusammengewürfelten Haufen unbrauchbar waren.

Große Summen durch eine Geldmatrikel aufzubringen, schien nicht möglich, solange jeder Reichsstand seinen Beitrag aus dem Kammergut bezahlen musste. Nicht zuletzt deshalb kamen die Gemeinen Pfennige zustande. Jedoch wurden die Erwartungen bei jeder Erhebung eklatant enttäuscht. Der höchste Ertrag lag 1542 bei 700000 Gulden; die Größenordnung des Ertrags ist gesichert, auch wenn genauere Forschungen Korrekturen ergeben sollten. Die Zeitgenossen erwarteten drei Millionen Gulden. Es war dann ganz wesentlich die Möglichkeit, die Matrikelsteuern umzulegen, die höhere Bewilligungen möglich machte. Schon durch die Reichsbeschlüsse 1547/48 wurde insgesamt ein Steuerertrag bewilligt und erzielt wie zuvor auch durch den Gemeinen Pfennig von 1542 nicht. In Rechnung zu stellen ist freilich, dass diese Bewilligungen mit dem Höhepunkt der Macht Karls V. im Reich zusammenfielen, also gewissermaßen noch nicht die Normalität widerspiegelten.

Noch höhere Volumina wurden dann unter Kaiser Ferdinand I. (1556/58–1564) und Kaiser Maximilian II. (1564–1576) erreicht. Die zu Regensburg 1557 bewilligten 16 Römermonate dürften, wenn der Realertrag eines Römermonats niedrig mit 65000 bis 70000 Gulden angesetzt wird, zumindest eine Million eingebracht haben. Die 48 Römermonate des Reichstags 1566 erfüllten dann bereits den Erwartungshorizont des Gemeinen Pfennigs von 1542 von drei Millionen Gulden. Spätere Reichstage sprachen noch höhere Bewilligungen aus, die beim Zehnfachen der Höchstbewilligungen unter Karl V. von sechs Römermonaten lagen. Deren Ertrag – anders als noch der Gemeine Pfennig von 1542 – wurde in der zweiten Hälfte des 16. Jahrhunderts direkt dem Kaiserhof zugeleitet, um Grenzbauten und Türkenfeldzüge zu finanzieren. Auf diese Weise wurden nach 1576 vier Jahrzehnte lang im jährlichen Durchschnitt etwa 500000 Gulden Reichssteuern an den Kaiserhof entrichtet.

Insgesamt leistete das Reichssteuersystem damit einen wesentlichen Beitrag zur Türkenabwehr. Aber es war ein System, das nicht auf Staatlichkeit, sondern auf fallweise Hilfe angelegt war. Das Reich als „Steuerstaat" wollte nur der Kaiserhof bis um 1600, niemals die Reichsstände in der Gesamtheit. In besonderer Weise lehnten ihn Kursachsen und Bayern ab, die Wortführer im Kurfürsten- und im Fürstenrat für eine hohe Matrikelsteuer und gegen den Gemeinen Pfennig. Steuervolumina lassen sich quantifizieren, das Bemühen um Steuergerechtigkeit nicht. Als Befund lässt sich angeben, dass dieses Ziel gerade bei den Diskussionen um den Gemeinen Pfennig stets genannt und als Argument eingesetzt wurde. Es beanspruchte bei den Kontroversen des Reichstags 1544 am meisten Platz in den Schriftsätzen, und stets stand für die kaiserlichen Räte die Billigkeit gegenüber dem Armen Mann im Vordergrund. Letztlich aber wurde mit der Verfestigung der Matrikelsteuern die Frage der Steuergerechtigkeit auf die Ebene der Territorien verschoben.

Reichssachen

Die finanziellen Beziehungen zwischen Kaiser und Heiligem Römischen Reich (1600–1740)*

Von

Peter Rauscher

Die Erforschung des Heiligen Römischen Reichs erlebte, nachdem es bereits seit den 1970er Jahren verstärkt und unter den völlig neuen Voraussetzungen einer kritischen Distanz gegenüber den machtstaatlichen und militärischen Traditionen der jüngeren Vergangenheit zu einem der Hauptforschungsfelder der deutschen Frühneuzeitforschung geworden war[1], in den letzten Jahrzehnten einen ungeheuren Aufschwung. Neben zahlreichen, oft jubiläumsbedingten Ausstellungen mit entsprechenden Begleitpublikationen[2] und einer ganzen Reihe einschlägiger Handbücher jüngeren Datums[3]

* Der Begriff „Reichssachen" entstammt dem Sitzungsprotokoll der Geheimen Finanzkonferenz vom 14. Juni 1718. Genaue Angaben s. unten Anm. 107. Diese Studie ist ein Ergebnis des vom Wissenschaftsfonds (FWF) geförderten Projekts P18215-G08.

[1] *Volker Press*, Das römisch-deutsche Reich – Ein politisches System in verfassungs- und sozialgeschichtlicher Fragestellung, in: Grete Klingenstein/Heinrich Lutz (Hrsg.), Spezialforschung und „Gesamtgeschichte". Beispiele und Methodenfragen zur Geschichte der frühen Neuzeit. (Wiener Beiträge zur Geschichte der Neuzeit, Bd. 8.) Wien 1981, 221–242.

[2] Vgl. u. a. *Thomas Nicklas*, Müssen wir das Alte Reich lieben? Texte und Bilder zum 200. Jahrestag eines Endes – Revision der Literatur des Erinnerungsjahres 2006, in: AKG 89, 2007, 447–474; *Werner Hechberger*, Heilig – Römisch – Deutsch. Zur Bilanz einer Ausstellung, in: HZ 288, 2009, 123–137; *Horst Carl*, „Schwerfälligen Andenkens" oder „Das Recht, interessant zu sein"? Das Alte Reich in der neueren Forschungsliteratur, in: ZHF 37, 2010, 73–97. Ein Versuch, den jubiläumsbedingten Apologien auf das Reich „nüchterne" Forschung entgegenzustellen, war der Themenband der Zeitschrift Frühneuzeit-Info 17, 2006.

[3] Vgl. aus den letzten Jahren: *Peter Claus Hartmann*, Das Heilige Römische Reich deutscher Nation in der Neuzeit 1486–1806. Stuttgart 2005; *Axel Gotthard*, Das Alte Reich 1495–1806. (Geschichte kompakt.) 4. Aufl. Darmstadt 2009; *Barbara Stollberg-Rilinger*, Das Heilige Römische Reich Deutscher Nation. Vom Ende des Mittelalters bis 1806. München 2006; *Johannes Burkhardt*, Vollendung und Neuorientierung des frühmodernen Reiches 1648–1763. (Gebhardt – Handbuch der deutschen Geschichte, 10. Aufl., Bd. 11.) Stuttgart 2007; *Klaus Herbers/Helmut Neuhaus*, Das Heilige Römische Reich. Ein Überblick. Köln/Weimar/Wien 2010. Keine Reichsgeschichte im eigentlichen Sinn ist *Brigitte Mazohl-Wallnig/Andreas Bösche*, Zeitenwende 1806. Das Heilige Römische Reich und die Geburt des modernen Europa. Wien/Köln/Weimar 2005.

markieren diesen Fortschritt große Editions- und Verzeichnungsprojekte zur besseren Erschließung der Quellenüberlieferung der Reichsinstitutionen. Im letzten Jahrzehnt ist eine Reihe neuer Bände der „Deutschen Reichstagsakten" zu den Reichsversammlungen des 16. Jahrhunderts erschienen[4], seit 1962 werden die Acta Pacis Westphalicae ediert[5], die Akten des Reichskammergerichts werden bundesweit einheitlich seit 1980 inventarisiert[6], und auch die Bestände des im Gegensatz zu diesem weitgehend ständisch dominierten Gericht lange Zeit eher vernachlässigten kaiserlichen Reichshofrats werden nun bereits seit geraumer Zeit detailliert erschlossen[7].

Neben diesen auf Jahrzehnte angelegten Projekten zur Grundlagenforschung rückten im letzten Jahrzehnt Themen und Forschungsansätze in den Vordergrund, die – aus regionaler Sicht oder mit kulturwissenschaftlichen Fragestellungen – neue Perspektiven und Erkenntnisse über das Alte Reich liefern.[8]

Angestoßen von den Thesen Georg Schmidts wurde in den Jahren um 2000 auch eine intensive Debatte über die „Staatlichkeit" des Heiligen Römischen Reichs geführt.[9] Nicht nur inhaltlich, auch zum Teil hinsichtlich

[4] Vgl. das Publikationsverzeichnis auf http://de.wikisource.org/wiki/Deutsche_Reichstagsakten (Zugriff August 2010).

[5] Vgl. die Web-Präsentation der Arbeitsstelle Westfälischer Frieden von 1648: http://www.pax-westphalica.de/ (Zugriff August 2010).

[6] Zum Reichskammergericht s. *Friedrich Battenberg/Bernd Schildt* (Hrsg.), Das Reichskammergericht im Spiegel seiner Prozessakten. Bilanz und Perspektiven der Forschung. (Quellen und Forschungen zur höchsten Gerichtsbarkeit im Alten Reich, 57.) Köln/Weimar/Wien 2010.

[7] Die Akten des kaiserlichen Reichshofrats: http://www.rhrdigital.de/inhalt.html (Zugriff August 2010). Im Druck bisher erschienen: *Wolfgang Sellert* (Hrsg.)/*Eva Ortlieb* (Bearb.), Die Akten des Kaiserlichen Reichshofrats. Serie I: Alte Prager Akten. Bd. 1–3: A–O. Berlin 2009–2012; *Wolfgang Sellert* (Hrsg.)/*Ursula Machoczek* (Bearb.), Die Akten des Kaiserlichen Reichshofrats. Serie II: Antiqua. Bd. 1: Karton 1–43. Berlin 2010.

[8] Vgl. zum Beispiel *Rolf Kießling/Sabine Ullmann* (Hrsg.), Das Reich in der Region während des Mittelalters und der Frühen Neuzeit. (Forum Suevicum, Bd. 6.) Konstanz 2005; *Barbara Stollberg-Rilinger*, Des Kaisers alte Kleider. Verfassungsgeschichte und Symbolsprache des Alten Reiches. München 2008.

[9] *Georg Schmidt*, Geschichte des Alten Reiches. Staat und Nation in der frühen Neuzeit 1495–1806. München 1999. Die frühen Reaktionen auf diesen Band sind aufgeführt bei *Georg Schmidt*, Das frühneuzeitliche Reich – Sonderweg und Modell für Europa oder Staat der deutschen Nation?, in: Matthias Schnettger (Hrsg.), Imperium Romanum – Irregulare Corpus – Teutscher Reichs-Staat. Das Alte Reich im Verständnis der Zeitgenossen und der Historiographie. (Veröffentlichungen des Instituts für Europäische Geschichte Mainz, Abt. für Universalgeschichte, Beih. 57.) Mainz 2002, 247–277, hier 247 Anm. 2 und 3; auch andere Beiträge dieses Bandes diskutieren die Frage nach der Mo-

der verwendeten Begrifflichkeiten[10] wurde damit an ein Thema angeknüpft, das bereits im 17. und 18. Jahrhundert intensiv und kontrovers erörtert worden war. Dem zeitgenössischen Diskurs setzte Georg Wilhelm Friedrich Hegel ein Ende, indem er nicht nur erklärte: „Deutschland ist kein Staat mehr", sondern auch auf den untrennbaren Zusammenhang von Staatlichkeit und der Fähigkeit Krieg zu führen, hinwies, die im Reich nicht mehr gegeben sei.[11] Ebenso fehle ein reichsweites Finanzwesen: „Zu dem Extrem der Finanzeinrichtung, nach welchem jede Ausgabe [...] als Abgabe zuerst an die oberste Staatsgewalt hinauf und als Staatsausgabe wieder zurück bis in die kleinsten Zweige öffentlichen Thuns [...] herabfließt, [...] bildet die deutsche Finanzlosigkeit das andere; die grossen Staatsgegenstände und Probleme, über die gerechteste und am wenigsten kostspielige keinen Stand vor dem andern drückende Art der Abgaben, Staats-Schulden, Staatscredit [...], diese Sorgen plagen Deutschland nicht."[12]

Im europäischen Kontext – und hier ist sich die moderne Forschung mit Hegel einig – waren es gerade die Kriegführung und die mit ihr verbundene

dernität des Reiches. Vgl. auch *Heinz Schilling*, Reichs-Staat und frühneuzeitliche Nation der Deutschen oder teilmodernisiertes Reichssystem. Überlegungen zu Charakter und Aktualität des Alten Reiches, in: HZ 272, 2001, 377–395.

[10] Zur Übernahme des Begriffs „Reichs-Staat" durch Schmidt aus der Reichspublizistik des 17. und 18. Jahrhunderts s. *Schmidt*, Altes Reich (wie Anm. 9), 42. Volker Press berief sich bezüglich des von ihm favorisierten Verständnisses des Reichs als „politisches System" zwar auf die systematischen Sozialwissenschaften, nicht ohne aber darauf hinzuweisen, dass sich der Systembegriff „auf Ansätze im politischen Denken von Staatsmännern des 18. Jahrhunderts berufen" könne; *Press*, Römisch-deutsches Reich (wie Anm. 1), 226 mit Anm. 19, 242.

[11] „[...] im Kriege aber zeigt sich die Krafft des Zusammenhangs Aller mit dem Ganzen, wie viel von ihnen fordern zu können er sich eingerichtet hat, und wie viel das taugt, was aus eigenem Triebe und Gemüthe für ihn sie thun mögen. So hat in dem Kriege mit der französischen Republik Deutschland an sich die Erfahrung gemacht, wie es kein Staat mehr ist, und ist seines politischen Zustandes sowohl in dem Kriege selbst, als an dem Frieden inne geworden, der diesen Krieg endigte, und dessen handgreiffliche Resultate sind der Verlust einiger der schönsten deutschen Länder, einiger Millionen seiner Bewohner, eine Schuldenlast [!] auf der südlichen Hälfte stärker als auf der nördlichen, welche das Elend des Kriegs noch weit hinein in den Frieden verlängert, und daß ausser denen, welche unter die Herrschafft der Eroberer und zugleich fremder Gesetze und Sitten, gekommen sind, noch viele Staaten dasjenige verlieren werden, was ihr höchstes Gut ist, eigene Staaten zu seyn." *Georg Wilhelm Friedrich Hegel*, Über die Reichsverfassung. Hrsg. v. Hans Maier. Nach der Textfassung v. Kurt Rainer Meist. (Bibliothek des deutschen Staatsdenkens, Bd. 10.) München 2002, 11 f.; vgl. auch: „Eine Menschenmenge kann sich nur einen Staat nennen, wenn sie zur gemeinschafftlichen Vertheidigung der Gesammtheit ihres Eigenthums verbunden ist." Ebd. 14. Zum unzulänglichen Zustand des Wehrwesens im Reich ebd. 25–29.

[12] Ebd. 30 f., Zitat 30.

Notwendigkeit der Steigerung der Ressourcen – modern gesprochen der „Staatseinnahmen" –, die den Staatsbildungsprozess durch die Entstehung einer Staatsschuld, durch Intensivierung von Verwaltung und politischer Kommunikation zwischen Monarchen und Ständen und einer Integrierung der Untertanen in den frühmodernen Staat zunächst über Steuerleistungen, dann über Kriegsdienste, in Gang brachten.[13] Dennoch spielten die Finanzen des Heiligen Römischen Reichs in der jüngsten Debatte um seine Staatlichkeit kaum eine Rolle.[14]

Dies mag – auch mit Bezug auf Hegel – auf den ersten Blick gerechtfertigt sein: Das Reich trug zwar bekanntermaßen besonders im ausgehenden 16. Jahrhundert massiv zur Unterhaltung der Grenzbefestigungen und zur offenen Kriegführung gegen das Osmanische Reich bei[15], nach dem Ende des „Langen Türkenkriegs" (1593–1606) und der institutionellen Krise des Reichs durch das Scheitern der Visitation des Reichskammergerichts und der Reichstage von 1608 und 1613 fanden aber auch die „Türkensteuern" ihr Ende.[16] Um 1800, als sich Hegel der Reichsverfassung zuwandte, wuss-

[13] Vgl. zum Beispiel *Joseph Schumpeter*, Die Krise des Steuerstaats, in: Rudolf Goldscheid/Joseph Schumpeter, Die Finanzkrise des Steuerstaats. Beiträge zur politischen Ökonomie der Staatsfinanzen. Hrsg. v. Rudolf Hickel. Frankfurt am Main 1976, 329–379, hier 337–340 (Original erschienen als Bd. 4 der Reihe „Zeitfragen aus dem Gebiete der Soziologie". Graz/Leipzig 1918); *Michael Stürmer*, Hungriger Fiskus – schwacher Staat. Das europäische Ancien Régime, in: Uwe Schultz (Hrsg.), Mit dem Zehnten fing es an. Eine Kulturgeschichte der Steuer. München 1986, 174–188; *Wim Blockmans/Jean-Philippe Genet*, General Editor's Preface, in: dies. (Eds.), The Origins of the Modern State in Europe, 13th to 18th Centuries. 7 Vols. Oxford 1995–2000, v–viii, hier v; *Wolfgang Reinhard*, Geschichte der Staatsgewalt. Eine vergleichende Verfassungsgeschichte von den Anfängen bis zur Gegenwart. München 1999 (3. Aufl. 2002), 305f.

[14] Schilling wies wiederholt auf die Problematik der „Reichswehrverfassung" in diesem Kontext hin: *Heinz Schilling*, Das Alte Reich – ein teilmodernisiertes System als Ergebnis der partiellen Anpassung an die frühmoderne Staatsbildung in den Territorien und den europäischen Nachbarländern, in: Schnettger (Hrsg.), Imperium Romanum (wie Anm. 9), 279–291, hier 286f.; *ders.*, Reichs-Staat und frühneuzeitliche Nation (wie Anm. 9), 383. Vgl. zur Problematik: *Peter Rauscher*, Nach den Türkenreichstagen: Die Steuerbewilligungen des Heiligen Römischen Reichs im 17. und frühen 18. Jahrhundert, in: ders. (Hrsg.), Kriegführung und Staatsfinanzen. Die Habsburgermonarchie und das Heilige Römische Reich vom Dreißigjährigen Krieg bis zum Ende des habsburgischen Kaisertums. (Geschichte in der Epoche Karls V., Bd. 10.) Münster 2010, 433–485.

[15] S. unten Abschnitt III.

[16] Zur Krise des Reichs allgemein s. *Martin Heckel*, Deutschland im konfessionellen Zeitalter. (Deutsche Geschichte, Bd. 5.) Göttingen 1983. Zu den Reichsversammlungen 1608 und 1613 vgl. *Moriz Ritter*, Deutsche Geschichte im Zeitalter der Gegenreformation und des Dreißigjährigen Krieges (1555–1648). Bd. 2: 1586–1618. Stuttgart 1895; *Hermann Freiherr von Egloffstein*, Der Reichstag zu Regensburg im Jahre 1608. Ein Beitrag

te dieser lediglich die Beiträge der Reichsstände zur Finanzierung des Reichskammergerichts, die sogenannten Kammerzieler, als „ordentliche Finanzen Deutschlands" zu nennen.[17]

Dennoch ist gerade die Beschäftigung mit dem Finanzwesen des Reichs für das 17. und frühe 18. Jahrhundert alles andere als nebensächlich. Wie kaum ein anderer Aspekt der Reichspolitik mit Ausnahme der Reichsverteidigung ermöglicht ein finanzgeschichtlicher Zugang eine Analyse der kaiserlichen Ambitionen und der ihnen entgegenstehenden, in sich durchaus divergierenden ständischen Interessen. Karl V.[18] und seine Nachfolger versuchten für sie günstige Konjunkturen zur Steigerung ihrer materiellen Ressourcen aus dem Reich zu nutzen. Auch wenn diesen Plänen kaum Erfolg beschieden war, lassen sie nicht nur in die Ideenwelt des Wiener Hofes blicken, sondern zeigen klar die beschränkten Möglichkeiten zur Entwicklung eines „Finanz-" bzw. „Steuerstaats" auf Reichsebene. Im Gegensatz zu den Territorien fehlten im Reich Einkünfte aus Domänen, Schuldenübernahmen der Stände und ein Arsenal an direkten und indirekten Steuern[19] und damit wesentliche Faktoren der Staatsbildung.

Den Ausgangspunkt einer solchen Analyse bildet der Kaiser, dessen Reichspolitik seit Maximilian I. im Kern auf die Extraktion von Ressour-

zur Vorgeschichte des Dreißigjährigen Krieges. München 1886; *Adam Haas*, Der Reichstag von 1613. Diss. phil. Würzburg 1929. Unter Angabe weiterer Literatur knapp resümiert bei *Maximilian Lanzinner*, Das konfessionelle Zeitalter 1555–1618, in: ders./Gerhard Schormann, Konfessionelles Zeitalter 1555–1618. Dreißigjähriger Krieg 1618–1648. (Gebhardt – Handbuch der deutschen Geschichte, 10. Aufl., Bd. 10.) Stuttgart 2001, 1–203, hier 187–196; vgl. auch *Rauscher*, Nach den Türkenreichstagen (wie Anm. 14), 433–455.

[17] *Hegel*, Reichsverfassung (wie Anm. 11), 30.

[18] *Ursula Machoczek* (Bearb.), Der Reichstag zu Augsburg 1547/48. (Deutsche Reichstagsakten Jüngere Reihe – Deutsche Reichstagsakten unter Kaiser Karl V., Bd. 18.) München 2006, Teilbd. 1, 99–102; *Horst Rabe*, Reichsbund und Interim. Die Verfassungs- und Religionspolitik Karls V. und der Reichstag von Augsburg 1547/1548. Köln/Wien 1971.

[19] Zu den Begriffen Finanz- bzw. Steuerstaat s. u. a. *Gerhard Oestreich*, Ständetum und Staatsbildung in Deutschland, in: ders., Geist und Gestalt des frühmodernen Staates. Ausgewählte Aufsätze. Berlin 1969, 277–289, hier 281–285; *Werner Buchholz*, Geschichte der öffentlichen Finanzen in Europa in Spätmittelalter und Neuzeit. Darstellung – Analyse – Bibliographie. Berlin 1996, 16–18; *Maximilian Lanzinner*, Reichssteuern in Bayern im 15. und 16. Jahrhundert, in: Johannes Helmrath/Heribert Müller (Hrsg.)/Helmut Wolff (Mitarb.), Studien zum 15. Jahrhundert. Festschrift für Erich Meuthen. München 1994, Bd. 2, 821–843, hier 841; *Richard Bonney*, The Rise of the Fiscal State in Europe, c. 1200–1815, in: ders. (Ed.), The Rise of the Fiscal State in Europe, c.1200–1815. Oxford 1999, 1–17, hier 13.

cen aus dem Reich abzielte und von dem bis in die Mitte des 17. Jahrhunderts auch die Verwaltung der Reichshilfen abhängig war. Obwohl die Stände ebenfalls zeitweilig die Verwaltung dieser Gelder (mit)kontrollierten, entwickelte sich keine autonome reichsständische Finanzbehörde. Damit war das Finanzwesen des Reiches, so rudimentär es auch ausgebildet war, ohne den Kaiser undenkbar.

Die Finanzen des Reichs weisen darüber hinaus eine Dimension auf, die in der meist auf das Reich selbst konzentrierten Reichsgeschichtsforschung häufig übersehen wird: Das Reich und seine Stände waren für seine habsburgischen Kaiser immer nur eine Monarchie unter anderen[20], zumal die österreichischen Länder trotz ihres Status als Reichsterritorien ihre Kriegshilfen direkt an den Wiener Hof oder die Grenztruppen leisteten und nicht über das Reich abrechneten. Kennzeichen der österreichisch-habsburgischen *multiple kingdom monarchy* war es, dass sich staatliche Entwicklungen höchst ungleichzeitig vollzogen. Während die Länder der Böhmischen Krone nach der Schlacht am Weißen Berg 1620 in das österreichisch-böhmische Kernreich einbezogen werden konnten, gelang dies für das Königreich Ungarn erst im ausgehenden 17. Jahrhundert und auch dann in einem wesentlich geringeren Maß. Im Gegensatz zu den italienischen und niederländischen Besitzungen der Habsburger seit dem Spanischen Erbfolgekrieg, bei denen keine Versuche unternommen wurden, sie in den „Gesamtstaat" einzubeziehen, lassen sich für das Reich durchaus Tendenzen zur Integration in die „Habsburgermonarchie" erkennen. Dem oft konstatierten Prozess des Herauswachsens der Habsburger aus dem Reich ist daher der

[20] S. grundsätzlich *R(obert) J. W. Evans*, The Making of the Habsburg Monarchy 1550–1700. An Interpretation. Oxford 1979. Deutsch unter dem Titel: Das Werden der Habsburgermonarchie 1550–1700. Gesellschaft, Kultur, Institutionen. (Forschungen zur Geschichte des Donauraumes, Bd. 6.) Wien/Köln/Graz 1986; *Thomas Winkelbauer*, Ständefreiheit und Fürstenmacht. Länder und Untertanen des Hauses Habsburg im konfessionellen Zeitalter. (Österreichische Geschichte 1522–1699.) Wien 2003, T. 1. Aus finanzgeschichtlicher Perspektive s. zum Beispiel *Peter Rauscher*, Zwischen Ständen und Gläubigern. Die kaiserlichen Finanzen unter Ferdinand I. und Maximilian II. (1556–1576). (Veröffentlichungen des Instituts für Österreichische Geschichtsforschung, Bd. 41.) Wien/München 2004; *Jean Bérenger*, Finances et absolutisme autrichien dans la seconde moitié du XVIIe siècle. (Serie Sorbonne, Vol. 1.) Paris 1975, 404–419, der das Reich zusammen mit Spanien und dem Heiligen Stuhl zu den „äußeren Mächten" zählt, und *Franz Freiherr von Mensi*, Die Finanzen Oesterreichs von 1701 bis 1740. Wien 1890, 407–416, der lediglich Kredite aus dem Reich behandelt; vgl. *Peter Rauscher*, Kriegführung und Staatsfinanzen: Die Habsburgermonarchie und das Heilige Römische Reich vom Dreißigjährigen Krieg bis zum Ende des habsburgischen Kaisertums 1740, in: ders. (Hrsg.), Kriegführung (wie Anm. 14), 5–38.

wenig beachtete Versuch, das Reich stärker in die Habsburgermonarchie zu integrieren, entgegenzuhalten.

Der Beitrag gliedert sich in drei Teile. Zunächst wird das Reich im Rahmen der kaiserlichen Finanzverwaltung untersucht (I.), dann werden die Pläne zur fiskalischen Nutzung verbliebener kaiserlicher Rechte dargestellt (II.), und schließlich wird auf die Entwicklung der Reichssteuern im 17. und frühen 18. Jahrhundert eingegangen (III.).

I. Die Einbeziehung des Reichs in die kaiserliche Finanzverwaltung – Behörden und Reformprogramme

Seit dem ausgehenden Mittelalter waren zwei grundsätzlich unterschiedliche Quellen fürstlicher Einkünfte zu unterscheiden: Die traditionelle Basis fürstlicher Ökonomie bildete das Kammergut, bestehend aus den grundherrschaftlichen Besitzungen und den Regalien (Münz-, Markt-, Bergwerks-, Zoll- oder Judenregal), für dessen Verwaltung in den Ländern der österreichischen Habsburger seit den 1520er Jahren Länderkammern (zunächst in Wien, Innsbruck, Prag und Pressburg, später auch in Breslau und Kaschau) zuständig waren, deren Geschäftstätigkeit von der Hofkammer mit Sitz am Herrscherhof koordiniert wurde.[21] Wegen des Fehlens des bereits im Spätmittelalter veräußerten königlichen Kammerguts im Reich[22] war die Errichtung einer entsprechenden Behörde für das Reich außerhalb der Erbländer nicht notwendig. Dies hieß freilich nicht, dass das Reich für die Tätigkeit der Hofkammer keine Rolle gespielt hätte: Bereits seit Anfang der 1530er Jahre wurden die Akten, die das Heilige Römische Reich betrafen, in der Hofkammer Ferdinands I. in gesonderten Säcken verwahrt und ihr Inhalt in den Protokollen der Behörde entsprechend gekennzeichnet.[23] Außerdem wurde – neben eigenen Serien für Österreich, Böhmen und Ungarn – eine eigene Reihe von Kopialbüchern, die sogenannten Reichsgedenkbücher, geführt. Diese Serie umfasst den Zeitraum von 1564 bis 1749 mit einer großen Lücke von 1602 bis 1636 und ist damit weit we-

[21] Vgl. *Rauscher*, Zwischen Ständen und Gläubigern (wie Anm. 20), 122–187, dort mit weiterer Literatur. Zum 17. Jahrhundert s. *Hansdieter Körbl*, Die Hofkammer und ihr ungetreuer Präsident. Eine Finanzbehörde zur Zeit Leopolds I. (Veröffentlichungen des Instituts für Österreichische Geschichtsforschung, Bd. 54.) Wien/München 2009.

[22] *Eberhard Isenmann*, Reichsfinanzen und Reichssteuern im 15. Jahrhundert, in: ZHF 7, 1980, 1–76, 129–218, hier v. a. 10–16.

[23] *Rauscher*, Zwischen Ständen und Gläubigern (wie Anm. 20), 130.

niger umfangreich und vollständig als die anderen.[24] In den Ordnungen der Hofkammer von 1537 und 1568, in denen es vor allem um die Organisation der Behörde, den Schuldenabbau, die Erhöhung der Einkommen aus den Kammergütern, die Kriegs- und Hoffinanzierung sowie die Verbesserung der kaiserlichen Kreditwürdigkeit ging[25], wurde das Reich nicht erwähnt, auch wenn kein Zweifel bestand, dass sich die Behörde intensiv mit Finanzmitteln aus dem Reich beschäftigte.

Dazu gehörten neben den im Reich aufgenommenen Krediten, die freilich vom politischen System des Reichs weitgehend, wenn auch nicht klar zu unterscheiden sind[26], die zweite Art von möglichen Einkünften eines Fürsten, nämlich außerordentliche Steuerleistungen im Kriegsfall. Im Reich war man um die Mitte des 16. Jahrhunderts dazu übergegangen, statt Hilfstruppen der einzelnen Stände zu verwenden, Söldner anzuwerben, die aus Steuermitteln besoldet wurden. Für die Verwaltung dieser Gelder wa-

[24] *Friedrich Walter*, Die sogenannten Gedenkbücher des Wiener Hofkammerarchives, in: AZ 3. Folge 9/10 (42/43), 1942/43, 137–158, hier 156f.; *ders.*, Inventar des Wiener Hofkammerarchivs. (Inventare österreichischer Archive, Bd. 7.) Wien 1951, 79f.; *Peter Rauscher*, Quellen der obersten landesfürstlichen Finanzverwaltung in den habsburgischen Ländern (16. Jahrhundert), in: Josef Pauser/Martin Scheutz/Thomas Winkelbauer (Hrsg.), Quellenkunde der Habsburgermonarchie (16.–18. Jahrhundert). (MIÖG, Erg.-Bd. 44.) Wien/München 2004, 144–152, hier 147; *Tomáš Knoz*, Die Gedenkbücher der Kaiserlichen Hofkammer im 17. und 18. Jahrhundert, in: ebd. 153–161, hier 156.

[25] Instruktion König Ferdinands I. für die Hofkammer, Prag, 1537 September 1, sowie Instruktion Kaiser Maximilians II. für die Hofkammer, Wien, 1568 Juli 1, in: *Thomas Fellner/Heinrich Kretschmayr*, Die Österreichische Zentralverwaltung. I. Abteilung: Von Maximilian I. bis zur Vereinigung der Österreichischen und Böhmischen Hofkanzlei (1749). Bd. 2: Aktenstücke 1491–1681. (Veröffentlichungen der Kommission für Neuere Geschichte Österreichs, Bd. 6.) Wien 1907, Nr. 13, 246–271 und Nr. 21, 319–357; zur Entwicklung der Hofkammer allgemein s. *dies.*, Die Österreichische Zentralverwaltung. I. Abteilung: Von Maximilian I. bis zur Vereinigung der Österreichischen und Böhmischen Hofkanzlei (1749). Bd. 1: Geschichtliche Übersicht. (Veröffentlichungen der Kommission für Neuere Geschichte Österreichs, Bd. 5.) Wien 1907, 68–138; zum 16. Jahrhundert *Rauscher*, Zwischen Ständen und Gläubigern (wie Anm. 20), 122–152; *ders.*, Die Hofkammer im 16. Jahrhundert, in: Michael Hochedlinger/Petr Mat'a/Thomas Winkelbauer (Hrsg.), Verwaltungsgeschichte der Habsburgermonarchie in der Frühen Neuzeit. Bd. 1 (in Vorbereitung).

[26] Zu den Krediten vgl. *Reinhard Hildebrandt*, Der Kaiser und seine Bankiers. Ein Beitrag zum kaiserlichen Finanzwesen des 16. Jahrhunderts, in: Friedrich Edelmayer/Maximilian Lanzinner/Peter Rauscher (Hrsg.), Finanzen und Herrschaft. Materielle Grundlagen fürstlicher Politik in den habsburgischen Ländern und im Heiligen Römischen Reich im 16. Jahrhundert. (Veröffentlichungen des Instituts für Österreichische Geschichtsforschung, Bd. 38.) Wien/München 2003, 234–245; *Rauscher*, Zwischen Ständen und Gläubigern (wie Anm. 20), 348–351. Vgl. auch den Beitrag von Lukas Winder in diesem Band.

ren Reichspfennigmeister zuständig, die zunächst den Reichsständen verantwortlich waren, ab 1566/70 aber dem Kaiser und damit – ähnlich wie die Länderkammern – de facto dessen Hofkammer unterstellt wurden.[27] Im ausgehenden 16. Jahrhundert sollten die Reichsstände ihren Einfluss auf das Amt wieder intensivieren. Trotz der phasenweisen kaiserlichen Dominanz entwickelte sich das Reichspfennigmeisteramt laut Winfried Schulze „in der 2. Hälfte des 16. Jahrhunderts zu einem vom Konsens zwischen Kaiser und Ständen getragenen zentralen Amt des Reiches, das gegenüber den Reichsständen ganz sicher die größte administrative Dichte der Reichsämter erreichte".[28]

Mit dem Ende der umfangreichen „Türkenhilfen" nach dem Auslaufen der Steuer von 1603 verlor das Amt des Reichspfennigmeisters, dessen Inhaber – allen voran Georg Ilsung und Zacharias Geizkofler – zum Teil erstrangige Ratgeber ihrer kaiserlichen Dienstherren gewesen waren, jedoch massiv an Relevanz.[29] Obwohl das Reichspfennigmeisteramt abgesehen

[27] *Maximilian Lanzinner*, Friedenssicherung und politische Einheit des Reiches unter Kaiser Maximilian II. (1564–1576). (Schriftenreihe der Historischen Kommission bei der Bayerischen Akademie der Wissenschaften, Bd. 45.) Göttingen 1993, 482. Eine Ausnahme bildet die Instruktion Rudolfs II. für den Reichspfennigmeister Zacharias Geizkofler, Prag, 1598 Juni 17, Österreichisches Staatsarchiv (ÖStA) Wien, Allgemeines Verwaltungsarchiv/Finanz- und Hofkammerarchiv, Hofkammerarchiv (HKA), Instruktionen 333, abgedruckt bei *Johannes Müller*, Die Verdienste Zacharias Geizkoflers um die Beschaffung der Geldmittel für den Türkenkrieg Kaiser Rudolfs II., in: MIÖG 21, 1900, 251–304, hier Nr. 12, 292–296. Vgl. *Alexander Sigelen*, *Dem ganzen Geschlecht nützlich und rühmlich*. Reichspfennigmeister Zacharias Geizkofler zwischen Fürstendienst und Familienpolitik. (Veröffentlichungen der Kommission für Geschichtliche Landeskunde in Baden-Württemberg, Rh. B, Bd. 171.) Stuttgart 2009, 120–122, und den Beitrag von demselben in diesem Band. S. auch *Peter Rauscher*, Verwaltungsgeschichte und Finanzgeschichte. Eine Skizze am Beispiel der kaiserlichen Herrschaft (1526–1740), in: Michael Hochedlinger/Thomas Winkelbauer (Hrsg.), Herrschaftsverdichtung, Staatsbildung, Bürokratisierung. Verfassungs-, Verwaltungs- und Behördengeschichte der Frühen Neuzeit. (Veröffentlichungen des Instituts für Österreichische Geschichtsforschung, Bd. 57.) Wien/München 2010, 185–211.

[28] *Winfried Schulze*, Reich und Türkengefahr im späten 16. Jahrhundert. Studien zu den politischen und gesellschaftlichen Auswirkungen einer äußeren Bedrohung. München 1978, 332f.

[29] Neben der in Anm. 21, 27 und 28 genannten Literatur s. auch *Johannes Müller*, Zacharias Geizkofler 1560–1617. Des Heiligen Römischen Reiches Pfennigmeister und oberster Proviantmeister im Königreich Ungarn. (Veröffentlichungen des Wiener Hofkammerarchivs, Bd. 3.) Baden bei Wien 1938; *Jörg Ludwig*, Die Rolle Leipzigs in der Finanzverwaltung des Alten Reiches bis zum Beginn des 30jährigen Krieges (1557–1618), in: Leipziger Kalender 1997, 91–113; *Martina Schattkowsky*, Reichspfennigmeister im Ober- und Niedersächsischen Reichskreis. Zur Kommunikation zwischen Kaiser und Reichsständen um 1600, in: BlldtLG 137, 2001, 17–38; *dies.*, Zwischen Rittergut, Resi-

von der Tätigkeit Hubert Bleimanns in den 1640er und 1650er Jahren zu einer Art Ehrenamt absank, ordneten auch die späteren Instruktionen die Reichspfennigmeister der Hofkammer unter, wenngleich die Amtsinhaber gemäß den kaiserlichen Wahlkapitulationen seit 1711 auch noch dem Reichstag rechenschaftspflichtig sein sollten.[30]

Die Finanzmittel, die im letzten Viertel des 16. Jahrhunderts aus dem Reich in die Kriegführung und Unterhaltung der Grenzbefestigungen geflossen waren, fanden auch in unterschiedlichen Reformprogrammen des frühen 17. Jahrhunderts am Kaiserhof ihren Widerhall. So wurden zu einer großen, letztlich nicht zustande gekommenen Finanzreformkonferenz, die nach dem gescheiterten Reichstag von 1613 in Angriff genommen werden sollte, mit dem ehemaligen Reichspfennigmeister Zacharias Geizkofler und den amtierenden Amtsinhabern Stefan Schmidt und Christoph von Loß auch Vertreter des Reichsfinanzwesens geladen.[31] In diesem Kontext forderte Gundaker von Liechtenstein, damals niederösterreichischer Kammerrat mit der Aufgabe, während der Abwesenheit des Kaiserhofs von Wien die dortige Hofkammer zu leiten, ganz traditionell einen Anteil des Reichs an der Finanzierung der Türkengrenze.[32] Darüber hinaus wollte er auch einen stärkeren Zugriff auf die Reichslehen inklusive Italiens und auf die finanzkräftigen Hansestädte.[33] Freilich konnte man sich in diesen Jahren keine allzu großen Hoffnungen auf größere Mittel aus dem wegen der konfessionellen Konflikte weitgehend handlungsunfähigen Reich machen. Wie der wichtigste Staatsmann in der Regierungszeit von Kaiser Matthias, Melchior Khlesl, 1614 betonte, wären angesichts der aktuellen Spannungen um Jülich keine Kontributionen aus dem Reich zu erwarten. Dennoch

denz und Reich. Die Lebenswelt des kursächsischen Landadligen Christoph von Loß auf Schleinitz (1574–1620). (Schriften zur Sächsischen Geschichte und Volkskunde, Bd. 20.) Leipzig 2007.

[30] Vgl. *Peter Rauscher*, Reichssteuerwesen, in: Hochedlinger/Mat'a/Winkelbauer (Hrsg.), Verwaltungsgeschichte (wie Anm. 25).

[31] *Rauscher*, Nach den Türkenreichstagen (wie Anm. 14), 447f.

[32] Das Gutachten Liechtensteins stammt ebenfalls aus dem Jahr 1613. Zum Folgenden *Oskar Freiherr von Mitis*, Gundacker von Liechtensteins Anteil an der kaiserlichen Zentralverwaltung (1606–1654), in: Beiträge zur neueren Geschichte Österreichs 4, 1908, 35–118; *Thomas Winkelbauer*, Fürst und Fürstendiener. Gundaker von Liechtenstein, ein österreichischer Aristokrat des konfessionellen Zeitalters. (MIÖG, Erg.-Bd. 34.) Wien/München 1999, 175, 208–211.

[33] *Mitis*, Gundacker von Liechtenstein (wie Anm. 32), 52. Die Hansestädte standen ebenfalls traditionell im Fokus kaiserlicher Finanzpolitik und wurden auch in den Reichsabschieden regelmäßig erwähnt. Vgl. *Rauscher*, Zwischen Ständen und Gläubigern (wie Anm. 20), 102, 322–324.

war klar, dass die Grenzbefestigungen gegen die Türken und die dort stationierten Truppen ohne Reichshilfen nicht zu finanzieren waren.[34] Daher ist es verständlich, dass auch Hofkammerpräsident Anton Wolfradt in einer Denkschrift aus dem Jahr 1624 in das gleiche Horn, nämlich Reichs- und Kreishilfen zur Unterhaltung des Grenzwesens zu fordern, stieß wie schon Liechtenstein ein Jahrzehnt vorher.[35]

Nur kurze Zeit später, Anfang 1626, legte Seifried Christoph von Breuner, der bereits die Reform von 1613 hatte durchführen sollen und im ersten Jahrzehnt des 17. Jahrhunderts Präsident der Niederösterreichischen Kammer gewesen war, ebenfalls ein grundlegendes Gutachten zur kaiserlichen Finanzlage vor.[36]

Auch Breuner erinnerte an die Beiträge des Reichs für die Unterhaltung der Türkengrenze unter Ferdinand I., Maximilian II. und Rudolf II. und riet, kaiserliche Kommissare mit dem Auftrag, um Hilfsgelder zu werben, zu den Kreistagen abzusenden, da ansonsten ohne Reichstag keine Mittel

[34] Schreiben Khlesls an den Hofkriegsratspräsidenten Hans Freiherr von Mollart vom 7. Juni 1614, in: *[Josef von] Hammer-Purgstall*, Khlesl's, des Cardinals, Directors des geheimen Cabinets Kaisers Mathias, Leben. Bd. 3. Wien 1850, Nr. 427, 99f., Zitat 99: „Im Reich gehet das Feuer nunmehr mit Gülch [Jülich, P. R.] an, Und wir haben keine Contributiones von dannen zuhoffen." Vgl. auch: Vortrag Khlesl's an den Kaiser, in: ebd. Nr. 570, 325–337, Zitat 328: „Was sich aber auff die Reichs- und Craißtäge rebus sic stantibus zu verlassen, und ein Raittung auf E. K. Mt. Hoff- und Khriegsstatt daher zu machen, haben dieselben die Zeit Ihrer Kaiserlichen Regierung im werkh erfahren, und wollte man wünschen, daß denen Gravaminibus im Reich khöndte remedirt werden, bey welchem aber eine große unmöglichkeit erscheint, geschieht aber solches nicht, seye weder von Reichs- noch Craißhülffen etwas ergäbiges zu hoffen." Und: Gutachten, ob Ihr Kaisl. Majestät für sich bei dem Friaul'schen Wesen, auch sonst, wo es die Noth erfordert, mehr thun könnten, als von derselben geschieht, in: ebd. Nr. 800, 646–651, Zitat 647: „11. Bey diesem unangesehen voriger Kaysl. Mayest. so stattlichen reichs und Creißtag, auch andern Ir Haylikhaidt und des Königen von Hispanien, und andern Privat Fürsten verwilligungen, wie auch der Königreich und Länder so stattlichen Landtägen sein doch die granzier [nicht? P. R.] bezalt worden, sondern Ihnen vil 100 m [100000, P. R.] fl. resstirt. Die K. Mtt. aber die ganz Zeit ihrer Regierung aller onera des Römischen Reichs tragen und ausstehen müessen, sonderlich die Graniz, so ohne reichshülff zu erhaltten Unmöglich, so lang aufgehaltten, biß solche gar nuhmehr an Gepew, Munition und proviant dermassen abgenomben, das die Kriegleut auß Hunger und Durst verschmachtet, das Pettlbrodt nit allein bey den Chrissten, sondern gar den Tyrggen gesuecht, und endlich gar etlich heusser verlassen müessen [...]."

[35] Vgl. *Alexander Hopf*, Anton Wolfradt. Fürstbischof von Wien und Abt des Benedictinerstiftes Kremsmünster, Geheimer Rath und Minister Kaiser Ferdinands II. Bd. 1. Wien 1891, 17–25, zum Reich 19 und 22.

[36] Aus den Papieren Seyfried Christoph's Freiherrn v. Breuner, in: Notizenblatt. Beilage zum Archiv für Kunde österreichischer Geschichtsquellen 17/19, 1857, 293–297, 309–313; 17/21, 1857, 325–328, 345–347.

zu erwarten seien. Außerdem seien noch hohe Zahlungsrückstände der Reichsstände, die sogenannten Restanten, vorhanden, aus denen man Anleihen bedienen könne, so dass ein tauglicher Reichspfennigmeister, der im Reich residieren und persönlich über Kredit verfügen solle, zu ernennen sei. Weiters sei der spanische König für den Burgundischen Reichskreis, für den er seit vielen Jahren nichts zur Grenzfinanzierung beitrage[37], um Finanzhilfen zu bitten, zumal dieser die Untere Pfalz in seinem Besitz habe und von dort Kontributionen, die sonst für die Türkensteuer verwendet würden, erhalte. Außerdem solle Bayern, das derzeit Österreich ob der Enns regiere, für dieses Territorium Grenzhilfe leisten.[38]

Darüber hinaus schlug Breuner vor, alle Nobilitierten im Reich und in den vom Kaiser regierten Königreichen und Ländern zu einer dreijährigen Sondersteuer heranzuziehen. Und schließlich nannte er neben erledigten Lehen im Erzherzogtum Österreich und in Böhmen auch heimgefallene Reichslehen vor allem in der Pfalz und bei den Reichsstädten als mögliche Einkommensquelle, über die bereits unter der Regierung Rudolfs II. ein Verzeichnis angefertigt worden sei.[39]

In der kaiserlichen Finanzverwaltung blieb also das Wissen um die ehemalige Bedeutung der Einkünfte aus dem Reich erhalten, dem auch in der Organisation der kaiserlichen Hofkammer Rechnung getragen wurde. Denn bereits spätestens seit dem Ende der 1620er Jahre wurde das Aufgabenfeld der Hofkammer in vier Abteilungen („Expeditionen") aufgeteilt, wovon eine für „Reichs- und ungarische Sachen" zuständig war.[40] Und die geheime Instruktion für neu aufgenommene Hofkammerräte aus dem Jahr 1658 stellte fest: „Es ist auch die hoffcammer proprie ein reichsmittl. Und da vor disen die chur[fürsten] und andere hoche fürsten des Röm[ischen] Reichs an sye geschriben, hat die uberschrift gelautet: der röm[isch] kay[serlichen] may[estät] reichshoffcammerpraesidenten und räthe. Derowegen dan auch sye mit beeden reichspfennigmaistern des rheinlendisch[en] und nider saxische[n] crais zu schaffen hat."[41] Tatsächlich ist in

[37] Zur Problematik der Burgundischen Reichshilfen s. *Peter Rauscher*, Kaisertum und hegemoniales Königtum: Die kaiserliche Reaktion auf die niederländische Politik Philipps II. von Spanien, in: Friedrich Edelmayer (Hrsg.), Hispania-Austria II. Die Epoche Philipps II. (1556–1598). (Studien zur Geschichte und Kultur der iberischen und iberoamerikanischen Länder, Bd. 5.) Wien/München 1999, 57–87.

[38] Aus den Papieren (wie Anm. 36), 310f.

[39] Ebd. 327.

[40] *Fellner/Kretschmayr*, Geschichtliche Übersicht (wie Anm. 25), 85.

[41] „Gehaimbe instruction vor einen neu angehenten hoffcammerrath" („Handbuch für ei-

der Instruktion für den Reichspfennigmeister Heinrich von Pergen 1674 von der Hofkammer als einer „Reichshofkammer" die Rede.[42]

Trotz der Unterordnung des Reichspfennigmeisteramts unter den Kaiser und seine Hofkammer, wie sie in den jeweiligen Instruktionen festgeschrieben wurde, sicherte das Amt grundsätzlich auch das Recht der Stände, die Verwaltung möglicher Reichssteuern zu kontrollieren. Es waren daher die Stände gewesen, die parallel zu den Steuerbewilligungen 1640/41 die Wiedereinsetzung eines Reichspfennigmeisters gefordert hatten.[43] Auch in der Folgezeit wollten sich die Reichsstände die grundsätzliche Möglichkeit der Überwachung des Amtes nicht nehmen lassen und hatten im Entwurf der beständigen Wahlkapitulation vom Jahr 1711 (Art. V) wie auch in den folgenden Wahlkapitulationen festgelegt, dass die Reichspfennigmeister dem Reichstag über ihre Einnahmen Rechnung zu legen hätten.[44]

Schränkten die Wahlkapitulationen damit – zumindest theoretisch – die Zugriffsmöglichkeiten des Kaisers auf mögliche Reichssteuern ein, boten sie andererseits einen Ansatzpunkt für Versuche des Reichsoberhaupts, verbliebene Herrschaftsrechte fiskalisch zu nutzen. In der Hofkammerinstruktion Karls VI. von 1717 wurde der Finanzbehörde dezidiert die Aufgabe erteilt, durch eine „besondere commission demnächsten ausfindig [zu] machen, was an derlei zugehörungen des reichs" – gemeint sind dem Reich entfremdete Gebiete – „welche etwan illegitime in anderer privat- und besonders frembder nationen händen vorenthalten worden, nicht minder, was für steur und gefölle wir von alters im heiligen römischen reich rechtmässig hergebracht haben, wie solche verfallen und hinwiderumben [...] zu resta-

nen Hofkammerrat"), Wien, 1658 Oktober 31, kritisch ediert bei: *Körbl*, Hofkammer (wie Anm. 21), 371–434, hier 408.

42 HKA, Instruktionen 542, Instruktion Leopolds I. für den Reichspfennigmeister Heinrich von Pergen und seinen Gegenhändler Johann Wezel, Wien, 1674 April 18; ÖStA, Haus-, Hof- und Staatsarchiv (HHStA), Reichskanzlei, Reichsakten in specie 76, Lit. B, fol. 4r–8v; ebd. Lit. A, Nr. 3, pag. 36–57. Vgl. *Adam Wolf*, Die Hofkammer unter Kaiser Leopold I. Wien 1853, 6; *Rauscher*, Verwaltungsgeschichte (wie Anm. 27).

43 Vgl. *Kathrin Bierther*, Der Regensburger Reichstag von 1640/1641. (Regensburger historische Forschungen, Bd. 1.) Kallmünz in der Oberpfalz 1971, 297f. mit Anm. 96; *Antje Oschmann*, Der Nürnberger Exekutionstag 1649–1650. Das Ende des Dreißigjährigen Krieges in Deutschland. (Schriftenreihe der Vereinigung zur Erforschung der Neueren Geschichte, Bd. 17.) Münster 1991, 126f. Anm. 124.

44 Vgl. Art. V des Entwurfs der beständigen Wahlkapitulation (1711) und der Wahlkapitulation Karls VI., Frankfurt am Main, 1711 Oktober 12, in: Gegenwärtige Verfassung Der Kayserlichen Regierung in Teutschland, wie solche enthalten in Ihrer Röm. Kayserl. Majestät Hrn. Carln des VI. Wahl-Capitulation [...]. Leipzig 1713, 52–55.

biliren, redintegriren oder widerumb herzustellen sein möchten".[45] Als Rechtfertigung für diesen verstärkten fiskalischen Zugriff auf das Reich diente die kaiserliche Wahlkapitulation, die allerdings in den genannten zentralen Punkten bereits seit der ersten Kapitulation für Karl V. 1519 den Kaiser zur Wiedergewinnung veräußerter Gebiete aufforderte, ohne dass dies bisher Folgen für die Tätigkeit der Hofkammer gehabt hätte. Gleichzeitig wurde festgelegt, dass die erste von sechs Abteilungen („Hauptkommissionen"), in die die Hofkammer eingeteilt war, die sogenannte Haupthofkommission, auch für das „reichscamerale" zuständig sein sollte.[46] Vier Jahre später nannte der Hof- und Staatsschematismus nunmehr an zweiter Stelle die „Hof- und Reichshauptkommission".[47]

II. Kriegführung und Erschließung neuer Einkommensquellen: Das Reichscamerale

Dass diese Bezugnahme auf das Reich in der Organisation der kaiserlichen Finanzverwaltung keine bloße Rhetorik war, belegen die Anstrengungen des Wiener Hofs im frühen 18. Jahrhundert, unter Rückgriff auf historische Rechte neue Einkünfte aus dem Reich zu erschließen.[48] Ein solches Vorgehen war keineswegs originell: Bereits Breuner hatte auf mögliche Einkommen aus dem Reich abseits der Reichs- und Kreishilfen und auf entsprechende Initiativen unter der Regierung Rudolfs II., diese auch einzuheben, hingewiesen. Tatsächlich war bereits 1583 erfolglos versucht worden, die

[45] Hofkammerinstruktion Kaiser Karls VI., Wien, 1717 Dezember 30, in: *Thomas Fellner/Heinrich Kretschmayr*, Die Österreichische Zentralverwaltung. I. Abteilung: Von Maximilian I. bis zur Vereinigung der Österreichischen und Böhmischen Hofkanzlei (1749), Bd. 3: Aktenstücke 1683–1749. (Veröffentlichungen der Kommission für Neuere Geschichte Österreichs, Bd. 7.) Wien 1907, Nr. 48, 203–300, hier 273.

[46] Ebd. 217.

[47] Kaiserlicher Und Königlicher Wie auch Erz-Herzoglicher/Und Dero Residenz-Stadt/Wien/Staats- und Stands Calender/Auf das Jahr MDCCXXI. Mit einem Schematismo gezieret. Wien o. J., 56–63: Übersicht über die „Ein- und Abtheilung derer sieben Haubt-Cameral- und deren darzu anstellenden Commissionen". Vgl. *Rauscher*, Verwaltungsgeschichte (wie Anm. 27).

[48] Die maßgebliche Studie zu diesem Thema stammt von *Klaus Müller*, Das „Reichscamerale" im 18. Jahrhundert. Beiträge zur kaiserlichen Finanzpolitik, in: Elisabeth Springer/Leopold Kammerhofer (Hrsg.)/Leopold Auer/Horst Brettner-Messler/Ernst D. Petritsch/Christiane Thomas (Mitarb.), Archiv und Forschung. Das Haus-, Hof- und Staatsarchiv in seiner Bedeutung für die Geschichte Österreichs und Europas. (Wiener Beiträge zur Geschichte der Neuzeit, Bd. 20.) Wien/München 1993, 152–177.

im Spätmittelalter eingeführten Judensteuern – Kronsteuer und Opferpfennig – im Reich einzuziehen.[49] Unter dessen Nachfolger Matthias nahm man, unter anderem unterstützt vom ehemaligen Reichspfennigmeister Zacharias Geizkofler, diesen Faden wieder auf, ohne aber vor dem Tod des Kaisers entscheidend weitergekommen zu sein. Trotzdem kam es auch unter Ferdinand II. und Leopold I. zu entsprechenden Initiativen, bei denen, wie schon unter Matthias und später dann unter Joseph I. und Karl VI., die bedeutende Frankfurter Judenschaft als Testballon gewählt wurde, um im Erfolgsfall auch auf die anderen jüdischen Gemeinden und deren Obrigkeiten Druck ausüben zu können.[50]

Hatten einzelne Mitglieder der kaiserlichen Behörden also immer wieder auf brachliegende Einkommen im Reich hingewiesen und teilweise freie Hand erhalten, sie einzuheben, erreichte diese Politik in der ersten Hälfte des 18. Jahrhunderts ihren Höhepunkt.

Den Hintergrund bildete zunächst der mit dem Spanischen Erbfolgekrieg verbundene immense Finanzbedarf des Kaisers.[51] Wahrscheinlich war es der Reichspfennigmeister Wilhelm Lothar von Hohenfeld gewesen, der die Hofkammer auf mögliche Einnahmequellen im Reich hingewiesen hatte. Die entscheidende Figur wurde schließlich Hofkammersekretär Julius Schierl von Schierendorff, der unter anderem 1705/06 mit dem fast revolutionären Plan hervorgetreten war, eine gemeinsame deputierte Ständeversammlung der österreichischen und böhmischen Länder zu bilden, und auch vorgeschlagen hatte, einen Kongress der österreichischen Länder unter Einbeziehung der Bürger und Bauern zu bilden, um die unterschiedlichen Steuerverfassungen zu vereinheitlichen. Schierl forderte darüber hinaus die Verbindung der österreichischen und böhmischen Erbländer mit Ungarn zu einer Realunion nach englisch-schottischem Vorbild. Dieser „prononcierte Vertreter eines österreichischen Einheitsstaates“[52] blieb bis zu seinem Tod 1726 „der eigentliche Motor aller Bemühungen um eine

[49] *Peter Rauscher/Barbara Staudinger*, Widerspenstige Kammerknechte. Die kaiserlichen Maßnahmen zur Erhebung von „Kronsteuer“ und „Goldenem Opferpfennig“ in der Frühen Neuzeit, in: Aschkenas. Zeitschrift für Geschichte und Kultur der Juden 14, 2004, 313–363, hier 328–331.

[50] Ebd. 332f., 356–359; vgl. auch *Müller*, Reichscamerale (wie Anm. 48), 161f.

[51] Vgl. unten Anm. 106.

[52] *Winkelbauer*, Ständefreiheit (wie Anm. 20), 201. Zu Person und Plänen Schierls vgl. ausführlich *Alfred Fischel*, Christian Julius von Schierendorff, ein Vorläufer des liberalen Zentralismus im Zeitalter Josefs I. und Karls VI., in: ders., Studien zur Österreichischen Reichsgeschichte. Wien 1906, 137–305. Zu den Quellen s. HKA, Nachlass Schirndorf.

Verbesserung der Einnahmen aus dem Reich"[53]. Auch wenn viele der damaligen Pläne nicht umgesetzt wurden oder Stückwerk blieben, offenbaren sie, wie sich Wiener Beamte den fiskalischen Zugriff auf das Reich vorstellten. Die Menge des beschriebenen Papiers und die Akribie der angestellten historischen Forschungen, um die kaiserlichen Ansprüche zu belegen, bestätigen zweifellos die Ernsthaftigkeit dieser Arbeit.

Dass man sich am Kaiserhof besonders unter Karl VI. weiterreichende Gedanken über die Stellung des Kaisers im Reich gemacht hat, steht außer Frage. In einer undatierten Art Denkschrift an den Kaiser wurde in diesen Jahren die Frage aufgeworfen, wie hinsichtlich der kaiserlichen Reichsgefälle, also den Einnahmequellen aus dem Reich, ein Ausgleich mit den „Reichs-Vasallen" und Untertanen zur Steigerung „absoluter kaiserlicher Hoheit im heiligen Reich" getroffen werden könne.[54]

Im Mittelpunkt der Überlegungen der kaiserlichen Verwaltung standen die Urbarsteuern der Reichsstädte sowie Kronsteuer und Opferpfennig der Juden[55]; ebenfalls in den Blick genommen wurden Restanten aus den früheren Reichssteuerbewilligungen, Strafgelder des Reichsfiskals, Erträge aus heimgefallenen Lehen („Caducitäten") vor allem in Italien[56] und kaiserliche Rechte im Rahmen der Reichskirchenverfassung (Panisbriefe, Recht der Ersten Bitte).[57] Beratungen zwischen Mitgliedern verschiedener

[53] *Müller*, Reichscamerale (wie Anm. 48), 154.

[54] „Wie ein empegno für Ihro röm. kay. Majest. ratione der in desuetudinem gerathenen kay. reichs-gefälle mit denen reichs-vasallen und unterthanen zum accrement absoluter kay. hoheit im heiligen reich zu treffen und einzuführen" sei, HKA, Verschiedene Vorschläge, Nr. 172, fol. 503r–508r, Zitat fol. 503r. Das Stück ist nicht datiert, dürfte aber wegen der Nennung eines Grafen Stürgkh (Georg Christoph Graf Stürgkh war zwischen 1719 und 1735 als zweiter Hofkanzler einer der beiden Vorsitzenden der Österreichischen Hofkanzlei) aus der Zeit um 1720/30 stammen. Vgl. *Fellner/Kretschmayr*, Geschichtliche Übersicht (wie Anm. 25), 282.

[55] *Müller*, Reichscamerale (wie Anm. 48), 160–166 (zu den Judensteuern), 166–175 (zu den Urbarsteuern). Zur Besteuerung der jüdischen Bevölkerung s. auch *Johann Jacob Moser*, Teutsches Staatsrecht. T. 4. Leipzig/Ebersdorff im Vogtland 1741 (Ndr. Osnabrück 1968), 84; *Heinz Duchhardt*, Karl VI., die Reichsritterschaft und der „Opferpfennig" der Juden, in: ZHF 10, 1983, 149–167; *Rauscher/Staudinger*, Kammerknechte (wie Anm. 49), 356–359. Zum 15. Jahrhundert s. *Isenmann*, Reichsfinanzen (wie Anm. 22), 19–36.

[56] *Müller*, Reichscamerale (wie Anm. 48), 159 f.; *Karl Otmar von Aretin*, Das Reich. Friedensgarantie und europäisches Gleichgewicht 1648–1806. Stuttgart 1986, 124–127. Vgl. auch *Matthias Schnettger*, Subsidien und Kontributionen. Die finanziellen Beiträge der italienischen Reichsvasallen zu Reichs- und Türkenkriegen im 17. und 18. Jahrhundert, in: Rauscher (Hrsg.), Kriegführung und Staatsfinanzen (wie Anm. 14), 543–571, hier 564 f.

[57] *Müller*, Reichscamerale (wie Anm. 48), 154 f.

kaiserlicher Behörden zu diesem Thema gab es ab 1707, sie wurden allerdings zwei Jahre später unterbrochen und erst 1718 wieder aufgenommen. Installiert wurde nun eine „Reichscameraldeputation", die bis in die 1750er Jahre bestehen bleiben sollte.[58] Im Gegensatz zu Schierl selbst, der 1705 noch mit mehr als einer Million Gulden an jährlichen Einkommen aus dem Reichscamerale rechnete, setzte Kaiser Karl VI. 1718 seine Erwartungen wesentlich niedriger an und hoffte, daraus wenigstens die 1716 beschlossene Erhöhung der Besoldung der Reichshofräte finanzieren zu können.[59]

Wie die Behörden arbeiteten, soll kurz am Beispiel der Judensteuern gezeigt werden. Um die kaiserlichen Ansprüche zu belegen, wurden historische Forschungen angestellt, mittelalterliche Urkunden gesammelt und die historisch-staatsrechtliche Literatur ausgewertet. Außerdem wurden statistische Erhebungen durchgeführt. So wusste man in der Hofkammer, wie das Beispiel der jüdischen Untertanen der fränkischen Reichsritterschaft zeigt, über die Judenschaft in manchen Teilen des Reichs recht gut Bescheid.

Tabelle 1: Übersicht über die auf den Besitzungen der fränkischen Reichsritterschaft lebenden Juden

Ritterkanton	Männer	Frauen	Söhne	Töchter	Summe
Baunach	205	211	40	33	489
Rhön-Werra	383	408	Zusammen: 206		997
Gebürg	165	166	86	71	488
Altmühl	97	92	26	16	231
Steigerwald	212	214	59	43	528
Odenwald	319	325	88	57	789
Summe					3522

Quelle: HKA, Nachlass Schirndorf, Kart. 3, Konv. 10, fol. 9, sowie in einer ausführlichen Übersicht über die Juden im Reich in: ebd. Konv. 12, fol. 5–6, hier 6r.

Auf Basis der gesammelten Informationen über die Juden aus den Reichsstädten und der Ritterschaften wurde ihre Anzahl auf 11000 Personen geschätzt, die bei einer Besteuerung von einem Speciestaler pro Kopf mehr als 20000 Gulden jährlich erbrächten.[60] Angesichts des kaiserlichen Finanzbedarfs handelte es sich freilich – verglichen mit dem Verwaltungsaufwand – um geradezu klägliche Beträge, die noch dazu nie eingenommen werden konnten.

[58] Ebd. 156f. Vgl. auch die Behandlung des Gutachtens der Reichskameraldeputation in der 12. Sitzung der Geheimen Finanzkonferenz am 2. Mai 1719, HKA, Geheime Finanzkonferenz, Protokolle, Bd. 5 (1719), pag. 288–322, hier pag. 288–303.

[59] *Müller*, Reichscamerale (wie Anm. 48), 154 und 157.

[60] *Rauscher/Staudinger*, Kammerknechte (wie Anm. 49), 314.

Die engen Grenzen der kaiserlichen Fiskalpolitik im Reich waren aber auch der Hofkammer bewusst: Nicht einbezogen in diese Überlegungen wurden die jüdischen Untertanen der Kurfürsten und Fürsten. Abgesehen davon, dass sich diese vom Kaiser nicht in ihre Territorien hineinregieren ließen, trug sicherlich auch das Behördensystem am Kaiserhof, an dem mehrere Stellen für das Reich zuständig waren, zu einem wenig nachdrücklichen Vorgehen bei. Hatte bereits Schierl den negativen Einfluss der Österreichischen Hofkanzlei auf die Hofkammer diagnostiziert[61], so beklagte sich diese bei der Reichshofkanzlei über den Reichshofrat, der nach Meinung der Kammer die fiskalischen Prozesse trotz regelmäßiger Erinnerung der Reichskameraldeputation zu langsam führte. Man hoffe, die kaiserliche Resolution, nach der die Gehaltserhöhung der Hofräte aus dem Fonds der Reichseinkünfte bezahlt werden sollte, würde den Reichshofrat zu mehr Sorgfalt und Eifer bewegen.[62]

Letztlich sollten die Skeptiker recht behalten, die dieser Form einer Revindikationspolitik des Kammerguts im Reich wenig Chancen eingeräumt hatten: Alle taktischen Versuche, über die mindermächtigen Reichsmitglieder, vor allem die Städte und Ritterschaften, fiskalische Ansprüche des Kaisers durchzusetzen, scheiterten weitgehend. Der Kaiserhof hatte sich letztlich als zu schwach erwiesen, „das komplizierte Machtgleichgewicht im Reich von Wien her entscheidend zu verändern".[63] Die Wiedererrichtung eines Kammerguts und damit regelmäßiger Einkünfte des Monarchen, die seine Herrschaftsbasis erweitert hätten, war damit misslungen.

III. Kriegführung und Kriegsfinanzierung

1. Das Auslaufen der Türkenhilfen

Wesentlich wichtiger als mögliche Einkommen aus dem Kammergut waren freilich die Kontributionen zur Finanzierung des kaiserlichen Militärs. Anders als im Fall des Reichskammerguts, das es erst „wiederzuerfinden" galt, konnte man vor allem zwischen 1576 und 1606 auf hohe Summen zur Sicherung der Grenzbefestigungen in Ungarn und zur offenen Kriegfüh-

[61] *Müller*, Reichscamerale (wie Anm. 48), 155.

[62] HKA, Reichsakten 104/A, Hofkammer an Reichshofkanzlei über die Arbeit der Reichskameraldeputation, o. O., o. D. [nach 1716, evtl. 1723], fol. 280r–285r, hier fol. 281v.

[63] *Müller*, Reichscamerale (wie Anm. 48), 176.

rung gegen die Osmanen zwischen 1593 und 1606 bauen.[64] Bereits Ende der 1550er Jahre hatten die Verteidigungsausgaben die Summe von einer Million Gulden jährlich überstiegen, um 1600 fielen de facto mehr als zwei Millionen pro Jahr für die Unterhaltung der Türkengrenze an.[65] Den Anteil des Reichs an diesen Ausgaben kalkulierte die kaiserliche Verwaltung auf ca. 600000 Gulden und damit auf die gleiche Summe, die die niederösterreichischen und böhmischen Länder aufzubringen hatten.[66] Insgesamt dürfte das Reich inklusive der Kreishilfen zwischen 1556 und 1607 fast 31 Millionen Gulden für die Türkenabwehr geleistet haben, davon ca. 20 Millionen während des Langen Türkenkriegs.[67]

Tabelle 2: Auf den Reichstagen bewilligte Türkenhilfen 1576–1603 (ohne Kreishilfen)

Reichstag	Römermonate	Laufzeit	Römermonate/Jahr
1576	60	6 Jahre	10
1582	40	5 Jahre	8
1594	80	5 Jahre	16
1597/98	60	3 Jahre	20
1603	86	4 Jahre	21,5
Gesamt	326		
Bezahlt bis 1630 in Gulden (ca.)	18600000		
Römermonat (∅) in Gulden	57055		

Quelle: *Schulze*, Reich (wie Anm. 28), 80 und 362.

Nicht nur die Höhe der Reichshilfen war entscheidend, sondern auch deren Stetigkeit. Da es üblich war, bereits auf zukünftig zu bewilligende Fi-

[64] Zu den Beiträgen des Reichs vgl. u. a. *Schulze*, Reich (wie Anm. 28); *ders.*, Die Erträge der Reichssteuern zwischen 1576 und 1606, in: JbGMOD 27, 1978, 169–185; *Lanzinner*, Friedenssicherung (wie Anm. 27); *Rauscher*, Zwischen Ständen und Gläubigern (wie Anm. 20); *Sigelen*, Geizkofler (wie Anm. 27).

[65] Zum Problem der Grenzfinanzierung sowie zur Interpretation der in den Quellen genannten Summen s. *Géza Pálffy*, Der Preis für die Verteidigung der Habsburgermonarchie in Mitteleuropa: Die Kosten der Türkenabwehr in der zweiten Hälfte des 16. Jahrhunderts, in: Edelmayer/Lanzinner/Rauscher (Hrsg.), Finanzen und Herrschaft (wie Anm. 26), 20–44. Vgl. auch *Rauscher*, Nach den Türkenreichstagen (wie Anm. 14), 433–438.

[66] *Peter Rauscher*, Kaiser und Reich. Die Reichstürkenhilfen von Ferdinand I. bis zum Beginn des „Langen Türkenkriegs" (1548–1593), in: Edelmayer/Lanzinner/Rauscher (Hrsg.), Finanzen und Herrschaft (wie Anm. 26), 45–83, hier 61 und 75f.; *ders.*, Finanzen (wie Anm. 20), 314.

[67] Zahlen bei *Schulze*, Reich (wie Anm. 28), 360f. und 369; *Jan Paul Niederkorn*, Die europäischen Mächte und der „Lange Türkenkrieg" Kaiser Rudolfs II. (1593–1606). (Archiv für österreichische Geschichte, Bd. 135.) Wien 1993, 499.

nanzhilfen der Länder bzw. des Reichs Kredite aufzunehmen, erhöhten in Aussicht stehende Reichshilfen die Kreditwürdigkeit des Kaisers und bedeuteten, indem man Gläubigern die Rückzahlung ihrer Darlehen aus den Reichssteuern anbieten konnte, eine erhebliche Erleichterung des Zugangs zum Reich als Kreditmarkt.[68]

Unter diesen Voraussetzungen war es kein Wunder, dass die Hofkammer den Kaiser 1593, nachdem es einige Jahre keine neuen Reichshilfen gegeben hatte, darauf hinwies, dass die einzige Chance, die Grenze finanzieren zu können, in einer „ersprießlichen contribution und hülf im Heilligen Römischen Reich“ bestehe.[69] Ohne die Reichshilfen sei weder ein offener Krieg gegen das Osmanische Reich zu führen, noch könnten die Grenzen auf Dauer gesichert werden. Im Vorfeld des Reichstags von 1608 kommunizierte die Hofkammer Kaiser Rudolf II. seine finanzielle Situation bei aller gebotenen Höflichkeit relativ schonungslos. Das Fazit lautete, der Kaiser könne nicht einmal seine Hofhaltungskosten bezahlen, habe keine Möglichkeiten mehr, Kredite aufzunehmen und müsse unbedingt Reichshilfen einwerben – am besten in Form des „Gemeinen Pfennigs“ – oder den 1606 abgeschlossenen Frieden einhalten.[70]

Weder Rudolf II. noch seinem Nachfolger Matthias gelang es jedoch, während der gescheiterten Reichstage von 1608 und 1613 an die hohen Bewilligungen des Reichs anzuschließen. Um die fehlenden Reichshilfen wenigstens etwas auszugleichen, versuchte Matthias unterschiedliche Geldquellen im Reich zu erschließen: Einzelne Reichskreise, aber auch die protestantische Union wurden um Finanzhilfen für die Türkengrenze gebeten, Kredite auf künftig zu bewilligende Reichssteuern sowie auf die im Zuge des Bürgeraufstands in Frankfurt verhängten Strafgelder wurden aufzunehmen versucht, und auch an die Einhebung der Judensteuern wurde gedacht.

[68] Vgl. zuletzt *István Kenyeres*, Die Kriegsausgaben der Habsburgermonarchie von der Mitte des 16. Jahrhunderts bis zum ersten Drittel des 17. Jahrhunderts, in: Rauscher (Hrsg.), Kriegführung (wie Anm. 14), 41–80, hier 74f.

[69] HKA, Gedenkbuch 475, Relation der Hofkammer an den Geheimen Rat, mit Beschluss des Geheimen Rats, 1593 März 2, fol. 342v–346r, Zitat fol. 342v; *Rauscher*, Kaiser und Reich (wie Anm. 66), 80 Anm. 161.

[70] HHStA, Reichskanzlei, Reichstagsakten, Kart. 83a (1607–1608), Gutachten der Hofkammer in Prag für den Geheimen Rat bezüglich der Proposition für den kommenden Reichstag, Prag, 1607 Oktober 8, Nr. 23, fol. 129r–176v; zusammengefasst bei *Felix Stieve* (Bearb.), Vom Reichstag 1608 bis zur Gründung der Liga. (Briefe und Acten zur Geschichte des Dreißigjährigen Krieges in den Zeiten des vorwaltenden Einflusses der Wittelsbacher, Bd. 6.) München 1895, Nr. 1, 111–119, hier 115–117, zum Rat Frieden zu schließen 116; *Anton Gindely*, Rudolf II. und seine Zeit 1600–1612. Bd. 1. 2. Aufl. Prag 1863, 93–95. Vgl. *Rauscher*, Nach den Türkenreichstagen (wie Anm. 14), 433 Anm. 1.

Darüber hinaus wurde der Plan ventiliert, neue Mauten und Zölle bei den wichtigsten Jahrmärkten und Messen im Reich einzuführen.[71] Alle diese Maßnahmen führten letztlich zu geringen oder keinerlei Erfolgen.

2. Der Anschluss an die Türkenhilfen: Die Finanzierung der kaiserlichen Reichsarmee nach 1635

Mit dem beginnenden Dreißigjährigen Krieg und dem Übergreifen der Kriegführung auf das Reich 1621 war an ein geordnetes Reichssteuerwesen nicht mehr zu denken. Wegen der Kriegshandlungen und des noch immer nicht zustande kommenden Reichstags war auch unter dem neuen Kaiser Ferdinand II. eine Wiederaufnahme der Reichshilfen unrealistisch. Abgesehen von äußeren Mächten wurde der Kaiser militärisch von einzelnen Reichsfürsten – Bayern und Kursachsen – sowie lediglich von Reichsrittern, Städten und einzelnen Reichskreisen, zum Teil in Form von Krediten, finanziell unterstützt.[72]

Eine Chance zum gemeinsamen Handeln von Kaiser und Reich boten erst wieder der Prager Friede von 1635 und der anschließende Reichstag 1640/41. In dem Vertrag von 1635 war der Zusammenschluss der kaiserlichen und reichsständischen Truppen in einem „Der Röm. Ksl. Mt. und des Hl. Röm. Reichs kriegsheer“[73] geplant, während gleichzeitig alle konkurrierenden reichsständischen Bündnisse aufzulösen waren. Eingesetzt werden sollte diese Armee gegen alle Feinde des Reichs. Zwar wurden die Kurfürsten von Sachsen und nach diesem Beispiel auch Bayern und Brandenburg mit Sonderkommandos ausgestattet, dennoch bedeutete der Oberbefehl Kaiser Ferdinands II. beziehungsweise von dessen Feldherrn König Ferdinand III. ein bisher nicht dagewesenes Machtmittel in den Händen des Reichsoberhaupts. Zur Finanzierung der Truppen waren darüber hinaus 120 Römermonate vorgesehen, die in sechs Raten innerhalb von 16 Monaten bezahlt werden sollten und damit alle einzelnen Bewilligungen der „Türkenreichstage“ weit überstiegen. Zwar wurden die Reichspfennigmeisterämter wieder reaktiviert, „die disposition über alle reichs contributiones und zu

[71] *Rauscher*, Nach den Türkenreichstagen (wie Anm. 14), 431–451.

[72] Ebd. 455f.

[73] Prager Frieden zwischen dem Kaiser und Kursachsen, Hauptvertrag, Prag, 1635 Mai 30, in: *Kathrin Bierther* (Bearb.), Der Prager Frieden von 1634. (Briefe und Akten zur Geschichte des Dreißigjährigen Krieges, NF.: Die Politik Maximilians I. von Bayern und seiner Verbündeten 1618–1651, Bd. 10.) München/Wien 1997, 4. Teilbd. (Vertragstexte), Nr. 564/A, 1606–1631. Zum Reichsheer des Kaisers §§[70]–[75], 1623–1626, Zitat 1623; zur Finanzierung §[73], 1624f.

der veldtkhriegscassa gehörige gelter" sollte nach Willen des Kaisers aber dem Wiener Hofkriegsrat überlassen werden.[74] Im Anschluss an den Kurfürstentag von 1636/37 bewilligten 1638 einige Reichskreise weitere 120 Römermonate.[75] Eine stabile Finanzierung der Reichsarmee hing freilich ganz wesentlich von ihren militärischen Erfolgen ab. Da sich diese nicht einstellten, sah sich der Kaiser erstmals seit 1613 wieder zur Einberufung eines Reichstags gezwungen.[76] Ein wichtiges Thema dieser Reichsversammlung stellte die Finanzierung der Reichsarmee dar. Eine vollständige Einigung gelang hier jedoch nicht, da einige Reichsstände den vom Kaiser geforderten je 120 Römermonaten für 1640 und 1641, die schließlich auch der Reichsabschied enthalten sollte, nicht zustimmten. Auch bezüglich der Verwaltung der Gelder musste der Kaiserhof Abstriche machen. Nach Wunsch der Stände sollte diese nicht mehr durch die kaiserlichen Behörden erfolgen, sondern durch einen neu einzusetzenden Reichspfennigmeister.[77] Trotz dieser Modifikationen entsprach die Regelung noch immer dem für den Kaiserhof relativ günstigen Modell des ausgehenden 16. Jahrhunderts.

Über die nach diesen Bewilligungen erfolgten Zahlungen wissen wir wenig: Die 1635/36 vereinbarten Reichssteuern zum Unterhalt der kaiserlichen Reichsarmee wurden, wenn überhaupt, kaum zentral abgerechnet, und auch ein in diesem kurzen Zeitraum genannter Reichspfennigmeister verschwand schnell wieder von der Bühne. Erst der am Reichstag von 1640/41 installierte Hubert Bleimann, der wohl letzte bedeutende Vertreter der Reichspfennigmeister der vorderen Reichskreise, rechnete im folgenden Jahrzehnt bis Anfang der 1650er Jahre Zahlungen in Höhe von fast 2,9 Millionen Gulden ab.[78] Als Armeelieferant für Waffen und Lebensmittel trat Bleimann auch in dieser Hinsicht in die Tradition seiner Vorgänger wie Georg Ilsung oder Zacharias Geizkofler.

[74] Vgl. HKA, Hoffinanz, Protokolle 764 R, Erinnerungsdekret an den Hofkriegsrat, o. O., 1637 November 11, fol. 488v; ebd. Protokolle 768 R, Erinnerung an den Hofkriegsrat, o. O., 1638 Januar 16, fol. 15r, Zitat ebd.

[75] *Axel Gotthard*, Säulen des Reiches. Die Kurfürsten im frühneuzeitlichen Reichsverband. (Historische Studien, Bd. 457.) Husum 1999, Teilbd. 1, 380–383. Daneben: *Heiner Haan*, Der Regensburger Kurfürstentag von 1636/1637. (Schriftenreihe der Vereinigung zur Erforschung der Neueren Geschichte e.V., Bd. 3.) Münster 1967, 19–21 und 175.

[76] Vgl. zum Folgenden: *Bierther*, Reichstag (wie Anm. 43), 286–297.

[77] Vgl. oben Anm. 43.

[78] HKA, Reichsakten 12, fol. 114r–123v.

3. Von der Steuer- zur Heeresdiskussion: Der Zusammenbruch des Reichskriegswesens und dessen Neuorganisation nach dem Dreißigjährigen Krieg

Der Westfälische Friede von 1648 bedeutete hinsichtlich der militärisch-finanziellen Unterstützung des Kaisers durch das Reich einen fundamentalen Einschnitt: Mit der Abrüstung der Truppen hatte sich die Frage nach deren Finanzierung zunächst mittelfristig zwar erledigt; im Gegensatz zum Kriegsgegner Schweden gelang es dem Kaiser aber nur in einem sehr beschränkten Umfang, das Reich zur Übernahme eines Teils seiner Kriegsausgaben zu bewegen.[79] Längerfristig war die Tatsache, dass weder der Themenkomplex der Reichsverteidigung noch der des Steuerwesens im Westfälischen Frieden oder am folgenden Reichstag von 1653/54 geregelt wurden, wesentlich bedeutender.[80]

Letztlich musste sich also in der Praxis, das heißt in konkreten Konfliktsituationen, zeigen, ob und wie die Reichsstände die Kriegführung des Kaisers unterstützten. Das 16. Jahrhundert bot hier mehrere Alternativen an:

Erstens: Die Zusammenführung von dezentralen, durch einzelne Stände oder Reichskreise zur Verfügung gestellten und unterhaltenen Truppenkontingenten zu einer Reichsarmee. Dieses ursprünglich der Reichsmatrikel zugrundeliegende Verfahren bedeutete eine weitgehende Autonomie der Stände, die ihre Truppen leicht wieder aus dem Reichsheer abziehen konnten.[81]

[79] Zur Abrüstungsfrage s. umfassend *Oschmann*, Exekutionstag (wie Anm. 43); zu den finanziellen Kompensationen des Kaisers aus dem Reich: *Andreas Müller*, Der Regensburger Reichstag von 1653/54. Eine Studie zur Entwicklung des Alten Reiches nach dem Westfälischen Frieden. (Europäische Hochschulschriften, Rh. III: Geschichte und ihre Hilfswissenschaften, Bd. 511.) Frankfurt am Main u. a. 1992, 181–208; *Peter Rauscher*, „Armeesatisfaktionen" und Wahlgeschenke. Ein finanzgeschichtlicher Beitrag zur Geschichte des Alten Reichs nach dem Westfälischen Frieden, in: HJb 129, 2009, 231–266.

[80] *Müller*, Reichstag (wie Anm. 79), 184–208, 391–404.

[81] Zur Reichsmatrikel im 15. Jahrhundert u. a. *Johannes Sieber*, Zur Geschichte des Reichsmatrikelwesens im ausgehenden Mittelalter (1422–1521). (Leipziger historische Abhandlungen, H. 24.) Leipzig 1910; *Isenmann*, Reichsfinanzen (wie Anm. 22), 154–218. In der ersten Hälfte des 16. Jahrhunderts war es ebenfalls zu Truppenhilfen des Reichs gekommen. Zusammenfassend: *Peter Rauscher*, Carlos V, Fernando I y la ayuda del Sacro Imperio contra los turcos: dinero, religión y defensa de la cristiandad, in: Carlos V y la quiebra del humanismo político en Europa (1530–1558). Actas del congreso internacional. Madrid 2001, Vol. 4, 363–383. An manchen Stellen korrekturbedürftig: *Wolfgang Steglich*, Die Reichstürkenhilfe in der Zeit Karls V., in: MGM 1, 1972, 7–55. Um doch noch die dringend erhoffte Unterstützung des Reichs zur Fortsetzung des Türkenkriegs zu erhalten, hatte Kaiser Rudolf II. den Ständen 1608 wieder offengelassen,

Zweitens: Das Ersetzen der Truppenkontingente durch entsprechende Geldzahlungen auf Basis der Reichsmatrikel[82], während die Anwerbung der Söldner Musterherren[83] und die Finanzverwaltung den Reichspfennigmeistern überlassen blieb. Im Fall von Bewilligungen zum Ausbau der Türkengrenze und der dortigen Truppen kam das Geld direkt dem kaiserlichen bzw. innerösterreichischen Kriegswesen zu Gute.[84] Solche Hilfen konnten vom Reichstag oder, wenn dieser nicht funktionierte, auch von einzelnen Reichskreisen bewilligt werden.[85]

Drittens: Anstatt die Lasten auf die Reichsstände über die umstrittene Reichsmatrikel aufzuteilen, konnte, wie es seit 1495 mehrmals praktiziert worden war und die Hofkammer dem Kaiser nicht nur 1607, sondern bereits auf den vorangegangenen drei Reichstagen vorgeschlagen hatte[86], ein sogenannter Gemeiner Pfennig ausgeschrieben werden, um daraus den Unterhalt der Reichsarmee zu bestreiten. Eine solche reichsweit einheitliche Kopf- bzw. Vermögenssteuer machte zwar mangels eines entsprechenden bürokratischen Apparats die territorialen Gewalten bei der Steuererhebung nicht überflüssig, „degradierte" sie aber letztlich zu vollziehenden Organen

entweder Geldhilfen zu leisten oder ein Heer zu stellen. Vgl. die kaiserliche Proposition, 1608 Januar 12, in: *Moriz Ritter* (Bearb.), Die Gründung der Union 1598–1608. (Briefe und Acten zur Geschichte des Dreißigjährigen Krieges in den Zeiten des vorwaltenden Einflusses der Wittelsbacher, Bd. 1.) München 1870, Nr. 529/II, 627–629.

[82] Zur Reichsmatrikel im 16. Jahrhundert s. u. a. *Schulze*, Reich (wie Anm. 28), 337–348; *ders.*, Der Kampf um die „gerechte und gewisse matricul". Zur Problematik administrativen Wissens im 16. Jahrhundert, oder: die Suche nach Ständen, die „nicht dieses Reiches oder von dieser Welt", in: Arndt Brendecke/Markus Friedrich/Susanne Friedrich (Hrsg.), Information in der Frühen Neuzeit. Status, Bestände, Strategien. (Pluralisierung & Autorität, Bd. 16.) Berlin 2008, 137–162, hier 138–140; *Lanzinner*, Friedenssicherung (wie Anm. 27), 393–400; *Peter Schmid*, Reichssteuern, Reichsfinanzen und Reichsgewalt in der ersten Hälfte des 16. Jahrhunderts, in: Heinz Angermeier (Hrsg.)/Reinhard Seyboth (Mitarb.), Säkulare Aspekte der Reformationszeit. (Schriften des Historischen Kollegs, Kolloquien 5.) München/Wien 1983, 153–198, hier 163–167; *Rauscher*, Zwischen Ständen und Gläubigern (wie Anm. 20), 93–97.

[83] Vgl. zum Beispiel den Reichsabschied von Augsburg, 1566 Mai 30, in: *Maximilian Lanzinner/Dietmar Heil* (Bearb.), Der Reichstag zu Augsburg 1566. (Deutsche Reichstagsakten, Reichsversammlungen 1556–1662.) München 2002, Teilbd. 2, Nr. 467, 1507–1584, hier 1530f.

[84] Vgl. den Reichsabschied von Augsburg, 1582 September 20, in: *Josef Leeb* (Bearb.), Der Reichstag zu Augsburg 1582. (Deutsche Reichstagsakten, Reichsversammlungen 1556–1662.) München 2007, Nr. 457, 1407–1462, hier 1412–1418. Vgl. auch *Rauscher*, Kaiser und Reich (wie Anm. 66), 74–79.

[85] Zu den Türkenhilfen der Kreise s. *Schulze*, Reich (wie Anm. 28), 191–222.

[86] Gutachten der Hofkammer von 1607, in: *Stieve* (Bearb.), Reichstag (wie Anm. 70), 115.

des Reichs und schränkte zudem das Steuerbewilligungsrecht der Landstände ein.[87]

Neben diesen nicht nur technischen, sondern hochpolitischen Fragen, ob dem Kaiser oder den Ständen mehr oder weniger Zugriff auf die Steuermittel zur Finanzierung der Reichstruppen und auf deren Einsatz zukommen sollte, wurde das Thema seit der zweiten Hälfte des 17. Jahrhunderts durch einen außenpolitischen Faktor, nämlich den Kriegsgegner, beeinflusst. War es seit der Regierung Karls V. mit nur einer Ausnahme[88] das Osmanische Reich, das auch propagandistisch zum „Erbfeind christlichen Namens" stilisiert wurde[89], gegen das das Heilige Römische Reich den Kaiser und seine Länder als „Vormauer der deutschen Nation"[90] unterstütz-

[87] Zur komplexen Interessenslage der Reichsstände für oder gegen den Gemeinen Pfennig vgl. *Isenmann*, Reichsfinanzen (wie Anm. 22), 190–218 (entgegen seiner zeitlichen Beschränkung im Titel auf das 15. Jahrhundert zieht der Beitrag eine Linie bis in das 17. Jahrhundert); *Schmid*, Reichssteuern (wie Anm. 82), 168–173; *Lanzinner*, Friedenssicherung (wie Anm. 27), 483–499; *Rauscher*, Zwischen Ständen und Gläubigern (wie Anm. 20), 90–93. Zum Gemeinen Pfennig außerdem *Erwein Eltz*, Zwei Gutachten des Kurfürstenrates über die Wormser Matrikel und den Gemeinen Pfennig. Ein Beitrag zur Reichssteuerproblematik vom Reichstag in Speyer 1544, in: Heinrich Lutz/Alfred Kohler (Hrsg.), Aus der Arbeit an den Reichstagen unter Kaiser Karl V. Sieben Beiträge zu Fragen der Forschung und Edition. (Schriftenreihe der Historischen Kommission bei der Bayerischen Akademie der Wissenschaften, Bd. 26.) Göttingen 1986, 273–301. S. außerdem die Zusammenfassung von *Martina Schattkowsky*, Gemeiner Pfennig, in: Stephan Wendehorst/Siegrid Westphal (Hrsg.), Lesebuch Altes Reich. (Bibliothek Altes Reich, Bd. 1.) München 2006, 189–197 und 262 sowie die dort angegebene Literatur. Vgl. den Beitrag von Maximilian Lanzinner in diesem Band.

[88] Auch im Reichsabschied von 1544, als eine Reichshilfe gegen Frankreich beschlossen wurde, wurde dies damit begründet, „das der Kg. von Franckreich sich nit alleyn mit bemeltem feyndt, dem Türcken, in bundtnüs eingelassen, sonder auch demselben dergestalt anhengig gemacht, das er ine widder gemeyne christenheyt bewegt hat, darauß dem Reich Teutscher Nation und gemeyner christenheyt noch mehr verderblicher und unwiderbringlicher schadt entstehen möcht, so achten wir, auch Kff., Ff. und stende des Hl. Reichs und der abwesenden räthe und bottschaften, gedachten Kg. von Franckreich nit weniger dann den Türcken für eynen gemeynen feyndt der christenhayt zu halten [...]." Reichsabschied, Speyer, 1544 Juni 10, in: *Erwein Eltz* (Bearb.), Der Speyrer Reichstag von 1544. (Deutsche Reichstagsakten Jüngere Reihe – Deutsche Reichstagsakten unter Kaiser Karl V., Bd. 15.) Göttingen 2001, Teilbd. 4, Nr. 565, 2244–2285, hier 2247.

[89] *Schulze*, Reich (wie Anm. 28), 52–60.

[90] Daneben wurden Ungarn und die innerösterreichischen Länder auch als „Vormauer der Christenheit" bzw. „Hofzaun des Reiches" bezeichnet. Zum Begriff „Vormauer der deutschen Nation" vgl. zum Beispiel Reichsabschied, Speyer, 1570 Dezember 11, in: *Maximilian Lanzinner* (Bearb.), Der Reichstag zu Speyer 1570. (Deutsche Reichstagsakten – Reichsversammlungen 1556–1662.) Göttingen 1988, Teilbd. 2: Akten und Abschied, Nr. 567, 1201–1270, hier 1216; Gesandte der innerösterreichischen Länder an die Reichsstände, Regensburg, 1598 Januar 1, in: Die Steiermark. Brücke und Bollwerk. Ka-

te, lag nun die Situation anders. Zu den Osmanen trat jetzt die Krone Frankreich als mindestens gleichwertiger Gegner hinzu. Frankreich war jedoch nicht nur unumstrittenes Mitglied der *Respublica Christiana*, sondern bereits im Dreißigjährigen Krieg mit einigen Reichsständen verbündet gewesen und zu einer Garantiemacht des Westfälischen Friedens geworden, der es besonders während des sogenannten ersten Rheinbunds 1658 bis 1668 gelungen war, ein starkes Gegengewicht zum habsburgischen Kaisertum zu bilden.[91] Auch wenn Ludwig XIV. durch seine aggressive Ostpolitik und die Zerstörungen der französischen Truppen vor allem im Rheinland viel an Kredit verspielte[92], bildeten Bündnisse mit Frankreich, wie auch mit anderen auswärtigen Mächten immer Optionen für einzelne Reichsstände.[93]

Hinzu kam, dass nach 1648 nicht nur der Kaiser, sondern auch die größeren Reichsstände über stehende Heere verfügten. Neben diesen kostspieligen Truppen, die nicht nur ein Kapital für eine aktive Außenpolitik darstellten, sondern gleichzeitig auch Druck auf die Landstände zu deren Finanzierung ausübten, waren die sogenannten *armierten* Reichsstände nicht bereit, dem Reich Geld zum Anwerben einer Reichsarmee zur Verfügung zu stellen.[94]

talog der Landesausstellung, Schloß Herberstein bei Stubenberg, 3. Mai bis 26. Oktober 1986. (Veröffentlichungen des Steiermärkischen Landesarchives, Bd. 16.) 2. Aufl. Graz 1986, 247.

[91] Vgl. u. a. *Karl Otmar von Aretin*, Das Alte Reich 1648–1806. Bd. 1: Föderalistische oder hierarchische Ordnung (1648–1684). 2. Aufl. Stuttgart 1997, 184–201; *Anton Schindling*, Der erste Rheinbund und das Reich, in: Volker Press (Hrsg.)/Dieter Stievermann (Bearb.), Alternativen zur Reichsverfassung in der Frühen Neuzeit? (Schriften des Historischen Kollegs, Kolloquien 23.) München 1995, 123–129.

[92] Zum Feindbild Frankreich siehe *Martin Wrede*, Das Reich und seine Feinde. Politische Feindbilder in der reichspatriotischen Publizistik zwischen Westfälischem Frieden und Siebenjährigem Krieg. (Veröffentlichungen des Instituts für Europäische Geschichte Mainz, Abt. für Universalgeschichte, Bd. 196; Beiträge zur Sozial- und Verfassungsgeschichte des Alten Reiches, Nr. 15.) Mainz 2004, 324–545.

[93] Vgl. zum Beispiel die Bündnisse der Wittelsbacher mit Frankreich 1702, 1714 oder 1727 beziehungsweise das Bündnis zwischen Großbritannien, Frankreich und Preußen von 1725; *Karl Otmar von Aretin*, Das Alte Reich 1648–1806. Bd. 2: Kaisertradition und österreichische Großmachtpolitik (1684–1745). 2. Aufl. Stuttgart 1997, 119–124, 302 f., 321. Zu den Bündnissen der Reichsstände s. u. a. *Heinhard Steiger*, Die Träger des *ius belli ac pacis* 1648–1806, in: Werner Rösener (Hrsg.), Staat und Krieg. Vom Mittelalter bis zur Moderne. Göttingen 2000, 115–135, hier 126–131.

[94] S. *Richard Fester*, Die armirten Stände und die Reichskriegsverfassung (1681–1697). Frankfurt am Main 1886. Verhältnismäßig positiv wird die Rolle der armierten Stände beurteilt von *Peter H. Wilson*, The Holy Roman Empire and the Problem of the Armed Estates, in: Rauscher (Hrsg.), Kriegführung (wie Anm. 14), 487–514.

Ohne diese Parameter können die zwischen 1635 und 1740 von den Reichsständen bewilligten 1270 Römermonate nicht angemessen interpretiert werden.

Tabelle 3: Römermonate vom Dreißigjährigen Krieg bis zum Ende der Regierung Karls VI. (1740)

Jahr	Verwendungszweck	Römermonate
1635	Reichsarmee	120
1636	Reichsarmee	120
1640/41	Reichsarmee	240
1648	Abdankung des kaiserlichen Kriegsvolks	100
1663	Türkenhilfe	50
1669	Türkengrenze und lothringische Satisfaktionsgelder	50
1686	Türkenhilfe	50
1687	Türkenhilfe	100
1689	Hilfe gegen Frankreich	200
1716	Türkenhilfe	50
1734	Reichskrieg gegen Frankreich	30
1735	Reichskrieg gegen Frankreich	60
1737	Türkenhilfe	50
1740	Türkengrenze	50
	Gesamt	1270

Als mit dem Türkenkrieg von 1663/64 erstmals nach 1648 die Frage nach einer Beteiligung der Reichsstände an einem Krieg auf Seiten des Kaisers wieder aktuell wurde, stellten die Stände zwar ganz traditionell 50 Römermonate in Aussicht, konnten sich letztlich aber auf kein gemeinsames Vorgehen einigen. Während Kurmainz ein kaiserliches Kommando der Reichsarmee verhindern wollte, sahen sich protestantische Stände nicht an den Mehrheitsbeschluss gebunden. Tatsächlich erfolgte die Reichshilfe schließlich in Form von Truppen einzelner Kurfürsten, des Rheinbundes und einer aus Kontingenten der Reichskreise gebildeten „Reichsarmee“.[95] Auch 1669, als der Kaiser mit einer Bitte um Unterstützung der Grenzfestungen in Ungarn an das Reich herangetreten war, wurden zwar wieder 50 Römermonate in Aussicht gestellt, doch auch diesmal hatten sich die Stände nicht auf eine verbindliche Entscheidung einigen können und forderten

[95] Vgl. *Hermann Forst*, Die deutschen Reichstruppen im Türkenkriege 1664. (MIÖG, Erg.-Bd. 6.) Wien 1901, 634–648; *Kurt Peball*, Die Schlacht bei St. Gotthard-Mogersdorf 1664. (Militärhistorische Schriftenreihe, Bd. 1.) Wien 1964, 6f.; *Georg Wagner*, Das Türkenjahr 1664. Eine europäische Bewährung. Raimund Montecuccoli, die Schlacht von St. Gotthard-Mogersdorf und der Friede von Eisenburg (Vasvár). (Burgenländische Forschungen, Bd. 48.) Eisenstadt 1964, 87f.

außerdem, dass aus den Geldern auch Ansprüche des Herzogs von Lothringen für die Räumung zweier Festungen bezahlt werden sollten.[96]

Auch die Reformen des Reichskriegswesens 1681/82 in Reaktion auf die Bedrohung durch Frankreich schufen kein umfassendes Regelwerk für eine Reichsarmee. Obwohl der Wiener Hof eine zentrale Reichskasse wie in der Spätphase des 16. Jahrhunderts favorisierte, die dem Kaiser weitgehende Verfügungsgewalt über die einkommenden Gelder gegeben hätte[97], sah das Ergebnis ganz anders aus: Eine zukünftige Reichsarmee im Umfang von 40000 Mann sollte auf Basis der Reichskreise geschaffen und damit auch die Finanzierung der Truppen dezentralisiert werden. Lediglich zur Unterhaltung des Generalstabs, von Artillerie und Pionieren war eine „General-Reichs-Kriegs-Casse“ vorgesehen, die dem Reichsgeneralfeldmarschall unterstellt wurde. Von einem Zugriff des Reichsoberhaupts auf die Kriegsfinanzen der Stände konnte also keine Rede sein. Nicht integriert in diese Reichsarmee wurden die – überproportional umfangreichen – kaiserlichen Truppen für den Österreichischen Reichskreis und die Streitkräfte der armierten Reichsstände, die ihr Militär nicht in die Strukturen der Kreise einbinden lassen wollten.[98]

Trotz dieser Reformen basierte die Unterstützung des Reichs angesichts der zweiten Wiener Türkenbelagerung 1683 nicht auf diesen Regelungen. Stattdessen wurde am Reichstag über ein Wiederaufleben der Türkenhilfen auf der Grundlage der Reichsmatrikel verhandelt, ohne dass ein verbindlicher Entschluss gefällt worden wäre. Vielmehr beteiligten sich mit Bayern und Sachsen sowie dem Schwäbischen und Fränkischen Reichskreis einzelne Stände und Kreise am Entsatz von Wien. Erst 1686 fand sich der Reichstag zu einer Bewilligung von 50 Römermonaten bereit, allerdings mit der Einschränkung, dass diese entweder in Geld oder in Form von Truppen geleistet werden konnten und nur diejenigen Stände betraf, die

[96] *Rauscher*, Nach den Türkenreichstagen (wie Anm. 14), 468.

[97] *Aretin*, Reich, Bd. 1 (wie Anm. 91), 287.

[98] *Heinz Angermeier*, Die Reichskriegsverfassung in der Politik der Jahre 1679–1681, in: ZRG GA 82, 1965, 190–222; *Heinz Wenkebach*, Bestrebungen zur Erhaltung der Einheit des Heiligen Römischen Reiches in den Reichsschlüssen von 1663 bis 1806. (Untersuchungen zur deutschen Staats- und Rechtsgeschichte, NF., Bd. 13.) Aalen 1970; *Helmut Neuhaus*, Das Problem der militärischen Exekutive in der Spätphase des Alten Reiches, in: Johannes Kunisch (Hrsg.)/Barbara Stollberg-Rilinger (Mitarb.), Staatsverfassung und Heeresverfassung in der europäischen Geschichte der frühen Neuzeit. (Historische Forschungen, Bd. 28.) Berlin 1986, 297–346, hier 307–310; *Aretin*, Reich, Bd. 1 (wie Anm. 91), 286–298. Zur Kriegsteilnahme der Reichsstände auf Seiten des Kaisers s. *Winkelbauer*, Ständefreiheit (wie Anm. 20), 514f.

sich bisher nicht am Türkenkrieg beteiligt hatten. Ein Jahr später genehmigten Kurfürsten- und Fürstenrat weitere 100 Römermonate, von denen jedoch bisherige Kriegsausgaben von Reichsständen, die damit vom Kaiser auf die Reichssteuern verwiesen worden waren, zu bezahlen seien.[99] Angesichts des nun beginnenden Kriegs im Westen sollten dies für die nächsten dreißig Jahre die letzten Türkenhilfen sein.

Auch der 1689 erklärte Reichskrieg gegen Frankreich sollte nicht nach dem Modell von 1681/82 funktionieren. Vielmehr schlossen sich wiederum einzelne Stände und Kreise mit ihren Truppen als Bündnispartner der europäischen „Großen Allianz“ aus Kaiser, Generalstaaten, England, Savoyen, Spanien und Lothringen an. Die übrigen Reichsstände sollten sich lediglich an den finanziellen Lasten der armierten Stände beteiligen. Auch wenn am Reichstag offenbar keine definitiven Entscheidungen zu dieser Frage getroffen wurden, ging man seitens des Kaisers von 200 Römermonaten an Kompensationszahlungen aus, die die nichtarmierten Stände auf Basis der Reichsmatrikel leisten sollten. Diese Transfers wurden über Zahlungsanweisungen („Assignationen“) vom Kaiserhof aus organisiert[100], ohne dass eine zentrale Reichskasse eingerichtet wurde. Damit schien sich das System von Truppenhilfen einzelner Stände und Ausgleichszahlungen der anderen etabliert zu haben. Als Aufteilungsschlüssel diente nach wie vor die Reichsmatrikel.

Dies sollte sich erst mit dem Spanischen Erbfolgekrieg ändern. Parallel zum Kriegseintritt des Reichs beschloss der Reichstag 1702 die Aufstellung einer Reichsarmee, die im Frieden mindestens 80000, im aktuellen Krieg 120000 Mann umfassen sollte.[101] Diesmal war geplant, die Lasten nach dem Modus von 1681/82 nach Reichskreisen aufzuteilen. Damit wäre das Ungleichgewicht zwischen den armierten Ständen, die Truppen-, und den nichtarmierten Ständen, die Geldhilfe leisteten, beseitigt worden.

Eine solche Reichsarmee kam allerdings nicht zustande. Sie beschränkte sich auf Truppen des Schwäbischen, Fränkischen, Oberrheinischen und Niedersächsischen Kreises sowie der Kurpfalz. Bereits seit der Laxenburger Allianz von 1682 zwischen dem Kaiser und dem Oberrheinischen und Fränkischen Kreis bildeten Bündnisse mit Reichskreisen ein Instrument der kaiserlichen Politik, die hier ihre Fortsetzung fand.[102]

[99] *Rauscher*, Nach den Türkenreichstagen (wie Anm. 14), 471 f.

[100] *Fester*, Die armirten Stände (wie Anm. 94), 83–85.

[101] *Gerhard Granier*, Der deutsche Reichstag während des Spanischen Erbfolgekrieges (1700–1714). Diss. phil. Bonn 1954, 39–41.

[102] Zu den Kreisassoziationen s. grundlegend *Bernd Wunder*, Die Kreisassoziationen

Parallel dazu standen andere Reichsstände als Subsidienempfänger direkt im Dienst des Kaisers. Die Einrichtung einer Reichsoperationskasse wurde 1704 beschlossen, der aber erst im Herbst 1707 200000 Reichstaler in Aussicht gestellt wurden. Auch diese Gelder wurden, wie die Truppen, zunächst auf die Reichskreise verteilt, die die Anteile der einzelnen Kreisstände entweder nach dem Verhältnis ihrer Truppenkontingente oder über die Reichsmatrikel aufteilen konnten. Bis 1712 kam es mehrmals zu solchen Zahlungen, bevor für 1713 die hohe Summe von 4 Millionen Reichstalern bereitgestellt werden sollte, um die bisher von den Seemächten England und den Niederlanden, die inzwischen mit Frankreich Frieden geschlossen hatten, bezahlten Truppen aus dem Reich übernehmen zu können.[103] Zur Verwaltung der Gelder wurde der Frankfurter Wechsler Christian Rhost als „Reichs-Kriegs-Operations-Cassa Einnehmer" eingesetzt, der vorher die notwendigen Kredite auf diese Bewilligungen aufgebracht hatte. Dieser hatte damit eine ähnliche Rolle wie die früheren Reichspfennigmeister inne. Konsequenterweise sollten ihm von den einzelnen Kreisen auch Übersichten über die Zahlungsverpflichtungen der Stände zugestellt werden. Im letzten Kriegsjahr 1714 sollten weitere 5 Millionen Reichstaler von den Ständen bereitgestellt werden, die wegen des nunmehrigen Friedensschlusses allerdings zur Rückzahlung von Schulden der Reichskasse umgewidmet wurden.[104]

Direkte Zahlungen an den Kaiser wurden zwischen 1701 und 1710 lediglich von den Reichsritterschaften, den Hansestädten Hamburg, Bremen und Lübeck sowie einigen anderen Ständen in Höhe von rund 3,2 Millionen Gulden geleistet.[105] Verglichen mit dem kaiserlichen Finanzbedarf von in der Regel deutlich über 20 Millionen, im Einzelfall sogar über 30 Millionen Gulden jährlich[106] war diese Summe freilich gering.

1672–1748, in: ZGO 128, 1980, 167–266; *Aretin*, Reich, Bd. 1 (wie Anm. 91), 298–302; *ders.*, Reich, Bd. 2 (wie Anm. 93), 23–25, 73–85, 113–119; *Max Plassmann*, Indirekt kaiserlich? Die Kriegführung und -finanzierung von Reichskreisen und Assoziationen (1648–1740), in: Rauscher (Hrsg.), Kriegführung (wie Anm. 14), 515–541, dort mit ausführlichen Referenzen zur spezielleren Forschungsliteratur.

103 *Granier*, Reichstag (wie Anm. 101), 262.

104 *Rauscher*, Nach den Türkenreichstagen (wie Anm. 14), 476f.

105 Ebd. 477.

106 *Thomas Winkelbauer*, Nervus rerum Austriacarum. Zur Finanzgeschichte der Habsburgermonarchie um 1700, in: Petr Mat'a/Thomas Winkelbauer (Hrsg.), Die Habsburgermonarchie 1620 bis 1740. Leistungen und Grenzen des Absolutismusparadigmas. (Forschungen zur Geschichte und Kultur des östlichen Mitteleuropa, Bd. 24.) Stuttgart 2006, 179–215, hier 182 Tabelle; *Michael Hochedlinger*, Der gewaffnete Doppeladler.

Tabelle 4: Bewilligte Geldhilfen für die Reichsoperationskasse 1707–1714 (in Gulden)

Jahr	Summe
1707	300000
1708	1500000
1710	300000
1712	1000000
1713	6000000
1714	7500000
Gesamt	*9100000**/ 16600000

* Summe ohne die Bewilligung von 1714.

Quelle: HKA, Gedenkbücher 512, fol. 284v.

Für den Kaiser war die dezentrale und auf Truppen basierende Reichshilfe nicht nur ein Einflussverlust. Über die von ihm besetzte Generalität der Reichsarmee konnte er auf Teile des militärischen Potentials des Reichs inklusive der Reichsoperationskasse zugreifen. Die Hofkammer war daher auch über die Zahlungen der Stände in diese Kasse gut informiert. Als am Kaiserhof 1718 darüber diskutiert wurde, die Reichsoperationskasse wieder einem Reichspfennigmeister zu unterstellen, entschied man sich letztlich dagegen. Mit dieser stärkeren Integration der Kasse in die kaiserliche Verwaltung stand zu befürchten, dass der Kaiser auch von den Gläubigern der Stände belästigt werden könnte: „[...] weilen bekant, daß etlich millionen noch in ausstand haften, viel parteyen dahin angewisen seyen und nicht bezahlet werden, von welchen sodan Euer kay. May. oberwehnter massen vielfältig angegangen und behelliget werden dörfften, also daß dieses onus viel mehr von sich zu schieben als zu übernehmen wäre [...].“[107]

Wiederum andere Wege ging man im Zuge des ersten Türkenkriegs Karls VI. (1716–1718). Auf kaiserliches Ansuchen um Türkenhilfen in Form von Truppen oder Geld bewilligte der Reichstag schließlich 50 Römermonate, die an die kaiserliche Hofkammer zu bezahlen waren. Von den veranschlagten 3,13 Millionen Gulden landeten schließlich bis 1736 1,77

Ständische Landesdefension, Stehendes Heer und „Staatsverdichtung“ in der frühneuzeitlichen Habsburgermonarchie, in: ebd. 217–250, hier 240; *Rauscher*, Kriegführung (wie Anm. 20), 23 f., dort mit der älteren Literatur.

[107] HKA, Geheime Finanzkonferenz, Bd. 4 (1718), Protokoll der 5. Sitzung der Finanzkonferenz, 1718 Juni 14, pag. 369–413, zum Reichspfennigmeisteramt pag. 385–394, hier v. a. pag. 390f., Zitat pag. 391.

Millionen (56,5 Prozent) tatsächlich in kaiserlichen Kassen.[108] Auch im Zuge des zweiten Kriegs Karls VI. mit dem Osmanischen Reich (1737–1739) sagte der Reichstag 50 Römermonate zu den gleichen Bedingungen zu, die allerdings nach dem Tod des Kaisers 1740 obsolet wurden.

Anders entschieden sich die Reichsstände im Polnischen Thronfolgekrieg (1733–1735/38), in dem, wie schon im Spanischen Erbfolgekrieg, eine Reichsarmee von 120000 Mann gegen Frankreich ins Feld geführt werden sollte. Auch diesmal scheiterte ein gemeinsames militärisches Vorgehen des Reichs unter anderem am Protest der Wittelsbacher.[109] Gebildet wurde die „Reichsarmee" vom Fränkischen, Schwäbischen, Kurrheinischen und Oberrheinischen Reichskreis, die weiterhin mit dem Österreichischen Kreis assoziiert geblieben waren. Sie stellten bis Ende 1734 ca. 30000 bis 40000 Mann.[110] Der Regensburger Reichstag bewilligte für 1734 30 und für 1735 60 Römermonate für die Reichsoperationskasse, die an das „Reichs-Cassier-Amt" abzuführen waren. Dieses Geld kontrollierte die Armeeführung und damit der kaiserliche und Reichs-Feldmarschall Prinz Eugen von Savoyen.[111] Zusätzlich zur Reichsarmee unterstützten einzelne Reichsstände, deren Truppen teilweise von Wien bezahlt wurden, die kaiserliche Kriegführung.[112]

IV. Resümee

Der Beitrag hat sich mit der Frage nach den Möglichkeiten der Integration des Heiligen Römischen Reichs in das Herrschaftssystem der Habsburger beschäftigt. Als Parameter eignen sich dabei besonders fiskalisch-militärische Machtmittel, die den Kaisern im Reich zur Verfügung standen.

In den Jahren nach der erfolgreichen Schlacht am Weißen Berg 1620 und vor allem nach dem Dreißigjährigen Krieg 1648 erfolgte zunächst die Eingliederung des Königreichs Böhmen in ein österreichisch-böhmisches

[108] *Rauscher*, Nach den Türkenreichstagen (wie Anm. 14), 479f., dort auch zur völlig unterschiedlichen Zahlungsmoral der Reichskreise.

[109] *Aretin*, Reich, Bd. 2 (wie Anm. 93), 339f.; *Rauscher*, Nach den Türkenreichstagen (wie Anm. 14), 480–482.

[110] *Raimund Gerba*, Polnischer Thronfolge-Krieg. Feldzug 1733 und 1734. (Feldzüge des Prinzen Eugen von Savoyen, Bd. 19; 2. Serie, Bd. 10.) Wien 1891, 119–129, hier 123.

[111] *Rauscher*, Nach den Türkenreichstagen (wie Anm. 14), 481f.; *Gerba*, Thronfolge-Krieg (wie Anm. 110), 129.

[112] *Gerba*, Thronfolge-Krieg (wie Anm. 110), 129–140, 113–119.

Kernreich der Habsburger, das die Steuermittel zur Finanzierung des kaiserlichen Militärs bereitzustellen hatte.[113]

Anders sah die Situation in den beiden anderen großen habsburgisch regierten Reichen aus: Erst 1671, nach der sogenannten Magnatenverschwörung, versuchte Kaiser Leopold I. die Macht der Stände in Ungarn zu brechen und das Königreich nach böhmischem Vorbild stärker in das Gesamtreich einzubeziehen. Standen zunächst die Kuruzzenaufstände einer Realisierung der Pläne im Wege, schufen die Siege der kaiserlichen Truppen in den Jahren nach 1683 neuerlich günstige Voraussetzungen.[114] Zu diesem Zweck wurde 1688 eine „Kommission zur Einrichtung des Königreichs Ungarn" installiert, die das Reich im monarchischen Sinn umgestalten sollte. In diesem Kontext spielte auch die Organisation und Finanzierung des Kriegswesens eine zentrale Rolle: Während Palatin Paul Esterházy den Vorschlag zur Errichtung eines ungarischen stehenden Heeres aus 12000 ungarischen und kroatischen und 12000 deutschen Soldaten gemacht hatte, das die Grenzsicherung gegen die Osmanen übernehme sollte, verfolgte der Kaiserhof andere Pläne. Kein ungarisches Heer, sondern im Wesentlichen das stehende Heer des Kaisers sollte zu dieser Aufgabe herangezogen werden.[115] Parallel dazu wurde versucht, Ungarn massiv in das System zur Finanzierung des kaiserlichen Militärs einzubinden. 1697/98 sollte Ungarn mit Siebenbürgen schließlich 5 Millionen Gulden und damit 41,7 Prozent des auf 12 Millionen Gulden angesetzten kaiserlichen Militäretats übernehmen.[116] Auch wenn diese Pläne bei weitem nicht in vollem Umfang umge-

[113] *Winkelbauer*, Nervus rerum Austriacarum (wie Anm. 106), 206; ausführlich: *Michael Hochedlinger*, „Onus militare". Zum Problem der Kriegsfinanzierung in der frühneuzeitlichen Habsburgermonarchie 1500–1750, in: Rauscher (Hrsg.), Kriegführung (wie Anm. 14), 81–136, hier 111–124.

[114] Vgl. die Zusammenfassung von *Winkelbauer*, Ständefreiheit (wie Anm. 20), 161–169.

[115] *József Zachar*, König und Stände: Kriegführung und Militärorganisation in Ungarn im ausgehenden 17. und in der ersten Hälfte des 18. Jahrhunderts, in: Rauscher (Hrsg.), Kriegführung (wie Anm. 14), 253–288, hier 272–275.

[116] *Herm(ann) Ign(az) Bidermann*, Geschichte der österreichischen Gesammt-Staats-Idee 1526–1804. I. Abteilung: 1526–1705. Innsbruck 1867, 39; *Bérenger*, Finances (wie Anm. 20), 349f.; *Winkelbauer*, Ständefreiheit (wie Anm. 20), 499; *Hochedlinger*, Kriegsfinanzierung (wie Anm. 113), 123; *Peter Rauscher*, Comparative Evolution of the Tax Systems in the Habsburg Monarchy, c. 1526–1740: The Austrian and the Bohemian Lands, in: Simonetta Cavaciocchi (Ed.), La Fiscalità nell'Economia Europea Secc. XIII–XVIII – Fiscal Systems in the European Economy from the 13th to the 18th Centuries. Atti della „Trentanovesima Settimana di Studi", 22–26 aprile 2007. (Fondazione Istituto Internazionale di Storia Economica „F. Datini" Prato, Serie II: Atti delle „Settimane di Studi" e altri Convegni, Vol. 39.) Florenz 2008, 291–320, hier 300f.

setzt werden konnten, zeigen sie klar die Zentralisierungsbestrebungen des Wiener Hofs.

Die Rahmenbedingungen zur Ausbildung regelmäßiger Steuern für die Finanzierung von Truppen waren im Heiligen Römischen Reich noch deutlich schlechter als im Königreich Ungarn. Der Gemeine Pfennig als reichsweite Vermögenssteuer war bis zur Mitte des 16. Jahrhunderts gescheitert, obwohl er in Kreisen der kaiserlichen Finanzpolitik noch lange Jahrzehnte als Option gehandelt wurde. Die Türkenhilfen auf Basis der Reichsmatrikel, die einen wesentlichen Anteil an der kaiserlichen Kriegsfinanzierung geleistet hatten, waren mit dem Friedensschluss von 1606 und dem zunehmend handlungsunfähigen Reich ausgelaufen.

Dennoch spielte das Reich in den finanzpolitischen Überlegungen des Kaiserhofs weiterhin eine Rolle. Reformprojekte der ersten Jahrzehnte des 17. Jahrhunderts sahen in einer Wiederaufnahme der Reichshilfen ein entscheidendes Mittel, die bestehenden Finanzlücken zu schließen. Zudem trat man nicht nur an die Reichskreise mit Bitten um Unterstützung heran, sondern es wurden auch Pläne diskutiert, fiskalisch nutzbare kaiserliche Rechte zu reaktivieren oder in Form von Zöllen neue Einkommensquellen zu erschließen. Auch die interne Gliederung der kaiserlichen Hofkammer, die nun auch als „Reichshofkammer" bezeichnet wurde, berücksichtigte das Reich ähnlich wie die anderen kaiserlichen Königreiche und Länder.

Der Dreißigjährige Krieg sollte dann auch in der Frage der Kriegs- und Finanzorganisation des Reichs einen Wendepunkt bedeuten. Eine kaiserliche Reichsarmee, die von den Ständen nach der Tradition der früheren Türkenhilfen finanziert werden sollte, bildete zweifellos ein starkes potentielles Machtinstrument in den Händen des Kaisers. Die rasch folgenden militärischen Niederlagen gegen Frankreich und Schweden setzten freilich allen möglichen Perspektiven zur Etablierung eines Militär- und Finanzwesens unter kaiserlicher Führung ein Ende.

Nach dem Krieg konnten sich die Reichsstände zunächst nicht auf eine Wehr- und Finanzverfassung einigen, die auch nach den Reformen von 1681/82 ein Torso blieb. Aus kaiserlicher Perspektive schied das Reich damit aus dem System der kaiserlichen Kriegsfinanzierung – dem *Contributionale* – aus. Finanzielle Reichshilfen an den Kaiser bildeten fortan die Ausnahme: Einzig bei der Türkenhilfe von 1716 gelang es, wie im 16. Jahrhundert in hohem Maße Kredite auf die Reichssteuern aufzunehmen. Ansonsten orientierten sich die größeren, armierten Stände, auch wenn sie nicht aus dem Reich ausschieden, tendenziell immer stärker am europäischen Mächtesystem und entwickelten sich zu Verbündeten des

Kaisers. Auch die kleineren Stände lieferten in der Regel keine Finanzmittel mehr in kaiserliche Kassen, sondern stellten dem Reichsoberhaupt auf Kreisebene geführte und finanzierte Truppen zur Verfügung. Durch die Besetzung der militärischen Oberbefehlshaber durch den Kaiser bekam dieser immerhin indirekt Einfluss auf die Reichsoperationskasse.

Eine Staatsbildung auf Ebene des Finanz- und Kriegswesens konnte unter diesen Bedingungen nicht stattfinden, eher das Gegenteil: Verglichen mit dem fiskalisch-militärischen System des Reichs im ausgehenden 16. Jahrhundert war dieses um 1700 wesentlich dezentraler und inhomogener organisiert.

Gleichzeitig ist zu beobachten, dass der Wiener Hof um 1700 an bereits ältere Pläne anknüpfte, die zivilen Einkünfte – in der Terminologie der kaiserlichen Behörde: das *Camerale* – aus dem Reich zu erhöhen. Mit der Großmachtwerdung Österreichs und dem Höhepunkt habsburgischer Machtentfaltung wurde unter anderem eine Reichskameraldeputation installiert, die Pläne zur fiskalischen Nutzung der kaiserlichen Herrschaftsrechte hätte entwickeln sollen. Neben dem Lehnsrecht stand besonders die Besteuerung der Reichsstädte und der Juden im Mittelpunkt dieser Pläne und Maßnahmen. Zurückgegriffen wurde dabei auf alte, im Einzelfall seit Jahrhunderten nicht oder kaum ausgeübte Rechte, so dass dieses Vorgehen für das neuzeitliche Kaisertum durchaus neu und außergewöhnlich war. Auch wenn es gelang, einige Einnahmen zu erzielen, standen diese Beträge in keinem Verhältnis zum kaiserlichen Finanzbedarf und den Leistungen der habsburgischen Länder. Damit blieben alle Versuche, das Reich in das kaiserliche Finanzsystem zu integrieren, letztlich schon in den Ansätzen stecken, auch wenn sie teilweise noch unter Joseph II. verfolgt wurden.[117]

Die Situation in der zweiten Hälfte des 18. Jahrhunderts beschrieb der Lehrer des zukünftigen Kaisers Joseph II., Christian August von Beck, folgendermaßen: Da die ehemaligen Domänen veräußert worden seien, seien „die kaiserlichen Einkünfte so gering, daß sie weder zur Unterhaltung des Hofstaats noch zur Besoldung des Reichshofrats hinreichen". Sie beständen „1. in den geringen Steuern, welche noch einige wenige Reichsstädte dem Kaiser jährlich zahlen, […] 2. in der Kronensteuer, welche dem Kaiser bei dem Antritt der Regierung von allen Juden in dem ganzen Römischen Reiche für den allerhöchsten Schutz gereicht werden sollte, aber heutigen Tages nur von den reichsstädtischen Juden erlegt wird, […] 3. in den sub-

117 *Müller*, Reichscamerale (wie Anm. 48), 175 f. Vgl. auch *Christoph Gnant*, Die Panisbriefe Josephs II. Studien und Quellen. Diplomarbeit Wien 2000.

sidiis caritativis der unmittelbaren Reichsritterschaft und 4. in den Römermonaten, welche bei Reichs- und Türkenkriegen von dem gesamten Reich bewilligt werden, wiewohl sie eigentlich dem Kaiser nicht zustatten kommen, sondern zur Notdurft des Reiches verwendet werden."[118]

Auf finanzieller Ebene war es weder gelungen, die mittelalterlichen, vorstaatlichen Institutionen des Reichs wie das Lehnswesen oder den Judenschutz gegen die wachsenden Souveränitätsbestrebungen der Stände zu behaupten, noch neue staatliche Strukturen an ihrer Stelle zu implementieren.

[118] Vgl. *Christian August Beck*, Kurzer Inbegriff des Deutschen Staatsrechts zum Unterricht Sr. Königlichen Hoheit des Erzherzogs Josephi entworfen, in: Hermann Conrad (Hrsg.)/Gerd Kleinheyer/Thea Buyken/Martin Herold (Mitarb.), Recht und Verfassung des Reiches in der Zeit Maria Theresias. Die Vorträge zum Unterricht des Erzherzogs Joseph im Natur- und Völkerrecht sowie im Deutschen Staats- und Lehnrecht. (Wissenschaftliche Abhandlungen der Arbeitsgemeinschaft für Forschung des Landes Nordrhein-Westfalen, Bd. 28.) Köln/Opladen 1964, 395–608, hier 452 f., Zitate 453, vgl. auch 517–519.

„Amtsträger“ und „Beziehungsmakler“

Das kaiserliche Finanzsystem im Reich unter Reichspfennigmeister Zacharias Geizkofler (1560–1617)

Von

Alexander Sigelen

Der Prozess der Verdichtung politischer Herrschaft in der Frühen Neuzeit war in entscheidendem Maße initiiert durch den dialektischen Konnex von Krieg und Finanzen. Selbst in politischen Systemen wie dem römisch-deutschen Reich, die sich durch fehlende Staatlichkeit in modernem Sinne auszeichnen, lässt sich dies in Ansätzen beobachten, etwa am Beispiel der „Türkengefahr“ im 16. Jahrhundert. Diese Bedrohung wirkte im konfessionell gespaltenen und von strukturellen Konflikten zwischen Kaiser und Reichsständen geprägten Reichsverband als einheitsstiftendes Element. Zu ihrer Abwehr fanden sich die Stände zu erheblichen Steuerbewilligungen bereit. Parallel dazu bildete sich in Konfrontation und Kooperation zwischen Kaiser und Ständen eine „Reichsfinanzverwaltung“ aus, die „ein bestimmtes Eigengewicht als Zentralbehörde des Reiches“ entfaltete.[1]

Doch wie waren die skizzierten Prozesse mikropolitisch fundiert? Eine Antwort darauf sucht die Kulturgeschichte des Politischen, die zwischen der Mikroebene individuellen Handelns und der Makroebene politischer Strukturen vermittelt. Ihr zentrales theoretisches Konzept ist das der „Politischen Kultur“. Sie stellt das „Ensemble der meist nicht mehr hinterfragten [...] politischen Denk-, Rede- und Verhaltensmuster“ dar.[2] Politische Kultur generiert und konditioniert einerseits bestimmte Handlungen, die wiederum bestimmte Strukturen reproduzieren; andererseits ist sie selbst Produkt dieser Praktiken. Unter dieser Prämisse wird nicht nur die diskursive Konstruktion politischer Wirklichkeit(en) in den Blick genommen, sondern auch gerade der „politische Alltag“, etwa die alltägliche Praxis von

[1] *Winfried Schulze*, Reich und Türkengefahr im späten 16. Jahrhundert. Studien zu den politischen und gesellschaftlichen Auswirkungen einer äußeren Bedrohung. München 1978, 305f.

[2] *Wolfgang Reinhard*, Geschichte der Staatsgewalt. Eine vergleichende Verfassungsgeschichte Europas von den Anfängen bis zur Gegenwart. München 1999, 19.

Herrschaft, um so „die Mikrofundierung von Makroprozessen" erkennen zu können.[3]

Dies strebt auch der vorliegende Beitrag am Fallbeispiel des Reichspfennigmeisters Zacharias Geizkofler an, der 1560 als Sohn des Brixener Stiftsamtmanns Hans (III.) Geizkofler und dessen Ehefrau Barbara geb. Ettenharter geboren wurde.[4] Er wuchs in Augsburg bei seinem Onkel, dem Obersten Rentmeister der Fugger, auf. Nach einem Jurastudium trat er 1584 in fuggersche Dienste. Ein Jahr später wechselte er als Rat in den Sold Erzherzog Ferdinands von Tirol und bewährte sich dank seiner Kontakte zu den Fuggern als Finanzmakler und reüssierte als Gesandter des Erzherzogs am Kaiserhof sowie als habsburgischer Diplomat. 1589 wurde er von Kaiser Rudolf II. zum Reichspfennigmeister berufen. Während des Langen Türkenkriegs von 1593 bis 1606 trug er durch Mobilisierung und Erweiterung der Finanzquellen des Reichs etwa in Form von Reichshilfen und Kreishilfen zu dessen Finanzierung maßgeblich bei. Vorfinanziert wurden sie durch Antizipationen, die er oft auf eigenes Risiko bei Kaufmannbankiers (*merchant bankers*), Reichsstädten, Reichsfürsten, Freunden und Verwandten aufnahm. Nach seinem freiwilligen Rückzug vom Amt 1603 blieb Geizkofler, obgleich er Protestant war, bis zu seinem Tod 1617 ein gefragter politischer Berater der katholischen Habsburger.

Bei der Analyse des Finanzsystems des Kaisers im Reich gilt es zunächst zu fragen, wie das Reichspfennigmeisteramt während Geizkoflers Amtszeit in die Struktur der kaiserlichen und reichsständischen Institutionen eingebettet war und welche Transformationsprozesse es unter dem Eindruck des neu entflammten Türkenkrieges durchlief (I.). Einerseits sind dabei formelle Strukturen in den Blick zu nehmen. Andererseits müssen informelle Strukturen wie das soziale Netzwerk des Amtsinhabers berück-

[3] *Birgit Emich*, Frühneuzeitliche Staatsbildung und politische Kultur. Für die Veralltäglichung eines Konzepts, in: Barbara Stollberg-Rilinger (Hrsg.), Was heißt Kulturgeschichte des Politischen? (ZHF, Beih. 35.) Berlin 2005, 191–206, hier 205.

[4] Zur Biographie Geizkoflers vgl. u. a. *Johannes Müller*, Die Verdienste Zacharias Geizkoflers um die Beschaffung der Geldmittel für den Türkenkrieg Kaiser Rudolfs II., in: MIÖG 21, 1900, 249–304; *ders.*, Zacharias Geizkofler 1560–1617. Des Heiligen Römischen Reiches Pfennigmeister und oberster Proviantmeister im Königreich Ungarn. (Veröffentlichungen des Wiener Hofkammerarchivs, Bd. 3.) Baden bei Wien 1938; *Friedrich Blendinger*, Zacharias Geizkofler, in: Götz Frhr. v. Pölnitz (Hrsg.), Lebensbilder aus dem Bayerischen Schwaben. Bd. 8. München 1961, 163–197, sowie ausführlich *Alexander Sigelen, Dem ganzen Geschlecht nützlich und rühmlich.* Reichspfennigmeister Zacharias Geizkofler zwischen Fürstendienst und Familienpolitik. (Veröffentlichungen der Kommission für Geschichtliche Landeskunde in Baden-Württemberg, Rh. B, Bd. 171.) Stuttgart 2009.

sichtigt werden. Zudem wird die interne Organisation des Amts zu beleuchten sein (II.). Außerdem ist zu analysieren, in welchen Praxisformen diese Strukturen reproduziert wurden und welche Spielregeln finanzpolitischem Handeln zugrunde lagen, oder kurz gesagt: Welche Aufgaben übernahm Geizkofler als Reichspfennigmeister, und auf welche Weise erfüllte er sie (III.)? Auch ist neben makrohistorischen Faktoren auf die sozialen Strategien der Akteure, etwa auch Geizkoflers als Amtsträger, zu fokussieren. Positionen in der Machtelite wurden nämlich auch deswegen angestrebt, weil sie dem Fortkommen der Familie des Amtsinhabers dienten (IV.).

I.

Zentral für Geizkoflers Karriere war sein weitgespanntes soziales Netzwerk. Dessen Struktur war durch fünf verschiedene Personengruppen (*cluster*) bestimmt: die Familien Geizkofler und Rehlinger, eine eng verflochtene Gruppe oberdeutscher *merchant bankers*, seine Dienstherren aus dem Haus Österreich und deren Räte sowie seine fürstlichen Patrone aus dem Kreis der protestantischen Union und deren Diener. Mit der konfessionell und sozial heterogenen, in Tirol und in Oberdeutschland beheimateten Familie Geizkofler verbanden ihn multiplexe Beziehungen auf Grundlage von Verwandtschaft. Die Bedeutung der Verwandtschaft als wichtigste soziale Beziehungsform belegen auch seine äußerst vielschichtigen Bande zu seinen Schwägern aus der Familie Rehlinger, deren Zusammenhalt durch gemeinsame Konfession, gleiche Standeszugehörigkeit und räumliche Nähe gefestigt wurde. *Connubium*, *commercium*, *confessio* verbanden ihn auch mit in den großen Handelszentren Oberdeutschlands beheimateten *merchant bankers*, die durch Verwandtschaft und ökonomische Beziehungen eng mit den Rehlingern verknüpft waren und eine „kapitalstarke, protestantische und international verflochtene Finanzgruppe" bildeten.[5] Im von Protestanten dominierten Netzwerk nahmen die katholischen Habsbur-

[5] *Reinhard Hildebrandt* (Hrsg.), Quellen und Regesten zu den Augsburger Handelshäusern Paler und Rehlinger 1539–1642. Wirtschaft und Politik im 16./17. Jahrhundert. T. 1: 1539–1623. (Deutsche Handelsakten des Mittelalters und der Neuzeit, Bd. 19.) Stuttgart 1996, 33. Dieser Gruppe gehörten in Augsburg die Familien Rehlinger, Paler, Jenisch, Hainhofer und Zobel, in Hamburg und Amsterdam die Jenisch, in Frankfurt am Main die Bodeck, in Nürnberg die Imhoff, in Wien die Henckel und Bair und in Leipzig die Lebzelter an.

ger, bei denen er in einem formalisierten Dienstverhältnis stand, und deren Diener eine Sonderstellung ein. Durch informelle Klientelverhältnisse war er mit zahlreichen südwestdeutschen, ab 1608 in der protestantischen Union organisierten Fürsten und deren Dienern verbunden. In seiner sozialen Zusammensetzung umfasste das Netzwerk sowohl Angehörige der politischen Elite des Reiches, die Fürsten und deren Räte und Diener, als auch Mitglieder der ökonomischen Führungsschicht. Durch seinen Zugang zu Höfen und zur Hochfinanz konnte Geizkofler eine Stellung als Makler (*broker*) zwischen Fürsten und Finanziers einnehmen.

Schon bei den Verhandlungen um seine Berufung ins Amt wird deutlich, welche Bedeutung informelle Beziehungen für seine Amtsführung spielen sollten. So wurden von seinen Fürsprechern, vor allem den Fuggern und Erzherzog Ferdinand von Tirol, seine Beziehungen zur oberdeutschen Hochfinanz, insbesondere den Fuggern[6], angeführt. Geizkofler selbst versprach „durch die mittel der herren Fugger und meiner befreundten" das Amt besonders gut zu erfüllen.[7] Dies zeichnete ihn gegenüber seinem Amtsvorgänger Johann Achilles Ilsung aus, an dem kritisiert wurde, er besitze nicht genügend Vertrauen (*credit*) in der Finanzwelt.[8] Der Großbankier Marx Fugger betonte Geizkoflers gute Beziehungen zum Kaiserhof und zu den Fürstenhöfen des Reichs. So sei dieser besonders zu empfehlen, weil er „eur khay: mt: wie auch anderer fürsten höff in Teütschlandt zimblich erfahren unnd bekhandt" sei.[9] Auch das kaiserliche Ernennungsdekret betonte, die Wahl sei auf Geizkofler gefallen, da das Amt nach dem Rücktritt Ilsungs mit einer „qualificierten unnd im reich bekhandten person widerumb ersezt" werden müsse.[10] Zudem spielten höfisch-administrative Fertigkeiten und kaufmännische Kenntnisse eine Rolle. So verwies Fugger darauf, dass es außer Geizkofler in Oberdeutschland keine Personen gäbe, „welche der gelegenheit deß hofwesens unnd gelthandtlungen erfahren, wie denn diß ambt unnd die notturfft erfordert".[11] Als entscheidende Res-

[6] Vgl. *Schulze*, Türkengefahr (wie Anm. 1), 321 f., der betont, dass „[v]or allem Geizkoflers Beziehungen zu den Fuggern [...] für die Hofkammer ein Argument [waren], das ihn [...] für dieses Amt qualifizierte."

[7] Staatsarchiv Ludwigsburg (StAL), B90 Bü 58, Zacharias Geizkofler an Erzherzog Ferdinand (Abschr.), o. O., o. D.

[8] Vgl. *Schulze*, Türkengefahr (wie Anm. 1), 321.

[9] StAL, B90 Bü 58, Marx Fugger und Gebrüder an Kaiser Rudolf II. (Abschr.), Augsburg, 1588 August 4.

[10] Ebd. Dekret Kaiser Rudolfs II. an Zacharias Geizkofler (Abschr.), Prag, 1588 November 24.

[11] Marx Fugger und Gebrüder an Kaiser Rudolf II. (wie Anm. 9).

sourcen für die Amtsführung galten also eine Kombination aus kulturellem Kapital in Form praktischer politischer Erfahrung und aus sozialem Kapital in Gestalt eines weitgespannten Beziehungsnetzes, vor allem eines guten, auf Verflechtung beruhenden ‚Kredits' in der Hochfinanz[12], wie dies auch Geizkofler 1603 in Bezug auf den von ihm zu seinem Nachfolger vorgeschlagenen Matthäus Welser betonte.[13]

Die rechtlichen Grundlagen von Geizkoflers Amtsführung bildeten zwei 1589 und 1598 datierte Instruktionen.[14] Sie regelten die interne Organisation des Amtes, seine Stellung gegenüber dem Kaiser und der Hofkammer sowie die Aufgaben des Amtsinhabers. Dabei handelte es sich um Instruktionen für zwei Ämter, die Geizkofler in Personalunion ausübte[15]: Die Instruktion von 1589 weist dem Reichspfennigmeister die Aufgabe zu, die auf einem zukünftigen Reichstag, der dann schließlich 1594 in Regensburg abgehalten wurde, bewilligten Reichshilfen der Stände im Österreichischen, Burgundischen, Oberrheinischen, Kurrheinischen, Westfälischen, Fränkischen, Schwäbischen und Bayrischen Kreis einzuziehen, die

[12] Im Gegensatz dazu hebt *Martina Schattkowsky*, Reichspfennigmeister im Ober- und Niedersächsischen Reichskreis. Zur Kommunikation zwischen Kaiser und Reichsständen um 1600, in: BlldtLG 137, 2001, 17–38, hier 24–28, als Qualifikationskriterium bei der Auswahl der für den ober- und niedersächsischen Kreis zuständigen Reichspfennigmeister neben kulturellem Kapital in Form von „Fähigkeiten auf finanztechnischem Gebiet" und Erfahrung in „Hofdiensten" vor allem das symbolische Kapital der Kandidaten hervor, die, um an den Höfen bei der Eintreibung von Steuern überhaupt Gehör zu finden, über eine hohe „soziale Stellung und persönliche Reputation" verfügen mussten.

[13] Welser sei „bey disem statt regiment [gemeint ist die Reichsstadt Augsburg, A. S.] lanng herkhommen und [habe] hin und wider gar guete correspondenzen". Geizkofler war zwar der Meinung, dass es Welsers „brüeder[n] unnd befreünte[n]" zu diesem Zeitpunkt nicht zuzumuten sei, „ime mit irem credito beyzuspringen [...], wann sy aber ein zueverleßliches fundament [in Gestalt von Mitteln zu Welsers „enthebung", A. S.] sehen werden, so ist an irem möglichen zuethuen nit zue zweiflen". Vgl. Österreichisches Staatsarchiv Wien (ÖStA), Allgemeines Verwaltungsarchiv/Finanz- und Hofkammerarchiv (AVA/FHKA), Hofkammerarchiv (HKA), Reichsakten (RA) 50/C, Zacharias Geizkofler an Kaiser Rudolf II. (Ausf.), Augsburg, 1603 April 30, fol. 1157r–v.

[14] Vgl. zum Folgenden StAL, B90 Bü 58, Instruktion für Zacharias Geizkofler als Reichspfennigmeister (Abschr.), Prag, 1589 Januar 28. Die Instruktion ist – nicht ganz fehlerfrei und sprachlich modernisiert – abgedruckt bei *Müller*, Reichspfennigmeister (wie Anm. 4), Nr. 1, 81–85. Die in Klammern angegebenen Paragraphen beziehen sich auf diesen Text. Zu den Inhalten der Instruktion vgl. auch ebd. 20–22, und *Schulze*, Türkengefahr (wie Anm. 1), 351.

[15] So existieren beispielsweise zwei Serien von Amtsrechnungen – eine für die Alten Hilfen und die 1594er Hilfe sowie eine für die 1598er Hilfe. Vgl. die Amtsrechnungen über die 1594er Hilfe StAL, B90 Bü 104–109, und die Amtsrechnungen über die 1598er Hilfe in StAL, B90 Bü 111–114.

von diesen in den Legstädten Frankfurt, Augsburg, Nürnberg und Regensburg abgeliefert werden sollten. Dazu wird ihm der Amtssitz in Augsburg verordnet. Zunächst sollte er die noch ausstehenden Posten (*restanten*) der 1582 bewilligten Reichshilfe eintreiben. Außerdem geht die Instruktion auf die Notwendigkeit von Antizipationen ein, das heißt die Vorfinanzierung der künftig zu bewilligenden Reichshilfen durch die Aufnahme von Krediten, die allerdings sehr strengen Bedingungen unterlagen. Sie waren nur dann erlaubt, wenn die bei den Legstädten eingegangenen Einnahmen nicht zur Bezahlung der Amtsschulden ausreichten, sie sollten nur auf kurze Zeit und bei größeren Summen nur mit ausdrücklicher Zustimmung der Hofkammer aufgenommen werden.[16] Zudem erwähnt die Instruktion die „aigenen gelthandlungen" des Kaisers, die Geizkofler gesondert verrechnen solle. Bekräftigt wurde die schriftliche Instruktion mit dem auf „Gott und das heylig evangelium" geleisteten Amtseid, der Geizkofler an den Kaiser und seine Instruktion band.[17]

Auf dem Reichstag von 1598 wurde auf Initiative der Reichsstände, die die Verwendung der von ihnen bewilligten Mittel besser kontrollieren wollten, ein neues Reichspfennigmeisteramt für die neu bewilligte Reichshilfe geschaffen.[18] Genau genommen übte Geizkofler also zwei Ämter in Personalunion aus. Die Tätigkeitsbereiche des Reichspfennigmeisters wichen in entscheidenden Punkten von der 1589er Instruktion ab. Zwar sah auch sie die Einnahme und Verrechnung der Reichshilfen als seine wichtigste Aufgabe an. Zugleich wurden aber Antizipationen ohne Einschränkungen zugelassen und ausdrücklich in das Ermessen des Reichspfennigmeisters gestellt.[19] Auf Wunsch Geizkoflers wurde festgehalten, dass sie unentbehrlich seien. Daher solle der Reichspfennigmeister, „wann es die not also erfordert, aufs getreulichste, als er mit bestem nutz und wenigsten schaden thuen mag, anticipationsweis gelt aufzubringen macht haben". Zudem wurde der Geldtransport durch Wechsel von Frankfurt ins Feld gestattet und Geizkofler im Rahmen der Instruktion eine Schadloshaltung erteilt.

[16] Dabei handelte es sich um eine Neuerung gegenüber der Instruktion Ilsungs von 1583. Vgl. *Schulze*, Türkengefahr (wie Anm. 1), 351.

[17] StAL, B90 Bü 58, Amtseid Zacharias Geizkoflers (Abschr.), o. O., 1589 März 21. Geizkofler wurde verpflichtet zu schwören, „in allen sachen erbar, treulich und aufrichtiglich handlen, seiner khay: mt: nuz füerdern, schaden unnd nachtl wahrnen und wenden, wie ein getreuer rath und diener seinem herrn zuethuen schuldig und pflichtig und euch hierwieder weder mit gab, freundtschafft noch anders bewegen lassen, noch ansehen in khainerley weiß noch weeg".

[18] Vgl. zu den Reichstagsverhandlungen *Schulze*, Türkengefahr (wie Anm. 1), 324–328.

[19] Diesen Punkt hebt *Müller*, Verdienste (wie Anm. 4), 272–273, sehr stark hervor.

Der Kaiser und die Deputierten sagten ihm zu, er müsse im Falle des Verlustes von Geld, zum Beispiel bei Wechsel- und Kreditgeschäften, „den menschliche vernunft und fürsehung nit verhüten künnen, oder dem er, Geizkofler, und die seinige nit gewaltig und mächtig wären, [...] vor den schaden nit haften".[20] Vor allem von den Ständen waren in die Instruktion zahlreiche Klauseln eingebaut worden, die eine Verwendung des Geldes für andere Zwecke als die Kriegführung verhindern sollten. Wohl auf Wunsch Geizkoflers wurde dieser Punkt dahin gehend spezifiziert, dass außerdem aus den Reichshilfen auch die Kosten für den Kriegskommissar, die Musterschreiber sowie den Reichspfennigmeister und seine Adjunkten bestritten werden sollten.

1589 wurde Geizkofler vom Kaiser ernannt und die Hofkammer zur vorgesetzten Behörde bestimmt. Nur der Kaiser, Erzherzog Ernst, dem die „verwaltung deß hungerischen gränizwesens" anvertraut war, und die Hofkammer durften ihm Ausgaben befehlen. Die Instruktion von 1598 hingegen wurde zwischen dem Kaiser, den Reichsständen und Geizkofler ausgehandelt. Dabei fanden auch von ihm „eingebrachte memorialia" Berücksichtigung.[21] Kaiser und Reichsstände übten gemeinsam die Aufsicht aus, allerdings wurde festgelegt, dass er „seinen respect fürnemblich" auf den Kaiser richten solle.[22] Die normativen Richtlinien, auf die er sich gegenüber dem Kaiser berief, zeigen ihn jedoch auch dem Reich und dem Gemeinwesen verpflichtet. So erklärte er, er habe in den „diennsten" des Kaisers das geleistet, „waß ich immer zu irem und deß reichs, auch gemainen weßen nuzen unnd verhüettung [...] undergang unnd verderbens" habe „ersinnen" können.[23]

Bemühungen zur weiteren Bürokratisierung des Amtes gingen 1598 von Geizkofler selbst aus, der zu seiner Absicherung eine klare Abgrenzung der Kompetenzen forderte. Es sei ihm „zu wissen vonnöten, uff wen ich mein respect haben, wem ich die raitungen übergeben, uff was certification und schein ich die ausgaben anschaffen und verrichten und wo ich

[20] StAL, B90 Bü 58, Instruktion für Zacharias Geizkofler als Reichspfennigmeister (1598) (Abschr.), Prag, 1598 Juni 17. Vgl. auch *Müller*, Verdienste (wie Anm. 4), Nr. 12, 292–296.

[21] Instruktion für Zacharias Geizkofler als Reichspfennigmeister (wie Anm. 20). Vgl. auch *Müller*, Verdienste (wie Anm. 4), Nr. 12, 292f.

[22] Instruktion für Zacharias Geizkofler als Reichspfennigmeister (wie Anm. 20). Vgl. auch *Müller*, Verdienste (wie Anm. 4), Nr. 12, 294f.

[23] StAL, B90 Bü 60, Zacharias Geizkofler an Kaiser Rudolf II. (Abschr.), Prag, 1599 Februar 9.

mich in einem oder andern beschaids erholen solle".[24] Die Forderung, die Amtsdiener auf Kaiser und Reich zu vereidigen und direkt besolden zu lassen, was zum Entstehen einer kaiserlich-reichsständischen Finanzadministration geführt hätte, erhob er nicht zuletzt aus finanziellem Eigeninteresse. Da die Amtsdiener „wol besoldet unnd mit aller notturfft underhalten sein wollen", forderte er, dass Kaiser und Reichsstände die „ambtsgehülfen und diener bestellen, beaidigen und verpürgen lassen" sollten. Weder Kaiser noch Reichsstände wollten sich aber damit „beladen".[25] Im Vergleich zur ersten Instruktion erfolgte jedoch eine stärkere Bürokratisierung, denn die ethischen und fachlichen Qualitäten der Amtsdiener und ihre Aufgaben wurden fixiert.[26]

Außerdem wurde die Existenz des Amts im Reichsabschied von 1598 festgeschrieben und so normativ abgesichert. Die interne Organisation und die Aufgaben des Amtes blieben unbestimmt und wurden der Instruktion anheimgestellt, die von Kaiser und Reichsständen ausgehandelt werden sollte. Geregelt wurde vor allem die Kompetenzverteilung zwischen Kaiser und Reichsständen. Die Festschreibung des Amts im Reichsabschied stellt also den Versuch der Stärkung der ständischen Kompetenzen gegenüber dem Kaiser dar. Trotz des starken ständischen Einflusses blieben dem Kaiser weitgehende Möglichkeiten der Einflussnahme auf das Amt. So überließen die Reichsstände dem Kaiser das Recht der Personalauswahl. Die Bestallung des neuen Reichspfennigmeisters sollte jedoch unter „Zuziehung" eines katholischen und eines der Augsburger Konfession anhängenden Reichsfürsten erfolgen. Zudem wurde festgelegt, dass der Reichspfennigmeister auf den Kaiser und die Reichsstände vereidigt werden sollte.[27]

[24] StAL, B90 Bü 58, Zacharias Geizkofler an Kaiser Rudolf II. (Abschr.), Prag, 1598 Mai 4.

[25] Instruktion für Zacharias Geizkofler als Reichspfennigmeister (wie Anm. 20). Vgl. auch Zacharias Geizkofler an Kaiser Rudolf II. (wie Anm. 24) und StAL, B90 Bü 58, Zacharias Geizkofler an Kaiser Rudolf II. (Abschr.), Prag, 1598 Mai 7.

[26] Das Versprechen des Kaisers und der deputierten Fürsten, Geizkofler im Falle unverschuldeten Verlusts von Geld schadlos zu halten, wurde unter anderem mit der Bedingung verknüpft, er solle nur „verbürgte leut und solche diener einstellen, die für den verlust und abgang stehen mögen" (§ 14). Zudem wird erwähnt, dass Geizkofler darauf hingewiesen habe, „waßmaßen er im feld, dann zu Wien, item in des reichs legstätten, samt noch etlichen leuten, die er zum verschicken, das gelt einzunehmen, hin und her zu führen haben müsse, unter 30 personen nit wol erklecke".

[27] *Johann Jakob Schmauß/Heinrich Christian von Senckenberg* (Hrsg.), Neue und vollständige Sammlung der Reichsabschiede, welche von Zeiten Kayser Conrads II. bis jetzo, auf den Teutschen Reichs-Tägen abgefasset worden, sammt den wichtigsten Reichs-Schlüssen [...] Theil 3. Frankfurt am Main 1747, 454.

Abgesehen von den kaiserlichen Instruktionen und der Erwähnung im Reichsabschied von 1598 beruhte das Amt normativ auf keiner schriftlich fixierten Basis.[28]

Es ist daher fraglich, ob beim Reichspfennigmeisteramt von einer „Reichsfinanzverwaltung" die Rede sein kann, die „ein bestimmtes Eigengewicht als Zentralbehörde des Reiches entfalten konnte"[29], oder ob die Ämter Geizkoflers nicht viel eher immer noch die eines kaiserlichen beziehungsweise kaiserlich-reichsständischen Kommissars waren, der für eine bestimmte, zeitlich begrenzte Aufgabe zuständig war. Das „Reichsfinanzwesen" kannte nämlich außer Geizkofler und seinem Gegenhändler, der als Kontrollinstanz des Amtsinhabers fungieren sollte, „keinen dem Reiche vereidigten Finanzbeamten". Die Amtsdiener des Reichspfennigmeisters standen – wie noch zu zeigen sein wird – in keinem Dienstverhältnis gegenüber Kaiser und Reich, sondern in einem persönlichen Dienstverhältnis zu Geizkofler und wurden von ihm selbst besoldet.[30]

II.

Den organisatorischen Rahmen der Amtstätigkeit Geizkoflers bildete das Reichspfennigmeisteramt. Dessen interne Strukturen wurden nicht vom Kaiser beziehungsweise von den Reichsständen bestimmt, sondern von Geizkofler selbst und durch von ihm erlassene Instruktionen geregelt.[31] Die Leitung des Amts übernahmen in Abwesenheit des Reichspfennigmeisters, der sich meistens bei Hof in Prag oder im Feld in Ungarn aufhielt, ein Verwalter, der Gegenhändler sowie Geizkoflers Schwager Marx Konrad von Rehlingen.[32] Geizkofler behielt sich aber alle wichtigen Entscheidungen vor. In einer Instruktion legte er für die Zeit seiner Abwesenheit

[28] Vgl. ebd. 420–422, und *Thomas Fellner/Heinrich Kretschmayr*, Die Österreichische Zentralverwaltung. I. Abteilung: Von Maximilian I. bis zur Vereinigung der Österreichischen und Böhmischen Hofkanzlei (1749). Bd. 2: Aktenstücke 1491–1681. (Veröffentlichungen der Kommission für Neuere Geschichte Österreichs, Bd. 6.) Wien 1907, 355f.

[29] *Schulze*, Türkengefahr (wie Anm. 1), 305f. Unter dem Begriff der „Reichsfinanzverwaltung" versteht Schulze den „administrativen Apparat […], der mit der Einziehung, Anmahnung, Zwangseintreibung, Verwaltung, dem Transport und der Aushebung der Reichssteuern befaßt ist, die für den Türkenkrieg vom Reichstag beziehungsweise den Kreistagen bewilligt worden waren".

[30] *Müller*, Reichspfennigmeister (wie Anm. 4), 20f.

[31] Vgl. zur Organisation des Reichspfennigmeisteramts unter Geizkofler die knappe Zusammenfassung bei *Schulze*, Türkengefahr (wie Anm. 1), 330.

[32] So berichtet Geizkofler Kaiser Rudolf II. 1602, dass sein Schwager „inn das vierdte

von Augsburg fest, dass seine Diener ohne seine ausdrückliche Anweisung keine Ausgaben tätigen sollten, abgesehen von den zu zahlenden Zinsen für Darlehen.[33] Nachdem Geizkofler schon 1589 „verwalter“ und „cassier“ als herausgehobene Funktionsträger seines Amts genannt hatte[34], tauchte 1598 erstmals das Amt eines Buchhalters auf.[35] Zu den Aufgaben des Kassiers zählten die Einnahme, die Verwahrung und die Ausgabe der Gelder sowie die Führung eines Kassenbuchs[36], während der Buchhalter die Rechnungsbücher führte. Außerdem verfügte Geizkofler über mehrere Amtsdiener. Ihre Zahl betrug ursprünglich drei, die mit der 1598er Hilfe verbundenen Aufgaben führten zu einem Anstieg von acht auf achtzehn[37], bis 1603 fiel ihre Anzahl aber wieder auf elf. Mit Übernahme des Reichspfennigmeisteramts von 1598 wuchs das Amt und differenzierte sich aus. Es entstand eine Außenstelle in Wien mit einem Verwalter und einem Diener, die aus der Kontribution die Truppen besoldeten und Kreditgeschäfte tätigten. Außer der Trennung der Kassen[38] und der Rechnungen fand aber keine organisatorische Differenzierung statt. Vielmehr übernahmen die Amtsdiener Aufgaben in beiden Ämtern.[39]

Die Besoldung seiner Amtsdiener musste Geizkofler aus eigener Tasche bestreiten.[40] Sie waren mit ihm überdies auch klientelär verflochten. Er staffierte seine Diener beispielsweise durch seine Fürsprache mit Wappen

jar“ im Amt arbeite. StAL, B90 Bü 58, Zacharias Geizkofler an Kaiser Rudolf II. (Abschr.), Prag, 1602 März 17.

33 StAL, B90 Bü 59, Instruktion für die Diener des Reichspfennigmeisters (Entw.), o. O., o. D.

34 Ebd. Zacharias Geizkofler an die Hofkammer (Abschr.), o. O., o. D.

35 In einer nach 1599 entstandenen Instruktion bestimmte Geizkofler: „Der Philip solle die riccordo, quittungen und alle schuldtbuecher, auch die ordenliche tag: und andre conti halten“. Vgl. ebd. Instruktion für die Diener des Reichspfennigmeisteramtes, o. O., o. D. [nach 1599].

36 Ebd. Instruktion für die Diener des Reichspfennigmeisteramtes, o. O., o. D. [1598].

37 Vgl. hierzu StAL, B90 Bü 105, Amtsrechnung des Reichspfennigmeisters über die 1594er Hilfe (1598), o. O., o. D., und StAL, B90 Bü 111, Amtsrechnung Zacharias Geizkoflers über die 1598er Hilfe (1598), o. O., o. D.

38 Vgl. StAL, B90 Bü 140, Instruktion für die Diener des Reichspfennigmeisters (Entw.), o. O., o. D. [1598].

39 So tauchen zum Beispiel 1599 die Namen der Amtsdiener Hans Wolf Hager, Andreas Locheisen und Georg Lidl jeweils in den Spesenrechnungen der Amtsrechnungen über die 1594er sowie über die 1598er Hilfe auf. Vgl. StAL, B90 Bü 106, Amtsrechnung des Reichspfennigmeisters über die 1594er Hilfe (1599), o. O., o. D., und StAL, B90 Bü 123, Abrechnung Sixt Meillins (1599), o. O., o. D.

40 Vgl. zum Folgenden StAL, B90 Bü 592, Jahresrechnung Philipp Raisers (1602), o. O., o. D.

und Adelsbriefen aus[41], förderte ihre Karrieren[42], vermittelte ihnen vorteilhafte Heiraten[43] oder unterstützte sie durch die Vermittlung und Gewährung von Gnadengeldern und Darlehen. Selbst sein Gegenhändler Peugl, der ihn kontrollieren sollte, erhielt von ihm finanzielle Zuwendungen; 1605 etwa „auf sein anhalten undt bitten wegen seiner gelaisten dienst" 300 Gulden.[44] Auch nach Geizkoflers Rücktritt vom Amt waren etliche seiner Amtsdiener, die vom neuen Pfennigmeister Matthäus Welser übernommen worden waren, weiterhin privat für ihn tätig. So führte etwa Welsers Buchhalter Philipp Raiser für einen jährlichen Sold von 100 Gulden die Geschäfte Geizkoflers in Augsburg.[45]

Neben seinen Dienern gebot Geizkofler über ein Netz von Agenten und Korrespondenten in wichtigen Handels- und Messestädten wie Nürnberg, Straßburg, Leipzig, Wien, Köln und Ulm.[46] Durch Rückgriff auf die Infrastruktur des Handelshauses der Fugger konnte er die anfangs noch schwach entwickelte Organisation seines Amtes kompensieren. Häufig nahm er etwa bei Geldgeschäften die Dienste des Wiener Fugger-Faktors Hans Meichsner in Anspruch.[47] Dieser war nicht nur durch seinen Dienst mit den

41 Vgl. zum Beispiel in Bezug auf Geizkoflers Verwalter Albrecht Behem *Hans-Ulrich Frhr. v. Rueppprecht*, Zacharias Geizkofler (1589–1617), in: Hofpfalzgrafenregister. Bd. 2. Hrsg. v. Herold. Verein für Heraldik, Genealogie und verwandte Wissenschaften. Neustadt an der Aisch 1971, Nr. 2, 46, und *Karl Friedrich von Frank* (Hrsg.), Standeserhebungen und Gnadenakte für das Deutsche Reich und die österreichischen Erblande bis 1806 sowie kaiserlich österreichische bis 1823 mit einigen Nachträgen zum „Alt-Österreichischen Adels=Lexikon" 1823–1918. 5 Bde. Senftenegg 1967–1974, hier Bd. 1, 66.

42 Seinen Verwalter Colman Weygandt installierte Geizkofler etwa im Amt des Reichshilfssollizitators der innerösterreichischen Länder. In dieser Funktion war er für die Anmahnung und Eintreibung der für die Verteidigung der windischen und kroatischen Grenze bestimmten Reichshilfen zuständig. Vgl. *Johann Loserth*, Innerösterreich und die militärischen Maßnahmen gegen die Türken im 16. Jahrhundert. Studien zur Geschichte der Landesdefension und der Reichshilfe. (Forschungen zur Verfassungs- und Verwaltungsgeschichte der Steiermark, Bd. 11/1.) Graz 1934, 134. Auf dem Reichstag 1594 empfahl der Reichspfennigmeister der innerösterreichischen Delegation die Einstellung Weygandts und erklärte sich bereit, für seinen Verwalter „fürzusteen und sich zu verpürgen"; *ders.* (Hrsg.), Das Tagebuch des steiermärkischen Landschaftssekretärs Stephan Speidl geführt bei der innerösterreichischen Reichshilfsgesandtschaft am Regensburger Reichstage 1594. (Forschungen zur Verfassungs- und Verwaltungsgeschichte der Steiermark, Bd. 10/4.) Graz 1931, 74.

43 StAL, B90 Bü 811, Zacharias Geizkofler an Jakob Rembold (Entw.), Haunsheim, 1615 Januar 27, fol. 13r–v.

44 Vgl. StAL, B90 Bü 593, Jahresrechnung Philipp Raisers (1605), o. O., o. D., Eintrag vom 29. November 1605.

45 Vgl. hierzu die Jahresrechnungen Raisers, StAL, B90 Bü 591–607.

46 Vgl. hierzu beispielsweise StAL, B90 Bü 98, Amtsregistratur (1602), o. O., o. D.

47 Vgl. StAL, B90 Bü 102, Amtsrechnung Zacharias Geizkoflers (1590), o. O., o. D.

bei den Fuggern tätigen Onkeln Geizkoflers verflochten, sondern überdies deren Klient. Zu seiner Hochzeit 1594 erhielt er von den Geizkoflern ein „drinnckgeschür“ im Wert von 50 Gulden, weil er „inn unnser der Geizkhoflerischen sachen vielmals gebraucht“ worden sei.[48] Eine Doppelrolle als städtische Diener und Agenten Geizkoflers nahmen die Einnehmer der Legstädte ein, bei denen die Stände ihre Kontributionen zu entrichten hatten. Sie agierten nicht zuletzt als *broker* gegenüber ihren Stadträten. So begründete der Reichspfennigmeister ein Gnadengeldgesuch an den Kaiser für den Regensburger Stadtkämmerer und Einnehmer Jonas Paul Wolff damit, dass dieser es gewesen sei, der die Kontribution der Stadt „heraußgebracht“ habe.[49]

Die Transaktionen des Reichspfennigmeisters, der Amtsdiener und Agenten wurden mittels einer aufwendigen Buchhaltung dokumentiert. Durch diese Verschriftlichung des Amtshandelns war die Kontrolle über den Zahlungsverkehr des Amtes sowie über die Amtsdiener und Agenten gewährleistet. Bei der Buchführung kontrollierten sich die Amtsdiener gegenseitig, um Manipulationen vorzubeugen. Ihre Rechnungslegung wurde vom Reichspfennigmeister und seinen Verwaltern überwacht. Zudem ließen sich so der Finanzbedarf und die finanzielle Leistungsfähigkeit des Amtes feststellen.[50] Einnahmen und Ausgaben wurden häufig in verschiedenen Büchern mehrmals verbucht, einerseits von den außerhalb des Augsburger Amtssitzes agierenden Beauftragten des Reichspfennigmeisters, andererseits in der Augsburger Zentrale: Die Legstädte protokollierten den Eingang der Reichshilfen sowie ihre Auszahlungen an den Reichspfennigmeister[51] und quittierten den Reichsständen deren Einzahlungen.[52] Amtsdiener und Agenten, die in Geizkoflers Auftrag Geld in Empfang nahmen oder ausgaben, führten Rechnung über ihre Einnahmen und Ausgaben. Die Agenten in den Legstädten führten Serien von Rechnungsbüchern[53], die

[48] StAL, B90 Bü 579, Gemeinschaftsrechnung Abraham Geizkoflers (1590–1594), Sterzing, 1595 November 30.

[49] Vgl. ÖStA, Haus-, Hof- und Staatsarchiv (HHStA), RA in specie, Fasz. 74, Zacharias Geizkofler an Kaiser Rudolf II. (Ausf.), Prag, 1601 Januar 23, fol. 9r–v.

[50] So beauftragte Geizkofler seine Augsburger Geschäftsführer Rehlinger, Peugl und Behem 1599 damit, sich jeden Tag mindestens zwei Stunden mit den Geschäftsbüchern zu beschäftigen, „damit man aigentlich wiße, wie man doch mit der cassa stehe“; StAL, B90 Bü 59, Instruktion für die Diener des Reichspfennigmeisteramtes, o. O., o. D. [nach 1599].

[51] Vgl. hierzu die Abrechnungen der Legstädte, StAL, B90 Bü 85–92.

[52] Vgl. zum Beispiel die Quittungen der Legstadt Augsburg gegenüber Hg. Friedrich von Württemberg, Hauptstaatsarchiv Stuttgart (HStAS), A 86 Bü 25.

[53] Vgl. hierzu beispielsweise die Abrechnungen von Leonhard und Mang Dillher, StAL, B90 Bü 121–122.

mit bestimmten einmaligen Aufträgen versehenen Amtsdiener Einzelrechnungen, zum Beispiel Reiserechnungen.[54]

Zentral verbucht wurden die meisten Einnahmen und Ausgaben im Augsburger Amt. Die täglich ein- und ausgehenden Zahlungen beziehungsweise Belege wurden im Journal (*riccordo*) vermerkt. Die monatlichen Einträge wurden zu Monatsrechnungen (*monatsauszüge*) – getrennt nach Ausgabe- und Einnahmerubriken – zusammengefasst und an die Hofkammer weitergeleitet.[55] Die Einträge aus dem Journal gingen schließlich in die Jahresrechnung ein. Gebucht wurden in der zentralen Buchhaltung des Amtes die Bareinnahmen, aber auch der bargeldlose Zahlungsverkehr, zum Beispiel der Transfer von Geldern durch Wechsel von den Legstädten nach Wien oder Prag.[56] Die Bareinnahmen wurden zudem vom Kassier im Kassenbuch vermerkt, und der Wert der eingegangenen Münzsorten wurde auf Geldzetteln notiert.[57] Um einen Überblick über die laufenden Verbindlichkeiten zu haben, wurden Kopialbücher der Wechsel und Schuldverschreibungen angelegt.[58]

Die multifunktionale, horizontal und vertikal gegliederte Struktur des Reichspfennigmeisteramts entsprach nicht nur der Organisation eines frühneuzeitlichen Amts, sondern auch dem inneren Aufbau eines zeitgenössischen Handelshauses. Die Zweigstelle des Reichspfennigmeisteramts in Wien ähnelte der Faktorei eines Handelshauses mit vier bis acht permanent beschäftigten Mitarbeitern. Auch Handelshäuser verfügten wie der Reichspfennigmeister an wichtigen Handelsplätzen über „selbständige und ortskundige" Agenten und Korrespondenten. Noch erstaunlicher sind jedoch die Gemeinsamkeiten in der horizontalen Organisation, insbesondere der beruflichen Spezialisierung, etwa in Buchhalter, Kassierer und Schreiber.[59]

[54] Vgl. hierzu etwa HKA, RA 160, Reiserechnung Philipp Raisers zur Frankfurter Messe, Augsburg, 1596 August 13, fol. 375r–376v und 383r–v.

[55] Vgl. hierzu zum Beispiel die Akten: HKA, RA 53.

[56] Im Hinblick auf das Amt von 1589 tauchen diese in den Amtsrechnungen auf. Beim Amt von 1598 erscheinen sie nur in den Rechnungen des Wiener Verwalters sowie in den Kopialbüchern mit Abschriften von Wechseln und Verschreibungen.

[57] Vgl. StAL, B90 Bü 140, Instruktion für die Diener des Reichspfennigmeisteramtes, o. O., o. D. [1598]. So verlangte Geizkofler vom Kassier, er solle ins Kassenbuch „nit allein die summa, sondern auch die stendt einzeichnen vnd die münzsortten vnd, wann aine oder andere sortten verwexelt wirt, ordenlich notirn".

[58] Vgl. StAL, B90 Bü 59, Instruktion für die Diener des Reichspfennigmeisteramtes, o. O., o. D. [nach 1599], und StAL, B90 Bü 185, Wechselkopialbuch Zacharias Geizkoflers (1595–1600) (Ausf.), o. O., o. D.

[59] *Reinhard Hildebrandt*, Diener und Herren. Zur Anatomie großer Unternehmen im Zeitalter der Fugger, in: Johannes Burkhardt (Hrsg.), Augsburger Handelshäuser im

III.

Geizkoflers Amtszeit als Reichspfennigmeister war geprägt durch den Langen Türkenkrieg (1593–1606), der einen wichtigen Abschnitt der jahrhundertelangen Auseinandersetzung zwischen den Habsburgern als Königen von Ungarn und dem offensiv agierenden Osmanischen Reich darstellt. Der Lange Türkenkrieg endete mit dem Frieden von Zsitvatorok und bewies, „daß der mitteleuropäische Habsburgerstaat, mit Unterstützung der Stände des Heiligen Römischen Reichs, mittlerweile der osmanischen Militärmaschinerie standhalten konnte".[60] In Bezug auf das Reich wirkte die das ganze 16. Jahrhundert über virulente „Türkengefahr" als „dauerhaft wirksame[r] Faktor", der die Politik prägte. Ermöglichte sie in der ersten Hälfte dieses Jahrhunderts die Durchsetzung der Reformation, weil der Kaiser auf die Hilfe der evangelischen Fürsten und Städte angewiesen war, so leistete sie während des Langen Türkenkriegs einen „Beitrag [...] zum Zusammenhalt des Reiches in einer Situation, in der konfessionspolitische Faktoren schon zum Zerbrechen der Einheit des Reiches drängten".[61]

Geizkofler war als Reichspfennigmeister nicht nur mit der Einnahme der Reichshilfen befasst, sondern auch damit, die Stände auf den Reichstagen zur Leistung von Kontributionen zu bewegen sowie den Kaiser und die Hofkammer zu beraten. Faktisch übernahm er damit wie sein Amtsvorvorgänger Georg Ilsung die informelle Rolle einer „Art ‚Reichsfinanzkammer'".[62] Im Vorfeld der Reichstage erstellte er finanz- und militärpolitische Gutachten.[63] Auf den Reichstagen war er an der offiziellen[64] und informellen[65] Verhandlungsführung mit den Reichsständen beteiligt sowie einer der

Wandel des historischen Urteils. Unt. Mitarb. v. Thomas Nieding u. Christina Werkstetter. (Colloquia Augustana, Bd. 3.) Berlin 1996, 149–174, hier 152–154.

[60] *Thomas Winkelbauer*, Ständefreiheit und Fürstenmacht. Länder und Untertanen des Hauses Habsburg im konfessionellen Zeitalter. 2 Tle. (Österreichische Geschichte 1522–1699.) Wien 2003, hier T. 1, 147.

[61] *Winfried Schulze*, Deutsche Geschichte im 16. Jahrhundert 1500–1618. (Moderne deutsche Geschichte, Bd. 1.) 2. Aufl. Frankfurt am Main 1990, 65. Vgl. auch *ders.*, Türkengefahr (wie Anm. 1).

[62] Vgl. zur Rolle Georg Ilsungs *Peter Rauscher*, Zwischen Ständen und Gläubigern. Die kaiserlichen Finanzen unter Ferdinand I. und Maximilian II. (1556–1576). (Veröffentlichungen des Instituts für Österreichische Geschichtsforschung, Bd. 41.) Wien/München 2004, 178–181, hier 181.

[63] Vgl. hierzu die Gutachten StAL, B90 Bü 65–66.

[64] Vgl. zu den kaiserlichen Strategien auf den Reichstagen *Schulze*, Türkengefahr (wie Anm. 1), 81–111.

[65] *Loserth*, Speidl (wie Anm. 42), 41.

wichtigsten Berater der Hofkammer und der kaiserlichen Reichstagskommissare. Sein Einfluss reichte so weit, dass die Hofkammer etwa 1594 die Kernaussage seiner Denkschrift in ihr Memorial übernahm. Von größter Bedeutung waren dabei seine Kenntnisse um die „beschaff: und gelegenhait" im Reich.[66] Im Oktober 1597 forderte der Kaiser Geizkofler auf, ihm zur Vorbereitung der Proposition ein Memorandum über den bevorstehenden Reichstag und den Türkenkrieg seiner „in reichs: so wohl diser krigs sachen fürtrefflicher erfarenheitt nach" zukommen zu lassen.[67] Kulturelles Kapital in Gestalt finanz-, militär- und reichspolitischer Kompetenz war also ein entscheidender Einflussfaktor. Im Vorfeld des Reichstags von 1603 wurde Geizkofler wieder um sein Gutachten gebeten.[68] Das Ansehen, das er zwischenzeitlich am Kaiserhof genoss, wird darin deutlich, dass sein Gutachten „maßgeblichen Einfluß" auf die „Stilisierung" der Proposition hatte und in ihr „im allgemeinen wiederholt wird".[69]

Außerdem warb Geizkofler freiwillige Hilfen einzelner Reichsstände, ständischer Korpora wie der Reichsritterschaft oder der Reichskreise ein, deren Kreistage er häufig als kaiserlicher Kommissar aufsuchte[70], wie etwa den Schwäbischen Kreistag 1595.[71] Bei den formellen Verhandlungen setzte er die „Türkengefahr" als Argument ein.[72] Er appellierte an religiös-ethische Verpflichtungen gegenüber der Christenheit und der Nation sowie an die Schutzpflicht der Stände gegenüber ihren Familien und ihren Unter-

66 HHStA, Reichshofkanzlei (RK), Reichstagsakten (RTA), Fasz. 64, Gutachten der Hofkammer (Ausf.), Regensburg, 1594 Juni 28, fol. 512r–514v.

67 HHStA, RK, RTA, Fasz. 67a, Kaiser Rudolf II. an Zacharias Geizkofler (Entw.), Prag, 1597 Oktober 9, fol. 38r.

68 HHStA, RK, RTA, Fasz. 74a, Kaiser Rudolf II. an Zacharias Geizkofler, Prag, 1602 August 19, unfoliiert.

69 *Eugen Heischmann,* Die Anfänge des stehenden Heeres in Österreich. (Deutsche Kultur, Historische Rh., Bd. 3.) Wien 1925, 109.

70 So reiste er 1594, 1595, 1596, 1600, 1601 und 1602 zu den schwäbischen Kreistagen, in den Jahren 1594, 1595 und 1596 besuchte er die bayerischen Kreistage, 1601 den fränkischen. Zudem wurde Geizkofler auch auf die schwäbischen Rittertage der Jahre 1600, 1601 und 1602 sowie 1595 zur eidgenössischen Tagsatzung entsandt. Vgl. hierzu die Spesenrubriken in den Amtsrechnungen über die 1594er Hilfe, StAL, B90 Bü 102–110.

71 StAL, B90 Bü 78, Hugo Dietrich von Hohenlandenberg und Zacharias Geizkofler an Kaiser Rudolf II., Ulm, 1595 Januar 26, eingefügt in das Protokoll der Kommission Zacharias Geizkoflers zum Schwäbischen Kreistag 1595, o. O., o. D.

72 Vgl. hierzu *Schulze,* Türkengefahr (wie Anm. 1), 365, der darauf verweist, dass sich der „Kaiser [...] in dieser Epoche äußerer Bedrohung in einer relativ günstigen Lage gegenüber den Ständen [befand]. Die türkische Expansionsbewegung bot sich als wirkungsvolles Argument an, um die Hilfe des Reiches für die militärische Abwehr dieser Expansion bis an die Grenzen des Reiches zu erhalten."

tanen. Die Türken bedrohten den „cristlichen glauben, das vatterlandt sowie weib unnd khind“. Er argumentierte überdies historisch-exemplarisch mit dem Fall des „occidentalischen imperii“. Er stellte zudem Nützlichkeitsüberlegungen an: Die Kosten für einen Krieg seien geringer als der Verlust beim Sieg der Türken.[73] Nicht zuletzt war ausschlaggebend, dass „die Dringlichkeit der Türkengefahr im späten 16. Jahrhundert für eine totale Verweigerung der Reichssteuern politisch keinen Raum mehr“ ließ.[74]

Parallel dazu führte er informelle Gespräche mit den Gesandten der kaisertreuen Kreisstände, um Einfluss auf die Entscheidungsfindung der Stände zu gewinnen[75], er versuchte aber auch die anderen Stände zur Bewilligung von Kreishilfen zu bewegen. Bei Letzteren bedurfte es allerdings „underbauens“.[76] Die Gesandten, die sich „woll affectionirt“ erwiesen, wurden mit kaiserlichen Verehrungen bedacht, so etwa die württembergischen und konstanzischen mit je einer goldenen Kette im Wert von 300 Gulden.[77] Die persönliche Anwesenheit Geizkoflers als *broker* bot den Kreisständen allerdings auch die Chance, Einfluss auf den Kaiserhof zu gewinnen. So beschwerten sich etliche über die große „im kriegsweßen fürgeloffene unordnung“ und drohten, zukünftig nichts mehr zu bewilligen. Daher riet Geizkofler, der Kaiserhof solle „ain bestendige reformation und rechte kriegsordnung“ einrichten.[78] Einzelne Kreisstände brachten auch ihre „privaten“ Angelegenheiten bei den Kommissaren vor. So berichtete Geizkofler Hans Fugger, dass er gemäß seiner Bitte bei den Gesandten der ausschreibenden Fürsten darauf hingewirkt hätte, dass dessen „reputation und hochait in gebürlichen respect unnd acht genommen“ werde, die vom Freiherrn von Maxlrain bedroht wurde, der entgegen kaiserlicher Dekrete „stimm unnd session“ der Herrschaft Mindelheim begehrte.[79]

[73] StAL, B90 Bü 78, Protokoll der Kommission Zacharias Geizkoflers zum schwäbischen Kreistag 1595, o. O., o. D.

[74] *Schulze*, Türkengefahr (wie Anm. 1), 366. Auf die Bedeutung der Türkengefahr für die Bereitwilligkeit der Stände zu Kontributionen deutet auch hin, dass die „dem Kriegsschauplatz weiter entlegenen“ Kreise bei weitem nicht so hohe Hilfen bewilligten, wie die ihm nähergelegenen. Vgl. *Müller*, Reichspfennigmeister (wie Anm. 4), 36.

[75] Protokoll der Kommission Zacharias Geizkoflers zum schwäbischen Kreistag 1595 (wie Anm. 73).

[76] Hugo Dietrich von Hohenlandenberg und Zacharias Geizkofler an Kaiser Rudolf II. (wie Anm. 71).

[77] StAL, B90 Bü 124, Jahresrechnung Sixt Meillins 1601, o. O., o. D.

[78] Hugo Dietrich von Hohenlandenberg und Zacharias Geizkofler an Kaiser Rudolf II. (wie Anm. 71).

[79] StAL, B90 Bü 78, Hugo Dietrich von Hohenlandenberg und Zacharias Geizkofler an

Zudem trieb der Reichspfennigmeister die bewilligten Kontributionen sowie die Kreishilfen, Ritterhilfen, Kontributionen der erbländischen Stände und Subsidien ausländischer Fürsten ein, die ihm vom Kaiserhof zur Einnahme angewiesen wurden, um seine Kreditgeschäfte für den Kaiser zu finanzieren.[80] Weder bei der 1594er noch bei der 1598er Hilfe gelang dies vollständig. Dennoch konnte er ca. 12 Millionen Gulden an Reichssteuern einbringen.[81] Seine Erfolge bei der Eintreibung der Kontributionen beruhten nicht zuletzt auf intensiver Kontaktpflege mit den Reichsständen. Er reiste zur Durchsetzung finanzieller Forderungen gegenüber einzelnen Reichsfürsten an deren Höfe und suchte um persönliche Audienzen nach.[82] Außerdem pflegte er eine umfangreiche Korrespondenz mit den Reichsfürsten und deren Räten und versuchte sie durch kaiserliche Mahnschreiben zur Zahlung zu bewegen.[83] Während seiner Aufenthalte im Feld nahmen der Gegenhändler, die Amtsverwalter, die Amtsdiener und die Korrespondenten diese Aufgaben in seinem Auftrag wahr.[84] Zudem wickelten die Amtsdiener die Zahlungen mit den Angehörigen der reichsständischen Finanzverwaltungen ab.[85]

Um die Reichsstände zu finanziellen Leistungen zu bewegen, baute sich Geizkofler durch Versprechungen und Vermittlung kaiserlicher Gunsterweise gezielt ein Netzwerk unter deren Dienern auf. 1594 etwa hatte Geizkofler den Kaiser dringend ersucht, dem württembergischen Landschreiber Erhard Stickel eine Gnadenkette im Wert von 100 Kronen zu verehren, weil

Hans Fugger, Ulm (Abschr.), 1595 Januar 27, eingefügt in das Protokoll der Kommission Zacharias Geizkoflers zum schwäbischen Kreistag 1595, o. O., o. D.

80 Vgl. hierzu insbesondere die Amtsrechnungen, StAL, B90 Bü 102–110. Vgl. zum Beispiel StAL, B90 Bü 138, Nr. 35, Kaiser Rudolf II. an Zacharias Geizkofler (Abschr.), Prag, 1601 Oktober 20.

81 Vgl. *Müller*, Reichspfennigmeister (wie Anm. 4), 33 Anm. 32; *Schulze*, Türkengefahr (wie Anm. 1), 362, kommt zu dem Ergebnis, dass von den Reichshilfen von 1576 bis 1603 ca. 18,6 Millionen Gulden bezahlt wurden.

82 Vgl. beispielsweise HKA, RA 144, Zacharias Geizkofler an Kaiser Rudolf II. (Ausf.), Ulm, 1594 August 22, fol. 427r–429v, oder StAL, B90 Bü 108, Amtsrechnung des Reichspfennigmeisters über die 1594er Hilfe (1601), o. O., o. D., Quittung Nr. 142.

83 Vgl. hierzu etwa StAL, B90 Bü 98, Registratur des Reichspfennigmeisteramtes (1602), o. O., o. D., fol. 46r–74r.

84 Vgl. zum Beispiel StAL, B90 Bü 105, Amtsrechnung des Reichspfennigmeisters über die 1594er Hilfe (1598), o. O., o. D., Nr. 191; StAL, B90 Bü 107, Amtsrechnung des Reichspfennigmeisters über die 1594er Hilfe (1600), o. O., o. D., Nr. 179, oder HStAS, A 86 Bü 25, Albrecht Behem und Matthäus Peugl an Hg. Friedrich von Württemberg (Ausf.), Augsburg, 1599 Januar 20.

85 Vgl. HStAS, A 86 Bü 25, Johann Sattler an Hg. Friedrich von Württemberg (Ausf.), Stuttgart, 1595 Oktober 31.

sich dieser bei der Einbringung der Kontribution des Herzogs von Württemberg „gar viel bemühet unnd hinfüro in der gleichen sachen viel dienen kan". Auch habe Geizkofler ihn einer „ketten [...] vertröstet".[86] 1595 bat ein Diener Geizkoflers Stickel: „Der herr thue dz pöst bey den sachen, soll unvergolten nit bleiben."[87] Diese Strategie verfing. Stickel ließ dem Herzog mitteilen, wolle er dem Kaiser „ettwas zu gefallen thun", könnte er dem Reichspfennigmeister die Kontribution in Königstalern erlegen, die ursprünglich für eine Zahlung an den markgräflich badischen Rat Erhard von Rammingen bestimmt war, der auch „mit baßlern wol zufriden" wäre.[88] In anderen Fällen konnte der Reichspfennigmeister auf schon vorhandene Netzwerke zurückgreifen. Als Geizkoflers Korrespondent Thomas Lebzelter 1602 bei Graf Enno von Ostfriesland dessen Reichshilferestanten eintreiben wollte, spielte er sein soziales Kapital aus. Er teilte dem Reichspfennigmeister mit, dass er seinen „gutten freundt Reinier Nieders, der sich mit solchem herrn graffen woll vermag", gebeten habe, in Erfahrung zu bringen, wie es mit den Ausständen beschaffen sei und „mit fleiß zu solicitiern, dz die mit erstem außgezelt werden möchten".[89]

Soziales Kapital war ein „Schmiermittel" im politischen Prozess, letztlich aber nicht ausschlaggebend. So verweigerte der Herzog von Württemberg 1602 sogar die Antwort auf Bitten um die Bezahlung der Kreishilfen für mehrere württembergische „eximirte" Herrschaften.[90] Dass sich der Herzog in den 1590er Jahren gegenüber den kaiserlichen Bitten willfährig zeigte, lag vor allem daran, dass er wegen der Ablösung der österreichischen Afterlehenschaft seines Herzogtums vom Wohlwollen des Kaisers abhängig war.[91] 1595 erwies er sich, wie er seinem Sekretär Sattler gegenüber betonte, besonders kooperativ, „damit durch solches mittel bewüsste

[86] HKA, RA 144, Zacharias Geizkofler an Kaiser Rudolf II. (Ausf.), Ulm, 1594 August 22, fol. 429v.

[87] HStAS, A 86 Bü 25, Georg Lidl an Erhard Stickel (Ausf.), Ulm, 1595 November 8.

[88] Ebd. Johann Sattler an Hz. Friedrich von Württemberg (Ausf.), Stuttgart, 1595 November 16.

[89] StAL, B90 Bü 358, Thomas Lebzelter an Zacharias Geizkofler (Ausf.), Leipzig, 1602 August 14.

[90] Vgl. HStAS, A 86 Bü 25, Kaiser Rudolf II. an Hg. Friedrich von Württemberg (Ausf.), Prag, 1602 September 26, und ebd. Zacharias Geizkofler an Hg. Friedrich von Württemberg (Ausf.), Haunsheim, 1602 Oktober 8. Auf beiden Schreiben findet sich der eigenhändige Vermerk des Herzogs: „khein antwort darauff".

[91] Vgl. hierzu auch *Schulze*, Türkengefahr (wie Anm. 1), 109. Dies lässt sich auch mittels der Steuerleistungen der anderen Reichsstände nachweisen. Anhand der Auswertung der Erträge der Reichssteuern unter den einzelnen Reichsständen kommt *Winfried Schulze*, Die Erträge der Reichssteuern zwischen 1576 und 1606, in: JbGMOD 27, 1978, 169–185,

wichtige sach desto schleiniger befürdert und zu gewünschtem end gebracht werden möge".[92] Bürokratische Beziehungen überlagernde soziale Verflechtung konnte sich sogar als problematisch erweisen. Von seinem Patron Erzherzog Maximilian III., dem Deutschmeister, wurde Geizkofler diesem zu „angenehmen gefallen" eingeschaltet, um einen fiskalischen Prozess gegen die Ordensballeien Elsass und Koblenz zu verhindern, weil diese eine 1593 bewilligte freiwillige Hilfe von der 1594er Reichskontribution abziehen wollten.[93]

Letztlich beruhte die Zahlung der Kontributionen auf einem politischen Aushandlungsprozess, da Geizkofler außer der Drohung mit einem fiskalischen Prozess vor dem Kammergericht[94] keine Zwangsmittel besaß. Auf dem Reichstag von 1603 etwa handelte er in einem Geschäft auf Gegenseitigkeit einen Nachlass der Kurtrierer Restanten aus.[95] Gegen seine Zustimmung zur 1603er Reichshilfe wurden dem Trierer Kurfürsten alle alten Restanten erlassen und die schon geleisteten Kreishilfen der Jahre 1601 und 1602 auf die neu bewilligte Hilfe angerechnet. Der Kurfürst war mit Verweis auf seinen „erarmeten unnd notorie beschulten erzstifft" nämlich erst dann bereit, „sich [...] den maioribus [zu] confirmirn" – also den Steuerbeschluss des Reichstags mitzutragen –, wenn er vom Kaiser beziehungsweise dessen Kommissar eine „schrifftliche bewilligung" seiner Forderungen erhalte.[96]

Die Reichskontributionen und die außerordentlichen Hilfen trugen wegen ihres schleppenden Eingangs nie soviel Geld ein, wie zur Kriegsführung benötigt wurde. Daher nahm Geizkofler Kredite auf zukünftige Amtsgefälle auf[97], fungierte aber auch sonst als Finanzmakler des Hauses Ös-

hier 183, zu dem Ergebnis, dass eine „enge Bindung von hoher politischer Machtkonzentration und schwacher Steuermoral" existierte.

92 HStAS, A 86 Bü 25, Hg. Friedrich von Württemberg an Johann Sattler (Ausf.), Marbach, 1595 Oktober 29.

93 Vgl. *Heinz Noflatscher*, Glaube, Reich und Dynastie. Maximilian der Deutschmeister (1558–1618). (Quellen und Studien zur Geschichte des Deutschen Ordens, Bd. 11.) Marburg 1987, 185f., und StAL, B90 Bü 350, Erzherzog Maximilian an Zacharias Geizkofler (Ausf.), Keresztes, 1595 Oktober 3.

94 So urteilte Geizkofler in einem Gutachten für den Kaiser: „[D]o schon etwas bewilligt, so ist es schwerlich einzubringen, dieweill die fiscalische proceß diß orts wenig angesehen werden"; StAL, B90 Bü 39, Gutachten über das kaiserliche Hofwesen (Entw.), Prag, 1601 November 3, fol. 57r.

95 Vgl. ebd. Abrechnung Zacharias Geizkoflers und der Trierer Gesandten über die Trierer Restanten (Abschr.), Regensburg, 1603 Juni 29.

96 Ebd. Zacharias Geizkofler an Erzherzog Matthias (Abschr.), Regensburg, 1603 Juni 4.

97 Vgl. zur Rolle von Krediten im Finanzsystem des Kaiserhofs insbesondere auch *Rauscher*, Finanzen (wie Anm. 62), 343–354.

terreich.[98] Diese Tätigkeit beruhte nicht zuletzt wie bei seinem Amtsvorvorgänger Georg Ilsung auf seinen „engen Kontakte[n] zur oberdeutschen Hochfinanz“ und seiner „Kreditwürdigkeit“, also dem Vertrauen, das er bei den Finanziers genoss, die auch ihn zum „Bindeglied zwischen dem Kaiserhof und dem oberdeutschen Raum“ werden ließen.[99]

Die von Geizkofler als Reichspfennigmeister in den ersten Jahren seiner Amtszeit aufgebrachten Kredite waren lang- und mittelfristige festverzinsliche Darlehen. 1594 betrugen die Neuaufnahmen noch 663000 Gulden, 1600 nur 60000 Gulden. Bei diesen Krediten war die verwandtschaftliche und freundschaftliche Verflechtung Geizkoflers mit den Augsburger Eliten entscheidend, die durch das katholische Fugger- und das protestantische Rehlinger-Netzwerk vermittelt wurde.[100] Von der in den Amtsrechnungen vermerkten Darlehenssumme von insgesamt 1918813 Gulden stammten 49 Prozent von Angehörigen der Augsburger Elite, mit denen er nicht verwandt war, meist den Fuggern, und 13,2 Prozent von seinen Verwandten. Daneben spielten Reichsstädte mit 12 Prozent und sonstige teilweise anonyme Kreditoren mit 19 Prozent noch eine Rolle. Andere Kreditgeber fallen kaum ins Gewicht.

Insbesondere zur Vorfinanzierung der 1598er Hilfe wurden kurzfristige Wechselkredite immer bedeutender. Ihre Gesamtsumme betrug in den Jahren 1595 bis 1600 3449013 Gulden.[101] Im Gegensatz zu den lang- und mittelfristigen Darlehen waren in diese Geldgeschäfte ausschließlich *merchant bankers* involviert, die aus den Differenzen der Wechselkurse zwischen Oberdeutschland und Wien Profite zogen.[102] Wegen des durch die Kriegsausgaben erhöhten Geldbedarfs reichten die auf den oberdeutschen Rentenmärkten beschafften langfristigen Depositen nicht mehr aus. Die

[98] Vgl. *Müller*, Verdienste (wie Anm. 4), 274.

[99] *Rauscher*, Finanzen (wie Anm. 62), 179.

[100] Auch *Frank A. Karg/Danka Koutná*, Zacharias Geizkofler und die Einführung der Reformation in Haunsheim 1603, in: Jahrbuch des Historischen Vereins Dillingen an der Donau 106, 2005, 13–40, hier 18, bemerken, dass Geizkofler durch die Dienste seiner Onkel bei den Fuggern und durch seine Heirat mit Maria Rehlinger „in idealer Weise [...] Zugang zu zwei ‚Netzwerken‘ über die Konfessionen hinweg [hatte], die ihm halfen, seinem Reichspfennigmeisteramt gerecht zu werden“.

[101] Vgl. hierzu StAL, B90 Bü 185, Wechselkopialbuch Zacharias Geizkoflers (1595–1600) (Ausf.), o. O., o. D.; vgl. auch *Müller*, Verdienste (wie Anm. 4), 274, und *ders.*, Reichspfennigmeister (wie Anm. 4), 45.

[102] *Müller*, Reichspfennigmeister (wie Anm. 4), 45. So wurden die ungarischen Taler und Dukaten bei einem Wechselgeschäft mit 74–75 Kreuzer bzw. 120 Kreuzer berechnet, wurden aber im Reich nur mit 72–73 bzw. 118 Kreuzer angenommen, so dass die Kreditoren pro Taler bzw. Dukaten 2–3 Kreuzer Gewinn einstreichen konnten.

herangezogenen international operierenden *merchant bankers*[103] fürchteten, dass langfristige und zudem niedrig verzinste Depositen nicht zurückgezahlt würden und gewährten daher vor allem kurzfristige Wechseldarlehen. Sie boten zudem die Gelegenheit, die Zinslast zu reduzieren, da sie wegen der Kursgewinne in Höhe von sieben bis acht Prozent, die die Kreditoren realisieren konnten, zinslos erfolgten.[104]

Für die Kreditgewährung war Geizkoflers symbolisches Kapital in Form des Vertrauens der Finanzwelt in ihn entscheidend. Seine Kreditwürdigkeit beruhte auf seinem Wissen um kaufmännische Praktiken, vor allem um die Bedeutung der Pünktlichkeit und Genauigkeit bei der Bezahlung. Immer wieder wies Geizkofler die Hofkammer darauf hin, dass „der credit auf solche weeg, wann man nit praecise zuehaltet, liederlich gar fallen" könne.[105] Dieses Wissen um „der handelsleut stilo"[106] und seine Einhaltung schuf symbolisches Kapital in Form von Vertrauen und generierte auf diese Weise neuen Kredit. „Treu und Glauben" basierten zudem auf persönlichen Vertrauensbeziehungen, wie am Beispiel der Fugger deutlich wird, mit denen Geizkofler und seine Familie eng verflochten waren. Ex negativo wird dies deutlich in einem Schreiben, in dem die Fugger ihn 1595 um pünktliche Bezahlung einer fälligen Rate baten. Sie mahnten die „haltung" seines „zuesagens" an, um den „bißhero gehabten credit" nicht in „verdacht zu sezen", hätten sie sich doch auf Geizkoflers „wortt genzlich verlaßen".[107] Der Personalkredit wurde verstärkt durch die Einflussnahme von Verwandten. So nutzte er die Vertrauensstellung, die sein Onkel Michael als deren Oberster Rentmeister bei den Fuggern besaß, um diese zur Kreditvergabe zu bewegen.

Die Fähigkeit, Kredite zu begleichen und damit seinen *credit* zu erhalten, basierte auf seinem durch das Amt vermittelten ökonomischen Kapital, das wiederum auf seinen Erfolgen bei der Eintreibung der Reichshilfen beruhte.[108] Ein wesentlicher Aspekt der Darlehensgewährung war der Zugriff

[103] Vgl. ebd. 43 f.

[104] Vgl. ebd. 44–46.

[105] StAL, B90 Bü 146, Zacharias Geizkofler an Ferdinand Hofmann (Abschr.), Wien, 1598 Juli 10.

[106] StAL, B90 Bü 717, Hans von Bodeck an Zacharias Geizkofler (Ausf.), Frankfurt am Main, 1612 Dezember 8.

[107] Ebd. Nr. 52, Marx Fugger und Gebr. an Zacharias Geizkofler (Abschr.), Augsburg, 1595 Dezember 14.

[108] Vgl. hierzu auch *Blendinger*, Zacharias Geizkofler (wie Anm. 4), 171, der ausführt: „Die erfolgreiche Einbringung der Reichs- und Kreishilfen steigerten [!] seinen Kredit bei weiteren kapitalkräftigen Firmen [neben den Fuggern, A. S.]."

Geizkoflers auf die pekuniären Ressourcen des Amtes, die finanzielle Garantien für die Rückzahlung des Darlehens boten, wie ein Darlehen der Fugger über 300000 Gulden im Jahr 1594 zeigt. So musste er sich als Reichspfennigmeister für sich und seine „nachkommen im ambt" verschreiben. Die schriftlich fixierte Sicherung des Geldgeschäfts ging so weit, dass der Kaiser herrschaftliche Rechte an die Fugger abtrat. In der kaiserlichen Obligation wurde der Reichspfennigmeister bis zur vollständigen Rückzahlung des Kredits vom Gehorsam gegenüber jeder Anordnung entbunden, die eine Tilgung des Darlehens der Fugger verhindert hätte. Sollte dies nicht ausreichen, um die Rückzahlung sicherzustellen, sollten die Fugger befugt sein, die Reichshilfen selbst einzuziehen.[109]

Sein Kredit beruhte also auch auf seinem während seiner Amtszeit erworbenen Privatvermögen, mit dem er haftete. Als er sein Amt übergab, schuldete der Kaiser ihm große Summen, die Geizkofler *in proprio* aufgenommen oder selbst gewährt hatte. Bei seinem Rücktritt standen noch Forderungen Geizkoflers an den Kaiser in Höhe von insgesamt 385032 Gulden 15 $^{1}/_{2}$ Kreuzer aus.[110] In der zweiten Hälfte der Amtszeit Geizkoflers war der Wiener *merchant banker* Lazarus Henckel sein wichtigster Kreditor. Bei ihm nahm er in den Jahren 1595 bis 1600 958290 Gulden auf.[111] Im Vergleich zu den Fuggern fällt auf, dass Geizkofler bei diesem Darlehen als Privatmann mit seinem gesamten Vermögen haftete. Ausdrücklich verschrieb er sich etwa 1595 um 59000 Gulden „fir mich, alle meine erben und nachkommen" und versprach die Rückzahlung des Kredits „bei verbindung meiner haab und guetter, gegenwiertige und zukhunfttige, ganz und gar nichts davon außgenommen".[112]

Zudem lag der Kredit in seinem sozialen Kapital in Form persönlicher Verflechtung zu den *merchant bankers* begründet[113], denen er wie Henckel

[109] StAL, B90 Bü 131, Nr. 49, Obligation Zacharias Geizkoflers gegen Marx Fugger und Gebrüder (Abschr.), Augsburg, 1594 Januar 15. In diese Obligation ist die kaiserliche Verschreibung gegen Marx Fugger und Gebrüder inseriert. Sollte Geizkofler die Schulden nicht „entrichten und bezahlen", sollten die Fugger „macht haben, die gefell von gemelten dreien legstetten oder den stenden selbst abzufordern und einzuenemmen".

[110] Vgl. hierzu StAL, B90 Bü 158, Quittung Zacharias Geizkoflers gegen Matthäus Welser (Abschr.), Augsburg, 1603 Dezember 31, und ebd. Quittung Zacharias Geizkoflers gegen Matthäus Welser (Abschr.), Augsburg, 1604 August 28.

[111] StAL, B90 Bü 145, Auszug aus den Geschäftsbüchern Lazarus Henckels (1595–1600) (Abschr.), o. O,. o. D.

[112] StAL, B90 Bü 131, Nr. 80, Verschreibung Zacharias Geizkoflers gegen Lazarus Henckel (Entw.), Wien, 1595 Dezember 27.

[113] Vgl. zur Bedeutung der Kreditwürdigkeit von Amtsinhabern auch *Rauscher*, Finanzen (wie Anm. 63), 359.

als Patron und *broker* am Kaiserhof diente. Durch dieses Engagement verpflichtete er sich Henckel, bewahrte dessen Liquidität und gewährleistete so das Funktionieren seines Kreditsystems.[114] Bei seinen Bitten rekurrierte der *merchant banker* auf den zeitgenössischen Patronagediskurs, indem er Geizkofler das soziale Kapital in Aussicht stellte, das er sich durch die Unterstützung erwerbe. Mit seinen Interzessionen erweise ihm Geizkofler „ein große freündtschafft, so umb e: g: möglichen zuebeschulden stehet". Henckel verwies in seinen Schreiben auch darauf, dass Geizkofler mit seinem hohen Kreditbedarf auf seine Liquidität angewiesen sei. Stellte er ihm doch bei schleuniger Zahlung der Ausstände in Aussicht, bald weitere Kredite gewähren zu können und Schulden Geizkoflers um die Zeitspanne zu stunden, um die er die erwähnten Forderungen früher erhalte, als dies die Verschreibung vorsah. Dabei berief er sich auf das Prinzip der Reziprozität in Lehnsverhältnissen, indem er seine finanzielle Dienstleistung als „reütters dienst" bezeichnete.[115]

Auch im Verhältnis zu den Fuggern spielte der Reichspfennigmeister eine Doppelrolle als Vertreter kaiserlicher Interessen gegenüber den Fuggern und als *broker* der Fugger am Kaiserhof. Im Gegensatz zu Henckel trat Geizkofler den Fuggern jedoch als Klient entgegen. Als Geizkofler im Februar 1598 am Kaiserhof wegen der Herrschaft Biberbach für Philipp und Albrecht Fugger interzedierte, erklärte er, er sei in ihrem „dienst gewest", und hoffte, sie würden daraus seine „schuldige affection spühren und erfahren".[116] Außerdem appellierte Geizkofler bei Darlehenswünschen auch an den Reichspatriotismus der Fugger. Der Dienst am Reich wird besonders hervorgehoben. So ist von ihrem „guetherzige[n] und dem gemeinen vatterlandt zum besten beschehene[n] darleyhen" ebenso die Rede wie von „ihre[m] getreuen und dem gemeinen vatterlandt teutscher nation hochersprießlichen anlehen".[117]

Der Kaiser beziehungsweise die Hofkammer sicherten durch Schadloshaltungen, in denen sie Geizkofler zusagten, die aufgenommenen Kredite zu tilgen, dessen persönliches Risiko ab.[118] Geschah dies zunächst pau-

[114] StAL, B90 Bü 145, Lazarus Henckel an Zacharias Geizkofler (Abschr.), Wien, 1597 Februar 7.
[115] Ebd.
[116] StAL, B90 Bü 135, Nr. 95, Zacharias Geizkofler an Philipp und Albrecht Fugger (Abschr.), Prag, 1598 Februar 24.
[117] Ebd. Nr. 49, Nebenverschreibung Zacharias Geizkoflers gegen Marx Fugger und Gebrüder (Abschr.), Augsburg, 1594 Januar 15.
[118] Vgl. zum Beispiel StAL, B90 Bü 138, Nr. 40, Zacharias Geizkofler an die Hofkammer (Abschr.), Prag, 1601 Dezember 14.

schal[119], wurden später die zur Enthebung angewiesenen Summen weiter spezifiziert und Geizkofler ausdrücklich nicht nur auf die Amtsgefälle, sondern auch auf die Kammergefälle versichert.[120] Zudem verbürgten sich die Hofkammer[121] oder einzelne Räte[122] *in proprio* für Darlehen, die Geizkofler aufgebracht hatte, und hafteten so mit ihrem Privatvermögen. Eine große Sicherheit bot dies aber nicht, da er gegen seine mächtigen Schuldner nicht energisch vorgehen konnte, während seine Gläubiger ihn zu verklagen drohten.[123]

Da seine Amtsgefälle zur Bezahlung der von ihm aufgenommenen Wechselkredite nicht ausreichten, wandte Geizkofler sich zudem, um „trauen und glauben" zu erhalten, regelmäßig mit der Bitte um Anweisung von Geldern zur Bezahlung der Antizipationen an den Kaiser und die Hofkammer.[124] Bei der Begründung blieb er dem vom Ideal der Reziprozität geprägten Patronagediskurs verhaftet. Er berief sich nicht auf bürokratische Regeln, sondern auf seine Leistungen, die den Kaiser verpflichteten, sowie auf die Eigeninteressen des Kaisers, der „im werckh zu mehrmaln [...] erfahren, was derselben ich mit sovil reutter und regimenten, deren keines kein tag über die zeitt in der besoldung verbliben, offt mit meinen schlechten credito erspart und gedient hab". Die Enthebung des Reichspfennigmeisters gereiche dem Kaiser zu „selbst nutzen, ist an im selbsten mehr dan billich und ich wills umb dieselbe mit darsezung meines leibs, gutts und bluets allerunderthenigst verdienen".[125]

Aus seinen Amtsgefällen besoldete Geizkofler einen Teil der kaiserlichen Truppen. Obwohl ihm laut seiner Instruktion von 1589 nur die Einnahme der Reichssteuern oblag, lieferte er diese nicht komplett beim Hof-

[119] Vgl. StAL, B90 Bü 162, Schadlosverschreibung Kaiser Rudolfs II. gegen Zacharias Geizkofler (Ausf.), Prag, 1594 April 22.

[120] Vgl. StAL, B90 Bü 163, Schadlosverschreibung Kaiser Rudolfs II. gegen Zacharias Geizkofler (Ausf.), Prag, 1600 März 24, und ebd. Schadlosverschreibung Kaiser Rudolfs II. gegen Zacharias Geizkofler (Abschr.), Prag, 1601 April 2.

[121] Vgl. zum Beispiel StAL, B90 Bü 139, Nr. 27, Zacharias Geizkofler an die Hofkammer (Abschr.), Prag, 1602 April 6.

[122] Vgl. StAL, B90 Bü 138, Nr. 55, Zacharias Geizkofler an Seifried Christoph Breuner und Karl von Liechtenstein (Abschr.), Ulm, 1601 Mai 14.

[123] Vgl. beispielsweise ebd. Nr. 18, Zacharias Geizkofler an Kaiser Rudolf II. (Abschr.), Prag, 1601 Januar 27.

[124] StAL, B90 Bü 131, Nr. 7, Zacharias Geizkofler an Kaiser Rudolf II. (Abschr.), Augsburg, 1595 November 17.

[125] StAL, B90 Bü 136, Nr. 66, Zacharias Geizkofler an Kaiser Rudolf II. (Abschr.), Wien, 1599 Januar 15.

oder Kriegszahlmeister ab[126], sondern übernahm 1595 die Besoldung einzelner Regimenter und händigte den kaiserlichen Zahlämtern nur die Quittungen aus. Unter den 583 843 Gulden, die er dem Hofzahlmeister in Form von Bargeld, Wechseln und Quittungen übergab, befanden sich Quittungen für Kriegsausgaben, in deren Auszahlung Geizkofler involviert war. Er ließ zum Beispiel dem Quartiermeister Hans Leonhard von Jehl in Köln 78 000 Gulden als Anritt- und Laufgeld für die 8000 Reiter und Fußknechte des Grafen Karl von Mansfeld auszahlen.[127] 1597 übernahm er die Bezahlung von zwei wallonischen Regimentern und 800 Reitern des Grafen von Solms.[128] Außerdem bestritt er aus der 1594er Hilfe die Kriegsdeputate der Erzherzöge und ausstehende Soldforderungen von Obersten und Hauptleuten, die auf das Reichspfennigmeisteramt verwiesen worden waren.[129] Als Zahlmeister über die 1598er Hilfe besoldete er in den Jahren 1598 bis 1600 aus der Reichskontribution und in den Jahren 1601 und 1602 aus den Kreishilfen in Eigenregie mehrere Fußknechtsregimenter und Reiterkompanien.[130] Im Jahr 1598, als die Kriegsausgaben aus dem 1598er Amt mit 1 355 920 Gulden 9 Kreuzer ihren Höchststand erreichten, waren dies drei Regimenter Fußknechte zu je 4000 Mann und über 4000 Reiter.[131] Er finanzierte und organisierte auch den Transport der Truppen in ihr Einsatzgebiet in Ungarn.[132] Ihm oblagen zudem die Beschaffung von Munition,

126 Überweisungen und Übergaben von Quittungen an den Hofzahlmeister: 1595: 583 843 Gulden (fl.) 42 Kreuzer (kr.), 1596: 308 215 fl. 42 kr., 1597: 754 758 fl. 5 kr. 3 Pfennig (d.), 1598: 53 377 fl. 16 kr. 1 d., 1599: 1785 fl. 15 kr., 1600: 7980 fl., 1601: 16 028 fl. 1 kr., 1602: 86 989 fl. 50 kr., 1603: 9713 fl. 44 kr. 2 d.; Überweisungen und Übergaben von Quittungen an den Kriegszahlmeister: 1598: 397 042 fl. 23 kr. 3 $^1/_2$ d., 1599: 535 233 fl. 53 kr., 1600: 199 740 fl. 34 kr., 1601: 234 437 fl. 37 kr. 2 d., 1602: 241 000 fl. 50 kr., 1603: 44 962 fl. 30 kr. 3 d.

127 Vgl. StAL, B90 Bü 104, Amtsrechnung des Reichspfennigmeisters (1595), o. O., o. D. Vgl. auch StAL, B90 Bü 131, Nr. 20, Kostenvoranschlag für das mansfeldische Kriegsvolk (Abschr.), o. O., o. D.

128 StAL, B90 Bü 105, Amtsrechnung des Reichspfennigmeisters (1597), o. O., o.D., Quittungen Nr. 26 und Nr. 168.

129 Vgl. hierzu die in den Amtsrechnungen über die 1594er Hilfen immer wiederkehrende Rechnungsrubrik „außgaben auf bezallungen der khriegsdeputat und besolldungen, anritt:, lauff: und wartgellt, auch andere khriegsnotturfften“. Ihre Höhe betrug: 1594: 26 985 fl. 24 kr., 1595: 66 579 fl. 13 kr., 1596: 186 687 fl. 30 kr., 1597: 50 193 fl. 30 kr., 1598: 127 001 fl. 14 kr., 1599: 167 998 fl. 16 kr., 1600: 34 657 fl. 40 kr., 1601: 46 353 fl. 30 kr., 1602: 111 315 fl. 13 kr., 1603: 48 881 fl. 34 kr.

130 Vgl. die Abrechnungen Sixt Meillins, StAL, B90 Bü 123–124.

131 Vgl. StAL, B90 Bü 111, Amtsrechnung des Reichspfennigmeisters über die 1598er Hilfe (1598), o. O., o. D.

132 Vgl. zum Beispiel HKA, Reichsgedenkbücher 481, Kaiser Rudolf II. an Zacharias Geizkofler, Prag, 1598 August 11, fol. 36r–v.

Schießpulver und Zündschnüren sowie Waffen und Rüstungen[133] und der Transport ins Zeughaus nach Wien.[134] Außerdem fungierte er 1596 als kaiserlicher Rat im Feld und kontrollierte das Finanzgebaren des kaiserlichen Generals und der Obersten.[135]

Obwohl Geizkofler im Zusammenhang mit der Besoldung der Truppen auch mit dem Hofkriegsrat in Kontakt trat, waren seine wichtigsten Ansprechpartner in der kaiserlichen Zentralverwaltung die Geheimen Räte und die Prager Hofkammer, mit denen er häufig in Konflikt lag wegen der Anzahl der Truppen, die aus den Amtsgefällen zu finanzieren waren. Während der Kaiserhof Geizkofler drängte, möglichst viele Truppen aus der Amtskasse zu besolden, versuchte dieser stets die Zahl zu reduzieren. Im Mai 1600 beispielsweise weigerte er sich trotz einer gegenüber den Geheimen Räten gegebenen Zusage[136], die Besoldung der 1000 Reiter des Grafen von Hohenlohe, der 500 Kürassiere des Herzogs von Mercoeur und der sechs Kompanien Wallonen und Reiter des Grafen von Solms aus der 1598er Kontribution zu übernehmen. Dabei berief er sich auf fehlende Einnahmen aus der Reichshilfe und den kaiserlichen Anweisungen sowie seine hohen Schulden. Es sei ihm daher „auß mangl gelts" unmöglich zu zahlen. Angesichts seiner hohen Schulden fürchtete er um „trau unnd glauben" und malte die „eußeriste gefahr" aus, in der er und seine Familie angesichts dieser hohen Verschuldung schwebten. Er ersuchte den Kaiser sogar, ihn seines „mehr dann mühesamben armbseeligen unnd überschweren diensts mit gnaden zuentlaßen".[137] Die Geheimen Räte beharrten zwar auf dem kaiserlichen Befehl. Geizkoflers Intervention war aber insofern erfolg-

133 Vgl. StAL, B90 Bü 380, Munitionsrechnung (1592–1603), o. O., o. D. Vgl. hierzu die in den Amtsrechnungen über die 1594er Hilfen immer wiederkehrende Rechnungsrubrik „außgaben auf bezallung der munition und khriegsrüstungen […]". Sie betrug 1594: 173324 fl. 22 kr., 1595: 68428 fl. 17 kr., 1596: 101623 fl. 53 kr., 1597: 49069 fl. 3 kr., 1598: 76684 fl. 12 kr., 1599: 38395 fl., 1600: 12542 fl. 49 kr., 1601: 40154 fl. 36 kr., 1602: 41125 fl. 32 kr., 1603: 15514 fl. 7 kr.; vgl. auch StAL, B90 Bü 137, Nr. 2, Zacharias Geizkofler an die ksl. Geheimen Räte (Abschr.), Wien, 1600 Januar 13.

134 Vgl. hierzu die in den Amtsrechnungen über die 1594er Hilfen immer wiederkehrende Rechnungsrubrik „Auf erkhauff: und hinweckhsendtung der munition und khriegsrüstungen […]". Sie betrug 1595: 10638 fl. 53 kr., 1596: 6484 fl. 32 kr., 1597: 5395 fl. 41 kr., 1598: 3254 fl. 18 kr., 1599: 4500 fl. 25 kr., 1600: 1481 fl. 29 kr., 1601: 1880 fl. 26 kr., 1602: 3306 fl. 48 kr.

135 StAL, B90 Bü 383, Instruktion für Siegmund von Landau und Zacharias Geizkofler (Ausf.), Prag, 1596 August 13.

136 HHStA, RA in specie, Fasz. 74a, Melchior von Redern an die Hofkammer (Ausf.), o. O., o. D., fol. 1r–4v.

137 Ebd. Zacharias Geizkofler an Kaiser Rudolf II. (Ausf.), Augsburg, 1600 Mai 3, fol. 28r–29v.

reich, als dass sich der Kaiser bereit erklärte, ihm ein päpstliches Hilfsgeld in Höhe von 50000 Kronen anzuweisen.[138] Die Weigerung Geizkoflers verbunden mit seiner Rücktrittsdrohung war als Druckmittel gegenüber dem Hof geeignet, denn auch das Verhältnis des Reichspfennigmeisters zum Geheimen Rat und der Hofkammer war weniger von bürokratischer Hierarchie als vielmehr durch Aushandlungsprozesse bestimmt.

Gelegentlich versuchte auch der Hofkriegsrat auf die Ressourcen des Reichspfennigmeisters zuzugreifen. Im Juli 1598 beispielsweise forderte der Hofkriegsrat ihn auf, den ersten Monatssold für die Söldner des Herrn von Mollart zu bezahlen. Geizkofler reagierte „malcontent" und bat, „mit dergleichen bevelch seiner zuverschonen".[139] In einem Gutachten des Wiener Hofkriegsrates für Erzherzog Matthias klagten die Räte über die „ungelegenheit mit dem Geizkhoffler", der sich „in geltsachen nichts will bevelhen laßen". Sie schlugen vor, sollte sich dieser weiterhin renitent gebärden, den Kaiser zu ersuchen, ihm zu befehlen, das Kriegsbudget, über das Erzherzog Matthias die Aufsicht hatte, in das Kriegszahlamt zu übergeben.[140] In der Regel wandten sich die Erzherzöge und die ihnen untergeordneten Ratskollegien jedoch nicht direkt an Geizkofler, sondern an die Hofkammer. In einem vermutlich von Erzherzog Maximilian abgefassten Memorial forderte dieser, dass von der Hofkammer „geltt zum anritt, laufgelt unnd ein monatsoldt" für 3000 Fußsoldaten und 600 Reiter „bei dem herrn Geizkoffler der wichtigkeit unnd notturftt nach unverzogentlich verordnet werden" müsse.[141]

Geizkofler modifizierte kaiserliche Zahlungsbefehle, die in der Hofkammerkanzlei ausgefertigt wurden, eigenmächtig. Als ihm im Juli 1601 befohlen wurde, aus den Kreishilfen zur Besoldung einiger kaiserlicher Regimenter 62 786 Gulden 40 Kreuzer ins Kriegszahlamt nach Wien zu schicken[142], zahlte er einen Teil des Geldes den im Reich geworbenen Regi-

[138] Ebd. Kaiser Rudolf II. an Zacharias Geizkofler (Entw.), Pilsen, 1600 Mai 14, fol. 34r–36v.

[139] ÖStA, Kriegsarchiv (KA), Wiener Hofkriegsrat (HKR), Protokolle Bd. 200 (1598) Expedit [Eingang], 1598 August 4, Nr. 16, fol. 626r. Der Befehl des Hofkriegsrats ist verzeichnet unter KA, Wiener HKR, Protokolle Bd. 201 (1598) Registratur [Ausgang], 1598 Juli 26, Nr. 194, fol. 369r.

[140] KA, Alte Feldakten (AFA) 39, Nr. 8/15, Hofkriegsrat an Erzherzog Matthias (Ausf.), o. O. [Wien], 1598 August 9, fol. 458v–459r.

[141] KA, AFA 37, Nr. 11/20, Erzherzog Maximilian [?] an die Hofkammer (Abschr.), o. O., 1596 November 29, fol. 877r.

[142] Vgl. StAL, B90 Bü 138, Nr. 9, Kaiser Rudolf II. an Zacharias Geizkofler (Abschr.), Prag, 1601 Juli 11.

mentern in Oberdeutschland aus, statt das Geld erst nach Wien zu transferieren. In diesem Fall legitimierte Geizkofler sein Handeln mit seiner besseren Sachkenntnis. Dieses Argument wurde von den Hofkammerräten akzeptiert, die ihm erklärten: „[D]erowegen [habt] ir nun gar rechts unnd wolgethon, [...] inmassen dann auch die khayserliche zue sollicher außgaab iustificirung gehörigen bevelchschreiben berait bei der fertigung unnd eüch mit negstem hinnach geschickht werden sollen."[143] Geizkofler forderte auch häufig von ihm benötigte kaiserliche Befehle an. Faktisch traf er bestimmte Entscheidungen, die von der Kammer beziehungsweise vom Geheimen Rat nur noch sanktioniert wurden. Besonders deutlich wird dies in einem Schreiben an den Reichssekretär Hannewald, in dem Geizkofler für mehrere Ausgabeposten Befehlsschreiben anforderte, die ihm laut Expeditionsvermerk auch gewährt wurden.[144] Im Generalfaszikel ist überdies ein Memorial Geizkoflers an die Hofkammer erhalten, in dem er unter anderem darum bat, verschiedene Befehle zu expedieren.[145]

Geizkofler war zudem intensiv in die Soldverhandlungen mit den Militärunternehmern und Regimentern eingebunden. 1595 erhielt er von Rudolf II. den Befehl, zusammen mit anderen kaiserlichen Räten mit Karl von Mansfeld und Jakob Hannibal von Raitenau über die Soldzahlungen zu verhandeln. Entscheidend war dabei Geizkoflers Verflechtung mit den Offizieren der betreffenden Regimenter sowie mit den Wiener *merchant bankers*, die es ihm ermöglichten, Kredite zur Bezahlung der Truppen aufzubringen. So führte der kaiserliche Befehl an, dass Geizkofler „nit allein mit denen Wallonen, sondern auch mit dem obristen von Raittenau und mehrers theils seiner haubt: und befelhsleuthen wol bekhandt und umb derselben sach guette wissenschafft" habe.[146] Ein Bericht über die Soldverhandlungen betonte neben den bei der Musterung geschlossenen Kontakten Geizkoflers zu den Wallonen vor allem dessen Kredit. So habe dieser auf sein „aignen credit und verschreibung in proprio" 127000 Gulden aufgebracht. Zwar seien die Verhandlungen „nit nach wunsch", aber dennoch „leidenlich" abgelaufen. Insbesondere von den Reitern Karls von Burgau hätten die kaiserlichen Unterhändler einen „ansehenlichen nachlaß" er-

[143] Ebd. Nr. 11, Hofkammer an Zacharias Geizkofler (Abschr.), Prag, 1601 Juli 25.
[144] HHStA, RK, RA in specie, Fasz. 74a, Zacharias Geizkofler an Andreas Hannewald (Ausf.), o. O., o. D. [vor 1599 April 8].
[145] StAL, B90 Bü 136, Zacharias Geizkofler an die Hofkammer (Abschr.), o. O., o. D. [1599].
[146] StAL, B90 Bü 131, Nr. 75, Kaiser Rudolf II. an Zacharias Geizkofler (Abschr.), Prag, 1595 Dezember 15.

langt.[147] Dieser Nachlass kann auch auf die Beziehungen Geizkoflers zum Markgrafen zurückgeführt werden, der bei der Bezahlung seiner Reiter auf Geizkofler angewiesen war. Im Dezember 1595 forderte Burgau Geizkofler auf, bei Henckel mindestens 6000 Reichstaler zur Bezahlung seiner Reiter „in proprio" aufzunehmen.[148] Doch nicht nur der Kaiser war zur Durchsetzung seiner finanziellen Interessen gegenüber den Obersten auf den Reichspfennigmeister angewiesen, auch die Militärunternehmer waren von Geizkofler abhängig, da sie die Soldzahlungen für ihre Regimenter aus den Händen seiner Diener empfingen.

IV.

Der Fürstendienst wurde von Geizkofler gezielt als Mobilitätskanal genutzt. Er ermöglichte es ihm, die ökonomischen und symbolischen Ressourcen zu erlangen, die für den weiteren Aufstieg seiner Familie erforderlich waren. Er war bemüht, durch Interventionen bei seinem kaiserlichen Dienstherrn und dessen Räten finanzielle Zuwendungen, beispielsweise in Form von Besoldung, Spesen, Gnadengeldern und Gnadenlehen zu erhalten. Dabei rekurrierte er instrumentell auf funktionale Argumente, die Nützlichkeit seiner Dienste sowie das Eigeninteresse und das Reputationsbedürfnis des Kaisers.[149] Dazu traten normative Legitimationsfiguren wie die Reziprozitätsnorm und das Leistungsprinzip. Auch kam er in den Genuss von Verehrungen von Personen, die hofften, sich ihn so zu verpflichten.

Die zentrale Einkommensquelle Geizkoflers aus dem Fürstendienst bildete seine exzeptionelle Besoldung: Die Gesamteinkünfte daraus machten von 1595 bis 1603 157287 Gulden 20 Kreuzer aus.[150] Sein Salär erhielt er im Gegensatz zu anderen Fürstendienern[151] zuverlässig, da er sich aus den

[147] KA, AFA 36, Nr. 1/3, Relation Pezzens (Abschr.), o. O., 1596 Januar 19, fol. 9r–18v.
[148] StAL, B90 Bü 343c, Karl von Burgau an Zacharias Geizkofler (Ausf.), Wien, 1595 Dezember 12.
[149] Vgl. zum Beispiel StAL, B90 Bü 59, Zacharias Geizkofler an die Hofkammer (Abschr.), o. O., o. D.
[150] Vgl. ebd.
[151] Vgl. etwa StAL, B90 Bü 105, Amtsrechnung des Reichspfennigmeisters über die 1594er Hilfe (1598), o. O., o. D., Nr. 139. So zahlte Geizkofler seinem Schwager Bonaventura Bodecker dessen 200 fl. kaiserlichen Ratssold, deren Bezahlung eigentlich auf das Hofzahlamt verwiesen war, auf dessen „embsig bith und anhalten" aus dem Reichspfennigmeisteramt.

Amtsgefällen selbst bezahlte.[152] Überdies flossen 52000 Gulden Gnadengelder an ihn.[153] Auch wurden ihm mehrere vakante Lehen verliehen.[154] Trotz der Besoldung seiner Amtsdiener hatte er einen Großteil seiner Entlohnung zur eigenen Verfügung.[155] Zur Deckung seiner Haushaltskosten trugen Spesen bei, die er für sich und seine Diener abrechnen durfte. Von 1595 bis 1603 waren dies 22291 Gulden 59 $^{3}/_{4}$ Kreuzer.[156] Seine Amtstätigkeit stellte er dennoch als ökonomisches Verlustgeschäft dar, bei dem er sein Vermögen im Dienst opfere.[157] Diese Legitimationsfigur zeigt, dass die Bereicherungsabsicht verschleiert werden musste. Gegenüber seinen Verwandten hingegen betonte er stolz, dass er sein „vermögen, vermittelst meiner ihr kaiß: maj: undt dem hochleblichisten hauß Österreich vil jhar treu gehorsambst gelaisten diensten aufrecht erobert undt erspart habe".[158]

Der stetige Zuwachs der Besoldung ging auf Geizkoflers Initiative zurück. Ökonomische Profite waren nicht nur ein Ergebnis, sondern ein Ziel des Fürstendiensts.[159] Schon bei seiner Einstellung als Reichspfennigmeis-

[152] Vgl. beispielsweise StAL, B90 Bü 107, Amtsrechnung des Reichspfennigmeisters über die 1594er Hilfe (1600), o. O., o. D., Quittung Nr. 112. Die Besoldung für das Pfennigmeisteramt von 1589 und das Oberstproviantmeisteramt entnahm er den Gefällen der Alten Hilfen und der 1594er Kontribution; diejenige für das Pfennigmeisteramt von 1598 den Einnahmen aus der 1598er Hilfe.

[153] Vgl. hierzu StAL, B90 Bü 163, Extrakt über die Besoldung Zacharias Geizkoflers als Reichspfennigmeister 1595–1603, o. O., o. D. [1603].

[154] Vgl. hierzu die Abschriften der Expektanz- und Lehenbriefe: StAL, B90 Bü 428, und Generallandesarchiv Karlsruhe, 72, Spezialia Geizkofler 1.

[155] Vgl. zum Beispiel StAL, B90 Bü 592, Jahresrechnung Philipp Raisers (1602), o. O., o. D. Die Jahresrechnung Philipp Raisers über die Einnahmen und Ausgaben für Geizkoflers Augsburger Haushalt verzeichnet Einnahmen „auß dem reichspfennigmaisterambt" in Höhe von 71662 fl. 52 $^{1}/_{2}$ kr. Dem stehen bedeutend geringere Aufwendungen für die Amtsführung gegenüber, etwa für Besoldungen (3029 fl. 29 kr.), für „leibs- und haußnotturfften" (u. a. Verpflegung der Amtsdiener) (10821 fl. 33 kr.) und für „raiß: unnd zehrung" (u. a. Kosten für Dienstreisen) (13362 fl. 48 kr.). Es muss bedacht werden, dass viele dieser Ausgaben wie für die „haußnotturfften" auch angefallen wären, wenn Geizkofler kein Amt bekleidet hätte.

[156] Vgl. StAL, B90 Bü 163, Extrakt über die Besoldung Zacharias Geizkoflers als Reichspfennigmeister 1595–1603, o. O., o. D.

[157] HKA, RA 50, Zacharias Geizkofler an Kaiser Rudolf II. (Ausf.), Augsburg, 1593 Februar 12, fol. 249r–252r.

[158] StAL, B90 Bü 864, Zacharias Geizkofler an Abraham Geizkofler [?] (Abschr.), Ulm, 1614 April 24.

[159] Vgl. hierzu auch *Stephanie Haberer*, Ott Heinrich Fugger (1592–1644). Biographische Analyse typologischer Handlungsfelder in der Epoche des Dreißigjährigen Krieges. (Studien zur Fugger-Geschichte, Bd. 38.) Augsburg 2004, 236, die konstatiert, dass mit der Übernahme von Ämtern im Hofdienst auch „ökonomische Motive verknüpft" waren. Pecars auf den Hofadel Kaiser Karls VI. gemünzte These, dass „Geld [...] die Vorausset-

ter versuchte er mit einigem Erfolg, seine Gehaltsforderungen durchzusetzen. Die Hofkammer wollte ihm zunächst nur ein Salär von 1800 Gulden jährlich zugestehen.[160] Er selbst forderte dasselbe Gehalt wie sein Vorgänger Johann Achilles Ilsung, der jährlich 2200 Gulden bezogen hatte. Sollte dies nicht bewilligt werden, erklärte er sich auch mit 2000 Gulden zufrieden, bat aber darum, ihm eine Besoldung in Höhe von 2200 Gulden zu gewähren, sollten die Reichsstände eine neue Kontribution bewilligen. Dabei argumentierte er funktional mit den Aufgaben des Reichspfennigmeisters, appellierte aber auch an das Reputationsbedürfnis des Kaisers. Seine Forderung begründete er einerseits mit den Personalkosten für die Amtsdiener und Korrespondenten und verwies auf die Sonderaufgaben und Kommissionen, mit denen die Reichspfennigmeister von der Reichskanzlei betraut würden, andererseits führte er den repräsentativen Aufwand an, den seine Ämter mit sich brächten und den er dem Kaiser „zu ehrn unnd guettem" nicht umgehen könne.[161] Die Hofkammer gestand Geizkofler daraufhin zwar ein Salär von 2000 Gulden zu, erklärte aber kategorisch, dass er auch im Falle einer neuen Kontribution für diese Besoldung dienen müsse.[162]

Während seiner Amtszeit forderte Geizkofler immer wieder erfolgreich die Erhöhung seines Salärs ein. Seine Ansprüche konnte er nun auch mit seinen Leistungen legitimieren. Die Betonung des Leistungsprinzips wird in einem seiner Schreiben an die Hofkammer vom Februar 1593 besonders deutlich. Hier zählt er detailliert auf, wie er sein „müheseliges ambt bey denen so lang feyrenden reichshülffen dannocht also administrirt, das trau unnd glauben unnd die leutt bey guettem willen gehalten unnd an den restanten villeicht mer als man anfangs verhofft [...] zuewegen gebracht". Obwohl seine Karriere im Fürstendienst die Grundlage seines gewaltigen Vermögens bildete, suggerierte er auch in diesem Fall, dass er seine Amtstätigkeit aus eigenen Mitteln bestreiten müsse. Er verwies dabei auf die Kosten für die Unterhaltung des Amts, die vor allem auf den hohen Lebenshaltungskosten in Augsburg und den großen Ausgaben für Dienstreisen be-

zung, nicht aber in erster Linie das Ziel einer adligen Hofexistenz" war, lässt sich für die Fürstendiener am rudolfinischen Hof allerdings nicht aufrechterhalten. Vgl. *Andreas Pecar*, Die Ökonomie der Ehre. Der höfische Adel am Kaiserhof Karls VI. (1711–1740). Darmstadt 2003, 139.

160 Vgl. StAL, B90 Bü 58, Dekret Kaiser Rudolfs II. an Zacharias Geizkofler (Abschr.), Prag, 1588 November 24.

161 Vgl. zum Beispiel StAL, B90 Bü 59, Zacharias Geizkofler an die Hofkammer (Abschr.), o. O., o. D.

162 StAL, B90 Bü 58, Dekret Kaiser Rudolfs II. an Zacharias Geizkofler (Abschr.), Prag, 1589 Januar 10.

ruhten, für die „ich yederzeit für mich unnd meine leutt den halben thail zuepießen mueß“.[163] Obwohl Geizkofler während seines Dienstes erheblich reicher und nicht ärmer wurde, zeigt diese Legitimationsfigur, dass die offensichtliche Bereicherungsabsicht verschleiert werden musste.

Der Dienst erscheint in Geizkoflers Suppliken allein an den Interessen des Kaisers ausgerichtet. Besonders deutlich wird dies 1598 in einem Memorial über die Bedingungen, die Geizkofler stellte, sollte er das Amt des Oberstproviantmeisters noch ein weiteres Jahr ausüben. Vorwürfen, er könne bei seinem großen Gefolge Einsparungen vornehmen, entgegnete er mit den Argumenten, so käme er „bey dem gemainen gesindt in den beruf [...] karg oder gespärig“ zu sein und laufe Gefahr „deß finanzs“ bezichtigt zu werden und so seinen Kredit zu verlieren. Außerdem würden ihm immer wieder „vill ehrliche leütt commendirt, deren freundt und elttern“ er sich und dem Kaiser durch ihre Aufnahme ins Gefolge verpflichten könne. So hoffe er, dem Kaiser „dardurch bißhero weit mer alß andere mit irer gespärlichkheit gedient zuhaben“.[164] Geizkofler verweist also – sicher nicht zu Unrecht – auf die Kosten einer effektiven Amtsführung durch symbolische und informelle Herrschaftstechniken. Zum Nutzen des Kaisers benötige er ein großes Gefolge und eine gastfreie Tafel, um durch Statuskonsum seinen Kredit zu erhalten und durch Freigebigkeit soziales Kapital unter den österreichischen und ungarischen Adligen aufbauen zu können, die ihre jungen Verwandten zu ihm schickten. Zugleich verschweigt er aber, dass der Kaiser durch die Übernahme dieser Kosten auch dem Prestigebedürfnis seines Oberstproviantmeisters Rechnung tragen und dessen umfangreiches Gefolge finanzieren sollte.

Die Investitionsstrategien für sein Vermögen zielten auf Aufstieg durch Erwerb privilegierten Grundbesitzes, der der Familie dauerhaft eine adlige Existenz sichern sollte: 1600 erwarb er als Kern seines mehrere Herrschaften umfassenden Güterbesitzes für 85000 Gulden die Herrschaft Haunsheim. Diese bestimmte er für den Fall, dass sein Sohn keine Erben hinterlassen sollte, testamentarisch „zu einem ewigen fidei commiß dem Geizkoflerischen mannßstammen [...]. Von dem einkhommen aber die

[163] HKA, RA 50, Zacharias Geizkofler an Kaiser Rudolf II. (Ausf.), Augsburg, 1593 Februar 12, fol. 249r–252r.

[164] HKA, RA 53, Zacharias Geizkofler an Kaiser Rudolf II. (Ausf.), o. O., o. D. [1598 März 7], fol. 133r–137r. Eine ähnliche Argumentation bezüglich der Auslagen Geizkoflers während des Reichstags 1594, für die er einen kaiserlichen Zuschuss forderte, findet sich ebd. Zacharias Geizkofler an die Hofkammer (Ausf.), Augsburg, 1595 August 4, fol. 94r.

söhn studieren zuelassen undt zue der militarischen disciplin zue halten, undt die töchter, so sie sich adelich verheirathen, außzusteüren."[165] Der Fürstendienst diente auch unmittelbar der „Akkumulation und Ausdehnung des symbolischen Kapitals".[166] Seinen sichtbaren Niederschlag fand dies in der Verleihung diverser teilweise auch auf seine Agnaten ausgedehnter Privilegien durch den Kaiser.[167] Geizkoflers Leistungen dienten sogar noch dem sozialen Aufstieg seines Sohns, der 1625 mit Hinweis auf die Dienste seines Vaters in den Freiherrenstand erhoben wurde.[168]

V.

Der Beitrag strebte am Fallbeispiel des Reichspfennigmeisters Zacharias Geizkofler die Erprobung einer Finanzgeschichte aus kulturgeschichtlicher Mikroperspektive an, in der Strukturen, Praxis und Normen sowie die diskursive und performative Konstruktion des kaiserlichen Finanzsystems im Reich analysiert werden. Das Reichspfennigmeisteramt war einerseits eine formelle Institution, die in den Instruktionen rechtlich fundiert war; andererseits beruhte Geizkoflers Amtsführung aber in ganz entscheidendem Maße auf informellen Strukturen wie seinem sozialen Netzwerk, das ihn mit Fürstenhöfen und *merchant bankers* verband. Entscheidend für den Erfolg Geizkoflers bei der Einwerbung und Eintreibung von Kontributionen und Subsidien waren sein Wissen über die Zustände im Reich sowie seine Kontakte zu Fürsten und Reichsstädten. Soziale Beziehungen stellten ein „Schmiermittel" dar, entscheidend waren die Bindung der Stände an den Kaiser sowie ihre Machtmittel, die es erlaubten, sich dessen Wünschen zu entziehen. Zudem erhöhte die perzipierte „Türkengefahr" die finanzielle Hilfsbereitschaft. Bei der Vorfinanzierung der erwarteten Einnahmen war sein persönlicher Kredit, sein symbolisches Kapital von „Treu und Glauben" in der Finanzwelt, entscheidend. Dessen Grundlage bildeten seine persönliche, teilweise verwandtschaftliche Verflechtung mit wichtigen *merchant bankers* sowie sein Wissen um die kaufmännische Kreditpraxis.

[165] StAL, B90 Bü 864, Zacharias Geizkofler an Abraham Geizkofler (Abschr.), o. O., 1613 Mai 31.
[166] Vgl. *Haberer*, Ott Heinrich Fugger (wie Anm. 159), 346.
[167] Vgl. hierzu auch *Frank*, Standeserhebungen (wie Anm. 41), Bd. 2, 78 f.
[168] ÖStA, AVA/FHKA, Allgemeines Verwaltungsarchiv, Adelsakten (R), Kart. 138, Kaiser Ferdinand II. erhebt Ferdinand Geizkofler in den Freiherrenstand (Entw.), Ödenburg, 1625 November 6.

Sein Kredit war abgesichert durch die institutionellen ökonomischen Ressourcen des Amts. Auch ist neben makrohistorischen Faktoren auf die sozialen Strategien der Akteure zu fokussieren. Positionen in der Machtelite wurden nämlich auch deswegen angestrebt, weil sie durch die Akkumulation ökonomischen und symbolischen Kapitals dem Fortkommen der Familie des Amtsträgers dienten. Das Reichsfinanzsystem reflektierte Geizkofler in zahlreichen Denkschriften, die er im Auftrag seines kaiserlichen Herrn verfasste, etwa anlässlich bevorstehender Reichstage oder im Vorfeld geplanter Feldzüge. In deren Tiefenschichten werden die Wahrnehmung strukturierende Diskurse über Politik und Herrschaft deutlich, insbesondere im Hinblick auf das Verhältnis von Herrschaft, Krieg und Finanzen. Diskursiv und performativ ausgehandelt wurde dies auch in der schriftlichen und *face-to-face*-Interaktion zwischen Geizkofler, seinen Amtsdienern und ihren Kontaktpersonen an den Fürstenhöfen Oberdeutschlands. Von Interesse erscheinen hierbei die Leitkategorien, etwa Kaisertreue, Reichspatriotismus oder christliche Solidarität, mit denen Steuerleistungen eingefordert wurden. Der makrohistorische und institutionengeschichtliche Blick auf den „administrativen Apparat" der „Reichsfinanzverwaltung" bleibt einseitig, wenn er nicht um die informelle Strukturen, Strategien und Praktiken der Akteure und deren diskursive und performative Legitimierung berücksichtigende kulturalistische Mikroperspektive ergänzt wird. Ein „Amtsträger" wie Geizkofler musste nämlich, um sein Amt erfüllen und zugleich seine familienpolitischen Ziele verfolgen zu können, immer auch ein informell gut vernetzter „Beziehungsmakler" sein.

IV. Kredite und Kreditgeber

Die Staatsverschuldung Kursachsens im 16. Jahrhundert

Anmerkungen zur sozialen, regionalen und institutionellen Herkunft der Gläubiger

Von

Uwe Schirmer

I. Vorbemerkungen

Die Verschuldung der spätmittelalterlich-frühneuzeitlichen Fürsten ist eine typische Erscheinung in der alteuropäischen Herrschaftswelt. Die sich beständig mehrenden Liquiditätskrisen sind durch eine Vielzahl von Faktoren verursacht worden. Kriege und militärische Konflikte, hohe Ausgaben für die fürstliche Hofhaltung, repräsentativ-aufwendige Bauprogramme sowie unerwartete Einbußen auf der Einnahmeseite, beispielsweise im Bergbau oder Salinenwesen, haben die finanziellen Engpässe vorrangig ausgelöst beziehungsweise verschärft. In den zurückliegenden Jahren hat die Forschung diesbezüglich eine ganze Reihe von Problemen in vergleichender Perspektive diskutiert[1]; zudem liegen für einige größere Territorien des Alten Reiches inzwischen detaillierte und umfassende Untersuchungen zu

[1] *Simonetta Cavaciocchi* (Ed.), La Fiscalità nell'Economia Europea Secc. XIII–XVIII = Fiscal Systems in the European Economy from the 13th to the 18th Centuries. Atti della Trentanovesima Settimana di Studi 22–26 aprile 2007. (Fondazione Istituto Internazionale di Storia Economica „F. Datini" Prato, Serie II – Atti delle „Settimane di Studi" e altri Convegni, Vol. 39.) Florenz 2008; *Richard Bonney* (Ed.), Economic Systems and State Finance. (The Origins of the Modern State in Europe, 13th–18th Centuries, Vol. B.) Oxford 1995; *ders.* (Ed.), The Rise of the Fiscal State in Europe c. 1200–1800. Oxford 1999; *Wolfgang Reinhard*, Geschichte der Staatsgewalt. Eine vergleichende Verfassungsgeschichte Europas von den Anfängen bis zur Gegenwart. München 1999; *Werner Buchholz*, Geschichte der öffentlichen Finanzen in Europa in Spätmittelalter und Neuzeit. Darstellungen, Analysen, Bibliographie. Berlin 1996; *Friedrich Edelmayer/Maximilian Lanzinner/Peter Rauscher* (Hrsg.), Finanzen und Herrschaft. Materielle Grundlagen fürstlicher Politik in den habsburgischen Ländern und im Heiligen Römischen Reich im 16. Jahrhundert. (Veröffentlichungen des Instituts für Österreichische Geschichtsforschung, Bd. 38.) München 2003; *Gerhard Fouquet/Jan Hirschbiegel/Werner Paravicini* (Hrsg.), Hofwirtschaft. Ein ökonomischer Blick auf Hof und Residenz in Spätmittelalter und Früher Neuzeit. (Residenzenforschung, Bd. 21.) Ostfildern 2008; *Peter Rauscher* (Hrsg.), Kriegsführung und Staatsfinanzen. Die Habsburgermonarchie und das Heilige

den landesherrlichen und landständischen Finanzen vor.[2] Da nicht wenige sozial- und verfassungsgeschichtliche Entwicklungsprozesse in den Territorien ähnlich, wenngleich zeitversetzt, abgelaufen sind (Institutionalisierung, Bürokratisierung, Emanzipation der Landstände u. ä.)[3], können empirische Befunde aus einzelnen Territorien durchaus zur Erklärung allgemeiner Forschungsprobleme, wie beispielsweise zum Formationsprozess des frühmodernen Staates, beitragen.

Im ernestinischen Kursachsen sowie im albertinischen Herzogtum ist die Umwandlung spätmittelalterlicher Landesherrschaft zur frühmodernen Staatlichkeit nicht nur empirisch gut zu fassen, sondern dieser Prozess verlief zwischen der Leipziger Teilung (1485) und dem Übergang der Kurwürde von den ernestinischen auf die albertinischen Wettiner (1547) infolge des Schmalkaldischen Krieges besonders dynamisch. Obendrein gehörten nach der Leipziger Teilung die beiden Sachsen zu den wichtigsten Territorien des Alten Reiches. Zwar sanken die ernestinischen Wettiner nach dem Schmalkaldischen Krieg und der Wittenberger Kapitulation in die politische Bedeutungslosigkeit herab, dafür stieg jedoch das albertinische Kurfürstentum – nicht zuletzt aufgrund territorialer Zuwächse – zu einem der bedeutendsten politischen Faktoren neben den Habsburgern auf.

Die politische Gestaltungskraft der einstigen Markgrafen von Meißen sowie späteren Kurfürsten und Herzöge ist unstrittig. Diesbezüglich kann

Römische Reich vom Dreißigjährigen Krieg bis zum Ende des habsburgischen Kaisertums 1740. (Geschichte in der Epoche Karls V., Bd. 10.) Münster 2010.

[2] *Walter Ziegler*, Studien zum Staatshaushalt Bayerns in der zweiten Hälfte des 15. Jahrhunderts. Die regulären Kammereinkünfte des Herzogtums Niederbayern 1450–1500. München 1981; *Kersten Krüger*, Finanzstaat Hessen 1500–1567. Staatsbildung im Übergang vom Domänenstaat zum Steuerstaat. (Veröffentlichungen der Historischen Kommission für Hessen, Bd. 24/5.) Marburg 1980; *Werner Buchholz*, Öffentliche Finanzen und Finanzverwaltung im entwickelten frühmodernen Staat. Landesherr und Landstände in Schwedisch-Pommern 1720–1806. (Veröffentlichungen der Historischen Kommission für Pommern, Rh. V, Bd. 25.) Köln/Weimar/Wien 1992; *Peter Rauscher*, Zwischen Ständen und Gläubigern. Die kaiserlichen Finanzen unter Ferdinand I. und Maximilian II. (Veröffentlichungen des Instituts für Österreichische Geschichtsforschung, Bd. 41.) München/Wien 2004; *Uwe Schirmer*, Kursächsische Staatsfinanzen (1456–1656). Strukturen – Verfassung – Funktionseliten. (Quellen und Forschungen zur sächsischen Geschichte, Bd. 28.) Stuttgart 2006; *Christian M. Zachlod*, Die Staatsfinanzen des Hochstifts Hildesheim vom Ende des Siebenjährigen Krieges bis zur Säkularisation (1763–1802/03). (Studien zur Gewerbe- und Handelsgeschichte der vorindustriellen Zeit, Bd. 27.) Stuttgart 2007.

[3] *Ernst Schubert*, Fürstliche Herrschaft und Territorium im späten Mittelalter. (Enzyklopädie deutscher Geschichte, Bd. 35.) München 1996, 41–49; *ders.*, Die Umformung spätmittelalterlicher Fürstenherrschaft im 16. Jahrhundert, in: RhVjbll 63, 1999, 204–263.

auf Kurfürst Friedrich den Weisen und seinen Einfluss auf die Reformen unter Maximilian I., auf die Reformation Wittenberger Prägung, auf Kurfürst Johann Friedrich und den Schmalkaldischen Bund oder auf Moritz von Sachsen und Kurfürst August verwiesen werden. Hinsichtlich der Interpretation der politischen Wirkmacht der Herzöge und Kurfürsten werden auch stets deren Ressourcen ins Feld geführt.[4] Es war ihnen aufgrund ihrer Finanzkraft möglich, relativ unabhängig zu agieren. In diesem Zusammenhang ist beispielsweise an die Fürstenrebellion gegen Karl V. und den Passauer Vertrag von 1552 zu denken[5]; aber auch an die militärischen Hilfeleistungen des Herzogs Albrecht für Kaiser Friedrich III. gegen Matthias Corvinus im Jahre 1487 oder an Albrechts Engagement in den Jahren nach 1488 in Flandern[6] – ganz zu schweigen vom Einsatz Kursachsens bei der Niederschlagung der Grumbachschen Händel 1566/67.[7]

Die Kurfürsten und Herzöge von Sachsen waren bereits um die Mitte des 15. Jahrhunderts stark verschuldet. Der Schuldenberg betrug circa eine Viertel Million Gulden, wofür ausnahmslos potentielle Erträge des Landes (Ämter, Zölle und Geleite, Stadtsteuern u. ä.) verpfändet worden waren.[8] In dieser Situation – und dies ist in allen größeren Territorien zu beobachten – bemühten sich die Fürsten, Sonderabgaben zu erheben, die ihren Kredit bewahren helfen sollten.[9] Es ist eine bekannte Tatsache, dass diese Sonderabgaben eine Vorstufe der Steuer waren. Zugleich ist hervorzuheben, dass der Emanzipationsprozess des frühmodernen Steuerwesens in den Territorien erfolgreicher verlief als im Reich.[10] In den Territorien – und nur an-

[4] *Maximilian Lanzinner*, Friedenssicherung und politische Einheit des Reiches unter Kaiser Maximilian II. (1564–1576). (Schriftenreihe der Historischen Kommission bei der Bayerischen Akademie der Wissenschaften, Bd. 45.) Göttingen 1993, 176.

[5] *Martina Fuchs/Robert Rebitsch* (Hrsg.), Kaiser und Kurfürst. Aspekte des Fürstenaufstandes 1552. (Geschichte in der Epoche Karls V., Bd. 11.) Paderborn 2010.

[6] *André Thieme*, Herzog Albrecht der Beherzte im Dienste des Reiches. Zu fürstlichen Karrieremustern im 15. Jahrhundert, in: ders. (Hrsg.), Herzog Albrecht der Beherzte (1443–1500). Ein sächsischer Fürst im Reich und in Europa. (Quellen und Materialien zur Geschichte der Wettiner, Bd. 2.) Köln/Weimar/Wien 2002, 73–101, hier 92–97.

[7] *Lanzinner*, Friedenssicherung (wie Anm. 4), 51–71; *Albrecht P. Luttenberger*, Kurfürsten, Kaiser und Reich. Politische Führung und Friedenssicherung unter Ferdinand I. und Maximilian II. (Veröffentlichungen des Instituts für Europäische Geschichte Mainz, Abt. Universalgeschichte, Bd. 149.) Mainz 1994, 350–354.

[8] *Schirmer*, Kursächsische Staatsfinanzen (wie Anm. 2), 83 f.

[9] *Götz Landwehr*, Die Verpfändung der deutschen Reichsstädte im Mittelalter. (Forschungen zur deutschen Rechtsgeschichte, Bd. 5.) Köln/Graz 1967; *Schubert*, Fürstliche Herrschaft und Territorium (wie Anm. 3), 19–22, 33–38.

[10] *Peter Schmid*, Der Gemeine Pfennig von 1495. Vorgeschichte und Entstehung, verfassungsgeschichtliche, politische und finanzielle Bedeutung. (Schriftenreihe der Histori-

satzweise auf der Reichsebene – entfaltete sich eine effiziente Steuer- und Finanzverwaltung; dass dieser Bürokratisierungs- und Institutionalisierungsprozess wichtiger Impulsgeber für den Formationsprozess frühmoderner Staatlichkeit war, kann spätestens seit den Forschungen von Gerhard Oestreich als gesichert gelten.[11] Finanzen, besonders die Steuern, waren das Blut des Staatskörpers. Und in diesem Zusammenhang ist die Sentenz „ohne Steuer kein Staat" besonders tiefsinnig.[12] Allerdings setzte bereits im 15. Jahrhundert ein erbittertes Ringen zwischen den Landesherren und ihren Ständen um die Steuerhoheit und Steuerverwaltung ein, so dass die Trias „landesherrliche Schulden" – „Steuern" – „Stände" geradezu konstituierend für frühmoderne Staatlichkeit ist, zumal die Fürsten im Allgemeinen kaum in der Lage waren, ihre Schulden zu verzinsen, geschweige denn zu tilgen. Die von den Ständen bewilligten Steuern waren fortan zweckgebunden; sie dienten zur Tilgung und Verzinsung landesherrlicher Schulden. Um den Kredit der Landesherren nicht zu diskreditieren und die Schuldenbedienung langfristig zu sichern, übernahmen die Stände sukzessive die Schulden des Fürsten. Als Gegenleistung wurden ihre Privilegien bestätigt und erweitert; ferner bekamen sie die Kontrolle über einzelne Steuern, so dass in manchen Territorien die Stände eine vollständige Steuerhoheit erlangten. Fürstliche Verbindlichkeiten wurden somit in landständische Schulden transformiert. Dieser Prozess, also die Überführung landesfürstlicher Verbindlichkeiten in öffentliche Schulden sowie die Entfaltung des landständischen Finanzwesens (landständisches Kreditwerk, ständische Steuerkasse o. ä.), wurde maßgeblich durch personelle und institutionelle Überschneidungen befördert, da die Stände im Allgemeinen Gläubiger des Landesherrn beziehungsweise der landständischen Finanzverwaltung waren.[13] Obendrein waren etliche landständische Vertreter

schen Kommission bei der Bayerischen Akademie der Wissenschaften, Bd. 34.) Göttingen 1989; *Maximilian Lanzinner*, Reichssteuern in Bayern im 15. und 16. Jahrhundert, in: Johannes Helmrath/Heribert Müller (Hrsg.), Studien zum 15. Jahrhundert. Festschrift für Erich Meuthen. 2 Bde. München 1994, Bd. 2, 821–843.

[11] *Kersten Krüger*, Gerhard Oestreich und der Finanzstaat. Entstehung und Deutung eines Epochenbegriffs der frühneuzeitlichen Verfassungs- und Sozialgeschichte, in: HessJbLG 33, 1983, 333–346.

[12] *Andreas Schwennicke*, „Ohne Steuer kein Staat". Zur Entwicklung und politischen Funktion des Steuerrechts in den Territorien des Heiligen Römischen Reichs (1500–1800). (Studien zur Europäischen Rechtsgeschichte, Bd. 90.) Frankfurt am Main 1996.

[13] *Otto Hintze*, Allgemeine Verfassungs- und Verwaltungsgeschichte der neueren Staaten. Fragmente. Bd. 1. Hrsg. v. Guiseppe Di Costanzo/Michael Erbe/Wolfgang Neugebauer. Neapel 1998, 271–279.

nicht nur Gläubiger des Landesherrn, sondern zugleich auch Funktionsträger in dessen Verwaltung.

Das duplizitäre Finanzwesen beziehungsweise der Dualismus des Finanzwesens – also das Nebeneinander von landesherrlicher und landständischer Finanzverwaltung – ist für Kursachsen seit dem Ende des 15. Jahrhunderts charakteristisch; es umschreibt die finanzpolitische Autonomie der Stände, die das Steuerwesen kontrollierten.[14] Das landständische Steuer- oder Kreditwerk fungierte quasi als „Landesbank"; die Gläubiger vertrauten den Ständen sowie der Steuerkraft des Landes. Die „Steuerkraft des Landes" ist eine metaphorische Umschreibung für die wirtschaftliche Stärke und den ökonomischen Entwicklungsgrad des Territoriums. Eine diesbezügliche Analyse führte vollends in die territoriale Wirtschaftsgeschichte. Somit sind nicht allein verfassungsrechtliche und herrschaftspolitische Wechselbeziehungen bei finanzgeschichtlichen Untersuchungen notwendig, sondern auch sozialökonomische und administrative. Dies ist besonders bei der Analyse der Gläubiger wichtig, denn nicht wenige entstammten einer finanzkräftigen bürgerlichen Oberschicht, die ihr Geld mit Kreditgeschäften, im überregionalen Handel oder im Silberbergbau verdienten.

Von Otto Hintze stammt die vielsagende Metapher, dass „der Krieg das Schwungrad an der Staatsmaschine" sei.[15] Hinsichtlich der oben formulierten These, dass die Trias landesherrliche Schulden – Steuern – Stände konstituierend für frühmoderne Staatlichkeit ist, kann der Leitsatz von Hintze nur bestätigt werden, denn die Schulden, welche die Markgrafen von Meißen und späteren Kurfürsten von Sachsen im 15. Jahrhundert angehäuft hatten, sind größtenteils auf Kriege und Kriegshandlungen zurückzuführen (Hussitenkriege, Sächsischer Bruderkrieg). Auf die umfangreichen Verpfändungen wurde bereits verwiesen; diese sind jedoch fast alle nach 1470 – nachdem im Westerzgebirge gewaltige Silbererzvorkommen gefunden und abgebaut wurden – eingelöst worden. Nachfolgend konzentriert sich die Analyse auf das albertinische Herzogtum Sachsen, das – wie oben erwähnt – im Zuge der Leipziger Teilung von 1485 gebildet worden ist.

[14] *Uwe Schirmer*, Art. „Finanzwesen", in: Albrecht Cordes/Heiner Lück/Dieter Werkmüller/Ruth Schmidt-Wiegand (Hrsg.), Handwörterbuch zur deutschen Rechtsgeschichte. 2., völlig überarb. u. erw. Aufl. Bd. 1. Berlin 2008, Sp. 1574–1579.

[15] Zitiert nach: *Bernhard R. Kroener*, „Das Schwungrad an der Staatsmaschine?" Die Bedeutung der bewaffneten Macht in der europäischen Geschichte der Frühen Neuzeit, in: ders./Ralf Pröve (Hrsg.), Krieg und Frieden. Militär und Gesellschaft in der Frühen Neuzeit. Paderborn/München/Wien/Zürich 1996, 1–23, hier 1.

II. Die Schulden im albertinischen Herzogtum Sachsen im Jahr 1516

Wenige Wochen vor der Leipziger Teilung lasteten auf Kursachsen insgesamt 122000 Gulden Schulden. Bei der Landesteilung wurde schließlich festgelegt, dass der albertinische Herzog Albrecht 72500 Gulden an Verbindlichkeiten übernehmen musste. Diese Summe war fast ausschließlich hypothekarisch auf einzelne Ämter oder Grund- und Gerichtsherrschaften verschrieben. Der albertinische Schuldenberg wuchs bis ins Jahr 1516 auf knapp 600000 Gulden an (vgl. die Tabelle am Ende dieses Beitrags). Ausschließlich militärische Unternehmungen haben die Verbindlichkeiten so exorbitant anwachsen lassen. Zum einen unterstützte Herzog Albrecht die Habsburger 1487 im Kampf gegen den ungarischen König Matthias Corvinus, zum anderen standen Albrecht sowie dann sein Sohn Herzog Georg im Februar 1488 „Gewehr bei Fuß", als es zur Insurrektion der Brügger Bürgerschaft sowie zur Gefangennahme des römischen Königs Maximilian I. gekommen war. Dies führte zu Kriegshandlungen der Habsburger im Nordwesten des Reiches, welche das albertinische Herzogtum Sachsen bis ins Jahr 1515 weiterführte.[16] Die Söldner wurden fast ausnahmslos aus sächsischen Kassen bezahlt, so dass auf diese Weise der Schuldenberg anwuchs. Zwar standen den albertinischen Schulden von 600000 Gulden auch habsburgische Außenstände gegenüber, diese sind jedoch erst in den 1530er Jahren beglichen worden.

Es wurde bereits angedeutet, dass die personellen Verflechtungen zwischen der landesherrlichen Verwaltung und den landständischen Eliten im wettinischen Herrschaftsbereich eng waren. Den Kurfürsten und Herzögen von Sachsen war es während des 15. Jahrhunderts gelungen, den landsässigen Niederadel erfolgreich in ihr Herrschafts- und Verwaltungssystem zu integrieren.[17] Reiche Silbererzfunde im obersächsischen Erzgebirge haben

[16] *Hermann Wiesflecker*, Kaiser Maximilian. Das Reich, Österreich und Europa an der Wende zur Neuzeit. Bd. 1: Jugend, burgundisches Erbe und Römisches Königtum bis zur Alleinherrschaft 1459–1493. Wien 1971, 218–227, 379–382; *Paul Baks*, Albrecht der Beherzte als erblicher Gubernator und Potestat Frieslands – Beweggründe und Verlauf seines friesischen „Abenteuers", in: Thieme (Hrsg.), Herzog Albrecht (wie Anm. 6), 103–141.

[17] *Joachim Schneider*, Spätmittelalterlicher deutscher Niederadel. Ein landschaftlicher Vergleich. (Monographien zur Geschichte des Mittelalters, Bd. 52.) Stuttgart 2003; *Christian Hesse*, Amtsträger der Fürsten im spätmittelalterlichen Reich. Die Funktionseliten der lokalen Verwaltung in Bayern, Hessen, Sachsen und Württemberg 1350–1515. (Schriftenreihe der Historischen Kommission bei der Bayerischen Akademie der Wissen-

jenen Integrationsprozess seit 1470 nachhaltig beschleunigt, da die Landesherren nunmehr über ausreichende finanzielle Möglichkeiten verfügten, um den landsässigen Adel, der bereits lehnrechtlich an die Kurfürsten und Herzöge gebunden war, durch Dienstverträge an sich zu fesseln. Das Dienstrecht wurde in das Lehnrecht eingeschmolzen. Doch dies ist nur eine Seite der Medaille. Ebenso bedeutungsschwer war, dass der sächsische, thüringische, osterländische und meißnische Dienstadel neben den Stadträten, Klöstern und Stiften des mitteldeutschen Raumes zu den Gläubigern der Fürsten zählte. Fraglos intensivierte dies die Beziehungen zwischen dem Adel und den Landesherren.

Auf der Grundlage eines Registers aller albertinischen Gläubiger von 1516 kann diese These, die bisher nur deskriptiv untermauert wurde, empirisch exakt belegt werden. Das Schuldverzeichnis hat der albertinische Landrentmeister Georg von Wiedebach Ende des Jahres 1516 angefertigt, um die ordnungsgemäße Bedienung aller Passiva auf dem Neujahrsmarkt 1517 zu gewährleisten.[18] Der Schuldenberg umfasste ein Volumen von insgesamt 598501 Gulden, die der Landrentmeister jährlich mit 24383 Gulden verzinste. Dies war ein gutes Fünftel aller Einnahmen, die in jenem Jahr bei rund 117000 Gulden lagen. Im Hinblick auf das gesamte 16. Jahrhundert war die finanzielle Situation zu keiner Zeit so dramatisch wie um 1516. Die gewaltige Schuldenlast war ausschließlich infolge des Krieges in Flandern und in Friesland angehäuft worden, denn allein 1514 hatte Wiedebach (und der Obermarschall Heinrich von Schleinitz) 179892 Gulden an neuen Krediten aufgetrieben.[19] Den Gläubigern wurden ihre Einlagen zu vier, fünf oder sechs Prozent verzinst. Jene 598501 Gulden setzten sich aus 387 Kreditverträgen zusammen. Indes hatten nicht wenige Personen, weltliche oder geistliche Institutionen mehrere Darlehen an den Landesherrn vergeben. Das Spektrum der Kredite war weit gespannt, es reichte von 50 bis 32000 Gulden.

Auf die verschiedenartigen Modalitäten der Schuldenbedienung ist an dieser Stelle nicht einzugehen; es sei nur bemerkt, dass die Zinsen nicht vollständig mit Einkünften aus der landesherrlichen Zentralkasse (Rent-

schaften, Bd. 70.) Göttingen 2005; *Schirmer*, Kursächsische Staatsfinanzen (wie Anm. 2).

[18] Stadtarchiv Leipzig (StAL), Acta, Verzeichnung der Verpfändungen und Schulden: Neujahr 1517; V 2, Nr. 1.

[19] Sächsisches Hauptstaatsarchiv (SächsHStA) Dresden, Loc. 33610, Rep. XI, Gen. 4, Einnahme aufgebracht Geld, fol. 1r–11v. Hinzu kamen noch direkte Steuern (63980 Gulden).

kammer) bedient worden sind, denn die Gläubiger bezogen ihre Zinsen auch aus den Ämtern oder städtischen Kassen. Bezüglich der städtischen Kassen waren dies potentielle Einnahmen des Herzogs (städtische Jahrrenten, Stadtsteuern), die hypothekarisch auf die Gläubiger verschrieben waren. Bemerkenswert ist freilich, dass im Vergleich zur gesamten Schuldenlast des Jahres 1485 nunmehr (1516) nur noch ein Viertel aller Einlagen durch Pfänder beziehungsweise durch Hypotheken abgesichert waren; 1485 waren es noch rund drei Viertel gewesen.[20] Diese Veränderung kann zum einen mit den Volumina der Kredite erklärt werden, denn diese umfassten oft nur einige hundert oder ein- bis zweitausend Gulden. Dafür wurden selbstverständlich keine Pfänder gesetzt. Zum anderen gelang es den Landständen, die Steuererhebung und Steuerverwaltung (teilweise) an sich zu ziehen. Sie garantierten, dass die Einlagen zuverlässig verzinst und bei Bedarf redlich getilgt wurden.[21]

Wie war nun die Gesamtschuld in Höhe von 598501 Gulden strukturiert? Der mitteldeutsche Hoch- und Dienstadel stand eindeutig an der Spitze der Geldgeber. Von ihm stammte mit Abstand das meiste Geld: Insgesamt hatten sie 254335 Gulden (42,5 Prozent) aufgebracht, wobei die Einlagen des Hochadels relativ gering waren. Graf Magnus von Anhalt hatte 2500 Gulden geliehen[22], während das Darlehen von Graf Bodo von Stolberg-Wernigerode deutlich höher lag (12000 Gulden), dafür war ihm das Amt Röblingen versetzt worden. Zudem sei der Hildesheimer Erbmarschall, Jobst von Schwichilde, genannt, der dem Herzog Georg einmal mit 3000 und zum anderen mit 9400 Gulden finanziell ausgeholfen hat.[23] Ansonsten hatte hauptsächlich der albertinische Dienstadel Geld geliehen – zum Beispiel die Familie von Starschedel zu Mutzschen (21700 Gulden), die von Köckeritz zu Walda (21700 Gulden), Georg von Wiedebach (16200 Gulden), Andres Pflug (11300 Gulden), Christoph von Polenz

[20] *Schirmer*, Kursächsische Staatsfinanzen (wie Anm. 2), 242–244.

[21] *Woldemar Goerlitz*, Staat und Stände unter den Herzögen Albrecht und Georg 1485–1539. (Aus den Schriften der Sächsischen Kommission für Geschichte, Bd. 32.) Leipzig 1928, 349–378.

[22] Zu Magnus von Anhalt vgl. *Michael Thomas*, Fürsten neuen Typs: Woldemar VI. (gest. 1508) und Magnus (gest. 1524) von Anhalt, in: Werner Freitag/Michael Hecht (Hrsg.), Die Fürsten von Anhalt. Herrschaftssymbolik, dynastische Vernunft und politische Konzepte in Spätmittelalter und Früher Neuzeit. (Studien zur Landesgeschichte, Bd. 9.) 2. Aufl. Halle an der Saale 2009, 80–97.

[23] Da Jobst von Schwichilde mit auf albertinischer Seite in Friesland gekämpft hatte, ist natürlich nicht auszuschließen, dass er überhaupt kein Bargeld eingezahlt hatte, sondern nur Schuldscheine präsentierte, die nunmehr verzinst werden mussten.

(10000 Gulden), Hans von Dieskau (7500 Gulden), Caspar von Schönberg (7000 Gulden), die Erben des alten Hans von Minkwitz (6900 Gulden), Eustachius von Drachsdorf (6000 Gulden), Bernd von der Asseburg (5000 Gulden), Hans von Wolffersdorf (5000 Gulden) oder Adolf von Hayn (4450 Gulden).[24]

Bürger aus dem albertinischen Herrschaftsbereich, also aus obersächsisch-meißnischen und thüringischen Kommunen, sowie aus Städten außerhalb des Herzogtums hatten insgesamt 133390 Gulden (22,3 Prozent) geborgt. Es waren größtenteils bekannte, überregional agierende Kaufleute, die freilich im Einzelnen keine größeren Einlagen eingezahlt hatten. Gewisse Ausnahmen stellten die Kapitalien der beiden Leipziger Kaufleute Moritz Buchner (7000 Gulden) und Kunz Preußer (5300 Gulden) sowie des wahrscheinlich in Halle ansässigen Bürgers Georg Quast (4000 Gulden) dar. Anzuführen wären jedoch auch die Nürnberger Hans Unbehauen, Hans Gartner (je 1000 Gulden) und Stefan und Lukas Paumgärtner (1100 Gulden) sowie Hans Pfruscher von Coburg, der 400 Gulden eingelegt hatte. Die gleiche Summe hatte Klaus Store aus Erfurt eingezahlt. Eine Ausnahme war Georg Anger, der zwar von nichtadliger Herkunft war, jedoch für Herzog Georg als Söldnerführer in Friesland gedient hatte. Ihm schuldete die Finanzverwaltung 8000 Gulden, wofür ihm allerdings das Amt Zörbig als Pfand gegeben worden war.

Von Stiften, Klöstern und der Universität Leipzig stammten 150497 Gulden (25,1 Prozent), so dass sie mit zu den wichtigsten Gläubigern des Landesherrn gehörten. Es überrascht nicht, dass die Erfurter Stifte und Klöster an der Spitze standen.[25] Das Kapitel zu St. Severi hatte 2400 Gulden, die Vikarien zu St. Marien 1400, dessen Kapitel 5700 und die Stiftskirche St. Marien 500 Gulden gegeben. Ergänzt wurden jene Einlagen von 1500 Gulden, welche die Erfurter Kartäuser angelegt hatten. Weiterhin waren geistliche Einrichtungen aus Halberstadt, Brehna, Lehnin, Mühlhau-

[24] Ergänzend sei hinzugefügt, dass einige Fürsten und Dynasten Herzog Georg 1515 mit kurzfristigen Krediten ausgeholfen haben. Es werden 1515 genannt (alle Angaben in Gulden): Graf Hans von Hohnstein (400), der Landgraf von Hessen (3000), Ludwig von Boyneburg (1800), Hans von Berka von der Duba zu Mühlberg (300), Curd von Schwichilde (849), die Grafen von Mansfeld (1200 und 400), Graf Heinrich von Schwarzburg (750), Graf Günther von Schwarzburg (750), Graf Adam von Beichlingen (177) sowie mehrmals Bodo von Stolberg und Jobst von Schwichilde. (Die beiden Letztgenannten erscheinen auch noch 1516/17.) SächsHStA Dresden, Loc. 33610, Rep. XI, Gen. 4, Einnahme aufgebracht Geld, fol. 2r–8v.

[25] *Wieland Held*, Zwischen Marktplatz und Anger. Stadt-Land-Beziehungen im 16. Jahrhundert in Thüringen. Weimar 1988, 151–157.

sen, Halle, Hettstedt, Marburg und Walkenried vertreten.[26] Die finanzielle Kraft einzelner Bischöfe, Dignitäre und anderer Würdenträger sowie der Klöster und Stifte für den mitteldeutschen Kapitalmarkt schlägt sich auch nach quantitativen Gesichtspunkten nieder. So hatte der Merseburger Bischof insgesamt 40 000 Gulden geborgt, wofür ihm allerdings einige Ämter versetzt worden sind. Es folgen der Abt zu Pforte (14480 Gulden), Rektorat, Fakultäten und Kollegien der Universität Leipzig (10 800 Gulden) und der Abt des Chemnitzer Benediktinerklosters (6000 Gulden). Ferner wären das Domkapitel Naumburg (5160 Gulden), der Bischof von Meißen (4500 Gulden) oder das bei Langensalza gelegene Benediktinerkloster Homburg (4500 Gulden) anzuführen – um zumindest die wichtigsten zu nennen. Bezüglich der Einlagen der Stadträte ist bemerkenswert, dass fast ausschließlich nur Stadträte Geld geliehen hatten, die zum albertinischen Sachsen gehörten. Eine Ausnahme bildete allein der Stadtrat von Zwickau, das zum ernestinischen Kurfürstentum gehörte; der Rat hatte 1000 Gulden geliehen. Ansonsten stand der Stadtrat zu Leipzig eindeutig an der Spitze (25 829 Gulden), gefolgt vom Freiberger Rat (7200 Gulden). Die beiden Städte gehörten zu den wirtschaftlich stärksten Kommunen des Herzogtums. Beide Städte hatten über die Hälfte aller städtischen Kapitalien eingezahlt. Insgesamt betrug der Anteil der Stadträte an der Gesamtschuld etwas mehr als zehn Prozent (60 279 Gulden).

Die regionale Herkunft der Gläubiger verteilt sich weitestgehend auf das albertinische Sachsen. Kreditoren, die nicht aus dem unmittelbaren wettinischen Herrschafts- und Einflussbereich stammten, sind genannt worden: der Hildesheimer Erbmarschall, Nürnberger, Hallenser und Erfurter Bürger sowie nicht wenige Stifte und Klöster aus Erfurt beziehungsweise dem Harzvorland. Der größte Teil der Kreditoren war landtagsfähig. Die Bürger, vertreten durch die jeweiligen Stadträte, wurden zu den albertinischen Landtagen ebenso eingeladen wie die Grafen, Herren und Prälaten, die in der ersten Kurie vereint waren. Die Ritterschaft saß in der zweiten Kurie. Und so nimmt es nicht wunder, dass dieser albertinische Dienstadel

[26] Nach Erfurt (in summa 11 500 Gulden, so auch alle weiteren Angaben) folgen Halberstadt (Domkapitel und Propst mit jeweils 2000), das Kloster Brehna (2100), das Kloster Lehnin (2000), das Barfüßerkloster und Nonnenkloster zu Mühlhausen (820 und 600), der Propst des Hallenser Stifts Neuwerk (1200), die Kirche zu Hettstedt (1200), der Deutsche Orden zu Marburg (1000), das Kloster Walkenried (700) sowie die Kartäuser „zcu Conradtsburgk“ (600). – Im Kriegsjahr 1514 hatte der Bischof von Lebus 12 000 (!) und 2597 Gulden kurzfristig Herzog Georg geborgt. Den ersten Betrag hatte er in ungarischen Dukaten, den zweiten in polnischer Münze eingezahlt; SächsHStA Dresden, Loc. 33610, Rep. XI, Gen. 4, Einnahme aufgebracht Geld, fol. 9v, 11r.

beinahe geschlossen im Schuldverzeichnis erscheint.[27] Mittels ihrer Darlehen gelang es ihnen, sich stärker in das albertinische Netzwerk einzuflechten. Der schriftsässige Adel und die Städte errangen vor allem eine schrittweise Verantwortung für die landesherrliche Schuldenbedienung.

Letztlich ist der Frage nachzugehen, wie die Gläubiger die zum Teil enormen Kapitalbeträge mobilisierten. Bezüglich des Leipziger Rates fällt die Antwort eindeutig aus. Die Stadt war seit der Mitte des 15. Jahrhunderts die finanzkräftigste Kommune im wettinischen Herrschaftsbereich. Handel und Gewerbe, die drei großen Jahrmärkte, vielfältige Bankgeschäfte des Stadtrates sowie der nahe Bergbau im Erzgebirge und im Mansfelder Land hatten der Stadt zum Aufstieg verholfen. Auch auf die Geldgeschäfte der geistlichen Institutionen wurde schon hingewiesen.[28] Hinsichtlich der Bischöfe ist festzustellen, dass sich einige von ihnen um eine effiziente Wirtschaftsführung in ihren Hochstiften bemühten. Beispielsweise wären der Merseburger Bischof Thilo von Trotha (1466–1514) sowie das Oberhaupt der Meißner Kirche Johannes VI. von Salhausen (1487–1518) zu nennen.[29] Differenzierter fällt die Bewertung hinsichtlich des Adels aus. In Ausnahmefällen verhalf der Kriegsdienst dem einen oder anderen zu einem bescheidenen Reichtum; ansonsten ist auf die landesherrliche Verwaltung zu verweisen, wo sich dem Adel lohnenswerte Einkommensmöglichkeiten boten. Zudem warfen die adligen Grundherrschaften sowie vor allem die Betätigung im erzgebirgischen Silberbergbau ausreichend Gewinn ab. Nicht wenige Adlige waren als erfolgreiche Bergbau- oder Salinenunternehmer tätig.[30]

Wenn man sich der Aufgabe stellt und die gesamte Regierungszeit des Herzogs Georg analysiert, so bleibt festzuhalten, dass er beziehungsweise

[27] *Schirmer*, Kursächsische Staatsfinanzen (wie Anm. 2), 242–244.

[28] *Ulman Weiss*, Die frommen Bürger von Erfurt. Die Stadt und ihre Kirche im Spätmittelalter und in der Reformationszeit. Weimar 1988, 129–132; *Held*, Marktplatz (wie Anm. 25), 151–154; *Gerhard Fischer*, Aus zwei Jahrhunderten Leipziger Handelsgeschichte 1470–1650. Die kaufmännische Einwanderung und ihre Auswirkungen. Leipzig 1929.

[29] *Rudolf Starke*, Einkünfte der Bischöfe von Meißen im Mittelalter. Ein Beitrag zur Finanz- und Verwaltungsgeschichte der deutschen Bistümer. Meißen 1911, 40–47; *Otto Reuschert*, Thilo von Trotha, Bischof von Merseburg. Merseburg 1912.

[30] *Adolf Laube*, Studien über den erzgebirgischen Silberbergbau von 1470 bis 1546. (Forschungen zur mittelalterlichen Geschichte, Bd. 22.) Berlin 1976; *Uwe Schirmer*, Der Adel in Sachsen am Ende des Mittelalters und zu Beginn der Frühen Neuzeit. Beobachtungen zu seiner Stellung in Wirtschaft und Gesellschaft, in: Katrin Keller/Josef Matzerath (Hrsg.), Geschichte des sächsischen Adels. Köln/Weimar/Wien 1997, 53–70, hier 64–67.

mit ihm zusammen die Stände zwischen 1500 und 1539 insgesamt 1,493 Millionen Gulden an Kapitalien aufgenommen haben. Im selben Zeitraum trugen sie 1,212 Millionen wieder ab.[31] Allerdings ist hinsichtlich jener Jahre zu differenzieren, wobei vorrangig an den militärischen Konflikt in Friesland zu denken ist. Insofern stellt das Jahr 1515 mit dem Kriegsende eine Zäsur dar, denn von 1500 bis einschließlich 1515 nahm Herzog Georg 1053505 Gulden an Schulden auf und trug nur 706359 Gulden ab. Etwas anders war die Situation von 1516 bis 1539. Es wurden 439665 Gulden aufgenommen und 505864 Gulden abgezahlt (jährlicher Durchschnitt in den 24 Jahren: Aufnahme 18319 Gulden, Tilgung 21078 Gulden). Der gewaltige Schuldenberg schrumpfte nur allmählich. Im Jahr 1539 betrugen die zinspflichtigen Verbindlichkeiten 515574 Gulden. Die nicht unbeträchtliche Schuldenlast des Jahres 1516 war also um über 80000 Gulden verringert worden; gleichzeitig konnten die Gesamteinnahmen im albertinischen Herzogtum auf knapp 138500 Gulden gesteigert werden, so dass der Herzog nicht nur ein repräsentatives Bauprogramm vorantreiben konnte, sondern im Jahr seines Todes auch Bargeld und Rohsilber im Wert von rund 288393 Gulden hinterließ.[32] Die Grundlage für diese letztlich doch noch befriedigende Haushalts- und Finanzpolitik muss vorrangig mit den günstigen wirtschaftlichen Verhältnissen erklärt werden. Infolge der kräftigen Agrarkonjunktur warfen zum einen die Ämter genügend Überschüsse ab. Zum anderen boomte erneut der Bergbau, nunmehr vor allem im Marienberger Revier. Der Bergbau verstärkte abermals Rückkopplungseffekte im städtischen Gewerbe, im überregionalen Handel, aber auch im Agrarsektor, so dass das Wirtschaftswachstum in den späten zwanziger sowie in den dreißiger Jahren nicht nur robust war, sondern letztlich die geschilderte Haushaltspolitik ermöglicht hat.

III. Die Schulden im albertinischen Kurfürstentum Sachsen in den Jahren 1550 und 1553

Die erwähnte Bargeld- und Silberreserve, die Herzog Georg hinterließ, darf nicht den Blick auf das Wesentliche verstellen: Zwar war die Liquidität des

[31] Alle Angaben auf Grundlage folgender Quellen: SächsHStA Dresden, Loc. 33712, Rep. XI, Lit. K, Nr. 4, Alte kaiserliche Schulden, fol. 8r–15v; StAL, Acta, Verzeichnung der Verpfändungen [...] 1517, V 2, Nr. 1.

[32] *Goerlitz*, Staat und Stände (wie Anm. 21), 404. Das für den Nürnberger Bund hinterlegte Geld (60000 Gulden) wurde zum Schatz mit hinzugezählt.

Herzogtums Sachsen 1539 nicht gefährdet, aber es galt, die nicht geringe Schuldenlast zu verzinsen sowie gegebenenfalls auch zu tilgen. Damit waren seinem Nachfolger Herzog Heinrich (1539–1541) die Hände gebunden. Erschwerend kam hinzu, dass die Landstände auf dem Leipziger Landtag des Jahres 1537 die Tranksteuer (Jahresertrag in den 1530er Jahren rund 27500 Gulden) Herzog Georg auf Lebenszeit bewilligt hatten[33], so dass nach dessen Tod im Frühjahr 1539 jene Steuererträge versiegten. Im Hinblick auf die Haushaltslage konnten ohne Mithilfe der Stände keine neuen Wege beschritten werden; es sei denn, man hätte die Ausgaben für den Hof beschnitten. Doch dies kam nicht in Betracht. Indessen waren die landesherrlichen Einnahmen – so reichlich sie in jenen Jahren sprudelten – begrenzt. Ohne die Steuern werden sie im Kalenderjahr 1540 bei rund 120000 Gulden gelegen haben (Bergbau 77000 Gulden; Ämter 35000 Gulden; Gemeine Einnahme, Jahrrente, Schutzgeld etc. 8000 Gulden). Im Prinzip umschreibt dies die finanzielle Situation beim Regierungsantritt des Herzogs Moritz, der seinem Vater im Sommer 1541 folgte. Im Hinblick auf die albertinischen Einnahmen hatte sich strukturell wenig geändert. Es galt einzig, das nicht konfliktfreie Verhältnis zwischen dem Landesherrn und den Landständen neu auszutarieren, erhoffte und erwartete doch der Fürst, dass ihm die direkten und indirekten Steuern zufließen würden. Indessen hatte er die Steuerbewilligungen mit den Ständen auszuhandeln. Zweifellos besteht ein indirekter Zusammenhang zwischen einer stattlichen Staatsverschuldung und einem hohen Steueraufkommen. Das eine ist ohne das andere undenkbar; die Steuer ist letztlich das Gegenstück der fürstlichen beziehungsweise öffentlichen Schuld. Insofern musste der Herzog und spätere Kurfürst zwangsläufig für den weiteren Aus- und Aufbau der albertinischen Steuerverfassung sorgen, denn es galt, Schulden zu bedienen. Nicht unerwähnt soll bleiben, dass dies weiterhin durch den guten wirtschaftlichen Zustand des Landes begünstigt wurde, denn einkommensstarke Kommunen sowie Kaufleute, Handwerker und Bauern waren Garanten, dass fortwährend Steuern in die landständischen und landesherrlichen Kassen flossen.

Infolge des Schmalkaldischen Krieges, der Wittenberger Kapitulation, des Übergangs der Kurwürde von den ernestinischen auf die albertinischen Wettiner sowie der damit verbundenen territorialen Veränderungen war an der mittleren Elbe ein mächtiger und teilweise auch in sich geschlossener Territorialstaat entstanden. Auf die mannigfachen territorialen, personel-

33 Ebd. 467; *Schirmer*, Kursächsische Staatsfinanzen (wie Anm. 2), 250–254.

len, aber auch verwaltungs- und verfassungsmäßigen Veränderungen ist an dieser Stelle nicht einzugehen.[34] Hervorzuheben ist jedoch, dass im Jahre 1550 im albertinischen Kursachsen über 820000 Gulden an Schulden verzinst werden mussten. Einerseits hatte Herzog und Kurfürst Moritz aufgrund des territorialen Zuwachses ernestinische Schulden mit übernehmen müssen, die hypothekarisch auf einstmals ernestinische Ämter verschrieben waren. Andererseits hatte er im Schmalkaldischen Krieg Söldner aus eigener Tasche bezahlen müssen. Somit sind die weiter angewachsenen Verbindlichkeiten auch um die Mitte des 16. Jahrhunderts größtenteils durch Kriegshandlungen in die Höhe getrieben worden. Und: Die albertinische Finanzverwaltung hat das nötige Geld zu einem guten Teil im eigenen Lande aufgetrieben. Bemerkenswert ist schließlich, dass Kurfürst Moritz nach Ende des Schmalkaldischen Krieges und vor der Fürstenrebellion gegen Karl V. eine disziplinierte Haushalts- und Finanzpolitik betrieb und sogar Schulden tilgte. Im Rechnungsjahr 1549/50 waren es nachweislich mindestens 27751 Gulden gewesen. Wie angedeutet, waren die albertinischen Verbindlichkeiten 1549/50 auf 828740 Gulden angewachsen, die jährlich mit insgesamt 41437 Gulden zu verzinsen waren.[35] Lag das Verhältnis zwischen der Gesamtschuld und den gesamten Einnahmen des Territoriums 1516 noch bei fünf zu eins, so betrug es nunmehr nur noch circa zwei zu eins, da die Gesamteinnahmen deutlich angestiegen waren. Im Rechnungsjahr 1549/50 waren es rund 433000 Gulden.

Kurfürst August (1553–1586) hatte 1563 angegeben, dass er bei seinem Regierungsantritt im Jahre 1553 Schulden in Höhe von über 1,6 Millionen Gulden vorgefunden habe.[36] Seine Aussage bestätigt ein Verzeichnis aller zu bedienenden albertinischen Gläubiger von 1553.[37] Demnach hatte Kurfürst Moritz die Verbindlichkeiten zwischen 1550 und 1553 verdoppelt. Abermals war es eine Folge von Kriegshandlungen. Die Belagerung Magdeburgs, die Unterhaltung der Truppen während und vor allem nach dem Ende der Magdeburger Blockade sowie die Feldzüge gegen Karl V. und Albrecht Alkibiades hatten zu diesem nicht unproblematischen Zustand ge-

[34] *Karlheinz Blaschke* (Hrsg.), Moritz von Sachsen – ein Fürst der Reformationszeit zwischen Territorium und Reich. (Quellen und Forschungen zur sächsischen Geschichte, Bd. 29.) Stuttgart 2007.

[35] SächsHStA Dresden, Loc. 7344, Verzeichnis der Kammerschulden 1549/50, unfoliiert. – Zur Quellenkritik: *Schirmer*, Kursächsische Staatsfinanzen (wie Anm. 2), 579.

[36] SächsHStA Dresden, Loc. 7287/1, Kurfürst Augusts Erklärung über seinen Staatshaushalt (1563), unfoliiert.

[37] SächsHStA Dresden, Loc. 10376/15, Verzeichnis der Schulden des Kurfürsten August (1553), unfoliiert.

führt.[38] Allerdings war die finanzielle Situation bei weitem nicht so dramatisch wie 1516, denn das Verhältnis zwischen Schuldenlast einerseits und gesamten Einnahmen anderseits betrug circa 3,3:1, da die Gesamteinnahmen infolge neuerlicher Steuererhöhungen wieder angestiegen waren. Um 1553 lagen sie bei rund 500000 Gulden. Wie war nun die soziale Zusammensetzung der albertinischen Gläubiger Mitte des 16. Jahrhunderts strukturiert, und welche Veränderungen sind im Vergleich zum Jahr 1516 zu beobachten?

Eingangs erscheinen einige allgemeine Beobachtungen als unerlässlich. Die zu verzinsenden albertinischen Kapitalien sind immerhin derartig umfangreich, dass sie gewisse Rückschlüsse auf den sächsisch-thüringischen Kapital- und Kreditmarkt zulassen. Legt man die prozentualen Anteile zugrunde, dann hatte der Adel spürbar an Boden verloren – besonders gilt dies beim Vergleich der Jahre 1516 und 1550.[39] Signifikant spiegelt dies eine Denkschrift wider, in der er sich vehement gegen die Besteuerung seiner Güter wandte und die Städte beschuldigte, dass „sie gegenüber allen Fürsten, Grafen und Adligen ein böses Gemüt hätten und nichts anderes als ihren Untergang begehrten".[40] Der Argwohn gründete sich auf handfeste politische und ökonomische Konstellationen. Um so mehr erstaunt es, dass sich das Kreditvolumen des Adels im albertinischen Kursachsen – bei der Berücksichtigung der absoluten Zahlen – von 1550 bis 1553 verdoppelt hatte. Die Ursachen dafür sind komplex, und sie können nicht allein nur beim Adel gesucht werden. Die sich verändernde soziale Zusammensetzung der albertinischen Gläubiger war von mehreren Faktoren abhängig. Fünf Punkte gilt es zu beachten und kurz zu erläutern.

Erstens: Die Gläubiger mussten selbstverständlich erst einmal selbst über Kapital verfügen. Die Grundlagen dafür bildeten florierende Geschäfte und ein stabiler Absatz gewerblicher und landwirtschaftlicher Erzeug-

[38] *Uwe Schirmer*, Die Finanzierung der Fürstenrebellion aus kursächsischer Perspektive. Kurfürst Moritz zwischen militärpolitischem Agieren und finanzpolitischen Strukturen (1549/50–1553), in: Fuchs/Rebitsch (Hrsg.), Kaiser und Kurfürst (wie Anm. 5), 71–82, hier 74–78.

[39] Ein abweichendes Bild vermitteln freilich die ernestinischen Zahlen, wo der Adel auch 1545/46 noch eine Spitzenstellung einnahm. Allerdings war auch im ernestinischen Kurfürstentum sein finanzieller Einfluss zurückgegangen: 1514: 49,6 Prozent, 1535: 67,2 Prozent, 1539: 53,9 Prozent, 1545/46: 44,9 Prozent. Vgl. *Schirmer*, Kursächsische Staatsfinanzen (wie Anm. 2), 489.

[40] *Martina Schattkowsky*, Adliges Landleben in Kursachsen an der Wende vom 16. zum 17. Jahrhundert. Beobachtungen aus der Mikroperspektive, in: Kurt Andermann (Hrsg.), Rittersitze. Facetten adligen Lebens im Alten Reich. (Kraichtaler Kolloquien, Bd. 3.) Tübingen 2002, 141–166, hier 145.

nisse. Mit Bezug auf die albertinischen Kreditoren war dies ein untergeordnetes Problem, denn der mitteldeutsche Wirtschaftsraum erlebte zu dieser Zeit eine kräftige Konjunktur. Davon profitierten sowohl Städte und Bürger als auch der Adel und die Bauern. Vor allem Kaufleute erzielten im Metallhandel gute Gewinne, welche wiederum gewinnbringend angelegt sein wollten. Gleiches galt für den Adel und auch für den Bauernstand, die aus der Agrarkonjunktur ihre Vorteile zogen. Der Konjunkturmotor war nach wie vor der Bergbau im Erzgebirge und im Mansfelder Land. Infolgedessen stieg die Nachfrage Tausender Lohnarbeiter nach gewerblichen und landwirtschaftlichen Produkten. Insofern konnten der Adel, aber auch die Städte, Bürger und Bauern ihr Einkommen steigern und Finanzen akkumulieren, um sie gegen Zins anzulegen.

Zweitens: Kapitalbesitz ist nur eine Seite der Medaille. Es musste auch die Bereitschaft vorhanden sein, das mühsam verdiente Geld der landesherrlichen und ständischen Administration zur Verfügung zu stellen. Die Gläubiger mussten überzeugt sein, dass Kammer und Stände für die ordnungsgemäße Bedienung der Einlagen sorgten. Das nötige Vertrauen wurde zusätzlich untermauert: Ganze Netzwerke waren sowohl albertinische Herrschafts- und Funktionsträger als auch albertinische Gläubiger. Insofern war ihr Entgegenkommen in einem hohen Maße von ihrer Stellung gegenüber dem Fürsten und der landesherrlichen Verwaltung abhängig. Entweder man besaß bereits einen lukrativen Posten, oder man strebte ihn für sich beziehungsweise für seine Nachgeborenen an. Das ist ein entscheidender Faktor, der erklären hilft, warum vor allem – besonders beim Vergleich der absoluten Zahlen von 1550 und 1553 – der Adel und die Stadträte ihre Einlagen so gesteigert haben. Der schriftsässige Adel und die großen Städte (vertreten durch die Ratsherren) waren landtagsfähig.

Drittens: Wegen der ordnungsgemäßen Bedienung der sächsischen Schulden vertrauten nicht wenige Bürger ihr Kapital bedenkenlos der albertinischen Verwaltung an. So wurde zum Beispiel ein Stammkapital in Höhe von 19000 Gulden, das Kunz von Iphofen († 1523) um 1512 eingezahlt hatte, auch noch 1553 verzinst. Allerdings besaßen viele Kaufleute alternative Möglichkeiten, um ihr Kapital zu vermehren. Jedoch stieg mit hohen Gewinnaussichten auch das Risiko. Unter solchen Gesichtspunkten ist der Anstieg der Kapitaleinlagen des Bürgertums nicht unbedingt spektakulär (1516: 133390 Gulden; 1550: 164541 Gulden; 1553: 200704 Gulden). Weitaus beachtlicher sind die enorm gewachsenen Einlagen des albertinischen Dienstadels nach der Jahrhundertmitte (1516: 254335 Gulden; 1550: 215743 Gulden; 1553: 448198 Gulden).

Viertens: In erster Linie waren es Adlige, die in schwierigen finanziellen Situationen ihren Landesherren beziehungsweise der landesherrlichen Finanzverwaltung ausgeholfen haben. Landesherrliche Beamte suchten die heimatlichen Güter des Adels auf, um vor Ort im Auftrag des Fürsten um finanzielle Unterstützung zu bitten. In dieser Hinsicht stand der Adel in der Pflicht; er half dem Landesherrn aus. Es wird zu zeigen sein, dass besonders hochrangige Funktionsträger der Kammer Kredite zur Verfügung gestellt haben. Ähnlich verhielt es sich mit den Stadträten. Selbst die regionalen Finanzbeamten in den Ämtern, die sogenannten Schösser, wurden aktiv. Sie trieben Kapital bei Bürgern aus Amtsstädten und bei wohlhabenden Bauern auf. Insofern verbergen sich hinter der Bezeichnung „aus den Ämtern" (beziehungsweise „Ämter") Kleinkreditoren des „flachen Landes"; es waren Bürger, Bauern, die Stadträte kleinerer Kommunen sowie bäuerliche Gemeinden. Die Verdopplung ihrer Einlagen (1550: 26419 Gulden; 1553: 54726 Gulden) korrespondiert mit dem Anstieg eingezahlter Kredite adliger und institutioneller Provenienz. Obgleich das Volumen gering war, verbergen sich dahinter wichtige soziale Beziehungen, denn die Dichotomie von Herrschaft und Genossenschaft wurde damit ausgehebelt: Bauern und bäuerliche Gemeinden waren ebenfalls Gläubiger des Landesherrn.

Und schließlich fünftens: Das albertinische Schuldenwesen wurde durch die Bereitschaft der Stände, 600000 Gulden an fürstlichen Krediten zu übernehmen, gestärkt. Diese Umschuldung wurde auf dem Landtag zu Dresden im August 1552 besiegelt. Zwar ist unbekannt, wie hoch die Schuldenlast im August 1552 insgesamt war, aber unstrittig wurde durch diese Abmachung die Kreditwürdigkeit des Fürsten gestärkt. Im Gegenzug musste der Kurfürst einwilligen, dass die Stände fortan die gesamte Tranksteuer einkassieren, verwalten und zur Verzinsung sowie Tilgung jener 600000 Gulden verwenden durften.

Der Vergleich bezüglich der sozialen und regionalen Herkunft der albertinischen Gläubiger der Jahre 1550 und 1553 sowie im Hinblick auf das Jahr 1516 erweist sich als schwierig, da 1553 die Herkunft einzelner, nicht unbeträchtlicher Kapitalien unbekannt ist. Vorrangig betrifft es 130000 Gulden, die vage auf den Augsburger Kaufmann Georg Österreicher hindeuten. Ihm hatte der Landesherr bereits die Ämter Chemnitz und Altzelle – beide Ämter waren nach 1543 aus den säkularisierten Grundherrschaften des Benediktinerklosters Chemnitz und der Zisterzienserabtei Altzelle hervorgegangen – für 80000 Gulden verschrieben.[41] Ansonsten finden sich

[41] SächsHStA Dresden, Loc. 10376/15, Verzeichnis der Schulden des Kurfürsten August

nirgends Hinweise zu den Gläubigern dieser 130000 Gulden. Trotz dieser offenen Fragen lässt das Register von 1553 wichtige Einblicke in die soziale, regionale und institutionelle Zusammensetzung der albertinischen Geldgeber zu. Nur bei größeren Veränderungen wird auf das Schuldverzeichnis von 1550 einzugehen sein, denn im Wesentlichen erscheinen die in ihm erfassten Kreditoren auch drei Jahre später wieder. 1553 erreichte jedenfalls der Schuldenberg die Rekordhöhe von 1667078 Gulden.

Eine exakte statistische und vor allem detaillierte Analyse der Schuldenregister würde den Umfang des Beitrages sprengen, so dass nur einige deskriptive und exemplarische Anmerkungen folgen können.[42] Einer der wichtigsten Gläubiger der albertinischen Kurfürsten war der Leipziger Stadtrat, der für seine Landesherren über die Jahre hinweg insgesamt 147520 Gulden aufgebracht hatte, wobei zu betonen ist, dass sich diese Summe aus einer Vielzahl kleinerer Kredite zusammensetzte. Ähnlich verhält es sich mit anderen Kreditoren. Nach dem Leipziger Stadtrat folgt der bereits erwähnte Georg Österreicher, der 95000 Gulden geborgt hatte. Die weitverzweigte Familie Österreicher war im sächsischen Bergbau und vor allem im Textilhandel aktiv. Georg Österreicher gehörte neben Jacob Herbrot mit zu den einflussreichsten protestantisch gesinnten Kaufleuten Augsburgs. Österreicher hatte auch die Fürstenerhebung mitzufinanzieren geholfen.[43] Nach ihm sowie dem Leipziger Stadtrat ist der ernestinische Herzog Johann Friedrich zu nennen, dem man 84000 Gulden schuldete. Bei diesem Betrag handelte es sich jedoch um Außenstände, die selbstverständlich verzinst wurden. Ähnlich liegen die Dinge bei einem Kapital von 48000 Gulden, die man dem Landgrafen Wilhelm von Hessen schuldete, sowie mit 31715 Gulden, die dem Grafen Christoph von Oldenburg und Delmenhorst (1504–1566) verzinst wurden. Graf Christoph hatte dem Kurfürsten Moritz als Feldherr gedient. 50000 Gulden an Kapital waren hypothekarisch auf das Amt Königsberg verschrieben; der Name des Gläubigers ist unbekannt. Mit der Augsburger Firma Jenisch, die 40000 Gulden geliehen hatte, und dem Handels- und Bankhaus Schetz aus Antwerpen (35000

(1553), unfoliiert. „80000 fl. Jörg Österreicher ufsamt Chemnitz und Zella verschrieben".

42 Vgl. *Schirmer*, Kursächsische Staatsfinanzen (wie Anm. 2), passim.

43 *Friedrich Blendinger*, Die wirtschaftlichen Führungsschichten in Augsburg 1430–1740, in: Herbert Helbig (Hrsg.), Führungskräfte der Wirtschaft in Mittelalter und Neuzeit 1350–1850. Büdinger Vorträge 1968–1969. (Deutsche Führungsschichten in der Neuzeit, Bd. 6.) Limburg an der Lahn 1973, 51–86, hier 68–70; *Josef Hagl*, Entwicklung des Augsburger Großkapitals von der Mitte des 16. Jahrhunderts bis zum Beginn des 30jährigen Krieges (1540–1618). Diss. phil. München 1924, 110–114.

Gulden) schließen sich nochmals ausländische Großkreditoren an. Nach dem Leipziger Stadtrat hatte der Rat von Chemnitz einen größeren Betrag geliehen, der freilich deutlich geringer ausfiel (1550: 24877 Gulden; 1553: 29877 Gulden). Somit mussten die umfangreichsten Einlagen drei auswärtigen Handelshäusern (Österreicher, Jenisch, Schetz), zwei Fürsten und einem Grafen sowie den Stadträten von Leipzig und Chemnitz verzinst werden.

Welchen Platz nahmen nun Adlige, Bürger oder Stadträte als Großkreditoren ein? Merten von Miltitz zu Scharfenstein hatte die stattliche Summe von 25000 Gulden geborgt. Die gleiche Summe stammte von Caspar von Schönberg zu Purschenstein, der als Rat des Fürsten und als Mitglied landständischer Ausschüsse tätig war. Ferner ist bemerkenswert, dass die Familie von Schönberg massiv als landesherrlicher Gläubiger auftrat: Neben Caspar von Schönberg zu Purschenstein erscheinen Wolf von Schönberg zu Neusorge (20000 Gulden), Wolf von Schönberg zu Schönau (20000 Gulden), Georg von Schönberg zu Limbach (17000 Gulden), Christoph von Schönberg zu Reichenau (7720 Gulden), die Erben des Caspar von Schönberg zu Sachsenburg (5000 Gulden), Sebastian von Schönberg (1200 Gulden) und Hans von Schönberg auf Reinsberg (1000 Gulden). Damit nehmen die Schönbergs mit zusammen rund 72000 Gulden eine eindeutige Spitzenposition ein. Nach den bereits angeführten Stadträten von Leipzig und Chemnitz sind noch die Stadtväter von Erfurt (22428 Gulden) und Nürnberg (20000 Gulden) zu nennen; aber auch ein Vitzthum von Eckstädt (20000 Gulden). Letztlich wären die Erben des Kunz von Iphofen vorzubringen, deren Kapital (19000 Gulden) seit rund vierzig Jahren verzinst wurde.

Wie aber gelangte der niedere Adel zu solchen Kapitalbeträgen? Beispielsweise war es mit 20000 Gulden möglich, eine einträgliche Grundherrschaft zu erwerben. Sechs Punkte scheinen den finanziellen Aufstieg einzelner Adliger befördert zu haben: Die effektive Nutzung ihrer Rittergüter[44], der Fürsten- und gegebenenfalls der Heeresdienst, der erzgebirgische Bergbau[45], der Immobilienhandel, insbesondere mit Rittergütern, Vorwerken, städtischen Freihäusern usw., der sich nur teilweise in der

[44] Vgl. *Martina Schattkowsky*, Zwischen Rittergut, Residenz und Reich. Die Lebenswelt des kursächsischen Landadligen Christoph von Loß auf Schleinitz (1574–1620). (Schriften zur sächsischen Geschichte und Volkskunde, Bd. 20.) Leipzig 2007, passim; *dies.*, Adliges Landleben in Kursachsen (wie Anm. 40), 158–163. Grundherrschaften mit ca. 280 Bauernhöfen trugen einen Jahresertrag von mindestens 2000 Gulden ein.

[45] *Laube*, Studien (wie Anm. 30), 171–181.

Hand bürgerlicher Kaufleute und Bankiers befand, ferner eine intensive Forstwirtschaft[46], und schließlich ist der Kreditmarkt anzuführen, denn, so man das Kapital beim Landesherrn anlegte, trug es nicht nur fünf Prozent Zins ein, sondern wurde auch regelmäßig bedient. Neben Merten von Miltitz und Caspar von Schönberg beziehungsweise der Familie von Schönberg, können auch andere Landadlige namhaft gemacht werden: so zum Beispiel Sebastian von Wallwitz auf Dobritz (14000 Gulden), Sigmund Pflug zu Schkölen (12000 Gulden), Christoph und Andreas von Ragewitz (12000 Gulden), Christoph von Taubenheim (12000 Gulden), Christoph von Schleinitz (11429 Gulden) oder der Reichspfennigmeister Damian von Sebottendorf (10000 Gulden). Das Gros des albertinischen Adels besaß jedoch Einlagen unterhalb von 10000 Gulden. Nicht wenige von ihnen standen im landesherrlichen Dienst oder agierten als landständische Vertreter auf den Landtagen. Bezüglich der adligen Herrschaftsträger bleibt festzuhalten, dass es nicht nur hochrangige Repräsentanten waren – wie zum Beispiel Oberhofrichter, Hof- und Kammerräte –, sondern auch Räte von Haus aus oder Beamte aus der Lokalverwaltung.

Der Anteil der bürgerlichen Gläubiger war zwar nach den absoluten Zahlen von 164541 Gulden im Jahre 1550 auf insgesamt 200704 Gulden (1553) angestiegen, allerdings war der relative Anteil von knapp 20 auf 12 Prozent abgesackt. Wichtiger erscheint indessen der Hinweis, dass nur wenigen Unternehmern und Kaufleuten größere Beträge verzinst wurden. Ausgenommen davon waren allein diejenigen, die sich im obersächsischen Bergbau engagierten. Einige Beobachtungen über die Zusammensetzung der Geldgeber bürgerlicher Herkunft erscheinen aufschlussreich. Zum ersten hatten landesherrliche Beamte und Diener (einschließlich der Münzmeister und Bergbaubeamten) Kapital eingezahlt. Dies trifft auf den wirkmächtigen albertinischen Rat Dr. Ulrich Mordeisen (4000 Gulden) ebenso zu wie auf Dr. Georg Komerstadt, dem wiederkäuflich 3600 Gulden auf drei Dörfern im Amt Großenhain verschrieben waren.[47] Bemerkenswert ist

[46] Es ist abermals Caspar von Schönberg zu Purschenstein zu nennen. Er war einer der größten Waldbesitzer des Osterzgebirges, der kontinuierlich Freiberg und andere Bergbauzentren mit Holz belieferte. Vgl. *Walther Herrmann*, Die Entstehung der Muldenflöße und des Dorfes Holzhau und ihre Entwicklung bis zur Mitte des 16. Jahrhunderts, in: Helmut Wilsdorf/Walther Herrmann/Kurt Löffler, Bergbau – Wald – Flöße. Untersuchungen zur Geschichte der Flößerei im Dienste des Montanwesens und zum montanen Transportproblem. (Freiberger Forschungshefte. Kultur und Technik, Bd. D 28.) Berlin 1960, 185–223, hier 187f.

[47] „3600 fl. uf 3 dorfer im ampt Hain, doctor Komerstaden"; vgl. SächsHStA Dresden, Loc. 10376/15, unfoliiert. Die Dörfer waren ihm bereits 1547 verschrieben worden.

vor allem, dass Subalterne sowie Schreiber und Kopisten erscheinen, die bis 1547 in der kursächsisch-ernestinischen Verwaltung in Torgau gedient hatten und vor dem Schmalkaldischen Krieg als ernestinische Gläubiger nachzuweisen sind. Ferner hatte der Sekretär des Kurfürsten Moritz, Bernhard Freidinger, 3000 Gulden eingezahlt. Ein Kapital mit dem gleichen Umfang wurde dem Bau- und Oberzeugmeister Caspar Vogt von Wierandt bedient. Über eine Einlage in gleicher Höhe verfügte der in den vierziger Jahren in Annaberg als Münzmeister angestellte Wolf Hühnerkopf.[48]

Es folgen (zweitens) die im Bergbau beteiligten Fundgrübner und Gewerken aus Zwickau, Freiberg, Annaberg, Schneeberg und Marienberg, wobei jedoch nicht wenige von ihnen auch als Kaufleute und Metallhändler tätig waren. Zudem sind Beamte der Bergbauverwaltung als Gläubiger nachzuweisen. Einige wenige Exempel mögen dies veranschaulichen.[49] Beispielsweise ist ein Kapital von 14000 Gulden anzuführen, das Paul Schmidts Erben verzinst wurde. Schmidt war seit 1514 Bergmeister, seit 1524 Zehntner und seit 1535 Amtsverweser zu Schneeberg, später dann Amtmann zu Schlettau.[50] Allerdings wurden ihm 1546 noch 17000 Gulden verzinst, 1550 waren es nach einer Entnahme von 3000 Gulden nur noch 14000 Gulden. Nicht zuletzt ist der im Marienberger Bergbau tätige Großgewerke Stefan Heindel (Händel) anzuführen[51], der 7200 Gulden eingezahlt hatte. Indirekt am Freiberger Bergbau hatte der technisch versierte, aus Annaberg kommende Nickel Kohlreuter partizipiert, der 1534 mit der Einrichtung der Freiberger Flöße betraut worden war.[52] Er organisierte den Transport des in den Wäldern des Caspar von Schönberg zu Purschenstein geschlagenen Holzes zu den Freiberger Gruben. Kohlreuter hinterließ seinen Söhnen, die unter Kurfürst August zu landesherrlichen Flößmeistern aufstiegen, ein ansehnliches Kapital. Allein 9000 Gulden hatte er beim Landesherrn zinsbringend angelegt. Über Einlagen in ähnlichem Umfang verfügte der Freiberger Wenzel Alnpeck (8000 Gulden). Hans Unruh, Ratsherr und Fundgrübner aus Zwickau, wurden 6000 Gulden verzinst. Schließlich sind nochmals die Erben des Schneebergers Kunz von Iphofen

[48] *Walter Haupt*, Sächsische Münzkunde. (Arbeits- und Forschungsberichte zur sächsischen Bodendenkmalpflege, Beih. 10.) Berlin 1978, 216–219.

[49] *Schirmer*, Kursächsische Staatsfinanzen (wie Anm. 2), 590–592.

[50] Paul Schmidt versteuerte 1542 in Schneeberg ein Vermögen von über 20000 Gulden. Vgl. *Heinrich Kramm*, Studien über die Oberschichten der mitteldeutschen Städte im 16. Jahrhundert. (Mitteldeutsche Forschungen, Bd. 87.) Köln/Wien 1981, 144, 219; *Laube*, Studien (wie Anm. 30), 107, 163–165, passim.

[51] *Laube*, Studien (wie Anm. 30), 169.

[52] *Herrmann*, Entstehung der Muldenflöße (wie Anm. 46), 187.

anzuführen (19000 Gulden). Der bereits 1523 verstorbene Unternehmer war ein vom Glück begünstigter Gewerke. Nach seinem Tod traten seine Söhne das väterliche Erbe an, wozu eben auch jene Kapitalanlage gehörte.[53] Aus Freiberg stammten wahrscheinlich Stefan Jan (4000 Gulden) und wohl auch ein gewisser Mauerzini, der 2000 Gulden aufgebracht hatte.

Zum dritten rekrutierten sich bürgerliche Gläubiger aus Kaufleuten, die ihre Gewinne nicht nur im überregionalen Handel erzielt hatten, sondern die sich ebenfalls im Bergbau engagierten. Zuerst sind einige Leipziger zu nennen, die reichlich Profit aus dem Metall- und Tuchhandel sowie aus dem Bergbau gezogen haben. Teilweise sind die finanziellen Erträge in Stiftungen geflossen. Zumindest drei Beispiele seien genannt: Zum einen war es eine Stiftung der Apollonia von Wiedebach († 1526). Sie hatte ein Vermögen von 18571 Gulden für wohltätige Zwecke bereitgestellt. Apollonia, eine geborene Alnpeck (Freiberg) und verwitwete Blasbalg, war in zweiter Ehe mit Georg von Wiedebach vermählt. Ihr erster Gemahl, Jakob Blasbalg, stand seit 1487 der albertinischen Rentkammer vor. Nach seinem Tod leitete sie nicht nur die privaten Geschäfte ihres Mannes, sie managte auch die albertinische Rentkammer im Winterhalbjahr 1490/91. Ein in überregionaler Perspektive wohl einmaliger Vorgang! Herkunft und Heiratskreise weisen sie als Angehörige der wirtschaftlichen Führungsschichten Sachsens aus.[54] Das Kapital des zweiten Vermächtnisses stammte von dem 1548 verstorbenen Kaufmann Heinrich Scherl, der 12571 Gulden angelegt hatte.[55] In den Genuss des Zinsertrages kamen hingegen allein seine Kinder. Demgegenüber ließ sich die Frau des 1525 verstorbenen Andreas Mattstedt 3200 Gulden bedienen. Mattstedt war Faktor der Firma Fugger in Leipzig gewesen.[56] Neben den Leipzigern sind noch zwei Thüringer zu erwähnen, deren Kapital verzinst wurde. Dies ist mit der Wittenberger Kapitulation und der damit verbundenen teilweisen Übernahme ernestinischer Verbindlichkeiten zu erklären. Es betraf zum einen die Einlagen des Saalfelders Georg Pfaler (6000 Gulden) sowie die von Heinrich Oswald aus Gotha (2000 Gulden).

[53] *Gustav Sommerfeldt*, Zum Bergbauwesen im 16. Jahrhundert: Die von Iphoffschen Händel bis 1572, in: Neues Archiv für sächsische Geschichte 42, 1921, 128–136, hier 130.

[54] *Schirmer*, Kursächsische Staatsfinanzen (wie Anm. 2), 153f., 175–180.

[55] Vgl. *Manfred Straube*, „Hab und Güter, die mir der allmächtige Gott gnädiglich bescheret hat …“ Das Testament des Leipziger Kaufmanns Heinrich Scherl (1475–1548). (Veröffentlichung des Stadtgeschichtlichen Museums Leipzig.) Leipzig 2006.

[56] *Fischer*, Aus zwei Jahrhunderten Leipziger Handelsgeschichte (wie Anm. 28), 205.

Zum vierten hatten auch Juristen und Ärzte sowie ein Professor der Theologie Kapital gewinnbringend angelegt. Dass Graduierte infolge der zunehmenden Professionalisierung ein weites Betätigungsfeld in der landesherrlichen Verwaltung vorfanden, muss nicht explizit betont werden. In diesem Zusammenhang sind bereits einige Kopisten, Schreiber und Sekretäre angeführt worden, die ebenfalls mittlere Beträge angelegt hatten beziehungsweise denen Außenstände verzinst worden sind. Das Kapital des kurfürstlichen Sekretärs Freidinger (3000 Gulden) wurde angeführt. Indessen sind auch zwei am Leipziger Oberhofgericht tätige Juristen zu nennen: Dr. Melchior von Osse (6000 Gulden) und die Erben des Dr. Johann Stramburger (3000 Gulden). Graduiert waren ebenfalls die genannten landesherrlichen Räte Mordeisen und Komerstadt sowie Dr. Wolfgang von Lüttichau, dem freilich nur ein geringer Betrag (565 Gulden) bedient wurde. Überdies sind sechs weitere Gläubiger anzuführen, die ebenfalls akademische Grade besaßen. Es waren die drei Mediziner Dr. Blasius Grünwald (3000 Gulden, er war kurfürstlicher Leibarzt), die Witwe des 1542 verstorbenen Dr. Heinrich Stromer von Auerbach (1000 Gulden) und die Witwe von Dr. Caspar Kegler (250 Gulden). Stromer und Kegler waren in Leipzig praktizierende Ärzte gewesen. Ebenfalls in der Messestadt ansässig war der Theologieprofessor Dr. Bernhard Ziegler (800 Gulden); die Zinsen empfing seine Tochter. Abschließend sind die beiden Juristen Dr. Melchior Kling (2500 Gulden) und Dr. Johann Kitzing (3820 Gulden) zu nennen.[57]

Nach in- und ausländischen Großkreditoren, dem einheimischen Landadel, Personen bürgerlicher Herkunft, die in den unterschiedlichsten gesellschaftlichen Sphären ein doch respektables Auskommen gefunden hatten, sowie den bereits angeführten Stadträten von Leipzig und Chemnitz hatten nicht zuletzt die Stadträte der schriftsässigen albertinischen Kommunen in einem überwältigenden Maße ihren Landesherren finanziell ausgeholfen. Im Jahre 1550 waren es 375257 Gulden (45,3 Prozent); drei Jahre später betrug ihre Gesamtsumme 424633 Gulden.

[57] Melchior Kling (1504–1571) war 1536 ernestinischer Kanzler, nach 1547 Beisitzer des Schöffengerichts in Halle und des Hofgerichts in Jena; zudem Assessor am Leipziger Oberhofgericht. Der Dominikaner Johann Kitzing (um 1508–1551) war Syndikus zu Erfurt. Vgl. *Weiss*, Bürger von Erfurt (wie Anm. 28), 256; *Oswald Hecker* (Hrsg.), Schriften Dr. Melchiors von Osse. Mit einem Lebensabriß und einem Anhange von Briefen und Akten. (Aus den Schriften der Sächsischen Kommission für Geschichte, Bd. 26.) Leipzig 1922, 145, 198, 581.

Es ist betont worden, dass einige Städte über beachtliche Einlagen verfügt haben. Leipzig war mit knapp 150000 Gulden der Krösus. Mit deutlichem Abstand folgten Chemnitz (nicht ganz 30000 Gulden) sowie Erfurt und Nürnberg mit jeweils rund 20000 Gulden. Allerdings besaßen auch die Städte Langensalza (20681 Gulden), Zwickau (18600 Gulden), Dresden (15800 Gulden) und Sangerhausen (14740 Gulden) stattliche Kapitalien. Handel und Gewerbefleiß haben dazu beigetragen, dass sie jene Gelder aufbringen konnten. Jedoch werden bei Zwickau auch der Bergbau, in Langensalza die Salzproduktion und in Sangerhausen der Kupferschieferbergbau förderlich gewesen sein; die Bedeutung des Hofes ist für Dresden nicht zu unterschlagen. Es folgen weitere Städte, die durch ihre Handwerker, Kaufleute und Krämer, teilweise wegen des Bergbaus sowie möglicherweise auch dank einer klugen Finanzpolitik des Rates einen bescheidenen Wohlstand erreicht hatten und aus diesem Grund den albertinischen Fürsten aushelfen konnten. Zu nennen sind Pirna (13318 Gulden), Oschatz (12720 Gulden), Annaberg (12000 Gulden), Großenhain (11000 Gulden), Meißen (10800 Gulden), Tennstedt (8200 Gulden), Delitzsch (8045 Gulden), Freiberg (7200 Gulden), Weißensee (7082 Gulden) und Döbeln (6600 Gulden). Andere Städte hatten 5000 Gulden und weniger eingezahlt. Abermals ist hervorzuheben, dass diese Städte, selbstverständlich mit Ausnahme von Nürnberg und Erfurt, albertinisch waren und die Landtagsfähigkeit besaßen.

Infolge der Reformation hatten die Klöster und Stifte an Boden verloren. Ihnen war durch die Säkularisierung ihrer Güter die materielle Basis entzogen worden. Insofern ist es erklärlich, dass ihre finanziellen Einlagen bei der albertinischen Finanzverwaltung abgesackt waren (1516: 150497 Gulden; 1550: 46780 Gulden). Allerdings war dieser Trend nach 1550 gestoppt worden, denn einige säkularisierte Klöster, inzwischen evangelische Stifte, die Leipziger Universität sowie verschiedene Hospitäler oder Gemeine Kästen hatten 1553 insgesamt 55102 Gulden eingelegt. Diesbezüglich ist indes anzumerken, dass die albertinischen Stände selbst 14000 Gulden aufgebracht hatten. Diese Summe ist zu den 55102 Gulden hinzugezählt worden. Die von den 14000 Gulden erzielten Zinsen sollten in einen Fonds für Stipendien fließen. Ansonsten verfügten die Universität Leipzig (5331 Gulden), die Domkapitel zu Meißen (5000 Gulden) und Naumburg (4000 Gulden), das vom Stadtrat verwaltete Freiberger Nonnenkloster (3400 Gulden), der Naumburger Bischof (3000 Gulden), das Freiberger Kollegiatstift (2800 Gulden) sowie ein Altarlehen aus dem Meißner Dom (1000 Gulden) über nicht gänzlich unbedeutende Einlagen. Dazu gehörte ebenfalls ein Kapital der Mönche zu Freiberg (800 Gulden), womit wahrscheinlich die Dominikaner gemeint waren. Das Kloster wurde ebenfalls vom dortigen Rat verwaltet.[58]

Beachtlich waren die Guthaben verschiedener Hospitäler und Gemeiner Kästen, wobei vor allem das hessische Hospital Merxhausen (4571 Gulden) sowie das Dresdner Hospital St. Jacob (4500 Gulden) zu nennen sind. Bemerkenswert sind nicht zuletzt die Kapitalstöcke der Gemeinen Kästen zu Schneeberg (3000 Gulden) und Zwickau (2800 Gulden). Dass die Gemeinen Kästen teilweise ihre einkommenden Finanzen zinstragend angelegt haben, kann sowohl für den obersächsisch-thüringischen Raum als auch für Hessen als gesichert gelten.[59] Letztlich stammten noch geringe Beträge aus einem Dresdner und einem Leipziger Hospital sowie von der Freiberger Stadtschule.[60] Relativ gering waren die Mittel, welche die Schösser bei den Untertanen in den Ämtern aufgetrieben hatten. Zwar wickelten einige Schösser bereits seit dem ausgehenden 15. Jahrhundert gelegentlich solche Geldgeschäfte ab, die in den Amtsrechnungen unter der Titelgruppe „Helfegeld" verbucht wurden, aber die Volumina dieser seltenen Geschäfte waren gering. Erst im Vorfeld des Schmalkaldischen Krieges wiesen die Landesherren ihre Schösser an, Kredite aufzunehmen. Im Vergleich zu 1550 hatte sich zwar das Gesamtvolumen zum Jahr 1553 verdoppelt (54726 Gulden), der relative Anteil blieb freilich gleich.

[58] 1542 bezog das Dominikanerkloster insgesamt 263 Gulden an Zinsen; demnach hatte es ein Kapital – bei einem Zinssatz von 5 Prozent – von rund 5260 Gulden an verschiedene Schuldner verborgt. Noch höher lagen die Zinserträge im Freiberger Magdalenerinnenkloster (1832 Gulden) und im Kollegiatstift (1819 Gulden). Vgl. *Karlheinz Blaschke*, Die Bedeutung kirchlicher Institutionen für den Kapitalmarkt im 15. und 16. Jahrhundert, in: Uwe Bestmann/Franz Irsigler/Jürgen Schneider (Hrsg.), Hochfinanz – Wirtschaftsräume – Innovationen. Festschrift für Wolfgang von Stromer. Trier 1987, Bd. 1, 559–570, hier 562.

[59] *Stefan Oehmig*, Über Arme, Armenfürsorge und Gemeine Kästen mitteldeutscher Städte der frühen Reformationszeit, in: ders. (Hrsg.), Medizin und Sozialwesen in Mitteldeutschland zur Reformationszeit. Wolfgang Böhmer zum 70. Geburtstag. (Schriften der Stiftung Luthergedenkstätten in Sachsen-Anhalt, Bd. 6.) Leipzig 2007, 73–114, hier 95f.; *Christina Vanja*, Die Neuordnung der Armen- und Krankenfürsorge in Hessen unter Landgraf Philipp dem Großmütigen, in: Ursula Braasch-Schwersmann/Hans Schneider/Wilhelm Ernst Winterhager (Hrsg.), Landgraf Philipp der Großmütige 1504–1567. Hessen im Zentrum der Reform. Marburg/Neustadt an der Aisch 2004, 87–92.

[60] Ferner: das Leipziger Johannishospital (600 Gulden), das Dresdner Hospital St. Matern (200 Gulden) und die Schule zu Freiberg (100 Gulden). Vgl. SächsHStA Dresden, Loc. 10376/15, Verzeichnis der Schulden des Kurfürsten August (1553), unfoliiert.

IV. Die Schulden im albertinischen Kurfürstentum im Jahre 1571

Im Jahre 1570 belief sich der gesamte kursächsische Schuldenberg auf inzwischen über 3,1 Millionen Gulden. Diese Last war vor allem wegen des Kriegszuges gegen Wilhelm von Grumbach, infolge der weiteren Arrondierung des kursächsischen Territoriums – im großen Stil hatte der Kurfürst Grundherrschaften, Forste und Jagdrechte erworben – sowie durch ein aufwendiges Bauprogramm verursacht worden. Die Schulden erschienen dem Kurfürsten August als so drückend, dass er seinen Ständen auf dem Landtag zu Torgau im Herbst 1570 auch die Landsteuer zur Schuldenbedienung überließ. Die Tranksteuer war von der Landschaft bereits 1552 in eigene Verwaltung übernommen worden, um jene 600000 Gulden zu bedienen, die ihr Kurfürst Moritz übertragen hatte. Nach der Novation des Jahres 1552 wurde im Herbst 1570 also wieder umgeschuldet. Die kursächsischen Stände trugen damit für die gesamte Schuldenlast die alleinige Verantwortung. Zum Zweck der Schuldenbedienung und Steuerverwaltung wurde das Obersteuerkollegium eingerichtet. In diese Behörde entsandten sowohl der Fürst als auch die Stände jeweils vier Vertreter. Das Obersteuerkollegium arbeitete vertraulich mit der landesherrlichen Rentkammer zusammen, ohne jedoch gänzlich ein fürstliches Organ zu sein. Die Obersteuereinnehmer waren auf jeder Leipziger Messe anwesend, denn zu den Messeterminen empfingen sie von den Kreiseinnehmern die Steuern. Mit den Trank- und Landsteuern bezahlten sie Zinsen und tilgten Schulden. Gleichzeitig waren die Obersteuereinnehmer berechtigt – sofern die Bedienung der Schulden gefährdet war –, neue Anleihen aufzunehmen. Alle Obligationen wurden mit vier bis sechs Prozent verzinst. Nach Abschluss einer jeden Messe übergaben die Obersteuereinnehmer den Hofräten Kopien ihrer Buchführung. Gleichfalls wurden die Register dem Fürsten zur Einsicht vorgelegt. Diese Akten sind fast vollständig erhalten und bilden die Basis für die Schuldenrekonstruktion beziehungsweise für die Analyse der Herkunft der Gläubiger.[61]

Um die Schulden aller Gläubiger ordnungsgemäß bedienen zu können, wurde 1571 ein Schuldverzeichnis angefertigt und dem Obersteuerkollegium zu Beginn des Leipziger Neujahrsmarktes 1572 zugestellt. Kurfürst

[61] *Heinrich Haug*, Das sächsische Obersteuerkollegium, in: Neues Archiv für sächsische Geschichte 21, 1900, 224–240; *Schirmer*, Kursächsische Staatsfinanzen (wie Anm. 2), 606–611.

August unterschrieb das Register am 29. Dezember 1571 und bestätigte damit dessen Richtigkeit. Laut Verzeichnis mussten 3 141 085 Gulden 12 Groschen und ein alter Pfennig verzinst werden.[62] Auf die Verschiedenartigkeit und Vielfalt der Obligationen kann an dieser Stelle nicht eingegangen werden[63], da vorrangig die soziale und regionale Strukturierung der Gläubiger zu untersuchen ist. Allerdings sind die nackten Zahlen in mancher Hinsicht zu relativieren: In erster Linie betrifft es jene 343 636 Gulden, die der Kurfürst selbst den Einnehmern der Tranksteuer beziehungsweise dem Obersteuerkollegium in den sechziger Jahren sowie 1570 geliehen hatte. (In der Tabelle im Anhang erscheint diese Summe als Einlage der Rentkammer beziehungsweise des Kurfürsten.) Nur 50 000 Gulden waren jedoch bares Geld gewesen. Der Rest setzte sich aus Schuldscheinen und „Zetteln“ zusammen, die in Kursachsen auf eine nur sehr geringe Akzeptanz stießen. Außerhalb des Landes wurde diese – dem Papiergeld nicht unähnliche – Währung nirgends angenommen. Insofern war diese Überweisung nichts anderes als ein Buchungstrick, der offenbar stillschweigend von den Mitgliedern des Obersteuerkollegiums gedeckt wurde. Immerhin: Die Einlagen wurden mit hartem Geld bedient. Doch auch ohne diese Summe waren die kursächsischen Schulden kräftig angestiegen.

Es wurde angedeutet, dass das kursächsische Territorium zwischen 1553 und 1571 in beträchtlichem Maße arrondiert worden ist. Kurfürst August erwarb wie kein zweiter Regent vor und nach ihm größere Herrschaftskomplexe, Grundherrschaften, Wälder und Forste sowie Jagdrechte. Dies trieb die Ausgaben in ungeahnte Höhen. Vor allem erwarb er diese Ländereien vorrangig beim einheimischen Adel und beglich die Kosten nicht sofort, sondern ließ die Kaufsummen als Schulden „anschreiben“. Auf diese Weise stieg der Adel zum wichtigsten Kreditor des Fürsten auf: 1 143 113 Gulden mussten ihm verzinst werden. Diese Summe – unabhängig davon, ob der Adel Kredite zur Verfügung gestellt hatte oder ob es ausstehende Verpflichtungen seitens des Fürsten waren – korrespondiert mit der Vormachtstellung der sächsisch-meißnisch-thüringischen Ritterschaft im albertinischen Kurfürstentum sowie insbesondere auf den Landtagen. Zwar legten auch die öffentlichen Institutionen zu, allerdings war dies allein auf den Leipziger Stadtrat zurückzuführen, der seinen finanzpolitischen Einfluss noch stärker ausbauen konnte. Die Leipziger Stadtväter wa-

[62] SächsHStA Dresden, Loc. 10495, Verzeichnis aller Schulden, welche wiederkäuflich [...] (1571), unfoliiert.
[63] *Schirmer*, Kursächsische Staatsfinanzen (wie Anm. 2), 663 f.

ren im Jahr 1571 mit Abstand der wichtigste Kreditor gewesen, denn ihnen allein mussten 379521 Gulden verzinst werden.

Die Einlagen bürgerlicher Kaufleute und Gewerbetreibender waren nur moderat angestiegen. Allein Angehörige der Familie Hühnerkopf, besonders die Söhne des nach 1546 verstorbenen Münzmeisters Wolf Hühnerkopf, hatten mehrere größere Posten eingezahlt (gesamt: 63248 Gulden). Hingegen hatten säkularisierte Klöster, evangelische Stifte, Schulen und Universitäten sowie Hospitäler und Gemeine Kästen verstärkt Kapital angelegt. Ferner war es Kurfürst August und seinen Beamten gelungen, den Anteil der landesfremden Gläubiger drastisch zu senken. 1571 wurden einzig dem Rat von Nürnberg (20000 Gulden) und dem Markgrafen Georg Friedrich von Brandenburg-Ansbach (1556–1603) Kapitalien verzinst.[64] Jedoch war dessen Einlage nicht unbeträchtlich, denn er hatte 100000 Taler (114285 $^1/_2$ Gulden) angelegt. Dieses Stammkapital wurde jährlich mit 5714 Gulden 6 Groschen verzinst. Im Übrigen wurden die Zinsen nicht in Leipzig, sondern am Tag des Hl. Georg in Nürnberg bedient.

Einige kritische Bemerkungen sind auch zum Jahr 1571 notwendig: Zum einen sind abermals nicht alle Gläubiger namentlich bekannt. Die Summe ihrer absoluten Einlagen war angewachsen, der relative Anteil hingegen gefallen. Zum anderen ist auf das Problem jener 343636 Gulden zu verweisen, die vom Fürsten beziehungsweise aus der Rentkammer stammten. Es ist eingangs erwähnt worden, dass es nur zu einem geringen Teil (mindestens jedoch 50000 Gulden) bare Einlagen waren. Und schließlich ist drittens hinzuzufügen, dass es wiederum vollends den Rahmen sprengen würde, alle adligen, bürgerlichen, städtischen sowie geistlichen Kreditoren komplett analysieren und personengeschichtlich detailliert vorstellen zu wollen. Allein der Hinweis auf das Volumen des zu verzinsenden Kapitals mag genügen, um auf die Vielzahl der Personen und Institutionen zu verweisen. Außerdem gilt es, wesentliche Strukturmerkmale herauszuarbeiten. Abermals wird zu zeigen sein, dass sich die kursächsischen Gläubiger aus den Reihen des landsässigen Adels, der größeren Städte sowie der landesherrlichen Funktionsträger rekrutierten. Erneut wären Gemeine Kästen, Schulen und Hospitäler oder die Kleinkreditoren aus den Ämtern zu nennen. Neue Befunde liegen einzig im Hinblick auf die Fürstenschulen und die Universitäten vor.

[64] *Jürgen Petersohn*, Staatskunst und Politik des Markgrafen Georg Friedrich von Brandenburg-Ansbach und -Bayreuth 1539–1603, in: ZBLG 24, 1961, 229–276.

Der Rat der Stadt Leipzig war mit Abstand der wichtigste Gläubiger des Obersteuerkollegiums. Indessen amtierte der Rat nicht allein als bloßer Geldgeber; vielmehr trat er als einflussreiches Kreditinstitut in Erscheinung, denn von jenen 379521 Gulden waren 214629 Gulden bei anderen Gläubigern geborgt worden, so dass der Stadtrat einen Großteil des Zinsertrages weitergereicht hat. Ungeachtet dessen ist die Kreditwürdigkeit des Leipziger Stadtrates herauszustreichen. Er war neben dem Obersteuerkollegium die Institution schlechthin, der man anscheinend sorglos Geld borgen konnte.[65] Erst infolge der Fehlspekulationen des Stadtrates im Mansfelder Bergbau und aufgrund der Kipper- und Wipperinflation wurden die Gläubiger enttäuscht. Im Jahre 1625 stellte der Kurfürst die Stadt angesichts ihrer Zahlungsunfähigkeit unter Zwangsverwaltung. 1571 traten im Vergleich zu Leipzig andere landtagsfähige Städte hingegen deutlich zurück: Chemnitz hatte 36277, Dresden 28760, Zwickau 27829, Pirna 20858, Langensalza 18757, Großenhain 17500, Delitzsch 16645, Sangerhausen 16569, Oschatz 16500 und Weißenfels immerhin 15720 Gulden geborgt. Die Einlagen anderer Städte, die auch allesamt landtagsfähig waren, betrugen weniger als 14000 Gulden.

Es ist hervorgehoben worden, dass der obersächsisch-thüringische Adel im Jahr 1571 die kapitalstärkste soziale Gruppe unter den kursächsischen Gläubigern war. Zumindest sollen jene Geschlechter kurz angeführt werden, denen mit Abstand das meiste Kapital verzinst wurde. Es waren die von Schönberg (in summa: 217815 Gulden), die von Starschedel (105565 Gulden), die Angehörigen der Familie Pflug (59885 Gulden), die von Ponickau (54546 Gulden), die von Dieskau (40000 Gulden), die von Bünau (35944 Gulden) sowie die von Schleinitz und von Taubenheim (jeweils 18000 Gulden). Auch das hochadlige Geschlecht derer von Schönburg wäre zu erwähnen (45714 Gulden). Als Einzelpersonen ragen jedoch Innozenz von Starschedel (69165 Gulden), Heinrich von Schönberg zu Stollberg (45222 Gulden) und Caspar von Schönberg zu Purschenstein heraus (32600 Gulden). Letzterem war bereits 1553 eine Kapitaleinlage von 25000 Gulden verzinst worden. Außerdem sind die Erben des Sebastian von Wallwitz (30000 Gulden), Heinrich von Miltitz auf Rabenau (29600 Gulden) und Georg von Schönberg zu Limbach (25000 Gulden) zu nennen.

[65] Die Funktion des Leipziger Rates als Kreditinstitut ist ein Desiderat der Forschung, obgleich die Quellenlage ausgezeichnet ist. Vgl. vorerst: *Uwe Schirmer*, Der Finanzplatz Leipzig vom Ende des 12. bis zur Mitte des 17. Jahrhunderts. Geldwesen – Waren- und Zahlungsverkehr – Rentengeschäfte, in: Markus A. Denzel (Hrsg.), Der Finanzplatz Leipzig. Frankfurt am Main (im Druck).

Mit Nachdruck ist hervorzuheben, dass abermals viele Landadlige, die als Funktionsträger in der kursächsischen Verwaltung dienten, ebenfalls über nicht geringe Einlagen verfügt haben. Eine mögliche Namensliste würde vom Oberhauptmann des erzgebirgischen Kreises, Wolf von Schönberg (17343 Gulden) und vom wirkmächtigen Geheimen Rat Hans von Bernstein (9000 Gulden) – beide waren übrigens auch Obersteuereinnehmer – bis hin zum kursächsischen Kanzler Haubold von Einsiedel zu Scharfenstein reichen. Außerdem waren sie nicht allein hochrangige Funktionsträger in der landesherrlichen und landständischen Verwaltung, sondern sie besaßen obendrein schriftsässige Rittergüter, so dass sie selbstverständlich auch landtagsfähig waren.[66] Obendrein sind wiederum Sekretäre oder Schreiber und Kopisten als Gläubiger anzuführen, so der Kammersekretär Hans Jenitz (3000 Gulden)[67], Hieronymus Gareisen (2000 Gulden), Hieronymus Krahemeier (4000 Gulden), Michael Springenklee (550 Gulden) sowie die Erben des verstorbenen Kammermeisters Joachim Thiele aus Dresden (680 Gulden).

Im Vergleich zu 1553 waren die Einlagen des Bürgertums von 200704 auf 306395 Gulden im Jahr 1571 angewachsen. Beispielsweise hatte die Familie Hühnerkopf mit über 63000 Gulden zu diesem Anstieg beigetragen. Sie, als Erbe des Münzmeisters Wolf Hühnerkopf, war 1571 der unangefochtene Spitzenreiter unter den bürgerlichen Kreditoren. Nach ihr folgen Kilian Schmidts Erben, die bereits 1553 genannt worden sind. Nunmehr verfügten sie über ein Kapital von 15429 Gulden. Nur geringfügig kleiner waren die Einlagen des Clemens Falke, dem 15000 Gulden verzinst wurden.[68] Andere bürgerliche Gläubiger treten im Hinblick auf ihr zu verzinsendes Kapital merklich zurück. Es ist schon mehrmals betont worden,

[66] Weitere Details: *Schirmer*, Kursächsische Staatsfinanzen (wie Anm. 2), 668–672.

[67] Hans Jenitz war zwar nur Kammersekretär, indessen hatte er eine Stellung, die mit der eines Hofrates zu vergleichen ist. Er war der vertraute Sekretär des Fürsten in der fürstlichen Schreibstube und besaß immer engste Kontakte zu den mächtigsten Räten. 1585 erwarb er sogar das schriftsässige Rittergut Lohmen im Amt Hohnstein. 1586 wurde Jenitz zum Kammer- und Bergrat ernannt. Vgl. *Ulf Molzahn*, Adel und frühmoderne Staatlichkeit. Eine prosopographische Untersuchung zum politischen Wirken einer territorialen Führungsschicht in der frühen Neuzeit (1541–1622). Diss. phil. Leipzig 2005, Bd. 2, 258.

[68] Die Familie Falke, bürgerlicher Herkunft, saß seit 1485 auf Triestewitz. 1557 hat Clemens Falke für 16500 Gulden die Güter Triestewitz und Falkenstruth (Amt Schweinitz) verkauft. Seit 1541 stand er in albertinischen Diensten (Oberhofjägermeister). 1552 gehörte er dem Oberkonsistorium an, 1558 und 1560 ist Falke als Amtmann von Moritzburg und Großenhain nachweisbar, 1575 und 1577 wird er als Hofmeister angeführt. Vgl. ebd. Bd. 2, 239.

dass der Leipziger Stadtrat eine Anlage von 379521 Gulden eingezahlt beziehungsweise aufgetrieben hatte. Damit war der Anteil des Leipziger Rates außergewöhnlich hoch, denn die im Obersteuerkollegium hinterlegten Einlagen aller Städte aus Sachsen, Thüringen und Meißen sowie einiger weniger Gemeinden betrugen insgesamt 708960 Gulden.[69]

Besonders beachtlich – und das vermag die empirisch ‚übersättigte' Analyse etwas aufzulockern – ist die Tatsache, dass sich die Einlagen der Dignitäre, geistlichen Institutionen, Universitäten und Schulen sowie der Gemeinen Kästen binnen relativ kurzer Zeit faktisch verfünffacht hatten! Ohne es im Detail belegen zu können, muss davon ausgegangen werden, dass vor allem die Prokuratoren der Universitäten, Fürstenschulen, Schulen und Gemeinen Kästen aufgefordert wurden, verfügbares Stiftungskapital bei der „Landesbank", also dem Obersteuerkollegium, zinstragend anzulegen. Wenn bedacht wird, dass die Leipziger und Wittenberger Universität sowie die Fürstenschulen zu Schulpforte, Grimma und Meißen infolge der Reformation ohnehin recht gut mit säkularisiertem Kirchengut ausgestattet und fundiert worden waren, dann erscheinen deren bare Kapitaleinlagen zusätzlich bemerkenswert.

Dies mag erklären[70], warum die „Bildungslandschaft Mitteldeutschland" so anziehend und erfolgreich war. Damals wie heute galt: Bildung ist die wichtigste Quelle des Wohlstandes. Dem Kurfürsten, der landesherrlichen Verwaltung und noch mehr den Ständen war bewusst, dass es nicht

[69] Das Kapital des Nürnberger Stadtrates (20000 Gulden) war zu den landesfremden Einlagen gerechnet worden.

[70] An neueren Forschungen zur mitteldeutschen Bildungs-, Schul- und Universitätsgeschichte seien genannt: *Enno Bünz/Manfred Rudersdorf/Detlef Döring* (Hrsg.), Geschichte der Universität Leipzig 1409–2009. Bd. 1: Spätes Mittelalter und Frühe Neuzeit 1409–1830/31. Leipzig 2010; *Jonas Flöter/Günther Wartenberg* (Hrsg.), Die sächsischen Fürsten- und Landesschulen. Interaktion von lutherisch-humanistischem Bildungsideal und Eliten-Bildung. (Schriften zur sächsischen Geschichte und Volkskunde, Bd. 9.) Leipzig 2004; *Thomas Töpfer*, Die Leucorea am Scheideweg. Der Übergang von Universität und Stadt Wittenberg an das albertinische Kursachsen 1547/48. Eine Studie zur Entstehung der mitteldeutschen Bildungslandschaft. Leipzig 2004; *ders./Manfred Rudersdorf*, Fürstenhof, Universität und Territorialstaat. Der Wittenberger Humanismus, seine Wirkungsräume und Funktionsfelder im Zeichen der Reformation, in: Thomas Maissen/Gerrit Walther (Hrsg.), Funktionen des Humanismus. Studien zum Nutzen des Neuen in der humanistischen Kultur. Göttingen 2006, 214–261; *Karlheinz Blaschke/Detlef Döring* (Hrsg.), Universitäten und Wissenschaften im mitteldeutschen Raum in der Frühen Neuzeit. (Quellen und Forschungen zur sächsischen Geschichte, Bd. 26.) Stuttgart 2004; *Sebastian Kusche*, Konfessionalisierung und Hochschulverfassung. Zu den lutherischen Universitätsreformen in der zweiten Hälfte des 16. Jahrhunderts, in: Jahrbuch für Universitätsgeschichte 13, 2010, 27–44.

nur darum ging, kluge Köpfe an den Hohen Schulen lehren und lernen zu lassen, sondern dass ihnen gleichermaßen solide finanzielle und materielle Ausstattungen zur Verfügung standen. Freilich stammten die 281204 Gulden nicht allein von Wittenberg und Leipzig beziehungsweise von den Fürstenschulen; allerdings wurden ihnen nur knapp 103000 Gulden verzinst. Auffällig erscheinen manche Unterschiede, die nur eine Detailstudie klären kann. So wurden der Universität Wittenberg 43000 Gulden verzinst (12000 Gulden stammten aus dem Kollegiatstift zu Altenburg). Auch die Einlagen von Schulpforte waren mit 39390 Gulden beträchtlich; moderat war das Kapital der Schule St. Afra zu Meißen (16372 Gulden). Hingegen fallen die Universität Leipzig (3000 Gulden von der Medizinischen Fakultät) und die Schule St. Augustin zu Grimma (1000 Gulden) ab. Das Kapital des Prokuraturamtes Meißen (19965 Gulden) wurde mit zu den geistlichen Institutionen gezählt, da die endgültige Säkularisation des Hochstiftes erst 1581 erfolgte. Im Meißner Prokuraturamt wurden Besitz und Einkünfte des Domkapitels zusammengefasst. Damit verbleiben für die Hospitäler, Almosenkassen und Gemeinen Kästen 94558 Gulden. Auf die Hospitäler entfielen 20459 Gulden, wobei die Einlage des Dresdner Hospitals St. Jacob mit 17399 Gulden herausragt.[71] Eine sich überregional betätigende Almosenkasse, die eine Einlage von 23726 Gulden besaß, versorgte mit ihren Zinsen Bedürftige in den Städten, insbesondere in den Bergstädten. Ohnehin fällt auf, dass die Almosenkassen und Gemeinen Kästen sowie die Knappschaftskassen aus den Bergstädten dominierten: Zwickau (17200 Gulden), Schneeberg (8100 Gulden), Freiberg (6350 Gulden), Altenberg (3500 Gulden), Geyer (1900 Gulden), Glashütte (1200 Gulden). Zu erwähnen sind auch der Gemeine Kasten zu Dresden (3047 Gulden), eine Einlage von den dortigen Tuchmachern (2000 Gulden) sowie von der Annaberger Knappschaft (1000 Gulden).

Das zu verzinsende Kapital aller geistlichen Institutionen sowie des Bischofs von Meißen betrug 63919 Gulden. Johannes VIII. von Maltitz, Bischof von Meißen (1537–1549), hatte 15678 Gulden eingezahlt, wovon je-

[71] Deutlich zurück lagen das Hospital St. Georg vor Döbeln (1960 Gulden), St. Johannis vor Leipzig (600 Gulden), das Hospiz in Annaberg (300 Gulden) und St. Matern zu Dresden (200 Gulden). Zur Ausstattung der Dresdner Hospitäler: *Alexandra-Kathrin Stanislaw-Kemenah*, Armen- und Bettelwesen im 16. Jahrhundert, in: Karlheinz Blaschke (Hrsg.), Geschichte der Stadt Dresden. Bd. 1: Von den Anfängen bis zum Ende des Dreißigjährigen Krieges. Unt. Mitw. v. *Uwe John*. Stuttgart 2005, 607–620; *Matthias Meinhardt*, Dresden im Wandel. Raum und Bevölkerung der Stadt im Residenzbildungsprozess des 15. und 16. Jahrhunderts. (Hallische Beiträge zur Geschichte des Mittelalters und der Frühen Neuzeit, Bd. 4.) Berlin 2009, 67–72.

doch 1449 Gulden von der Familie von Maltitz juristisch angefochten wurden. Da Johannes VIII. im November 1549 verstorben war, hätte das Kapital eigentlich in den Verzeichnissen von 1550 beziehungsweise 1553 aufgelistet sein müssen. Warum dies nicht der Fall war, bleibt unklar. Offensichtlich hatte man es zuvor bei einem anderen Institut angelegt. Nach dem Meißner Bischof sind die Domkapitel zu Merseburg (15510 Gulden) und Naumburg (9400 Gulden), das Frauenkloster Freiberg (6620 Gulden), ein Stiftungskapital des aus dem Meißner Lande stammenden Bischofs von Brixen, Melchior von Meckau (4971 Gulden)[72], das Georgenkloster Naumburg (4000 Gulden), das Kloster Walkenried (1600 Gulden), der Rechtsnachfolger der Kartause zu Crimmitschau (2000 Gulden) und das Kollegiatstift Wurzen (1500 Gulden) zu nennen.

Einige abschließende Bemerkungen zur wirtschaftlichen Situation in Kursachsen des Jahres 1571: Es wurde darauf verwiesen, dass die Schulden abermals angestiegen sind. Unter anderem wurden die Territorialpolitik und der damit verbundene Aufkauf von Herrschaftskomplexen, Grundherrschaften und Forsten des Kurfürsten genannt. Ein Großteil der Immobilien konnte nicht bezahlt werden, so dass die Kaufsummen als Schulden „angeschrieben" worden sind. Dies ist eine der Erklärungen, warum der Anteil des Adels so kräftig angestiegen war. Trotzdem erscheinen einige Ergänzungen nötig: 1. Jene Adligen, die über große Grundherrschaften verfügten, profitierten in der zweiten Hälfte des 16. Jahrhunderts von der kräftigen Agrarkonjunktur. Diese Tatsache ist nicht aus den Augen zu verlieren, wenn der gestiegene Anteil des Adels zu begründen ist. 2. Der Verkauf von Grundherrschaften, Forsten und Wäldern sowie von Jagdrevieren muss jedoch auch mit möglichen Überschuldungen des Adels erklärt werden. Die von Berbisdorf, von Schönberg zu Stollberg oder von Starschedel zu Mutzschen – um zumindest drei Beispiele zu nennen – mussten verkaufen, weil nach dem Tod des Familienältesten die Erben finanziell abzufinden waren. Die Veräußerung des Stammsitzes samt Grundbesitz war die Folge. Dementsprechend scheint es kein Zufall zu sein, dass das Fideikommiß seit der

[72] Kardinal Melchior von Meckau war 1509 gestorben und hatte ein Vermögen von vielen zehntausend Rheinischen Gulden hinterlassen. Nach kanonischem Recht gehörte das Erbe der Kirche. Nach seinem Tod entbrannte jedoch ein Streit um das Erbe. Meckau hinterließ ein Testament. Kleinere Summen waren auch für das Meißner Hospital und für die dortigen Franziskaner bestimmt. Außerdem wurden der Meißner Kirche Silbergeschirr und Pagament überlassen. Aus dieser Vermögensmasse stammen jene 4971 Gulden. Vgl. *Matthias Donath*, Dompropst Melchior von Meckau (um 1440–1509). Ein Kirchenfürst und Finanzunternehmer zwischen Meißen und Rom, in: Ecclesia Misnensis. Jahrbuch des Dombau-Vereins Meißen 2, 1999, 55–62.

zweiten Hälfte des 16. Jahrhunderts verstärkt rezipiert wurde.[73] 3. Die angewachsenen Einlagen des Bürgertums müssen – zumindest teilweise – ebenfalls mit dem Erwerb von Grundbesitz erklärt werden (Clemens Falke, Gebrüder Hühnerkopf, Hans Kölbel). Auch bei ihnen war der Kurfürst nicht in der Lage, den Kaufpreis bar zu begleichen. Inwieweit spezifische Faktoren (Bergbau, Zunahme des Warenverkehrs, Blüte der Leipziger Messe, Rückkopplungseffekte des Hofes auf das Wirtschaftsleben in Dresden, allgemeine Wirtschaftskonjunktur bis um 1570) zu den gestiegenen Einlagen des Bürgertums geführt haben, bleibt unbeantwortet. Allerdings ist die Stellung des Leipziger Stadtrates ein wichtiges Indiz. Namentlich das Handelskapital profitierte vom Wirtschaftsaufschwung des 16. Jahrhunderts. Einige Kaufleute legten ihr Geld zinstragend beim Obersteuerkollegium an, andere immobilisierten es und kauften Rittergüter auf.

V. Die Schulden im albertinischen Kurfürstentum im Jahre 1591

Nach dem Tod des Kurfürsten Christian I. führten die beiden zentralen kursächsischen Finanzbehörden, also die landesherrliche Rentkammer und das landständische Obersteuerkollegium, Ende September 1591 einen Kassensturz durch. Die finanzielle Bilanz konnte sich trotz der problematischen Haushaltspolitik des verstorbenen Fürsten sehen lassen.[74] Zwar waren die Schulden seit dem Ostermarkt 1590 wieder gestiegen, aber die Verantwortlichen des Obersteuerkollegiums hatten ihren Haushalt im Griff; die Liquidität war jederzeit gesichert. Insgesamt lasteten im September 1591 knapp 3047000 Gulden auf den beiden Zentralkassen. Kurfürst Christian I. hatte jedoch in der landesherrlichen Kammer neue Schulden angehäuft: 337023 Gulden. Im Obersteuerkollegium waren es nur noch 2709957 Gulden.[75] Im Vergleich zu 1571 konnte die Schuldenlast sogar um 94000 Gulden gemindert werden. Wenn noch bedacht wird, dass es sich bei den Krediten des Kurfürsten August von 1576/77 (1 Million Gulden) um Buchgeld gehandelt hat, dann hatte das Obersteuerkollegium

[73] Vgl. *Ina Ebert*, Art. „Familienfideikommiß“, in: Cordes/Lück/Werkmüller/Schmidt-Wiegand (Hrsg.), Handwörterbuch (wie Anm. 14), Bd. 1, Sp. 1503.
[74] *Schirmer*, Kursächsische Staatsfinanzen (wie Anm. 2), 694–696.
[75] SächsHStA Dresden, Loc. 41404, Rep. LVIII, Vol. III, Sect. I, Lit. H Nr. 4, Hauptbuch auf die Schuldsummen (1591); ebd. Loc. 10376/35, Auszug und Verzeichnis derer Schulden [...], Rentkammer 1591, unfoliiert.

handfeste Erfolge vorzuweisen, denn mit jener Million konnte es die Gläubiger natürlich nicht bedienen.[76] Ferner ist zu betonen, dass die Kammer 1571 infolge der Umschuldung schuldenfrei gewesen war. Zwanzig Jahre später lasteten auf ihr neuerlich Schulden. Dem Obersteuerkollegium, das 1571 alle Verbindlichkeiten verzinste, war es hingegen gelungen, über 430000 Gulden abzustoßen. Dass sowohl die Kammer als auch das Obersteuerkollegium auf jedem Leipziger Markt Schulden tilgten und auch wieder neue Kredite aufnahmen, wurde bereits erwähnt. Die entscheidende Frage ist, ob sich im Vergleich zu 1571 die soziale Zusammensetzung der Gläubiger verändert hat.

Die hohen Einlagen des Fürsten und der ernestinischen Rentkammer stechen hervor. Die von Kurfürst August 1576/77 gewährten Kredite mit einem Volumen von insgesamt 1 Million Gulden wurden erwähnt. Es wurde auch bereits darauf hingewiesen, dass es sich um „Girogeld" handelte. Mit diesem Buchungstrick sicherte sich der Fürst einen kleinen Anteil an der Steuer. Da das Obersteuerkollegium jenen Kredit natürlich mit hartem Silbergeld verzinste, wurde der Kredit in die Gesamtrechnung mit einbezogen. 252477 Gulden hatte die ernestinische Rentkammer aus Weimar gegeben. Hierbei wird es sich wohl um Bargeld gehandelt haben. Da die Beziehungen zwischen den ernestinischen und albertinischen Wettinern in den Jahren 1573 bis 1586 beziehungsweise 1591 bis 1601 infolge der Vormundschaftsregelungen besonders eng waren, wurde auch dieser Kredit bei der Gesamtanalyse mit zu den Anleihen gezählt, die aus der Rentkammer stammten, denn er ist zweifellos durch Kurfürst August vermittelt worden.[77] Auf alle Fälle verzerren diese beiden Kapitaleinlagen das Bild; trotzdem gewährt die Gesamtanalyse – vorrangig freilich nach absoluten Zahlen – nicht unwichtige Erkenntnisse.

Als erstes ist hervorzuheben, dass die Schulden landesfremder Gläubiger unterdessen gänzlich abgetragen waren. Unerheblich war der Anteil

[76] Ende des 16. Jahrhunderts kamen „Scheine" beziehungsweise „Zettel" in Umlauf, welche die landesherrliche Rentkammer ausgestellt hatte. Dieses „Papiergeld" wurde teilweise akzeptiert, da die Steuerpflichtigen, besonders die Stadträte und Bürger, damit ihre Steuern bezahlten. Der steuerbefreite Adel oder ausländische Kaufleute akzeptierten dieses „Geld" natürlich nicht. Es zirkulierte vor allem in der kursächsischen Finanzverwaltung.

[77] Diese Anleihe kann nur aus den Jahren 1573 bis 1586 stammen, als Kurfürst August als ernestinischer Vormund die zerrütteten Finanzen in Weimar in Ordnung gebracht hat. Immerhin war der dortige Schuldenberg von 577376 Gulden (1573) bis auf 200000 Gulden (1582) abgeschmolzen worden. Vgl. *Otto Kius*, Das Finanzwesen des Ernestinischen Hauses Sachsen im 16. Jahrhundert. Weimar 1863, 132.

bürgerlicher Kreditoren gesunken, denen noch 263412 Gulden verzinst wurden. Energischer hatte sich freilich das Obersteuerkollegium aus der finanziellen Abhängigkeit der Stadträte befreit. Quellenkritisch ist jedoch die scheinbare Halbierung der adligen Kapitaleinlagen zu betrachten. Denn nunmehr wurden viele adlige Kredite aus den Ämtern bedient, was eine detaillierte Analyse bezüglich des Adels erschwert beziehungsweise unmöglich macht. Wie ist der starke Anstieg der Ämter zu bewerten? Die Schösser der Ämter waren nach 1586 vermehrt in die Schuldenbedienung eingebunden, was abermals mit dem Erwerb von Grundherrschaften und Forsten durch den Kurfürsten zu erklären ist. Auch Christian I. bezahlte – wie schon zu Zeiten seines Vaters, des Kurfürsten August – die erworbenen Güter nicht bar. Vielmehr übertrug er die Kaufsummen an die Kammer oder an das Obersteuerkollegium. Allerdings wurden die Verbindlichkeiten nicht von den beiden Institutionen bar verzinst. Sie verwiesen die Gläubiger an die Schösser in den Ämtern; insbesondere in jenen Ämtern, in denen sich die gekauften Immobilien befanden.

Die Gläubiger brauchten in dem Fall nicht auf den Leipziger Märkten zu erscheinen, um ihre Zinsen zu empfangen. Dies wurde nur noch zwischen den Ämtern, der Kammer und dem Obersteuerkollegium verrechnet, so dass die Zinsen als Ausgaben des Obersteuerkollegiums erscheinen. Beispielsweise hatte die Familie von Ponickau zu Pomßen einige Dörfer verkauft, die im Amt Colditz lagen. Der Kurfürst konnte sie nicht bar bezahlen. Die Schulden legte er auf das Amt Colditz, so dass die von Ponickau ihre Zinsen vom Schösser zu Colditz empfingen.[78] Auf keinen Fall ist der Anstieg der aus den Ämtern bedienten Kapitalen auf angewachsene Einlagen der ansässigen Bauern oder Bürger zurückzuführen. Die Zinsen empfing hauptsächlich der vor Ort sitzende Adel. Nicht zuletzt erklärt dies den starken Rückgang der Kapitaleinlagen des Adels *ad personam*. Eine exakte Quantifizierung hätte die Durchsicht aller Amtsrechnungen erfordert und wäre angesichts der fragmentarischen Quellenlage wohl auch nicht möglich gewesen. Explizit als adlige Einlagen sind 531094 Gulden ausgewiesen.

Aufgrund der quellenspezifischen Situation kann die personengeschichtliche Auswertung knapp ausfallen, zumal sich viele Parallelen zu den Jahren zuvor ergeben. An der Spitze der adligen Kreditoren steht eine Erbengemeinschaft der Familie von Starschedel, die nach 1581 endgültig

[78] SächsHStA Dresden, Loc. 41404, Rep. LVIII, Vol. III, Sect. I, Lit. H Nr. 4, Hauptbuch auf die Schuldsummen (1591), unfoliiert.

ihre Herrschaft Mutzschen dem Kurfürsten zum Verkauf überlassen hatte. Ein Teil der Kaufsumme (36540 Gulden) wurde noch 1591 verzinst. Großteile des Kapitalstocks von Caspar Pflug und Hans Georg von Ponickau stammten gleichfalls aus einem Immobiliengeschäft. Es betraf das Gut Zabeltitz, das der Kurfürst 1588 erworben hatte. Das Kaufgeld wurde 1591 teilweise noch verzinst, so dass Pflug (32500 Gulden) und Ponickau (27000 Gulden) – beide profitierten vom Verkauf – mit zu den kapitalkräftigsten Gläubigern gehörten. Auf sie folgen die Erben des Sebastian von Wallwitz, denen 25000 Gulden bedient worden sind. Ihre Einlage hatte sich im Vergleich zu 1571 um 5000 Gulden verringert. Mit Johann Haugwitz erscheint der 1581 resignierte Bischof Johann IX. von Meißen, der über ein Guthaben von 20560 Gulden verfügte. Die Bedienung des Kapitals war ihm wegen seiner Resignation vertraglich zugesichert worden.[79] Die Erben des Moritz von Heseler erhielten Zinsen von 20000 Gulden. Über einen Kapitalstock von 19300 Gulden verfügte der Obersteuereinnehmer Innozenz von Starschedel zu Mölbis, und der Witwe des Fabian von Schöneich wurden 17619 Gulden verzinst. Der Obersteuereinnehmer Christoph von Heseler zu Burgheseler besaß ein zu verzinsendes Kapital von 15000 Gulden. Die Einlagen der anderen adligen Kreditgeber lagen alle unter dieser Summe. Erneut sind nicht wenige adlige Hof-, Kammer- und Regierungsräte beziehungsweise Amt- und Hauptleute fassbar, die zugleich kursächsische Gläubiger waren. Vor allem sind die Obersteuereinnehmer zu nennen. Neben den bereits erwähnten Hans Georg von Ponickau, Innozenz von Starschedel und Christoph von Heseler sind noch Hildebrand von Einsiedel zu Gnandstein (6000 Gulden) und Heinrich von Bünau zu Nedaschütz (4200 Gulden) anzuführen.

Der Anteil bürgerlicher Unternehmer, Kaufleute und Funktionsträger war auf 263412 Gulden gesunken. 1571 führte die Familie Hühnerkopf mit 63000 Gulden unumstritten die Liste der kapitalkräftigsten Kreditoren an. Zwanzig Jahre später hatte sie das Kapital komplett abgezogen. Dafür stehen die Erben des Matthias Flick aus Sangerhausen mit 20000 Gulden an

[79] Vgl. die am 15. und 20. Oktober 1581 abgeschlossenen Verträge: *E. G. Gersdorf* (Hrsg.), Urkundenbuch des Hochstifts Meissen. Bd. 3. (Codex diplomaticus Saxoniae regiae, Hauptteil II.) Leipzig 1867, Nr. 1487–1492, 409–415, besonders Nr. 1488, 410. Dem Bischof Johann IX. von Meißen wird nach der Resignation die Verzinsung von „14000 Gülden“ (Rheinische Gulden) bei der kurfürstlichen Kammer und von „3000 Ducaten bei der Stadt Görlitz für seine Lebenszeit“ zugesichert. Auf welche Weise der Kapitalstock erhöht wurde, ist unbekannt. Vgl. auch *Paul Dietrich*, Die Meißner Diözese unter der Kirchenpolitik der Landesherren des 16. und 17. Jahrhunderts. (Studien zur katholischen Bistums- und Klostergeschichte, Bd. 1.) Leipzig 1961, 32.

der Spitze; ihnen folgte Magdalena Mordeisen, die Frau des 1572 verstorbenen Dr. Ulrich Mordeisen, der 18329 Gulden verzinst wurden. Nach Magdalena Mordeisen erscheint die Frau des 1575 verstorbenen Dr. Georg Cracow, die Zinsen von 15500 Gulden empfing. Beachtlich war auch Hans Jenitzens Einlage (15000 Gulden). Auf ihn beziehungsweise seine Frau folgte Hieronymus Krahemeier, der 1591 als „Austeiler zu Freiberg“ bezeichnet wurde. Seine Einlagen und die seiner Frau betrugen 14500 Gulden. Krahemeier war vom Kammersekretär zum Bergbaubeamten aufgestiegen, besaß Anteile im Freiberger und Marienberger Bergbau und betätigte sich im Metallhandel. Stattlich war das Vermögen des kurfürstlichen Leibarztes Dr. Sigmund Kohlreuter, dem 13000 Gulden verzinst wurden.[80] Bemerkenswert ist ferner ein Kapitalstock in Höhe von 12285 Gulden, der mindestens seit über vierzig Jahren Zins eintrug. Möglicherweise stammte die Anlage von Paul Schmidt, der unter den ernestinischen Kurfürsten als Zehntner und Amtsverweser zu Schneeberg sowie als Amtmann zu Schlettau gedient hatte. Dieses Kapital ist sodann von Kilian Schmidt um die Mitte des 16. Jahrhunderts aufgestockt worden.

Auf einige Funktionsträger bürgerlicher Herkunft, die gleichfalls im Jahr 1591 als kursächsische Gläubiger in Erscheinung traten, ist hinzuweisen. So auf die Geheimen Hofräte Dr. David Pfeifer (8000 Gulden) und Dr. Wolfgang Eilenbeck (3000 Gulden) sowie auf den Kanzler Dr. Nikolaus Krell (4000 Gulden). Krell wurde wenige Tage später, im Oktober 1591, verhaftet und letztlich nach einem zehnjährigen Verfahren (wegen Verführung des verstorbenen Kurfürsten Christian I. zum Calvinismus etc.) hingerichtet.[81] Schließlich sei die Witwe des 1590 verstorbenen Kammersekretärs Hans Jenitz erwähnt, der sogar 15000 Gulden bedient worden sind. Außerdem wären anzuführen: der Kammermeister Gregor Unwürde (7000 Gulden), der Hofrat und Vizekanzler Andreas Rauchbar (3000 Gulden), der Hofprediger Johann Salmuth (500 Taler) sowie die Leipziger Universitätsprofessoren Dr. jur. Hartmann Pistoris (4000 Gulden) und Dr. theol. Zacharias Schilter (290 Gulden).[82]

[80] Vgl. zur Biographie von Sigmund Kohlreuter (1534–1599): *Thomas Klein*, Der Kampf um die zweite Reformation in Kursachsen 1586–1591. (Mitteldeutsche Forschungen, Bd. 25.) Köln 1962, 126.

[81] *Hartmut Krell*, Das Verfahren gegen den 1601 hingerichteten kursächsischen Kanzler Dr. Nicolaus Krell. (Europäische Hochschulschriften, Rh. II, Bd. 4362.) Frankfurt am Main/Berlin/Bern u. a. 2006.

[82] Der Jurist Hartmann Pistoris († 1603) war von 1576 bis 1586 Mitglied des Geheimen Rates gewesen. Der Theologieprofessor Zacharias Schilter (1541–1604) stand der Religi-

Nicht zuletzt sind die Einlagen der Städte im Vergleich zu 1571 gesunken. Bediente das Obersteuerkollegium im Jahr 1571 noch 708 960 Gulden, so waren es 1591 nur noch 495 954 Gulden. Einige Anmerkungen erscheinen dazu notwendig. Am stärksten war das angelegte Kapital des Leipziger Rates zurückgegangen, der im Vergleich zu 1571 über 128 000 Gulden abgezogen hatte. Wurden ihm 1571 stattliche 379 521 Gulden bedient, so waren es zwanzig Jahre später nur noch 251 518 Gulden. Die Ursachen liegen in der Leipziger Stadtkämmerei begründet, in der sich die finanziellen Schwierigkeiten häuften.[83] Außerdem betätigte sich der Leipziger Rat grundsätzlich auf dem Kapitalmarkt; er borgte und verborgte Geld. Insofern hatte er sich den Marktgesetzen zu beugen: Forderten die Gläubiger Kapital zurück, dann war er gezwungen, es auszuzahlen. Derartige Transaktionen konnten bis in das Obersteuerkollegium durchschlagen. Doch hatte nicht allein der Leipziger Rat Kapital abgezogen. Auch die Einlagen von Chemnitz (1571: 36277 Gulden; 1591: 32277 Gulden), Pirna (20 858; 13 895), Großenhain (17 500; 12 500), Delitzsch (16 645; 7645) und Sangerhausen (16 569; 4800) waren gemindert worden. Im Grunde betraf es fast alle Städte. Ausnahmen stellten nur Dresden (28 760; 35 511) und Langensalza (18 757; 29 524) dar. Wie im Fall von Leipzig wird man die Ursachen für diese Veränderung wohl nicht nur in der Haushaltspolitik der jeweiligen Stadträte suchen müssen. Der allgemeine Hintergrund könnte auch in der allmählich aufziehenden Kreditkrise zu suchen sein, die eine Folge der schleichenden Münzverschlechterung im Alten Reich war. Kritisch gegen diese These wäre jedoch einzuwenden, dass die kursächsischen Bergwerke nach wie vor genügend Silbererz förderten und dass – zumindest in den obersächsischen Münzstätten – genügend Pagament zum Ausbringen hochwertiger Silbermünzen zur Verfügung stand.

Ausgesprochen bemerkenswert erscheint das abermals angestiegene Anlagevermögen der säkularisierten Klöster, evangelischen Stifte, Universitäten und Schulen sowie der Gemeinen Kästen, Hospitäler und Almosen- oder Knappschaftskassen. Waren es im Jahr 1571 bereits stattliche 281 204 Gulden, so war das Kapital bis 1591 auf insgesamt 287 748 Gulden angestiegen. Allerdings ist auch hierbei zu differenzieren, denn die Gemeinen Kästen, Hospitäler und die Annaberger Knappschaftskasse hatten gering-

onspolitik des Kurfürsten Christian I. seit Anbeginn skeptisch gegenüber. Vgl. *Klein*, Kampf um die Zweite Reformation (wie Anm. 80), 89, passim.

[83] Bereits 1563 waren die Ausgaben höher als die Einnahmen, so dass die Defizite durch Anleihen kompensiert werden mussten. Vgl. *Johann Bernhard Willkofer*, Leipzig und der Mansfelder Bergbau im 16. und 17. Jahrhundert. Diss. phil. Leipzig 1922, 71.

fügig Kapital abgezogen. Ihre Gesamteinlagen waren auf 105472 Gulden gefallen. Ungeachtet dessen ist der in etwa gleichbleibende Betrag ein Zeichen einer durchaus verantwortungsvollen städtischen Sozialpolitik, zugleich aber auch Signatur der vielfältigen sozialen Probleme. Das nicht geringe Anlagekapital weist zumindest auf die Bereitschaft hin, soziale Not durch mildtätige Stiftungen zu lindern. So war das zu verzinsende Kapital des Dresdner St.-Jacob-Hospitals von 17399 auf 17899 Gulden, das der Gemeinen Kästen zu Altenberg von 3500 auf 5877 Gulden, in Geyer von 1900 auf 2494 Gulden und in Glashütte von 1200 auf 1794 Gulden angestiegen. Außerdem hatte Kurfürst August 10000 Gulden für die Unterhaltung des Lazaretts in Dresden gestiftet.[84] Im Großen und Ganzen hatten die Vorsteher der Kästen und Hospitäler das Grundkapital nicht angerührt, es war zwischen 1571 und 1591 vielerorts konstant geblieben. Nur in Freiberg war die Einlage aus dem Gemeinen Kasten von 6350 Gulden auf 3900 Gulden abgeschmolzen, was mit notwendigen Investitionen zu erklären wäre (Baumaßnahmen o. ä.).

Die Einlagen der Schulen waren von 56762 Gulden auf 68584 Gulden angewachsen. Die Zunahme gründet sich vorrangig auf die angestiegenen Guthaben der Landesschulen zu Pforte (von 39390 auf 48090 Gulden) und Meißen (von 16372 auf 19472 Gulden). Das Kapital der Grimmaer Fürstenschule betrug unverändert 1000 Gulden; kaum ins Gewicht fallen die 22 Gulden der Stadtschule Hohnstein. Nicht zuletzt waren das Stipendiengeld und das Vermögen der beiden Universitäten vermehrt worden (1571: 46385 Gulden; 1591: 57565 Gulden), wobei der Leipziger Grundstock am kräftigsten angeschwollen war (von 3385 auf 10356 Gulden). Moderat war das Kapital der Universität Wittenberg angestiegen (von 43000 auf 47209 Gulden).

Nahezu unverändert waren die zu verzinsenden Kapitalien der säkularisierten Stifte und Klöster geblieben. Im Vergleich zu 1571 waren sie um 7792 Gulden auf 56127 Gulden gefallen, was mit dem vollständigen Abzug des Kapitals des Meißner Bischofs infolge seiner Resignation zu erklären ist.[85] Allerdings war dies durch die gestiegenen Einlagen des Stifts und Ka-

[84] *Elke Schlenkrich*, Von Leuten auf dem Sterbestroh. Sozialgeschichte obersächsischer Lazarette in der frühen Neuzeit. (Schriften der Rudolf-Kötzschke-Gesellschaft, Bd. 8.) Beucha 2002, 29.

[85] 1571 wurden dem Bischof 14229 Gulden verzinst, außerdem stritt er mit der Familie von Maltitz über eine Summe von 1449 Gulden. Das ganze Kapital und eine Einlage, die aus dem Testament von Melchior von Meckau herrührte (4971 Gulden), waren 1591 kassiert. Die Vermutung, dass jene Einlagen ins Prokuraturamt Meißen gelangt sind, kann

pitels Naumburg (1571: 9400 Gulden; 1591: 15400 Gulden), des Georgenklosters Naumburg (4000 Gulden; 12050 Gulden) und des Nonnenklosters Freiberg (6620 Gulden; 7920 Gulden) annähernd kompensiert worden. Konstant geblieben war das Anlagekapital der Kartause zu Crimmitschau (2000 Gulden); gelöscht war ein Darlehn des Klosters Walkenried (1600 Gulden). Abschließend sei darauf verwiesen, dass die Einlagen des Stifts und Kapitels zu Merseburg auf 9845 Gulden gesunken waren. Das Problem der Kredite aus den Ämtern sowie die Einlagen des Kurfürsten und der ernestinischen Rentkammer aus Weimar ist oben erläutert worden.

VI. Zusammenfassung

Die Gesamtschulden im albertinischen Herzogtum beziehungsweise seit 1547 im Kurfürstentum Sachsen hatten sich zwischen 1516/17 und 1571 von rund 600000 auf über 3,14 Millionen Gulden mehr als verfünffacht. Im letzten Viertel des 16. Jahrhunderts stagnierte schließlich die Schuldenlast bei etwa drei Millionen Gulden. Es ist hervorzuheben, dass die Gläubiger – von einigen wenigen, allerdings spektakulären Beispielen infolge des Fürstenaufstandes gegen Karl V. nach 1552 einmal abgesehen – nahezu ausschließlich aus dem albertinischen Sachsen stammten. Sie rekrutierten sich zu beinahe allen Zeiten in einem überwältigenden Maße aus landständischen Vertretern und Institutionen. Trotz vielfältiger Bewegungen, Veränderungen und Schwankungen bezüglich der zu verzinsenden Schuldsummen bleibt festzuhalten, dass der landsässige Adel zum wichtigsten Kreditor der Landesherren beziehungsweise der kursächsischen Finanzverwaltung gehört hat. Indessen waren viele Adlige nicht nur Gläubiger, sondern sie verfügten über Sitz und Stimme auf den Landtagen, und manche von ihnen waren obendrein Funktionsträger in der landesherrlichen und/oder landständischen Verwaltung. Die vielfältigen personellen und administrativen Überschneidungen können durchaus die herausragende Stellung des thüringisch-obersächsischen Adels im politischen System Kursachsens erklären.

Nicht bedeutungslos war die Stellung der Stadträte und bürgerlichen Gläubiger. Die Stadträte – allen voran der Leipziger Stadtrat – hatten gleichfalls in nicht unbeträchtlichem Maße Kapital zinstragend angelegt.

nicht bestätigt werden, weil das Kapital des Prokuraturamtes im Vergleich zu 1571 nur mäßig angestiegen ist (von 19 965 auf 22 519 Gulden).

Sie – wie größtenteils auch alle Kaufleute oder Unternehmer – gehörten zu den albertinischen Städten und besaßen Zugang zum Landtag. Dass der Adel und die Städte maßgeblich die Diskussionen auf dem Landtag bestimmten, sei nicht nur nebenbei vermerkt. Ferner sei darauf verwiesen, dass nicht wenige bürgerliche Kreditoren als hochrangige Funktionsträger in der landesherrlichen Verwaltung nachweisbar sind. Neuere Forschungen haben zudem ihre enge Vernetzung in den städtischen Oberschichten bis hin in adlige Kreise nachgewiesen.[86] Schließlich seien die geistlichen Institutionen angeführt. Dass im Jahre 1516/17 die Stifte und Klöster eine wichtige Stellung auf dem Kapitalmarkt eingenommen haben, dürfte kaum überraschen – ebenso ihre relative Bedeutungslosigkeit in der Mitte des 16. Jahrhunderts, also wenige Jahre nach der Reformation, die im albertinischen Sachsen 1539 eingeführt wurde. Bemerkenswert sind sodann die recht hohen Einlagen der (evangelischen) Dignitäre und Stifte, säkularisierten Klöster, Universitäten, Schulen, Gemeinen Kästen, Hospitäler sowie Almosen- und Knappschaftskassen. Dementsprechend ist zu bedenken, dass die Universitäten Leipzig und Wittenberg sowie die evangelischen Hochstifte Merseburg, Naumburg und Meißen auf der Prälatenbank im Landtag saßen: in der ersten Landtagskurie zusammen mit den mitteldeutschen Grafen und Herren, wobei zu betonen ist, dass die Grafen und Herren nur ab und zu an den Landtagen teilnahmen und im Prinzip kaum als Gläubiger nachweisbar sind. Insbesondere das Beispiel der Grafen und Herren scheint auf das Verhältnis zwischen aktiver und wahrgenommener Landtagspräsenz und der Bereitschaft, dem Landesherrn oder dem Obersteuerkollegium Geld zu borgen, hinzuweisen. Insofern war der Landtag nicht nur ein Forum gesellschaftlich relevanter Debatten und finanzpolitischer Weichenstellungen, er war auch immer der Versammlungsort der kursächsischen Gläubiger. Spätestens seit dem Ausgang des 15. Jahrhunderts wird ihnen bewusst gewesen sein, dass ihre Einlagen mit den Steuern des Territoriums verzinst worden sind. Und diesbezüglich sei angemahnt, dass Staatsbildungsgeschichte nicht ausschließlich Steuergeschichte und Staatsschuldengeschichte ist. Die Steuer hat den Staat nicht nur mit geschaffen, sie hat ihn auch geformt. Ohne Steuer kein Staat; die Steuer ist das Gegenstück der fürstlichen beziehungsweise öffentlichen Schuld.[87] Prinzipiell ist diese These nicht in Frage zu stellen. Freilich möge stets bedacht werden, was sich sozial- und personengeschichtlich hinter den insti-

[86] *Molzahn*, Adel und frühmoderne Staatlichkeit (wie Anm. 67), Bd. 2, 418–432, passim.
[87] *Buchholz*, Öffentliche Finanzen (wie Anm. 2), 26–47.

tutionen- und verfassungsrechtlichen Abstrakta verbirgt: Personen- und Familienverbände, Netzwerke sowie administrative und soziale Gruppen, aus denen sich wiederum die Gläubiger des frühmodernen Staates rekrutiert haben.

Tabelle1: Einnahmen und Schulden des albertinischen Sachsen (1516–1591)

	Herzog Georg		Kurfürst Moritz		Kurfürst Moritz		Kurfürst August		Kurfürst Christian I.	
	1516		1550		1553		1571		1591	
Gläubiger	Gulden	%	Gulden	%	Gulden	%	Gulden	%	Gulden	%
Adel	254335	42,5	215743	26,0	448198	26,9	1143113	36,4	531094	17,4
Bürgertum	133390	22,3	164541	19,9	200704	12,0	306395	9,8	263412	8,6
Stadträte	60279	10,1	375257	45,3	424633	25,5	708960	22,5	495954	16,3
Stifte/Klöster/Schulen/ Universitäten	150497	25,1	46780	5,6	55102	3,3	281204	9,0	287748	9,4
Ämter	–	–	26419	3,2	54726	3,3	54700	1,7	216295	7,1
Landesfremde Gläubiger	–	–	–	–	353715	21,2	134286	4,3	–	–
Herkunft unbekannt	–	–	–	–	13000	7,8	186792	5,4	–	–
Rentkammer (Kurfürst)	–	–	–	–	–	–	343636	10,9	1252477	41,1
Gesamtschulden	598501	100,0	828740	100,0	1667078	100,0	3141086	100,0	3046980	100,0
Gesamte („Staats"-)Einnahmen	117000		433000		ca. 500000		Ø 865000		Ø 1200000	
Schulden : Einnahmen	5,1 : 1		1,9 : 1		3,3 : 1		3,6 : 1		2,5 : 1	

Die Kreditgeber der österreichischen Habsburger 1521–1612

Versuch einer Gesamtanalyse

Von

Lukas Winder

I. Einleitung

[...] sintemal der camer unnd privat credit, die mittl, was aufzubringen, zu verkauffen, zu verpfenden, zu versichern alle hinweg [...][1]

In ihrem Memorial an den Kaiser aus dem Jahr 1610 wies die Hofkammer Rudolf II. eindringlich auf seine mangelhafte Kreditwürdigkeit hin. Sie sprach damit ein Kernproblem der kaiserlichen Finanzen an: Die Aufnahme von Krediten war im 15., spätestens aber im 16. Jahrhundert zu einem festen Bestandteil der fürstlichen Finanzen geworden. In dieser Zeit reichten die Einkünfte aus den Domänen für die Deckung der Kosten von moderner Kriegführung, Hofhaltung und Verwaltung nicht mehr aus.[2] Die direkten und indirekten Steuerleistungen der Untertanen waren unverzichtbar geworden und hatten die im Mittelalter gängigen Naturalabgaben größtenteils abgelöst. Es handelt sich um die Entwicklung vom mittelalterlichen Domänenstaat über die Zwischenstation des Finanzstaats in der Frühen Neuzeit hin zum modernen Steuerstaat.[3] Als größter Ausgabenposten war die Kriegführung die treibende Kraft hinter dem Aufbau einer funktionie-

[1] Österreichisches Staatsarchiv Wien (ÖStA), Allgemeines Verwaltungsarchiv/Finanz- und Hofkammerarchiv (AVA/FHKA), Hofkammerarchiv (HKA), Hoffinanz, Akten, r. Nr. 140, Konv. September, Memorial der Hofkammer an Kaiser Rudolf II., Prag, 1610 September 15, unfoliiert.

[2] *Thomas Winkelbauer*, „Das Geld est sanguis corporis politici". Notizen zu den Finanzen der Habsburger und zur Bedeutung des Geldes im 16. und 17. Jahrhundert, in: Wolfgang Häusler (Hrsg.), Geld. 800 Jahre Münzstätte Wien. Wien 1994, 143–159, hier 145; *Werner Buchholz*, Geschichte der öffentlichen Finanzen in Europa in Spätmittelalter und Neuzeit. Darstellung – Analyse – Bibliographie. Berlin 1996, 65–70.

[3] Zu diesen Begriffen und den dahinter stehenden Überlegungen, s. einführend *Buchholz*, Finanzen (wie Anm. 2), 47–50; *Peter Rauscher*, Zwischen Ständen und Gläubigern. Die kaiserlichen Finanzen unter Ferdinand I. und Maximilian II. (1556–1576). (Veröffentlichungen des Instituts für Österreichische Geschichtsforschung, Bd. 41.) Wien/München 2004, 19–21; *Thomas Winkelbauer*, Ständefreiheit und Fürstenmacht. Länder und Untertanen des Hauses Habsburg im konfessionellen Zeitalter. 2 Tle. (Österreichische Ge-

renden (Finanz-)Verwaltung und damit auch der fortschreitenden Staatsbildung.[4]

Dieser Mechanismus lässt sich auch in den Ländern der österreichischen Habsburger verfolgen. Der Geldbedarf Ferdinands I. stieg nach seinem Herrschaftsantritt in Böhmen und Ungarn enorm an. Der Krieg (beziehungsweise die häufigen Einfälle und beschränkten Kampfhandlungen in Friedenszeiten) mit dem Osmanischen Reich in Ungarn sowie der Konflikt mit Johann Szapolyai um Siebenbürgen erforderten umfangreiche Finanzmittel. Die habsburgische Kriegsstrategie nahm mangels offensiver Erfolge zunehmend eine defensive Haltung ein. Alte Befestigungsanlagen wurden erneuert und neue angelegt.[5] Diese Bautätigkeit sowie die Besoldung der zur Besatzung der Festungen benötigten Soldaten waren die größten dauerhaften Ausgabeposten der kaiserlichen Finanzen. Die regulären Einnahmen aus direkten und indirekten Steuern sowie den Reichstürkenhilfen betrugen um 1580 zusammengenommen etwa 2 Millionen Gulden pro Jahr, während allein die Aufrechterhaltung der Verteidigung gegen das Osmanische Reich jährlich 1,7 bis 2,1 Millionen Gulden verschlang.[6] Zudem war der ständig schwelende Konflikt mit dem Osmanischen Reich bei weitem nicht der einzige, den die österreichischen Habsburger im 16. Jahrhundert zu bewältigen hatten. Da von den genannten 2 Millionen Gulden auch Hofhaltung, Verwaltung, Gesandtschaftswesen und andere anfallende Kosten bezahlt werden mussten, waren die Kaiser auf zusätzliche Geldquellen angewiesen und mussten die Lücken im Budget durch Kredite ausgleichen. Angesichts der langsamen Prozedur der Steuerbewilligung und -eintreibung durch die Stände der habsburgischen Länder und der Reichsstände boten Kredite als weiteren Vorteil verhältnismäßig schnell verfügbares Geld. Mit ihnen konnten prognostizierte und bereits bewilligte Einnahmen vor- oder zwischenfinanziert werden[7], was für die häufigen Kriege dieser

schichte 1522–1699.) Wien 2003, hier T. 1, 449–451 – dort jeweils auch mit weiterführenden Literaturangaben.

[4] *Wolfgang Reinhard*, Geschichte der Staatsgewalt. Eine vergleichende Verfassungsgeschichte Europas von den Anfängen bis zur Gegenwart. München 1999, 24.

[5] *Géza Palffy*, Der Preis für die Verteidigung der Habsburgermonarchie. Die Kosten der Türkenabwehr in der zweiten Hälfte des 16. Jahrhunderts, in: Friedrich Edelmayer/Maximilian Lanzinner/Peter Rauscher (Hrsg.), Finanzen und Herrschaft. Materielle Grundlagen fürstlicher Politik in den habsburgischen Ländern und im Heiligen Römischen Reich im 16. Jahrhundert. (Veröffentlichungen des Instituts für Österreichische Geschichtsforschung, Bd. 38.) Wien/München 2003, 20–44, hier 24.

[6] Ebd. 32.

[7] *Reinhard Hildebrandt*, Der Kaiser und seine Bankiers. Ein Beitrag zum kaiserlichen Fi-

Zeit, in denen unbezahlte Soldaten einen erheblichen Risikofaktor darstellten, unumgänglich war.

Kredite waren also für die habsburgischen Staatsfinanzen zwingend erforderlich. Die in vielen Fällen dafür nötigen Sicherheiten boten vor allem Einkünfte aus den fürstlichen Regalien, davon besonders dem Bergbau, Steuereinnahmen und die Erträge von Ämtern sowie die Verpachtung und Verpfändung von Herrschaften. Auf eine oder auch mehrere davon wurden die Gläubiger verwiesen, um ihre geliehenen Beträge abzusichern und die anfallenden Zinsen bedient zu bekommen. Die Verzinsung von Darlehen war im Heiligen Römischen Reich nach Vorbild des kanonischen Wucherverbots zwar theoretisch unzulässig, eine „Entschädigung" des Kreditgebers durch ein „Interesse" von fünf Prozent reichsrechtlich aber gedeckt.[8] In der Praxis wurde dieser Zinssatz jedoch teilweise deutlich überschritten. Möglich und gar nicht unüblich war es außerdem, bereits bestehende Darlehen neu auszuverhandeln, etwa weil das Geld nicht rechtzeitig zurückbezahlt werden konnte und die Laufzeit verlängert werden musste, neue Kredite mit alten zusammengelegt, Gläubiger auf ein anderes Einkommen verwiesen oder Zinssätze verändert wurden. Derartig verlängerte Anleihen stellten langfristig eine erhebliche Belastung der kaiserlichen Finanzen durch die Kumulierung der Zinsen dar, die schon bei gelungener rechtzeitiger Rückzahlung groß genug war.

Obwohl in den letzten Jahren finanzgeschichtliche Themen zunehmende Berücksichtigung finden, mangelt es bislang an Gesamtdarstellungen zu den Finanzen frühneuzeitlicher Staatsgebilde und dabei insbesondere an solchen, die die Kreditaufnahme umfassend behandeln.[9] Ebenso spärlich fällt die Forschungsliteratur zu den Kreditgebern aus. Zwar gibt es zu manchen Kaufleuten und Kaufmannsfamilien, insbesondere den großen oberdeutschen Kaufmannbankiers (*merchant bankers*), Darstellungen einzelner Familien[10] und sogar ganzer Netzwerke[11], in denen Kredite an Landes-

nanzwesen des 16. Jahrhunderts, in: Edelmayer/Lanzinner/Rauscher (Hrsg.), Finanzen (wie Anm. 5), 234–245, hier 239.

[8] *Rauscher*, Finanzen (wie Anm. 3), 344 f.

[9] Zum Forschungsstand s. ebd. 17–26.

[10] Exemplarisch genannt seien hier: *Reinhard Hildebrandt* (Hrsg.), Quellen und Regesten zu den Augsburger Handelshäusern Paler und Rehlinger 1539–1642. Wirtschaft und Politik im 16./17. Jahrhundert. 2 Teilbde. (Deutsche Handelsakten des Mittelalters und der Neuzeit, Bd. 19.) Stuttgart 1996; *Gerhard Seibold*, Die Manlich. Geschichte einer Augsburger Kaufmannsfamilie. (Abhandlungen zur Geschichte der Stadt Augsburg, Bd. 35.) Sigmaringen 1995.

[11] *Mark Häberlein*, Brüder, Freunde und Betrüger. Soziale Beziehungen, Normen und

fürsten erwähnt werden, wie sie auch in manchen Biographien von Adeligen[12] zu finden sind, aber nur selten wird der Darlehensvergabe größere Aufmerksamkeit gewidmet. Daraus folgt, dass man vor allem auf Stückwerk trifft, will man den Anteil ermessen, den Kredite am kaiserlichen Finanzhaushalt ausmachten, und vor allem ermitteln, woher diese geliehenen Gelder kamen. Ziel dieses Beitrags ist es, eine erste Gesamtanalyse der Kreditgeber der österreichischen Habsburger, nämlich Ferdinands I., Maximilians II. und Rudolfs II., zu versuchen. Auch wenn nicht alle Fragen beantwortet werden können, soll damit eine Grundlage für weitere Forschungen gelegt werden.

II. Die Quelle

Mit Hilfe einer Quelle[13] aus dem Finanz- und Hofkammerarchiv des Österreichischen Staatsarchivs ist ein überraschend einfacher, wenngleich unvollständiger Überblick möglich. Es handelt sich dabei um eine Auflistung der kassierten – also von den Gläubigern nach Begleichung der Verbindlichkeiten wieder zurückgegebenen – Schuldscheine von natürlichen und juristischen Personen mit Forderungen an die habsburgischen Herrscher Ferdinand I., Maximilian II. und Rudolf II. im Zeitraum von 1521 bis 1612. Das Schriftstück ist wahrscheinlich eine Art Inhaltsverzeichnis oder Sammelregest, das im Jahr 1782 über vernichtete Akten aus dem 16. und frühen 17. Jahrhundert angelegt wurde.[14]

Konflikte in der Augsburger Kaufmannschaft um die Mitte des 16. Jahrhunderts. (Colloquia Augustana, Bd. 9.) Berlin 1998; *Katarina Sieh-Burens*, Oligarchie, Konfession und Politik. Zur sozialen Verflechtung der Augsburger Bürgermeister und Stadtpfleger 1518–1618. (Schriften der philosophischen Fakultäten der Universität Augsburg, Historisch-sozialwissenschaftliche Rh., Bd. 26.) München 1986; *Peter Steuer*, Die Außenverflechtung der Augsburger Oligarchie von 1500–1620. Studien zur sozialen Verflechtung der politischen Führungsschicht der Reichsstadt Augsburg. (Materialien zur Geschichte des Bayerischen Schwaben, Bd. 10.) Augsburg 1988.

[12] *Friedrich Edelmayer*, „Manus manum lavat“. Freiherr Wolf Rumpf zum Wielroß und Spanien, in: Erwein Elz/Arno Strohmeyer (Hrsg.), Die Fürstenberger. 800 Jahre Herrschaft und Kultur in Mitteleuropa. Korneuburg 1994, 235–252.

[13] Das Aktenstück trägt den Titel „Verzeichnis Deren Kays. König. Cassierten Schuld= Verschreibungen“ und stammt aus dem Jahr 1782. HKA, Verhandlungen 9/1, Nr. 1115, unfoliiert.

[14] Innerhalb der gleichen Signatur geht dem Verzeichnis ein Briefwechsel zwischen einem Archivar und einem Beamten der Hofkammer voraus, aus dem ersichtlich wird, dass die Quelle höchstwahrscheinlich als Folge einer Platzschaffungsaktion im Hofkammerarchiv entstanden ist, die wegen der Zusammenlegung der Hofbehörden im Zuge der Jo-

In diesem Verzeichnis sind die Namen von einigen hundert Kreditgebern, darunter Einzelpersonen ebenso wie Städte, Stände oder Klöster, erfasst. Zusätzlich dazu sind, mit ganz wenigen Ausnahmen, bei jedem Eintrag mindestens Betrag und Datierung des betreffenden Kredites genannt. In vielen Fällen finden sich darüber hinaus noch Informationen über die Person des Gläubigers und/oder über die genaueren Bedingungen des Darlehens, wie etwa zur Art der Rückzahlung oder den Anlass der Kreditaufnahme. Hinweise auf die vereinbarten Zinssätze fehlen hingegen fast immer.

Allerdings muss auch auf die Mängel der Quelle hingewiesen werden: Manche in der Forschung bereits bekannte bedeutende Geldgeber der Habsburger wie etwa die Handelshäuser Fugger und Welser oder der im sogenannten Langen Türkenkrieg (1593–1606) hohe Summen aufbringende Lazarus Henckel fehlen in dem Dokument völlig, und zwar ohne ersichtlichen Grund.[15] Auch viele weitere, in der Literatur zu den jeweiligen Kreditgebern erwähnte Darlehen scheinen in der Quelle nicht auf, was allerdings auch umgekehrt der Fall ist. Dem gegenüber stehen wieder Kredite, die sowohl im Verzeichnis erfasst sind als auch in anderen Quellen und in der entsprechenden Sekundärliteratur vorkommen und damit die Quelle glaubwürdig erscheinen lassen. Dennoch bleibt eine gewisse Unklarheit, ob darin tatsächlich alle Kreditgeber aufgelistet wurden, ob es bestimmte Auswahlkriterien gab oder ob das Ausgangsmaterial, also das zur Vernichtung freigegebene Archivgut, das zur Erstellung des Verzeichnisses benutzt wurde, unvollständig war. Zudem beansprucht die Quelle lediglich, ein Verzeichnis über die kassierten Schuldverschreibungen zu sein, was alle nicht kassierten, also nicht zurückgezahlten oder anderweitig abgeschlossenen Kredite ausschließt. Außerdem ist anzunehmen, dass es sich wohl nur um von der Wiener Hofkammer verwaltete Darlehen handelt und Kredite, die zum Beispiel von den Länderkammern in Prag oder Breslau aufgenommen wurden, nicht berücksichtigt sind. Doch trotz all dieser Einschränkungen liegt mit diesem Verzeichnis eine einzigartige Quelle vor, die es gestattet, die Kreditgeber der österreichischen Habsburger zwischen 1521 und 1612 in umfassenderer Form zu benennen und einzuordnen, als es bisher geschehen ist.

Die erhebliche Anzahl der in dem Verzeichnis erwähnten Personen macht eine Eingrenzung der bearbeiteten Einträge sinnvoll. Aus arbeits-

sephinischen Verwaltungsreform nötig geworden war. Dabei wurden zahlreiche Bestände vernichtet und in bestimmten Fällen ein Verzeichnis über deren Inhalt angelegt.

[15] Vielleicht wurden ihre Kredite ob ihrer Fülle in einem eigenen Verzeichnis abgelegt.

ökonomischen Gründen und aufgrund der Fragestellung nach den bedeutenderen Kreditgebern der Habsburger beschränkt sich die vorliegende Studie auf Kreditgeber, die ein Mindestvolumen von 50000 Gulden beziehungsweise Reichstaler[16] aufbrachten. Die immer noch stattliche Anzahl von 75 verbleibenden Kreditgebern wird drei geographischen Räumen zugeordnet: dem Gebiet des Heiligen Römischen Reichs, den Ländern der österreichischen Habsburger („österreichischen Erblande“, Länder der Kronen von Böhmen und Ungarn) und Italien. Eine weitere Unterteilung der Kreditgeber innerhalb dieser Räume dient dazu, deren Zugehörigkeit zu bestimmten Gruppen darzustellen. Damit sind Angaben möglich, wie viel Geld etwa die Kaufleute aus dem Heiligen Römischen Reich oder die Stände der habsburgischen Länder an Anleihen aufbrachten. Wichtiger als die berechneten Summen, die durch die gegebene Unvollständigkeit der Quelle sicher zu niedrig ausfallen[17], ist dabei das Verhältnis der Summen der einzelnen Gruppen und Räume zueinander. Denn daraus können Vermutungen angestellt werden, woher das geliehene Geld der österreichischen Habsburger kam und welche Gruppe mehr, welche weniger Anteil daran hatte.

III. Zahlenmäßiger Überblick über die Kreditgeber

Die Gesamtsumme aller berücksichtigten Darlehen beläuft sich auf rund 12,7 Millionen Gulden und 1,3 Millionen Reichstaler. Davon liehen Kreditgeber aus dem Heiligen Römischen Reich 57,6 Prozent, diejenigen aus den Ländern der österreichischen Habsburger 37,8 Prozent und solche aus Italien 4,6 Prozent. Mit 48 Prozent und fast 6,5 Millionen Gulden stellten die Kaufleute aus den beiden großen süddeutschen Reichsstädten und Handelsmetropolen, Augsburg und Nürnberg, beinahe die Hälfte dieses Betrags. Allein die Augsburger Kreditgeber – ohne Fugger und Welser! – steuerten über 5,8 Millionen Gulden und 340000 Reichstaler bei und übertrafen die Nürnberger um das Zehnfache. Nur zwei weitere Gruppen liehen

[16] Die Aufnahme von Kreditgebern, die Talerbeträge liehen, erfolgt der Einfachheit halber ebenso nach Überschreiten des Grenzwertes von 50000 Talern. Reichstaler waren mit einer Bewertung von 68 Kreuzern nur wenig höher eingestuft als der Rechnungsgulden zu 60 Kreuzern, was einer Wertrelation Reichstaler zu Gulden von 15:17 entspricht. 50000 fl. wären demnach in etwa 44100 Reichstaler. S. *Rauscher*, Finanzen (wie Anm. 3), 460.

[17] Außerdem wurden Einträge, bei denen unsicher ist, ob tatsächlich Geld- oder Warentransfers stattgefunden haben, im Zweifelsfall nicht berücksichtigt, wodurch die Summen erneut vermindert werden.

den Kaisern mehr als eine Million, nämlich die Kaufleute aus Wien mit 7,6 Prozent der Gesamtsumme und die Adeligen und Amtsträger aus den habsburgischen Ländern, die rund 2,5 Millionen Gulden, also knapp ein Fünftel aller Kredite, zur Verfügung stellten. Alle anderen Gruppen fallen für sich allein genommen weit weniger ins Gewicht: Nur noch die Reichsstädte, die Landstände und die Kaufleute aus Italien weisen einen Anteil von über vier Prozent an den Krediten auf. Dennoch machten sie alle zusammen immerhin noch 30 Prozent der Gesamtsumme aus.

Wenn man die Kaufleute aus allen drei geographischen Räumen zusammenzählt, betrug ihr Beitrag zu dem geliehenen Kapital der Kaiser sogar 60,2 Prozent, was die überragende Bedeutung dieser *merchant bankers* für die Finanzen der österreichischen Habsburger illustriert. Allein die Adeligen und Amtsträger konnten mit einem Anteil von 18,5 Prozent mit den Kaufleuten mithalten. Beide Kreditgebergruppen brachten gemeinsam fast vier Fünftel des von den österreichischen Habsburgern geliehenen Geldes auf. In absoluten Zahlen kamen 7759269 Gulden und 387848 Reichstaler aus dem Heiligen Römischen Reich, 4538281 Gulden und 735622 Reichstaler aus den Ländern der österreichischen Habsburger sowie 446280 Gulden und 183000 Reichstaler aus Italien.

Tabelle 1: Kredite der österreichischen Habsburger (nach kassierten Schuldscheinen) von 1521 bis 1612, geordnet nach räumlichen und ständischen Kriterien

Kategorie	Reichstaler	Gulden	Prozent
Heiliges Römisches Reich			*57,6*
Reichsfürsten		248000	1,7
Reichsstädte	46000	604655	4,6
Reichspfennigmeister		399014	2,8
Sonstige		66000	0,5
Kaufleute aus Augsburg	341848	5837869	43,8
Kaufleute aus Nürnberg		603730	4,2
Habsburgermonarchie			*37,8*
Stände der habsburgischen Länder	528400	294594	6,3
Städte in der Habsburgermonarchie	121562	239694	2,7
Habsburger	4000	375556	2,7
Adelige und Amtsträger	66000	2559250	18,5
Kaufleute aus Wien	15660	1069185	7,6
Italien			*4,6*
Kaufleute aus Italien	183000	446280	4,6
Gesamt	1306470	[a]12743830	100,0

Quelle: ÖStA, HKA, Verhandlungen 9/1, Nr. 1115, unfoliiert.

a 3 Gulden wurden aufgrund der addierten Kreuzerbeträge hinzugerechnet.

IV. Kreditgeber aus dem Heiligen Römischen Reich

1. Reichsstände und Reichspfennigmeister

Der mächtigste weltliche Reichsfürst, dessen Kredite in der Quelle erfasst und für diese Zusammenstellung berücksichtigt wurden, war Herzog Albrecht V. von Bayern, der 1548 im Zuge seiner Hochzeit mit Erzherzogin Anna deren Vater Ferdinand I. ein Darlehen im Wert von 100000 Gulden zur Verfügung stellte.[18] Die beiden anderen kreditgebenden Reichsfürsten, der Kardinal von Trient Christoph von Madruzzo und Konrad von Pappenheim, lassen sich deutlich als Parteigänger der österreichischen Habsburger identifizieren.

Mehr Kapital als die Reichsfürsten stellten die Reichsstädte dem Kaiser als ihrem nominellen Oberhaupt leihweise zur Verfügung. Augsburg, Nürnberg und Überlingen, das 1579 Rudolf II. ein einmaliges größeres Darlehen über 120000 Gulden gewährte, übertrafen dabei die Marke von 100000 Gulden, Bremen und Regensburg blieben deutlich, Ulm knapp darunter. Die im 16. Jahrhundert wirtschaftlich hervorragende Position der Reichsstädte Augsburg, Nürnberg und Ulm tritt damit deutlich zu Tage. Außerdem lieh auch die Ritterschaft des fränkischen Reichskreises Rudolf II. mit 66000 Gulden eine größere Summe.

Die große Bedeutung der Reichsstände als Geldquelle für die Kaiser beruhte aber weniger auf ihrer Eigenschaft als Kreditgeber, sondern vielmehr auf den von den Reichstagen bewilligten Reichshilfen für die Verteidigung gegen das Osmanische Reich. Diese wurden von den Reichspfennigmeistern über eine vereinbarte Laufzeit hinweg eingesammelt und an die kaiserlichen Kassen weitergeleitet. Um das Geld aber früher verfügbar zu machen, organisierten Reichspfennigmeister wie Georg Ilsung und Zacharias Geizkofler[19] dem Kaiser Kredite bei den kapitalkräftigen Handelshäusern der Zeit und gaben auch selbst Darlehen. Die Deckung derselben erfolgte dann über die nach und nach eintreffenden Reichshilfen.[20]

[18] Zu kaiserlichen Schulden bei Albrecht V. s. auch *Rauscher*, Finanzen (wie Anm. 3), 350f.

[19] Zu Zacharias Geizkofler s. den Beitrag von Alexander Sigelen in diesem Band.

[20] Zum Amt der Reichspfennigmeister s. *Maximilian Lanzinner*, Friedenssicherung und politische Einheit des Reiches unter Kaiser Maximilian II. (1564–1576). (Schriftenreihe der Historischen Kommission bei der Bayerischen Akademie der Wissenschaften, Bd. 45.) Göttingen 1993, 481–483; *Rauscher*, Finanzen (wie Anm. 3), 185–187; *Winfried Schulze*,

2. Augsburger Kaufleute

Die Augsburger Kaufleute waren mit 43,8 Prozent der ermittelten Gesamtsumme, also etwas mehr als 5,8 Millionen Gulden, eindeutig die wichtigste Gruppe für die kaiserlichen Finanzen. Dieser Befund stimmt mit der gängigen Annahme überein, die das Augsburg der Fugger und Welser als Finanzzentrum des Heiligen Römischen Reiches sieht. Die Stadt florierte im 16. Jahrhundert auch tatsächlich[21], gestützt auf eine gewinnbringende Textilproduktion und ihre verkehrsgünstige Lage zwischen Oberitalien und den Niederlanden.[22] Besonders Barchent, ein Mischgewebe aus Leinen und Baumwolle, verkaufte sich in dieser Zeit hervorragend[23] und bildete für viele Kaufleute die Basis ihrer Handelstätigkeit. Doch das große Geld machten einige Handelshäuser über ihre Teilnahme am europäischen Handel mit Montanprodukten und Beteiligungen an Bergwerken in den habsburgischen Ländern. Den Zugang dazu erhielten sie vorwiegend über ihre Kredite an die Kaiser.[24]

Zunächst folgen jedoch einige allgemeine Bemerkungen bezüglich Kaufleuten und Krediten, die auch für solche aus anderen Orten gelten: Der Einstieg von Kaufleuten ins Kreditgeschäft mit den Kaisern erfolgte häufig über bereits zuvor praktizierte Warengeschäfte, bei denen sie etwa Textilien oder Kriegsgerät lieferten.[25] Die folgenden Geschäftskontakte konnten einerseits aus reinen Darlehen bestehen, deren Rückzahlung in Geld zu

Reich und Türkengefahr im späten 16. Jahrhundert. Studien zu den politischen und gesellschaftlichen Auswirkungen einer äußeren Bedrohung. München 1978, 310–336.

[21] Zur Wirtschaft Augsburgs im 16. Jahrhundert s. *Hermann Kellenbenz*, Wirtschaftsleben der Blütezeit, in: Gunther Gottlieb (Hrsg.), Geschichte der Stadt Augsburg. 2000 Jahre von der Römerzeit bis zur Gegenwart. 2. Aufl. Stuttgart 1985, 258–301; zur sozioökonomischen Schichtung der Bevölkerung s. *Bernd Roeck*, Eine Stadt in Krieg und Frieden. Studien zur Geschichte der Reichsstadt Augsburg zwischen Kalenderstreit und Parität. Bd. 1. (Schriftenreihe der Historischen Kommission bei der Bayerischen Akademie der Wissenschaften, Bd. 37/1.) Göttingen 1989, 301–433.

[22] *Erich Landsteiner*, Kein Zeitalter der Fugger. Zentraleuropa im langen 16. Jahrhundert, in: Friedrich Edelmayer/Peter Feldbauer/Marija Wakounig (Hrsg.), Globalgeschichte 1450–1620. Anfänge und Perspektiven. (Edition Weltregionen, Bd. 4.) Wien 2002, 101–103.

[23] S. dazu *Claus-Peter Clasen*, Textilherstellung in Augsburg in der frühen Neuzeit. 2 Teilbde. Augsburg 1995, 221–229.

[24] Vgl. den Überblick bei *Peter Rauscher*, La Casa de Austria y sus banqueros alemanes, in: Juan Luis Castellano Castellano/Francisco Sánchez-Montes Gonzáles (Eds.), Carlos V. Europeismo y universalidad. Vol. 3: Los escenarios del Imperio. Madrid 2001, 411–428.

[25] *Hildebrandt*, Bankiers (wie Anm. 7), 239; *ders.*, Quellen (wie Anm. 10), Nr. 19, 44, 45, 128.

leisten war. Andererseits existierten Mischformen, bei denen Kredite in Form von Geld und/oder Waren vergeben wurden, die vom Kaiser durch Geldzahlungen, das Überlassen (Verpachten/Verpfänden) von Einnahmequellen (Grundherrschaften/indirekten Steuern) oder durch einen besonders privilegierten Zugang zu Montanprodukten beglichen werden konnten. Die Kombination von Handels- und Kreditgeschäften war das wesentliche Kennzeichen der Tätigkeit von *merchant bankers*.

Geschäfte mit dem Kaiser bedeuteten für die Kaufleute auch ein Risiko. Waren Darlehen auf Einkommen verschrieben, deren Höhe noch nicht feststand oder deren vollständiges Zustandekommen unsicher war, wie etwa bei den Reichshilfen, so mussten sie damit rechnen, länger auf die Rückzahlung des Kredits warten zu müssen. Um dieses Risiko abzufedern, forderten sie entsprechend höhere Zinsen. Ein zusätzliches Risiko bedeutete es, wenn sich Gläubiger das verliehene Geld selbst von anderen Personen geliehen hatten[26] und dieses zu einem bestimmten Termin samt Zinsen zurückzuzahlen hatten.[27] In solchen Fällen konnte die Verbindung zum Kaiser, der ja an finanziell liquiden Geldgebern interessiert war, bei auftauchenden Konflikten allerdings auch von Vorteil sein, indem dieser vom Gläubiger seines Gläubigers Nachsicht forderte und ein Moratorium verhängte.[28]

Ein im Zusammenhang mit Kreditvergabe oft auftauchender Aspekt ist die Bezahlung von Ausständen durch den Kaiser über die Verpachtung von Bergwerken sowie den Verlag von Bodenschätzen. Beim Verlagswesen setzten Händler und Produzent vertragsmäßig fest, welche Menge eines Produkts der Erstere für welchen Preis und in welchem Zeitrahmen zu beziehen berechtigt war.[29] Dies schuf Sicherheiten für beide Seiten, bevorzugte aber tendenziell eher den Kaufmann, der die Waren meist deutlich unter dem Marktwert bekam[30], womöglich Monopole erlangen und seine

[26] Zum Beispiel vermittelte Bonaventura Furtenbach im Jahr 1550 einige Geldgeber aus Nürnberg für Matthias Manlich (Kapitel Augsburg), der dadurch 40000 bis 50000 Gulden für einen Kredit an den Salzburger Bischof Ernst von Bayern aufbringen konnte. S. *Häberlein*, Brüder (wie Anm. 11), 226.

[27] *Rauscher*, Finanzen (wie Anm. 3), 353f.

[28] Das war vor allem dann möglich, wenn die Geschäftspartner Bürger einer Reichsstadt waren, wo der Kaiser Stadtherr war. S. *Hildebrandt*, Bankiers (wie Anm. 7), 245.

[29] *Ferdinand Tremel*, Der österreichische Kaufmann im 16. Jahrhundert, in: Helmut J. Mezler-Andelberg (Hrsg.), Festschrift Karl Eder zum siebzigsten Geburtstag. Innsbruck 1959, 119–140, hier 132.

[30] 1571 erhielten die Gewerken des Quecksilberbergwerkes von Idria 24 Gulden pro Zentner, während Erzherzog Karl von Innerösterreich einen Zentner um 70 Gulden an die Gesellschaft Haug-Langnauer-Link verkaufte, und diese wiederum damit rund 100 Gulden einnehmen konnte. S. *Seibold*, Manlich (wie Anm. 10), 127f.

Verkaufspreise freier gestalten konnte. Außerdem musste er dadurch den teuren Bergbau nicht selbst finanzieren. In der Habsburgermonarchie waren es die Bergwerksreviere in Tirol und im oberungarischen Neusohl (Banská Bystrica/Besztercebánya), wo Silber und Kupfer abgebaut wurden, sowie das Quecksilberbergwerk von Idria (Idrija) in Krain, die für solche Geschäfte bevorzugt herangezogen wurden.

Die Konfession spielte auch im Zeitalter der Reformation für die Kreditvergabe der Kaufleute nur eine geringe Rolle. Gerade in Augsburg waren viele den Lehren Luthers zugetan, liehen aber trotzdem und unter normalen Bedingungen den katholischen Kaisern Geld. Jakob Herbrot zum Beispiel, Bürgermeister von Augsburg während des Schmalkaldischen Kriegs, war zwar ein „radikaler Verfechter der Reformation“[31] und setzte sein Kapital auch für seine Überzeugungen ein[32], machte aber dennoch auch mit den Habsburgern Geschäfte. Karl V. lieferte er nach dem Schmalkaldischen Krieg „kriegswichtiges Material“, während Ferdinand I. Textilien für seinen Hof in Prag von Herbrot erwarb.[33] Das Geschäft ging offenbar vor. Jüdische Kaufleute traten im 16. Jahrhundert nur vereinzelt und nur mit geringen Summen als Kreditgeber der Kaiser auf. Erst Rudolf II. bemühte sich verstärkt, diese als neue Quelle für Darlehen zu gewinnen, eine Rolle, die viele reiche Juden ab dem 17. Jahrhundert als sogenannte „Hofjuden“ ausübten.[34]

Eine von vielen Kaufleuten genutzte Möglichkeit, das gewonnene Kapital anzulegen, bestand im Erwerb von Grundbesitz. Dies war eine sichere Form der Vermögensanlage und bildete eine Grundlage, um in den Adelsstand aufzusteigen.[35] Dafür mussten jedoch dem Kaiser Dienste, in den meisten Fällen in Form von Krediten, geleistet werden. Dieser soziale Aufstieg ging häufig mit einer baldigen Beendigung der Handelstätigkeit in der nächsten Generation einher, in der nun ein adeliger Lebensstil gepflegt wurde.

[31] *Steuer*, Außenverflechtung (wie Anm. 11), 76.

[32] Etwa mit Anleihen für Mitglieder des Schmalkaldischen Bundes. S. *Richard Ehrenberg*, Das Zeitalter der Fugger. Geldkapital und Creditverkehr im 16. Jahrhundert. Bd. 1: Die Geldmächte des 16. Jahrhunderts. Jena 1912, 234.

[33] *Steuer*, Außenverflechtung (wie Anm. 11), 76.

[34] Zu Juden als kaiserliche Kreditgeber s. *Sabine Hödl/Barbara Staudinger*, „Ob mans nicht bei den juden [...] leichter und wolfailer bekommen müege?“ Juden in den habsburgischen Ländern als kaiserliche Kreditgeber (1520–1620), in: Edelmayer/Lanzinner/Rauscher (Hrsg.), Finanzen (wie Anm. 5), 246–269.

[35] *Tremel*, Kaufmann (wie Anm. 29), 139.

Bei den Augsburger Kaufleuten tritt die Bedeutung von verwandtschaftlichen Beziehungen für den gesellschaftlichen Aufstieg und den Erhalt von Wohlstand deutlich hervor. Insbesondere bei Handelsgesellschaften[36] vertieften die einzelnen Partner ihre gegenseitige geschäftliche Verbundenheit durch Hochzeiten, auch um das Firmenvermögen nicht durch etwaige Erbfälle an nicht am Unternehmen beteiligte Personen in Gefahr zu bringen.[37] Außerhalb der Familie stehende Personen konnten sich an solchen Firmen lediglich über Einlagen, die auch wie verzinsliche Darlehen funktionieren konnten, beteiligen, wie sie auch aus dem operativen Geschäft ausgestiegene Verwandte tätigten.[38] Die großen Augsburger Kaufleute waren also untereinander in zahlreichen Geschäfts- und Verwandtschaftsbeziehungen verknüpft.[39] Dieses Netzwerk und ihr Zugang zum internationalen Finanzmarkt als Handelstreibende versorgte sie mit den nötigen Krediten, mit denen sie wiederum erst die Mittel für die Kredit- und andere Geschäfte mit den Kaisern, die über kein eigenes solches Netzwerk verfügten, aufbrachten. Die Augsburger Kaufmannbankiers griffen dabei viel stärker als etwa die Nürnberger Kaufleute auf Fremdfinanzierung zurück, um selbst große Darlehen vergeben zu können.[40]

Wie die Quelle zeigt, stammten aus den Reihen der Augsburger Kaufleute mit Wolf Paler, den Brüdern Hans Paul und Hans Heinrich Herwart, Matthias Manlich sowie Leonhard Weiß und seinen Erben die vier größten Kreditgeber der österreichischen Habsburger (nochmals sei darauf verwiesen, dass die Fugger in der analysierten Quelle nicht berücksichtigt wurden). Paler allein lieh dem Kaiser über 2 Millionen Gulden, was beinahe 15 Prozent der Gesamtsumme entspricht. Er war ab 1569 – zusammen mit den Erben des Leonhard Weiß – Pächter des Kupferhandels von Neusohl, über

[36] Zur Funktion und zum rechtlichen Hintergrund von Handelsgesellschaften s. *Elmar Lutz*, Die rechtlichte Struktur süddeutscher Handelsgesellschaften in der Zeit der Fugger. 2 Teilbde. Tübingen 1976.

[37] *Seibold*, Manlich (wie Anm. 10), 92f.

[38] *Jakob Strieder*, Zur Genesis des modernen Kapitalismus. Forschungen zur Entstehung der großen bürgerlichen Kapitalvermögen am Ausgange des Mittelalters und zu Beginn der Neuzeit. 2. Aufl. München/Leipzig 1935, 101f.

[39] Ausführliche Untersuchungen dazu bei: *Häberlein*, Brüder (wie Anm. 11); *Sieh-Burens*, Oligarchie (wie Anm. 11); *Steuer*, Außenverflechtung (wie Anm. 11).

[40] *Reinhard Hildebrandt*, Augsburger und Nürnberger Kupferhandel 1500–1619. Produktion, Marktanteile und Finanzierung im Vergleich zweier Städte und ihrer wirtschaftlichen Führungsschicht, in: Hermann Kellenbenz (Hrsg.), Schwerpunkte der Kupferproduktion und des Kupferhandels in Europa 1500–1650. (Kölner Kolloquien zur internationalen Sozial- und Wirtschaftsgeschichte, Bd. 3.) Köln/Wien 1977, 190–224, hier 216.

den auch die Rückzahlung des Großteils ihrer Kredite lief.[41] Ab 1587 kooperierte er mit dem Wiener Kaufmann Bartholomäus Castell und dann mit Marx Konrad Rehlinger.[42] Aber auch der drittgrößte Kreditgeber, Matthias Manlich, hatte mit dem Neusohler Kupfer zu tun, dessen Verlag er ab 1548 gepachtet hatte, bis die ebenfalls aus Augsburg stammende Gesellschaft Haug-Langnauer-Link ihn 1560 für zwei Jahre ablöste.[43] Dagegen waren die Herwart im Tiroler Silber- und Kupferbergbau tätig, ebenso wie die Baumgartner, Bimmel, Haug-Langnauer-Link und wiederum die Manlich.[44] Die Bedeutung der Meuting in Tirol hatte dagegen bereits abgenommen, doch schon 1456 hatte Ludwig Meuting Herzog Siegmund von Tirol einen Kredit gegeben und dafür vergünstigt Silber bezogen[45], was als Modell für das spätere Verlagswesen angesehen werden kann. In Idria wiederum pachteten die Handelshäuser der Baumgartner ab 1539, der Herwart und ab 1566 die Gruppe Haug-Langnauer-Link das Quecksilbermonopol, bis dieses 1575 verstaatlicht wurde.[46] Zweifellos war der „Schwerpunkt der Wirtschaftsinteressen der Augsburger Kaufleute in diesen [1560er] Jahren [...] ganz eindeutig das Montangeschäft und das Kreditwesen“[47], denn ohne die ausgiebige Vergabe von Krediten an die Kaiser hätten die genannten Kaufleute dieses einträgliche Geschäft nicht betreiben können. Daneben blieben die meisten auch im Handel mit Gütern wie Gewürzen und Textilien aktiv, doch die großen Gewinne wurden mit Montanprodukten gemacht.

Kleinere Handelshäuser konnten mit den oben genannten *merchant bankers* vielleicht nicht mithalten, durch Beteiligungen, wie sie die Jenisch vermutlich am Kupferhandel der mit ihnen verwandten Paler unterhiel-

[41] Allgemein zum Neusohler Kupferhandel s. *Günther Probszt*, Der Neusohler „Kupferkauf“, in: VSWG 40, 1953, 289–326.

[42] Zu den Paler und Rehlinger s. *Hildebrandt*, Quellen (wie Anm. 10).

[43] Matthias Manlich starb 1559, seine Erben führten den Vertrag zu Ende. Von 1562 bis 1569 war Melchior Manlich, der Bruder des Matthias, Verleger des Neusohler Kupfers. S. *Seibold*, Manlich (wie Anm. 10), 74–77, 132–135.

[44] Für einen kurzen Überblick zum Tiroler Bergbau s. *Hermann Kellenbenz*, Kapitalverflechtung im mittleren Alpenraum. Das Beispiel des Bunt- und Edelmetallbergbaus vom fünfzehnten bis zur Mitte des siebzehnten Jahrhunderts, in: ZBLG 51, 1988, 13–50.

[45] *Seibold*, Manlich (wie Anm. 10), 49.

[46] *Helfried Valentinitsch*, Das landesfürstliche Quecksilberbergwerk Idria 1575–1659. Produktion – Technik – rechtliche und soziale Verhältnisse – Betriebsbedarf – Quecksilberhandel. (Forschungen zur geschichtlichen Landeskunde der Steiermark, Bd. 32.) Graz 1981.

[47] *Seibold*, Manlich (wie Anm. 10), 129.

ten[48], konnten aber auch sie an den Bergbaugeschäften teilhaben. Andere, wie die Rehlinger vor Marx Konrads Beteiligung bei Wolf Paler, waren weniger im Bergbau engagiert, sondern handelten mit Gewürzen und Textilien, wobei die Rehlinger zusätzlich noch Silber und Luxusgüter wie Ambra im Sortiment führten und Kredite vergaben.[49]

3. Nürnberg

Das ähnlich wie Augsburg geographisch günstig zwischen den wirtschaftlich florierenden Räumen Europas gelegene Nürnberg war ebenfalls eine der großen Handelsmetropolen des Reichs.[50] Allerdings lag der Schwerpunkt des Nürnberger Gewerbes mehr in der Metallverarbeitung als in der Textilproduktion. Damit verbunden waren auch viele Beteiligungen von Nürnberger Kaufleuten am Montanwesen, unter anderem an der Erschließung neuer Rohstoffvorkommen.[51] Doch trotz Standortvorteilen und erfolgreichem Metallgewerbe blieben die Nürnberger Kaufleute in verhältnismäßig kleinen Familiengesellschaften, die vorwiegend aus Mitgliedern der Patrizierfamilien bestanden, organisiert.[52] Ein Beispiel dafür ist Johann Ebener, der aus einer der führenden Familien der Reichsstadt stammte[53] und im Rahmen seiner Kreditgebertätigkeit für Ferdinand I. Zugang zu Silber und Kupfer aus Böhmen erhielt.[54] Gemeinsam mit seinem zeitweiligen Geschäftspartner Bonaventura Furtenbach war Ebner auch Kandidat für die Übernahme des Kupferverlags in Neusohl nach dem Austritt der Fugger 1546; die Verhandlungen mit Ferdinand I. scheiterten jedoch.[55]

Dazu passt die allgemeine Tendenz, dass die Nürnberger Handelsfirmen zunehmend von den größeren aus Augsburg vom Kupferhandel Zentraleu-

48 *Hermann Kellenbenz*, Unternehmerkräfte im Hamburger Portugal- und Spanienhandel 1590–1625. (Veröffentlichungen der Wirtschaftsgeschichtlichen Forschungsstelle e.V., Bd. 10.) Hamburg 1954, 170.

49 *Hildebrandt*, Quellen (wie Anm. 10), 24.

50 *Landsteiner*, Zeitalter (wie Anm. 22), 101–103.

51 *Werner Schultheiß*, Geld- und Finanzgeschäfte Nürnberger Bürger vom 13.–17. Jahrhundert, in: Beiträge zur Wirtschaftsgeschichte Nürnbergs. Bd. 1. Hrsg. v. Stadtarchiv Nürnberg. (Beiträge zur Geschichte und Kultur der Stadt Nürnberg, Bd. 11/I.) Nürnberg 1967, 49–116, hier 98–101.

52 Ebd. 111f.

53 *Peter Fleischmann*, Rat und Patriziat in Nürnberg. Die Herrschaft der Ratsgeschlechter vom 13. bis zum 18. Jahrhundert. (Nürnberger Forschungen, Bd. 31.) Neustadt an der Aisch 2008, 362f.

54 *Josef Janácek*, Das Kupfer in Kutná Hora (Kuttenberg) im 16. Jahrhundert, in: Kellenbenz (Hrsg.), Kupferproduktion (wie Anm. 40), 172–193, hier 173–177.

55 *Seibold*, Manlich (wie Anm. 10), 74f.

ropas verdrängt wurden.[56] Während es dem Nürnberger Geschäftsmodell entsprach, die Kupferverarbeitung selbst zu übernehmen und Lieferverträge mit den Bergwerkseignern zu schließen, waren die Einnahmen aus dem Kupferverkauf für die Augsburger eher ein Nebeneffekt der Kreditvergabe, die damit gedeckt wurde.[57] Und auch bei risikoreicheren Bankgeschäften waren Nürnberger Kaufleute weniger beteiligt als die Augsburger *merchant bankers*.[58] Das schlägt sich auch bei der Bedeutung der Nürnberger Kreditgeber für die Kaiser nieder: Die von ihnen geliehene Summe beträgt mit 600000 Gulden nur etwas mehr als ein Zehntel der Darlehen der Augsburger Kaufleute.

Nürnberg bot Kaufleuten von außerhalb des Reiches günstige Bedingungen[59] und zog im Laufe des 16. Jahrhunderts viele Italiener[60] und auch Niederländer[61] an, die in der Stadt oft schnell erfolgreich waren. Die zugezogenen italienischen Unternehmen waren dabei bald tendenziell größer als die alteingesessenen Nürnberger Firmen.[62] Eine dieser zugewanderten italienischen Unternehmerfamilien waren die Wertemann (Vertema), „eine der großen europäischen Firmen" der Zeit um 1600.[63] Karl Wertemann war einer der wichtigsten Kreditgeber Rudolfs II. für den Langen Türkenkrieg gegen das Osmanische Reich[64], doch ist in der Quelle nur eines seiner vielen größeren Darlehen vermerkt, wahrscheinlich weil sie bis 1612 noch nicht getilgt und damit die Schuldscheine noch nicht kassiert waren.

[56] *Philippe Braunstein*, Wirtschaftliche Beziehungen zwischen Nürnberg und Italien im Spätmittelalter, in: Beiträge (wie Anm. 51), 377–406, hier 392f.; Augsburger Kaufleute dominierten in den großen Kupferproduktionsregionen Oberungarns und in den Alpenländern, während die Nürnberger im weniger ertragreichen Mansfeld vorherrschten. S. dazu *Hildebrandt*, Kupferhandel (wie Anm. 40), 193, 200–204.

[57] *Hildebrandt*, Kupferhandel (wie Anm. 40), 206; Werner Schultheiß schreibt: „Das Geldgeschäft wird aber von Anfang an neben dem Warenhandel gepflegt und hat nicht zur Gründung eigener Firmen geführt, die sich ausschließlich dem Bankgeschäft widmen." *Schultheiß*, Finanzgeschäfte (wie Anm. 51), 111.

[58] *Mark Häberlein*, Die Fugger. Geschichte einer Augsburger Familie (1367–1650). Stuttgart 2006, 95.

[59] *Lambert F. Peters*, Der Handel Nürnbergs am Anfang des Dreißigjährigen Krieges. Strukturkomponenten, Unternehmen und Unternehmer. Eine quantitative Analyse. (VSWG, Beih. 112.) Stuttgart 1994, 91.

[60] *Braunstein*, Nürnberg (wie Anm. 56), 493.

[61] *Landsteiner*, Zeitalter (wie Anm. 22), 105.

[62] *Peters*, Handel (wie Anm. 59), 91–94.

[63] *Hermann Kellenbenz*, Unternehmertum im Süddeutschen Raum zu Beginn der Neuzeit, in: ders., Kleine Schriften III: Wirtschaftliche Leistung und Gesellschaftlicher Wandel. Hrsg. v. Rolf Walter. (VSWG, Beih. 94.) Stuttgart 1991, 991–1014, hier 1002.

[64] Ebd.

V. Kreditgeber aus den habsburgischen Königreichen und Ländern

1. Stände und Städte

Vor allem in den österreichischen Ländern stellte die ständige Bedrohung durch das Osmanische Reich ein starkes kaiserliches Argument für die Bewilligung von neuen Steuern und Geldhilfen durch die Stände dar. Hohe Kredite der Landstände waren freilich die Ausnahme, denn ihre Rolle im kaiserlichen Kreditsystem war eine andere: Sie sollten immer wieder einen Teil der kaiserlichen Schulden übernehmen und so dessen Kreditwürdigkeit wiederherzustellen helfen.[65] Die landesfürstlichen Städte hingegen zählten zum Kammergut, weshalb sie sich dem kaiserlichen Begehren nach Krediten nur schwer entziehen konnten.[66] Wenig überraschend waren es mit der Prager Neustadt, Wien und Breslau, das zusammen mit dem Sechsstädtebund der Oberlausitz Geld verlieh, die großen Städte, die der Quelle zufolge höhere Summen borgten. Gemeinsam mit dem kleineren Wels kamen ihre Kredite auf knapp 240000 Gulden, was einem Anteil von nur 2,7 Prozent der Gesamtsumme entspricht. Die Bedeutung der Landstände war dagegen mit 6,3 Prozent deutlich höher, doch macht vor allem ein einzelnes hohes Darlehen über 400000 Reichstaler, gegeben im Jahr 1545 von den fünf niederösterreichischen Ländern, also Österreich ob und unter der Enns, Steiermark, Kärnten und Krain sowie der Grafschaft Görz, den Unterschied aus. Ohne diesen Posten bewegen sich die Kredite der Stände auf ähnlichem Niveau wie die der Städte, nämlich bei rund 290000 Gulden. Mit dem steirischen Stift St. Lambrecht, das die Habsburger bei der Gegenreformation seit dem Ende des 16. Jahrhunderts unterstützte[67], lieh auch ein Mitglied der Landstände eines der habsburgischen Länder mehr als 50000 Gulden. Insgesamt gesehen spielten die kirchlichen Organisationen

65 Zur Übernahme kaiserlicher Schulden durch die Länder ob und unter der Enns s. *Hannelore Herold*, Die Hauptprobleme der Landtagshandlungen des Erzherzogtums Österreich unter der Enns zur Zeit der Regierung Kaiser Maximilians II. (1564–1576). Diss. phil. Wien 1970, 71–80; *Rauscher*, Finanzen (wie Anm. 3), 284–293.

66 *Andrea Pühringer*, Contributionale, Oeconomicum und Politicum. Die Finanzen der landesfürstlichen Städte Nieder- und Oberösterreichs in der Frühneuzeit. (Sozial- und Wirtschaftshistorische Studien, Bd. 27.) Wien 2002, 80–82.

67 *Johann Loserth*, Die Familie Ungnad und das Stift Lambrecht in den Jahren 1571–1573, in: Jahrbuch der Gesellschaft für die Geschichte des Protestantismus in Österreich 26, 1905, 42–57.

aber ganz offenbar keine große Rolle bei der Darlehensvergabe und stellten keine wirklich bedeutenden Kreditgeber.

2. *Mitglieder der Dynastie*

Auch die eigenen Verwandten liehen den drei Kaisern Geld. Es waren dies Königin Anna von Ungarn, die Gemahlin Kaiser Ferdinands I., und deren Söhne, die Erzherzöge Ferdinand und Karl, die nach der Erbteilung anlässlich des Todes ihres Vaters Tirol beziehungsweise Innerösterreich regierten und ihrem Bruder Maximilian II. Kredite gaben. Im Verhältnis zu den anderen Kreditgebern fallen die Beiträge dieser Gruppe weniger ins Gewicht. Insgesamt wurden nur 2,7 Prozent der kaiserlichen Kredite innerhalb der eigenen Familie aufgenommen. Die Habsburger mussten sich vielmehr Geld leihen, als dass sie selbst welches verleihen konnten.

3. *Adelige und Amtsträger*

Die Adeligen und Amtsträger der habsburgischen Länder liehen den Kaisern beinahe ein Fünftel der Gesamtsumme der Darlehen, was sie zur zweitwichtigsten Kreditgebergruppe machte. Allerdings stellten sie vor allem mittlere Kreditgeber und nur wenige große. Durch ihre schiere Anzahl – mit 23 stellen sie fast ein Drittel aller berücksichtigten Kreditgeber – erreichen sie jedoch den insgesamt zweithöchsten Betrag von 2,5 Millionen Gulden. Die beiden Kategorien Adelige und Amtsträger wurden zusammengefasst, weil die meisten Kreditgeber beide Kriterien erfüllten und nur wenige lediglich das eine oder andere waren. Vielen Inhabern von Ämtern wurde als Belohnung für ihre Dienste eine Standeserhöhung zuteil. Generell stellten allerdings Mitglieder des Adels den Großteil der höheren Amtsinhaber und kamen daher auch als Kreditgeber für größere Summen in Frage. Wie bei den Reichspfennigmeistern wurde auch von ihnen im Rahmen ihrer Amtstätigkeit erwartet, dass sie bei fehlenden oder zu spät eintreffenden Einnahmen selbst mit Krediten aushelfen würden.[68] Es war auch üblich, dass Kandidaten sich sogar vor Antritt ihres Amtes zur Leistung eines Darlehens verpflichteten, dessen Höhe nicht selten über die in den nächsten Jahren erwartbare Entlohnung hinausging.[69] Die Anreize, derart ‚teure' Ämter zu übernehmen, lagen im damit einhergehenden An-

[68] *Rauscher*, Finanzen (wie Anm. 3), 343.
[69] *Hansdieter Körbl*, Die Hofkammer und ihr ungetreuer Präsident. Eine Finanzbehörde zur Zeit Leopolds I. (Veröffentlichungen des Instituts für Österreichische Geschichtsforschung, Bd. 54.) Wien/München 2009, 136f.

sehen, in den möglichen Nebeneinkünften und der bei hohen Ämtern gegebenen Chance auf Erlangung einträglicher kaiserlicher Gunstbeweise.[70] Jedenfalls war ein dem jeweils angestrebten Posten entsprechendes Vermögen ein nicht zu vernachlässigendes Einstellungskriterium. Demnach liehen vor allem Inhaber von wichtigen Ämtern hohe Summen, wie auch die hier analysierte Quelle belegt.

Mit Gabriel de Salamanca von Ortenburg und Johann Hoffmann von Grünbühel finden sich beide Schatzmeister der frühen Finanzverwaltung Ferdinands I. unter den drei größten adeligen Kreditgebern. Dazu kommt noch Wolfgang Kremer, der als Kassier von Königin Maria von Ungarn deren österreichische und ungarische Einnahmen verwaltete.[71] Unter den Inhabern von Spitzenämtern des Hofs liehen Leonhard Harrach (Obersthofmeister), Wolf Rumpf (Oberstkämmerer), Martín de Guzmán (Oberstkämmerer) und Sigmund Lodron (Oberststallmeister) ihren Dienstherren mehr als 50000 Gulden. Zu dieser Gruppe kann auch Wolf Unverzagt, de facto Hofsekretär Maximilians II.[72], gezählt werden. Michael Adolph Althan, Georg Teufel und Hans Rueber zu Pixendorf wiederum gaben den Kaisern im Rahmen ihrer militärischen Tätigkeit Darlehen. Sie nahmen für den Unterhalt der von ihnen geführten Truppen selbst Kredite auf und schossen dementsprechend dem Kaiser Geld vor.[73] Andreas Pögl und vor allem sein Vater Sebald schließlich waren es, die Waffen für die Kriege der Habsburger produzierten und dabei auch im Voraus lieferten.[74]

Kleinere Amtsträger, die Kredite zur Verfügung stellten, waren etwa der mehrmalige Bürgermeister von Wien Georg Brandstetter oder der böhmische Rentmeister Hans Spiegel. Auch die Salzamtleute von Gmunden, Aussee, Hall in Tirol und Wien liehen immerhin 100000 Gulden und liefern damit einen Hinweis auf die Bedeutung des Salzregals für die kaiserlichen Finanzen, die weit über die genannte Größenordnung hinausgeht.

[70] Zu üblichen Verehrungen und Trinkgeldern und zur Frage der Korruption sowie anderen Anreizen solcher Ämter s. ebd. 131–133, 137.

[71] *István Kenyeres*, Die Einkünfte und Reformen der Finanzverwaltung Ferdinands I. in Ungarn, in: Martina Fuchs/Teréz Oborni/Gábor Ujváry (Hrsg.), Kaiser Ferdinand I. Ein mitteleuropäischer Herrscher. (Geschichte in der Epoche Karls V., Bd. 5.) Münster 2005, 111–146, hier 130.

[72] *Lothar Groß*, Die Geschichte der Deutschen Reichshofkanzlei von 1559 bis 1806. (Inventare österreichischer Staatlicher Archive, Bd. 5/1.) Wien 1933, 372.

[73] *Rauscher*, Finanzen (wie Anm. 3), 353.

[74] *Maja Loehr*, Thörl. Geschichte eines steirischen Eisenwerkes vom vierzehnten Jahrhundert bis zur Gegenwart. Wien 1952.

Insbesondere für die Rückzahlung von Schulden wurden Gläubiger häufig auf die landesfürstlichen Salzämter verwiesen.[75]

Ein großer Anreiz für Adelige, dem Kaiser Geld zu leihen, bestand in der Aussicht auf den Erwerb von neuem Grundbesitz. Die ihnen zur Deckung der kaiserlichen Schulden verpachteten oder verpfändeten Herrschaften konnten nämlich, meist nach Bezahlung weiterer Summen, in ihren Besitz übergehen.[76] Ebenso attraktiv waren die häufig gewährten Standeserhöhungen für Kreditgeber und das damit verbundene Prestige.

Die wichtigsten Grundherrschaften von fast allen in der Quelle aufgelisteten Adeligen lagen in den österreichischen Erbländern und/oder in Böhmen, nur wenige, wie zum Beispiel Wolf Balassa von Gyarmath, verfügten über Ländereien im habsburgischen Teil Ungarns. Ungarische Adelige spielten also zumindest im 16. Jahrhundert praktisch keine Rolle als große Kreditgeber.

4. Kaufleute aus Wien

Nicht nur Kaufleute aus dem Heiligen Römischen Reich, sondern auch solche aus dem eigenen direkten Herrschaftsbereich stellten den Kaisern Kredite zur Verfügung. Dabei hatten die in Wien niedergelassenen Kaufleute die Führungsrolle inne. Mit 7,6 Prozent des gesamten den Kaisern geliehenen Betrags, also etwas mehr als einer Million Gulden, hatte diese Gruppe sogar die drittgrößte Bedeutung aller Kreditgeber inne.

Auffällig ist, dass alle in der Quelle erfassten Wiener Kaufleute erst im Laufe des 16. Jahrhunderts nach Wien gezogen waren und dann in den letzten Jahrzehnten als Kreditgeber Rudolfs II. auftraten. Vier der sechs stammten aus den südlichen Alpentälern Oberitaliens, beziehungsweise im Fall Anton Stamps aus Graubünden.[77] Jobst Croy dagegen kam aus den spanischen Niederlanden[78] und Tobias Weiß aus Augsburg nach

[75] S. dazu als Beispiel *Julia Zangerl*, Die Bedeutung des Salzamts Wien für die landesfürstlichen Finanzen in der zweiten Hälfte des 16. Jahrhunderts, in: Edelmayer/Lanzinner/Rauscher (Hrsg.), Finanzen (wie Anm. 5), 215–233, dort auch mit weiteren Literaturhinweisen.

[76] Dies gelang beispielsweise Wolf Rumpf, der sich 1592 mit Weitra eine der größten niederösterreichischen Grundherrschaften sichern konnte. S. *Edelmayer*, Rumpf (wie Anm. 12), 239.

[77] *Ernst Josef Görlich*, Graubündner in Wien, in: Wiener Geschichtsbll. 26, 1971, 211–213, hier 212. Zur Familie Stamp s. auch *Rudolf Buchinger*, Die Wiener Kaufmannschaft in der zweiten Hälfte des 16. Jahrhunderts. Prosopographie, Handels- und Finanzierungstätigkeit ausgewählter Familien. Diplomarbeit Wien 2009.

[78] *Erich Landsteiner*, Die Kaufleute, in: Anita Traninger/Karl Vocelka (Hrsg.), Die früh-

Wien.[79] Die aus Italien zuwandernden Kaufleute unterhielten im Regelfall bereits über den Tuchhandel und auch mit der Vergabe von Krediten Geschäftsbeziehungen mit dem Kaiser[80] und hegten wohl auch die Hoffnung, im Handel mit Ungarn Profite machen zu können. Diese Erwartungen erfüllten sich auch, insbesondere für Croy und Bartholomäus Castell, einen vermutlichen Nachfahren des in der Quelle erwähnten Johann Baptista Castell, die beide Kredite für den Kaiser leisteten, um im Ochsenhandel und im Neusohler Kupferverlag Geld verdienen zu können.[81]

VI. Kreditgeber aus Italien

Die großen oberitalienischen Bankhäuser und Kaufleute waren ganz offensichtlich keine besonders wichtigen Kreditgeber der österreichischen Habsburger, wenn man den Aussagen der Quelle folgt. Obwohl nur zwei Personen diesem Raum zugeordnet werden können, stammen immerhin 4,6 Prozent der Gesamtsumme aller Kredite von der Apenninenhalbinsel. Denn sowohl der Mailänder Constantin Magno als auch Balthasar Fassato liehen mit über 440 000 Gulden beziehungsweise 165 000 Reichstalern sehr hohe Beträge. Ersterer war laut den in der Quelle erfassten Darlehen sogar der sechstgrößte Kreditgeber insgesamt. Über beide sind in der deutschsprachigen Literatur jedoch kaum Informationen auffindbar.[82]

Zu beachten ist, dass die in der Quelle auftauchenden Wiener Kaufmannsfamilien Castell (Castello), Ferrari und Joanelli (Giovanelli) sowie die Nürnberger Wertemann (Vertema) vor dem 16. Jahrhundert ebenfalls in Oberitalien ansässig waren. Das passt zu der allgemeinen Entwicklung, dass seit dem Ende des 16. und dem Anfang des 17. Jahrhunderts zahlreiche italienische Kaufleute nördlich der Alpen Handel zu treiben begannen. Ihre Bedeutung nahm in der Zeit zu, in der diejenige der oberdeutschen Handelshäuser abnahm.[83] Sie kamen primär aus kleineren Orten am südli-

neuzeitliche Residenz (16.–18. Jh.). (Wien. Geschichte einer Stadt, Bd. 2.) Wien/Köln/Weimar 2003, 205–214, hier 213.

[79] *Buchinger*, Kaufmannschaft (wie Anm. 77), 18.

[80] *Landsteiner*, Kaufleute (wie Anm. 78), 211.

[81] *István Kenyeres*, Die Finanzen des Königreichs Ungarn in der zweiten Hälfte des 16. Jahrhunderts, in: Edelmayer/Lanzinner/Rauscher (Hrsg.), Finanzen (wie Anm. 5), 84–122, hier 118–120; *Günther Probszt*, Die alten 7 niederungarischen Bergstädte im Slowakischen Erzgebirge. (Leobener Grüne Hefte, Bd. 45.) Wien 1960, 40.

[82] Erwähnung finden beide bei *Rauscher*, Finanzen (wie Anm. 3), 275 f. und 348 f.

[83] *Landsteiner*, Zeitalter (wie Anm. 22), 118.

chen Alpenrand, dem Raum Como – Bergamo – Brescia, sowie aus dem Friaul[84], nur selten aus den großen norditalienischen Handelsmetropolen.[85] Viele zogen nach Wien, um mit dem dortigen Hof sowie mit Ungarn und dem östlichen Europa Handel zu treiben. Neben Wien ließen sich italienische Kaufleute verstärkt in Innerösterreich, auf dem Handelsweg zwischen Oberitalien und Ungarn, nieder[86], wo sie sich im Import von Tuchwaren, Export von Metallwaren und im Ochsenhandel engagierten und zu Beginn des 17. Jahrhunderts, begünstigt durch die Verpachtung von Handelsmonopolen, das Wirtschaftsleben dominierten.[87]

VII. Schluss

Die Kreditgeber der österreichischen Habsburger sind eine vielfältige Gruppe. Um Finanzlücken zu schließen, liehen sich die Kaiser von allen dafür in Frage kommenden Personen Geld.[88] Nur damit konnten sie die Kassen ausreichend gefüllt halten, um sich gegen die Konkurrenz der Osmanen und anderer Fürsten in Europa behaupten zu können. Es gelang ihnen im 16. Jahrhundert auch, eine vollständige Zahlungsunfähigkeit zu vermeiden, was unter anderem auf die vielen einträglichen Einkommen, auf die Gläubiger verwiesen werden konnten, zurückzuführen ist. Diese machten mit den Habsburgern glänzende, wenngleich nicht risikolose Geschäfte, wovon einige Zusammenbrüche von Augsburger Handelsfirmen im späten 16. Jahrhundert zeugen.

Drei Fünftel der geliehenen Kreditsumme kamen von Kaufleuten aus den behandelten drei Regionen, ein weiteres Fünftel von den Adeligen und Amtsträgern aus den Ländern der österreichischen Habsburger und schließlich je ungefähr ein Zehntel von weiteren Kreditgebern aus dem Heiligen Römischen Reich und der Habsburgermonarchie. Diese Verhältnisse legen einerseits die beträchtliche Abhängigkeit der kaiserlichen Fi-

[84] *Helfried Valentinitsch*, Italienische Unternehmer im Wirtschaftsleben der innerösterreichischen Länder 1550–1650, in: Jürgen Schneider (Hrsg.), Wirtschaftskräfte und Wirtschaftswege. Bd. 1: Mittelmeer und Kontinent. Festschrift für Hermann Kellenbenz. (Beiträge zur Wirtschaftsgeschichte, Bd. 4.) Bamberg 1978, 695–708, hier 696.

[85] *Landsteiner*, Kaufleute (wie Anm. 78), 210.

[86] Beispiele sind die großen Familienunternehmen Moscon, de Lantheri und Regall. S. *Valentinitsch*, Unternehmer (wie Anm. 84), 696.

[87] Ebd. 696–698, 700 f.

[88] Die kaiserliche Finanzverwaltung versuchte gezielt, Kredite von ihr bekannten wohlhabenden Personen zu erhalten. S. *Rauscher*, Finanzen (wie Anm. 3), 347.

nanzen von einigen wenigen großen Kaufmannbankiers dar, belegen aber andererseits auch, dass ein bedeutender Teil der Darlehen aus anderen Quellen stammte. Die Vielzahl der nichtkaufmännischen Kredite bestand hingegen aus wesentlich niedrigeren Einzelbeträgen. Die Augsburger Handelshäuser blieben, was die Größe der Darlehen betrifft, im 16. Jahrhundert unerreicht.

Tabelle 2: Die in der Quelle verzeichneten und nach Kategorien geordneten Kreditgeber der österreichischen Habsburger von 1521 bis 1612

Name	Reichstaler	Gulden
Heiliges Römisches Reich		
Reichsfürsten		
Herzog Albrecht V. von Bayern		100000
Kardinal Christoph Madruzzo von Trient		80000
Konrad von Pappenheim		68000
Reichsstädte		
Augsburg		166000
Bremen		14000
Nürnberg		152514
Regensburg		54000
Überlingen		130500
Ulm		87641
Reichspfennigmeister		
Zacharias Geizkofler		120107
Georg Ilsung		278907
Sonstige		
Franken: Kreis und Ritterschaft		66000
Kaufleute aus Augsburg		
Hans Baumgartner		73977
Anton und Hans Bimmel		56000
Jakob Herbrot und Sohn		347365
Hans Paul und Hans Heinrich Herwart	330848	648993
Joachim Jenisch		205070
Hans Langnauer		77504
Ulrich Link und Anton Haug		118917
Matthias Manlich	1000	676584
Jakob Meuting		317040
Wolf Paler	10000	2111681
Bernhard und Christoph Rehlinger		153620
Johann Rot		441854

Leonhard Weiß und Erben		609261
Kaufleute aus Nürnberg		
Johann Ebner		222200
Bonaventura Furtenbach		245166
Lazarus Tucher		59222
Karl Wertemann		77142
Habsburgermonarchie		
Stände der habsburgischen Länder		
Die fünf niederösterreichischen Länder und Görz	400000	
Ober- und Niederlausitz	128400	
Österreich ob und unter der Enns		71411
Österreich unter der Enns		112546
Stift St. Lambrecht		50637
Tirol		60000
Städte der Habsburgermonarchie		
Breslau (und die sechs Städte in der Oberlausitz)[a]	95000	
Prager Neustadt	26562	83153
Wels		60066
Wien		96475
Habsburger		
Königin Anna	4000	95150
Erzherzog Karl von Innerösterreich		60406
Erzherzog Ferdinand von Tirol		220000
Adelige und Amtsträger		
Michael Adolph Althan		92404
Wolf Balassa von Gyarmath		71000
Hieronymus Bonacina		80000
Georg Brandstetter		67588
Martin de Guzmán		54710
Leonhard Harrach		90850
Johann Hoffmann von Grünbühel		351452
Adam Felix Hrzán von Harras		50000
Seyfried Kollonitz		133259
Wolfgang Kremer		263392
Johann Kruschitz		53832
Sigmund Lodron		51500
Karl Liechtenstein	10000	44330
Ulrich von Nostitz		194442

Gabriel de Salamanca von Orttenburg		200824
Andreas Pögl		65000
Cyriak von Polheim		51097
Johann Rueber zu Pixendorf		83725
Wolf Rumpf		90000
Salzamtleute von Gmunden, Aussee, Hall in Tirol und Wien		100000
Gebrüder Schönaich		116098
Joachim Sinzendorf		50000
Johann Spiegel	56000	
Georg Teufel		80666
Wolf Unverzagt		123077
Kaufleute aus Wien		
Jobst Croy		588397
Johann Baptista Castell		57586
Ambrosius Ferrari		95467
Andreas Joanelli		193604
Anton Stamp		61830
Tobias Weiß	15660	72300
Italien		
Kaufleute aus Italien		
Balthasar Fassato	165000	5000
Constantin Magno	18000	441280
Gesamt	1306470	[b]12743830

Quelle: ÖStA, HKA, Verhandlungen 9/1, Nr. 1115.

a Die mit der schlesischen Stadt Breslau Geld verleihenden sechs Städte in der Oberlausitz waren: Görlitz, Zittau, Bautzen, Kamenz, Löbau und Lauban, die seit dem 14. Jahrhundert den sogenannten Sechsstädtebund bildeten.

b 3 Gulden wurden aufgrund der addierten Kreuzerbeträge hinzugerechnet.

Herrscherfinanzen und Bankiers unter Franz I.

Die Rolle der Florentiner Salviati im französischen Finanzsystem des frühen 16. Jahrhunderts

Von

Heinrich Lang

I. Einleitung

Als 1523 die *commission des comptes*, eine eigens eingerichtete königliche Untersuchungskommission, die gegen führende Finanzgeneräle wegen Veruntreuung ermittelte, ihren Bericht zu Lasten des Herrn von Semblançay, Jacques de Beaune († 1527), abschloss, war der Staat Franz' I. von Frankreich faktisch bankrott.[1] Die ambitionierte, hegemonial orientierte dynastische Kriegführung des als Großcousin des vorigen französischen Königs, Ludwig XII. (reg. 1498–1515), auf den Thron gelangten François von Angoulême (1494–1547) hatte den königlichen Haushalt ausgetrocknet, die monarchischen Finanzen überschuldet und die Krone in die Abhängigkeit von italienischen Financiers getrieben. Nicht dass Franz sein Reich

[1] *Alfred Spont*, Semblançay (?–1527). La bourgeoisie financière au début du XVIe siècle. Paris 1895; *Martin Wolfe*, The Fiscal System of Renaissance France. New Haven/London 1972, 74. Speziell zur Situation von 1523 s. *Roger Doucet*, L'état des finances de 1523. Paris 1923. – Die Wertangaben im Fließtext sind in Livres gehalten und gerundet. Die französische Rechenwährung in Silber war während des Untersuchungszeitraums die Livre tournois (1 Livre = 20 Sous = 240 Deniers). Die Florentiner Kaufleute brachten im 15. Jahrhundert nach Genfer Vorbild den Écu de marc (1 Scudo di marchi = 20 Solidi = 240 Denari) als Rechenwährung für die Lyoner Messen mit, um auf den Messen von Eingriffen des französischen Königs möglichst unabhängig agieren zu können. Das Verhältnis von Écu de marc zu Livre lag 1506 bis 1519 bei 1 Écu = 36,3 Sous tournois, 1519 bis 1533 bei 1 Écu = 40 Sous tournois, 1533 bis 1550 bei 1 Écu = 45 Sous tournois (1 Scudo di marchi = 2 $^{1}/_{4}$ Livres tournois). Der Zahlungsverkehr mit der apostolischen Kammer wurde in Kammerdukaten (1 Ducato di camera = 20 Solidi = 240 Denari) angegeben. Die Umrechnung entspricht während des Untersuchungszeitraums etwa folgendem Verhältnis: 1 Ducato di camera = 1,12 Scudi di marchi. Zur Umrechnung s. *Frederic J. Baumgartner*, France in the Sixteenth Century. Houndmills/London 1995, IX. Sämtliche Beträge wurden in diesem Beitrag gerundet. – Dieser Aufsatz ist im Rahmen des DFG-Projekts „Märkte – Netzwerke – Räume. Wirtschaftsbeziehungen und Migrationsprozesse in der Frühen Neuzeit (1500–1800)" (Bamberg/Dresden) entstanden. Für Anregungen, Korrekturen und Unterstützung danke ich Mark Häberlein, Sven Torsten Schmitt und Götz-Rüdiger Tewes.

von sich aus in die abenteuerlichen Feldzüge nach Italien und in die kostspieligen Auseinandersetzungen mit dem Kaiserhaus Habsburg gestürzt hätte, er hatte die französische Rolle in der europäischen Mächtekonstellation von seinen Vorgängern Karl VIII. (reg. 1483–1498) und Ludwig XII. geerbt.[2]

Nach dem ersten Kriegszug nach Italien und der Wiedereingliederung Mailands in das französische Königreich trachtete Franz 1523 nach Veränderungen.[3] Er ließ Personen an der Spitze der Kronfinanz austauschen und ordnete die Fiskalverwaltung durch die Einführung des *trésorier de l'Épargne* (Generalschatzmeister) neu. Allerdings zeigt die bruchstückhafte Zentralüberlieferung von Regierungsakten[4], dass sich damit wenig an der chronischen Finanznot änderte und dass die Neufassung der Institutionen oft aus stückwerkhaften Ad-hoc-Maßnahmen bestand.[5]

Seine Gefangennahme bei der Niederlage von Pavia mit anschließender Internierung in Madrid hinderte Franz am harten Durchgreifen. Zum Rollen von Köpfen kam es erst, als er 1527 heimgekehrt war. Nun entledigte er sich zu guten Teilen der Führungskräfte, die die Regierungsgeschäfte während der Regentschaft seiner Mutter, Louise von Savoyen (1476–1531)[6], besorgt hatten. Die *gens des finances* („Finanzleute") wie Jacques de Beaune fielen in Ungnade. De Beaune wurde der Prozess gemacht, wobei man ihm Bereicherung am Vermögen der Krone vorwarf. Wenig überraschend sprach das Gericht de Beaune schuldig und schickte ihn im August 1527 auf das Schafott.[7]

Überdies verfügte König Franz I. eine Neustrukturierung der Finanzadministration des Königreiches: Der *trésor de l'Épargne* (Schatzamt) mit

[2] Vgl. *David Abulafia* (Ed.), The French Descent into Renaissance Italy 1494–95. Aldershot 1995.

[3] *Robert J. Knecht*, Renaissance Warrior and Patron: The Reign of Francis I. Cambridge 1994, 196–199.

[4] Vgl. *Richard Bonney*, France, 1494–1815, in: ders. (Ed.), The Rise of the Fiscal State in Europe, c. 1200–1815. Oxford 1999, 123–176, hier 124.

[5] Hierüber herrscht Dissens in der Forschung: Roger Doucet bewertet die Reformen Franz' I. als Stückwerk, Martin Wolfe erkennt mittelfristig angelegte Strategien, die ihre Wirkung auf Dauer durchaus entfalteten. Eine tiefergehende Untersuchung findet sich bei Hamon, der die Einführung des *trésor de l'Épargne* als strukturelle Richtungsentscheidung darstellt, andere Reformen dieser Periode hingegen als „punktuelle" Maßnahmen qualifiziert: *Philippe Hamon*, L'argent du roi. Les finances sous François Ier. (Histoire économique et financière de la France. Études générales.) Paris 1994, 257–263.

[6] *René Maulde-La-Clavière*, Louise de Savoie et François Ier. Trente ans de jeunesse (1485–1515). Paris 1895.

[7] *Knecht*, Renaissance Warrior (wie Anm. 3), 268–271.

dem entsprechenden Amt des *trésorier* wurde eingeführt, die Zuständigkeiten wurden auf die *finances ordinaires* („ordentliche Finanzen") der regulären Domänenverwaltung und -besteuerung und die *finances extraordinaires* („außerordentliche Finanzen") aller übrigen steuerlichen Einnahmen verteilt.[8] Als zukunftsweisendes Instrument erwiesen sich die sogenannten *rentes sûr l'Hôtel de Ville de Paris* (Renten des Pariser Rathauses), die dazu dienten, die künftigen Steuereinkommen der französischen Städte, in diesem Fall von Paris, umfangreich beleihen zu können. Sie wurden erstmals 1522 erhoben und erfuhren ihre Deckung durch verschiedene Verbrauchssteuern (zum Beispiel auf Fleisch, Fisch, Wein), die *gabelle* (Salzsteuer) von Paris sowie die als *aides* bezeichneten Kontributionen.[9]

Während die Geschichte der französischen Herrscherfinanzen für die Regierungszeit von König Franz I. weitgehend geschrieben ist, bleibt der mit der königlichen Finanzierung intensiv verflochtene wirtschaftliche Sektor des *government finance*, des Geschäfts mit Herrscherfinanzen, zumeist ausgeblendet. Überdies hat die bisherige Forschung die Rolle der Bankiers aus Italien und Süddeutschland unterschätzt, weil sie sich auf die Darlehenspolitik von Franz I. beschränkt hat.

Im vorliegenden Aufsatz wird deshalb der Wechsel von der etatistisch orientierten Zentralperspektive der königlichen Fiskal- und Finanzgeschichte auf die Kaufmannbankiers[10] (*merchant bankers*) sowie auf die Kreditmärkte angestrebt. Das Geschäft mit den Herrscherfinanzen erweist sich nicht nur als wichtiger Bestandteil unternehmerischer Aktivitäten, vielmehr verfügte es über ein umfassendes und differenziertes Potential, das herrscherfinanzielle Kreditgeschäft und Finanzserviceleistungen mit dem Messe- und Wechselhandel verband. Diese Neuinterpretation der Be-

[8] *Wolfe*, Fiscal System (wie Anm. 1), 77–86. Speziell *Gilbert Jacqueton*, Le Trésor de l'Épargne sous Francois Ier (1523–1547), in: RH 55, 1894, 1–43; 56, 1894, 1–38.

[9] *Wolfe*, Fiscal System (wie Anm. 1), 92. Das heißt, dass das Pariser Rathaus die Einkünfte, die an den König abgeführt werden sollten, verwaltete. Vgl. *Martin Körner*, Le crédit public, in: Richard Bonney (Ed.), Systèmes économiques et finances publiques. Paris 1996, 515–548, hier 530f.

[10] Der Begriff des ‚Kaufmannbankiers' verweist auf den engen Zusammenhang von Handel (*commerce*) und Bankwesen (*banking*) im mittelalterlichen beziehungsweise frühneuzeitlichen Wirtschaftsleben; er wird synonym mit dem Terminus des *merchant banker* verwendet: *Jacques Le Goff*, Kaufleute und Bankiers im Mittelalter. Frankfurt am Main 1959 (franz. 1956). Zur Frage, inwieweit dies noch für die vorindustrielle Zeit gegolten hat, s. *Jean-Paul Sosson*, L'entrepreneur médiéval, in: Simonetta Cavaciocchi (Ed.), L'impresa. Industria Commercio Banca, secc. XIII–XVIII. Atti della settimana di studi, 3 aprile–4 maggio 1990. Florenz 1991, 275–293.

ziehung zwischen *merchant bankers* und Kronfinanzen wechselt von der fiskaladministrativen Makro- beziehungsweise Mesoebene zur unternehmerischen Mikroebene der Handelsgesellschaften.[11] Allerdings bedeutet das nicht, dass die traditionelle Thematik des ‚Königs und seines Bankiers' ausformuliert werden soll[12], vielmehr wird das Geschäft mit den Herrscherfinanzen wirtschafts- und markthistorisch begriffen.[13]

Beruht die Forschung zu den französischen Herrscherfinanzen wesentlich auf der Überlieferung der königlichen Archive in Paris – herrscherliche Erlasse und Korrespondenzen – sowie, im eingangs zitierten Beispiel, auf Prozessakten gegen Jacques de Beaune, werden hier umfassend Handelsakten beteiligter Bankiers analysiert. Vor der Folie der kaufmännischen Rechnungsbücher werden nicht nur die Interessen der involvierten Handelsgesellschaften ebenso wie deren Netzwerke sichtbar, vielmehr können Aussagen über die wirtschaftliche Bedeutung von Geschäften mit Darlehen an den König, die finanzadministrativen Serviceleistungen sowie die Investitionen in die Kriegführung getroffen werden.

Der hier postulierte Perspektivenwechsel vollzieht sich in vier systematisch gegliederten Kapiteln: Einführend werden die Entwicklung der französischen Herrscherfinanzen skizziert und der entsprechende Forschungsstand dargelegt, danach wird das Auftreten der florentinischen Handelsge-

[11] Als vorbildlich kann in diesem Sinne die Studie von Francesco Guidi Bruscoli über den Papstbankier Benvenuto Olivieri und seine Handelsgesellschaft angesehen werden: *Francesco Guidi Bruscoli*, Benvenuto Olivieri. I mercatores fiorentini e la camera apostolica nella Roma di Paolo III Farnese (1534–1549). (Fondazione Carlo Marchi, Quad. 6.) Florenz 2000; überarbeitete Fassung: *ders.*, Papal Banking in Renaissance Rome. Benvenuto Olivieri and Paul III, 1534–1549. Aldershot 2007. In seinem theoriebildenden Essay zur Geschichte der „öffentlichen Finanzen" betont Werner Buchholz wiederholt, dass das Entstehen großer „Privatvermögen" die Voraussetzung für die umfangreiche Kreditaufnahme von Seiten der Fürsten gewesen wäre; gerade deshalb soll hier der Perspektive dieser „Privatvermögen" Rechnung getragen werden; *Werner Buchholz*, Geschichte der öffentlichen Finanzen in Europa in Spätmittelalter und Neuzeit. Darstellung – Analyse – Bibliographie. Berlin 1996, 66.

[12] Vgl. den Begriff des *argentier du roi* bei *Michel Mollat*, Jacques de Coeur ou l'esprit d'entreprise au XVe siècle. Paris 1988.

[13] Reinhard Hildebrandt zeigt, dass das traditionelle Thema durchaus in der hier vorgeschlagenen Perspektive weiterentwickelt werden kann: *Reinhard Hildebrandt*, Der Kaiser und seine Bankiers. Ein Beitrag zum kaiserlichen Finanzwesen des 16. Jahrhunderts, in: Friedrich Edelmayer/Maximilian Lanzinner/Peter Rauscher (Hrsg.), Finanzen und Herrschaft. Materielle Grundlagen fürstlicher Politik in den habsburgischen Ländern und im Heiligen Römischen Reich im 16. Jahrhundert. (Veröffentlichungen des Instituts für Österreichische Geschichtsforschung, Bd. 38.) Wien/München 2003, 234–245, bes. 239–242.

sellschaften an der Rhône aus dem Blickwinkel ihrer wirtschaftlichen Interessen geschildert, weiters erfolgen Rekonstruktion und Deutung der Aktionsfelder der Kaufmannbankiers im Bereich französischer Herrscherfinanzen, und schließlich werden Begriff und Rolle der sogenannten *intermédiaires*[14] – Mittelsmänner, Verbindungsleute sowie Kreditmakler – im Kontext des Handelsplatzes Lyon diskutiert. Abschließend wird die Bedeutung des Marktes Herrscherfinanzen für die Präsenz florentinischer Kaufmannbankiers in Frankreich gewürdigt.

Im Mittelpunkt der Analyse steht die Handelsgesellschaft der Florentiner Kaufmannbankiers Iacopo und Erben Alamanno Salviati, deren Tätigkeit in der ersten Hälfte des 16. Jahrhunderts eine bemerkenswerte Expansion auf europäischen Märkten erfuhr. Zum einen exemplifizieren die Bandbreite der geschäftlichen Aktivitäten und das merkantile Netzwerk der Salviati die Rolle der italienischen Unternehmungen in Frankreich. Zum anderen verfügt das Archiv der Salviati über eine für Lyon einzigartig dichte Überlieferung, die ebenso wie die Handelsbücher anderer toskanischer in Frankreich tätiger Firmen für die erste Hälfte des 16. Jahrhunderts noch nicht ausgewertet worden sind.[15]

Die hier vorgeschlagene Betrachtung der französischen Herrscherfinanzen aus der Perspektive der unternehmerisch an der Rhône tätigen *merchant bankers* erweitert einerseits die bisherige Perspektive auf das Phänomen, indem die Verflechtungen italienischer und oberdeutscher Handelsgesellschaften als politisch prekäres Zusammenwirken von wirtschaftlicher Kooperation und Konkurrenz erscheinen. Andererseits wird erkennbar, dass der Kreditmarkt jenseits der meist negativ geschilderten öffentlichen Verschuldung und der korrumpierenden Abhängigkeit des noch wenig entwickelten Staatswesens von Bankiers ein wichtiger Markt der frühneuzeitlichen Wirtschaftswelt war.[16] Damit soll auch die aktuelle De-

[14] Hier greife ich einen Begriff auf, mit dem Philippe Hamon ein Kapitel in „L'argent du roi" überschreibt. Im Abschnitt über den Kreditmarkt stellt er die „Agents de la monarchie", die „Prêteurs" und die „Intermédiaires" vor. Allerdings – dies wird in dem entsprechenden Kapitel (s. unten) zu erklären sein – fasst er den Begriff des *intermédiaire* sehr eng: Offenbar bezieht er ihn nur auf ‚institutionell ungebundene' Bankiers, die man in diesem Zusammenhang als die prominentesten Beispiele für ‚Kreditmakler' (Hans Kleeberger und Albizzo del Bene) beschreiben kann; *Hamon*, L'argent du roi (wie Anm. 5), 143–146.

[15] *Valeria Pinchera*, L'Archivio Salviati. La storia degli affari attraverso un Archivio familiare, in: Società e storia 13, 1990, 979–986. Vgl. den Kommentar von *Richard Goldthwaite*, The Economy of Renaissance Florence. Baltimore 2009, 165 Anm. 261.

[16] Vgl. *Richard Ehrenberg*, Das Zeitalter der Fugger. Geldkapital und Kreditverkehr im

batte über das Verhältnis von Staaten und großen Bank- bzw. Handelsunternehmungen um neue Facetten bereichert werden.

II. Die französischen Herrscherfinanzen: ein Überblick

Aus der Perspektive der Kaufmannbankiers beschränkte sich das Geschäftsfeld der Herrscherfinanzen nicht allein auf die französischen Kronfinanzen oder die Vergabe von Krediten: Neben der Aufbringung und Gewährung von Darlehen an den König zählten insbesondere Serviceleistungen im königlichen, aber auch im aristokratischen und kirchlichen Finanz- und Fiskalsektor zu den von ihnen übernommenen Aufgaben. Richard Goldthwaite charakterisiert in seinem jüngst erschienenen Band „The Economy of Renaissance Florence" das Geschäftsfeld *government finance* als eine ökonomische Aktivität von europaweit agierenden Florentiner Handelsgesellschaften und dürfte damit eine auch für die Tätigkeiten von Handelshäusern anderer regionaler Herkunft gültige Typologie entwickelt haben.[17]

Entsprechend der rechtlich-institutionellen und territorialen Fragmentierung, wie sie auch für das französische Königreich unter den Valois kennzeichnend war, definiert sich *government* in diesem Zusammenhang aus der Funktion, Privilegien vergeben oder Steuern erheben zu können. Insofern bezieht sich *government* nicht wie in der Politikwissenschaft als „offener" Begriff auf jedes staatliche, politische oder wirtschaftliche Regime, aber auch nicht eng gefasst nur auf eine zentralstaatliche Regierung.[18] Die eigenwillige Übersetzung von *government finance* ins Deutsche mit „Herrscherfinanzen" setzt sich bewusst vom gebräuchlichen, aber anachronistischen Terminus der „Staatsfinanzen" ab. Dadurch soll vor allem dem historiographischen Modell der frühneuzeitlichen Staatsbildung Rechnung getragen werden, deren wesentlicher Bestandteil die Herausbildung finanz- und fiskaladministrativer institutioneller Strukturen war. Somit erscheint die Anwendung des Begriffes „Staat" für die europäischen Herrschaftsgebilde um 1500 zumindest problematisch.[19]

16. Jahrhundert. Bd. 1: Die Geldmächte des 16. Jahrhunderts. Bd. 2: Die Weltbörsen und Finanzkrisen des 16. Jahrhunderts. Hildesheim/Zürich/New York 1990 (zuerst 1896).

[17] *Goldthwaite*, Economy (wie Anm. 15), 230–262.

[18] Vgl. *Michael N. Pearson*, Merchants and States, in: James D. Tracy (Ed.), The Political Economy of Merchant Empires. (Studies in Comparative Early Modern History, Vol. 2.) Cambridge 1991, 41–116, hier 43 f.

[19] *Friedrich Edelmayer/Maximilian Lanzinner/Peter Rauscher*, Einleitung, in: dies.

Der kriegsbedingt explosionsartig anwachsende Finanzbedarf des Königs ist nur der markanteste Bereich der Herrscherfinanzen. Er ist auch der am besten erforschte Aspekt, wohl weil er signifikant für die Entwicklung fiskaladministrativer Institutionen und kreditpolitischer Instanzen ist.[20] Die ältere Forschung beschäftigt sich vor allem mit dem *grand parti* (ab 1555 unter Heinrich II.), der regulierten Aufnahme von Darlehen durch den König und deren sukzessive Rückerstattung (also nicht als schwebende, sondern als fundierte Anleihe) sowie mit dessen Vorgeschichte. An erster Stelle sind die Arbeiten von Roger Doucet zu nennen. Doucet hat sich der langfristigen institutionellen Entwicklung Frankreichs ebenso zugewandt, wie er die verschiedenen Formen finanzorganisatorischer Betätigung beleuchtet hat.[21] Indes wird der *grand parti* keineswegs mehr negativ bewertet, sondern aus finanzwirtschaftlicher Sicht als innovatives Konzept der Staatsfinanzierung eingestuft.[22]

(Hrsg.), Finanzen (wie Anm. 13), 9–19, hier 13f.; *Wolfgang Reinhard*, Geschichte der Staatsgewalt. Eine vergleichende Verfassungsgeschichte Europas von den Anfängen bis zur Gegenwart. München 1999, 157f., 306–314. Im vorliegenden Aufsatz klingt natürlich an, dass Entwicklungen und Innovationen im Bereich der Herrscherfinanzen mit dem dauerhaften Druck kaum unterbrochener militärischer Auseinandersetzungen ursächlich verbunden sind. Dass die permanente ‚Bellizität' somit im Wirkungszusammenhang mit Staatsbildungsprozessen steht, soll hier weniger vernachlässigt als mit Blick auf den Finanz- und Finanztransferbedarf vielmehr unterstrichen werden. Vgl. *Bernhard R. Kroener*, „Das Schwungrad an der Staatsmaschine"? Die Bedeutung der bewaffneten Macht in der europäischen Geschichte der Frühen Neuzeit, in: ders./Ralf Pröve (Hrsg.), Krieg und Frieden. Militär und Gesellschaft in der Frühen Neuzeit. Paderborn/München/Wien/Zürich 1996, 1–23. Über den Zusammenhang von Bellizität und Staatsbildung: *Johannes Burkhardt*, Die Friedlosigkeit der Frühen Neuzeit. Grundlegung einer Theorie der Bellizität, in: ZHF 33, 1997, 509–574. Zudem geht bereits die Argumentation Norbert Elias' mit Blick auf Frankreich in eben diese Richtung: *Norbert Elias*, Über den Prozeß der Zivilisation. Soziogenetische und psychogenetische Untersuchungen. Bd. 2: Wandlungen der Gesellschaft. Entwurf zu einer Theorie der Zivilisation. Frankfurt am Main 1992 (zuerst 1976), 279–311.

[20] Vgl. *Jean Bodin*, Sechs Bücher über den Staat. Hrsg. v. Peter Cornelius Mayer-Tasch. Übers. u. mit Anmerkungen versehen v. Bernd Wimmer. München 1981, hier Buch VI, Kap. 2.

[21] *Roger Doucet*, Étude sur le gouvernement de François Ier dans ses rapports avec le Parlement de Paris. 2 Vols. Paris 1921–1926; *ders.*, L'état des finances de 1523. Paris 1923; *ders.*, L'état des finances de 1567. Paris 1929; *ders.*, Le grand parti de Lyon, in: RH 171, 1933, 472–513; 172, 1933, 1–41; *ders.*, Finances municipales et crédit public à Lyon au XVIe siècle. Ndr. Genf 1980 (zuerst 1937); *ders.*, La banque Capponi à Lyon en 1556. Lyon 1939; *ders.*, Les institutions de la France au XVIe siècle. 2 Vols. Paris 1948.

[22] *Georges Gallais-Hamonno*, The Stupendous Modernity of the 1555 „Grand Partie de Lyon" Loan, in: Association Française de Cliométrie. Working Papers 7, 2009 (ohne Seitenangabe): http://ideas.repec.org/p/afc/wpaper/09-07.html (Zugriff: 31.01.2011).

Einen soliden Überblick über Fiskalsystem, Kronfinanzen und königliche Finanzverwaltung in Frankreich von Karl VII. (reg. 1483–1498) bis zu den Reformen Sullys unter Heinrich IV. (reg. 1589–1610) hat Martin Wolfe verfasst.[23] Die französische Hochfinanz und die königlichen Finanzreformen unter Franz I. beschreibt Philippe Hamon in zwei erschöpfenden Forschungsarbeiten.[24] Überdies ordnet Richard Bonney, der sich zunächst speziell mit der königlichen Schuld unter den ersten Bourbonen-Königen auseinandergesetzt hat[25], die Entwicklung vom französischen Domänenstaat zum Finanzstaat in den europäischen Rahmen ein, wobei er eine statistische Synopse der Einnahme- und Ausgabepolitik liefert.[26]

Jüngst hat David Potter die militärgeschichtliche Entwicklung Frankreichs in der Renaissance nachgezeichnet und dabei auf den systematischen Zusammenhang von Zwängen des Krieges auf der einen und die Erschließung sowie Verwendung finanzieller Ressourcen auf der anderen Seite verwiesen.[27] Neben der Darstellung der Einnahmen- und Ausgabensituation hat er gezeigt, dass insbesondere die Vermittlungstätigkeit für finanzielle Leistungen wie die notgedrungen zügige Akquise hoher Bargeldbeträge oder deren weiträumig organisierte Auszahlung an Söldnerverbände entscheidend für die militärischen Aktivitäten des Königs war. Die uneinheitliche Struktur der französischen Streitkräfte erforderte den flexiblen Einsatz von Mitteln sowie den Soldtransfer in Bargeld, Getreide oder Textilien. Wiederholt gerieten kriegerische Kampagnen ins Stocken, weil finanzielle Quellen versiegten.[28]

[23] *Wolfe*, Fiscal System (wie Anm. 1). Die politische Entwicklung wird zusammengefasst bei *Baumgartner*, France in the Sixteenth Century (wie Anm. 1).

[24] *Hamon*, L'argent du roi (wie Anm. 5); *ders.*, „Messieurs des finances": les grands officiers de finance dans la France de la Renaissance. Paris 1999.

[25] *Richard Bonney*, The King's Debts. Finance and Politics in France 1589–1661. Oxford 1981.

[26] *Ders.*, France (wie Anm. 4), 123–176.

[27] David Potter bearbeitet den sprichwörtlichen Zusammenhang von Krieg und Fiskalpolitik, der zwar stets behauptet, aber nur selten analytisch durchdrungen wird. Bereits Jean Bodin wies wiederholt darauf hin, dass die Entwicklung des Finanzwesens durch den finanziellen Bedarf der Kriegführung konditioniert wurde; ein ähnliches Argument führt Norbert Elias an, wenn er am Beispiel des spätmittelalterlichen Frankreich – etwa unter Verweis auf die Bezahlung der Söldnerheere – die Genese des „Steuermonopols" des Staates schildert. Im hier aufgegriffenen Forschungsstand werden die durch die Kriege hervorgerufenen Finanznöte vorausgesetzt, ohne den konkreten Zusammenhang offenzulegen.

[28] *David Potter*, Renaissance France at War. Armies, Culture and Society, c. 1480–1560. Woodbridge 2008.

Die Entwicklung des Budgets stellt einen wichtigen interpretatorischen Rahmen für das kaufmännische Geschäftsfeld der Herrscherfinanzen zur Regierungszeit König Franz' I. dar. Mit zunehmender Dauer der militärischen Auseinandersetzungen zwischen Valois und Habsburg explodierten die Kosten des Krieges: Investierte man 1515, im Jahr des ersten Italienfeldzuges des französischen Königs, noch um die 8 Millionen Livres, erreichten die Ausgaben während des Krieges um Mailand (1521–1525) bereits 20 Millionen Livres und beim französischen Angriff auf Flandern und Savoyen (1536–1538) immerhin auch 15 Millionen Livres. In ungekannte Höhen indes schossen die finanziellen Aufwendungen 1545, als der Mehrfrontenkrieg gegen Kaiser Karl V. bis zu 30 Millionen Livres kostete.[29]

Die weitgehend für militärische Ausgaben vorbehaltenen *finances extraordinaires* verdoppelten sich während der Regentschaft Franz'. Die *taille*, eine Land- und Kopfsteuer, erbrachte 1515 rund 2,4 Millionen Livres, Mitte der 1540er Jahre waren es 4,6 Millionen. Die Salzsteuer, die *gabelle de sel*, kletterte von 400000 Livres zu Beginn seiner Herrschaft auf 700000 Livres gegen deren Ende. Die *aides* genannten Verbrauchssteuern und andere indirekte Steuern spülten zunächst 1,2 Millionen Livres in die königlichen Kassen, später rund 2,15 Millionen. Hatte Franz I. von Ludwig XII. ein Defizit von 1,4 Millionen Livres geerbt, betrug die Deckungslücke 1517 bereits knapp 4 Millionen Livres. Solche Lasten wurden vor allem auf die Landbevölkerung abgewälzt. Der König selbst verfügte über die *finances ordinaires* seiner Krondomänen, die jährlich gleichbleibend rund 400000 Livres abwarfen.[30]

Während der Herrschaft Franz' I. wurden insbesondere der Verkauf von Ländereien der Krone, von Titeln und die Aufnahme von Krediten zu – von Jean Bodin retrospektiv harsch kritisierten – Instrumenten der Beschaffung von Geldmitteln.[31] Nach der schweren Krise der Staatsfinanzen in der Mitte der 1520er Jahre, die nicht zuletzt durch die Aufwendungen von rund 800000 Livres im Ringen um die Wahl zum römisch-deutschen König von

[29] Ebd. 212–220, Appendix 6. Zum Kontrahenten des französischen Königs Franz I., Kaiser Karl V., liegt eine vergleichbare Untersuchung vor: *James D. Tracy*, Emperor Charles V, Impresario of War. Campaign Strategy, International Finance, and Domestic Politics. Cambridge 2002.

[30] *James B. Collins*, Fiscal Limits of Absolutism. Direct Taxation in Early Seventeenth-Century France. Berkeley/Los Angeles/London 1988, 27 (durch das Steuersystem wurde hauptsächlich die Landbevölkerung getroffen, weil der Großteil des Adels sowie die Kirche exemt waren), 49–51 (zu den Steuereinnahmen). Zusammenstellung der Entwicklung dieser Zahlen bei *Knecht*, Renaissance Warrior (wie Anm. 3), 185–191.

[31] *Bodin*, Sechs Bücher über den Staat (wie Anm. 20), Buch II, Kap. 2.

1519 verursacht wurde[32], bemühte sich Franz verstärkt um die Kreditaufnahme bei seinen Untertanen. Dabei organisierte die städtische Finanzadministration wie im Fall der bereits erwähnten *rentes sur l'Hôtel de Ville de Paris* Aufnahme und regulierte Rückzahlung. Schon 1522 streckten die Pariser 200000 Livres vor: Diese *rentes*, die aus Anleihen insbesondere bei Kaufleuten und Patriziern der Stadt bestanden, wurden seither nur noch 1536, 1537 und 1543 erhoben. In die königliche Kasse flossen daraus immer geringere Beträge, 1536 waren es nur noch 100000 Livres.[33] Mit der Vergütung der Schuldpapiere durch den *dernièr douze* (8 $^{1}/_{3}$ Prozent) ähneln die *rentes sur l'Hôtel de Ville de Paris* den Anleihesystemen der italienischen Stadtrepubliken.[34] Ein ähnliches Modell soll 1532 mit der Einrichtung der Anleihebank in Lyon konstruiert worden sein.[35] Diese Einnahmen wurden gelegentlich um einen jährlich entrichteten Zehnt auf kirchliche Besitzungen ergänzt. Dieser ergab zum Beispiel 1518 den Betrag von 474000 Livres.[36]

Im Zentrum der Administration des französischen Budgets standen die Finanzgeneräle, die *généraux des finances*, und die Provinzschatzmeister, die *trésoriers*. Sie hatten die Aufgabe, die französischen Herrscherfinanzen zu verwalten und damit auch den wachsenden Bedarf an Geldmitteln zu decken. Diese Administratoren, zumeist hohe kirchliche Würdenträger oder Mitglieder des Amtsadels, bildeten ein Netzwerk zur Ausschöpfung der

[32] Vgl. *Herman Van der Wee/Ian Blanchard*, The Habsburgs and the Antwerp Money Market. The Exchange Crises of 1521 and 1522–3, in: Ian Blanchard (Ed.), Industry and Finance in Early Modern History. Essays Presented to George Hammersley on the Occasion of his 74th Birthday. Stuttgart 1992, 27–57.

[33] Zusammenstellung der Entwicklung dieser Zahlen bei *Knecht*, Renaissance Warrior (wie Anm. 3), 185–191.

[34] *Wolfe*, Fiscal System (wie Anm. 1), 91–93. Wolfe nimmt die Zahlen von: *Bernard Schnapper*, Les rentes au XVIe siècle. Paris 1957, 152f. Zu den italienischen Anleihesystemen vgl. *Anthony Molho*, Lo stato e la finanza pubblica. Un'ipotesi basata sulla storia tardomedievale di Firenze, in: Giorgio Chittolini/Anthony Molho/Pierangelo Schiera (Eds.), Origini dello Stato. Processi di formazione statale in Italia fra medievo ed età moderna. (AnnTrento, Vol. 39.) Bologna 1994, 225–280; *Christian Barteleit*, Die Staatsverschuldung in Florenz Ende des 15. Jahrhunderts. Der Monte Comune (1494–1512). Berlin 2004. Clemens Bauer sieht in den *rentes* das Vorbild für die Entwicklung des *Monte della Pietà* der apostolischen Kammer nach 1527: *Clemens Bauer*, Die Epochen der Papstfinanz, in: HZ 138, 1928, 457–503, hier 485–491.

[35] *Marcelin Vigne*, La Banque à Lyon du XVe au XVIIIe siècle. Diss. Lyon 1903, 107–109. Vigne kommt zu dem Schluss, dass es eine solche Einrichtung in der Regierungszeit Franz' I. nicht gegeben hat.

[36] *Knecht*, Renaissance Warrior (wie Anm. 3), 187.

finanziellen Ressourcen.[37] Der Kreditmarkt in Lyon war die wichtigste Plattform, auf der sich die königlichen Finanzen mit den Waren- sowie Wechselströmen in den Händen von Finanzmaklern und europaweit agierenden Kaufmannbankiers trafen.[38] Obschon nach der Mitte der 1520er Jahre ein institutioneller und personeller Umbau des Finanzsystems begonnen wurde, änderten sich die Aufgaben der königlichen Einnehmer und Schatzmeister nicht grundsätzlich.[39]

Auf die eingangs angesprochene erste große Finanzkrise (1521–1523) reagierte die französische Krone mit Zentralisierungsbestrebungen, deren sichtbarer institutioneller Ausdruck die Einführung des *trésorier de l'Épargne* mit Philibert Babou (1484–1557), Seigneur de Givray et de la Bourdaisière[40], als erstem Amtsinhaber war.[41] Die tatsächliche Entmachtung der *généralité*-Ebene wurde im Edikt von Blois am 28. Dezember 1523 festgeschrieben, indem der *trésorier de l'Épargne* als ‚zentraler Generaleinnehmer' der *ordinaires* (Domäneneinkünfte) und der *extraordinaires* (*tailles*, *aides*, *gabelles*) definiert wurde. Während dieser Vorgang verwaltungshistorisch durchaus als Erfolg gewertet werden kann, vermochte der Generaleinnehmer die finanziellen Probleme nicht zu lösen, denn 1528 bestanden die Einkünfte nur zu einem Viertel aus dem dringend benötigten Bargeld, der Rest waren Quittungen (Verschreibungen von Abgaben).[42]

Allerdings erscheinen diese Reformen der hohen Fiskaladministration wenig überraschend auch als Machtkampf einflussreicher Persönlichkeiten

[37] *Hamon*, L'argent du roi (wie Anm. 5), 415f.; *Knecht*, Renaissance Warrior (wie Anm. 3), 191–199.

[38] *Richard Gascon*, Lyon et ses marchands (environs de 1520–environs de 1580). Grand commerce et vie urbaine au XVIe siècle. (Civilisations et Sociétés, Vol. 22.) Paris 1971; *Bruno Dini*, I mercanti banchieri italiani e le fiere di Ginevra e di Lione, in: Francesco Salvestrini (Ed.), L'Italia alla fine del medioevo: i caratteri originali nel quadro europeo. Vol. 1. Florenz 2006, 433–456; *Goldthwaite*, Economy (wie Anm. 15).

[39] *Hamon*, L'argent du roi (wie Anm. 5), 433–439 (Wertung des Phänomens der „zentralisierten Kasse"); *Knecht*, Renaissance Warrior (wie Anm. 3), 197–199.

[40] *A. Martin*, Art. „Babou de la Bourdaisière (Philibert)", in: Dictionnaire de biographie française. Vol. 4. Paris 1948, Sp. 1033.

[41] *Hamon*, L'argent du roi (wie Anm. 5), 257–259; vgl. auch *Jacqueton*, Le Trésor de l'Épargne (wie Anm. 8); *Knecht*, Renaissance Warrior (wie Anm. 3), 197–199.

[42] *Wolfe*, Fiscal System (wie Anm. 1), 77–86; *Hamon*, L'argent du roi (wie Anm. 5), 429–442. Vgl. *Collins*, Fiscal Limits of Absolutism (wie Anm. 30), 28: Die *taille* wurde von Karl VII. eingeführt, um die *compagnies de ordonnance* zu bezahlen. Ebd. 31–45: Auch langfristig lässt sich eine nur schleichende strukturelle Veränderung des Fiskalsystems erkennen. Franz I. veränderte nicht viel mehr als die Namen der Posten. In diesem Kapitel fasst Collins die Verwaltung direkter Steuern von 1523 bis 1598 zusammen.

aus dem Umfeld des Königs und seiner Regentin, der Königinmutter Louise von Savoyen: Der entscheidende Gegenspieler Jacques de Beaunes als einflussreichstem Finanzgeneral war der königliche Kanzler, Kardinalbischof von Sens Antoine Duprat (1463–1535)[43], der sich von Jean Prévost, einem weiteren Mitglied der hohen Finanzverwaltung des Königs[44], das Material für die Anklage gegen de Beaune liefern ließ.[45] Philibert Babou hielt zwar vor seiner Beförderung zum *trésorier de l'Épargne* den Posten des *trésorier du Languedoïl*, bewegte sich also in dem dem König suspekten Umfeld der Regentin, doch schwenkte er rechtzeitig um, so dass seinem weiteren Aufstieg nichts mehr im Wege stand.[46]

Nach dem Frieden von Cambrai 1529 unternahm die königliche Regierung einen abermaligen Versuch, größere Bargeldreserven für bevorstehende kriegerische Auseinandersetzungen anzulegen. Im Edikt von Rouen 1532 verfügte Franz die Hinterlegung der Einkommen aus dem *Épargne* in einer im Louvre in der Schatzkammer eingeschlossenen Kriegskasse. Dem dienten die Besteuerung des Klerus, die Abführung von Vermögenswerten im Zuge der Entmachtung der Hochfinanz sowie die Einverleibung der stattlichen Mitgift Katherina de' Medicis aus der Heirat mit Heinrich II. 1535 in Höhe von 292500 Livres. Obschon diese Maßnahmen den Trend zur Zentralisierung des königlichen Fiskalsystems in den Händen des *trésorier de l'Épargne* verstärkten, ja es im Zuge der Reformen sogar zur Entlassung der *généralité* kam, sah sich der König mit Ausbruch des Krieges 1535 erneut gezwungen, schnell Bargeld durch Kredite von den Kaufmannbankiers in Lyon zu erhalten, da sich in der Kriegskasse weitaus weniger Bargeld als angenommen befand.[47]

Im Dezember 1542 ließ Franz I. durch das Edikt von Cognac die bis dahin angestammte Gliederung der königlichen Fiskaladministration in vier

[43] *R. Limouzin-Lamothe*, Art. „Duprat (Antoine)", in: Dictionnaire de biographie française. Vol. 12. Paris 1970, Sp. 503–505. Antoine Duprat, Erzbischof von Sens, fungierte vom 1. Dezember 1529 an als päpstlicher Legat an der Seite Franz' I. S. auch *Bernard Barbiche/Ségolène de Dainville-Barbiche*, Les légats *a latere* en France et leurs facultés aux XVIe et XVIIe siècles, in: Bernard Barbiche, Bulla, Legatus, Nuntius. Études de diplomatie pontificales (XIIIe–XVIIe siècle). (Mémoires et documents de l'École des Chartes, Vol. 85.) Paris 2007 (zuerst 1985), 225–298, hier 284 f.

[44] *Hamon*, Messieurs des finances (wie Anm. 24), 15, 174–177.

[45] *Ders.*, L'argent du roi (wie Anm. 5), 346–349; *Knecht*, Renaissance Warrior (wie Anm. 3), 269–271.

[46] *Wolfe*, Fiscal System (wie Anm. 1), 72–79.

[47] Ebd. 86–91; *Hamon*, L'argent du roi (wie Anm. 5), 127 f. Zu den *recettes générales* von 1532 s. ebd. 269–272. Zum *trésor du Louvre* s. ebd. 272–274. Zu den Bewertungen und den entmachteten Personen s. ebd. 437, 456–463.

große Generalitäten (Languedoïl, Normandie, Languedoc, Outre-Seine-et-Yonne) sowie fünf Einnahmegeneralitäten auflösen und durch insgesamt 21 *recettes générales* ersetzen. Diese nannten sich alsbald einfach *généralité* und führten die *ordinaires* und *extraordinaires* zusammen. Weil wenige Monate zuvor wieder Krieg ausgebrochen und das System der Kriegskassen praktisch gescheitert war, bemühte sich die königliche Regierung um eine Lösung der grassierenden finanziellen Not. Letztlich gewann durch diese Vorgänge der *trésorier de l'Épargne* zusätzlich an Einfluss.[48]

Nach Beginn des Krieges 1521 hatte Franz I. die Florentiner Kaufleute in Lyon zunächst festsetzen und ihnen ein Darlehen über 100000 Livres abpressen lassen. Der Vertrauensverlust bei den italienischen Bankiers war groß. Höhere Kredite mussten über Pariser *merchant bankers* aufgetrieben werden. Zwar erhielten die Florentiner Kaufleute in Lyon ihre Privilegien erst 1536 wieder im vollen Umfang zurück, aber ihre tiefe Verstrickung in die französische Finanzwelt blieb auch während des Zerwürfnisses mit der Zentralgewalt erhalten.[49] In den 1540er Jahren kehrte Franz I. zum ursprünglichen Modell der Kreditaufnahme bei den Bankiers zurück. Mit seinem Patent von 1555, dem *grand parti*, formalisierte Heinrich II. die Aufnahme exorbitanter Darlehen durch die Krone.[50]

Weitaus weniger gut erforscht sind die Geschäfte und Transferleistungen der Florentiner Kaufmannbankiers in Frankreich mit dem Klerus, besonders mit französischen Würdenträgern an der Kurie in Rom. Für die Phase des päpstlichen Aufenthaltes in Avignon (1309–1417) liegen Untersuchungen vor, die sich ausgiebig mit den Beziehungen zwischen dem kurialen Hof in der Provence und den italienischen Kaufleuten beschäftigen.[51] Der Transferservice, den oberdeutsche und italienische Bankiers der Kurie sowie der apostolischen Kammer anboten, wurde für das 15. Jahr-

[48] *Wolfe*, Fiscal System (wie Anm. 1), 93–96. Zum *trésorier de l'Épargne*: *Hamon*, L'argent du roi (wie Anm. 5), 257–263.

[49] Die volle Wiedereinsetzung der Florentiner Kaufleute in ihre Privilegien 1536 dürfte daher rühren, dass in diesem Jahr in Lyon hohe Darlehen aufgenommen wurden und die Krone dazu mit den Vertretern der Guadagni, der Strozzi und der Albizzi in Verhandlungen eintrat. Vgl. *Doucet*, Finances municipales et crédit public (wie Anm. 21), 7–17.

[50] Zum Arrest der Florentiner Kaufmannbankiers in Frankreich und deren Rückkehr ins Geschäft vgl. *Hamon*, L'argent du roi (wie Anm. 5), 156–159. Zur Rückgewinnung des Vertrauens der Krone gegenüber den italienischen Bankiers s. ebd. 159–166. Zu den „Ursprüngen" des *grand parti* von 1542 an vgl. ebd. 166–170.

[51] *Charles Samaran/Guillaume Mollat*, La Fiscalité pontificale en France au XIVe siècle. Paris 1905 (Ndr. 1968), 142–158; *Arnold Esch*, Bankiers der Kirche im großen Schisma, in: QuFiAB 46, 1966, 277–397. Ein differenziertes Bild aus der Perspektive einer bedeu-

hundert bereits untersucht.[52] Allerdings sind die Versorgung der Kardinalshaushalte in Rom, die Bereitstellung von Fremdkapital zur Vorfinanzierung der Leistungen kurialer Bankiers, die informellen finanziellen Leistungen für den Klerus sowie die Beteiligung am Fiskalsystem der Kirche mit Blick auf den Zusammenhang zwischen Frankreich und den italienischen Bankiers bisher kaum untersucht worden.[53]

Philippe Hamon schildert in seiner Darstellung des für die Fiskaladministration, die königlichen Anleihen und die herrscherfinanzielle Reformpolitik entscheidenden Personals zwar die Mitwirkung von Protagonisten mit kirchlichen Ämtern, schenkt diesem Umstand aber keine intensivere Beachtung.[54] Erst jüngst erfuhr die enge Verbindung französischer und kurialer Kleriker mit florentinischen Kaufmannbankiers um 1500 spezielle Aufmerksamkeit, weil diese Nähe im konkreten Fall ganz offenbar mit den politischen Ambitionen der „Mediceer“ (der Medici-Parteigänger und De-facto-Nachfolger der 1494 liquidierten Medici-Bank), so Götz-Rüdiger Tewes, zusammenhängt.[55]

tenden Handelsgesellschaft, derjenigen Francesco Datinis, zeigt *Federigo Melis*, Aspetti della vita economica medievale. (Studi nell'Archivio Datini di Prato, Vol. 1.) Siena 1962, 135–171. Vgl. *Yves Renouard*, Les relations des Papes d'Avignon et des compagnies commerciales et bancaires de 1316 à 1378. Paris 1941; *Stefan Weiß*, Die Versorgung des päpstlichen Hofes in Avignon mit Lebensmitteln (1316–1378). Studien zur Sozial- und Wirtschaftsgeschichte eines mittelalterlichen Hofes. Berlin 2002. Zur Beziehung der Bankiers zur Kurie beziehungsweise zu den Konzilien s. *Kurt Weissen*, Die Bank von Cosimo und Lorenzo de' Medici am Basler Konzil (1433–1444), in: VSWG 82, 1995, 350–386; *ders.*, Dove il Papa va, sempre è caro di danari. The Commercial Site Analysis in Italian Merchant Handbooks form the 14th and 15th Centuries, in: Markus A. Denzel/Jean Claude Hocquet/Harald Witthöft (Hrsg.), Kaufmannsbücher und Handelspraktiken vom Spätmittelalter bis zum beginnenden 20. Jahrhundert. Merchant's Book and Mercantile Practice from the Late Middle Ages to the Beginning of the 20th Century. (VSWG, Beih. 163.) Stuttgart 2002, 63–73.

[52] *Arnold Esch*, Überweisungen an die apostolische Kammer aus den Diözesen des Reiches unter Einschaltung italienischer und deutscher Kaufleute und Bankiers. Regesten der vatikanischen Archivalien 1431–1475, in: QuFiAB 78, 1998, 262–387.

[53] Einführend (mit Forschungsüberblick): *Guidi Bruscoli*, Papal Banking (wie Anm. 11), XV–XXVI.

[54] Bei Philippe Hamon findet sich ein Kapitel, das den Beitrag des Klerus zu den königlichen Einnahmen ausführlich beleuchtet: *Hamon*, L'argent du roi (wie Anm. 5), 86–96.

[55] *Götz-Rüdiger Tewes*, Kampf um Florenz – Die Medici im Exil (1494–1512). Köln/Weimar/Wien 2011, 958–968.

III. Florentiner Handelsgesellschaften im Frankreich des 16. Jahrhunderts

Seit der Privilegierung der Messen in Lyon im Jahre 1462 durch König Ludwig XI., der damit auf seinem Territorium eine Konkurrenzveranstaltung zu den Genfer Messen erfolgreich zu etablieren vermochte[56], zog es eine zunehmende Anzahl italienischer, insbesondere florentinischer Handelsgesellschaften an die Rhône.[57] Die Florentiner Kaufmannbankiers, die ihre Aktivitäten nach Lyon ausdehnten, betätigten sich vor allem auf drei Geschäftsfeldern: Handel, Bankgeschäfte und Herrscherfinanzen.[58] Während sie ihre Textilprodukte und Luxusgüter, vor allem Seidentuch aus florentinischer Produktion, abzusetzen suchten, kauften sie bei spanischen Kaufleuten vornehmlich Rohseide und auf südfranzösischen Märkten Farbstoffe ein, importierten über Brügge sowie Antwerpen Leder und Wolle aus dem Norden und aus dem Reich Metalle. Der französische Kredit- und Wechselmarkt mit seinem Gravitationszentrum Lyon erschien ihnen besonders attraktiv: Zur Finanzierung des bis in die 1550er Jahre hinein florierenden Messehandels benötigten Kaufleute verschiedener Provenienz Kredite, und aufgrund des dortigen hohen Geldwertes ließen sich auswärtige Währungen vorteilhaft über Lyon wechseln. Die Lyoner Messen erwiesen sich also als zentraler Standort für die Redistribution, das Clearing sowie die Vermittlung von Wechsel-, Waren- und Kreditgeschäften.[59]

Insbesondere während der Regierungszeit Franz' I. zeigten sich die Herrscherfinanzen als attraktives Betätigungsfeld für italienische – mehrheitlich florentinische – Kaufmannbankiers. Hatten sich die französischen Könige bis zum Beginn des 16. Jahrhunderts nicht auf Darlehen von italienischen Kaufleuten gestützt, öffnete ihnen die Konzentration des europäischen Wechselmarktes und damit der Aktivitäten italienischer Bankiers in Lyon angesichts der zunehmenden Rivalität mit den Habsburgern eine neue Option: Die Privilegien für den Handel in Lyon wurden an die Bereitschaft

[56] *Jean-Francois Bergier*, De nundinis rehabendis frivola prosecutio. La politique commerciale de Genève devant la crise des foires de Lyon, 1484–1494, in: Jean-Pierre Gutton (Ed.), Lyon et l'Europe. Hommes et sociétés. Mélange d'histoire offerts à Richard Gascon. Vol. 1. Lyon 1980, 33–46.

[57] *Michele Cassandro*, Le fiere di Lione e gli uomini d'affari italiani nel Cinquecento. Florenz 1979; *Dini*, I mercanti (wie Anm. 38), 442.

[58] *Goldthwaite*, Economy (wie Anm. 15), 164–166: „Commerce, Banking und Government Finance".

[59] *Gascon*, Lyon et ses marchands (wie Anm. 38), 336–340; *Dini*, I mercanti (wie Anm. 38), 446, 449–453; *Goldthwaite*, Economy (wie Anm. 15), 224–226.

zur Gewährung von Darlehen geknüpft, und die Krone beauftragte ihre Generaleinnehmer mit der Abschöpfung von Krediten am Finanzplatz an der Rhône, um die rapide ansteigenden Kosten der kriegerischen Auseinandersetzungen zu decken. Die Bankiers ließen sich von Franz I. Tilgung und Zins auf Steuereinnahmen verweisen.[60] Die Florentiner *merchant bankers* streckten dem König im Krisenjahr 1542 200000 Livres (von insgesamt 400000) vor, einen weiteren Teil der Darlehen brachten Lucchesen mit 100000 Livres sowie französische Kaufleute und die Augsburger Handelsgesellschaft von Bartholomäus Welser mit je 50000 Livres auf.[61] Von den 124 namentlich bekannten Gläubigern Franz' waren 87 Italiener – davon allein 45 Florentiner und 17 Lucchesen – sowie 18 Deutsche, 15 Franzosen und vier Spanier.[62] An der Entwicklung des *grand parti*, dessen innovative Konzeption in der terminlich regulierten Rückzahlung zu vorher festgelegten Messeterminen und in der Verteilung des Risikos durch die in einem Konsortium organisierte Kreditzahlung bestand, war maßgeblich der langjährig in Lyon ansässige Florentiner Albizzo del Bene, dessen Vater und Onkel sich seit 1502 in Lyon etabliert hatten[63], beteiligt.[64] Allerdings schuldete die französische Krone 1555 drei Florentiner Handelsgesellschaften bereits 400000 Scudi: den Salviati, den Erben des Exilflorentiners Tommaso Guadagni und den Panciatichi-Rinuccini.[65]

Die engen Verbindungen zwischen den Florentiner Kaufmannbankiers und der französischen Krone zogen ein erweitertes Leistungsspektrum für eine größere Anzahl an Auftraggebern nach sich. Einerseits waren die meisten Kaufleute, die sich im Bereich der Herrscherfinanzen engagierten,

[60] *Goldthwaite*, Economy (wie Anm. 15), 258–262.

[61] *Doucet*, Le grand parti (wie Anm. 21), 478, 490.

[62] *Hamon*, L'argent du roi (wie Anm. 5), 140f.

[63] *Marie-Noelle Baudouin-Matuszek/Pavel Ouvarov*, Banque et pouvoir au XVIe siècle: La surintendance des finances d'Albisse del Bene, in: BECh 149, 1991, 249–291, hier 251f., 275–282.

[64] *Michel François*, Albisse del Bene surintendant général des finances françaises en Italie. Étude de six registres de ses comptes de 1551 à 1556, in: BECh 94, 1933, 337–360; *Angela Orlandi*, Le Grand Parti. Fiorentini a Lione e il debito pubblico francese nel XVI secolo. (Fondazione Carlo Marchi, Quad. 14.) Florenz 2002, 22–38; *Hamon*, L'argent du roi (wie Anm. 5), 166–170; *Goldthwaite*, Economy (wie Anm. 15), 259f. Später wird die Diskussion aufgegriffen werden, inwieweit sich Florentiner Bankiers und andere tatsächlich an diesem allgemein als innovativ konzipiert eingeschätzten Kreditinstrument beteiligten und vor allem inwieweit nicht schon in den letzten Regierungsjahren von König Franz mindestens Vorformen des *grand parti* entwickelt wurden. Vgl. *Gallais-Hamonno*, The Stupendous Modernity (wie Anm. 22).

[65] *Doucet*, Le grand parti (wie Anm. 21), 490.

überdies als Hoffaktoren tätig und lieferten Luxusgüter an den französischen Hof. Andererseits erbrachten sie Finanzdienste wie Kredite oder Geldtransfers für die höfische Aristokratie und damit zugleich für den hohen Klerus. Die als Vermittler auf den Kreditmärkten auftretenden Repräsentanten der königlichen Hochfinanz zählten ebenfalls zu ihrem Kundenkreis. Neben verzinsten Investitionsangeboten und der Gewährung von Darlehen übernahmen die Bankiers auch Überweisungen von kirchlichen Abgaben nach Rom oder von höheren Geldbeträgen an Kardinalshaushalte. Dabei setzten sie gekonnt die Vorteile des Wechselstandortes Lyon zugunsten ihrer Auftraggeber ein, um selbst Provisionen zu kassieren oder Arbitrage abzuschöpfen. Soweit sie sich in das komplexe Beziehungsgefüge der Herrscherfinanzen und des Transfersystems integriert hatten, bemühten sie sich auch um Posten in königlichen Diensten.[66]

Die Karrierewege des Florentiners Antonio di Antonio Gondi, der um die Jahrhundertmitte durch den Erwerb umfangreichen Landbesitzes seine Nobilitierung erwirkte und als Steuereinnehmer fungierte, und der Nachfahren des Tommaso Guadagni, die das Geschäft an der Rhône abstießen und gleichfalls in hohe Würden aufstiegen, illustrieren diesen in soziales beziehungsweise symbolisches Kapital umgewandelten Einsatz ihrer finanziellen Leistung für den König.[67]

Eines der italienischen Unternehmen, die sich langfristig und groß dimensioniert im Bereich der französischen Herrscherfinanzen engagierten, waren die Handelsgesellschaften der Florentiner Salviati. Als sich Iacopo Salviati (1461–1533)[68] und sein etwas älterer Cousin Alamanno (1459–1510)[69] 1508 dazu entschlossen, eine Niederlassung in Lyon zu gründen, konnten sie auf ebenso enge wie etablierte Bindungen zu diesem Platz, die Lionardo Bartolini (1464–?)[70] und Lanfredino Lanfredini

[66] *Goldthwaite*, Economy (wie Anm. 15), 237–245.

[67] Ebd. 237–245. Antonio di Antonio Gondi verließ 1550 Lyon und zog nach Paris; sein Sohn Pierre wurde Bischof von Paris, sein Sohn Albert stieg zum *maréchal de France* auf. Ein anderer Familienzweig der Gondi blieb aber in Lyon als Kaufmannbankiers aktiv. Zu den Gondi in Frankreich vgl. *Emile Picot*, Les Italiens en France au XVIe siècle, in: Bulletin italien 1901, 92–137, hier 124–129; *Jacqueline Boucher*, Présence italienne à Lyon à la Renaissance. Du milieu du XVe à la fin du XVIe siècle. Lyon 1994, 99–106; Zu Guadagni s. ebd. 99–104; *Stefano Tabacchi*, Art. „Gondi, Antonio", in: Dizionario Biografico degli Italiani. Vol. 57. Rom 2001, 647f.

[68] *Pierre Hurtubise*, Une famille-témoin: les Salviati. (Studi e testi, Vol. 309.) Vatikanstadt 1985, 499.

[69] Ebd.

[70] *Tewes*, Kampf um Florenz (wie Anm. 55), 145f.

(1456–1520)[71] hergestellt hatten, zurückgreifen.[72] Letztere gehörten zu jenem Kreis, den Götz-Rüdiger Tewes als „Mediceer" bezeichnet.[73] Während Lionardo Bartolini durch eine eigene Gesellschaft an der Rhône vertreten war, trat Lanfredino Lanfredini vorwiegend als Investor auf. Enge ökonomische und soziale Beziehungen verbanden die Florentiner Patrizier und Kaufmannbankiers Iacopo Salviati, Lionardo Bartolini und Lanfredino Lanfredini zu einem engmaschigen Netz, in dem Giambattista di Marco Bracci als geschäftlich aktiver Manager eine Schlüsselrolle spielte. Bracci hatte zunächst als Generaldirektor der einstigen Medici-Bank fungiert, bevor er die Leitung der Florentiner Firma, die den Namen Lanfredino Lanfredinis trug, übernahm.[74]

Die Unterlagen in den Familienarchiven der hier dargestellten Handelsgesellschaften ermöglichen es, die den Geschäften der Firmen zugrundeliegenden Verflechtungen von Personen und Kapital nachzuzeichnen. Diese ‚unternehmensinterne' Rekonstruktion ist umso aufschlussreicher, als das die einzelnen Firmen umgebende Netz aus Investoren, Handelsleuten sowie Kapitalverflechtungen politische Interessen erkennen lässt. Auch der wirtschaftliche Aktionsradius wurde dadurch weitgehend determiniert.[75]

[71] *Vanna Arrighi*, Art. „Lanfredini, Lanfredino", in: Dizionario Biografico degli Italiani. Vol. 63. Rom 2004, 602–605; *Tewes*, Kampf um Florenz (wie Anm. 55), 129f.

[72] Vgl. *Agnès Pallini-Martin*, L'installation d'une famille de marchands-banquiers florentins à Lyon au début du XVIe siècle, les Salviati, in: Jean-Louis Gaulin/Susanne Rau (Eds.), Lyon vu/e d'ailleurs (1245–1800): échanges, compétitions et perceptions. (Collection d'histoire et d'archéologie médiévales, Vol. 22.) Lyon 2009, 71–90. – Die Begriffe „Niederlassung", „Firma", „Branche", „Zweigstelle", „Bank", „Bankhaus" und „Unternehmung"/„Unternehmen" benutze ich aus sprachlichen Gründen weitgehend synonym (in Anpassung an den jeweiligen Kontext). Tatsächlich ist der einzige zutreffende Terminus derjenige der „Handelsgesellschaft", die Richard Goldthwaite als „agglomerate business partnership" bezeichnet; daher hier die Schreibung „e co" („e compagni" = „und Partner"). Insofern ist bereits der Titel von Agnès Pallini-Martin „L'installation d'une famille de marchands-banquiers florentins" irreführend, weil es sich um die Etablierung einer aus *compagni* verschiedener Familien zusammengesetzten Handelsgesellschaft handelt.

[73] *Tewes*, Kampf um Florenz (wie Anm. 55), 95–127, 163–167, 620–625. Götz-Rüdiger Tewes räumt in diesen Abschnitten mit den gesammelten Irrtümern Raymond de Roovers auf, der die Medici-Bank schlicht „verwelken" (ebd. 164) sah: *Raymond de Roover*, The Rise and Decline of the Medici Bank, 1397–1494. Cambridge, Mass. 1963, 239f., 311.

[74] *Tewes*, Kampf um Florenz (wie Anm. 55), 163–167.

[75] Gemeint ist hierbei die *storia interna*, die Federigo Melis anhand der Unterlagen Francesco Datinis entwickelt hat: *Federigo Melis*, Aspetti della vita economica medievale. (Studi nell'Archivio Datini di Prato.) Siena 1962.

Götz-Rüdiger Tewes legt auf der Grundlage des im Bartolini Salimbeni-Archiv überlieferten Geheimbuches der Gesellschaft Lanfredini e co dar, dass hinter der Unternehmung Lanfredino Lanfredinis eine dreiköpfige Investorengruppe stand: In gleichen Teilen waren Lanfredini, Giambattista Bracci und Giovanni di Bartolomeo Bartolini – letzterer war Schwager Lanfredino Lanfredinis und Bruder Lionardo Bartolinis und fungierte als Inhaber der Münze in Florenz – beteiligt.[76]

Bei geschäftlichen Aktivitäten war Francesco Naldini die rechte Hand Braccis. Infolge der 1497 gescheiterten Verschwörung der Mediceer gegen das seit Piero di Lorenzo de' Medicis Exilierung herrschende Regime musste Naldini überstürzt nach Südfrankreich fliehen.[77] Dort stieg er zunächst in die Firma Bernardo de' Rossis, eines weiteren Angehörigen der Medici-Gruppe[78], ein und vertrat dann die Geschäfte Giambattista Braccis in Lyon. Naldini bewährte sich, denn er schlüpfte mit einer eigenen Kapitaleinlage von 9075 Livres in die Rolle des Geschäftsführers in dem 1508 an der Rhône gegründeten Handels- und Bankhaus Alamanno und Iacopo Salviatis, deren Handelsgesellschaften seit 1497 die wichtigsten Geschäftspartner von Lanfredino Lanfredini waren. Lanfredini investierte selbst auch 9075 Livres in die Salviati-Gesellschaft in Lyon, die Namensgeber Alamanno und Iacopo steuerten mit ebenfalls 9075 Livres ihren Anteil zum Kapitalstock bei.[79]

Bereits 1507 hatte Francesco Naldini mit seinem Cousin Domenico eine Kommanditgesellschaft (*accomandita*) in Toulouse gegründet.[80] Im Hintergrund standen Lanfredini und Iacopo Salviati als Kapitalgeber. Diese auf ein Jahr ausgelegte Firma betrieben die Florentiner Kaufleute mit dem Augsburger Hans Vöhlin[81], der nicht nur die seit 1498 in Lyon ansässige, von Anton Welser geleitete Welser-Vöhlin-Gesellschaft[82] repräsentierte,

[76] *Tewes*, Kampf um Florenz (wie Anm. 55), 620–625.

[77] S. *John M. Najemy*, A History of Florence, 1200–1575. London 2006, 397f.

[78] *Tewes*, Kampf um Florenz (wie Anm. 55), 140–142.

[79] Archivio Salviati, Scuola Normale Superiore di Pisa (AS), III, 9, carta (c.) I: Die Anteile sind in Scudi di marchi angegeben: Francesco Naldini, Lanfredino Lanfredini und Alamanno e Iacopo Salviati mit je 5000.

[80] *Tewes*, Kampf um Florenz (wie Anm. 55), 642f.

[81] *Friedrich Peter Geffcken*, Die Welser und ihr Handel 1246–1496, in: Mark Häberlein/Johannes Burkhardt (Hrsg.), Die Welser. Neue Forschungen zur Geschichte und Kultur des oberdeutschen Handelshauses. (Colloquia Augustana, Bd. 16.) Berlin 2002, 27–167. Zu Hans Vöhlin und den Kontext seiner geschäftlichen Aktivitäten s. *Raimund Eirich*, Die Vöhlin in Memmingen und ihre Handelsgesellschaft, in: Memminger Geschichtsbll. 2009, 7–172, hier 139f.

[82] *Geffcken*, Die Welser (wie Anm. 81), 151f., 156f.; *Mark Häberlein*, Die Welser-Vöh-

sondern auch mit einer Einlage von 1000 Livres selbst die Aufgabe eines Faktors der praktisch als Einkaufsgesellschaft konzipierten Unternehmung übernahm.[83]

Die ungewöhnliche Kooperation zwischen den Welser-Vöhlin und den Naldini-Salviati-Lanfredini basierte auf einer Interessenkonvergenz: Die Florentiner benötigten Kredite, Edelmetalle, Quecksilber sowie den Zugang zu den Märkten von Antwerpen, wohingegen die Augsburger insbesondere Anschluss an den Levantehandel suchten und höherwertige Erzeugnisse wie Seidentuch erwerben wollten.[84]

Der Handel mit Seidentuch und Rohseide sowie Wechselgeschäfte bildeten in den ersten Jahren den Schwerpunkt der Aktivitäten der Salviati-Gesellschaft in Lyon.[85] Mit dem Pontifikat Giovanni de' Medicis als

lin Gesellschaft. Fernhandel, Familienbeziehungen und sozialer Status an der Wende vom Mittelalter zur Neuzeit, in: Wolfgang Jahn/Josef Kirmeier/Thomas Berger/Evamaria Brockhoff (Hrsg.), Geld und Glaube. Leben in evangelischen Reichsstädten. Katalog zur Ausstellung im Antonierhaus Memmingen, 12. Mai bis 4. Oktober 1998. (Veröffentlichungen zur Bayerischen Geschichte und Kultur, Bd. 37/98.) München 1998, 17–37, hier 18f.; *ders.*, Handelsgesellschaften, Sozialbeziehungen und Kommunikationsnetze in Oberdeutschland zwischen dem ausgehenden 15. und der Mitte des 16. Jahrhunderts, in: Carl A. Hoffmann/Rolf Kießling (Hrsg.), Kommunikation und Region. (Forum Suevicum. Beiträge zur Geschichte Ostschwabens und der benachbarten Regionen, Bd. 4.) Konstanz 2001, 305–326, hier 308. Zur Präsenz der Welser-Vöhlin Gesellschaft in Lyon s. *ders.*, Brüder, Freunde und Betrüger. Soziale Beziehungen, Normen und Konflikte in der Augsburger Kaufmannschaft um die Mitte des 16. Jahrhunderts. (Colloquia Augustana, Bd. 9.) Berlin 1998, 82; *Lukas Rem*, Tagebuch des Lucas Rem aus den Jahren 1494–1541. Hrsg. v. Benedikt Greiff. (Historischer Kreisverein im Regierungsbezirk Schwaben und Neuburg, Jahresber. 26.) Augsburg 1861, 6–15.

[83] AS, I, 39. Der Teilungsvertrag von 1508 legt die Struktur dieser *accomandita* offen, s. Biblioteca Nazionale Centrale di Firenze, Manoscritti, II, V, 13, V, Lettere e scritture varie, Vol. VII (1455–1611), Kopie der Konvention zwischen Francesco Naldini *e compagnia* mit Salviati und Lanfredini aus Lyon auf der einen Seite sowie Domencio Naldini und Johann Vöhlin aus Toulouse auf der anderen Seite, 1508 Juni 10, fol. 209r–210v. Außerdem s. *Heinrich Lang*, Internationale Handelsverflechtungen in der Frühen Neuzeit am Beispiel der Kooperation der Handelsgesellschaft Welser mit dem Bankhaus Salviati, 1496–1551, in: Angelica Westermann/Stefanie von Welser (Hrsg.), Neunhofer Dialog I: Einblicke in die Geschichte des Handelshauses Welser. St. Katherinen 2009, 41–58. Zur Tätigkeit Hans Vöhlins s. Archivio Naldini del Riccio, Firenze, Lettere, Fasz. 1, Busta di lettere 1505–1511, Francesco e Domenico Naldini sowie Johann Vöhlin.

[84] *Hermann Kellenbenz*, Die Fugger in Spanien und Portugal bis 1560. Ein Großunternehmen des 16. Jahrhunderts. (Studien zur Fuggergeschichte, Bd. 32.) München 1990, Bd. 1, 1f., 166, 461; *Aloys Schulte*, Geschichte der großen Ravensburger Handelsgesellschaft, 1350–1530. (Deutsche Handelsakten des Mittelalters und der Neuzeit, Bd. 2.) Ndr. Wiesbaden 1964 (zuerst 1923), Bd. 1, 369–383; *Dini*, I mercanti (wie Anm. 38), 446–452.

[85] *Pallini-Martin*, L'installation d'une famille (wie Anm. 72), 85–90; *Heinrich Lang*,

Leo X. (1513–1521) verschob sich die unternehmerische Ausrichtung der in Lyon etablierten Niederlassung der Salviati. Der Sektor *government finance* wurde nun zielstrebig erschlossen.[86] Zum einen erfuhren die Salviati-Handelsgesellschaften eine Neustrukturierung aufgrund des Todes Alamanno Salviatis drei Jahre zuvor, die auch die Lyoner Zweigstelle betraf. Das Handels- und Bankhaus an der Rhône trug nun den Namen „Iacopo e Redi di Alamanno Salviati e co“ und wurde einer Neuverteilung der Anteile am Kapitalstock unterzogen, wobei Iacopo und Erben Alamanno Salviatis ihre Kapitaleinlage am 15. September 1513 auf knapp 15250 und Francesco Naldini die seinige auf fast 12000 Livres erhöhten; Lanfredino Lanfredini wurde ausbezahlt.[87] Zum anderen fungierte die Verbindung zwischen Lyon und Rom als Schiene für finanzielle Transfers und Güterverkehr. Die Lyoner Firma der Salviati investierte zur Allerheiligenmesse 1513 fast 3000 Livres in eine auf zunächst drei Jahre vereinbarte Kommanditgesellschaft mit Bernardo da Verrazzano e Buonaccorso Rucellai e co in Rom[88] und zur Apparitionsmesse 1514 weitere 2000 Livres in ein gemeinsames Vorhaben mit Bernardo di Giannozzo Salviati[89] als königlichen Bankier.[90] Finanziert wurden die beiden *accomandite* von Florenz aus: Averardo Salviati (1489–1553), der Sohn Alamannos[91], stellte 1500 Florin (3000 Livres) der Lyoner Gesellschaft für die Verbindung mit da Verrazzano e Rucellai zur Verfügung[92] und überwies im Namen von Bernardos Va-

Seide aus Florenz. Eine Luxusindustrie am Beispiel der Florentiner Salviati im 16. Jahrhundert, in: Mark Häberlein/Markwart Herzog/Christof Jeggle/Martin Przybilski/Andreas Tacke (Hrsg.), Luxusgegenstände und Kunstwerke vom Mittelalter bis zur Gegenwart: Produktion – Handel – Formen der Aneignung. Konstanz (in Vorbereitung).

[86] Vgl. *Götz-Rüdiger Tewes*, Die Medici und Frankreich im Pontifikat Leos X. Ursachen, Formen und Folgen einer Europa polarisierenden Allianz, in: ders./Michael Rohlmann (Hrsg.), Der Medici-Papst Leo X. und Frankreich. Politik, Kultur und Familiengeschäfte in der europäischen Renaissance. (Spätmittelalter und Reformation, Neue Rh., Bd. 19.) Tübingen 2002, 11–116.

[87] AS, III, 9, c. 1, c. 2, c. 6, die Verteilung lautet: Iacopo e redi di Alamanno Salviati 8400 Scudi di marchi und Francesco Naldini 6600; der Kapitalstock betrug also weiterhin 15000 Scudi di marchi.

[88] AS, III, 9, c. 7, der Anteil der Salviati/Lyon betrug 1500 Ducati di camera. Zu dieser Firma in Rom: *Melissa M. Bullard*, Filippo Strozzi and the Medici. Favor and Finance in Sixteenth-Century Florence and Rome. (Cambridge Studies in Early Modern History.) Cambridge 1980, 99.

[89] *Hurtubise*, Une famille-témoin (wie Anm. 68), 499.

[90] AS, III, 9, c. 8.

[91] *Hurtubise*, Une famille-témoin (wie Anm. 68), 499.

[92] Archivio di Stato di Firenze (ASFi), Mercanzia, Nr. 10831, Buch der *accomandite*, 1514 Januar 31, fol. 149r.

ter Giannozzo besagte 2000 Livres, um Bernardo als Vertreter der Salviati am Hof des französischen Königs positionieren zu können.[93]

Das Geschäftsmodell der Kooperation von Bankiers an der Kurie und in Lyon unter dem Dach der geschilderten Kapitalverflechtungen erwies sich als erfolgreich. In einem im Mai 1518 geschlossenen Vergleich kam man mit Bernardo da Verrazzano und Buonaccorso Rucellai überein, den auf 7500 Livres angewachsenen Anteil am Kapital der *accomandita* in ein neues gemeinsames Vorhaben zu investieren.[94] Bis 1521 wuchs das eingebrachte Vermögen auf über 22000 Livres an und stellte zwei Drittel der *accomandita* mit Da Verrazzano und Rucellai dar; hinter dieser Summe standen Iacopo Salviati und Giambattista Bracci als Investoren.[95]

Diese geschäftliche Verbindung zwischen dem Lyoner Zweig der Salviati-Bank und Florentiner Bankiers, die an der Kurie in Rom angesiedelt waren, hatte ihren Ursprung in der seit dem 14. Jahrhundert bestehenden engen Verflechtung der päpstlichen Finanzen mit Florentiner *merchant bankers*. Während der Pontifikate Leos X. und Clemens' VII. (1523–1534, Giulio de' Medici) dominierten Florentiner Bankenkonsortien mit einer beträchtlichen Zahl am Tiber residierender *mercatores* die Papstfinanz.[96] Insbesondere Filippo Strozzi d. J., *depositarius apostolice camere* von 1515 bis 1527, und Iacopo Salviati, deren Aktivitäten nicht nur wirtschaftlich eng miteinander verknüpft waren, hatten sowohl untereinander als auch zu den Medici verwandtschaftliche Beziehungen.[97] Ab 1514 hielt Iacopo Salviati die kirchenstaatliche Schatzkammer der Provinz Romagna und verwaltete überdies die Salzsteuer im Patrimonium Petri mit einem Jahresge-

[93] Ebd. 1514 August 21, fol. 152v. Die Korrektur des bisherigen Forschungsstandes findet sich bei *Tewes*, Kampf um Florenz (wie Anm. 55), 777 f.: Tewes hat herausgearbeitet, wie bereits Bernardo Salviati in das über die Bartolini nach Frankreich ausgedehnte Netzwerk der Mediceer eingebunden war.

[94] AS, III, 9, c. X: Der Anteil der Salviati/Lyon betrug 3766 Ducati di camera. ASFi, Mercanzia, Nr. 10831, 1518 September 7, fol. 169v–170r: Die Hälfte des Salviati-Anteils wird von Averardo Salviati aus Florenz investiert (mit 3676 Florin); Niccolò da Verrazzano ist der residente Leiter der römischen Gesellschaft Bernardo da Verrazzanos.

[95] AS, III, 9, c. XVIII: Der Anteil der Salviati/Lyon betrug 11000 Scudi di marchi. Vgl. *Hurtubise*, Une famille-témoin (wie Anm. 68), 142 Anm. 22, 146, 198 Anm. 1, 219 Anm. 80 und 81 (Zählung der Anmerkungen kapitelweise).

[96] *Mellissa M. Bullard*, „Mercatores Florentini Romanam Curiam Sequentes" in the Early Sixteenth Century, in: JMedRenSt 6, 1976, 51–71.

[97] *Bullard*, Filippo Strozzi and the Medici (wie Anm. 88), ad indicem; Iacopo Salviati heiratete eine Tochter Lorenzo il Magnificos und war somit Schwager Leos X., während Filippo Strozzi Clarice de' Medici, eine Enkelin Lorenzos und zugleich Nichte Leos, ehelichte. Vgl. *dies.*, Marriage, Politics and the Family in Florence: The Strozzi-Medici Alliance of 1508, in: AHR 84, 1979, 668–687.

winn von umgerechnet 37800 Livres. Papst Clemens erhob ihn zum persönlichen Sekretär. Die Verankerung im kurialen Finanz- und Fiskalwesen ließ die Salviati Krisen wie den Sacco di Roma von 1527 oder die anti-florentinischen Ausschreitungen nach dem Tod Clemens' VII. 1534 weitgehend unbeschadet überstehen.[98]

Die konkrete Bedeutung der Bündniskonstellation dieser drei Mächte – des Papsttums, des französischen Königs sowie der Florentiner Bankiers – illustrieren die erfolgten Transporte von Bargeld über die Alpen an das Heer der Liga gegen die südwärts ziehenden kaiserlichen Truppen 1526/27: Die Salviati-*compagnia* ließ der päpstlichen Armee, die zunächst unter der Führung von Giovanni dalle Bande Nere (1498–1526) stand[99], auf Anweisung des päpstlichen Nuntius und Repräsentanten der Republik Florenz, Roberto Acciaiuoli (1467–1547)[100], französische Subsidienzahlungen in Höhe von 150000 Livres zukommen.[101]

Die 1508 in Lyon gegründete Handelsgesellschaft der Salviati erscheint somit als ein Florentiner Bankhaus, das aufgrund der wirtschaftlichen und politischen Bedeutung seiner Kapitalgeber im Zentrum der triangulären Beziehungen zwischen der Republik Florenz, dem Papsttum und dem Königreich Frankreich angesiedelt und somit tief in die Herrscherfinanzen dieser drei Mächte verstrickt war. Herrscherfinanzielle Tätigkeiten und politisches Engagement der Unternehmer ließen sich nicht voneinander trennen. Insbesondere bei der Ausleuchtung einzelner Aktionsfelder wird deutlich, inwieweit beide Ebenen – die ökonomische Expansion und die politische Einflußnahme – miteinander verbunden waren.

[98] *Pierre Hurtubise*, L'implantation d'une famille florentine à Rome au début du XVIe siècle: les Salviati, in: Sergio Gensini (Ed.), Roma capitale (1447–1527). Atti del Convegno di studio del Centro studi sulla civiltà del tardo Medioevo, San Miniato, 27–31 ottobre 1992. Pisa 1994, 253–271; *Melissa M. Bullard*, Grain Supply and Urban Unrest in Renaissance Rome: the Crisis of 1533–34, in: Paul A. Ramsey (Ed.), Rome in the Renaissance. The City and the Myth. Binghamton 1982, 279–292; *Guidi Bruscoli*, Benvenuto Olivieri (wie Anm. 11). Vgl. *Irene Fosi*, La presenza fiorentina a Roma tra Cinque e Seicento, in: Daniel Büchel/Volker Reinhardt (Hrsg.), Modell Rom? Der Kirchenstaat und Italien in der Frühen Neuzeit. Ausstrahlungen, Wechselwirkungen und Antagonismen. Köln/Wien/Weimar 2003, 43–62.

[99] *Maurizio Arfaioli*, The Black Bands of Giovanni. Infantry and Diplomacy during the Italian Wars. Pisa 2005, XIII–XVII, 55–75.

[100] *Bernard Barbiche*, La nonciature de France aux XVIe et XVIIe siècles: les nonces, leur entourage et leur cadre de vie, in: ders., Bulla, Legatus, Nuntius (wie Anm. 43), 310–344, hier 314, 331: Roberto Acciaiuoli war apostolischer Nuntius von Mai 1526 bis September 1527.

[101] AS, I, 488, c. CILI. Zu dieser engen Verflechtung zwischen Rom, Florenz und Lyon: *Tewes*, Kampf um Florenz (wie Anm. 55), 762.

IV. Aktionsfelder und Netzwerke der *merchant bankers*

Aus der Perspektive der *merchant bankers* boten sich vier Aktionsfelder in Bezug auf die Herrscherfinanzen an: erstens das Kreditgeschäft mit dem König oder der hohen Aristokratie, zweitens finanzielle Dienstleistungen im Auftrag des Königs, des Adels oder des Klerus, drittens Warengeschäfte mit weltlichen sowie geistlichen Herren und viertens die Aufnahme von Fremdkapital in Depositenkonten, um in den eigenen Handel zu investieren.[102]

Der am häufigsten diskutierte Geschäftsbereich der Herrscherfinanzen bestand in der Gewährung von Darlehen an Franz I. Als sich Jacques de Beaune als führender Kreditbeschaffer 1521 im Namen des Königs aufgefordert sah, umfangreiche Summen für den Krieg zur Wiedereroberung Mailands aufzutreiben, griff er zu einem durchaus üblichen Instrument: Er verpachtete das Privileg zur Erhebung des Seidenzolls (*gabelle de draps d'or et de soie*). Auf Vermittlung des Berners Claudio May[103] wurde die Pacht gemeinsam an Iacopo Salviati und Bartholomäus Welser vergeben. In einem Vertrag (*cedula*) vereinbarte man am 4. Juli 1521 eine Pachtgebühr von 112000 Livres für die auf acht Jahre angelegte Pachtdauer. Auf diese Summe wurde noch ein *credito gratis* über 14000 Livres aufgeschlagen – ein zinsfreies Darlehen an den König, das dieser als eine persönliche Gebühr einstreichen sollte.[104]

Die Verpachtung von Steuerprivilegien – Salzsteuern, Einfuhrzöllen etc. – war ein Verfahren, das sich zu Beginn des 16. Jahrhunderts in den europäischen Fürstenstaaten und im Kirchenstaat fest etabliert hatte. Dabei

[102] Vgl. *Goldthwaite*, Economy (wie Anm. 15), 230–262. Dies sind auch die Geschäftsfelder, die Peter Partner für die Kurienbankiers absteckt. S. *Peter Partner*, The Papacy and the Papal States, in: Bonney (Ed.), The Rise of the Fiscal State in Europe (wie Anm. 4), 359–380, hier 362f.

[103] *Martin H. Körner*, Solidarités financières suisses au XVIe siècle. Contribution à l'histoire monétaire, bancaire et financière des cantons suisses et des états voisins. Lucerne/Lausanne 1980, 418: Claudio May trat wiederholt als Vermittler von Darlehen am Finanzstandort Lyon auf (hier belegt für 1536).

[104] AS, I, 490, c. 519–DXX, Buchungen 1528. Im Rahmen des Projektes „Oberdeutsche Handelsgesellschaften und die Entstehung der neuzeitlichen Weltwirtschaft: Dokumente zur Geschichte der Augsburger Welser-Gesellschaft aus europäischen Archiven (1496–1551)“ erarbeitet der Autor gemeinsam mit Mark Häberlein eine Edition der für die Geschichte der Welser relevanten Dokumente im Archivio Salviati. Vgl. *Lang*, Internationale Handelsverflechtungen (wie Anm. 85); http://www.uni-bamberg.de/hist-ng/forschung/edition-von-quellen-zur-geschichte-der-augsburger-handelsgesellschaft-der-welser/projekt-edition-von-handelsdokumenten-der-welser-gesellschaft-1496–1551/ (Zugriff 20.02.2011).

setzte die hohe Finanzverwaltung eine Pachtgebühr fest, die noch um einen Aufschlag zugunsten des Verpächters, der Herrschaft, ergänzt wurde.[105] Im Fall der *gabelle de draps d'or et de soie* konnte auf ein lukratives Geschäft von beiden Seiten spekuliert werden, denn die Einfuhr von schweren, goldgewirkten Seidenstoffen in das Königreich Frankreich betraf eines der begehrtesten Handelsgüter, das auf den Lyoner Messen gekauft werden konnte.[106]

Bevor der Seidenzoll an Iacopo Salviati und Bartholomäus Welser verpachtet wurde, verfügte ein florentinisch-lucchesisches Konsortium, dem sich François (Franse) Dupré als Vermittler angeschlossen hatte, über die Pacht. Dieser Zusammenschluss mit den Florentinern Tommaso Guadagni, Piero Bini, Rosso Buondelmonti und Antonio Gondi sowie den Lucchesen Urbano Parensi und Giovanni Arnolfini bestand aus Kaufleuten, deren Handelsgesellschaften in Lyon gut eingeführt waren und die zudem selbst zu den bedeutenden Importeuren von Seidentuch zählten.[107] Überdies gehörten Tommaso Guadagni und Piero Bini neben anderen namhaften Florentinern 1525 zu den wichtigsten Gläubigern Franz' I.[108] Als die Salviati

[105] Zu dieser Form der Steuerpacht s. *Guidi Bruscoli*, Papal Banking (wie Anm. 11), 111–127. Vgl. *ders.*, Mercanti-banchieri e appalti pontifici nella prima metà del Cinquecento, in: Armand Jamme/Olivier Poncet (Eds.), Offices, écrit et papauté (XIIIe–XVIIe siècle). (Collection de l'École française de Rome, Vol. 386.) Rom 2007, 517–543.

[106] *Gascon*, Lyon et ses marchands (wie Anm. 38), 55–60.

[107] AS, I, 476, c. 54 (1522 März 16). Über Teilhaberstrukturen am Beispiel der *dogane di Roma* 1547 vgl. *Guidi Bruscoli*, Mercanti-banchieri e appalti (wie Anm. 105), 528. Auf der Grundlage der in den Archives Municipales von Lyon überlieferten Akten nennt Marc Brésard ein Konsortium aus del Bene, Guglielmo Nasi und Niccolò de' Nobili, das 1515 für 40000 Livres die „ferme des draps de soie" erworben hätte: *Marc Brésard*, Les foires de Lyon aux XVe et XVIe siècles. Paris 1914, 147. Zur Bini-Bank s. *Tewes*, Kampf um Florenz (wie Anm. 55), 833. Mehrere Bini waren im Handel in Lyon tätig s. *Michele Luzzati*, Art. „Bini, Giovanni", in: Dizionario Biografico degli Italiani. Vol. 10. Rom 1968, 513f. Giovanfrancesco Bini e co di Lione und Piero Bini waren 1540 zu jeweils 15,6 Prozent Beteiligte an der Verwaltung der apostolischen Rechte an den Einfuhrgebühren in der Provence. S. dazu *Guidi Bruscoli*, Benvenuto Olivieri (wie Anm. 11), 214f. Zu Zanobi Ginori und zu den Nasi in Lyon s. *Hippolyte-André-Suzanne de Charpin-Feugerolles*, Les Florentins à Lyon. Lyon 1893, 82. Zu Urbano Parensi s. *Gascon*, Lyon et ses marchands (wie Anm. 38), 363.

[108] *Hamon*, L'argent du roi (wie Anm. 5), 158; *Boucher*, Présence (wie Anm. 67), 88f.; *Jacqueline Boucher*, Les Italiens à Lyon, in: Jean Balsamo (Ed.), Passer les monts: Français en Italie – l'Italie en France (1494–1525). Xe colloque de la Société française d'étude du Seizième Siècle. (Bibliothèque Franco Simone, Vol. 25.) Paris/Fiesole 1998, 39–46, hier 44. Zu Roberto degli Albizzi s. *Gascon*, Lyon et ses marchands (wie Anm. 38), 363, 373, 413, 488, 907; Zu Guglielmo Nasi s. ebd. 230, 363. Zu den Bankiers Filippo di Filip-

1508 selbst an der Rhône Fuß zu fassen suchten, hatte der mit ihnen eng verbundene Gian Peroni die *gabella de drappi* inne.[109]

Erst nach Jacques de Beaunes Sturz wurde die enorme Summe fällig. Allerdings liefen die Verhandlungen über eine erste Auszahlung der Pachtgebühr in Höhe von 90000 Livres eines offenbar zuvor vereinbarten Kredits an den König bereits im Frühjahr und Sommer 1526, als Lionardo Spina, der Francesco Naldini nach dessen Tod 1518 in der Funktion als Leiter und Teilhaber der Salviati-Niederlassung in Lyon beerbt hatte[110], nach Tours zu de Beaune und später nach Paris und Amboise reiste.[111] Spina führte die Unterredungen mit dem Hof 1528 fort, um schließlich im Spätherbst die Entrichtung der Pacht zu fixieren.[112] Die neuen Pachtnehmer Salviati und Welser bedankten sich beim Stadtrat der Stadt Fribourg mit einem *raso chermisi* (leuchtend rotes Seidentuch), weil die Schweizer Stadt, ähnlich wie Bern und der von dort stammende Claudio May, wiederholt Fürsprache in Handelskonflikten entlang der Rhône geleistet hatte.[113]

Die Zahlungen an König Franz I. wurden in drei Tranchen aufgeteilt: Die *cedula*, die Jacques de Beaune 1521 auf Vermittlung Claudio Mays für Welser und Salviati ausgestellt hatte, umfasste 112000 Livres, von denen 82000 Livres am 21. März 1528 fällig wurden. Der Rest von 30000 Livres wurde mit dem Fälligkeitstermin im Namen des Königs an Johan Testu, *trésorier de Languedoc*[114], überwiesen. Für ihn verbuchte Jacques Ragueneau, *receveur général des amortissements*[115], den Betrag. Die verblei-

po (1489–1538) und Lorenzo di Filippo (1482–1549) degli Strozzi s. *Bullard*, Filippo Strozzi and the Medici (wie Anm. 88), 69f., 79.

[109] AS, I, 437, c. 13.

[110] Zum Tod Naldinis s. *Hurtubise*, Une famille-témoin (wie Anm. 68), 146. Zu Lionardo Spina in Lyon s. *Charpin-Feugerolles*, Les Florentins à Lyon (wie Anm. 107), 182f.; *Gascon*, Lyon et ses marchands (wie Anm. 38), ad indicem.

[111] AS, I, 485, c. 329.

[112] Ebd.: „rifare el baglio della ghabella“ zu einem Prozentsatz von 2 $^1/_2$ Prozent. Auch Bartholomäus Welser beteiligte sich an der Erstattung der Reisekosten Spinas mit 263 Livres gemäß seinem Anteil. Zumindest 1526 kam der *credito gratis*, um den in einer Höhe von 10000 Scudi (20000 Livres) in Amboise durch Spina verhandelt wurde, (noch) nicht zustande („che non seghuì“).

[113] Vgl. *Körner*, Solidarités financières suisses (wie Anm. 103), 146–154, 418.

[114] *Hamon*, L'argent du roi (wie Anm. 5), ad indicem.

[115] Ebd. 88. Hamon zitiert dort auch die Annalen des Jehan Bouchet aus Poitiers (1644), in denen die Funktion dieses Amtes folgendermaßen beschrieben wird: „Au commencement de l'an mil cinc cens vingt et deux furent expédiées lettres patentes à Lyon pour recevoir les gens d'Eglise à composer des finances et indamnitez de leur dommaine et temporel non admortis et d'en bailler quitance de tout le temps passé [...].“ *Jehan Bouchet*, Les Annales d'Aquitaine. Poitiers 1944, 371.

benden 14000 Livres, die als vereinbarter *credito gratis* gedacht waren, gingen im November 1529 über Ragueneau beim Kanzler des Königs, Antoine Duprat, ein.[116] Diese Staffelung zeigt zum einen die entscheidende Bedeutung der *argentiers du roi* wie Jacques de Beaune und Johan Testu – Letzterer überlebte, wie erwähnt, den Sturz de Beaunes, wurde 1531 seines Amtes enthoben und blieb dennoch bis 1538 erfolgreicher Kreditvermittler des Königs[117] – für die Einwerbung von Darlehen an die Krone. Zum anderen erscheint die königliche Finanzverwaltung keineswegs als geschlossene Einheit, sondern als komplexes Personal- und Funktionsgefüge. Für die Kaufmannbankiers wie Lionardo Spina waren eingespielte Kontakte zu den entsprechenden Stellen von wesentlicher Bedeutung, verfügte man doch über erhebliche finanzielle Spielräume.

Die Handelsgesellschaften Iacopo Salviatis und Bartholomäus Welsers teilten sich die Pacht im Verhältnis $^{37}/_{80}$ zu $^{43}/_{80}$. Während die Augsburger zunächst die höhere Investitionsquote hatten, übernahm die Firma der Salviati in Lyon die organisatorische Abwicklung: Ihr Direktor, Lionardo Spina, avancierte zum Einnehmer (*receveur*) der *gabelle*. In seiner Verantwortung lag für die Dauer der Pacht (1. August 1532 bis 31. Juli 1540) die Buchhaltung.[118]

Wirtschaftlich wurde die Pacht des Seidenzolls an der Rhône ein Erfolg für Iacopo Salviati und Bartholomäus Welser. Legt man die Verbuchung des Vorhabens im Jahr 1528, der zufolge ein Gesamtaufwand von 126000 Livres auf die Kaufleute zukam, einer Bilanzierung zugrunde, hätte das Augsburger-Florentiner Konsortium nach dem Abschluss der Pachtperiode

[116] AS, I, 490, c. 519 (Konto des François de Valois, 1528–1529).

[117] *Hamon*, L'argent du roi (wie Anm. 5), 7, 179. Zu einer von Johan Testu 1523 durchgeführten Transaktion: „Un acte notarié sibyllin – et abîmé – fait allusion à une transaction à l'automne 1523 entre des Toscans et Jehan Testu, receveur général de Languedoc. Les prêteurs ont, au mieux, fourni 3400 lt [*Livres tournois*], alors que le projet initial portait sur 20000 lt. Sans meme parler d'Avance, les Lyonnais sont réticents à offrir leur garantie à ceux qui acceptant de prêter.“

[118] AS, I, 490, c. 519–DXIX, c. 520–DXX, Regulierung des *baglio* und des *credito*; AS, I, 485, c. 329, Verhandlungstätigkeit Lionardo Spinas, 1526–1530; AS, I, 506, Libro della Gabella, 1532–1542: Der hier vorgestellte Fall der Pacht des Seidenzolls durch Salviati/ Welser liegt ähnlich günstig wie beim Bankier Benvenuto Olivieri. Francesco Guidi Bruscoli konnte in seiner Untersuchung auf die im Fondo Galli Tassi des Florentiner Staatsarchivs überlieferten Rechnungsbücher zugreifen und erhielt somit Einblick in das Funktionieren herrscherfinanzieller Dienstleistungen der Bankiers (im Zusammenhang mit der Papstfinanz) im 16. Jahrhundert; *Guidi Bruscoli*, Benvenuto Olivieri (wie Anm. 11).

zur Ostermesse 1540 einen Ertrag von 166000 Livres erzielt.[119] Die Handelsgesellschaft der Salviati in Lyon hätte einen jährlichen Eigenkapitalzuwachs von knapp 2450 Livres für sich verbuchen können – dies entspricht einem guten Drittel des jährlichen Gewinnes, den die Salviati in Lyon bis in die 1530er Jahre durchschnittlich zu realisieren vermochten.[120]

Der Kooperation der Augsburger Welser und der Florentiner Salviati liegen langfristige und enge Verbindungen zugrunde, die sich seit den ersten Jahren des 16. Jahrhunderts an konkreten Geschäften und kulturellen Austauschbeziehungen nachweisen lassen, aber deutlich länger angedauert haben dürften. Das Konsortium des Seidenzolls zwischen beiden Handelshäusern knüpfte an eine am Standort Lyon ab 1507 entwickelte, fruchtbare Geschäftspartnerschaft an.[121] Allerdings stellten die Darlehen an den französischen König im Zusammenhang mit der gemeinsamen Pacht des Seidenzolls eine durchaus prekäre Form der institutionalisierten Kreditverflechtung dar, weil sie quer zu den politischen Bündnislinien verlief. Im Jahr des Abschlusses jener *cedula* durch Jacques de Beaune ließ Franz I. die Kaufmannbankiers aus der Toskana arretieren; 1522 weigerten sie sich, Karl V. einen Kredit über 20000 Livres zu gewähren. Dennoch finden sich Anzeichen dafür, dass die Salviati über ihre Niederlassung in Lyon einen

119 AS, I, 485, c. 372–CCCVXXII; c. 415–CDXV: In Buchungswährung entsprächen die 166322 Livres einem Gesamtaufwand von 66205 Scudi di marchi gegenüber einem Ertrag von 77222 Scudi di marchi.

120 AS, I, 485, c. 352–CCCLII; c. 415–CDXV: Der Reingewinn betrug demnach 42185 Livres; wenn der *credito gratis* nicht zustande gekommen sein sollte (wie das Konto über den *ritratto netto* suggeriert), läge der Reingewinn sogar bei 56185 Livres und somit bei einem jährlichen Reingewinn von über 3248 Livres für die Salviati. Die Auszahlung der Pacht an den König erfolgte wohl nicht auf einmal, sondern wurde in mehrere Tranchen zerlegt. Allerdings muss bei der Ausweisung in französischer Rechenwährung (Livres tournois) bedacht werden, dass zwischen der Festsetzung von 1528 und dem Abschluss der Pacht 1540 eine Aufwertung des Rechnungsgeldes der Lyoner Messen (Scudi di marchi) einen Teil des Gewinnes schmälerte (jährlicher Reingewinn in Scudi di marchi: 952). Vgl. AS, I, 485, c. 309, Augustmesse 1529: „ridurre questo conto a ∇ [Scudo, H. L.] di marchi nuovi che 100 de' vec[c]hi sono 96 di quelli chorrono già". Der ursprüngliche Pachtzins war mit 58849 Scudi di marchi festgelegt worden, betrug 1540 allerdings 60762 Scudi di marchi. Zum Gewinn der Salviati in Lyon s. AS, III, 9.

121 *Tewes*, Kampf um Florenz (wie Anm. 55), 660–666; *Heinrich Lang*, Fremdsprachenkompetenz zwischen Handelsverbindungen und Familiennetzwerken. Augsburger Kaufmannssöhne aus dem Welser-Umfeld in der Ausbildung bei Florentiner Bankiers um 1500, in: Mark Häberlein/Christian Kuhn (Hrsg.), Fremde Sprachen in frühneuzeitlichen Städten. Lernende, Lehrende und Lehrwerke. (Fremdsprachen in Geschichte und Gegenwart, Bd. 7.) Wiesbaden 2010, 75–91, bes. 81–85.

Teil des Darlehens der oberdeutschen Kaufmannbankiers für den mit den Valois verfeindeten König beisteuerten.[122]

Die Handelsgesellschaft der Salviati in Lyon beteiligte sich erst wieder an den Darlehen, die der *trésorier de l'Épargne*, Jehan II. Duval[123], 1542 und in den folgenden Jahren für seinen König aufnahm. Schlüsselfigur bei den Verhandlungen über die Kredite, die insbesondere Florentiner und Luccheser Bankiers zu organisieren hatten, war Kardinal François de Tournon, Erzbischof von Auch (1489–1562).[124] Es ist wesentlich seinem Engagement zuzuschreiben, dass die italienischen Kaufmannbankiers nach den Repressionen von 1521 und 1528 abermals Vertrauen in den Lyoner Kreditmarkt für Herrscherfinanzen fassten und Franz während der 1530er Jahre zunehmend hohe Darlehen aufnehmen konnte.[125]

Auf der Allerheiligenmesse 1542 warb Kardinal de Tournon 100000 Livres von Florentiner und 50000 Livres von Luccheser *merchant bankers* ein, um den im Jahr zuvor erneut aufgeflammten Krieg gegen Karl V. zu finanzieren.[126] Anders aber als von Roger Doucet und Philippe Hamon angenommen, handelte es sich hierbei nicht um eine mutmaßliche Vorform des *grand parti* – ein vergleichbares Vorgehen zeigt sich in den Rechnungsbüchern der Salviati erst ein Jahr später.[127] Vielmehr quittierte Martin de Troyes, Generalsteuereinnehmer (*receveur général de la circonscription*)

[122] In einem Brief von Lionardo Spina an Bartholomäus Welser in Augsburg vom 3. November 1532 wird erklärt, dass die Salviati auf Vermittlung der Welser 10000 Scudi d'oro di sole (ca. 23000 Livres) für Wechsel für Raimund und Anton Fugger bereithielten. Ohne den Verwendungszweck näher zu betiteln, soll der gemeinsame Wechsel realisiert werden; sowohl Zeitpunkt als auch Höhe des Betrages lassen die Schlussfolgerung zu, es würde sich um einen Anteil der Darlehen der Welser und Fugger an Karl V. von 1532 handeln. Vgl. AS, I, 514, Lyon Copialettere L, fol. 20r. Vgl. *Götz von Pölnitz*, Anton Fugger. Bd. 1: 1453–1535. (Studien zur Fugger-Geschichte, Bd. 13 = Schwäbische Forschungsgemeinschaft bei der Kommission für Bayerische Landesgeschichte, 4. Rh., Bd. 6.) Tübingen 1958, 259, 262; *Walter Großhaupt*, Die Welser als Bankiers der spanischen Krone, in: Scripta Mercaturae 21, 1987, 158–188, hier 161; *Hermann Kellenbenz*, Die Konkurrenten der Fugger als Bankiers der spanischen Krone, in: ZUG 24, 1979, 81–98, hier 83.

[123] Zu Jehan II. Duval und insbesondere seinen Aufgaben bei der Beschaffung finanzieller Mittel s. *Hamon*, Messieurs des finances (wie Anm. 24), bes. 31, 54, 58.

[124] *Doucet*, Finances municipales et crédit public (wie Anm. 21), 18, 24; *Knecht*, Renaissance Warrior (wie Anm. 3), 611; *Hamon*, L'argent du roi (wie Anm. 5), 168.

[125] *Knecht*, Renaissance Warrior (wie Anm. 3), 345, 365, 486, 499, 505f.; *Hamon*, L'argent du roi (wie Anm. 5), 163–170.

[126] Die Zahlen bei *Hamon*, L'argent du roi (wie Anm. 5), 168–170.

[127] Vgl. *Körner*, Le crédit public (wie Anm. 9), 532. Bereits eine Dissertation von 1903 kommt mit Blick auf die Unterlagen in den *Archives municipales* in Lyon zu dem Schluss, dass es eine „institutionalisierte" Bank in Lyon nicht gegeben hat; diese Ansicht wird in

zu Lyon[128], am 27. September 1542 die Gebühr für eine erneute Pacht des Seidenzolls an der Rhône, nunmehr durch ein florentinisch-lucchesisches Konsortium.[129] Dabei fungierte Lorenzo di Giovanni Pasquali als Anteilseigner im Namen der Salviati-Gesellschaft in Lyon, deren Teilhaber er seit 1532 war[130] und die mit insgesamt 28000 Livres mehr als ein Viertel des Florentiner Beitrags schulterte.[131] Gegenüber Martin de Troyes trat die Niederlassung Bartolomeo Panciatichis als Bankier, der die Überweisung im Auftrag der Florentiner tätigte, auf.[132] Die Gewinne aus dem Seidenzoll flossen bis zur Augustmesse 1546 in die Kasse der Salviati.[133]

Albizzo del Bene, der Teilhaber des genannten Konsortiums war und dessen Vater Piero bereits zu den wichtigsten Gläubigern Ludwigs XII. gehört hatte, verfügte seit 1537 über die Pacht der Salzsteuer an Rhône, Saône und Isère gemeinsam mit dem Mailänder Andrea Sormanno. Nach deren

den Arbeiten von Doucet und Hamon mit Blick auf die Zentralüberlieferung bestätigt. S. *Vigne*, La Banque a Lyon (wie Anm. 35), 107–109.

128 *Doucet*, Finances municipales et crédit public (wie Anm. 21), 10; *Hamon*, L'argent du roi (wie Anm. 5), 168.

129 Dieses Konsortium bestand aus den Florentinern Giovannbattista Carnesecchi, Albizzo del Bene, Niccolò Ughi und Lorenzo Pasquali sowie den Lucchesen Francesco Micheli, Andrea Cenami und Bernardo Cioni. Zu den Luccheser Kaufleuten Cenami in Flandern und Frankreich s. *Simonetto Giancoli*, Art. „Cenami", in: Dizionario Biografico degli Italiani. Vol. 23. Rom 1973, 493–498, bes. 497. Zu den Carnesecchi in Lyon s. *Charpin-Feugerolles*, Les Florentins à Lyon (wie Anm. 107), 71 f.; zu Lorenzo Pasquali s. *Valeria Pinchera*, Mercanti fiorentini ad Anversa nel Cinquecento. I Salviati, in: Incontri. Rivista studi italo-nederlandesi 4, 1989, 157–165, hier 158.

130 Lorenzo di maestro Giovanni Pasquali hatte als *giovane* der Gesellschaft seit 1518 gedient; wie Lionardo di Francesco Spina hielt er einen Anteil von 2000 Scudi di marchi, Averardo und Piero Salviati investierten 8000 Scudi di marchi. Vgl. AS, I, 508, c. I, Lyon Debitori e creditori L.

131 AS, I, 558, c. 135, Lyon Debitori e creditori R; *Doucet*, Finances municipales et crédit public (wie Anm. 21), 24. Unter Berufung auf die *Chronique de Jean Guéraud* erklärt Doucet, dass Tournon einen Kredit über 60000 Livres ausgehandelt habe, der von den Einnahmen des Languedoc und dem Zoll (*douane*) refinanziert worden sei. Diese Angaben beziehen sich allerdings (wenn sie so zutreffend sind) auf einen Zollpachtvertrag mit einem anderen florentinisch-lucchesischen Konsortium, bestehend aus den Bini und Bernardini.

132 AS, I, 558, c. 135. Zu Bartolomeo Panciatichi e co di Lione s. *Guidi Bruscoli*, Benvenuto Olivieri (wie Anm. 11), 252, 299, 302.

133 AS, I, 558, c. CLIII, c. CCCLIII. Die Buchführung versah Maestro Piero de Vinolz als Einnehmer der *gabelle*. Ein Anthoine de Vinolz war Deputierter des Lyonnais, als es 1522/23 um die Rückzahlung von Florentiner und Luccheser Krediten ging. Vgl. *Hamon*, L'argent du roi (wie Anm. 5), 138.

Einstieg in die Seidenzollpacht kam 1543 noch die Pacht der Einfuhrsteuer auf Alaun für zehn Jahre hinzu.[134]

Auch das am 21. Mai 1542 durch Kardinal de Tournon mit Raffaello Corsini sowie Giovanni Altoviti e co vereinbarte Darlehen an Franz I. gehorchte den bis dahin eingespielten Mustern: Man legte eine kurze, hochverzinste Rückzahlungsfrist zur nächst folgenden Messe fest. Daran beteiligten sich die Salviati mit knapp 14500 Livres. Die Rückerstattung indes wurde verschleppt: Piero Spina verfügte im April 1545 zunächst nur über eine Tranche in Höhe von gut 10500 Livres.[135] Zügiger zahlte Jehan Prunier, *receveur de Forez* und zuständig für die *Extraordinaire des Guerres* (die außerordentlichen Kriegsfinanzen)[136], einen Sonderkredit über 2800 Livres an Averardo Salviati zurück, der am 12. Oktober 1543 zusammen mit Albizzo del Bene und Andrea Rinieri[137] dem seit 1537 in Lyon angesiedelten und damals für die *Extraordinaire des Guerres* verantwortlichen Martin de Troyes 10000 Livres geliehen hatte. Die Guadagni hatten diesen Betrag gebündelt, an den Kommissar de Troyes ausgegeben und beim Ausgleich eine Zugabe (*dono*) von vier Prozent zugunsten Salviatis aufgeschlagen.[138] In den hier zitierten Beispielen ging es keinesfalls um Kredite an die jeweilige Person, sondern um Darlehen, die Martin de Troyes im Namen des Königs einsammelte und an den Schatzmeister des Königs, Jehan Duval, weiterleitete.[139]

Die von Lionardo Spina 1542/43 ausgehandelten Darlehen der Salviati-Bank in Lyon an den französischen König illustrieren zum einen die Aufnahme von Krediten durch Florentiner *merchant bankers* bei anderen

[134] *Baudouin-Matuszek/Ouvarov*, Banque et pouvoir (wie Anm. 63), 253; *Hamon*, Messieurs des finances (wie Anm. 24), 123.

[135] AS, I, 558, c. 196–CXCVI, c. CCLXXIX: Der Anteil der Salviati war mit 6500 Scudi d'oro di sole (14265 Livres) angesetzt. Die erste Tranche von 1545 betrug 4680 Scudi d'oro di sole (10530 Livres).

[136] *Hamon*, L'argent du roi (wie Anm. 5), 138, 157; *Hamon*, Messieurs des finances (wie Anm. 24), 63, 68.

[137] Bei Andrea Rinieri handelt es sich wohl um einen in Lyon ansässigen Florentiner Kaufmann. S. *Charpin-Feugerolles*, Les Florentins à Lyon (wie Anm. 107), 171. Zum Engagement von Andrea Rinieri e co di Lione in der päpstlichen Finanzverwaltung s. *Guidi Bruscoli*, Benvenuto Olivieri (wie Anm. 11), 252, 299, 302.

[138] AS, I, 558, c. 196–CXCVI.

[139] Vgl. *Hamon*, L'argent du roi (wie Anm. 5), 168 f.; *Doucet*, Finances municipales et crédit public (wie Anm. 21), 18–30, zur weiteren Entwicklung der in Lyon bis zum Ende der Regierungszeit Franz' I. aufgenommenen Darlehen. Zu den Kreditaufnahmen von 1543 s. *Llewain Scott van Doren*, War Taxation, Institutional Change, and Social Conflict in Provincial France – the Royal *Taille* in Dauphiné, 1494–1559, in: Proceedings of the American Philosophical Society 121, 1977, 70–96, hier 81 f.

Kaufleuten am Handelsplatz Lyon. Eingeführte Handelsgesellschaften wie diejenigen von Raffaello Corsini, Giovanni Altoviti oder Bartolomeo Panciatichi zogen Unterdarlehen zusammen, um die immensen Summen an die Vertreter der königlichen Finanzadministration auszahlen zu können. Zum anderen erweisen sich die Verhandlungen und die abgewickelten Verfahren als kleinteilig, manchmal langwierig. Zuverlässige Vermittler, ausgereifte Kontakte und zugkräftige Kreditnetzwerke waren gefragt, wollte sich eine Unternehmung wie die Salviati an den Herrscherfinanzen beteiligen.

Ein zweites Aktionsfeld in Bezug auf die Herrscherfinanzen bestand in finanziellen Dienstleistungen. Ein Beispiel, das eine bündnispolitisch symptomatische Konstellation widerspiegelt, soll diesen Geschäftsbereich charakterisieren: Ab 1518 verwaltete Iacopo Salviati für König Franz I. 250000 Livres, die innerhalb von vier Jahren an den Papst im Zusammenhang mit einem (vordergründig propagierten) Kreuzzugsunternehmen überwiesen werden sollten. Durch diese Regelung beteiligte sich die Salviati-Bank in Lyon an der Eintreibung des kirchlichen Zehnts im französischen Königreich.[140]

Der überwiegende Teil der hier angesprochenen Finanzdienstleistungen vollzog sich in weitaus geringeren Größenordnungen. Repräsentativ für die Verflechtung zwischen französischem Hof und Adel auf der einen Seite und den in Lyon etablierten Kaufmannbankiers auf der anderen Seite aber dürfte die Beziehung der Salviati-Niederlassung zu Franz I. von Bourbon (1491–1545), Graf von Saint-Pol[141], gewesen sein. Er zählte zum französischen Hochadel und zog mit König Franz I. in den Krieg, wobei er in der Schlacht von Pavia 1525 eine zweifelhafte Rolle spielte und auch selbst in Gefangenschaft geriet. Ihm gelang dennoch ein politischer Aufstieg, in dessen Verlauf er 1527 das Regiment über die Dauphiné erhielt und fortan Feldzüge gegen Savoyen und Piemont leitete. Im April 1540 verbuchte Lionardo Spina die partielle Rückzahlung eines Kredits über 1000 Livres, den der Schatzmeister der Dauphiné, Artus Prunier[142], für verschiedene

[140] *Tewes*, Kampf um Florenz (wie Anm. 54), 93–95, 762.

[141] *Knecht*, Renaissance Warrior (wie Anm. 3), ad indicem: François 1er de Bourbon, Comte von Saint-Pol, Sohn von François de Bourbon-Vendôme und Marie de Luxembourg, heiratete 1534 die Herzogin Adrienne d'Estouteville († 1560); er war Teilnehmer der Begegnung zwischen Franz I. und Papst Clemens VII. in Marseille 1533. Vgl. auch *Charles Gavard*, Galerie historique du palais de Versailles. Vol. 8. Paris 1846, 288.

[142] *Hamon*, L'argent du roi (wie Anm. 5), 272.

Ausgaben einsetzte.[143] Daneben verkaufte Spina 1542 dem Grafen von Saint-Pol Waffenröcke (*panni armentieri*).[144]

Allerdings unterlagen solche geschäftlichen Verbindungen politischen Bedingungen und dienten oft vielschichtigen Interessen: Iacopo Salviati und seine Gattin Lucrezia de' Medici leisteten Herzog Karl III. von Savoyen (1489–1553)[145] 1514/15 eine persönliche Bürgschaft über 250000 Livres, die er als Pfand aus der Eheschließung seiner Schwester Filiberta mit Giuliano de' Medici (1479–1516; Bruder Lucrezias)[146] empfangen hatte. Iacopo Salviati musste davon 63000 Livres unmittelbar überweisen.[147] Die stattliche Summe wurde durch die Salviati-Niederlassung während der Ostermesse 1517 in Lyon auf Kosten Papst Leos X. gezahlt.[148] Der Medici-Papst war nicht nur ein wichtiger Verbündeter des französischen Königs und Karl von Savoyens, sondern protegierte seinen Bruder Giuliano sowie seinen Neffen Lorenzo di Piero nach Kräften.[149] Wenige Monate später erfolgte die Überweisung einer weiteren Tranche über 11900 Livres.[150] Herzog Karl III. agierte zunächst als Alliierter von König Franz, bevor er bei den französisch-habsburgischen Auseinandersetzungen wiederholt zwischen die Fronten geriet.[151]

Die Mehrheit solcher finanzieller Dienstleistungen bewegte sich in engerem Rahmen wie auf der Apparitionsmesse 1517, als das Bankhaus der Salviati in Lyon im Auftrage Karls von Savoyen 6300 Livres zugunsten eines Piero Mornio transferierte – der Betrag wurde über die Vertretung der Welser in London gewechselt.[152] Der dienstleistende Bankier, der zumeist das Risiko tragen musste, strich nach Möglichkeit eine Provision oder gar eine Kontengebühr ein. Die Lyoner Firma der Salviati zweigte im Zuge der

[143] AS, I, 537, c. 35, c. CXCIII, Lyon Debitori e creditori O.

[144] AS, I, 537, c. 193; *Potter*, Renaissance France at War (wie Anm. 29), 54f.: Von 1542 bis 1544 war Franz von Bourbon mit der Eroberung Savoyens beauftragt.

[145] *Lino Martini*, Art. „Carlo II, duca di Savoia", in: Dizionario Biografico degli Italiani. Vol. 20. Rom 1977, 294–304.

[146] *Sergio Tabacchi*, Art. „Medici, Giuliano de'", in: Dizionario Biografico degli Italiani. Vol. 73. Rom 2009, 84–88.

[147] *Tewes*, Die Medici (wie Anm. 86), 93–95.

[148] AS, I, 456, c. 224 (04.06.1517 „sopra di Iacopo Salviati": 26821 Scudi di marchi).

[149] Leo X. verschafft Lorenzo di Piero auch den Titel des Herzogs von Urbino; *Tewes*, Kampf um Florenz (wie Anm. 55), 753f.

[150] AS, I, 456, c. 224: Die Tranche betrug verbuchte 6600 Scudi di marchi.

[151] *Knecht*, Renaissance Warrior (wie Anm. 3), passim.

[152] AS, I, 456, c. CLX, Lyon Debitori e creditori C. Für die Transaktion wurden 3500 Scudi d'oro di sole ausgewiesen.

Zahlungen jenes Pfandes 1517 eine Provision von zwei Promille und eine Gebühr über vier Promille für Depotkosten ab.[153]

Die geschäftlichen Verbindungen zwischen der Handelsgesellschaft der Salviati in Lyon und einem französischen, nicht näher gekennzeichneten Vermittler aus klerikalem Kontext namens Maestro Giovanni Cornuti de Cappella, der in den Rechnungsbüchern auch als Jehan Cornuti de Chapelle auftaucht, sind typisch für die engmaschige Verknüpfung finanzieller Dienstleistungen zwischen den Finanzen der Kirche und französischen Adligen, dem Hof und dem König.[154]

Seit 1516 lässt sich seine Spur in den Rechnungsbüchern der Salviati aufnehmen. Die Kontokorrentbeziehung folgte Operationen gleichen Musters: Nach Einzahlung eines zumeist höheren Betrages wie der 7500 Livres auf der Augustmesse 1521 remittierten die Salviati den Betrag von Lyon nach Rom auf ein Eingangskonto, das ein vertrauter Geschäftspartner und Papstbankier führte, hier der bereits genannte Mitgesellschafter der Salviati Bernardo da Verrazzano.[155] Während des Messezyklus von der Allerheiligenmesse 1525 bis zur Augustmesse 1526 belief sich der Transfer von Lyon nach Rom auf insgesamt 69000 Livres.[156] Wenige Jahre später, 1531, sandten die Salviati im Auftrage Cornutis Wechsel in Höhe von über 25000

[153] AS, I, 456, c. 224 (das wären für beide Transaktionen zusammen 203 Scudi di marchi = ca. 460 Livres).

[154] Seine Personenkonten sind immer mit „Giovanni/Gian Cornuti" betitelt; es finden sich auch die Hinweise „alias de Cappella" (AS, I, 508, c. 185) und „di questa villa" (AS, I, 456, c. 177) beziehungsweis „di Lione" (AS, I, 500, c. LXII); einmal wird er auch in einer Notiz „maestro Joha[n] de Cappella" genannt: AS, I, 500, c. CCVIII. Die einzigen Belege, über die ich verfüge, stammen aus den Rechnungsbüchern der Salviati, aus welchen seine spezielle Funktion oder sein Amt nicht hervorgehen. Seine Position erschließt sich lediglich aus den Finanztransaktionsgeschäften, mit welchen er im Wesentlichen befasst war. Allerdings handelte er nicht selbständig, sondern ließ finanzielle Operationen für sich beziehungsweise in seinem Namen durchführen. Aufgrund des involvierten Personals, hauptsächlich Kleriker, möchte ich Giovanni Cornuti eine kirchliche Würde zuweisen; *M.-A. Dimier*, Art. „Cornuty, Jean-François", in: Dictionnaire de biographie française. Vol. 9. Paris 1961, Sp. 718–719.

[155] AS, I, 476, c. 165–CLXV: Die Gutschrift erfolgte in Goldmark am 30.09.1521 über 51 Marchi d'oro, d. h. in einer Rechenwährung, die *rimessa* würde mit 3333 Scudi di marchi notiert. Verbucht wird auf *cassa* im „Libro di fiera", das heißt einer Einzahlung auf der Augustmesse, wahrscheinlich sogar in Bargeld. Vgl. AS, III, 9, c. 7, Abschnitt III.

[156] AS, I, 490, c. 54, c. 141; der Gesamttransfer für die Periode von Herbst 1526 bis Herbst 1527 belief sich auf 34428 Scudi di marchi. Der Verlauf stellte sich folgendermaßen dar: Allerheiligenmesse 1525: 8744, Apparitionsmesse 1526: 8759, Ostermesse 1526: 5877, Augustmesse 1526: 11048 Scudi di marchi. Vergleicht man diesen Verlauf mit den Umsätzen auf den Messen, entwickelte sich diese Überweisungsserie untypisch (nicht ganz antizyklisch), denn die Ostermesse pflegte mehr Umsatz als die Apparitions

Livres an die Kurie.[157] Im Verlauf des Jahres 1532 überwies das Lyoner Bankhaus der Salviati im Namen Giovanni Cornutis knapp 46200 Livres an verschiedene Empfänger in Rom und Bologna.[158] Weitere Bankpartner in Rom waren 1525/26 vor allem Bernardo Bracci e co und die Florentiner Kurienbankiers Guicciardini e Ricasoli, der Papstbankier Bindo Altoviti (1491–1557)[159] sowie Pandolfo della Casa e co.[160] Als Aussteller der Wechselbriefe traten die an der Rhône gut etablierten Geschäftsfreunde der Salviati Bernardo e Antonio Gondi e co und die Lucchesen – ebenfalls wichtige Partner der Salviati in Lyon – Francesco e Iacopo Sauli, die Bonvisi sowie die Firma Micheli e Parenzi auf.[161]

Allerdings nahmen die umfangreichen Überweisungen nicht immer denselben Weg: Am 11. Dezember 1525 stellten die Salviati einen Wechselbrief über 2400 Livres aus, die Jean Le Veneur erreichen sollten. Le Veneur († 1543), Bischof von Lisieux[162], hielt sich mit seinem Gefolge offenbar am kaiserlichen Hof in Spanien auf, weswegen der Wechsel auf Rinaldo Strozzi e co in Valladolid gezogen wurde und Maffeo de' Tassis die Auszahlung quittierte.[163]

messe zu haben, welche üblicherweise die schwächste Messe war. Zum konjunkturellen Verlauf der Messezyklen s. *Gascon*, Lyon et ses marchands (wie Anm. 38), I, 242.

157 AS, I, 500, c. 52, c. 150; c. 208.

158 AS, I, 508, c. 185; c. XCVI, Lyon Debitori e creditori L: „[...] valutati d'accordo chon lui per ducati di camera fatti paghare per lui per diverse mane a Roma e Bologna in più partite e a più persone [...]". Dabei handelte es sich immerhin um 23 100 Scudi di marchi (20 753 Ducati di camera).

159 *Melissa M. Bullard*, Bindo Altoviti. Renaissance Banker and Papal Financier, in: Alan Chong/Donatella Pegazzano/Dimitrios Zikos (Eds.), Raphael Cellini and a Renaissance Banker. The Patronage of Bindo Altoviti. Boston 2003, 21–57.

160 Zu den della Casa in Rom und speziell zu Pandolfo della Casa e co di Roma s. *Bruscoli*, Benvenuto Olivieri (wie Anm. 11), 18, 29, 143. Zu Bernardo Bracci als Kurienbankier s. ebd. 144.

161 AS, I, 490, c. 54, c. 141; I, 508, c. 185. Zu den Micheli, den Sauli, den Bonvisi und Parensi in Lyon s. *Gascon*, Lyon et ses marchands (wie Anm. 38), ad indicem.

162 *Konrad Eubel/Willem van Gulik*, Hierarchia Catholica Medii aevi sive summorum pontificum, S. R. E. cardinalium, ecclesiarum antistitum series. Vol. 3: Saeculum XVI ab anno 1503 complectens. Regensburg 1910, 224. Jean Le Veneur wurde in Marseille 1533 von Papst Clemens VII. zum Kardinal erhoben. 1526, also nach seinem Aufenthalt beim Kaiser, ernannte ihn Franz I. zum Mitglied der königlichen Kapelle (*grand aumônier de France*). Seit 1524 war Le Veneur Abt auf dem Mont Saint-Michel (wofür er bekannt geworden ist). Vgl. *Fulgence Girard*, Histoire géologique, archéologique et pittoresque de Mont Saint-Michel. Avranches 1843, Nr. XXXVII, 261–263.

163 AS, I, 490, c. 54: Der Betrag wird mit 1212 Scudi di marchi verbucht, der hälftig unter Strozzi und Salviati aufgeteilt ist. Für die Gegenbuchung s. AS, I, 490, c. CXV: „[...] facciamo loro buoni per la valuta di ∇ 1130 d'oro di sole che sono per valuta di ducati M

Dass es sich bei diesen Transaktionen zumeist um Dienstleistungen im Auftrage kirchlicher Würdenträger, die in der französischen Finanzadministration eine herausragende Rolle spielten und sich insbesondere der Kredite italienischer Kaufleute bedienten[164], handelte, zeigen nicht alle, aber doch einige Buchungen in den Kontokorrentbeziehungen Giovanni Cornutis: Am 16. Februar 1526 ließ Cornuti gut 4000 Livres durch die Salviati zugunsten von Kardinal Louis de Bourbon (1493–1557)[165] anweisen, am 29. Oktober handelte es sich um 12000 Livres, welche ein spanischer Geschäftspartner der Salviati in Lyon, Marchio Coreglia e co aus Sevilla[166], und die erwähnten Francesco e Iacopo Sauli auf Rom zogen.[167] Louis de Bourbon, Vicomte von Meaux, war der Bruder des Grafen von Saint-Pol, François de Bourbon, und als Erzbischof von Sens Nachfolger des bereits erwähnten königlichen Kanzlers Kardinal Anthoine Duprat.[168] Aus Sicht der Kaufmannbankiers in Lyon wurden hier Geschäfte abgewickelt, die in etablierten Netzwerken seriell durchgeführt werden konnten und die Gewinne durch Wechselarbitrage oder den Aufschlag von Provisionen erlaubten, während man zugleich die Beziehungen zu Geschäftspartnern vertiefte.

Am 9. September 1531 transferierten die Salviati über 6600 Livres für Maestro Giovanni Cornuti zugunsten von Papst Clemens VII. von Lyon nach Rom.[169] In den Jahren 1526 bis 1529 beauftragte Cornuti Lionardo Spina vorwiegend mit Überweisungen nach Florenz, wobei von der Ostermesse 1527 bis zur Apparitionsmesse 1528 insgesamt 40 400 Livres von

d'oro larghi traemmo loro in corte di Spagna o a chi per loro nel Reverende Jehan Le Veneuri e vescovo de Lesieux in Normandia ho suo certo mandato sino addì 26 di settembre paxato per dì xv vista la lettera e un'ordine ne prende sino quitanza come si paghano a stanza di maestro Giovanni Cornutj del quale cambio se n'attribuisce al loro la metà li quali danari per loro pagò Maffeo de Tassis dare detto Cornutj [...]." Zu Rinaldo e Giovan Battista Strozzi e co in Valladolid s. *Bruscoli*, Benvenuto Olivieri (wie Anm. 11), ad indicem.

164 *Hamon*, L'argent du roi (wie Anm. 5), 187.

165 *T. de Morembert*, Art. „Bourbon, Louis de", in: Dictionnaire de biographie française. Vol. 16. Paris 1984, Sp. 1406–1407.

166 Marchio de Sevilla trat wiederholt als Auftraggeber der Salviati auf, die in seinem Namen Rohseide aus Almeria in Lyon verkaufen sollten. Vgl. *Lang*, Seide aus Florenz (wie Anm. 85).

167 AS, I, 490, c. 141, die Buchung vom 16.02.1526 beträgt 1987 Scudi di marchi; am 29.10.1526 werden 5936 Scudi di marchi abgerechnet.

168 *Eubel/van Gulik*, Hierarchia Catholica (wie Anm. 162), 22, 220.

169 AS, I, 500, c. 52 (Verbuchung mit 3307 Scudi di marchi). Als verantwortlicher Bankier in Rom zeichnete Iacopo Salviati.

Florentiner Bankiers wie den Erben von Girolamo Frescobaldi, dem Kaufmannbankier Francesco Dini und dem mit den Salviati-Handelsgesellschaften eng verbundenen Feo Belcari angenommen wurden.[170]

Im Wesentlichen stammte das im Namen Maestro Giovanni Cornutis gewechselte Geld aus Bareinzahlungen, die Lionardo Spina oder Lorenzo Pasquali in Lyon empfingen. Einen Teil übergab im Herbst 1525 der *receveur* (Einnehmer) des Bischofs von Vieux, der am 11. Dezember 1525 1300 Livres durch den Faktor Alonso de Sevillas[171] aus Rouen an die Salviati in Lyon überweisen ließ.[172] Kleinere Beträge gingen auf Dienstleistungen zurück, auf deren Abwicklung sich die Salviati mit Hilfe ihre guten Kontakte zur Kurie spezialisiert hatten[173]: Ebenfalls am 11. Dezember überwies Ghiraot Deylt[174] 10 Livres für einen Heiratsdispens.[175] Deylt übernahm die Rolle eines Vermittlers auch beim Erwerb eines Absolutionsschreibens für gut 16 Livres.[176] Teurer gestaltete sich mit 120 Livres hingegen die Ausstellung einer päpstlichen Bulle, die Bernardo Canigiani e co in Paris bei seinem engen Geschäftsfreund Spina für einen Abt in Auftrag gab.[177] Am 30. November 1526 empfing zum Beispiel der Bruder Lionardo Spinas, Piero, in Paris knapp mehr als 640 Livres aus den Händen des Kanzlers von Frankreich, Kardinal Duprat.[178] Auch Ausgaben, die der König tätigen

[170] AS, I, 490, c. 304, Ostermesse 1527: 2220, Augustmesse 1527: 4305, Allerheiligenmesse 1527: 7001, Apparitionsmesse 1528: 6653 Scudi di marchi; Gesamtbetrag verbucht mit 20 180 Scudi di marchi. Hier ist eine ähnlich antizyklische Entwicklung zu bemerken wie in den Jahren zuvor bei den Überweisungen nach Rom; eventuell hing das damit zusammen, dass man das Geld zunächst in den Messehandel während der regen Phasen investierte und dann erst den Wechselgewinn einzustreichen versuchte.

[171] Alonso de Sevilla war ein Geschäftspartner der Salviati in Lyon. Vgl. unter anderem AS, I, 490, c. CXV.

[172] AS, I, 490, c. LIV: Der Betrag wird verbucht mit 644 Scudi di marchi. Rouen war der wichtigste Umschlagplatz für Alaun im französischen Königreich. S. dazu *Tewes*, Kampf um Florenz (wie Anm. 55), 677–679.

[173] Zu diesem Thema s. ausführlich *Tewes*, Kampf um Florenz (wie Anm. 55), 741–779. Die Unterkapitel, die diesen Dienstleistungsbereich betreffen, sind besonders wichtig, weil Tewes hier den Zusammenhang zwischen den geschäftlichen Beziehungen und dem Erlangen kirchlicher Ämter aufzeigt.

[174] Ghiraot Deylt, auch Giraot Deitti, taucht in verschiedenen Geschäften zwischen Spanien und Lyon in verschiedenen Funktionen auf: Er war sowohl als Spediteur (*vetturale*) für Handelsgüter zwischen Spanien und Lyon tätig, fungierte aber auch als Teilhaber von Geschäften oder Vermittler; AS, I, 490, c. LII, c. 70–LXX, c. 179–CLXXIX, c. 190–CXC, c. 357–CCCLVII, c. 453–CDLIII, c. 528–DXXVIII.

[175] AS, I, 490, c. LIV: Verbuchung mit fünf Scudi di marchi.

[176] Ebd. Verbuchung mit acht Scudi di marchi.

[177] AS, I, 490, c. CXLI: Die Kosten werden mit 61 Scudi di marchi verbucht.

[178] AS, I, 490, c. CIV, c. CXLI: Verbuchung mit 322 Scudi di marchi. Weiters auf der Al-

ließ, erstattete Cornuti bei den Salviati in Lyon wie am 9. Januar 1528, als er gut 5350 Livres einzahlte.[179]

Zum Teil hatten die im Namen von Giovanni Cornuti abgewickelten Finanzoperationen die Funktion, Kursgewinne durch den Wechsel zwischen Lyon und einem Standort jenseits der Alpen abzuschöpfen.[180] Am 10. Januar 1528 wird ein provisionsfreier Wechselbrief über insgesamt 8700 Livres für Giovanni Cornuti im Auftrag der Salviati durch Bartolomeo Panciatichi nach Florenz auf den Geschäftspartner Marco del Nero e co[181] gezogen. Am 13. März desselben Jahres erfolgt eine Rimesse zugunsten des Florentiner Firmensitzes der Salviati über annähernd 13300 Livres auf das Konto Cornutis.[182] Allerdings überstiegen die nach Rom und Florenz remittierten Gelder die Einzahlungen, die Cornuti bei den Salviati in Lyon im Namen von anderen leistete, deutlich. Er investierte sein eigenes Vermögen oder Lionardo Spina akzeptierte hohe persönliche Schulden des guten Kunden. Nach der Ostermesse 1532 saldierte Spina Cornutis Kontokorrent mit einer Schuld in Höhe von stattlichen 40000 Livres zu einem Zinssatz von 4,8 Prozent.[183]

Das geschäftliche Gebaren und die Inanspruchnahme von finanziellen Transferleistungen zeigen Maestro Giovanni Cornuti de Chapelle als einen eng mit kirchlichen Amtsinhabern und königlichen Stellen verbundenen Vermittler oder Funktionsträger.[184] Bei den Geldern, die von den Einnehmern der Bischöfe herrührten, dürfte es sich um Kirchensteuern gehandelt haben. Cornuti war nicht selbst unternehmerisch aktiv, vielmehr führten Lionardo Spina und Lorenzo Pasquali eigens für ihn ein Buch, das sie für Konteneinträge in ihren Schuld- und Messebüchern nutzten und in wel-

lerheiligenmesse 429 Scudi di marchi. Das Konto, das Iacopo Salviati in Rom für diesen Zweck führte, trägt dementsprechend den Personentitel „conto aparte G[ran] C[ancelliere]".

179 AS, I, 490, c. CIV: Die Einzahlung wird mit 2672 Scudi di marchi verrechnet.

180 Vgl. *Dini*, I mercanti (wie Anm. 38), 449–451.

181 Dieser Marco del Nero ist eventuell identisch mit einem Diplomaten und Politiker dieses Namens (1486–1528). Vgl. *Diana Toccafondi-Fantappiè*, Art. „Del Nero, Marco", in: Dizionario Biografico degli Italiani. Vol. 38. Rom 1990, 176–177.

182 AS, I, 490, c. D: Der Wechselbrief wird mit 4374 Scudi di marchi verbucht, die Rimesse mit 6638 Scudi di marchi.

183 AS, I, 500, c. CCVIII: Insgesamt verbucht mit 19 315 Scudi di marchi. „Per resto di quel conto [Maestro Giovanni Cornuti di Lione per suo conto corrente] propri danari avuti da luy e da altri per luj in più volte [...]."

184 Möglicherweise war er Sekretär eines hohen Würdenträgers wie Louis de Bourbon, vielleicht hatte er eine entsprechende Aufgabe im Namen des Königs für die Geistlichkeit beziehungsweise für die Kirchenfinanzen.

chem sie die erbetenen Transferbewegungen aufzeichneten.[185] Zu Beginn des Jahres 1533 übernahm Donna Lisabeau Cornuti zusammen mit ihrem Ehemann Maestro Jean Forlatt die Geschäfte Giovanni Cornutis, der offenbar gestorben war.

Das dritte Aktionsfeld der Kaufmannbankiers im Zusammenhang mit den französischen Herrscherfinanzen waren Handelsgeschäfte mit dem König, dem Adel und der Kirche. Stellvertretend sei zur Charakterisierung dieses Geschäftsbereichs auf ein Beispiel verwiesen: Die Bonvisi bildeten mit der Handelsgesellschaft der Salviati in Lyon ein Konsortium, das zu Beginn der 1530er Jahre größere Mengen Getreide vom Bischof von Mâcon, Charles de Hémart de Denonville (1493–1540)[186], erwarb und nach Italien exportieren ließ.[187] Charles de Hémard, seit 1532 im Amt, wurde zunächst von Franz I. 1526 zum Rat ernannt, trat dann als Botschafter des französischen Königs an der Kurie auf und wurde bereits 1536 zum Kardinal erhoben. Er legte Geld bei den Salviati an und griff auf ihre Dienstleistungen zurück, wenn es galt, seine Interessen beziehungsweise finanzielle Verpflichtungen wahrzunehmen oder seinen Repräsentationsaufgaben an der Kurie nachzukommen.[188] Der Einkauf von Getreide zum Export für mehr als 6800 Livres im Frühjahr 1534[189] entbehrte nicht einer gewissen Dramatik, da die Einwohner Roms nach dem Tode von Papst Clemens VII. (am 25. September 1534) ohnedies unter Engpässen in der Lebensmittelversorgung litten und es sogar zu Ausschreitungen gegen Florentiner Kaufleute kam.[190]

Zusammenfassend lässt sich feststellen, dass *merchant bankers* wie die Florentiner Salviati in unterschiedlichen, miteinander verschränkten Aktionsfeldern der Herrscherfinanzen aktiv waren und Gewinn aus den Beziehungen zur Krone, zum Hof, zum Adel und zur französischen Kirche schlugen. Ihre Tätigkeit darauf zu beschränken, dass sie versuchten, Handelspri-

[185] AS, I, 500, c. CCVIII: „Nota [...] di questo conto [Maestro Giovanni Cornuti di Lione per suo conto corrente] ci raportiamo holtre a li nostri libri a uno libro di detto Cornuti tenuto per noy in mano parte del nostro Lionardo Spina e parte di mano del nostro Lorenzo Pasqualy et non altro."

[186] *R. Limouzin-Lamothe*, Art. „Denonville, Charles de Hémart", in: Dictionnaire de biographie française. Vol. Paris 1965, Sp. 1068–1069; *Eubel/van Gulik*, Hierarchia Catholica (wie Anm. 162), 25, 238. Zur längerfristigen Zusammenarbeit der Handelsgesellschaften Bonvisi und Salviati s. *Tewes*, Kampf um Florenz (wie Anm. 55), bes. 634–637.

[187] AS, I, 508, c. CDLXXVII: Das Geschäft wurde durchgeführt von Monsignor Braccion, dem Vikar des Bischofs, und von Maestro Nicholas David, Sekretär von Hémart.

[188] AS, I, 522, c. 207.

[189] AS, I, 508, c. CDLXXVII: Der genaue Betrag wird mit 6787 Livres verrechnet.

[190] *Bullard*, Grain Supply (wie Anm. 98), 279–292.

vilegien zu ergattern, die Rückzahlungen ihrer Darlehen an die Krone zu bekommen oder den Bedrängnissen durch politische Wechselfälle entgegenzuwirken, wäre zu kurz gegriffen. Vielmehr sahen sie im komplexen Feld der Herrscherfinanzen auch Chancen, Dienstleistungen anzubieten und profitable Geschäfte tätigen zu können. Zusätzlich strebten sie, sofern sie in Frankreich angesiedelt waren, auch danach, sich durch die Verleihung von Titeln und Besitzrechten in die Elite Lyons einzufügen und ihren sozialen Status zu erhöhen.

V. Die *intermédiaires* und der europäische Handelsplatz Lyon

Eine Schlüsselfunktion im System der Herrscherfinanzen hatten Vermittler inne, die zwischen dem unstillbaren Bedarf der Krone nach finanziellen Mitteln sowie den kapitalkräftigen Kaufleuten und ihren Transfer- und Serviceleistungen eine ertragreiche Verbindung herzustellen vermochten. Philippe Hamon differenziert dabei zwischen institutionellen Agenten (*agents*), Kreditgebern (*prêteurs*) und Mittelsmännern (*intermédiaires/ middlemen*).[191] Als letztere identifiziert er den Hofbankier Piero Spina, den Florentiner Exilanten Roberto degli Albizzi und den als „Le bon allemand" bekannten Hans Kleeberger († 1546).[192] Hamon unterscheidet allerdings zu strikt zwischen Amtsträgern, Financiers, privaten Bankiers und Maklern. Diese strikte Trennung bezieht sich im Wesentlichen auf die Aufnahme von Darlehen durch die Krone, wird aber der Praxis der Kaufleute nicht gerecht. Vielmehr erweist sich die Erschließung von Ressourcen als weitaus weniger klar definierter sozialer und ökonomischer Prozess mit eigenen Dynamiken. Die Handelsakten der Salviati beschreiben, wie in den bisherigen Kapiteln dargelegt, die mehrschichtig angelegten Beziehungen zwischen Kaufmannbankiers und den für die Krone Agierenden.

Der in den späten 1450er Jahren geborene Jacques de Beaune exemplifiziert mit seiner schillernden Karriere, die ihn in die prestigeträchtigen Finanzgeneralate des Languedoc und des Languedoïl aufsteigen ließ, die Vielseitigkeit eines Agenten im Dienst der Krone.[193] Wie sein Vater han-

[191] *Hamon*, L'argent du roi (wie Anm. 5), 137–146.

[192] Die jüngsten Erkenntnisse liefert *Helge Weingärtner*, Hans Kleeberger porträtiert von Dürer – von Pirckheimer gezeichnet, in: Mitteilungen des Vereins für Geschichte der Stadt Nürnberg 97, 2010, 125–194.

[193] Kurze Zusammenfassung bei *Wolfe*, Fiscal System (wie Anm. 1), 67–77.

delte er mit Seidenstoffen, die er gemeinsam mit seinem Verwandten, François Briçonnet, an die königlichen Haushalte verkaufte. Er gewann das Vertrauen von Anne de Bretagne, der Frau Ludwigs XII. Die guten Kontakte zu den *gens des finances* ebenso wie die geschäftlichen Verbindungen zu Florentiner Kaufleuten hatte er bereits während seiner Zeit als Tuchhändler (*drapier)* geknüpft.[194]

Götz-Rüdiger Tewes schildert Jacques de Beaune als Kreditvermittler, der 1494 als *trésorier général* der Bretagne Mittel für den Neapelfeldzug des französischen Königs Karl VIII. aufzutreiben hatte. Dabei nutzte de Beaune seine eingespielten Beziehungen zu Kaufmannbankiers aus dem Medici-Kreis wie zum Beispiel dem Bankhaus der Bartolini in Lyon. Im Juli 1494 überwies die Lyoner Firma des Florentiners Giuliano da Gagliano, eines weiteren Bankiers aus dem Medici-Umfeld, über 13 000 Livres im Auftrag Pierre Briçonnets, Finanzgeneral des Languedoc, und Jacques de Beaunes an Pagolo Rucellai e co in Rom. Der Bischof von Fréjus, Rostaing d'Ancesune[195], wurde zum Mittelsmann für Monsignore Denis de Bidaut, Rat des Königs und Finanzgeneral des Languedoïl[196], bestimmt, um das Geld entgegenzunehmen.[197] Die Vermutung liegt nahe, dass es sich um eine Art finanzielle Bestechung durch die Kurie gehandelt haben dürfte, um König Karl wohlgesonnen zu stimmen.[198]

Weitere Transfers zwischen Frankreich und Rom gehen auf die Vermittlung Jacques de Beaunes zurück. Auch Francesco Naldini und Lionardo Spina pflegten Beziehungen zu de Beaune, die schließlich zur Ausstellung der Seidenzoll-*cedula* führten. Im Prozess gegen de Beaune hatten dann verschiedene Florentiner Kaufmannbankiers, die an der Rhône residierten, auszusagen und wurden als wichtige Verbindungsleute des französischen Adligen dargestellt.[199] Für Jacques de Beaune verwandten sich – vergebens

194 *Spont*, Semblançay (wie Anm. 1), 6–18.

195 Rostagnus de Ancezuna war von 1487 bis 1494 Bischof von Fréjus und wurde dann nach Embrun promoviert; der spätere Kardinal Niccolò de' Fieschi wurde am 1495 sein Nachfolger in Fréjus – es gibt laut Eubel auch die falsche Annahme („minus recte"), de' Fieschi wäre von 1487 an bereits Bischof von Fréjus gewesen; aber de' Fieschi hatte den Bischofssitz von Agde erst ab 1488 inne; *Konrad Eubel*, Hierarchia Catholica Medii aevi sive summorum pontificum, S. R. E. cardinalium, ecclesiarum antistitum series. Vol. 2: Ab anno 1431 usque ad annum 1503 perducta. Regensburg 1901, 92, 164, 172.

196 Zu Denis de Bidaut s. *Spont*, Semblançay (wie Anm. 1), 11 f., 29.

197 AS, IV, 2, c. 7: Der Transfer wird mit 6000 Ducati di camera verrechnet. Ich danke Götz-Rüdiger Tewes für diesen Hinweis. Es handelt sich um 7440 Scudi di marchi.

198 *Tewes*, Kampf um Florenz (wie Anm. 55), 46 f.

199 *Spont*, Semblançay (wie Anm. 1), 235–264.

– Verbündete wie der Hofbankier Bernardo Salviati.[200] Bemerkenswert daran ist weniger die Tätigkeit de Beaunes als Kreditvermittler als vielmehr die anhand dieses Beispiels deutlich erkennbare Verflechtung der merkantilen Elite von Tours mit auswärtigen Kaufmannbankiers, die über den Handel mit Seidentuch und über Stellen in der Finanzverwaltung einen sozialen Aufstieg erreichten. Jacques de Beaune bemühte sich um die familiäre Verstetigung seiner erreichten Positionen und installierte seinen Sohn Guillaume als Nachfolger im Amt eines Finanzgenerals.[201]

Die durch ihre Teilhaber und Repräsentanten vertretenen Handelsgesellschaften wie diejenige der Salviati übten über ihre weitverzweigten Geschäftsaktivitäten und Personennetzwerke die Funktion von vermittelnden Organisationen aus. Daher können die einzelnen Kaufleute und Agenten nicht isoliert betrachtet werden, vielmehr wird die Reichweite der Beziehungen einzelner Personen nur aus ihrer Position in miteinander verflochtenen Systemen verständlich. Die Unternehmung der Salviati in Lyon konnte auf ein dichtes Netzwerk zugreifen, das die Elite und die Regierung von Florenz, die römische Kurie und ihr Umfeld sowie den französischen Hof umspannte.

Zunächst platzierten Iacopo und die Erben des Alamanno Salviati in Verbindung mit ihrem entfernten Onkel Giannozzo dessen Sohn Bernardo 1514 als Bankier am französischen Königshof. Seine Aufgabe bestand vornehmlich darin, Zahlungsverpflichtungen königlicher Amtsträger zu regeln und den kirchlichen Finanztransfer zu organisieren.[202] Dabei sollte er ganz offenbar Wechselgewinne realisieren, indem er im Auftrag des hohen Klerus ansehnliche Beträge nach Rom zu Bernardo da Verrazzano und Buonccorso Rucellai e co wechselte und von dort durch kooperierende Bankiers wie Bartolomeo Panciatichi oder Ruberto degli Albizzi über Lyon nach Paris remittieren ließ.[203]

[200] *Hamon*, L'argent du roi (wie Anm. 5), 348.

[201] Ebd. 254.

[202] Verweise auf unterschiedliche Amts- und Würdenträger, mit denen Zahlungen abzuwickeln seien, finden sich in: AS, I, 448, L Copialettere B, Firma Salviati in Lyon an Bernardo Salviati *in corte*, 1514 Juli 29, fol. 47v–48r.

[203] AS, I, 450, c. XCVI, L Debitori e creditori B4. Dass es bei den Transaktionen in besonderem Maße um die Realisierung von Währungswechselgewinnen ging, zeigen die Wechsel über London, die Bernardo Salviati mit dortigen Geschäftspartner durchführte: AS, I, 450, c. 175 (Ostermesse 1515), c. CCXXIV (Augustmesse 1515). Ferner wurden die Belastungen seines Kontokorrent insbesondere durch Buchungen von verschiedenen Konten aus den Messebüchern (*libri di fiere*) ausgeglichen. Höhere Einzahlungen vertraglich vereinbarter Summen wie jene knapp 8700 Livres, die Jacques de Beaune zur Allerheiligenmesse 1514 durch Roberto degli Albizzi zugunsten Bernardo Salviatis wech-

Bernardo Salviati selbst reiste zwischen dem königlichen Hof in Paris und dem päpstlichen Hof in Rom hin und her.[204] Seine Kontakte ins päpstliche Umfeld, wo sich in jenen Jahren der Hauptzweig der Familie unter Führung des Firmenpatriarchen Iacopo etablierte[205], hatte er auch einzusetzen, als er im Sommer 1514 von Antoine de Chabannes († 1525), Bischof von Le Puy[206], den Auftrag erhielt, die päpstliche Bestätigung für dessen Amtsantritt zu besorgen.[207] Seine geschäftlichen Aktivitäten griffen aber auch über den Transfer zwischen Frankreich und Rom hinaus, wenn er beispielsweise im Januar 1515 beim Nürnberger Kaufmann Hans Imhoff[208] einen Kredit über fast 2300 Livres zu zwei Prozent Zinsen aufnahm und in den Messehandel der Lyoner Gesellschaft investierte.[209] Weitere Handelsaktivitäten Bernardo Salviatis bestanden in einer gemeinsamen

seln ließ, illustrieren dessen Aufgaben: Er stellte Wechselbriefe an die durch die gemeinsame *accomandita* eng mit den Salviati verflochtenen Da Verrazzano und Rucellai aus, um die Rimessen über Lyon einzustreichen; AS, I, 450, c. XCVI (Der Betrag ist mit 4811 Scudi verbucht). Eine analoge Transaktion über 6677 Livres ist zur Ostermesse 1515 notiert. Während der Herbstmesse 1514 wurden insgesamt 15415 Livres über Rom nach Lyon remittiert. Die Verschiebung von 40 Goldmark – in Lyon zur Ostermesse 1515 mit 4680 Livres bewertet – exemplifiziert die Bemühung der Salviati, aus dem Einsatz Bernardos am französischen Königshof finanzielle Vorteile zu ziehen. Offenbar wurde auf die spätere Einnahme dieser erklecklichen Summe durch königliche sowie kirchliche Amtsträger spekuliert; jedenfalls wurde sie im Auftrage Bernardos über Da Verrazzano und Rucellai in Rom gewechselt und gesplittet nach Lyon an Francesco Naldini überwiesen. Naldini wechselte die Beträge, die auf insgesamt bereinigte 4768 Livres angestiegen waren, nach Florenz; AS, I, 450, c. 175 (Umbuchung), c. CCXVI (Einbuchung des Wechsels über Rom), c. 224 (Transfer nach Florenz). Die Partionierung wurde im Verhältnis 28:12 auf zwei Konten Francesco Naldinis vorgenommen.

204 Vgl. AS, I, 450, c. 96, Boten- und Reisekostenabrechnung, Herbst 1514.

205 Vgl. *Hurtubise*, Une famille-témoin (wie Anm. 68), 198–201.

206 *Eubel/van Gulik*, Hierarchia Catholica, (wie Anm. 162), 110; vgl. *Knecht*, Renaissance Warrior (wie Anm. 3), 206 f., 267.

207 AS, I, 448, Schreiben der Firma Salviati in Lyon an Bernardo Salviati *in corte*, 1514 Juli 29, fol. 47v–48r. Verweis auf diesen Brief bei *Tewes*, Kampf um Florenz (wie Anm. 55), 778.

208 Vgl. *Helga Jahnel*, Die Imhoff. Eine Nürnberger Patrizier- und Großkaufmannsfamilie, eine Studie zur reichsstädtischen Wirtschaftspolitik und Kulturgeschichte an der Wende vom Mittelalter zur Neuzeit (1351–1579). Diss. phil. Würzburg 1950, 151 f.

209 AS, I, 450, c. CXXXI (Notierung mit 1600 Scudi di marchi). Bernardo Salviati erwarb 1517 die Herrschaft Talcy bei Blois und ehelichte eine Patriziertochter, Françoise Doulcet, deren Vater ein hoher Finanzbeamter König Ludwigs XII. war. Seine Tochter Cassandra wurde sogar französische Hofdame. S. *Hurtubise*, Une famille-témoin (wie Anm. 68), 198 f.; *Boucher*, Présence (wie Anm. 67), 107. Zu Cassandra: *Pierre Dufay*, Autour de Cassandre, les Salviati, in: Revue de la Renaissance, 1910, 73–86.

Unternehmung mit Francesco Alamanni.[210] Die nach 1517 als „Bernardo Salviati e Francesco Alamanni e co di corte“ erscheinende Gesellschaft beteiligte sich an der Finanzierung von Kupferimporten durch die Lyoner Faktorei Anton Welsers, wobei Bernardos Beziehungen zum französischen Hof entscheidend für das Zustandekommen des Geschäfts gewesen sein dürften.[211]

Diese geschäftlichen wie politischen Verbindungen illustriert ein auf den 3. August 1517 datierendes Auftragsschreiben Kardinal Giulio de' Medicis (des späteren Clemens VII.) an Giovanni Staffileo († 1528), den Bischof von Sebenico und neu bestimmten Nuntius beim französischen König[212], plastisch: „In Lyon kommt man im Haus Salviati unter [...], weil sie Verwandte sind und unsere Freunde. Vom dortigen Leiter der Bank, Francesco Naldini, könnt Ihr hören, wo sich der Hof befindet. Und Ihr könnt von ihm jeden Rat annehmen, weil er ein sehr erfahrener Mann ist. Und Ihr könnt mit ihm über den Handel reden, was zu tun wäre, weil durch seine Hände meistens die Briefe gehen, die wir Euch schicken werden.“[213]

Nicht nur Naldini hatte einen ausgezeichneten Ruf unter Diplomaten und Geschäftspartnern der Salviati. Auch sein Nachfolger als Direktor der Niederlassung an der Rhône, Lionardo Spina, genoss das Vertrauen der Repräsentanten des Königs – ein Beleg war die erfolgreiche Regulierung der Pacht des Seidenzolles. Mit Messer Cappino de' Capo wird auch er im Spätsommer 1528 einen Abgesandten des Papstes versorgen.[214]

210 AS, I, 456, c. 69–LXIX, c. 134–CXXXIV, c. 157, L Debitori e creditori C. Hier wird noch eine Reihe unterschiedlicher Konten geführt, die auf eine aktive Geschäftsbeziehung verweisen. AS, I, 463, c. 53–LIII, c. 58–LVIII, c. 91–XCI, c. 93–XCIII, c. 143–CXLIII: Ab 1517 wird die Gesellschaft mit Bernardo Salviati und Francesco Alamanni geführt. Daneben existiert noch ein *proprio*-Konto für Bernardo Salviati, das darauf hindeutet, dass er sich geschäftlich nunmehr eher zurückhielt.

211 AS, I, 463, c. 93, 1518 August 17.

212 AS, I, 463, c. 89, Konto zur Abrechnung der finanziellen Versorgung Staffileos. Zu Giovanni Staffileo vgl. *Eubel/van Gulik*, Hierarchia Catholica (wie Anm. 162), 299; *Barbiche*, La nonciature de France (wie Anm. 100), 330; *Tewes*, Die Medici (wie Anm. 86), 93. Zum politischen Zusammenhang s. *Knecht*, Renaissance Warrior (wie Anm. 3), 295 f.

213 *Cesare Guasti* (Ed.), I Manoscritti Torrigiani donati al R. Archivio Centrale di Stato di Firenze, in: ASI III/26, 1877, 182: „A Lione, alloggerà in casa Salviati [...] perché sono parenti et cose nostre; et da un Francesco Naldini, che è li al governo del banco, potrete intendere dove si trova la Corte, et havere da lui qualche adviso, perché è homo che ha pratiche assai; et parlare seco de li spacci che accedessi fare, perché per le loro mani il più de le volte vi manderemo le lettere nostre.“ Vgl. *Tewes*, Die Medici (wie Anm. 86), 93.

214 AS, I, 490, c. 236, 1526 August 5.

Lionardo Spina, der bei den Lanfredini gelernt hatte[215], wurde zu einer Schlüsselfigur innerhalb des Netzwerks der florentinischen Bankiers an der Rhône. In den 1550er Jahren bekleidete er das Amt des Konsuls der *natio fiorentina*.[216] Sein Bruder Piero Spina hingegen exemplifiziert das Wirken eines Hofbankiers. Phasenweise vertraten Alberto Salviati[217] oder der Florentiner Bernardo Canigiani die Salviati am königlichen Hof.

Neben der regelmäßigen brieflichen Kommunikation, durch die aktuelle Informationen ausgetauscht wurden, erfüllte Piero Spina unterschiedliche Aufgaben bei Hofe.[218] Die Grundlage seines Einflusses bildeten die Bankgeschäfte, die er als Repräsentant der Salviati-Bank durchführte. Insbesondere die im vorigen Kapitel dargestellten Dienstleistungen charakterisierten sein Tätigkeitsfeld. Er organisierte den Zahlungsverkehr in fiskaladministrativen Belangen wie zum Beispiel zur Ostermesse 1518, als er über 4400 Livres dem *trésorier de Languedoïl*, Philibert Babou[219], infolge einer von Jehan Sapin, dem Einnehmer des Languedoïl[220], ausgestellten *cedula* überweisen ließ.[221] Bernardo Canigiani wurde bei vergleichbaren Transaktionen eingeschaltet, als er im Herbst 1530 eine Zahlung von Jehan Carré, Generaleinnehmer der Normandie[222], über 20 500 Livres für die Salviati übernehmen sollte oder die Höhe einer Transaktion durch den Stallmeister des Königs, den gebürtigen Italiener und Höfling Giovanalberto Maraviglia († 1533)[223], aushandeln sollte.[224] Bei beiden finanziellen Belastungen königlicher Amtsträger handelte es sich ziemlich sicher um Teile der Lösegeldzahlungen, die Franz I. infolge des Friedensvertrags von Cambrai für seine Söhne aufzuwenden hatte und deren Überweisung die Salviati-Bank organisierte.[225]

[215] Zu Lionardo di Francesco Spina als Aufsteiger aus dem Umkreis der Medici-Nachfolger vgl. *Tewes*, Kampf um Florenz (wie Anm. 55), 1006f.

[216] Vgl. *Hurtubise*, Une famille-témoin (wie Anm. 68), 142, 146, 198, 219.

[217] Vgl. *Tewes*, Kampf um Florenz (wie Anm. 55), 651, 777.

[218] Vgl. *Hamon*, Messieurs des finances (wie Anm. 24), 128, 130 (Zahlungsverkehr zwischen Paris und Rom über Lyon).

[219] *Knecht*, Renaissance Warrior (wie Anm. 3), 198.

[220] Zu Sapin s. *Hamon*, L'argent du roi (wie Anm. 5), ad indicem.

[221] AS, I, 456, c. 82–LXXXII: Die Überweisung wird mit 4433 Livres verbucht.

[222] *Hamon*, L'argent du roi (wie Anm. 5), ad indicem.

[223] Ebd. 205; *Knecht*, Renaissance Warrior (wie Anm. 3), 124.

[224] AS, I, 496, Lyon Copialettere I, Schreiben an Bernardo Canigiani, Paris, 1530 Oktober 31 und November 15, fol. 187r.

[225] *Hamon*, L'argent du roi (wie Anm. 5), 239: Hier trennt Hamon zwischen der Aufbringung des Lösegeldes durch ein Syndikat von Bankiers, angeführt vom Genuesen Piero Spinola, und durch den „personnel monarchique"; Jehan Carré wurde am 23.03.1530 mit

Das Bankhaus der Salviati in Lyon transferierte zwischen den französischen Finanzgenerälen und ihren Einnehmern fiskalische Einkünfte. Im Jahr 1518 zog Piero Spina in mehreren Teilzahlungen 27000 Livres von Jehan Sapin im Auftrag Jacques de Beaunes ein, um Edelmetallieferungen zu bezahlen, die Anton Welser und Iacopo Salviati finanziert hatten.[226] Die Versorgung von Gesandten am französischen Hof zählte auch zu diesem Serviceangebot: Spina gab dem erwähnten Apostolischen Nuntius Staffileo 540 Livres in die Hand.[227]

Bei Piero Spina als Repräsentanten der Lyoner Niederlassung der Salviati-Bank gaben sowohl Mitglieder der den König umgebenden Machtelite als auch andere, bei Hofe weilende Kaufmannbankiers höhere Beträge *in diposito*. Das bedeutete keineswegs, dass sich nur die Einleger hohe Renditen versprachen, auch die Salviati hofften ihrerseits auf zusätzliches Kapital zur Finanzierung ihrer Warengeschäfte in Lyon.[228] Während der Ostermesse 1522 nahmen sie vermittelt durch Piero Spina mehr als 12 500 Livres vom Nürnberger Hans Kleeberger zu dem für sie eher vorteilhaften Zinssatz von 3,5 Prozent auf. Der Exil-Florentiner Tommaso Guadagni erhielt für sein *diposito* in Höhe von über 2050 Livres zur Allerheiligenmesse 1523 zunächst nur 2,75 Prozent. Wenig später kletterten die vereinbarten Zinsen für Guadagni auf 5 Prozent, als man ihm zur Apparitionsmesse 1524 über 7000 Livres auf seinem Depot gutschrieb.[229] Piero Spina handelte dabei die jeweils speziellen Bedingungen mit denjenigen aus, die ihre

der Beschaffung von 20000 Livres beauftragt; ziemlich wahrscheinlich ist, dass sich die im Brief der Salviati an Bernardo Canigiani beschriebene *cedula* über 20 500 Livres auf die Verfügung vom März – nach Aufschlag einer Provision – bezieht. Zum Kontext s. *Knecht*, Renaissance Warrior (wie Anm. 3), 285f. Zur Aufbringung des Lösegeldes s. *van Doren*, War Taxation (wie Anm. 139), 76f.

226 AS, I, 468, c. 30–XXX.

227 AS, I, 463, c. LXXVIII, Verbuchung mit 241 Scudi di marchi, 1517 Dezember 3.

228 Ein Großteil der *in diposito* genommenen Gelder wurden *per uso di fiera* in den Messebüchern verbucht und stand dem Messehandel kurzfristig zur Verfügung. Die Depositen wurden von Messe zu Messe neu berechnet.

229 AS, I, 476, c. 35, Piero Spina *per suo conto de' dipositi*. Die *dipositi* wurden in Scudi di marchi verbucht. Der *diposito* von Hans Kleeberger steht mit 6238 Scudi di marchi zu Buche, derjenige Tommaso Guadagnis von 1523 mit 1027 Scudi di marchi, derjenige Guadagnis von 1524 mit 3412 Scudi di marchi. Solche niedrigen Zinssätze waren unter befreundeten Kaufleuten durchaus üblich. Der Florentiner Girolamo de' Nobili legte während der Allerheiligenmesse 1522 zum selben Zinssatz 2070 Scudi di marchi ein. Demgegenüber ließ Giovanni Doni aus Avignon 1405 Scudi di marchi zu einem Zinssatz von fünf Prozent einlegen; Piero und Vittorio Cambi aus Avignon konnten auf ihre 840 Scudi di marchi sogar mit 10,75 Prozent rechnen.

Gelder anlegen wollten.[230] Die Gewährung von Krediten und deren Rückzahlung beruhten auf den persönlichen Absprachen, die Vertreter wie Maestro Nicholas David für Charles de Hémart und Lionardo Spina trafen, und erfolgte über Korrespondenten in Paris: Für die Salviati bot sich der in Paris angesiedelte Florentiner Riccardo del Bene als ein weiterer Partner an, als er im Frühjahr 1535 eine Rückzahlung über 4000 Livres aus Davids Händen entgegennehmen sollte.[231]

Zu den finanziellen Dienstleistungen, die Piero Spina am Hof anbot, zählten auch gewinnbringende Wechsel über Lyon oder Überweisungen nach Rom. Im September 1531 wechselte er im Auftrag des Adligen Raimondo Paretes aus Avignon gut 1000 Livres an den Kurienbankier Bindo Altoviti.[232] Ähnlich verfuhr auch Bernardo Canigiani, der damals als weiterer Verbindungsmann am französischen Hof für die Salviati fungierte, wenn er 1532 Wechselgewinne im Auftrage eines der Firmenhäupter, Piero Salviati, mit in Paris aufgenommenen Geldern realisieren oder 2,2 Prozent Provision auf einen Wechsel über 4650 Livres aus den *dipositi* von Salviati-Freunden bei Hofe aufschlagen sollte.[233]

Durch ihren Vertreter am Hof ließ die Salviati-Gesellschaft in Lyon den finanziellen Transfer im Namen der französischen Krone an den Papst einfädeln. Piero Spina agierte als Prokurator päpstlicher Konten oder trat in Verhandlungen mit dem Kanzler des Königs, Antoine Duprat, als er im Mai 1529 eine Überweisung von 29 100 Livres nach Rom – mit Bindo Altoviti als vermittelndem Bankier – erwirken sollte.[234]

[230] Vgl. AS, I, 476, c. CXLVI: Piero Spina nahm offenbar anzulegende Gelder auf und investierte sie seinerseits ‚pauschal‘ bei Salviati in Lyon: „[...] presi per lui in deposito a 2 $^1/_2$ % per paghare ∇ 5 933.3.0 di marchi a dipositi di nostro conto“. Vgl. AS, I, 500, c. XXXI (Piero Spina di corte per suo conto de' dipositi) zur Allerheiligenmesse 1531 und zur Apparitionsmesse 1532: insgesamt 2566 Scudi di marchi.

[231] AS, I, 519, Lyon Copialettere M, Schreiben an Riccardo del Bene, 1535 Januar 29, fol. 59r.

[232] AS, I, 500, c. 108, Verbuchung des Wechsels mit 586 Scudi di marchi.

[233] AS, I, 369; dazu führte Lionardo Spina in Lyon die Konten der *creditori*, vgl. ebd. c. 298–CCXCVIII, Verbuchung mit 2331 Scudi di marchi.

[234] AS, I, 496, Schreiben an Piero Spina, Paris, 1529 Mai 20, fol. 68v. Die Angabe des Wertes erfolgt als 13 000 Kammerdukaten beziehungsweise 14 550 Scudi di sole; die Salviati in Lyon hätten bei dieser Transferleistung 7 Scudi di marchi auf 100 Kammerdukaten als enorme Provision behalten. Vgl. ebd. Schreiben an Piero Spina, Paris, 1528 Juli 11, fol. 6v–7r. In diesem Brief verweist Lionardo Spina auf die *procura* seines Bruders Piero für die Zahlungen auf das päpstliche Konto und erläutert, wie Piero die Zahlungen anzuzeigen hat: „Rimandateci una nota di quello dite vi mancha c'essere rinborsato per conto del papa [h]o altro che riteneremo per esserene paghato e si procurerà ne li perdite e per

Piero Spinas Kontakte führten wiederholt dazu, dass königliche Mandatsträger wie Maestro Jehan Sapin, die selbst nicht unternehmerisch aktiv waren, die Salviati als Kommissionäre im Handel beauftragten. Auf der Ostermesse 1522 gab beispielsweise Sapin Spina Seidentuch (*veluti*) für nicht weniger als 1200 Livres zum Verkauf.[235]

Spinas Vermittlertätigkeit richtete sich auf herrscherfinanzielle, geschäftliche und kirchliche Beziehungen, aber auch auf informelle Dienstleistungen. Damit erfüllte er die Rolle eines Netzwerkagenten. Immerhin 25 Scudi d'oro di sole (Sonnenschilde in Gold) ließ sich Kardinal Giulio de' Medici die auf Bestellung von Monsignore Giovanni Rucellai (1519 Apostolischer Nuntius)[236] aus Paris gemeldete Todesnachricht des Bischofs von Vence, Giambattista Buongiovanni[237], bei Piero Spina 1521 kosten. Für königliche, an Piero Bartolini adressierte Patente entrichtete er 11 Livres.[238]

Zur charakteristischen Rolle eines Hoffaktors gehörte die Versorgung des Hofes mit Luxusgütern. Beispielhaft hierfür ist exklusives Seidentuch, das Piero Spina am Hof absetzte. Er belieferte die französische Elite wie während der Augustmesse 1518, als er für insgesamt 940 Livres eine nicht näher bekannte Menge Seidentuch (*drappi*), die von den Florentiner Tuchexporteuren Bracci, Del Bene und Del Nero nach Paris eingeführt worden waren, und für 625 Livres Seidenstoff an den französischen Admiral Guillaume Gouffier de Bonnivet (1488–1525)[239] verkaufte.[240] Im selben Jahr veräußerte Piero Spina im Auftrage der Salviati-Gesellschaft Silber und Gold an Jacques de Beaune für insgesamt knapp 5000 Livres.[241] Im

l'avenire avertite come paghate e' ‚dare' per che non basterà dare di nostro ordine, ‚avere' paghate che sappiamo che male lo mostenessi."

235 AS, I, 476, c. 146. Dieser Wert wurde mit fünf Scudi di marchi verbucht.

236 AS, I, 468, c. 747.

237 *Eubel/van Gulik*, Hierarchia Catholica (wie Anm. 162), 328. – Joannes Baptista Bonjoannes, seit 1510 Bischof von Vence. Ganz sicher ist diese Zuschreibung nicht, weil diese Nachricht nicht wichtig genug erscheint und weil ich den Namen der Diözese nicht sicher zuweisen kann.

238 AS, I, 476, c. CXLVI.

239 *T. de Morembert*, Art. „Gouffier, Guillaume", in: Dictionnaire de biographie française. Vol. 16. Paris 1985, Sp. 699–700; *Potter*, Renaissance France at War (wie Anm. 28), ad indicem.

240 AS, I, 463, c. 343.

241 AS, I, 463, c. 342, Buchung über 2746 Scudi di marchi, 1518 Oktober 15. Der Zusammenhang wird hier nicht klar, aber es lässt sich leicht denken, dass es sich um Silber beziehungsweise Gold handelte, das Jacques de Beaune an die königliche Münze lieferte, und dass auf diese Weise die Salviati an der Produktion der französischen Münze mitverdienten.

Lauf des Jahres 1519 erwarb er silbergewirkte Leinwand (*telette*) und Seidentuch (*raso bianco*) für John Stewart, Herzog von Albany († 1536), der sich auch vor seinen Feldzügen für Franz I. wiederholt am französischen Hof aufhielt.[242] Die *telette d'ariento* galten als luxuriöse Erzeugnisse, mit denen sich die Haushalte des französischen Hochadels ausstatteten: Jehan Sapin und Jacques de Beaune zählten 1519 ebenfalls zu den entsprechenden Interessenten.[243] Alberto Salviati, der seinerseits als Vermittler von hohen Geldtransfers nach Rom fungierte, übernahm ebenfalls die Aufgabe, den Hof in Paris mit Verbrauchsgütern zu versorgen: Im September 1535 importierte er über die Salviati in Lyon ein Fass mit Feigen.[244]

Den Handel mit Luxusgütern betrieb Piero Spina zum Teil in enger Kooperation mit dem Salviati-Kommissionär Bernardo Canigiani.[245] Dass sich Spinas Wirken als Agent für Luxusgüter keineswegs nur auf die Belieferung des französischen Hofes beschränkte, liegt auf der Hand: Am 3. Juli 1531 orderte er vom französischen Hof aus im Auftrag des Kardinals Giovanni Salviati (1490–1553), selbst zwischen 1524 und 1529 Legat an der Seite Franz' I.[246], sechs Tapisserien mit Motiven von Petrarcas Trionfi in Antwerpen. Die Bestellung hatte Lionardo Spina weitergeleitet und stellte dafür die Zahlung von 750 Livres zur Augustmesse 1538 in Aussicht.[247] Um die Mitte der 1530er Jahre zog sich Piero Spina offenbar schrittweise von seinen Aufgaben zurück – die Konten weisen nur noch die Abwicklung von begonnenen Geschäften aus.[248] Er muss vor 1542 gestorben sein.[249]

Die Karrieren des Patriziers Jacques de Beaune sowie des Kaufmannbankiers Piero Spina veranschaulichen die Verknüpfung verschiedener ökonomischer, politischer und sozialer Handlungsfelder durch Vermittler-

[242] AS, 468, c. 77–LXXVII. Zum Duke von Albany vgl. *Knecht*, Renaissance Warrior (wie Anm. 3), ad indicem; *Jean-François Luneau*, Les Vitraux de la Sainte-Chapelle de Vic-le-Comte, in: Revue de l'Art 107, 1995, 17–25.

[243] AS, I, 468, c. 87, 1519 Allerheiligenmesse. Sapin zahlte 672 Livres, De Beaune 432 Livres.

[244] AS, I, 519, Schreiben an Alberto Salviati, 1535 September 13, fol. 112r.

[245] Vgl. AS, I, 500, c. 28, 1532 Apparitionsmesse: Bernardo Canigiani fungierte häufig als Kommissionär der Salviati, hier: „per suo conto et quelli [coneri] non vende Bernardo Canigiani li aveva ricevutj luj [...]."

[246] *Barbiche/Dainville-Barbiche*, Les légats *a latere* en France (wie Anm. 43), 284. Zur Biographie Giovanni Salviatis s. *Hurtubise*, Une famille-témoin (wie Anm. 68), 152–162.

[247] AS, I, 500, c. XXVIII: Der Wert wird mit 300 Scudi in Gold angegeben.

[248] Vgl. AS, I, 537, 301–CCCI.

[249] AS, I, 544, c. 334–CCCXXXIV.

tätigkeit. Die variablen Praktiken des materiellen und finanziellen Transfers zeigen die Spielräume von Agenten sowie die Prozesse der Verflechtung von Herrscherfinanzen mit den Geschäftsaktivitäten von Handelsgesellschaften. Zugleich illustrieren beide Figuren, die vergleichbaren Milieus entstammten, wie Vertrauen in mehrschichtigen Beziehungsgefügen generiert und als grundlegende Ressource des ökonomischen Erfolgs und der Herrschaft eingesetzt wurde.[250] Überdies spielten beide Rollen als kulturelle Vermittler – nur scheinbar operierten sie in unterschiedlichen Zusammenhängen: Jacques de Beaune als königlicher Beamter, Piero Spina als Unternehmer. Zugleich belegt die Analyse der unterschiedlichen Handlungsfelder, in denen beide agierten, das Potential des prosopographischen Ansatzes, wenn er in die Dynamiken von Netzwerken eingefügt wird.[251]

VI. Fazit

Für die *merchant bankers* war der insbesondere an Herrscherfinanzen orientierte Kreditmarkt in Lyon ein Geschäftsfeld neben anderen. Zudem beschränkte sich der Sektor *government finance* nicht nur auf die Gewährung von Darlehen an den Herrscher, sondern er betraf einen unscharf abgegrenzten Bereich von Warenhandels-, Wechsel- und Kreditbeziehungen zwischen einer mit der Regierung von Frankreich befassten Elite aus geistlichen und weltlichen Amts- und Funktionsträgern, Adligen, dem Hof sowie dem König selbst auf der einen und Kaufmannbankiers auf der anderen Seite.[252] Die Kontakte zwischen diesen beiden Gruppen stellten Repräsentanten beider ‚Lager' her, so dass die Rollen einzelner Personen wie Jacques de Beaune oder Piero Spina nicht eindeutig zu definieren sind. *Government finance* ist infolge der hier vorgenommenen Analyse als sozi-

[250] Vgl. *Stefan Gorißen*, Der Preis des Vertrauens. Unsicherheit, Institutionen und Rationalität im vorindustriellen Fernhandel, in: Ute Frevert (Hrsg.), Vertrauen. Historische Annäherungen. Göttingen 2003, 90–118.

[251] Vgl. *Michael Werner/Bénédicte Zimmermann*, Beyond Comparison: Histoire Croisée and the Challenge of Reflexivity, in: H & T 45, 2006, 30–50; *Mark Häberlein*, Kulturelle Vermittler und interkulturelle Kommunikation im kolonialen Nordamerika, in: Johannes Burkhardt/Christine Werkstetter (Hrsg.), Kommunikation und Medien in der Frühen Neuzeit. (HZ, Beih. NF. 41.) München 2005, 336–355.

[252] Vgl. *Goldthwaite*, Economy (wie Anm. 15), 259–262. Richard Goldthwaite gibt der Versuchung nach, das Engagement der Florentiner *merchant bankers* in den französischen Herrscherfinanzen auf die Darlehen an die Könige zu verengen, obwohl er im gesamten Kapitel zu *government finance* ein differenzierteres Bild liefert (insbesondere im Zusammenhang mit den Papstfinanzen).

ales System von Waren-, Wechsel- und Kreditmärkten zu begreifen, dessen besondere Eigenschaft in der Verknüpfung von Herrschaft und Wirtschaft liegt. Die darin handelnden Personen, Gruppen und Organisationen sind somit als Träger eines Prozesses anzusehen, der im Falle Frankreichs mit dem *grand parti* von 1555 zu einer Institutionalisierung des herrschaftsfinanziellen Kreditwesens führte. Mit dem Bedeutungsverlust von Lyon als Standort für Herrscherdarlehen, mit den Religionskriegen und durch die Unfähigkeit der Krone, die aufgenommenen Darlehen am Ende des 16. Jahrhunderts zurückzuzahlen, wandelte sich die Erscheinung von *government finance*. Anstelle der Verflechtung der französischen Monarchie mit dem wirtschaftlichen Geschehen an der Rhône trat die enger gefasste Beziehung zu Hofbankiers, die sich zunehmend in Paris ansiedelten.[253]

Handelsgesellschaften wie die Salviati in Lyon erwarteten sich Gewinne aus Pachten, setzten auf Bankkommissionen und forderten im Gegenzug für ihre Dienste Handelsprivilegien. Insofern bedeuteten Steuerpachten und Kronkredite ein kalkulierbares Geschäft – denn die Kaufmannbankiers wussten, dass nur sie diese Serviceleistung zu erbringen vermochten. Vor allem die Verknüpfung der Refinanzierung des in Bewegung gebrachten Geldes, für das von den Adligen und Herrschern nicht selten Luxusgüter erstanden wurden, mit dem Wechsel- und Warenhandel musste den Kaufmannbankiers als erfolgversprechendes Geschäftsmodell erscheinen, wurde aber als Bestandteil der Herrscherfinanzen bisher unterschätzt. Insbesondere kirchliche Institutionen und Würdenträger benötigten einen regelmäßigen Finanztransfer, so dass die in den Kirchenfinanzen ohnehin gut verwurzelten Florentiner Bankiers in Frankreich nach Expansion trachteten. Eine gewisse Stabilität erzielten sie nicht nur durch transnationale Kooperationen, sondern auch durch die Diversifizierung ihrer geschäftlichen Beziehungen zu den Herrschenden in Frankreich.[254]

[253] Vgl. *Claude Badalo-Dulong*, Banquier du Roi. Barthelemy Hervart 1606–1676. Paris 1951; *Claude Dulong*, Mazarin et l'argent. Banquiers et prête-noms. Paris 2002. Vgl. *Gascon*, Lyon et ses marchands (wie Anm. 38), 492–535; *Boucher*, Présence (wie Anm. 67), 94–97.

[254] Die Frage des geschäftlichen Risikos bedingte die Suche nach Strategien, finanzielle Verbindlichkeiten sozial und kulturell abzusichern; auch Goldthwaite kommt hier zu vergleichbaren Ergebnissen, wenn er auf die Verringerung von Transaktionskosten, herrschaftliches Wohlwollen und administrative Integration Bezug nimmt. Vgl. *Goldthwaite*, Economy (wie Anm. 15), 236–245; *Häberlein*, Brüder (wie Anm. 80), 120–147, 156–167.

Vor allem die in Frankreich ansässigen Kaufmannbankiers bemühten sich um die Umwandlung ihrer finanziellen Prosperität in soziales und symbolisches Kapital. Am Ende strebten sie nach Standeserhöhung, Erwerb von Landbesitz und Integration in die französische Adelsgesellschaft durch königliche Ämter – wenn sie nicht wie die Salviati ihre Gewinne nach Florenz leiteten, um sich dort selbst in der herrschenden Elite fest zu verankern.[255]

[255] Vgl. *Tewes*, Kampf um Florenz (wie Anm. 55), 977–983.

V. Steuern

Geschenk oder Steuer?

Der *donativo* zwischen fiskalischer Praxis und politischer Kultur in den italienischen Territorien der Spanischen Krone im 17. Jahrhundert*

Von

Massimo Carlo Giannini

Das Wort *donativo* hat seinen Ursprung im lateinischen *donum*, gleichbedeutend mit Geschenk oder Gabe. Der folgende Beitrag behandelt die Problematik des *donativo* als einem der wichtigsten Bestandteile des Steuersystems der Spanischen Krone in den Königreichen Neapel und Sizilien während der Neuzeit. Die Darstellung folgt dabei einem Essay von José Fortea Pérez über Kastilien[1], mit dem Schwerpunkt auf der Analyse des zeitgenössischen Diskurses über die eigentliche Natur des *donativo*, oder richtigerweise der *donativi*, da es mehrere unterschiedliche Varianten gab, um den wahren Charakter zwischen Geschenk an den Herrscher und Steuer zu bestimmen. Dieser Punkt hatte weitreichende Konsequenzen für die gesamte Handhabung des königlichen Steuerwesens, da im ersten Fall die Freiwilligkeit im Vordergrund stand und die Leistung dieser Abgabe dadurch ganz von der Großzügigkeit der Untertanen und Parlamente der Königreiche abhing. Im Gegensatz dazu ist eine Steuer, selbst wenn sie dem Namen nach noch freiwillig war, ein routinemäßig verwendetes Instrument königlicher Finanzsysteme, das nur noch einige Eigenschaften einer gnädigen Gabe, wie die unverzichtbare Autorisierung durch das Parlament, beinhaltete. Im Folgenden sollen anhand ausgewählter Beispiele die ausgedehnten Debatten während des 17. Jahrhunderts dargestellt werden, deren Intensität von der engen Verbindung zwischen der theoretisch-rhetorischen Dimension der Besteuerung und ihrer praktischen Ausübung herrührt.

Der Komplex des *donativo* ist ein interessanter und vielschichtiger Forschungsgegenstand: Die Herleitung des Begriffs vom lateinischen *donum* erfordert die Auseinandersetzung mit einem weiten Begriffs- und Bedeu-

* Aus dem Englischen übersetzt von *Andrea Serles*.

[1] *José Ignacio Fortea Pérez*, Los donativos en la política fiscal de los Austrias (1625–1637): ¿Servicio o beneficio?, in: Luis Antonio Ribot García/Luigi De Rosa (Eds.), Pensamiento y política económica en la época moderna. (Colección El río de Heráclito, Vol. 3.) Madrid 2000, 31–76.

tungsfeld sowie mit einer Symbolik, die vor allem von den Ethnologen seit dem 1924 erschienenen grundlegenden „Essay sur le Don“ von Marcel Mauss[2] und nachfolgenden Studien weiterer Ethnologen und Soziologen beschrieben wird, wobei insbesondere die Arbeiten von Jacques T. Godbout und Alain Caillé hervorzuheben sind.[3] Mauss zeigte, dass in archaischen Gesellschaften Geschenke nicht nur den Charakter eines theoretisch freiwilligen Austausches hatten, sondern das wechselseitige Geben von Geschenken auch verpflichtend sein konnte. Ebenso ist das Geschenkegeben ein konstitutives Element der christlichen Gemeinschaften.[4] Es ist heute unbestritten, dass Geschenke auch in den europäischen Gesellschaften des Ancien Régime ein besonderes Band der Reziprozität knüpften, welches das Zentrum eines komplexen Systems von Werten bildete, die den Großteil der politischen, sozialen und rechtlichen Beziehungen bestimmten.[5]

Diese Vorstellungen hatten in Bezug auf das Steuerwesen schwerwiegende Auswirkungen. Die bahnbrechende Arbeit von Alain Guery benützte die Analysen von Mauss, um die Veränderungen im französischen Steuersystem vom Mittelalter bis zum Ancien Régime im Lichte des Verhältnisses von Gabenreichung und Ausübung königlicher Souveränität zu untersuchen. Ergebnisse dieser Studie, die besonders hervorzuheben sind,

[2] *Marcel Mauss*, Essai sur le don. Forme et raison de l'échange dans les sociétés archaïques, in: L'Année Sociologique, seconde série 1, 1923–1924, 30–186. Es gibt von dieser Arbeit etliche Ausgaben, hier wurde eine 2002 erschienene online-Ausgabe herangezogen: http://classiques.uqac.ca/classiques/mauss_marcel/socio_et_anthropo/2_essai_sur_le_don/essai_sur_le_don.pdf (Zugriff 02.08.2010). S. auch *ders.*, Gift, gift, in: Mélanges offerts a M. Charles Andler par ses amis et ses élèves. (Publications de la Faculté des Lettres de l'Université de Strasbourg, Vol. 21.) Strasbourg 1924, 243–247.

[3] Einen guten Überblick über die vor allem englischsprachige ethnologische und soziologische Literatur bietet: *Natalie Zemon Davis*, The Gift in Sixteenth-Century France. (The Curti Lectures.) Oxford 2000, 3–16.

[4] *Andrzej Wodka*, Una teologia biblica del dare nel contesto della colletta paolina (2 Cor 8–9). (Tesi gregoriana, Serie teologia, Vol. 68.) Rom 2000.

[5] *Antonio Manuel Hespanha*, La economía de la gracia, in: ders., La gracia del derecho. Economía de la cultura en la edad moderna. Madrid 1993, 151–176. Diese Studie war den Autoren in *Gadi Algazi/Valentin Groebner/Bernhard Jussen* (Eds.), Negotiating the Gift. Pre-Modern Figurations of Exchange. (Veröffentlichungen des Max-Planck-Instituts für Geschichte, Bd. 188.) Göttingen 2003, ebenso unbekannt wie jene von *Bartolomé Clavero*, Antidora. Antropología católica de la economía moderna. Mailand 1991, was den Wert des Bandes von Algazi, Groebner und Jussen nicht schmälern soll. Als lesenswerte Beispiele für die Erforschung der Rolle von Geschenken in den europäischen Gesellschaften des Ancien Régime s. auch *Davis*, The Gift in Sixteenth-Century France (wie Anm. 3), und *Diana Carrió-Invernizzi*, Gift and Diplomacy in Seventeenth-Century Spanish Italy, in: HJ 51, 2008, 881–899.

befassen sich einerseits mit der Rolle des Klerus und des Adels. Diese wurden von den mittelalterlichen Monarchen aufgefordert, freiwillig Gaben darzubringen, bei gleichzeitiger Versicherung, dass die Bewilligung solcher Hilfsgelder – jede außerordentliche Steuer war an die Bewilligung durch die Ständeversammlung gebunden – eine freiwillige Geste sei, welcher eine dementsprechende Leistung des Königs für den Schutz seiner Untertanen und die Erhaltung des Rechts gegenüberstünde. Andererseits zeigte die Studie, dass die fortschreitende Transformation der freiwilligen Gabe in eine verpflichtende Steuer, die vom König unter Hinweis auf außerordentliche Ausgaben für die offensive und defensive Kriegführung eingefordert wurde, zum Verschwinden der auf Reziprozität basierenden Beziehung zwischen dem König und seinem Königreich und zu deren Ersatz durch ein Verhältnis unilateralen Charakters führte.[6] Dies war eine fundamentale Umkehr der Bedeutung einer freiwilligen Gabe, die sich dennoch von einer Steuer unterscheiden konnte.[7] Obwohl das *donum* in vielen Teilen Europas ein Synonym für Steuer wurde, blieb es doch auch ein Idealbild der gegenseitigen Unterstützung von Herrscher und Untertanen.

Der Themenkreis der ‚freiwilligen' Gabenreichung an den Herrscher wurde in weiten Teilen Europas im 17. Jahrhundert kontrovers diskutiert. Als Traiano Boccalini in seinen „Ragguagli del Parnaso" – besonders im Vergleich (*ragguaglio)* LXXXVIII der unterdrückten Völker – die Unersättlichkeit der Steuerregime, vor allem jenes der Spanischen Krone, anprangerte, schrieb er, dass man bereits an jenem Punkt angekommen sei, an welchem die Raubgier, mit der die Untertanen bedrückt würden, den ehrenvollen Namen eines Geschenkes erhalten hätte. In weiterer Folge der Satire beschreibt Boccalini, wie sehr Apoll, nachdem er allen Völkern und Nationen befohlen hatte, alle Tribute, die sie bis jetzt ihren Fürsten dargebracht hatten, auf den Parnass zu bringen, erstaunt war zu sehen, mit wieviel Eifer die Fürsten Geld von ihren Untertanen extrahiert hatten. Schließlich wandte sich Apoll angewidert ab, um all die schmutzigen und hässlichen Machenschaften, insbesondere der christlichen Fürsten, die ihre Un-

6 *Alain Guery*, Le roi dépenser. Le don, la contrainte, et l'origine du système financier de la monarchie française d'Ancien Régime, in: Annales 39, 1984, 1241–1269, hier bes. 1254–1259.

7 Zu diesem Thema s. die interessante Darstellung von *Bartolomé Clavero*, Hispanus fiscus, persona ficta. Concepción del sujeto político en la época barroca, in: ders., Tantas personas como estados. Por una antropología de la historia europea. (Colección Derecho, cultura y sociedad.) Madrid 1986, 53–105.

tertanen schwerer bedrückten als die Barbaren, nicht mehr mit ansehen zu müssen.[8]

Auch für spanische Theologen und Intellektuelle bildete die Frage nach der Rechtmäßigkeit von Steuern über lange Zeit einen Gegenstand der Reflexion.[9] Besonders hervorzuheben ist der Augustinermönch Juan Márquez, Theologieprofessor an der Universität von Salamanca, der in seinem erstmals 1612 erschienenen Buch „El governador christiano" eine genaue Unterscheidung zwischen Tribut und Geschenk vornimmt. Er setzt sich darin mit dem Problem der Rechtfertigung der Legitimität von Steuern auseinander. Diese Rechtfertigung sieht er nicht in der schieren Macht derjenigen, die die Steuern verlangen, sondern in deren Befugnis zur Rechtsausübung. Um diese These zu stützen, führt Márquez weiter aus, dass die wahre Grundlage dieser Behauptung darin läge, dass die Mittel, die das Königreich dem König auf dessen Verlangen hin gewährte, keine Geschenke oder gnädige Gaben darstellten, sondern viel eher eine Remuneration für die dem ganzen Königreich zugute kommende Wahrung des Rechtswesens sei.[10] Dies drückt deutlich eine Präferenz für Steuern aus, die Márquez mit der Feststellung unterstreicht, wonach die Konzessionen, die dem Monarchen durch die Prokuratoren der Städte in der Ständeversammlung auf dem Wege der Gnade oder durch Geschenke gemacht würden, nur jene zu Zahlungen verpflichten würden, die ihnen persönlich zugestimmt hätten. Márquez sah daher in einer regulären Besteuerung (*servicio*) den sichereren Weg, denn würde der Herrscher seinen Untertanen ohne guten Grund Mittel entziehen, wäre dies offenkundig nichts anderes als Raub und Tyrannei,

[8] *Traiano Boccalini*, Ragguagli di Parnaso e scritti minori. A cura di Luigi Firpo. Vol. 3. (Scrittori d'Italia, Vol. 199.) Bari 1948, 253 f. Zur Verbreitung der „Ragguagli" in Europa s. *Harald Hendrix*, Traiano Boccalini fra erudizione e polemica. Ricerche sulla fortuna e bibliografia critica. (Il pensiero politico, Biblioteca, Vol. 22.) Florenz 1995.

[9] S. *J. Laurés*, Ideas fiscales de cinco grandes jesuitas españoles, in: Razón y fe 28, 1928, 200–209, 307–322 und 365–376; *José Aliaga Girbes*, Los tributos e impuestos valencianos en el siglo XVI. Su justicia y moralidad según Bartolomé Salón, O.S.A. (1539?–1621). (Publicaciones del Inst. español de hist. eclesiastica, Monografías, Vol. 18.) Rom 1972; *Charles J. Jago*, Taxation and Political Culture in Castile 1590–1640, in: Robert L. Kagan/Geoffrey Parker (Eds.), Spain, Europe and the Atlantic World. Essays in Honour of John H. Elliot. Cambridge 1995, 48–72.

[10] „[...] la razon derecha de esta verdad es que la concesion que el Reyno haze al rey del servicio que se le pide, no es donacion o dadiva graciosa para que sea necessario disponer de bienes proprios, sino paga de la administracion de la justicia, que el principe le conserva." *Juan Márquez*, El governador christiano deducido de las vidas de Moysen, y Yosue, principes del pueblo de Dios. Salamanca 1619, 91.

wohingegen er bei der Einforderung von Steuern zur Erfüllung seiner Aufgaben rechtmäßig handeln würde.[11]

Noch prägnanter ist die Argumentation des Trinitariers Damián López de Haro in seinem 1625 erschienenen und dem Günstling Philipps IV., Gaspar de Guzmán, Graf von Olivares, gewidmeten „Donativo real [...] y exortacion religiosa a los pueblos".[12] Der Text betont die kritische Lage der Krone im Klima der ersten Jahre von Olivares' Günstlingsherrschaft (*valimiento*). Das spezielle Ziel dieses Werks bestand darin, die Forderung der Krone nach einer großzügigen Gabe, die in diesem Jahr von Kastilien gemacht werden sollte, zu unterstützen.[13] Um dies zu bewerkstelligen, bedient sich López de Haro in großem Umfang eines rhetorischen Arsenals aus dem klassischen Altertum und aus der Heiligen Schrift. Zunächst unterscheidet er zwischen *don* und *dativa*, das heißt zwischen dem, was freigebig, freiwillig und spontan und dem, was aufgrund eines Gesetzes, eines Brauchs oder eines Befehls gegeben wird.[14] Indem er betont, dass der König von Kastilien das Recht habe, in Notsituationen neue Steuern auch ohne die Einberufung der *Cortes* und Beratschlagung mit den Stadträten zu erlassen, fordert López de Haro noch größere Unterstützung für den König, weil dieser in großzügiger Weise dieses Recht nicht für sich beansprucht habe, sondern statt dessen die *Cortes*, seine Beamten und Berater konsultiert habe, so dass seine Untertanen selbst entscheiden konnten, ob sie eine Gabe darbringen wollten.[15] Nach Beispielen aus der klassischen Antike (Antiochus, Minos und Kyros) und dem Mittelalter (Ludwig der Fromme)[16], wendet er sich Philipp IV. zu. López konstatiert, dass sich die Welt

[11] Zu Márquez und seinen Schriften s. *Jago*, Taxation (wie Anm. 9), 59–62; *Francisco José López de Goicoechea Zabala*, Juan Márquez (1565–1621): influjo y preyeccioón historiográfica de „El Gobernador Cristiano", in: Revista agustiniana 37, 1996, 93–132, und *ders.*, Génesis, estructura y fuentes de „El Governador Christiano" (1612) de Juan Márquez, in: Revista agustiniana 39, 1998, 499–556.

[12] *Damián López de Haro*, Donativo real [...] y exhortacion religiosa a los pueblos. Madrid 1625. Es wurde das Exemplar in der Biblioteca Nacional de España, Madrid, Sign. 3/37386, verwendet. Erstmals beschäftigte sich *Fortea Pérez*, Los donativos en la política fiscal de los Austrias (wie Anm. 1), 39–41, mit diesem Werk.

[13] *Antonio Domínguez Ortiz*, Política y hacienda de Felipe IV. 2. Aufl. Madrid 1983, 281 f.; *John H. Elliott*, The Count-Duke of Olivares. The Statesman in an Age of Decline. New Heaven/London 1986, 225 f. Zur Funktionsweise der kastilischen Finanzverwaltung (*hacienda*) während der Herrschaft Philipps IV. s. *Felipe Ruiz Martín*, Las finanzas de la Monarquía hispánica en tiempos de Felipe IV (1621–1665). Madrid 1990.

[14] *López de Haro*, Donativo real (wie Anm. 12), fol. 1r–2v.

[15] Ebd. fol. 12v–13r.

[16] Ebd. fol. 13v–16r.

in einem Kriegszustand befinde, und weil die königlichen Schatzkammern erschöpft seien, sei Philipp wie jeder andere Herrscher auch dazu berechtigt, mit Hilfe einer außerordentlichen Steuer einen Teil vom Vermögen seiner Untertanen einzufordern. Schließlich lässt der Autor König Philipp selbst auftreten und erklären, dass er, da er so edle und ehrenvolle Vasallen habe, die ihn immer mit ihrem Vermögen und Blut unterstützt hätten, keine neuen Steuern verlangen wolle. Viel eher würde er Männer bestimmen, die sein Volk über die Nöte der Krone informieren würden, da seine Untertanen dann aus spontanem Wohlwollen viel mehr geben würden, als er von ihnen verlangen würde.[17] Um den Charakter des Geschenks zu unterstreichen, zitiert López de Haro Seneca, der meinte, dass der tiefere Nutzen eines Geschenks nicht in dessen Wert, sondern in dem guten Willen des Gebenden begründen sei. Natürlich sei das Geschenk um so ‚edler', je größer der gegebene Betrag – als Beweis für die Großzügigkeit gegenüber dem Herrscher – sei. Diese Überlegung veranlasst den Autor zu der Feststellung, dass die Freigebigkeit ein wichtiger Bestandteil dieses Konzepts sei, die jeweils in Relation zu den Umständen des Schenkenden zu sehen sei.[18]

López de Haro wendet sich auch jenen Gründen zu, die die Untertanen zu freiwilligen Gaben an den Herrscher veranlassen sollten: Einerseits sei es billig, dem König Gaben darzubringen, da dieser ein Stellvertreter Gottes sei und daher alle Zuwendungen an den König in letzter Konsequenz Gottesopfer seien.[19] Andererseits würden die Mittel dem öffentlichen Interesse dienen, da der König als christlicher Fürst nicht nur die Last der weltlichen Gewalt zu tragen habe, sondern auch die Kirche gegen ihre vielen Feinde verteidigen müsse. Es ist durchaus erhellend, wenn man López de Haros Darstellung der finanziellen Belastungen der Habsburger betrachtet: Sie würden Mittel für Italien und Deutschland, für die Flotte gegen die Piraten im Mittelmeer, für die Kämpfe in Flandern, Neapel, Sizilien und Mailand, für Truppen gegen die Türken sowie in Afrika und schließlich für die Förderung und Sicherstellung des Glaubens in der Neuen Welt benötigen. All diese Aufgaben würden nicht nur die Schätze der westindischen Inseln verzehren, die die treuen Vasallen dem Herrscher beständig darbrächten, sondern auch die Einnahmen der Krone selbst, bis sie völlig erschöpft seien.[20] Würden das Vermögen der Krone und die Einnahmen aus der Besteu-

[17] Ebd. fol. 16v: „mas mucho sera lo que ellos me dieren de su voluntad, que lo que yo les sabre pedir".

[18] Ebd. fol. 43r–47r.

[19] Ebd. fol. 47v–49r.

[20] Ebd. fol. 49v–50r.

erung unbedacht ausgegeben oder überhaupt vergeudet werden, folgert López de Haro, würde kein Grund bestehen, dem König auch noch außerordentliche Gaben zu reichen. In der Rhetorik von López de Haro und anderer kastilischer Autoren, die sich mit der Politik Olivares' beschäftigten, war die Monarchie offensichtlich von ambivalenter Natur: großartig, aber auch kostspielig; mächtig und dennoch herausgefordert, sich ständig gegen eine Unzahl von aggressiven Feinden zu verteidigen. Dies war ein Argument – oder besser: eine rhetorische Figur –, die eine zentrale Rolle in der Rechtfertigung der vielfältigen Versuche der Krone, die Steuerlast während des 17. Jahrhunderts zu erhöhen, spielte.

Weitere Argumente für eine finanzielle Unterstützung waren, dass das Allgemeininteresse immer vor den Einzelinteressen stehen müsse, sowie die Liebe, die die Untertanen ihrem Landesherrn schulden würden.[21] Das bei López de Haro und anderen sich mit der freiwilligen Leistung von Geschenken beschäftigenden Autoren häufig wiederkehrende Thema der Liebe zwischen Volk und Herrscher rekurriert auf die altgriechische Praxis des gegenseitigen Geschenkeaustauschens (ἀντίδοσις) als einer Dimension von sozialen Beziehungen und infolgedessen als einem Akt der Liebe.[22]

Eine andere weitverbreitete Schrift über die politischen Strategien Olivares' ist die 1626 erschienene „Conservación de Monarquías" des Kanonikus von Santiago de Compostela und königlichen Kaplans Pedro Fernández de Navarrete. Ein ganzes Kapitel seiner Abhandlung ist ausschließlich dem Thema der freiwilligen Gabe gewidmet. Es beginnt mit der Beschreibung einer dem spanischen Hof nur zu gut bekannten Situation: Wenn die finanziellen Nöte von Königen und Königreichen so bedrückend würden, dass die Ersteren das Recht hätten, neue Steuern einzuheben, und die Letzteren diese nur verweigern könnten, wenn das Volkswohl gefährdet sei, müsse ein Kompromiss gefunden werden. Demnach müsse das Volk, welches im mystischen Körper des Königreichs durch den Bauch repräsentiert werde, ohne selbst entkräftet zu werden, Heilung für den Kopf bringen, da von dessen Wohlergehen auch die Gesundheit der anderen Körperteile ab-

[21] Ebd. fol. 50v–51r.

[22] Über die Verpflichtung zur *antidosis* in den juristischen Schriften des 17. Jahrhunderts s. *B[artolomé] Clavero*, Antidora. Antropología católica de la economía moderna. Mailand 1991, 97–105. Zur Analyse der Liebe als einem konstitutiven Element von sozialen und juristischen Beziehungen während des Ancien Régime s. *Hespanha*, La economía de la gracia (wie Anm. 5), und *Pedro Cardim*, Memoria comunitaria y dinámica constitucional en Portugal (1640–1750), in: Pablo Fernández Albaladejo (Ed.), Los Borbones. Dinastía y memoria de nación en la España del siglo XVIII. Madrid 2001, 131–136.

hänge.[23] Fernández de Navarrete verteidigt die Bedürfnisse der Krone mit dem zwingenden Argument, dass in einer Situation, in welcher sich feindliche Armeen gegen die Großartigkeit der spanischen Monarchie erheben würden, der König sich nicht ohne Geld, das der Nerv des Krieges sei, zur Wehr setzen könne. Da die königliche Schatzkammer durch die vielen Kämpfe, die auch für die Verteidigung des Glaubens und in treuer Ergebenheit für den Apostolischen Stuhl geführt würden, völlig geleert sei, müssten die Vasallen einen großzügigen Beitrag für die Erhaltung der einzelnen Königreiche und damit der gesamten Monarchie leisten, denn nur die Ruhe in allen Teilen der Monarchie garantiere auch die Ruhe in Kastilien. Das gelindeste Mittel sei jenes der freiwilligen Gabe, die im Gegensatz zu Steuer und Tribut die wahre Liebe und Loyalität der Gebenden zu ihrer Heimat und zum Herrscher zum Ausdruck bringe.[24]

Um diese Argumentationslinie zu stützen, benützt Fernández de Navarrete Beispiele von Schriftstellern und Gelehrten aus der römischen Kaiserzeit wie Livius, Lukan, Seneca und Tacitus sowie aus der Bibel, aber auch Schriften jüngeren Datums wie Polidoro Vergilios[25] Traktat über die „Mildtätigkeit" (*benevolentia*) oder das Exempel einer von König Eduard IV. von England 1474/75 eingeführten Gabe (*benevolence*). Als sich Eduard anschickte mit seinem Verbündeten Herzog Karl von Burgund gegen Frankreich in den Krieg zu ziehen, warb er zur Auffüllung der Kriegskasse um eine Gabe von seinen Untertanen, indem er versprach, dass er ihnen in Liebe vergelten würde, was sie ihm in Geld gäben. Daher auch die Beschreibung dieser Gabe als Mildtätigkeit beziehungsweise Güte und

[23] *Pedro Fernández de Navarrete*, Conservación de Monarquías y discurso político sobre la gran consulta que el Consejo hizo al señor rey don Phelipe tercero. Madrid 1792, 154.

[24] Ebd. 155: „en la ocasion presente, en que es inescusable el hazer oposicion a las armas que contra la grandeza desta Monarquia han unido la emulacion y la embidia, no pudiendose esto hazer sin dineros, que son los nervios de la guerra: y estando exhausto el patrimonio Real, por averse con tan grande afecto y devocion acudido a la defensa de la Fe, y autoridad de la Sede Apostolica, es tambien inescusable, que los vassallos acudan con liberal mano, no solo a la defensa destos Reynos, sino a la de toda la Monarquia, pues en su conservacion consiste la paz y quietud de Castilla, que esta presidiada en el ellos. Y parece que el mas suave medio es el de los donativos voluntarios, en que cessando el riguroso nombre de exaccion y tributo, quedará el de bien hechores de la patria, y el de leales y afectos vasallos de sus Reyes." Für eine kurze Biographie Fernández de Navarretes und für Informationen über die Entstehung seiner berühmten Schrift s. *José Goñi Gaztambide*, El licenciado Pedro Fernández Navarrete: su vida y sus obras (1564–1632), in: Berceo 96, 1979, 27–48.

[25] *Polidoro Vergilio*, Historiae anglicae libri XXVI [...]. Ex nova editione Anthonii Thysii. Lugduni Batavorum 1649, 677. Zu Vergilio s. *Danis Hay*, Polydore Virgil. Renaissance Historian and Man of Letters. Oxford 1952.

nicht als Geschenk.[26] In Wirklichkeit war diese *benevolence* Eduards IV. – ebenso wie alle nachfolgenden – nichts anderes als ein Zwangsdarlehen, das von Untertanen mit einem Vermögen von über 20 Mark durch königliche Kommissare eingehoben wurde.[27] Offensichtlich erinnerte sich Fernández de Navarrete auch an die Bitten um Gaben der Könige von Aragon und Kastilien, bei welchen die Mitglieder der Dynastie die ersten waren, die Geschenke übergaben, wie zum Beispiel Königin Isabella und die Infantin Maria, die ihre Juwelen ablieferten.[28] Dieser Vorfall veranlasste Fernández de Navarrete, den Lesern ein Beispiel aus der römischen Antike in Erinnerung zu rufen. Nach Aelius Lampridius habe Alexander Severus allen Schmuck seiner Frau verkauft und den Erlös zum Wohle des Imperiums im Schatzamt deponiert, da er der Überzeugung gewesen sei, dass der Zierat für die Bedürfnisse des Staatswohls zu opfern sei.[29]

Fernández de Navarrete schrieb seinen Traktat am Beginn der Regierung Philipps IV., einer Herrschaft, die massiv Zuflucht zu freiwilligen Gaben, die nur noch dem Namen nach freiwillig waren, nehmen sollte. Er diskutiert darin auch die Frage, ob man noch von Freiwilligkeit sprechen könne, wenn der König diese Mittel offen verlangen würde, wobei er gleichzeitig festhält, dass die Aufforderung von 1625 nicht direkt vom König ausgegangen war, sondern vom Großinquisitor. Er folgert, dass, wenn die Geschenke, die Moses und König David verlangt und erhalten hätten, als freiwillig bezeichnet würden, es ein Akt der Unbotmäßigkeit wäre, den Geschenken der loyalen Vasallen der Katholischen Könige dieses Verdienst abzusprechen.[30] Navarrete meint sogar weiter, dass Quantität und Qualität der Gaben so großartig sein sollten, dass die Feinde des Königs alarmiert wären, wenn sie verstünden, dass die königlichen Vasallen bereit wären, freiwillig Geschenke zu machen, deren Umfang sich mit den wachsenden Bedürfnissen des Königs proportional vermehren würde.[31] Die Krux an der Sache war allerdings, dass die von Kastilien erhaltenen Geschenke nicht für die eigene Verteidigung verwendet wurden, sondern für Interventionen in weit entfernten Provinzen der Monarchie – zwischen den Zeilen war von Flandern zu lesen. Dennoch war dieses Gegenargument

[26] *Fernández de Navarrete*, Conservación de Monarquías (wie Anm. 23), 156.
[27] *Robert Virgoe*, The Benevolence of 1481, in: EHR 104, 1989, 25–45. S. auch *Gerald L. Hariss*, Aids, Loans and Benevolences, in: HJ 6, 1963, 1–19.
[28] *Fernández de Navarrete*, Conservación de Monarquías (wie Anm. 23), 156f.
[29] Ebd. 159.
[30] Ebd. 160–162.
[31] Ebd. 163.

nach Fernández de Navarrete ohne Grundlage, denn erstens dürfe man den König keiner Unterstützung berauben, die er benötige, und zweitens und wichtiger als alles andere sei die freiwillige Gabe ein echtes Geschenk und keine Steuer, weshalb der Herrscher vom Zwang befreit sei, diese Mittel für den Schutz jener einzusetzen, die sie zur Verfügung stellten. Überdies würde auch die Verteidigung weit entfernter Provinzen helfen, die Reputation der Monarchie zu bewahren und Kriege auf Distanz zu den Iberischen Königreichen zu halten.[32] Von größtem Interesse ist auch Navarretes Darstellung jener Gruppen, die überhaupt für die Leistung von Geschenken herangezogen werden könnten: Mitglieder der königlichen Familie, Würdenträger der Kirche, Hoch- und Niederadel, Ratsmitglieder und hohe Würdenträger, Ritter und andere Personen, die vom König eine Rangerhöhung erfahren hatten, Reiche sowie Handels- und Gewerbegilden (Zünfte). Ein besonderes Augenmerk legt er auf die kirchlichen Würdenträger, da diese nach dem Kanonischen Recht weder freiwillig noch unter Zwang berechtigt waren, Steuern zu zahlen, wenn nicht eine eigene Bewilligung des Papstes dazu eingeholt wurde. Allerdings ermöglichte eben das Instrument des Geschenks, diese Bestimmung zu umgehen, und Fernández de Navarrete betont, dass die Geistlichkeit der Iberischen Königreiche immer, wie etwa zu den Zeiten Karls V. und Philipps II., außerordentlich großzügig gewesen sei.[33] Dann wendet er sich den anderen zur Zahlung aufgeforderten Gruppen zu: dem Adel und den hohen Würdenträgern, jenen Gruppen, die mit dem Herrscher auf Basis von Gunstbeweisen[34], Titeln und Ämtern besonders verbunden waren, sowie den Wohlhabenden und den Zünften, die ihren Reichtum zwar nicht der Großzügigkeit des Monarchen verdankten, die aber das größte Interesse am Erfolg der Krone, der sich in friedlichen Zuständen ausdrücke, haben müssten, damit sie ihren Reichtum ungestört genießen könnten.[35] Fernández de Navarrete schließt sein Werk mit einer Episode aus der Zeit des Zweiten Punischen Krieges nach den Schriften des Livius: Konsul Levinius forderte im Senat, dass alle Senatoren, Inhaber hoher Würden und die Patrizier als erste Geld als Geschenk für das Vaterland geben sollten, damit das gesamte Volk, das einer neuen Steuer unwillig begegnen würde, dieses Beispiel nachahme und so freiwillig und großzügig Mittel bereitstelle.[36]

[32] Ebd. 164f.
[33] Ebd. 168f.
[34] Ebd. 169f.
[35] Ebd. 170–172.
[36] Ebd. 172f.

Im Gegensatz dazu waren die Theologen und geistlichen Würdenträger in Neapel und Palermo weit weniger geschlossen für den *donativo*. Anders als auf der Iberischen Halbinsel, wo die gesamte Geistlichkeit eng an die Autorität des Königshauses gebunden war, standen die Katholischen Könige der Spanischen Monarchie in ihren italienischen Territorien in Konkurrenz mit dem Heiligen Stuhl. Während der Regentschaft Philipps IV. wurden Versuche unternommen, die in Kastilien übliche Einbringung von ‚freiwilligen' Gaben auch in den italienischen Besitzungen als eine außerordentliche Steuermaßnahme einzuführen mit dem Zweck, die traditionellen Besteuerungssysteme beizubehalten und gleichzeitig die Machtverhältnisse zu konsolidieren, indem durch den *donativo* auch privilegierte Klassen – vor allem der Klerus – in das System einbezogen würden. Was jedoch in Kastilien funktionierte, war in Süditalien nicht so leicht durchzusetzen.

In diesem Zusammenhang ist eine Episode von 1629 besonders aussagekräftig, als Philipp IV. versuchte, eine Gabe von seinen Iberischen Königreichen und seinen italienischen Untertanen zu erhalten. Der Mantuanische Erbfolgekrieg (1628–1631) bezog auch das Herzogtum Mailand direkt in die Kampfhandlungen ein. In Kastilien verlangte man von den Städten eine Gabe mit dem Argument, dass, wenn sie sich nicht finanziell am Kampf außerhalb Spaniens beteiligten, der Kampf bald die Grenzen überschreiten könnte und es schließlich immer besser sei, den Krieg von der Heimat fernzuhalten.[37] Wegen des drückenden Finanzbedarfs sandte Philipp detaillierte Instruktionen an den Gouverneur von Mailand, Gonzalo Fernández de Córdoba, bezüglich einer Aufforderung an die lombardischen Kommunen, zwar keinen *donativo*, sondern ein Darlehen in der Gesamthöhe von 400000 Dukaten als Ablöse für entfremdete königliche Einnahmen bereitzustellen, damit diese Mittel dem Unterhalt der Armee zugute kommen könnten.[38] Zusammen mit diesen Instruktionen schickte der

[37] Discurso de don Juan de Chumacero Carrillo, solicitando un donativo para la guerra de Mantua [1629], in: *Francisco Javier Guillamón Álvarez/José Javier Ruiz Ibáñez/Juan José García-Hourcade*, La corona y los representantes del Reino de Murcia (1590–1640): necesidad, negociación, beneficio. Murcia 1995, 153–157. Zum kastilischen *donativo* von 1629 s. *Domínguez Ortiz*, Política y hacienda de Felipe IV (wie Anm. 13), 282f.

[38] Archivo General de Simancas (AGS), Secretarías Provinciales (SP), libro (lib.) 1166, Philipp IV. an Gonzalo de Córdoba, Madrid, 1629 Januar 21 (zwei unterschiedliche Schreiben), fol. 250f.; ebd. fol. 252–254 Schreiben Philipps IV. an den Rat der Sechzig von Mailand, zwei weitere Städte und alle Distrikte des Herzogtums Mailand, Madrid, 1629 Januar 21. Zu früheren Beispielen von Darlehen in Form von Vorauszahlungen auf Steuern vom Herzogtum Mailand für die königlichen Finanzen s. *Massimo Carlo Giannini*, Città e contadi nella politica finanziaria del conte di Fuentes (1600–1610), in:

König an den Gouverneur auch ein anonymes Schriftstück einer „pflichteifrigen Person zu Diensten seiner Majestät" („persona zelosa del servicio de Su Mag.d"), welches festhielt, dass die lombardischen Untertanen die Kriegshilfe nur verweigern könnten, wenn die königlichen Finanzen in einem besseren Zustand wären. Da die Lage aber nun einmal so angespannt sei und die Gefahr übergroß, sei es das Recht des Landesherrn, auf der Hilfe seiner Untertanen zu bestehen. Zum Schluss wurde dem Gouverneur vom anonymen Schreiber allerdings versichert, dass man große Anstrengungen unternehme, aus der Not eine Tugend zu machen, und „dass man nur das mit Huld zu geben brauche, was man ohnedies rechtmäßig zu geben schuldig wäre"[39]. Allerdings machte die Invasion der Lombardei diesem Projekt ein rasches Ende.

Viel komplexer gestaltete sich die Geschichte des *donativo* im Königreich Neapel, wo die königlichen Finanzen ausgesprochen defizitär waren[40] und der *donativo* die wichtigste außerordentliche Einnahmequelle[41] darstellte: Er wurde jedes zweite Jahr vom Parlament des Königreichs beschlossen, allerdings waren die Stadt Neapel und die Geistlichkeit ausgenommen. 1566 wurde die Höhe des *donativo* mit 1,2 Millionen Dukaten für jedes zweite Jahr fixiert und dieser infolgedessen de facto in eine ordentliche Steuer umgewandelt.[42] Dennoch zögerte die Krone nicht, weitere – jetzt als ‚außerordentlich' bezeichnete – *donativi* vom Königreich Neapel zu verlangen. Sie berief sich dabei auf die Ausgaben für Verteidigung und

Elena Brambilla/Giovanni Muto (Eds.), La Lombardia spagnola. Nuovi indirizzi di ricerca. (Storia lombarda, Atti, Vol. 1.) Mailand 1997, 191–208.

[39] AGS, SP, lib. 1166, „Papel de una persona zelosa del servicio de Su Mag.d que se embió al governador de Milán con carta de 21 de enero de 629", fol. 255–257: „dar de gracia lo que se les puede pedir de justicia".

[40] *Giuseppe Coniglio*, Il Viceregno di Napoli nel secolo XVII. Notizie sulla vita commerciale e finanziaria secondo nuove ricerche negli archivi italiani e spagnoli. Rom 1955, 125–128; *Giuseppe Galasso*, Contributo alla storia delle finanze del Regno di Napoli nella prima metà del Seicento, in: Annuario dell'Istituto storico italiano per l'età moderna e contemporanea 11, 1959, 5–106.

[41] Zum Parlament des Königreichs von Neapel s. *Giuseppe Carignani*, Le rappresentanze e i diritti dei Parlamenti napoletani, in: Archivio storico per le province napoletane 8, 1883, 655–669; *Elena Croce*, I parlamenti napoletani sotto la dominazione spagnuola, in: Archivio storico per le province napoletane 61, 1936, 341–379; *Guido D'Agostino*, Parlamento e società nel Regno di Napoli (secoli XV–XVII). (Storia, Vol. 19.) Neapel 1979.

[42] *Alessandra Bulgarelli Lukacs*, L'imposta diretta nel Regno di Napoli in età moderna. (Studi e ricerche storiche, Vol. 173.) Mailand 1993, 20.

Kriegführung bei anhaltend schwieriger Situation des königlichen Haushalts.[43]

Am 1. November 1629 berichtete Alessandro Bichi, Nuntius in Neapel, an Francesco Barberini, Kardinal und Neffe Urbans VIII., über eine Zusammenkunft der beiden bedeutendsten Institutionen des Königreichs: des *Consiglio Collaterale* und des *Consiglio di Stato*. Bei dieser Gelegenheit schlug der Vizekönig, Fernando Afán de Ribera, dritter Herzog von Alcalá de los Gazules, der erst seit August in Neapel war, ein Rundschreiben an alle Granden vor, um ihnen mitzuteilen, dass der Krieg in Norditalien auch die Sicherheit des Königreichs Neapel gefährde. Man solle sie darüber aufklären, dass es ihre Pflicht sei, die Heere des Katholischen Königs zu unterstützen, und sie sollten eingeladen werden, so viel als möglich beizutragen, denn damit würden Ruhe und Frieden auch für ihr Land und ihre Familien garantiert. Dieser Vorschlag rief allerdings eine Vielzahl von Einwänden hervor: Die zu erwartende Summe würde wohl dürftig ausfallen, da die Granden wegen fehlender Mittel oder mangelndem Willen nur wenig zahlen würden; dass es falsch sei, eine Gefahr als nahe darzustellen, wenn sie doch in Wirklichkeit weit entfernt sei; dass das Ansehen und die Macht des Königs leiden würden, wenn man seine Fähigkeit, das Königreich Neapel zu verteidigen, bezweifeln müsste.[44] Das Ansuchen wurde daher vorderhand verworfen, stattdessen – so zumindest die Darstellung des Nuntius – kam man überein, Mittel durch den Verkauf von Titeln und Ämtern zu lukrieren, selbst wenn man auch hier nicht annahm, ausreichende Summen aufbringen zu können. Der Vizekönig brachte seinen Vorschlag eines *donativo* aber neuerlich ein, indem er sich mit einem Schreiben direkt an die Gouverneure der Provinzen und an die Bischöfe wandte, in welchem er besonders hervorhob, dass die außerordentlichen Ursachen seines Anliegens – nicht nur die Wiedererrichtung des Friedens auf der Apenninenhalbinsel, sondern sogar die Verteidigung des katholischen Glaubens – auch eine großzügige Mitwirkung des Klerus rechtfertigen

[43] *Coniglio*, Il Viceregno (wie Anm. 40), 128–131; *Antonio Calabria*, The Cost of the Empire. The Finances of the Kingdom of Naples in the Time of the Spanish Rule. (Cambridge Studies in Early Modern History.) Cambridge 1991, 40–42.

[44] Archivio Segreto Vaticano (ASV), Città del Vaticano, Segreteria (Segr.) Stato, Napoli, Vol. 27, Nuntius Alessandro Bichi, Bischof von Sizilien, an Kardinal Francesco Barberini (dechiffriert), Neapel, 1629 November 3, fol. 106r–107r. Zum Herzog von Alcalá vgl. (in Ermangelung einer kritischen Studie) die unzureichende Biographie von *José Gonzalez Moreno*, Don Fernando Enríquez de Ribera tercer duque de Alcalá de los Gazules (1583–1637). Sevilla 1969.

würden.[45] Gleichzeitig zirkulierte ein knapper gedruckter Text von Juan Antonio de Herrera, dem Sekretär des Vizekönigs, welcher die Umstände, die zu dem genannten Rundschreiben geführt hatten, zusammenfasste, praktische Anweisungen für die Modalitäten der Einhebung gab und die wichtigsten Argumente für die Einbringung dieser Gaben aufzählte.[46] Die Idee zu diesem *donativo* wurde bestimmten Personen des Königreichs zugeschrieben, die in Pflichterfüllung für den König begierig seien, ihm als Ausdruck ihrer alten Loyalität und Ergebenheit einen selbstlosen Dienst zu erweisen. Der Herzog von Alcalá würde die Gaben nur akzeptieren, wenn sie tatsächlich völlig freiwillig und offenherzig – sowohl in Bezug auf die prinzipielle Bereitschaft der Gabe als auch auf ihre Höhe – von jedem Einzelnen dargebracht werden könnten. Um übertriebene Großzügigkeit zu verhindern, würde der Vizekönig maximal 1000 Dukaten pro gebendem Untertan annehmen. Lehnsmänner und Provinzgouverneure wurden instruiert, diesen Aufruf zu publizieren, die Beträge einzusammeln sowie die Höhe des Betrags und den Namen eines jeden Gebers in eigenen Registern einzutragen.[47]

Besonders interessant sind auch jene Argumente, die in diesem gedruckten Text aufgezählt werden und dazu dienen sollten, die Untertanen zur Zahlung zu motivieren: Das Hauptargument bestand in der Überlegung, dass der Untertan mit Hilfe einer kleinen Gabe einen überzeugenden Beweis seiner Loyalität und Zuneigung gegenüber dem König, dem Land und der Religion erbringen würde, was um so mehr gerechtfertigt erscheinen würde, als der König trotz der hohen Ausgaben für den Krieg in der Lombardei davon Abstand genommen habe, neue Steuern zu erheben. Darüber

[45] Biblioteca Apostolica Vaticana (BAV), Città del Vaticano, Manoscritti Barberini latini (Barb. lat.) 7605, documento (doc.) 84, Herzog von Alcalá an Carlo Carafa, Bischof von Aversa, Neapel, 1629 November 30. Carlo Carafa, Sohn Fabrizio Carafas, Prinz von Roccella, war seit 1629 Bischof von Aversa, davor war er päpstlicher Nuntius am Kaiserhof gewesen. Es ist hervorzuheben, dass Carafa im Febraur 1629 nach Aversa zurückkehrte, nachdem er wegen Unstimmigkeiten mit Papst Urban VIII. abberufen worden war und seine brillante Karriere an der Kurie beenden musste. S. *Georg Lutz*, Art. „Carafa, Carlo“, in: Dizionario biografico degli Italiani (DBI). Vol. 19. Rom 1976, 509–513.

[46] BAV, Barb. lat. 7605, doc. 86, undatiertes, gedrucktes Schriftstück, dem vorigen (wie Anm. 45) beigelegt, unterschrieben von Juan Antonio de Herrera. Nach einem zeitgenössischen Chronisten wurde dieses Schreiben an alle Granden und Würdenträger der Krone Mitte Dezember (1629) geschickt. Wenig zuverlässig scheint der Bericht, dass mehr als 100000 Escudos eingenommen worden seien: Aggionta alli Diurnali di Scipione Guerra, in: Archivio storico per le province napoletane 36, 1911, 124–205, 329–382, 507–580, 751–798, hier 162.

[47] BAV, Barb. lat. 7605, doc. 86 (wie Anm. 46).

hinaus würden alle, die freiwillig Kontributionen leisten würden, entschädigt werden, da sie gleichsam jegliche geforderte Gnade (*qualsivoglia gratia*) vom Vizekönig erhalten würden. Schlussendlich erinnert der Text an die Gabe Kastiliens von 1625, die trotz der großen Entfernung vom italienischen Kriegsschauplatz gemacht worden wäre, um mit einer Passage aus Livius zu schließen, mit welcher Inbrunst die Römer der Antike ihr Vermögen für das Vaterland gegeben hätten.[48]

Die vehementeste Reaktion auf das Ansinnen Alcalás kam von geistlichen Kreisen. Alarmiert durch das Vorgehen des Vizekönigs, sich direkt an die Bischöfe des Königreichs zu wenden, schrieb der päpstliche Nuntius an Kardinal Barberini, dass diese Innovation schädlich und ganz und gar abträglich wäre. Er sah in diesem Vorgehen einen ersten Versuch des Königs, den Primat über die Geistlichkeit zu erlangen, ein Vorgang, der im Keim erstickt werden müsse. Daraufhin begann Bichi sehr vorsichtig, die Bischöfe gegen das Ansuchen der Krone beziehungsweise des Vizekönigs zu mobilisieren. Einigen gegenüber hob er den Schaden für die kirchliche Immunität hervor, den dieser Vorgang bedeuten würde. Er schlug den Bischöfen vor, dass sie die Einladung des Vizekönigs zu dieser Scheinsteuer unter Verweis auf die Armut der Geistlichkeit ablehnen sollten.[49]

Als der Papst durch den Erzbischof von Neapel, Kardinal Francesco Boncompagni, über die Vorgänge im Süden unterrichtet wurde, lehnte er jegliche Beteiligung des neapolitanischen Klerus an der Aufbringung des *donativo* strikt ab. Urban VIII. stellte eindeutig fest, dass es dem Klerus nicht gestattet sei – in welcher Form auch immer –, ohne vorhergehende Genehmigung durch den Apostolischen Stuhl am *donativo* teilzunehmen. Infolgedessen verfügten die Bischöfe über keine Autorisierung, dem Ansuchen der weltlichen Macht nachzukommen. Kardinal Barberini hob seinerseits, als er den Nuntius informierte, hervor, dass der Papst seinem Vorgehen ganz und gar zugestimmt hätte, dass der *donativo* zwar formell eine freiwillige Leistung sei, in Wirklichkeit aber aus Furcht der Untertanen der Obrigkeit gegenüber geleistet würde, und dass die Gefahr bestünde, dass diese Gabe zu einer regulären Steuer verkommen könnte. Barberini schrieb diesbezüglich an den Klerus, dass weder der Krieg in der Lombardei einen ausreichenden Grund für die Teilnahme an dieser Maßnahme biete, noch der Hinweis auf die Verteidigung der Kirche, da diese allein im Ermessen

[48] Ebd.

[49] BAV, Barb. lat. 7491, doc. 41, Nuntius Alessandro Bichi an Kardinal Francesco Barberini (dechiffriert), Neapel, 1629 Dezember 11.

des Papstes läge, der als einziger berechtigt sei, von der Geistlichkeit Steuern und Geschenke zu fordern.[50] In einem weiteren Brief kommunizierte Barberini die offizielle Haltung des Apostolischen Stuhls an Bichi: Es sei dem Klerus verboten, den *donativo* zu leisten – auch nicht freiwillig. Er würde die Bischöfe von der Haltung des Pontifex in Kenntnis setzen, entweder persönlich oder durch vertrauenswürdige Repräsentanten, und Rom anschließend über das Ergebnis informieren.[51] Der Druck des Nuntius war offensichtlich von Erfolg gekrönt, da er nach Rom berichten konnte, dass nur der Bischof von Nocera, Francesco Trivulzio, der aus einem der vornehmsten lombardischen Adelsgeschlechter abstammte, auf den Aufruf des Vizekönigs mit einer den *donativo* befürwortenden Zusage reagiert habe, allerdings nur in einer Höhe von 30 Dukaten.[52] Überdies wurden die Versuche des Herzogs von Alcalá, die Äbte und Prioren der neapolitanischen Klöster und die Superioren der Orden zur Teilnahme am *donativo* zu bewegen, durch die Maßnahmen Bichis durchkreuzt, obwohl gerade die Konvente sich aus großem Interesse am königlichen Hof willig gezeigt hatten, einen Beitrag zu leisten.[53] Schließlich konnte Bichi sogar mit größter Genugtuung berichten, dass ihm der Bischof von Nocera, Francesco Trivulzio, versichert habe, dass er niemals etwas unterzeichnet habe, das einer Befürwortung des *donativo* entsprechen würde.[54] Wenige Tage zuvor hatte der Nuntius schon Kardinal Barberini benachrichtigt, dass er die Verteilung von Schriften gegen den *donativo* an den Klerus ins Werk gesetzt habe.

[50] BAV, Barb. lat. 7493, doc. 47, Kardinal Barberini an Nuntius Bichi, Entwurf, Rom, 1629 Dezember 15. Zur Rolle des Papstes als Träger der absoluten Steuerhoheit über die Geistlichkeit auf der Apenninenhalbinsel s. *Massimo Carlo Giannini*, L'oro e la tiara. La costruzione dello spazio fiscale italiano della Santa Sede (1560–1620). Bologna 2003.

[51] BAV, Barb. lat. 7493, doc. 48, Kardinal Barberini an Nuntius Bichi, Entwurf, Rom, 1629 Dezember 24.

[52] ASV, Segr. Stato, Napoli, Vol. 27, Nuntius Bichi an Kardinal Barberini, Neapel, 1631 Dezember 29, fol. 115v; BAV, Barb. lat. 7491, doc. 63, Nuntius Bichi an Kardinal Barberini, Neapel, 1629 Dezember 29. Francesco Trivulzio, Graf von Pontenure, war Bischof von Nocera dei Pagani von 1621 bis zu seinem Tod 1631; *Bruno Katterbach*, Referendarii utriusque Signaturae a Martino V ad Clementem IX. Vatikanstadt 1931, 228; *Franco Arese*, Cardinali e Vescovi Milanesi dal 1535 al 1796, in: Archivio storico lombardo 107, 1981, 163–234, hier 209.

[53] BAV, Barb. lat. 7492, doc. 1, Nuntius Bichi an Kardinal Barberini (dechiffriert), Neapel, 1630 Januar 1.

[54] ASV, Segr. Stato, Napoli, Vol. 27, Nuntius Bichi an Kardinal Barberini, Neapel, 1630 Januar 23, fol. 128v.

Tatsächlich war zu diesem Zweck eine kleine Schrift des Bischofs von Capri, Raffaele Rastelli[55], gedruckt worden. Das Büchlein mit dem Titel „De regimine principis libri tres" war dem Herzog von Alcalá gewidmet und eher ein gut lesbares Handbuch über die richtige Regierungsführung als eine Schrift, die den Leser von der Erfüllung seiner Pflichten gegenüber der *res publica* abhalten sollte.[56] Rastelli war nicht nur Theatinermönch, sondern auch Jurist und Theologe.[57] Im dritten Kapitel seines Buchs behandelt er das Parlament des Königreichs Neapel, insbesondere dessen *causa finalis*, namentlich den *donativo* als Unterstützung für den König zur Bestreitung der Ausgaben für das Königreich. Rastelli beginnt, sich der typischen Methode der *quaestiones* bedienend, mit der Frage, ob der jedes zweite Jahr vom König von den Baronen und den Krongütern verlangte *donativo* ein Geschenk oder eine Steuer sei.[58] Er legt im Detail die Meinungen jener dar, die ihn als Steuer ansahen, auch wenn er als freiwillig bezeichnet wurde. Rastelli beginnt mit den Argumenten Antonino Dianas, eines bedeutenden Theologen der Theatiner aus Palermo, der weiter unten noch eingehender behandelt werden wird, und etlicher weiterer Autoren, darunter auch zwei berühmte Juristen und Verfechter der Rechte des Herrschers: Giovanni Francesco De Ponte aus Neapel und Garzia Mastrillo aus Palermo.[59] Er führt aus, dass sich die Angelegenheit auf den ersten Blick

[55] BAV, Barb. lat. 7492, doc. 7, Nuntius Bichi an Kardinal Barberini (dechiffriert), Neapel, 1630 Januar 8.

[56] *Raffaele Rastelli*, De regimine principis libri tres. Neapel 1629. Für den vorliegenden Beitrag wurde das Exemplar in der Biblioteca Nazionale Centrale „Vittorio Emanuele II" (BNCR), Roma, Sign. 34. 4. A. 28. ins. 3, herangezogen. Abgesehen von einer knappen Erwähnung dieser Schrift bei *Vittor Ivo Comparato*, Uffici e società a Napoli. Aspetti dell'ideologia del magistrato nell'età moderna. (Biblioteca dell'Archivio storico italiano, Vol. 19.) Florenz 1974, 315, war es *Gianfranco De Simone*, I teatini e l'opposizione alla politica fiscale nel Regno di Napoli, in: Quad. meridionali 1, 1980, 32–36, der als erster die Bedeutung dieses Buches erkannte.

[57] Raffaele Rastelli wurde in Neapel geboren, als Doktor beiderlei Rechte graduiert und trat 1580 in den Orden der Theatiner ein. Er unterrichtete Theologie und wurde Berater der *Congregazione del Sant'Uffizio*, das heißt der Inquisition in Rom. 1626 wurde er durch Urban VIII. Bischof von Capri; er starb 1633. S. ASV, Archivio Concistoriale (Arch. Concist.), Processus Consistoriales (Consist.), Vol. 22, Konsistorialakten über die Ernennung Rastellis zum Bischof von Capri, Rom, 1626 Februar 28, fol. 114r–123r. In Ermangelung einer neueren Studie s. *Antonio Francesco Vezzosi*, I scrittori de' chierici regolari detti teatini. Vol. 2. Rom 1780, 207f.

[58] *Rastelli*, De regimine principis libri tres (wie Anm. 56), 130–133.

[59] *Giovanni Francesco De Ponte*, De potestate proregi, collateralis consilii et regni regimine. Neapel 1611, 141 (BNCR, Sign. 13. 4. I. 47); *ders.*, Decisionum Supremi Italiae Consilii [...] liber unicus. Neapel 1612, 17f. (BNCR, Sign. 13. 26. D. 12); *Garzia Mastrillo*, De magistratibus eorum imperio et iurisdictione. Vol. 2. Panormi 1616, 221f.

folgendermaßen darstelle: Die mehrheitliche Zustimmung zum *donativo* im Parlament habe eine Verpflichtung für alle geschaffen, auch für jene, die dagegen gestimmt hätten; im Falle eines Geschenks müsse keiner der vier Rechtfertigungsgründe (*causa formalis*, *finalis*, *materialis* und *effectiva*) vorliegen, sondern würde allein das Wollen der Geber ausreichen. Da diese Gabe aber durch königliche Autorität gefordert wurde, könne sie nicht als Akt der Freigebigkeit entsprechend der altrömischen *largitio* angesehen werden.

Dennoch erklärt Rastelli, dass er eher der gegenteiligen Ansicht zustimmen würde: Unter der Voraussetzung, dass die Aufforderungen des Königs das Wort Steuer nicht beinhalten würden, wäre der *donativo* keine Steuer, sondern eben eine Gabe. Darüber hinaus argumentiert er, dass der König für eine Steuer nicht die Zustimmung des Königreichs gebraucht hätte. Da der *donativo* aber eben nicht als Steuer dem Volk auferlegt worden sei, sondern nur einer Bitte des Königs entspräche, könne es sich nur um ein Geschenk und nicht um eine Steuer handeln. Außerdem kritisiert er Diana, der meinte, dass im Falle einer Steuer auch der Klerus verpflichtet sei, einen Beitrag zum Allgemeinwohl zu leisten, wenn die weltlichen Mittel nicht ausreichten. Nach Rastelli sei die Geistlichkeit weder im Falle von allgemeinen Hilfsgeldern noch unter irgendwelchen anderen Umständen verpflichtet, freiwillige Zahlungen im Königreich Neapel zu leisten, auch wenn die Praxis im Königreich Sizilien unterschiedlich sein möge.[60] Weitere Belege für die nichtfiskalische Natur des *donativo* sah Rastelli in der Fixierung der Höhe nicht durch den Monarchen, wie dies bei anderen Steuern der Fall sei, sondern durch das Königreich selbst. Es fehlten auch Zwangsmittel, die bei einer Steuer zu erwarten wären, außerdem waren die Barone nicht verpflichtet zu zahlen, da sie bereits im großen Umfang von der *adoha* betroffen waren, einer Ablöse für den persönlichen Kriegsdienst, die allerdings de facto nicht mehr eingehoben wurde, seit die zweijährigen *donativi* obligatorisch geworden waren. Die Bezahlung des *donativo* war daher eine Frage der Großzügigkeit, nicht der Besteuerung.[61]

Anschließend an diese Überlegungen wendet sich Rastelli der Frage zu, wann das Königreich *ex jure* dem Monarchen eine Gabe darbringen solle:

(BNCR, Sign. 13. 4. I. 46). Zu diesen beiden Juristen und königlichen Beamten s. *Silvio Zotta*, G. Francesco De Ponte. Il giurista politico. (Storia e diritto, Studi, Vol. 19.) Neapel 1987, und *Maria Teresa Napoli*, Art. „Mastrillo, Garzia“, in: DBI, Vol. 72. Rom 2009, 55–59.

[60] *Rastelli*, De regimine principis libri tres (wie Anm. 56), 135–137.

[61] Ebd. 137–139. Zur *adoha* s. *Bulgarelli Lukacs*, L'imposta diretta (wie Anm. 42), 20.

bei der Krönung, im Falle von Angriffen äußerer Feinde, bei der Geburt von Prinzen und Prinzessinnen, wenn der König in Gefangenschaft geraten sollte und schließlich im Falle der Bewirtung des Papstes, des Kaisers oder anderer Monarchen. Die Höhe dieser Mittel sollte sowohl den Bedürfnissen des Herrschers als auch dem Vermögensstand des Königreichs, das nicht ausgebeutet werden dürfe, entsprechen.[62] Natürlich schließt Rastelli seine Überlegung damit, dass der Klerus sich nicht am *donativo* zu beteiligen habe, im Gegenteil, der Herrscher solle der Kirche Geschenke machen. Wenn der König tatsächlich in eine solch missliche Lage geraten sollte, dass er den Beistand der Kirche benötige, solle er sich zuerst an den Papst wenden.[63]

Genaugenommen war Rastelli nicht der erste Kleriker, der sich nach der Initiative des Vizekönigs mit dem *donativo* beschäftigte. Seinem Büchlein war bereits ein handschriftliches Werk vorausgegangen, dessen Verfasser ein in Neapel residierender Abt aus Lucca, ein gewisser Giulio Cesare Braccini, war. Der Titel dieser Schrift lautet: „Discorso intorno a' donativi che si fanno a Napoli alla Maestà del Re Cattolico".[64] Das ausdrückliche Ziel dieses Traktats war, sich dem Anliegen des Herzogs von Alcalá zu widersetzen, mit weit radikaleren Argumenten als Rastelli, was auch die Manuskriptform der Veröffentlichung erklärt. Braccini teilt die *donativi* der letzten vierzig Jahre in drei Kategorien ein: ordentliche, gnädige und außerordentliche. Der *donativo*, den der Vizekönig verlangt hatte, bildet eine vierte Kategorie: zum Schutz Mailands und zur Verteidigung des Glaubens.

62 *Rastelli*, De regimine principis libri tres (wie Anm. 56), 141–145.

63 Ebd. 166f.

64 *Giulio Cesare Braccini*, Discorso intorno a' donativi che si fanno a Napoli alla Maestà del Re cattholico con occasione della domanda fatta da don Fernando Enriquez de Ribera duca di Alcalá e vice re di quel Regno a' cinque di dicembre 1629, ediert in: Raffaele Colapietra (Ed.), Problemi monetari negli scrittori napoletani del Seicento. Rom 1973, 273–288, auf Grundlage des Exemplars in der Biblioteca Nazionale di Napoli, Manoscritto Brancacciano (ms. Branc.) II D 8. Die Bedeutung dieses Texts erkannte zuerst *Galasso*, Contributo alla storia delle finanze del Regno di Napoli (wie Anm. 40), 30–34, aufgrund einiger Bemerkungen von *Coniglio*, Il Viceregno (wie Anm. 40), 128f. Über Giulio Cesare Braccini sind nur Bruchstücke aus seinem Leben bekannt: Er wurde 1572 in der Umgebung von Lucca geboren, 1596 zum Priester geweiht und starb am 29. April 1637 in Rom. Er übersetzte religiöse Bücher und verfasste selbst eine Reihe von Schriften politischen Inhalts wie über die Nachfolge im Herzogtum Mantua und den Krieg im Veltlin. Noch bekannter waren seine „Relazione dell'incendio fattosi nel Vesuvio alli 16 di decembre del 1631", die in drei Auflagen erschienen sind; *Cesare Lucchesini*, Della storia letteraria del Ducato lucchese libri sette, in: Memorie e documenti per servire all'istoria del Ducato di Lucca. Vol. 10. Lucca 1831, 79f., 116f.; *Giuseppe Galasso*, Art. „Braccini, Giulio Cesare", in: DBI, Vol. 13. Rom 1971, 633f.

Diese Gründe sprächen an sich für größte Freiwilligkeit, gleichzeitig aber beträfen sie alle Untertanen – auch die Geistlichkeit.[65] Braccini kritisiert die Forderungen der Krone mit der Begründung, dass ‚freiwillige' Gaben unrechtmäßig und daher Sünden vergleichbar seien, die eine Verpflichtung zur Wiedergutmachung zur Folge hätten. Die *donativi* seien keine wirklichen Geschenke, und nur solche könnten mit völliger Rechtmäßigkeit angenommen werden. Etwas frei von Sünde annehmen zu können, würde nicht nur das Fehlen von Zwang und Gewalt voraussetzen, sondern auch den leisesten Hauch von Angst ausschließen, die den Gebenden zu einer Gabe veranlasse, die er ohne Furcht nicht leisten würde. Diese These war für Braccini über jeden Zweifel erhaben. Genau das Fehlen einer echten freien Wahlmöglichkeit bewies die Steuernatur des *donativo* und dass er daher fälschlicherweise als freiwillig bezeichnet würde, wo er doch viel eher bedrückend sei. Die *donativi* könnten keine freiwilligen Gaben sein, da sie dem Vermögen der Bevölkerung so offensichtlich abträglich seien, dass eine Freiwilligkeit völlig ausgeschlossen erscheinen müsse. Tatsächlich war sich Braccini sogar sicher, dass, wenn die Untertanen frei von Furcht entscheiden könnten, sie die Zahlungen sicherlich verweigern würden, da sie schon wie die Mehrzahl der Barone verarmt und ihr Land überschuldet seien.[66]

Gegen De Ponte und Mastrillo polemisierend bestreitet Braccini die effektive Freiheit der Parlamente und legt gleichzeitig die Manipulationen und Kompromisse, die stattfanden, offen.[67] Darüber hinaus seien die *donativi* ausgesprochen schädlich und illegitim, weil die Vasallen und Untertanen gar nicht in der Lage seien, so viel zu geben, ohne sich selbst zu ruinieren. Dennoch sei es wahr, dass sie ihrem Fürsten in jeder erdenklichen Weise zu dienen hätten, und jene, die das Gegenteil lehrten, seien schlechte Landeskinder und noch schlechtere Theologen. Allerdings müssten auch die Fürsten und ihre Berater größte Vorsicht bei der Beschwerung der Untertanen walten lassen, da sie ja verpflichtet seien, dem Land Reichtum und Wohlstand und nicht Armut und Ruin zu bringen. Wenn das Königreich schon nicht mehr in der Lage sei ordentliche Steuern zu zahlen, wie sollte es dann neue aufbringen können? Braccini prangert auch den steilen Anstieg der Steuerforderungen während der letzten Jahrzehnte an: Nur wenn diese wieder reduziert würden, schreibt er, könnten neue Forderungen wie

[65] *Braccini*, Discorso intorno a' donativi (wie Anm. 64), 273.
[66] Ebd. 274 f.
[67] Ebd. 276–278.

ein *donativo* guten Gewissens gestellt werden, und selbst dann müssten die Beträge moderat und den Möglichkeiten der Untertanen und Geber angemessen sein. All jene, die permanent nach neuen Methoden und Erfindungen, die man zeitgenössisch als *arbitrios* bezeichnete, suchten, um Geld aus dem Volk herauszuholen, und behaupteten, dies zum Nutzen des Landesfürsten zu machen, sollten kein Ansehen mehr genießen, sondern verbannt und bestraft werden, da sie nicht nur das Volk verderben würden, sondern auch großen Schaden über den Fürsten brächten.[68]

Braccini behandelt anschließend Punkt für Punkt die steuerlichen Möglichkeiten des Herrschers, beginnend mit der Überlegung, dass die als Rechtfertigung vorgebrachten Kriege das Königreich Neapel nicht direkt beträfen. Wenn die finanziellen Schwierigkeiten des Herrschers deshalb tatsächlich so groß wären, wäre es für ihn legitim, wenn Zahlungen einige Zeit hinausgeschoben würden; illegitim sei es hingegen, das Volk endlos zu berauben und gegen seinen Willen zu plagen. Braccini verfluchte jene Theologen und Juristen, die dem Herrscher wohlwollende Ratschläge erteilten, obwohl sich dieser bei so ernster Materie von solchen Ratgebern nicht beeinflussen lassen dürfe.[69] Zum Abschluss seiner Überlegungen hält Braccini außerdem fest, dass weder der weltliche noch der Ordensklerus befugt sei, am *donativo* teilzunehmen, da weder sie noch die Bischöfe ohne die Zustimmung des Papstes über das Kirchengut verfügen könnten.[70]

Währenddessen hatte Philipp IV. im Juli 1630 den Vizekönig aufgefordert, eine gnädige Gabe zu fordern. Der König betonte, dass er bereits zwei Jahre zuvor ein solches Begehren formuliert habe, aber noch auf einen geeigneten Moment, der die Aufwendungen rechtfertigen würde, gewartet habe. Da die Kosten des Krieges in der Lombardei die Mittel, die aus den Iberischen Königreichen stammten, überstiegen, und weil der erfolgreiche Ausgang dieses Konflikts im Interesse aller Herrschaftsgebiete des Königs läge, sähe er sich nun gezwungen, sein Ansuchen zu erneuern und den *donativo* umzusetzen.[71] Das königliche Sendschreiben erreichte den Vizekö-

[68] Ebd. 278f., Zitat: 283: „come perniciosi non solo al ben publico ma dannosi a' Prencipi stessi".
[69] Ebd. 284–286.
[70] Ebd. 288.
[71] AGS, SP, lib. 437, Philipp IV. an den Herzog von Alcalá, Madrid, 1630 Juli 16, fol. 129v–130r. Eine Instruktion für den Vizekönig sah vor, dass er sich an die Inhaber der sieben obersten Hofämter, an die Barone, Bischöfe und Prälaten, an die Fürstenhöfe des Königreichs, an die Städte, Universitäten, Provinzgouverneure, Armeeoffiziere und an die Zünfte wenden sollte: ebd. „Instruccion de lo que vos el Ill.mo Duque de Alcala primo de nuestro Consejo de Estado, nuestro visorey lugartenienthe y capitan general en

nig erst im Januar 1631. In seiner Antwort berichtete der Herzog von Alcalá, dass sein letztjähriger Versuch gescheitert, oder genauer gesagt abgebrochen worden sei, weil man sich dazu entschlossen habe, ein Drittel aller Zahlungen der Krone wie zum Beispiel Pensionen oder Kreditzinsen einzubehalten, und auch wegen der ablehnenden Haltung des Papstes, der seinen Nuntius beauftragt habe, den Klerus von freiwilligen Gaben abzuhalten. Nun versuche der Vizekönig in seinen Verhandlungen mit dem Parlament, mehr als einen gewöhnlichen *donativo* zu erhalten.[72] Die Aufforderung Philipps kam Alcalá zu diesem Zeitpunkt höchst ungelegen. Der *Consejo de Italia*, der einberufen wurde, um die Lage zu beraten, schlug Philipp IV. vor, den Ausgang der Verhandlungen mit dem Parlament abzuwarten, bevor weitere Entscheidungen getroffen werden sollten.[73] Die Chancen auf einen freiwilligen *donativo* schwanden, weil die abrupte Rückberufung des Herzogs von Alcalá nach Spanien und seine Ersetzung durch den mächtigen Schwager von Olivares, Manuel de Acevedo y Zúñiga, sechster Graf von Monterrey, die Einberufung des Parlaments verhinderte.[74]

Das Problem des *donativo* bestand auch im Königreich Sizilien, wie aus dem Titel einer bereits zitierten Schrift hervorgeht: „De Comitiis, seu Parlamento Regni Siciliae, et Neapolis"[75] erschien 1629 in Palermo und wurde

el nuestro Reyno de Napoles haveys de hazer para encaminar mejor el donativo particular y gracioso que se ha de pedir en el dicho Reyno como se os avisa en carta a parte", Madrid, 1630 Juli 16, fol. 130v–135r; eine Kopie dieser Instruktion befindet sich im Anhang bei *Olga Gisolfi*, Il governo del duca di Alcalá viceré di Napoli (1629–1641). Caserta 1916, XXI–XXV.

72 Schreiben des Herzogs von Alcalá an Philipp IV., Neapel, 1631 Februar 18, ediert in: *Gisolfi*, Il governo del duca di Alcalá viceré di Napoli (wie Anm. 71), LXXIX–LXXX. Als Beweis für seinen Versuch von 1629 sandte der Vizekönig eine Kopie seines Rechtfertigungsschreibens: ebd. LXXXVIII–LXXIX. Zur Praxis, ein Drittel aller Zahlungen des königlichen Hofes zu sistieren, die eine Folge der finanziellen Notlage der Krone war und die dementsprechenden Widerstand hervorrief, s. Aggionta alli Diurnali di Scipione Guerra (wie Anm. 46), 329f. Die neapolitanische Praxis, Teile der Steuern an Inhaber von Staatsanleihen abzutreten, wird mit Beispielen bei *Calabria*, The Cost of the Empire (wie Anm. 43), 128, beschrieben.

73 Ratschlag des *Consejo de Italia* an Philipp IV., Madrid, 1631 Mai 7, ediert in: *Gisolfi*, Il governo del duca di Alcalá viceré di Napoli (wie Anm. 71), LXXXI.

74 Zur Abberufung des Herzogs von Alcalá, der durch die Anschuldigungen seines Widersachers, des Herzogs von Alba, aus dem Amt gedrängt wurde, s. Aggionta alli Diurnali di Scipione Guerra (wie Anm. 46), 536.

75 *Antonino Diana*, Tractatus sextus De Comitiis seu Parlamento Regni Siciliae, et Neapolis, in: ders., Coordinatus seu omnes resolutiones morales eius ipssimis verbis ad propria loca, et materias fideliter dispositae, ac distribuitae [...] per R.P. Martinum de Alcolea. Vol. 7. Lugduni 1667 (BNCR, Sign. 37. 18. F. 7). Die Schrift wurde von *Santo Bur-*

von dem Theologen und Theatiner Antonino Diana verfasst. Dieser stellte fest, dass der *donativo* des sizilianischen Parlaments nur dem Namen nach ein Geschenk sei.[76] Deshalb sollten für die *donativi* die gleichen Bedingungen gelten, wie für alle anderen Steuern auch: Zweckgebundenheit und Proportionalität. Außerdem wäre ein *donativo* selbst dann unrechtmäßig, wenn zwar ein gerechter Grund vorläge, die Mittel der Untertanen aber nicht ausreichen würden. Das Parlament sollte hierbei die Entscheidungsgewalt haben.[77] Der Kern der Argumentation Dianas ist die besondere Stel-

gio, Teologia barocca. Il probabilismo in Sicilia nell'epoca di Filippo IV. (Biblioteca della Società di Storia Patria.) Catania 1998, 34–44, analysiert. Zur Biographie Dianas s. *Paolo Portone*, Art. „Diana, Antonino", in: DBI, Vol. 39. Rom 1991, 645–647.

[76] Im frühen 18. Jahrhundert schrieb der sizilianische Gelehrte Antonino Mongitore: „oggi il fine principale del congregarsi è la conferma de' donativi antichi, e l'offerta de' nuovi [...] il che risulta in pubblico beneficio, e conservazione del Regno: poiché havendo i re l'occhio alla conservazione de' vassalli, per far loro goder la quiete, e difenderli dalle violenze nemiche, espongono le imminenti necessità, per esser soccorsi con volontarj donativi, e applicarsi in aiuto delle guerre, in fortificazione del Regno, e altre necessarie occorrenze. Con questo mezzo hanno i re sperimentato la profusa liberalità de vassalli [...]". Vgl. *Antonino Mongitore*, Il Parlamento di Sicilia. Memorie istoriche, in Parlamenti generali ordinarij e straordinarij celebrati nel Regno di Sicilia dal 1494 sino al 1658 raccolti da don Andrea Marchese, con l'aggiunta in questa nuova impressione di quelli del 1661 sino al 1714 del dottor don Pietro Battaglia [...]. Ed. Andrea Romano. Soveria Mannelli 2001, 66f. Zur Zusammensetzung, zu den Aufgaben und zur Funktionsweise der Sizilianischen Parlamente s. *Francesco Giuseppe La Mantìa*, I Parlamenti del Regno di Sicilia e gli atti inediti (1541 e 1594). Rom/Turin/Florenz 1886; *Carlo Calisse*, Storia del Parlamento in Sicilia dalla fondazione alla caduta della Monarchia. Turin 1887; *Antonio Marongiu*, Il Parlamento in Italia nel Medioevo e nell'età moderna. Contributo alla storia delle istituzioni parlamentari dell'Europa occidentale. (Études presentées a la commission internationale pour l'histoire des assemblées d'états, Vol. 25.) Mailand 1962, 338–359, 433–441; *Helmut G. Koenigsberger*, The Parliament of Sicily and the Spanish Empire, in: Melanges Antonio Marongiu. (International Commission for the History of Respresentative and Parliamentary Institutions: Etudes, Vol. 34.) Brüssel 1968, 81–96. S. auch *Andrea Romano* (Ed.), „De curia semel in anno facienda". L'esperienza parlamentare siciliana nel contesto europeo. Atti del convegno internazionale di studi (Palermo, 4–6 febbraio 1999). Mailand 2002.

[77] *Diana*, Tractatus sextus De Comitiis seu Parlamento (wie Anm. 75), 371 f. Tatsächlich gab es eine ganze Reihe von allgemein akzeptierten Voraussetzungen: die Ermächtigung der Steuerbehörde, das Vorhandensein eines würdigen Grundes für das Allgemeinwohl, die Angemessenheit der Steuern in Bezug auf die Gesamthöhe und proportionale Verteilung auf die einzelnen Steuerpflichtigen, die Verpflichtung, Steuern nur für jenen Zweck auszugeben, für welchen sie eingehoben wurden, und schließlich die Zusicherung, dass die Steuereinhebung nach dem Erreichen des Ziels wieder eingestellt würde. Die Meinungen gingen über die Definition des Grades an notwendiger Zustimmung der Untertanen zur außerordentlichen Besteuerung auseinander, ebenso wie über die Frage, welche Tribute durch besondere Dringlichkeit (finanziell, militärisch etc.) gerechtfertigt seien und welche Steuern der Zustimmung der Institutionen des Königreichs bedürften. Vgl.

lung des Königreichs Sizilien, in welchem nach den Kapitularien König Jakobs II. (1286) Tribute nur in ganz bestimmten Fällen eingehoben werden konnten: zur Verteidigung des Königreichs bei Gefahr von außen, für Lösegeldzahlungen bei der Gefangennahme des Königs oder des Kronprinzen, für die Leibwache des Königs und für die Mitgift der Töchter und Schwestern des Königs. Während der König also in seinen anderen Territorien neue Steuern einführen könne, stand Diana auf dem Standpunkt, dass er aufgrund der unwiderrufbaren Privilegien Siziliens hier keine zusätzlichen Steuern verlangen dürfe.[78]

Inmitten vieler Einsprüche bot Dianas Meinung maßgebliche theoretische Unterstützung für oppositionelle Kreise, die gegen die Steuerpolitik der Verwaltung Philipps IV. während des *valimiento* Olivares' auftraten. Es ist auch nicht weiter verwunderlich, dass diese Opposition von Mitgliedern des Theatinerordens intellektuell unterstützt wurde, eines Ordens, der eng verbunden war mit der antispanischen Politik und den religiösen Strategien Papst Urbans VIII.[79]

Die Diskussion über die Natur des *donativo* wurde in Neapel seit den späten 1630er Jahren wieder intensiver geführt, nachdem die Steuern drastisch angehoben worden waren, um die Kriegskosten zu bezahlen.[80] Als das Parlament des Königreichs 1636 zusammentrat, verlangte und erhielt Vizekönig Ramiro Núñez de Guzmán, Herzog von Medina de las Torres, nicht nur die Erneuerung des gewöhnlichen *donativo*, sondern auch das Zu-

Laurés, Ideas fiscales (wie Anm. 9), 310–321; *Aliaga Girbes*, Los tributos e impuestos valencianos (wie Anm. 9), 112–121, 136–143 und 150–157; *Marco Bianchini*, La tassazione nella seconda scolastica e negli scritti politici dell'Italia cinque-seicentesca, in: Hermann Kellenbenz/Paolo Prodi (Eds.), Fisco religione Stato nell'età confessionale. (AnnTrento, Quad. 26.) Bologna 1989, 48–51; *Vincenzo Lavenia*, L'église, juge du Fisc: Théologie et impôt aux XVIe et XVIIe siècles, in: Thomas Berns/Jean-Claude K. Dupont/Mikhaïl Xifaras (Eds.), Philosophie de l'impôt. (Penser le droit, Vol. 5.) Brüssel 2006, 37–67.

78 *Diana*, Tractatus sextus De Comitiis seu Parlamento (wie Anm. 75), 374. Zum Inhalt der 1286 anlässlich der Krönung Jakobs II. zum König von Sizilien erlassenen Kapitularien s. Constitutiones immunitatum editae per illustrem D. Jacobum Dei gratia Regem Siciliae, in: Capitula Regni Siciliae quae ad hodiernum diem lata sunt edita cura ejusdem Regni Deputatorum. Vol. 1. Panormi 1741, 6–8.

79 *De Simone*, I teatini (wie Anm. 56); *Guido D'Agostino/Gianfranco De Simone*, Parlamento e finanze nella pubblicistica religiosa della prima metà del Seicento a Napoli, in: Annali della Facoltà di Scienze Politiche dell'Università di Perugia. Materiali di storia, 1982–1983, 185–196.

80 *Coniglio*, Il Viceregno (wie Anm. 40), 247–259; *Luigi De Rosa*, L'ultima fase della guerra dei Trent'anni e la crisi economico-finanziaria e sociale del Regno (1630–1644), in: ders., Il Mezzogiorno spagnolo fra crescita e decadenza. Mailand 1987, 166–193.

geständnis einer außerordentlichen Gabe in gleicher Höhe (1,2 Millionen Dukaten), zahlbar im Zeitraum von vier Jahren, und noch zusätzlich eine außerordentliche, nicht aufschiebbare Zahlung von 700000 Dukaten. Indes bezweifelte der Theatiner und Theologe Tommaso Del Bene wegen des offenkundig manipulierten Verfahrens und der Korruption der königlichen Beamten, die diese zur Erreichung der Bewilligung eingesetzt hätten, die Rechtmäßigkeit der Entscheidungen des Parlaments. Er erklärte die Vorgänge im Parlament für ungültig und die neuen Steuern für unrechtmäßig. Del Bene bestritt, dass diese durch die finanzielle Notlage der Krone gerechtfertigt seien. Selbst wenn die königlichen Finanzen tatsächlich erschöpft sein sollten, müsse der Monarch andere Möglichkeiten finden, wie zum Beispiel seine eigenen Ausgaben einzuschränken beziehungsweise alle Zuwendungen, Gnadengelder und Geschenke auszusetzen.[81] Del Benes Ansichten trat Giovanni Francesco Sanfelice, Richter am *Sacro Regio Consiglio*, mit seiner 1638 publizierten Schrift „De munere Regi nostro praestando ad regnum tuendum" entgegen. Er rechtfertigte das einschüchternde Handeln des Vizekönigs und seiner Beamten mit dem übergeordneten Finanzbedarf der Krone.[82] Diese Spannungen ließen auch in den folgenden Monaten nicht nach. Im Januar 1639 versammelte der Vizekönig neuerlich das Parlament, um weitere Gelder unter Zuhilfenahme der üblichen Drohungen, Gefälligkeiten und Korruption zu erlangen.[83] Diesmal bezichtigte er Tommaso Del Bene, die Mitglieder des Parlaments zur Rebellion aufzustacheln, und er instruierte den Nuntius Emilio Altieri, Del Bene innerhalb von zwei Tagen aus dem Königreich entfernen zu lassen. Falls der Nuntius diesem Ansuchen nicht entsprechen sollte, werde er selbst unter großem Schaden für den Orden und die Kirche für die Entfernung Del Benes sorgen. Der Theologe wurde tatsächlich nach Rom berufen und kehrte nie mehr nach Neapel zurück[84], während das Parlament einen

[81] *Francesco Capecelatro*, Degli annali della città di Napoli parti due (1631–1640). Neapel 1849, 44–46; *Pier Luigi Rovito*, Il viceregno spagnolo di Napoli. (Citra & ultra, Bd. 7.) Neapel 2003, 244–248. Zur Höhe der *donativi* s. *Carignani*, Le rappresentanze e i diritti dei Parlamenti napoletani (wie Anm. 41), 668.

[82] *Giovanni Francesco Sanfelice*, De munere Regi nostro praestando ad regnum tuendum. Neapel 1638. Zur Analyse der Position Sanfelices s. *Comparato*, Uffici e società a Napoli (wie Anm. 56), 379f.; *Rovito*, Il viceregno spagnolo di Napoli (wie Anm. 81), 247f.

[83] Zum Parlament von 1639 s. *Capecelatro*, Degli annali della città di Napoli (wie Anm. 81), 140–143; *Rovito*, Il viceregno spagnolo di Napoli (wie Anm. 81), 248–251.

[84] *Francesco Andreu*, Tommaso Del Bene (1605–1673) e i problemi del suo tempo, in: Marco Lanera/Michele Paone (Eds.), Momenti e figure di storia pugliese. Studi in memoria di Michele Viterbo. Vol. 2. Galatina 1981, 44f.

gewöhnlichen *donativo* von 1,2 Millionen Dukaten und einen außerordentlichen von einer Million Dukaten bewilligte.[85]

Die Frucht dieser Auseinandersetzung war ein Buch Del Benes, das 1644 in Lyon unter dem Titel: „De comitiis, seu Parlamentis“[86] veröffentlicht wurde. Obgleich auch Del Bene akzeptierte, dass der *donativo* nun de facto eine Steuer geworden war, setzte er gleichwohl den königlichen Steuerforderungen strenge Grenzen, bestehend aus den theologischen und moralischen Bedingungen ihrer Legitimität. Sollte der König neue Mittel einfordern, ohne zuvor seine eigenen Ausgaben auf ein gerade noch ohne Ehrverlust vertretbares Minimum zu senken, würde für Del Bene eine essentielle Grundvoraussetzung für die Rechtmäßigkeit von Steuer- und Geschenkforderungen fehlen.[87] Wenn dem König aber keine anderen Mittel mehr blieben, um die Aufgaben des Königreichs zu erfüllen, dann wäre es rechtmäßig, von den Untertanen Steuern einzuheben und um Gaben zu ersuchen. Aber selbst in diesem Fall würden die Beschränkungen der Steuererhebung bestehenbleiben: Der Monarch müsse zuerst bei seinen eigenen Ausgaben strengstens sparen; das Königreich bräuchte ausreichende Ressourcen, um die Last der Steuern tragen zu können. Der Zweck dieser neuen Steuern müsse ein angemessener sein, außerdem dürfe die Steuersumme den wirklichen Bedarf nicht übersteigen; sie dürfe nur so lange eingehoben werden, bis der Zweck erfüllt sei, und die Einnahmen sollten tatsächlich ausschließlich für jene Zwecke verwendet werden, für welche sie ursprünglich vorgesehen waren.[88] Zum Abschluss untersuchte Del Bene die Situation des *donativo* im Königreich Neapel. Er erinnerte an die Meinung bestimmter Autoren, nach der Papst Honorius III. als oberster Lehensherr des Königreichs versucht habe, dessen unrechtmäßige Besteuerung durch Kaiser Friedrich II. zu verhindern, indem er festlegte, dass dieser nur in vier Fällen Steuern ohne die Zustimmung des Papstes fordern dürfe – genau jenen Umständen, die in den Kapitularien Jakobs II. von Sizilien festgelegt und auch von Antonino Diana zur Argumentation verwendet worden waren. Für Del Bene hatten die Bestimmungen Papst Honorius' nichts von ihrer Validität verloren, noch dazu wo alle Herrscher gelobt hätten, die Privilegien des Königreichs zu respektieren: Sollten sie dies nicht tun, wären

[85] *Carignani*, Le rappresentanze e i diritti dei Parlamenti napoletani (wie Anm. 41), 668f.; *Coniglio*, Il Viceregno (wie Anm. 40), 261f.

[86] *Tommaso Del Bene*, De Comitiis, seu Parlamentis, ac incidenter, et corollarie de aliis moralibus materiis [...] dubitationes morales. Lugduni 1644 (BNCR, Sign. 31. 6 E. 10).

[87] Ebd. 7–10.

[88] Ebd. 247f., 250f.

sie durch ihr Gewissen gezwungen, die *donativi* zurückzugeben.[89] In Bezug auf Sizilien zitierte Del Bene nachdrücklich die Kapitularien Jakobs II. und sah durch diese den Vertragscharakter der Beziehungen zwischen Königreich und König bestätigt.[90]

Del Benes Traktat zeigt eindeutig, wie sich die Debatte über die *donativi* in eine Diskussion über die Grenzen der königlichen Besteuerung verwandelt hatte. Dennoch kam in der zweiten Hälfte des 17. Jahrhunderts auch wieder ein Interesse an der prinzipiellen Natur des *donativo* auf, erneut durch das Werk eines spanisch-sizilianischen Klerikers: Antonio Agraz de Spucches publizierte 1672 in Rom seine Schrift „Donativum voluntarium politicum".[91] Diese Arbeit erschien in einer für die Katholische Monarchie besonders schwierigen Zeit. Die 1660er Jahre waren gekennzeichnet durch den Übergang der Herrschaft von Philipp IV. auf seinen Sohn Karl II., einen Kindkönig unter der Vormundschaft der Königsmutter Maria Anna von Österreich. Die schwere politische und finanzielle Last der Krone wurde in jenen Jahren durch die Dynamik Frankreichs unter Ludwig XIV. auf internationaler Ebene weiter vergrößert. Es war daher kein Zufall, dass gerade in den Jahren von 1666 bis 1672 in Kastilien wieder regelmäßig auf gnädige Gaben – dem Namen nach oder de facto – zurückgegriffen werden musste, wenn auch mit geringem Ertrag, angesichts der Entschlossenheit der Krone, die Steuerlast der Untertanen nicht zu erhöhen und die Währung nicht zu manipulieren.[92] Agraz' Position und Vorschlag zum *donativo* wa-

[89] Ebd. 265–268.

[90] Ebd. 269f.

[91] *Antonio Agraz de Spuig*, Donativum voluntarium politicum diatribe Antonii Agraz de Spuig I.C. marchionis Uniae, Placae abbatis, Clementis IX ac X Summorum Pontifium a cubiculo ad Carolum II Hispaniarum regem catholicum. Romae 1672 (BNCR, Sign. 204. 14. D. 25). Neben dem hier verwendeten Exemplar der Biblioteca Nazionale Centrale in Rom befinden sich weitere Exemplare in der Biblioteca Nacional de España, Madrid, Sign. 3/6129, und in der Biblioteca Centrale della Regione Siciliana, Palermo, Sign. 4. 52. b. 86. Zu Antonio Agraz de Spucches gibt es nur wenige Informationen: Er wurde am 25. Mai 1640 in Palermo als Sohn Alonso de Agraz' geboren, eines spanischen Beamten aus Albacete, der 1648 zum Präsidenten des *Tribunale del Real Patrimonio del Regno di Sicilia* ernannt wurde. Seine Mutter war Angela de Spucches da Taormina. S. *Antonino Mongitore*, Bibliotheca sicula sive de scriptoribus siculis. Vol. 1. Panormi 1707, 53.

[92] *Juan Antonio Sanchéz Belén*, La politica fiscal en Castilla durante el reinado de Carlos II. Madrid 1996, 257–260; *Christopher Storrs*, The Resilience of the Spanish Monarchy, 1665–1700. Oxford 2006, 129–134. Für eine kritische Studie über die Regentschaft Karls II. mit einem aktuellen Literaturüberblick s. *Juan Antonio Sánchez Belén*, La política interior del reinado de Carlos II (1665–1680), in: José Alcalá-Zamora/Ernest Belenguer (Eds.), Calderón de la Barca y la España del Barroco. Vol. 1. Madrid 2001, 837–870,

ren quasi ‚monarchisch-vertraglich'. Unter der Voraussetzung der Liebe der Untertanen zu ihren Fürsten und der Befolgung der klassischen Tugenden der Mäßigung und Besonnenheit durch die Herrscher, könne man, so Agraz, eine gleichzeitig freiwillige und verbindliche Besteuerung ermöglichen und alle aktuellen Konflikte, die aus den drückenden Forderungen der Fürsten entstünden, lösen. Er entwickelte seine Ideen mit Hilfe von Vergleichen zur Antike, aus der er ein ganzes Arsenal von Beispielen verwendete. Im Großen und Ganzen hatte seine Analyse des *donativo* die Form eines Dialogs zwischen dem Vergangenen und dem Gegenwärtigen, zwischen der Antike – ohne Unterscheidung zwischen der griechischen Welt, der jüdischen Geschichte, dem republikanischen und kaiserlichen (vor allem dem spätkaiserzeitlichen) Rom – und der mittelalterlichen und frühneuzeitlichen Vergangenheit des 14. bis 16. sowie der Gegenwart des 17. Jahrhunderts, nebst einigen seltsam anmutenden Exkursen über die Republik Venedig und Holland. Agraz' Abhandlung verblüfft auch durch die den Text begleitenden Bezeugungen von Bewunderung für die Fähigkeit des Heiligen Römischen Reichs, die finanziellen Ressourcen der eigenen Bevölkerung und der Verbündeten durch das Lukrieren von Hilfsgeldern zu nützen, und durch die überbordende Bewunderung für Philipp IV., den Inbegriff eines ‚christlichen Prinzen', der selbst die Römischen Kaiser an Großartigkeit übertroffen habe, indem er seine Untertanen nicht mit neuen Steuern beschwert, sondern nur um ihre freiwillige Unterstützung gebeten habe. Diese Revision der älteren und jüngeren Vergangenheit sollte natürlich die Argumentation von Agraz unterstützen. Demselben Zweck diente sein überreiches Lob auf die Stadt Messina, die sich den Titel der Hauptstadt mit Palermo teilte, und die er als zweifache Republik innerhalb des Königreichs Sizilien beschrieb, die sich jederzeit finanzielle Mittel verschaffen könne und über substantielle richterliche, fiskalische und administrative Privilegien verfüge, die regelmäßig von den Habsburgischen Monarchen bestätigt würden.[93] Dies war vielleicht bezeichnend für den Wunsch, einen Kompromiss zwischen den Forderungen der Monarchie und einer der reichsten Städte Siziliens zu finden, die gerade in jenen Jah-

und *Antonio Álvarez-Ossorio Alvariño*, Neoforalismo y Nueva Planta. El gobierno provincial de la monarquía de Carlos II en Europa, in: ebd. 1061–1089. Nützlich auch: *Xavier Gil Pujol*, La Corona de Aragón a finales del siglo XVII: a vueltas con el neoforalismo, in: Albaladejo (Ed.), Los Borbones (wie Anm. 22), 97–115.

[93] S. dazu *Giuseppe Arenaprimo*, Donativi offerti dalla città di Messina dal 1535 al 1664, in: Archivio storico messinese 7, 1906, 115–121.

ren aufgrund eines komplexen Faktorenbündels Schwierigkeiten hatte, eine adäquate Position zu finden.[94]

Es ist auch außerordentlich erhellend, dass etliche Beispiele für den freiwilligen *donativo*, die bereits Fernández de Navarrete für die Stützung seiner Thesen herangezogen hatte, auch von Agraz benützt wurden, allerdings mit einer völlig umgekehrten Interpretation und unter Weglassung der Quellenangaben.

Agraz beginnt seine Ausführungen mit der Aussage von Tacitus, dass ein Reich nicht ohne Armeen, Armeen nicht ohne Geld und Geld nicht ohne Kontributionen existieren könnten, und dass der erste und wichtigste Grund für Kontributionen die allgemeine Sicherheit und Ruhe seien. In dieser Hinsicht sei allgemein anerkannt, dass, wenn der Staat gut geschützt sei, auch die privaten Angelegenheiten sicher wären. Sei der Staat aber verwundbar, wären auch die privaten Dinge dem Ruin preisgegeben. Daraus folgert Agraz, dass, auch wenn die Unterstützung von Notleidenden ein Akt der Liebe und Barmherzigkeit sei, sie in Wirklichkeit doch eine nützliche und schlussendlich profitable Investition des Gebers wäre. Es sei daher im eigenen Interesse der Untertanen, einen in Gefahr schwebenden Fürsten zu unterstützen, da das Schicksal des Einzelnen vom Schicksal des Herrschers abhänge. Die Betrachtung der Beziehung zwischen Landesfürst und Landeskindern vor dem Hintergrund des *donativo* und in Relation zwischen öffentlichen Aufgaben und privaten Interessen benützt Agraz, um die Großmütigkeit jener Herrscher hervorzuheben, welche, obwohl sie dazu das Recht gehabt hätten, im Krisenfall Steuern einzuheben, dennoch lieber Zuflucht in Bitten statt Beschwerungen und in Mäßigung statt Machtausübung gesucht hätten. Um Anschuldigungen vorwegzunehmen, wonach Fürsten mehr nähmen als ihnen zustünde, zitiert Agraz die Meinungen namentlich nicht genannter Theologen, wonach Vertretungskörper der Untertanen in Krisenzeiten für Beratungen über Kontributionen überflüssig seien, und dass Fürsten nicht nur Steuern gegen den Willen ihrer Untertanen einheben, sondern deren gesamtes Vermögen für den Staatsschatz beschlagnahmen könnten.

Die vom Parlament verabschiedeten *donativi* – die Bezugnahme auf Sizilien ist nicht zu übersehen – könnten zwei Formen annehmen: ordentliche, die dem Herrscher für die Verteidigung und Verwaltung des König-

[94] Zu den politischen Ursachen des Aufstandes in Messina 1674–1678 s. *Francesco Benigno*, Lotta politica e sbocco rivoluzionario: riflessioni sul caso di Messina (1674–78), in: Storica 13, 1999, 7–56.

reichs bezahlt würden, und außerordentliche, die an besondere Ereignisse (Thronbesteigung, Geburt des Thronfolgers, Heirat einer Prinzessin) gebunden seien.[95] Auch freiwillige Gaben würden automatisch in die zweite Kategorie fallen. In diesem Zusammenhang kritisierte Agraz offen das Verhalten der Granden und Stadtanwälte: Wenn diese verpflichtet würden, die Summe, die sie großmütig versprächen, aus ihrer eigenen Tasche zu bezahlen, wären sie wesentlich zurückhaltender. Folglich müssen jene, deren Stimmen so häufig die Bevölkerung des Königreichs einer unerträglichen Steuerlast aussetzen würden, in Angelegenheiten des Königs sicherstellen, dass die Großzügigkeit und Freigebigkeit der Untertanen nicht deren Ruin bedeuteten.

Anschließend erteilt Agraz den Mitgliedern des Parlaments Ratschläge, wie sie die Anliegen des Königs besser unterstützen und gleichzeitig Schaden vom Volk fernhalten könnten:

1. Bevor eine Entscheidung getroffen werde, sollten die Ressourcen der Untertanen so genau wie möglich überprüft werden. Wenn diese gerade erst durch wirtschaftlich schwierige Jahre oder durch die ordentlichen Steuern verringert worden seien, sollten die Untertanen mit keinen neuen Abgaben belegt werden, um deren allgemeine Zahlungsfähigkeit nicht zu gefährden.

2. Die Last des gesamten *donativo* sollte unter Einhaltung des Rechts auf alle Untertanen aufgeteilt werden. Es sei daher nötig, ein Besitzverzeichnis von allen Bürgern anzulegen, so dass der den Reichsten zugewiesene Betrag nicht unrechtmäßig auf die Ärmeren abgewälzt werden könne, wie es sonst zumeist geschähe.

3. *Donativi* sollten in Raten geleistet werden können und nicht nur in einer einzigen Gesamtzahlung.

4. Unter den Steuereinnehmern seien Zügellosigkeit und Habgier zu unterbinden, da diese Form des Diebstahls sowohl den einzelnen Steuerzahler, als auch das Schatzamt schädige, was insbesondere bei einer freiwilligen Leistung vollkommen inakzeptabel sei.[96]

Einer Analyse der zeitgenössischen Zustände ist das zwölfte und letzte Kapitel seines Buchs verpflichtet, in welchem Agraz behauptet, dass der freiwillige *donativo*, wie er von den königlichen Räten beschrieben werde,

[95] Diese Unterscheidung war von Agraz wieder aufgenommen worden. Zur einzigen aktuellen Erwähnung von Agraz in einem historiographischen Werk s. *Antonio Giuffrida*, La finanza pubblica nella Sicilia del '500. (Storia economica di Sicilia, NS. Vol. 10.) Caltanissetta/Rom 1999, 117.

[96] *Agraz de Spuig*, Donativum voluntarium politicum (wie Anm. 91), 87–92.

wohl kaum oder gar nicht als ‚freiwillig' bezeichnet werden könne. Dafür reiche auch nicht aus, dass der Fürst Gewalt verboten habe und statt dessen nur Bitten und Überzeugungsarbeit erlaubt seien, da die Furcht vor dem Herrscher und der Gehorsam gegenüber der Krone den Untertanen angeboren seien. Darüber hinaus sei die Autorität der königlichen Beamten, die den *donativo* durchführten, so groß, dass sie die notwendige Freiheit der Geber auslöschen würde. Es sei daher, so Agraz, unerlässlich, mit Mäßigung vorzugehen, da die *donativi* zumeist häufiger als notwendig erbeten und mit mehr Nachdruck als gerechtfertigt eingehoben würden.[97] Agraz zeigt sich auch besonders kritisch gegenüber der gängigen Praxis der Parlamente in Neapel und Sizilien, die Zusammensetzung der Stände substantiell zu verändern. Da eine Stimmenmehrheit für die Bewilligung der Mittel notwendig sei, wären erst kürzlich Arrangements gemacht worden, die die Unterstützer und Diener des Königs zu Stadtanwälten gemacht hätten.

Darauf folgt eine ausgedehnte Lobrede auf das fromme und würdige Verhalten des katholischen Fürsten Philipp IV., der, da seine Schatzkammer leer war und er viele Kriege zu führen hatte, seine Untertanen um Hilfe bitten musste. Dennoch habe er nicht Steuereinnehmer beauftragt, sondern, um die Tugend der freiwilligen Gabe nicht zu verderben und nicht den Anschein von Gewalt aufkommen zu lassen, gottergebene Männer, vor allem Geistliche, in Spanien ausgesandt, die die Untertanen über die missliche Lage ihres Herrschers informieren und um deren loyale Unterstützung bitten sollten.[98]

Als Schlussfolgerung ermahnt Agraz die Monarchen, den Besitz ihrer Untertanen nicht über Gebühr zu besteuern, da sie damit sicherstellen würden, dass ihnen in zukünftigen schwierigeren Situation geholfen werden könne, weil der wahre Reichtum in der Liebe des Volkes läge. Es folgt Agraz' Ermahnung, die gierigen und verschlagenen Männer, die täglich neue Steuern zum Schaden des Königs und des Landes erlassen würden, vom Hof und aus allen Ländern des Reichs – unter der klassischen Fassade ist die Bezugnahme auf die Katholische Monarchie evident – zu verjagen. Statt dieser Männer sollten jene herangezogen werden, die die Allmacht Gottes fürchten würden und daher auch in der Lage wären, sich dem Willen des Herrschers entgegenzustellen.[99]

[97] Ebd. 93f.
[98] Ebd. 95–98.
[99] Ebd. 100–103.

Agraz' Buch ist der letzte Beitrag zur Debatte über die Natur des *donativo* im 17. Jahrhundert. Seit dem Beginn der 1620er Jahre veranlassten die steigenden Kriegsausgaben der Spanischen Krone Philipp IV. und seine Räte, stetig anwachsende Kontributionen von den Königreichen Neapel und Sizilien zu verlangen. Vor diesem Hintergrund sind die Meinungen der Theologen, Juristen und königlichen Beamten zu bewerten. Das Ziel dieser Schriften war der Schutz eigener Interessen vor der Steuerpolitik der Krone und den Handlungen der Amtsträger. Nicht umgesetzt wurde der am Ende des Jahrhunderts von Antonio Agraz gemachte Vorschlag, durch die Schaffung eines freiwilligen *donativo* eine Alternative zum königlichen Steuersystem auf Basis der Großzügigkeit der Untertanen und der Wiedererrichtung einer vertragsorientierten Beziehung zwischen Untertanen und Herrscher zu schaffen. Dadurch wurde die Frage nach der Natur des *donativo* mit der breiteren Diskussion über die rechtmäßige Besteuerung und deren Charakteristika im katholischen Europa des 17. Jahrhunderts verbunden.

Reformen der Infrastrukturfinanzierung im Frankreich des 18. Jahrhunderts*

Von

Anne Conchon

I. Einleitung

„Die dritte und letzte Aufgabe des Staates besteht darin, solche öffentlichen Anlagen und Einrichtungen aufzubauen und zu unterhalten, die, obwohl sie für ein großes Gemeinwesen höchst nützlich sind, ihrer ganzen Natur nach niemals einen Ertrag abwerfen, der hoch genug für eine oder mehrere Privatpersonen sein könnte, um die anfallenden Kosten zu decken, weshalb man von ihnen nicht erwarten kann, daß sie diese Aufgabe übernehmen.“[1] Mit diesen Worten stellte Adam Smith die Frage nach der Finanzierung von Infrastrukturmaßnahmen innerhalb eines Gemeinwesens zur Diskussion. Selbst wenn von Maßnahmen, die in erster Linie dem Handel und dem Wirtschaftswachstum dienen, die gesamte Gesellschaft profitiert, müsse, so Smith, die Finanzierung dennoch nicht automatisch über die allgemeinen Staatseinnahmen geschehen; im Gegenteil forderte er vehement, dass die Kosten durch die Steuern, die durch die Warenzirkulation selbst generiert würden, abgedeckt werden sollten.

Bezüglich der Finanzierung von Infrastrukturmaßnahmen im Frankreich des Ancien Régime konzentrierte sich die Forschung entweder auf die Institutionenökonomik (*économie des contrats*)[2] oder auf einzelne ausgewählte Verkehrswege. Stellt man das Thema hingegen in einen größeren

* Aus dem Französischen übersetzt von *Andrea Serles*.

1 „The third and last duty of the sovereign or commonwealth is that of erecting and maintaining those public institutions and those public works, which, though they may be in the highest degree advantageous to a great society, are, however, of such a nature, that the profit could never repay the expence to any individual or small number of individuals, and which it therefore cannot be expected that any individual or small number of individuals should erect or maintain.“ *Adam Smith*, An Inquiry into the Nature and Causes of the Wealth of Nations [1776]. (The Works of Adam Smith [...], Vol. 4.) London 1811, Vol. 5, Kap. 1, 92f. Deutscher Text: *ders.*, Der Wohlstand der Nationen. Eine Untersuchung seiner Natur und seiner Ursachen. Aus dem Englischen übertragen und mit einer umfassenden Würdigung des Gesamtwerkes. Hrsg. v. Horst Claus Recktenwald. 8. Aufl. München 1999, 612.

2 S. *François Monnier*, Les Marchés de travaux publics dans la généralité de Paris au XVIIIe siècle. (Bibliothèque de Science administrative, Vol. 11.) Paris 1984; *Anne-So-*

Zusammenhang, so lässt sich die Rolle des Staates in Bezug auf seine Verantwortung für die Infrastruktur und die Bedeutung des Transportwesens für die gesamte Finanzpolitik erfassen. Die von Eugène Vignon und Jean Petot gesammelten Daten sowie ihre Arbeiten über Auswahl, Durchführung und Wirtschaftlichkeit von Baumaßnahmen und Investitionen legten den soliden Grundstein für weitere Forschungen.[3]

Auch wenn der Ausbau von Verkehrswegen noch immer eine der grundlegenden Aufgaben von Zentral- und Lokalbehörden ist, forderte gerade im 18. Jahrhundert die Krone ganz entschieden ihre Vorrechte bezüglich aller den Verkehr betreffenden Maßnahmen ein, und zwar nicht nur in Hinblick auf strategische Notwendigkeiten, sondern auch mit Bedacht auf die Erfordernisse des Handels. So sehr der Ausbau der Infrastruktur das wirtschaftliche Wachstum im 18. Jahrhundert durch die Förderung der heimischen Produktion und durch die Sicherstellung der Distribution von Importwaren unterstützte, so sehr verlangten die wachsenden Warenströme nach der Errichtung weiterer Verkehrsachsen und nach der Instandhaltung der bestehenden Transportrouten. Am Vorabend der Revolution zählte man in Frankreich rund 1000 Kilometer Kanäle, 7000 Kilometer schiffbare Flüsse und 28 000 Kilometer Straßen.[4] Bereits während der sogenannten *Régence*, der vormundschaftlichen Regierung für Ludwig XV. von 1715 bis 1723, wurde nach der Reorganisation des Brücken- und Straßenbauamts (*service des Ponts et Chaussées*, in Folge als *Ponts et Chaussées* bezeichnet) ein ambitioniertes Programm zum Ausbau der Verkehrswege ins Leben gerufen. Beginnend mit den 1760er Jahren vervielfachten sich auch die Projekte und Baustellen zur Ankurbelung der Binnenschifffahrt, die trotz der wachsenden Konkurrenz durch den Transport auf der Straße noch immer ein wesentlicher Faktor für den Gütertransport war. Die entscheidende Herausforderung in Hinblick auf all diese Bau- und Erhaltungsmaßnahmen – sowohl für die Wege zu Lande als auch zu Wasser – war ihre Finanzierbarkeit. Es gilt daher herauszufinden, wie es der Monarchie möglich war, die enormen finanziellen Mittel aufzubringen, die für den Ausbau und die Verbesserung

phie Condette-Marcant, Bâtir une généralité: le droit des travaux publics dans la généralité d'Amiens au XVIIIe siècle. (Histoire économique et financière de la France. Etudes générales.) Paris 2001.

[3] *E[ugène]-J.-M. Vignon*, Etudes historiques sur l'administration des voies publiques en France aux 17e et 18e siècles. 4 Vols. Paris 1862–1880, insbes. Vol. 3; *Jean Petot*, Histoire de l'administration des Ponts et Chaussées (1599–1815). Paris 1958.

[4] *Serge Bonin* (Ed.), Atlas de la Révolution française. Vol. 2: Routes et communications. Paris 1989.

der Verkehrsinfrastruktur benötigt wurden, insbesondere in Zeiten mit geringem budgetären Spielraum und einer allgemein schwierigen Finanzlage, die sich während der letzten Jahrzehnte des 18. Jahrhunderts noch verschlechterte. Noch allgemeiner wäre zu fragen, welche Bedeutung die Finanzierbarkeit von Infrastrukturmaßnahmen für die Einflussnahme des Staates bei öffentlichen Arbeiten (*Travaux Publics*) einnahm.

Eine Darstellung der Möglichkeiten, mit deren Hilfe die Monarchie die Verkehrswege im Königreich unterhielt, soll die Vielzahl der finanziellen Quellen und die Vielfalt der eingesetzten Machtmittel veranschaulichen.[5] Da der kostenintensive Ausbau der Transportwege eine komplexe wirtschaftliche Materie darstellte, die sich nur schwer mit der Durchführung der von der Monarchie vorgesehenen großen Bauvorhaben vereinen ließ, wurde die Frage nach ihrer Finanzierbarkeit auf unterschiedlichen Verwaltungs- und Interessensebenen zu einem Gegenstand intensiver Auseinandersetzungen. Schließlich trugen die in der zweiten Hälfte des 18. Jahrhunderts durchgeführten Reformen dem politischen Willen Rechnung, die Finanzierung der das Königreich strukturierenden Verkehrsachsen zu rationalisieren.

II. Finanzielle Ressourcen und politische Möglichkeiten

Errichtung und Verwaltung von Verkehrswegen waren Vorgänge von besonderem Interesse für die Monarchie und die Provinzobrigkeiten. Es oblag dem König, Entscheidungen über neue, umfangreiche Bauvorhaben (Kanäle, Hauptrouten zwischen Paris und den Provinzen oder auch zwischen den Provinzen) zu treffen, Art und Weise ihrer Finanzierung festzulegen und die nötigen Ressourcen bereitzustellen. Während der ersten Hälfte des 18. Jahrhunderts sicherte sich der Staat die administrativen, technischen und finanziellen Mittel, um eine umfassende Transportpolitik umsetzen zu können. Zu Beginn dieses Jahrhunderts waren die diesbezüglichen Mittel noch äußerst bescheiden: Um 1700 betrugen sie nur rund 0,86 Prozent des

[5] Auch wenn die Kompetenzen der Schatzmeister (*trésoriers des finances*), die lange Zeit die Finanzen des Monarchen und auch das Verkehrswesen kontrolliert hatten, zusehends durch den Intendanten (*intendant*) eingeschränkt wurden, assistierten sie noch immer den Intendanten bei der Vergabe von öffentlichen Arbeiten (wie zum Beispiel beim Bau des Kanals im Burgund 1777), führten die Zahlungen an die beauftragten Unternehmer durch (seit 1669) und erhielten den *état du roi* über die Einnahmen und Ausgaben betreffend die *Ponts et Chaussées* für die *généralité*.

Gesamthaushaltes, ein Prozentsatz, der bis 1715 sogar noch abnahm.[6] Mit diesen geringen finanziellen Ressourcen konnten größere Bauvorhaben nur schwer realisiert werden. Stattdessen konzentrierte man sich von staatlicher Seite auf die Erhaltung von Brücken und Hauptverkehrswegen für den Truppentransport und das königliche Nachrichtenwesen. Die Dotierung der *Ponts et Chaussées* ist ein hervorragender Indikator für die zunehmende Bedeutung, die dem Ausbau der Infrastruktur im Laufe des 18. Jahrhunderts beigemessen wurde[7]: Von zwei Millionen Livres tournois im Jahre 1726 stieg das Budget bis 1752 auf 5,4 Millionen, um 1786 schließlich 8,1 Millionen Livres (ohne Bezüge und Gratifikationen für das Personal) zu erreichen.[8] Trotz dieser Steigerung machte das Budget für die öffentlichen Arbeiten im Bereich der Verkehrsinfrastruktur (Straßen und Deichanlagen) 1788 nur 2,3 Prozent des Gesamtbudgets der Moanrchie aus.[9] In Kriegsperioden machten die *Ponts et Chaussées* überdies Phasen mit strikten Reduktionen ihrer Mittel durch, da Teile der ursprünglich veranschlagten Gelder nicht zur Auszahlung gelangten, so dass sich etwa 1767, kurz nach dem Ende des Siebenjährigen Krieges (1756–1763), die Rückstände dieses Amts auf 3 376 424 Livres beliefen[10]; 1790 berechnete Chaumont de La Millière, Intendant des Brücken- und Straßenamts (*intendant des Ponts et Chaussées*), dass die Rückstände 1782 mehr als 17 Millionen Livres ausgemacht hatten.[11] Die dem Amt zugeordneten Mittel deckten in erster Linie die Kosten für das Material, für die beauftragten Unternehmer und das eigene Personal sowie für Entschädigungszahlungen an enteignete Besitzer von benötigten Grundstücken. Die Verwaltung dieser immensen Summen führte zu einem stetig anwachsenden Geschäftsschriftgut (*Etats du roi* zur Kontrolle der königlichen Einnahmen und Ausgaben; *Etats de situation des ouvrages* als Fortschrittsberichte, die auch von den Unternehmern gegen-

[6] *Petot*, Histoire de l'administration des Ponts et Chaussées (wie Anm. 3), 105.

[7] S. *Anne-Sophie Condette-Marcant*, De la gestion aux sacrifices: le difficile équilibre du budget des Ponts et Chaussées, in: Les Modalités de paiement de l'Etat moderne. Adaptation et blocage d'un système comptable. Journée d'études du 3 décembre 2004. Paris 2007, 81–106.

[8] *Vignon*, Etudes historiques sur l'administration des voies publiques (wie Anm. 3), Vol. 2, 257f.; *Petot*, Histoire de l'administration des Ponts et Chaussées (wie Anm. 3), 236: Etat du roi pour les Ponts et Chaussées [1786].

[9] *Michel Morineau*, Budgets de l'Etat et gestion des finances royales en France au dixhuitième siècle, in: RH 264/2, 1980, 315.

[10] *Vignon*, Etudes historiques sur l'administration des voies publiques (wie Anm. 3), Vol. 2, 148.

[11] *Antoine-Louis de La Millière*, Mémoire sur le département des Ponts et Chaussées. Paris 1790.

gezeichnet werden mussten), ebenso wie zu verfeinerten Verteilungs- und Kontrollmechanismen auf zentraler und lokaler Ebene.

Graphik 1: Bewilligte Mittel für das *département des Ponts et Chaussées* (1720–1781) in Livres tournois

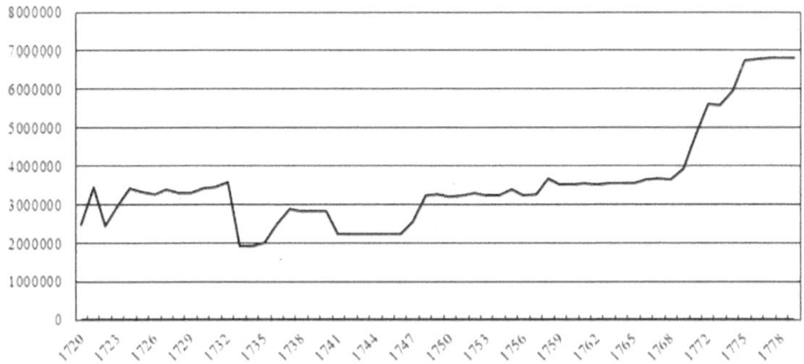

Graphik 2: Königliche Ausgaben nach Verkehrseinrichtungen in Livres tournois[12]

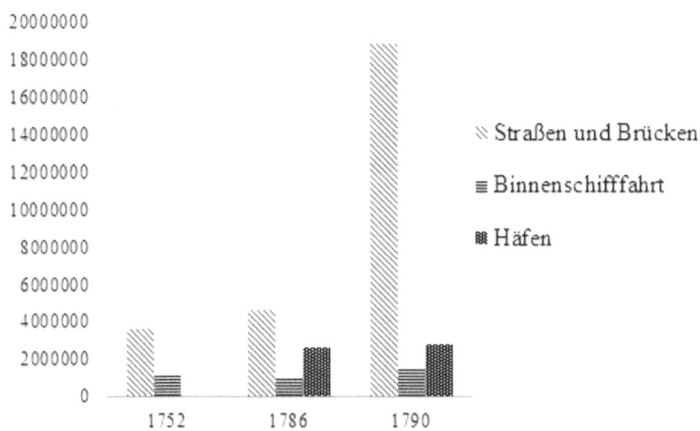

[12] „Affaires générales des finances du royaume de France en l'année 1752", zitiert in: *Vignon*, Etudes historiques sur l'administration des voies publiques (wie Anm. 3), Vol. 2, 257f., und in: *Petot*, Histoire de l'administration des Ponts et Chaussées (wie Anm. 3), 235f. (zu dieser Zeit unterstanden die Handelshäfen nicht der Aufsicht des Generalkontrolleurs der Finanzen). Archives Nationales (AN) Paris, E 2630bis, *Etat général du roi* des Jahres 1786, verabschiedet vom königlichen Finanzrat (*conseil royal des finances*), 1789 Dezember 20; Compte général des revenus et des dépenses fixes. Paris 1789, 36f.;

Ebenso schwierig wie die Rekonstruktion der einzelnen an der Finanzierung von Bauvorhaben beteiligten Stellen im 18. Jahrhundert gestaltet sich die Bewertung ihrer Bedeutung. Es scheint daher ein umfassender Zugang sinnvoll, da die unterschiedlichen Transportmöglichkeiten bis 1775 miteinander in Konkurrenz um die königlichen Mittel standen oder doch zumindest stehen konnten, auch wenn die Binnenschifffahrt und das Straßenwegenetz in die Zuständigkeit weitgehend unabhängiger Finanzierungskreisläufe fielen. Eine Untersuchung der vom Staat unternommenen finanziellen Anstrengungen wird immer mit Lücken und Verzerrungen durch die Überlieferung zu kämpfen haben, insbesondere wenn man die Komplexität der Vorhaben und die Vielzahl der beteiligten Kassen bei öffentlichen Arbeiten berücksichtigt. Selbst Stellen, die mit dem Ausbau der Deiche an der Loire (*service des Turcies et Levées*) oder der Straßenpflasterung in Paris (*pavé de Paris*) befasst waren, verfügten über eigene, von den *Ponts et Chaussées* unabhängige Budgets. Außerdem ist von den *états du roi*, die die Einnahmen und Ausgaben der *Ponts et Chaussées* zusammenfassen, nur der Jahrgang 1786 erhalten, während die Budgetdaten auf der Stufe der *généralités* in den einzelnen Archiven der Departements in unterschiedlicher Überlieferungsdichte vorliegen. Die Praxis der *revenants bons* („rücklaufenden Gelder") trägt das ihre dazu bei, die Analyse der Buchführung der *Ponts et Chaussées* zu erschweren. Es handelte sich hierbei um Gelder, die zwar für Arbeiten in der vorhergehenden Abrechnungsperiode vorgesehen waren, die dann aber nicht ausgegeben wurden, beziehungsweise auch um Beträge, die von Unternehmern wieder zurückgezahlt wurden. Schlussendlich scheint ein signifikanter Teil der Investitionen überhaupt nicht in den Rechnungsunterlagen der Amtsverwaltung auf. Der beträchtliche Anteil an den Errichtungs- und Instandhaltungskosten, der durch Frondienste erbracht wurde, ist daher von jenem, der gegen Bezahlung in Münze abgegolten und von Unternehmern ausgeführt wurde, zu trennen. In den Amtsrechnungen scheinen für die Frondienste nur zwei Posten auf: die Gehälter für die Vorarbeiter und Aufseher sowie die Mittel für den Kauf und die Erhaltung der Arbeitsgeräte. Des Weiteren scheint es schwierig, Relationen zwischen Budgetzahlen herzustellen, da – wie im Fall des Languedoc 1789 – bei der Veröffentlichung von Steuerdaten (*Compte-rendu sur les imposition en 1789*) einzelne Posten wie zum Beispiel Darlehen von den Diözesen nicht angegeben wurden. Verschiedene Kassen und Buchungspraktiken erschweren naturgemäß eine genaue Ein-

zu den bei La Millière 1790 angegebenen Zahlen s. *Petot*, Histoire de l'administration des Ponts et Chaussées (wie Anm. 3), 239.

schätzung oder Berechnung der jährlichen absoluten und prozentuellen Aufwendungen.

Auf den Bau und die Erhaltung von Straßen und Brücken konzentrierten sich im 18. Jahrhundert die gewichtigsten Investitionssummen. Zieht man die gesamten Staatsfinanzen in Betracht, so betrugen die Ausgaben für diese Baumaßnahmen beispielsweise 1720[13] 2567324 Livres und 1786[14] 4599935 Livres. Zu Kriegszeiten, wenn zivile Ausgaben beschränkt werden mussten, wurden die Mittel vorzugsweise auf die Fertigstellung von bereits in Bau befindlichen Verbindungen konzentriert. Die Kosten für das Verkehrswegenetz wurden für das Jahr 1775 alleine für die *pays d'élection*[15] auf zehn Millionen Livres geschätzt, und während der Ägide von Jacques Necker als Verantwortlichem für die königlichen Finanzen (*directeur général des finances*) (1776–1781) berechnete man für das gesamte Königreich nicht weniger als 16,4 Millionen Livres für 1777.[16] Der für die *généralité* Montauban zuständige Intendant, Marie-Pierre-Charles de Meulan d'Ablois, bezifferte die Summe nur für seinen Bereich am Ende des 18. Jahrhunderts mit 21,5 Millionen Livres.[17] Ab 1775 setzte die Zentralverwaltung auch Maßnahmen, um ihre Verantwortung für die Schifffahrt wahrzunehmen, indem sie einen eigenen Fonds dotiert mit 800000 Livres pro Jahr innerhalb der *Ponts et Chaussées* dafür einrichtete. Der Generalkontrolleur (*contrôleur général*) und das Kriegsministerium (*ministère de la guerre*) wendeten in der zweiten Hälfte des 18. Jahrhunderts auch fast 20 Millionen Livres für die Errichtung von Kanälen und die Schiffbar-

[13] *Vignon*, Etudes historiques sur l'administration des voies publiques (wie Anm. 3), Vol. 2, 77.

[14] Etat général du roi (wie Anm. 12).

[15] Als *pays d'élection* wurden jene Finanzverwaltungsbezirke (*généralités*) bezeichnet, in welchen die Intendanten als zuständige Finanzbeamte des Königs die Aufteilung der Steuerlast auf die einzelnen Gemeinden vornahmen. Die Gesamtsumme der *taille* wurde jährlich vom Königlichen Rat festgelegt und von den Intendanten eingehoben. Der Adel und der Klerus waren von dieser Besteuerung ausgenommen, sie lastete in erster Linie auf der bäuerlichen Bevölkerung. Eine weitere allgemeine und direkte Steuer war die *capitation* (Kopfsteuer), die die gesamte nichtgeistliche Bevölkerung Frankreichs zu leisten hatte, inklusive des Adels. Sie war 1695 eingeführt und nach einer kurzen Unterbrechung ab 1701 wieder eingehoben worden. Den *pays d'élection* standen die *pays d'Etats* gegenüber, jene Provinzen, die über eine stärkere steuerliche Autonomie verfügten wie zum Beispiel die Bretagne oder das Burgund, und die die Höhe der Steuern durch eine ständische Vertretung mit der königlichen Verwaltung aushandelten.

[16] *Petot*, Histoire de l'administration des Ponts et Chaussées (wie Anm. 3), 248.

[17] AN, F^{14} 182B, Vorschlag zum bestmöglichen Unterhalt der Straßen, Marie-Pierre-Charles Meulan d'Ablois, Intendant des Montauban, an Chaumont de La Millière, Intendant der *Ponts et Chaussées*, 1783 Januar 2.

machung von Flüssen auf. Das Amt zum Ausbau und Erhalt der Deichanlagen entlang der Loire (*service des Turcies et Levées*) erhielt sein jährliches Budget aus den Einnahmen des *droit de boëte* – einer Schiffsmaut auf der Loire –, die 1764 aufgehoben wurde, und seit 1718 durch eine Steuer aus den fünf *généralités* Tours, Bourges, Orléans, Moulins und Riom in der Höhe von 200000 Livres, die 1762 auf 300000 Livres angehoben wurde.[18]

Sowohl in den *pays d'élection* als auch in den *pays d'Etats* stammten die stetig anwachsenden Mittel, die der Staat für öffentliche Bauten ausgab, zum Großteil aus direkten Steuereinnahmen.[19] Während der *Régence* wurde ein Instandhaltungsfonds (*fonds ordinaire d'entretien*) in Höhe von jährlich 340000 Livres (wovon 140000 allein auf die *généralité* Paris entfielen) aus den Einnahmen der Landsteuer (*taille*) gespeist. Zusätzlich wurde eine weitere allgemeine Steuer, die auf die *généralités* entsprechend ihrem Anteil an der *taille* umgelegt wurde, eingeführt; von dieser zusätzlichen Steuer waren nur wenige grenznahe *généralités* ausgenommen worden. Die geringe budgetäre Dotation der *Ponts et Chaussées* durch ordentliche Steuereinnahmen aus dem gesamten Königreich machte die zusätzliche Einhebung außerordentlicher Steuern, deren Höhe von den geplanten Arbeiten abhängig war, in allen, einigen oder auch nur einer *généralité* notwendig.[20] So wurde beispielsweise in der Picardie ab 1743 ein Aufschlag von zehn Sols (20 Sols entsprechen einer Livre) auf jedes Fass Branntwein erhoben, der 1758 verdoppelt wurde, um die Geldmittel für die öffentlichen Baumaßnahmen in der Provinz sicherzustellen. 1770 wurde dieser Aufschlag um weitere zwölf Jahre verlängert, um damit die Bauarbeiten am Somme-Kanal zwischen Amiens und Saint-Valéry zu finanzieren.[21] Gleichzeitig griff die Verwaltung auch auf das Roussillon zu, indem sie 1749 die bestehenden Abgaben auf Wein, Branntwein und Eisenwaren verdoppelte und diese Einnahmen zusammen mit weiteren 15000 Livres, die

[18] *Vignon*, Etudes historiques sur l'administration des voies publiques (wie Anm. 3), Vol. 2, 84 und 152.

[19] S. *Anne Conchon*, Ressources fiscales et financement des infrastructures en France au XVIIIe siècle, in: Simonetta Cavaciocchi (Ed.), La Fiscalità nell'Economia Europea Secc. XIII–XVIII = Fiscal Systems in the European Economy from the 13th to the 18th Centuries. „Atti della Trentanovesima Settimana di Studi" 22–26 aprile 2007. (Fondazione Istituto Internazionale di Storia Economica „F. Datini" Prato, Serie II – Atti delle „Settimane di Studi" e altri Convegni, Vol. 39.) Florenz 2008, 1055–1063.

[20] *Petot*, Histoire de l'administration des Ponts et Chaussées (wie Anm. 3), 232.

[21] 1785 veranschlagte man 130000 Livres Einnahmen pro Jahr aus diesem Aufschlag von 20 Sols pro Fass Branntwein; von den insgesamt 1,5 Millionen Livres, die diese Abgabe in Summe erbracht hat, wurden allerdings nur 700000 tatsächlich für den Bau des Kanals verwendet. Vgl. AN, F^{14} 695.

in der Provinz eingenommen wurden, für Infrastrukturmaßnahmen reservierte.[22] Das Steuerpatent von 1769 veranschlagte Steuereinnahmen in der Höhe von 4708012 Livres, die zusätzlich zur *taille* in zwanzig *généralites* der *pays d'élection* eingenommen und für die Ausgaben der *Ponts et Chaussées*, für die Erhaltung der Deiche an der Loire sowie für Hafenanlagen verwendet werden sollten. Diese außerordentlichen Steuermittel erreichten zwischen 1776 und 1780 etwa 5,5 Millionen Livres. Auf diesem Niveau blieben die Mittel bis zur Revolution.[23] Die Verteilung dieser Ressourcen auf die einzelnen *généralités* war ausgesprochen uneinheitlich; sie standen auch nicht unbedingt in einem direkten Verhältnis zu den dort jeweils eingezogenen Steuern: Die *généralité de Paris* absorbierte zum Beispiel einen beträchtlichen Anteil der Mittel, obwohl sie weit weniger besteuert wurde als andere Regionen.[24] Diese Dotationen, die Gegenstand harter Verhandlungen mit den Intendanten waren, dienten vor allem der Bezahlung von Unternehmern, die die Pflasterung der Straßen ausführten beziehungsweise die Errichtung von technischen Anlagen durchführten. Die Zuteilung solcher Arbeiten an die einzelnen Unternehmer erfolgte entweder durch Versteigerung oder durch freihändige Vergabe.

Die *pays d'Etats* kümmerten sich großteils selbst um den Bau und die Erhaltung ihrer Verkehrswege und hoben dafür eigene Steuern ein. Die *Etats de Languedoc* nutzten ihre finanzielle Autonomie bei der erfolgreichen Umsetzung einer ambitionierten Verkehrspolitik, ohne dabei auf Frondienste zurückgreifen zu müssen. Während die Hauptverkehrsrouten in allen Diözesen durch eine Steuer, die dem prozentuellen Aufkommen der *taille* entsprach, finanziert werden konnten, mussten regionale und lokale Verkehrsverbindungen mit Hilfe von Darlehen realisiert werden. In den 1780er Jahren erzielte die Steuer mehr als eine Million Livres pro Jahr, während sich die Ausgaben seit der Mitte des 18. Jahrhunderts verzehnfacht hatten.[25] Dennoch musste die Zentralverwaltung wiederholt intervenieren und die Provinzialstände (*Etats provinciaux*) zu mehr Sparsamkeit

[22] Dieser Aufschlag wurde 1787 durch eine Erhöhung der Salzsteuer ersetzt, die sich auf 50000 Livres summierte; Les routes en Roussillon, milieu XVIIe siècle–milieu XIXe siècle. Perpignan 1986, 33–41.

[23] *Vignon*, Etudes historiques sur l'administration des voies publiques (wie Anm. 3), Vol. 2, 148f., 204–207; *Petot*, Histoire de l'administration des Ponts et Chaussées (wie Anm. 3), 231f.

[24] S. *Jean-Marcel Goger*, La Politique routière en France de 1716 à 1815. Diss. Paris 1988, Vol. 1, 118–123.

[25] *Jérôme Slonina*, La politique routière des États de Languedoc de 1753 à 1789. Diss. Toulouse 1999, 480.

anhalten, damit die Ausgaben für die Infrastruktur die Haushalte kurzfristig nicht zu stark belasteten. In der Provence diente eine den Holzungsrechten proportionale Steuer, die von den Dorfgemeinschaften abgeführt wurde, dem Erhalt des regionalen Straßennetzes; der Ausbau der Hauptverkehrsrouten lag aber auch hier in der Verantwortung der Provinz.[26] In der Bretagne versechsfachten sich die von den Ständen bewilligten Mittel zwischen 1722 und 1752, bevor sie 1757 eine Summe von 800000 Livres erreichten. Diese Zunahme war die Folge einer vermehrten Vergabe von Arbeitsaufträgen an Unternehmer bei einem gleichzeitigen Rückgang der Fronarbeit. Als die Stände in einen Konflikt mit dem für die Verwaltung der Mittel zuständigen Intendanten gerieten, versuchten sie, die vollständige Bezahlung der geforderten Beträge zu verweigern und deren Höhe in der Folge sukzessive zu verringern. Dank dieses finanziellen Hebels erreichten sie, dass der ständische Ausschuss (*commission intermédiaire*) eine zunehmend wichtige Rolle bei der Verteilung und Verwendung der Mittel spielte.[27]

Das im Burgund den *Ponts et Chaussées* gewährte Budget, das bis zum Ende des 18. Jahrhunderts stetig wuchs[28], wurde durch eine jährliche Straßensteuer aufgebracht, Darlehen wurden für außerordentliche Instandhaltungsmaßnahmen oder Arbeiten von äußerster Wichtigkeit aufgenommen.[29] Erst in den letzten Jahrzehnten des 18. Jahrhunderts erhielten einige Provinzialstände (nach dem Artois und dem Languedoc folgten 1785 Burgund und die Bretagne) mit der gesamten Verwaltung des Wegenetzes auch die volle Kontrolle über die Finanzmittel.

Die Provinzialstände hatten außerdem häufig auf Darlehen zurückgegriffen, die der Zustimmung des Königlichen Rats (*Conseil du roi*) bedurften und deren Rückzahlung aus Steuermitteln geschehen sollte. 1783 nahmen die burgundischen Stände ein Darlehen über zwölf Millionen Livres auf, um die Arbeiten an drei Kanälen (in der Franche-Comté, bei Saint-Jean de Losne und im Charolais) und die Schiffbarmachung von zwei Flüssen (Saône und Seille) zu finanzieren.

[26] *Bernard Hildesheimer*, Les Assemblées générales des communautés de Provence. Paris 1935, 166–173.

[27] *Henri Fréville*, L'intendance de Bretagne 1679–1790. Essai sur l'histoire d'une intendance en pays d'États au XVIIIe siècle. Rennes 1953, Vol. 1, 486; Vol. 2, 154.

[28] *Julian Swann*, Provincial Power and Absolute Monarchy. The Estates General of Burgundy 1661–1790. Cambridge, Mass. 2003, 341. Die Mittel für den Straßenbau betrugen 1715 im Burgund 60000 Livres, 1757 100000 und 1781 200000 Livres.

[29] *Petot*, Histoire de l'administration des Ponts et Chaussées (wie Anm. 3), 287 f.; *Swann*, Provincial Power and Absolute Monarchy (wie Anm. 28), 339–342.

Im Languedoc hing die Entscheidung zwischen einer Finanzierung mit Hilfe von Steuern oder durch ein Darlehen von der Art der Arbeiten und der mit der Abwicklung befassten administrativen Ebene ab: Waren die Stände bei der Aufnahme von Krediten nur sehr zurückhaltend, wurde diese Art der Finanzierung ab 1754 für die Errichtung von neuen Straßen in den Diözesen oder auf lokaler Ebene vermehrt genutzt.[30] Als Gegenleistung gewährte man den Diözesen Steuererleichterungen (Befreiung von den *deux vingtièmes* und *quatre sols pur Livres*). Durch attraktive Konditionen in Form eines effektiven Zinssatzes von fünf Prozent gelang es überdies, Gelder aus dem Umfeld der lokalen Notabeln zu erhalten. Für jene Diözesen, die keinen ausreichenden Kredit erhalten konnten, errichtete die ständische Verwaltung einen Fonds in Höhe von 30000 Livres, um sie mit entsprechenden Darlehen versorgen zu können.[31] Ebenso nahmen die Stände des Artois 1742 ein Darlehen auf, um die Verbindungen zwischen Arras und Doulens sowie zwischen Saint-Omer und Ardres auszubauen. Ein zunehmendes finanzielles Engagement der königlichen Stellen führte allerdings zu einem Nachlassen der Anstrengungen auf Seiten der Stände. Diese finanziellen Arrangements waren ein bequemes Mittel, um die Stände zur Akzeptanz der Finanzierungspläne der *Ponts et Chaussées* beziehungsweise des Ingenieur-Korps (*Génie*) zu bewegen.[32]

Die Einnahmen aus Steuern und Darlehen deckten allerdings nur einen Teil der Kosten für die Bautätigkeiten ab. Die städtischen Straßenbauämter verfügten über eigene Mittel: Zölle, die von den Städten auf Konsumgüter eingehoben wurden, stellten einen brauchbaren finanziellen Ausweg dar, um Kosten für die Errichtung von Brücken und die Erhaltung der Pflasterung zu decken, da die Städte nicht verpflichtet waren, diese Einnahmen an andere Stellen abzuführen. Was die Erhaltung von Strecken zweiter Ordnung betrifft, also Straßen, die die Dörfer und Marktflecken miteinander verbanden, sowie kleinere Gemeindewege, oblag sie den Anwohnern selbst beziehungsweise den Mauteinnehmern. Im 18. Jahrhundert gab es daher im Königreich geschätzte 3000 Mautstellen entlang der Straßen und Flüsse, deren Einnahmen 1758 nach einer Berechnung des Generalkontrolleurs (*contrôleur général*) Jean de Boullongne auf 2,5 Millionen Livres zu veranschlagen waren. Einige dieser Mauten waren königliche Domänen,

[30] *Slonina*, La politique routière des États de Languedoc (wie Anm. 25), 485.

[31] Ebd. 490.

[32] *Marie-Laure Legay*, Les États provinciaux dans la construction de l'Etat moderne aux XVIIe et XVIIIe siècles. Genf 2001, 245.

die in der zweiten Hälfte des 18. Jahrhunderts einen Ertrag von fast 246 000 Livres jährlich abwarfen.[33]

In dem Moment, in dem sich die Monarchie in ein großangelegtes Straßenbauprogramm stürzte, eröffnete die Inanspruchnahme von Frondiensten, abhängig von unterschiedlichen Modalitäten, eine günstige Variante zur Abwicklung der Vorhaben, und gleichzeitig konnten damit die Unzulänglichkeiten der Fundierung der *Ponts et Chaussées* ausgeglichen werden.[34] Fronarbeit musste vereinzelt bereits seit den 1680er Jahren geleistet werden, regelmäßig wurde sie nur in einigen *généralités* – vor allem im Elsass, in Soissons, Chalon und Bresse – wie in einigen *pays d'Etats* zu Beginn des 18. Jahrhunderts eingefordert. Mit Ausnahme einiger Provinzen im Süden Frankreichs wie dem Languedoc und der Provence wurde der Frondienst für den Straßenbau 1738 für alle *pays d'élection* eingeführt. Ortschaften, die sich in einem Umkreis von etwa 15 Kilometern (*quatre lieues*) zu einer geplanten oder einer zu erhaltenden Strecke befanden, mussten im Frühjahr und Herbst eine bestimmte Anzahl von Arbeitstagen mit Mannschaften beschicken. Die ärmsten Fronpflichtigen wurden als kostenlose Hilfskräfte zur Materialbeschaffung, beim Bau, bei der Pflasterung und der Erhaltung der Strecken eingesetzt. Diejenigen, die Lasttiere besaßen, mussten die für die Pflasterung nötigen Steine zu den Baustellen transportieren. Die ungleichmäßige Belastung benachteiligte vor allem Landgemeinden, die sich in der Nähe einer Straße oder Baustelle befanden; sie betraf darüber hinaus in erster Linie die Bauern, wenn auch im Poitou und in der Bretagne die Stadtbewohner ebenfalls betroffen waren. Generell ausgenommen von den Frondiensten waren nur Kinder, Greise, Adel und Geistlichkeit, Offiziere sowie einige ausgewählte Berufsgruppen. Die zeitgenössischen Schätzungen des jährlichen finanziellen Gegenwerts schwanken zwischen 12 Millionen Livres (Ingenieur François-Michel Lecreulx) und 20 Millionen (Jacques Necker, der die *pays d'Etats* und die *généralité de Paris* nicht berücksichtigte).[35]

[33] AN, H[4] 2954, „Etat des droits de péage et autres de cette nature qui se perçoivent par le Domaine tant par terre que par eau dans les différentes provinces du royaume dont les titres n'ont pas été produits à la commission pour être vérifiés", 1773 November 1.

[34] Aus der Instruktion für den Finanzintendanten Daniel-Charles Trudaine (1746): „Les ouvrages nécessaires pour porter toutes les grandes routes et principaux chemins du royaume à leur perfection et pour les entretenir lorsqu'ils seront faits sont si considérables qu'il n'est guère possible de se proposer de les faire tous à prix d'argent." Ediert in: *Vignon*, Etudes historiques sur l'administration des voies publiques (wie Anm. 3), Vol. 3, 12–15.

[35] *Jacques Necker*, Administration des finances de la France. 3 Vols. O. O. 1784, Vol. 2,

Auch die Ausgabe von Konzessionen, die bereits seit dem Beginn des 17. Jahrhunderts gelegentlich genutzt wurde, wurde im 18. Jahrhundert zu einem häufig für Kanalerrichtungsarbeiten und manchmal auch für den Bau von Hafenanlagen eingesetzten Mittel. Die Monarchie entledigte sich auf diese Weise der Kosten und finanziellen Risiken solcher Unternehmungen, da sie die Errichtung (mit einem vorher festgelegten Fertigstellungstermin) und die anschließende Erhaltung an Gesellschaften vergab, die im Ausgleich dafür das Bauland zu Lehen erhielten und berechtigt waren, darauf Mautgebühren einzuheben.[36]

III. Infrastrukturmaßnahmen als Gegenstand politischer Überlegungen

Als im 18. Jahrhundert die öffentliche Debatte von Problemen der Besteuerung und des Finanzhaushaltes geprägt wurde, war davon auch die Finanzierung von Infrastrukturmaßnahmen im Kontext der von der Krone vorgenommenen Reforminitiativen betroffen. Die Diskussion wurde insbesondere auch auf der Ebene der Verwaltung intensiv geführt, indem die Regierung selbst die Intendanten zu diesem Problemkreis befragte: Henri Léonard Bertin, der zuständige Staatssekretär für die Binnenschifffahrt, führte eine großangelegte Konsultation zum Zweck der Herausarbeitung budgetärer Prioritäten durch. 1777 versuchte Jacques Necker – wie seine beiden Vorgänger im Amt des Generalkontrolleurs – mit Hilfe eines Rundschreibens an die Intendanten, Aufschluss über deren Präferenzen bezüglich Frondienst oder einer dementsprechenden Steuer zu erhalten. Ebenso belebten die eifrigen Ermittlungen der Parlamente von Paris (*parlement de Paris*) (1777) und Bordeaux (1784) zu diesem Thema, wie auch die schon

510: „[...] cette dépense est la balance d'une somme semblable, passée parmi les contributions des peuples, sous la dénomination de corvées ou d'impositions qui en tiennent lieu“. Der von Nicolas de Fer de la Nouerre vorgebrachte Betrag für jährlich 11900 bis 12000 Meilen neu zu errichtende Straßen erscheint hingegen exorbitant: „[...] suivant les états des ouvrages faits à corvée, qui sont fournis chaque année par M. de la Millière, cette même imposition paroît être de 44 à 45 millions“. S. *Nicolas de Fer de la Nouerre*, De la possibilité de faciliter l'établissement général de la navigation intérieure du royaume, de supprimer les corvées et d'introduire dans les travaux publics l'économie que l'on désire [...]. (La science des canaux navigables, ou théorie générale de leur construction, Vol. 1.) Paris 1786, 14.

[36] S. *Anne Conchon*, Financer la construction d'infrastructures de transport: la concession aux XVIIe et XVIIIe siècles, in: Entreprises et histoire 38, 2005, 55–70.

davor durchgeführten Erhebungen in der Bretagne (1764) die allgemeine Debatte. Die Frage nach der Finanzierung der Infrastruktur regte auch den Diskurs innerhalb der Volkswirtschaftslehre und die Denkschriften der Ingenieure an. Der Großteil der Autoren erkannte die essentielle Rolle des Staates für die Organisation und Entwicklung des Verkehrs- und Transportwesens an, die als eine grundlegende Voraussetzung für den wirtschaftlichen Wohlstand im Königreich angesehen wurden. Dementsprechend diente die Kritik am schlechten Zustand und an der Vernachlässigung des Verkehrsnetzes dazu, substantielle Investitionsmittel zur Hebung des Warenverkehrs einzufordern.

Das Ziel vieler dieser Schriften war, die effizienteste Finanzierungsvariante zu finden und dabei gleichzeitig die wirtschaftlichen Auswirkungen der einzelnen Optionen im Voraus abzuschätzen. Die Physiokraten lehnten das Mautsystem ab, da es sich durch die Erhöhung der Transportkosten negativ auf die Gewinne der landwirtschaftlichen Produktion auswirkte. Pierre-Samuel Dupont de Nemours versuchte beispielsweise den wirtschaftlichen Verlust anhand der Mautausgaben entlang des Languedoc-Kanals zu beziffern. Ausgehend von einer Kanalgebühr von zehn Sols pro Zentner würde jeder Produzent 22 Sols pro *setier* (altes Pariser Hohlmaß, 1 *setier* entsprach in etwa 156 Liter) Getreide für den Transport aufwenden müssen. Bei einer Gesamtjahresernte von 4,5 Millionen *setiers* würde eine Million Livres durch den Transport des Getreides den Bauern und Grundherren verlorengehen. Indem er die restliche agrarische Produktion, die auf dem Languedoc-Kanal transportiert wurde, in seine Berechnung mit einbezog, kam Dupont auf einen „Schaden von rund zwei Millionen verursacht durch eine Gebühr von zehn Sols pro Zentner, die nicht einmal 500000 Francs einbrachte".[37] Die Unkosten der Produzenten machten daher das Vierfache der offiziellen Mauteinnahmen aus. Nach Dupont hatte dies negative Auswirkungen auf die gesamte ländliche Wirtschaft, da die Bauern aufgrund der geringeren Rentabilität davon abgehalten würden, auch weniger ertragreiche Böden zu bebauen und die Landwirtschaft in Summe zu wenig modernisiert werden würde. Er trat daher für eine Aufhebung aller Kanalabgaben, die den Warenhandel beeinträchtigen könnten, ein und plädierte für die Vergabe von Land entlang des Kanals an die Konzessionsinhaber als entsprechende Ablöse ihrer Einnahmen und für die Erhaltung der

[37] „[…] dommages visibles causés par un droit de 10 sols par quintal, qui ne rend pas 500000 francs" ; *Pierre-Samuel Dupont de Nemours*, Observations de l'Auteur des Ephémérides sur la lettre précédente, in: Ephémérides du citoyen 11, 1771, 52–73, hier 56.

Anlagen. Diese Art der Entschädigung sei laut Dupont einer Barablöse aus zwei Gründen vorzuziehen: Einerseits würde die Vergabe von kanalnahem Land an die Unternehmer die Erhaltungsarbeiten sicherstellen, „denn wenn die Kosten für das Material und die Tageslöhne variieren, haben die Erträge des Landes, die genau denselben Schwankungen unterliegen, immer dasselbe Niveau"[38], wohingegen der relative Wert von Mauteinnahmen in Geld sich durch die Inflation verringern würde. Außerdem waren die Einkünfte aus der Landwirtschaft relativ stabil und boten sogar noch Möglichkeiten zur Erhöhung, im Gegensatz zu den Mauteinnahmen, die stark von Konjunkturschwankungen und von saisonalen Gegebenheiten auf den Handelsrouten abhängig waren. Andererseits war die Vergabe von Land an die Erhalter der Anlagen Steuereinnahmen vorzuziehen, wenn man verhindern wollte, dass der prinzipiell unter Geldnot leidende Staat die eingehobenen Gelder für andere Belange, die im Moment dringlicher schienen, ausgeben könnte.

Ebenso nachdrücklich bekämpften die Physiokraten in der zweiten Hälfte des 18. Jahrhunderts die Frondienste. Neben der Tatsache, dass dieses System zu Lasten der eigentlichen landwirtschaftlichen Arbeiten ginge, bezeichneten sie diese Zwangsarbeit selbst als unproduktiv, da sie wegen der mit ihr verbundenen mühevollen und unabdingbaren Überwachung kaum in der Lage sei, dauerhafte und den Erfordernissen der Technik entsprechende Leistungen zu erbringen. Die Physiokraten sahen in bezahlter Arbeit das einzige Mittel, um den Fleiß der Arbeiter anzuspornen, die Produktivität zu steigern und um dauerhafte Werke realisieren zu können. Außerdem sei die Bezahlung der Arbeit gerechtfertigt, da die fertigen Bauwerke nicht den auf den Baustellen Arbeitenden, sondern den Händlern und den Grundbesitzern zugute kämen. Es entsprach daher dem physiokratischen Ideal, das den Grundbesitz als Quelle des Reichtums ansah, die Frondienste durch eine Grundsteuer zu ersetzen, die von allen Grundbesitzern, die ja vom Wachsen der agrarischen Einnahmen am direktesten profitierten, zu entrichten gewesen wäre.[39] Diesen Überlegungen entsprechend schlug Dupont de Nemours folgenden Aufteilungsschlüssel der Beiträge

[38] „[...] puisque si le prix des matériaux et des journées vient à varier, le revenu des terres, éprouvant précisément les mêmes variations, sera toujours de niveau" ; *ders.*, Des divers moyens que l'on peut employer dans l'état actuel de l'Europe, pour procurer la construction et l'entretien des grands canaux de navigation, in: Ephémérides du citoyen 10, 1771, 43–61, hier 57.

[39] S. *Paul Harsin*, La théorie fiscale des Physiocrates, in: Revue d'histoire économique et sociale 36, 1958, 7–17; *Bernard Delmas*, Les Physiocrates, Turgot et „le grand secret de la science fiscale", in: RHMC 56/2, 2009, 79–102.

für den Erhalt von Verkehrswegen vor: 1/7 von den Zehnteinnehmern (*décimateurs*), 4/7 von den Grundbesitzern und 2/7 von der Regierung.[40] Auch wenn die steuerfinanzierte Vergabe von Bauarbeiten als die bevorzugte Alternative zum Frondienst erschien, gab es doch auch Stimmen, die andere Lösungen, wie den Einsatz von Soldaten oder die Heranziehung der Armen vorschlugen.

Die Verfechter einer gebührenpflichtigen Infrastrukturnutzung befürchteten hingegen, dass der Staat während eines Krieges oder aufgrund budgetärer Schwierigkeiten nur allzu leicht der Verlockung erliegen könnte, die für öffentliche Bauten vorgesehenen Steuern für andere Zwecke zu verwenden. Als sich in den letzten Jahrzehnten des Ancien Régime das Ende der feudalherrschaftlichen Mauten abzuzeichnen begann, plädierten manche Mitglieder der Verwaltung als Alternative zur Fronarbeit für eine nutzungsabhängige Straßengebühr, die direkt von den Transporteuren zum Zwecke der Erhaltung der Wege einzuheben wäre. In ähnlicher Weise sollte auch eine Abgabe in Höhe von zwei Sols pro Fass und Meile auf die Benützung der Kanäle und schiffbaren Flüsse eingehoben werden; den Gesamtertrag veranschlagte man auf sieben Millionen Livres. Das englische Modell der *turnpike roads*, auf welchen ein eigenes Wegegeld für Errichtung und Erhaltung eingehoben wurde, inspirierte eine ganze Reihe weiterer französischer Autoren. So sah der Ingenieur Nicolas Fer de la Nouerre im Wegegeld nicht nur einen finanziellen Ersatz für die Fronarbeit, sondern auch ein Mittel, die Spediteure zur Einhaltung der Straßenordnung zu zwingen und dadurch bei den Kosten für die Straßenerhaltung, insbesondere für die Pflasterung, sparen zu können. Ebenso findet man bei Chaumont de La Millière und Mahuet ein ähnliches Vorhaben, das Wegegeld mit der Reglementierung des Verkehrs zu verbinden: Über den Umweg des Steuerwesens wollten sie die Transporteure dazu bewegen, ihre Wagen mit großen Felgen auszurüsten, und – durch das Tarifsystem, das abhängig vom Gewicht der transportierten Waren sein sollte – sich an die vorgegebenen maximalen Frachtmengen zu halten.

Die entscheidende Frage der gesamten Auseinandersetzung war, wer schlussendlich für die Kosten des Wegenetzes aufkommen sollte: die Gesamtheit der Steuerpflichtigen oder nur die Benützer. Sollte man auch den Vorteil für die Allgemeinheit, den das Transportwesen indirekt erbringt, berücksichtigen oder die Kosten für die Erhaltung ausschließlich auf die

[40] *Pierre-Samuel Dupont de Nemours*, De l'administration des chemins. Pékin/Paris 1767, 49.

Benützung der Einrichtungen umwälzen? Im ersten Fall bedeutete dies die Finanzierung über Steuern, dem Argument Rechnung tragend, dass geringere Transportkosten durch verbesserte Verkehrswege bei gleichbleibender Wertschöpfung für den Produzenten eine Verbilligung der Produkte für den Konsumenten ermöglichen. Das lokale oder allgemeine Interesse an einer neuen Infrastruktur wäre infolgedessen abhängig von ihrer jeweiligen Nützlichkeit, die Errichtungs- und Erhaltungskosten sollten dementsprechend möglichst gerecht verteilt werden. Im zweiten Fall müsste die Verkehrsinfrastruktur über ein Tarifsystem finanziert werden, das den einzelnen Benutzer belasten würde, der dies allerdings nicht als Ungerechtigkeit empfinden könne, da er im Gegensatz zu anderen, die die Verkehrswege kaum bis gar nicht benützten, auch von ihnen profitieren würde. Auch eine Kombination der beiden Finanzierungsmöglichkeiten für die Verkehrsinfrastruktur war denkbar, wurde in einem anonymen Projekt doch sogar vorgeschlagen, eine Straßensteuer einzuheben, um einen Kanal in der Champagne zu bauen.[41]

IV. Infrastrukturmaßnahmen als Gegenstand von Reformen

Die gleichzeitige Aufhebung der feudalen Mauten und der königlichen Frondienste zwang die Monarchie in den letzten Jahrzehnten des 18. Jahrhunderts dazu, die Möglichkeiten der Finanzierung von Infrastrukturmaßnahmen zu überdenken. Dieser Reformeifer war auch die Folge einer stärkeren Konzentration der Verwaltung von Baumaßnahmen unter der Autorität der *Ponts et Chaussées* und der Intendanten. All das war allerdings keine geradlinige Entwicklung während des 18. Jahrhunderts, häufig hing es von den jeweiligen Generalkontrolleuren (*contrôleurs généraux des finances*) ab, welcher Finanzierungsvariante sie den Vorzug gaben und wo sie die eigentlichen Zuständigkeiten sahen. So betrachtete Jacques Necker den Straßenbau als einzige Aufgabe der *Ponts et Chaussées*, die Binnenschifffahrt hingegen fiel für ihn nicht unter die zentralstaatliche Zuständigkeit.

[41] „On a déjà fait connaître que le seul et unique parti à prendre pour former dans cette province une navigation intérieure, était celui de faire tendre les routes qu'elle supporte à cet effet précieux en établissant sur elles un droit de barrières qui concourant en première ligne à leur entretien permettra de destiner une partie de son produit en faveur de l'objet que l'on discute ici." AN, F^{14} 565, Anonyme Denkschrift der *assemblée provinciale de Champagne*, 1787.

Als Reaktion auf Beschwerden von Seiten der Wirtschaft und des Handels setzte die Krone 1724 eine eigene Mautkommission ein, die die Rechtmäßigkeit von Mauttiteln überprüfen, die als ungerechtfertigt erkannten abschaffen und die Tarife der rechtmäßigen Mautstellen neu ordnen sollte.[42] Da viele der Mauteinnahmen nicht mehr ausreichten, um die Erhaltungsarbeiten, zu denen die Mauteinnehmer verpflichtet waren, zu decken, mussten dringende Arbeiten immer häufiger aus Mitteln der Krone oder lokaler Gemeinschaften vorfinanziert werden, ohne dass diese die Garantie gehabt hätten, im Falle eines bankrotten oder betrügerischen Mautbesitzers die Gelder jemals wieder zu bekommen. Während der 1770er Jahre entschied sich der König endgültig dafür, alle feudalen Mautrechte aufzuheben, und begann zuerst mit der Beseitigung der Abgaben, die auf der Binnenschifffahrt lasteten. In der Zeit der Planung der Aufhebung der Mauten zwang die Monarchie etliche Mautbesitzer, jene Summen, die sie für Investitionen in die Anlagen vorgesehen hatten, direkt an die *Ponts et Chaussées*, den *service de Trucies et Levées* und an den Einnehmer des Languedoc zu bezahlen. Diese Lösung hatte den Vorzug, dass sich die Mautbesitzer ihrer Verantwortung nicht sofort entledigen konnten, dass sich die Möglichkeit zur Koordination von Baumaßnahmen erhöhte und dass kleinräumige Maßnahmen durch großräumigere Projekte ersetzt werden konnten. Am Vorabend der Revolution hatte die Monarchie fast zwei Drittel der Mauten vollständig aufgehoben und nur für 26 davon Entschädigungszahlungen geleistet.

Aber auch unabhängig von der Aufhebung der Mauten wurden Überlegungen zu Finanzierungsmodellen für das Verkehrswesen angestellt. Unter den Straßen, die bis dato über das Mautsystem finanziert worden waren, waren vor allem viele regionale und lokale Straßen, die im Allgemeinen nicht durch Frondienste für die Krone oder aus den Mitteln der *Ponts et Chaussées* finanziert wurden.[43] Seit den 1770er Jahren führte die Monarchie flächendeckend Arbeits- und Armenhäuser ein, die sowohl der gewerblichen Produktion (zum Beispiel Spinnereien und Webereien) als auch

[42] S. *Anne Conchon*, Le Péage en France au XVIIIe siècle. Les privilèges à l'épreuve de la réforme. Paris 2002.

[43] Ein Erlass des [Königlichen] Rats (*Conseil*) vom 18. November 1781 präzisierte, dass „les rues, les chemins et communications particulières des villes, bourgs et villages qui ne font pas partie des grandes routes et chemins royaux seront retirés des baux d'entretien des ponts et chausses". S. *François A. Isambert*, Traité de la voirie rurale et urbaine, ou des chemins et des rues communaux, d'après la loi du 28 juilliet 1824, conférée avec les lois et règlements antérieurs, et les statuts anglais [...]. 3 Vols. Paris 1825–1829, Vol. 1, 82f.

in besonderem Maße dem Betrieb von Baustellen bei Straßen- und Kanalarbeiten dienten. Die Idee, Arme und Bettler für Straßenbauarbeiten heranzuziehen, wurde im Laufe des Jahrhunderts immer wieder als Lösung nicht nur für das Problem der Armut an sich präsentiert, sondern auch als ein geeignetes Mittel, soziale Fürsorge wirtschaftlich gewinnbringend zu gestalten und einem Mangel an Arbeitskräften entgegenzuwirken. Die Finanzierung der Arbeitshäuser erfolgte über königliche Subventionen, Beiträge der Kommunen und durch private Stiftungen. Die Finanzmittel der Krone stammten aus einer Verringerung des Nachlasses – *le mois imposé effectif* –, der auf die in allen *généralités* eingehobene *taille* im Fall von geringen Ernteerträgen oder Konjunkturschwächen gewährt wurde. Ein Teil dieser Mittel blieb aber für die Unterstützung der Steuerpflichtigen im Falle von Missernten, Feuersbrünsten, Tierseuchen etc. reserviert. Daher konnte nur ein Bruchteil der Summe tatsächlich für die Armenarbeitsprogramme (*travaux de charité*) eingesetzt werden. In der Champagne, für die die von der Krone zwischen 1770 und 1789 (mit Ausnahme des Jahres 1776)[44] ausgeschütteten Mittel bekannt sind, handelte es sich dennoch um beachtliche Summen: 1,6 Millionen Livres für 1637 Einrichtungen machten 75 Prozent der Gesamtausgaben für Armenfürsorge/Armenhäuser aus; in der Haute-Guyenne waren es im selben Zeitraum durchschnittlich 140000 Livres jährlich für die Armenhäuser.[45] Auf budgetäre Sonderwünsche reagierte die Regierung in Paris mit größter Zurückhaltung. Außerdem war die Höhe der Gelder der Krone an die von den lokalen Stellen und Stiftern bewilligten Mittel gebunden.

Obwohl die Frondienste bis zur Mitte des 18. Jahrhunderts eine relativ kostengünstige Möglichkeit zur Errichtung von Hauptverkehrsrouten gewesen waren, gab es doch auch etliche Stimmen, die nicht nur die prinzipielle Ungerechtigkeit dieses Systems anprangerten, sondern ebenso auf das ungünstige Verhältnis zwischen den relativen Kosten dieser Arbeiten im Vergleich zur steuerbasierten Finanzierung verwiesen. In den 1760er Jahren überließen viele reformorientierte Intendanten den zur Fronarbeit verpflichteten Gemeinden die Entscheidung, die Fronarbeit selbst zu erbringen oder diese durch eine Steuerleistung abzulösen; der Intendant von Caen, François-Jean d'Orceau Bon de Fontette, führte die finanzielle Ab-

[44] *William Olejniczak*, Working the Body of the Poor. The Ateliers de Charité in Late Eighteenth Century France, in: JSocH 24/1, 1990, 87–107, hier 88.

[45] *Jean-Louis Harouel*, Les Ateliers de charité dans la province de la Haute-Guyenne. (Travaux et recherches de la Faculté de Droit et des sciences Economiques de Paris, Série sciences historiques, Vol. 18.) Paris 1969.

löse der Frondienste als erster bereits 1757 ein. Entschied sich eine Gemeinde, die an ein Bauvorhaben angrenzte und zu Frondiensten verpflichtet gewesen wäre, für eine finanzielle Ablöse und Vergabe an einen Unternehmer, so wurden im Allgemeinen die Kosten entsprechend der zu leistenden *taille* auf die Bewohner umgelegt. Jenen Gemeinden, die sich für die Fronarbeit entschieden, wurde ein Fertigstellungstermin für die von ihnen zu leistenden Arbeiten vorgeschrieben; wurden die Arbeiten nicht in der vorgesehen Zeit durchgeführt, versuchte die königliche Verwaltung eine Ablöse zwangsweise durchzusetzen. Dieses System wurde auch in den *généralités* Moulins, Rouen, Montauban und Alençon übernommen. Einen anderen Weg schlug Anne Robert Jacques Turgot als Intendant der *généralité de Limoges* im Jahr 1762 ein: Die Ablösesummen wurden auf alle der *taille* unterworfenen Steuerpflichtigen der *généralité* aufgeteilt, da die Gemeinden entlang der Verkehrsrouten alleine mit den Kosten überfordert gewesen wären. Dadurch wurden auch all jene Kommunitäten auf Grundlage der *taille* von der Ablöse erfasst, die von den Frondiensten gar nicht betroffen gewesen wären. Auch wenn sich Turgot bemühte, auf die enorme Erleichterung durch den Wegfall der Frondienste durch diese Ablöse hinzuweisen, belegt eine Vielzahl von dörflichen Beratungen die ablehnende Haltung, die dieser Reform von Seiten der Landbevölkerung entgegengebracht wurde.[46]

Die Vor- und Nachteile dieser ersten Reformmaßnahmen beeinflussten die weiteren Überlegungen zur Finanzierung von Straßenbau- und Erhaltungsarbeiten. Nachdem Turgot Generalkontrolleur der Finanzen (*contrôleur général des finances*) geworden war, versuchte er die Ideen der Physiokraten mit Hilfe eines Edikts im Februar 1776 umzusetzen, indem er die erlaubte Anzahl Frondienst zu leistender Tage verringerte und dafür den *vingtième*, eine allgemeine direkte Steuer von fünf Prozent beziehungsweise einem Zwanzigstel auf alle Einkommen, erhöhte. Diese Reform löste heftige Proteste von Seiten der privilegierten Stände aus. Durch seine ablehnende Haltung gegenüber der Ablöse der Frondienste zwang das Pariser Parlament die Monarchie zu noch rigideren budgetären Maßnahmen in Hinblick auf die Finanzierung von Verkehrswegen.[47] Nach dem Scheitern

[46] S. insbesondere Bibliothèque Nationale de France (BNF), Paris, Joly de Fleury 1464, Mémoire sur les abus de la corvée dans la province d'Aunis. Œuvre posthume de M. le curé de L**, près La Rochelle, o. O., o. D.

[47] „[...] les rois ont assis à cette fin des impositions qui dans les pais d'élection suivent la proportion de la taille; que led. seigneur Roy est très humblement supplié de se faire rendre compte de toutes les sommes en deniers qui se lèvent sur ses sujets et qui ont été af-

Turgots verlagerte sich die Frontlinie über die finanzielle Ablöse der Fronarbeit in Richtung der Intendanten und der von ihnen reichlich verfassten Denkschriften, wobei vor allem die 1781 entstandene Abhandlung Marie-Pierre-Charles Meulan d'Ablois (Saintonge)[48] sowie die Schriften von Nicolas Dupré de Saint-Maur (Guyenne, 1784)[49] und Antoine de Chaumont Galaissière (Lothringen, 1785)[50] hervorzuheben sind. Obwohl ab August 1776 wieder auf Fronarbeit zurückgegriffen wurde, wurde sie in der Praxis doch mehr und mehr durch finanzielle Entschädigungen abgelöst. Durch eine Anordnung vom September 1776 wurde den Gemeinden, deren Gebiet an Baustellen angrenzte, die Entscheidung selbst überlassen, ob sie Fronarbeit leisten oder die Arbeiten auf eigene Rechnung vergeben wollten.[51] Mehrere Intendanten – insbesondere in den *généralités* Amiens, Tours, Poitiers und Lyon – optierten infolgedessen für die Umwandlung der Arbeitsverpflichtung in einen Geldbetrag, die genauen Modalitäten der Reform und die Höhe der zusätzlichen Steuerlast offenbarten allerdings große Unterschiede zwischen den Gemeinden.[52] In Folge der Überlegungen einer 1785 von Chaumont de La Millière geleiteten und mit etlichen Intendanten besetzten Kommission befahl die Krone die Ablösung der Frondienste mit Hilfe einer Abgabe aller zur *taille* veranlagten Nichtadeligen in allen *pays d'élection*. Nach einem Erlass des *Conseil* vom 6. November 1786, der die versuchsweise Einhebung einer Abgabe auf Basis der *taille* für drei Jahre

fectées pour ces objets, si toutes tournent fidèlement à ces dépenses, et de faire examiner en son conseil, si en retranchant dans les tems difficiles, tout ce qui est de luxe et de magnificence ou excède la pure utilité, ces deniers administrés avec une sage économie et avec la modération qui doit être la règle du commandement des corvées dans les lieux où elles étoient usitées, ne peuvent pas suffire pour satisfaire aux confections et aux réparations véritablement nécessaires"; BNF, Joly de Fleury 598, Konzept eines Beschlusses des *parlement de Paris*, fol. 146–182.

[48] Archives Départementales (AD) de la Haute-Vienne, Limoges, C 296, Mémoire des Intendanten von La Rochelle Meulan d'Ablois über den Bau und Unterhalt von Straßen im Königreich, 1781.

[49] AD de la Gironde, Bordeaux, C 1921, Brief eines Subdelegierten der *généralité de Guienne* an Monsieur le Duc de *** über die Frondienste, 1784; [*Nicolas Dupré de Saint-Maur*,] Mémoire important sur l'administration des Corvées dans la Généralité de Guyenne et Observations sur les remonstrances du Parlement de Bordeaux du 13 mai 1784. Paris 1784.

[50] [*Antoine de Chaumont Galaissière*,] Mémoire sur les corvées. O. O., o. D. [1785].

[51] *Vignon*, Etudes historiques sur l'administration des voies publiques (wie Anm. 3), Vol. 3, 170–174.

[52] Ebd. 108–110. So wurde beispielsweise 1780 in der Provinz Berry die Ablösesumme auf zehn Jahre mit 236900 Livres festgelegt, wobei in den bevölkerungsreichsten Gemeinden die *taille* um ein Drittel erhöht wurde, in den kleineren um ein Viertel; in all je-

in allen *généralités* anordnete[53], fixierte die Deklaration vom 27. Juli 1787 endgültig die Umwandlung der Frondienste in eine Abgabe, die ein Sechstel der *taille* für die Landbewohner und zwei Fünftel der *capitation* für die nichtadeligen Städter ausmachen sollte.[54] Gleichzeitig wurden die unter Necker versuchsweise im Berry und in der Haute-Guyenne eingeführten *assemblées provinciales* im Großteil der *généralités* des Königreichs installiert; diese Versammlungen beziehungsweise ein Ausschuss (*commission intermédiaire*) während ihrer sitzungsfreien Perioden nahmen die Steueraufteilung, die auch die Ablöse der Frondienste in Geld beinhaltete, vor. Die Gelder sollten für die Bezahlung erbrachter Leistungen in jenem Gemeindebezirk verwendet werden, in welchem sie eingenommen worden waren und ausschließlich für die Arbeiten der *Ponts et Chaussées* herangezogen werden. Dem Geist der Reformen entsprechend sollten die Arbeitsdienste auch in den *pays d'Etats* abgeschafft werden: Spätestens seit Juli 1788 waren sie im Burgund nicht mehr in Gebrauch[55], in der Bretagne hielten sie sich noch bis zur Revolution, verringert durch Mittel aus einer Abgabe auf Branntwein.[56]

Ebenso wurde die Finanzierung der Binnenschifffahrt, die in den letzten Jahrzehnten des Ancien Régime starke Impulse von Seiten der Zentralverwaltung erfuhr, durch Maßnahmen der Krone reformiert. Die zwiespältige Bilanz über die während des 18. Jahrhunderts auf der Grundlage der Vergabe von Konzessionen ausgeführten Arbeiten hat die Zweifel an der Sinnhaftigkeit dieser Praxis für die Durchführung weiterer öffentlicher Arbeiten auf allen Stufen der Verwaltung vermehrt. Nachdem Henri Léonard Bertin bereits sein Missfallen am System der Konzessionsvergabe bei Bauarbeiten für die Binnenschifffahrt ausgedrückt hatte, führte die Monarchie im August 1775 eine im gesamten Königreich einheitliche Abgabe ein, welche die unterschiedlichen lokalen Varianten bis 1790 vollständig ersetz-

nen Gemeinden, die nur indirekt von den Verbesserungen der Transportrouten profitierten, wurde ein Sechstel weniger zusätzlich aufgeschlagen als bei Gemeinden, die direkt an den Verkehrsstrecken lagen; in den beiden Städten Bourges und Issoudun wurde die Steuer auf Grundlage der üblichen Kopfsteuer (*capitation*) berechnet. In der Provinz Haute-Guyenne votierte die *assemblée provinciale* für eine Entschädigung in der Höhe eines Elftels der *taille*.

53 *Vignon*, Etudes historiques sur l'administration des voies publiques (wie Anm. 3), Vol. 3, 259.

54 Ebd. 270 f.

55 AD de la Côte d'Or, Dijon, C 3862, Auszug aus dem Dekret der *Etats de Bourgogne* über die Aufhebung der Frondienste, 1789.

56 *Joseph Letaconnoux*, Le Régime de la corvée en Bretagne au XVIIIe siècle. Rennes 1905, 106.

te. Eine erste Steuer in Höhe von 419000 Livres war bereits 1773 in zwanzig *généralités* eingeführt worden, um damit die Kanäle im Burgund und in der Picardie zu finanzieren. Zwei Jahre später erhöhte man den Betrag für umfangreiche Bauprojekte auf 800000 Livres.[57] Diese in einer eigenen Kasse (*Caisse des canaux et de la navigation*) zentralisierten Gelder wurden abhängig von der Priorität der Bauvorhaben direkt von der Krone zugeteilt. Alleine in den Ausbau der Charente flossen fast 200000 Livres. Der Nachfolger Turgots im Amt des Generalkontrolleurs, Jean Étienne Bernard Clugny de Nuits, erwirkte 1777, dass die *généralite* Bordeaux, in welcher er zuvor Intendant gewesen war, 90000 Livres nicht an die dafür vorgesehene Kasse abführen musste, sondern diese Summe für Arbeiten an lokalen Wasserstraßen verwenden durfte. Während die Krone für den Ausbau der Binnenschifffahrt die Finanzierung aus Mitteln des königlichen Schatzamts oder mit Hilfe von speziellen Steuern der an die Wasserwege angrenzenden Gemeinden bevorzugte, realisierte Necker dennoch einige Projekte über die Vergabe von Konzessionen, etwa die Kanäle im Charolais und in der Picardie. Außerdem versuchte er beim Bau des Kanals im Burgund die Kosten für den Bauabschnitt zwischen Dijon und Saint-Jean-de-Losne auf das Provinzbudget abzuwälzen.

V. Resümee

Die im 18. Jahrhundert vorangetriebene ambitionierte Baupolitik, die nicht nur den Erhalt und Ausbau bestehender Transportrouten umfasste, sondern auch neue Verkehrsachsen schuf, konnte nicht umhin, das heikle Problem der Finanzierung dieser Maßnahmen und der Verteilung der Kosten anzusprechen. Die Krone stellte nur einen Teil der benötigten Mittel zur Verfügung, der Großteil der Kosten wurde von den unterschiedlichen Gebietskörperschaften und durch Fronarbeit erbracht, die es ermöglichte, einen substantiellen Anteil der Arbeiten ganz ohne Finanzmittel zu bewerkstelli-

[57] *Vignon*, Etudes historiques sur l'administration des voies publiques (wie Anm. 3), Vol. 2, 196; *Petot*, Histoire de l'administration des Ponts et Chaussées (wie Anm. 3), 233; BNF, F 21190 (89), Erlass des *Conseil*, der beginnend mit 1776 eine jährliche Abgabe in Höhe von 800000 Livres vorsah, von welchen 721905 in den *pays d'élection* und 78095 in den eroberten Ländern (*pays conquis*) aufgebracht werden sollten und deren Verwendung für die Kanäle in der Picardie und dem Burgund, für die Schiffbarmachung der Charente und andere Arbeiten betreffend die Verbesserung der Binnenschifffahrt bestimmt waren, 1775 August 1. Während seiner Zeit als verantwortlicher Minister verwendete Jacques Necker von diesem Betrag 400000 Livres für andere Zwecke.

gen. In den 1770er Jahren beschloss die Krone weitreichende Reformen vorzunehmen, die einen Bruch mit dem bisherigen System der feudalen Mauten und Frondienste mit sich brachten und dafür eine stärkere Nutzung direkter Steuern und privater Vermögen durch die Einwerbung von Darlehen oder die Vergabe von Konzessionen vorsahen. Gleichzeitig stiegen die Einnahmen der zentralen Verwaltungsstelle für Baumaßnahmen (*administration des Ponts et Chaussées*). Während der letzten Jahre des Ancien Régime setzte mit dem Übergang von Zuständigkeiten in der Infrastrukturverwaltung auf die *pays d'Etat* und die *assemblées provinciales* eine Politik der Dezentralisierung ein, die sich auch während der ersten Jahre der Revolution fortsetzte. Nachdem man versuchsweise die Verwaltung der Verkehrswege den Departements unterstellt hatte und die Finanzierung durch direkte Steuern bewerkstelligt worden war, entschloss sich die Obrigkeit, wieder auf die Tarifierung der Infrastruktur zurückzugreifen: Nach fast einem Jahr Verhandlungen entschied man sich im September 1797 endgültig für das Prinzip einer „taxe d'entretien", das heißt für einen Passierzoll; bezüglich der Finanzierung der Erhaltungsarbeiten an den Wasserwegen wurde mit dem „octroi de navigation" am 20. Mai 1802 ein eigenes Gesetz geschaffen. Während die Französische Revolution durch eine neue Form der Finanzierung von Verkehrswegen dazu beitrug, die Rolle des Staates neu zu definieren, steht eine umfassende Berechnung der finanziellen Anstrengungen der Monarchie und der lokalen Kräfte während des 18. Jahrhunderts noch ebenso aus wie ein tieferes Verständnis für die Logik hinter den Entscheidungen für die unterschiedlichen Finanzierungsvarianten.[58]

[58] Unter der Federführung der *Caisse des dépôts et consignations* findet momentan ein Forschungsprojekt statt, das sich in einer Langzeitstudie (18.–20. Jahrhundert) mit Infrastrukturinvestitionen beschäftigt und sich in eine Reihe aktueller wissenschaftlicher Arbeiten zu diesem Themenkomplex einfügt. Einen Überblick bietet *Bruno Théret*, A propos du rôle de l'Etat dans la mise en œuvre des infrastructures de transport et de communication en France de 1815 à 1939. Les théories confrontées à l'histoire et à la mesure, in: Histoire & Mesure 10/1, 1995, 149–197; Le financement des grandes infrastructures, in: Revue économique 48/2, 1997; Le financement des infrastructures, in: Revue d'économie financière 51, 1999.

Steuerpacht im Osmanischen Reich im 18. Jahrhundert

Ausverkauf oder erfolgreiches Outsourcing?*

Von

Canay Şahin Fuhrmann

I. Einleitung

Das 18. Jahrhundert ist die am wenigsten erforschte Periode der osmanischen Geschichte und hat besonders durch Zuschreibungen wie „Niedergang" und „Dezentralisierung" ein negatives Image. Für gewöhnlich ist dieses Jahrhundert gemäß einer dichotomen Vorstellung analysiert worden, die ihre Ergebnisse normalerweise entsprechend vorgefasster Gegensätze kategorisiert hat, Gegensätze, die oft mit einer Positiv-Negativ-Konnotation verbunden sind, wie zum Beispiel Staat–Gesellschaft, Zentrum–Peripherie, Zentralisierung–Dezentralisierung. Zunächst wurde das Osmanische Reich im 18. Jahrhundert mit der Auflösung der Trennung zwischen der staatlichen Elite (den Herrschern) und der Masse (den Beherrschten) identifiziert. Die Inkorporierung einiger gesellschaftlicher Akteure in den Staat und infolgedessen das Verschwinden der Unterscheidung von Staat und Gesellschaft, von der man glaubte, sie habe bis zum Ende des 16. Jahrhunderts in der osmanischen Welt existiert, wurde durch Verweise auf die finanziellen, politischen und militärischen Änderungen demonstriert. Diese sehr gut bekannten Transformationen im Osmanischen Reich nach Ende des 16. Jahrhunderts sind die ausgiebige Nutzung der Steuerpacht, die Einbindung von Steuerpächtern als Gouverneure und Inhaber anderer Verwaltungspositionen in den Staatsapparat und die Rekrutierung von Söldnern aus weiteren Bevölkerungskreisen.[1] Ausgehend von diesen miteinander verbundenen ökonomischen, politischen und militärischen Veränderungen wurde das Osmanische Reich des 18. Jahrhunderts als

* Aus dem Englischen übersetzt von *Marlene Kurz.*

[1] *Halil İnalcık*, Military and Fiscal Transformation in the Ottoman Empire, 1600–1700, in: Archivum Ottomanicum 6, 1980, 283–337; *ders.*, Centralization and Decentralization in Ottoman Administration, in: Thomas Naff/Roger Owen (Eds.), Studies in Eighteenth Century Islamic History. (Papers on Islamic History, Vol. 4.) London 1977, 27–52.

eine dezentralisierte Gesellschaft beschrieben, die im Gegensatz zu den zentralisierten Monarchien Westeuropas gestanden habe. Ehud Toledano führt dazu aus: „State centralism is assumed to be a hallmark of political development, whereas decentralization, which could not be state-initiated, is seen as an involuntary loss of power and a sure sign of decay.“[2] Der traditionelle, staatszentrierte Zugang zur frühneuzeitlichen Geschichte konzentrierte sich darauf, die Stärke der Zentralmacht zu messen, wobei zentrale und lokale Macht in zwei verschiedene Kategorien unterteilt wurden. Dieser Zugang legte den Schwerpunkt auf Institutionen, weniger auf die Gesellschaft. Da Zentralisierung als Zeichen des Fortschritts angesehen wird, wurde das dezentralisierte Osmanische Reich des 18. Jahrhunderts als in einem Prozess des „Niedergangs“ befindlich beschrieben.[3] Außerdem teilte der staatszentrierte Zugang zentrale und lokale Macht in zwei gegensätzliche Kategorien und betonte die Dualität von Zentrum und Peripherie, die wiederum impliziert, dass das Zentrum fortschrittlich ist und soziale und wirtschaftliche Entwicklung fördert, während die Peripherie traditionalistisch, reaktionär und rebellisch ist.[4] Kurz gesagt haben sich die osmanistischen Historiker, die diese Zweiteilung latent oder offen akzeptiert haben, auf den bedeutenden Wandel konzentriert, der im 17. Jahrhundert begann und im folgenden Jahrhundert konsolidiert wurde: den Verkauf des Rechts auf Steuereinhebung und von Ämtern. Die Ausbreitung der Steuerpacht und der Aufstieg der lokalen Notabeln als deren direkte Auswirkung sind bisher die wichtigsten Elemente des Niedergangsparadigmas gewesen.

Während das 15. und 16. Jahrhundert als der Gipfel des osmanischen, auf dem Timarsystem (Pfründensystem)[5] basierenden Zentralismus gilt, war der osmanische Staat seit der letzten Dekade des 16. Jahrhunderts gezwungen zur Steuerpacht überzugehen, um die herrschende Finanzkrise zu

[2] *Ehud R. Toledano*, What Ottoman History and Ottomanist Historiography Are – Or, Rather, Are Not, in: Middle Eastern Studies 38/3, 2002, 195–207, hier 198.

[3] Für eine Kritik an dieser Niedergangsthese und den dichotomen Konzepten vgl. *Rifa'at Abou El-Haj*, Formation of the Modern State: The Ottoman Empire, Sixteenth to Eighteenth Centuries. Albany 1991; *Ariel Salzmann*, Measures of Empire: Tax-farmers and the Ottoman Ancien Régime, 1695–1807. PhD Thesis Columbia University New York 1995; *Dina Rizk Khoury*, State and Provincial Society in the Ottoman Empire: Mosul, 1540–1834. Cambridge 1997.

[4] *Yücel Özkaya*, Osmanlı İmparatorluğu'nda Ayanlık. Ankara 1994.

[5] *Tımar* (Pfründe) bezieht sich auf die Einkünfte aus Staatsland, die Angehörigen des Militärs vom Sultan als Gegenleistung für Kriegsdienste verliehen wurden. Für eine detaillierte Analyse der Institution *timar* vgl. *Halil İnalcık*, Art. „Timar“, in: Encyclopedia of Islam. Vol. 9. 2. Aufl. Leiden 1999, 502–507.

überwinden und seine Kriege an West- und Ostfront zu finanzieren. Die traditionelle, staatszentrierte Interpretation tendierte dazu, die Ausbreitung der Steuerpacht als Niedergang der Macht zur Ressourcenabschöpfung des osmanischen Staates zu werten. Vom Ende des 17. Jahrhunderts an verlieh der osmanische Staat das Recht zur Steuereinhebung auf Lebenszeit an die Provinzmachthaber, die dabei in Verwaltungsfragen und bei militärischen Rekrutierungen als Mittelsmänner zwischen der Zentrale und den steuerzahlenden Untertanen fungierten. In der Folge begannen die Machthaber der Provinzen, diese Rechte an ihre Nachkommen weiterzugeben. Die Anhänger des Dezentralisierungsparadigmas oder auch diejenigen, die diese kumulativen Änderungen als ein Zeichen des Niedergangs interpretiert haben, haben die Ausweitung der Einnahmenverpachtung und den Machtgewinn der Provinzdynastien mit dem Verfall der Zentralmacht gleichgesetzt. Durch neuere Untersuchungen zur fiskalischen und politischen Transformation des frühmodernen osmanischen Staates ist jedoch die Vorstellung, dass die Provinzmachthaber sich im 18. Jahrhundert die fiskalischen Rechte des osmanischen Staates angeeignet hätten, modifiziert worden.

In den letzten Jahren wurde aufgrund der Studien von Mehmet Genç[6], Ariel Salzmann[7], Dina Rizk Khoury[8] und Erol Özvar[9] die Einführung und Ausweitung der lebenslangen Steuerpacht im Osmanischen Reich nicht mehr länger als Zeichen des Niedergangs gewertet, sondern als ein alternativer Weg[10] oder als ein Schritt auf dem Weg in die Moderne. Die osmanische Steuerpacht auf Lebenszeit (*malikane*-System) wird nun zunehmend im Hinblick auf ihren Umverteilungscharakter definiert und nicht mehr als Niedergang der staatlichen Macht zur Ressourcenabschöpfung. Die Forscher, die sich auf die osmanischen fiskalischen Transformationen des 17.[11] und 18. Jahrhunderts spezialisiert haben, sind sich der Tatsache be-

[6] *Mehmet Genç*, Osmanlı Maliyesinde Malikane Sistemi, in: Osman Okyar/Ünal Nalbantoğlu (Eds.), Türkiye İktisat Tarihi Semineri. Ankara 1975, 231–296; *ders.*, A Study on the Feasibility of Using Eighteenth Century Ottoman Financial Records as an Indicator of Economic Activity, in: Huri İslamoğlu-İnan (Ed.),The Ottoman Empire and the World Economy. Cambridge 1987, 345–373; Osmanlı İmparatorluğunda Devlet ve Ekonomi. Istanbul 2000.

[7] *Salzmann*, Measures of Empire (wie Anm. 3).

[8] *Khoury*, State and Provincial Society (wie Anm. 3).

[9] *Erol Özvar*, Osmanlı Maliyesinde Malikane Uygulaması. Istanbul 2003.

[10] Salzmanns Buchtitel lenkt unsere Aufmerksamkeit auf diesen Punkt: *Ariel Salzmann*, Tocqueville in the Ottoman Empire, Rival Paths to the Modern State. (The Ottoman Empire and its Heritage, Vol. 28.) Leiden 2004.

[11] Mehmet Genç und Erol Özvar vertreten die Ansicht, dass das Resultat der Krise des 17. Jahrhunderts die Provinzialisierung der osmanischen Finanzen war. Im Anschluss an

wusst, dass die Steuerpacht den Anteil der Provinznotabeln an den Steuereinkünften zu Lasten der zentralen Staatskasse erhöhte. Der Artikel von Kıvanç Karaman und Şevket Pamuk in diesem Band argumentiert, dass die Steuereinkünfte der zentralen Staatskasse vor allem in der zweiten Hälfte des 18. Jahrhunderts erheblich fielen, als die Provinzmachthaber stark genug wurden, um die teuren Provinzsteuerpachten zu kaufen und sie an ihre Nachkommen weiterzugeben. Im Vergleich zu den anderen europäischen Staaten scheint der osmanische Staat seine Kontrolle über die Einkünfte zugunsten der lokalen Mächte verloren zu haben, bis in den 1830er Jahren die osmanische Regierung ihre Zentralisierungsansprüche wieder geltend machte, um diese Intermediärgewalten zwischen Steuerzahlern und zentraler Staatskasse zu eliminieren. Kurz gesagt vertreten die beiden die Auffassung, dass der frühmoderne osmanische Staat keine fiskalische Zentralisierung erfahren habe, durch die die zentrale Staatskasse ihre Einkünfte hätte vermehren können. Stattdessen kommen sie auf Grundlage des Haushalts zu dem Schluss, dass die Provinzmachthaber, die für die Kriegführung und Steuereinhebung verantwortlich waren, sich die meisten Einkünfte aneigneten.

Neuerdings argumentieren osmanistische Forscher – ohne dabei die oben angeführte Diskussion um Dezentralisierungstendenzen zu ignorieren –, dass das *malikane*-System, das auch als „vormoderne Privatisierung"[12] beschrieben wird, gleichzeitig eine alternative Form sowohl der vertikalen als auch der horizontalen soziopolitischen Integration schuf und nicht notwendigerweise zu wirtschaftlicher und politischer Feindseligkeit dem Staat gegenüber führte.[13] Stattdessen könne Steuerpacht als ein neuer

die Diskussionen von Karen Barkey und Linda Darling behaupten Genç und Özvar, dass die Provinzialisierung, das heißt die Bestimmung der Einnahmen der zentralen Staatskasse zum Gebrauch und zur Ausgabe auf lokaler Ebene, die Machthaber der Provinzen nicht dazu veranlasste, sich der Zentralregierung als zentrifugale Macht entgegenzustellen, sondern zu einer wachsenden Kontrolle über andere Provinzen führte; *Mehmet Genç/ Erol Özvar* (Eds.), Osmanlı Maliyesi Kurumlar ve Bütçeler. Vol. 1. Istanbul 2006, 20f.; s. auch *Karen Barkey*, Rebellious Alliances: The State and Peasant Unrest in Early Seventeenth-Century France and the Ottoman Empire, in: ASocRev 56, 1991, 699–715; *Linda Darling*, Revenue-Raising and Legitimacy, Tax Collection and Finance Administration in the Ottoman Empire, 1550–1660. (The Ottoman Empire and its Heritage, Vol. 6.) Leiden 1996, 242f.

12 *Ariel Salzmann*, An Ancien Régime Revisited: Privatization and Political Economy in the 18th Century Ottoman Empire, in: Politics and Society 21, 1993, 393–423.

13 Salzmann argumentiert, dass „not ‚indirect rule' or the solvent of an imperial structure, tax-farming should be considered state formation by other means"; *Salzmann*, Tocqueville in the Ottoman Empire (wie Anm. 10), 11.

Typ einer politischen Beziehung betrachtet werden, da sie standardisierte Vertragsbedingungen zwischen dem Herrscher und den Beherrschten schuf. Sie ermöglichte es, die Pflichten und Privilegien der Untertanen neu zu definieren.[14] Die vertragliche und politische Natur der Steuerpacht auf Lebenszeit gab dem osmanischen Staat die Gelegenheit, das Vermögen sowohl der Zentrums- als auch der Provinzakteure, die reich geworden waren, indem sie sich die neue Fluktuation innerhalb der sozialen und politischen Hierarchie zu Nutze machten, zu besteuern. Als Gegenleistung für eine Investition in das staatliche Budget durch die Zahlung einer Pauschale gab der Vertrag den Akteuren in Zentrum und Provinz ein legitimes, langfristig angelegtes und vererbbares Recht, Einnahmen einzutreiben, das vor der Einmischung durch Dritte geschützt war.[15] Kurz gesagt vereinte diese Version der Dezentralisierung durch die *malikane* neuerlich die Interessen des Zentrums und der Provinz im Hinblick auf das gemeinsame Ziel der Fortführung des osmanischen Gemeinwesens. Historiker diskutieren, ob die Erfahrung der Steuerpacht im Osmanischen Reich zur Integration der Provinzen durch das Zentrum führte und so die Grundlage für die Reformen des 19. Jahrhunderts legte.

Ausgehend von der oben angeführten Debatte ist es das Ziel dieses Artikels, durch die Analyse eines Provinzmachthabers größere Klarheit zu schaffen, was den Umverteilungscharakter des Steuerpachtsystems betrifft, und Kritik am dichotomen Verständnis der Beziehungen zwischen Zentrum und Peripherie im Osmanischen Reich des 18. Jahrhunderts zu üben. Zuallererst wird argumentiert, dass die Beziehung zwischen diesen beiden Seiten kein Nullsummenspiel war, in dem das Zentrum die Oberhand gewann, sobald die Provinzen Macht aufgaben beziehungsweise umgekehrt. So stellt Ariel Salzmann fest: „The governmental capacity of the province might grow alongside the expanding powers of the central state. These powers might be adjunctive or complementary; on other occasions local powers came into direct competition with the central state.“[16] Stattdessen sollte die Beziehung zwischen Zentrale und peripheren Mächten einfach als von Interdependenz gekennzeichnet angesehen werden. Tatsächlich war die osmanische Politik des 18. Jahrhunderts von Verhandlungen und Ausgleichsbemühungen der Zentralregierung mit den lokalen Mächten geprägt.[17] Insofern kann die Peripherie als ein Bereich betrachtet werden, der

[14] Ebd. 20.
[15] Ebd. 86.
[16] Ebd. 20.
[17] *Huri İslamoğlu*, Modernities Compared: State Transformations and Constitutions of

vermittels eines Netzes von diversen sozialen, politischen und wirtschaftlichen Interaktionen mit der Zentrale in Verbindung stand, wodurch die Natur des Staates gestaltet und reproduziert wurde. Zweitens sollten wir, um die spezifische Art und Weise, wie sich Machtbeziehungen zwischen Zentrum und lokaler Sphäre im 18. Jahrhundert artikulierten, einen Blick auf Beziehungsnetzwerke werfen, das heißt auf Verbindungen und Austausch. Die ökonomische Basis für diese Netzwerke wurde durch das Steuerpachtsystem gelegt; dessen sozio-politische Grundlage war durch die Haushaltsstrukturen oder die Beziehungen von Patron und Klient bestimmt. In anderen Worten: Die Interaktion zwischen zentralen und lokalen Akteuren, die Art und Weise, wie diese miteinander verbunden waren, wurde hauptsächlich durch die Steuerpacht bestimmt, die wiederum eine Parzellierung der Macht hervorrief, die sich auf eine Vielzahl zentraler und lokaler Akteure verteilte. Normalerweise gingen die politischen und die ökonomischen Partnerschaften dieser Akteure Hand in Hand. Drittens war die Umverteilung politischer (Ämter, Titel, Stellungen) und ökonomischer Ressourcen (das Recht, Steuern einzutreiben) Gegenstand von Verhandlungen zwischen Zentrum und Provinzen. Ich behaupte, dass man, um die Macht der Provinzen zu verstehen, deren Verbindungen und Netzwerke in vier verschiedenen Kontexten identifizieren sollte: dem lokalen, dem regionalen, dem imperialen und dem transimperialen Kontext. Im Folgenden werde ich meine Erörterung der Stratifikation von Mächten, die mit imperialer Hegemonie verknüpft sind, genauer ausführen, indem ich eine Familie regionaler Machthaber in der zentralen Schwarzmeerregion und dem nordöstlichen Anatolien analysiere. Die Untersuchung der Caniklizades[18] als eines Beispiels von Provinzmachthabern kann die tatsächliche Funktionsweise des dezentralisierten osmanischen Fiskalsystems, das vertikale und horizontale Integration bewirkte, erhellen.

Property in the Qing and Ottoman Empires, in: Journal of Early Modern History 5, 2001, 354–356.

[18] *Canay Şahin*, The Rise and Fall of an Ayan Family in Eighteenth Century Anatolia: the Caniklizades (1737–1808). PhD Thesis Bilkent University Ankara 2003; http://www.thesis.bilkent.edu.tr/0002279.pdf (Zugriff 28.02.2011).

II. Steuerpacht und der Aufstieg der Caniklizades im lokalen Kontext

Der anfängliche Impuls für den Aufstieg der Familie ereignete sich, als Fatsalı Ahmed Ağa (gest. 1748) in den 1740er Jahren zum Gouverneur der Unterprovinz Canik (heute: Samsun) befördert wurde. Er war eigentlich einer der Notabeln des kleinen Ortes Fatsa an der Schwarzmeerküste und bot ein Beispiel für die typischen Kennzeichen dieser Schicht im osmanischen Anatolien: Er begann seine Laufbahn als Anführer einer lokalen Miliz, die Banditentum ausübte und mit anderen Kandidaten um einen Anteil an den Rechten der Steuereinhebung in seiner lokalen Umgebung konkurrierte. Als die zentrale osmanische Staatskasse die Einkünfte der Unterprovinz Canik, die bis 1712 als imperiale Domäne (*has*) direkt zur zentralen Staatskasse gehört hatte[19], als lebenslange Steuerpacht versteigerte, erwarb Fatsalı Ahmed zunächst ein Drittel davon; später gelang es ihm, die gesamten Einkünfte der Unterprovinz zu erlangen.[20] In der Folge wurde er in den 1740er Jahren mit dem Titel eines imperialen Türhüters (*kapıcıbaşı*) zum Gouverneur von Canik ernannt. Bis 1808, mit einigen Unterbrechungen, die zusammengenommen elf Jahre ausmachen, kontrollierte die Caniklidynastie diese Provinz als ein erbliches, monopolisiertes Steuereinkommen, indem sich die Anteile daran im Besitz der Familienmitglieder befanden. Die Erwerbung von Canik als einer *malikane* erwies sich als entscheidend für die spätere Expansion der familiären wirtschaftlichen und sozialen Macht unter der Führung von Ali Paşa (1720–1785)[21], den man als den eigentlichen Gründer der Dynastie ansehen kann. Der berühmte Canikli Ali Paşa etablierte nicht nur politische und wirtschaftliche Verbindungen mit dem Zentrum, sondern schuf auch ein horizontales Netzwerk in der Schwarzmeerregion.

Der osmanisch-russische Krieg von 1768 bis 1774 und die Verbesserung der Verhandlungsposition der Provinzen waren, wie unten gezeigt werden wird, eng miteinander verbunden. Unter der Führung von Ali Paşa gelang es der Caniklifamilie langfristig, das Recht zur Steuereinhebung für meh-

[19] *Orhan Kılıç*, 18. Yüzyılın İlk Yarısında Osmanlı Devleti'nin İdari Taksimatı, Eyalet ve Sancak Tevcihatı. Elazig 1997, 129.

[20] Başbakanlık Osmanlı Arşivi (BOA)/Osmanisches Archiv des Premierministeramtes, İstanbul, Başmuhasebe, Malikane (DBŞM-MLK) 14115.

[21] Für seine militärische Karriere vgl. *Yücel Özkaya*, Canikli Ali Paşa, in: Belleten 36, 1972, 141–144; *Bernard Lewis*, Art. „Djanikli Hadjdji Ali Paşa", in: Encyclopaedia of Islam. Vol. 2. 2. Aufl. Leiden 1983, 446; *Rıza Karagöz*, Canikli Ali Paşa. Ankara 2003.

rere Provinzen zu erwerben. Damit stand der Familie ein zusammengesetzter Block von Einkünften aus den benachbarten Regionen zur Verfügung. In den 1770er Jahren stieg die Familie von lokaler zu regionaler und in der Folge von regionaler zu imperialer Macht auf. Ali Paşa und seine Söhne dehnten ihre administrative und fiskalische Autorität auf so weit verstreute Regionen wie Trabzon, Amasya, Kastamonou, Karahisar-ı Şarki, Sivas, Tokat, Gümüşhane und Erzurum aus. Derart kontrollierten sie die zentrale Schwarzmeerregion und Nordostanatolien in beinahe erblicher Form als Gouverneure. Sie steigerten nicht nur die administrative Kontrolle über diese Provinzen, sondern erwarben auch lebenslange *malikane*s in der Größenordnung von Provinzsteuerpachten[22] bis zu kleinen landwirtschaftlichen Einkünften. Unter den 30 Steuerpachten der Familie befand sich auch für drei Generationen das Monopol auf die Einkünfte von Canik, Amasya und Karahisar-ı Şarki.[23]

Betrachtet man die Steuerpachten, die sich im Besitz von Mitgliedern der Caniklidynastie befanden, kann man die hauptsächlichen Transformationen im osmanischen Wirtschaftsleben verfolgen. Wie andere regionale Machthaber begannen die Caniklizades ihre fiskalischen Investitionen als Unterpächter oder Partner von abwesenden, zumeist in Istanbul lebenden *malikane*-Besitzern, und erwarben in der Folge den gesamten Anteil dieser lebenslangen Steuerpachten. Basierend auf der Analyse der ersten Auktionen, die auf die Einführung der ersten Register lebenslanger Steuerpachten im Jahr 1695 folgten, stellen Genç, Salzmann und Özvar fest, dass die teuersten und damit profitabelsten Steuerpachten von den zentralen Eliten des Militärs, der Bürokratie und der religiösen Hierarchie gekauft wurden.[24] In der zweiten Hälfte des 18. Jahrhunderts wandelten sich die Abgesandten und Unterpächter der eigentlichen, in Istanbul lebenden *malikane*-Besitzer zu regionalen Machthabern und begannen, einen exklusiven Zugriff auf einige dieser Steuerpachten zu bekommen. Entsprechend den Rechten der

[22] Von der Mitte des 17. Jahrhunderts an wurden die Einkünfte aus den Provinzen zunehmend in einer allgemeinen Steuerpacht zusammengelegt und an reiche Personen verkauft. Im Gegensatz zur früheren Praxis der Festlegung von Provinzeinnahmen als Pfründe (*tımar*) für die von der Zentrale ernannten Gouverneure wurden die privatisierten Steuerpachten meistens von lokalen Notabeln gekauft, die gleichzeitig Gouverneure dieser Provinzen wurden.

[23] *Canay Şahin*, The Economic Power of Anatolian Ayans in the Late Eighteenth Century: The Case of the Caniklizades, in: International Journal of Turkish Studies 11/1–2, 2005, 29–47.

[24] *Genç*, Osmanlı Maliyesinde Malikane Sistemi (wie Anm. 6); *Özvar*, Osmanlı Maliyesinde Malikane Uygulaması (wie Anm. 9); *Salzmann*, Measures of Empire (wie Anm. 3).

Unterpächter von Steuerpachten oder dem, was in der Literatur als *chain tax-farming* bekannt ist, hatten die Caniklizades ebenfalls die Möglichkeit, die Einkünfte aus der Provinz an Familienmitglieder, Verwandte, Klienten und kleine Notabeln zu verpachten und trugen so zur Umverteilung des Reichtums bei.

III. Die Steuerpachten der Caniklidynastie

Als Steuerpächter und Gouverneure (*muhassıl*) von Canik waren die Familienmitglieder verantwortlich für die Lieferung von Hanf und Fasern, die ein wichtiges Rohmaterial für die Herstellung von Seilen waren, die im osmanischen Arsenal gebraucht wurden. Im 17. Jahrhundert hatten die neun Distrikte (*kaza*) der Unterprovinz Canik als Domäne des Sultans oder Kronland dem osmanischen Staatsschatz direkt angehört. Zu dieser Zeit waren ihre Einkünfte von zentral ernannten Inspektoren und Agenten in Form von kurzzeitigen Steuerpachten eingetrieben worden. Bereits im Jahr 1712 wurden diese Steuerpachten als *malikane* öffentlich an den Höchstbietenden verkauft. Die Caniklizades investierten eine große Menge an Bargeld, um die Lieferung einer festgesetzten Menge von Hanf und Fasern sicherzustellen und erhofften so, von diesem Handel zu profitieren.[25] Ihre Steuerpacht umfasste auch die Zollgebühren, die den Kaufleuten abgenommen wurden, die ihre Waren zu den kleinen Häfen von Bafra und diesem zugehörigen Orten (Ünye, Terme, Fatsa, Çarşamba) brachten.[26] Sobald sie ihre administrative und fiskalische Macht in der Provinz konsolidiert hatten, beteiligten sie sich auch an der Auktion anderer Steuerpachten und fingen an, die Reisanbaugebiete um Bafra und Köprü zu kontrollieren.[27] Am wichtigsten ist, dass die Caniklizades große Landgüter (*çiftlik*s) in den Gebieten einrichteten, für die sie langfristig festgelegte Rechte zur Steuereinhebung besaßen. Diese Landgüter, die auf die Produktion von Weizen, Mais und Gerste spezialisiert waren, befanden sich auf den fruchtbaren Böden in der Nähe der beide Flüsse Kızılırmak und Yeşilırmak. Die Familie

[25] Die erbliche Kontrolle der Caniklizades über die Steuerpacht des *muhassıllık* von Canik und die Jahres- und Pauschalzahlungen, der Transfer von Anteilen zwischen den Familienmitgliedern und anderen Steuerpächtern und Konfiszierungen sind untersucht in *Şahin*, Rise (wie Anm. 18), 103–119, mittels einer Analyse der Register der Finanzabteilung; s. BOA, Maliyeden Müdevver (MAD) 9570, 106f.; MAD 9543.

[26] BOA, MAD 9536, 1, 26.

[27] BOA, DBŞM 4043, 25–26, 33, 37–38, 43, 47.

begann, ihre Rechte zur Einhebung der Steuern von diesen Ländereien als ihr persönliches Eigentum zu betrachten. Sie dehnte ihre faktische Kontrolle über das Land durch Zwang und Drohungen gegen die Bauern aus.[28]

Zusätzlich zu Canik besaß die Caniklidynastie die Einkünfte von Amasya und Karahisar-ı Şarki als lebenslange Steuerpacht, und in allen drei Unterprovinzen (*sancak*) kombinierten sie die fiskalische Verwaltung der Einkünfte mit administrativen Privilegien und Stellungen wie etwa den Ämtern des Gouverneurs oder Vizegouverneurs. Die profitable lebenslange Steuerpacht von Karahisar-ı Şarki umfasste auch die Einhebung von Alaun, einem wichtigen Rohstoff für das Färben von Textilien, und Hanf. Die Kontrolle der Caniklidynastie über diese Unterprovinz entwickelte sich von der Position eines Unterpächters eines abwesenden Steuerpachtinhabers zu der eines Teilhabers. Wie auch im Fall der Unterprovinz Canik dauerte ihre Herrschaft hier an, solange die Zentralregierung nicht durch Konfiskation intervenierte.[29] Außerdem erwarben die Caniklizades noch die Steuerpacht von Tamzara innerhalb der Grenzen dieser Unterprovinz.[30]

Die Unterprovinz Amasya war ein weiteres Kerngebiet unter der administrativen und fiskalischen Herrschaft der Caniklidynastie im letzten Viertel des 18. Jahrhunderts. Dem Inhaber der Steuerpacht von Amasya wurde das Recht auf die in bar zu leistenden außerordentlichen Steuern, die er in Kriegs- und Friedenszeiten als Gouverneur (*mutasarrıf*) der Unterprovinz eintrieb, zuerkannt.[31] Wie auch in anderen Gebieten dehnten Familienmitglieder und Gefolgsleute ihre Rechte zur Steuereinhebung auf benachbarte Distrikte und Dörfer aus[32], indem sie vermehrt Zwang und Druck auf die Steuerzahler ausübten.[33]

[28] Alle beweglichen (Bargeld, kostbare persönliche Gegenstände) und unbeweglichen Güter der Familie (Häuser, Läden, Khans und *çiftliks*) wurden in einem Vermögensverzeichnis registriert. Für die großen Anwesen in Bafra vgl. BOA, Başmuhasebe, Muhallefat (DBŞM-MHF) 65/45, DBŞM 4932, und für die *çiftliks* in Amasya vgl. BOA, DBŞM-MHF 65/38, DBŞM-MHF 65/32, DBŞM-MHF 65/26, und *Şahin*, Rise (wie Anm. 18), 183–193.

[29] Für die Familienanteile zwischen 1769 und 1779 vgl. BOA, DBŞM 4043, 3, 21, 23, 25–26, 37–38, 43–44, 47, und für die Konfiszierung, die Wiedereinsetzung und den Transfer von Anteilen zwischen 1781 und 1807 vgl. BOA, MAD 4567, 25/1–2; BOA, MAD 9582, 113; BOA, Cevdet Maliye 6146.

[30] BOA, Cevdet Maliye 2241.

[31] BOA, MAD 3194, MAD 10219; Milli Kütüphane / Nationalbibliothek, Ankara, Amasya Şer'iyye Sicili 54, 40f.; Amasya Şer'iyye Sicili 62, 18; Amasya Şer'iyye Sicili 60, 57.

[32] Es gab wenigstes fünf verschiedene mittelgroße Steuerpachten, die Familien- und Haushaltsmitglieder in der Unterprovinz von Amasya gehörten: die Steuerpacht von Mer-

Als weitere Steuerpachten der Familie seien hier genannt: die Steuerpachten der Unterprovinzen Kastamonu, Trabzon, Erzurum, Sivas und Tokat. Während die Steuerpacht von Kastamonu und die Steuerpachten der Reisanbaugebiete in dieser Unterprovinz (insbesondere Kıraç und Boyabad) von Klienten und engen Verwandten der Caniklizades verwaltet wurden[34], waren die Rechte zur Einhebung der Steuereinkünfte in Trabzon an die Şatırzades delegiert worden, eine Notabelnfamilie (*ayan*), die in den 1770er Jahren als Vizegouverneure unter den Caniklis dienten. Die Caniklifamilie hatte das Amt des Gouverneurs von Trabzon über mehrere Generationen inne. Während dieser Zeit erhielten sie das Recht, in Trabzon die Kopfsteuer, die außerordentlichen Abgaben (*avarız*), Ersatzgelder für Proviant (*bedel-i nüzul*) und Ersatzgelder für Militärdienst (*cebelü bedeliyesi*) einzutreiben.[35]

Schließlich gelang es den Caniklis außerdem noch in Zeiten, in denen die Zentralregierung einen hohen Bedarf an Soldaten und Verpflegung hatte – vor allem während der Versuche, die Krim zurückzuerobern –, einige zusätzliche fiskalische Privilegien zu erlangen. Hierzu gehörten beispielsweise die Kriegszeitabgaben von Sivas, die Friedenszeitabgaben von Erzurum, die Steuerpacht der Krongüter von Tokat und auch die Rechte auf verschiedene kleine und mittelgroße landwirtschaftliche Steuerleistungen in diesen Provinzen.[36]

IV. Regional-horizontale Netzwerke und lokale Politik

Wie oben ausgeführt, trugen die osmanischen Steuerpachten auf Lebenszeit dazu bei, ein parzelliertes Verwaltungssystem zu etablieren, das auf eine große Anzahl von Akteuren verteilt war, die an die Zentrale gebunden waren. Ebenso wie die Caniklizades in finanzieller Hinsicht als langfristi-

zifon, die Steuerpacht der Zehntabgaben und des Kaffeemahlens von Merzifon, die Steuerpacht von Milli Kavilü, die Steuerpacht von Hacıköy und die Steuerpacht von Mecidözü.

33 Für die Rivalität der Caniklizades mit der benachbarten Dynastie der Çapanzade, ihre Zwangsherrschaft über Amasya, die Beschwerden der Steuerzahler über sie sowie die Ausdehnung ihrer fiskalischen und politischen Kontrolle über die Distrikte von Amasya vgl. *Şahin*, Rise (wie Anm. 18), 121–131.

34 BOA, DBŞM 4043, 23, 25–26; BOA, Cevdet Dahiliye 8278; BOA, Hatt-ı Hümayun 3448; BOA, Başmuhasebe, Tersane-i Amire (DBŞM-TRE) 15437.

35 *Şahin*, Economic Power (wie Anm. 23), 35.

36 Zu Sivas und Erzurum vgl. BOA, Hatt-ı Hümayun 1321, 1322; BOA, Cevdet Maliye 27435; für Tokat s. BOA, Cevdet Maliye 2241, und *Şahin*, Rise (wie Anm. 18), 136–138.

ge Investoren des Staatsschatzes und in politischer Hinsicht als Verwalter oder Gouverneure in die Staatselite integriert waren, kreierten sie ihrerseits dauerhafte Bindungen, mittels derer sie durch ein Verhältnis von Reziprozitäten mit kleinen Notabeln innerhalb der Region unter ihrer Herrschaft in Beziehung standen. Anders ausgedrückt: Um ein großes Gebiet, das aus mehreren Unterprovinzen, Distrikten und Dörfern bestand, zu kontrollieren, etablierten sie ein Netz von Beziehungen, das sozio-politisch durch die Formierung ihres Haushaltes[37] und finanziell durch die Umverteilung von Einnahmequellen realisiert wurde. Dieses regionale Netzwerk verband die Familienmitglieder, die Gefolgsleute sowie eine große Zahl mittlerer und kleiner Notabelnfamilien der Städte und Dorfvorsteher. Ebenfalls am Beispiel der Caniklidynastie zeigen die Quellen der lokalen und zentralen Archive die verschiedenen Ebenen der Stratifikation in der Peripherie. Die Caniklizades etablierten ihren Haushalt, indem sie durch Eheschließungen immer weitere Verwandtschaftsbeziehungen herstellten und indem sie ihre Gefolgsleute durch Patron-Klient-Beziehungen an sich banden. Ebenso wie die höhergestellten Haushalte des Zentrums das Modell des sultanischen Haushaltes imitierten, können die peripheren Gefolgschaften als Mikrokopien dieses Modells betrachtet werden.[38] Canikli Ali Paşa (wie später auch sein Sohn und sein Enkel) verließ sich als Haushaltsvorstand in erster Linie auf seine Söhne, Schwiegersöhne und engen Verwandten. Er verteilte die Vizegouverneursämter und die Einkommensanteile unter ihnen.[39] Zweitens wurden die führenden Mitglieder des Haushalts, wie zum Beispiel die Verwalter (*kethüdas*), die als Protégés im Gefolge erzogen worden waren, im Netzwerk als Unterpächter eingesetzt.[40] Drittens konsolidierten

[37] Zur Institution des Haushaltes (*kapı*) s. *Rifa'at Abou El-Haj*, The Ottoman Vezir and Pasha Households, 1683–1703: A Preliminary Report, in: Journal of the American Oriental Society 94, 1974, 438–447; *Jane Heathaway*, The Politics of Household in Ottoman Egypt: The Rise of the Kazdağlıs. Cambridge 1997; *Carter Vaughn Findley*, Political Culture and Great Households, in: Suraiya Faroqhi (Ed.), Cambridge History of Turkey. Vol. 3: The Later Ottoman Empire, 1603–1839. Cambridge 2006, 65–80.

[38] *Abou El-Haj*, Households (wie Anm. 37).

[39] Zu dieser Umverteilung in Canik s. die Aufstellung der Teilhaber und Vorauszahlungen der Steuerpacht des Muhassıllık von Canik (1741–1826) in *Şahin*, Rise (wie Anm. 18), 234–236. Die meisten anderen Subprovinz-Steuerpachten wurden zwischen den Familienmitgliedern geteilt. Während zum Beispiel Ali Paşas Sohn (Mehmed Emin) die Steuerpacht von Samsun innehatte, besaß Ali Paşas anderer Sohn (Battal) die Steuerpacht der Großpfründe von Canik. Für die Unterprovinz Amasya machte Ali Paşa seine Söhne (Mikdad Ahmed und Battal) zu seinen Stellvertretern. Diesen Beispielen könnten weitere hinzugefügt werden.

[40] Ali Paşas Verwalter (*kethüda*) Şıhmanzade Ali Ağa fungierte als Unterpächter der

die Caniklizades ihre Vormachtstellung in den Provinzen, indem sie Allianzen mit den führenden Notabeln, wie etwa den Hazinedarzades[41] von Samsun und den Şatırzades[42] von Trabzon schlossen, wobei sie deren Loyalität außerdem durch eheliche Verbindungen sicherstellten. Kurz gesagt: Eine derartige dezentralisierte Verwaltung unter der Führung der Haushaltsstruktur ermöglichte es den Caniklizades, mehrere Ebenen der Hierarchie von Machtträgern zu integrieren, indem sie Reichtum, der auf der Wirtschaft der Provinz basierte, ansammelten.

Steuerpacht von Merzifon, als Vizegouverneur (*mütesellim*) von Trabzon und als Steuereintreiber (*voyvoda*) von Tokat. Außerdem investierte er in den Handel, richtete Landgüter ein und verlieh Geld an kleine Notabeln in Sivas, Erzurum und Amasya. Für eine detaillierte Studie der Verwalter der Caniklis (sowohl ihrer Position als auch ihrer Vermögensbildung) vgl. *Şahin*, Rise (wie Anm. 18), 139–150.

[41] Die früheste Gestalt, Süleyman Ağa, war erfolgreich genug, um das Machtvakuum nach Ende der politischen und wirtschaftlichen Herrschaft der Caniklizades in der Provinz Trabzon im Jahr 1808 zu füllen. Er begann seine Karriere als Vizegouverneur (*müteselllim*) von Canik und dehnte seine Macht durch die Kontrolle über die Steuereinhebung in der Region aus. Nachdem er eine Zeitlang den zentralen Eliten oder den Caniklizades als Agent für Steuereinkünfte gedient hatte, wurde er 1811 *muhassıl* von Canik und erlangte 1812 die Position des Provinzgouverneurs von Trabzon; dieses Amt hatte er bis zu seinem Tod im Jahr 1818 inne. Vgl. *Michael E. Meeker*, A Nation of Empire: The Ottoman Legacy of Turkish Modernity. Berkeley 2002, 215f.; *Anthony Bryer*, The Last Laz Risings and the Downfall of the Pontic Derebeys, 1812–1840, in: Bedi Kartlisa/Revue de Kartvélogie 26, 1969, 191–210; *M. Emin Yolalıcı*, Samsun Eşrafından Hazinedarzade Es-Seyyid Abdullah Paşa'nin Terekesi. Samsun 1987; *ders.*, XIX. Yüzyılda Canik Sancağı'nın Sosyal ve Ekonomik Yapısı. Ankara 1998; *Rıza Karagöz*, Haznedarzade Süleyman Paşa. Samsun 2010.

[42] Die Şatırzades, eine der konkurrierenden Notabelnfamilien (*ayan*) von Trabzon, kooperierten mit den Caniklizades in Sachen Steuereinhebung und Verwaltung. Die Şatırzades kombinierten administrative und militärische Ämter mit der Identität als Kaufmann und Steuerpächter. Außerdem dienten sie auch als Militärkommandeure (*alaybeyi*) von Trabzon. In diesem Amt waren sie Unterpächter von Canikli Ali Paşa bei der Einhebung der Ersatzgelder für Militärdienst (*cebelü bedeliyesi*) von denen, die an den Feldzügen nicht teilnahmen. Canikli Ali Paşa als Gouverneur von Trabzon und Şatırzade Ömer Ağa als Stadtkommandant arbeiteten nicht nur bei der Steuereinhebung zusammen, sondern auch bei der Vergabe vakanter Pfründen (*tımar*) an kleine Notabeln als Gegenleistung für ihre Loyalität und Teilnahme an Feldzügen in Begleitung von eigenen Soldaten. Die Şatırzades, als Unterpächter von außerordentlichen Abgaben (*avarız* und *nüzul*), verpachteten diese Abgaben ihrerseits an Notabeln der Subdistrikte. Auf jeder Ebene wurden die Steuereinkünfte umverteilt und so Loyalitäten sichergestellt. Zusätzlich zu den Notstandsabgaben kontrollierten die Şatırzades die Einhebung der Kopfsteuer und galten als Beschützer der Nicht-Muslime von Trabzon. Drittens beteiligten sie sich mittels dreier wichtiger Steuerpachten am Handel der Stadt. Ihre Allianz mit den Caniklis wurde deutlich, als Canikli Ali Paşa 1779 und sein Enkel Tayyar Paşa 1805 gegen die Zentralregierung rebellierten. Sie ergriffen die Partei der Caniklis, die die Fortdauer des Establishments in der Stadt sicherstellten; *Şahin*, Rise (wie Anm. 18), 157–163.

Man sollte angesichts eines solchen Bildes jedoch nicht vergessen, dass die militärische Macht der Dynastie von der Loyalität einer großen Zahl von Notabeln (*ayan*) mittleren Ranges abhing, die eine direkte soziale Autorität und Einfluss auf die Steuerzahler hatten, deren gewählte Gemeindeführer sie waren. Tatsächlich war die Autorität der Caniklis aufs Engste mit ihrer Fähigkeit verbunden, die Milizen der lokalen Notabeln zu dirigieren. In dieser Hinsicht muss festgehalten werden, dass die permanenten Interessenverschiebungen und die Konkurrenz unter den lokalen Mächten in eine Struktur mündeten, die bedingt war von Verhandlungen zwischen den Parteien der Caniklifamilie als dynastischen Gouverneuren, den Ortsnotabeln, Dorfvorstehern und Anführern von Banditen und Söldnertruppen. Anhand der Analyse verschiedener Quellen wie lokaler Kadiamtsregister, imperialer Erlasse, Konfiskationsregister und Konsularberichten habe ich die ökonomische Basis dieser Allianzen auf sozialer und militärischer Ebene untersucht. Dieses regionale Netzwerk wurde deutlicher sichtbar, als die Caniklifamilie wie 1779, 1790 und 1805 periodisch gegen die Zentralregierung rebellierte, was wiederholt zu Chaos und Bürgerkrieg in der Region führte.[43]

Diese drei Wendepunkte in der Geschichte der jeweiligen Generation der Familie zeigen, dass die Führung der Provinz von einem labilen lokalen Gleichgewicht der Kräfte abhing. Die Zentralregierung verlor ihre Kontrolle über die Schwarzmeerregion, wo die Gefolgsleute der Caniklidynastie mit einem Krieg gegen oppositionelle Fraktionen beschäftigt waren, um ihre Privilegien mit Hilfe ihrer starken Milizen zu sichern. Weil das imperiale Zentrum Gesetz und Ordnung in dieser Region nicht durch die von der Zentrale neu ernannten Gouverneure herstellen konnte, da diese mit dem Widerstand der lokalen Mächte in der Frage der Steuereinhebung konfrontiert waren, bestand der nächste Schritt darin, die Methode des *divide et impera* anzuwenden und die führenden Mitglieder des Caniklihaushalts als Vizegouverneure und Unterpächter der wichtigsten Steuerpachten, die den zentralen Eliten gehörten, einzusetzen. Die Hazinedarzades gelangten Ende des 18. Jahrhunderts durch solche Positionen als Vizegouverneure sowohl unter den Caniklis als auch während deren Exil an die Macht. Schließlich wurden die Hazinedarzades als Amtsträger in den zentralisierten Staat des 19. Jahrhunderts integriert.

[43] Ebd. 55–59, 63–78; *Karagöz*, Canikli Ali Paşa (wie Anm. 21), 119–121; *A[natolij] F. Miller*, Mustapha Pacha Baïraktar. Bukarest 1975.

V. Konfiskation und Rebellion als Instrumente interdependenter Verhandlungen

Wie von Charles Tilly[44] festgestellt und von Dina Rizk Khoury und Karen Barkey im Hinblick auf den osmanischen Kontext wiederholt wurde, wurden die frühmodernen Imperien auf der Grundlage verhandelter Formen von Kontrolle neu strukturiert. In diesem Fall war der wichtigste Verhandlungsvorteil des Zentrums das Recht, uneingeschränkt die Güter, Titel und politischen und finanziellen Privilegien der Provinzmachthaber konfiszieren zu können. Andererseits bestand das herausragende Druckmittel der Provinzmachthaber in der Möglichkeit, das Funktionieren des Staates durch Rebellion zu zerrütten. Da der Staat im Hinblick auf Verwaltung und Steuereinhebung von ihnen abhängig geworden war, konnten Rebellionen die finanzielle, militärische und administrative Stabilität erheblich durcheinanderbringen. In diesem Fall konnte der osmanische Staat konkurrierende Dynastien oder auch führende Mitglieder des Haushaltes des rebellierenden Provinzmagnaten dazu veranlassen, gegen sie vorzugehen.

Die häufigen Kriege und Feldzüge, die Rolle der Caniklizades als Militärbefehlshaber bei der Verteidigung der Krim und des Kaukasus und ihre Rolle als eine der Hauptmächte am Schwarzen Meer verliehen ihnen einen weitreichenden Spielraum für translokale Beziehungen. Es sieht so aus, als hätten sie einen autonomeren Charakter entwickelt als andere anatolische Dynastien wie etwa die Karaosmanoğulları in Westanatolien und die Çapanoğulları in Zentralanatolien. Die Revolten von 1779, 1790 und 1805 mündeten allerdings in die Konfiskation ihres Vermögens durch die Zentrale und in ihrem Exil auf der Krim. Keiner dieser Aufstände war unabhängig von den Machtkämpfen in Istanbul; folglich sollten sie im Rahmen der Reichspolitik kontextualisiert werden. Canikli Ali Paşas Rebellion von 1779 ereignete sich, als die Zentrale den Caniklis in den 1770er Jahren gerade fiskalische und politische Ressourcen als Gegenleistung für die Bereitstellung von Soldaten, Proviant und anderem militärischen Material gewährte, das für den Krieg gegen Russland und vor allem den Feldzug zur Wiedereroberung der Krim benötigt wurde. Als es Ali Paşa aus verschie-

[44] *Charles Tilly*, Coercion, Capital and European States, AD 990–1990. Oxford 1990; *Karen Barkey*, Bandits and Bureucrats: The Ottoman Route to State Centralization. Ithaca/London 1994; *dies.*, Empire of Difference, The Ottomans in Comparative Perspective. Cambridge 2008; *Dina Rizk Khoury*, Administrative Practice between Religious Law (Shari'a) and State Law (Kanun) on the Eastern Frontiers of the Ottoman Empire, in: Journal of Early Modern History 5/4, 2001, 305–330.

denen Gründen 1778 nicht gelang, die Krim wiederzugewinnen[45], beschloss die Hohe Pforte, ihn zu eliminieren und veranlasste – mangels einer starken zentralen Armee – die benachbarte, rivalisierende Dynastie Zentralanatoliens, die Çapanoğulları, ihn zu entmachten. Der Krieg zwischen diesen beiden Dynastien brach infolge eines Konfliktes über die Kontrolle von Amasya aus, dessen Steuerzahler und dessen lokale Notabelngemeinschaft Beschwerden über die Zwangsmaßnahmen und Missbräuche der Caniklizades nach Istanbul schickten.[46] Die Rebellion von Battal Hüseyin Paşa, Ali Paşas Sohn, im Jahr 1790 war das Resultat seines großen Versäumnisses, die wichtige Festung von Anapa gegen die Russen zu verteidigen, als die Zentralregierung einen geheimen Plan schmiedete, ihn durch seinen Verwalter (*kethüda*) zu ersetzen. Die Revolte von Tayyar Paşa, Ali Paşas Enkel, im Jahre 1805 schließlich ist im Kontext der Antireformbewegung gegen die fiskalische und militärische Zentralisierungspolitik der Neuen Ordnung (*Nizam-ı Cedid*) zu betrachten.[47]

Vor dem Hintergrund zunehmender internationaler Kriege und eines demzufolge anwachsenden Bedarfs an Bargeld und Soldaten erscheint das Vorgehen der Caniklis, die Zahl ihrer Posten und Steuerpachten mittels eines Verhandlungsprozesses mit der Zentrale auszuweiten, nicht als Ausnahme, verglichen mit anderen mächtigen Gestalten an den Grenzen des Reiches wie zum Beispiel den Pasvandoğlu von Vidin.[48] Solche grenznahen Machthaber verstärkten ihre Fähigkeit, jedem Anspruch der Regierung auf Zentralisierung (Einrichtung einer zentralen Armee und Staatskasse) zu widerstehen, wie im Fall der Rebellion von Tayyar Paşa im Jahr 1805[49], der die letzte Generation der Caniklidynastie repräsentiert.

[45] *Canay Şahin*, 1777–1778'de Osmanlı-Rus Ilişkileri ve Rumeli Kazaskeri Murad Mehmed Efendi, in: Toplumsal Tarih 199, 2010, 52–58.

[46] *Özcan Mert*, XVIII. Ve XIX. Yüzyıllarda Çapanoğulları. Ankara 1980; *İ. Hakkı Uzunçarşılı*, Çapanoğulları, in: Belleten 150, 1974, 215–261.

[47] Zu den Beziehungen der Caniklifamilie mit den russischen politischen Autoritäten und ihr Exil in Russland s. *Stanford J. Shaw*, Between Old and New. Cambridge 1971, 215f., 283–285, 298f., 304, 312, 367; *Miller*, Mustapha Pacha Baïraktar (wie Anm. 43), 110–112, 119f., 164f., 176; *Alan Fisher*, The Crimean Tatars. Stanford 1978, 61, 65, 85.

[48] *Rossitsa Gradeva*, Osman Pasvandoglu of Vidin: between Old and New, in: Frederick F. Anscombe (Ed.), The Ottoman Balkans, 1750–1830. Princeton 2006, 115–161.

[49] *Şahin*, Rise (wie Anm. 18), 70–78; *İbrahim Serbestoğlu*, Trabzon Valisi Canikli Tayyar Mahmud Paşa İsyanı ve Caniklizadelerin Sonu 1805–1808, in: Uluslararası Karadeniz Incelemeleri Dergisi 1, 2006, 89–105; *Aysel Yıldız*, Vaka-yı Selimiyye Incident: A Study of The May 1807 Rebellion. PhD Thesis Sabancı University Istanbul 2008, 123–136.

Zusammenfassend kann man sagen, dass, während Konfiskation und die Rücknahme von Rechten das Hauptinstrument in den Händen des osmanischen Zentrums waren, um die Provinzmächte zu kontrollieren, die Verhandlungsmacht der Caniklis sich aus ihrer Möglichkeit ergab, gegen das Zentrum zu rebellieren. Wie auch bei anderen Regionalmächten waren die Revolten der Caniklis erstens dadurch bedingt, dass der Staat selbst den rechtmäßigen Gebrauch von Zwangsmitteln an sie delegierte, um Kriege führen zu können. Da die Fortdauer ihrer Herrschaft über das Schwarze Meer vom Bedarf des Staates an Soldaten abhängig war, konnte jeder Versuch der Zentrale, die Zwangsmittel oder die fiskalischen Privilegien zu zentralisieren, zu Widerstand und Aufständen führen, wie im Fall der Rebellion von Tayyar Paşa. Zweitens war das regional-horizontale Netzwerk, das die Caniklis durch die Umverteilung von Steuerpachteinkünften innerhalb ihrer Gefolgschaft etablierten, wie im vorhergehenden Abschnitt erklärt, ein wichtiger Faktor, um den Erfolg ihrer Rebellion zu bewirken. Drittens bestimmten die geographische Positionierung als Grenzmacht und die kommerziellen und politischen Verbindungen mit konkurrierenden Imperien den Grad ihres Widerstandes und ihrer Verhandlungsmacht.

Die regionalen Akteure erweiterten ihre Macht, mit dem osmanischen Staat zu verhandeln, durch ihre Beziehungen zu verschiedenen zentralen Akteuren. Diese dynastischen Notabeln sollten daher nicht nur als bedeutende Akteure in ihrem lokalen Kontext untersucht werden, sondern auch als imperiale Akteure in Bezug auf ihre Allianzen mit und Antagonismen gegenüber zentralen Haushalten. Deshalb trugen auch ihre Verbindungen und Beziehungen zum Zentrum sowie ihr Wettbewerb mit den zentralen Haushalten zu ihrer Verhandlungsmacht bei.

Zunächst einmal hatten sowohl die Caniklizades als auch andere Provinzgouverneure, die den Rang eines Wesir-Paschas erreichten, ihre *kapı kethüdası* genannten finanziellen und politischen Agenten in Istanbul, um konkurrenzfähige und kommerzialisierte Steuerpachten und Staatsämter im Austausch für Provisionen und Geschenke zu erhalten. Diese Agenten hatten Zugang zur Hohen Pforte und kommunizierten dort die Forderungen der Provinzmächte, wie zum Beispiel die Beförderung in einen höheren Rang oder die Einsetzung in ein vakantes Amt. Sie waren auch in den Verhandlungen mit der Pforte über die Vergabe von Steuerpachten und Einkünften an Haushaltsmitglieder aktiv. Außerdem informierten sie mittels spionageartiger Methoden ihre Auftraggeber über jegliche Änderung des Kräftegleichgewichts zwischen den herrschenden Fraktionen, und sie verhandelten über die Erhaltung des Familienvermögens, wenn der Haushaltsvorstand gestorben war. Schließlich dienten sie als eine Art Buchhalter, indem sie sich um den Austausch von Briefen in Bezug auf die Verwaltung von Steuerpachten kümmerten.[50] Während die führenden Bankiers von Istanbul das Bargeld für Investitionen in das Staatsbudget bereitstellten[51], spezialisierte sich der *kapı kethüdası* auf die bürokratischen Transaktionen im Zusammenhang mit ihren Konten.[52]

Schließlich war die Verhandlungsmacht der Caniklis eng mit der Rivalität zwischen verschiedenen Fraktionen an der Hohen Pforte verbunden. Obwohl es über das eigentliche Thema dieses Artikels hinausgeht, seien doch einige Worte über die imperialen Aspekte des Verhandelns gesagt. Diese Fraktionen, die gemäß der Haushaltsstruktur organisiert waren, konkurrierten miteinander im Hinblick auf die Erlangung hochgradig kommodifizierter Posten innerhalb der Bürokratie und von Steuerpachten. Die permanenten Interessenverschiebungen zwischen den Palastfraktionen, die an der Oberfläche gespalten waren in Fragen wie Krieg und Frieden oder Reform und Reaktion, hatten Auswirkungen auf die Provinzen. Zum Beispiel können Canikli Ali Paşas Rebellion gegen den osmanischen Staat und sein Kampf mit der benachbarten Dynastie der Çapanoğulları, seine folgende Flucht auf die Krim und die Aktionen im Prozess um seine Begnadigung im Jahr 1781 als ein Ringen um Macht verstanden werden, das in Wechselbeziehung mit seinen Allianzen und Konflikten mit den Fraktionen des Zentrums stand. Seine engen Verbindungen zu den Religionsgelehrten (*ulema*) und einigen Großwesiren und sein Konflikt mit dem Großadmiral Hasan Paşa beeinflussten den Verlauf des Krimfeldzuges und die diplomatischen Beziehungen zu Russland.[53]

[50] *Şahin*, Rise (wie Anm. 18), 87–95.

[51] *Yavuz Cezar*, The Role of the Sarrafs in Ottoman Finance and Economy in the Eighteenth and Nineteenth Centuries, in: Colin Imber/Keiko Kiyotaki (Eds.), Frontiers of Ottoman Studies. Vol. 1: State, Province, and the West. (Library of Ottoman Studies, Vol. 5.) London/New York 2005, 61–76.

[52] *Şahin*, Rise (wie Anm. 18), 87–95.

[53] Außerdem zeigen seine komplizierten Verbindungen zum Khan der Krim, Şahin Giray, sowie zu den Prinzen von Georgien, unter ihnen sein Schwager, das breite Spektrum seines Handelns; *Canay Şahin*, Ottoman Eighteenth Century Revisited: Dynastic Notables and Networks, unveröffentlichter Vortrag, gehalten auf dem 11th International Congress of Economic and Social History of Turkey, Bilkent University, Ankara, 17.–20. Juni 2008.

VI. Fazit

In den letzten Jahren wurde die staatszentrierte, traditionelle Perspektive heftig kritisiert. In Anbetracht dieser Kritik kann meine Erörterung in folgender Weise zusammengefasst werden: Wenn man die langfristigen Transformationen der Beziehung zwischen Istanbul und den Provinzen berücksichtigt, dann ist es nicht unmöglich, das 18. Jahrhundert als eine Periode der Konsolidierung für die Osmanen zu betrachten. Um die osmanischen Provinzen zu verstehen, sollte man die Annahme aufgeben, dass, wenn eine Provinz an Bedeutung gewinnt, dann notwendigerweise das Zentrum an Bedeutung verliert, und man sollte bedenken, dass das Zentrum seine Macht vermehren konnte, während gleichzeitig die administrative Kapazität der Provinzen erhöht wurde. Ich habe vier Vorschläge zur Interpretation dieses Befundes: Zuallererst kann die Beziehung zwischen Zentrum und Peripherie im Rahmen der Interdependenz verstanden werden. Zweitens sollte man sich das Gewebe der politischen und ökonomischen Netzwerke ansehen, das vom Zentrum aus in die Provinzen hinein angelegt wird. Sobald eine Karte dieses Netzwerkes erstellt ist, können die tatsächlichen Machtfraktionen, ihre Kämpfe miteinander und die Art und Weise, wie sie sich artikulieren, deutlich werden. Während die politische Ökonomie dieses Netzwerks im 18. Jahrhundert durch das *malikane*-System bestimmt wurde, beruhte die politische Dimension des Netzwerks auf dem Patronagesystem beziehungsweise auf der Politik von Haushalten.

Schlussendlich ermöglichte es das System der lebenslangen Steuerpachten als vorherrschende Umverteilungspolitik des 18. Jahrhunderts (wie oben am Beispiel der Fallstudie der Caniklizades ausgeführt), die zentralen, regionalen und lokalen Akteure miteinander durch ein sehr kompliziertes System von Bindung und Austausch zu verknüpfen. Es war dieses ausgedehnte fiskalische und politische Netzwerk, das Zentrum und Peripherie während des 18. Jahrhunderts miteinander verband und das die sozialen Grundlagen für die Zentralisierungspolitik der Reformära (Tanzimat) des 19. Jahrhunderts legte. Während die Regionalmächte wie die Caniklizades und die Notabeln auf dem Balkan gegen den Verlust ihrer fiskalischen und militärischen Privilegien im Laufe des frühen Zentralisierungsprogramms von Sultan Selim III. um die Jahrhundertwende rebellierten, hatte die Zentralregierung bis 1812 begonnen, diese intermediären Kräfte durch Annullierung ihrer Verträge zur Steuereinhebung sowie Verbannung und Hinrichtung zu eliminieren. Jedoch stellte die Hierarchie der Provinzkontraktoren und kleinen Notabeln, die sich unter ihrer regionalen Herrschaft befunden hatten, die zukünftigen Verwalter, Bürokraten und Mitglieder der neu eingerichteten lokalen Ratsversammlungen in der Schwarzmeerregion.[54]

[54] Zur Kontinuität der etablierten, interpersonellen Interessenverbände in der Türkischen Republik vgl. *Meeker*, A Nation of Empire (wie Anm. 41).

Allgemeine Abkürzungen

Abschr.	Abschrift
Anm.	Anmerkung
Art.	Artikel
Aufl.	Auflage
Ausf.	Ausfertigung
Bd., Bde.	Band, Bände
Bearb.	Bearbeiter/in
Beih.	Beiheft(e)
Bll.	Blätter
dens.	denselben
ders.	derselbe
dies.	dieselbe(n)
ebd.	ebenda
Ed.	Editor (Plural: Eds.)
Entw.	Entwurf
erg.	ergänzte
Erg.-Bd.	Ergänzungsband
erw.	erweiterte
f. bzw. ff.	folgende
Fasz.	Faszikel
fol.	folium
H.	Heft
hist.	histoire, historia, historisch
Hrsg.	Herausgeber/in
Inst.	Institut(e/o)
Kart.	Karton
Konv.	Konvolut
Mitarb.	Mitarbeiter/in
Ndr.	Nachdruck
NF., NS.	Neue Folge, Nouvelle Serie (u.ä.)
o. D.	ohne Datum
o. J.	ohne Jahr
o. O.	ohne Ort
pag.	pagina
Quad.	Quaderni
r	recto

Rh.	Reihe
s.	siehe
Sp.	Spalte(n)
Suppl.	Supplement
T.	Teil
v	verso
vgl.	vergleiche
Vol(s).	Volume(s)

Siglenverzeichnis

AHR	The American Historical Review
ASocRev	American Sociological Review
Annales	Annales Économies, Sociétés, Civilisations
AnnTrento	Annali dell'Istituto storico italogermanico in Trento
AKG	Archiv für Kulturgeschichte
AZ	Archivalische Zeitschrift
ASI	Archivio Storico Italiano
BECh	Bibliothèque de l'École des Chartes
BlldtLG	Blätter für deutsche Landesgeschichte
CEH	Central European History
EconHR	Economic History Review
EHR	English Historical Review
EHQ	European History Quarterly
GG	Geschichte und Gesellschaft
HessJbLG	Hessisches Jahrbuch für Landesgeschichte
HJ	The Historical Journal
HJb	Historisches Jahrbuch
H & T	History and Theory
HZ	Historische Zeitschrift
JbGMOD	Jahrbuch für die Geschichte Mittel- und Ostdeutschlands
JEconH	Journal of Economic History
JInterH	Journal of Interdisciplinary History
JMedRenSt	The Journal of Medieval and Renaissance Studies
JModH	The Journal of Modern History
JSocH	Journal of Social History

MGM	Militärgeschichtliche Mitteilungen
MIÖG	Mitteilungen des Instituts für österreichische Geschichtsforschung
P & P	Past and Present
QuFiAB	Quellen und Forschungen aus italienischen Archiven und Bibliotheken
RHMC	Revue d'histoire moderne et contemporaine
RH	Revue historique
RhVjbll	Rheinische Vierteljahrsblätter
VSWG	Vierteljahrschrift für Sozial- und Wirtschaftsgeschichte
ZAA	Zeitschrift für Agrargeschichte und Agrarsoziologie
ZBLG	Zeitschrift für bayerische Landesgeschichte
ZfO	Zeitschrift für Ostforschung
ZGO	Zeitschrift für die Geschichte des Oberrheins
ZHF	Zeitschrift für historische Forschung
ZRG GA	Zeitschrift der Savigny-Stiftung für Rechtsgeschichte, Germanistische Abteilung
ZRG KA	Zeitschrift der Savigny-Stiftung für Rechtsgeschichte, Kanonistische Abteilung
ZUG	Zeitschrift für Unternehmensgeschichte

Autorinnen und Autoren

Prof. Dr. *Werner Buchholz*, Ernst Moritz Arndt-Universität Greifswald, Historisches Institut, Domstraße 9a, 17487 Greifswald

Prof. Asst. *Anne Conchon*, Université Paris I, Panthéon-Sorbonne, Institutions et Dynamiques Historiques de l'Économie, 17 rue de la Sorbonne, 75231 Paris, Frankreich

Asst. Prof. Dr. *Darryl Dee*, Wilfrid Laurier University, Department of History, 75 University Avenue West, Waterloo, Ont., CA-N2H 5S6, Kanada

Prof. Dr. *Pál Fodor*, Forschungszentrum für Humanwissenschaften, Institut für Geschichtswissenschaft, Országház u. 30, 1014 Budapest, Ungarn

Dr. *Massimo Carlo Giannini*, Università degli Studi di Teramo, Dipartimento di Storia e Critica della Politica, 64100 Teramo, Italien

Asst. Prof. Dr. *Kamil Kıvanç Karaman,* Boğaziçi Üniversitesi, Natuk Birkan Binası, Ekonomi Bölümü, 34342 Bebek-Istanbul, Türkei

Dr. *István Kenyeres*, Budapest Főváros Levéltára, Teve u. 3–5, 1139 Budapest, Ungarn

Dr. *Heinrich Lang*, Wissenschaftlicher Mitarbeiter, Lehrstuhl Neuere Geschichte, Otto-Friedrich-Universität Bamberg, Fischstraße 5–7, 96047 Bamberg

Prof. Dr. *Maximilian Lanzinner*, Rheinische Friedrich-Wilhelms-Universität Bonn, Historisches Seminar, Lehrstuhl Frühe Neuzeit, Konviktstraße 11, 53113 Bonn

Prof. Dr. *Şevket Pamuk*, Boğaziçi Üniversitesi, Natuk Birkan Binası, Ekonomi Bölümü/Atatürk Enstitüsü ve Ekonomi Bölümü, 34342 Bebek-Istanbul, Türkei

PD Dr. *Peter Rauscher*, Österreichische Akademie der Wissenschaften, Zentrum Mittelalterforschung – Institut für Realienkunde des Mittelalters und der frühen Neuzeit, Körnermarkt 13, A-3500 Krems/Universität Wien, Institut für Geschichte, Dr. Karl Lueger-Ring 1, A-1010 Wien

Asst. Prof. Dr. *Canay Şahin-Fuhrmann*, Yıldız Teknik Üniversitesi, Faculty of Economics and Administrative Sciences, Department of Economics, 34340 Beşiktaş-Istanbul, Türkei

Prof. Dr. *Uwe Schirmer*, Friedrich-Schiller-Universität Jena, Historisches Institut, Professur für Thüringische Landesgeschichte, Fürstengraben 13, 07743 Jena

Andrea Serles, Universität Wien, Institut für Geschichte/Institut für Österreichische Geschichtsforschung, Dr. Karl Lueger-Ring 1, A-1010 Wien

Dr. *Alexander Sigelen*, Technoseum, Landesmuseum für Technik und Arbeit in Mannheim, Museumsstraße 1, 68165 Mannheim

Dr. *Christopher Storrs*, University of Dundee, School of Humanities, Dundee DD1 4HN, Großbritannien

Prof. Dr. *Peer Vries*, Universität Wien, Institut für Wirtschafts- und Sozialgeschichte, Dr. Karl Lueger-Ring 1, A-1010 Wien

Lukas Winder, Universität Wien, Institut für Geschichte, Dr. Karl Lueger-Ring 1, A-1010 Wien

Prof. Dr. Dr. h. c. *Thomas Winkelbauer*, Universität Wien, Institut für Geschichte/Institut für Österreichische Geschichtsforschung, Dr. Karl Lueger-Ring 1, A-1010 Wien

www.ingramcontent.com/pod-product-compliance
Lightning Source LLC
La Vergne TN
LVHW102229300926
849160LV00006B/74
9783486708424